工伤保险
法律法规文件汇编
（2023）

人力资源和社会保障部工伤保险司　编

中国劳动社会保障出版社

图书在版编目（CIP）数据

工伤保险法律法规文件汇编. 2023/人力资源和社会保障部工伤保险司编. -- 北京：中国劳动社会保障出版社，2023

ISBN 978-7-5167-5878-6

Ⅰ.①工… Ⅱ.①人… Ⅲ.①工伤保险-法规-汇编-中国②工伤保险-文件-汇编-中国 Ⅳ.①D922.559

中国国家版本馆 CIP 数据核字（2023）第 073059 号

中国劳动社会保障出版社出版发行

（北京市惠新东街 1 号　邮政编码：100029）

*

北京市白帆印务有限公司印刷装订　　新华书店经销

787 毫米×1092 毫米　16 开本　66.75 印张　1457 千字

2023 年 8 月第 1 版　　2024 年 1 月第 2 次印刷

定价：215.00 元

营销中心电话：400-606-6496

出版社网址：http://www.class.com.cn

版权专有　　侵权必究

如有印装差错，请与本社联系调换：（010）81211666

我社将与版权执法机关配合，大力打击盗印、销售和使用盗版图书活动，敬请广大读者协助举报，经查实将给予举报者奖励。

举报电话：（010）64954652

目 录

第一部分 工伤保险法律法规规章文件

一、综合 …………………………………………………………………………… 3

1. 中华人民共和国社会保险法（2010年10月28日 中华人民共和国主席令第35号 2018年12月29日修正） …………………………………… 3
2. 工伤保险条例（2003年4月27日 中华人民共和国国务院令第375号 2010年12月20日修订） ……………………………………………………… 14
3. 关于实施《工伤保险条例》若干问题的意见（劳社部函〔2004〕256号） …… 23
4. 实施《中华人民共和国社会保险法》若干规定（2011年6月29日 中华人民共和国人力资源和社会保障部令第13号） ………………………… 24
5. 人力资源社会保障部关于执行《工伤保险条例》若干问题的意见（人社部发〔2013〕34号） ………………………………………………………… 28
6. 人力资源社会保障部关于执行《工伤保险条例》若干问题的意见（二）（人社部发〔2016〕29号） ………………………………………………… 30
7. 社会保险术语 第5部分：工伤保险（GB/T 31596.5—2015） ……………… 32

二、工伤保险参保 ………………………………………………………………… 43

8. 关于农民工参加工伤保险有关问题的通知（劳社部发〔2004〕18号） ……… 43
9. 关于铁路企业参加工伤保险有关问题的通知（劳社部函〔2004〕257号） …… 44
10. 关于贯彻《安全生产许可证条例》做好企业参加工伤保险有关工作的通知（劳社部发〔2005〕8号） ………………………………………………… 45
11. 关于实施农民工"平安计划"加快推进农民工参加工伤保险工作的通知（劳社部发〔2006〕19号） ………………………………………………… 46
12. 关于进一步做好中央企业工伤保险工作有关问题的通知（劳社部发〔2007〕36号） …………………………………………………………………… 50
13. 部分行业企业工伤保险费缴纳办法（2010年12月31日 中华人民共和国人力资源和社会保障部令第10号） ………………………………………… 51
14. 人力资源社会保障部 财政部关于进一步做好事业单位等参加工伤保险工作有关问题的通知（人社部发〔2012〕67号） ……………………………… 52
15. 人力资源社会保障部 住房城乡建设部 安全监管总局 全国总工会关于进一步做好建筑业工伤保险工作的意见（人社部发〔2014〕103号） …………… 52

I

16　人力资源社会保障部办公厅关于开展建筑业"同舟计划"——建筑业工伤保险专项扩面行动计划的通知（人社厅发〔2015〕43号） ………… 56

17　人力资源社会保障部办公厅关于加快推进建筑业工伤保险工作的通知（人社厅发〔2016〕43号） ………………………………………………… 60

18　人力资源社会保障部办公厅关于进一步做好建筑业工伤保险工作的通知（人社厅函〔2017〕53号） ………………………………………………… 63

19　人力资源社会保障部　交通运输部　水利部　能源局　铁路局　民航局关于铁路、公路、水运、水利、能源、机场工程建设项目参加工伤保险工作的通知（人社部发〔2018〕3号） ……………………………………………………… 66

20　人力资源社会保障部办公厅　国家邮政局办公室关于推进基层快递网点优先参加工伤保险工作的通知（人社厅发〔2021〕101号） ………………… 68

三、工伤保险费率政策 …………………………………………………………… 71

21　国务院办公厅关于印发降低社会保险费率综合方案的通知（国办发〔2019〕13号） ……………………………………………………………………… 71

22　人力资源社会保障部　财政部关于调整工伤保险费率政策的通知（人社部发〔2015〕71号） ………………………………………………………… 73

23　人力资源社会保障部　财政部关于做好工伤保险费率调整工作　进一步加强基金管理的指导意见（人社部发〔2015〕72号） ………………………… 75

24　人力资源社会保障部　财政部关于阶段性降低社会保险费率的通知（人社部发〔2016〕36号） ………………………………………………………… 77

25　人力资源社会保障部　财政部关于继续阶段性降低社会保险费率的通知（人社部发〔2018〕25号） ……………………………………………… 78

26　人力资源社会保障部　财政部　税务总局　国家医保局关于贯彻落实《降低社会保险费率综合方案》的通知（人社部发〔2019〕35号） ………… 79

27　人力资源社会保障部　财政部　税务总局关于阶段性减免企业社会保险费的通知（人社部发〔2020〕11号） ……………………………………… 81

28　人力资源社会保障部　财政部　税务总局关于延长阶段性减免企业社会保险费政策实施期限等问题的通知（人社部发〔2020〕49号） ………… 83

29　人力资源社会保障部办公厅　财政部办公厅　国家税务总局办公厅关于2021年社会保险缴费有关问题的通知（人社厅发〔2021〕2号） ………… 84

30　人力资源社会保障部办公厅　国家税务总局办公厅关于特困行业阶段性实施缓缴企业社会保险费政策的通知（人社厅发〔2022〕16号） ………… 85

31　人力资源社会保障部　国家发展改革委　财政部　税务总局关于扩大阶段性

缓缴社会保险费政策实施范围等问题的通知（人社部发〔2022〕31号）…… 86
32　人力资源社会保障部　财政部　国家税务总局关于阶段性降低失业保险、工伤保险费率有关问题的通知（人社部发〔2023〕19号）……………… 89

四、基金统筹…………………………………………………………………………… 90

33　关于推进工伤保险市级统筹有关问题的通知（人社部发〔2010〕20号）…… 90

34　人力资源社会保障部　财政部关于工伤保险基金省级统筹的指导意见
（人社部发〔2017〕60号）……………………………………………………… 91

35　人力资源社会保障部办公厅关于加快推进工伤保险基金省级统筹工作的通知
（人社厅函〔2019〕164号）…………………………………………………… 93

五、工伤认定与劳动能力鉴定………………………………………………………… 96

36　关于印发《职工非因工伤残或因病丧失劳动能力程度鉴定标准（试行）》的
通知（劳社部发〔2002〕8号）………………………………………………… 96

37　工伤认定办法（2010年12月31日　中华人民共和国人力资源和社会保障部令
第8号）………………………………………………………………………… 100

38　人力资源社会保障部办公厅关于工伤保险有关规定处理意见的函
（人社厅函〔2011〕339号）…………………………………………………… 112

39　关于推进工伤认定和劳动能力鉴定便民化服务工作的通知（人社厅发〔2018〕
104号）………………………………………………………………………… 112

40　工伤职工劳动能力鉴定管理办法（2014年2月20日　中华人民共和国人力
资源和社会保障部、国家卫生和计划生育委员会令第21号　2018年12月
14日修订）…………………………………………………………………… 114

41　劳动能力鉴定　职工工伤与职业病致残等级（GB/T 16180—2014）……… 124

42　人力资源社会保障部　国家卫生健康委员会　国家医疗保障局关于进一步规范
劳动能力鉴定工作的通知（人社部发〔2020〕91号）……………………… 188

六、工伤保险待遇……………………………………………………………………… 192

43　因工死亡职工供养亲属范围规定（2003年9月23日　中华人民共和国劳动
保障部令第18号）…………………………………………………………… 192

44　人力资源社会保障部关于做好老工伤人员纳入工伤保险统筹管理工作的
通知（人社部发〔2009〕40号）……………………………………………… 193

45　非法用工单位伤亡人员一次性赔偿办法（2010年12月31日　中华人民共和国
人力资源和社会保障部令第9号）…………………………………………… 194

46　人力资源社会保障部关于工伤保险待遇调整和确定机制的指导意见（人社部发
〔2017〕58号）………………………………………………………………… 195

Ⅲ

47　社会保险基金先行支付暂行办法（2011年6月29日　中华人民共和国人力资源和社会保障部令第15号　2018年12月14日修订） …… 198

48　人力资源社会保障部　国家卫生健康委关于做好尘肺病重点行业工伤保险有关工作的通知（人社部发〔2019〕125号） …… 201

49　人力资源社会保障部　财政部　国家卫生健康委关于因履行工作职责感染新型冠状病毒肺炎的医护及相关工作人员有关保障问题的通知（人社部函〔2020〕11号） …… 202

50　人力资源社会保障部办公厅关于做好共享用工指导和服务的通知（人社厅发〔2020〕98号） …… 203

七、工伤康复　…… 206

51　关于印发工伤保险辅助器具配置目录的通知（人社厅函〔2012〕381号） …… 206

52　人力资源社会保障部关于印发《工伤康复服务项目（试行）》和《工伤康复服务规范（试行）》（修订版）的通知（人社部发〔2013〕30号） …… 215

53　人力资源社会保障部办公厅关于设立公布第一批区域性工伤康复示范平台名单有关问题的通知（人社厅发〔2015〕178号） …… 308

54　工伤保险辅助器具配置管理办法（2016年2月16日　中华人民共和国人力资源和社会保障部、民政部、国家卫生和计划生育委员会令第27号　2018年12月14日修订） …… 309

八、工伤预防　…… 314

55　关于开展工伤预防试点有关问题的通知（人社厅发〔2009〕108号） …… 314

56　人力资源社会保障部关于进一步做好工伤预防试点工作的通知（人社部发〔2013〕32号） …… 315

57　人力资源社会保障部　财政部　国家卫生计生委　国家安全监管总局关于印发工伤预防费使用管理暂行办法的通知（人社部规〔2017〕13号） …… 318

58　人力资源社会保障部　工业和信息化部　财政部　住房城乡建设部　交通运输部　国家卫生健康委员会　应急管理部　中华全国总工会关于印发工伤预防五年行动计划（2021—2025）的通知（人社部发〔2020〕90号） …… 321

59　人力资源社会保障部　应急管理部关于实施危险化学品企业工伤预防能力提升培训工程的通知（人社部函〔2021〕168号） …… 324

九、工伤保险经办　…… 327

60　社会保险费征缴暂行条例（1999年1月22日　中华人民共和国国务院令第259号　2019年3月24日修订） …… 327

61	关于加强工伤保险医疗服务协议管理工作的通知（劳社部发〔2007〕7号） ……………………………………………………………………	330
62	社会保险个人权益记录管理办法（2011年6月29日 中华人民共和国人力资源和社会保障部令第14号） ……………………………………	332
63	在中国境内就业的外国人参加社会保险暂行办法（2011年9月6日 中华人民共和国人力资源和社会保障部令第16号） ……………………	337
64	人力资源社会保障部办公厅关于贯彻落实国务院常务会议精神切实做好稳定社保费征收工作的紧急通知（人社厅函〔2018〕246号） ……	339
65	人力资源社会保障部关于取消部分规范性文件设定的证明材料的决定（人社部发〔2019〕20号） ……………………………………………	340
66	人力资源社会保障部关于第二批取消部分规章规范性文件设定的证明材料的决定（人社部发〔2019〕115号） …………………………………	349
67	香港澳门台湾居民在内地（大陆）参加社会保险暂行办法（2019年11月29日 中华人民共和国人力资源和社会保障部令第41号） ………	356
68	人力资源社会保障部关于深入实施"人社服务快办行动"的通知（人社部发〔2021〕23号） ………………………………………………	358

十、监督管理 ………………………………………………………………… 369

69	劳动保障监察条例（2004年11月1日 中华人民共和国国务院令第423号） ………………………………………………………………	369
70	社会保险稽核办法（2003年2月27日 中华人民共和国劳动保障部令第16号） ……………………………………………………………	374
71	关于印发《社会保险经办机构内部控制暂行办法》的通知（劳社部发〔2007〕2号） ………………………………………………………	376
72	社会保险业务档案管理规定（试行）（2009年7月23日 中华人民共和国人力资源和社会保障部、国家档案局令第3号） ………………	381
73	人力资源社会保障部关于印发社会保险基金要情报告制度的通知（人社部发〔2020〕21号） …………………………………………………	385
74	人力资源社会保障部关于进一步加强工伤医疗管理服务工作有关问题的通知（人社部函〔2021〕170号） ………………………………	390
75	社会保险基金行政监督办法（2022年2月9日 中华人民共和国人力资源和社会保障部令第48号） ……………………………………	391
76	人力资源社会保障部办公厅关于进一步加强工伤保险基金管理有关工作的通知（人社厅函〔2022〕85号） ……………………………	397

77 社会保险基金监督举报工作管理办法（2023年1月17日 中华人民共和国人力资源和社会保障部令第49号）……………………………… 399

十一、地方性法规 …………………………………………………………… 405

78 北京市实施《工伤保险条例》若干规定（2011年12月5日 北京市人民政府第242号令 2021年12月30日修正）……………………………… 405

79 天津市工伤保险若干规定（2019年9月9日 天津市人民政府令第14号）……………………………………………………………………… 408

80 河北省工伤保险实施办法（2011年12月31日 河北省人民政府令〔2011〕第21号 2022年1月9日第二次修正）……………………………… 415

81 山西省实施《工伤保险条例》办法（2023年1月16日 山西省人民政府令第302号）………………………………………………………… 422

82 内蒙古自治区工伤保险条例实施办法（内政发〔2014〕65号）……… 427

83 辽宁省工伤保险实施办法（2017年12月20日 辽宁省人民政府令第316号 2019年11月27日修正）…………………………………………… 436

84 吉林省实施《工伤保险条例》办法（2013年10月15日 吉林省人民政府令第242号）……………………………………………………………… 448

85 黑龙江省贯彻《工伤保险条例》实施办法（黑政发〔2016〕5号）…… 455

86 上海市工伤保险实施办法（2012年11月27日 上海市人民政府令第93号）……………………………………………………………………… 458

87 江苏省实施《工伤保险条例》办法（2015年4月2日 江苏省人民政府令第103号）……………………………………………………………… 469

88 浙江省工伤保险条例（2017年9月30日 浙江省人民代表大会常务委员会公告第64号 2020年9月24日修正）……………………………… 474

89 安徽省实施《工伤保险条例》办法（2013年7月27日 安徽省人民政府令第247号）……………………………………………………………… 481

90 福建省实施《工伤保险条例》办法（闽政〔2011〕80号）…………… 488

91 江西省实施《工伤保险条例》办法（2013年5月6日 江西省人民政府令第204号）……………………………………………………………… 493

92 山东省贯彻《工伤保险条例》实施办法（鲁政发〔2011〕25号）…… 499

93 河南省工伤保险条例（2007年6月1日 河南省人民代表大会常务委员会公告第71号）……………………………………………………… 503

94 湖北省工伤保险实施办法（2003年12月29日 湖北省人民政府令第257号 2014年12月6日修订）…………………………………………… 510

95	湖南省实施《工伤保险条例》办法（2014年2月22日　湖南省人民政府令第267号　2022年10月8日第二次修改）	519
96	广东省工伤保险条例（1998年9月18日　广东省人民代表大会常务委员会公告第25号　2019年5月21日修正）	526
97	广西壮族自治区实施《工伤保险条例》办法（2006年11月27日　广西壮族自治区人民政府令第18号　2017年1月4日修订）	537
98	海南经济特区工伤保险若干规定（2004年5月28日　海南省人民代表大会常务委员会公告第11号　2011年9月28日修订）	543
99	重庆市工伤保险实施办法（渝府发〔2012〕22号）	548
100	四川省工伤保险条例（2020年7月31日　四川省人民代表大会常务委员会公告第61号）	556
101	贵州省工伤保险条例（2011年11月23日　贵州省人民代表大会常务委员会公告第11号）	563
102	云南省实施《工伤保险条例》办法（云政规〔2021〕1号）	567
103	西藏自治区实施《工伤保险条例》办法（2012年9月13日　西藏自治区人民政府令第113号）	573
104	陕西省实施《工伤保险条例》办法（2004年4月2日　陕西省人民政府令第97号　2011年2月25日修订）	581
105	甘肃省工伤保险实施办法（2018年7月23日　甘肃省人民政府令第145号　2019年7月25日修正）	585
106	青海省实施《工伤保险条例》办法（2004年5月19日　青海省人民政府令第42号　2020年6月12日第四次修订）	589
107	宁夏回族自治区实施《工伤保险条例》办法（宁政发〔2012〕115号）	596
108	新疆维吾尔自治区实施《工伤保险条例》办法（2013年1月8日　新疆维吾尔自治区人民政府令第182号）	605
109	新疆生产建设兵团实施《工伤保险条例》办法（新兵发〔2013〕50号）	610

第二部分　相关法律法规规章文件

十二、争议处理 ... 619

110	中华人民共和国劳动争议调解仲裁法（2007年12月29日　中华人民共和国主席令第80号）	619
111	中华人民共和国行政诉讼法（1989年4月4日　中华人民共和国主席令第16号　2017年6月27日第二次修正）	625

112　中华人民共和国行政复议法（1999 年 4 月 29 日　中华人民共和国主席令第 16 号　2017 年 9 月 1 日第二次修正） ·· 637

113　中华人民共和国行政处罚法（1996 年 3 月 17 日　中华人民共和国主席令第 63 号　2021 年 1 月 22 日修订） ·· 644

114　社会保险行政争议处理办法（2001 年 5 月 27 日　中华人民共和国劳动和社会保障部令第 13 号） ··· 655

115　人力资源社会保障行政复议办法（2010 年 3 月 16 日　中华人民共和国人力资源和社会保障部令第 6 号） ·· 659

116　最高人民法院关于审理工伤保险行政案件若干问题的规定（法释〔2014〕9 号） ··· 670

117　劳动人事争议仲裁办案规则（2017 年 5 月 8 日　中华人民共和国人力资源和社会保障部令第 33 号） ·· 672

118　最高人民法院关于审理劳动争议案件适用法律问题的解释（一）（法释〔2020〕26 号） ·· 682

119　人力资源社会保障部　最高人民法院关于联合发布第二批劳动人事争议典型案例的通知（节选）（人社部函〔2021〕90 号） ················ 689

十三、劳动关系 ·· 692

120　中华人民共和国劳动合同法（2007 年 6 月 29 日　中华人民共和国主席令第 65 号　2012 年 12 月 28 日修正） ·· 692

121　中华人民共和国劳动法（1994 年 7 月 5 日　中华人民共和国主席令第 28 号　2018 年 12 月 29 日第二次修正） ······································ 704

122　中华人民共和国工会法（1992 年 4 月 3 日　中华人民共和国主席令第 57 号　2021 年 12 月 24 日第三次修正） ······································ 713

123　国务院关于职工工作时间的规定（1994 年 2 月 3 日　中华人民共和国国务院令第 146 号　1995 年 3 月 25 日修订） ····························· 720

124　关于工资总额组成的规定（1990 年 1 月 1 日　国家统计局令第 1 号） ······ 721

125　关于印发《〈国务院关于职工工作时间的规定〉问题解答》的通知（劳部发〔1995〕187 号） ·· 723

126　关于确立劳动关系有关事项的通知（劳社部发〔2005〕12 号） ············· 725

十四、职业健康 ·· 727

127　中华人民共和国职业病防治法（2001 年 10 月 27 日　中华人民共和国主席令第 60 号　2018 年 12 月 29 日第四次修正） ······················ 727

128　中华人民共和国尘肺病防治条例（国发〔1987〕105 号） ····················· 740

129	职业病危害项目申报办法（2012年4月27日　国家安全生产监督管理总局令第48号）	743
130	关于印发《职业病分类和目录》的通知（国卫疾控发〔2013〕48号）	745
131	关于印发《职业病危害因素分类目录》的通知（国卫疾控发〔2015〕92号）	749
132	关于印发加强农民工尘肺病防治工作的意见的通知（国卫疾控发〔2016〕2号）	763
133	关于印发尘肺病防治攻坚行动方案的通知（国卫职健发〔2019〕46号）	766
134	职业病诊断与鉴定管理办法（2021年1月4日　中华人民共和国国家卫生健康委员会令第6号）	772
135	关于印发国家职业病防治规划（2021—2025年）的通知（国卫职健发〔2021〕39号）	780
136	国家卫生健康委办公厅关于进一步加强用人单位职业健康培训工作的通知（国卫办职健函〔2022〕441号）	787

十五、安全生产与劳动保护 793

137	中华人民共和国道路交通安全法（2003年10月28日　中华人民共和国主席令第8号　2021年4月29日第三次修正）	793
138	中华人民共和国安全生产法（2002年6月29日　中华人民共和国主席令第70号　2021年6月10日第三次修正）	809
139	使用有毒物品作业场所劳动保护条例（2002年5月12日　中华人民共和国国务院令第352号）	826
140	禁止使用童工规定（2002年10月1日　中华人民共和国国务院令第364号）	838
141	生产安全事故报告和调查处理条例（2007年4月9日　中华人民共和国国务院令第493号）	840
142	女职工劳动保护特别规定（2012年4月28日　中华人民共和国国务院令第619号）	846
143	安全生产许可证条例（2004年1月13日　中华人民共和国国务院令第397号　2014年7月29日第二次修订）	849
144	关于颁发《未成年工特殊保护规定》的通知（劳部发〔1994〕498号）	851
145	关于印发防暑降温措施管理办法的通知（安监总安健〔2012〕89号）	854
146	个体防护装备配备规范（GB 39800.1—2020）	858

十六、抚恤政策 ·················· 882

- 147 军人抚恤优待条例（2004 年 8 月 1 日　中华人民共和国国务院、中央军事委员会令第 413 号　2019 年 3 月 2 日第二次修订）·················· 882
- 148 烈士褒扬条例（2011 年 7 月 26 日　中华人民共和国国务院令第 601 号 2019 年 8 月 1 日第二次修订）·················· 889
- 149 伤残抚恤管理办法（2007 年 7 月 31 日　中华人民共和国民政部令第 34 号 2019 年 12 月 16 日修订）·················· 894
- 150 退役军人事务部等 6 部门关于印发《残疾退役军人医疗保障办法》的通知（退役军人部发〔2022〕3 号）·················· 900

十七、其他 ·················· 904

- 151 中华人民共和国政府采购法（2002 年 6 月 29 日　中华人民共和国主席令第 68 号　2014 年 8 月 31 日修正）·················· 904
- 152 中华人民共和国招标投标法（1999 年 8 月 30 日　中华人民共和国主席令第 21 号　2017 年 12 月 27 日修正）·················· 913
- 153 中华人民共和国公务员法（2005 年 4 月 27 日　中华人民共和国主席令第 35 号　2018 年 12 月 29 日修订）·················· 921
- 154 事业单位人事管理条例（2014 年 4 月 25 日　中华人民共和国国务院令第 652 号）·················· 935

附录　统计资料

- 155 2012 年度人力资源和社会保障事业发展统计公报（节选）·················· 941
- 156 2013 年度人力资源和社会保障事业发展统计公报（节选）·················· 941
- 157 2014 年度人力资源和社会保障事业发展统计公报（节选）·················· 942
- 158 2015 年度人力资源和社会保障事业发展统计公报（节选）·················· 942
- 159 2016 年度人力资源和社会保障事业发展统计公报（节选）·················· 942
- 160 2017 年度人力资源和社会保障事业发展统计公报（节选）·················· 943
- 161 2018 年度人力资源和社会保障事业发展统计公报（节选）·················· 943
- 162 2019 年度人力资源和社会保障事业发展统计公报（节选）·················· 944
- 163 2020 年度人力资源和社会保障事业发展统计公报（节选）·················· 944
- 164 2021 年度人力资源和社会保障事业发展统计公报（节选）·················· 944
- 165 历年全国工伤保险基本情况·················· 945
- 166 历年各地区工伤保险基本情况·················· 947
- 167 2012 年各地区工伤保险基本情况·················· 954

168	2013年各地区工伤保险基本情况	956
169	2014年各地区工伤保险基本情况	958
170	2015年各地区工伤保险基本情况	960
171	2016年各地区工伤保险基本情况	962
172	2017年各地区工伤保险基本情况	964
173	2018年各地区工伤保险基本情况	966
174	2019年各地区工伤保险基本情况	968
175	2020年各地区工伤保险基本情况	970
176	2021年各地区工伤保险基本情况	972
177	2012年各地区工伤认定情况	974
178	2013年各地区工伤认定情况	977
179	2014年各地区工伤认定情况	980
180	2015年各地区工伤认定情况	983
181	2016年各地区工伤认定情况	986
182	2017年各地区工伤认定情况	989
183	2018年各地区工伤认定情况	992
184	2019年各地区工伤认定情况	995
185	2020年各地区工伤认定情况	998
186	2021年各地区工伤认定情况	1001
187	2012年各地区因工死亡人员工伤认定情况	1004
188	2013年各地区因工死亡人员工伤认定情况	1007
189	2014年各地区因工死亡人员工伤认定情况	1010
190	2015年各地区因工死亡人员工伤认定情况	1013
191	2016年各地区因工死亡人员工伤认定情况	1016
192	2017年各地区因工死亡人员工伤认定情况	1019
193	2018年各地区因工死亡人员工伤认定情况	1022
194	2019年各地区因工死亡人员工伤认定情况	1025
195	2020年各地区因工死亡人员工伤认定情况	1028
196	2021年各地区因工死亡人员工伤认定情况	1031
197	2012年各地区劳动能力鉴定情况	1034
198	2013年各地区劳动能力鉴定情况	1036
199	2014年各地区劳动能力鉴定情况	1038
200	2015年各地区劳动能力鉴定情况	1040

201	2016 年各地区劳动能力鉴定情况	1042
202	2017 年各地区劳动能力鉴定情况	1044
203	2018 年各地区劳动能力鉴定情况	1046
204	2019 年各地区劳动能力鉴定情况	1048
205	2020 年各地区劳动能力鉴定情况	1050
206	2021 年各地区劳动能力鉴定情况	1052

第一部分　工伤保险法律法规规章文件

一、综　　合

1　中华人民共和国社会保险法

2010年10月28日第十一届全国人民代表大会常务委员会第十七次会议通过，中华人民共和国主席令第35号公布，根据2018年12月29日第十三届全国人民代表大会常务委员会第七次会议《关于修改〈中华人民共和国社会保险法〉的决定》修正，中华人民共和国主席令第25号公布。

第一章　总　　则

第一条　为了规范社会保险关系，维护公民参加社会保险和享受社会保险待遇的合法权益，使公民共享发展成果，促进社会和谐稳定，根据宪法，制定本法。

第二条　国家建立基本养老保险、基本医疗保险、工伤保险、失业保险、生育保险等社会保险制度，保障公民在年老、疾病、工伤、失业、生育等情况下依法从国家和社会获得物质帮助的权利。

第三条　社会保险制度坚持广覆盖、保基本、多层次、可持续的方针，社会保险水平应当与经济社会发展水平相适应。

第四条　中华人民共和国境内的用人单位和个人依法缴纳社会保险费，有权查询缴费记录、个人权益记录，要求社会保险经办机构提供社会保险咨询等相关服务。

个人依法享受社会保险待遇，有权监督本单位为其缴费情况。

第五条　县级以上人民政府将社会保险事业纳入国民经济和社会发展规划。

国家多渠道筹集社会保险资金。县级以上人民政府对社会保险事业给予必要的经费支持。

国家通过税收优惠政策支持社会保险事业。

第六条　国家对社会保险基金实行严格监管。

国务院和省、自治区、直辖市人民政府建立健全社会保险基金监督管理制度，保障社会保险基金安全、有效运行。

县级以上人民政府采取措施，鼓励和支持社会各方面参与社会保险基金的监督。

第七条　国务院社会保险行政部门负责全国的社会保险管理工作，国务院其他有关部门在各自的职责范围内负责有关的社会保险工作。

县级以上地方人民政府社会保险行政部门负责本行政区域的社会保险管理工作，县级以上地方人民政府其他有关部门在各自的职责范围内负责有关的社会保险工作。

第八条 社会保险经办机构提供社会保险服务，负责社会保险登记、个人权益记录、社会保险待遇支付等工作。

第九条 工会依法维护职工的合法权益，有权参与社会保险重大事项的研究，参加社会保险监督委员会，对与职工社会保险权益有关的事项进行监督。

第二章 基本养老保险

第十条 职工应当参加基本养老保险，由用人单位和职工共同缴纳基本养老保险费。

无雇工的个体工商户、未在用人单位参加基本养老保险的非全日制从业人员以及其他灵活就业人员可以参加基本养老保险，由个人缴纳基本养老保险费。

公务员和参照公务员法管理的工作人员养老保险的办法由国务院规定。

第十一条 基本养老保险实行社会统筹与个人账户相结合。

基本养老保险基金由用人单位和个人缴费以及政府补贴等组成。

第十二条 用人单位应当按照国家规定的本单位职工工资总额的比例缴纳基本养老保险费，记入基本养老保险统筹基金。

职工应当按照国家规定的本人工资的比例缴纳基本养老保险费，记入个人账户。

无雇工的个体工商户、未在用人单位参加基本养老保险的非全日制从业人员以及其他灵活就业人员参加基本养老保险的，应当按照国家规定缴纳基本养老保险费，分别记入基本养老保险统筹基金和个人账户。

第十三条 国有企业、事业单位职工参加基本养老保险前，视同缴费年限期间应当缴纳的基本养老保险费由政府承担。

基本养老保险基金出现支付不足时，政府给予补贴。

第十四条 个人账户不得提前支取，记账利率不得低于银行定期存款利率，免征利息税。个人死亡的，个人账户余额可以继承。

第十五条 基本养老金由统筹养老金和个人账户养老金组成。

基本养老金根据个人累计缴费年限、缴费工资、当地职工平均工资、个人账户金额、城镇人口平均预期寿命等因素确定。

第十六条 参加基本养老保险的个人，达到法定退休年龄时累计缴费满十五年的，按月领取基本养老金。

参加基本养老保险的个人，达到法定退休年龄时累计缴费不足十五年的，可以缴费至满十五年，按月领取基本养老金；也可以转入新型农村社会养老保险或者城镇居民社会养老保险，按照国务院规定享受相应的养老保险待遇。

第十七条 参加基本养老保险的个人，因病或者非因工死亡的，其遗属可以领取丧葬补助金和抚恤金；在未达到法定退休年龄时因病或者非因工致残完全丧失劳动能力的，可以领取病残津贴。所需资金从基本养老保险基金中支付。

第十八条 国家建立基本养老金正常调整机制。根据职工平均工资增长、物价上涨情况，适时提高基本养老保险待遇水平。

第十九条 个人跨统筹地区就业的，其基本养老保险关系随本人转移，缴费年限累计计算。个人达到法定退休年龄时，基本养老金分段计算、统一支付。具体办法由国务院规定。

第二十条 国家建立和完善新型农村社会养老保险制度。

新型农村社会养老保险实行个人缴费、集体补助和政府补贴相结合。

第二十一条 新型农村社会养老保险待遇由基础养老金和个人账户养老金组成。

参加新型农村社会养老保险的农村居民，符合国家规定条件的，按月领取新型农村社会养老保险待遇。

第二十二条 国家建立和完善城镇居民社会养老保险制度。

省、自治区、直辖市人民政府根据实际情况，可以将城镇居民社会养老保险和新型农村社会养老保险合并实施。

第三章 基本医疗保险

第二十三条 职工应当参加职工基本医疗保险，由用人单位和职工按照国家规定共同缴纳基本医疗保险费。

无雇工的个体工商户、未在用人单位参加职工基本医疗保险的非全日制从业人员以及其他灵活就业人员可以参加职工基本医疗保险，由个人按照国家规定缴纳基本医疗保险费。

第二十四条 国家建立和完善新型农村合作医疗制度。

新型农村合作医疗的管理办法，由国务院规定。

第二十五条 国家建立和完善城镇居民基本医疗保险制度。

城镇居民基本医疗保险实行个人缴费和政府补贴相结合。

享受最低生活保障的人、丧失劳动能力的残疾人、低收入家庭六十周岁以上的老年人和未成年人等所需个人缴费部分，由政府给予补贴。

第二十六条 职工基本医疗保险、新型农村合作医疗和城镇居民基本医疗保险的待遇标准按照国家规定执行。

第二十七条 参加职工基本医疗保险的个人，达到法定退休年龄时累计缴费达到国家规定年限的，退休后不再缴纳基本医疗保险费，按照国家规定享受基本医疗保险待遇；未达到国家规定年限的，可以缴费至国家规定年限。

第二十八条 符合基本医疗保险药品目录、诊疗项目、医疗服务设施标准以及急诊、抢救的医疗费用，按照国家规定从基本医疗保险基金中支付。

第二十九条 参保人员医疗费用中应当由基本医疗保险基金支付的部分，由社会保险经办机构与医疗机构、药品经营单位直接结算。

社会保险行政部门和卫生行政部门应当建立异地就医医疗费用结算制度，方便参保人员享受基本医疗保险待遇。

第三十条 下列医疗费用不纳入基本医疗保险基金支付范围：

（一）应当从工伤保险基金中支付的；

（二）应当由第三人负担的；

（三）应当由公共卫生负担的；
（四）在境外就医的。

医疗费用依法应当由第三人负担，第三人不支付或者无法确定第三人的，由基本医疗保险基金先行支付。基本医疗保险基金先行支付后，有权向第三人追偿。

第三十一条 社会保险经办机构根据管理服务的需要，可以与医疗机构、药品经营单位签订服务协议，规范医疗服务行为。

医疗机构应当为参保人员提供合理、必要的医疗服务。

第三十二条 个人跨统筹地区就业的，其基本医疗保险关系随本人转移，缴费年限累计计算。

第四章　工 伤 保 险

第三十三条 职工应当参加工伤保险，由用人单位缴纳工伤保险费，职工不缴纳工伤保险费。

第三十四条 国家根据不同行业的工伤风险程度确定行业的差别费率，并根据使用工伤保险基金、工伤发生率等情况在每个行业内确定费率档次。行业差别费率和行业内费率档次由国务院社会保险行政部门制定，报国务院批准后公布施行。

社会保险经办机构根据用人单位使用工伤保险基金、工伤发生率和所属行业费率档次等情况，确定用人单位缴费费率。

第三十五条 用人单位应当按照本单位职工工资总额，根据社会保险经办机构确定的费率缴纳工伤保险费。

第三十六条 职工因工作原因受到事故伤害或者患职业病，且经工伤认定的，享受工伤保险待遇；其中，经劳动能力鉴定丧失劳动能力的，享受伤残待遇。

工伤认定和劳动能力鉴定应当简捷、方便。

第三十七条 职工因下列情形之一导致本人在工作中伤亡的，不认定为工伤：
（一）故意犯罪；
（二）醉酒或者吸毒；
（三）自残或者自杀；
（四）法律、行政法规规定的其他情形。

第三十八条 因工伤发生的下列费用，按照国家规定从工伤保险基金中支付：
（一）治疗工伤的医疗费用和康复费用；
（二）住院伙食补助费；
（三）到统筹地区以外就医的交通食宿费；
（四）安装配置伤残辅助器具所需费用；
（五）生活不能自理的，经劳动能力鉴定委员会确认的生活护理费；
（六）一次性伤残补助金和一至四级伤残职工按月领取的伤残津贴；
（七）终止或者解除劳动合同时，应当享受的一次性医疗补助金；

（八）因工死亡的，其遗属领取的丧葬补助金、供养亲属抚恤金和因工死亡补助金；

（九）劳动能力鉴定费。

第三十九条 因工伤发生的下列费用，按照国家规定由用人单位支付：

（一）治疗工伤期间的工资福利；

（二）五级、六级伤残职工按月领取的伤残津贴；

（三）终止或者解除劳动合同时，应当享受的一次性伤残就业补助金。

第四十条 工伤职工符合领取基本养老金条件的，停发伤残津贴，享受基本养老保险待遇。基本养老保险待遇低于伤残津贴的，从工伤保险基金中补足差额。

第四十一条 职工所在用人单位未依法缴纳工伤保险费，发生工伤事故的，由用人单位支付工伤保险待遇。用人单位不支付的，从工伤保险基金中先行支付。

从工伤保险基金中先行支付的工伤保险待遇应当由用人单位偿还。用人单位不偿还的，社会保险经办机构可以依照本法第六十三条的规定追偿。

第四十二条 由于第三人的原因造成工伤，第三人不支付工伤医疗费用或者无法确定第三人的，由工伤保险基金先行支付。工伤保险基金先行支付后，有权向第三人追偿。

第四十三条 工伤职工有下列情形之一的，停止享受工伤保险待遇：

（一）丧失享受待遇条件的；

（二）拒不接受劳动能力鉴定的；

（三）拒绝治疗的。

第五章 失 业 保 险

第四十四条 职工应当参加失业保险，由用人单位和职工按照国家规定共同缴纳失业保险费。

第四十五条 失业人员符合下列条件的，从失业保险基金中领取失业保险金：

（一）失业前用人单位和本人已经缴纳失业保险费满一年的；

（二）非因本人意愿中断就业的；

（三）已经进行失业登记，并有求职要求的。

第四十六条 失业人员失业前用人单位和本人累计缴费满一年不足五年的，领取失业保险金的期限最长为十二个月；累计缴费满五年不足十年的，领取失业保险金的期限最长为十八个月；累计缴费十年以上的，领取失业保险金的期限最长为二十四个月。重新就业后，再次失业的，缴费时间重新计算，领取失业保险金的期限与前次失业应当领取而尚未领取的失业保险金的期限合并计算，最长不超过二十四个月。

第四十七条 失业保险金的标准，由省、自治区、直辖市人民政府确定，不得低于城市居民最低生活保障标准。

第四十八条 失业人员在领取失业保险金期间，参加职工基本医疗保险，享受基本医疗保险待遇。

失业人员应当缴纳的基本医疗保险费从失业保险基金中支付，个人不缴纳基本医疗保险费。

第四十九条 失业人员在领取失业保险金期间死亡的，参照当地对在职职工死亡的规定，向其遗属发给一次性丧葬补助金和抚恤金。所需资金从失业保险基金中支付。

个人死亡同时符合领取基本养老保险丧葬补助金、工伤保险丧葬补助金和失业保险丧葬补助金条件的，其遗属只能选择领取其中的一项。

第五十条 用人单位应当及时为失业人员出具终止或者解除劳动关系的证明，并将失业人员的名单自终止或者解除劳动关系之日起十五日内告知社会保险经办机构。

失业人员应当持本单位为其出具的终止或者解除劳动关系的证明，及时到指定的公共就业服务机构办理失业登记。

失业人员凭失业登记证明和个人身份证明，到社会保险经办机构办理领取失业保险金的手续。失业保险金领取期限自办理失业登记之日起计算。

第五十一条 失业人员在领取失业保险金期间有下列情形之一的，停止领取失业保险金，并同时停止享受其他失业保险待遇：

（一）重新就业的；

（二）应征服兵役的；

（三）移居境外的；

（四）享受基本养老保险待遇的；

（五）无正当理由，拒不接受当地人民政府指定部门或者机构介绍的适当工作或者提供的培训的。

第五十二条 职工跨统筹地区就业的，其失业保险关系随本人转移，缴费年限累计计算。

第六章 生 育 保 险

第五十三条 职工应当参加生育保险，由用人单位按照国家规定缴纳生育保险费，职工不缴纳生育保险费。

第五十四条 用人单位已经缴纳生育保险费的，其职工享受生育保险待遇；职工未就业配偶按照国家规定享受生育医疗费用待遇。所需资金从生育保险基金中支付。

生育保险待遇包括生育医疗费用和生育津贴。

第五十五条 生育医疗费用包括下列各项：

（一）生育的医疗费用；

（二）计划生育的医疗费用；

（三）法律、法规规定的其他项目费用。

第五十六条 职工有下列情形之一的，可以按照国家规定享受生育津贴：

（一）女职工生育享受产假；

（二）享受计划生育手术休假；

（三）法律、法规规定的其他情形。

生育津贴按照职工所在用人单位上年度职工月平均工资计发。

第七章　社会保险费征缴

第五十七条　用人单位应当自成立之日起三十日内凭营业执照、登记证书或者单位印章，向当地社会保险经办机构申请办理社会保险登记。社会保险经办机构应当自收到申请之日起十五日内予以审核，发给社会保险登记证件。

用人单位的社会保险登记事项发生变更或者用人单位依法终止的，应当自变更或者终止之日起三十日内，到社会保险经办机构办理变更或者注销社会保险登记。

市场监督管理部门、民政部门和机构编制管理机关应当及时向社会保险经办机构通报用人单位的成立、终止情况，公安机关应当及时向社会保险经办机构通报个人的出生、死亡以及户口登记、迁移、注销等情况。

第五十八条　用人单位应当自用工之日起三十日内为其职工向社会保险经办机构申请办理社会保险登记。未办理社会保险登记的，由社会保险经办机构核定其应当缴纳的社会保险费。

自愿参加社会保险的无雇工的个体工商户、未在用人单位参加社会保险的非全日制从业人员以及其他灵活就业人员，应当向社会保险经办机构申请办理社会保险登记。

国家建立全国统一的个人社会保障号码。个人社会保障号码为公民身份号码。

第五十九条　县级以上人民政府加强社会保险费的征收工作。

社会保险费实行统一征收，实施步骤和具体办法由国务院规定。

第六十条　用人单位应当自行申报、按时足额缴纳社会保险费，非因不可抗力等法定事由不得缓缴、减免。职工应当缴纳的社会保险费由用人单位代扣代缴，用人单位应当按月将缴纳社会保险费的明细情况告知本人。

无雇工的个体工商户、未在用人单位参加社会保险的非全日制从业人员以及其他灵活就业人员，可以直接向社会保险费征收机构缴纳社会保险费。

第六十一条　社会保险费征收机构应当依法按时足额征收社会保险费，并将缴费情况定期告知用人单位和个人。

第六十二条　用人单位未按规定申报应当缴纳的社会保险费数额的，按照该单位上月缴费额的百分之一百一十确定应当缴纳数额；缴费单位补办申报手续后，由社会保险费征收机构按照规定结算。

第六十三条　用人单位未按时足额缴纳社会保险费的，由社会保险费征收机构责令其限期缴纳或者补足。

用人单位逾期仍未缴纳或者补足社会保险费的，社会保险费征收机构可以向银行和其他金融机构查询其存款账户；并可以申请县级以上有关行政部门作出划拨社会保险费的决定，书面通知其开户银行或者其他金融机构划拨社会保险费。用人单位账户余额少于应当缴纳的社会保险费的，社会保险费征收机构可以要求该用人单位提供担保，签订延期缴费协议。

用人单位未足额缴纳社会保险费且未提供担保的，社会保险费征收机构可以申请人民法院扣押、查封、拍卖其价值相当于应当缴纳社会保险费的财产，以拍卖所得抵缴社会保险费。

第八章　社会保险基金

第六十四条　社会保险基金包括基本养老保险基金、基本医疗保险基金、工伤保险基金、失业保险基金和生育保险基金。除基本医疗保险基金与生育保险基金合并建账及核算外，其他各项社会保险基金按照社会保险险种分别建账，分账核算。社会保险基金执行国家统一的会计制度。

社会保险基金专款专用，任何组织和个人不得侵占或者挪用。

基本养老保险基金逐步实行全国统筹，其他社会保险基金逐步实行省级统筹，具体时间、步骤由国务院规定。

第六十五条　社会保险基金通过预算实现收支平衡。

县级以上人民政府在社会保险基金出现支付不足时，给予补贴。

第六十六条　社会保险基金按照统筹层次设立预算。除基本医疗保险基金与生育保险基金预算合并编制外，其他社会保险基金预算按照社会保险项目分别编制。

第六十七条　社会保险基金预算、决算草案的编制、审核和批准，依照法律和国务院规定执行。

第六十八条　社会保险基金存入财政专户，具体管理办法由国务院规定。

第六十九条　社会保险基金在保证安全的前提下，按照国务院规定投资运营实现保值增值。

社会保险基金不得违规投资运营，不得用于平衡其他政府预算，不得用于兴建、改建办公场所和支付人员经费、运行费用、管理费用，或者违反法律、行政法规规定挪作其他用途。

第七十条　社会保险经办机构应当定期向社会公布参加社会保险情况以及社会保险基金的收入、支出、结余和收益情况。

第七十一条　国家设立全国社会保障基金，由中央财政预算拨款以及国务院批准的其他方式筹集的资金构成，用于社会保障支出的补充、调剂。全国社会保障基金由全国社会保障基金管理运营机构负责管理运营，在保证安全的前提下实现保值增值。

全国社会保障基金应当定期向社会公布收支、管理和投资运营的情况。国务院财政部门、社会保险行政部门、审计机关对全国社会保障基金的收支、管理和投资运营情况实施监督。

第九章　社会保险经办

第七十二条　统筹地区设立社会保险经办机构。社会保险经办机构根据工作需要，经所在地的社会保险行政部门和机构编制管理机关批准，可以在本统筹地区设立分支机构和服务网点。

社会保险经办机构的人员经费和经办社会保险发生的基本运行费用、管理费用，由同级财政按照国家规定予以保障。

第七十三条 社会保险经办机构应当建立健全业务、财务、安全和风险管理制度。

社会保险经办机构应当按时足额支付社会保险待遇。

第七十四条 社会保险经办机构通过业务经办、统计、调查获取社会保险工作所需的数据，有关单位和个人应当及时、如实提供。

社会保险经办机构应当及时为用人单位建立档案，完整、准确地记录参加社会保险的人员、缴费等社会保险数据，妥善保管登记、申报的原始凭证和支付结算的会计凭证。

社会保险经办机构应当及时、完整、准确地记录参加社会保险的个人缴费和用人单位为其缴费，以及享受社会保险待遇等个人权益记录，定期将个人权益记录单免费寄送本人。

用人单位和个人可以免费向社会保险经办机构查询、核对其缴费和享受社会保险待遇记录，要求社会保险经办机构提供社会保险咨询等相关服务。

第七十五条 全国社会保险信息系统按照国家统一规划，由县级以上人民政府按照分级负责的原则共同建设。

第十章　社会保险监督

第七十六条 各级人民代表大会常务委员会听取和审议本级人民政府对社会保险基金的收支、管理、投资运营以及监督检查情况的专项工作报告，组织对本法实施情况的执法检查等，依法行使监督职权。

第七十七条 县级以上人民政府社会保险行政部门应当加强对用人单位和个人遵守社会保险法律、法规情况的监督检查。

社会保险行政部门实施监督检查时，被检查的用人单位和个人应当如实提供与社会保险有关的资料，不得拒绝检查或者谎报、瞒报。

第七十八条 财政部门、审计机关按照各自职责，对社会保险基金的收支、管理和投资运营情况实施监督。

第七十九条 社会保险行政部门对社会保险基金的收支、管理和投资运营情况进行监督检查，发现存在问题的，应当提出整改建议，依法作出处理决定或者向有关行政部门提出处理建议。社会保险基金检查结果应当定期向社会公布。

社会保险行政部门对社会保险基金实施监督检查，有权采取下列措施：

（一）查阅、记录、复制与社会保险基金收支、管理和投资运营相关的资料，对可能被转移、隐匿或者灭失的资料予以封存；

（二）询问与调查事项有关的单位和个人，要求其对与调查事项有关的问题作出说明、提供有关证明材料；

（三）对隐匿、转移、侵占、挪用社会保险基金的行为予以制止并责令改正。

第八十条　统筹地区人民政府成立由用人单位代表、参保人员代表，以及工会代表、专家等组成的社会保险监督委员会，掌握、分析社会保险基金的收支、管理和投资运营情况，对社会保险工作提出咨询意见和建议，实施社会监督。

社会保险经办机构应当定期向社会保险监督委员会汇报社会保险基金的收支、管理和投资运营情况。社会保险监督委员会可以聘请会计师事务所对社会保险基金的收支、管理和投资运营情况进行年度审计和专项审计。审计结果应当向社会公开。

社会保险监督委员会发现社会保险基金收支、管理和投资运营中存在问题的，有权提出改正建议；对社会保险经办机构及其工作人员的违法行为，有权向有关部门提出依法处理建议。

第八十一条　社会保险行政部门和其他有关行政部门、社会保险经办机构、社会保险费征收机构及其工作人员，应当依法为用人单位和个人的信息保密，不得以任何形式泄露。

第八十二条　任何组织或者个人有权对违反社会保险法律、法规的行为进行举报、投诉。

社会保险行政部门、卫生行政部门、社会保险经办机构、社会保险费征收机构和财政部门、审计机关对属于本部门、本机构职责范围的举报、投诉，应当依法处理；对不属于本部门、本机构职责范围的，应当书面通知并移交有权处理的部门、机构处理。有权处理的部门、机构应当及时处理，不得推诿。

第八十三条　用人单位或者个人认为社会保险费征收机构的行为侵害自己合法权益的，可以依法申请行政复议或者提起行政诉讼。

用人单位或者个人对社会保险经办机构不依法办理社会保险登记、核定社会保险费、支付社会保险待遇、办理社会保险转移接续手续或者侵害其他社会保险权益的行为，可以依法申请行政复议或者提起行政诉讼。

个人与所在用人单位发生社会保险争议的，可以依法申请调解、仲裁，提起诉讼。用人单位侵害个人社会保险权益的，个人也可以要求社会保险行政部门或者社会保险费征收机构依法处理。

第十一章　法 律 责 任

第八十四条　用人单位不办理社会保险登记的，由社会保险行政部门责令限期改正；逾期不改正的，对用人单位处应缴社会保险费数额一倍以上三倍以下的罚款，对其直接负责的主管人员和其他直接责任人员处五百元以上三千元以下的罚款。

第八十五条　用人单位拒不出具终止或者解除劳动关系证明的，依照《中华人民共和国劳动合同法》的规定处理。

第八十六条　用人单位未按时足额缴纳社会保险费的，由社会保险费征收机构责令限期缴纳或者补足，并自欠缴之日起，按日加收万分之五的滞纳金；逾期仍不缴纳的，由有关行政部门处欠缴数额一倍以上三倍以下的罚款。

第八十七条　社会保险经办机构以及医疗机构、药品经营单位等社会保险服务机构以欺诈、伪造证明材料或者其他手段骗取社会保险基金支出的，由社会保险行政部门责令退回骗取的社会保险金，处骗取金额二倍以上五倍以下的罚款；属于社会保险服务机构的，解除服务协议；直接负责的主管人员和其他直接责任人员有执业资格的，依法吊销其执业资格。

第八十八条 以欺诈、伪造证明材料或者其他手段骗取社会保险待遇的，由社会保险行政部门责令退回骗取的社会保险金，处骗取金额二倍以上五倍以下的罚款。

第八十九条 社会保险经办机构及其工作人员有下列行为之一的，由社会保险行政部门责令改正；给社会保险基金、用人单位或者个人造成损失的，依法承担赔偿责任；对直接负责的主管人员和其他直接责任人员依法给予处分：

（一）未履行社会保险法定职责的；

（二）未将社会保险基金存入财政专户的；

（三）克扣或者拒不按时支付社会保险待遇的；

（四）丢失或者篡改缴费记录、享受社会保险待遇记录等社会保险数据、个人权益记录的；

（五）有违反社会保险法律、法规的其他行为的。

第九十条 社会保险费征收机构擅自更改社会保险费缴费基数、费率，导致少收或者多收社会保险费的，由有关行政部门责令其追缴应当缴纳的社会保险费或者退还不应当缴纳的社会保险费；对直接负责的主管人员和其他直接责任人员依法给予处分。

第九十一条 违反本法规定，隐匿、转移、侵占、挪用社会保险基金或者违规投资运营的，由社会保险行政部门、财政部门、审计机关责令追回；有违法所得的，没收违法所得；对直接负责的主管人员和其他直接责任人员依法给予处分。

第九十二条 社会保险行政部门和其他有关行政部门、社会保险经办机构、社会保险费征收机构及其工作人员泄露用人单位和个人信息的，对直接负责的主管人员和其他直接责任人员依法给予处分；给用人单位或者个人造成损失的，应当承担赔偿责任。

第九十三条 国家工作人员在社会保险管理、监督工作中滥用职权、玩忽职守、徇私舞弊的，依法给予处分。

第九十四条 违反本法规定，构成犯罪的，依法追究刑事责任。

第十二章 附 则

第九十五条 进城务工的农村居民依照本法规定参加社会保险。

第九十六条 征收农村集体所有的土地，应当足额安排被征地农民的社会保险费，按照国务院规定将被征地农民纳入相应的社会保险制度。

第九十七条 外国人在中国境内就业的，参照本法规定参加社会保险。

第九十八条 本法自2011年7月1日起施行。

2 工伤保险条例

2003年4月27日中华人民共和国国务院令第375号公布，自2004年1月1日起施行，根据2010年12月20日《国务院关于修改〈工伤保险条例〉的决定》修订，中华人民共和国国务院令第586号公布。

第一章 总 则

第一条 为了保障因工作遭受事故伤害或者患职业病的职工获得医疗救治和经济补偿，促进工伤预防和职业康复，分散用人单位的工伤风险，制定本条例。

第二条 中华人民共和国境内的企业、事业单位、社会团体、民办非企业单位、基金会、律师事务所、会计师事务所等组织和有雇工的个体工商户（以下称用人单位）应当依照本条例规定参加工伤保险，为本单位全部职工或者雇工（以下称职工）缴纳工伤保险费。

中华人民共和国境内的企业、事业单位、社会团体、民办非企业单位、基金会、律师事务所、会计师事务所等组织的职工和个体工商户的雇工，均有依照本条例的规定享受工伤保险待遇的权利。

第三条 工伤保险费的征缴按照《社会保险费征缴暂行条例》关于基本养老保险费、基本医疗保险费、失业保险费的征缴规定执行。

第四条 用人单位应当将参加工伤保险的有关情况在本单位内公示。

用人单位和职工应当遵守有关安全生产和职业病防治的法律法规，执行安全卫生规程和标准，预防工伤事故发生，避免和减少职业病危害。

职工发生工伤时，用人单位应当采取措施使工伤职工得到及时救治。

第五条 国务院社会保险行政部门负责全国的工伤保险工作。

县级以上地方各级人民政府社会保险行政部门负责本行政区域内的工伤保险工作。

社会保险行政部门按照国务院有关规定设立的社会保险经办机构（以下称经办机构）具体承办工伤保险事务。

第六条 社会保险行政部门等部门制定工伤保险的政策、标准，应当征求工会组织、用人单位代表的意见。

第二章 工伤保险基金

第七条 工伤保险基金由用人单位缴纳的工伤保险费、工伤保险基金的利息和依法纳入工伤保险基金的其他资金构成。

第八条 工伤保险费根据以支定收、收支平衡的原则，确定费率。

国家根据不同行业的工伤风险程度确定行业的差别费率，并根据工伤保险费使用、工伤发生率等情况在每个行业内确定若干费率档次。行业差别费率及行业内费率档次由国务院社会保险行政部门制定，报国务院批准后公布施行。

统筹地区经办机构根据用人单位工伤保险费使用、工伤发生率等情况，适用所属行业内相应的费率档次确定单位缴费费率。

第九条 国务院社会保险行政部门应当定期了解全国各统筹地区工伤保险基金收支情况，及时提出调整行业差别费率及行业内费率档次的方案，报国务院批准后公布施行。

第十条 用人单位应当按时缴纳工伤保险费。职工个人不缴纳工伤保险费。

用人单位缴纳工伤保险费的数额为本单位职工工资总额乘以单位缴费费率之积。

对难以按照工资总额缴纳工伤保险费的行业，其缴纳工伤保险费的具体方式，由国务院社会保险行政部门规定。

第十一条 工伤保险基金逐步实行省级统筹。

跨地区、生产流动性较大的行业，可以采取相对集中的方式异地参加统筹地区的工伤保险。具体办法由国务院社会保险行政部门会同有关行业的主管部门制定。

第十二条 工伤保险基金存入社会保障基金财政专户，用于本条例规定的工伤保险待遇，劳动能力鉴定，工伤预防的宣传、培训等费用，以及法律、法规规定的用于工伤保险的其他费用的支付。

工伤预防费用的提取比例、使用和管理的具体办法，由国务院社会保险行政部门会同国务院财政、卫生行政、安全生产监督管理等部门规定。

任何单位或者个人不得将工伤保险基金用于投资运营、兴建或者改建办公场所、发放奖金，或者挪作其他用途。

第十三条 工伤保险基金应当留有一定比例的储备金，用于统筹地区重大事故的工伤保险待遇支付；储备金不足支付的，由统筹地区的人民政府垫付。储备金占基金总额的具体比例和储备金的使用办法，由省、自治区、直辖市人民政府规定。

第三章　工　伤　认　定

第十四条 职工有下列情形之一的，应当认定为工伤：

（一）在工作时间和工作场所内，因工作原因受到事故伤害的；

（二）工作时间前后在工作场所内，从事与工作有关的预备性或者收尾性工作受到事故伤害的；

（三）在工作时间和工作场所内，因履行工作职责受到暴力等意外伤害的；

（四）患职业病的；

（五）因工外出期间，由于工作原因受到伤害或者发生事故下落不明的；

（六）在上下班途中，受到非本人主要责任的交通事故或者城市轨道交通、客运轮渡、火车事故伤害的；

（七）法律、行政法规规定应当认定为工伤的其他情形。

第十五条 职工有下列情形之一的，视同工伤：

（一）在工作时间和工作岗位，突发疾病死亡或者在48小时之内经抢救无效死亡的；

（二）在抢险救灾等维护国家利益、公共利益活动中受到伤害的；

（三）职工原在军队服役，因战、因公负伤致残，已取得革命伤残军人证，到用人单位后旧伤复发的。

职工有前款第（一）项、第（二）项情形的，按照本条例的有关规定享受工伤保险待遇；职工有前款第（三）项情形的，按照本条例的有关规定享受除一次性伤残补助金以外的工伤保险待遇。

第十六条 职工符合本条例第十四条、第十五条的规定，但是有下列情形之一的，不得认定为工伤或者视同工伤：

（一）故意犯罪的；

（二）醉酒或者吸毒的；

（三）自残或者自杀的。

第十七条 职工发生事故伤害或者按照职业病防治法规定被诊断、鉴定为职业病，所在单位应当自事故伤害发生之日或者被诊断、鉴定为职业病之日起30日内，向统筹地区社会保险行政部门提出工伤认定申请。遇有特殊情况，经报社会保险行政部门同意，申请时限可以适当延长。

用人单位未按前款规定提出工伤认定申请的，工伤职工或者其近亲属、工会组织在事故伤害发生之日或者被诊断、鉴定为职业病之日起1年内，可以直接向用人单位所在地统筹地区社会保险行政部门提出工伤认定申请。

按照本条第一款规定应当由省级社会保险行政部门进行工伤认定的事项，根据属地原则由用人单位所在地的设区的市级社会保险行政部门办理。

用人单位未在本条第一款规定的时限内提交工伤认定申请，在此期间发生符合本条例规定的工伤待遇等有关费用由该用人单位负担。

第十八条 提出工伤认定申请应当提交下列材料：

（一）工伤认定申请表；

（二）与用人单位存在劳动关系（包括事实劳动关系）的证明材料；

（三）医疗诊断证明或者职业病诊断证明书（或者职业病诊断鉴定书）。

工伤认定申请表应当包括事故发生的时间、地点、原因以及职工伤害程度等基本情况。

工伤认定申请人提供材料不完整的，社会保险行政部门应当一次性书面告知工伤认定申请人需要补正的全部材料。申请人按照书面告知要求补正材料后，社会保险行政部门应当受理。

第十九条 社会保险行政部门受理工伤认定申请后，根据审核需要可以对事故伤害进行调查核实，用人单位、职工、工会组织、医疗机构以及有关部门应当予以协助。职业病诊断和诊断争议的鉴定，依照职业病防治法的有关规定执行。对依法取得职业病诊断证明书或者职业病诊断鉴定书的，社会保险行政部门不再进行调查核实。

职工或者其近亲属认为是工伤，用人单位不认为是工伤的，由用人单位承担举证责任。

第二十条 社会保险行政部门应当自受理工伤认定申请之日起60日内作出工伤认定的

决定，并书面通知申请工伤认定的职工或者其近亲属和该职工所在单位。

社会保险行政部门对受理的事实清楚、权利义务明确的工伤认定申请，应当在15日内作出工伤认定的决定。

作出工伤认定决定需要以司法机关或者有关行政主管部门的结论为依据的，在司法机关或者有关行政主管部门尚未作出结论期间，作出工伤认定决定的时限中止。

社会保险行政部门工作人员与工伤认定申请人有利害关系的，应当回避。

第四章 劳动能力鉴定

第二十一条 职工发生工伤，经治疗伤情相对稳定后存在残疾、影响劳动能力的，应当进行劳动能力鉴定。

第二十二条 劳动能力鉴定是指劳动功能障碍程度和生活自理障碍程度的等级鉴定。

劳动功能障碍分为十个伤残等级，最重的为一级，最轻的为十级。

生活自理障碍分为三个等级：生活完全不能自理、生活大部分不能自理和生活部分不能自理。

劳动能力鉴定标准由国务院社会保险行政部门会同国务院卫生行政部门等部门制定。

第二十三条 劳动能力鉴定由用人单位、工伤职工或者其近亲属向设区的市级劳动能力鉴定委员会提出申请，并提供工伤认定决定和职工工伤医疗的有关资料。

第二十四条 省、自治区、直辖市劳动能力鉴定委员会和设区的市级劳动能力鉴定委员会分别由省、自治区、直辖市和设区的市级社会保险行政部门、卫生行政部门、工会组织、经办机构代表以及用人单位代表组成。

劳动能力鉴定委员会建立医疗卫生专家库。列入专家库的医疗卫生专业技术人员应当具备下列条件：

（一）具有医疗卫生高级专业技术职务任职资格；

（二）掌握劳动能力鉴定的相关知识；

（三）具有良好的职业品德。

第二十五条 设区的市级劳动能力鉴定委员会收到劳动能力鉴定申请后，应当从其建立的医疗卫生专家库中随机抽取3名或者5名相关专家组成专家组，由专家组提出鉴定意见。设区的市级劳动能力鉴定委员会根据专家组的鉴定意见作出工伤职工劳动能力鉴定结论；必要时，可以委托具备资格的医疗机构协助进行有关的诊断。

设区的市级劳动能力鉴定委员会应当自收到劳动能力鉴定申请之日起60日内作出劳动能力鉴定结论，必要时，作出劳动能力鉴定结论的期限可以延长30日。劳动能力鉴定结论应当及时送达申请鉴定的单位和个人。

第二十六条 申请鉴定的单位或者个人对设区的市级劳动能力鉴定委员会作出的鉴定结论不服的，可以在收到该鉴定结论之日起15日内向省、自治区、直辖市劳动能力鉴定委员会提出再次鉴定申请。省、自治区、直辖市劳动能力鉴定委员会作出的劳动能力鉴定结论为最终结论。

第二十七条 劳动能力鉴定工作应当客观、公正。劳动能力鉴定委员会组成人员或者参加鉴定的专家与当事人有利害关系的，应当回避。

第二十八条 自劳动能力鉴定结论作出之日起 1 年后，工伤职工或者其近亲属、所在单位或者经办机构认为伤残情况发生变化的，可以申请劳动能力复查鉴定。

第二十九条 劳动能力鉴定委员会依照本条例第二十六条和第二十八条的规定进行再次鉴定和复查鉴定的期限，依照本条例第二十五条第二款的规定执行。

第五章 工伤保险待遇

第三十条 职工因工作遭受事故伤害或者患职业病进行治疗，享受工伤医疗待遇。

职工治疗工伤应当在签订服务协议的医疗机构就医，情况紧急时可以先到就近的医疗机构急救。

治疗工伤所需费用符合工伤保险诊疗项目目录、工伤保险药品目录、工伤保险住院服务标准的，从工伤保险基金支付。工伤保险诊疗项目目录、工伤保险药品目录、工伤保险住院服务标准，由国务院社会保险行政部门会同国务院卫生行政部门、食品药品监督管理部门等部门规定。

职工住院治疗工伤的伙食补助费，以及经医疗机构出具证明，报经办机构同意，工伤职工到统筹地区以外就医所需的交通、食宿费用从工伤保险基金支付，基金支付的具体标准由统筹地区人民政府规定。

工伤职工治疗非工伤引发的疾病，不享受工伤医疗待遇，按照基本医疗保险办法处理。

工伤职工到签订服务协议的医疗机构进行工伤康复的费用，符合规定的，从工伤保险基金支付。

第三十一条 社会保险行政部门作出认定为工伤的决定后发生行政复议、行政诉讼的，行政复议和行政诉讼期间不停止支付工伤职工治疗工伤的医疗费用。

第三十二条 工伤职工因日常生活或者就业需要，经劳动能力鉴定委员会确认，可以安装假肢、矫形器、假眼、假牙和配置轮椅等辅助器具，所需费用按照国家规定的标准从工伤保险基金支付。

第三十三条 职工因工作遭受事故伤害或者患职业病需要暂停工作接受工伤医疗的，在停工留薪期内，原工资福利待遇不变，由所在单位按月支付。

停工留薪期一般不超过 12 个月。伤情严重或者情况特殊，经设区的市级劳动能力鉴定委员会确认，可以适当延长，但延长不得超过 12 个月。工伤职工评定伤残等级后，停发原待遇，按照本章的有关规定享受伤残待遇。工伤职工在停工留薪期满后仍需治疗的，继续享受工伤医疗待遇。

生活不能自理的工伤职工在停工留薪期需要护理的，由所在单位负责。

第三十四条 工伤职工已经评定伤残等级并经劳动能力鉴定委员会确认需要生活护理的，从工伤保险基金按月支付生活护理费。

生活护理费按照生活完全不能自理、生活大部分不能自理或者生活部分不能自理 3 个不同等级支付，其标准分别为统筹地区上年度职工月平均工资的50%、40%或者30%。

第三十五条 职工因工致残被鉴定为一级至四级伤残的，保留劳动关系，退出工作岗位，享受以下待遇：

（一）从工伤保险基金按伤残等级支付一次性伤残补助金，标准为：一级伤残为27个月的本人工资，二级伤残为25个月的本人工资，三级伤残为23个月的本人工资，四级伤残为21个月的本人工资；

（二）从工伤保险基金按月支付伤残津贴，标准为：一级伤残为本人工资的90%，二级伤残为本人工资的85%，三级伤残为本人工资的80%，四级伤残为本人工资的75%。伤残津贴实际金额低于当地最低工资标准的，由工伤保险基金补足差额；

（三）工伤职工达到退休年龄并办理退休手续后，停发伤残津贴，按照国家有关规定享受基本养老保险待遇。基本养老保险待遇低于伤残津贴的，由工伤保险基金补足差额。

职工因工致残被鉴定为一级至四级伤残的，由用人单位和职工个人以伤残津贴为基数，缴纳基本医疗保险费。

第三十六条 职工因工致残被鉴定为五级、六级伤残的，享受以下待遇：

（一）从工伤保险基金按伤残等级支付一次性伤残补助金，标准为：五级伤残为18个月的本人工资，六级伤残为16个月的本人工资；

（二）保留与用人单位的劳动关系，由用人单位安排适当工作。难以安排工作的，由用人单位按月发给伤残津贴，标准为：五级伤残为本人工资的70%，六级伤残为本人工资的60%，并由用人单位按照规定为其缴纳应缴纳的各项社会保险费。伤残津贴实际金额低于当地最低工资标准的，由用人单位补足差额。

经工伤职工本人提出，该职工可以与用人单位解除或者终止劳动关系，由工伤保险基金支付一次性工伤医疗补助金，由用人单位支付一次性伤残就业补助金。一次性工伤医疗补助金和一次性伤残就业补助金的具体标准由省、自治区、直辖市人民政府规定。

第三十七条 职工因工致残被鉴定为七级至十级伤残的，享受以下待遇：

（一）从工伤保险基金按伤残等级支付一次性伤残补助金，标准为：七级伤残为13个月的本人工资，八级伤残为11个月的本人工资，九级伤残为9个月的本人工资，十级伤残为7个月的本人工资；

（二）劳动、聘用合同期满终止，或者职工本人提出解除劳动、聘用合同的，由工伤保险基金支付一次性工伤医疗补助金，由用人单位支付一次性伤残就业补助金。一次性工伤医疗补助金和一次性伤残就业补助金的具体标准由省、自治区、直辖市人民政府规定。

第三十八条 工伤职工工伤复发，确认需要治疗的，享受本条例第三十条、第三十二条和第三十三条规定的工伤待遇。

第三十九条 职工因工死亡，其近亲属按照下列规定从工伤保险基金领取丧葬补助金、供养亲属抚恤金和一次性工亡补助金：

（一）丧葬补助金为6个月的统筹地区上年度职工月平均工资；

（二）供养亲属抚恤金按照职工本人工资的一定比例发给由因工死亡职工生前提供主要生活来源、无劳动能力的亲属。标准为：配偶每月40%，其他亲属每人每月30%，孤寡老人或者孤儿每人每月在上述标准的基础上增加10%。核定的各供养亲属的抚恤金之和不应高于因工死亡职工生前的工资。供养亲属的具体范围由国务院社会保险行政部门规定；

（三）一次性工亡补助金标准为上一年度全国城镇居民人均可支配收入的20倍。

伤残职工在停工留薪期内因工伤导致死亡的，其近亲属享受本条第一款规定的待遇。

一级至四级伤残职工在停工留薪期满后死亡的，其近亲属可以享受本条第一款第（一）项、第（二）项规定的待遇。

第四十条 伤残津贴、供养亲属抚恤金、生活护理费由统筹地区社会保险行政部门根据职工平均工资和生活费用变化等情况适时调整。调整办法由省、自治区、直辖市人民政府规定。

第四十一条 职工因工外出期间发生事故或者在抢险救灾中下落不明的，从事故发生当月起3个月内照发工资，从第4个月起停发工资，由工伤保险基金向其供养亲属按月支付供养亲属抚恤金。生活有困难的，可以预支一次性工亡补助金的50%。职工被人民法院宣告死亡的，按照本条例第三十九条职工因工死亡的规定处理。

第四十二条 工伤职工有下列情形之一的，停止享受工伤保险待遇：

（一）丧失享受待遇条件的；

（二）拒不接受劳动能力鉴定的；

（三）拒绝治疗的。

第四十三条 用人单位分立、合并、转让的，承继单位应当承担原用人单位的工伤保险责任；原用人单位已经参加工伤保险的，承继单位应当到当地经办机构办理工伤保险变更登记。

用人单位实行承包经营的，工伤保险责任由职工劳动关系所在单位承担。

职工被借调期间受到工伤事故伤害的，由原用人单位承担工伤保险责任，但原用人单位与借调单位可以约定补偿办法。

企业破产的，在破产清算时依法拨付应当由单位支付的工伤保险待遇费用。

第四十四条 职工被派遣出境工作，依据前往国家或者地区的法律应当参加当地工伤保险的，参加当地工伤保险，其国内工伤保险关系中止；不能参加当地工伤保险的，其国内工伤保险关系不中止。

第四十五条 职工再次发生工伤，根据规定应当享受伤残津贴的，按照新认定的伤残等级享受伤残津贴待遇。

第六章 监督管理

第四十六条 经办机构具体承办工伤保险事务，履行下列职责：

（一）根据省、自治区、直辖市人民政府规定，征收工伤保险费；

（二）核查用人单位的工资总额和职工人数，办理工伤保险登记，并负责保存用人单位缴费和职工享受工伤保险待遇情况的记录；

（三）进行工伤保险的调查、统计；

（四）按照规定管理工伤保险基金的支出；

（五）按照规定核定工伤保险待遇；

（六）为工伤职工或者其近亲属免费提供咨询服务。

第四十七条　经办机构与医疗机构、辅助器具配置机构在平等协商的基础上签订服务协议，并公布签订服务协议的医疗机构、辅助器具配置机构的名单。具体办法由国务院社会保险行政部门分别会同国务院卫生行政部门、民政部门等部门制定。

第四十八条　经办机构按照协议和国家有关目录、标准对工伤职工医疗费用、康复费用、辅助器具费用的使用情况进行核查，并按时足额结算费用。

第四十九条　经办机构应当定期公布工伤保险基金的收支情况，及时向社会保险行政部门提出调整费率的建议。

第五十条　社会保险行政部门、经办机构应当定期听取工伤职工、医疗机构、辅助器具配置机构以及社会各界对改进工伤保险工作的意见。

第五十一条　社会保险行政部门依法对工伤保险费的征缴和工伤保险基金的支付情况进行监督检查。

财政部门和审计机关依法对工伤保险基金的收支、管理情况进行监督。

第五十二条　任何组织和个人对有关工伤保险的违法行为，有权举报。社会保险行政部门对举报应当及时调查，按照规定处理，并为举报人保密。

第五十三条　工会组织依法维护工伤职工的合法权益，对用人单位的工伤保险工作实行监督。

第五十四条　职工与用人单位发生工伤待遇方面的争议，按照处理劳动争议的有关规定处理。

第五十五条　有下列情形之一的，有关单位或者个人可以依法申请行政复议，也可以依法向人民法院提起行政诉讼：

（一）申请工伤认定的职工或者其近亲属、该职工所在单位对工伤认定申请不予受理的决定不服的；

（二）申请工伤认定的职工或者其近亲属、该职工所在单位对工伤认定结论不服的；

（三）用人单位对经办机构确定的单位缴费费率不服的；

（四）签订服务协议的医疗机构、辅助器具配置机构认为经办机构未履行有关协议或者规定的；

（五）工伤职工或者其近亲属对经办机构核定的工伤保险待遇有异议的。

第七章　法 律 责 任

第五十六条　单位或者个人违反本条例第十二条规定挪用工伤保险基金，构成犯罪的，依法追究刑事责任；尚不构成犯罪的，依法给予处分或者纪律处分。被挪用的基金由社会保险行政部门追回，并入工伤保险基金；没收的违法所得依法上缴国库。

第五十七条　社会保险行政部门工作人员有下列情形之一的，依法给予处分；情节严

重,构成犯罪的,依法追究刑事责任:

(一) 无正当理由不受理工伤认定申请,或者弄虚作假将不符合工伤条件的人员认定为工伤职工的;

(二) 未妥善保管申请工伤认定的证据材料,致使有关证据灭失的;

(三) 收受当事人财物的。

第五十八条 经办机构有下列行为之一的,由社会保险行政部门责令改正,对直接负责的主管人员和其他责任人员依法给予纪律处分;情节严重,构成犯罪的,依法追究刑事责任;造成当事人经济损失的,由经办机构依法承担赔偿责任:

(一) 未按规定保存用人单位缴费和职工享受工伤保险待遇情况记录的;

(二) 不按规定核定工伤保险待遇的;

(三) 收受当事人财物的。

第五十九条 医疗机构、辅助器具配置机构不按服务协议提供服务的,经办机构可以解除服务协议。

经办机构不按时足额结算费用的,由社会保险行政部门责令改正;医疗机构、辅助器具配置机构可以解除服务协议。

第六十条 用人单位、工伤职工或者其近亲属骗取工伤保险待遇,医疗机构、辅助器具配置机构骗取工伤保险基金支出的,由社会保险行政部门责令退还,处骗取金额2倍以上5倍以下的罚款;情节严重,构成犯罪的,依法追究刑事责任。

第六十一条 从事劳动能力鉴定的组织或者个人有下列情形之一的,由社会保险行政部门责令改正,处2 000元以上1万元以下的罚款;情节严重,构成犯罪的,依法追究刑事责任:

(一) 提供虚假鉴定意见的;

(二) 提供虚假诊断证明的;

(三) 收受当事人财物的。

第六十二条 用人单位依照本条例规定应当参加工伤保险而未参加的,由社会保险行政部门责令限期参加,补缴应当缴纳的工伤保险费,并自欠缴之日起,按日加收万分之五的滞纳金;逾期仍不缴纳的,处欠缴数额1倍以上3倍以下的罚款。

依照本条例规定应当参加工伤保险而未参加工伤保险的用人单位职工发生工伤的,由该用人单位按照本条例规定的工伤保险待遇项目和标准支付费用。

用人单位参加工伤保险并补缴应当缴纳的工伤保险费、滞纳金后,由工伤保险基金和用人单位依照本条例的规定支付新发生的费用。

第六十三条 用人单位违反本条例第十九条的规定,拒不协助社会保险行政部门对事故进行调查核实的,由社会保险行政部门责令改正,处2 000元以上2万元以下的罚款。

第八章 附 则

第六十四条 本条例所称工资总额,是指用人单位直接支付给本单位全部职工的劳动报酬总额。

本条例所称本人工资，是指工伤职工因工作遭受事故伤害或者患职业病前12个月平均月缴费工资。本人工资高于统筹地区职工平均工资300%的，按照统筹地区职工平均工资的300%计算；本人工资低于统筹地区职工平均工资60%的，按照统筹地区职工平均工资的60%计算。

第六十五条 公务员和参照公务员法管理的事业单位、社会团体的工作人员因工作遭受事故伤害或者患职业病的，由所在单位支付费用。具体办法由国务院社会保险行政部门会同国务院财政部门规定。

第六十六条 无营业执照或者未经依法登记、备案的单位以及被依法吊销营业执照或者撤销登记、备案的单位的职工受到事故伤害或者患职业病的，由该单位向伤残职工或者死亡职工的近亲属给予一次性赔偿，赔偿标准不得低于本条例规定的工伤保险待遇；用人单位不得使用童工，用人单位使用童工造成童工伤残、死亡的，由该单位向童工或者童工的近亲属给予一次性赔偿，赔偿标准不得低于本条例规定的工伤保险待遇。具体办法由国务院社会保险行政部门规定。

前款规定的伤残职工或者死亡职工的近亲属就赔偿数额与单位发生争议的，以及前款规定的童工或者童工的近亲属就赔偿数额与单位发生争议的，按照处理劳动争议的有关规定处理。

第六十七条 本条例自2004年1月1日起施行。本条例施行前已受到事故伤害或者患职业病的职工尚未完成工伤认定的，按照本条例的规定执行。

3 关于实施《工伤保险条例》若干问题的意见

劳社部函〔2004〕256号

各省、自治区、直辖市劳动和社会保障厅（局）：

《工伤保险条例》（以下简称条例）已于二〇〇四年一月一日起施行，现就条例实施中的有关问题提出如下意见。

一、职工在两个或两个以上用人单位同时就业的，各用人单位应当分别为职工缴纳工伤保险费。职工发生工伤，由职工受到伤害时其工作的单位依法承担工伤保险责任。

二、条例第十四条规定"上下班途中，受到机动车事故伤害的，应当认定为工伤"。这里"上下班途中"既包括职工正常工作的上下班途中，也包括职工加班加点的上下班途中。"受到机动车事故伤害的"既可以是职工驾驶或乘坐的机动车发生事故造成的，也可以是职工因其他机动车事故造成的。

三、条例第十五条规定"职工在工作时间和工作岗位，突发疾病死亡或者在48小时之内经抢救无效死亡的，视同工伤"。这里"突发疾病"包括各类疾病。"48小时"的起算时间，以医疗机构的初次诊断时间作为突发疾病的起算时间。

四、条例第十七条第二款规定的有权申请工伤认定的"工会组织"包括职工所在用人单位的工会组织以及符合《中华人民共和国工会法》规定的各级工会组织。

五、用人单位未按规定为职工提出工伤认定申请，受到事故伤害或者患职业病的职工或者其直系亲属、工会组织提出工伤认定申请，职工所在单位是否同意（签字、盖章），不是必经程序。

六、条例第十七条第四款规定"用人单位未在本条第一款规定的时限内提交工伤认定申请的，在此期间发生符合本条例规定的工伤待遇等有关费用由该用人单位负担"。这里用人单位承担工伤待遇等有关费用的期间是指从事故伤害发生之日或职业病确诊之日起到劳动保障行政部门受理工伤认定申请之日止。

七、条例第三十六条规定的工伤职工旧伤复发，是否需要治疗应由治疗工伤职工的协议医疗机构提出意见，有争议的由劳动能力鉴定委员会确认。

八、职工因工死亡，其供养亲属享受抚恤金待遇的资格，按职工因工死亡时的条件核定。

劳动和社会保障部
2004 年 11 月 1 日

4 实施《中华人民共和国社会保险法》若干规定

2011 年 6 月 29 日中华人民共和国人力资源和社会保障部令第 13 号公布，自 2011 年 7 月 1 日起施行。

为了实施《中华人民共和国社会保险法》（以下简称社会保险法），制定本规定。

第一章 关于基本养老保险

第一条 社会保险法第十五条规定的统筹养老金，按照国务院规定的基础养老金计发办法计发。

第二条 参加职工基本养老保险的个人达到法定退休年龄时，累计缴费不足十五年的，可以延长缴费至满十五年。社会保险法实施前参保、延长缴费五年后仍不足十五年的，可以一次性缴费至满十五年。

第三条 参加职工基本养老保险的个人达到法定退休年龄后，累计缴费不足十五年（含依照第二条规定延长缴费）的，可以申请转入户籍所在地新型农村社会养老保险或者城镇居民社会养老保险，享受相应的养老保险待遇。

参加职工基本养老保险的个人达到法定退休年龄后，累计缴费不足十五年（含依照第二条规定延长缴费），且未转入新型农村社会养老保险或者城镇居民社会养老保险的，个人可以书面申请终止职工基本养老保险关系。社会保险经办机构收到申请后，应当书面告知其转入新型农村社会养老保险或者城镇居民社会养老保险的权利以及终止职工基本养老保险关系的后果，经本人书面确认后，终止其职工基本养老保险关系，并将个人账户储存额一次性支付给本人。

第四条 参加职工基本养老保险的个人跨省流动就业，达到法定退休年龄时累计缴费不足十五年的，按照《国务院办公厅关于转发人力资源社会保障部 财政部城镇企业职工基本养老保险关系转移接续暂行办法的通知》（国办发〔2009〕66号）有关待遇领取地的规定确定继续缴费地后，按照本规定第二条办理。

第五条 参加职工基本养老保险的个人跨省流动就业，符合按月领取基本养老金条件时，基本养老金分段计算、统一支付的具体办法，按照《国务院办公厅关于转发人力资源社会保障部 财政部城镇企业职工基本养老保险关系转移接续暂行办法的通知》（国办发〔2009〕66号）执行。

第六条 职工基本养老保险个人账户不得提前支取。个人在达到法定的领取基本养老金条件前离境定居的，其个人账户予以保留，达到法定领取条件时，按照国家规定享受相应的养老保险待遇。其中，丧失中华人民共和国国籍的，可以在其离境时或者离境后书面申请终止职工基本养老保险关系。社会保险经办机构收到申请后，应当书面告知其保留个人账户的权利以及终止职工基本养老保险关系的后果，经本人书面确认后，终止其职工基本养老保险关系，并将个人账户储存额一次性支付给本人。

参加职工基本养老保险的个人死亡后，其个人账户中的余额可以全部依法继承。

第二章 关于基本医疗保险

第七条 社会保险法第二十七条规定的退休人员享受基本医疗保险待遇的缴费年限按照各地规定执行。

参加职工基本医疗保险的个人，基本医疗保险关系转移接续时，基本医疗保险缴费年限累计计算。

第八条 参保人员在协议医疗机构发生的医疗费用，符合基本医疗保险药品目录、诊疗项目、医疗服务设施标准的，按照国家规定从基本医疗保险基金中支付。

参保人员确需急诊、抢救的，可以在非协议医疗机构就医；因抢救必须使用的药品可以适当放宽范围。参保人员急诊、抢救的医疗服务具体管理办法由统筹地区根据当地实际情况制定。

第三章 关于工伤保险

第九条 职工（包括非全日制从业人员）在两个或者两个以上用人单位同时就业的，

各用人单位应当分别为职工缴纳工伤保险费。职工发生工伤，由职工受到伤害时工作的单位依法承担工伤保险责任。

第十条 社会保险法第三十七条第二项中的醉酒标准，按照《车辆驾驶人员血液、呼气酒精含量阈值与检验》（GB 19522—2004）执行。公安机关交通管理部门、医疗机构等有关单位依法出具的检测结论、诊断证明等材料，可以作为认定醉酒的依据。

第十一条 社会保险法第三十八条第八项中的因工死亡补助金是指《工伤保险条例》第三十九条的一次性工亡补助金，标准为工伤发生时上一年度全国城镇居民人均可支配收入的20倍。

上一年度全国城镇居民人均可支配收入以国家统计局公布的数据为准。

第十二条 社会保险法第三十九条第一项治疗工伤期间的工资福利，按照《工伤保险条例》第三十三条有关职工在停工留薪期内应当享受的工资福利和护理等待遇的规定执行。

第四章 关于失业保险

第十三条 失业人员符合社会保险法第四十五条规定条件的，可以申请领取失业保险金并享受其他失业保险待遇。其中，非因本人意愿中断就业包括下列情形：

（一）依照劳动合同法第四十四条第一项、第四项、第五项规定终止劳动合同的；

（二）由用人单位依照劳动合同法第三十九条、第四十条、第四十一条规定解除劳动合同的；

（三）用人单位依照劳动合同法第三十六条规定向劳动者提出解除劳动合同并与劳动者协商一致解除劳动合同的；

（四）由用人单位提出解除聘用合同或者被用人单位辞退、除名、开除的；

（五）劳动者本人依照劳动合同法第三十八条规定解除劳动合同的；

（六）法律、法规、规章规定的其他情形。

第十四条 失业人员领取失业保险金后重新就业的，再次失业时，缴费时间重新计算。失业人员因当期不符合失业保险金领取条件的，原有缴费时间予以保留，重新就业并参保的，缴费时间累计计算。

第十五条 失业人员在领取失业保险金期间，应当积极求职，接受职业介绍和职业培训。失业人员接受职业介绍、职业培训的补贴由失业保险基金按照规定支付。

第五章 关于基金管理和经办服务

第十六条 社会保险基金预算、决算草案的编制、审核和批准，依照《国务院关于试行社会保险基金预算的意见》（国发〔2010〕2号）的规定执行。

第十七条 社会保险经办机构应当每年至少一次将参保人员个人权益记录单通过邮寄方式寄送本人。同时，社会保险经办机构可以通过手机短信或者电子邮件等方式向参保人员发送个人权益记录。

第十八条 社会保险行政部门、社会保险经办机构及其工作人员应当依法为用人单位和个人的信息保密，不得违法向他人泄露下列信息：

（一）涉及用人单位商业秘密或者公开后可能损害用人单位合法利益的信息；

（二）涉及个人权益的信息。

第六章 关于法律责任

第十九条 用人单位在终止或者解除劳动合同时拒不向职工出具终止或者解除劳动关系证明，导致职工无法享受社会保险待遇的，用人单位应当依法承担赔偿责任。

第二十条 职工应当缴纳的社会保险费由用人单位代扣代缴。用人单位未依法代扣代缴的，由社会保险费征收机构责令用人单位限期代缴，并自欠缴之日起向用人单位按日加收万分之五的滞纳金。用人单位不得要求职工承担滞纳金。

第二十一条 用人单位因不可抗力造成生产经营出现严重困难的，经省级人民政府社会保险行政部门批准后，可以暂缓缴纳一定期限的社会保险费，期限一般不超过一年。暂缓缴费期间，免收滞纳金。到期后，用人单位应当缴纳相应的社会保险费。

第二十二条 用人单位按照社会保险法第六十三条的规定，提供担保并与社会保险费征收机构签订缓缴协议的，免收缓缴期间的滞纳金。

第二十三条 用人单位按照本规定第二十一条、第二十二条缓缴社会保险费期间，不影响其职工依法享受社会保险待遇。

第二十四条 用人单位未按月将缴纳社会保险费的明细情况告知职工本人的，由社会保险行政部门责令改正；逾期不改的，按照《劳动保障监察条例》第三十条的规定处理。

第二十五条 医疗机构、药品经营单位等社会保险服务机构以欺诈、伪造证明材料或者其他手段骗取社会保险基金支出的，由社会保险行政部门责令退回骗取的社会保险金，处骗取金额二倍以上五倍以下的罚款。对与社会保险经办机构签订服务协议的医疗机构、药品经营单位，由社会保险经办机构按照协议追究责任，情节严重的，可以解除与其签订的服务协议。对有执业资格的直接负责的主管人员和其他直接责任人员，由社会保险行政部门建议授予其执业资格的有关主管部门依法吊销其执业资格。

第二十六条 社会保险经办机构、社会保险费征收机构、社会保险基金投资运营机构、开设社会保险基金专户的机构和专户管理银行及其工作人员有下列违法情形的，由社会保险行政部门按照社会保险法第九十一条的规定查处：

（一）将应征和已征的社会保险基金，采取隐藏、非法放置等手段，未按规定征缴、入账的；

（二）违规将社会保险基金转入社会保险基金专户以外的账户的；

（三）侵吞社会保险基金的；

（四）将各项社会保险基金互相挤占或者其他社会保障基金挤占社会保险基金的；

（五）将社会保险基金用于平衡财政预算、兴建、改建办公场所和支付人员经费、运行费用、管理费用的；

（六）违反国家规定的投资运营政策的。

第七章 其 他

第二十七条 职工与所在用人单位发生社会保险争议的，可以依照《中华人民共和国劳动争议调解仲裁法》《劳动人事争议仲裁办案规则》的规定，申请调解、仲裁，提起诉讼。

职工认为用人单位有未按时足额为其缴纳社会保险费等侵害其社会保险权益行为的，也可以要求社会保险行政部门或者社会保险费征收机构依法处理。社会保险行政部门或者社会保险费征收机构应当按照社会保险法和《劳动保障监察条例》等相关规定处理。在处理过程中，用人单位对双方的劳动关系提出异议的，社会保险行政部门应当依法查明相关事实后继续处理。

第二十八条 在社会保险经办机构征收社会保险费的地区，社会保险行政部门应当依法履行社会保险法第六十三条所规定的有关行政部门的职责。

第二十九条 2011年7月1日后对用人单位未按时足额缴纳社会保险费的处理，按照社会保险法和本规定执行；对2011年7月1日前发生的用人单位未按时足额缴纳社会保险费的行为，按照国家和地方人民政府的有关规定执行。

第三十条 本规定自2011年7月1日起施行。

5 人力资源社会保障部关于执行《工伤保险条例》若干问题的意见

人社部发〔2013〕34号

各省、自治区、直辖市及新疆生产建设兵团人力资源社会保障厅（局）：

《国务院关于修改〈工伤保险条例〉的决定》（国务院令第586号）已经于2011年1月1日实施。为贯彻执行新修订的《工伤保险条例》，妥善解决实际工作中的问题，更好地保障职工和用人单位的合法权益，现提出如下意见。

一、《工伤保险条例》（以下简称《条例》）第十四条第（五）项规定的"因工外出期间"的认定，应当考虑职工外出是否属于用人单位指派的因工作外出，遭受的事故伤害是否因工作原因所致。

二、《条例》第十四条第（六）项规定的"非本人主要责任"的认定，应当以有关机关出具的法律文书或者人民法院的生效裁决为依据。

三、《条例》第十六条第（一）项"故意犯罪"的认定，应当以司法机关的生效法律文书或者结论性意见为依据。

四、《条例》第十六条第（二）项"醉酒或者吸毒"的认定，应当以有关机关出具的法律文书或者人民法院的生效裁决为依据。无法获得上述证据的，可以结合相关证据认定。

五、社会保险行政部门受理工伤认定申请后，发现劳动关系存在争议且无法确认的，应告知当事人可以向劳动人事争议仲裁委员会申请仲裁。在此期间，作出工伤认定决定的时限中止，并书面通知申请工伤认定的当事人。劳动关系依法确认后，当事人应将有关法律文书送交受理工伤认定申请的社会保险行政部门，该部门自收到生效法律文书之日起恢复工伤认定程序。

六、符合《条例》第十五条第（一）项情形的，职工所在用人单位原则上应自职工死亡之日起5个工作日内向用人单位所在统筹地区社会保险行政部门报告。

七、具备用工主体资格的承包单位违反法律、法规规定，将承包业务转包、分包给不具备用工主体资格的组织或者自然人，该组织或者自然人招用的劳动者从事承包业务时因工伤亡的，由该具备用工主体资格的承包单位承担用人单位依法应承担的工伤保险责任。

八、曾经从事接触职业病危害作业、当时没有发现罹患职业病、离开工作岗位后被诊断或鉴定为职业病的符合下列条件的人员，可以自诊断、鉴定为职业病之日起一年内申请工伤认定，社会保险行政部门应当受理：

（一）办理退休手续后，未再从事接触职业病危害作业的退休人员；

（二）劳动或聘用合同期满后或者本人提出而解除劳动或聘用合同后，未再从事接触职业病危害作业的人员。

经工伤认定和劳动能力鉴定，前款第（一）项人员符合领取一次性伤残补助金条件的，按就高原则以本人退休前12个月平均月缴费工资或者确诊职业病前12个月的月平均养老金为基数计发。前款第（二）项人员被鉴定为一级至十级伤残、按《条例》规定应以本人工资作为基数享受相关待遇的，按本人终止或者解除劳动、聘用合同前12个月平均月缴费工资计发。

九、按照本意见第八条规定被认定为工伤的职业病人员，职业病诊断证明书（或职业病诊断鉴定书）中明确的用人单位，在该职工从业期间依法为其缴纳工伤保险费的，按《条例》的规定，分别由工伤保险基金和用人单位支付工伤保险待遇；未依法为该职工缴纳工伤保险费的，由用人单位按照《条例》规定的相关项目和标准支付待遇。

十、职工在同一用人单位连续工作期间多次发生工伤的，符合《条例》第三十六、第三十七条规定领取相关待遇时，按照其在同一用人单位发生工伤的最高伤残级别，计发一次性伤残就业补助金和一次性工伤医疗补助金。

十一、依据《条例》第四十二条的规定停止支付工伤保险待遇的，在停止支付待遇的情形消失后，自下月起恢复工伤保险待遇，停止支付的工伤保险待遇不予补发。

十二、《条例》第六十二条第三款规定的"新发生的费用"，是指用人单位职工参加工伤保险前发生工伤的，在参加工伤保险后新发生的费用。

十三、由工伤保险基金支付的各项待遇应按《条例》相关规定支付，不得采取将长期待遇改为一次性支付的办法。

十四、核定工伤职工工伤保险待遇时，若上一年度相关数据尚未公布，可暂按前一年度的全国城镇居民人均可支配收入、统筹地区职工月平均工资核定和计发，待相关数据公布后再重新核定，社会保险经办机构或者用人单位予以补发差额部分。

本意见自发文之日起执行，此前有关规定与本意见不一致的，按本意见执行。执行中有重大问题，请及时报告我部。

人力资源社会保障部
2013 年 4 月 25 日

6 人力资源社会保障部关于执行《工伤保险条例》若干问题的意见（二）

人社部发〔2016〕29 号

各省、自治区、直辖市及新疆生产建设兵团人力资源社会保障厅（局）：

为更好地贯彻执行新修订的《工伤保险条例》，提高依法行政能力和水平，妥善解决实际工作中的问题，保障职工和用人单位合法权益，现提出如下意见：

一、一级至四级工伤职工死亡，其近亲属同时符合领取工伤保险丧葬补助金、供养亲属抚恤金待遇和职工基本养老保险丧葬补助金、抚恤金待遇条件的，由其近亲属选择领取工伤保险或职工基本养老保险其中一种。

二、达到或超过法定退休年龄，但未办理退休手续或者未依法享受城镇职工基本养老保险待遇，继续在原用人单位工作期间受到事故伤害或患职业病的，用人单位依法承担工伤保险责任。

用人单位招用已经达到、超过法定退休年龄或已经领取城镇职工基本养老保险待遇的人员，在用工期间因工作原因受到事故伤害或患职业病的，如招用单位已按项目参保等方式为其缴纳工伤保险费的，应适用《工伤保险条例》。

三、《工伤保险条例》第六十二条规定的"新发生的费用"，是指用人单位参加工伤保险前发生工伤的职工，在参加工伤保险后新发生的费用。其中由工伤保险基金支付的费用，按不同情况予以处理：

（一）因工受伤的，支付参保后新发生的工伤医疗费、工伤康复费、住院伙食补助费、统筹地区以外就医交通食宿费、辅助器具配置费、生活护理费、一级至四级伤残职工伤残津贴，以及参保后解除劳动合同时的一次性工伤医疗补助金；

（二）因工死亡的，支付参保后新发生的符合条件的供养亲属抚恤金。

四、职工在参加用人单位组织或者受用人单位指派参加其他单位组织的活动中受到事故伤害的，应当视为工作原因，但参加与工作无关的活动除外。

五、职工因工作原因驻外,有固定的住所、有明确的作息时间,工伤认定时按照在驻在地当地正常工作的情形处理。

六、职工以上下班为目的、在合理时间内往返于工作单位和居住地之间的合理路线,视为上下班途中。

七、用人单位注册地与生产经营地不在同一统筹地区的,原则上应在注册地为职工参加工伤保险;未在注册地参加工伤保险的职工,可由用人单位在生产经营地为其参加工伤保险。

劳务派遣单位跨地区派遣劳动者,应根据《劳务派遣暂行规定》参加工伤保险。建筑施工企业按项目参保的,应在施工项目所在地参加工伤保险。

职工受到事故伤害或者患职业病后,在参保地进行工伤认定、劳动能力鉴定,并按照参保地的规定依法享受工伤保险待遇;未参加工伤保险的职工,应当在生产经营地进行工伤认定、劳动能力鉴定,并按照生产经营地的规定依法由用人单位支付工伤保险待遇。

八、有下列情形之一的,被延误的时间不计算在工伤认定申请时限内:

(一)受不可抗力影响的;

(二)职工由于被国家机关依法采取强制措施等人身自由受到限制不能申请工伤认定的;

(三)申请人正式提交了工伤认定申请,但因社会保险机构未登记或者材料遗失等原因造成申请超时限的;

(四)当事人就确认劳动关系申请劳动仲裁或提起民事诉讼的;

(五)其他符合法律法规规定的情形。

九、《工伤保险条例》第六十七条规定的"尚未完成工伤认定的",是指在《工伤保险条例》施行前遭受事故伤害或被诊断鉴定为职业病,且在工伤认定申请法定时限内(从《工伤保险条例》施行之日起算)提出工伤认定申请,尚未做出工伤认定的情形。

十、因工伤认定申请人或者用人单位隐瞒有关情况或者提供虚假材料,导致工伤认定决定错误的,社会保险行政部门发现后,应当及时予以更正。

本意见自发文之日起执行,此前有关规定与本意见不一致的,按本意见执行。执行中有重大问题,请及时报告我部。

人力资源社会保障部
2016 年 3 月 28 日

7 社会保险术语 第5部分：工伤保险
GB/T 31596.5—2015

1 范围

GB/T 31596 的本部分界定了工伤与工伤保险、工伤保险基金、工伤预防、工伤认定、劳动能力鉴定、工伤康复、工伤保险待遇、工伤保险服务管理等方面的术语和定义。

本部分适用于工伤保险领域管理、服务、学术研究和国际交流。

2 工伤与工伤保险

2.1 工伤 work-related injury

职工因工作遭受事故伤害（2.1.1）或患职业病（2.1.2）。

2.1.1 事故伤害 accidental injury

职工在工作过程中因安全生产事故等导致的伤亡。

2.1.2 职业病 occupational disease

职工在工作过程中，因接触粉尘、放射性物质和其他有毒、有害物质等因素引起的疾病。

2.2 工伤保险 work-related injury insurance

国家立法实施的，通过用人单位缴费筹资形成基金，对职工因工作原因遭受事故伤害或者患职业病的，给予职工及其近亲属相应待遇的一项社会保险制度。

[GB/T 31596.1—2015，定义 2.4]

3 工伤保险基金

3.1 工伤保险基金 work-related injury insurance fund

按照法律规定，由用人单位缴纳的工伤保险费及其利息收入，以及其他依法纳入的资金汇集而成的，用于支付工伤保险待遇及其他相关支出的专项资金。

3.2 工伤保险费率 contribution rate of work related injury insurance

依据相关法律法规确定的用人单位参加**工伤保险**（2.2）的缴费比率

3.2.1 行业差别费率 contribution rates for different industries

行业基准费率

根据不同行业工伤风险程度确定的各行业具有差别性的基准费率。

3.2.2 行业内费率档次 intra-industry rate levels

根据同一行业内不同用人单位**工伤发生率**（4.2）和**工伤保险支缴率**（3.2.4）等情况确定的同一行业内的不同费率标准。

3.2.3 费率浮动 contribution rate adjustment

根据用人单位在一定时期内**工伤保险支缴率**（3.2.4）、**工伤发生率**（4.2）及所属行业相应费率档次等情况，定期浮动和调整用人单位**工伤保险费率**（3.2）的行为。

3.2.4 工伤保险支缴率 ratio of compensation to revenue of work-related injury insurance

一定时期内，**工伤保险基金**（3.1）为用人单位支付工伤待遇与该单位缴纳的工伤保险费的比率。

3.3 工伤保险基金支出 expenditure of work-related injury insurance fund

用于职工工伤保险待遇，**劳动能力鉴定**（6.1），工伤预防的宣传、培训等费用，以及法律、法规规定的用于工伤保险其他费用的支出。

3.4 工伤保险储备金 reserve fund of work-related injury insurance

统筹地区按照规定从**工伤保险基金**（3.1）中提取，用于支付重大事故等工伤保险待遇的备用资金。

4 工伤预防

4.1 工伤风险 work-related injury risk

在工作过程中**工伤**（2.1）发生的概率和造成危害的程度。

4.2 工伤发生率 incidence of accidents

在一定时期内，用人单位（或统筹地区）发生**工伤**（2.1）的人次数占职工总人数的比率。

4.3 工伤预防 work-related injury prevention

避免与降低**工伤风险**（4.1）所采取的宣传和培训等手段和措施。

5 工伤认定

5.1 工伤认定 work-related injury certification

社会保险行政部门依法认定职工所受伤害是否属于**工伤**（2.1）的行政行为。

5.2 工伤认定申请受理 accepting the work-related injury certification application

社会保险行政部门对**工伤认定**（5.1）申请人提交的认定申请材料进行审查确认，决定是否受理的行政行为。

5.3 工伤认定申请时限 time limit of work-related injury certification application

法律规定的工伤认定申请人提出**工伤认定**（5.1）申请的有效期限。

5.4 工伤认定时限 time limit of certifying work-related injury

社会保险行政部门做出**工伤认定**（5.1）决定的法定期限。

5.5 工伤认定决定时限中止 suspension of time limit of certifying work-related injury

社会保险行政部门受理**工伤认定**（5.1）申请后，在出现法定情形下做出的中止认定时限的行政的行为。

6 劳动能力鉴定

6.1 劳动能力鉴定 work capacity appraisal

劳动能力鉴定委员会（9.2）依据国家制定的劳动能力鉴定标准对工伤职工的**劳动功能障碍程度**（6.1.1）和生活自理障碍程度（6.1.2）做出的技术性鉴定结论。

6.1.1 劳动功能障碍程度 impairment degree of work functions

伤残等级

劳动能力鉴定委员会（9.2）根据国家制定的劳动能力鉴定标准，确定工伤职工所受伤害的伤残程度。

6.1.2 生活自理障碍程度 impairment degree of self-care capacity

劳动能力鉴定委员会（9.2）根据国家制定的劳动能力鉴定标准，确定工伤职工生活自理能力受到伤害的程度。

6.1.3 辅助器具配置确认 confirming assistive device installation

劳动能力鉴定委员会（9.2）根据有关规定，确认工伤职工是否应配置辅助器具的程序。

6.2 劳动能力鉴定期限 time limit for work capacity appraisal

劳动能力鉴定委员会（9.2）依法评定工伤职工**伤残等级**（6.1.1）的时限。

7 工伤康复

7.1 工伤医疗康复 medical rehabilitation of work-related injury

运用各种临床诊疗和康复治疗的手段，改善和提高工伤职工的身体功能和生活自理能力的过程。

7.2 工伤职业康复 occupational rehabilitation of work-related injury

通过职业康复评估与专业技能学习和训练，使工伤残疾职工恢复并达到一定劳动能力的过程。

8 工伤保险待遇

8.1 工伤医疗（康复）待遇 medical（rehabilitation）benefit of work-related injury

工伤职工进行治疗（康复）期间所享受的工伤医疗待遇总和。

8.1.1 工伤医疗费 medical expense of work-related injury

工伤职工在抢救治疗以及**职业病**（2.1.2）的治疗过程中，符合规定范围内的医疗费用。

8.1.2 工伤康复费 rehabilitation expense of work-related injury

工伤职工在**工伤保险协议康复机构**（9.3.3）康复过程中，符合规定范围内的费用。

8.1.3 住院伙食补助费 board allowance for inpatient treatment

工伤职工在住院治疗、住院康复期间按规定享受的伙食补助。

8.1.4 交通食宿费 expense of transportation and accommodation

工伤职工经批准到统筹地区以外治疗工伤，按规定标准享受的交通、食宿费用。

8.1.5 停工留薪期 period of suspension from work with pay

工伤职工暂时停止工作进行治疗并享受有关工伤保险待遇的期限。

8.2 因工伤残待遇 work-related injury and disability benefit

工伤职工经**劳动能力鉴定委员会**（9.2）确认**伤残等级**（6.1.1）后，根据规定享受的相关工伤保险待遇。

8.2.1 一次性伤残补助金 lump-sum allowance for work-related injury and disability

工伤职工依据**伤残等级**（6.1.1）享受的一次性职业伤害补偿费用。

8.2.2 伤残津贴 disability allowance

工伤职工达到国家规定的相应**伤残等级**（6.1.1）时按月领取的津贴。

8.2.3 生活护理费 attendance allowance

工伤职工经**劳动能力鉴定委员会**（9.2）确认达到生活护理标准并确定等级，根据相关规定按月领取的费用。

8.2.4 配置辅助器具待遇 benefit of assistive device installation

为帮助工伤职工提高身体功能，工伤职工经**劳动能力鉴定委员会**（9.2）确认后，到**工伤保险协议辅助器具配置机构**（9.3.4），按规定配置辅助器具的待遇。

8.2.5 一次性工伤医疗补助金 lump-sum subsidy for medical treatment of work-related injury

工伤职工在解除或者终止劳动关系时，按不同**伤残等级**（6.1.1）享受的一次性医疗补助费用。

8.2.6 一次性伤残就业补助金 lump-sum subsidy for employment of injured and disabled worker

工伤职工在解除或者终止劳动关系时，按不同**伤残等级**（6.1.1）享受的一次性再就业补助费用。

8.3 工亡待遇 subsidy for work-related decease

职工因工死亡后，其近亲属按国家规定享受的包括**丧葬补助金**（8.3.1）、**一次性工亡补助金**（8.3.2）和**供养亲属抚恤金**（8.3.3）等工伤保险待遇。

8.3.1 丧葬补助金 funeral allowance

职工因工死亡，其近亲属按国家规定享受的丧葬费用补助。

8.3.2 一次性工亡补助金 lump-sum allowance for work-related decease

职工因工死亡后，其近亲属按照国家规定领取的一次性费用补偿。

8.3.3 供养亲属抚恤金 dependants' pensions

职工因工死亡，依靠工亡职工生前提供主要生活来源、无劳动能力的近亲属，按照规定领取的生活补助费用。

9 工伤保险服务管理

9.1 工伤保险经办机构 administration of work-related injury insurance

统筹地区依法设立的经办工伤保险具体事务的组织机构。

9.2 劳动能力鉴定委员会　committee for work capacity appraisal

负责组织对工伤职工劳动功能障碍程度和生活自理障碍程度等进行鉴定并做出鉴定结论的专门组织。

9.3 工伤保险协议管理　agreement management of work-related injury insurance

工伤保险经办机构（9.1）通过与相关机构签订协议为工伤职工提供服务的管理方式。

9.3.1 工伤保险服务协议　services agreement of work-related injury insurance

工伤保险经办机构（9.1）与医疗机构、康复机构、辅助器具配置等机构签订的，用于规范双方权利义务以及违约处理等办法的专门合约。

9.3.2 工伤保险协议医疗机构　contracted medical institution of work-related injury insurance

与工伤保险经办机构（9.1）签订工伤保险服务协议，为工伤职工提供医疗服务的医疗机构。

9.3.3 工伤保险协议康复机构　contracted rehabilitative institution of work-related injury insurance

与工伤保险经办机构（9.1）签订工伤保险服务协议，为工伤职工提供康复服务的康复机构。

9.3.4 工伤保险协议辅助器具配置机构　contracted institution of assistive device installation of work-related injury insurance

与工伤保险经办机构（9.1）签订工伤保险服务协议，为工伤职工提供辅助器具配置的机构。

9.4 工伤保险待遇管理　benefit management of work-related injury insurance

工伤保险经办机构（9.1）按照规定对工伤职工及其近亲属享受工伤待遇的资格进行管理的行为。

9.4.1 享受工伤保险待遇资格核定　verification of work-related injury benefit entitlement

工伤保险经办机构（9.1）依法对工伤职工及其近亲属享受工伤待遇的资格进行核准的行为。

9.4.2 工伤保险待遇核定　determination of work-related injury benefit

工伤保险经办机构（9.1）依法对工伤职工的伤残待遇、医疗（康复）待遇等及其近亲属享受的工亡待遇等工伤待遇进行核准以及对工伤保险待遇调整审核的行为。

9.4.3 工伤医疗费用审核　examination of medical expense of work-related injury

工伤保险经办机构（9.1）依法对工伤职工发生的医疗费用核准的行为。

9.4.4 工伤康复费用审核　examination of rehabilitative expense of work-related injury

工伤保险经办机构（9.1）依法对工伤职工发生的康复费用核准的行为。

9.4.5 工伤保险药品目录　drug list of work-related injury insurance
保证工伤职工救治、康复需要，由工伤保险基金（3.1）支付费用的药品范围。

9.4.6 工伤保险诊疗项目目录　diagnosis and treatment list of work-related injury insurance
保证工伤职工救治、康复需要，由工伤保险基金（3.1）支付费用的诊疗项目和医用耗材的范围。

9.4.7 工伤康复服务项目目录　rehabilitative service list of work-related injury
保证工伤职工康复需要，由工伤保险基金（3.1）支付费用的康复服务项目及范围。

9.4.8 工伤保险辅助器具目录　assistive device list of work-related injury insurance
保证工伤职工日常生活或者就业需要，由工伤保险基金（3.1）支付费用的辅助器具项目和辅助器具耗材范围。

9.4.9 工伤保险住院服务标准　payment standard of hospitalization services of work-related injury insurance
保证工伤职工接受治疗、康复需要，由工伤保险基金（3.1）支付的服务以及服务设施的费用支付标准。

10　其他

10.1 工伤保险争议处理　settlement of dispute on work-related injury insurance
职工与用人单位之间发生工伤待遇方面的争议，劳动仲裁机构按照有关规定进行调解和仲裁的过程。

10.2 工伤保险行政复议　administrative reconsideration related to work-related injury insurance
公民、法人或其他组织认为社会保险行政部门做出的涉及工伤保险的具体行政行为侵犯其合法权益，依法向法定的行政复议机关提出复议申请，由复议机关做出行政复议决定的行政行为。

10.3 工伤保险行政诉讼　administrative litigation related to work-related injury insurance
公民、法人或其他组织认为社会保险行政部门做出的涉及工伤保险的具体行政行为侵犯其合法权益而依法起诉，由人民法院依法审理并做出裁决的司法行为。

10.4 非法用工一次性赔偿金　lump-sum compensation for work-related injured worker in illegal employment
无营业执照或未经依法登记、备案的单位以及被依法吊销营业执照或撤销登记、备案的单位的职工受到事故伤害（2.1.1）或者患职业病（2.1.2）的，由该单位向伤残职工或工亡职工的近亲属按照不低于《工伤保险条例》规定的工伤保险待遇标准给予的一次性赔偿。

索　引

汉语拼音索引

F

非法用工一次性赔偿金 …………………………………………… 10.4
费率浮动 …………………………………………………………… 3.2.3
辅助器具配置确认 ………………………………………………… 6.1.3

G

工伤 ………………………………………………………………… 2.1
工伤保险 …………………………………………………………… 2.2
工伤保险储备金 …………………………………………………… 3.4
工伤保险待遇管理 ………………………………………………… 9.4
工伤保险待遇核定 ………………………………………………… 9.4.2
工伤保险费率 ……………………………………………………… 3.2
工伤保险服务协议 ………………………………………………… 9.3.1
工伤保险辅助器具目录 …………………………………………… 9.4.8
工伤保险行政复议 ………………………………………………… 10.2
工伤保险行政诉讼 ………………………………………………… 10.3
工伤保险基金 ……………………………………………………… 3.1
工伤保险基金支出 ………………………………………………… 3.3
工伤保险经办机构 ………………………………………………… 9.1
工伤保险协议辅助器具配置机构 ………………………………… 9.3.4
工伤保险协议管理 ………………………………………………… 9.3
工伤保险协议康复机构 …………………………………………… 9.3.3
工伤保险协议医疗机构 …………………………………………… 9.3.2
工伤保险药品目录 ………………………………………………… 9.4.5
工伤保险诊疗项目目录 …………………………………………… 9.4.6
工伤保险争议处理 ………………………………………………… 10.1
工伤保险支缴率 …………………………………………………… 3.2.4
工伤保险住院服务标准 …………………………………………… 9.4.9
工伤发生率 ………………………………………………………… 4.2
工伤风险 …………………………………………………………… 4.1
工伤康复费 ………………………………………………………… 8.1.2
工伤康复服务项目目录 …………………………………………… 9.4.7
工伤认定 …………………………………………………………… 5.1

工伤认定决定时限中止	5.5
工伤认定申请时限	5.3
工伤认定申请受理	5.2
工伤认定时限	5.4
工伤医疗（康复）待遇	8.1
工伤医疗费用审核	9.4.3
工伤康复费用审核	9.4.4
工伤医疗费	8.1.1
工伤医疗康复	7.1
工伤预防	4.3
工伤职业康复	7.2
工亡待遇	8.3
供养亲属抚恤金	8.3.3

H

行业差别费率	3.2.1
行业基准费率	3.2.1
行业内费率档次	3.2.2

J

交通食宿费	8.1.4

L

劳动功能障碍程度	6.1.1
劳动能力鉴定	6.1
劳动能力鉴定期限	6.2
劳动能力鉴定委员会	9.2

P

配置辅助器具待遇	8.2.4

S

丧葬补助金	8.3.1
伤残等级	6.1.1
伤残津贴	8.2.2
生活护理费	8.2.3
生活自理障碍程度	6.1.2
事故伤害	2.1.1

T

停工留薪期	8.1.5

X

享受工伤保险待遇资格核定	9.4.1

Y

一次性工伤医疗补助金	8.2.5
一次性工亡补助金	8.3.2
一次性伤残补助金	8.2.1
一次性伤残就业补助金	8.2.6
因工伤残待遇	8.2

Z

| 职业病 | 2.1.2 |
| 住院伙食补助费 | 8.1.3 |

英文对应词索引

A

accepting the work-related injury certification application	5.2
accidental injury	2.1.1
administration of work-related injury insurance	9.1
administrative litigation related to work-related injury insurance	10.3
administrative reconsideration related to work-related injury insurance	10.2
agreement management of work-related injury insurance	9.3
assistive device list of work-related injury insurance	9.4.8
attendance allowance	8.2.3

B

benefit management of work-related injury insurance	9.4
benefit of assistive device installation	8.2.4
board allowance for inpatient treatment	8.1.3

C

committee for work capacity appraisal	9.2
confirming assistive device installation	6.1.3
contracted institution of assistive device installation of work-related injury insurance	9.3.4
contracted medical institution of work-related injury insurance	9.3.2
contracted rehabilitative institution of work-related injury insurance	9.3.3
contribution rate adjustment	3.2.3
contribution rate of work-related injury insurance	3.2
contribution rates for different industries	3.2.1

D

| dependants' pensions | 8.3.3 |

determination of work-related injury benefit ………………………………… 9.4.2
diagnosis and treatment list of work-related injury insurance …………………… 9.4.6
disability allowance ………………………………………………………… 8.2.2
drug list of work-related injury insurance ……………………………………… 9.4.5

E

examination of medical expense of work-related injury ……………………… 9.4.3
examination of rehabilitative expense of work-related injury ………………… 9.4.4
expenditure of work-related injury insurance fund …………………………… 3.3
expense of transportation and accommodation ………………………………… 8.1.4

F

funeral allowance …………………………………………………………… 8.3.1

I

impairment degree of self-care capacity ……………………………………… 6.1.2
impairment degree of work functions ………………………………………… 6.1.1
incidence of accidents ……………………………………………………… 4.2
intra-industry rate levels …………………………………………………… 3.2.2

L

lump-sum allowance for work-related decease ………………………………… 8.3.2
lump-sum allowance for work-related injury and disability …………………… 8.2.1
lump-sum compensation for work-related injured worker in illegal employment ……… 10.4
lump-sum subsidy for employment of injured and disabled worker …………… 8.2.6
lump-sum subsidy for medical treatment of work-related injury ……………… 8.2.5

M

medical (rehabilitation) benefit of work-related injury ………………………… 8.1
medical expense of work-related injury ……………………………………… 8.1.1
medical rehabilitation of work-related injury ………………………………… 7.1

O

occupational disease ………………………………………………………… 2.1.2
occupational rehabilitation of work-related injury …………………………… 7.2

P

payment standard of hospitalization services of work-related injury insurance ……… 9.4.9
period of suspension from work with pay …………………………………… 8.1.5

R

ratio of compensation to revenue of work-related injury insurance …………… 3.2.4
rehabilitation expense of work-related injury ………………………………… 8.1.2
rehabilitative service list of work-related injury ……………………………… 9.4.7
reserve fund of work-related injury insurance ………………………………… 3.4

S

services agreement of work-related injury insurance ············· 9.3.1
settlement of dispute on work-related injury insurance ············· 10.1
subsidy for work-related decease ············· 8.3
suspension of time limit of certifying work-related injury ············· 5.5

T

time limit for work capacity appraisal ············· 6.2
time limit of certifying work-related injury ············· 5.4
time limit of work-related injury certification application ············· 5.3

V

verification of work-related injury benefit entitlement ············· 9.4.1

W

work capacity appraisal ············· 6.1
work-related injury ············· 2.1
work-related injury and disability benefit ············· 8.2
work-related injury certification ············· 5.1
work-related injury insurance ············· 2.2
work-related injury insurance fund ············· 3.1
work-related injury prevention ············· 4.3
work-related injury risk ············· 4.1

二、工伤保险参保

8 关于农民工参加工伤保险有关问题的通知

劳社部发〔2004〕18号

各省、自治区、直辖市劳动和社会保障厅（局）：

为了维护农民工的工伤保险权益，改善农民工的就业环境，根据《工伤保险条例》规定，从农民工的实际情况出发，现就农民工参加工伤保险、依法享受工伤保险待遇有关问题通知如下：

一、各级劳动保障部门要统一思想，提高认识，高度重视农民工工伤保险权益维护工作。要从践行"三个代表"重要思想的高度，坚持以人为本，做好农民工参加工伤保险、依法享受工伤保险待遇的有关工作，把这项工作作为全面贯彻落实《工伤保险条例》，为农民工办实事的重要内容。

二、农民工参加工伤保险、依法享受工伤保险待遇是《工伤保险条例》赋予包括农民工在内的各类用人单位职工的基本权益，各类用人单位招用的农民工均有享受工伤保险待遇的权利。各地要将农民工参加工伤保险，作为今年工伤保险扩面的重要工作，明确任务，抓好落实。凡是与用人单位建立劳动关系的农民工，用人单位必须及时为他们办理参加工伤保险的手续。对用人单位为农民工先行办理工伤保险的，各地经办机构应予办理。今年重点推进建筑、矿山等工伤风险较大、职业危害较重行业的农民工参加工伤保险。

三、用人单位注册地与生产经营地不在同一统筹地区的，原则上在注册地参加工伤保险。未在注册地参加工伤保险的，在生产经营地参加工伤保险。农民工受到事故伤害或患职业病后，在参保地进行工伤认定、劳动能力鉴定，并按参保地的规定依法享受工伤保险待遇。用人单位在注册地和生产经营地均未参加工伤保险的，农民工受到事故伤害或者患职业病后，在生产经营地进行工伤认定、劳动能力鉴定，并按生产经营地的规定依法由用人单位支付工伤保险待遇。

四、对跨省流动的农民工，即户籍不在参加工伤保险统筹地区（生产经营地）所在省（自治区、直辖市）的农民工，1至4级伤残长期待遇的支付，可试行一次性支付和长期支付两种方式，供农民工选择。在农民工选择一次性或长期支付方式时，支付其工伤保险待遇的社会保险经办机构应向其说明情况。一次性享受工伤保险长期待遇的，需由农民工本人提出，与用人单位解除或者终止劳动关系，与统筹地区社会保险经办机构签订协议，终止工伤保险关系。1至4级伤残农民工一次性享受工伤保险长期待遇的具体办法和标准由省（自治区、直辖市）劳动保障行政部门制定，报省（自治区、直辖市）人民政府批准。

五、各级劳动保障部门要加大对农民工参加工伤保险的宣传和督促检查力度，积极为农民工提供咨询服务，促进农民工参加工伤保险。同时要认真做好工伤认定、劳动能力鉴定工作，对侵害农民工工伤保险权益的行为要严肃查处，切实保障农民工的合法权益。

劳动和社会保障部
2004 年 6 月 1 日

9 关于铁路企业参加工伤保险有关问题的通知

劳社部函〔2004〕257 号

各省、自治区、直辖市劳动和社会保障厅（局），铁道部所属各单位：

为了贯彻实施《工伤保险条例》，做好铁路企业参加工伤保险的有关工作，现将有关问题通知如下：

一、铁路企业要按照属地管理原则参加工伤保险，执行国家和企业所在地的工伤保险政策。铁路运输企业以铁路局或铁路分局为单位集中参加铁路局或铁路分局所在地统筹地区的工伤保险。

二、铁路企业要按照国家和所在地人民政府确定的铁路行业工伤保险费率，按时缴纳工伤保险费。工伤保险基金按照国家和统筹地区劳动保障部门确定的有关规定进行筹集、使用和管理。

三、铁路企业工伤职工的工伤认定工作由统筹地区劳动保障行政部门负责，工伤职工的劳动能力鉴定工作由统筹地区劳动能力鉴定机构负责。

四、《工伤保险条例》实施前已确认的铁路工伤人员和工亡人员供养亲属享受的工伤保险待遇，应纳入工伤保险管理。具体纳入方式和步骤由铁路企业与所在地省、自治区、直辖市劳动保障部门协商确定。

五、各省、自治区、直辖市劳动保障部门要认真做好铁路企业参加工伤保险的组织实施工作，加强对铁路企业参保工作的指导和监督，结合铁路行业特点和企业及其职工的分布，制定管理办法，方便铁路企业工伤人员的救治、工伤认定、劳动能力鉴定及待遇支付管理。

六、各铁路企业要积极配合劳动保障部门，共同做好铁路企业参加工伤保险工作。在实施过程中发现的重大问题，要及时向所在地人民政府和劳动保障部门反映，确保该项工作顺利实施。

劳动和社会保障部
铁道部
2004 年 11 月 1 日

10 关于贯彻《安全生产许可证条例》做好企业参加工伤保险有关工作的通知

劳社部发〔2005〕8号

各省、自治区、直辖市劳动和社会保障厅（局）、安全生产监督管理局，民爆器材行政主管部门、各省级煤矿安全监察机构：

为了严格规范企业的安全生产条件，加强安全生产监督管理，防止和减少生产安全事故，切实保障矿山、危险化学品、烟花爆竹、民用爆破器材生产等企业职工的生命安全和健康，国务院颁布了《安全生产许可证条例》。该条例明确规定，企业应当依法参加工伤保险，为从业人员缴纳工伤保险费，并将参加工伤保险作为企业取得安全生产许可证的必备条件之一。为贯彻落实《安全生产许可证条例》规定，做好企业参加工伤保险的有关工作，现通知如下：

一、按照《中华人民共和国安全生产法》《工伤保险条例》和《安全生产许可证条例》的规定，矿山、危险化学品、烟花爆竹、民用爆破器材生产等企业（以下简称企业）应高度重视安全生产工作，依法参加工伤保险，按时、足额为所有从业人员缴纳工伤保险费。企业应将参保情况及时在本单位内公示。企业和职工应当遵守有关安全生产和职业病防治的法律法规，执行安全卫生规程和标准，预防工伤事故发生，避免和减少职业病危害。

二、劳动保障部门要做好企业参加工伤保险的组织实施工作，加强对企业参保工作的指导。对尚未参加工伤保险的企业要切实采取有效措施，制定有针对性的扩大覆盖面方案，加大工作力度，加强劳动监察，督促企业尽快参加工伤保险。

三、企业参保登记后，社会保险经办机构要及时确定企业缴费费率，核定企业缴费基数、职工人数和应缴工伤保险费数额，如实地为企业出具《工伤保险参保证明》（样式附后）。安全生产许可证颁发管理机关在颁发安全生产许可证或办理许可证延期手续前，应认真审查申请单位提供的《工伤保险参保证明》，对不能提供社会保险经办机构出具的有效《工伤保险参保证明》的企业，不得颁发安全生产许可证。对冒用或者使用伪造的《工伤保险参保证明》的企业，不得颁发安全生产许可证，已经颁发的要予以吊销。

四、劳动保障部门应加强对取得安全生产许可证企业参加工伤保险情况的监督检查。发现企业中断缴费、瞒报工资总额或者职工人数的，责令其限期改正，并按规定进行相应处罚。不能在规定期限内改正的，劳动保障部门应通知安全生产许可证颁发管理机关，由安全生产许可证颁发管理机关暂扣或者吊销安全生产许可证。

五、安全生产许可证颁发管理机关和劳动保障部门要定期互相交流、通报企业取得安全生产许可证和参加工伤保险的情况，针对出现的问题，研究协商解决，促进企业安全生产工作，切实保障企业职工的权益。

六、本通知下发前企业参保证明中尚未解决的相关问题，由各地安全生产许可证颁发管理机关与劳动保障部门按照本通知的精神协商处理。

附件：工伤保险参保证明

劳动和社会保障部
国家安全生产监督管理总局
国防科学技术工业委员会
2005 年 4 月 7 日

附件：

工伤保险参保证明

_____（安全生产许可证发放机关名称）：

_____（企业名称）于_____年_____月_____日为_____人办理工伤保险参保手续并足额缴费，特此证明。

工伤保险经办机构名称（章）
年　　月　　日

11　关于实施农民工"平安计划"加快推进农民工参加工伤保险工作的通知

劳社部发〔2006〕19 号

各省、自治区、直辖市劳动和社会保障厅（局）：

为贯彻落实《国务院关于解决农民工问题的若干意见》（国发〔2006〕5 号）关于做好农民工工伤保险工作的有关要求，切实加快推进农民工特别是矿山、建筑等高风险企业农民工参加工伤保险工作，我部决定在全国实施农民工"平安计划"。现将农民工"平安计划"印发你们，请结合本地实际，认真做好组织实施工作。

请各地于 2006 年 6 月 20 日前将实施农民工"平安计划"的具体工作方案报我部。实施中的有关问题和工作意见建议及时反馈我部工伤保险司。

劳动和社会保障部
2006 年 5 月 17 日

农民工"平安计划"
——推进农民工参加工伤保险三年行动计划

为贯彻落实《国务院关于解决农民工问题的若干意见》（国发〔2006〕5号），推进农民工特别是矿山、建筑等高风险企业农民工参加工伤保险工作，特制定农民工"平安计划"，用三年时间，全面推进农民工参加工伤保险。

一、指导思想

以科学发展观为统领，深入贯彻落实党中央国务院关于解决农民工工伤保险问题的总体要求，以农民工较为集中、工伤风险程度较高的矿山、建筑等高风险企业为重点，统筹规划，分步实施，全面推进农民工参加工伤保险工作，切实保障农民工工伤保险权益。

二、工作重点和主要目标

（一）工作重点

"平安计划"在全国范围内实施，以农民工较为集中、工伤风险程度较高的矿山、建筑企业为重点。各地可结合实际情况确定本地"平安计划"的工作重点。矿山、建筑企业较少的地区，要同时将其他农民工较为集中、工伤风险程度较高的企业作为重点。

（二）主要目标

用三年左右时间，将矿山、建筑等高风险企业的农民工基本覆盖到工伤保险制度之内：

1. 2006年，大中型煤矿企业农民工全部参加工伤保险；加快推进小煤矿、非煤矿山企业和建筑企业农民工参加工伤保险。

2. 2007年，半数以上小煤矿企业农民工参加工伤保险；半数以上非煤矿山企业农民工参加工伤保险；半数以上建筑企业农民工参加工伤保险。工作基础较好、进展较快的地区，基本实现全部煤矿、非煤矿山企业和大部分建筑企业农民工参加工伤保险。

3. 2008年底前，基本实现全部煤矿、非煤矿山企业和大部分建筑企业农民工参加工伤保险。

三、配套政策

进一步落实和完善农民工参保、工伤认定、劳动能力鉴定、工伤待遇支付方面的有关政策，方便农民工参保和领取待遇。

（一）按照国务院关于"优先解决工伤保险和大病医疗保障问题"的要求，各级劳动保障部门和社保经办机构要畅通用人单位为农民工办理工伤保险的渠道，有条件的地区在经办机构设立专门窗口办理农民工参保。

（二）用人单位注册地与生产经营地不在同一统筹地区的，可在生产经营地为农民工参保。

（三）农民工受到事故伤害或者患职业病后，在参保地进行工伤认定、劳动能力鉴定，并按照参保地的规定依法享受工伤保险待遇。

（四）用人单位在注册地和生产经营地均未参加工伤保险的，农民工受到事故伤害或者患职业病后，在生产经营地进行工伤认定、劳动能力鉴定，并按生产经营地的规定依法由用人单位支付工伤保险待遇。

（五）对跨地区流动就业的农民工，工伤后的长期待遇可试行一次性支付和长期支付两种方式，供工伤农民工选择，进一步方便农民工领取和享受工伤待遇。

四、主要措施

（一）制定、分解下达年度农民工参保计划。按照三年基本解决高风险企业农民工参保问题的进度要求，各地要根据本地实际情况，明确年度工作重点，制定切实可行的年度农民工参保计划，确定工作进度，并将计划分解下达到所属地区（行业），认真贯彻实施。

（二）建立农民工参保协查机制。探索在各地（注册地与生产经营地）工伤保险经办机构之间建立参保协查机制。用人单位已在注册地为农民工办理了参保手续的，要向生产经营地工伤保险经办机构提供相关证明。用人单位未在注册地为农民工办理参保手续的，由生产经营地工伤保险经办机构根据协查结果，要求其在生产经营地为招用的农民工办理参加工伤保险手续。

（三）建立推进农民工参保的经验交流机制。及时总结、交流、推广各地推进农民工参保特别是推进煤矿、建筑等高风险企业农民工参保的经验。今后三年每年第三季度，部里将组织召开推进农民工参加工伤保险经验交流会，通过经验交流、典型引路，加快推进农民工特别是高风险企业农民工参保工作进度。各地也要相应建立经验总结、交流、推广的机制，指导和推动农民工参加工伤保险工作。

（四）建立调度督办机制。各地劳动保障部门要逐级建立调度督办机制，根据年度参保计划和工作重点，对农民工参保特别是重点行业企业的农民工参保进度进行调度督办。今年，从二季度开始，部里将根据今年的工作重点，按照国有重点煤矿目录，调度、检查各地推进煤矿企业参保的进度；明后年，将根据工作重点和各地工作进展情况，确定调度督办的重点，做好检查、调度、督办工作。

（五）加强劳动保障监察。各地劳动保障部门要严格按照《劳动法》《工伤保险条例》《劳动保障监察条例》《社会保险费征缴条例》等法律法规的规定，将用人单位为农民工办理工伤保险情况作为劳动保障监察的重点之一，加大监察力度。同时，落实《工伤保险条例》关于"用人单位应当将参加工伤保险的有关情况在本单位内公示"等项措施，推进农民工参加工伤保险工作。

（六）运用安全生产许可证等强制手段，推进高风险企业参加工伤保险。与有关部门密切合作，将参加工伤保险作为颁发安全生产许可证的必备条件，加快推进矿山、建筑等高风险企业参加工伤保险。结合本地贯彻国务院5号文件的实际需要，积极争取各级党委政府支持，出台有力措施，促使用人单位特别是煤矿、建筑等高风险企业尽快为农民工办理参加工伤保险手续。

（七）为农民工参保提供方便快捷的服务。在保持工伤保险制度框架的前提下，结合矿山、建筑企业的生产经营特点，采用切合实际的统筹方式、灵活有效的缴费方式、可选择的待遇支付方式等，加快推进高风险企业参加工伤保险。适应农民工流动就业的特点，在参保、认定、鉴定和享受待遇等环节做好服务工作,方便农民工参保和享受待遇。

(八)开展以"抓预防、保平安"为主题的高风险农民工工伤预防行动,从源头上遏制工伤事故和职业病的发生,有效降低农民工的工伤风险。一是按照《劳动法》《安全生产法》《矿山安全法》《职业教育法》等法律法规的规定,与有关部门密切合作,检查督促矿山、建筑等高风险企业履行法定义务,普遍开展农民工劳动安全卫生、安全生产、工伤预防知识上岗前培训,并组织开展在岗农民工安全生产和职业技能培训。二是按照《劳动法》《职业病防治法》等法律法规的规定,配合有关部门,检查督促企业为农民工提供符合国家规定的劳动安全卫生条件和必要的劳动防护用品,切实做好从事有职业危害作业的农民工上岗前、在岗期间和离岗时的职业病检查。三是有效运用工伤保险行业差别费率和企业浮动费率机制,促进企业重视加强安全生产和工伤预防。

(九)开展农民工参保联合大检查。会同有关部门开展矿山、建筑企业农民工参加工伤保险情况大检查;会同有关部门开展职业病高发行业企业参加工伤保险情况大检查。发现问题,督促整改,加快农民工参加工伤保险工作进度。

(十)做好农民工参保的宣传咨询工作。各地要利用多种方式,做好"平安计划"的宣传工作,为推进农民工参加工伤保险营造良好的社会氛围。今后三年,每年4月结合工伤保险条例颁布纪念日,在全国集中开展农民工参保宣传咨询活动。

1. 用广播、电视、报纸、杂志、互联网等各种媒体,集中宣传"平安计划"的主要内容和政策措施。包括:党中央国务院和各级党委政府关于农民工参加工伤保险的政策措施;农民工在参保等方面的各项权利;各项工伤保险待遇标准;工伤保险在保障农民工权益、分散用人单位风险,维护社会和谐稳定方面的典型案例等。通过集中宣传,提高社会各界对开展"平安计划"、推进农民工参加工伤保险意义的认识,为推进农民工参加工伤保险创造一个良好的社会氛围。

2. 印制发放"平安卡"。主要内容包括:农民工如何参保;农民工工伤后如何申请工伤认定、如何申请劳动能力鉴定;农民工工伤待遇标准及如何领取待遇;本地工伤认定、劳动能力鉴定、经办机构名录电话及劳动保障监察机构的举报电话等,在车站、码头等农民工集散地和矿山、建筑等高风险企业农民工生产、生活场所免费向农民工发放。并在矿山、建筑等高风险企业农民工生产、生活场所设立"平安计划"宣传栏、广告牌。帮助农民工全面了解国家政策和参加工伤保险的各项权利,提高维权意识,自觉维护自身工伤保险权益。

五、2006年主要行动

(一)4月份,在《工伤保险条例》颁布三周年之际,开展以推进农民工参加工伤保险为主题的全国工伤保险集中宣传咨询活动。

(二)6月份,各地开展煤矿企业参加工伤保险自查。

(三)从二季度开始,部里根据国有重点煤矿名录,按季度检查调度各地国有重点煤矿参加工伤保险进展情况。

(四)三季度,召开农民工参加工伤保险经验交流会。

(五)四季度,开展煤矿企业参加工伤保险情况大检查。

六、组织领导

各地要进一步增强责任感和紧迫感，加强组织领导，切实将农民工"平安计划"落到实处。

（一）摸清底数。通过利用工伤保险参保缴费登记、有关部门行政记录、劳动保障监察等途径，或采用抽样调查、典型调查等多种方式，摸清本地与用人单位建立劳动关系的农民工特别是矿山、建筑等高风险企业农民工的数量和结构。

（二）制定工作方案。结合本地实际，制定今后三年推进农民工特别是矿山、建筑等高风险企业农民工参保的具体工作方案，明确年度目标任务、工作措施和时间进度。

（三）建立目标管理责任制。明确目标，制定措施，落实责任，将工作任务完成情况列入目标管理考核内容。

（四）加强组织领导。劳动保障部门内部要加强统筹协调，共同做好农民工参加工伤保险工作。同时，积极争取党委政府的重视支持，主动争取各有关部门的积极配合，提供必要的工作条件，切实完成好"平安计划"各项工作任务，推进农民工工伤保险工作取得扎实、明显的成效。

12 关于进一步做好中央企业工伤保险工作有关问题的通知

劳社部发〔2007〕36号

各省、自治区、直辖市劳动和社会保障厅（局）、各中央企业：

为深入贯彻实施《工伤保险条例》，进一步落实《国务院关于解决农民工问题的若干意见》（国发〔2006〕5号）中切实保障农民工工伤保险权益的要求，积极做好国务院国有资产监督管理委员会监管企业（以下简称中央企业）参加工伤保险的有关工作，现就有关问题通知如下：

一、中央企业要按照属地管理原则参加工伤保险，按照所在地统筹地区人民政府确定的行业工伤保险费率，参加所在统筹地区的工伤保险社会统筹，按时缴纳工伤保险费。跨地区、流动性大的中央企业，可以采取相对集中的方式异地参加统筹地区的工伤保险。

二、中央企业要认真贯彻落实国发〔2006〕5号精神，为包括农民工在内的全部职工办理工伤保险手续。对以劳务派遣等形式使用的农民工，也要采用有效办法保障其参加工伤保险权益。对于建筑施工等农民工集中、流动性较大行业的中央企业，要按照《关于做好建筑施工企业农民工参加工伤保险有关工作的通知》（劳社部发〔2006〕44号）等有关文件要求，制订符合行业特点的农民工参保办法，如以建筑施工项目为单位参保，实现施工项目使用的农民工全员参保，切实保障农民工工伤保险权益。

三、《工伤保险条例》实施前中央企业已确认并享受工伤待遇的伤残职工及工亡人员供养亲属应同步纳入工伤保险管理。具体纳入方式和步骤，由中央企业与所在地省、自治区、直辖市劳动和社会保障部门协商确定。

四、各地劳动保障部门要认真做好中央企业参加工伤保险的组织实施工作，加强对中央企业参保工作的指导和监督，并结合其行业特点，切实做好工伤保险管理服务工作，方便中央企业工伤人员的救治、工伤认定、劳动能力鉴定及待遇支付。

五、各中央企业要积极配合劳动保障部门，共同做好中央企业参加工伤保险工作。在实施过程中发现的重大问题，要及时向所在地人民政府和劳动保障部门反映，确保该项工作顺利实施。

劳动和社会保障部
国务院国有资产监督管理委员会
2007年9月7日

13 部分行业企业工伤保险费缴纳办法

2010年12月31日中华人民共和国人力资源和社会保障部令第10号公布，自2011年1月1日起施行。

第一条 根据《工伤保险条例》第十条第三款的授权，制定本办法。

第二条 本办法所称的部分行业企业是指建筑、服务、矿山等行业中难以直接按照工资总额计算缴纳工伤保险费的建筑施工企业、小型服务企业、小型矿山企业等。

前款所称小型服务企业、小型矿山企业的划分标准可以参照《中小企业标准暂行规定》（国经贸中小企〔2003〕143号）执行。

第三条 建筑施工企业可以实行以建筑施工项目为单位，按照项目工程总造价的一定比例，计算缴纳工伤保险费。

第四条 商贸、餐饮、住宿、美容美发、洗浴以及文体娱乐等小型服务业企业以及有雇工的个体工商户，可以按照营业面积的大小核定应参保人数，按照所在统筹地区上一年度职工月平均工资的一定比例和相应的费率，计算缴纳工伤保险费；也可以按照营业额的一定比例计算缴纳工伤保险费。

第五条 小型矿山企业可以按照总产量、吨矿工资含量和相应的费率计算缴纳工伤保险费。

第六条 本办法中所列部分行业企业工伤保险费缴纳的具体计算办法，由省级社会保险行政部门根据本地区实际情况确定。

第七条 本办法自2011年1月1日起施行。

14 人力资源社会保障部 财政部关于进一步做好事业单位等参加工伤保险工作有关问题的通知

人社部发〔2012〕67号

各省、自治区、直辖市及新疆生产建设兵团人力资源社会保障厅（局）、财政厅（局、财务局）：

为保障事业单位、社会团体、民办非企业单位、基金会、律师事务所、会计师事务所等组织因工作遭受事故伤害或者患职业病的工作人员依法享受工伤保险待遇，按照《中华人民共和国社会保险法》和《工伤保险条例》规定，现就有关问题通知如下：

一、事业单位、社会团体、民办非企业单位、基金会、律师事务所、会计师事务所等组织按照《中华人民共和国社会保险法》《工伤保险条例》规定，依照属地管理原则，参加统筹地区的工伤保险，并按时足额缴纳工伤保险费。缴纳工伤保险费所需费用在社会保障缴费中列支，其费率均暂按一类风险行业执行。

二、事业单位、社会团体、民办非企业单位、基金会、律师事务所、会计师事务所等组织的工作人员遭受事故伤害或者患职业病的，其工伤范围、工伤认定、劳动能力鉴定、待遇标准等按照《工伤保险条例》规定执行。

三、参照公务员法管理的事业单位、社会团体工作人员因工作遭受事故伤害或者患职业病的，按照《工伤保险条例》第六十五条的规定执行。

四、本通知自下发之日起施行。凡此前文件与本通知规定不符的，以本通知规定为准。

人力资源社会保障部
财政部
2012年10月29日

15 人力资源社会保障部 住房城乡建设部 安全监管总局 全国总工会关于进一步做好建筑业工伤保险工作的意见

人社部发〔2014〕103号

各省、自治区、直辖市及新疆生产建设兵团人力资源社会保障厅（局）、住房城乡建设厅（委、局）、安全生产监督管理局、总工会：

改革开放以来，我国建筑业蓬勃发展，建筑业职工队伍不断发展壮大，为经济社会发展和人民安居乐业做出了重大贡献。建筑业属于工伤风险较高行业，又是农民工集中的行业。为维护建筑业职工特别是农民工的工伤保障权益，国家先后出台了一系列法律法规和政策,各地区、各有关部门积极采取措施,加强建筑施工安全生产制度建设和监督检查,大力推进建筑施工企业依法参加工伤保险,使建筑业职工工伤权益保障工作不断得到加强。但目前仍存在部分建筑施工企业安全管理制度不落实、工伤保险参保覆盖率低、一线建筑工人特别是农民工工伤维权能力弱、工伤待遇落实难等问题。

为贯彻落实党中央、国务院关于切实保障和改善民生的要求,依据社会保险法、建筑法、安全生产法、职业病防治法和《工伤保险条例》等法律法规规定,现就进一步做好建筑业工伤保险工作、切实维护建筑业职工工伤保障权益提出以下意见:

一、完善符合建筑业特点的工伤保险参保政策,大力扩展建筑企业工伤保险参保覆盖面

建筑施工企业应依法参加工伤保险。针对建筑行业的特点,建筑施工企业对相对固定的职工,应按用人单位参加工伤保险;对不能按用人单位参保、建筑项目使用的建筑业职工特别是农民工,按项目参加工伤保险。房屋建筑和市政基础设施工程实行以建设项目为单位参加工伤保险的,可在各项社会保险中优先办理参加工伤保险手续。建设单位在办理施工许可手续时,应当提交建设项目工伤保险参保证明,作为保证工程安全施工的具体措施之一;安全施工措施未落实的项目,各地住房城乡建设主管部门不予核发施工许可证。

二、完善工伤保险费计缴方式

按用人单位参保的建筑施工企业应以工资总额为基数依法缴纳工伤保险费。以建设项目为单位参保的,可以按照项目工程总造价的一定比例计算缴纳工伤保险费。

三、科学确定工伤保险费率

各地区人力资源社会保障部门应参照本地区建筑企业行业基准费率,按照以支定收、收支平衡原则,商住房城乡建设主管部门合理确定建设项目工伤保险缴费比例。要充分运用工伤保险浮动费率机制,根据各建筑企业工伤事故发生率、工伤保险基金使用等情况适时适当调整费率,促进企业加强安全生产,预防和减少工伤事故。

四、确保工伤保险费用来源

建设单位要在工程概算中将工伤保险费用单独列支,作为不可竞争费,不参与竞标,并在项目开工前由施工总承包单位一次性代缴本项目工伤保险费,覆盖项目使用的所有职工,包括专业承包单位、劳务分包单位使用的农民工。

五、健全工伤认定所涉及劳动关系确认机制

建筑施工企业应依法与其职工签订劳动合同,加强施工现场劳务用工管理。施工总承包单位应当在工程项目施工期内督促专业承包单位、劳务分包单位建立职工花名册、考勤记录、工资发放表等台账,对项目施工期内全部施工人员实行动态实名制管理。施工人员发生工伤后,以劳动合同为基础确认劳动关系。对未签订劳动合同的,由人力资源社会保障部门参照工资支付凭证或记录、工作证、招工登记表、考勤记录及其他劳动者证言等证据,确认事实劳动关系。相关方面应积极提供有关证据;按规定应由用人单位负举证责任而用人单位不提供的,应当承担不利后果。

六、规范和简化工伤认定和劳动能力鉴定程序

职工发生工伤事故,应当由其所在用人单位在30日内提出工伤认定申请,施工总承包单位应当密切配合并提供参保证明等相关材料。用人单位未在规定时限内提出工伤认定申请的，职工本人或其近亲属、工会组织可以在1年内提出工伤认定申请，经社会保险行政部门调查确认工伤的，在此期间发生的工伤待遇等有关费用由其所在用人单位负担。各地社会保险行政部门和劳动能力鉴定机构要优化流程，简化手续，缩短认定、鉴定时间。对于事实清楚、权利义务关系明确的工伤认定申请，应当自受理工伤认定申请之日起15日内作出工伤认定决定。探索建立工伤认定和劳动能力鉴定相关材料网上申报、审核和送达办法，提高工作效率。

七、完善工伤保险待遇支付政策

对认定为工伤的建筑业职工，各级社会保险经办机构和用人单位应依法按时足额支付各项工伤保险待遇。对在参保项目施工期间发生工伤、项目竣工时尚未完成工伤认定或劳动能力鉴定的建筑业职工，其所在用人单位要继续保证其医疗救治和停工期间的法定待遇，待完成工伤认定及劳动能力鉴定后，依法享受参保职工的各项工伤保险待遇；其中应由用人单位支付的待遇，工伤职工所在用人单位要按时足额支付，也可根据其意愿一次性支付。针对建筑业工资收入分配的特点，对相关工伤保险待遇中难以按本人工资作为计发基数的，可以参照统筹地区上年度职工平均工资作为计发基数。

八、落实工伤保险先行支付政策

未参加工伤保险的建设项目，职工发生工伤事故，依法由职工所在用人单位支付工伤保险待遇，施工总承包单位、建设单位承担连带责任。用人单位和承担连带责任的施工总承包单位、建设单位不支付的，由工伤保险基金先行支付，用人单位和承担连带责任的施工总承包单位、建设单位应当偿还；不偿还的，由社会保险经办机构依法追偿。

九、建立健全工伤赔偿连带责任追究机制

建设单位、施工总承包单位或具有用工主体资格的分包单位将工程（业务）发包给不具备用工主体资格的组织或个人，该组织或个人招用的劳动者发生工伤的，发包单位与不具备用工主体资格的组织或个人承担连带赔偿责任。

十、加强工伤保险政策宣传和培训

施工总承包单位应当按照项目所在地人力资源社会保障部门统一规定的式样，制作项目参加工伤保险情况公示牌，在施工现场显著位置予以公示，并安排有关工伤预防及工伤保险政策讲解的培训课程，保障广大建筑业职工特别是农民工的知情权，增强其依法维权意识。各地人力资源社会保障部门要会同有关部门加大工伤保险政策宣传力度，让广大职工知晓其依法享有的工伤保险权益及相关办事流程。开展工伤预防试点的地区可以从工伤保险基金提取一定比例用于工伤预防，各地人力资源社会保障部门应会同住房城乡建设部门积极开展建筑业工伤预防的宣传和培训工作，并将建筑业职工特别是农民工作为宣传和培训的重点对象。建立健全政府部门、行业协会、建筑施工企业等多层次的培训体系，不断提升建筑业职工的安全生产意识、工伤维权意识和岗位技能水平，从源头上控制和减少安全事故。

十一、严肃查处谎报瞒报事故的行为

发生生产安全事故时，建筑施工企业现场有关人员和企业负责人要严格依照《生产安

全事故报告和调查处理条例》等规定，及时、如实向安全监管、住房城乡建设和其他负有监管职责的部门报告，并做好工伤保险相关工作。事故报告后出现新情况的，要及时补报。对谎报、瞒报事故和迟报、漏报的有关单位和人员，要严格依法查处。

十二、积极发挥工会组织在职工工伤维权工作中的作用

各级工会要加强基层组织建设，通过项目工会、托管工会、联合工会等多种形式，努力将建筑施工一线职工纳入工会组织，为其提供维权依托。提升基层工会组织在职工工伤维权方面的业务能力和服务水平。具备条件的企业工会要设立工伤保障专员，学习掌握工伤保险政策，介入工伤事故处理的全过程，了解工伤职工需求，跟踪工伤待遇支付进程，监督工伤职工各项权益落实情况。

十三、齐抓共管合力维护建筑工人工伤权益

人力资源社会保障部门要积极会同相关部门，把大力推进建筑施工企业参加工伤保险作为当前扩大社会保险覆盖面的重要任务和重点工作领域，对各类建筑施工企业和建设项目进行摸底排查，力争尽快实现全面覆盖。各地人力资源社会保障、住房城乡建设、安全监管等部门要认真履行各自职能，对违法施工、非法转包、违法用工、不参加工伤保险等违法行为依法予以查处，进一步规范建筑市场秩序，保障建筑业职工工伤保险权益。人力资源社会保障、住房城乡建设、安全监管等部门和总工会要定期组织开展建筑业职工工伤维权工作情况的联合督查。有关部门和工会组织要建立部门间信息共享机制，及时沟通项目开工、项目用工、参加工伤保险、安全生产监管等信息，实现建筑业职工参保等信息互联互通，为维护建筑业职工工伤权益提供有效保障。

交通运输、铁路、水利等相关行业职工工伤权益保障工作可参照本文件规定执行。

各地人力资源社会保障、住房城乡建设、安全监管等部门和工会组织要依据国家法律法规和本文件精神，结合本地实际制定具体实施方案，定期召开有关部门协调工作会议，共同研究解决有关难点重点问题，合力做好建筑业职工工伤保险权益保障工作。

人力资源社会保障部
住房城乡建设部
安全监管总局
全国总工会
2014年12月29日

16 人力资源社会保障部办公厅关于开展建筑业 "同舟计划"——建筑业工伤保险专项扩面行动计划的通知

人社厅发〔2015〕43号

各省、自治区、直辖市及新疆生产建设兵团人力资源社会保障厅（局）：

为贯彻落实人力资源社会保障部等部门《关于进一步做好建筑业工伤保险工作的意见》（人社部发〔2014〕103号，以下简称《意见》）精神，做好建筑业参加工伤保险工作，我部决定开展建筑业"同舟计划"，用三年左右时间，全面推进建筑业从业人员参加工伤保险。

一、指导思想和工作目标

（一）指导思想

全面贯彻落实党的十八大和十八届三中、四中全会精神，以邓小平理论、"三个代表"重要思想、科学发展观为指导，认真学习贯彻习近平总书记系列重要讲话精神，牢固树立以人为本、执政为民的理念，统筹规划，分步实施，全面推进建筑施工企业依法参加工伤保险工作，切实维护建筑业从业人员特别是农民工的工伤保障权益。

（二）工作目标

总体目标：用三年左右时间，结合全民参保登记计划的实施，实现建筑业从业人员全部参加工伤保险，同时建立按项目参保和优先办理工伤保险的工作机制。

年度目标：专项行动于2015年启动，2016年推开，2017年完成，实施期3年。

2015年，年内新开工建筑项目全部参加工伤保险；继续巩固已参保的在建项目参保成果，努力将未参保的在建项目纳入保障范围。初步建立按项目参保和优先办理工伤保险的工作机制。同时推进交通、铁路、水利等建筑施工企业参加工伤保险。

2016年，建设项目基本实现全部参保，大部分交通、铁路、水利等建筑施工企业参加工伤保险。完善按项目参保和优先办理工伤保险的工作机制。

2017年，全部建筑企业从业人员参加工伤保险，全面加强按项目参保的管理能力和服务能力。

二、2015年工作安排

第一阶段（2—4月）：制定方案，摸清底数

1. 制定工作方案。结合本地实际，制定本地三年行动计划具体实施方案。实施方案要明确以下内容：本地推进建筑业参保的总体目标、主要任务和工作要求；年度目标、工作任务和进度安排；费率水平及调整机制等需本地化的政策措施；经办管理的标准规范和具体流程；任务分工、相关部门责任及沟通协调机制；经费、人员、信息技术、窗口平台、组织领导、宣传培训、督导调度、评估奖惩等各项保障措施；其他需明确的事项。各省（自治区、直辖市）人社部门具体实施方案报人社部备案。

2. 全面摸清底数。第一季度集中摸清情况，包括：本地区建筑企业数量、相对固定从

业人员及其参加工伤保险情况；在建项目数量、工程造价和用工情况；拟建项目数量、工程造价及拟用工情况等基本情况（见附件1）。由各省（自治区、直辖市）人社部门会同住建部门摸清底数，并于4月30日前将附件1报人社部社保中心和工伤保险司。

3. 开发信息系统。根据按项目参保的新要求，针对从业人员流动频繁、生产经营场地基础条件差等实际情况，开发适应项目参保和建筑用工管理特点的信息系统，并实现与按单位参保系统有序衔接，与全民参保登记计划有机结合。有条件地区可探索与住建部门建筑业用工信息系统联网，共享相关信息。

4. 开展建筑企业参加工伤保险集中宣传活动。充分利用广播电视、报刊、互联网、微信、公告栏等多种方式，以建筑工人特别是农民工为重点对象，集中宣传建筑业参加工伤保险尤其是按项目参保的政策措施，帮助其全面了解国家政策和各项权利，提高维权意识，营造良好的社会氛围。要制定全面培训的工作计划，层层开展动员培训，确保政策为各级行政和经办人员所掌握。

第二阶段（5—12月）：落实政策，建章立制

1. 全面落实各项政策。协调住建部门落实施工许可制度，严格用工管理，督促建筑企业应保尽保。落实和完善全员参保、动态实名、概算提取、一次性缴费、工伤认定、劳动能力鉴定、工伤待遇支付、先行支付等政策要求，创新按项目参保经办管理服务，方便建设项目和从业人员参保并享受待遇。建立和完善人社、住建等部门间协商议事、信息互通、联合督导等机制，切实推进各项工作的落实。

2. 建立按月调度制度。从下半年起按月调度各地工作进展情况。7月份开始，每月10日前（节假日顺延），各省（自治区、直辖市）人社部门将上月按项目参保情况（见附件2）汇总报人社部社保中心和工伤保险司。

3. 建立工作简报制度。各省（自治区、直辖市）要定期和不定期编印工作简报，交流各地好的经验做法，通报各地工作进展情况。各地要注意发现、收集、整理本地好的典型和做法，及时报送人社部社保中心和工伤保险司。

4. 加快推进全民参保登记计划。按工作安排，2015年要以"同舟计划"为重点推进全民参保登记计划的实施，实施范围要在2014年50个试点地区的基础上扩大到50%的地区。要结合全民参保登记计划，通过信息比对、入户调查、动态更新等步骤，加快建立和完善全民参保登记数据库，并通过全民参保登记数据库支持按项目参保的动态实名制管理。

第三阶段（10—12月）：督促检查，评估总结

1. 开展自查。各省（自治区、直辖市）人社部门要建立督导调度制度，对专项行动实施情况及时开展督促检查。10月开始，各省（自治区、直辖市）要对本地专项行动实施情况进行自查，重点检查许可证发放执行、劳动用工管理、年度工作计划执行、参保扩面计划完成、基金收支平衡、经办管理服务效率和质量等情况。要充分运用第三方评估、明察暗访、满意度调查等多种检查方式，从多个角度检查和评估工作成效，总结经验、分析问题，提出改进工作的意见和建议。各地要在自查的基础上，形成自查报告，于11月30日前报人社部社保中心和工伤保险司。

2. 联合督查。在各地自查的基础上，人社部联合有关部门制定具体的督查评估方案，

确定督查评估的主要内容、主要指标和督查方式，选取部分地区开展多轮联合督查，全面了解和评估各地落实《意见》精神、保障建筑业从业人员工伤待遇情况，总结好的做法和经验，发现和解决工作中存在的困难和问题。

3. 制定 2016 年、2017 年具体工作计划。各地于每年 12 月份确定下一年度扩面计划、工作任务和主要措施。人社部门将会同有关部门根据各地自查、联合督查情况，确定 2016 年、2017 年"同舟计划"的具体工作安排。

三、工作要求

（一）加强组织领导。各级人社部门要高度重视"同舟计划"的实施，将"同舟计划"列入重要议事日程，加强组织领导，明确职责分工。要积极争取当地党委政府的重视支持，争取有关部门的支持配合，争取建筑企业和职工的理解和认可，共同推进"同舟计划"的落实。

（二）创新管理服务。要探索适合建筑业按项目参保的登记、缴费、认定、鉴定、待遇支付、基金管理、信息管理的标准、规范与实现方式，做好与已有参保方式的衔接。结合全民参保登记计划的实施，不断完善按项目参保方式的经办管理与服务。要督促建筑施工企业和建设项目积极配合"同舟计划"的实施，加强劳动用工管理，指定专人组织开展参加工伤保险以及工伤申请等工作。

（三）加强沟通协调。要与住建部门加强统筹协调，共同做好建筑业职工参加工伤保险工作。要建立操作性强、沟通顺畅、协同推进的协调工作机制，双方定期交流，相互通报建筑施工企业开工、变更、参保和基金收支余情况，及时研究解决工作中出现的问题，加快推进建筑施工企业参加工伤保险。

附件：1. 建筑业及建设项目基本情况
      2. 建筑业参加工伤保险情况

人力资源社会保障部办公厅
2015 年 3 月 27 日

附件1:

建筑业及建设项目基本情况

填报单位：　　　　　　　　　　　　　　　　　　年　季　　　　　　　　　　　　　　　　　　单位：户、万元、人

序号	企业数	建筑企业		在建项目数	建设项目		3个月内拟新建项目		
		固定从业人员	#其中参加工伤保险		#工程总造价	#从业人员		#工程总造价	#预计从业人员
甲	1	2	3	4	5	6	7	8	9
总计									

单位负责人签章：　　　　　　　处（科）负责人签章：　　　　　　　填表人签章：　　　　　　　报出日期：　年　月　日

附件2:

建筑业参加工伤保险情况

填报单位：　　　　　　　　　　　　　　　　　　年　月　　　　　　　　　　　　　　　　　　单位：户、人、万元

序号	参保单位数			参保人数			实缴金额		
	按用人单位方式参保户数	按建设项目参保项目数	#新建项目数	#在建项目数	按用人单位方式参保人数	按建设项目方式参保人数	#新建项目	#在建项目	按用人单位方式	按建设项目方式
甲	1	2	3	4	5	6	7	8	9	10
总计										

单位负责人签章：　　　　　　　处（科）负责人签章：　　　　　　　填表人签章：　　　　　　　报出日期：　年　月　日

17 人力资源社会保障部办公厅关于加快推进建筑业工伤保险工作的通知

人社厅发〔2016〕43号

各省、自治区、直辖市及新疆生产建设兵团人力资源社会保障厅（局）：

人力资源社会保障部、住房城乡建设部、国家安全生产监管总局、中华全国总工会联合下发了《关于进一步做好建筑业工伤保险工作的意见》（人社部发〔2014〕103号，以下简称《意见》），人力资源社会保障部结合全民参保登记计划，组织实施了"同舟计划"——建筑业工伤保险专项扩面行动，并根据建筑施工企业的用工特点，制定了专门经办规程和统计办法。

一年多来，各地人力资源社会保障部门会同有关部门，结合实际创造性落实《意见》要求，层层落实"同舟计划"参保扩面任务，突出抓好宣传培训和联合督查工作，推进建筑业参加工伤保险政策落地及相关管理服务工作取得积极进展。但工作中也暴露出一些突出问题，部分地区尚未形成有效推进工作的合力，工作进展较慢；宣传培训工作力度不够，建筑施工企业按项目参保的惠民政策社会知晓度不高；参保扩面、工伤认定、经办管理服务等工作还不能完全适应建筑业按项目参保的工作要求等。

2016年是深入推进建筑业工伤保险工作的关键一年，各地务必进一步加强领导、狠抓落实，切实推动工作再上一个台阶，为2017年全面实现建筑施工企业依法参加工伤保险奠定坚实基础。现就有关要求通知如下：

一、加强领导，进一步发挥好人社部门的牵头作用

深入推进建筑业工伤保险工作需要多部门联动，人社部门作为社会保险行政管理部门，必须将这项工作作为当前工伤保险扩面的首要任务，牵头推进工作落实。各级人社部门主要负责同志，尤其是分管工伤保险工作的负责同志要亲自做好相关协调工作和任务安排，既要争取党委、政府分管领导的支持，更要协调相关部门建立良好的沟通合作机制。要重点加强对地市一级工作落实的督导，对工作进展慢、特别是仍存在部门配合不畅问题的地市，要协调当地党委、政府分管领导牵头推进落实。要会同住建、安监、工会等部门研究制定2016、2017年推进建筑业参加工伤保险工作的具体措施，并对推进工作中联合会商、联合督查、信息共享等工作措施作出制度性安排。有关推进工作措施于5月30日前报部工伤保险司、社保中心备案。

二、整合力量，进一步形成推进工作的合力

要进一步与住建、安监、工会等部门密切合作，整合各自的职能优势，建立畅通高效的长效协调机制，进一步形成工作合力。积极协调住建部门和安监部门发挥对建筑企业管理的职能优势，落实将工伤保险参保证明作为保证工程安全施工的具体措施之一，安全施工措施未落实的项目不予核发"施工许可证"和"安全生产许可证"，及时将建筑项目施工许可等信息予以公开，逐步完善信息共享机制，共同推动建筑业工伤保险工作；对不需

要核发施工许可证的建筑项目，各地劳动保障监察、社保经办机构要积极发挥管理监督职能，督促建筑企业参加工伤保险，实行早期介入，共同做到建筑业参保扩面"无死角"。

三、改进服务，进一步简化参保手续

适应按项目参保特点，最大限度缩短流程、简化手续，力争实现施工企业办理参保缴费备案当日办结，避免因办理项目参保而拖延施工许可证的申领，影响工程开工进度。有条件的地区，可以将建筑项目参保事项纳入政府行政审批大厅办理，或协调住建部门，在统筹地区住建部门行政办事场所设立工伤保险参保经办窗口，也可委托住建部门办理参保核定手续并开具缴费通知单，方便施工企业在办理施工许可等行政审批手续时"一站式"办结参保手续。

四、提升效率，开设工伤认定和待遇支付绿色通道

适应建筑施工企业职工流动性大的特点，对于在工地内发生、事实清楚、当事双方无争议的案件实行"快认快结"，一般应当在10日内作出工伤认定的决定，可以开辟绿色通道，尽可能缩短劳动能力鉴定等待时限和待遇支付时限。有条件的地区对工伤认定后仍在医疗救治期间的职工特别是伤情较重人员，及时办理医疗费用联网实时结算手续，减轻施工企业和工伤职工的医疗费垫付压力。

五、适应特点，完善按项目参保统计工作

建筑业按项目参加工伤保险，参保人数的统计有一定的复杂性。为适应建筑业按项目参保统计要求，各地在按照《关于规范建筑业按项目参加工伤保险统计方法的通知（试行）》（人社厅发〔2015〕159号）要求统计参保人数的同时，应根据开工项目数、在建项目数、参保项目数统计项目参保率，于每双月10日前将上两月项目参保率报送工伤保险司和社保中心（见附件），部里将定期通报各地工作进展。

六、扩充系统，创新信息化服务水平

各地要按照《关于扩充社会保险管理信息系统功能支持建筑业按项目参加工伤保险工作的通知》（人社信息函〔2016〕17号）要求，扩充社会保险管理信息系统相关功能，支持建筑业按项目参加工伤保险，实现工伤保险参保登记、缴费、工伤认定、劳动能力鉴定等业务办理的全流程信息化。按照《关于加快推进社会保障卡应用的意见》（人社部发〔2014〕52号）要求，推进社会保障卡在建筑业工伤保险领域应用。加快推进全民参保计划的实施，建立完善全民参保登记数据库，通过信息比对、入户调查、资源共享、动态更新等措施，支持和促进按项目参保的人员管理。建立与住建、安监、工会等部门的信息交换机制，畅通信息共享渠道，共享项目用工、施工许可证发放、参保、安全生产管理等信息资源。

七、加强宣传培训，提升工伤保险参保积极性和社会知晓度

要充分运用传统媒体、新媒体等手段，高密度开展建筑业从业人员特别是农民工喜闻乐见的宣传活动。要在建筑项目施工现场设立工伤保险政策及参保流程宣传栏，实现宣传全覆盖，确保全体进场农民工知晓"个人不缴费、项目全参保、干活要打卡、咨询找社保"。要联合住建、安监、工会等部门，对各类新建、在建项目的有关管理人员进行培训，

提高按项目参加工伤保险的自觉性和主动性，杜绝因不清楚、不了解、不会办而影响参保工作。已开展工伤预防试点的地区，可使用工伤预防经费对宣传培训活动予以必要经费保障，其他地区应由同级人社部门作出经费安排。

八、加强监督，有效防范和查处恶意骗保行为

在为建筑施工企业按项目参加工伤保险提供便捷、高效服务的同时，要加强管理监督工作，把住关键环节，做到快而不乱、便而不疏。对利用项目参保浑水摸鱼、造假骗保的行为，一经发现，要会同有关部门严肃处理、依法严惩。

做好建筑业工伤保险工作，是党中央、国务院对工伤保险工作提出的新要求，是当前社保扩面的重点任务。各地要在政策全面落地的基础上，加大力度，扎实有效推进建筑业按项目参加工伤保险工作全面落实。同时，应适时启动与交通运输、铁路、水利、能源等部门的沟通协调工作，尽早使这一惠民政策覆盖相关领域从业人员。

附件：建筑项目参保情况统计表

人力资源社会保障部办公厅
2016 年 3 月 24 日

附件：

建筑项目参保情况统计表

填报单位：　　　　　　　　　年　月　　　　　　　　单位：个

序号	在建项目数	参保在建项目数	在建项目参保率	新开工项目数	参保新开工项目数	新开工项目参保率
	1	2	3	4	5	6
总计						

单位负责人：　　　填表人：　　　联系电话：　　　填表日期：　　年　月　日

填表说明：
1. 在建项目数是指年初至报告期末在建项目总数。
2. 参保在建项目数是指年初至报告期末参加工伤保险的在建项目总数。
3. 新开工项目数是指统计当期新开工项目总数。
4. 参保新开工项目数是指统计当期参加工伤保险的新开工项目总数。
5. 栏间关系：(1) ≥ (2)；(1) ≥ (4)；(2) ≥ (5)；(4) ≥ (5)；(3) = (2) / (1)；(6) = (5) / (4)。
6. 报送时间分别为：6 月 10 日、8 月 10 日、10 月 10 日、12 月 10 日。

18 人力资源社会保障部办公厅关于进一步做好建筑业工伤保险工作的通知

人社厅函〔2017〕53号

各省、自治区、直辖市及新疆生产建设兵团人力资源社会保障厅（局）：

建筑业工伤保险专项扩面行动——"同舟计划"实施两年来，各地人力资源社会保障部门认真贯彻《关于进一步做好建筑业工伤保险工作的意见》（人社部发〔2014〕103号，以下简称《意见》），主动作为，扎实推进，建筑业按项目参加工伤保险工作取得显著成效〔分省（区、市）项目参保率情况详见附件1〕。但工作中还存在亟待解决的突出问题，如工作进展不平衡，有12个省份新开工项目参保率低于全国平均水平；部分地区过于依赖行政强制力的集中推动，确保项目参保工作的长效机制还没有建立；交通运输、铁路、水利等相关行业建设项目参加工伤保险工作尚未启动等。为推动建立健全建筑业按项目参加工伤保险的长效工作机制，巩固建筑项目"先参保、再开工"政策成效，完成"同舟计划"确定的目标任务，现就进一步做好建筑业按项目参加工伤保险工作通知如下：

一、进一步提高认识，增强做好建筑业工伤保险工作的责任感、紧迫感

党中央、国务院高度重视建筑业工人合法权益保护问题。近期，《国务院办公厅关于促进建筑业持续健康发展的意见》（国办发〔2017〕19号）再次强调，要"建立健全与建筑业相适应的社会保险参保缴费方式，大力推进建筑施工单位参加工伤保险。"这不仅是当前工伤保险扩面的中心任务，也是促进建筑业持续健康发展、保护建筑业工人合法权益的重要举措，各级人社部门要增强政治责任感和工作紧迫感，切实抓好工作落实，围绕项目参保模式积极推进政策创新和管理服务创新，着力建立健全建筑业按项目参保长效工作机制，同时，为灵活就业人员、分享经济等新业态从业人员的参保管理工作积累经验，奠定基础。

二、进一步加强领导，推动形成更高水平、更高效率的部门协作机制

建筑业按项目参加工伤保险工作涉及多部门职责，需要多部门联动。各级人社部门要进一步发挥好牵头作用，会同有关部门加强和完善联席会议、联合督查、信息共享、定期会商等行之有效的部门协作机制。要联合有关部门，切实把握好政策关键点，在"项目参保证明作为保证工程安全施工的具体措施之一，不落实不予核发施工许可证"的问题上不开口子，不搞变通，守住政策底线。3月底前，请各地将省（区、市）一级部门协作机制建立、运行情况，书面报部工伤保险司备案。

三、进一步强化督查通报，夯实项目参保长效工作机制

实践证明，督查、通报是推进项目参保工作的有效抓手，也是建立健全项目参保长效工作机制的关键措施。各地要进一步发挥督查对推进项目参保工作的作用，突出加强对工作进度慢、参保率回落较大地区的督查。4月底前，请各地人社厅局将2017年度开展专项督查和会同有关部门开展联合督查的工作方案报部工伤保险司、社保中心备案。

要进一步坚持和完善项目参保率定期调度通报制度，探索将新开工项目参保率纳入人

社事业发展计划指标。4月10日前,请各地将截至3月底的《建筑项目参保情况统计表》(详见附件2)及省(区、市)内项目参保率定期调度通报制度建立情况报部工伤保险司、社保中心,之后逢单月10日前报送《建筑项目参保情况统计表》。

四、进一步创新管理服务,推动实现从"要我参保"到"我要参保"的转变

建筑业按项目参加工伤保险,是适应建筑业用工特点做出的政策创新。在项目参保模式下,要高度重视管理服务创新,优化流程,减少环节,提高效率,逐步开辟绿色通道、专门窗口,提供一站式服务,逐步实现工伤医疗费用联网实时结算。借鉴商业保险管理经验,创新人性化服务内容,进一步提升工伤保险在为参保企业、项目和工伤职工服务上的便捷性和可及性。

附件:1. 建筑项目参保情况统计汇总表
     2. 建筑项目参保情况统计表

人力资源社会保障部办公厅
2017年3月9日

附件1:

建筑项目参保情况统计汇总表

截至2016年12月31日   单位:个

省份	在建项目数	参保在建项目数	在建项目参保率	新开工项目数	参保新开工项目数	新开工项目参保率
全国	86 251	74 489	86.36%	79 051	75 958	96.09%
北京	1 166	1 107	94.94%	460	435	94.57%
天津	1 534	1 505	98.11%	1 707	1 707	100.00%
河北	917	767	83.64%	2 895	2 794	96.51%
山西	856	581	67.87%	560	560	100.00%
内蒙古	835	762	91.26%	570	570	100.00%
辽宁	852	800	93.90%	385	385	100.00%
吉林	679	607	89.40%	832	592	71.15%
黑龙江	771	679	88.07%	723	716	99.03%
上海	1 520	1 320	86.84%	3 132	2 549	81.39%
江苏	10 451	10 239	97.97%	4 038	4 000	99.06%
浙江	9 773	9 271	94.86%	9 725	9 363	96.28%
安徽	3 611	3 553	98.39%	5 932	5 932	100.00%
福建	4 926	4 671	94.82%	3 546	3 489	98.39%
江西	1 041	1 041	100.00%	4 480	4 480	100.00%
山东	2 720	2 200	80.88%	4 260	4 080	95.77%
河南	1 833	1 593	86.91%	810	782	96.54%

续表

省份	在建项目数	参保在建项目数	在建项目参保率	新开工项目数	参保新开工项目数	新开工项目参保率
湖北	4 538	3 226	71.09%	2 653	2 409	90.80%
湖南	2 879	2 379	82.63%	3 906	3 651	93.47%
广东	7 409	6 296	84.98%	8 034	7 875	98.02%
广西	4 393	1 903	43.32%	2 717	2 680	98.64%
海南	1 384	878	63.44%	1 424	1 386	97.33%
重庆	1 155	941	81.47%	2 377	2 297	96.63%
四川	5 558	5 245	94.37%	3 117	2 932	94.06%
贵州	3 616	2 629	72.70%	688	589	85.61%
云南	2 127	1 493	70.19%	3 798	3 796	99.95%
西藏	1 138	927	81.46%	938	875	93.28%
陕西	687	655	95.34%	218	201	92.2%
甘肃	2 241	1 812	80.86%	1 438	1 262	87.76%
青海	982	907	92.36%	623	506	81.22%
宁夏	760	759	99.87%	1 212	1 212	100.00%
新疆	2 218	2 062	92.97%	1 765	1 765	100.00%
兵团	1 681	1 681	100.00%	88	88	100.00%

附件2：

建筑项目参保情况统计表

填报单位：　　　　　　　　　　年　月　　　　　　　　　　单位：个

	在建项目数	参保在建项目数	在建项目参保率	新开工项目数	参保新开工项目数	未参保新开工项目数	其中：核发施工许可证项目数	新开工项目参保率
序号	1	2	3	4	5	6	7	8
总计								

单位负责人：　　　　　填表人：　　　　　联系电话：　　　　　填表日期：　　年　月　日

填表说明：

1. 在建项目数是指 2017 年 1 月 1 日前开工且 1 月 1 日当天尚未竣工的项目数。
2. 参保在建项目数是指 2017 年 1 月 1 日前开工且 1 月 1 日当天尚未竣工按项目参加工伤保险的项目数。
3. 新开工项目数是指 2017 年 1 月 1 日以后新开工建设的项目数。
4. 参保新开工项目数是指 2017 年 1 月 1 日以后新开工建设的按项目参加工伤项目数。
5. 未参保新开工项目数是指 2017 年 1 月 1 日以后新开工建设的未按项目参加工伤项目数。
6. 栏间关系：（1）≥（2）；（4）≥（5）；（4）≥（6）；（6）≥（7）；（4）=（5）+（6）；（3）=（2）/（1）；（8）=（5）/（4）。
7. 报送时间：2017 年 4 月 10 日、5 月 10 日、7 月 10 日、9 月 10 日、11 月 10 日，2018 年 1 月 10 日。

19 人力资源社会保障部 交通运输部 水利部 能源局 铁路局 民航局关于铁路、公路、水运、水利、能源、机场工程建设项目参加工伤保险工作的通知

人社部发〔2018〕3号

各省、自治区、直辖市及新疆生产建设兵团人力资源社会保障厅（局）、交通运输厅（局、委）、水利（水务）厅（局）、能源局、各地区铁路监管局、民航各地区管理局：

党中央、国务院高度重视建筑业农民工工伤权益保障问题。2014年12月，经国务院批准，人力资源社会保障部、住房城乡建设部、安全监管总局、全国总工会制定印发了《关于进一步做好建筑业工伤保险工作的意见》（人社部发〔2014〕103号，以下简称《意见》），做出了工伤优先，项目参保，概算提取，一次参保，全员覆盖的制度安排，并明确交通运输、铁路、水利等相关行业参照执行。三年来，在各部门的协力推动以及各地共同努力下，住建领域新开工工程建设项目参保率已达到99.73%，累计4000多万人次建筑业农民工纳入工伤保险保障。部分地区结合实际一并推动交通运输、铁路、水利等相关行业工程建设项目参加工伤保险工作，取得了一定成效，为全面推开创造了条件。为全面贯彻党中央、国务院关于切实保障和改善民生的重大部署，深入落实《意见》要求，加大力度将在各类工程建设项目中流动就业的农民工纳入工伤保险保障，现就铁路、公路、水运、水利、能源、机场（以下简称交通运输等行业）工程建设项目参加工伤保险工作通知如下：

一、切实增强做好工作的责任感和紧迫感

《国务院办公厅关于促进建筑业持续健康发展的意见》（国办发〔2017〕19号）再次强调要"建立健全与建筑业相适应的社会保险参保缴费方式，大力推进建筑施工单位参加工伤保险"，明确了做好建筑行业工程建设项目农民工职业伤害保障工作的政策方向和制度安排。各地要在进一步健全住建领域工程建设项目按项目参加工伤保险长效工作机制的同时，进一步增强责任感和紧迫感，按照《意见》要求，全面启动交通运输等行业工程建设项目参加工伤保险工作，结合行业用工特点，做好参保办法、办理流程、保障服务等具体制度安排，确保在各类工地上流动就业的农民工依法享有工伤保险保障。

二、推进形成更高水平更高效率的部门协作机制

按项目参加工伤保险工作涉及多部门职责，必须协调联动，合力推进。在推进住建领域工程建设项目参加工伤保险工作中，各地普遍建立的联席会议、联合督查、信息共享、经办对接等部门协作机制，发挥了重要作用，创造积累了行之有效的经验做法。各地要在现有工作基础上，扩大协作范围，丰富协作内容，针对交通运输等行业工程建设项目施工管理、用工管理的特点，设计高效、便捷、管用的管理服务流程和参保约束机制，切实做到"先参保，再开工"。

按照"谁审批，谁负责"的原则，各类工程建设项目在办理相关手续、进场施工前，

均应向行业主管部门或监管部门提交施工项目总承包单位或项目标段合同承建单位参加工伤保险的证明,作为保证工程安全施工的具体措施之一。未参加工伤保险的项目和标段,主管部门、监管部门要及时督促整改,即时补办参加工伤保险手续,杜绝"未参保,先开工"甚至"只施工,不参保"现象。各级行业主管部门、监管部门要将施工项目总承包单位或项目标段合同承建单位参加工伤保险情况纳入企业信用考核体系,未参保项目发生事故造成生命财产重大损失的,责成工程责任单位限期整改,必要时可对总承包单位或标段合同承建单位启动问责程序。

三、依法合理确定缴费比例

建筑施工企业相对固定的职工,应按用人单位参加工伤保险。不能按用人单位参加工伤保险的职工特别是短期雇佣的农民工,应按项目优先参加工伤保险,一般应由施工项目总承包单位或项目标段合同承建单位按照劳动雇佣关系一次性代缴本项目工伤保险费,覆盖项目使用的所有职工,包括专业承包单位、劳务分包单位使用的农民工。各类工程建设项目可以项目或标段为单位,按照项目或标段的建筑安装工程费(或工程合同价)的一定比例参保缴费。对人工成本占比较低的工程建设项目,可按照人工成本乘以工伤保险行业基准费率的方式计算工伤保险费。对于难以确定直接人工成本的工程建设项目,可参照本地区社会平均工资确定缴费基数。各统筹地区要按照"以支定收、收支平衡"原则,根据当地工伤保险基金的运行情况,科学合理确定费率。同时,注重发挥浮动费率作用,低保费起步,逐步实现收支平衡。

四、进一步加强督查和定期通报工作

从 2017 年起,人力资源社会保障部已将新开工项目参保率纳入人力资源社会保障事业发展指标体系,定期分省通报调度。各地人力资源社会保障部门要以此为契机,会同有关部门进一步强化督查措施,提高数据的可靠性和可应用性。要在全面启动交通运输等行业工程建设项目参加工伤保险工作的同时,将同口径数据纳入通报调度安排,并作为督查重点。各地人力资源社会保障部门要在门户网站上定期通报当地工程建设项目参保率情况,并加强与住房城乡建设、交通运输、水利、能源、铁路和民航部门的数据共享。

五、着力提高经办服务质量和管理水平

按项目参加工伤保险是适应流动用工特点做出的政策创新。各地人力资源社会保障部门要为参保工程建设项目及标段和工伤职工提供更加优质便捷的人性化服务,积极探索优化适合按项目参加工伤保险的登记、缴费、认定、劳动能力鉴定、待遇支付等服务流程,开辟绿色通道、专门窗口等,提供一站式服务。要最大限度缩短参加工伤保险工作流程、简化手续,力争实现施工企业办理参保缴费备案当日办结,避免因办理项目参加工伤保险而影响工程开工进度。施工项目总承包单位或项目标段合同承建单位应当在工程项目施工期内督促专业承包单位、劳务分包单位建立职工花名册、考勤记录、工资发放表等台账,对项目施工期内全部施工人员实行动态实名制管理。施工人员发生工伤后,以劳动合同为基础确认劳动关系,对未签订劳动合同的,由人力资源社会保障部门参照工资支付凭证或记录、工作证、招工登记表、考勤记录及其他劳动者证言等证据,确认事实劳动关系。对

在工地内发生、事实清楚、当事双方无争议的工伤案件实行"快认快结",一般应当在10日内作出工伤认定的决定。对在参保工程建设项目施工期间发生工伤,项目竣工时尚未完成工伤认定或劳动能力鉴定的,建筑施工企业要保证工伤职工医疗救治和停工留薪期间的法定待遇,在完成工伤认定及劳动能力鉴定后工伤职工依法享受各项工伤保险待遇。

各地人力资源社会保障部门要会同各部门按照《工伤预防费使用管理暂行办法》(人社部规〔2017〕13号),指导建筑施工企业积极开展工伤预防宣传和培训工作,要建立健全政府部门、行业协会、施工企业等多层次的培训体系,不断提升职工特别是农民工的工伤保险意识,控制和减少工伤发生。对积极开展工伤预防,有效减少工伤发生的项目承包单位,符合条件的,要优先落实浮动费率政策。

各地人力资源社会保障、交通运输、水利、能源、铁路、民航等部门要依据国家法律法规和本通知要求,结合本地实际制定具体实施方案,合力做好工程建设领域职工特别是农民工工伤保险权益保障工作。

人力资源社会保障部
交通运输部
水利部
国家能源局
国家铁路局
中国民用航空局
2018年1月2日

20 人力资源社会保障部办公厅 国家邮政局办公室关于推进基层快递网点优先参加工伤保险工作的通知

人社厅发〔2021〕101号

各省、自治区、直辖市及新疆生产建设兵团人力资源社会保障厅(局)、邮政管理局:

党中央、国务院高度重视快递员群体合法权益保障问题。2021年6月,经国务院批准,交通运输部、国家邮政局、国家发展改革委、人力资源社会保障部、商务部、市场监管总局、全国总工会联合印发《关于做好快递员群体合法权益保障工作的意见》(交邮政发〔2021〕59号,以下简称《意见》),明确提出提升快递员社会保险水平,允许用工灵活、流动性大的基层快递网点优先参加工伤保险。为深入落实《意见》要求,加强快递员群体工伤保障,现就推进基层快递网点优先参加工伤保险有关工作通知如下:

一、工作原则

推进工作应注重把握以下原则:一是支持行业发展,聚焦解决快递员群体工伤保障问题，促进快递业持续健康发展；二是规范企业用工，督促企业依法用工并参加社会保险，促进企业间开展公平竞争；三是创新工作方式，适应行业特点简化优化流程，提升保障效能；四是兼顾市场公平，统筹处理企业发展和维护快递员合法权益的关系，鼓励商业保险作为补充保障方式。

二、参保范围

快递企业应当依法参加各项社会保险。快递企业使用劳务派遣方式用工的，应督促劳务派遣公司依法参加社会保险。用工灵活、流动性大的基层快递网点可优先办理参加工伤保险，其中，已取得邮政管理部门快递业务经营许可、具备用人单位主体资格的基层快递网点，可直接为快递员办理优先参保；在邮政管理部门进行快递末端网点备案、不具备用人单位主体资格的基层快递网点，由该网点所属的具备快递业务经营许可资质和用人单位主体资格的企业法人代为办理优先参保，原则上在快递业务经营许可地办理参保，承担工伤保险用人单位责任。

在本通知印发之前已经按规定参加各项社会保险的快递企业和基层快递网点，不在上述优先参加工伤保险范围。

三、计缴方式

（一）费率核定。各统筹地区社会保险行政部门应当按照现行工伤保险费率政策，根据"以支定收、收支平衡"原则，合理确定本地区快递行业工伤保险基准费率。社会保险经办机构根据用人单位工伤保险费使用、工伤发生率等因素，具体核定工伤保险费率并适时浮动调整。

（二）缴费基数。对难以直接按照工资总额计算缴纳工伤保险费的，原则上按照统筹地区上年全口径城镇单位就业人员平均工资和参保人数，计算缴纳工伤保险费。

四、优化经办服务

各地邮政管理部门根据优先参加工伤保险的基层网点对象范围，在经营许可或者备案完成后，按月向同级人力资源社会保障部门提供符合条件的基层快递网点名单，督促相关基层网点及时为快递员办理工伤保险参保登记并缴费。各统筹地区人力资源社会保障部门要针对快递行业特点，简化优化参保登记、缴费核定、工伤认定和劳动能力鉴定程序，强化部门间数据交换和业务协同，推进网上办、掌上办。

五、完善待遇支付

快递企业、基层快递网点快递员按照《工伤保险条例》和统筹地区有关规定享受工伤保险待遇。统筹地区社会保险经办机构和用人单位依法按时足额支付各项工伤保险待遇。用人单位应参保未参保的，由用人单位按照《工伤保险条例》和生产经营地规定依法支付工伤保险待遇。

六、工作要求

（一）加强组织领导。各省级人力资源社会保障部门要认真做好基层快递网点快递员参加工伤保险的组织实施工作，抓紧与邮政部门共同对各类快递企业和网点进行摸底排查，力争尽快实现全面覆盖。

（二）压实企业责任。邮政管理部门将落实快递员参加工伤保险情况纳入行业诚信体系建设范畴，指导企业完善考核机制，开展快递员满意度调查，指导快递企业在年度工作报告中增加快递员参加工伤保险情况内容，并将各快递企业及其基层网点参加工伤保险情况在中国快递协会、各省（区、市）快递协会及各快递企业官网公示。

（三）强化监管执法。各地人力资源社会保障部门要会同邮政管理部门进一步强化督导检查，督促用人单位依法参保，保障快递员工伤保险权益，对基层快递网点参加工伤保险情况适时进行通报；同时注重加强部门间数据共享，不断提高数据的可靠性和可应用性。

（四）做好宣传评估。各地人力资源社会保障部门、邮政管理部门要指导快递企业和基层网点积极开展宣传、培训，不断提升快递员工伤保险依法维权意识和工伤预防意识。

各省级人力资源社会保障部门、邮政管理部门要依据国家法律法规和本文件精神，结合本地实际制定具体实施方案并报送人力资源社会保障部和国家邮政局。

人力资源和社会保障部办公厅
国家邮政局办公室
2021 年 12 月 31 日

三、工伤保险费率政策

21 国务院办公厅关于印发降低社会保险费率综合方案的通知

国办发〔2019〕13号

各省、自治区、直辖市人民政府，国务院各部委、各直属机构：

《降低社会保险费率综合方案》已经国务院同意，现印发给你们，请认真贯彻执行。

降低社会保险费率，是减轻企业负担、优化营商环境、完善社会保险制度的重要举措。各地区各有关部门要以习近平新时代中国特色社会主义思想为指导，全面贯彻党的十九大和十九届二中、三中全会精神，坚持稳中求进工作总基调，坚持新发展理念，统筹考虑降低社会保险费率、完善社会保险制度、稳步推进社会保险费征收体制改革，密切协调配合，抓好工作落实，确保企业特别是小微企业社会保险缴费负担有实质性下降，确保职工各项社会保险待遇不受影响、按时足额支付。

国务院办公厅
2019年4月1日

降低社会保险费率综合方案

为贯彻落实党中央、国务院决策部署，降低社会保险（以下简称社保）费率，完善社保制度，稳步推进社保费征收体制改革，制定本方案。

一、降低养老保险单位缴费比例

自2019年5月1日起，降低城镇职工基本养老保险（包括企业和机关事业单位基本养老保险，以下简称养老保险）单位缴费比例。各省、自治区、直辖市及新疆生产建设兵团（以下统称省）养老保险单位缴费比例高于16%的，可降至16%；目前低于16%的，要研究提出过渡办法。各省具体调整或过渡方案于2019年4月15日前报人力资源社会保障部、财政部备案。

二、继续阶段性降低失业保险、工伤保险费率

自2019年5月1日起，实施失业保险总费率1%的省，延长阶段性降低失业保险费率的期限至2020年4月30日。自2019年5月1日起，延长阶段性降低工伤保险费率的期限至2020年4月30日，工伤保险基金累计结余可支付月数在18至23个月的统筹地区可以现行费率为基础下调20%，累计结余可支付月数在24个月以上的统筹地区可以现行费率为基础下调50%。

三、调整社保缴费基数政策

调整就业人员平均工资计算口径。各省应以本省城镇非私营单位就业人员平均工资和城镇私营单位就业人员平均工资加权计算的全口径城镇单位就业人员平均工资，核定社保个人缴费基数上下限，合理降低部分参保人员和企业的社保缴费基数。调整就业人员平均工资计算口径后，各省要制定基本养老金计发办法的过渡措施，确保退休人员待遇水平平稳衔接。

完善个体工商户和灵活就业人员缴费基数政策。个体工商户和灵活就业人员参加企业职工基本养老保险，可以在本省全口径城镇单位就业人员平均工资的60%至300%之间选择适当的缴费基数。

四、加快推进养老保险省级统筹

各省要结合降低养老保险单位缴费比例、调整社保缴费基数政策等措施，加快推进企业职工基本养老保险省级统筹，逐步统一养老保险参保缴费、单位及个人缴费基数核定办法等政策，2020年底前实现企业职工基本养老保险基金省级统收统支。

五、提高养老保险基金中央调剂比例

加大企业职工基本养老保险基金中央调剂力度，2019年基金中央调剂比例提高至3.5%，进一步均衡各省之间养老保险基金负担，确保企业离退休人员基本养老金按时足额发放。

六、稳步推进社保费征收体制改革

企业职工基本养老保险和企业职工其他险种缴费，原则上暂按现行征收体制继续征收，稳定缴费方式，"成熟一省、移交一省"；机关事业单位社保费和城乡居民社保费征管职责如期划转。人力资源社会保障、税务、财政、医保部门要抓紧推进信息共享平台建设等各项工作，切实加强信息共享，确保征收工作有序衔接。妥善处理好企业历史欠费问题，在征收体制改革过程中不得自行对企业历史欠费进行集中清缴，不得采取任何增加小微企业实际缴费负担的做法，避免造成企业生产经营困难。同时，合理调整2019年社保基金收入预算。

七、建立工作协调机制

国务院建立工作协调机制，统筹协调降低社保费率和社保费征收体制改革相关工作。县级以上地方政府要建立由政府负责人牵头，人力资源社会保障、财政、税务、医保等部门参加的工作协调机制，统筹协调降低社保费率以及征收体制改革过渡期间的工作衔接，提出具体安排，确保各项工作顺利进行。

八、认真做好组织落实工作

各地区各有关部门要加强领导，精心组织实施。人力资源社会保障部、财政部、税务总局、国家医保局要加强指导和监督检查，及时研究解决工作中遇到的问题，确保各项政策措施落到实处。

22 人力资源社会保障部 财政部关于调整工伤保险费率政策的通知

人社部发〔2015〕71号

各省、自治区、直辖市人力资源社会保障厅（局）、财政厅（局），新疆生产建设兵团人力资源社会保障局、财务局：

按照党的十八届三中全会提出的"适时适当降低社会保险费率"的精神，为更好贯彻社会保险法、《工伤保险条例》，使工伤保险费率政策更加科学、合理，适应经济社会发展的需要，经国务院批准，自2015年10月1日起，调整现行工伤保险费率政策。现将有关事项通知如下：

一、关于行业工伤风险类别划分

按照《国民经济行业分类》（GB/T 4754—2011）对行业的划分，根据不同行业的工伤风险程度，由低到高，依次将行业工伤风险类别划分为一类至八类（见附件）。

二、关于行业差别费率及其档次确定

不同工伤风险类别的行业执行不同的工伤保险行业基准费率。各行业工伤风险类别对应的全国工伤保险行业基准费率为，一类至八类分别控制在该行业用人单位职工工资总额的0.2%、0.4%、0.7%、0.9%、1.1%、1.3%、1.6%、1.9%左右。

通过费率浮动的办法确定每个行业内的费率档次。一类行业分为三个档次，即在基准费率的基础上，可向上浮动至120%、150%，二类至八类行业分为五个档次，即在基准费率的基础上，可分别向上浮动至120%、150%或向下浮动至80%、50%。

各统筹地区人力资源社会保障部门要会同财政部门，按照"以支定收、收支平衡"的原则，合理确定本地区工伤保险行业基准费率具体标准，并征求工会组织、用人单位代表的意见，报统筹地区人民政府批准后实施。基准费率的具体标准可根据统筹地区经济产业结构变动、工伤保险费使用等情况适时调整。

三、关于单位费率的确定与浮动

统筹地区社会保险经办机构根据用人单位工伤保险费使用、工伤发生率、职业病危害程度等因素，确定其工伤保险费率，并可依据上述因素变化情况，每一至三年确定其在所属行业不同费率档次间是否浮动。对符合浮动条件的用人单位，每次可上下浮动一档或两档。统筹地区工伤保险最低费率不低于本地区一类风险行业基准费率。费率浮动的具体办法由统筹地区人力资源社会保障部门商财政部门制定，并征求工会组织、用人单位代表的意见。

四、关于费率报备制度

各统筹地区确定的工伤保险行业基准费率具体标准、费率浮动具体办法，应报省级人力资源社会保障部门和财政部门备案并接受指导。省级人力资源社会保障部门、财政部门应每年将各统筹地区工伤保险行业基准费率标准确定和变化以及浮动费率实施情况汇总报人力资源社会保障部、财政部。
　　附件：工伤保险行业风险分类表

人力资源社会保障部
财政部
2015 年 7 月 22 日

附件：

工伤保险行业风险分类表

行业类别	行业名称
一	软件和信息技术服务业，货币金融服务，资本市场服务，保险业，其他金融业，科技推广和应用服务业，社会工作，广播、电视、电影和影视录音制作业，中国共产党机关，国家机构，人民政协、民主党派，社会保障，群众团体、社会团体和其他成员组织，基层群众自治组织，国际组织
二	批发业，零售业，仓储业，邮政业，住宿业，餐饮业，电信、广播电视和卫星传输服务，互联网和相关服务，房地产业，租赁业，商务服务业，研究和试验发展，专业技术服务业，居民服务业，其他服务业，教育，卫生，新闻和出版业，文化艺术业
三	农副食品加工业，食品制造业，酒、饮料和精制茶制造业，烟草制品业，纺织业，木材加工和木、竹、藤、棕、草制品业，文教、工美、体育和娱乐用品制造业，计算机、通信和其他电子设备制造业，仪器仪表制造业，其他制造业，水的生产和供应业，机动车、电子产品和日用产品修理业，水利管理业，生态保护和环境治理业，公共设施管理业，娱乐业
四	农业，畜牧业，农、林、牧、渔服务业，纺织服装、服饰业，皮革、毛皮、羽毛及其制品和制鞋业，印刷和记录媒介复制业，医药制造业，化学纤维制造业，橡胶和塑料制品业，金属制品业，通用设备制造业，专用设备制造业，汽车制造业，铁路、船舶、航空航天和其他运输设备制造业，电气机械和器材制造业，废弃资源综合利用业，金属制品、机械和设备修理业，电力、热力生产和供应业，燃气生产和供应业，铁路运输业，航空运输业，管道运输业，体育
五	林业，开采辅助活动，家具制造业，造纸和纸制品业，建筑安装业，建筑装饰和其他建筑业，道路运输业，水上运输业，装卸搬运和运输代理业
六	渔业，化学原料和化学制品制造业，非金属矿物制品业，黑色金属冶炼和压延加工业，有色金属冶炼和压延加工业，房屋建筑业，土木工程建筑业
七	石油和天然气开采业，其他采矿业，石油加工、炼焦和核燃料加工业
八	煤炭开采和洗选业，黑色金属矿采选业，有色金属矿采选业，非金属矿采选业

23 人力资源社会保障部 财政部关于做好工伤保险费率调整工作 进一步加强基金管理的指导意见

人社部发〔2015〕72号

各省、自治区、直辖市人力资源社会保障厅（局）、财政厅（局），新疆生产建设兵团人力资源社会保障局、财务局：

近日，人力资源社会保障部、财政部经国务院批准印发了《关于调整工伤保险费率政策的通知》（人社部发〔2015〕71号，以下简称《通知》），此次调整完善工伤保险费率政策总的原则是：总体降低，细化分类，健全机制。为贯彻落实国务院关于适时适当降低工伤保险费率的要求，进一步加强工伤保险基金管理，提高基金使用效率，现就有关问题提出如下意见：

一、充分认识调整完善工伤保险费率政策的重要性

调整完善工伤保险费率政策，总体上降低工伤保险费率水平，是适应我国经济发展新常态、减轻用人单位负担的重要举措，有利于建立健全与行业工伤风险基本对应、风险档次适度的工伤保险费率标准，有利于落实工伤保险基金"以支定收、收支平衡"筹资原则，优化工伤保险基金管理，确保工伤保险基金可持续运行，更好地保障工伤职工的合法权益。各地应充分认识调整完善工伤保险费率政策的重要性，加强对调整完善工伤保险费率政策的组织领导，采取切实有效措施，强化工伤保险基金管理，在基金收支平衡的基础上，实现总体上降低工伤保险费率水平的目标。

二、准确确定用人单位适用的行业分类

各统筹地区社会保险经办机构要严格按照《通知》规定的行业类别划分，根据用人单位的工商登记注册和主要经营生产业务等情况，分别确定其所对应的行业工伤风险类别。对劳务派遣企业，可根据被派遣劳动者实际用工单位所在行业，或根据多数被派遣劳动者实际用工单位所在行业，确定其工伤风险类别。

三、科学确定工伤保险行业基准费率标准

各统筹地区人力资源社会保障部门要会同财政部门依据调整后的全国工伤保险行业基准费率，根据本地区各行业工伤保险费使用、工伤发生率、职业病危害程度等情况，拟订本地区工伤保险行业基准费率的具体标准，报统筹地区人民政府批准后实施。要加强工伤保险基金的精算平衡，全面分析影响基金收入和支出的当期因素和中长期变化趋势，包括参保扩面潜力、职工工资基数增长速度、本地区参保单位工伤发生率、工伤医疗费用增长速度、保障范围和支付标准的变化等，确保基金中长期可持续运行。各地基准费率的具体标准可根据统筹地区经济产业结构变动、工伤保险费使用等情况适时调整。

四、合理调控工伤保险基金的结存规模

各地要严格按照"以支定收、收支平衡"的筹资原则，将工伤保险基金结存保持在合理适度的规模。实行地市级统筹的地区，基金累计结存（含储备金，下同）的正常规模原

则上控制在 12 个月左右平均支付水平；实行省级统筹的地区，基金累计结存的正常规模原则上控制在 9 个月左右平均支付水平。基金累计结存超过正常规模的统筹地区，其行业基准费率的具体标准不得高于《通知》中规定的全国工伤保险行业基准费率。实行地市级统筹、省级统筹的地区，基金累计结存规模分别超过 18 个月、12 个月左右平均支付水平的，应通过适时调整行业基准费率具体标准或下调费率等措施压减过多结存，促进基金结存回归正常水平。实行地市级统筹、省级统筹的地区，基金累计结存规模分别低于 9 个月、6 个月左右平均支付水平的，可通过加大扩面和基金征缴力度、适时调整行业基准费率具体标准或上浮费率等措施，确保基金安全可持续运行和各项工伤保险待遇支付。

五、定期进行单位费率浮动

各统筹地区要充分发挥工伤保险浮动费率机制的作用，周密制定单位费率浮动的具体办法。各统筹地区社会保险经办机构应每一至三年对各参保单位的工伤风险状况进行一次全面评估，并依据其工伤保险费使用、工伤发生率、职业病危害程度等因素，确定其费率是否浮动及浮动的档次。对风险程度骤升的单位，可一次上浮两个档次，并通过适当形式通报，以示警诫。

六、全面建立并规范工伤保险基金储备金制度

各地要充分利用信息化手段，构建工伤保险基金运行分析和风险预警系统，加强对政策实施和基金运行情况的监测，定期分析工伤保险费率对工伤保险基金运行的影响。在此基础上，建立和完善工伤保险储备金制度，应对突发性、大规模、集中的工伤保险基金支付风险。储备金的规模按当地基金支出规模的一定比例确定，具体比例由省、自治区、直辖市人民政府确定。未设立储备金的统筹地区应于 2016 年底前设立储备金，已实行省级统筹的地区要建立省级储备金制度。储备金计算在工伤保险基金结存之内。

七、规范和提高工伤保险基金统筹层次

提高工伤保险统筹层次是提高工伤保险基金抵御风险能力的重要措施，也是适当降低费率政策的有力保障。尚未实行地市级统筹的地区，要在 2015 年底实现地市级基金统筹；已初步实行地市级统筹的地区，要加快实现基金的统收统支管理；有条件的地区，要积极推进省级统筹。

八、建立费率确定调整和实施情况定期报备制度

各地要加强对费率政策执行情况的监控，建立费率调整和实施情况定期报备制度。各统筹地区应在每年末将本地区基准费率调整变化情况和浮动费率实施情况及实施效果报省级人力资源社会保障部门和财政部门。各省级人力资源社会保障部门、财政部门要在次年 2 月底之前将本地区的汇总分析情况报送人力资源社会保障部、财政部。

九、加强部门间协同配合

各地要加强人力资源社会保障部门、财政部门之间的协同配合，周密制定有关工伤保险费率政策调整和完善基金管理的措施。在相关政策制定和实施中，还要加强同安全生产监管、卫生计生等部门、相关产业部门及工会组织的协同合作，共同促进工伤保险相关政策的落实。各地在贯彻实施工伤保险费率政策调整和完善基金管理工作中如遇重大问题，

应及时报人力资源社会保障部、财政部。

人力资源社会保障部
财政部
2015 年 7 月 22 日

24 人力资源社会保障部 财政部关于阶段性降低社会保险费率的通知

人社部发〔2016〕36 号

各省、自治区、直辖市及新疆生产建设兵团人力资源社会保障厅（局）、财政（财务）厅（局）：

为降低企业成本，增强企业活力，根据《中华人民共和国社会保险法》等有关规定，经国务院同意，现就阶段性降低社会保险费率有关事项通知如下：

一、从 2016 年 5 月 1 日起，企业职工基本养老保险单位缴费比例超过 20%的省（区、市），将单位缴费比例降至 20%；单位缴费比例为 20%且 2015 年底企业职工基本养老保险基金累计结余可支付月数高于 9 个月的省（区、市），可以阶段性将单位缴费比例降低至 19%，降低费率的期限暂按两年执行。具体方案由各省（区、市）确定。

二、从 2016 年 5 月 1 日起，失业保险总费率在 2015 年已降低 1 个百分点基础上可以阶段性降至 1%～1.5%，其中个人费率不超过 0.5%，降低费率的期限暂按两年执行。具体方案由各省（区、市）确定。

三、各地要继续贯彻落实国务院 2015 年关于降低工伤保险平均费率 0.25 个百分点和生育保险费率 0.5 个百分点的决定和有关政策规定，确保政策实施到位。生育保险和基本医疗保险合并实施工作，待国务院制定出台相关规定后统一组织实施。

社会保险费率调整工作政策性强，社会关注度高。各地要把思想和行动统一到党中央、国务院决策部署上来，加强组织领导，精心组织实施。要健全基本养老保险激励约束机制，确保基金应收尽收，实现可持续发展和长期精算平衡，并确保参保人员各项社会保险待遇标准不降低和待遇按时足额支付。要加强政策宣传，正确引导社会舆论。各地具体调整费率方案，经省级人民政府批准后执行，并报人力资源社会保障部、财政部备案。

各地贯彻落实本通知的情况以及工作中遇到的问题，请及时向人力资源社会保障部、财政部报告。

人力资源社会保障部
财政部
2016 年 4 月 14 日

25 人力资源社会保障部 财政部
关于继续阶段性降低社会保险费率的通知

人社部发〔2018〕25号

各省、自治区、直辖市及新疆生产建设兵团人力资源社会保障、财政厅（局）：

为进一步降低企业用工成本，增强企业发展活力，根据《中华人民共和国社会保险法》等有关规定，经国务院同意，现就继续阶段性降低社会保险费率有关事项通知如下：

一、自2018年5月1日起，企业职工基本养老保险单位缴费比例超过19%的省（区、市），以及按照《人力资源社会保障部 财政部关于阶段性降低社会保险费率的通知》（人社部发〔2016〕36号）单位缴费比例降至19%的省（区、市），基金累计结余可支付月数（截至2017年底，下同）高于9个月的，可阶段性执行19%的单位缴费比例至2019年4月30日。具体方案由各省（区、市）研究确定。

二、自2018年5月1日起，按照《人力资源社会保障部 财政部关于阶段性降低失业保险费率的通知》（人社部发〔2017〕14号）实施失业保险总费率1%的省（区、市），延长阶段性降低费率的期限至2019年4月30日。具体方案由各省（区、市）研究确定。

三、自2018年5月1日起，在保持八类费率总体稳定的基础上，工伤保险基金累计结余可支付月数在18（含）至23个月的统筹地区，可以现行费率为基础下调20%；累计结余可支付月数在24个月（含）以上的统筹地区，可以现行费率为基础下调50%。降低费率的期限暂执行至2019年4月30日。下调费率期间，统筹地区工伤保险基金累计结余达到合理支付月数范围的，停止下调。具体方案由各省（区、市）研究确定。

继续阶段性降低社会保险费率，是党中央、国务院做出的重要部署，政策性强，社会关注度高。各地务必精心组织实施，一是要做好政策的衔接，保证政策连续性，确保基金征缴工作平稳有序；二是要加强政策宣传，正确引导舆论，切实增强广大参保企业和群众的获得感；三是要加强基金收支管理，防范和化解基金运行风险，确保参保人员各项社会保险待遇标准不降低和待遇按时足额支付。

各地具体调整费率方案，经省级人民政府批准后执行，并报人力资源社会保障部、财政部备案。

人力资源社会保障部
财政部
2018年4月20日

26 人力资源社会保障部 财政部 税务总局 国家医保局关于贯彻落实《降低社会保险费率综合方案》的通知

人社部发〔2019〕35号

各省、自治区、直辖市及新疆生产建设兵团人力资源社会保障厅（局）、财政厅（局）、医保局，计划单列市人力资源社会保障局、财政局、医保局，国家税务总局各省、自治区、直辖市和计划单列市税务局：

为做好《降低社会保险费率综合方案》（以下简称《方案》）的贯彻落实工作，现将有关事项通知如下：

一、深入学习领会《方案》精神

降低社会保险费率是党中央、国务院作出的重大决策部署，是实施更大规模减税降费措施的重要内容，是应对经济下行压力的重要举措，对于减轻企业负担、激发微观主体活力、促进经济增长具有重要作用，事关改革发展稳定全局。各级人力资源社会保障、财政、税务、医疗保障部门要高度重视，认真组织学习，深刻领会《方案》精神，进一步提高对降低社会保险费率重要性、必要性和紧迫性的认识，切实把思想和行动统一到党中央、国务院的决策部署上来，采取有效措施抓好落实，务必使企业特别是小微企业缴费负担有实质性下降。

二、抓紧研究制定实施办法并做好组织实施工作

各地要根据《方案》精神和要求，结合本地实际情况，在党委、政府的领导下制定本地区实施办法，在组织领导、具体任务、政策措施、工作进度、监督检查等方面作出周密部署，层层压实责任，紧扣时间节点，对标对表加以推进。要严格执行《方案》有关规定，各地政策要规范统一，防止政策多样，严禁"边规范，边突破"。各部门要在党委（党组）领导下，紧紧围绕降费目标，统筹研究，明确职责，迅速行动，制定本部门的工作方案，并按照工作方案要求抓好组织实施，确保各项政策有效落地落细。

三、准确把握《方案》的有关政策

（一）关于降低养老保险单位缴费比例。各地企业职工基本养老保险单位缴费比例高于16%的，可降至16%；低于16%的，要研究提出过渡办法。省内单位缴费比例不统一的，高于16%的地市可降至16%；低于16%的，要研究提出过渡办法。目前暂不调整单位缴费比例的地区，要按照公平统一的原则，研究提出过渡方案。各地机关事业单位基本养老保险单位缴费比例可降至16%。

（二）关于继续阶段性降低失业保险费率。自2019年5月1日起，实施失业保险总费率1%的省份，延长阶段性降低失业保险费率的期限至2020年4月30日。

（三）关于继续阶段性降低工伤保险费率。按照《人力资源社会保障部 财政部关于继续阶段性降低社会保险费率的通知》（人社部发〔2018〕25号）已纳入降费范围的统筹地区，原则上继续实施，保持力度不减。此前未纳入降费范围但截至2018年底累计结余可支付月数达到阶段性降费条件的统筹地区，要按规定下调费率，确保将符合条件的统筹地区

全部纳入降费范围。阶段性降费率期间，费率确定后，一般不做调整。

（四）关于调整就业人员平均工资计算口径。各省应以本省城镇非私营单位就业人员平均工资和城镇私营单位就业人员平均工资加权计算的全口径城镇单位就业人员平均工资，核定社保个人缴费基数上下限，合理降低部分参保人员和企业的社保缴费基数。调整就业人员平均工资计算口径后，为保证新退休人员待遇水平平稳衔接，人力资源社会保障部、财政部将提出基本养老金计发办法的过渡措施，并加强对各地的指导。

（五）关于完善个体工商户和灵活就业人员缴费基数政策。个体工商户和灵活就业人员参加企业职工基本养老保险，按照调整计算口径后的本地全口径城镇单位就业人员平均工资，核定社保个人缴费基数上下限，允许缴费人在60%至300%之间选择适当的缴费基数，以减轻其缴费负担、促进参保缴费。

（六）关于加快推进企业职工基本养老保险省级统筹。各地要逐步统一养老保险政策，完善省级统筹制度，为全国统筹打好基础。2020年底前实现企业职工基本养老保险基金省级统收统支。人力资源社会保障部、财政部将印发关于推进省级统筹的具体指导意见。

（七）关于提高企业职工基本养老保险基金中央调剂比例。为进一步均衡各省份之间养老保险基金负担，逐步提高企业职工基本养老保险基金中央调剂比例，确保企业离退休人员基本养老金按时足额发放，2019年基金中央调剂比例提高至3.5%。具体工作由人力资源社会保障部、财政部另行部署。

（八）关于稳步推进社保费征收体制改革。企业职工基本养老保险和企业职工其他险种缴费，原则上暂按现行征收体制继续征收，稳定缴费方式，"成熟一省、移交一省"；机关事业单位社保费和城乡居民社保费征管职责如期划转。人力资源社会保障、税务、财政、医保部门要抓紧推进信息共享平台建设等各项工作，切实加强信息共享，确保征收工作有序衔接。各地要按照要求，合理调整2019年社会保险基金收入预算。妥善处理好企业历史欠费问题，在征收体制改革过程中不得自行对企业历史欠费进行集中清缴，不得采取任何增加小微企业实际缴费负担的做法，避免造成企业生产经营困难，务必使企业特别是小微企业社保缴费负担有实质性下降。

四、各部门在政府协调机制下加强协作配合

各级人力资源社会保障、财政、税务、医疗保障等部门，要在地方政府的领导下，完善降低社会保险费率及征收体制改革工作协调机制，切实加强部门协作配合，协商解决社会保险费征管工作中的重点、难点问题。畅通工作协调机制，统筹做好降低社会保险费率以及征收体制改革过渡期间的工作衔接，提出具体工作安排，确保各项工作顺利进行。

五、科学做好降费核算工作

各地要共同做好社保降费政策落实情况的统计核算和效应分析，做到"心中有数""底账清晰"。要协同提高数据质量，为做好社保降费核算奠定数据基础。要协商建立统计核算分析体系，不断提高社保降费核算的全面性、准确性、时效性，确保客观反映降费效果。要联合开展社保降费政策实施情况评估，及时向上级部门报告政策运行及效应分析情况。

六、全面开展宣传工作

各地要组织各方力量,紧跟时代步伐,聚焦全媒体时代和媒体融合发展,丰富宣传形式,拓宽宣传渠道,注重宣传实效,宣传好降低社会保险费率的重大意义,总体筹划,突出重点,正确引导舆论,为社保降费政策落实落地营造良好的舆论氛围。统一明确宣传口径,紧扣时间节点,确保宣传步调一致,依托权威媒体,进一步提高社会参与度和知晓度,准确解读各项政策,针对群众关切问题解疑释惑。

七、逐级抓实培训工作

各地要充分认识进一步加强《方案》学习培训的重要性、紧迫性和长期性,针对不同类型、不同层级、不同岗位人员,做好培训安排,创新培训方式,不断增强学习培训的针对性、实效性。人力资源社会保障部、税务总局已举办落实《方案》专题培训班,对省级人力资源社会保障部门、税务部门进行联合培训,组织集中研讨。各地也要结合实际,集中组织开展不同层次的业务培训工作,帮助相关工作机构和工作人员全面、准确理解掌握政策,明确操作流程和具体要求,提高贯彻《方案》的政策水平和业务能力。

各地要加强组织领导和工作指导,周密安排部署,采取有力措施,抓好组织实施,层层压实责任,及时掌握实施情况,认真分析遇到的情况和问题,研究提出解决办法,确保各项工作平稳进行。要从本地实际出发,注重动态跟踪,认真排查风险点,制定相关预案,把工作做实做细,确保社保待遇不受影响、养老金足额发放,维护参保人合法权益,保持社会稳定。遇有重大情况和问题要及时报告人力资源社会保障部、财政部、税务总局、国家医保局。

人力资源社会保障部
财政部
国家税务总局
国家医保局
2019 年 4 月 28 日

27 人力资源社会保障部 财政部 税务总局关于阶段性减免企业社会保险费的通知

人社部发〔2020〕11 号

各省、自治区、直辖市人民政府,新疆生产建设兵团:

为贯彻落实习近平总书记关于新冠肺炎疫情防控工作的重要指示精神,纾解企业困难,推动企业有序复工复产,支持稳定和扩大就业,根据社会保险法有关规定,经国务院同意,现就阶段性减免企业基本养老保险、失业保险、工伤保险(以下简称三项社会保险)单位缴费部分有关问题通知如下：

一、自 2020 年 2 月起，各省、自治区、直辖市（除湖北省外）及新疆生产建设兵团（以下统称省）可根据受疫情影响情况和基金承受能力，免征中小微企业三项社会保险单位缴费部分，免征期限不超过 5 个月；对大型企业等其他参保单位（不含机关事业单位）三项社会保险单位缴费部分可减半征收，减征期限不超过 3 个月。

二、自 2020 年 2 月起，湖北省可免征各类参保单位（不含机关事业单位）三项社会保险单位缴费部分，免征期限不超过 5 个月。

三、受疫情影响生产经营出现严重困难的企业，可申请缓缴社会保险费，缓缴期限原则上不超过 6 个月，缓缴期间免收滞纳金。

四、各省根据工业和信息化部、统计局、发展改革委、财政部《关于印发中小企业划型标准规定的通知》（工信部联企业〔2011〕300 号）等有关规定，结合本省实际确定减免企业对象，并加强部门间信息共享，不增加企业事务性负担。

五、要确保参保人员社会保险权益不受影响，企业要依法履行好代扣代缴职工个人缴费的义务，社保经办机构要做好个人权益记录工作。

六、各省级政府要切实承担主体责任，确保各项社会保险待遇按时足额支付。加快推进养老保险省级统筹，确保年底前实现基金省级统收统支。2020 年企业职工基本养老保险基金中央调剂比例提高到 4%，加大对困难地区的支持力度。

七、各省要结合当地实际，按照本通知规定的减免范围和减免时限执行，规范和加强基金管理，不得自行出台其他减收增支政策。各省可根据减免情况，合理调整 2020 年基金收入预算。

各省要提高认识，切实加强组织领导，统筹做好疫情防控和经济社会发展工作，抓紧制定具体实施办法，尽快兑现减免政策。各省印发的具体实施办法于 3 月 5 日前报人力资源社会保障部、财政部、税务总局备案。各级人力资源社会保障、财政、税务部门要会同相关部门，切实履行职责，加强沟通配合，全力做好疫情防控期间企业社会保险工作，确保企业社会保险费减免等各项政策措施落实到位。

人力资源社会保障部
财政部
税务总局
2020 年 2 月 20 日

28 人力资源社会保障部 财政部 税务总局关于延长阶段性减免企业社会保险费政策实施期限等问题的通知

人社部发〔2020〕49号

各省、自治区、直辖市人民政府，新疆生产建设兵团：

按照党中央、国务院决策部署，人力资源社会保障部、财政部、税务总局印发《关于阶段性减免企业社会保险费的通知》（人社部发〔2020〕11号），自2020年2月起阶段性减免企业基本养老保险、失业保险、工伤保险（以下称三项社会保险）单位缴费部分，减轻了企业负担，有力支持了企业复工复产。为进一步帮助企业特别是中小微企业应对风险、渡过难关，减轻企业和低收入参保人员今年的缴费负担，经国务院同意，现就延长阶段性减免企业三项社会保险费政策实施期限等问题通知如下：

一、各省、自治区、直辖市及新疆生产建设兵团（以下统称省）对中小微企业三项社会保险单位缴费部分免征的政策，延长执行到2020年12月底。各省（除湖北省外）对大型企业等其他参保单位（不含机关事业单位，下同）三项社会保险单位缴费部分减半征收的政策，延长执行到2020年6月底。湖北省对大型企业等其他参保单位三项社会保险单位缴费部分免征的政策，继续执行到2020年6月底。

二、受疫情影响生产经营出现严重困难的企业，可继续缓缴社会保险费至2020年12月底，缓缴期间免收滞纳金。

三、各省2020年社会保险个人缴费基数下限可继续执行2019年个人缴费基数下限标准，个人缴费基数上限按规定正常调整。

四、有雇工的个体工商户以单位方式参加三项社会保险的，继续参照企业办法享受单位缴费减免和缓缴政策。

五、以个人身份参加企业职工基本养老保险的个体工商户和各类灵活就业人员，2020年缴纳基本养老保险费确有困难的，可自愿暂缓缴费。2021年可继续缴费，缴费年限累计计算；对2020年未缴费月度，可于2021年底前进行补缴，缴费基数在2021年当地个人缴费基数上下限范围内自主选择。

六、各省要严格按照规定的减免范围、减免时限和划型标准执行，确保各项措施准确落实到位，不得突破本通知的政策要求，不得自行出台其他减收增支政策。要统筹考虑今年减免政策等因素，按程序调整2020年社保基金收支预算。

七、各省级政府要切实承担主体责任，加快推进三项社会保险省级统筹工作，确保2020年底前实现企业职工基本养老保险基金省级统收统支。要加强资金调度，做好资金保障工作，确保各项社会保险待遇按时足额支付。

各省要结合实际制定具体实施办法，自本通知印发之日起10日内出台，并报人力资源社会保障部、财政部、税务总局备案。要抓紧组织实施，进一步将减免企业三项社会保险费等各项政策落细落实。人力资源社会保障部、财政部、税务总局将适时对政策落实情况进行监督检查。

人力资源社会保障部
财政部
税务总局
2020年6月22日

29　人力资源社会保障部办公厅　财政部办公厅国家税务总局办公厅关于2021年社会保险缴费有关问题的通知

人社厅发〔2021〕2号

各省、自治区、直辖市及新疆生产建设兵团人力资源社会保障厅（局）、财政厅（局），国家税务总局各省、自治区、直辖市和计划单列市税务局：

《人力资源社会保障部　财政部　税务总局关于延长阶段性减免企业社会保险费政策实施期限等问题的通知》（人社部发〔2020〕49号）明确的相关政策于2020年年底到期。为做好2021年社会保险缴费工作，现就有关问题通知如下：

一、2021年1月1日起，不再实施阶段性减免和缓缴企业养老保险、失业保险、工伤保险费政策，各项社会保险缴费按相关规定正常征收。

二、阶段性降低失业保险、工伤保险费率政策2021年4月30日到期后，延续实施1年至2022年4月30日。

三、各省2021年社会保险个人缴费基数上下限原则上根据2020年本省全口径城镇单位就业人员平均工资（以下简称全口径平均工资）确定。个人缴费基数下限增长过快、2021年当年调整到位确有困难的省份，个人缴费基数下限可分两年过渡，2021年个人缴费基数下限可根据2019年全口径平均工资和2020年全口径平均工资的算术平均值确定，2022年个人缴费基数下限按2021年全口径平均工资确定，过渡方案报人力资源社会保障部、财政部、国家税务总局同意后公布执行；个人缴费基数上限按规定正常调整。

四、灵活就业人员可在本省规定的个人缴费基数上下限范围内选择适当的缴费基数，选择按月、按季、按半年、按年缴费；对2020年自愿暂缓缴费月度可于2021年年底前进行补缴，缴费基数在2021年当地个人缴费基数上下限范围内自主选择。参保人员领取失业保险金或失业补助金期间，可以灵活就业人员身份由个人缴纳企业职工基本养老保险费。

五、各地不得自行出台降低缴费比例或缴费基数、减免社会保险费等减少基金收入的政策，要继续按照国家有关规定进一步规范缴费比例、缴费基数等相关政策。

六、各地要加强对社会保险基金运行情况的监测,做好社会保险基金筹集和调拨使用工作,确保各项社保待遇按时足额发放。重大情况要及时报告。

人力资源社会保障部办公厅
财政部办公厅
国家税务总局办公厅
2021 年 1 月 8 日

30 人力资源社会保障部办公厅 国家税务总局办公厅关于特困行业阶段性实施缓缴企业社会保险费政策的通知

人社厅发〔2022〕16 号

各省、自治区、直辖市及新疆生产建设兵团人力资源社会保障厅(局),国家税务总局各省、自治区、直辖市和计划单列市税务局:

为贯彻党中央、国务院决策部署,抓好特困行业纾困政策落实,现就阶段性实施缓缴企业职工基本养老保险费、失业保险费、工伤保险费(以下简称"三项社保费")相关事项通知如下:

一、适用范围。缓缴适用于餐饮、零售、旅游、民航、公路水路铁路运输企业三项社保费的单位应缴纳部分。上述行业中以单位方式参加社会保险的有雇工的个体工商户以及其他单位,参照企业办法缓缴。对职工个人应缴纳部分,企业应依法履行好代扣代缴义务。

以个人身份参加企业职工基本养老保险的个体工商户和各类灵活就业人员,2022 年缴纳费款有困难的,可自愿暂缓缴费,2022 年未缴费月度可于 2023 年底前进行补缴,缴费基数在 2023 年当地个人缴费基数上下限范围内自主选择,缴费年限累计计算。

二、实施期限。企业职工基本养老保险费缓缴费款所属期为 2022 年 4 月至 6 月。失业保险费、工伤保险费缓缴费款所属期为 2022 年 4 月至 2023 年 3 月,在此期间,企业可申请不同期限的缓缴。已缴纳所属期为 2022 年 4 月费款的企业,可从 5 月起申请缓缴,缓缴月份相应顺延一个月,也可以申请退回 4 月费款。缓缴期间免收滞纳金。

三、办理流程。在缓缴期限内,企业可根据自身经营状况向社会保险登记部门申请缓缴三项社保费。新开办企业可自参保当月起申请缓缴;企业行业类型变更为上述行业的,可自变更当月起申请缓缴。

四、资格认定。各省要本着方便、快捷、不增加企业事务性负担的原则审核。社会保险登记部门审核企业是否适用缓缴政策时,应以企业参保登记时自行申报的行业类型为依据。现有信息无法满足划分行业类型需要的,可实行告知承诺制,由企业出具所属行业类型的书面承诺,并承担相应法律责任。

五、补缴费款。企业原则上应在缓缴期满后的一个月内补缴缓缴的失业保险、工伤保险费款；缓缴的企业职工基本养老保险费最迟于2022年底前补缴到位，其间免收滞纳金，税务部门应及时提醒企业补缴。企业可根据实际需要，提前申报缴纳缓缴的费款，税务部门应及时征收。企业依法注销的，应当在注销前缴纳缓缴的费款，相关部门按照注销流程及时办理。

六、待遇处理。缓缴期限内，职工申领养老保险待遇的，企业应先为其补齐缓缴的企业职工基本养老保险费。缓缴失业保险费不影响企业享受阶段性降低失业保险费率和稳岗返还政策、不影响参保职工享受技能提升补贴政策、不影响参保失业人员享受失业保险金或失业补助金等相关待遇。缓缴工伤保险费不影响企业享受阶段性降低工伤保险费率政策和职工享受工伤保险待遇。

各省人力资源社会保障、税务部门要高度重视、精心组织，简化办事流程，大力推行"网上办"等不见面服务方式。各地要加强指导监督，健全内控机制，切实防范风险。要建立信息沟通协调机制，参保企业自行向税务部门申报缴费的地区，税务部门要按月将缓缴企业名称、统一社会信用代码、企业行业类型、缓缴险种及属期、缓缴期限、缓缴金额、人数等信息传递给社会保险经办机构；税务部门按照社会保险经办机构传递的缴费信息进行征收的地区，社会保险经办机构要按月将上述缓缴信息传递给税务部门。各省要加强工作调度，按季将政策落实情况分别报送人力资源社会保障部、国家税务总局，在执行中遇有重大情况和问题，要及时报告。

人力资源社会保障部办公厅
国家税务总局办公厅
2022年4月25日

31 人力资源社会保障部 国家发展改革委 财政部 税务总局关于扩大阶段性缓缴社会保险费政策实施范围等问题的通知

人社部发〔2022〕31号

各省、自治区、直辖市人民政府，新疆生产建设兵团：

为贯彻落实党中央、国务院决策部署，着力保市场主体保就业保民生，在落实特困行业缓缴企业职工基本养老保险费、失业保险费、工伤保险费（以下称三项社保费）政策的基础上，经国务院同意，现就扩大政策实施范围、延长缓缴期限等问题通知如下：

一、扩大实施缓缴政策的困难行业范围。在对餐饮、零售、旅游、民航、公路水路铁路运输等5个特困行业实施阶段性缓缴三项社保费政策的基础上，以产业链供应链受疫情影响较大、生产经营困难的制造业企业为重点，进一步扩大实施范围（具体行业名单附后）。缓缴扩围行业所属困难企业，可申请缓缴三项社保费单位缴费部分，其中养老保险费缓缴实施期限到2022年年底，工伤、失业保险费缓缴期限不超过1年。原明确的5个特困行业缓缴养老保险费期限相应延长至2022年年底。缓缴期间免收滞纳金。

二、对受疫情影响较大、生产经营困难的中小微企业实施缓缴政策。受疫情影响严重地区生产经营出现暂时困难的所有中小微企业、以单位方式参保的个体工商户，可申请缓缴三项社保费单位缴费部分，缓缴实施期限到2022年年底，其间免收滞纳金。参加企业职工基本养老保险的事业单位及社会团体、基金会、社会服务机构、律师事务所、会计师事务所等社会组织参照执行。

三、进一步发挥失业保险稳岗作用。加大稳岗返还支持力度，将大型企业稳岗返还比例由30%提至50%。拓宽一次性留工培训补助受益范围，由出现中高风险疫情地区的中小微企业扩大至该地区的大型企业；各省（自治区、直辖市）还可根据当地受疫情影响程度以及基金结余情况，进一步拓展至未出现中高风险疫情地区的餐饮、零售、旅游、民航和公路水路铁路运输5个行业企业。上述两项政策实施条件和期限与《关于做好失业保险稳岗位提技能防失业工作的通知》（人社部发〔2022〕23号）一致。企业招用毕业年度高校毕业生，签订劳动合同并参加失业保险的，可按每人不超过1500元的标准，发放一次性扩岗补助，具体补助标准由各省份确定，与一次性吸纳就业补贴政策不重复享受，实施期限截至2022年年底。

四、规范缓缴实施办法。申请缓缴的企业应符合受疫情影响生产经营出现暂时困难、处于亏损状态等条件。各省份要结合地方实际和基金承受能力，在确保养老金等各项社会保险待遇按时足额发放的基础上，制定具体实施办法，明确实施程序、缓缴期限、困难企业和受疫情影响严重地区认定标准、审批流程和工作机制等，可授权县（区）人力资源社会保障部门会同相关部门负责审批。各县（区）要严格把握适用范围和条件，不得擅自扩大范围、降低标准，批准缓缴的企业名单等情况按月报省级人力资源社会保障、税务部门。各省份具体实施办法出台后报人力资源社会保障部、国家发展改革委、财政部、税务总局备案。

五、简化企业申报流程。缓缴社会保险费坚持自愿原则，符合条件的困难企业，可根据自身情况申请缓缴一定期限的社会保险费。各级人力资源社会保障、税务部门要简化办事流程，大力推行"网上办"等不见面服务方式，简化程序，方便企业办理，减轻企业事务性负担。对生产经营困难、所属行业类型等适用条件，可实行告知承诺制，企业出具符合条件的书面承诺。要加强事后监督检查，对作出承诺但经查不符合条件的企业，要及时追缴缓缴的社会保险费，并按规定加收滞纳金。各省份要全面推行稳岗返还"免申即享"经办新模式，通过大数据比对，直接向符合条件的企业发放资金。

六、切实维护职工权益。申请缓缴社会保险费的企业，要依法履行代扣代缴职工个人缴费义务。不得因缓缴社会保险费，影响职工个人权益。缓缴期限内，职工申领养老保险待遇、办理关系转移等业务的，企业应为其补齐缓缴的养老保险费。缓缴的企业出现注销等情形的，应在注销前缴纳缓缴的费款。

各地区要高度重视、精心组织实施，精准把握政策实施范围，规范实施程序，健全审核机制，切实防范风险。要切实承担主体责任，加强社会保险基金收支情况监测，做好资金保障，确保各项社会保险待遇按时足额支付。各级人力资源社会保障、发展改革、财政、税务等部门要加强协作配合，完善信息沟通协调机制，切实落实缓缴政策的各项要求，确保政策落地见效。执行中遇到的情况和问题，要及时报告。

附件：扩大实施缓缴政策的困难行业名单

人力资源社会保障部
国家发展改革委
财政部
税务总局
2022 年 5 月 31 日

附件：

扩大实施缓缴政策的困难行业名单

农副食品加工业

纺织业

纺织服装、服饰业

造纸和纸制品业

印刷和记录媒介复制业

医药制造业

化学纤维制造业

橡胶和塑料制品业

通用设备制造业

汽车制造业

铁路、船舶、航空航天和其他运输设备制造业

仪器仪表制造业

社会工作

广播、电视、电影和录音制作业

文化艺术业

体育

娱乐业

32 人力资源社会保障部 财政部 国家税务总局 关于阶段性降低失业保险、工伤保险费率有关问题的通知

人社部发〔2023〕19号

各省、自治区、直辖市及新疆生产建设兵团人力资源社会保障厅（局）、财政（财务）厅（局），国家税务总局各省、自治区、直辖市和计划单列市税务局：

为进一步减轻企业负担，增强企业活力，促进就业稳定，经国务院同意，现就阶段性降低失业保险、工伤保险费率有关问题通知如下：

一、自2023年5月1日起，继续实施阶段性降低失业保险费率至1%的政策，实施期限延长至2024年底。在省（区、市）行政区域内，单位及个人的费率应当统一，个人费率不得超过单位费率。

二、自2023年5月1日起，按照《国务院办公厅关于印发降低社会保险费率综合方案的通知》（国办发〔2019〕13号）有关实施条件，继续实施阶段性降低工伤保险费率政策，实施期限延长至2024年底。

三、各地要加强失业保险、工伤保险基金运行分析，平衡好降费率与保发放之间的关系，既要确保降费率政策落实，也要确保待遇按时足额发放，确保制度运行安全平稳可持续。

四、各地要继续按照国家有关规定进一步规范缴费比例、缴费基数等相关政策，不得自行出台降低缴费基数、减免社会保险费等减少基金收入的政策。

五、各地人力资源社会保障、税务部门要按规定开展降费核算工作，并按月及时上报有关情况。

阶段性降低失业保险、工伤保险费率政策性强，社会关注度高。各地要把思想和行动统一到党中央、国务院决策部署上来，加强组织领导，精心组织实施。各地贯彻落实本通知情况以及执行中遇到的问题，请及时向人力资源社会保障部、财政部、国家税务总局报告。

人力资源社会保障部
财政部
国家税务总局
2023年3月29日

四、基金统筹

33 关于推进工伤保险市级统筹有关问题的通知

人社部发〔2010〕20号

各省、自治区、直辖市人力资源社会保障（劳动保障）厅（局），新疆生产建设兵团劳动保障局：

《工伤保险条例》实施以来，工伤保险覆盖范围不断扩大，参保人数快速增加，政策标准和管理服务逐步完善，工伤保险制度在维护职工权益、分散用人单位风险、促进社会和谐稳定方面日益发挥出重要作用。但由于多种原因，目前仍有相当一部分地区工伤保险实行县级统筹，统筹层次低，基金规模小，化解风险能力差，已成为制约工伤保险事业健康发展的突出问题之一。为落实《工伤保险条例》，加快推进工伤保险市级统筹工作，现就有关问题通知如下：

一、充分认识建立工伤保险市级统筹工作的重要意义

建立工伤保险市级统筹，是进一步贯彻落实《工伤保险条例》，完善工伤保险制度、推进工伤保险事业发展的需要。提高工伤保险统筹层次，扩大基金规模，有利于提高工伤保险基金抵御风险的能力，更安全、更有效地保障工伤职工权益；有利于进一步提高基金使用效率；有利于不断提高工伤保险保障水平，并统筹解决好老工伤等历史遗留问题；有利于加快推进预防、补偿、康复三位一体工伤保险制度体系建设，为工伤职工提供更全面、更周到的服务。各地要从深入贯彻落实科学发展观、保障民生的全局和推进工伤保险事业全面发展的高度，将提高统筹层次作为完善工伤保险制度的一项重要任务，加大工作力度，切实加快推进工伤保险市级统筹工作。

二、进一步明确工伤保险市级统筹工作的重点

建立工伤保险市级统筹，核心是实现工伤保险基金统筹，关键是基金在全市范围统筹调剂使用，基础是统一参保缴费办法、待遇支付等项政策标准和规范工伤认定、劳动能力鉴定、工伤预防、工伤医疗和工伤康复等项管理服务。

目前，尚未实现市级统筹的地区，应结合本地实际，明确工作重点。要统一参保范围和参保对象，按《工伤保险条例》和有关政策规定推进各类用人单位和职工参加工伤保险；统一行业差别费率标准，做好征缴工作；统一基金管理，实行全市基金收支预算管理制度，有条件的地区要实现基金统收统支，其他地区也要统一基金财务管理制度和使用办法，加大基金市级调剂力度，逐步实现全市范围内统一调度和使用基金；统一制定工伤认定和劳动能力鉴定办法，规范认定和鉴定程序；统一工伤保险待遇支付标准；统一经办流程和信息系统。

三、切实抓好工伤保险市级统筹的组织实施工作

实行工伤保险市级统筹是一项系统工程，各地要切实加强领导，密切配合，结合本地

实际情况，制定推进工伤保险市级统筹的具体工作方案。要明确市、县（区）两级工伤保险机构职责划分，科学制定实行市级统筹的各项管理办法和工作程序，充分发挥市、县（区）两级工伤保险机构的作用，建立职责清晰、运行顺畅、服务便捷的工作机制，保障工作的顺利开展。要进一步加强基金征缴，规范基金管理，强化监督检查，确保工伤保险待遇及时足额支付，确保工伤保险基金安全。2010年底，在全国范围内基本实现工伤保险市级统筹。在推进市级统筹工作中，有条件的省份要建立省级调剂金制度。在实行市级统筹后，仍存在统筹地区基金平衡问题的省份，可以探索建立工伤保险省级统筹。通过工伤保险统筹层次的提高，使工伤保险制度进一步完善，工伤职工的权益得到更好的保障。

人力资源社会保障部
2010年3月15日

34 人力资源社会保障部 财政部关于工伤保险基金省级统筹的指导意见

人社部发〔2017〕60号

各省、自治区、直辖市及新疆生产建设兵团人力资源社会保障厅（局）、财政（财务）厅（局）：

实行基金省级统筹是工伤保险制度体系建设的重要举措，是推进工伤保险制度公平可持续发展的必然要求，对提高基金使用效率、增强保障能力具有重要意义。根据社会保险法、《工伤保险条例》等有关法律法规要求，现就工伤保险基金省级统筹（以下简称省级统筹）工作提出如下意见。

一、指导思想和基本原则

（一）指导思想。全面贯彻党的十八大和十八届三中、四中、五中、六中全会精神，深入贯彻习近平总书记系列重要讲话精神和治国理政新理念新思想新战略，紧紧围绕统筹推进"五位一体"总体布局和协调推进"四个全面"战略布局，坚持以人民为中心的发展思想，落实社会保险法和《工伤保险条例》，以更好保障工伤职工合法权益为出发点，以促进工伤保险制度更加公平、更可持续为落脚点，逐步建立规范、高效的工伤保险基金省级统筹管理体系。

（二）基本原则。坚持制度统一，分级管理，提高工伤保险服务水平；坚持职责明晰，强化考核，确保省级统筹有效运行；坚持统调结合，缺口分担，建立基金管理良性机制；坚持目标明确，分步实施，推进工伤保险健康发展。

二、主要内容

实行省级统筹，要求在省（区、市）内统一工伤保险参保范围和参保对象，统一工伤保险费率政策和缴费标准，统一工伤认定和劳动能力鉴定办法，统一工伤保险待遇支付标准，统一工伤保险经办流程和信息系统。

在基金管理上，有条件的省（区、市）可以实行基金统收统支管理；不具备条件的省（区、市）也可以在省级建立调剂金，由市（地）按照一定的规则和比例上解到省级社保基金财政专户集中管理，用于调剂解决各市（地）工伤保险基金支出缺口。

三、保障措施

（一）做好政策标准平稳衔接。实行省级统筹，全省（区、市）统一工伤保险各项政策及待遇标准，要统筹考虑各地经济发展水平差异、待遇计发基数变化情况，采取过渡办法，逐步实现待遇平衡。在行业费率调整方面，应按照平稳有序的原则，逐步调整到位，避免基金征缴和支付大幅波动，确保工伤保险制度平稳运行。

（二）明确各级责权划分。实行省级统筹，要明确各级在管理上的主体责任，坚持"以支定收，收支平衡"的原则，完善基金预算管理，健全基金征缴责任制和考核指标，建立职、权、责约束机制和基金缺口分担机制。各市（地）要强化基金征缴主体责任，严格执行基金支出范围和标准，根据《工伤保险条例》的规定，加强工伤认定、劳动能力鉴定管理，规范、优化流程，提高工作质量。地方各级财政要切实保证工伤认定调查必要的经费支出。

（三）加强基金管理使用。各省（区、市）要切实加强工伤保险基金管理，按《工伤保险条例》要求建立储备金。实行省级统收统支管理的省份，在处理各市（地）原结余基金时，可根据地方实际，采取不同时期结余基金分别上解、分步实施等方法。实行省级调剂金管理的省份，要结合本地实际确定合理的调剂金上解比例。建立省级调剂金后，各市（地）不再建立储备金和调剂金，原各市（地）自行筹集并建立的储备金、调剂金纳入本地基金结余，如当年出现基金缺口的，应按照动用本地区累计结余、省级调剂金的先后顺序解决。省级调剂金具体使用和管理办法由各省（区、市）制定。各省（区、市）应按照"以支定收、收支平衡"的原则和《工伤保险条例》相关规定及时调整缴费费率。

（四）做好信息系统的整合。各省（区、市）要依托"金保工程"整合现有资源，建立支持省级统筹的社会保险信息系统，提供工伤认定、劳动能力鉴定申报、参保权益信息查询、经办管理等网上服务，支持工伤医疗费即时结算。实现省、市、县三级管理部门信息的纵向互联，与银行、医疗和康复等机构的横向互通，与财政、住建、安监、工会等部门的信息共享，实现工伤保险业务运行、医疗费监控、基金监督、管理决策的信息化。

四、工作要求

（一）高度重视，加强领导。实行省级统筹，关系工伤保险制度的公平可持续发展，是社会保险制度建设的重要内容。各省（区、市）人力资源社会保障厅（局）要切实加强组织领导，根据需要成立由分管厅（局）领导担任组长的领导小组，制定专门工作方案，明确任务要求和进度安排，确保在2020年底全面实现省级统筹。成立领导小组情况及专门工作方案应于10月底前报人力资源社会保障部备案。

（二）周密部署，平稳实施。实施省级统筹，政策性强，涉及面广，各省（区、市）务必作出周密、细致的工作部署，确保实施工作平稳有序。已经实施省级统筹的省（区、市）要以本指导意见下发为契机，主动对标对表，一揽子解决工作中遇到的问题。

（三）加强宣传，引导舆论。实行省级统筹，要在政策风险评估的基础上，同步对宣传和舆论引导工作作出部署安排，加强针对性宣传，为省级统筹的平稳实施营造良好舆论氛围。

人力资源社会保障部
财政部
2017年6月22日

35 人力资源社会保障部办公厅关于加快推进工伤保险基金省级统筹工作的通知

人社厅函〔2019〕164号

各省、自治区、直辖市及新疆生产建设兵团人力资源社会保障厅（局）：

《人力资源社会保障部 财政部关于工伤保险基金省级统筹的指导意见》（人社部发〔2017〕60号，以下简称《指导意见》）印发以来，各地人力资源社会保障部门高度重视，在深入调研的基础上及时制定实施方案，明确任务要求和进度安排，多数省份工作已取得积极进展和成效。但也有一些省份思想认识不够到位，工作推进相对缓慢，离2020年实现省级统筹的目标还有不小的差距。2019年1月，中央脱贫攻坚专项巡视明确将"部分地区农民工工伤保险目前只能做到市级统筹"列入整改问题之一。为落实巡视整改要求，加快推进工伤保险基金省级统筹工作，现就有关问题通知如下：

一、进一步提高政治站位

推进工伤保险基金省级统筹是贯彻党的十九大精神、完善工伤保险制度的重要举措，是一场系统性、深层次的重大改革；是落实中央脱贫攻坚专项巡视整改的重要政治任务和政治责任，是树牢"四个意识"、坚定"四个自信"、坚决做到"两个维护"的重要体现；是坚持以人民为中心发展思想、更好保障工伤职工权益，提高基金共济能力和使用效率，推动工伤保险事业高质量发展的必然要求。各地人力资源社会保障部门要进一步提高政治站位，充分认清推进省级统筹工作的重要意义，切实增强责任感、使命感和紧迫感，主动担当作为，加大工作力度，确保2020年底前全部实现工伤保险基金省级统筹工作目标。

二、进一步明确政策要求

推进工伤保险基金省级统筹，核心是工伤保险基金在全省（区、市）范围内统筹调剂使用，基础是统一参保缴费、待遇支付等政策标准和规范工伤认定、劳动能力鉴定、工伤预防、工伤医疗和工伤康复等管理服务，难点在打破原有的管理模式和利益格局，关键要明确各级职责分担、建立激励约束机制。同时，全面推进工伤保险信息化建设，建成省级集中的社会保险信息系统，为实现省级统筹提供必要支撑。

要切实加强基金管理，实行全省（区、市）基金收支预算管理制度，加快提升基金预算编制水平，支持有条件的省份实行基金统收统支管理，稳妥处理各市（地）原基金结余；目前暂不具备条件的省份可以先在省级建立调剂金，由市（地）按照一定规则和比例将基金上解到省级社保财政专户集中管理，用于调剂解决各市（地）工伤保险基金支出缺口。

各地要认真研判推进省级统筹中可能出现的风险，立足各地经济发展水平差异等情况，按照平稳有序、逐步过渡的原则，扎实做好待遇支付、行业费率等政策标准平稳衔接，确保工伤保险制度平稳运行。

三、进一步优化管理服务

实行省级统筹是优化管理服务、加快信息化建设的有力抓手。各地人力资源社会保障部门要以推进省级统筹为契机，梳理经办管理、服务效能和信息化建设方面存在的问题，认真落实"放管服"改革和行风建设要求，统一业务规程和推动业务流程再造，在办事手续和流程上做减法，在提升服务和监管上做加法，持续推进基本公共服务均等化，努力提高管理服务效能。要以推进社会保险等信息系统省级集中整合建设为抓手，加快推动工伤认定、劳动能力鉴定、工伤保险业务经办一体化建设，全面开展协议机构联网直接结算，强化数据分析、公共服务、社会保障卡应用，尽快实现工伤保险信息化建设目标，为工伤保险决策科学化、管理精准化、服务人本化提供有力支撑。要强化顶层设计和整体谋划，打造适应新形势新任务的工伤保险经办管理服务体系，加强专业化队伍建设，确保各项工伤待遇足额、及时发放，确保不发生系统性风险。

四、进一步加快工作进度

工伤保险基金实现省级统筹是一项必须完成的硬任务。推进这项工作，比认识更重要的是决心，比方法更重要的是担当。已经基本实现省级统筹的省份，应主动对标对表《指导意见》，及时研究解决工作中遇到的问题，尤其要重点关注市（地）以下责任意愿减弱、工作质量下降等问题，在推进"基金上统、管理下沉"上拿出管用的实招硬招。尚未实现省级统筹的省份，应倒排工期、加快进度，在深入调研基础上抓紧制定完善实施意见，尤其要抓住本地区实行省级统筹的突出问题和关键环节，找出体制机制症结和短板，明确工作重点，拿出解决办法。各地省级统筹实施意见应于2019年年底前报人力资源社会保障部备案。我部将根据各地情况适时组织调研、验收等工作。对工作进展缓慢的，我部将通过函询、约谈等方式进行督办。

五、进一步加强组织领导

推进工伤保险省级统筹是一项系统工程。各地人力资源社会保障部门要切实加强组织领导，完善工作机制，注重统筹协调，强化上下联动，形成工作合力，确保改革举措落地生根。要明确各级人力资源社会保障部门在管理上的主体责任，科学制定实行省级统筹的各项管理办法，健全省级统筹考核指标，强化考核结果运用，把"基金上统，管理下沉"落到实处。要加强经办内控和基金监督，落实责任，落实措施，做好基金管理风险防控工作。要切实加强宣传引导，通过形式多样的宣传工作，把目标任务讲清楚，把工作要求讲清楚，把确保不影响待遇支付讲清楚，争取各方面的理解和支持，为推进改革营造良好的氛围。

各地在推进工作中遇到的重大情况，请及时报部工伤保险司。

人力资源社会保障部办公厅
2019 年 9 月 26 日

五、工伤认定与劳动能力鉴定

36 关于印发《职工非因工伤残或因病丧失劳动能力程度鉴定标准（试行）》的通知

劳社部发〔2002〕8号

各省、自治区、直辖市劳动和社会保障厅（局）：

为了规范职工非因工伤残或因病丧失劳动能力程度鉴定工作，我部组织制定了《职工非因工伤残或因病丧失劳动能力程度鉴定标准（试行）》，现印发给你们，请遵照执行。

劳动和社会保障部
2002年4月5日

职工非因工伤残或因病丧失劳动能力程度鉴定标准（试行）

职工非因工伤残或因病丧失劳动能力程度鉴定标准，是劳动者由于非因工伤残或因病后，于国家社会保障法规所规定的医疗期满或医疗终结时通过医学检查对伤残失能程度做出判定结论的准则和依据。

1 范围

本标准规定了职工非因工伤残或因病丧失劳动能力程度的鉴定原则和分级标准。

本标准适用于职工非因工伤残或因病需进行劳动能力鉴定时，对其身体器官缺损或功能损失程度的鉴定。

2 总则

2.1 本标准分完全丧失劳动能力和大部分丧失劳动能力两个程度档次。

2.2 本标准中的完全丧失劳动能力，是指因损伤或疾病造成人体组织器官缺失、严重缺损、畸形或严重损害，致使伤病的组织器官或生理功能完全丧失或存在严重功能障碍。

2.3 本标准中的大部分丧失劳动能力，是指因损伤或疾病造成人体组织器官大部分缺失、明显畸形或损害，致使受损组织器官功能中等度以上障碍。

2.4 如果伤病职工同时符合不同类别疾病三项以上（含三项）"大部分丧失劳动能力"条件时，可确定为"完全丧失劳动能力"。

2.5 本标准将《职工工伤与职业病致残程度鉴定》（GB/T 16180—1996）中的1至4级和5至6级伤残程度分别列为本标准的完全丧失劳动能力和大部分丧失劳动能力的范围。

3 判定原则

3.1 本标准中劳动能力丧失程度主要以身体器官缺损或功能障碍程度作为判定依据。

3.2 本标准中对功能障碍的判定,以医疗期满或医疗终结时所作的医学检查结果为依据。

4 判定依据

4.1 完全丧失劳动能力的条件

4.1.1 各种中枢神经系统疾病或周围神经肌肉疾病等,经治疗后遗有下列情况之一者:

(1) 单肢瘫,肌力 2 级以下(含 2 级)。

(2) 两肢或三肢瘫,肌力 3 级以下(含 3 级)。

(3) 双手或双足全肌瘫,肌力 2 级以下(含 2 级)。

(4) 完全性(感觉性或混合性)失语。

(5) 非肢体瘫的中度运动障碍。

4.1.2 长期重度呼吸困难。

4.1.3 心功能长期在Ⅲ级以上。左室疾患左室射血分数≤50%。

4.1.4 恶性室性心动过速经治疗无效。

4.1.5 各种难以治愈的严重贫血,经治疗后血红蛋白长期低于 6 克/分升以下(含 6 克/分升)者。

4.1.6 全胃切除或全结肠切除或小肠切除 3/4。

4.1.7 慢性重度肝功能损害。

4.1.8 不可逆转的慢性肾功能衰竭期。

4.1.9 各种代谢性或内分泌疾病、结缔组织疾病或自身免疫性疾病所导致心、脑、肾、肺、肝等一个以上主要脏器严重合并症,功能不全失代偿期。

4.1.10 各种恶性肿瘤(含血液肿瘤)经综合治疗、放疗、化疗无效或术后复发。

4.1.11 一眼有光感或无光感,另眼矫正视力<0.2 或视野半径≤20 度。

4.1.12 双眼矫正视力<0.1 或视野半径≤20 度。

4.1.13 慢性器质性精神障碍,经系统治疗 2 年仍有下述症状之一,并严重影响职业功能者:痴呆(中度智能减退);持续或经常出现的妄想和幻觉,持续或经常出现的情绪不稳定以及不能自控的冲动攻击行为。

4.1.14 精神分裂症,经系统治疗 5 年仍不能恢复正常者;偏执性精神障碍,妄想牢固,持续 5 年仍不能缓解,严重影响职业功能者。

4.1.15 难治性的情感障碍,经系统治疗 5 年仍不能恢复正常,男性年龄 50 岁以上(含 50 岁),女性 45 岁以上(含 45 岁),严重影响职业功能者。

4.1.16 具有明显强迫型人格发病基础的难治性强迫障碍,经系统治疗 5 年无效,严重影响职业功能者。

4.1.17 符合《职工工伤与职业病致残程度鉴定》标准 1 至 4 级者。

4.2　大部分丧失劳动能力的条件

4.2.1　各种中枢神经系统疾病或周围神经肌肉疾病等，经治疗后遗有下列情况之一者：

（1）单肢瘫，肌力3级。

（2）两肢或三肢瘫，肌力4级。

（3）单手或单足全肌瘫，肌力2级。

（4）双手或双足全肌瘫，肌力3级。

4.2.2　长期中度呼吸困难。

4.2.3　心功能长期在Ⅱ级。

4.2.4　中度肝功能损害。

4.2.5　各种疾病造瘘者。

4.2.6　慢性肾功能不全失代偿期。

4.2.7　一眼矫正视力≤0.05，另眼矫正视力≤0.3。

4.2.8　双眼矫正视力≤0.2或视野半径≤30度。

4.2.9　双耳听力损失≥91分贝。

4.2.10　符合《职工工伤与职业病致残程度鉴定》标准5至6级者。

5　判定基准

5.1　运动障碍判定基准

5.1.1　肢体瘫以肌力作为分级标准，划分为0至5级。

0级：肌肉完全瘫痪，无收缩。

1级：可看到或触及肌肉轻微收缩，但不能产生动作。

2级：肌肉在不受重力影响下，可进行运动，即肢体能在床面上移动，但不能抬高。

3级：在和地心引力相反的方向中尚能完成其动作，但不能对抗外加的阻力。

4级：能对抗一定的阻力，但较正常人为低。

5级：正常肌力。

5.1.2　非肢体瘫的运动障碍包括肌张力增高、共济失调、不自主运动、震颤或吞咽肌肉麻痹等。根据其对生活自理的影响程度划分为轻、中、重三度：

（1）重度运动障碍不能自行进食、大小便、洗漱、翻身和穿衣。

（2）中度运动障碍上述动作困难，但在他人帮助下可以完成。

（3）轻度运动障碍完成上述运动虽有一些困难，但基本可以自理。

5.2　呼吸困难及肺功能减退判定基准

5.2.1　呼吸困难分级

表1 呼吸困难分级

	轻度	中度	重度	严重度
临床表现	平路快步或登山、上楼时气短明显	平路步行100米即气短	稍活动（穿衣，谈话）即气短	静息时气短
阻塞性通气功能减退：一秒钟用力呼气量占预计值百分比	≥80%	50%~79%	30%~49%	<30%
限制性通气功能减退肺活量	≥70%	60%~69%	50%~59%	<50%
血氧分压			60~87毫米汞柱	<60毫米汞柱

注：血气分析氧分压60~87毫米汞柱时，需参考其他肺功能结果。

5.3 心功能判定基准

心功能分级

Ⅰ级：体力活动不受限制。

Ⅱ级：静息时无不适，但稍重于日常生活活动量即致乏力、心悸、气促或心绞痛。

Ⅲ级：体力活动明显受限，静息时无不适，但低于日常活动量即致乏力、心悸、气促或心绞痛。

Ⅳ级：任何体力活动均引起症状，休息时亦可有心力衰竭或心绞痛。

5.4 肝功能损害程度判定基准

表2 肝功能损害分级

	轻度	中度	重度
血浆白蛋白	3.1~3.5克/升	2.5~3.0克/分升	<2.5克/分升
血清胆红素	1.5~5毫克/分升	5.1~10毫克/分升	>10毫克/分升
腹水	无	或少量，治疗后消失	顽固性
脑症	无	轻度	明显
凝血酶原时间	稍延长（较对照组>3秒）	延长（较对照组>6秒）	明显延长（较对照组>9秒）

5.5 慢性肾功能损害程度判定基准

表3 肾功能损害程度分期

	肌酐清除率	血尿素氮	血肌酐	其他临床症状
肾功能不全代偿期	50~80毫升/分	正常	正常	无症状

续表

	肌酐清除率	血尿素氮	血肌酐	其他临床症状
肾功能不全失代偿期	20~50毫升/分	20~50毫克/分升	2~5毫克/分升	乏力；轻度贫血；食欲减退
肾功能衰竭期	10~20毫升/分	50~80毫克/分升	5~8毫克/分升	贫血；代谢性酸中毒；水电解质紊乱
尿毒症期	<10毫升/分	>80毫克/分升	8毫克/分升	严重酸中毒和全身各系统症状

注：血尿素氮水平受多种因素影响，一般不单独作为衡量肾功能损害轻重的指标。

附件：

正确使用标准的说明

1. 本标准条目只列出达到完全丧失劳动能力的起点条件，比此条件严重的伤残或疾病均属于完全丧失劳动能力。
2. 标准中有关条目所指的"长期"是经系统治疗12个月以上（含12个月）。
3. 标准中所指的"系统治疗"是指经住院治疗，或每月两次以上（含两次）到医院进行门诊治疗并坚持服药一个疗程以上，以及恶性肿瘤在门诊进行放射或化学治疗。
4. 对未列出的其他伤病残丧失劳动能力程度的条目，可参照国家标准《职工工伤与职业病致残程度鉴定》（GB/T 16180—1996）相应条目执行。

37 工伤认定办法

2010年12月31日中华人民共和国人力资源和社会保障部令第8号公布，自2011年1月1日起施行。

第一条 为规范工伤认定程序，依法进行工伤认定，维护当事人的合法权益，根据《工伤保险条例》的有关规定，制定本办法。

第二条 社会保险行政部门进行工伤认定按照本办法执行。

第三条 工伤认定应当客观公正、简捷方便，认定程序应当向社会公开。

第四条 职工发生事故伤害或者按照职业病防治法规定被诊断、鉴定为职业病，所在单位应当自事故伤害发生之日或者被诊断、鉴定为职业病之日起30日内，向统筹地区社会保险行政部门提出工伤认定申请。遇有特殊情况，经报社会保险行政部门同意，申请时限可以适当延长。

按照前款规定应当向省级社会保险行政部门提出工伤认定申请的，根据属地原则应当向用人单位所在地设区的市级社会保险行政部门提出。

第五条 用人单位未在规定的时限内提出工伤认定申请的，受伤害职工或者其近亲属、工会组织在事故伤害发生之日或者被诊断、鉴定为职业病之日起1年内，可以直接按照本办法第四条规定提出工伤认定申请。

第六条 提出工伤认定申请应当填写《工伤认定申请表》，并提交下列材料：

（一）劳动、聘用合同文本复印件或者与用人单位存在劳动关系（包括事实劳动关系）、人事关系的其他证明材料；

（二）医疗机构出具的受伤后诊断证明书或者职业病诊断证明书（或者职业病诊断鉴定书）。

第七条 工伤认定申请人提交的申请材料符合要求，属于社会保险行政部门管辖范围且在受理时限内的，社会保险行政部门应当受理。

第八条 社会保险行政部门收到工伤认定申请后，应当在15日内对申请人提交的材料进行审核，材料完整的，作出受理或者不予受理的决定；材料不完整的，应当以书面形式一次性告知申请人需要补正的全部材料。社会保险行政部门收到申请人提交的全部补正材料后，应当在15日内作出受理或者不予受理的决定。

社会保险行政部门决定受理的，应当出具《工伤认定申请受理决定书》；决定不予受理的，应当出具《工伤认定申请不予受理决定书》。

第九条 社会保险行政部门受理工伤认定申请后，可以根据需要对申请人提供的证据进行调查核实。

第十条 社会保险行政部门进行调查核实，应当由两名以上工作人员共同进行，并出示执行公务的证件。

第十一条 社会保险行政部门工作人员在工伤认定中，可以进行以下调查核实工作：

（一）根据工作需要，进入有关单位和事故现场；

（二）依法查阅与工伤认定有关的资料，询问有关人员并作出调查笔录；

（三）记录、录音、录像和复制与工伤认定有关的资料。调查核实工作的证据收集参照行政诉讼证据收集的有关规定执行。

第十二条 社会保险行政部门工作人员进行调查核实时，有关单位和个人应当予以协助。用人单位、工会组织、医疗机构以及有关部门应当负责安排相关人员配合工作，据实提供情况和证明材料。

第十三条 社会保险行政部门在进行工伤认定时，对申请人提供的符合国家有关规定的职业病诊断证明书或者职业病诊断鉴定书，不再进行调查核实。职业病诊断证明书或者职业病诊断鉴定书不符合国家规定的要求和格式的，社会保险行政部门可以要求出具证据部门重新提供。

第十四条 社会保险行政部门受理工伤认定申请后，可以根据工作需要，委托其他统筹地区的社会保险行政部门或者相关部门进行调查核实。

第十五条 社会保险行政部门工作人员进行调查核实时，应当履行下列义务：

（一）保守有关单位商业秘密以及个人隐私；

(二) 为提供情况的有关人员保密。

第十六条 社会保险行政部门工作人员与工伤认定申请人有利害关系的，应当回避。

第十七条 职工或者其近亲属认为是工伤，用人单位不认为是工伤的，由该用人单位承担举证责任。用人单位拒不举证的，社会保险行政部门可以根据受伤害职工提供的证据或者调查取得的证据，依法作出工伤认定决定。

第十八条 社会保险行政部门应当自受理工伤认定申请之日起60日内作出工伤认定决定，出具《认定工伤决定书》或者《不予认定工伤决定书》。

第十九条 《认定工伤决定书》应当载明下列事项：
(一) 用人单位全称；
(二) 职工的姓名、性别、年龄、职业、身份证号码；
(三) 受伤害部位、事故时间和诊断时间或职业病名称、受伤害经过和核实情况、医疗救治的基本情况和诊断结论；
(四) 认定工伤或者视同工伤的依据；
(五) 不服认定决定申请行政复议或者提起行政诉讼的部门和时限；
(六) 作出认定工伤或者视同工伤决定的时间。

《不予认定工伤决定书》应当载明下列事项：
(一) 用人单位全称；
(二) 职工的姓名、性别、年龄、职业、身份证号码；
(三) 不予认定工伤或者不视同工伤的依据；
(四) 不服认定决定申请行政复议或者提起行政诉讼的部门和时限；
(五) 作出不予认定工伤或者不视同工伤决定的时间。

《认定工伤决定书》和《不予认定工伤决定书》应当加盖社会保险行政部门工伤认定专用印章。

第二十条 社会保险行政部门受理工伤认定申请后，作出工伤认定决定需要以司法机关或者有关行政主管部门的结论为依据的，在司法机关或者有关行政主管部门尚未作出结论期间，作出工伤认定决定的时限中止，并书面通知申请人。

第二十一条 社会保险行政部门对于事实清楚、权利义务明确的工伤认定申请，应当自受理工伤认定申请之日起15日内作出工伤认定决定。

第二十二条 社会保险行政部门应当自工伤认定决定作出之日起20日内，将《认定工伤决定书》或者《不予认定工伤决定书》送达受伤害职工（或者其近亲属）和用人单位，并抄送社会保险经办机构。

《认定工伤决定书》和《不予认定工伤决定书》的送达参照民事法律有关送达的规定执行。

第二十三条 职工或者其近亲属、用人单位对不予受理决定不服或者对工伤认定决定不服的，可以依法申请行政复议或者提起行政诉讼。

第二十四条 工伤认定结束后，社会保险行政部门应当将工伤认定的有关资料保存50年。

第二十五条 用人单位拒不协助社会保险行政部门对事故伤害进行调查核实的,由社会保险行政部门责令改正,处 2 000 元以上 2 万元以下的罚款。

第二十六条 本办法中的《工伤认定申请表》《工伤认定申请受理决定书》《工伤认定申请不予受理决定书》《认定工伤决定书》《不予认定工伤决定书》的样式由国务院社会保险行政部门统一制定。

第二十七条 本办法自 2011 年 1 月 1 日起施行。劳动和社会保障部 2003 年 9 月 23 日颁布的《工伤认定办法》同时废止。

编号：

工伤认定申请表

申请人：

受伤害职工：

申请人与受伤害职工关系：

填表日期： 年 月 日

职工姓名		性别		出生日期	年　月　日
身份证号码				联系电话	
家庭地址				邮政编码	
工作单位				联系电话	
单位地址				邮政编码	
职业、工种或工作岗位				参加工作时间	
事故时间、地点及主要原因				诊断时间	
受伤害部位				职业病名称	
接触职业病危害岗位				接触职业病危害时间	
受伤害经过简述（可附页）					

续表

申请事项：	
	申请人签字： 年　月　日
用人单位意见：	
	经办人签字： （公章） 年　月　日
社会保险行政部门审查资料和受理意见	经办人签字： 年　月　日
	负责人签字： （公章） 年　月　日
备注：	

填表说明：

1. 用钢笔或签字笔填写，字体工整清楚。

2. 申请人为用人单位的，在首页申请人处加盖单位公章。

3. 受伤害部位一栏填写受伤害的具体部位。

4. 诊断时间一栏，职业病者，按职业病确诊时间填写；受伤或死亡的，按初诊时间填写。

5. 受伤害经过简述，应写明事故发生的时间、地点，当时所从事的工作，受伤害的原因以及伤害部位和程度。职业病患者应写明在何单位从事何种有害作业，起止时间，确诊结果。

6. 申请人提出工伤认定申请时，应当提交受伤害职工的居民身份证；医疗机构出具的职工受伤害时初诊断证明书，或者依法承担职业病诊断的医疗机构出具的职业病诊断证明书（或者职业病诊断鉴定书）；职工受伤害或者诊断患职业病时与用人单位之间的劳动、聘用合同或者其他存在劳动、人事关系的证明。

有下列情形之一的，还应当分别提交相应证据：

（一）职工死亡的，提交死亡证明；

（二）在工作时间和工作场所内，因履行工作职责受到暴力等意外伤害的，提交公安部门的证明或者其他相关证明；

（三）因工外出期间，由于工作原因受到伤害或者发生事故下落不明的，提交公安部门的证明或者相关部门的证明；

（四）上下班途中，受到非本人主要责任的交通事故或者城市轨道交通、客运轮渡、火车事故伤害的，提交公安机关交通管理部门或者其他相关部门的证明；

（五）在工作时间和工作岗位，突发疾病死亡或者在48小时之内经抢救无效死亡的，提交医疗机构的抢救证明；

（六）在抢险救灾等维护国家利益、公共利益活动中受到伤害的，提交民政部门或者其他相关部门的证明；

（七）属于因战、因公负伤致残的转业、复员军人，旧伤复发的，提交《革命伤残军人证》及劳动能力鉴定机构对旧伤复发的确认。

7. 申请事项栏，应写明受伤害职工或者其近亲属、工会组织提出工伤认定申请并签字。

8. 用人单位意见栏，应签署是否同意申请工伤，所填情况是否属实，经办人签字并加盖单位公章。

9. 社会保险行政部门审查资料和受理意见栏，应填写补正材料或是否受理的意见。

10. 此表一式二份，社会保险行政部门、申请人各留存一份。

编号：

工伤认定申请受理决定书

_____：

  你（单位）于_____年____月____日提交____的工伤认定申请收悉。经审查，符合工伤认定受理的条件，现予受理。

（盖章）
年　　月　　日

注：本决定书一式三份，社会保险行政部门、职工或者其近亲属、用人单位各留存一份。

编号：

工伤认定申请不予受理决定书

_____：

  你（单位）于_____年____月____日提交____的工伤认定申请收悉。

  经审查，_____不符合《工伤保险条例》第____条____规定的受理条件，现决定不予受理。

  如对本决定不服，可在接到决定书之日起 60 日内向_____申请行政复议，或者向人民法院提起行政诉讼。

（盖章）

年　　月　　日

注：本决定书一式三份，社会保险行政部门、职工或者其近亲属、用人单位各留存一份。

编号：

认定工伤决定书

申请人：
职工姓名：　　　性别：　　年龄：
身份证号码：
用人单位：
职业/工种/工作岗位：
事故时间：　　年　　月　　日
事故地点：
诊断时间：　　年　　月　　日
受伤害部位/职业病名称：
受伤害经过、医疗救治的基本情况和诊断结论：

_____年___月___日受理____的工伤认定申请后，根据提交的材料调查核实情况如下：

____同志受到的事故伤害（或患职业病），符合《工伤保险条例》第____条第____款第____项之规定，属于工伤认定范围，现予以认定（或视同）为工伤。

如对本工伤认定决定不服的，可自接到本决定书之日起60日内向_____申请行政复议，或者向人民法院提起行政诉讼。

（工伤认定专用章）
　　年　　月　　日

注：本通知一式四份，社会保险行政部门、职工或者其近亲属、用人单位、社会保险经办机构各留存一份。

编号：

不予认定工伤决定书

申请人：
职工姓名：　　　性别：　　　年龄：
身份证号码：
用人单位：
职业/工种/工作岗位：

　　____年___月___日受理____的工伤认定申请后，根据提交的材料调查核实情况如下：

　　____同志受到的伤害，不符合《工伤保险条例》第十四条、第十五条认定工伤或者视同工伤的情形；或者根据《工伤保险条例》第十六条第____项之规定，属于不得认定或者视同工伤的情形。现决定不予认定或者视同工伤。

　　如对本工伤认定结论不服的，可自接到本决定书之日起60日内向____申请行政复议，或者向人民法院提起行政诉讼。

（工伤认定专用章）
年　　月　　日

注：本通知一式三份，社会保险行政部门、职工或者其近亲属、用人单位各留存一份。

38 人力资源社会保障部办公厅关于工伤保险有关规定处理意见的函

人社厅函〔2011〕339号

各省、自治区、直辖市人力资源社会保障厅（局），福建省公务员局，新疆生产建设兵团人事局、劳动保障局：

关于新《工伤保险条例》第十四条第六项的规定如何理解和适用问题，经征得国务院法制办和最高人民法院同意，并商公安部、交通运输部、铁道部，提出如下处理意见，请遵照执行：

一、该条规定的"上下班途中"是指合理的上下班时间和合理的上下班路途。

二、该条规定的"非本人主要责任"事故包括非本人主要责任的交通事故和非本人主要责任的城市轨道交通、客运轮渡和火车事故。其中，"交通事故"是指《道路交通安全法》第一百一十九条规定的车辆在道路上因过错或者意外造成的人身伤亡或者财产损失事件。"车辆"是指机动车和非机动车；"道路"是指公路、城市道路和虽在单位管辖范围但允许社会机动车通行的地方，包括广场、公共停车场等用于公众通行的场所。

三、"非本人主要责任"事故认定应以公安机关交通管理、交通运输、铁道等部门或司法机关，以及法律、行政法规授权组织出具的相关法律文书为依据。

人力资源社会保障部办公厅
2011年6月23日

39 关于推进工伤认定和劳动能力鉴定便民化服务工作的通知

人社厅发〔2018〕104号

各省、自治区、直辖市及新疆生产建设兵团人力资源社会保障厅（局）：

工伤认定和劳动能力鉴定是工伤保险制度的重要组成部分，是职工享受工伤保险待遇的前提。当前，工伤认定和劳动能力鉴定工作总体情况是好的，但也存在管理制度不完善、信息化建设滞后、便民服务不到位等问题。为贯彻党中央、国务院推进审批服务便民化和深化"放管服"改革要求，落实部党组关于加强人社系统行风建设部署，推进工伤认定和劳动能力鉴定便民化服务工作，现就有关事项通知如下。

一、指导思想

以习近平新时代中国特色社会主义思想和党的十九大以及十九届二中、三中全会精神为指导，深入贯彻以人民为中心的发展思想，围绕"正行风、树新风、打造群众满意的人社服务"总体要求，突出问题导向，坚持远近结合，深化标本兼治，切实提升工伤认定和劳动能力鉴定工作的规范化、便利化、信息化，切实提升工伤职工和用人单位的满意度、获得感。

二、主要任务

（一）全面下放省级人社部门工伤认定和劳动能力初次鉴定事项。目前仍在办理工伤认定和劳动能力初次鉴定事项的省（自治区、直辖市）人社部门，要按照《工伤保险条例》的规定，从2019年开始，全面下放工伤认定和劳动能力初次鉴定事项。

（二）全面推进工伤认定和劳动能力鉴定受理事项进驻大厅。目前工伤认定和劳动能力鉴定受理事项还未进驻大厅的，要按照服务事项集中办理、"一窗通办"的要求，从2019年开始全面进驻大厅，实现工伤认定和劳动能力鉴定受理事项"只进一扇门"和"一窗受理"。

（三）切实清理取消重复提交的证明和材料。各地要按照工伤认定、劳动能力鉴定、待遇支付业务协同办理的要求，全面梳理工伤认定和劳动能力鉴定服务事项所需证明和材料，切实减证便民，取消不必要或重复提交的证明和材料。原则上，通过内部信息共享能够获取的，或者上一个环节已经提交的，不应要求用人单位和工伤职工重复提交。

（四）切实提高工伤认定和劳动能力鉴定效率。各地要本着优化流程、精简环节、缩短时限的要求，进一步提高工伤认定和劳动能力鉴定工作效率。对于事实清楚、权利义务明确的工伤认定案件要通过简易程序，快认快结。对因较大安全生产事故造成人员伤亡或者社会关注度高的工伤认定案件，要主动介入，优先受理，开辟工伤认定绿色通道，及时做出工伤认定结论。对伤情清楚、证据充分、没有异议的劳动能力鉴定案件，要进一步缩短时限，尽快做出鉴定结论。

（五）积极探索异地工伤认定和劳动能力鉴定委托合作。各地要适应区域间劳动力流动愈加频繁、用人单位注册参保地与工作生产地分离日益增多的情况，对异地发生工伤的，加强与当地人社部门合作，通过探索委托当地人社部门进行工伤认定调查，探索聘请当地医学专家进行劳动能力鉴定等方式，方便用人单位和工伤职工就近进行工伤认定和劳动能力鉴定。

（六）积极推进"互联网+认定鉴定"。各地要以全面推进工伤保险信息化建设为契机，同步推进"互联网+认定鉴定"，推进网上大厅与实体大厅业务办理结合，统一在线业务办理标准，加快实现工伤认定和劳动能力鉴定工作业务全流程实时记录、即时交换、相互核验、精确管理，实现工伤认定和劳动能力鉴定业务在线协同办理、信息共享，实现"数据多跑路、群众少跑腿"。

三、工作要求

（一）加强领导，提高认识。工伤认定和劳动能力鉴定工作具有很强的政策性、专业性和技术性。各地要提高政治站位，深刻认识推进工伤认定和劳动能力鉴定便民化工作的重要性，建立长效机制，久久为功。省级人社部门要加强对市、县工作的指导，切实提升工伤认定和劳动能力鉴定工作的质量和效率，让广大工伤职工充分感受到方便快捷和公平正义，更多体会到来自党和政府的关心关爱。

（二）加强组织，强化监管。各地要制定周密工作方案，落实工作责任，加强沟通协调，确保各项任务责任落实到位。特别是受理事项进驻大厅、下放省级人社部门工伤认定和劳动能力初次鉴定事项以及取消重复提交的证明和材料，更要周密安排，明确权限、明确时限、明确责任、明确要求，加强工作衔接，确保平稳过渡。要加强对工伤认定和劳动能力鉴定事中、事后的监管，通过专项督查、案卷评查、"双随机一公开"等方式，推进线上线下一体化监管，严肃查处提供虚假材料、骗取待遇等违法行为。

（三）加强培训，强化保障。各地要加强对工伤认定和劳动能力鉴定工作人员政治思想、业务知识和作风建设等方面的培训，提高他们政治素养、为民意识和履职能力，切实防止庸政懒政和不作为、乱作为问题的发生。要加强与财政等部门的沟通协调，保障工伤认定调查和劳动能力鉴定所需工作经费，确保工伤认定和劳动能力鉴定等事项顺利开展。要加强与人民法院等部门的沟通，统一认识，凝聚共识，更好维护党和政府的公信力。

（四）加强宣传，引导舆情。各地要充分利用各种宣传渠道向全社会宣传工伤保险法规政策，使广大工伤职工知悉获得权益保障的途径和程序，更好维护自身的合法权益。对重大舆情要迅速反应、及时报告，积极主动正面引导，营造良好舆论氛围。

人力资源社会保障部办公厅

2018 年 9 月 24 日

40 工伤职工劳动能力鉴定管理办法

2014 年 2 月 20 日中华人民共和国人力资源和社会保障部、国家卫生和计划生育委员会令第 21 号公布，自 2014 年 4 月 1 日起施行，根据 2018 年 12 月 14 日《人力资源社会保障部关于修改部分规章的决定》修订，中华人民共和国人力资源和社会保障部令第 38 号公布。

第一章 总 则

第一条 为了加强劳动能力鉴定管理，规范劳动能力鉴定程序，根据《中华人民共和国社会保险法》《中华人民共和国职业病防治法》和《工伤保险条例》，制定本办法。

第二条 劳动能力鉴定委员会依据《劳动能力鉴定 职工工伤与职业病致残等级》国家标准，对工伤职工劳动功能障碍程度和生活自理障碍程度组织进行技术性等级鉴定，适用本办法。

第三条 省、自治区、直辖市劳动能力鉴定委员会和设区的市级（含直辖市的市辖区、县，下同）劳动能力鉴定委员会分别由省、自治区、直辖市和设区的市级人力资源社会保障行政部门、卫生计生行政部门、工会组织、用人单位代表以及社会保险经办机构代表组成。

承担劳动能力鉴定委员会日常工作的机构，其设置方式由各地根据实际情况决定。

第四条 劳动能力鉴定委员会履行下列职责：

（一）选聘医疗卫生专家，组建医疗卫生专家库，对专家进行培训和管理；

（二）组织劳动能力鉴定；

（三）根据专家组的鉴定意见作出劳动能力鉴定结论；

（四）建立完整的鉴定数据库，保管鉴定工作档案50年；

（五）法律、法规、规章规定的其他职责。

第五条 设区的市级劳动能力鉴定委员会负责本辖区内的劳动能力初次鉴定、复查鉴定。

省、自治区、直辖市劳动能力鉴定委员会负责对初次鉴定或者复查鉴定结论不服提出的再次鉴定。

第六条 劳动能力鉴定相关政策、工作制度和业务流程应当向社会公开。

第二章 鉴定程序

第七条 职工发生工伤，经治疗伤情相对稳定后存在残疾、影响劳动能力的，或者停工留薪期满（含劳动能力鉴定委员会确认的延长期限），工伤职工或者其用人单位应当及时向设区的市级劳动能力鉴定委员会提出劳动能力鉴定申请。

第八条 申请劳动能力鉴定应当填写劳动能力鉴定申请表，并提交下列材料：

（一）有效的诊断证明、按照医疗机构病历管理有关规定复印或者复制的检查、检验报告等完整病历材料；

（二）工伤职工的居民身份证或者社会保障卡等其他有效身份证明原件。

第九条 劳动能力鉴定委员会收到劳动能力鉴定申请后，应当及时对申请人提交的材料进行审核；申请人提供材料不完整的，劳动能力鉴定委员会应当自收到劳动能力鉴定申请之日起5个工作日内一次性书面告知申请人需要补正的全部材料。

申请人提供材料完整的，劳动能力鉴定委员会应当及时组织鉴定，并在收到劳动能力鉴定申请之日起60日内作出劳动能力鉴定结论。伤情复杂、涉及医疗卫生专业较多的，作出劳动能力鉴定结论的期限可以延长30日。

第十条 劳动能力鉴定委员会应当视伤情程度等从医疗卫生专家库中随机抽取3名或者5名与工伤职工伤情相关科别的专家组成专家组进行鉴定。

第十一条 劳动能力鉴定委员会应当提前通知工伤职工进行鉴定的时间、地点以及应当携带的材料。工伤职工应当按照通知的时间、地点参加现场鉴定。对行动不便的工伤职工，劳动能力鉴定委员会可以组织专家上门进行劳动能力鉴定。组织劳动能力鉴定的工作人员应当对工伤职工的身份进行核实。

工伤职工因故不能按时参加鉴定的，经劳动能力鉴定委员会同意，可以调整现场鉴定的时间，作出劳动能力鉴定结论的期限相应顺延。

第十二条　因鉴定工作需要，专家组提出应当进行有关检查和诊断的，劳动能力鉴定委员会可以委托具备资格的医疗机构协助进行有关的检查和诊断。

第十三条　专家组根据工伤职工伤情，结合医疗诊断情况，依据《劳动能力鉴定　职工工伤与职业病致残等级》国家标准提出鉴定意见。参加鉴定的专家都应当签署意见并签名。

专家意见不一致时，按照少数服从多数的原则确定专家组的鉴定意见。

第十四条　劳动能力鉴定委员会根据专家组的鉴定意见作出劳动能力鉴定结论。劳动能力鉴定结论书应当载明下列事项：

（一）工伤职工及其用人单位的基本信息；

（二）伤情介绍，包括伤残部位、器官功能障碍程度、诊断情况等；

（三）作出鉴定的依据；

（四）鉴定结论。

第十五条　劳动能力鉴定委员会应当自作出鉴定结论之日起20日内将劳动能力鉴定结论及时送达工伤职工及其用人单位，并抄送社会保险经办机构。

第十六条　工伤职工或者其用人单位对初次鉴定结论不服的，可以在收到该鉴定结论之日起15日内向省、自治区、直辖市劳动能力鉴定委员会申请再次鉴定。

申请再次鉴定，应当提供劳动能力鉴定申请表，以及工伤职工的居民身份证或者社会保障卡等有效身份证明原件。

省、自治区、直辖市劳动能力鉴定委员会作出的劳动能力鉴定结论为最终结论。

第十七条　自劳动能力鉴定结论作出之日起1年后，工伤职工、用人单位或者社会保险经办机构认为伤残情况发生变化的，可以向设区的市级劳动能力鉴定委员会申请劳动能力复查鉴定。

对复查鉴定结论不服的，可以按照本办法第十六条规定申请再次鉴定。

第十八条　工伤职工本人因身体等原因无法提出劳动能力初次鉴定、复查鉴定、再次鉴定申请的，可由其近亲属代为提出。

第十九条　再次鉴定和复查鉴定的程序、期限等按照本办法第九条至第十五条的规定执行。

第三章　监督管理

第二十条　劳动能力鉴定委员会应当每3年对专家库进行一次调整和补充，实行动态管理。确有需要的，可以根据实际情况适时调整。

第二十一条　劳动能力鉴定委员会选聘医疗卫生专家，聘期一般为3年，可以连续聘任。

聘任的专家应当具备下列条件：

（一）具有医疗卫生高级专业技术职务任职资格；
（二）掌握劳动能力鉴定的相关知识；
（三）具有良好的职业品德。

第二十二条 参加劳动能力鉴定的专家应当按照规定的时间、地点进行现场鉴定，严格执行劳动能力鉴定政策和标准，客观、公正地提出鉴定意见。

第二十三条 用人单位、工伤职工或者其近亲属应当如实提供鉴定需要的材料，遵守劳动能力鉴定相关规定，按照要求配合劳动能力鉴定工作。

工伤职工有下列情形之一的，当次鉴定终止：
（一）无正当理由不参加现场鉴定的；
（二）拒不参加劳动能力鉴定委员会安排的检查和诊断的。

第二十四条 医疗机构及其医务人员应当如实出具与劳动能力鉴定有关的各项诊断证明和病历材料。

第二十五条 劳动能力鉴定委员会组成人员、劳动能力鉴定工作人员以及参加鉴定的专家与当事人有利害关系的，应当回避。

第二十六条 任何组织或者个人有权对劳动能力鉴定中的违法行为进行举报、投诉。

第四章 法 律 责 任

第二十七条 劳动能力鉴定委员会和承担劳动能力鉴定委员会日常工作的机构及其工作人员在从事或者组织劳动能力鉴定时，有下列行为之一的，由人力资源社会保障行政部门或者有关部门责令改正，对直接负责的主管人员和其他直接责任人员依法给予相应处分；构成犯罪的，依法追究刑事责任：
（一）未及时审核并书面告知申请人需要补正的全部材料的；
（二）未在规定期限内作出劳动能力鉴定结论的；
（三）未按照规定及时送达劳动能力鉴定结论的；
（四）未按照规定随机抽取相关科别专家进行鉴定的；
（五）擅自篡改劳动能力鉴定委员会作出的鉴定结论的；
（六）利用职务之便非法收受当事人财物的；
（七）有违反法律法规和本办法的其他行为的。

第二十八条 从事劳动能力鉴定的专家有下列行为之一的，劳动能力鉴定委员会应当予以解聘；情节严重的，由卫生计生行政部门依法处理：
（一）提供虚假鉴定意见的；
（二）利用职务之便非法收受当事人财物的；
（三）无正当理由不履行职责的；
（四）有违反法律法规和本办法的其他行为的。

第二十九条 参与工伤救治、检查、诊断等活动的医疗机构及其医务人员有下列情形之一的，由卫生计生行政部门依法处理：

（一）提供与病情不符的虚假诊断证明的；
（二）篡改、伪造、隐匿、销毁病历材料的；
（三）无正当理由不履行职责的。

第三十条 以欺诈、伪造证明材料或者其他手段骗取鉴定结论、领取工伤保险待遇的，按照《中华人民共和国社会保险法》第八十八条的规定，由人力资源社会保障行政部门责令退回骗取的社会保险金，处骗取金额 2 倍以上 5 倍以下的罚款。

第五章 附 则

第三十一条 未参加工伤保险的公务员和参照公务员法管理的事业单位、社会团体工作人员因工（公）致残的劳动能力鉴定，参照本办法执行。

第三十二条 本办法中的劳动能力鉴定申请表、初次（复查）鉴定结论书、再次鉴定结论书、劳动能力鉴定材料收讫补正告知书等文书基本样式由人力资源社会保障部制定。

第三十三条 本办法自 2014 年 4 月 1 日起施行。

附件：1. 劳动能力鉴定申请表、劳动能力鉴定（结论）表
2. 初次（复查）鉴定结论书
3. 再次鉴定结论书
4. 劳动能力鉴定材料收讫补正告知书

附件1：

劳动能力鉴定申请表

<table>
<tr><td rowspan="5">工伤职工信息栏</td><td colspan="2">工伤职工姓名：</td><td rowspan="3">一寸近期
免冠彩色
照片</td></tr>
<tr><td colspan="2">工伤认定决定书编号：</td></tr>
<tr><td>证件类型
身份证件号码□□□□□□□□□□□□□□□□□□</td><td>居民身份证□　　　其他□</td></tr>
<tr><td colspan="3">联系电话（必填一项）：_____（手机）_____（固话）</td></tr>
<tr><td colspan="3">联系地址：

邮编□□□□□□</td></tr>
<tr><td rowspan="3">用人单位信息栏</td><td colspan="3">用人单位名称：</td></tr>
<tr><td colspan="3">用人单位联系人：　　　　　　联系电话：</td></tr>
<tr><td colspan="3">联系地址：

邮编□□□□□□</td></tr>
<tr><td rowspan="4">申报事项确认栏</td><td colspan="3">申请鉴定类型选择（请在□内打√单项选择）

□1. 初次鉴定；　　□2. 再次鉴定；　　□3. 复查鉴定；

□4. 配置辅助器具确认，申请配置项目_____；□5. 其他</td></tr>
<tr><td colspan="3">申请主体（请在□内打√单项选择）

□1. 用人单位；□2. 工伤职工或者其近亲属；□3. 社会保险经办机构</td></tr>
<tr><td colspan="2">申请人签名或者盖章：</td><td>申请单位盖章：</td></tr>
<tr><td colspan="2">

年　月　日</td><td>

年　月　日</td></tr>
</table>

劳动能力鉴定（结论）表

伤情介绍：

鉴定依据：

专家组意见：_____。
1. 劳动功能障碍程度　　经鉴定符合伤残_____级。
2. 生活自理障碍程度　　经鉴定符合_____护理依赖。
   a) 进食；　　　□　　　　　　　d) 穿衣、洗漱；　□
   b) 翻身；　　　□　　　　　　　e) 自主行动。　　□
   c) 大、小便；　□
3. 配置辅助器具确认　　经鉴定_____。
鉴定专家签名及意见：_____。

专家1：　　　　　　　　专家4：

专家2：　　　　　　　　专家5：

专家3：

年　月　日

劳动能力鉴定委员会结论：

经审定，符合：

　　　　_____级伤残；

　　　　_____护理依赖；

配置辅助器具确认_____。

审核人签名（印章）：

年　月　日

（注：本页劳动能力鉴定委员会留存）

附件 2：

初次（复查）鉴定结论书

省（自治区、直辖市）　　　市（区）劳鉴　　年　　号

被鉴定人_____
身份证号_____
居住地址_____
用人单位_____
伤残情况_____

根据《劳动能力鉴定　职工工伤与职业病致残等级》国家标准，经劳动能力鉴定专家组鉴定，你目前的伤残情况，符合_____。

鉴定结论为_____。

对本鉴定结论不服的，可以自收到本鉴定结论书之日起 15 日内向　　省（自治区、直辖市）劳动能力鉴定委员会申请再次鉴定。

×××劳动能力鉴定委员会
年　月　日

注：本鉴定结论书一式四份，工伤职工、用人单位、社会保险经办机构、劳动能力鉴定委员会各一份。

附件3：

再次鉴定结论书

省（自治区、直辖市）　　　劳鉴　　年　　号

被鉴定人_____

身份证号_____

居住地址_____

用人单位_____

伤残情况_____

根据《劳动能力鉴定　职工工伤与职业病致残等级》国家标准，经劳动能力鉴定专家组鉴定，你目前的伤残情况，符合_____。

鉴定结论为_____。

本鉴定结论为最终结论。

×××劳动能力鉴定委员会
年　月　日

注：本鉴定结论书一式四份，工伤职工、用人单位、社会保险经办机构、劳动能力鉴定委员会各一份。

附件4：

编号：

劳动能力鉴定材料收讫补正告知书（存根）

_____：
　　你（单位）提出的_____劳动能力（初次鉴定/再次鉴定/复查鉴定/配置辅助器具确认）申请已于_____年___月___日收到，经审核，
　　□1. 材料完整，予以收讫；
　　□2. 材料不完整，尚欠缺；
　　①
　　②
　　③
　　特此告知，请于_____年___月___日前补正。

×××劳动能力鉴定委员会
　年　月　日

编号：

劳动能力鉴定材料收讫补正告知书

_____：
　　你（单位）提出的_____劳动能力（初次鉴定/再次鉴定/复查鉴定/配置辅助器具确认）申请已于_____年___月___日收到，经审核，
　　□1. 材料完整，予以收讫；
　　□2. 材料不完整，尚欠缺；
　　①
　　②
　　③
　　特此告知，请于_____年___月___日前补正。

×××劳动能力鉴定委员会
　年　月　日

41 劳动能力鉴定 职工工伤与职业病致残等级 GB/T 16180—2014

前 言

本标准按照 GB/T 1.1—2009 给出的规则起草。

本标准代替 GB/T 16180—2006《劳动能力鉴定 职工工伤与职业病致残等级》，与 GB/T 16180—2006 相比，主要技术变化如下：

——将总则中的分级原则写入相应等级标准头条；
——对总则中 4.1.4 护理依赖的分级进一步予以明确；
——删除总则 4.1.5 心理障碍的描述；
——将附录中有明确定义的内容直接写进标准条款；
——在具体条款中取消年龄和是否生育的表述；
——附录 B 中增加手、足功能缺损评估参考图表；
——附录 A 中增加视力减弱补偿率的使用说明；
——对附录中外伤性椎间盘突出症的诊断要求做了调整；
——完善了对癫痫和智能障碍的综合评判要求；
——归并胸、腹腔脏器损伤部分条款；
——增加系统治疗的界定；
——增加四肢长管状骨的界定；
——增加了脊椎骨折的分型界定；
——增加了关节功能障碍的量化判定基准；
——增加"髌骨、跟骨、距骨、下颌骨或骨盆骨折内固定术后"条款；
——增加"四肢长管状骨骨折内固定术或外固定支架术后"条款；
——增加"四肢大关节肌腱及韧带撕裂伤术后遗留轻度功能障碍"条款；
——完善、调整或删除了部分不规范、不合理甚至矛盾的条款；
——取消了部分条款后缀中易造成歧义的"无功能障碍"表述；
——伤残条目由 572 条调整为 530 条。

本标准由中华人民共和国人力资源和社会保障部提出。

本标准由中华人民共和国人力资源和社会保障部归口。

本标准起草单位：上海市劳动能力鉴定中心。

本标准主要起草人：陈道莅、张岩、杨庆铭、廖镇江、曹贵松、眭述平、叶纹、周泽深、陶明毅、王国民、程瑜、周安寿、左峰、林景荣、姚树源、王沛、孔翔飞、徐新荣、杨小锋、姜节凯、方晓松、刘声明、章艾武、李怀侠、姚凰。

本标准所代替标准的历次版本发布情况为：

——GB/T 16180—1996、GB/T 16180—2006。

劳动能力鉴定 职工工伤与职业病致残等级

1 范围

本标准规定了职工工伤与职业病致残劳动能力鉴定原则和分级标准。

本标准适用于职工在职业活动中因工负伤和因职业病致残程度的鉴定。

2 规范性引用文件

下列文件对于本文件的应用是必不可少的。凡是注日期的引用文件，仅注日期的版本适用于本文件。凡是不注日期的引用文件，其最新版本（包括所有的修改单）适用于本文件。

GB/T 4854（所有部分） 声学 校准测听设备的基准零级

GB/T 7341（所有部分） 听力计

GB/T 7582—2004 声学 听阈与年龄关系的统计分布

GB/T 7583 声学 纯音气导听阈测定 保护听力用

GB 11533 标准对数视力表

GBZ 4 职业性慢性二硫化碳中毒诊断标准

GBZ 5 职业性氟及无机化合物中毒的诊断

GBZ 7 职业性手臂振动病诊断标准

GBZ 9 职业性急性电光性眼炎（紫外线角膜结膜炎）诊断标准

GBZ 12 职业性铬鼻病诊断标准

GBZ 24 职业性减压病诊断标准

GBZ 35 职业性白内障诊断标准

GBZ 45 职业性三硝基甲苯白内障诊断标准

GBZ 49 职业性噪声聋诊断标准

GBZ 54 职业性化学性眼灼伤诊断标准

GBZ 57 职业性哮喘诊断标准

GBZ 60 职业性过敏性肺炎诊断标准

GBZ 61 职业性牙酸蚀病诊断标准

GBZ 70 尘肺病诊断标准

GBZ 81 职业性磷中毒诊断标准

GBZ 82 职业性煤矿井下工人滑囊炎诊断标准

GBZ 83 职业性砷中毒的诊断

GBZ 94 职业性肿瘤诊断标准

GBZ 95 放射性白内障诊断标准

GBZ 96 内照射放射病诊断标准

GBZ 97　　放射性肿瘤诊断标准
GBZ 101　　放射性甲状腺疾病诊断标准
GBZ 104　　外照射急性放射病诊断标准
GBZ 105　　外照射慢性放射病诊断标准
GBZ 106　　放射性皮肤疾病诊断标准
GBZ 107　　放射性性腺疾病诊断标准
GBZ 109　　放射性膀胱疾病诊断标准
GBZ 110　　急性放射性肺炎诊断标准
GBZ/T 238　　职业性爆震聋的诊断

3　术语和定义

下列术语和定义适用于本文件。

3.1　劳动能力鉴定　identify work ability

法定机构对劳动者在职业活动中因工负伤或患职业病后，根据国家工伤保险法规规定，在评定伤残等级时通过医学检查对劳动功能障碍程度（伤残程度）和生活自理障碍程度做出的技术性鉴定结论。

3.2　医疗依赖　medical dependence

工伤致残于评定伤残等级技术鉴定后仍不能脱离治疗。

3.3　生活自理障碍　ability of living independence

工伤致残者因生活不能自理，需依赖他人护理。

4　总则

4.1　判断依据

4.1.1　综合判定

依据工伤致残者于评定伤残等级技术鉴定时的器官损伤、功能障碍及其对医疗与日常生活护理的依赖程度，适当考虑由于伤残引起的社会心理因素影响，对伤残程度进行综合判定分级。

附录 A 为各门类工伤、职业病致残分级判定基准。

附录 B 为正确使用本标准的说明。

4.1.2　器官损伤

器官损伤是工伤的直接后果，但职业病不一定有器官缺损。

4.1.3　功能障碍

工伤后功能障碍的程度与器官缺损的部位及严重程度有关，职业病所致的器官功能障碍与疾病的严重程度相关。对功能障碍的判定，应以评定伤残等级技术鉴定时的医疗检查结果为依据，根据评残对象逐个确定。

4.1.4　医疗依赖

医疗依赖判定分级：

a）特殊医疗依赖：工伤致残后必须终身接受特殊药物、特殊医疗设备或装置进行治疗；

b）一般医疗依赖：工伤致残后仍需接受长期或终身药物治疗。

4.1.5 生活自理障碍

生活自理范围主要包括下列五项：

a）进食：完全不能自主进食，需依赖他人帮助；

b）翻身：不能自主翻身；

c）大、小便：不能自主行动，排大、小便需要他人帮助；

d）穿衣、洗漱：不能自己穿衣、洗漱，完全依赖他人帮助；

e）自主行动：不能自主走动。

生活处理障碍程度分三级：

a）完全生活自理障碍：生活完全不能自理，上述五项均需护理；

b）大部分生活自理障碍：生活大部分不能自理，上述五项中三项或四项需要护理；

c）部分生活自理障碍：生活部分不能自理，上述五项中一项或两项需要护理。

4.2 晋级原则

对于同一器官或系统多处损伤，或一个以上器官不同部位同时受到损伤者，应先对单项伤残程度进行鉴定。如果几项伤残等级不同，以重者定级；如果两项及以上等级相同，最多晋升一级。

4.3 对原有伤残及合并症的处理

在劳动能力鉴定过程中，工伤或职业病后出现合并症，其致残等级的评定以鉴定时实际的致残结局为依据。

如受工伤损害的器官原有伤残或疾病史，即：单个或双器官（如双眼、四肢、肾脏）或系统损伤，本次鉴定时应检查本次伤情是否加重原有伤残，若加重原有伤残，鉴定时按事实的致残结局为依据；若本次伤情轻于原有伤残，鉴定时则按本次工伤伤情致残结局为依据。

对原有伤残的处理适用于初次或再次鉴定，复查鉴定不适用于本规则。

4.4 门类划分

按照临床医学分科和各学科间相互关联的原则，对残情的判定划分为5个门类：

a）神经内科、神经外科、精神科门；

b）骨科、整形外科、烧伤科门；

c）眼科、耳鼻喉科、口腔科门；

d）普外科、胸外科、泌尿生殖科门；

e）职业病内科门。

4.5 条目划分

按照4.4中的5个门类，以附录C中表C.1~C.5及一至十级分级系列，根据伤残的类别和残情的程度划分伤残条目，共列出残情530条。

4.6 等级划分

根据条目划分原则以及工伤致残程度，综合考虑各门类间的平衡，将残情级别分为一至十级。最重为第一级，最轻为第十级。对未列出的个别伤残情况，参照本标准中相应定级原则进行等级评定。

5 职工工伤与职业病致残等级分级

5.1 一级

5.1.1 定级原则

器官缺失或功能完全丧失，其他器官不能代偿，存在特殊医疗依赖，或完全或大部分或部分生活自理障碍。

5.1.2 一级条款系列

凡符合5.1.1或下列条款之一者均为工伤一级：

1) 极重度智能损伤；
2) 四肢瘫肌力≤3级或三肢瘫肌力≤2级；
3) 重度非肢体瘫运动障碍；
4) 面部重度毁容，同时伴有表C.2中二级伤残之一者；
5) 全身重度瘢痕形成，占体表面积≥90%，伴有脊柱及四肢大关节活动功能基本丧失；
6) 双肘关节以上缺失或功能完全丧失；
7) 双下肢膝上缺失及一上肢肘上缺失；
8) 双下肢及一上肢瘢痕畸形，功能完全丧失；
9) 双眼无光感或仅有光感但光定位不准者；
10) 肺功能重度损伤和呼吸困难Ⅳ级，需终生依赖机械通气；
11) 双肺或心肺联合移植术；
12) 小肠切除≥90%；
13) 肝切除后原位肝移植；
14) 胆道损伤原位肝移植；
15) 全胰切除；
16) 双侧肾切除或孤肾切除术后，用透析维持或同种肾移植术后肾功能不全尿毒症期；
17) 尘肺叁期伴肺功能重度损伤及（或）重度低氧血症［PO_2<5.3 kPa（<40 mmHg）］；
18) 其他职业性肺部疾患，伴肺功能重度损伤及（或）重度低氧血症［PO_2<5.3 kPa（<40 mmHg）］；
19) 放射性肺炎后，两叶以上肺纤维化伴重度低氧血症［PO_2<5.3 kPa（<40 mmHg）］；
20) 职业性肺癌伴肺功能重度损伤；
21) 职业性肝血管肉瘤，重度肝功能损害；
22) 肝硬化伴食道静脉破裂出血，肝功能重度损害；
23) 肾功能不全尿毒症期，内生肌酐清除率持续<10 mL/min，或血浆肌酐水平持续>

707 μmol/L（8 mg/dL）。

5.2 二级

5.2.1 定级原则

器官严重缺损或畸形，有严重功能障碍或并发症，存在特殊医疗依赖，或大部分或部分生活自理障碍。

5.2.2 二级条款系列

凡符合 5.2.1 或下列条款之一者均为工伤二级：

1) 重度智能损伤；
2) 三肢瘫肌力 3 级；
3) 偏瘫肌力≤2 级；
4) 截瘫肌力≤2 级；
5) 双手全肌瘫肌力≤2 级；
6) 完全感觉性或混合性失语；
7) 全身重度瘢痕形成，占体表面积≥80%，伴有四肢大关节中 3 个以上活动功能受限；
8) 全面部瘢痕或植皮伴有重度毁容；
9) 双侧前臂缺失或双手功能完全丧失；
10) 双下肢瘢痕畸形，功能完全丧失；
11) 双膝以上缺失；
12) 双膝、双踝关节功能完全丧失；
13) 同侧上、下肢缺失或功能完全丧失；
14) 四肢大关节（肩、髋、膝、肘）中 4 个及以上关节功能完全丧失者；
15) 一眼有或无光感，另眼矫正视力≤0.02，或视野≤8%（或半径≤5°）；
16) 无吞咽功能，完全依赖胃管进食；
17) 双侧上颌骨或双侧下颌骨完全缺损；
18) 一侧上颌骨及对侧下颌骨完全缺损，并伴有颜面软组织损伤>30 cm²；
19) 一侧全肺切除并胸廓成形术，呼吸困难Ⅲ级；
20) 心功能不全三级；
21) 食管闭锁或损伤后无法行食管重建术，依赖胃造瘘或空肠造瘘进食；
22) 小肠切除 3/4，合并短肠综合征；
23) 肝切除 3/4，合并肝功能重度损害；
24) 肝外伤后发生门脉高压三联症或发生 Budd-chiari 综合征；
25) 胆道损伤致肝功能重度损害；
26) 胰次全切除，胰腺移植术后；
27) 孤肾部分切除后，肾功能不全失代偿期；
28) 肺功能重度损伤及（或）重度低氧血症；
29) 尘肺叁期伴肺功能中度损伤及（或）中度低氧血症；

30）尘肺贰期伴肺功能重度损伤及（或）重度低氧血症［PO_2<5.3 kPa（40 mmHg）］；

31）尘肺叁期伴活动性肺结核；

32）职业性肺癌或胸膜间皮瘤；

33）职业性急性白血病；

34）急性重型再生障碍性贫血；

35）慢性重度中毒性肝病；

36）肝血管肉瘤；

37）肾功能不全尿毒症期，内生肌酐清除率持续<25 mL/min，或血浆肌酐水平持续>450 μmol/L（5 mg/dL）；

38）职业性膀胱癌；

39）放射性肿瘤。

5.3 三级

5.3.1 定级原则

器官严重缺损或畸形，有严重功能障碍或并发症，存在特殊医疗依赖，或部分生活自理障碍。

5.3.2 三级条款系列

凡符合5.3.1或下列条款之一者均为工伤三级：

1）精神病性症状，经系统治疗1年后仍表现为危险或冲动行为者；

2）精神病性症状，经系统治疗1年后仍缺乏生活自理能力者；

3）偏瘫肌力3级；

4）截瘫肌力3级；

5）双足全肌瘫肌力≤2级；

6）中度非肢体瘫运动障碍；

7）完全性失用、失写、失读、失认等具有两项及两项以上者；

8）全身重度瘢痕形成，占体表面积≥70%，伴有四肢大关节中2个以上活动功能受限；

9）面部瘢痕或植皮≥2/3并有中度毁容；

10）一手缺失，另一手拇指缺失；

11）双手拇、食指缺失或功能完全丧失；

12）一手功能完全丧失，另一手拇指功能完全丧失；

13）双髋、双膝关节中，有一个关节缺失或功能完全丧失及另一关节重度功能障碍；

14）双膝以下缺失或功能完全丧失；

15）一侧髋、膝关节畸形，功能完全丧失；

16）非同侧腕上、踝上缺失；

17）非同侧上、下肢瘢痕畸形，功能完全丧失；

18）一眼有或无光感，另眼矫正视力≤0.05或视野≤16%（半径≤10°）；

19）双眼矫正视力<0.05或视野≤16%（半径≤10°）；

20）一侧眼球摘除或眼内容物剜出，另眼矫正视力<0.1或视野≤24%（或半径≤15°）；
21）呼吸完全依赖气管套管或造口；
22）喉或气管损伤导致静止状态下或仅轻微活动即有呼吸困难；
23）同侧上、下颌骨完全缺损；
24）一侧上颌骨或下颌骨完全缺损，伴颜面部软组织损伤>30 cm²；
25）舌缺损>全舌的2/3；
26）一侧全肺切除并胸廓成形术；
27）一侧胸廓成形术，肋骨切除6根以上；
28）一侧全肺切除并隆凸切除成形术；
29）一侧全肺切除并大血管重建术；
30）Ⅲ度房室传导阻滞；
31）肝切除2/3，并肝功能中度损害；
32）胰次全切除，胰岛素依赖；
33）一侧肾切除，对侧肾功能不全失代偿期；
34）双侧输尿管狭窄，肾功能不全失代偿期；
35）永久性输尿管腹壁造瘘；
36）膀胱全切除；
37）尘肺叁期；
38）尘肺贰期伴肺功能中度损伤及（或）中度低氧血症；
39）尘肺贰期合并活动性肺结核；
40）放射性肺炎后两叶肺纤维化，伴肺功能中度损伤及（或）中度低氧血症；
41）粒细胞缺乏症；
42）再生障碍性贫血；
43）职业性慢性白血病；
44）中毒性血液病，骨髓增生异常综合征；
45）中毒性血液病，严重出血或血小板含量≤2×10^{10}/L；
46）砷性皮肤癌；
47）放射性皮肤癌。

5.4 四级

5.4.1 定级原则

器官严重缺损或畸形，有严重功能障碍或并发症，存在特殊医疗依赖，或部分生活自理障碍或无生活自理障碍。

5.4.2 四级条款系列

凡符合5.4.1或下列条款之一者均为工伤四级：
1）中度智能损伤；
2）重度癫痫；

3）精神病性症状，经系统治疗 1 年后仍缺乏社交能力者；
4）单肢瘫肌力≤2 级；
5）双手部分肌瘫肌力≤2 级；
6）脑脊液漏伴有颅底骨缺损不能修复或反复手术失败；
7）面部中度毁容；
8）全身瘢痕面积≥60%，四肢大关节中 1 个关节活动功能受限；
9）面部瘢痕或植皮≥1/2 并有轻度毁容；
10）双拇指完全缺失或功能完全丧失；
11）一侧手功能完全丧失，另一手部分功能丧失；
12）一侧肘上缺失；
13）一侧膝以下缺失，另一侧前足缺失；
14）一侧膝以上缺失；
15）一侧踝以下缺失，另一足畸形行走困难；
16）一眼有或无光感，另眼矫正视力<0.2 或视野≤32%（或半径≤20°）；
17）一眼矫正视力<0.05，另眼矫正视力≤0.1；
18）双眼矫正视力<0.1 或视野≤32%（或半径≤20°）；
19）双耳听力损失≥91 dB；
20）牙关紧闭或因食管狭窄只能进流食；
21）一侧上颌骨缺损 1/2，伴颜面部软组织损伤>20 cm^2；
22）下颌骨缺损长 6 cm 以上的区段，伴口腔、颜面软组织损伤>20 cm^2；
23）双侧颞下颌关节骨性强直，完全不能张口；
24）面颊部洞穿性缺损>20 cm^2；
25）双侧完全性面瘫；
26）一侧全肺切除术；
27）双侧肺叶切除术；
28）肺叶切除后并胸廓成形术后；
29）肺叶切除并隆凸切除成形术后；
30）一侧肺移植术；
31）心瓣膜置换术后；
32）心功能不全二级；
33）食管重建术后吻合口狭窄，仅能进流食者；
34）全胃切除；
35）胰头、十二指肠切除；
36）小肠切除 3/4；
37）小肠切除 2/3，包括回盲部切除；
38）全结肠、直肠、肛门切除，回肠造瘘；
39）外伤后肛门排便重度障碍或失禁；

40）肝切除 2/3；

41）肝切除 1/2，肝功能轻度损害；

42）胆道损伤致肝功能中度损害；

43）甲状旁腺功能重度损害；

44）肾修补术后，肾功能不全失代偿期；

45）输尿管修补术后，肾功能不全失代偿期；

46）永久性膀胱造瘘；

47）重度排尿障碍；

48）神经源性膀胱，残余尿≥50 mL；

49）双侧肾上腺缺损；

50）尘肺贰期；

51）尘肺壹期伴肺功能中度损伤及（或）中度低氧血症；

52）尘肺壹期伴活动性肺结核；

53）病态窦房结综合征（需安装起搏器者）；

54）放射性损伤致肾上腺皮质功能明显减退；

55）放射性损伤致免疫功能明显减退。

5.5 五级

5.5.1 定级原则

器官大部缺损或明显畸形，有较重功能障碍或并发症，存在一般医疗依赖，无生活自理障碍。

5.5.2 五级条款系列

凡符合 5.5.1 或下列条款之一者均为工伤五级：

1）四肢瘫肌力 4 级；

2）单肢瘫肌力 3 级；

3）双手部分肌瘫肌力 3 级；

4）一手全肌瘫肌力≤2 级；

5）双足全肌瘫肌力 3 级；

6）完全运动性失语；

7）完全性失用、失写、失读、失认等具有一项者；

8）不完全性失用、失写、失读、失认等具有多项者；

9）全身瘢痕占体表面积≥50%，并有关节活动功能受限；

10）面部瘢痕或植皮≥1/3 并有毁容标准串的之一项；

11）脊柱骨折后遗 30°以上侧弯或后凸畸形，伴严重根性神经痛；

12）一侧前臂缺失；

13）一手功能完全丧失；

14）肩、肘关节之一功能完全丧失；

15）一手拇指缺失，另一手除拇指外三指缺失；

16）一手拇指功能完全丧失，另一手除拇指外三指功能完全丧失；

17）双前足缺失或双前足瘢痕畸形，功能完全丧失；

18）双跟骨足底软组织缺损瘢痕形成，反复破溃；

19）一髋（或一膝）功能完全丧失；

20）四肢大关节之一人工关节术后遗留重度功能障碍；

21）一侧膝以下缺失；

22）第Ⅲ对脑神经麻痹；

23）双眼外伤性青光眼术后，需用药物控制眼压者；

24）一眼有或无光感；另眼矫正视力≤0.3 或视野≤40%（或半径≤25°）；

25）一眼矫正视力<0.05，另眼矫正视力≤0.2；

26）一眼矫正视力<0.1，另眼矫正视力等于0.1；

27）双眼视野≤40%（或半径≤25°）；

28）双耳听力损失≥81 dB；

29）喉或气管损伤导致一般活动及轻工作时有呼吸困难；

30）吞咽困难，仅能进半流食；

31）双侧喉返神经损伤，喉保护功能丧失致饮食呛咳、误吸；

32）一侧上颌骨缺损>1/4，但<1/2，伴软组织损伤>10 cm^2，但<20 cm^2；

33）下颌骨缺损长4 cm以上的区段，伴口腔、颜面软组织损伤>10 cm^2；

34）一侧完全面瘫，另一侧不完全面瘫；

35）双肺叶切除术；

36）肺叶切除术并大血管重建术；

37）隆凸切除成形术；

38）食管重建术后吻合口狭窄，仅能进半流食者；

39）食管气管或支气管瘘；

40）食管胸膜瘘；

41）胃切除3/4；

42）小肠切除2/3，包括回肠大部分；

43）肛门、直肠、结肠部分切除，结肠造瘘；

44）肝切除1/2；

45）胰切除2/3；

46）甲状腺功能重度损害；

47）一侧肾切除，对侧肾功能不全代偿期；

48）一侧输尿管狭窄，肾功能不全代偿期；

49）尿道瘘不能修复者；

50）两侧睾丸、副睾丸缺损；

51）放射性损伤致生殖功能重度损伤；

52）阴茎全缺损；

53）双侧卵巢切除；

54）阴道闭锁；

55）会阴部瘢痕挛缩伴有阴道或尿道或肛门狭窄；

56）肺功能中度损伤或中度低氧血症；

57）莫氏Ⅱ型Ⅱ度房室传导阻滞；

58）病态窦房结综合征（不需安起搏器者）；

59）中毒性血液病，血小板减少（≤4×10^{10}/L）并有出血倾向；

60）中毒性血液病，白细胞含量持续<3×10^9/L（<3 000/mm^3）或粒细胞含量<1.5×10^9/L（1 500/mm^3）；

61）慢性中度中毒性肝病；

62）肾功能不全失代偿期，内生肌酐清除率持续<50 mL/min，或血浆肌酐水平持续>177 μmol/L（2 mg/dL）；

63）放射性损伤致睾丸萎缩；

64）慢性重度磷中毒；

65）重度手臂振动病。

5.6 六级

5.6.1 定级原则

器官大部缺损或明显畸形，有中等功能障碍或并发症，存在一般医疗依赖，无生活自理障碍。

5.6.2 六级条款系列

凡符合5.6.1或下列条款之一者均为工伤六级：

1）癫痫中度；

2）轻度智能损伤；

3）精神病性症状，经系统治疗1年后仍影响职业劳动能力者；

4）三肢瘫肌力4级；

5）截瘫双下肢肌力4级伴轻度排尿障碍；

6）双手全肌瘫肌力4级；

7）一手全肌瘫肌力3级；

8）双足部分肌瘫肌力≤2级；

9）单足全肌瘫肌力≤2级；

10）轻度非肢体瘫运动障碍；

11）不完全性感觉性失语；

12）面部重度异物色素沉着或脱失；

13）面部瘢痕或植皮≥1/3；

14）全身瘢痕面积≥40%；

15）撕脱伤后头皮缺失1/5以上；

16）一手一拇指完全缺失，连同另一手非拇指二指缺失；

17）一拇指功能完全丧失，另一手除拇指外有二指功能完全丧失；
18）一手三指（含拇指）缺失；
19）除拇指外其余四指缺失或功能完全丧失；
20）一侧踝以下缺失，或踝关节畸形，功能完全丧失；
21）下肢骨折成角畸形>15°，并有肢体短缩 4 cm 以上；
22）一前足缺失，另一足仅残留拇趾；
23）一前足缺失，另一足除拇趾外，2~5 趾畸形，功能完全丧失；
24）一足功能完全丧失，另一足部分功能丧失；
25）一髋或一膝关节功能重度障碍；
26）单侧跟骨足底软组织缺损瘢痕形成，反复破溃；
27）一侧眼球摘除，或一侧眼球明显萎缩，无光感；
28）一眼有或无光感，另一眼矫正视力≥0.4；
29）一眼矫正视力≤0.05，另一眼矫正视力≥0.3；
30）一眼矫正视力≤0.1，另一眼矫正视力≥0.2；
31）双眼矫正视力≤0.2 或视野≤48%（或半径≤30°）；
32）第Ⅳ或第Ⅵ对脑神经麻痹，或眼外肌损伤致复视的；
33）双耳听力损失≥71 dB；
34）双侧前庭功能丧失，睁眼行走困难，不能并足站立；
35）单侧或双侧颞下颌关节强直，张口困难Ⅲ度；
36）一侧上颌骨缺损 1/4，伴口腔颜面软组织损伤>10 cm^2；
37）面部软组织缺损>20 cm^2，伴发涎瘘；
38）舌缺损>舌的 1/3，但<舌的 2/3；
39）双侧颧骨并颧弓骨折，伴有开口困难Ⅱ度以上及颜面部畸形经手术复位者；
40）双侧下颌骨髁状突颈部骨折，伴有开口困难Ⅱ度以上及咬合关系改变，经手术治疗者；
41）一侧完全性面瘫；
42）肺叶切除并肺段或楔形切除术；
43）肺叶切除并支气管成形术后；
44）支气管（或气管）胸膜瘘；
45）冠状动脉旁路移植术；
46）大血管重建术；
47）胃切除 2/3；
48）小肠切除 1/2，包括回盲部；
49）肛门外伤后排便轻度障碍或失禁；
50）肝切除 1/3；
51）胆道损伤致肝功能轻度损伤；
52）腹壁缺损面积≥腹壁的 1/4；

53）胰切除1/2；
54）甲状腺功能中度损害；
55）甲状旁腺功能中度损害；
56）肾损伤性高血压；
57）尿道狭窄经系统治疗1年后仍需定期行扩张术；
58）膀胱部分切除合并轻度排尿障碍；
59）两侧睾丸创伤后萎缩，血睾酮低于正常值；
60）放射性损伤致生殖功能轻度损伤；
61）双侧输精管缺损，不能修复；
62）阴茎部分缺损；
63）女性双侧乳房切除或严重瘢痕畸形；
64）子宫切除；
65）双侧输卵管切除；
66）尘肺壹期伴肺功能轻度损伤及（或）轻度低氧血症；
67）放射性肺炎后肺纤维化（<两叶），伴肺功能轻度损伤及（或）轻度低氧血症；
68）其他职业性肺部疾患，伴肺功能轻度损伤；
69）白血病完全缓解；
70）中毒性肾病，持续性低分子蛋白尿伴白蛋白尿；
71）中毒性肾病，肾小管浓缩功能减退；
72）放射性损伤致肾上腺皮质功能轻度减退；
73）放射性损伤致甲状腺功能低下；
74）减压性骨坏死Ⅲ期；
75）中度手臂振动病；
76）氟及其无机化合物中毒性慢性重度中毒。

5.7 七级

5.7.1 定级原则
器官大部缺损或畸形，有轻度功能障碍或并发症，存在一般医疗依赖，无生活自理障碍。

5.7.2 七级条款系列
凡符合5.7.1或下列条款之一者均为工伤七级：
1）偏瘫肌力4级；
2）截瘫肌力4级；
3）单手部分肌瘫肌力3级；
4）双足部分肌瘫肌力3级；
5）单足全肌瘫肌力3级；
6）中毒性周围神经病致深感觉障碍；
7）人格改变或边缘智能，经系统治疗1年后仍存在明显社会功能受损者；
8）不完全性运动失语；

9）不完全性失用、失写、失读和失认等具有一项者；
10）符合重度毁容标准中的两项者；
11）烧伤后颅骨全层缺损≥30 cm²，或在硬脑膜上植皮面积≥10 cm²；
12）颈部瘢痕挛缩，影响颈部活动；
13）全身瘢痕面积≥30%；
14）面部瘢痕、异物或植皮伴色素改变占面部的10%以上；
15）骨盆骨折内固定术后，骨盆环不稳定，骶髂关节分离；
16）一手除拇指外，其他2~3指（含食指）近侧指间关节离断；
17）一手除拇指外，其他2~3指（含食指）近侧指间关节功能完全丧失；
18）肩、肘关节之一损伤后遗留关节重度功能障碍；
19）一腕关节功能完全丧失；
20）一足1~5趾缺失；
21）一前足缺失；
22）四肢大关节之一人工关节术后，基本能生活自理；
23）四肢大关节之一关节内骨折导致创伤性关节炎，遗留中重度功能障碍；
24）下肢伤后短缩>2 cm，但≤4 cm者；
25）膝关节韧带损伤术后关节不稳定，伸屈功能正常者；
26）一眼有或无光感，另眼矫正视力≥0.8；
27）一眼有或无光感，另一眼各种客观检查正常；
28）一眼矫正视力≤0.05，另眼矫正视力≥0.6；
29）一眼矫正视力≤0.1，另眼矫正视力≥0.4；
30）双眼矫正视力≤0.3或视野≤64%（或半径≤40°）；
31）单眼外伤性青光眼术后，需用药物维持眼压者；
32）双耳听力损失≥56 dB；
33）咽成形术后，咽下运动不正常；
34）牙槽骨损伤长度≥8 cm，牙齿脱落10个及以上；
35）单侧颧骨并颧弓骨折，伴有开口困难Ⅱ度以上及颜面部畸形经手术复位者；
36）双侧不完全性面瘫；
37）肺叶切除术；
38）限局性脓胸行部分胸廓成形术；
39）气管部分切除术；
40）食管重建术后伴反流性食管炎；
41）食管外伤或成形术后咽下运动不正常；
42）胃切除1/2；
43）小肠切除1/2；
44）结肠大部分切除；
45）肝切除1/4；

46）胆道损伤，胆肠吻合术后；

47）脾切除；

48）胰切除 1/3；

49）女性两侧乳房部分缺损；

50）一侧肾切除；

51）膀胱部分切除；

52）轻度排尿障碍；

53）阴道狭窄；

54）尘肺壹期，肺功能正常；

55）放射性肺炎后肺纤维化（<两叶），肺功能正常；

56）轻度低氧血症；

57）心功能不全一级；

58）再生障碍性贫血完全缓解；

59）白细胞减少症，含量持续$<4\times10^9$/L（4 000/mm^3）；

60）中性粒细胞减少症，含量持续$<2\times10^9$/L（2 000/mm^3）；

61）慢性轻度中毒性肝病；

62）肾功能不全代偿期，内生肌酐清除率<70 mL/min；

63）三度牙酸蚀病。

5.8 八级

5.8.1 定级原则

器官部分缺损，形态异常，轻度功能障碍，存在一般医疗依赖，无生活自理障碍。

5.8.2 八级条款系列

凡符合 5.8.1 或下列条款之一者均为工伤八级：

1）单肢体瘫肌力 4 级；

2）单手全肌瘫肌力 4 级；

3）双手部分肌瘫肌力 4 级；

4）双足部分肌瘫肌力 4 级；

5）单足部分肌瘫肌力≤3 级；

6）脑叶部分切除术后；

7）符合重度毁容标准中的一项者；

8）面部烧伤植皮≥1/5；

9）面部轻度异物沉着或色素脱失；

10）双侧耳郭部分或一侧耳郭大部分缺损；

11）全身瘢痕面积≥20%；

12）一侧或双侧眼睑明显缺损；

13）脊椎压缩骨折，椎体前缘高度减少 1/2 以上者或脊柱不稳定性骨折；

14）3 个及以上节段脊柱内固定术；

15）一手除拇、食指外，有两指近侧指间关节离断；
16）一手除拇、食指外，有两指近侧指间关节功能完全丧失；
17）一拇指指间关节离断；
18）一拇指指间关节畸形，功能完全丧失；
19）一足拇趾缺失，另一足非拇趾一趾缺失；
20）一足拇趾畸形，功能完全丧失，另一足非拇趾一趾畸形；
21）一足除拇趾外，其他三趾缺失；
22）一足除拇趾外，其他四趾瘢痕畸形，功能完全丧失；
23）因开放骨折感染形成慢性骨髓炎，反复发作者；
24）四肢大关节之一关节内骨折导致创伤性关节炎，遗留轻度功能障碍；
25）急性放射皮肤损伤Ⅳ度及慢性放射性皮肤损伤手术治疗后影响肢体功能；
26）放射性皮肤溃疡经久不愈者；
27）一眼矫正视力≤0.2，另眼矫正视力≥0.5；
28）双眼矫正视力等于0.4；
29）双眼视野≤80%（或半径≤50°）；
30）一侧或双侧睑外翻或睑闭合不全者；
31）上睑下垂盖及瞳孔1/3者；
32）睑球粘连影响眼球转动者；
33）外伤性青光眼行抗青光眼手术后眼压控制正常者；
34）双耳听力损失≥41 dB或一耳≥91 dB；
35）喉或气管损伤导致体力劳动时有呼吸困难；
36）喉源性损伤导致发声及言语困难；
37）牙槽骨损伤长度≥6 cm，牙齿脱落8个及以上者；
38）舌缺损<舌的1/3；
39）双侧鼻腔或鼻咽部闭锁；
40）双侧颞下颌关节强直，张口困难Ⅱ度；
41）上、下颌骨骨折，经牵引、固定治疗后有功能障碍者；
42）双侧颧骨并颧弓骨折，无开口困难，颜面部凹陷畸形不明显，不需手术复位；
43）肺段切除术；
44）支气管成形术；
45）双侧≥3根肋骨骨折致胸廓畸形；
46）膈肌破裂修补术后，伴膈神经麻痹；
47）心脏、大血管修补术；
48）心脏异物滞留或异物摘除术；
49）肺功能轻度损伤；
50）食管重建术后，进食正常者；
51）胃部分切除；

52）小肠部分切除；

53）结肠部分切除；

54）肝部分切除；

55）腹壁缺损面积<腹壁的1/4；

56）脾部分切除；

57）胰部分切除；

58）甲状腺功能轻度损害；

59）甲状旁腺功能轻度损害；

60）尿道修补术；

61）一侧睾丸、附睾切除；

62）一侧输精管缺损，不能修复；

63）脊髓神经周围神经损伤，或盆腔、会阴手术后遗留性功能障碍；

64）一侧肾上腺缺损；

65）单侧输卵管切除；

66）单侧卵巢切除；

67）女性单侧乳房切除或严重瘢痕畸形；

68）其他职业性肺疾患，肺功能正常；

69）中毒性肾病，持续低分子蛋白尿；

70）慢性中度磷中毒；

71）氟及其无机化合物中毒性慢性中度中毒；

72）减压性骨坏死Ⅱ期；

73）轻度手臂振动病；

74）二度牙酸蚀。

5.9 九级

5.9.1 定级原则

器官部分缺损，形态异常，轻度功能障碍，无医疗依赖或者存在一般医疗依赖，无生活自理障碍。

5.9.2 九级条款系列

凡符合5.9.1或下列条款之一者均为工伤九级：

1）癫痫轻度；

2）中毒性周围神经病致浅感觉障碍；

3）脑挫裂伤无功能障碍；

4）开颅手术后无功能障碍；

5）颅内异物无功能障碍；

6）颈部外伤致颈总、颈内动脉狭窄，支架置入或血管搭桥手术后无功能障碍；

7）符合中度毁容标准中的两项或轻度毁容者；

8）发际边缘瘢痕性秃发或其他部位秃发，需戴假发者；

9) 全身瘢痕占体表面积≥5%；
10) 面部有≥8 cm² 或 3 处以上≥1 cm² 的瘢痕；
11) 两个以上横突骨折；
12) 脊椎压缩骨折，椎体前缘高度减少小于 1/2 者；
13) 椎间盘髓核切除术后；
14) 1~2 节脊柱内固定术；
15) 一拇指末节部分 1/2 缺失；
16) 一手食指 2~3 节缺失；
17) 一拇指指间关节僵直于功能位；
18) 除拇趾外，余 3~4 指末节缺失；
19) 一足拇趾末节缺失；
20) 除拇趾外其他二趾缺失或瘢痕畸形，功能不全；
21) 跖骨或跗骨骨折影响足弓者；
22) 外伤后膝关节半月板切除、髌骨切除、膝关节交叉韧带修补术后；
23) 四肢长管状骨骨折内固定或外固定支架术后；
24) 髌骨、跟骨、距骨、下颌骨或骨盆骨折内固定术后；
25) 第 V 对脑神经眼支麻痹；
26) 眶壁骨折致眼球内陷、两眼球突出度相差>2 mm 或错位变形影响外观者；
27) 一眼矫正视力≤0.3，另眼矫正视力>0.6；
28) 双眼矫正视力等于 0.5；
29) 泪器损伤，手术无法改进溢泪者；
30) 双耳听力损失≥31 dB 或一耳损失≥71 dB；
31) 喉源性损伤导致发声及言语不畅；
32) 铬鼻病有医疗依赖；
33) 牙槽骨损伤长度>4 cm，牙脱落 4 个及以上；
34) 上、下颌骨骨折，经牵引、固定治疗后无功能障碍者；
35) 一侧下颌骨髁状突颈部骨折；
36) 一侧颧骨并颧弓骨折；
37) 肺内异物滞留或异物摘除术；
38) 限局性脓胸行胸膜剥脱术；
39) 胆囊切除；
40) 一侧卵巢部分切除；
41) 乳腺成形术后；
42) 胸、腹腔脏器探查术或修补术后。

5.10 十级

5.10.1 定级原则

器官部分缺损，形态异常，无功能障碍或轻度功能障碍，无医疗依赖或者存在一般医疗依赖，无生活自理障碍。

5.10.2　十级条款系列

凡符合 5.10.1 或下列条款之一者均为工伤十级：

1) 符合中度毁容标准之一项者；
2) 面部有瘢痕，植皮，异物色素沉着或脱失>2 cm²；
3) 全身瘢痕面积<5%，但≥1%；
4) 急性外伤导致椎间盘髓核突出，并伴神经刺激征者；
5) 一手指除拇指外，任何一指远侧指间关节离断或功能丧失；
6) 指端植皮术后（增生性瘢痕 1 cm² 以上）；
7) 手背植皮面积>50 cm²，并有明显瘢痕；
8) 手掌、足掌植皮面积>30%者；
9) 除拇趾外，任何一趾末节缺失；
10) 足背植皮面积>100 cm²；
11) 膝关节半月板损伤、膝关节交叉韧带损伤未做手术者；
12) 身体各部位骨折愈合后无功能障碍或轻度功能障碍；
13) 四肢大关节肌腱及韧带撕裂伤术后遗留轻度功能障碍；
14) 一手或两手慢性放射性皮肤损伤Ⅱ度及Ⅱ度以上者；
15) 一眼矫正视力≤0.5，另一眼矫正视力≥0.8；
16) 双眼矫正视力≤0.8；
17) 一侧或双侧睑外翻或睑闭合不全行成形手术后矫正者；
18) 上睑下垂盖及瞳孔 1/3 行成形手术后矫正者；
19) 睑球粘连影响眼球转动行成形手术后矫正者；
20) 职业性及外伤性白内障术后人工晶状体眼，矫正视力正常者；
21) 职业性及外伤性白内障Ⅰ度~Ⅱ度（或轻度、中度），矫正视力正常者；
22) 晶状体部分脱位；
23) 眶内异物未取出者；
24) 眼球内异物未取出者；
25) 外伤性瞳孔放大；
26) 角巩膜穿通伤治愈者；
27) 双耳听力损失≥26 dB，或一耳≥56 dB；
28) 双侧前庭功能丧失，闭眼不能并足站立；
29) 铬鼻病（无症状者）；
30) 嗅觉丧失；
31) 牙齿除智齿以外，切牙脱落 1 个以上或其他牙脱落 2 个以上；
32) 一侧颞下颌关节强直，张口困难Ⅰ度；
33) 鼻窦或面颊部有异物未取出；
34) 单侧鼻腔或鼻孔闭锁；

35）鼻中隔穿孔；
36）一侧不完全性面瘫；
37）血胸、气胸行单纯闭式引流术后，胸膜粘连增厚；
38）腹腔脏器挫裂伤保守治疗后；
39）乳腺修补术后；
40）放射性损伤致免疫功能轻度减退；
41）慢性轻度磷中毒；
42）氟及其无机化合物中毒性慢性轻度中毒；
43）井下工人滑囊炎；
44）减压性骨坏死Ⅰ期；
45）一度牙酸蚀病；
46）职业性皮肤病久治不愈。

附录 A
（规范性附录）
各门类工伤、职业病致残分级判定基准

A.1 神经内科、神经外科、精神科门

A.1.1 智能损伤

A.1.1.1 智能损伤的症状

智能损伤具体症状表现为：

a）记忆减退，最明显的是学习新事物的能力受损；
b）以思维和信息处理过程减退为特征的智能损害，如抽象概括能力减退，难以解释成语、谚语，掌握词汇量减少，不能理解抽象意义的词汇，难以概括同类事物的共同特征，或判断力减退；
c）情感障碍，如抑郁、淡漠或敌意增加等；
d）意志减退，如懒散、主动性降低；
e）其他高级皮层功能受损，如失语、失认、失用或人格改变等；
f）无意识障碍。

符合症状标准至少已6个月方可诊断。

A.1.1.2 智能损伤的级别

智能损伤分5级：

a）极重度智能损伤
    1）记忆损伤，记忆商（MQ）0~19；
    2）智商（IQ）<20；
    3）生活完全不能自理。
b）重度智能损伤

1) 记忆损伤，MQ 20~34；

2) IQ 20~34；

3) 生活大部不能自理。

中度智能损伤

1) 记忆损伤，MQ 35~49；

2) IQ 35~49；

3) 生活能部分自理。

轻度智能损伤

1) 记忆损伤，MQ 50~69；

2) IQ 50~69；

3) 生活勉强能自理，能做一般简单的非技术性工作。

边缘智能

1) 记忆损伤，MQ 70~79；

2) IQ 70~79；

3) 生活基本自理，能做一般简单的非技术性工作。

A.1.2　精神障碍

A.1.2.1　精神病性症状

有下列表现之一者：

a) 突出的妄想；

b) 持久或反复出现的幻觉；

c) 病理性思维联想障碍；

d) 紧张综合征，包括紧张性兴奋与紧张性木僵；

e) 情感障碍显著，且妨碍社会功能（包括生活自理功能、社交功能及职业和角色功能）。

A.1.2.2　与工伤、职业病相关的精神障碍的认定

认定需具备以下条件：

a) 精神障碍的发病基础需有工伤、职业病的存在；

b) 精神障碍的起病时间需与工伤、职业病的发生相一致；

c) 精神障碍应随着工伤、职业病的改善和缓解而恢复正常；

d) 无证据提示精神障碍的发病有其他原因（如强阳性家族病史）。

A.1.3　人格改变

个体原来特有的人格模式发生了改变，人格改变需有两种或两种以上的下列特征，至少持续6个月方可诊断：

a) 语速和语流明显改变，如以赘述或黏滞为特征；

b) 目的性活动能力降低，尤以耗时较久才能得到满足的活动更明显；

c) 认知障碍，如偏执观念，过于沉湎于某一主题（如宗教），或单纯以对或错来对他人进行僵化的分类；

d) 情感障碍，如情绪不稳、欣快、肤浅、情感流露不协调、易激惹，或淡漠；
   e) 不可抑制的需要和冲动（不顾后果和社会规范要求）。

A.1.4 癫痫的诊断

癫痫诊断的分级包括：

   a) 轻度：经系统服药治疗方能控制的各种类型癫痫发作者；
   b) 中度：各种类型的癫痫发作，经系统服药治疗一年后，全身性强直—阵挛发作、单纯或复杂部分发作，伴自动症或精神症状（相当于大发作、精神运动性发作）平均每月1次或1次以下，失神发作和其他类型发作平均每周1次以下；
   c) 重度：各种类型的癫痫发作，经系统服药治疗一年后，全身性强直—阵挛发作、单纯或复杂部分发作，伴自动症或精神症状（相当于大发作、精神运动性发作）平均每月1次以上，失神发作和其他类型发作平均每周1次以上者。

A.1.5 面神经损伤的评定

面神经损伤分中枢性（核上性）和外周性（核下性）损伤。本标准所涉及的面神经损伤主要指外周性病变。

一侧完全性面神经损伤系指面神经的5个分支支配的全部颜面肌肉瘫痪，表现为：

   a) 额纹消失，不能皱眉；
   b) 眼睑不能充分闭合，鼻唇沟变浅；
   c) 口角下垂，不能示齿、鼓腮、吹口哨，饮食时汤水流溢。

不完全性面神经损伤系指面神经颧枝损伤或下颌枝损伤或颞枝和颊枝损伤者。

A.1.6 运动障碍

A.1.6.1 肢体瘫痪

肢体瘫痪程度以肌力作为分级标准，具体级别包括：

   a) 0级：肌肉完全瘫痪，毫无收缩；
   b) 1级：可看到或触及肌肉轻微收缩，但不能产生动作；
   c) 2级：肌肉在不受重力影响下，可进行运动，即肢体能在床面上移动，但不能抬高；
   d) 3级：在和地心引力相反的方向中尚能完成其动作，但不能对抗外加的阻力；
   e) 4级：能对抗一定的阻力，但较正常人为低；
   f) 5级：正常肌力。

A.1.6.2 非肢体瘫痪的运动障碍

包括肌张力增高、深感觉障碍和（或）小脑性共济失调、不自主运动或震颤等。根据其对生活自理的影响程度划分为重度、中度、轻度：

   a) 重度：不能自行进食，大小便、洗漱、翻身和穿衣需由他人护理；
   b) 中度：上述动作困难，但在他人帮助下可以完成；
   c) 轻度：完成上述运动虽有一些困难，但基本可以自理。

A.2　骨科、整形外科、烧伤科门

A.2.1　颜面毁容

A.2.1.1　重度

面部瘢痕畸形，并有以下六项中任意四项者：

a) 眉毛缺失；

b) 双睑外翻或缺失；

c) 外耳缺失；

d) 鼻缺失；

e) 上下唇外翻、缺失或小口畸形；

f) 颈颏粘连。

A.2.1.2　中度

具有下述六项中三项者：

a) 眉毛部分缺失；

b) 眼睑外翻或部分缺失；

c) 耳郭部分缺失；

d) 鼻部分缺失；

e) 唇外翻或小口畸形；

f) 颈部瘢痕畸形。

A.2.1.3　轻度

含中度畸形六项中两项者。

A.2.2　瘢痕诊断界定

指创面愈合后的增生性瘢痕，不包括皮肤平整、无明显质地改变的萎缩性瘢痕或疤痕。

A.2.3　面部异物色素沉着或脱失

A.2.3.1　轻度

异物色素沉着或脱失超过颜面总面积的1/4。

A.2.3.2　重度

异物色素沉着或脱失超过颜面总面积的1/2。

A.2.4　高位截肢

指肱骨或股骨缺失2/3以上。

A.2.5　关节功能障碍

A.2.5.1　关节功能完全丧失

非功能位关节僵直、固定或关节周围其他原因导致关节连枷状或严重不稳，以致无法完成其功能活动。

A.2.5.2　关节功能重度障碍

关节僵直于功能位，或残留关节活动范围约占正常的1/3，较难完成原有劳动并对日常生活有明显影响。

A.2.5.3 关节功能中度障碍

残留关节活动范围约占正常的 2/3，能基本完成原有劳动，对日常生活有一定影响。

A.2.5.4 关节功能轻度障碍

残留关节活动范围约占正常的 2/3 以上，对日常生活无明显影响。

A.2.6 四肢长管状骨

指肱骨、尺骨、桡骨、股骨、胫骨和腓骨。

A.2.7 脊椎骨折的类型

在评估脊椎损伤严重程度时，应根据暴力损伤机制、临床症状与体征，尤其是神经功能损伤情况以及影像等资料进行客观评估，出现以下情形之一时可判断为脊椎不稳定性骨折：

a）脊椎有明显骨折移位，椎体前缘高度压缩大于 50%，后凸或侧向成角大于 30°；

b）后缘骨折，且有骨块突入椎管内，椎管残留管腔小于 40%；

c）脊椎弓根、关节突、椎板骨折等影像学表现。

上述情形外的其他情形可判断为脊椎稳定性骨折。

A.2.8 放射性皮肤损伤

A.2.8.1 急性放射性皮肤损伤Ⅳ度

初期反应为红斑、麻木、瘙痒、水肿、刺痛，经过数小时至 10 天假愈期后出现第二次红斑、水疱、坏死、溃疡，所受剂量可能 ≥20 Gy。

A.2.8.2 慢性放射性皮肤损伤Ⅱ度

临床表现为角化过度、皲裂或皮肤萎缩变薄，毛细血管扩张，指甲增厚变形。

A.2.8.3 慢性放射性皮肤损伤Ⅲ度

临床表现为坏死、溃疡、角质突起，指端角化与融合，肌腱挛缩，关节变形及功能障碍（具备其中一项即可）。

A.3 眼科、耳鼻喉科、口腔科

A.3.1 视力的评定

A.3.1.1 视力检查

按照 GB 11533 的规定检查视力。视力记录可采用 5 分记录（对数视力表）或小数记录两种方式（详见表 A.1）。

表 A.1 小数记录折算 5 分记录参考表

旧法记录	0（无光感）					1/∞（光感）				0.001（光感）	
5 分记录	0					1				2	
旧法记录，cm（手指/cm）	6	8	10	12	15	20	25	30	35	40	45
5 分记录	2.1	2.2	2.3	2.4	2.5	2.6	2.7	2.8	2.85	2.9	2.95
走近距离	50 cm	60 cm	80 cm	1 m	1.2 m	1.5 m	2 m	2.5 m	3 m	3.5 m	4 m	4.5 m

续表

小数记录	0.01	0.012	0.015	0.02	0.025	0.03	0.04	0.05	0.06	0.07	0.08	0.09
5分记录	3.0	3.1	3.2	3.3	3.4	3.5	3.6	3.7	3.8	3.85	3.9	3.95
小数记录	0.1	0.12	0.15	0.2	0.25	0.3	0.4	0.5	0.6	0.7	0.8	0.9
5分记录	4.0	4.1	4.2	4.3	4.4	4.5	4.6	4.7	4.8	4.85	4.9	4.95
小数记录	1.0	1.2	1.5	2.0	2.5	3.0	4.0	5.0	6.0	8.0	10.0	
5分记录	5.0	5.1	5.2	5.3	5.4	5.5	5.6	5.7	5.8	5.9	6.0	

A.3.1.2 盲及低视力分级

盲及低视力分级见表 A.2。

表 A.2 盲及低视力分级

类别	级别	最佳矫正视力
盲	一级盲	<0.02～无光感，或视野半径<5°
	二级盲	<0.05～0.02，或视野半径<10°
低视力	一级低视力	<0.1～0.05
	二级低视力	<0.3～0.1

A.3.2 周边视野

A.3.2.1 视野检查的要求

视野检查的具体要求：

a) 视标颜色：白色；

b) 视标大小：3 mm；

c) 检查距离：330 mm；

d) 视野背景亮度：31.5 asb。

A.3.2.2 视野缩小的计算

视野有效值计算方法为：

$$实测视野有效值 = \frac{8 条子午线实测视野值}{500} \times 100\%$$

A.3.3 伪盲鉴定方法

A.3.3.1 单眼全盲检查法

全盲检查法如下：

a) 视野检查法：在不遮盖眼的情况下，检查健眼的视野，鼻侧视野>60°者，可疑为伪盲。

b) 加镜检查法：将准备好的试镜架上（好眼之前）放一个屈光度为+6.00D 的球镜片，在所谓盲眼前放上一个屈光度为+0.25D 的球镜片，戴在患者眼前以后，如果仍能看清 5 m 处的远距离视力表时，即为伪盲。或嘱患者两眼注视眼前一点，将一个三棱镜度为 6 的三棱镜放于所谓盲眼之前，不拘底向外或向内，注意该眼球必向内或向外转动，以避免发生复视。

A.3.3.2 单眼视力减退检查法

视力减退检查方法如下：

a）加镜检查法：先记录两眼单独视力，然后将平面镜或不影响视力的低度球镜片放于所谓患眼之前，并将一个屈光度为+12.00D的凸球镜片同时放于好眼之前，再检查两眼同时看的视力，如果所得的视力较所谓患眼的单独视力更好时，则可证明患眼为伪装视力减退。

b）视觉诱发电位（VEP）检查法（略）。

A.3.4 视力减弱补偿率

视力减弱补偿率是眼科致残评级依据之一。从表A.3中提示，如左眼检查视力0.15，右眼检查视力0.3，对照视力减弱补偿率，行是9，列是7，交汇点是38，即视力减弱补偿率为38，对应致残等级是七级。余可类推。

表A.3 视力减弱补偿率表

左眼		右眼											
		6/6	5/6	6/9	5/9	6/12	6/18	6/24	6/36		6/60	4/60	3/60
		1~0.9	0.8	0.6	0.6	0.5	0.4	0.3	0.2	0.15	0.1	115	1/20	<1/20
6/6	1~0.9	0	0	2	3	4	6	9	12	16	20	23	25	27
5/6	0.8	0	0	3	4	5	7	10	14	18	22	24	26	28
6/9	0.7	2	3	4	5	6	8	12	16	20	24	26	28	30
5/9	0.6	3	4	5	6	7	10	14	19	22	26	29	32	35
6/12	0.5	4	5	6	7	8	12	17	22	25	28	32	36	40
6/18	0.4	6	7	8	10	12	16	20	25	28	31	35	40	45
6/24	0.3	9	10	12	14	17	20	25	33	38	42	47	52	60
6/36	0.2	12	14	16	19	22	25	33	47	55	60	67	75	80
	0.15	16	18	20	22	25	28	38	55	63	70	78	83	83
6/60	0.1	20	22	24	26	28	31	42	60	70	80	80	90	95
4/60	1/15	23	24	26	29	32	35	47	67	78	85	92	95	98
3/60	1/20	25	26	28	32	36	40	52	75	83	90	95	98	100
	<1/20	27	28	30	35	40	45	60	80	88	95	98	100	100

表A.4 视力减弱补偿率与工伤等级对应表

致残等级	视力减弱补偿率/%
一级	—
二级	—
三级	100

续表

致残等级	视力减弱补偿率/%
四级	86~99
五级	76~85
六级	41~75
七级	25~40
八级	16~24
九级	8~15
十级	0~7

注：1. 视力减弱补偿率不能代替《工伤鉴定标准》，只有现条款不能得出确定结论时，才可对照视力减弱补偿率表得出相应的视力减弱补偿率，并给出相对应的致残等级。
2. 视力减弱补偿率及其等级分布不适用于一、二级的评定和眼球摘除者的致残等级。

A.3.5 无晶状体眼的视觉损伤程度评价

因工伤或职业病导致眼晶状体摘除，除了导致视力障碍外，还分别影响到患者视野及立体视觉功能，因此，对无晶状体眼中心视力（矫正后）的有效值的计算要低于正常晶状体眼。计算办法可根据无晶状体眼的只数和无晶状体眼分别进行视力最佳矫正（包括戴眼镜或接触镜和植入人工晶状体）后，与正常晶状体眼，依视力递减受损程度百分比进行比较，来确定无晶状体眼视觉障碍的程度，见表 A.5。

表 A.5 无晶状体眼视觉损伤程度评价参考表

视力	无晶状体眼中心视力有效值百分比/%		
	晶状体眼	单眼无晶状体	双眼无晶状体
1.2	100	50	75
1.0	100	50	75
0.8	95	47	71
0.6	90	45	67
0.5	85	42	64
0.4	75	37	56
0.3	65	32	49
0.25	60	30	45
0.20	50	25	37
0.15	40	20	30
0.12	30	—	22
0.1	20	—	—

A.3.6 听力损伤计算法

A.3.6.1 听阈值计算

30岁以上受检者在计算其听阈值时，应从实测值中扣除其年龄修正值（见表A.6）后，取GB/T 7582—2004附录B中数值。

表A.6 纯音气导听阈的年龄修正值

年龄/岁	频率/Hz					
	男			女		
	500	1 000	2 000	500	1 000	2 000
30	1	1	1	1	1	1
40	2	2	3	2	2	3
50	4	4	7	4	4	6
60	6	7	12	6	7	11
70	10	11	19	10	11	16

A.3.6.2 单耳听力损失计算法

取该耳语频500 Hz、1 000 Hz及2 000 Hz纯音气导听阈值相加取其均值，若听阈超过100 dB，仍按100 dB计算。如所得均值不是整数，则小数点后之尾数采用四舍五入法进为整数。

A.3.6.3 双耳听力损失计算法

听力较好一耳的语频纯音气导听阈均值（PTA）乘以4加听力较差耳的均值，其和除以5。如听力较差耳的致聋原因与工伤或职业无关，则不予计入，直接以较好一耳的语频听阈均值为准。在标定听阈均值时，小数点后之尾数采取四舍五入法进为整数。

A.3.7 张口度判定及测量方法

以患者自身的食指、中指、无名指并列垂直置入上、下中切牙切缘间测量。

a）正常张口度：张口时上述三指可垂直置入上、下切牙切缘间（相当于4.5 cm左右）。

b）张口困难Ⅰ度：大张口时，只能垂直置入食指和中指（相当于3 cm左右）。

c）张口困难Ⅱ度：大张口时，只能垂直置入食指（相当于1.7 cm左右）。

d）张口困难Ⅲ度：大张口时，上、下切牙间距小于食指之横径。

e）完全不能张口。

A.4 普外科、胸外科、泌尿生殖科门

A.4.1 肝功能损害

以血清白蛋白、血清胆红素、腹水、脑病和凝血酶原时间五项指标在肝功能损害中所占积分的多少作为其损害程度的判定（见表A.7）。

表 A.7　肝功能损害的判定

项目	分数		
	1 分	2 分	3 分
血清白蛋白	3.0 g/dL~3.5 g/dL	2.5 g/dL~3.0 g/dL	<2.5 g/dL
血清胆红素	1.5 mg/dL~2.0 mg/dL	2.0 mg/dL~3.0 mg/dL	>3.0 mg/dL
腹水	无	少量腹水，易控制	腹水多，难于控制
脑病	无	轻度	重度
凝血酶原时间	延长>3 s	延长>6 s	延长>9 s

肝功能损害级别包括：

a) 肝功能重度损害：10 分~15 分。

b) 肝功能中度损害：7 分~9 分。

c) 肝功能轻度损害：5 分~6 分。

A.4.2　肺、肾、心功能损害

参见 A.5。

A.4.3　肾损伤性高血压判定

肾损伤所致高血压系指血压的两项指标（收缩压≥21.3 kPa，舒张压≥12.7 kPa）只需具备一项即可成立。

A.4.4　甲状腺功能低下分级

A.4.4.1　重度

重度表现为：

a) 临床症状严重；

b) T3、T4 或 FT3、FT4 低于正常值，TSH>50 μU/L。

A.4.4.2　中度

中度表现为：

a) 临床症状较重；

b) T3、T4 或 FT3、FT4 正常，TSH>50 μU/L。

A.4.4.3　轻度

轻度表现为：

a) 临床症状较轻；

b) T3、T4 或 FT3、FT4 正常，TSH 轻度增高但<50 μU/L。

A.4.5　甲状旁腺功能低下分级

甲状旁腺功能低下分级：

a) 重度：空腹血钙质量浓度<6 mg/dL。

b) 中度：空腹血钙质量浓度 6 mg/dL~7 mg/dL。

c) 轻度：空腹血钙质量浓度 7 mg/dL~8 mg/dL。

注：以上分级均需结合临床症状分析。

A.4.6 肛门失禁

A.4.6.1 重度

重度表现为：

a) 大便不能控制。

b) 肛门括约肌收缩力很弱或丧失。

c) 肛门括约肌收缩反射很弱或消失。

d) 直肠内压测定：采用肛门注水法测定时直肠内压应小于 1 961 Pa（20 cmH$_2$O）。

A.4.6.2 轻度

轻度表现为：

a) 稀便不能控制。

b) 肛门括约肌收缩力较弱。

c) 肛门括约肌收缩反射较弱。

d) 直肠内压测定：采用肛门注水法测定时直肠内压应为 1 961 Pa～2 942 Pa（20～30 cm H$_2$O）。

A.4.7 排尿障碍

排尿障碍分级：

a) 重度：系出现真性重度尿失禁或尿潴留残余尿体积≥50 mL 者。

b) 轻度：系出现真性轻度尿失禁或残余尿体积<50 mL 者。

A.4.8 生殖功能损害

生殖功能损害分级：

a) 重度：精液中精子缺如。

b) 轻度：精液中精子数<500 万/mL 或异常精子>30% 或死精子或运动能力很弱的精子>30%。

A.4.9 血睾酮正常值

血睾酮正常值为 14.4～41.5 nmol/L（<60 ng/dL）。

A.4.10 左侧肺叶计算

本标准按三叶划分，即顶区、舌叶和下叶。

A.4.11 大血管界定

本标准所称大血管是指主动脉、上腔静脉、下腔静脉、肺动脉和肺静脉。

A.4.12 呼吸困难

参见 A.5.1。

A.5 职业病内科门

A.5.1 呼吸困难及呼吸功能损害

A.5.1.1 呼吸困难分级

Ⅰ级：与同龄健康者在平地一同步行无气短，但登山或上楼时呈现气短。

Ⅱ级：平路步行 1 000 m 无气短，但不能与同龄健康者保持同样速度，平路快步行走呈现气短，登山或上楼时气短明显。

Ⅲ级：平路步行 100 m 即有气短。

Ⅳ级：稍活动（如穿衣、谈话）即气短。

A.5.1.2 肺功能损伤分级

肺功能损伤分级见表 A.8。

表 A.8 肺功能损伤分级 单位:%

损伤级别	FVC	FEV1	MVV	FEV1/FVC	RV/TLC	DLco
正常	>80	>80	>80	>70	<35	>80
轻度损伤	60~79	60~79	60~79	55~69	36~45	60~79
中度损伤	40~59	40~59	40~59	35~54	46~55	45~59
重度损伤	<40	<40	<40	<35	>55	<45

注：FVC、FEV1、MVV、DLco 为占预计值百分数。

A.5.1.3 低氧血症分级

低氧血症分级如下：

a) 正常：PO_2 为 13.3 kPa~10.6 kPa（100 mmHg~80 mmHg）；

b) 轻度：PO_2 为 10.5 kPa~8.0 kPa（79 mmHg~60 mmHg）；

c) 中度：PO_2 为 7.9 kPa~5.3 kPa（59 mmHg~40 mmHg）；

d) 重度：PO_2<5.3 kPa（<40 mmHg）。

A.5.2 活动性肺结核病诊断

A.5.2.1 诊断要点

尘肺合并活动性肺结核，应根据胸部 X 射线片、痰涂片、痰结核杆菌培养和相关临床表现做出判断。

A.5.2.2 涂阳肺结核诊断

符合以下三项之一者：

a) 直接痰涂片镜检抗酸杆菌阳性 2 次。

b) 直接痰涂片镜检抗酸杆菌 1 次阳性，且胸片显示有活动性肺结核病变。

c) 直接痰涂片镜检抗酸杆菌 1 次阳性加结核分枝杆菌培养阳性 1 次。

A.5.2.3 涂阴肺结核的判定

直接痰涂片检查 3 次均阴性者，应从以下几方面进行分析和判断：

a) 有典型肺结核临床症状和胸部 X 线表现；

b) 支气管或肺部组织病理检查证实结核性改变。

此外，结核菌素（PPD 5 IU）皮肤试验反应≥15 mm 或有丘疹水疱；血清抗结核抗体阳性；痰结核分枝杆菌 PCR 加探针检测阳性以及肺外组织病理检查证实结核病变等可作为参考指标。

A.5.3 心功能不全

心功能不全分级：

a）一级心功能不全：能胜任一般日常劳动，但稍重体力劳动即有心悸、气急等症状。

b）二级心功能不全：普通日常活动即有心悸、气急等症状，休息时消失。

c）三级心功能不全：任何活动均可引起明显心悸、气急等症状，甚至卧床休息仍有症状。

A.5.4 中毒性肾病

A.5.4.1 特征性表现

肾小管功能障碍为中毒性肾病的特征性表现。

A.5.4.2 轻度中毒性肾病

轻度表现为：

a）近曲小管损伤：尿 β_2 微球蛋白持续>1 000 μg/g 肌酐，可见葡萄糖尿和氨基酸尿，尿钠排出增加，临床症状不明显。

b）远曲小管损伤：肾脏浓缩功能降低，尿液稀释（尿渗透压持续<350 mOsm/kg H_2O），尿液碱化（尿液 pH 持续>6.2）。

A.5.4.3 重度中毒性肾病

除上述表现外，尚可波及肾小球，引起白蛋白尿（持续>150 mg/24 h），甚至肾功能不全。

A.5.5 肾功能不全

肾功能不全分级：

a）肾功能不全尿毒症期：内生肌酐清除率<25 mL/min，血肌酐浓度为 450~707 μmol/L（5~8 mg/dL），血尿素氮浓度>21.4 mmol/L（60 mg/dL），常伴有酸中毒及严重尿毒症临床征象。

b）肾功能不全失代偿期：内生肌酐清除率 25~49 mL/min，血肌酐浓度>177 μmol/L（2 mg/dL），但<450 μmol/L（5 mg/dL），无明显临床症状，可有轻度贫血、夜尿、多尿。

c）肾功能不全代偿期：内生肌酐清除率降低至正常的 50%（50~70 mL/min），血肌酐及血尿素氮水平正常，通常无明显临床症状。

A.5.6 中毒性血液病诊断分级

A.5.6.1 重型再生障碍性贫血

重型再生障碍性贫血指急性再生障碍性贫血及慢性再生障碍性贫血病情恶化期，具有以下表现：

a）临床：发病急，贫血呈进行性加剧，常伴严重感染，内脏出血。

b）血象：除血红蛋白下降较快外，须具备下列三项中之二项：

1）网织红细胞<1%，含量<15×10^9/L；

2）白细胞明显减少，中性粒细胞绝对值<0.5×10^9/L；

3）血小板<20×10^9/L；

c）骨髓象：

1）多部位增生减低，三系造血细胞明显减少，非造血细胞增多，如增生活跃须有淋巴细胞增多；

2）骨髓小粒中非造血细胞及脂肪细胞增多。

A.5.6.2 慢性再生障碍性贫血

慢性再生障碍性贫血病情恶化期：

a) 临床：发病慢，贫血，感染，出血均较轻；

b) 血象：血红蛋白下降速度较慢，网织红细胞、白细胞、中性粒细胞及血小板值常较急性再生障碍性贫血为高；

c) 骨髓象：

1）三系或二系减少，至少1个部位增生不良，如增生良好，红系中常有晚幼红（炭核）比例增多，巨核细胞明显减少；

2）骨髓小粒中非造血细胞及脂肪细胞增多。

A.5.6.3 骨髓增生异常综合征

须具备以下条件：

a) 骨髓至少两系呈病态造血；

b) 外周血一系、二系或全血细胞减少，偶可见白细胞增多，可见有核红细胞或巨大红细胞或其他病态造血现象；

c) 除外其他引起病态造血的疾病。

A.5.6.4 贫血

重度贫血：血红蛋白含量（Hb）<60 g/L，红细胞含量（RBC）<$2.5×10^{12}$/L；

轻度贫血：成年男性 Hb<120 g/L，RBC<$4.5×10^{12}$/L 及红细胞比积（HCT）<0.42，成年女性 Hb<11 g/L，RBC<$4.0×10^{12}$/L 及 HCT<0.37。

A.5.6.5 粒细胞缺乏症

外周血中性粒细胞含量低于 $0.5×10^9$/L。

A.5.6.6 中性粒细胞减少症

外周血中性粒细胞含量低于 $2.0×10^9$/L。

A.5.6.7 白细胞减少症

外周血白细胞含量低于 $4.0×10^9$/L。

A.5.6.8 血小板减少症

外周血液血小板计数<$8×10^{10}$/L，称血小板减少症；当<$4×10^{10}$/L 以下时，则有出血危险。

A.5.7 再生障碍性贫血完全缓解

贫血和出血症状消失，血红蛋白含量：男性不低于 120 g/L，女性不低于 100 g/L；白细胞含量 $4×10^9$/L 左右；血小板含量达 $8×10^{10}$/L；3个月内不输血，随访1年以上无复发者。

A.5.8 急性白血病完全缓解

症状完全缓解表现为：

a) 骨髓象：原粒细胞Ⅰ型+Ⅱ型（原单+幼稚单核细胞或原淋+幼稚淋巴细胞）≤5%，红细胞及巨核细胞系正常。

M2b型：原粒Ⅰ型+Ⅱ型≤5%，中性中幼粒细胞比例在正常范围。

M3 型：原粒+早幼粒≤5%。

M4 型：原粒Ⅰ、Ⅱ型+原红及幼单细胞≤5%。

M6 型：原粒Ⅰ、Ⅱ型≤5%，原红+幼红以及红细胞比例基本正常。

M7 型：粒、红二系比例正常，原巨+幼稚巨核细胞基本消失。

b) 血象：男性 Hb 含量≥100 g/L 或女性 Hb 含量≥90 g/L；中性粒细胞含量≥$1.5×10^9$/L；血小板含量≥$10×10^{10}$/L；外周血分类无白血病细胞。

c) 临床无白血病浸润所致的症状和体征，生活正常或接近正常。

A.5.9　慢性粒细胞白血病完全缓解

症状完全缓解表现为：

a) 临床：无贫血、出血、感染及白血病细胞浸润表现。

b) 血象：Hb 含量>100 g/L，白细胞总数（WBC）<$10×10^9$/L，分类无幼稚细胞，血小板含量 $10×10^{10}$/L～$40×10^{10}$/L。

c) 骨髓象：正常。

A.5.10　慢性淋巴细胞白血病完全缓解

外周血白细胞含量≤$10×10^9$/L，淋巴细胞比例正常（或<40%），骨髓淋巴细胞比例正常（或<30%）临床症状消失，受累淋巴结和肝脾回缩至正常。

A.5.11　慢性中毒性肝病诊断分级

A.5.11.1　慢性轻度中毒性肝病

出现乏力、食欲减退、恶心、上腹饱胀或肝区疼痛等症状，肝脏肿大，质软或柔韧，有压痛；常规肝功能试验或复筛肝功能试验异常。

A.5.11.2　慢性中度中毒性肝病

有下述表现者：

a) A.5.11.1 所述症状较严重，肝脏有逐步缓慢性肿大或质地有变硬趋向，伴有明显压痛；

b) 乏力及胃肠道症状较明显，血清转氨酶活性、γ-谷氨酰转肽酶或γ-球蛋白等反复异常或持续升高；

c) 具有慢性轻度中毒性肝病的临床表现，伴有脾脏肿大。

A.5.11.3　慢性重度中毒性肝病

有下述表现之一者：

a) 肝硬化；

b) 伴有较明显的肾脏损害；

c) 在慢性中度中毒性肝病的基础上，出现白蛋白持续降低及凝血机制紊乱。

A.5.12　慢性肾上腺皮质功能减退

A.5.12.1　功能明显减退

有下述表现：

a) 乏力，消瘦，皮肤、黏膜色素沉着，白癜，血压降低，食欲不振；

b) 24 h 尿中 17-羟类固醇<4 mg，17-酮类固醇<10 mg；

c) 血浆皮质醇含量：早上 8 时，<9 mg/100 mL，下午 4 时，<3 mg/100 mL；

d) 尿中皮质醇<5 mg/24 h。

A.5.12.2　功能轻度减退

功能轻度减退表现为：

a) 具有 A.5.12.1 b)、c) 两项症状；

b) 无典型临床症状。

A.5.13　免疫功能减低

A.5.13.1　功能明显减低

具体表现为：

a) 易于感染，全身抵抗力下降；

b) 体液免疫（各类免疫球蛋白）及细胞免疫（淋巴细胞亚群测定及周围血白细胞总数和分类）功能减退。

A.5.13.2　功能轻度减低

具体表现为：

a) 具有 A.5.13.1 中的 b) 项症状；

b) 无典型临床症状。

A.6　非职业病内科疾病的评残

由职业因素所致内科以外的，且属于国家卫生计生委等四部委联合颁布的职业病分类和目录中的病伤，在经治疗于停工留薪期满时其致残等级皆根据 4.5 中相应的残情进行鉴定，其中因职业肿瘤手术所致的残情，参照主要受损器官的相应条目进行评定。

A.7　系统治疗的界定

本标准中所指的"系统治疗"是指经住院治疗，或每月平均一次到医院门诊治疗并坚持服药或其他专科治疗等。

A.8　等级相应原则

在实际应用中，如果仍有某些损伤类型未在本标准中提及者，可按其对劳动、生活能力影响程度列入相应等级。

附录 B
（资料性附录）
正确使用本标准的说明

B.1　神经内科、神经外科、精神科门

B.1.1　意识障碍是急性器质性脑功能障碍的临床表现。如持续性植物状态、去皮层状态、动作不能性缄默等常常长期存在，久治不愈。遇到这类意识障碍，因患者生活完全不能自理，一切需别人照料，应评为最重级。

反复发作性的意识障碍，作为癫痫的一组症状或癫痫发作的一种形式时，不单独评定其致残等级。

B.1.2 精神分裂症和躁郁症均为内源性精神病，发病主要决定于病人自身的生物学素质。在工伤或职业病过程中伴发的内源性精神病不应与工伤或职业病直接所致的精神病相混淆。精神分裂症和躁郁症不属于工伤或职业病性精神病。

B.1.3 智能损伤说明：

a）智能损伤的总体严重性以记忆或智能损伤程度予以考虑，按"就重原则"其中哪项重，就以哪项表示；

b）记忆商（MQ）、智商（IQ）的测查结果仅供参考，鉴定时需结合病理基础、日常就诊记录等多方综合评判。

B.1.4 神经心理学障碍指局灶性皮层功能障碍，内容包括失语、失用、失写、失读、失认等。临床上以失语为最常见，其他较少单独出现。

B.1.5 鉴于手、足部肌肉由多条神经支配，可出现完全瘫，亦可表现不完全瘫，在评定手、足瘫致残程度时，应区分完全性瘫与不完全性瘫，再根据肌力分级判定基准，对肢体瘫痪致残程度详细分级。

B.1.6 神经系统多部位损伤或合并其他器官的伤残时，其致残程度的鉴定依照本标准第4章的有关规定处理。

B.1.7 癫痫是一种以反复发作性抽搐或以感觉、行为、意识等发作性障碍为特征的临床症候群，属于慢性病之一。因为它的临床体征较少，若无明显颅脑器质性损害则难于定性。为了科学、合理地进行劳动能力鉴定，在进行致残程度评定时，应根据以下信息资料综合评判：

a）工伤和职业病所致癫痫的诊断前提应有严重颅脑外伤或中毒性脑病的病史；

b）一年来系统治疗病历资料；

c）脑电图资料；

d）其他有效资料，如血药浓度测定。

B.1.8 各种颅脑损伤出现功能障碍参照有关功能障碍评级。

B.1.9 为便于分类分级，将运动障碍按损伤部位不同分为脑、脊髓、周围神经损伤三类。鉴定中首先分清损伤部位，再给予评级。

B.1.10 考虑到颅骨缺损多可修补后按开颅术定级，且颅骨缺损的大小与功能障碍程度无必然联系，故不再以颅骨缺损大小作为评级标准。

B.1.11 脑挫裂伤应具有相应病史、临床治疗经过，经CT及（或）MRI等辅助检查证实有脑实质损害征象。

B.1.12 开颅手术包括开颅探查、去骨瓣减压术、颅骨整复、各种颅内血肿清除、慢性硬膜下血肿引流、脑室外引流、脑室—腹腔分流等。

B.1.13 脑脊液漏手术修补成功无功能障碍按开颅手术定级；脑脊液漏伴颅底骨缺损反复修补失败或无法修补者定为四级。

B.1.14 中毒性周围神经病表现为四肢对称性感觉减退或消失，肌力减退，肌肉萎缩，四肢腱反射（特别是跟腱反射）减退或消失。神经肌电图显示神经源性损害。如仅表现以感觉障碍为主的周围神经病，有深感觉障碍的定为七级，只有浅感觉障碍的定为九级，出现运动障碍者可参见神经科部分"运动障碍"定级。

外伤或职业中毒引起的周围神经损害，如出现肌萎缩者，可按肌力予以定级。

B.1.15 外伤或职业中毒引起的同向偏盲或象限性偏盲，其视野缺损程度可参见眼科标准予以定级。

B.2 骨科、整形外科、烧伤科门

B.2.1 本标准只适用于因工负伤或职业病所致脊柱、四肢损伤的致残程度鉴定之用，其他先天畸形，或随年龄增长出现的退行性改变，如骨性关节炎等，不适用本标准。

B.2.2 有关节内骨折史的骨性关节炎或创伤后关节骨坏死，按该关节功能损害程度，列入相应评残等级处理。

B.2.3 创伤性滑膜炎，滑膜切除术后留有关节功能损害或人工关节术后残留有功能不全者，按关节功能损害程度，列入相应等级处理。

B.2.4 脊柱骨折合并有神经系统症状，骨折治疗后仍残留不同程度的脊髓和神经功能障碍者，参照4.5相应条款进行处理。

B.2.5 外伤后（一周内）发生的椎间盘突出症，经人力资源和社会保障部门认定为工伤的，按本标准相应条款进行伤残等级评定，若手术后残留有神经系统症状者，参照4.5相应条款进行处理。

B.2.6 职业性损害如氟中毒或减压病等所致骨与关节损害，按损害部位功能障碍情况列入相应评残等级处理。

B.2.7 神经根性疼痛的诊断需根据临床症状，同时结合必要的相关检查综合评判。

B.2.8 烧伤面积、深度不作为评残标准，需等治疗停工留薪期满后，依据造成的功能障碍程度、颜面瘢痕畸形程度和瘢痕面积（包括供皮区明显瘢痕）大小进行评级。

B.2.9 面部异物色素沉着是指由于工伤如爆炸伤所致颜面部各种异物（包括石子、铁粒等）的存留，或经取异物后仍有不同程度的色素沉着。但临床上很难对面部异物色素沉着量及面积做出准确的划分，考虑到实际工作中可能遇见多种复杂情况，故本标准将面部异物色素沉着分为轻度及重度两个级别，分别以超过颜面总面积的1/4及1/2作为判定轻、重的基准。

B.2.10 以外伤为主导诱因引发的急性腰椎间盘突出症，应按下列要求确定诊断：

a) 急性外伤史并发坐骨神经刺激征；

b) 有早期MRI（1个月内）影像学依据提示为急性损伤；

c) 无法提供早期MRI资料的，仅提供早期CT依据者应继续3~6个月治疗与观察后申请鉴定，鉴定时根据遗留症状与体征，如相应受损神经支配肌肉萎缩、肌力减退、异常神经反射等损害程度做出等级评定。

B.2.11 膝关节损伤的诊断应从以下几方面考虑：明确的外伤史；相应的体征；结合影像学资料。如果还不能确诊者，可行关节镜检查确定。

B.2.12 手、足功能缺损评估参考图表

考虑到手、足外伤复杂多样性，在现标准没有可对应条款情况下，可参照图B.1、图B.2，表B.1和表B.2定级。

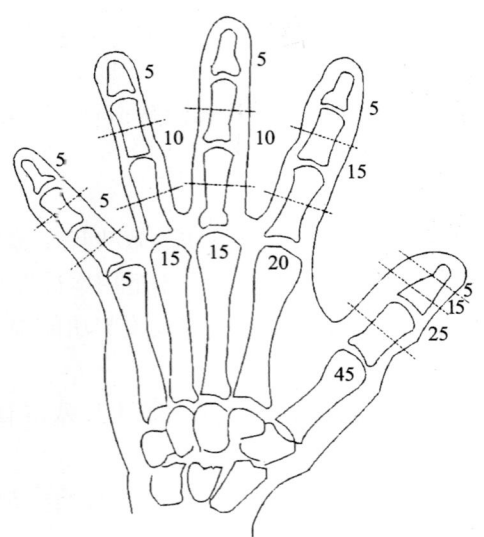 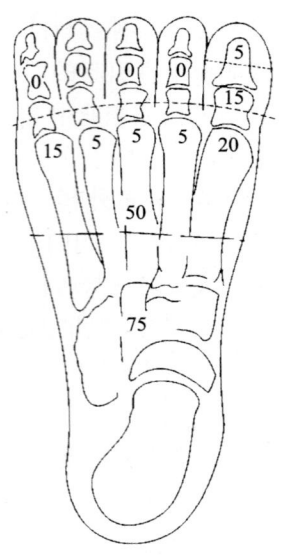

图 B.1　手功能缺损评估参考图　　图 B.2　足功能缺损评估参考图

表 B.1　手、足功能缺损分值定级区间参考表（仅用于单肢体）

级别	分值
一级	—
二级	—
三级	—
四级	—
五级	81~100 分
六级	51~80 分
七级	31~50 分
八级	21~30 分
九级	11~20 分
十级	≤10 分

表 B.2　手、腕部功能障碍评估参考表

受累部位		功能障碍程度与分值定级		
		僵直于非功能位	僵直于功能位或<1/2 关节活动度	轻度功能障碍或>1/2 关节活动度
拇指	第一掌腕/掌指/指间关节均受累	40	25	15
	掌指、指间关节同时受累	30	20	10
	掌指、指间单一关节受累	20	15	5

续表

受累部位		功能障碍程度与分值定级		
		僵直于非功能位	僵直于功能位或<1/2关节活动度	轻度功能障碍或>1/2关节活动度
食指	掌指、指间关节均受累	20	15	5
	掌指或近侧指间关节受累	15	10	0
	远侧指间关节受累	5	5	0
中指	掌指、指间关节均受累	15	5	5
	掌指或近侧指间关节受累	10	5	0
	远侧指间关节受累	5	0	0
环指	掌指、指间关节均受累	10	5	5
	掌指或近侧指间关节受累	5	5	0
	远侧指间关节受累	5	0	0
小指	掌指、指间关节均受累	5	5	0
	掌指或近侧指间关节受累	5	5	0
	远侧指间关节受累	0	0	0
腕关节	手功能大部分丧失时的腕关节受累	10	5	0
	单纯腕关节受累	40	30	20

B.3 眼科、耳鼻喉科、口腔科门

B.3.1 非工伤和非职业性五官科疾病如夜盲、立体盲、耳硬化症等不适用本标准。

B.3.2 职工工伤与职业病所致视觉损伤不仅仅是眼的损伤或破坏，重要的是涉及视功能的障碍以及有关的解剖结构和功能的损伤如眼睑等。因此，视觉损伤的鉴定包括：

a) 眼睑、眼球及眼眶等的解剖结构和功能损伤或破坏程度的鉴定；

b) 视功能（视敏锐度、视野和立体视觉等）障碍程度的鉴定。

B.3.3 眼伤残鉴定标准主要的鉴定依据为眼球或视神经器质性损伤所致的视力、视野、立体视功能障碍及其他解剖结构和功能的损伤或破坏。其中视力残疾主要参照了盲及低视力分级标准和视力减弱补偿率视力损伤百分计算办法。"一级"划线的最低限为双眼无光感或仅有光感但光定位不准；"二级"等于"盲"标准的一级盲；"三级"等于或相当于二级盲；"四级"相当于一级低视力；"五级"相当于二级低视力，"六级~十级"则分别相当于视力障碍的0.2~0.8。

B.3.4 周边视野损伤程度鉴定以实际测得的8条子午线视野值的总和，计算平均值即有效视野值。当视野检查结果与眼部客观检查不符时，可用Humphrey视野或Octopus视野检查。

B.3.5 中心视野缺损目前尚无客观的计量办法，评残时可根据视力受损程度确定其相应级别。

B.3.6 无晶状体眼视觉损伤程度评价参见表A.5。在确定无晶状体眼中心视力的实际

有效值之后，分别套入本标准的实际级别。

B.3.7 中央视力及视野（周边视力）的改变，均需有相应的眼组织器质性改变来解释，如不能解释则要根据视觉诱发电位及多焦视网膜电流图检查结果定级。

B.3.8 伪盲鉴定参见 A.3.3。视觉诱发电位等的检查可作为临床鉴定伪盲的主要手段。如一眼有或无光感，另眼眼组织无器质性病变，并经视觉诱发电位及多焦视网膜电流图检查结果正常者，应考虑另眼为伪盲眼。也可采用其他行之有效的办法包括社会调查、家庭采访等。

B.3.9 睑球粘连严重、同时有角膜损伤者按中央视力定级。

B.3.10 职业性眼病（包括白内障、电光性眼炎、二硫化碳中毒、化学性眼灼伤）的诊断可分别参见 GBZ 35、GBZ 9、GBZ 4、GBZ 45、GBZ 54。

B.3.11 职业性及外伤性白内障视力障碍程度较本标准所规定之级别重者（即视力低于标准 9 级和 10 级之 0.5~0.8），则按视力减退情况分别套入不同级别。白内障术后评残办法参见 A.3.5。如果术前已经评残者，术后应根据矫正视力情况，并参照 A.3.5 无晶状体眼视觉损伤程度评价重新评级。

外伤性白内障未做手术者根据中央视力定级；白内障摘除人工晶状体植入术后谓人工晶状体眼，人工晶状体眼根据中央视力定级。白内障摘除未能植入人工晶状体者，谓无晶状体眼，根据其矫正视力并参见 B.3.6 的要求定级。

B.3.12 泪器损伤指泪道（包括泪小点、泪小管、泪囊、鼻泪管等）及泪腺的损伤。

B.3.13 有明确的外眼或内眼组织结构破坏，而视功能检查好于本标准第十级（即双眼视力≤0.8）者，可视为十级。

B.3.14 本标准没有对光觉障碍（暗适应）做出规定，如果临床上确有因工或职业病所致明显暗适应功能减退者，应根据实际情况，做出适当的判定。

B.3.15 一眼受伤后健眼发生交感性眼炎者无论伤后何时都可以申请定级。

B.3.16 本标准中的双眼无光感、双眼矫正视力或双眼视野，其"双眼"为临床习惯称谓，实际工作（包括评残）中是以各眼检查或矫正结果为准。

B.3.17 听功能障碍包括长期暴露于生产噪声所致的职业性噪声聋，压力波、冲击波造成的爆震聋，其诊断分别见 GBZ 49、GBZ/T 238。此外，颅脑外伤所致的颞骨骨折、内耳震荡、耳蜗神经挫伤等产生的耳聋及中、外耳伤后遗的鼓膜穿孔、鼓室瘢痕粘连，外耳道闭锁等也可引起听觉损害。

B.3.18 听阈测定的设备和方法必须符合国家标准 GB/T 7341、GB 4854、GB/T 7583。

B.3.19 纯音电测听重度、极重度听功能障碍时，应同时加测听觉脑干诱发电位（A.B.R）。

B.3.20 耳郭、外鼻完全或部分缺损，可参照整形科"头面部毁容"。

B.3.21 耳科平衡功能障碍指前庭功能丧失而平衡功能代偿不全者。因肌肉、关节或其他神经损害引起的平衡障碍，按有关学科残情定级。

B.3.22 如职工因与工伤或职业有关的因素诱发功能性视力障碍和耳聋，应用相应的特殊检查法明确诊断，在其器质性视力和听力减退确定以前暂不评残。伪聋，也应先予排除，然后评残。

B.3.23 喉原性呼吸困难系指声门下区以上呼吸道的阻塞性疾患引起者。由胸外科、内科病所致的呼吸困难参见 A.5.1。

B.3.24 发声及言语困难系指喉外伤后致结构改变，虽呼吸通道无障碍，但有明显发声困难及言语表达障碍；轻者则为发声及言语不畅。

发声障碍系指声带麻痹或声带的缺损、小结等器质性损害致不能胜任原来的嗓音职业工作者。

B.3.25 职业性铬鼻病、氟及其无机化合物中毒、减压病、尘肺病、职业性肿瘤、慢性砷中毒、磷中毒、手臂振动病、牙酸蚀病以及井下工人滑囊炎等的诊断分别参见 GBZ 12、GBZ 5、GBZ 24、GBZ 70、GBZ 94、GBZ 83、GBZ 81、GBZ 7、GBZ 61、GBZ 82。

B.3.26 颞下颌关节强直，临床上分二类：一为关节内强直，一为关节外强直（颌间挛缩），本标准中颞下颌关节强直即包括此两类。

B.3.27 本标准将舌划分为三等份即按舌尖、舌体和舌根计算损伤程度。

B.3.28 头面部毁容参见 A.2.1。

B.4 普外科、胸外科、泌尿生殖科门

B.4.1 器官缺损伴功能障碍者，在评残时一般应比器官完整伴功能障碍者级别高。

B.4.2 生殖器官缺损不能修复，导致未育者终生不能生育的，应在原级别基础上上升一级。

B.4.3 多器官损害的评级标准依照本标准第4章制定的有关规定处理。

B.4.4 任何并发症的诊断都要有影像学和实验室检查的依据，主诉和体征供参考。

B.4.5 评定任何一个器官的致残标准，都要有原始病历记录，其中包括病历记录、手术记录、病理报告等。

B.4.6 甲状腺损伤若伴有喉上神经和喉返神经损伤致声音嘶哑、呼吸困难或呛咳者，判定级别标准参照耳鼻喉科部分。

B.4.7 阴茎缺损指阴茎全切除或部分切除并功能障碍者。

B.4.8 心脏及大血管的各种损伤及其致残程度的分级，均按停工留薪（或治疗）期满后的功能不全程度分级。

B.4.9 胸部（胸壁、气管、支气管、肺）各器官损伤的致残分级除按表 C.4 中列入各项外，其他可按治疗期结束后的肺功能损害和呼吸困难程度分级。

B.4.10 肝、脾、胰等挫裂伤，有明显外伤史并有影像学诊断依据者，保守治疗后可定为十级。

B.4.11 普外科开腹探查术后或任何开腹手术后发生粘连性肠梗阻，且反复发作，有明确影像学诊断依据，应在原级别基础上上升一级。

B.5 职业病内科门

B.5.1 本标准适用于确诊患有国家卫生计生委等四部委联合颁布的职业病分类和目录中的各种职业病所致肺脏、心脏、肝脏、血液或肾脏损害经治疗停工留薪期满时需评定致残程度者。

B.5.2 心律失常（包括传导阻滞）与心功能不全往往有联系，但两者的严重程度可不平衡，心律失常者，不一定有心功能不全或劳动能力减退，评残时应按实际情况定级。

B.5.3 本标准所列各类血液病、内分泌及免疫功能低下及慢性中毒性肝病等，病情常有变化，对已进行过评残，经继续治疗后残情发生变化者应按国家社会保险法规的要求，对残情重新进行评级。

B.5.4 肝功能的测定包括：

常规肝功能试验：包括血清丙氨酸氨基转换酶（ALT 即 GPT）、血清胆汁酸等。

复筛肝功能试验：包括血清蛋白电泳，总蛋白及白蛋白、球蛋白、血清天门冬氨酸氨基转移酶（AST 即 GOT）、血清谷氨酰转肽酶（γ-GT），转铁蛋白或单胺氧化酶测定等，可根据临床具体情况选用。

静脉色氨酸耐量试验（ITTT），吲哚氰绿滞留试验（IGG）是敏感性和特异性都较好的肝功能试验，有备件可作为复筛指标。

B.5.5 职业性肺部疾患主要包括尘肺（参见 GBZ 70）、职业性哮喘（参见 GBZ 57）、过敏性肺炎（参见 GBZ 60）等，在评定残情分级时，除尘肺在分级表中明确注明外，其他肺部疾病可分别参照相应的国家诊断标准，以呼吸功能损害程度定级。

B.5.6 对职业病患者进行肺部损害鉴定的要求：

a) 须持有职业病诊断证明书；

b) 须有近期胸部 X 线平片；

c) 须有肺功能测定结果及（或）血气测定结果。

B.5.7 肺功能测定时注意的事项：

a) 肺功能仪应在校对后使用；

b) 对测定对象，测定肺功能前应进行训练；

c) FVC、FEV1 至少测定两次，两次结果相差不得超过 5%；

d) 肺功能的正常预计值公式宜采用各实验室的公式作为预计正常值。

B.5.8 鉴于职业性哮喘在发作或缓解期所测得的肺功能不能正确评价哮喘病人的致残程度，可以其发作频度和影响工作的程度进行评价。

B.5.9 在判定呼吸困难有困难时或呼吸困难分级与肺功能测定结果有矛盾时，应以肺功能测定结果作为致残分级标准的依据。

B.5.10 石棉肺是尘肺的一种，本标准未单独列出，在评定致残分级时，可根据石棉肺（参见 GBZ 70）的诊断，主要结合肺功能损伤情况进行评定。

B.5.11 放射性疾病包括外照射急性放射病、外照射慢性放射病、放射性皮肤病、放射性白内障、内照射放射病、放射性甲状腺疾病、放射性性腺疾病、放射性膀胱疾病、急性放射性肺炎及放射性肿瘤，临床诊断及处理可参照 GBZ 104、GBZ 105、GBZ 106、GBZ 95、GBZ 96、GBZ 101、GBZ 107、GBZ 109、GBZ 110、GBZ 94。放射性白内障可参照眼科评残处理办法，其他有关放射性损伤评残可参照相应条目进行处理。

B.5.12 本标准中有关慢性肾上腺皮质功能减低、免疫功能减低及血小板减少症均指由于放射性损伤所致，不适用于其他非放射性损伤的评残。

附录 C
（规范性附录）
职工工伤 职业病致残等级分级表

按门类对工伤进行分级，具体见表 C.1、表 C.2、表 C.3、表 C.4 和表 C.5。

表 C.1 神经内科、神经外科、精神科门

伤残类别	一	二	三	四	五	六	七	八	九	十
智能损伤	极重度	重度		中度		轻度				
精神症状			1. 精神病性症状，经系统治疗1年后仍表现为危险或冲动行为者 2. 精神病性症状，经系统治疗1年后仍缺乏社交能力者	精神病性症状，经系统治疗1年后仍缺乏自理能力者		精神病性症状，经系统治疗1年后仍影响职业劳动能力者	人格改变或边缘智能，经系统治疗1年后仍存在明显社会功能受损者			
癫痫				重度		中度				轻度
运动障碍（脑损伤）	四肢瘫肌力≤3级或三肢瘫肌力≤2级	1. 三肢瘫肌力3级 2. 偏瘫肌力≤2级	偏瘫肌力3级	单肢瘫肌力≤2级	1. 四肢瘫肌力4级 2. 单肢瘫肌力3级	三肢瘫肌力4级	偏瘫肌力4级	单肢体瘫肌力4级		

续表

伤残类别	分级 一	二	三	四	五	六	七	八	九	十
脊髓损伤	截瘫肌力≤2级		截瘫肌力3级			截瘫双下肢肌力4级伴轻度排尿障碍	截瘫肌力4级			
周围神经损伤	双手全肌瘫肌力≤2级		双足全肌瘫肌力≤2级	双手部分肌瘫肌力≤2级	1. 双手部分肌瘫肌力3级 2. 一手全肌瘫肌力≤2级 3. 双足全肌瘫肌力3级	1. 双手全肌瘫肌力4级 2. 一手全肌瘫肌力3级 3. 双足部分肌瘫肌力≤2级 4. 单足全肌瘫肌力2级	1. 单手部分肌瘫肌力3级 2. 双足部分肌瘫肌力3级 3. 单足全肌瘫肌力3级 4. 中毒性周围神经病致深感觉障碍	1. 单手全肌瘫肌力4级 2. 双手部分肌瘫肌力4级 3. 双足部分肌瘫肌力4级 4. 单足全肌瘫肌力≤3级	中毒性周围神经病致浅感觉障碍	
非肢体瘫运动障碍	重度		中度			轻度				

续表

伤残类别	分级									
	一	二	三	四	五	六	七	八	九	十
特殊皮层功能障碍 1.失语、失用、失写、失读、失认等		完全感觉性或混合性	两项及两项以上完全性		完全运动性 1.单项完全性 2.多项不完全性	不完全感觉性	不完全运动性单项不完全性			
颅脑损伤				脑脊液漏伴有颅底骨缺损不能修复或反复修复手术失败				脑叶部分切除术后	1.脑挫裂伤无功能障碍 2.开颅术后无功能障碍 3.颅内异物无功能障碍 4.外伤致颈总、颈内动脉狭窄，支架置入或血管搭桥术后无功能障碍	

表 C.2 骨科、整形外科、烧伤科门

伤残类别	一	二	三	四	五	六	七	八	九	十
头面部毁容	1. 面部重度瘢痕毁容，同时有表C.2中二级伤残之一者 2. 全身重度瘢痕形成，占体表面积≥90%，伴有脊柱及四肢大关节活动功能基本丧失	1. 全面部瘢痕或植皮伴有重度毁容 2. 全身重度瘢痕形成，占体表面积≥80%，伴有四肢大关节中3个以上活动功能受限	1. 面部瘢痕或植皮2/3并有中度毁容 2. 全身重度瘢痕形成，占体表面积≥70%，伴有四肢大关节中2个以上活动功能受限	1. 面部中度毁容 2. 全身瘢痕面积≥60%，四肢大关节中1个关节活动功能受限 3. 面部瘢痕或植皮≥1/2并有轻度毁容	1. 面部瘢痕或植皮≥1/3并有毁容标准中的一项 2. 全身体表瘢痕面积≥50%，并有关节活动功能受限	1. 面部重度异物色素沉着或脱失 2. 面部瘢痕或植皮≥1/3 3. 全身瘢痕面积≥40% 4. 撕脱伤后头皮缺失1/5以上	1. 符合重度毁容标准中的两项者 2. 烧伤后颅骨全层缺损≥30 cm²，或在硬脑膜上植皮面积≥10 cm² 3. 面部瘢痕或异物色素，植皮伴色素改变占面部的10%以上 4. 颈挛缩，影响颈部活动 5. 全身瘢痕面积≥30%	1. 符合重度毁容标准中的一项者 2. 面部烧伤植皮≥1/5 3. 面部异物沉着或色素脱失 4. 双侧耳郭部分或一侧耳郭大部分缺损 5. 全身瘢痕面积≥20% 6. 一侧或双侧眼睑明显缺损	1. 符合中度毁容标准中的两项者 2. 发际边缘瘢痕性无发或其他部位无发，需戴假发者 3. 全身瘢痕面积≥5% 4. 面部或全身表面有≥8 cm²或处以上1 cm²的瘢痕	1. 符合中度毁容标准中的一项者 2. 面部有瘢痕，植皮，异物色素沉着或脱失>2 cm² 3. 全身瘢痕面积<5%，但≥1%

伤残类别	一	二	三	四	五	六	七	八	九	十
脊柱损伤					脊柱骨折后遗30°以上侧弯或后凸畸形，伴严重根性神经痛		骨盆骨折内固定术后，骨盆环严重畸形，骶髂关节分离	1. 脊椎压缩性骨折，椎体前缘高度减少1/2以上者或脊椎不稳定性骨折 2. 3个以上节段脊柱内固定术	1. 两个以上横突骨折 2. 脊椎压缩骨折，椎体前缘高度减少小于1/2者 3. 椎核切除术后 4. 1~2节脊柱内固定术	急性外伤导致椎间盘髓核突出，并伴神经刺激征者
上肢	双肘关节以上缺失或功能完全丧失	双侧前臂缺失或双手功能完全丧失	1. 一手缺失，另一手拇指缺失 2. 双手拇、食指缺失或功能完全丧失 3. 一手功能完全丧失，另一手功能完全丧失	1. 双拇指完全缺失或功能丧失 2. 一手功能完全丧失，另一手部分功能丧失 3. 一侧肘上缺失	1. 一侧前臂缺失 2. 一手功能完全丧失 3. 肩、肘之一关节功能完全丧失 4. 一手拇指缺失，另一手除拇指外三指缺失 5. 一手拇指功能丧失，另一手除拇指外三指功能完全丧失	1. 单纯一拇指完全缺失，连同一手非拇二指缺失 2. 一拇指功能完全丧失，另一手除拇指外有二指功能完全丧失 3. 一手拇指缺失，另一手除拇指外有二指完全缺失 4. 除拇指(含拇指)外其余四指缺失或功能完全丧失	1. 一手拇指外，其他2~3指(含食指)近侧指间关节离断 2. 一手除拇指外，其他2~3指(含食指)近侧指间关节功能完全丧失 3. 肩、肘关节之一损伤后遗留关节功能障碍 4. 一腕关节功能完全丧失	1. 一手除拇、食指外，有两指近侧指间关节离断 2. 一手除拇、食指外，有两指近侧指间关节功能完全丧失 3. 一拇指指间关节离断 4. 一拇指指间关节畸形，功能完全丧失	1. 一拇指末节部分缺失 2. 一手食指2~3节缺失 3. 一拇指指间关节功能丧失 4. 除拇指外，其余3~4指末节缺失	1. 一手指除拇指外，任何一指远侧指间关节功能丧失 2. 指端植皮术后指侧增生瘢痕1 cm²以上 3. 手背植皮面积>50 cm²，并有明显瘢痕

续表

伤残类别	分级									
	一	二	三	四	五	六	七	八	九	十
下肢	1. 双下肢瘢痕畸形，功能完全丧失 2. 双膝以上缺失		1. 双髋、双膝关节中，有一个关节缺失或功能完全丧失及另一关节重度功能障碍 2. 双膝以下缺失或功能完全丧失	1. 一侧膝以下缺失，另一侧前足缺失 2. 一侧膝以上缺失	1. 双前足缺失或双前足瘢痕畸形，功能完全丧失 2. 双跟骨足底软组织缺损瘢痕形成，反复破溃	1. 一侧踝以下缺失；或踝关节畸形，功能完全丧失 2. 下肢骨折成角畸形>15°，并有肢体短缩4 cm以上	1. 一足1~5趾缺失 2. 一前足缺失，另一足仅残留拇趾 3. 下肢伤后短缩大于2 cm，但≤4 cm者	1. 一足拇趾缺失，另一足非拇趾一趾缺失 2. 一足拇趾畸形，功能完全丧失 3. 一足除拇趾外，其他三趾缺失 4. 一前足缺失，另一足除拇趾外，2~5趾畸形，功能完全丧失 5. 一足功能完全丧失，另一足部分功能丧失	1. 一足拇趾末节缺失 2. 除拇趾外其他二趾缺失或瘢痕畸形，功能不全 3. 跖骨或跗骨骨折影响足弓者	1. 除拇趾外，任何一趾末节缺失 2. 足背植皮面积>100 cm²

续表

伤残类别	一	二	三	四	五	六	七	八	九	十
下肢	1.双下肢膝上缺失及一上肢肘上缺失 2.双下肢瘫痕畸形，功能完全丧失	3.双膝、双踝关节功能完全丧失	3.一侧髋、膝关节功能完全丧失	3.一侧踝以下缺失，另一足畸形行走困难	3.一髋（或一膝）功能完全丧失 4.一侧膝以下缺失	6.一髋或一膝关节重度功能障碍 7.单侧跟骨足底软组织缺损瘢痕形成，反复破溃	4.膝关节韧带损伤术后关节不稳定，伸屈功能正常者	4.一足除拇趾外，其他四趾瘢痕畸形，功能完全丧失	4.外伤后膝关节半月板切除、髌骨切除、膝关节交叉韧带修补术后	3.膝关节半月板损伤、膝关节交叉韧带损伤未做手术者
上下肢		1.同侧上、下肢缺失或功能完全丧失 2.四肢大关节（肩、髋、膝、肘）中四个及以上关节功能完全丧失	1.非同侧腕上、踝上缺失 2.非同侧上、下肢瘢痕畸形，功能完全丧失		四肢大关节之一人工关节术后遗留重度功能障碍		1.四肢大关节之一人工关节术后，基本能生活自理 2.四肢大关节之一骨折内固定致创伤性关节炎，遗留中重度功能障碍	1.因开放骨折感染成慢性骨髓炎，反复发作者 2.四肢大关节之一骨折内固定致创伤性关节炎，遗留轻度功能障碍	1.四肢长骨骨折管状骨内固定或外固定支架固定术后 2.髌骨、距骨、跟骨、下颌骨或骨盆骨折内固定术后	1.手掌、足掌植皮面积>30%者 2.身体各部位骨折愈合后无功能障碍或轻度功能障碍 3.四肢大关节肌腱裂伤后带撕裂遗留轻度功能障碍

表 C.3 眼科、耳鼻喉科、口腔科门

伤残类别	分级									
	一	二	三	四	五	六	七	八	九	十
眼损伤与视功能障碍	双眼无光感或仅有光感但光定位不准者	一眼有或无光感，另一眼矫正视力≤0.02或视野≤8%（或半径≤5°）	1. 一眼有光感，另一眼矫正视力≤0.05或视野≤16%（半径≤10°） 2. 双侧眼球内容物剜出 3. 一眼球摘除或眼内容物剜出，另一眼矫正视力<0.1或视野≤24%（或半径≤15°）	1. 一眼有无光感，另一眼矫正视力<0.2或视野≤32%（或半径≤20°） 2. 双眼矫正视力<0.05或视野≤32%（或半径≤20°） 3. 双眼矫正视力<0.1	1. 第Ⅲ对脑神经麻痹 2. 双眼青光眼伤后，需用药物控制眼压者 3. 一眼无光感或矫正视力≤0.3或视野≤40%（或半径≤25°） 4. 一眼矫正视力≤0.05，另一眼矫正视力≥0.2 5. 一眼矫正视力<0.1，另一眼矫正视力≥0.2 6. 双眼视野等于0.1 7. 双眼视野≤40%（或半径≤25°）	1. 一侧眼球摘除；或一侧眼球明显萎缩，无光感 2. 一眼无光感，另一眼矫正视力≥0.4 3. 一眼矫正视力≤0.05，另一眼矫正视力≥0.3 4. 一眼矫正视力≤0.1，另一眼矫正视力≥0.2 5. 一眼矫正视力≤0.2，另一眼矫正视力≤48%（或半径≤30°） 6. 第Ⅳ或Ⅵ对脑神经麻痹，或眼外肌损伤致复视的	1. 一眼无光感，另一眼矫正视力≥0.8 2. 一眼无光感，另一眼各种客观检查正常 3. 一眼矫正视力≤0.05，另一眼矫正视力≥0.6 4. 一眼矫正视力≤0.1，另一眼矫正视力≥0.4 5. 一眼矫正视力≤0.3，另一眼矫正视力≤64%（或半径≤40°） 6. 单侧外伤性青光眼术后，需用药物控制眼压者	1. 一眼矫正正视力≤0.2，另一眼矫正正视力≥0.5 2. 双眼矫正视力等于0.4 3. 双眼视野≤80%（或半径≤50°） 4. 一侧眼睑外翻或睑闭合不全者 5. 上睑下垂盖及瞳孔1/3者 6. 睑球粘连影响眼球转动者 7. 外伤性青光眼行抗青光眼术后眼压控制正常者	1. 第Ⅴ对脑神经麻痹 2. 眶壁骨折致眼球内陷，两眼球突出度相差>2mm或错位变形影响外观者 3. 一眼矫正视力≤0.3，另一眼矫正视力≥0.6 4. 双眼矫正视力等于0.5 5. 泪器损伤，手术无法改进溢泪者	1. 一眼矫正视力≤0.5，另一眼矫正视力≥0.8 2. 双眼矫正正视力≥0.8 3. 一侧或双侧睑外翻或睑闭合不全行成形手术后矫正者 4. 上睑下垂盖及瞳孔1/3行成形手术后矫正者 5. 睑球粘连影响眼球转动行成形手术后矫正者 6. 职业性及外伤性白内障术后人工晶状体眼，矫正视力正常者 7. 职业性及外伤性白内障Ⅰ度～Ⅱ度（或轻度、中度），矫正视力正常者 8. 晶状体部分脱位 9. 眶内异物未取出者 10. 眼内异物未取出者 11. 外伤性瞳孔放大 12. 角巩膜穿通伤治愈者

续表

伤残类别	一	二	三	四	五	六	七	八	九	十
听功能障碍				双耳听力损失≥91 dB	双耳听力损失≥81 dB	双耳听力损失≥71 dB	双耳听力损失≥56 dB	双耳听力损失≥41 dB 或一耳≥91 dB	双耳听力损失≥31 dB 或一耳损失≥71 dB	双耳听力损失≥26 dB 或一耳≥56 dB
前庭平衡功能障碍						双侧前庭功能丧失，睁眼行走困难，不能并足站立				双侧前庭功能丧失，闭眼不能并足站立
喉源性呼吸困难及发声障碍			1. 呼吸完全依赖气管套管或造口 2. 静止状态下或仅轻微活动即有呼吸困难		一般活动及轻工作时有呼吸困难			1. 体力劳动时有呼吸困难 2. 发声及言语困难	发声及语言不畅	
吞咽功能障碍	无吞咽功能，完全依赖胃管进食			牙关紧闭或因食管狭窄只能进流食	1. 吞咽困难，仅能进半流食 2. 双侧喉返神经损伤，喉保护功能丧失致饮食呛咳、误吸		咽成形术后，咽下运动不正常			

175

续表

伤残类别	分级									
	一	二	三	四	五	六	七	八	九	十
口腔颌面损伤		1. 双侧上颌骨或双侧下颌骨完全缺损 2. 一侧上颌骨及对侧下颌骨完全缺损，并伴有颜面软组织损伤>30 cm²	1. 同侧上、下颌骨完全缺损 2. 一侧上颌骨或下颌骨完全缺损，伴颜面部软组织损伤>30 cm² 3. 舌缺损>全舌的2/3	1. 一侧上颌骨缺损1/2，伴颜面软组织损伤>20 cm² 2. 下颌骨缺损长6 cm以上的区段，伴口腔、颜面软组织损伤>20 cm² 3. 双侧颞下颌关节强直，完全不能张口 4. 面颊部洞穿性缺损>20 cm²	1. 一侧上颌骨缺损>1/4，伴软组织损伤<1/2，但>10 cm²，但<20 cm² 2. 下颌骨缺损长4 cm以上的区段，伴口腔、颜面软组织损伤>10 cm²	1. 单侧或双侧颞下颌关节强直，张口困难Ⅲ度 2. 一侧上颌骨缺损1/4，伴口腔颌面软组织损伤>10 cm² 3. 面部软组织缺损>20 cm²，伴发涎瘘 4. 舌缺损>1/3，但<1/2 5. 双侧颧骨并颧弓骨折，伴有开口困难Ⅱ度以上及颜面部畸形经手术复位者 6. 双侧颧骨髁状突颈部骨折，有开口困难Ⅱ度以上及咬合关系改变，未治疗者	1. 牙槽骨损伤长度≥8 cm，牙脱落10个以上 2. 单侧颧骨骨折，伴有开口困难Ⅱ度以上及颜面畸形经手术复位者	1. 牙槽骨损伤长度≥6 cm，牙脱落8个以上 2. 舌缺损<舌的1/3 3. 双侧鼻腔或鼻咽部闭锁 4. 双侧颞下颌关节强直，张口困难Ⅱ度 5. 上、下颌骨骨折，颌骨牵引经治疗后有功能障碍者 6. 双侧颧弓骨折，骨并无开口困难，颜面部凹陷畸形不明显，不需手术复位	1. 牙槽骨损伤长度>4 cm，牙脱落4个及以上 2. 上、下颌骨骨折，颌骨牵引经治疗后无功能障碍者 3. 一侧颞下颌关节髁状突颈部骨折 4. 一侧颧骨并颧弓骨折	1. 牙齿除智齿以外，切牙脱落1个以上或其他牙脱落2个以上 2. 一侧颞下颌关节Ⅰ度强直，张口困难或面颊部有异物未取出 3. 鼻窦或面颊部有异物未取出 4. 单侧鼻腔或鼻孔闭锁 5. 鼻中隔穿孔

续表

伤残类别	分级									
	一	二	三	四	五	六	七	八	九	十
嗅觉障碍和铬鼻病									铬鼻病有医疗依赖	1. 铬鼻病（无症状者） 2. 嗅觉丧失
面神经损伤				双侧完全性面瘫	一侧完全瘫，另一侧不完全面瘫	一侧完全性面瘫	双侧不完全性面瘫			一侧不完全性面瘫

表C.4 普外科、胸外科、泌尿生殖科门

伤残类别	一	二	三	四	五	六	七	八	九	十
胸壁、气管、支气管、肺	1.肺功能重度损伤和呼吸困难Ⅳ级，依赖终生机械通气 2.双肺或心肺联合移植术	一侧全肺切除并胸廓成形术，呼吸困难Ⅲ级	1.一侧全肺切除并胸廓成形术 2.一侧胸廓成形术，肋骨切除6根以上 3.一侧全肺切除并隆凸切除成形术 4.一侧全肺切除并重建大血管术	1.一侧全肺切除术 2.双侧肺叶切除术 3.肺叶切除并胸廓成形术后 4.肺叶切除并隆凸切除成形术 5.一侧肺移植术	1.双肺叶切除术 2.肺叶切除并大血管重建术 3.隆凸切除成形术	1.肺叶切除并肺段楔形切除术 2.肺叶切除并支气管成形术后 3.支气管（或气管）胸膜瘘	1.肺叶切除术 2.限局性脓胸胸廓成形术 3.气管部分切除术	1.肺段切除术 2.支气管成形术 3.≥3根肋骨骨折致胸廓畸形 4.膈肌破裂修补术后，伴膈神经损伤 5.肺功能轻度损伤	1.肺内异物滞留或异物摘除术 2.限局性脓胸行胸膜剥脱术	血、气胸行单纯闭式引流术后，胸膜粘连增厚
心脏与大血管		心功能不全三级	Ⅲ度房室传导阻滞	1.心瓣膜置换术后 2.心功能不全二级		1.冠状动脉旁路移植 2.大血管重建术	心功能不全一级	1.心脏、大血管修补术 2.心脏异物滞留或异物摘除术		
食管		食管闭锁或损伤无法行食管重建术、依赖胃造瘘或空肠造瘘进食		食管重建术后吻合口狭窄，仅进流食者	1.食管重建术后吻合口狭窄，仅能进半流食者 2.食管气管、食管支气管瘘 3.食管胸膜瘘		1.食管重建术伴反流性食管炎 2.食管外伤或成形术后咽下运动不正常	食管重建术后，进食正常者		

续表

伤残类别	一	二	三	四	五	六	七	八	九	十
胃				全胃切除	胃切除3/4	胃切除2/3	胃切除1/2	胃部切除		
十二指肠				胰头、十二指肠切除						
小肠	小肠切除≥90%	小肠切除3/4,合并短肠综合征		1. 小肠切除3/4 2. 小肠切除2/3,包括回盲部切除	小肠切除2/3,包括回肠大部	小肠切除1/2,包括回盲部	小肠切除1/2	小肠部分切除		
结肠、直肠				1. 全结肠、直肠、肛门造瘘 2. 外伤后肛门排便重度障碍或失禁	肛门、直肠、结肠部分切除、结肠造瘘	肛门外伤后排便轻度障碍或失禁	结肠大部分切除	结肠部分切除		
肝	肝切除后原位肝移植	1. 肝切除3/4,合并肝功能重度损害 2. 肝外伤后发生肝门高压三联症或Budd-chiari综合征	肝切除2/3并肝功能中度损害	1. 肝切除2/3 2. 肝切除1/2,肝功能轻度损害	肝切除1/2	肝切除1/3	肝切除1/4	肝部分切除		

续表

伤残类别	一	二	三	四	五	六	七	八	九	十
胆道	胆道损伤原位肝移植	胆道损伤致肝功能重度损害		胆道损伤致肝功能中度损害		胆道损伤致肝功能轻度损伤	胆道损伤,胆肠吻合术后		胆囊切除	
腹壁、腹腔						腹壁缺损面积≥腹壁的1/4		腹壁缺损面积<腹壁的1/4	胸、腹腔脏器探查术后或修补术后	腹腔脏器挫裂伤保守治疗后
胰、脾	全胰切除	胰次全切除、胰腺移植术后	胰次全切除,胰岛素依赖		胰切除2/3	胰切除1/2	1.脾切除 2.胰切除1/3	1.脾部分切除 2.胰部分切除		
甲状腺					甲状腺功能重度损害	甲状腺功能中度损害		甲状腺功能轻度损害		
甲状旁腺				甲状旁腺功能重度损害		甲状旁腺功能中度损害		甲状旁腺功能轻度损害		
肾脏	双侧肾切除或孤肾切除术后,用透析维持或移植术后肾功能不全尿毒症期	孤肾部分切除后,肾功能不全失代偿期	一侧肾切除,对侧肾功能不全失代偿期	肾修补术后,肾功能不全代偿期	一侧肾切除,对侧肾功能不全代偿期	肾损伤性高血压	一侧肾切除			

续表

伤残类别	一	二	三	四	五	六	七	八	九	十
肾上腺				双侧肾上腺缺损				一侧肾上腺缺损		
尿道					尿道瘘不能修复者	尿道狭窄经系统治疗1年后仍需定期行扩张术		尿道修补术		
阴茎					阴茎全缺损	阴茎部分缺损		脊髓神经周围神经损伤,会阴盆腔手术后遗留性功能障碍		
输精管						双侧输精管缺损,不能修复		一侧输精管缺损,不能修复		
输尿管			1. 双侧输尿管狭窄,肾功能不全失代偿期 2. 永久性输尿管腹壁造瘘	输尿管修补术后,肾功能不全代偿期	一侧输尿管狭窄,肾功能不全代偿期					

续表

伤残类别	一	二	三	四	五	六	七	八	九	十
膀胱			膀胱全切除	1. 永久性膀胱造瘘 2. 重度排尿障碍 3. 神经源性膀胱，残余尿≥50 mL		膀胱部分切除合并轻度排尿障碍	1. 膀胱部分切除 2. 轻度排尿障碍			
睾丸					1. 两侧睾丸、附睾缺损 2. 生殖功能重度损伤	1. 两侧伤后睾丸创萎缩，血睾酮低于正常值 2. 生殖功能轻度损伤		一侧睾丸、附睾切除		
子宫						子宫切除				
卵巢					双侧卵巢切除			单侧卵巢切除	一侧卵巢部分切除	
输卵管						双侧输卵管切除		单侧输卵管切除		

续表

伤残类别	分级									
	一	二	三	四	五	六	七	八	九	十
阴道					1. 阴道闭锁 2. 会阴部瘢痕挛缩伴有阴道或尿道或肛门狭窄		阴道狭窄			
乳腺						女性双侧乳房切除或严重瘢痕畸形	女性两侧乳房部分缺损	女性单侧乳房切除或严重瘢痕畸形	乳腺成形术	乳腺修补术后

表 C.5 职业病内科门

伤残类别	一	二	三	四	五	六	七	八	九	十
肺部疾患	1. 尘肺叁期伴肺功能重度损伤及（或）重度低氧血症[$PO_2<5.3$ kPa（<40 mmHg）] 2. 其他职业性肺部疾患，伴肺功能重度损伤及（或）重度低氧血症[$PO_2<5.3$ kPa（<40 mmHg）] 3. 放射性肺炎后，两叶以上肺纤维化伴重度肺功能损伤及（或）重度低氧血症[$PO_2<5.3$ kPa（<40 mmHg）] 4. 职业性肺癌或胸膜间皮瘤	1. 肺功能重度损伤及（或）重度低氧血症 2. 尘肺叁期伴肺功能中度损伤及（或）中度低氧血症 3. 尘肺贰期伴肺功能重度损伤及（或）重度低氧血症 4. 职业活动性肺结核 5. 职业性肺癌或胸膜间皮瘤	1. 尘肺贰期 2. 尘肺壹期伴肺功能中度损伤及（或）中度低氧血症 3. 放射后两叶肺炎肺纤维化，伴肺功能中度损伤及（或）中度低氧血症 4. 尘肺合并活动性肺结核	1. 尘肺贰期 2. 尘肺壹期伴肺功能中度损伤或低氧血症 3. 尘肺壹期伴活动性肺结核	肺功能中度损伤或中度低氧血症	1. 尘肺壹期伴肺功能轻度损伤及低氧血症 2. 放射性肺炎后肺纤维化（<两叶），伴肺功能轻度损伤及（或）轻度低氧血症 3. 其他职业性肺部疾患，伴肺功能轻度损伤	1. 尘肺壹期，肺功能正常 2. 放射性肺炎后肺纤维化（<两叶），肺功能正常 3. 轻度低氧血症	其他职业性肺疾患，肺功能正常		

伤残类别	一	二	三	四	五	六	七	八	九	十
心脏	心功能不全三级		Ⅲ度房室传导阻滞	1. 病态窦房结综合征（需安装起搏器者） 2. 心功能不全二级	1. 莫氏Ⅱ型Ⅱ度房室传导阻滞 2. 病态窦房结综合征（不需安装起搏器者）		心功能不全一级			
血液		1. 职业性急性白血病 2. 急性重型再生障碍性贫血	1. 粒细胞缺乏症 2. 再生障碍性贫血 3. 职业性慢性白血病 4. 中毒性血液病，骨髓增生异常综合征 5. 中毒性血液病，严重出血或血小板含量 $\leq 2 \times 10^{10}$/L		1. 中毒性血液病，血小板减少（$\leq 4 \times 10^{10}$/L）并有出血倾向 2. 中毒性血液病，白细胞含量持续 $<3 \times 10^9$/L（3 000/mm³）或粒细胞含量 1.5×10^9/L（<1 500/mm³）	白血病完全缓解	1. 再生障碍性贫血完全缓解 2. 白细胞减少症，含量持续 $<4 \times 10^9$/L（4 000/mm³） 3. 中性粒细胞减少症，含量 $<2 \times 10^9$/L（2 000/mm³）			

续表

续表

伤残类别	分级									
	一	二	三	四	五	六	七	八	九	十
肝脏	1. 职业性肝血管肉瘤,重度肝功能损害 2. 肝硬化伴食道静脉破裂出血,肝功能重度损害	1. 慢性重度中毒性肝病 2. 肝血管肉瘤			慢性中度中毒性肝病		慢性轻度中毒性肝病			
免疫功能				免疫功能明显减退						免疫功能轻度减退
内分泌				肾上腺皮质功能明显减退		肾上腺皮质功能轻度减退				
肾脏	肾功能不全尿毒症期,内生肌酐清除率持续<10 mL/min,或血浆肌酐水平持续>707 μmoL/L(8 mg/dL)	肾功能不全尿毒症期,内生肌酐清除率持续<25 mL/min,或血浆肌酐水平持续>450 μmoL/L(5 mg/dL)			肾功能不全失代偿期,内生肌酐清除率持续<50 mL/min,或血浆肌酐水平持续>177 μmoL/L(2 mg/dL)	1. 中毒性肾病,持续性低分子蛋白尿伴白蛋白尿 2. 中毒性肾病,肾小管浓缩功能减退	肾功能不全代偿期,内生肌酐清除率<70 mL/min	中毒性肾病,持续低分子蛋白尿		

伤残类别	一	二	三	四	五	六	七	八	九	十
其他		1.职业性膀胱癌 2.放射性肿瘤	1.砷性皮肤癌 2.放射性皮肤癌		1.慢性重度磷中毒 2.重度手臂振动病 3.放射性损伤致睾丸萎缩	1.放射性损伤致甲状腺功能低下 2.减压性骨坏死Ⅲ期 3.中度手臂振动病 4.氟及其无机化合物中毒重度中毒	三度牙酸蚀病	1.慢性中度磷中毒 2.氟及其无机化合物慢性中度中毒 3.减压性骨坏死Ⅱ期 4.轻度手臂振动病 5.二度牙酸蚀 6.急性放射皮肤损伤Ⅳ度及慢性放射性皮肤损伤疗后影响肢体功能 7.放射溃疡经久不愈者		1.慢性轻度磷中毒 2.氟及其无机化合物慢性轻度中毒 3.井下工人滑囊炎 4.减压性骨坏死Ⅰ期 5.一度牙酸蚀病 6.职业性皮肤病 7.一手或两手慢性放射性皮肤操作Ⅱ度及Ⅱ度以上者

42 人力资源社会保障部 国家卫生健康委员会 国家医疗保障局关于进一步规范劳动能力鉴定工作的通知

人社部发〔2020〕91号

各省、自治区、直辖市及新疆生产建设兵团人力资源和社会保障厅（局）、卫生健康委员会、医疗保障局：

为深入贯彻社会保险法、《工伤保险条例》《国务院关于安置老弱病残干部的暂行办法》和《国务院关于工人退休、退职的暂行办法》（国发〔1978〕104号），进一步规范劳动能力鉴定行为，加强劳动能力鉴定管理，提升劳动能力鉴定质量和水平，强化劳动能力鉴定风险防控，现就有关事项通知如下：

一、充分认识劳动能力鉴定工作的重要性

劳动能力鉴定是职工享受相关社保待遇的重要依据，是防范基金风险的重要环节。各地人社部门要切实加强对劳动能力鉴定工作的领导，建立健全劳动能力鉴定机构，配齐配强专门工作人员，规范劳动能力鉴定程序，依法依规开展劳动能力鉴定工作。

二、统一因病或非因工致残劳动能力鉴定标准

各地人社部门在办理未达到法定退休年龄因病或非因工致残完全丧失劳动能力退休时，应当以劳动能力鉴定委员会出具的因病或非因工致残劳动能力鉴定结论为依据。各地人社部门开展因病或非因工致残劳动能力鉴定，原则上应依据《职工非因工伤残或因病丧失劳动能力程度鉴定标准（试行）》（劳社部发〔2002〕8号）进行。

三、规范劳动能力鉴定程序

各地人社部门要在《工伤保险条例》和《工伤职工劳动能力鉴定管理办法》基础上，进一步细化劳动能力鉴定工作制度。目前还没有制定因病或非因工致残劳动能力鉴定管理办法的，参照《工伤职工劳动能力鉴定管理办法》执行。

四、严格依规做出劳动能力鉴定结论

各地人社部门要从流程设计、风险防范等多方面采取措施，加强劳动能力鉴定现场管理，安全有序地开展现场鉴定。劳动能力鉴定专家应严格按照相关标准的规范要求实施对症检查，准确描述伤病情症状，逐项提出伤病情症状符合或参照劳动能力鉴定标准的具体级别及条款的意见和综合定级意见。劳动能力鉴定委员会应当根据专家组的鉴定意见客观、公正地作出鉴定结论。工伤职工劳动能力鉴定不得超出工伤认定书载明的受伤部位、伤情范围。

五、强化劳动能力鉴定风险防控

各地人社部门要从组织机构控制、业务运行控制、信息系统控制、监督管理控制、费用支出控制等多方面入手，加强劳动能力鉴定内控管理，提高业务核查、抽检频次与质量，对岗位配置、人员管理、权限设置、业务规程、档案管理、系统建设、安全管理等事项明

确标准和要求，建立健全内控管理体系。加强对劳动能力鉴定工作的内部监督和外部监督，提升劳动能力鉴定的公信力。

六、加强劳动能力鉴定廉政建设

各地要把纪律挺在前面，切实加强劳动能力鉴定廉政建设，转变工作作风，压实主体责任，加强警示教育，牢固树立廉洁意识、底线意识，坚决杜绝虚假鉴定、人情鉴定。对劳动能力鉴定工作中出现的违规违纪问题要及时进行核查，依法依规严肃处理。要坚持问题导向、目标导向，建立完善相关制度，构建廉政建设长效机制，努力从制度上、程序上防范和杜绝违规违纪问题的发生。

七、加强劳动能力鉴定专家队伍建设

各地劳动能力鉴定委员会要充分发挥卫生健康部门等各成员单位的协同作用，充实劳动能力鉴定专家库，建立专家鉴定考评制度，强化政策、能力培训，加强对劳动能力鉴定专家库的管理和动态调整。对于专家库中医疗卫生专家副主任以上医师人员偏少的地区或科目，可通过卫健部门推荐政治过硬、业务精湛、作风优良、诚实可信的主治医师充实劳动能力鉴定专家队伍。对于一年内多次被再次鉴定改变级别的，应暂停或取消劳动能力鉴定专家资格。对劳动能力鉴定工作中表现突出的鉴定专家，在评定专业技术职称、聘用岗位等同等条件下优先考虑。有条件的地区可通过省级统一随机安排劳动能力鉴定专家跨地市鉴定等方式确保劳动能力鉴定的公平性。

八、加强劳动能力鉴定档案管理

各地要完善劳动能力鉴定档案管理，实现档案和业务一体化，确保全面、准确、规范。要规范纸质档案管理保存，研究制定电子档案标准，建立电子档案系统。有条件的地区劳动能力鉴定委员会可利用现代医疗技术和多媒体影像设备，加强鉴定现场相关影像资料的采集，作为评定职工工伤伤残等级和因病或非因工致残劳动能力鉴定的重要依据存档备查。

九、加强劳动能力鉴定信息化建设

各地人社部门要加快推进工伤保险认定鉴定经办信息一体化建设，实现劳动能力鉴定工作流程电子化闭环；通过互联网渠道，实现劳动能力鉴定线上申请和结论查询；探索通过大数据、人工智能等信息化技术加强劳动能力鉴定结果核查检验，做到全程可留痕、可监督、可追溯。加强与养老保险等人社内部信息共享，实现业务协同办理。加强与卫生健康委、医保部门、医疗机构的信息共享，鼓励通过医院检查结果互认共享，减少重复检查，方便职工办事，压缩劳动能力鉴定时限；通过与医保定点医疗机构就医信息的比对，核验劳动能力鉴定申请材料的真实性。鼓励地方积极协作开展异地劳动能力鉴定工作，支持有条件的地方对特殊群体、在特定时间探索开展"远程鉴定"。

十、加强劳动能力鉴定统计工作

各地人社部门要高度重视劳动能力鉴定统计工作，安排专人负责，并切实保证统计数据质量，《因病或非因工致残劳动能力鉴定情况》（见附件）按年度随《劳动能力鉴定情况》（人社统 W18 表）按时统一报送，对于经核实统计数据发生严重错误的，将进行通报。

附件：因病或因工致残劳动能力鉴定情况

人力资源社会保障部
国家卫生健康委员会
国家医疗保障局
2020 年 12 月 17 日

附件：

因病或非因工致残劳动能力鉴定情况

填报单位名称：　　　　　填报时间：　　　　　单位：人

项目	申请病退鉴定人数				评定伤残等级人数					
	小计	初次申请	再次（或重复）申请		合计	符合完全丧失劳动能力	不符合完全丧失劳动能力			
			小计	其中：改变结论			小计	其中：大部分丧失劳动能力	其中：部分丧失劳动能力	其中：不符合丧失劳动能力
甲	1	2	3	4	5	6	7	8	9	10
总计										

单位负责人签章：　　　　　处（科）负责人签章：　　　　　填表人签章：

列关系：(1) = (2) + (3), (3) ≥ (4), (5) = (6) + (7) = (6) + (8) + (9) + (10), (7) = (8) + (9) + (10)。

备注：1. 未开展因病或非因工致残再次或重复劳动能力鉴定的省份第 (3)、(4) 列可不填报；
　　　2. 仅评定是否符合完全丧失劳动能力的省份第 (8)、(9)、(10) 列可不填报。

六、工伤保险待遇

43 因工死亡职工供养亲属范围规定

2003年9月23日中华人民共和国劳动保障部令第18号公布，
自2004年1月1日起施行。

第一条 为明确因工死亡职工供养亲属范围，根据《工伤保险条例》第三十七条第一款第二项的授权，制定本规定。

第二条 本规定所称因工死亡职工供养亲属，是指该职工的配偶、子女、父母、祖父母、外祖父母、孙子女、外孙子女、兄弟姐妹。

本规定所称子女，包括婚生子女、非婚生子女、养子女和有抚养关系的继子女，其中，婚生子女、非婚生子女包括遗腹子女；

本规定所称父母，包括生父母、养父母和有抚养关系的继父母；

本规定所称兄弟姐妹，包括同父母的兄弟姐妹、同父异母或者同母异父的兄弟姐妹、养兄弟姐妹、有抚养关系的继兄弟姐妹。

第三条 上条规定的人员，依靠因工死亡职工生前提供主要生活来源，并有下列情形之一的，可按规定申请供养亲属抚恤金：

（一）完全丧失劳动能力的；

（二）工亡职工配偶男年满60周岁、女年满55周岁的；

（三）工亡职工父母男年满60周岁、女年满55周岁的；

（四）工亡职工子女未满18周岁的；

（五）工亡职工父母均已死亡，其祖父、外祖父年满60周岁，祖母、外祖母年满55周岁的；

（六）工亡职工子女已经死亡或完全丧失劳动能力，其孙子女、外孙子女未满18周岁的；

（七）工亡职工父母均已死亡或完全丧失劳动能力，其兄弟姐妹未满18周岁的。

第四条 领取抚恤金人员有下列情形之一的，停止享受抚恤金待遇：

（一）年满18周岁且未完全丧失劳动能力的；

（二）就业或参军的；

（三）工亡职工配偶再婚的；

（四）被他人或组织收养的；

（五）死亡的。

第五条 领取抚恤金的人员，在被判刑收监执行期间，停止享受抚恤金待遇。刑满释放仍符合领取抚恤金资格的，按规定的标准享受抚恤金。

第六条 因工死亡职工供养亲属享受抚恤金待遇的资格，由统筹地区社会保险经办机构核定。

因工死亡职工供养亲属的劳动能力鉴定，由因工死亡职工生前单位所在地设区的市级劳动能力鉴定委员会负责。

第七条 本办法自 2004 年 1 月 1 日起施行。

44 人力资源社会保障部关于做好老工伤人员纳入工伤保险统筹管理工作的通知

人社部发〔2009〕40 号

各省、自治区、直辖市人力资源和社会保障（劳动保障）厅（局），新疆生产建设兵团劳动保障局：

为进一步完善工伤保险制度，切实保障用人单位参加工伤保险社会统筹前因工伤事故或患职业病形成的工伤人员和工亡人员供养亲属（以下简称"老工伤"人员）的合法权益，减轻企业负担，维护社会和谐稳定，现就做好将"老工伤"人员纳入工伤保险统筹管理有关工作通知如下：

一、充分认识"老工伤"人员纳入统筹管理的重要意义

"老工伤"人员是我国社会保障制度转轨过程中形成的特殊群体，目前大多数"老工伤"人员集中在原计划经济时期的国有大中型企业，特别是一些高风险行业中。近几年，随着我国社会保障制度的不断完善，"老工伤"人员实行单位自我保障、分散管理所带来的问题日益突出。不同企业和不同时期"老工伤"人员待遇上存在较大差异，特别是存在着一些困难企业无力支付"老工伤"人员的相关待遇等现象，难以保证"老工伤"人员的权益。积极稳妥地将这部分人员纳入工伤保险社会化统筹管理，不仅有利于保护"老工伤"人员的切身利益，也有利于促进社会和谐稳定。而且，对进一步完善工伤保险制度，切实保障工伤职工的权益，减轻用人单位负担，促进工伤保险制度健康持续发展都具有重要意义。

二、认真做好"老工伤"人员纳入统筹管理的资金筹集工作

资金筹集是妥善做好"老工伤"人员统筹管理工作的重要因素。各地要结合实际，对解决"老工伤"人员纳入统筹管理的资金需求进行认真评估和测算，可以采取工伤保险基金、用人单位和政府"三家抬"的方式，多渠道落实筹措。工伤保险基金累计结余较多的地区，要直接将"老工伤"人员纳入统筹管理。工伤保险基金累计结余较少、资金困难较大的地区，可以再分析测算的基础上，协商用人单位通过一次性缴费或适当提高费率的方法加以解决。对于经营困难无力缴费的国有企业，特别是破产改制企业遗留的"老工伤"人员的费用，各地要加强与政府有关部门的协调，通过政府支持等多渠道筹集资金加以解决。

三、妥善处理"老工伤"人员纳入统筹管理工作中政策衔接问题

"老工伤"问题形成时间跨度大，人员构成复杂，管理分散，切实做好相关政策的衔接和管理模式的转变，是妥善处理"老工伤"问题的关键。特别是对伤残发生时间较长的"老工伤"人员资格的确认、纳入统筹管理前后待遇项目和标准的衔接等问题，各地要在尊重历史的前提下，区别不同情况，制定相关措施，妥善加以解决。在工作重点上，要优先解决"老工伤"人员较为集中、问题比较突出的行业和关闭破产等企业的问题。在应纳入统筹的待遇项目上，能够一次性全部纳入有困难的，可采取分项目纳入、分步骤实施的方式。

本通知下发后，各地对新参加工伤保险的单位，在办理参保手续时，应将已有的工伤人员按照本通知要求和参保统筹地区有关规定一并纳入统筹管理。

四、加大工作力度，认真组织实施

各地人力资源社会保障部门要加强对"老工伤"人员纳入统筹管理工作地领导，认真贯彻科学发展观和中央保增长、保民生、保稳定的精神，将解决"老工伤"问题作为改善民生、减轻企业负担的大事，积极协调有关部门，认真组织实施。

各地要抓紧部署"老工伤"人员纳入统筹管理工作。凡尚未制定解决"老工伤"人员纳入统筹管理办法的地区，要在2009年6月底前，制定本地区解决"老工伤"人员问题的办法并报部工伤保险司备案。各地要在2009年底之前，将大部分"老工伤"人员纳入工伤保险统筹管理，在2010年底前实现将"老工伤"人员统一纳入社会化统筹管理的工作目标。我部将就各地解决"老工伤"人员纳入统筹管理的工作进展情况进行督察。各地在工作中遇到的重大问题，请及时与部工伤保险司联系。

人力资源社会保障部

2009年4月10日

45 非法用工单位伤亡人员一次性赔偿办法

2010年12月31日中华人民共和国人力资源和社会保障部令第9号公布，自2011年1月1日起施行。

第一条 根据《工伤保险条例》第六十六条第一款的授权，制定本办法。

第二条 本办法所称非法用工单位伤亡人员，是指无营业执照或者未经依法登记、备案的单位以及被依法吊销营业执照或者撤销登记、备案的单位受到事故伤害或者患职业病的职工，或者用人单位使用童工造成的伤残、死亡童工。

前款所列单位必须按照本办法的规定向伤残职工或者死亡职工的近亲属、伤残童工或者死亡童工的近亲属给予一次性赔偿。

第三条 一次性赔偿包括受到事故伤害或者患职业病的职工或童工在治疗期间的费用和一次性赔偿金。一次性赔偿金数额应当在受到事故伤害或者患职业病的职工或童工死亡或者经劳动能力鉴定后确定。

劳动能力鉴定按照属地原则由单位所在地设区的市级劳动能力鉴定委员会办理。劳动能力鉴定费用由伤亡职工或童工所在单位支付。

第四条 职工或童工受到事故伤害或者患职业病，在劳动能力鉴定之前进行治疗期间的生活费按照统筹地区上年度职工月平均工资标准确定，医疗费、护理费、住院期间的伙食补助费以及所需的交通费等费用按照《工伤保险条例》规定的标准和范围确定，并全部由伤残职工或童工所在单位支付。

第五条 一次性赔偿金按照以下标准支付：

一级伤残的为赔偿基数的16倍，二级伤残的为赔偿基数的14倍，三级伤残的为赔偿基数的12倍，四级伤残的为赔偿基数的10倍，五级伤残的为赔偿基数的8倍，六级伤残的为赔偿基数的6倍，七级伤残的为赔偿基数的4倍，八级伤残的为赔偿基数的3倍，九级伤残的为赔偿基数的2倍，十级伤残的为赔偿基数的1倍。

前款所称赔偿基数，是指单位所在工伤保险统筹地区上年度职工年平均工资。

第六条 受到事故伤害或者患职业病造成死亡的，按照上一年度全国城镇居民人均可支配收入的20倍支付一次性赔偿金，并按照上一年度全国城镇居民人均可支配收入的10倍一次性支付丧葬补助等其他赔偿金。

第七条 单位拒不支付一次性赔偿的，伤残职工或者死亡职工的近亲属、伤残童工或者死亡童工的近亲属可以向人力资源和社会保障行政部门举报。经查证属实的，人力资源和社会保障行政部门应当责令该单位限期改正。

第八条 伤残职工或者死亡职工的近亲属、伤残童工或者死亡童工的近亲属就赔偿数额与单位发生争议的，按照劳动争议处理的有关规定处理。

第九条 本办法自2011年1月1日起施行。劳动和社会保障部2003年9月23日颁布的《非法用工单位伤亡人员一次性赔偿办法》同时废止。

46 人力资源社会保障部关于工伤保险待遇调整和确定机制的指导意见

人社部发〔2017〕58号

各省、自治区、直辖市及新疆生产建设兵团人力资源社会保障厅（局）：

工伤保险待遇是工伤保险制度的重要内容。随着经济社会发展，职工平均工资与生活费用发生变化，适时调整工伤保险待遇水平，既是工伤保险制度的内在要求，也是促进社会公平、维护社会和谐的职责所在，是各级党委、政府保障和改善民生的具体体现。根据

《工伤保险条例》，现就工伤保险待遇调整和确定机制，制定如下指导意见：

一、总体要求

全面贯彻党的十八大和十八届三中、四中、五中、六中全会精神，深入贯彻习近平总书记系列重要讲话精神和治国理政新理念新思想新战略，紧紧围绕统筹推进"五位一体"总体布局和协调推进"四个全面"战略布局，坚持以人民为中心的发展思想，依据社会保险法和《工伤保险条例》，建立工伤保险待遇调整和确定机制，科学合理确定待遇调整水平，提高工伤保险待遇给付的服务与管理水平，推进建立更加公平、更可持续的工伤保险制度，不断增强人民群众的获得感与幸福感。

工伤保险待遇调整和确定要与经济发展水平相适应，综合考虑职工工资增长、居民消费价格指数变化、工伤保险基金支付能力、相关社会保障待遇调整情况等因素，兼顾不同地区待遇差别，按照基金省级统筹要求，适度、稳步提升，实现待遇平衡。原则上每两年至少调整一次。

二、主要内容

（一）伤残津贴的调整。伤残津贴是对因工致残而退出工作岗位的工伤职工工资收入损失的合理补偿。一级至四级伤残津贴调整以上年度省（区、市）一级至四级工伤职工月人均伤残津贴为基数，综合考虑职工平均工资增长和居民消费价格指数变化情况，侧重职工平均工资增长因素，兼顾工伤保险基金支付能力和相关社会保障待遇调整情况，综合进行调节。伤残津贴调整可以采取定额调整和适当倾斜的办法，对伤残程度高、伤残津贴低于平均水平的工伤职工予以适当倾斜（具体计算公式见附件1）。

五级、六级工伤职工的伤残津贴按照《工伤保险条例》的规定执行。

（二）供养亲属抚恤金的调整。供养亲属抚恤金是工亡职工供养亲属基本生活的合理保障。供养亲属抚恤金调整以上年度省（区、市）月人均供养亲属抚恤金为基数，综合考虑职工平均工资增长和居民消费价格指数变化情况，侧重居民消费价格指数变化，兼顾工伤保险基金支付能力和相关社会保障待遇调整情况，综合进行调节。供养亲属抚恤金调整采取定额调整的办法（具体计算公式见附件2）。

（三）生活护理费的调整。生活护理费根据《工伤保险条例》和《劳动能力鉴定 职工工伤与职业病致残等级》相关规定进行计发，按照上年度省（区、市）职工平均工资增长比例同步调整。职工平均工资下降时不调整。

（四）住院伙食补助费的确定。省（区、市）可参考当地城镇居民消费支出结构，科学确定工伤职工住院伙食补助费标准。住院伙食补助费原则上不超过上年度省（区、市）城镇居民日人均消费支出额的40%。

（五）其他待遇。一次性伤残补助金、一次性工亡补助金、丧葬补助金按照《工伤保险条例》规定的计发标准计发。工伤医疗费、辅助器具配置费、工伤康复和统筹地区以外就医期间交通、食宿费用等待遇，根据《工伤保险条例》和相关目录、标准据实支付。

一次性伤残就业补助金和一次性工伤医疗补助金，由省（区、市）综合考虑工伤职工伤残程度、伤病类别、年龄等因素制定标准，注重引导和促进工伤职工稳定就业。

三、工作要求

（一）高度重视，加强部署。建立工伤保险待遇调整和确定机制，关系广大工伤职工及工亡职工供养亲属的切身利益。各地要切实加强组织领导，提高认识，扎实推进，从2018年开始，要按照指导意见规定，结合当地实际，做好待遇调整和确定工作，与工伤保险基金省级统筹工作有机结合、紧密配合、同步推进，防止出现衔接问题和政策冲突。

（二）统筹兼顾，加强管理。要统筹考虑工伤保险待遇调整涉及的多种因素，详细论证，周密测算，选好参数和系数，确定科学、合理的调整额，建立科学、有效的调整机制。省（区、市）人力资源社会保障部门要根据《工伤保险条例》和本指导意见制定调整方案，报经省（区、市）人民政府批准后实施。要加强管理，根据《工伤保险条例》规定，统筹做好工伤保险其他待遇的调整、确定和计发，进一步加强待遇支付管理，依规发放和支付，防止跑冒滴漏、恶意骗保，维护基金安全。

（三）正确引导，确保稳定。工伤保险待遇调整直接涉及民生，关乎公平与效率。要加强工伤保险政策宣传，正确引导舆论，争取社会对待遇调整工作的理解与支持，为调整工作营造良好舆论氛围。做好调整方案的风险评估工作，制定应急处置预案，确保待遇调整工作平稳、有序、高效。待遇调整情况请及时报人力资源社会保障部。

附件：1. 一级至四级工伤职工伤残津贴调整公式
　　　2. 供养亲属抚恤金调整公式

人力资源社会保障部
2017年7月28日

附件1：

一级至四级工伤职工伤残津贴调整公式

$$Z_1 = S(aG + bX) \pm C$$
$$a + b = 1,\ a > b,\ C \geq 0$$

其中：Z_1——一级至四级工伤职工伤残津贴人均调整额；

　　　S——上年度省（区、市）一级至四级工伤职工月人均伤残津贴；

　　　G——上年度省（区、市）职工平均工资增长率；

　　　X——上年度省（区、市）居民消费价格指数；

　　　a——职工平均工资增长率的权重系数；

　　　b——居民消费价格指数的权重系数；

　　　C——省（区、市）工伤保险基金支付能力和相关社会保障待遇调整等因素综合调节额。

当职工平均工资下降时，$G=0$；当居民消费价格指数为负时，$X=0$。

附件2：

供养亲属抚恤金调整公式

$$Z_2 = F(aG + bX) \pm C$$

$$a + b = 1, \quad a < b, \quad C \geq 0$$

其中：Z_2——供养亲属抚恤金人均调整额；

F——上年度省（区、市）月人均供养亲属抚恤金；

G——上年度省（区、市）职工平均工资增长率；

X——上年度省（区、市）居民消费价格指数；

a——职工平均工资增长率的权重系数；

b——居民消费价格指数的权重系数；

C——省（区、市）工伤保险基金支付能力和相关社会保障待遇调整等因素综合调节额。

当职工平均工资下降时，$G=0$；当居民消费价格指数为负时，$X=0$。

47 社会保险基金先行支付暂行办法

2011年6月29日中华人民共和国人力资源和社会保障部令第15号公布，自2011年7月1日起施行，根据2018年12月14日《人力资源社会保障部关于修改部分规章的决定》修订，中华人民共和国人力资源和社会保障部令第38号公布。

第一条 为了维护公民的社会保险合法权益，规范社会保险基金先行支付管理，根据《中华人民共和国社会保险法》（以下简称社会保险法）和《工伤保险条例》，制定本办法。

第二条 参加基本医疗保险的职工或者居民（以下简称个人）由于第三人的侵权行为造成伤病的，其医疗费用应当由第三人按照确定的责任大小依法承担。超过第三人责任部分的医疗费用，由基本医疗保险基金按照国家规定支付。

前款规定中应当由第三人支付的医疗费用，第三人不支付或者无法确定第三人的，在医疗费用结算时，个人可以向参保地社会保险经办机构书面申请基本医疗保险基金先行支付，并告知造成其伤病的原因和第三人不支付医疗费用或者无法确定第三人的情况。

第三条 社会保险经办机构接到个人根据第二条规定提出的申请后，经审核确定其参加基本医疗保险的，应当按照统筹地区基本医疗保险基金支付的规定先行支付相应部分的医疗费用。

第四条 个人由于第三人的侵权行为造成伤病被认定为工伤，第三人不支付工伤医疗费用或者无法确定第三人的，个人或者其近亲属可以向社会保险经办机构书面申请工伤保险基金先行支付，并告知第三人不支付或者无法确定第三人的情况。

第五条 社会保险经办机构接到个人根据第四条规定提出的申请后，应当审查个人获得基本医疗保险基金先行支付和其所在单位缴纳工伤保险费等情况，并按照下列情形分别处理：

（一）对于个人所在用人单位已经依法缴纳工伤保险费，且在认定工伤之前基本医疗保险基金有先行支付的，社会保险经办机构应当按照工伤保险有关规定，用工伤保险基金先行支付超出基本医疗保险基金先行支付部分的医疗费用，并向基本医疗保险基金退还先行支付的费用；

（二）对于个人所在用人单位已经依法缴纳工伤保险费，在认定工伤之前基本医疗保险基金无先行支付的，社会保险经办机构应当用工伤保险基金先行支付工伤医疗费用；

（三）对于个人所在用人单位未依法缴纳工伤保险费，且在认定工伤之前基本医疗保险基金有先行支付的，社会保险经办机构应当在3个工作日内向用人单位发出书面催告通知，要求用人单位在5个工作日内依法支付超出基本医疗保险基金先行支付部分的医疗费用，并向基本医疗保险基金偿还先行支付的医疗费用。用人单位在规定时间内不支付其余部分医疗费用的，社会保险经办机构应当用工伤保险基金先行支付；

（四）对于个人所在用人单位未依法缴纳工伤保险费，在认定工伤之前基本医疗保险基金无先行支付的，社会保险经办机构应当在3个工作日向用人单位发出书面催告通知，要求用人单位在5个工作日内依法支付全部工伤医疗费用；用人单位在规定时间内不支付的，社会保险经办机构应当用工伤保险基金先行支付。

第六条 职工所在用人单位未依法缴纳工伤保险费，发生工伤事故的，用人单位应当采取措施及时救治，并按照规定的工伤保险待遇项目和标准支付费用。

职工被认定为工伤后，有下列情形之一的，职工或者其近亲属可以持工伤认定决定书和有关材料向社会保险经办机构书面申请先行支付工伤保险待遇：

（一）用人单位被依法吊销营业执照或者撤销登记、备案的；

（二）用人单位拒绝支付全部或者部分费用的；

（三）依法经仲裁、诉讼后仍不能获得工伤保险待遇，法院出具中止执行文书的；

（四）职工认为用人单位不支付的其他情形。

第七条 社会保险经办机构收到职工或者其近亲属根据第六条规定提出的申请后，应当在3个工作日内向用人单位发出书面催告通知，要求其在5个工作日内予以核实并依法支付工伤保险待遇，告知其如在规定期限内不按时足额支付的，工伤保险基金在按照规定先行支付后，取得要求其偿还的权利。

第八条 用人单位未按照第七条规定按时足额支付的，社会保险经办机构应当按照社会保险法和《工伤保险条例》的规定，先行支付工伤保险待遇项目中应当由工伤保险基金支付的项目。

第九条 个人或者其近亲属提出先行支付医疗费用、工伤医疗费用或者工伤保险待遇申请，社会保险经办机构经审核不符合先行支付条件的，应当在收到申请后5个工作日内作出不予先行支付的决定，并书面通知申请人。

第十条 个人申请先行支付医疗费用、工伤医疗费用或者工伤保险待遇的，应当提交所有医疗诊断、鉴定等费用的原始票据等证据。社会保险经办机构应当保留所有原始票据等证据，要求申请人在先行支付凭据上签字确认，凭原始票据等证据先行支付医疗费用、工伤医疗费用或者工伤保险待遇。

个人因向第三人或者用人单位请求赔偿需要医疗费用、工伤医疗费用或者工伤保险待遇的原始票据等证据的，可以向社会保险经办机构索取复印件，并将第三人或者用人单位赔偿情况及时告知社会保险经办机构。

第十一条 个人已经从第三人或者用人单位处获得医疗费用、工伤医疗费用或者工伤保险待遇的，应当主动将先行支付金额中应当由第三人承担的部分或者工伤保险基金先行支付的工伤保险待遇退还给基本医疗保险基金或者工伤保险基金，社会保险经办机构不再向第三人或者用人单位追偿。

个人拒不退还的，社会保险经办机构可以从以后支付的相关待遇中扣减其应当退还的数额，或者向人民法院提起诉讼。

第十二条 社会保险经办机构按照本办法第三条规定先行支付医疗费用或者按照第五条第一项、第二项规定先行支付工伤医疗费用后，有关部门确定了第三人责任的，应当要求第三人按照确定的责任大小依法偿还先行支付数额中的相应部分。第三人逾期不偿还的，社会保险经办机构应当依法向人民法院提起诉讼。

第十三条 社会保险经办机构按照本办法第五条第三项、第四项和第六条、第七条、第八条的规定先行支付工伤保险待遇后，应当责令用人单位在10日内偿还。

用人单位逾期不偿还的，社会保险经办机构可以按照社会保险法第六十三条的规定，向银行和其他金融机构查询其存款账户，申请县级以上社会保险行政部门作出划拨应偿还款项的决定，并书面通知用人单位开户银行或者其他金融机构划拨其应当偿还的数额。

用人单位账户余额少于应当偿还数额的，社会保险经办机构可以要求其提供担保，签订延期还款协议。

用人单位未按时足额偿还且未提供担保的，社会保险经办机构可以申请人民法院扣押、查封、拍卖其价值相当于应当偿还数额的财产，以拍卖所得偿还所欠数额。

第十四条 社会保险经办机构向用人单位追偿工伤保险待遇发生的合理费用以及用人单位逾期偿还部分的利息损失等，应当由用人单位承担。

第十五条 用人单位不支付依法应当由其支付的工伤保险待遇项目的，职工可以依法申请仲裁、提起诉讼。

第十六条 个人隐瞒已经从第三人或者用人单位处获得医疗费用、工伤医疗费用或者工伤保险待遇，向社会保险经办机构申请并获得社会保险基金先行支付的，按照社会保险法第八十八条的规定处理。

第十七条 用人单位对社会保险经办机构作出先行支付的追偿决定不服或者对社会保险行政部门作出的划拨决定不服的，可以依法申请行政复议或者提起行政诉讼。

个人或者其近亲属对社会保险经办机构作出不予先行支付的决定不服或者对先行支付的数额不服的,可以依法申请行政复议或者提起行政诉讼。

第十八条 本办法自 2011 年 7 月 1 日起施行。

48 人力资源社会保障部 国家卫生健康委关于做好尘肺病重点行业工伤保险有关工作的通知

人社部发〔2019〕125 号

各省、自治区、直辖市及新疆生产建设兵团人力资源社会保障厅（局）、卫生健康委：

为切实做好尘肺病重点行业和企业职工工伤保险权益保障工作，预防和减少尘肺病重点行业和企业职业伤害事故的发生，加强尘肺病工伤职工职业健康保护工作，按照国务院第 46 次常务会议精神，现就做好尘肺病重点行业工伤保险有关工作通知如下：

一、高度重视尘肺病工伤职工权益保障工作

党中央、国务院高度重视尘肺病患者特别是尘肺病农民工的权益保障工作。各地要以习近平新时代中国特色社会主义思想为指导，深入贯彻党的十九大以及十九届二中、三中、四中全会精神，坚持以人民为中心的发展思想，将大力推进尘肺病重点行业和企业参加工伤保险，依法落实已参保尘肺病工伤职工的工伤保险待遇作为重要任务抓好抓实。要按照预防为主、防治结合的方针，有效加强职业性尘肺病预防控制，切实保障劳动者职业健康权益。

二、开展尘肺病重点行业工伤保险扩面专项行动

自 2020 年开始，依据卫生健康系统粉尘危害基础数据库信息，在煤矿、非煤矿山、冶金、建材等尘肺病重点行业，开展为期三年的工伤保险扩面专项行动，原则上做到应保尽保。各地卫生健康部门要及时向人力资源社会保障部门提供粉尘危害基础数据库信息，特别是尘肺病重点行业的企业数、企业名称、地址、经营范围、法人代表、职工人数、职工个人身份信息及其工作岗位等信息的更新情况。各地人力资源社会保障部门要根据卫生健康部门粉尘危害基础数据库信息数据情况，有针对性地制定扩面专项行动工作计划，加大扩面工作实施力度，将尘肺病重点行业职工依法纳入工伤保险保障范围。

三、开展尘肺病重点行业工伤预防专项行动

自 2020 年开始，在煤矿、非煤矿山、冶金、建材等尘肺病重点行业开展为期三年的工伤预防专项行动，有效降低工伤发生率。各地人力资源社会保障部门要积极会同卫生健康等部门，按照人力资源社会保障部等四部门印发的《工伤预防费使用管理暂行办法》（人社部规〔2017〕13 号）的规定和程序要求，结合本地区尘肺病重点行业分布的实际情况，将相关尘肺病重点行业列入本地区的年度工伤预防重点领域，合理确定本地区涉及尘肺病重点企业工伤预防项目，并切实做好项目的组织实施、绩效评估和验收等工作。粉尘危害高

发企业要依法承担起尘肺病预防的主体责任，切实做好粉尘危害预防控制、组织劳动者进行职业健康检查以及尘肺病预防宣传和培训等工作。

四、进一步提升尘肺病工伤职工待遇保障能力和水平

各地要全面落实职业病防治法和《工伤保险条例》等法律法规的规定，做好职业性尘肺病人诊断和相关待遇保障工作。职业病诊断机构应严格依据相关法律法规和规章规定，对符合职业性尘肺病相关诊断标准的，及时作出职业性尘肺病诊断。对已诊断且明确参加了工伤保险的职业性尘肺病工伤职工，社会保险经办机构要按规定及时支付工伤保险待遇。要加强尘肺病工伤职工的医疗救治工作，切实将工伤保险药品目录中尘肺病用药充分用于尘肺病工伤职工的治疗，及时将符合工伤医疗诊疗规范的尘肺病治疗技术和手段纳入工伤保险基金支付范围。要加强对尘肺病工伤职工的管理服务工作，为尘肺病工伤职工依法申请工伤保险待遇提供方便快捷的支持。要认真落实好工伤保险待遇定期调整的工作机制，切实做好尘肺病工伤职工权益保障工作。

五、加强组织领导确保各项工作任务落实

各地人力资源社会保障、卫生健康等部门要切实加强组织领导、密切协调配合，在国家职业病防治工作机制的统一指导下，通过建立长效沟通机制、细化任务分工、实现信息共享等措施，将各项工作任务抓细抓实。各地特别是尘肺病重点行业相对集中的地区，要围绕做好尘肺病重点行业和企业工伤保险工作制定工作方案，加强统一调度、定期督导检查、建立信息通报等制度，确保相关工作任务在规定时限内取得实效。人力资源社会保障部、国家卫生健康委将定期对各地工作推进落实情况进行调度，并对各地工作进展情况和成效进行总结评估和交流。

各地工作中遇到的重大问题，请及时报告人力资源社会保障部、国家卫生健康委。

人力资源社会保障部
国家卫生健康委
2019年12月2日

49　人力资源社会保障部　财政部　国家卫生健康委关于因履行工作职责感染新型冠状病毒肺炎的医护及相关工作人员有关保障问题的通知

人社部函〔2020〕11号

各省、自治区、直辖市及新疆生产建设兵团人力资源社会保障厅（局）、财政厅（局）、卫生健康委：

为做好新型冠状病毒肺炎疫情防治工作，保障防治人员的权益，现就在此次新型冠状病毒肺炎预防和救治工作中，因履行工作职责而感染新型冠状病毒肺炎的医护及相关工作人员的有关保障问题通知如下：

在新型冠状病毒肺炎预防和救治工作中，医护及相关工作人员因履行工作职责，感染新型冠状病毒肺炎或因感染新型冠状病毒肺炎死亡的，应认定为工伤，依法享受工伤保险待遇。

已参加工伤保险的上述工作人员发生的相关费用，由工伤保险基金和单位按工伤保险有关规定支付；未参加工伤保险的，由用人单位按照法定标准支付，财政补助单位因此发生的费用，由同级财政予以补助。

各级人力资源社会保障、财政、卫生健康行政部门要密切配合，搞好服务，及时共同做好上述人员的工伤认定和待遇支付工作。

人力资源社会保障部
财政部
国家卫生健康委
2020 年 1 月 23 日

50 人力资源社会保障部办公厅关于做好共享用工指导和服务的通知

人社厅发〔2020〕98 号

各省、自治区、直辖市及新疆生产建设兵团人力资源社会保障厅（局）：

企业之间开展共享用工，进行用工余缺调剂合作，对解决用工余缺矛盾、提升人力资源配置效率和稳就业发挥了积极作用。为加强对共享用工的指导和服务，促进共享用工有序开展，进一步发挥共享用工对稳就业的作用，现就有关事项通知如下：

一、**支持企业间开展共享用工**

各级人力资源社会保障部门要支持企业间开展共享用工，解决稳岗压力大、生产经营用工波动大的问题。重点关注生产经营暂时困难、稳岗意愿强的企业，以及因结构调整、转型升级长期停工停产企业，引导其与符合产业发展方向、短期内用人需求量大的企业开展共享用工。对通过共享用工稳定职工队伍的企业，阶段性减免社保费、稳岗返还等政策可按规定继续实施。

二、**加强对共享用工的就业服务**

各级人力资源社会保障部门要把企业间共享用工岗位供求信息纳入公共就业服务范围，及时了解企业缺工和劳动者富余信息，免费为有用工余缺的企业发布供求信息，按需组织专场对接活动。鼓励人力资源服务机构搭建共享用工信息对接平台，帮助有需求的企业精准、高效匹配人力资源。加强职业培训服务，对开展共享用工的劳动者需进行岗前培训、转岗培训的，可按规定纳入技能提升培训范围。对开展共享用工的企业和劳动者，免费提供劳动用工法律政策咨询服务，有效防范用工风险。

三、指导开展共享用工的企业及时签订合作协议

各级人力资源社会保障部门要指导开展共享用工的企业签订合作协议，明确双方的权利义务关系，防范开展共享用工中的矛盾风险。合作协议中可约定调剂劳动者的数量、时间、工作地点、工作内容、休息、劳动保护条件、劳动报酬标准和支付时间与方式、食宿安排、可以退回劳动者的情形、劳动者发生工伤后的责任划分和补偿办法以及交通等费用结算等。

四、指导企业充分尊重劳动者的意愿和知情权

各级人力资源社会保障部门要指导员工富余企业（原企业）在将劳动者安排到缺工企业工作前征求劳动者意见，与劳动者协商一致。共享用工期限不应超过劳动者与原企业订立的劳动合同剩余期限。要指导缺工企业如实告知劳动者工作内容、工作条件、工作地点、职业危害、安全生产状况、劳动报酬、企业规章制度以及劳动者需要了解的其他情况。企业不得将在本单位工作的被派遣劳动者以共享用工名义安排到其他单位工作。

五、指导企业依法变更劳动合同

原企业与劳动者协商一致，将劳动者安排到缺工企业工作，不改变原企业与劳动者之间的劳动关系。劳动者非由其用人单位安排而自行到其他单位工作的，不属于本通知所指共享用工情形。各级人力资源社会保障部门要指导原企业与劳动者协商变更劳动合同，明确劳动者新的工作地点、工作岗位、工作时间、休息休假、劳动报酬、劳动条件以及劳动者在缺工企业工作期间应遵守缺工企业依法制定的规章制度等。

六、维护好劳动者在共享用工期间的合法权益

各级人力资源社会保障部门要指导和督促缺工企业合理安排劳动者工作时间和工作任务，保障劳动者休息休假权利，提供符合国家规定的劳动安全卫生条件和必要的劳动防护用品，及时将劳动者的劳动报酬结算给原企业。要指导和督促原企业按时足额支付劳动者劳动报酬和为劳动者缴纳社会保险费，并不得克扣劳动者的劳动报酬和以任何名目从中收取费用。要指导和督促原企业跟踪了解劳动者在缺工企业的工作情况和有关诉求，及时帮助劳动者解决工作中的困难和问题。劳动者在缺工企业工作期间发生工伤事故的，按照《工伤保险条例》第四十三条第三款规定，由原企业承担工伤保险责任，补偿办法可与缺工企业约定。

七、保障企业用工和劳动者工作的自主权

劳动者在缺工企业工作期间，缺工企业未按照约定履行保护劳动者权益的义务的，劳动者可以回原企业，原企业不得拒绝。劳动者不适应缺工企业工作的，可以与原企业、缺工企业协商回原企业。劳动者严重违反缺工企业规章制度、不能胜任工作以及符合合作协议中约定的可以退回劳动者情形的，缺工企业可以将劳动者退回原企业。共享用工合作期满，劳动者应回原企业，原企业应及时予以接收安排。缺工企业需要、劳动者愿意继续在

缺工企业工作且经原企业同意的，应当与原企业依法变更劳动合同，原企业与缺工企业续订合作协议。原企业不同意的，劳动者应回原企业或者依法与原企业解除劳动合同。劳动者不回原企业或者违法解除劳动合同给原企业造成损失的，应当依法承担赔偿责任。缺工企业招用尚未与原企业解除、终止劳动合同的劳动者，给原企业造成损失的，应当承担连带赔偿责任。

八、妥善处理劳动争议和查处违法行为

各级人力资源社会保障部门要指导开展共享用工的企业建立健全内部劳动纠纷协商解决机制，与劳动者依法自主协商化解劳动纠纷。加强对涉共享用工劳动争议的处理，加大调解力度，创新仲裁办案方式，做好调裁审衔接，及时处理因共享用工引发的劳动争议案件。要进一步畅通举报投诉渠道，加大劳动保障监察执法力度，及时查处共享用工中侵害劳动者合法权益的行为。对以共享用工名义违法开展劳务派遣和规避劳务派遣有关规定的，依法追究相应法律责任。

各级人力资源社会保障部门要按照本通知要求，结合当地实际，采取有效措施加强对企业开展共享用工的指导和服务，引导共享用工健康发展。

人力资源社会保障部办公厅
2020 年 9 月 30 日

七、工 伤 康 复

51 关于印发工伤保险辅助器具配置目录的通知

人社厅函〔2012〕381号

各省、自治区、直辖市及新疆生产建设兵团人力资源社会保障厅（局）：

　　为进一步贯彻落实《工伤保险条例》，规范工伤保险辅助器具配置管理工作，提高工伤保险服务水平，我部按照保障基本、普遍适用、安全稳定、循序渐进的原则，制定了《工伤保险辅助器具配置目录》（以下简称《目录》），现印发给你们。

　　各地可根据本地区工伤保险辅助器具配置工作开展情况、工伤保险基金支付能力等实际情况适当增加目录的品种。《目录》中辅助器具配置工伤保险基金最高支付限额，由各地社会保险行政部门根据本地区实际情况组织制定。各地在公布本地区工伤保险辅助器具配置目录前15天，将本地区工伤保险辅助器具配置目录连同最高支付限额报部工伤保险司备案。今后，各地调整工伤保险辅助器具配置目录和最高支付限额，应及时报部备案。涉及工伤保险辅助器具配置管理的相关问题，我部将制定《工伤保险辅助器具配置管理办法》予以明确。

人力资源社会保障部办公厅
2012年8月15日

附件：工伤保险辅助器具配置目录

工伤保险辅助器具配置目录

一、假肢（23项）

辅具编号	辅具名称	单位	主要部件或材料要求	功能	适用范围	最高支付限额	最低使用年限
10001	假手指	只	硅胶，定制仿真手指	弥补外观缺损	适用于单个手指缺损者或多个手指缺损		1
10002	部分手假肢	只	硅胶，仿真定制，内带填充物	弥补外观缺损，辅助持物	适用于掌骨截肢		1
10003	装饰性腕离断假肢	具	装饰手或被动手，硅胶手套，定制接受腔	弥补外观缺损，辅助持物等被动功能	适用于不选择穿戴功能性假肢的腕部截肢者		3
10004	索控式腕离断假肢	具	标准机械手，硅胶手套，定制双层接受腔及肩背带	自身力源，利用牵引索控制假手开、闭，能主动持物	适用于手腕关节离断或前臂长残肢残肢截肢者		3
10005	腕离断肌电假肢	具	单自由度肌电手，腕关节，双层接受腔	电动力源，肌电信号控制假手开、闭，腕关节可被动屈伸	适用于双侧截肢且残肢肌电信号达标的腕截肢部或半掌截肢者		4
10006	装饰性前臂假肢	具	定制接受腔，腕关节，装饰手或被动手，硅胶手套	弥补外观缺损，辅助持物等被动功能	适用于不选择穿戴功能性假肢的前臂截肢者		3
10007	索控式前臂假肢	具	标准机械手，硅胶手套，定制接受腔及肩背带	自身力源，利用牵引索控制假手开、闭，腕关节可被动屈伸、旋转	适用于前臂截肢者		3
10008	前臂肌电假肢	具	单自由度肌电手，定制双层接受腔	电动力源，肌电信号控制假手开、闭，腕关节被动屈曲或旋转	适用于双侧截肢且肌电信号达标的前臂截肢者		4
10009	装饰性肘离断假肢	具	定制接受腔，装饰性假肢组件，装饰手或被动手，硅胶手套	弥补外观缺损，辅助持物等被动功能	适用于不选择穿戴功能性假肢的肘部、前臂极短残肢截肢者		3

续表

辅具编号	辅具名称	单位	主要部件或材料要求	功能	适用范围	最高支付限额	最低使用年限
10010	索控式肘离断假肢	具	标准机械手，硅胶手套，铰链式肘关节，定制接受腔及背心背带	牵引索控制假手开、闭，肘关节被动屈、伸	适用于肘关节离断或上臂残肢过长的，前臂极短残肢截肢者		3
10011	肘离断肌电假肢	具	单自由度肌电手，机械肘关节，定制双层接受腔	电动力源，肌电信号控制假手开、闭，腕关节被动屈曲或旋转，肘关节被动屈伸	适用于双侧截肢且肌电信号达标的肘离断，前臂极短残肢截肢者		4
10012	装饰性上臂假肢	具	全接触接受腔，装饰性被动手或装饰性假肢组件，硅胶手套	弥补外观缺损，辅助持物等被动功能	适用于不选择穿戴功能性假肢的上臂截肢者		3
10013	索控式上臂假肢	具	标准机械手，硅胶手套，机械肘关节，定制树脂接受腔及肩背带	牵引索控制假手开、闭和肘屈，伸功能	适用上臂截肢者		3
10014	上臂肌电假肢	具	单自由度肌电手，机械肘关节，定制双层接受腔	电动力源，肌电信号控制假手开、闭，腕关节被动屈曲或旋转，肘关节被动屈伸	适用于双侧截肢且肌电信号达标的上臂截肢者		4
10015	装饰性肩离断假肢	具	骨骼式装饰性假肢组件，硅胶手套	弥补外观缺损，具有被动开、闭和屈、伸肘功能，肩关节自由摆动	适用于肩关节离断或上臂残肢过短的截肢者		3
10016	部分足假肢	具	定制硅胶制作足套式假半脚	补缺并改善行走功能	适用于跗跖远端截肢者		3
10017	赛姆假肢	具	定制接受腔，低踝假脚	代偿行走和站立功能	适用于踝部截肢、赛姆截肢及小腿残肢过长的截肢者		3
10018	组件式小腿假肢	具	定制功能经评估后，根据残肢部位皮肤和身体功能经评估后，选择适宜内衬、关节及假脚	代偿行走和站立功能	适用于小腿截肢者		3
10019	组件式膝离断假肢	具	定制接受腔，根据残肢部位皮肤和身体功能经评估后，选择内衬、关节及假脚	代偿行走和站立功能	适用于膝关节离断，小腿极短残肢截肢者		3

续表

辅具编号	辅具名称	单位	主要部件或材料要求	功能	适用范围	最高支付限额	最低使用年限
10020	组件式大腿假肢	具	定制接受腔，根据残肢部位皮肤和身体功能经评估后，选择内衬、关节及假脚	代偿行走和站立功能	适用于大腿截肢者		3
10021	组件式髋离断假肢	具	定制接受腔，根据残肢部位皮肤和身体功能经评估后，选择内衬、关节及假脚	代偿行走和站立功能	适用于髋关节离断或大腿残肢过短的截肢者		3
10022	大小腿假肢硅凝胶套	只	带增强织物硅凝胶残肢套	软化瘢痕，保护残肢，悬吊和控制假肢	适用于大面积植皮，皮肤粘连，疤痕皮质，糖尿病，脉管炎，大小腿残短残肢的截肢者		1
10023	大小腿假肢硅凝胶套锁具	套	铝合金	锁住带锁具的硅凝胶套，实现硅凝胶套的悬吊作用	适用于大面积植皮，皮肤粘连，疤痕皮质，糖尿病，脉管炎，大小腿残短残肢的截肢者		3
二、矫形器（23项）							
20001	静态型手指矫形器	具	聚乙烯高温板材、低温板材、金属或织物	单指或五指的矫正（含展开指蹼）与固定	适用于手指骨折及韧带损伤术后固定		2
20002	动态型手指矫形器	具	聚乙烯高温板材、金属条、弹性装置或织物	手指畸形矫正及手指功能恢复锻炼	适用于并指畸形，矫正手指鹅颈状，扣眼等畸形及术后		2
20003	静态型掌指矫形器	具	聚乙烯高温板材、低温板材、金属或织物	掌指关节固定保护	适用于手指骨近节骨折术后固定		2
20004	动态型掌指矫形器	具	热塑板材、金属条、弹性装置	手指展开及手指功能恢复锻炼	适用于手指掌骨骨折，手指挛缩畸形，尺中神经麻痹引起手指内在肌的麻痹及术后功能恢复锻炼		2

续表

辅具编号	辅具名称	单位	主要部件或材料要求	功能	适用范围	最高支付限额	最低使用年限
20005	静态型腕手矫形器	具	热塑板材、固定带	腕部损伤固定，保持功能位或中立位	适用于腕部骨折、单纯性脱位及术后		2
20006	动态型腕手矫形器	具	热塑板材、金属条、弹性装置	辅助掌指关节与拇指的伸展，功能恢复与锻炼	适用于桡神经损伤及术后的功能板复		2
20007	前臂（肘腕手）矫形器	具	聚乙烯高温板材或低温板材，可以带或不带肘关节铰链	限制前臂前旋后，前臂保护固定	适用于前臂骨折及术后		1
20008	上臂（肩肘）矫形器	具	热塑板材，可以带或不带肩关节、肘关节铰链	上臂固定	适用于上臂骨折及术后		1
20009	肩外展矫形器	具	成品、热塑板、泡沫衬材、金属件	肩关节及肱骨固定（可调式）	适用于肩关节及肱骨骨折、肩棘韧带损伤、臂丛神经损伤及术后固定		1
20010	颈托	具	成品、EVA泡沫塑料	减轻颈椎的负荷，控制颈椎活动	适用于颈椎单纯性脱位、损伤后或颈椎轻度损伤及术后		1
20011	颈胸矫形器	具	定制、热塑板材	起支撑、固定、减荷、保护、矫正的作用	适用于颈椎单纯性脱位、损伤后		1
20012	胸腰骶矫形器	具	定制、热塑板材	起支撑、固定、减荷、保护、矫正的作用	适用于胸腰椎损伤的康复和术后		1
20013	脊柱过伸矫形器	具	金属支条或高强度热塑板材，框架式结构	控制或矫正胸腰椎后凸畸形	适用于腰椎和低位胸椎压缩性骨折的保守治疗或术后固定，胸腰椎后凸畸形及术后，老年人的退行性病变		1

第一部分 工伤保险法律法规规章文件

续表

辅具编号	辅具名称	单位	主要部件或材料要求	功能	适用范围	最高支付限额	最低使用年限
20014	硬性围腰	具	背部采用半硬性塑料制成的框架式背托，腹部采用宽大的软垫式腹压垫，两侧采用弹性束紧带	加强胸腹部支撑，稳定脊柱；增强腹压，减轻脊柱负担	适用于胸腰部软组织损伤、椎间盘突出、轻度脊脱等、腰椎轻度骨性损伤的保守治疗及术后固定		1
20015	弹性围腰	具	成品，弹性针织材料	增强腹压以减轻腰骶椎负担，对腰椎起支撑、保护作用	适用于腰骶部软组织损伤、腰肌劳损、腰椎间盘突出等引起的疼痛，以及软骨骨性损伤的预防和保守治疗		1
20016	矫形鞋	双	定制，牛皮	补高补缺或矫治	适用于下肢不等长及足部缺损、畸形		1
20017	固定式踝足矫形器	只	成品，由热塑板制成（泡沫软材）带拉带和固定带	将踝关节固定在功能位，稳定和保护踝关节	适用于踝足损伤，卧床病人预防足下垂及跟腱挛缩		2
20018	功能式踝足矫形器	具	热塑板材定制或由踝铰链支条等构成	限制踝关节运动，矫正足内外翻，保持足内外侧的稳定	适用于矫治足下垂、足内外翻、内外旋踝关节不稳定等		1
20019	免荷式踝足矫形器	具	定制热塑板材，髌韧带承重式	限制踝关节活动，减轻足部和小腿负重	适用于小腿外伤、胫腓骨远端骨折及术后		3
20020	膝踝足矫形器	具	定制，热塑板材，铝合金或不锈钢支条	固定膝关节，踝关节或矫正畸形	适用于大腿、小腿骨折或神经损伤及术前、术后		1
20021	膝矫形器	只	定制，热塑板材	固定下肢，矫正畸形，帮助恢复膝关节功能	适用于大腿、小腿骨折或神经韧带损伤及畸形矫形术后		1

续表

辅具编号	辅具名称	单位	主要部件或材料要求	功能	适用范围	最高支付限额	最低使用年限
20022	髋膝踝足免荷式矫形器	只	定制，热塑板材，金属支条，由腰骶矫形器和大腿矫形器用髋铰链连接组成	用坐骨支撑体重，腰骶部辅助固定	适用于大腿骨折、下肢肌力比较弱、大腿、小腿骨或神经损伤及术前、术后需要坐骨负重的		1
20023	截瘫行走矫形器	副	定制，热塑板材，机械组件	帮助截瘫病人站立或近距离行走	适用于第四胸椎以下截瘫、上肢功能良好的伤残者		1

三、生活类辅助器具（13项）

辅具编号	辅具名称	单位	主要部件或材料要求	功能	适用范围	最高支付限额	最低使用年限
30001	防褥疮床垫	个	内胆为橡塑气道型：双通道自动程控气囊换气，具有压力调节旋钮；全包覆式床罩，采用PVC面料或其他具有良好的防水透气性和吸湿功能的材质，且不产生滑动	增加接触面积和分散压力，可每天24小时连续使用	适用于长期卧床的重度伤残者		3
30002	防褥疮坐（靠）垫	个	内胆包括橡塑气囊、外材料有防水、防霉、抗菌性能，坐垫与轮椅适配	增加接触面积和分散压力	适用于需长时间乘坐轮椅者		2
30003	坐便椅	只	铝合金材料，坐便部分为塑料材质，并配有可拆卸坐垫和马桶	辅助如厕，可折叠，可调节高度	适用于行动不便者		3
30004	腋杖	副	木质、不锈钢或铝合金材质	可调节高度，减轻下肢承重，获得辅助支撑力，提高行走的稳定性	适用于下肢支撑能力较差的伤残者		4
30005	肘杖	只	铝合金材料，可调节高度；肘托力塑料材质	减轻下肢和腋下承重，获得辅助支撑力，提高行走的稳定性	适用于下肢支撑能力较差的伤残者		4
30006	手杖	只	铝合金材料，可调节高度	提高行走的稳定性	适用于平衡能力较差者		4
30007	框式助行器	个	铝合金材质	稳定性优于各类拐杖，适合下肢伤残者辅助行走	适用于平衡能力较差的下肢伤残者		4

续表

辅具编号	辅具名称	单位	主要部件或材料要求	功能	适用范围	最高支付限额	最低使用年限
30008	轮式助行器	个	铝合金材质	稳定性优于各类拐杖，适合下肢伤残者辅助行走	适用于平衡能力较好的下肢伤残者		4
30009	普通轮椅	辆	铝合金车架	代偿步行	适用于具备自行站立功能，但需借助轮椅代步的伤残者		3
30010	坐便轮椅	辆	铝合金车架、硬座、带坐便桶	代偿步行及如厕	适用于长期借助轮椅代步的重度伤残者		4
30011	高靠背轮椅	辆	铝合金车架、配备头枕、身体固定带、腿托等配件	代偿步行，靠背可在全躺位、半躺位、直立之间调整	适用于需较长时间借助轮椅活动的重度伤残者		3
30012	手摇三轮车	辆	包括双手前摇和单手平摇两种方式操控三轮车，设有倒挡，车架为钢质	由使用者依靠自身力量手动驱动	适用于下肢残疾但上肢健全具有相应体力的伤残者		3
30013	盲杖	个	成品、塑料、碳纤或金属等，分为直杖及折叠杖	辅助行走	适用盲人		3

四、其他辅助器具（11项）

辅具编号	辅具名称	单位	主要部件或材料要求	功能	适用范围	最高支付限额	最低使用年限
40001	耳背式助听器	台	电子产品、综合材料	用于听力伤残人员补偿听力	适用于听力损失大于 90 dB（HL）的听力伤残人员		6
40002	耳内式助听器	台	电子产品、综合材料	用于听力伤残人员补偿听力	适用于听力损失小于 90 dB（HL）的听力伤残人员		6
40003	耳道式助听器	台	电子产品、综合材料	用于听力残疾人补偿听力	适用于听力损失小于 81 dB（HL）的听力伤残人员		6
40004	光学助视器	个	眼镜式或台式、光学镜片	放大功能，放大倍数固定	适用于低视力者		3
40005	假眼	只	定制，新型高分子材料	弥补眼球缺陷	适用于眼球缺损者		4

续表

辅具编号	辅具名称	单位	主要部件或材料要求	功能	适用范围	最高支付限额	最低使用年限
40006	假鼻	只	定制，硅胶	弥补鼻部缺陷	适用于鼻部缺损者		3
40007	假耳	只	定制，硅胶	弥补耳部缺陷	适用于耳部缺损者		3
40008	假乳房	只	成品，硅胶	弥补乳房缺陷	适用于乳房缺损者		3
40009	假发	只	人造假发	弥补缺发或无发缺陷	适用于整体毛发缺损者		3
40010	全口假牙	件	复合树脂牙、塑料基托（甲基丙烯酸甲酯）、铸造金属基托（钴铬合金、钛）	代替缺失牙齿及相关组织，恢复咀嚼、发音、美观功能，需摘下清洗	适用于上颌或下颌牙齿的全部缺失者		4
40011	半口假牙	件	复合树脂牙、塑料基托（甲基丙烯酸甲酯）、金属弯制卡环、铸造金属卡环、金属基托及卡环（钴铬合金、钛）	代替缺失牙齿及相关组织，恢复咀嚼、发音、美观功能，需摘下清洗	适用于上颌或下颌牙列从缺失一颗牙齿到仅剩一颗牙齿		4

备注：安装编号为10005、10008、10011、10014的肌电假肢时，一侧安装肌电假肢，另一侧则安装装饰性假肢或索控式假肢。

52 人力资源社会保障部关于印发《工伤康复服务项目（试行）》和《工伤康复服务规范（试行）》（修订版）的通知

人社部发〔2013〕30号

各省、自治区、直辖市及新疆生产建设兵团人力资源社会保障厅（局）：

为进一步规范和加强工伤康复管理工作，我部在总结2008年制定的《工伤康复服务项目（试行）》和《工伤康复诊疗规范（试行）》执行情况基础上，结合国家发改委、卫生部、国家中医药管理局颁布的《全国医疗服务价格项目规范（2012年版）》（以下简称《价格项目规范》），组织修订了《工伤康复服务项目（试行）》（以下简称《服务项目》）和《工伤康复服务规范（试行）》（以下简称《服务规范》），现印发你们，并就有关问题通知如下：

一、《服务项目》和《服务规范》既是工伤康复试点机构开展工伤康复服务的业务指南和工作规程，也是工伤保险行政管理部门、社会保险经办机构和劳动能力鉴定机构进行工伤康复监督管理的重要依据。工伤保险行政管理部门和经办机构要密切配合，积极协调有关方面，特别是结合贯彻《国家发展改革委 卫生部 国家中医药管理局关于规范医疗服务价格管理及有关问题的通知》（发改价格〔2012〕1170号），认真做好《服务项目》和《服务规范》的实施工作。

二、《服务项目》和《服务规范》的使用范围仅限于在各地确定的工伤康复协议机构进行康复的工伤人员。工伤职工康复期间必需使用的中医治疗、康复类项目按本地《工伤保险诊疗项目目录》的规定执行。

三、各地在贯彻实施《服务项目》和《服务规范》中，应坚持实事求是的原则，根据当地康复技术发展水平对《服务项目》进行适当调整，调整幅度控制在《服务项目》总数10%范围内，并加强对康复服务项目使用合理性的管理，明确康复服务项目使用适应证、服务项目合理次数等要求。同时结合本地实际对《服务规范》进一步细化。各地对《服务项目》和《服务规范》的调整情况报我部备案。

四、《服务项目》中列入《价格项目规范》的康复项目，各地要严格执行发改价格〔2012〕1170号文件相关规定；未列入《价格项目规范》的康复项目，各地要按照有关规定，积极与当地价格主管部门协商，争取支持。未经批准或同意的医疗康复服务项目暂不开展。

五、各地要加强管理，制定切实可行的康复管理办法和评估办法，细化与康复机构签订的协议内容，探索工伤康复费用结算方式，确保基金支付合法、合理、安全。

六、各地在《服务项目》和《服务规范》试行过程中，对其中尚未涉及的伤残病种，要不断加强探索，继续开展深入研究，总结经验，摸索规律。我部将根据各地工伤康复工作实践情况适时予以补充完善。如有重大问题，请及时报告我部。

附件：1.《工伤康复服务项目（试行）》（2013年修订）
　　　2.《工伤康复服务规范（试行）》（2013年修订）

人力资源社会保障部
2013 年 4 月 22 日

附件1：

工伤康复服务项目
（试行）

（2013年修订）

人力资源社会保障部
2013年4月

说　明

一、《工伤康复服务项目（试行）》（以下简称《服务项目》）按照康复医学和措施分类方法，分为医疗康复服务和职业社会康复服务两大类，共计236项（未计中医治疗类项目），基本涵盖了工伤康复服务所必需的各种功能评定和治疗训练项目。其中，医疗康复服务包括康复功能评定、康复治疗、康复护理和其他治疗4类，共190项；职业社会康复服务包括评估和训练2类，共46项。

二、项目来源有两类：一类来自《全国医疗服务价格项目规范（2012年版）》（发改价格〔2012〕1170号）（以下简称《价格项目规范》）中已有的康复医疗相关项目（在每个项目后附有标准编码）；另一类参考已开展工伤康复工作的省（市、区）及港台相关康复机构康复服务项目，根据工伤康复实际需要补充。

三、本《服务项目》每个项目包括项目编码、项目名称、计价单位、计价说明、项目内涵、除外内容、适用范围和标准编码，其中项目名称、计价单位、项目内涵和除外内容的表述按照《价格项目规范》相关要求编制。"计价说明"中"包括"后面所列的不同服务内容和技术方法，可以单独计费；"计价说明"中"含"表示在该项目中应当提供的服务内容，这些服务内容不得单独分解计费。

四、本《服务项目》用于指导各地在工伤康复工作中，明确服务项目内容，规范开展工伤康复服务。

五、随着康复技术的发展和工伤康复试点工作的深入，《服务项目》将及时调整修订和完善。

目　录

一、医疗康复服务类
　（一）康复功能评定
　　　1. 运动、感觉、心肺功能评定
　　　2. 作业评定
　　　3. 言语-语言、摄食-吞咽评定
　　　4. 心理评估
　　　5. 其他评定
　（二）康复治疗
　　　1. 物理治疗Ⅰ（运动治疗）
　　　2. 物理治疗Ⅱ（理疗）
　　　3. 物理治疗Ⅲ（水疗）
　　　4. 作业治疗
　　　5. 言语-语言、摄食-吞咽治疗
　　　6. 心理治疗

（三）康复护理
（四）其他治疗
二、职业社会康复服务类
（一）评估类
（二）训练类

一、医疗康复服务类

项目编码	项目名称	计价单位	计价说明	项目内涵	除外内容	适用范围	标准编码
11	（一）康复功能评定						
1101	1.运动、感觉、心肺功能评定						
1101001	呼吸方式+呼吸肌功能的评定	次	含呼吸肌力量和耐力测定，分别测其最大吸气、呼气压、膈肌功能	测试前说明目的和要求并取得患者配合，装置呼吸肌功能检测仪，呼吸肌目前的状况和功能的客观检查。人工报告		伴有呼吸异常，气促、胸痛和肺功能障碍的工伤职工	MADJE002
1101002	平衡试验	次		含平衡台试验，行感觉结构分析，分别在六种条件下行静态平衡功能检查，每个条件下做两次，观察条件下足底压力中心的晃动面积及前后、左右的晃动长度及平衡得分，行感觉结构分析，分别观察视觉、本体觉以及前庭觉在平衡维持中的得分，计算Romberg商，行稳定极限范围试验，观察患者在保持不跌倒的情况下身体中心晃动的最大范围。行跌倒评估试验，在平板运动情况下让患者睁眼、闭眼，观察患者身体随平板运动时的增益、幅值及能量消耗情况，预估跌倒的概率。视动试验旋转试验甘油试验、不含平板试验		伴有平衡功能障碍的工伤职工	FFA04704
1101003	6分钟步行测试	次	含步行中出现的血压、心率、血氧饱和度的变化情况，步行距离及步行中出现的不适症状等	评定前说明目的和要求并取得患者配合；患者按要求进行6分钟步行测试；如患者中途不适可终止步行；记录血氧饱和度（SpO_2）%、心率和气短指数，使用量量尺度并计算准确的步行距离及不适症状		伴有心肺功能障碍的工伤职工	MABXA001

续表

项目编码	项目名称	计价单位	计价说明	项目内涵	除外内容	适用范围	标准编码
1101004	10米步行测试	次	含步行时间及步行中出现的不适症状等	评定前说明目的和要求并取得患者配合；患者按要求进行10米步行测试；如患者中途不适可终止步行；记录步行时间及不适症状，以评定患者的步行速度和运动功能		伴有步行障碍的工伤职工	MABXA002
1101005	步态分析检查	次	含对步行速度、步长、步频、步态对称性、步行周期中各关节力学角度变化的评定	采用步态分析系统进行检查操作，在躯干、髋、膝、踝及第5趾骨等关节处贴标志点，采集步态视频，图像后处理，对步行速度、步态对称性、步长、步宽、步行周期中各环节特征识别，站立相与摆动相比例百分比，下肢诸关节运动曲线及数据进行处理分析。图文报告		伴有步行功能障碍的工伤职工	MABXA003
1101006	步态动力学分析检查	次	含对步行作用力、地面反作用力、足底受力分布及重心转移的静态或者动态变化的评定	采用动力学步态分析系统，患者从铺设在地面的压力传感器上走过，通过该系统对行走中下肢（髋、膝、踝关节）受力情况进行地反力、关节力矩、人体代谢弹性能量与机械能转换与守恒等的诊断。人工报告		伴有步行功能障碍的工伤职工	MABXA003
1101007	心功能康复评定	次	包括活动平板试验及功率自行车试验	利用仪器监测生命体征，连接电极、面罩，留取静息心电图，根据心电图S-T段变化，患者在平板或踏车上按运动方案运动、心律失常以及耗氧量，分钟潮气量、呼吸商，代谢当量进行判断，评价运动心功能，指导患者进行有氧运动训练，制定运动处方		伴有心肺功能障碍的工伤职工	MADKA001

续表

项目编码	项目名称	计价单位	计价说明	项目内涵	除外内容	适用范围	标准编码
1101008	肺功能康复评定	次	含主观呼吸症状及肺功能客观检查	利用肺功能测定仪，监测生命体征，连接电极、面罩，留取静息心电图，患者在平板或踏车上按运动方案运动，根据心电图 S-T 段变化、心律失常以及耗氧量、分钟潮气量、呼吸商、代谢当量进行判断，评价运动肺功能，指导患者进行有氧运动训练，制定运动处方		伴有心肺功能障碍的工伤职工	MADJE001
1101009	菲戈-迈耶评价（Fugl-Meyer 评价，FMA）	次	含运动控制、平衡、感觉、关节活动度及疼痛方面的检查	评定前说明目的和要求并取得患者配合；采用国际标准测试量表；按评分项目进行检查，并按标准给予评分；统计分数，得出结果		颅脑损伤偏瘫的工伤职工	
1101010	脊髓损伤 ASIA 评价	次	含关键肌，感觉关键点，损伤水平和程度的检查	评定前说明目的和要求并取得患者配合；采用国际标准测试量表；按评分项目进行检查，通过关键肌的肌力检查、感觉关键点的感觉检查及脊髓损伤状态的判断来确定脊髓损伤的水平和程度，并按标准给予评分；统计分数，得出结果		脊柱脊髓损伤的工伤职工	
1101011	肢体形态测量	次	含肢体外观、长度、肌围度检查	利用量尺对患者肢体的外观、长度、肌围度与肿胀的状况进行测量，并与对侧肢体进行比较，认真记录。人工报告		可能有肢体畸形、肌肉萎缩或肿胀的工伤职工	MAZW6005
1101012	布伦斯特伦评价（Brunnstrom 评价，BRSS）	次	含偏瘫侧上、下肢及手功能评价	评定前说明目的和要求并取得患者配合；采用国际标准；按评定项目进行偏瘫侧上肢、手及下肢运动功能检查，并按标准评级		脑疾病和损伤的工伤职工	
1101013	肌张力评定	次	含肌紧张、腱反射检查	采用肌力测定仪对患者进行检查，标准测试体位，将压力传感器垂直置于被测肌腹上，依次在休息位和最大等长收缩状态下各进行5次重复测量，取同名肌双侧比较。人工报告		中枢神经及周围神经系统损伤的工伤职工	MABX8001

第一部分　工伤保险法律法规章文件

续表

项目编码	项目名称	计价单位	计价说明	项目内涵	除外内容	适用范围	标准编码
1101014	等长肌力评价	次/单组肌肉	含相应角度的等长测试	采用等长肌力测试仪器对患者进行不同关节角度下等长肌力的测试。人工报告		可能有肌肉功能障碍的工伤职工	MABX8003
1101015	关节活动度检查	单关节	含关节的屈伸展、内收外展及旋转	利用徒手的方式，摆放不同体位，主动地进行关节活动，根据动作完成的状况与质量，利用量角器准确地摆放量角器的移动臂和固定臂，记录关节的活动度与患者的反应或状况。人工报告		有关节功能障碍的工伤职工	MABX7001
1101016	运动协调性检查	次/单肢	含对指、指鼻、跟膝胫试验、轮替试验等	采用计算机辅助的肢体三维运动检查设备，记录指鼻试验、指指试验、跟膝胫试验等的运动轨迹并进行定量分析。人工报告		中枢神经系统损伤的工伤职工	MACZY002
1101017	感觉障碍检查	次		使用定量感觉障碍测定仪，将温度觉探头或振动觉探头置于被测部位，测量受检者的温度觉、振动觉和痛觉。人工报告		存在或可疑存在感觉障碍的工伤职工	MAEBZ001
1101018	单丝皮肤感觉检查	次		采用单丝触觉测量计，即通过采用20种不同直径、不同压力的单丝垂直作用于皮肤，定量测定受检者的触觉。根据感觉减退时所用单丝水平，确定损伤部位、损伤水平、损伤性质以及神经损伤恢复程度。人工报告		存在或可疑存在感觉障碍的工伤职工	MAEYR001
1101019	疼痛综合评定	次	含疼痛部位、性质、程度、诱发因素	进行麦吉尔疼痛问卷评定、视觉模拟评分法评定，对患者疼痛的部位、程度、性质、频率和对日常生活的影响等方面进行综合评定。人工报告		存在疼痛的工伤职工	MAZZY001

223

续表

项目编码	项目名称	计价单位	计价说明	项目内涵	除外内容	适用范围	标准编码
1101020	等速肌力测试	次/单关节	含不同角速度下的等速测试	采用等速运动肌力测试系统。依次标定被试体重，被测肢体重量，然后在仪器预先选定的速度（慢速、中速和快速）下进行被测肢体的等速运动测试。人工报告		可能有肌肉功能障碍的工伤职工	MABX8002
1101021	偏瘫肢体功能评定	次	含偏瘫侧上、下肢及手功能评价 该项目不得与同类单项服务项目同时使用并收费	采用偏瘫肢体功能评定量表对偏瘫患者上肢、手指，下肢的联合反应、随意收缩、痉挛、屈伸肌联带运动、部分分离运动、分离运动，速度协调性、运动控制、平衡、感觉、关节活动度及疼痛等方面进行综合检查。人工报告		脑血管意外及颅脑损伤后肢体功能障碍的工伤职工	MABW6001
1101022	跌倒风险评估	次		采用姿势稳定测试系统对患者进行评估，要求患者站立在压力传感器的垫上依次完成睁眼，闭眼，头部向前、后、左前、右前等检查动作。给予跌倒风险程度的分析报告。根据测试数据，甄别产生跌倒风险的原因。人工报告		存在跌倒风险的工伤职工	MACZY001
1102	2. 作业评定						
1102001	作业需求评定	次	含日常生活活动、生产性活动、娱乐休闲活动3方面康复需求的评定。使用标准量表，推荐加拿大作业表现量表（COPM）	通过对患者受伤前、现阶段以后生活中每日自主要活动的内容的了解，引导患者找出其重要、最需要完成的活动并排序，并对重要性、现实表现及满意度打分，通过结果分析，指导作业治疗的方向。人工报告		有作业治疗需求的工伤职工	

续表

项目编码	项目名称	计价单位	计价说明	项目内涵	除外内容	适用范围	标准编码
1102002	日常生活能力评定	次	包括 Barthel 指数（BI）、改良 Barthel 指数（MBI）量表等	对患者的个人卫生、进食、更衣、排泄、入浴、器具使用、床上运动、移动、步行、交流以及自助具的使用进行评定。人工报告	功能独立程度评定	脑损伤、脊髓损伤、烧伤及骨关节损伤等可能存在日常生活活动障碍的工伤职工	FAD04701 FAD04702
1102003	手功能评定	次	包括徒手评定、仪器评定及标准量表评定（如普渡钉板试验、Jebsen 手功能试验、明尼苏达操作试验等）	利用徒手、仪器或计算机上肢功能评价系统对患者进行手部功能的检查，其中有速度、协调性以及动作完成的准确性等量化指标，同时电脑记录相关数据。人工报告		手外伤、上肢骨关节损伤、脑损伤、脊髓损伤、烧伤等存在手功能障碍的工伤职工	MAHWR001
1102004	蒙特利尔认知评估（MoCA）	次		指用于额叶损伤患者认知障碍首诊检查。量表包含 12 个检查项目，分别测定执行功能、失认症、瞬时和延迟记忆、听觉注意、视觉注意、复述、语言流畅性、抽象分类、时间（或地点）定向、结构性失用等功能。人工报告		脑损伤可疑存在认知障碍的工伤职工	FAP04701
1102005	简明精神状况测验（MMSE）	次		用于认知缺损筛选。由精神科医师以一对一的方式对患者实施测验，共 19 大项 30 个小项，观测被试思维、行为、情绪，记录测验内容，分析测量数据，出具报告		脑损伤可疑存在认知障碍的工伤职工	FAP04703

续表

项目编码	项目名称	计价单位	计价说明	项目内涵	除外内容	适用范围	标准编码
1102006	成套认知测验	次	包括神经行为认知状态测试（NCSE）、洛文斯顿认知成套测验（LOTCA）等成套认知评定	采用标准成套认知测验量表，如洛文斯顿认知成套测验等，对患者的定向、记忆、注意、思维、解决问题等方面进行综合测验。人工报告	记忆力、注意力、思维能力等专项评定	经认知功能筛查存在认知障碍的脑损伤工伤职工	FAP04708
1102007	记忆力评定	次	包括临床记忆测验、中国韦氏成人记忆测验、行为记忆测验（RBMT）等	采用标准记忆测验量表对患者进行记忆专项测验。人工报告		经检查存在记忆障碍的脑损伤工伤职工	FAK04705 FAK04706 FAK04707
1102008	注意力评定	次	包括行为注意测验（TEA）、注意划消测验、注意成套测验、注意网络测验（ANT）等	采用标准注意评定量表，如TEA等，对注意障碍者进行专项注意测验。人工报告		经检查存在注意障碍的脑损伤工伤职工	FAJ04704 FAJ04702 FAJ04705
1102009	失认症评定	次	含物品失认、颜色失认、面容失认、同时失认等内容的评定	通过对患者进行物品辨认、图形辨认、颜色辨认、面容辨认，同时失认以及颜色失认。人工报告		脑损伤后可能存在失认的工伤职工	MAFAZ002
1102010	失用症评定	次	含结构性失用、运动性失用、意念性失用等内容的评定	通过对患者进行动作等检查，诊断患者是否存在结构性失用、运动性失用、意念性失用等。人工报告		脑损伤后可能存在失用的工伤职工	MAFAZ003
1102011	失算症检查	次	含对数字序列、数字符号转换、比较大小、心算、估算、笔算、书写运算式、数学常识等项目进行评定	采用失算症评定系统对患者进行数字序列、点计数、数字符号转换、计算符号、比较大小、心算、估算、笔算、书写运算式、数学常识等项目的检查。人工报告		脑损伤后可能存在失算的工伤职工	MAFAZ004

第一部分　工伤保险法律法规章文件

续表

项目编码	项目名称	计价单位	计价说明	项目内涵	除外内容	适用范围	标准编码
1102012	生活质量评定	次	含生理、心理、人际关系、周围环境等方面	对患者进行主观生活质量（日常生活满意指数）和客观生活质量（功能性限制分布量表）的评定。人工报告		脑损伤、脊髓损伤、烧伤及骨关节损伤、手外伤等工伤职工	MAMZY002
1102013	家务能力评定	次	含备餐、清洁、整理房间、洗衣、家庭预算、购物等内容	对患者家务能力方面，包括备餐、清洁、整理房间、洗衣、家庭预算、购物等内容进行评定。人工报告		有家务活动需要且存在障碍的工伤职工	
1102014	瘢痕评定	次	包括温哥华瘢痕评定量表（VSS）等	使用瘢痕评定量表，如温哥华瘢痕评定量表（VSS）等，对烧伤或外伤后瘢痕的颜色、血流、厚度进行评定。人工报告		烧伤、创伤、手术等导致增生性瘢痕残存的工伤职工	
1102015	功能独立程度评定	次	包括功能综合评定量表（FCA）等	应用标准量表对患者的自理能力、行动能力、二便控制、转移、认知、社会功能等方面进行评定，评定独立生活能力及受损程度。人工报告		脊髓损伤、脑损伤、烧伤及骨关节损伤等可能存在独立生活障碍的工伤职工	
1102016	辅助器具使用评价	次	含辅助器具需求评定、适合度评定和使用评定	根据患者需要使用的辅助器具类别评定所用辅助器具是否符合患者功能需要，评价辅助器具的适合性观察患者使用情况，为确定康复目标和康复治疗方案提供依据，给出具体建议并出具报告		有辅助器具使用需求或正在使用的辅助器具的工伤职工	MAHZZ001

续表

项目编码	项目名称	计价单位	计价说明	项目内涵	除外内容	适用范围	标准编码
1102017	截肢评价	次	包括截肢患者早期评价、截肢患者中期评价和截肢患者末期评价	在截肢初、中末期对工伤职工进行截肢评价，包括残端皮肤条件，有无皮肤破溃、红肿、窦道形成，残端肌肉固定情况，有无锥形残端，有无肌肉刺形成，有无行骨融合，残端骨骼处理情况：有无骨刺形成，有无行骨融合，残端有无压痛；残端皮肤感觉情况：有无感觉减弱或消失，局部有无神经瘤形成，有无残肢痛，有无幻肢痛，残肢相邻关节的活动度，有无功能障碍，残肢周围肌肉力量的大小的综合评价等，确定残端综合康复治疗以及式假肢的更换、转移、闭目站立、双脚并拢站立、单腿站立、双足一前一后站立等动作；负重平衡评定、负重质量的评定；假肢的悬吊情况，接受腔的情况，与残端的匹配情况		截肢后的工伤职工	MAZW6002 MAZW6003 MAZW6004
1102018	轮椅肢位摆放评定	次	含轮椅类型、尺寸的评定以及肢体摆放评定以及臀部和背部压力的测评	利用专业的轮椅系统矫正设备、数据收集设备、坐位和背部传感器、轮椅模拟器和组合式气垫以及电脑软件对轮椅基本功能进行规范的测评，含轮椅类型、尺寸的评定以及肢体摆放评定时的坐姿以及背部和臀部压力的测量		脑损伤、脊髓损伤等需长期使用轮椅的工伤职工	MAHZZ002

228

第一部分　工伤保险法律法规规章文件

续表

项目编码	项目名称	计价单位	计价说明	项目内涵	除外内容	适用范围	标准编码
1102019	综合能力评估	次	含肢体运动功能、认知功能、日常生活活动能力、生存质量、就业能力等综合定量评定该项目不得与上述已包含的单项服务项目同时使用并收费	对肢体运动功能、认知功能、日常生活活动能力、生存质量、就业能力等做综合定量评定。人工报告		存在运动功能、认知功能、日常生活活动能力障碍的工伤职工	MAMZY001
1103	3. 言语-语言、摄食-吞咽评定						
1103001	失语症检查	次	含听、说、读、写各项语言功能的检查	使用失语症检查表对患者的听理解、复述、命名、描述、朗读、阅读、抄写、描写、短句水平、复杂句水平、计算各个方面在单词水平、复杂句水平方面的残存能力进行检查、评分、分析。人工报告		存在失语的工伤职工	MAGAZ008
1103002	吞咽功能障碍检查	次	含专业检测及分析报告	使用口颜面功能检查表、吞咽功能检查表，吞咽失用检查表对患者进行检查，对患者的口唇、舌、颊、颌、软腭、喉的运动及功能进行检查，对患者的吞咽动作和饮水过程有无呛咳、所需时间、饮水状况进行分级。人工报告		存在摄食吞咽障碍的工伤职工	MAGGK001
1103003	100单词听理解检查	次	含专业检查及分析报告	使用100单词听理解检查表对患者单词水平的听理解能力进行评估，并按评分标准给予评分，统计得分。人工报告		存在言语言功能障碍的工伤职工	MAGAZ011

续表

项目编码	项目名称	计价单位	计价说明	项目内涵	除外内容	适用范围	标准编码
1103004	100单词命名检查	次	含专业检查及分析报告	使用100单词命名检查表对患者单词水平的命名能力进行评估,并按评分标准给予评分,统计得分,人工报告		存在言语-语言功能障碍的工伤职工	MAGAZ012
1103005	实用性语言交流能力检查(CADL)	次	含专业检查及分析报告	使用实用性语言交流能力检查表对患者日常交流能力进行评估,判断语言交流障碍的程度和建议采用的代偿方法,人工报告		存在实际语言交流能力障碍的工伤职工	MAGAZ010
1103006	代币检查(Token test)	次	含专业测验及分析报告	使用代币检查表对患者的听理解在单词水平、短句水平、复杂句水平方面的残存能力进行检查,评分、分析,人工报告		存在听理解障碍的脑损伤工伤职工	MAGAZ009
1103007	失语症筛查	次	含专业测验及分析报告	使用失语症筛查表对患者进行听理解、命名、复述、手语表示等方面的测查,人工报告		存在失语症的工伤职工	MAGAZ002
1103008	言语失用检查	次	含专业测验及分析报告	使用言语失用检查表对患者进行口失用和言语失用的测查,人工报告		存在言语失用的或口颜面失用的工伤职工	MAGAZ006
1103009	构音障碍检查	次	含单词、音节及句子水平的发音检查和构音器官运动检查等各项检查	使用构音功能检查表对患者的肺、部肌肉、喉、咽喉、硬腭、软腭、下颌等存在构音器官异常和运动障碍进行检查,使用构音检查表对患者的运动障碍的发音清晰度,以及各个言语水平及其异常的发音系统评价,使用吹气法、鼻息镜检查法,评定,呼吸流量计对患者的鼻漏气进行检查,评定,人工报告		存在构音功能障碍的工伤职工	MAGAZ005

续表

项目编码	项目名称	计价单位	计价说明	项目内涵	除外内容	适用范围	标准编码
1103010	鼻流量检查	次	含采用鼻流量检测仪给患者进行发声功能的检查及分析报告	使用鼻流量检查仪,在发音和音语状态下,检查患者异常鼻漏气的定量指标,人工报告		存在发声功能障碍的工伤职工	MAGGA001
1103011	语音频谱分析检查	次	含采用计算机语音分析仪进行发声功能的检查及分析报告	使用语音频谱分析仪,根据需要实时采集患者的语音,并对患者的语音进行提取分析,获得共振峰、语谱、音量、音频等参数,分析其发声时构音器官的运动特点。人工报告		存在发声功能障碍的工伤职工	MAGAZ014
1103012	喉发声检查	次	含采用喉发声检查仪进行嗓音功能的检查及分析报告	使用喉发声检查仪,对患者发声进行检测,获得最长声时、基频、音频微扰、振幅微扰等参数,分析其发声时声带闭合的情况,声带振动的规律性等。人工报告		存在嗓音障碍的工伤职工	MAGGM001
1103013	纤维喉镜检查	次	含使用内窥镜进行吞咽检查及分析报告	1%的卡因鼻腔、鼻咽、口腔、下咽黏膜表面麻醉,纤维喉镜经一侧鼻腔进入,检查鼻腔、喉咽腔及下咽梨状窝、黏膜情况,是否有肿物、异物或其他情况。人工报告		存在摄食-吞咽功能障碍的工伤职工	FGM01602
1103014	上消化道X线造影(吞咽透视检查)	次	含使用对比剂对吞咽障碍患者进行上消化道造影检查及分析报告	选择适合的患者,准备好口服对比剂合并去除检查部位的金属物品后,让患者根据指令吞咽对比剂,在透视下多角度观察其口腔、咽喉、食道、胃、十二指肠的形态及蠕动,并根据需要点片(胶片)、冲洗照片。人工报告		存在吞咽障碍的工伤职工	EACPB001
1104	4. 心理评估						

续表

项目编码	项目名称	计价单位	计价说明	项目内涵	除外内容	适用范围	标准编码
1104001	焦虑评估量表测评	次	包括宗（Zung）氏焦虑自评量表、汉密尔顿焦虑量表、贝克焦虑量表、状态-特质焦虑问卷等	用于焦虑症状的评定。由心理师采用特定量表进行评定，并出具报告		存在焦虑情绪的工伤职工	FAL04701 FAL04702
1104002	抑郁评估量表测评	次	包括宗（Zung）氏抑郁自评量表、汉密尔顿抑郁量表、贝克抑郁量表等	用于抑郁症状的评定。由心理师采用特定量表进行评定，并出具报告		存在抑郁情绪的工伤职工	FAL04703 FAL04706 FAL04705
1104003	长谷川痴呆测验（HDS-R）	次	含专业评定量表	用于痴呆症的筛选。由心理师（或精神科医师）以一对一的方式对患者实施测验，共24个小项，9大项，观测数据包括思维、行为、情绪，记录观测内容、观测数据系统地询问、精神科医师分析测量数据，需要完成的询问，出具报告		存在智力受损的工伤职工	FAC04701
1104004	强迫症状问卷（YALE-BROWN）测评	次	含专业评定量表	用于强迫症状的量化检查。该量表是一个他评量表，由精神科医师或心理师根据病人的情况作出相应评定，用来反映强迫症的严重程度，分为反映强迫观念和强迫行为各5项，每项按5级评分法，观测数据包括行为、情绪，记录观测内容、分析测量数据		存在强迫症状的工伤职工	FAY04707
1104005	症状自评量表（SCL-90）测评	次	含专业评定及电脑分析报告	适用于神经症、适应障碍及其他轻性精神障碍患者自我评定，在心理测查室的心理师指导、看护下，由被试者完成人机对话式测查，观测被试者的行为、情绪，记录观测内容、指导答题，分析测量数据，出具报告		存在神经症、适应障碍及其他轻性精神障碍的工伤职工	FAX04713

续表

项目编码	项目名称	计价单位	计价说明	项目内涵	除外内容	适用范围	标准编码
1104006	中国韦氏成人智力测验	次	含专业评定及电脑分析报告	运用最新修订版本的中国韦氏成人智力量表进行智力检查。由心理师以一对一的方式对患者实施测验,含言语量表和操作量表两部分,共10余个分测验,根据被测试年龄、受教育年限和职业标准化后评分,由心理师或精神科医师分析测量数据并出具报告		存在智力受损的工伤职工	FAC04712
1104007	瑞文智力测验	次	包括联合型瑞文测验、瑞文推理测验等,含专业评定及电脑分析报告	用于评定言语障碍患者的智力水平。在心理测查室的心理师看护下,完成人机对话式智力测验。共72项或60项,分析结果并出具报告		有言语障碍的工伤职工	FAC04708 FAC04711
1104008	成人智残评定量表测评	次	含专业评定及电脑分析报告	用于评测被试者的社会适应能力,分7个项目判定。由精神科医师对被试进行检查并向知情人,将测试结果输入计算机并出具报告		智力低下或疑智力低下的工伤职工	FAD04705
1104009	明尼苏达多相个性测验	次	含专业评定及电脑分析报告	用于人格检查,在心理师指导、看护下,完成人机对话式(10个临床式测验)14个量表(10个临床量表和4个效度量表),这些题目组成共566个题目,观测被试心理活动,由心理师或精神科医师分析测量数据并出具报告		无明显认知障碍的工伤职工	FAE04714
1104010	人格诊断问卷测评(PDQ-4+)	次	含专业评定及电脑分析报告	用于评估被试者的人格障碍,多用于精神病临床或心理咨询门诊。在心理测查室(107项),由心理师或精神科医师分析测量数据并出具报告		存在人格障碍的工伤职工	FAE04708
1104011	艾森克个性测验	次	含专业评定及电脑分析报告	用于人格检查,由被试在心理测查师的心理指导、看护下,由被试完成人机对话式测评,共88个项目,含4个分量表,采取2级评分,由心理师或精神科医师分析测量数据并出具报告		无明显认知障碍的工伤职工	FAE04710

续表

项目编码	项目名称	计价单位	计价说明	项目内涵	除外内容	适用范围	标准编码
1104012	五态性格问卷测评	次	含专业评定及电脑分析报告	可用于评定被试者的性格特征。在心理测查室的心理师看护下，完成人机对话式测查（103项），由心理师或精神科医师分析并出具报告		无明显认知障碍的工伤职工	FAE04709
1104013	卡特尔16项人格测验	次	含专业评定及电脑分析报告	用于人格检查。在心理测查室的心理师看护下，由被试者完成人机对话式测查，共187个项目，采取3级评分，由心理师或精神科医师分析测量数据		无明显认知障碍的工伤职工	FAE04713
1104014	A型性格问卷（TABP）测评	次	含专业评定及电脑分析报告	用于评定被试者的行为模式。在心理测查室心理师指导下，完成人机对话式测查（60项），计算机出报告		可疑A型性格的工伤职工	FAT04703
1104015	睡眠质量评估量表检查	次	包括匹兹堡睡眠质量指数量表、阿森斯失眠量表，含专业评定及电脑分析报告	由心理师或精神科医师采用特定量表进行评定，并出具报告		有睡眠障碍或存在睡眠障碍的工伤职工	FAG04701 FAG04702
1104016	防御机制问卷（DSQ）测评	次	含专业评定及电脑分析报告	用于心理防御机制方面的调查，在心理测查室的心理师指导，看护下，由被试分选择答题，心理师测对被试行为、情绪，记录观测内容，指导答题，分析测量数据，出具报告共88项，9级评分		无明显认知障碍的工伤职工	FAH04705
1104017	生活事件评定量表（LES）测评	次	含专业评定及电脑分析报告	用于应激事件强度的评定。在心理测查室的心理师指导，看护下，由被试者完成48个项目，观测被试行为、情绪，记录观测内容，指导答题，分析测量数据，并出具报告		无明显认知障碍的工伤职工	FAH04704
1105	5. 其他评定						

第一部分 工伤保险法律法规规章文件

续表

项目编码	项目名称	计价单位	计价说明	项目内涵	除外内容	适用范围	标准编码
1105001	足底压力检查	次		采用足底压力测试系统。让受试者静止站立在压力传感器平台上,检查者通过观察其足底压力分布状况,双侧比较,做出人工报告。可指导医用矫形鞋垫的设计和疗效评估		伴足底压力异常的工伤职工	MAZXU001
1105002	坐位压力检查	次		采用压力测试系统。将压力测试板放置在受试者的轮椅上,检查者通过观察其座位压力分布状况,并做出人工报告。可指导防褥疮坐垫的选择、个性化设计及疗效评估		需长期使用轮椅的工伤职工	
1105003	康复综合评定	次		以康复评价会的形式进行。患者的主管医生、护士、物理治疗师、作业治疗师、言语治疗师、心理治疗师、假肢矫形师等专业人员针对患者的功能障碍、家庭状况、社会环境等资料分析讨论,制定康复目标和训练计划,及时作出康复方案的调整,近期康复治疗计划,判定康复治疗的效果,在患者出院前,为回归家庭、社会提供必要的帮助,分初、中、末期康复综合评定		住院接受康复服务的工伤职工	MAMZY003
1105004	表面肌电图检查	次		采用表面肌电图仪采集患者在某一种特定运动中各组肌群收缩的起止时间,收缩的强度以及不同肌群收缩的顺序情况以及频谱分析特点,进行数据处理与分析,判断肌肉运动正常与否以及异常发生的原因。人工报告		神经肌肉功能障碍的工伤职工	MAAX8001
12	(二)康复治疗						
1201	1.物理治疗Ⅰ(运动治疗)						

235

续表

项目编码	项目名称	计价单位	计价说明	项目内涵	除外内容	适用范围	标准编码
1201001	关节运动训练	30分钟/次	含智能控制下的主动、被动训练	连接电源，设定并启动关节主动-被动运动动态参数。向病人说明训练注意事项。根据患者关节及肢体主被动运动能力选择训练的模式，按操作规程完成训练。记录结果		伴肢体运动控制障碍的工伤职工	MBBZX009
1201002	减重支持系统训练	20~40分钟/次	含系统支持下的减重步移、平衡及步行训练	利用减重支持仪，穿戴悬吊背心，根据其残存运动功能状况调整气压，拉紧悬吊拉扣后，徒手对患者进行被动的、辅助主动的、主动的减重步行训练，平衡协调性训练及转移训练		步行障碍，步态异常的工伤职工	
1201003	下肢机器人康复训练	50分钟/次	含训练前后的肢体参数测量及系统准备	训练前说明目的和要求并取得患者配合；穿戴好减重吊带，安装测试机器臂、悬吊起重，调节悬吊带体重；启动步行器及机器臂，步态反馈，根据患者下肢运动控制能力选择训练的具体参数；训练后关闭步行及减重设施，患者安全转移至轮椅		有负重行走望及潜能的偏瘫、截瘫工伤职工	MBBZX010
1201004	电动起立床训练	30分钟/次	含循序渐进的多角度站立训练	训练前说明目的和要求并取得患者配合；定带将患者固定在起立床上；选择相应的角度，根据病情循序渐进，利用电动控制按钮升或维持或减少站立角度；观察其反应		自主站立困难，血管收缩障碍或双下肢需站立负重的工伤职工	
1201005	肢体平衡功能训练	次	含坐位、立位下的平衡训练	指小脑性疾病、前庭功能障碍及肢体功能障碍的平衡训练。利用坐位、爬行位、单膝跪位、双膝跪位、双足立位、单足立位、双足平衡训练、动态平衡训练、功能性平衡训练，对患者进行徒手保护性平衡训练，功能反应的姿势反应性训练		伴平衡功能障碍的工伤职工	MBBZX013

第一部分　工伤保险法律法规规章文件

续表

项目编码	项目名称	计价单位	计价说明	项目内涵	除外内容	适用范围	标准编码
1201006	关节松动训练	每个关节	包括小关节（指关节）、大关节	利用不同手法力度，徒手对患者腕、掌指、指间、踝及足部的关节，进行不同方向的被动操作训练，扩大关节活动范围训练，缓解疼痛训练。利用不同手法力度，徒手对患者肩、肘、髋及膝关节进行不同方向的被动手法操作训练，扩大关节活动范围训练，缓解疼痛训练		伴有关节活动受限及疼痛的工伤职工	MBBX7002 MBBX7003
1201007	有氧训练	次	包括应用功率自行车（上、下肢）、跑步机等训练	根据患者具体情况，采用可调速度的康复训练跑台对患者进行康复训练。采用可调速度、可调坡度的功率自行车对患者进行康复训练。训练中心率、血氧饱和度、血压及疲劳程度等进行监测		伴有心肺储备能力下降的工伤职工	MBBZX011 MBBZX012
1201008	等速肌力训练	次	含不同角速度的等速肌力训练	采用等速肌力训练仪，选择不同训练肌群，选择不同的训练配件，将患者固定，选择训练速度、训练模式，设定训练量，包括训练的次数、组数、组间休息时间等		伴有肌肉功能障碍的工伤职工	MBBZX002
1201009	徒手肌力训练	30分钟/次	含向心、离心等张训练	训练前说明目的和要求并取得患者配合；让患者处于标准体位；选择适当训练处方（次数、组数等）；患者按要求完成动作，同歇时间		伴有肌肉功能障碍的工伤职工	
1201010	牵伸技术	次/单组肌肉	四肢及躯干各肌群	治疗前说明目的和要求并取得患者配合；检查适合的方案（牵伸手法，持续时间5~10秒钟，次数3~5次及频率等）；检查牵伸后的关节受限程度或肌张力大小		伴有关节活动受限，肌痉挛等的工伤职工	

续表

项目编码	项目名称	计价单位	计价说明	项目内涵	除外内容	适用范围	标准编码
1201011	神经促进技术	25~30分钟/次	包括选择性应用Brunnstrom、Bobath、PNF等神经发育疗法及MRP疗法	治疗前说明目的和要求并取得患者配合；检查促通技术训练前完成某功能活动的情况；特殊的运动模式、反射活动、本体和皮肤刺激进行训练；检查促通技术训练后的完成某功能活动的情况		中枢神经系统损伤的工伤职工	MBBZX005 MBBZX006 MBBZX007 MBBZX008
1201012	呼吸训练	次	含呼吸体操	徒手为患者胸部及其周围部位的肌肉进行被动的、辅助主动的、主动的放松训练，腹式呼吸训练、缩唇式呼吸训练、咳嗽训练、体位引流、特殊手法操作训练及器械训练		伴有呼吸功能障碍的工伤职工	MBBVG001
1201013	悬吊治疗	次	含颈部、胸段、腰段合网架下的减重训练、抗阻训练、平衡训练等	指使用滑道、悬吊配件、锁定装置、悬吊体或整个身体处于悬吊状态进行的治疗。一手抓住悬吊绳，另一手放开绳一侧慢慢拉动悬吊绳，直到悬吊带放松，把悬吊带高度调节到所需高度，将悬吊绳向闭锁一侧快速调节。锁定悬吊带，可以进行弱链测试，对整个身体固定在悬吊带中，调整所需高度，以此过程完成对身体固定在悬吊带中，调整肌肉放松训练，关节活动度训练、牵引、关节稳定性训练、感觉功能训练、协调训练、肌肉势能训练等		伴有肌肉功能、关节活动、平衡能力等障碍的工伤职工	LEJZX001
1201014	站立+步行能力综合训练	次	含步行及步态纠正训练	利用各种站立与步行能力综合训练设备，为患者进行被动的、辅助主动的、主动的、抗阻的下肢负重训练、立位平衡训练、身体重心转移训练、步态矫正训练、步行的耐力训练、功能性步行训练及器械训练		伴有步行功能障碍的工伤职工	MBBXA002

238

续表

项目编码	项目名称	计价单位	计价说明	项目内涵	除外内容	适用范围	标准编码
1201015	持续性被动运动（CPM）	次/单关节	包括肩、肘、腕、髋、膝、踝关节等	利用持续性被动关节活动范围训练专用设备，对患者肩、肘、腕、髋、膝、踝关节，设定持续性被动关节活动范围训练的时间、阻力、速度和间歇时间等参数，在监测的状况下，进行被动关节活动范围的训练		伴有关节活动障碍的工伤职工	MBBZX003
1201016	仪器平衡训练	次	含坐位、立位动静态平衡训练	训练前说明目的和要求并取得患者配合；患者在测力板上处于合适的体位，并根据实时的图像、声音等反馈信息进行静态、单轴或多轴动态平衡或本体感觉训练		伴有平衡能力下降的工伤职工	
1201017	运动协调性训练	次	含不同体位下的协调训练	利用徒手的方式，进行手眼协调性训练，双侧上肢、双侧下肢、上肢与下肢、肢体与躯干同的运动协调性训练		伴有协调功能障碍的工伤职工	MBBZX014
1201018	床边徒手肢体运动训练	次	含相关关节的屈曲伸展、内收外展及旋转	利用徒手的方法，对患者进行早期或维持性的关节活动范围训练，提高肌力或肢体主动活动能力等		伴有运动功能障碍但无法离床治疗的工伤职工	MBBZX004
1201019	肌内效贴布治疗（Taping治疗）	次	包括大小部位	治疗前说明目的和要求并取得患者配合；检查治疗前的疼痛及肌肉运动情况，选择合适的贴布方案，按照贴布技术规范给予治疗；检查治疗后的疼痛及运动情况		伴有肌肉骨骼等运动损伤及疼痛的工伤职工	

239

续表

项目编码	项目名称	计价单位	计价说明	项目内涵	除外内容	适用范围	标准编码
1201020	机械辅助排痰治疗	次		评估患者病情、意识状态及呼吸系统情况等，核对患者信息，解释其重要性取得配合，检查排痰机功能状态，取适当体位，用机械辅助排痰仪，根据病情设置排痰机的强度频率及时间，按解剖部位依次震动不同部位，观察患者反应、生命体征变化等，协助患者排痰，评价患者排痰效果及痰液性质，用物处理、记录，做好健康教育和心理护理		适用于脑损伤、脊髓损伤等疾病所引起的排痰困难的工伤职工	ABZA0001
1201021	脊柱关节松动训练	次		利用不同手法力度，徒手对患者颈椎、胸椎、腰椎、骶尾各关节进行不同方向的被动手法操作训练，扩大关节活动范围训练，缓解疼痛训练		脊柱关节活动障碍的工伤职工	MBBVF001
1201022	腰背肌器械训练	次		采用腰背肌训练器进行腰背肌训练，训练时根据腰背肌力量选择负荷量		伴有肌肉功能障碍的工伤职工	MBBVG002
1201023	平衡生物反馈训练	次		采用视听觉生物反馈训练仪对双下肢对称负重、重心转移、单腿负重、重心主动控制转移、稳定极限等技能进行训练		伴有平衡能力下降的工伤职工	MBBX003
1201024	烧伤后关节功能训练	每关节		指掌手部以外的肢体关节活动。由医生通过按摩、推拿、牵拉的方法以及特殊仪器给予关节被动屈伸活动，以及在医生指导下患者采取主动屈伸活动		烧伤后关节活动障碍的工伤职工	MBBX7001
1201025	耐力训练	次		利用康复训练设备与仪器，辅助或指导患者在结合心肺功能训练的前提下，进行全身性的肌肉耐久性训练		伴有耐力下降的工伤职工	MBBZX019

续表

项目编码	项目名称	计价单位	计价说明	项目内涵	除外内容	适用范围	标准编码
1201026	截肢术后康复训练	次		指导四肢主要肌肉肌力训练、站立平衡的训练、迈步的训练、假肢穿戴的训练、肌电手的开手和闭手训练、抛物训练、日常生活能力训练		截肢术后的工伤职工	MBBZX017
1202	2. 物理治疗Ⅱ（理疗）						
1202001	红外线治疗	每个照射区	包括远、近红外线；TDP，近红外线气功罐治疗，红外线真空拔罐治疗，红外线光浴治疗，远红外医疗舱治疗	指远近红外仪、特定电磁波（TDP）辐射器、频谱仪、仪器准备，核对医嘱，排除禁忌证，暴露照射部位，评估皮肤，告知注意事项、摆位，暴露照射治疗，调节适宜距离，计时。红外线辐射治疗仪局部照射治疗，必要时用治疗巾遮盖非照射部位。记录治疗单		软组织炎症吸收期；软组织挫伤恢复期、肌纤维组织炎、关节纤维性挛缩、关节术后纤维性粘连、关节术后伤口延迟愈合、压疮、慢性溃疡、烧伤、冻伤、肌痉挛、神经痛等	LEAYR001 LEAYR002 LEAYR003 LEAYC001
1202002	可见光治疗	每个照射区	包括红光照射、蓝光照射、蓝紫光照射、太阳灯照射	指仪器准备，核对医嘱，排除禁忌证，暴露治疗部位，评估皮肤，告知注意事项、摆位，暴露照射治疗，白炽灯照射器照射治疗，调节适宜距离，计时，戴防护眼镜。治疗后，查皮肤，必要时用治疗巾遮盖，记录治疗单		软组织炎症浸润吸收期、术后伤口浸润、愈合迟缓、软组织挫伤、溃疡、抑郁症、神经痛、神经症等	LEAYR007

续表

项目编码	项目名称	计价单位	计价说明	项目内涵	除外内容	适用范围	标准编码
1202003	偏振光照射	每个照射区		仪器准备，核对医嘱，排除禁忌证，告知注意事项，摆位，暴露治疗部位，评估皮肤，使用红外偏振光照射。调节治官适宜距离，选择恰当功率和模式，必要时用治疗巾遮盖，戴防护眼镜。治疗后，查皮肤，记录治疗单		多种疾病引起的疼痛、面神经炎、面肌痉挛、自主神经功能紊乱、失眠、支气管哮喘、突发性耳聋、中耳炎、外耳道炎、颞颌关节功能紊乱等	LEAYR008
1202004	紫外线治疗	每个照射区	包括长、中、短波紫外线、高压紫外线、低压紫外式、水冷式、导子紫外线、生物剂量测定、光化学疗法	仪器准备，核对医嘱，使用黑光灯对应用光敏剂的患者进行局部照射。告知注意事项，患者照疗部位，暴露非照射区，遮盖非照射区，按测定剂量开始照射。治疗后，佩戴防护眼镜，查皮肤，记录治疗单		局部照射适用于软组织急性化脓性炎症、伤口愈合迟缓、皮下淤血、急性神经痛炎、急性神经痛等；体腔照射适用于人体各腔性感染、溃疡；全身照射适用于骨质疏松症等	LEAYR013 LEAYR014 LEAYR012 LEAYR009 LEAYR010 LEAYR011 LEAYC002

续表

项目编码	项目名称	计价单位	计价说明	项目内涵	除外内容	适用范围	标准编码
1202005	激光疗法	每个照射区	包括原光束、散焦激光疗法、半导体激光照射（500 mW 以上）	指使用激光器对应用光敏剂的患者进行照射治疗。仪器准备，药品准备，核对医嘱，告知注意事项，禁忌证，静脉注射光敏剂，48～72小时后进行激光照射，照射区暴露、摆位、佩戴防护眼镜，照射中，观察患者一般情况。治疗后，查皮肤，记录治疗单		软组织炎症吸收期，伤口愈合迟缓，慢性溃疡，窦道，烧伤，肌纤维组织炎，关节炎，神经痛等	LEAYR017 LEAYR016 LEAYR015
1202006	直流电治疗	每部位	包括单纯直流电治疗、直流电药物离子导入治疗、直流电水浴治疗（单、双、四槽浴）、电化学疗法	核对医嘱，排除禁忌证，将铝板套入已经消毒、温度湿度适宜的衬垫中，患者取舒适体位，告知注意事项，暴露治疗部位，评估皮肤，固定铝板，使用直流电疗仪，逐渐增加输出电流至预计强度的 2/3，询问患者感觉，记录电流强度，治疗 3～5 分钟后根据患者感觉可调整电流强度，治疗后，查皮肤，告知注意事项，垫清洗，消毒，晾干备用		神经系统疾病：周围神经损伤，自主神经功能紊乱，神经痛；循环系统疾病：高血压，血栓性静脉炎；骨关节疾病：关节炎等；多种慢性炎症性疾病，瘢痕粘连等	LEBYR001 LEBYR002 LEBW6001 LEBEA001

续表

项目编码	项目名称	计价单位	计价说明	项目内涵	除外内容	适用范围	标准编码
1202007	低频脉冲电治疗	每部位	包括感应电治疗、神经肌肉电刺激治疗、间动电疗、经皮神经电刺激治疗、功能性电刺激治疗、温热电刺激治疗、微机功能性电刺激治疗、痉挛肌电刺激治疗	选好治疗所需的电极板、衬垫；先打开机器电源开关，检查输出是否为零，调节输出剂量；治疗结束后，将输出调为零，取下治疗电极，关闭电源，检查皮肤		废用性肌萎缩、肌张力低下、尿潴留、癔症性瘫痪；外周神经损伤、关节疼痛和渗出导致的肌肉活动抑制；多种疾病引起的疼痛、骨折、中枢性瘫痪后感觉和运动功能障碍等	LEBZX006 LEBZX007 LEBZX008 LEBZX009 LEBZX011 LEBZX012 LEBZX013 LEBZX014 LEBZX015
1202008	中频脉冲电治疗	每部位	包括中频脉冲电治疗、音频电治疗、干扰电治疗、动态干扰电治疗、立体动态干扰电治疗、调制中频电治疗、电脑中频电治疗	仪器准备，核对医嘱，排除禁忌证，评估皮肤，告知患者注意事项，取舒适体位，暴露治疗部位，使用音频电治疗机或可产生频率为1 000~100 000赫兹等幅正弦电流的仪器，摆放并固定电极，调节电流至所需强度。巡视患者，治疗中，治疗后记录治疗单，衬垫清洗、消毒，晾干备用		挫伤、肌纤维织炎、肌炎、骨外上髁炎、关节纤维性挛缩、废用性肌萎缩等；瘢痕、粘连、血肿机化；周围神经伤病如坐骨神经痛等；迟缓性便秘、尿潴留、尿失禁、神经原性膀胱等	LEBZX016 LEBZX017 LEBZX018 LEBZX019 LEBZX020 LEBZX021 LEBZX022

第一部分　工伤保险法律法规规章文件

续表

项目编码	项目名称	计价单位	计价说明	项目内涵	除外内容	适用范围	标准编码
1202009	共鸣火花治疗	每5分钟		仪器准备，核对医嘱，皮肤评估，确定治疗部位，排除禁忌证，告知注意事项，暴露治疗部位，使用共鸣火花治疗仪，皮肤表面涂少量化石粉，操作者带防护眼镜，选择治疗部位的电极，将消毒后电极涂润滑剂对准治疗部位在复杂体表移动，计时；治疗中，注意患者病情变化，检查治疗部位状况，记录治疗单，电极清洗，消毒后置于消毒液内		1.疼痛：头痛，股外侧皮神经炎，截肢后幻肢痛等；2.神经症，癔症性失语，末梢神经炎等；3.皮肤慢性溃疡，伤口愈合迟缓等	LEBZX024
1202010	超短波、短波治疗	每部位	包括小功率超短波和短波、脉冲大功率超短波和短波、超短波和短波、体腔治疗	仪器准备，核对医嘱，评估皮肤，告知注意事项，排除禁忌证，在屏蔽房间进行，使用大功率超短波治疗仪，确定治疗部位，暴露部位，调节治疗仪，选择并固定电极，调节治疗量并计时；治疗中，巡视患者；治疗后，检查治疗部位，记录治疗单		软组织炎症、肌痛、神经痛、血栓性静脉炎、胃肠功能低下、胃肠痉挛、软组织挫伤、伤口延迟愈合等	LEBZX030 LEBZX025 LEBZX026 LEBZX027 LEBZX028 LEBZX029 LEBZX031 LEBZX032 LEBZX033
1202011	微波治疗	每部位	包括分米波、厘米波、毫米波、微波组织凝固、体腔治疗	填写患者基本资料，摆位要求，热疗范围温度要求40~45℃。仪器准备，采用浅部微波热疗仪治疗，核对医嘱，排除禁忌证，告知注意事项在屏蔽房间进行，确定治疗部位，暴露治疗部位，选择并固定电极，调节仪器输出，使用分米波并计时；治疗中，巡视患者；治疗后，检查治疗部位，记录治疗单		肌炎、手术后关节周围炎、滑膜炎、骨关节炎、软组织扭挫伤、神经痛等	LDAZX001 LEBZX034 LEBZX035 LEBZX036 LEBZX037 LEBZX038 LEBZX039 LEBZX040

续表

项目编码	项目名称	计价单位	计价说明	项目内涵	除外内容	适用范围	标准编码
1202012	射频电疗	次	包括大功率短波、分米波、厘米波	填写患者基本资料，摆位要求。采用射频热疗仪治疗，温度测量，热疗范围温度要求39.5～45 ℃		骨关节及软组织损伤、周围神经损伤后伴有软组织肿胀、疼痛、肌肉痉挛的工伤职工	LDBZX001 LDBZX002
1202013	静电治疗	每20～30分钟	包括低压、高压静电治疗、高电位治疗	仪器准备，核对医嘱，排除禁忌证，告知注意事项，在单独治疗室中进行，患者双足踏于带有绝缘底座的足踏电极上，使用高压静电治疗仪，另一电极置于头部上方，调节仪器输出并计时，治疗中，巡视患者；治疗后，记录治疗单		全身静电疗法，适用于神经症、失眠、自主神经功能紊乱等；局部静电疗法，适用于慢性溃疡、伤口延期愈合、烧伤等	LEBZX042 LEBZX041 LEBZX043 LEBZX044
1202014	空气负离子治疗	每30分钟		仪器准备，核对医嘱，排除禁忌证，告知注意事项，使用空气负离子治疗仪，在单独治疗室中进行，调节仪器输出并计时，治疗中，巡视患者；治疗后，记录治疗单		神经症、失眠、偏头痛、脑外伤后遗症等神经系统疾病与损伤	LEBZX045
1202015	超声波治疗	每5分钟	包括单纯超声、超声药物透入、超声雾化	仪器准备，核对医嘱，排除禁忌证，告知注意事项，取舒适体位，确定清洗治疗部位，使用超声波治疗仪，治疗者手持超声头，调节仪器输出并计时，治疗中，巡视患者；治疗后，记录治疗单，检查治疗部位，清洗消毒超声头		软组织损伤、挫伤、瘢痕组织、肢体溃疡、骨折、脑血管意外后遗症、神经痛等	LECZX001 LECZX002 LDCZX001

第一部分　工伤保险法律法规规章文件

续表

项目编码	项目名称	计价单位	计价说明	项目内涵	除外内容	适用范围	标准编码
1202016	生物反馈疗法	次	包括肌电、皮电、脑电、心率各种生物反馈	在单独治疗室进行，仪器准备，核对医嘱，排除禁忌证，告知注意事项，选择采集信号部位，取舒适体位，使用肌电生物反馈治疗仪，电极涂导电膏，固定在皮肤上，酒精脱脂，调节仪器输出，指导患者主观参与调节信号并计划；治疗中，巡视患者；治疗后检查治疗部位，记录治疗单，清洗消毒电极，晾干备用		脑损伤后偏瘫、癫症性瘫痪、脊髓损伤等	LEDZX003 LEDZX002 LEDZX001 LEDYR002 LEDYR001
1202017	磁疗	每20分钟	包括脉冲式、脉动式、交变式等不同机型	仪器准备，核对医嘱，排除禁忌证，告知注意事项，取舒适体位，使用低频交变磁场治疗机，选取合适磁极摆放，并调节治疗参数并计时；治疗中，询问患者感觉。治疗后，移开磁极，记录治疗单		骨折、软组织挫伤、血肿、关节损伤和炎症等	LEEZX001 LEEZX002 LEEZX003 LEEZX004 LEEZX005
1202018	蜡疗	每部位	包括浸蜡、刷蜡、蜡敷	核对医嘱，排除禁忌证，告知注意事项，检查评估皮肤，熔化的石蜡并冷却到一定程度后保温备用，石蜡外敷于治疗部位，包裹后用棉垫毛毯保温并计时；治疗中，观察患者情况；治疗后，检查皮肤。定期洗蜡并加新蜡。不含蜡袋法		软组织挫伤、肩关节周围炎、骨膜炎、肌肉劳损、骨折或骨关节术后挛缩、关节纤维性强直、外伤或手术后瘢痕增生及粘连等	LEGYR001 LEGYR002 LEGYR003

续表

项目编码	项目名称	计价单位	计价说明	项目内涵	除外内容	适用范围	标准编码
1202019	泥疗	每部位	包括电泥疗、泥敷	仪器准备，核对医嘱，排除禁忌证，检查评估治疗部位皮肤，告知注意事项，制作或准备泥饼，检查泥疗机或透热电疗机，选择电极，调节治疗参数并计时，使用直流电疗机或透热电疗机或将泥饼放置于皮肤表面后按医嘱选择电极连接。治疗中，观察患者情况。治疗后，检查皮肤，记录治疗单		骨骼、肌肉系统和周围神经的亚急性、慢性炎症、周围神经损伤后遗症；挫伤、关节炎、腹腔粘连等	LEGYR004 LEGYR005 LEGZY001
1202020	牵引	次	包括电颈、腰椎土法牵引、电动牵引、三维快速牵引	指使用三维牵引仪器对腰椎进行三维快速牵引治疗。根据患者身高、体重、性别、年龄、发病部位、病变状态等，确定其牵引距离、旋转角度数等数据，并将其输入计算机。患者解除腰带，俯卧于牵引床上，暴露腰部，并固定好，嘱患者放松，检查无误后启动牵引机。医生之手置于病变椎间，嘱患者屏气，不要对抗，脚踏开关，牵引床按照医令自动完成定距离快速牵引与定角度旋转同步动作1~3下。三维快速牵引后嘱患者平卧3~6小时，可配用消炎利水药物，此后配合手法等辅助治疗，尤其不能弯腰和扭腰，三天内限制活动	同时进行电热敷治疗	椎间盘突出症、椎间盘变性、椎体小关节滑膜嵌顿、椎关节功能紊乱、椎体侧弯、后凸畸形、关节僵硬、牵缩、粘连等	LEJVT003 LEJVT002 LEJVT001 LEJVH001 LEJVH002 LEJW8001

第一部分　工伤保险法律法规章文件

续表

项目编码	项目名称	计价单位	计价说明	项目内涵	除外内容	适用范围	标准编码
1202021	气压治疗	每部位	包括肢体气压治疗、肢体正负压治疗	指使用正压顺序循环治疗仪，促使组织静脉淋巴管回流以消除肢体局部水肿的治疗。将空气体的袖（或腿）套套在患肢上，设定气袋压力，开机，从位于肢体末端的气袋开始逐一充气，四只气袋完全充气后，压力维持一段时间，再从肢体近端气袋开始依次排气，直至末端，此为一个作用周期。压力大小可根据患者的感觉和耐受情况随时调节		肢体创伤后水肿，淋巴回流障碍性水肿，截肢后残端水肿，复杂性区域性疼痛综合征，手术后的淋漆水肿，静脉淤滞性溃疡	LEJW6001 LEJW6002
1202022	冷疗	每部位		指使用特殊设计的转换器，用处理过的冷空气（温度-15℃以下）作用于治疗部位的冷疗方法。仪器准备，评估治疗部位，核对医嘱，排除禁忌证，暴露治疗部位，非治疗部位保暖，告知注意事项，选择适当的冷气喷嘴，相隔45厘米左右的距离向治疗部位进行喷射，持续数分钟至十分钟。治疗后，观察局部反应，记录治疗单		软组织急性扭挫伤早期，关节炎急性期，骨关节术后肿痛；神经痛，经挛等	LEHZX001 LEHZX002 LEHZX003
1202023	电按摩	次	包括电动按摩、电热按摩、局部电按摩	指使用电动按摩床或按摩椅对人体全身进行治疗。仪器准备，核对医嘱，取舒适体位，告知注意事项，选定记录参数，评估皮肤，用治疗巾遮盖，询问患者感觉，必要时查皮肤。治疗后，记录治疗单		慢性疼痛，运动后疲劳等	LEJZX002 LEJZX003 LEJZY001 LEJZY002

249

续表

项目编码	项目名称	计价单位	计价说明	项目内涵	除外内容	适用范围	标准编码
1202024	冲击波治疗	每部位	包括散焦式或发散式（气压弹道冲击波）、聚焦式、骨骼肌肉联合式冲击波治疗、疼痛冲击波治疗	应用体外冲击波技术，在超声波定位下，确定治疗区域。使用治疗能量为2～4巴，冲击次数2 000次，冲击频率5～10赫兹，治疗足底筋膜炎、钙化性肌腱炎、非钙化性肌腱炎、跟腱痛、转子滑囊炎、髌胫摩擦综合征、桡侧或尺侧肱骨上髁炎、胫骨缘综合征、常见性附着肌腱炎、肌触发痛点等。不合超声引导、心电图检查、血凝检查		骨折延迟愈合，骨不连，股骨头缺血性坏死，慢性疼痛的工伤职工	LECZX003
1202025	膀胱腔内电刺激治疗	次	含脉冲电治疗、神经肌肉电刺激治疗、功能性电刺激治疗	用于刺激膀胱反射的恢复。采用盆底电生理治疗仪，截石位，暴露检查部位，将刺激电极经尿道置于膀胱腔内，向膀胱腔内灌注100～200毫升盐水，给予适当电刺激		各种原因导致的排尿障碍：由于脊髓损伤，脊柱脊髓发育异常等原因造成的神经源性膀胱；膀胱感觉功能减退或消失；逼尿肌无反射的排尿功能障碍；各种原因导致的膀胱顺应性降低	LEBRG001

续表

项目编码	项目名称	计价单位	计价说明	项目内涵	除外内容	适用范围	标准编码
1202026	经颅重复磁刺激治疗	次	含低频经颅磁刺激、高频经颅磁刺激	用于特定疾病的中枢治疗。在胫前肌或小指展肌安置记录表面电极，地线置于踝部，对侧额叶皮层刺激，观察肌肉动作电位波形，判断运动阈值。根据此判断最佳置部位并根据设置刺激强度、频率、据病情需要设置刺激的参数，含强度、频率、时间和总时程，对病人进行治疗。治疗中，观察病人反应并随时调整。治疗后，记录治疗反应		中枢神经损伤后引起的运动功能障碍、认知功能障碍、抑郁状态、器质性精神病	KBA32701
1202027	阴部/盆底肌磁刺激治疗	次		用于刺激和调节盆底神经和肌肉功能。采用盆底电生理治疗仪，将浸入上皮置人旋涡装置中，患者取坐位，将磁刺激器置于盆底，给予适当刺激治疗			LEEQU001
1203	3.物理治疗Ⅲ（水疗）						
1203001	旋涡浴治疗	20分钟/次	包括上肢旋涡浴治疗、下肢旋涡浴治疗	核对医嘱，排除禁忌证，告知注意事项，检查涡流装置，将浸入上皮旋涡装置中，定时，观察患者情况。治疗后，患者休息数分钟方可离开，记录，消毒浴盆		关节置换后、骨折、肌腱切带损伤及术后、截肢、脊髓损伤、烧伤恢复期等工伤职工	LEFWA001 LEFXA001

续表

项目编码	项目名称	计价单位	计价说明	项目内涵	除外内容	适用范围	标准编码
1203002	水中浸浴治疗（烧伤）	20分钟/次	含小创面简单处理	利用水疗槽（或池）进行烧伤病人的创面浸泡冲洗，去除死皮等污垢并清洁创面，需要时可在水中加入高锰酸钾等消毒剂（0.5克/吨）。对于烧伤程度严重、无法独立转移的患者，可以结合升降器械辅助患者进出水疗槽（或池）。教会患者在浸泡5～10分钟之后，进行预防疤痕挛缩的自我牵拉，以提高相应肢体的活动功能		大面积烧伤的工伤职工	LEFYR001
1203003	药物浸浴治疗	20分钟/次	含水中牵伸、肌力、协调性等训练	核对医嘱，排除禁忌证，告知注意事项，询问药物过敏史，向专用浴盆加入人药物，测量患者心率血压，患者全身浸入药液中，取半卧位，定时，在治疗过程中密切观察患者情况，治疗后再测心率血压，患者休息数分钟无不适主诉后可离开，记录治疗单，消毒浴盆	药物	大面积烧伤的工伤职工	LEFZY001
1203004	水中运动治疗	30分钟/次	含水中肌力、平衡、关节活动度、步行协调性及耐力训练	准备温水（水温36～38℃），开启消毒循环过滤加热系统，使用无障碍电动升降装置搬运患者，利用水中治疗椅、水中治疗台、水中拐杖、水中双杠、救生圈、浮板等设施器具，指导患者进行水中关节活动训练、肌力增强训练、耐力训练、平衡协调性训练和步行步态训练等。水疗后洗浴，进行水疗设备的清洁消毒处理		关节置换后，骨折、肌腱切断损伤及术后，截肢、脊髓损伤，烧伤恢复期等工伤职工	MBAW6001

252

第一部分 工伤保险法律法规规章文件

续表

项目编码	项目名称	计价单位	计价说明	项目内涵	除外内容	适用范围	标准编码
1203005	气泡浴治疗	每次	含气泡浴和涡流浴	核对医嘱，排除禁忌证，告知注意事项，在浴盆中放置气泡性装置，开动气泡发生器，患者全身浸入水中，检查浴盆、半卧位，定时，在治疗过程中密切观察患者情况，测量患者血压，取治疗后再测心率血压，患者休息数分钟无不适主诉后方可离开，记录治疗单，消毒浴盆		关节置换后、骨折、肌腱切带损伤及术后、截肢、脊髓损伤、烧伤恢复期等工伤职工	LEFZX001
1203006	哈巴氏槽浴治疗	每次		核对医嘱，排除禁忌证，告知注意事项，测量患者心率血压，检查浴槽，帮助患者进行主被动运动，治疗师取站立位在槽外指导或帮助全身水疗槽，使用"8"字形或葫芦形水疗槽，可同时开启涡流、气泡和局部喷射等治疗手段，密切观察患者情况，治疗后再测心率血压，记录，患者休息数分钟无不适主诉后方可离开，消毒浴槽		关节置换后、骨折、肌腱切带损伤及术后、截肢、脊髓损伤、烧伤恢复期等工伤职工	LEFZX002
1203007	水中活动平板步行训练	每次	含水中活动平板步行训练设备	准备温水（水温36~38℃），开启无障碍出入装置，自动消毒循环过滤及温控装置，喷射装置，设定患者水中活动平板训练参数，经地上水槽侧壁透明玻璃窗，指导进行定量化的水中步行和步态训练，并记录水中步行态定量结果。水疗后，洗浴，进行水疗设备的清洁消毒处理		关节置换后、骨折、肌腱切带损伤及术后、截肢、脊髓损伤、烧伤恢复期等工伤职工	MBAZX003
1204	4. 作业治疗						

续表

项目编码	项目名称	计价单位	计价说明	项目内涵	除外内容	适用范围	标准编码
1204001	轮椅功能训练	次	包括轮椅技能训练、轮椅篮球训练、轮椅跑合训练、轮椅体操训练等内容	指导患者进行轮椅技能操作（如乘坐轮椅正确的坐姿以及驱动轮椅的正确技术动作，转移动作，进行驱动轮椅快速起动、急停和转弯训练，绕障碍物行走、抬前轮、上下台阶及坡道练等）及功能性活动（轮椅篮球、轮椅跑合训练）及功能性活动（轮椅篮球、轮椅体操）等训练		脊髓损伤、脑损伤、烧伤、骨关节损伤等需长期使用轮椅的工伤职工	MBHZX001 MBHZX002 MBHZX003 MBHZX004
1204002	徒手手功能训练	次		利用徒手的方法进行的各种手部功能训练或者进行手工艺制作和训练，必要时进行手法治疗或指导		手外伤、上肢骨关节损伤、脑损伤、脊髓损伤、烧伤等存在手功能障碍的工伤职工	MBCWR001
1204003	器械手功能训练	次		利用仪器设定特定的治疗程序或者器械进行手部功能训练，含使用电脑辅助游戏以及手工艺制作活动，必要时给予指导		手外伤、上肢骨关节损伤、脑损伤、脊髓损伤、烧伤等存在手功能障碍的工伤职工	
1204004	计算机辅助手功能训练	次	包括使用 E-Link、Hand Tutor、Pablo 等专门用于上肢功能评定和训练的手功能训练系统所进行的手功能训练	利用专门的手功能训练设备（软件+硬件）进行手部肌力、关节活动度、灵活性、协调性等训练		脑损伤、手外伤、上肢骨折等存在手功能障碍的工伤职工	MBCWR002

续表

项目编码	项目名称	计价单位	计价说明	项目内涵	除外内容	适用范围	标准编码
1204005	文体训练	次	包括艺术活动训练、体育活动训练、园艺活动训练、治疗性游戏训练等	在治疗师指导下，通过文体治疗手段达到改善肢体功能（肌力、关节活动度、灵活性、协调性、感觉等）、调节认知及心理功能、提高社会参与能力及沟通协调能力等目的。治疗针对性地进行，有计划、有针对性地进行，训练计划及过程有专门记录		手外伤、上肢骨关节损伤、脑损伤、脊髓损伤、烧伤等较长时间住院的工伤职工	KAZ38909 KAZ38910
1204006	身体功能障碍作业疗法训练	次		利用各种运动训练设备，对身体功能障碍的患者进行主动、被动、辅助主动的关节活动度、肌力、缓解局部痉挛以及姿势矫正等功能训练		脊髓损伤、脑损伤、烧伤、手外伤、骨关节在躯体等存在的工伤职工	MBCZX001
1204007	精神障碍作业疗法训练	次		应用专业理论和不同的治疗模式对精神障碍的患者进行治疗，患者可以有机会参与一些有意义符合个人能力和程度以及环境需求的社会活动。目的是让患者重新适应并在其所处的社会文化的环境中生活，选择"适宜"的作业及活动通过有目的的活动实践促使活动功能建立、使生命有意义		脊髓损伤、脑损伤、烧伤、手外伤、骨关节在躯体等存在的工伤职工	MBCZX002
1204008	认知功能障碍作业疗法训练	次		针对从各种感觉（刺激）输入到运动性的输出，含知觉与感觉、注意、记忆、计划或者策划能力以及执行能力等，作业疗法在整个治疗过程中都会按体机能的顺序，进行评估及制订治疗计划促进肢体机能的恢复与日常生活活动的提高，改善障碍者的自立程度		脊髓损伤、脑损伤、烧伤、手外伤、骨关节在躯体等存在的工伤职工	MBCZX003

续表

项目编码	项目名称	计价单位	计价说明	项目内涵	除外内容	适用范围	标准编码
1204009	认知障碍康复训练	次	包括记忆力、注意力、思维能力等训练	对注意障碍、记忆障碍、失算症、分类障碍、推理障碍、序列思维障碍、执行功能障碍等进行一对一康复训练。训练成绩自动记录		脑损伤存在认知障碍的工伤职工	MBFZX003
1204010	计算机辅助认知功能训练	次	包括应用认知软件进行的各种认知训练	利用专门的认知训练系统所进行的认知综合训练		脑损伤存在认知障碍的工伤职工	
1204011	家务劳动训练	次	含备餐、清洗、室内清洁、整理房间、购物、家庭预算等	对家务劳动能力，包括备餐、清洗、室内清洁、整理房间、购物、家庭预算等进行训练		脑损伤、脊髓损伤、烧伤、骨关节损伤等存在家务劳动能力障碍的工伤职工	
1204012	假肢使用训练	次	含假肢的控制训练及使用假肢进行日常活动的训练	对患者假肢的应用进行控制训练及使用假肢模拟日常生活活动进行的训练		截肢需使用假肢的工伤职工	MBBZX018

第一部分 工伤保险法律法规章文件

续表

项目编码	项目名称	计价单位	计价说明	项目内涵	除外内容	适用范围	标准编码
1204013	感觉训练	次	含感觉再教育、感觉再训练、感觉脱敏训练	对感觉障碍患者进行感觉再教育和感觉再训练，对感觉过敏者进行脱敏训练		周围神经损伤、中枢神经损伤、烧伤等各种存在感觉障碍的工伤职工	
1204014	上肢矫形器制作	次	包括各种手及上肢矫形器的制作，材料费按照实际发生情况计算	根据患者上肢功能障碍状况，通过评定、制样、取材、塑型、调试，进行上肢及手的矫形器的制作，达到改善或维持上肢及上肢功能，提高或改善代偿部分丧失的手及上肢功能的目的。使患者最大程度的进行保护、固定、训练和功能代偿	低温板材、金属材料等材料	脑损伤、烧伤、脊髓损伤、脑血管意外、骨关节损伤、手外伤等需使用矫形器进行保护、固定、训练和功能代偿的工伤职工	MBLZZ001
1204015	辅助(器)具作业疗法训练	次	包括矫形器、轮椅、洗澡椅、坐便椅等辅助器具的使用训练和日常生活中应用训练	通过各种辅助(器)具与日常生活活动相结合的训练使用，提高患者使用各种辅助器、轮椅、拐杖、洗澡椅、坐便椅等辅助器具的能力，提高患者的个人生活自理能力的训练		脑损伤、烧伤、脊髓损伤等需使用辅助器具的工伤职工	MBCZX005
1204016	上肢综合运动训练	次	包括肌力、关节活动度、灵活性、上肢实用功能等训练	利用各种上肢综合运动训练设备，为患者进行被动的、辅助主动的、主动的、抗阻的关节活动范围训练、肌力训练、局部缓解肌肉痉挛训练、局部肌肉牵拉训练、协调性训练、功能活动能力训练及反概训练		脑损伤、烧伤、上肢骨关节损伤等存在上肢功能障碍的工伤职工	MBBWA001

续表

项目编码	项目名称	计价单位	计价说明	项目内涵	除外内容	适用范围	标准编码
1204017	机器人辅助上肢功能训练	次	包括利用 AMEO、Multi-Joint System 等上肢机器人系统所进行的训练	利用上肢机器人所进行的针对上肢功能的训练。上肢机器人能够提供助力、阻力、生物反馈等功能，并利用趣味性活动进行训练		脑损伤、脊髓损伤、上肢损伤、手外伤等存在上肢功能障碍的工伤职工	
1204018	独立生活能力训练	次	包括生活自理能力训练和社会适应能力训练	针对患者出院后独立生活所必需的能力，如生活自理、参与社会活动、正常的娱乐休闲活动等进行的综合训练		脑损伤、烧伤、脊髓损伤等存在独立生活障碍的工伤职工	
1204019	镜像治疗	次	包括治疗室内训练和家庭中的训练	使用特别制作的镜子，应用专门技术程序针对截肢、脑损伤或慢性疼痛患者进行的训练，以减轻疼痛或改善运动功能		脑损伤、截肢后幻肢痛、慢性区域性疼痛综合征等工伤职工	
1204020	虚拟现实训练	次	含利用各类虚拟技术模拟的训练	利用专门的虚拟设备，模拟不同的生活场景进行肢体运动功能、认知功能或实际生活能力的训练。通过逼真的情景、可调节的活动，即时的反馈提高训练积极性，增加治疗效果		脑损伤、截肢、脊髓损伤、手外伤、肢体骨折、慢性疼痛等工伤职工	

第一部分 工伤保险法律法规规章文件

续表

项目编码	项目名称	计价单位	计价说明	项目内涵	除外内容	适用范围	标准编码
1204021	下肢矫形器制作	次	包括各种足及下肢低温材料矫形器的制作，材料费按照实际发生情况计算	根据患者下肢功能障碍状况，通过评定、制样、取材、塑型、调试，进行下肢的矫形器的制作，使患者最大程度地提高或改善维持下肢功能，代偿部分丧失的下肢功能。热塑板材、金属材料等代偿材料费另计	热塑板材、金属材料等材料	脑损伤、烧伤、脊髓损伤、骨关节损伤等需要使用矫形器进行保护、固定、训练及功能代偿的工伤职工	MBLZZ002
1204022	躯干矫形器制作	次	包括各种颈托及胸腰骶矫形器的制作，材料费按照实际发生情况计算	根据患者脊椎的功能障碍状况，通过评定、制样、取材、塑型、调试，进行脊椎矫形器的制作以达到限制脊椎运动，保护病变关节，促进病变愈合，辅助康复治疗的作用。热塑板材、金属材料等代偿材料费另计	热塑板材、金属材料等材料	脊髓损伤、骨关节损伤等需要使用矫形器进行保护、固定、训练及功能代偿的工伤职工	MBKZX007
1204023	压力衣制作	件	包括压力全面罩、下颌套、头套、上衣、长裤、短裤、普通压力袜、分趾压力袜、上肢套、下肢套、压力手套等的制作，材料费按照实际发生情况计算	根据患者的功能情况，为其制作压力衣裤等，以达到控制瘢痕增生、消除肢体肿胀、促进残端塑形的作用。瘢痕评定、量身、计算、画图、剪裁、画纸样、布样、剪样、缝制、试穿、修改、详细向患者说明穿戴压力衣的作用、注意事项、清洗方法，最后交付患者使用，并定期进行复查及修改，保证压力的有效性	压力布	烧伤、截肢、肿胀、长期卧床的工伤职工	
1204024	自助具制作	件	包括自理、文娱、书写阅读、交流等方面自助具制作，材料费按照实际发生情况计算	针对患者需要使用的辅助器具种类，所用辅助器具的功能需要以及正确使用辅助器具的方法进行评定和制作，使之适合并弥补患者的功能缺失水平，提高患者康复治疗和康复治疗效果	板材、手柄、金属等材料	有自助具需求的工伤职工	MBCZZ001

259

续表

项目编码	项目名称	计价单位	计价说明	项目内涵	除外内容	适用范围	标准编码
1204025	转移动作训练	次	包括翻身、起坐、站立、床与轮椅（座椅）之间的转移动作的训练	利用各种转移动作训练设备，为患者进行被动的、辅助主动的、主动的床上翻身、起坐、站立、床与轮椅（座椅）之间的转移动作的训练及器械训练		存在转移障碍或转移困难的工伤职工	MBBZX001
1204026	日常生活动作训练		含进食、穿衣、修饰、个人卫生、入厕、洗澡、步行、转移等内容	对独立生活每天所必须反复进行的一系列身体动作，即进行衣、食、住、行、个人卫生等日常生活的基本动作进行系统的评定，发现存在的问题并将制定相关的训练计划付诸实施的过程		存在日常生活活动障碍的工伤职工	MBCZX004
1204027	知觉障碍康复训练		包括失认症、失用症的康复训练	对单侧忽略、躯体失认、手指失认、空间知觉障碍、物品失认、面容失认、结构性失用、意念性失用、意念运动性失用等进行一对一康复训练		脑损伤后存在知觉障碍的工伤职工	MBEZX001
1204028	感觉统合治疗		含触压觉、本体感觉、视觉、听觉、平衡觉等感觉的整合训练	指专人制定训练计划。大肌肉及平衡感触觉防御及情绪本体感及身体协调学习能力发展等方面的相应训练计划。专人进行全程专人看护，独立测查室及特训系列、训练成绩记录		脑损伤后统合失调，意识障碍，异常情绪或异常行为的工伤职工	KAZ38908
1205	5. 言语-语言、摄食-吞咽治疗						
1205001	失语症训练	30分钟/次	含听、说、读、写等各项语言功能的训练	利用实物、图片或仪器，对患者在听理解、复述、命名、朗读、阅读理解、书写等语言模式及其在单词水平、句子水平、短文水平、文章水平等方面的训练		伴有失语症的脑损伤工伤职工	MBDZX002

第一部分 工伤保险法律法规章文件

续表

项目编码	项目名称	计价单位	计价说明	项目内涵	除外内容	适用范围	标准编码
1205002	构音障碍训练	次	含发音训练、语音纠正训练、构音器官功能训练	指导患者进行呼吸训练、放松训练、构音改善训练、克服鼻音化训练、韵律训练、克服费力音训练、语音工作站、交流系统应用训练等对患者进行发声及矫正错误发音的训练		伴有构音障碍的脑损伤工伤职工	MBDZX0076
1205003	吞咽功能障碍训练	次	含吞咽相关器官的功能训练指导	针对患者的吞咽问题，进行口面吞咽器官训练、声门屏气、咳嗽训练以及摄食吞咽指导（食物性状、进食体位姿势等的调整等），改善摄食—吞咽的能力		伴有摄食-吞咽障碍的工伤职工	MBDZZ001
1205004	言语矫正治疗	次	含对呼吸、发声、共鸣、构音功能的矫正训练	通过计算机软件，患者应用耳机和麦克风，人机对话方式进行训练对患者呼吸功能、发声功能、共鸣功能和构音功能进行针对性的训练和矫正		伴有言语障碍的工伤职工	MBDZX010
1205005	吞咽障碍电刺激训练	次	含使用电刺激治疗仪电刺激治疗	利用电刺激治疗仪对患者的吞咽肌群进行低频电刺激，同时进行冰刺激、舌唇、下颌运动训练，进食训练	电极片	伴有摄食-吞咽障碍的脑损伤等工伤职工	MBDZX008
1205006	发声障碍训练	次	含对发音障碍患者进行发声训练	通过体位的改变、呼吸功能训练、声带放松训练、持续发声训练等多种训练方法，改善发声障碍患者异常的音调、音量、音质以及正确用声方法的指导		伴有嗓音障碍的工伤职工	MBDZX008
1205007	无喉者发声障碍训练	次	含对喉手术切除后患者进行发声训练	通过食管打嗝的练习、空咽的练习、辅音的加入，加快发音速度、延长气流时间、无音、词和句子的联系，音调和语气的控制等方法，使患者重新发音并掌握发音的技巧		喉切除术后的工伤职工	MBDZX009

续表

项目编码	项目名称	计价单位	计价说明	项目内涵	除外内容	适用范围	标准编码
1206	6. 心理治疗						
1206001	暗示治疗	次	含暗示用具的使用	在单独房间，安静环境，由受过专业培训的精神科医师或心理师，判断患者的易感性和依从性，根据患者的症状，制订适当的暗示语以达到改善和治疗患者症状的方法，必要时给予一定的药物暗示		伴有心因性疼痛及其他身心障碍，且认知功能正常的工伤职工	KAZ38706
1206002	松弛治疗	次	包括注意集中放松法、腹式深呼吸法、渐进性肌肉放松法等	在单独房间，安静环境。由受过专业培训的精神科医师或心理师使用规范的治疗指导语，使逐步放松。可配合使用生物反馈仪或录音像设备		伴有心因性疼痛、失眠、焦虑及其他身心障碍，且认知功能正常的工伤职工	KAZ38911
1206003	心理治疗	半小时	包括针对性的心理分析、认知治疗、心理疏导等	在单独房间，安静环境，具有足够的理论知识、实践培训和督导基础的专业人员，进行相关精神心理学诊断，选择相应的心理治疗方法，应用规范化的治疗技术和个体化的治疗方案进行心理调整，解除心理障碍		伴有明显心理情绪症状及其他身心障碍但认知功能正常的工伤职工	KAZ38701
1206004	催眠治疗	次	含催眠用具的使用	在单独房间，安静环境，由精神科医师或心理师对患者的易感性和依从性进行评估。按照规范的指导语，或者借助一定的仪器和药物，帮助患者进入催眠状态。根据患者的症状，制订适当的暗示语，催眠结束时，按照一定的指导语，将患者恢复清醒。治疗中应有一名专业人员协助		伴有明显心因性疼痛、失眠、焦虑及其他心身障碍，且认知功能正常的工伤职工	KAZ38707

续表

项目编码	项目名称	计价单位	计价说明	项目内涵	除外内容	适用范围	标准编码
1206005	森田疗法	次		适用于神经症治疗，分为经典及改良方法。前者含绝对卧床阶段、工作阶段、生活训练阶段第一阶段要求单独房间、安静环境，针对患者的症状及改良方法，制订一系列的活动计划，观察和督促患者执行计划。可门诊或住院实施在这个治疗过程中由精神科医师或心理师给予指导		有强迫症、恐惧症、焦虑症等神经症类似神经症症状的工伤职工	KAZ38708
1206006	行为矫正治疗	日	含奖励等强化物的使用	由精神科医师或心理师评估患者的症状，分析症状的严重程度和缓急，制订治疗计划。进行基线评估，制订治疗计划。督促患者严格按照计划实施治疗，定期观察疗效，根据患者反应，适当调整治疗计划。治疗工程需精神科护士协助		有情绪行为障碍的工伤职工	KAZ38913
1206007	沙盘治疗	次	含沙盘和沙具的使用	由精神科医师或心理师通过沙盘游戏的方式，呈现患者内心深处患处意识和无意识之间的沟通和对话，由此激发患者自愈过程，身心健康发展以及人格的发展与完善。可以采用个体或团体的方式进行		有情绪障碍、人际关系障碍、自闭、言语表达障碍或防御心理较强的工伤职工	KAZ38912
1206008	音乐心理治疗	次	含简易乐器、音乐碟的使用	在独立的治疗室，由受过专业培训的治疗师完成治疗，在心理治疗技术指导下，选择不同的音乐器，根据患者的情绪情况。对患者在音乐和乐器影响下表现出来的情绪和心理感受进行分析，帮助他们疏泄负性情绪，引导他们体验正性情绪和积极的认知		有情绪障碍的工伤职工	KAZ38912

续表

项目编码	项目名称	计价单位	计价说明	项目内涵	除外内容	适用范围	标准编码
13	（三）康复护理						
1300001	综合康复护理评定	次		患者住院期间，护士定期对患者生活自理能力（ADL）、器官功能情况、潜在护理安全隐患、对疾病知识掌握程度、自我护理技巧掌握情况、住院环境适应能力情况及功能恢复情况等进行评定。根据评定结果制定或调整护理计划，促进康复计划有效的实施	关节活动、肌力、平衡等专业康复评定	各类康复人员，特别是使用辅助器具、病情相对严重的人员	
1300002	膀胱功能训练	次	含饮水计划、盆底肌肉训练、尿意习惯训练、激发技术等	向患者介绍膀胱功能训练方法和目的等相关知识，取得患者配合，判断膀胱类型，选择适宜的膀胱训练方法，按既定程序讲解并示范操作动作，指导患者和家属学习训练方法，观察有无反射性排尿，有无植物神经反射亢进、有无血压升高，膀胱压力升高，记录训练效果，避免因训练方法不当引起的尿液反流		存在神经源性膀胱的工伤职工	MBZRG001

续表

项目编码	项目名称	计价单位	计价说明	项目内涵	除外内容	适用范围	标准编码
1300003	膀胱容量测定	次		排除禁忌证，向患者解释目的并取得配合。输液架的一侧挂测压标尺，另一侧挂500 ml生理盐水瓶加温至35~37 ℃，瓶上标记刻度，插上输液管进行排气，将三通管分别与输注生理盐水的输液管和测压管的下端相接。患者排空膀胱后，取仰卧位或坐位，插入无菌导尿管，排空膀胱内的尿液，记录导尿量（残余尿量），固定导尿管，将导尿管的开口与三通管另一端相连，调节输液架使测压管的耻骨联合在同一水平面上，打开输液调节器以适当的速度向膀胱内灌入生理盐水，观察测压管中的水柱波动，当测压管中的压力升至40 cm H₂O以上或尿道口有漏尿时，停止测定，撤除测定装置，引流排空膀胱，拨出导尿管，记录导尿量	三腔导尿管	存在神经源性膀胱功能障碍的工伤职工	在MAZRG001基础上修改项目内涵
1300004	残余尿量测定-导尿法	次		向患者说明残余尿测量方法、测量目的、注意事项等内容，指导患者饮水300~500 ml，观察膀胱是否充盈，膀胱充盈后协助患者坐位或半坐位，诱导患者自行排尿后采取无菌导尿术，排空膀胱内残余尿量，记录残余尿量，计算自解尿量与残余尿量的比例，观察患者有无不适		存在神经源性膀胱功能障碍的工伤职工	FRA02404

续表

项目编码	项目名称	计价单位	计价说明	项目内涵	除外内容	适用范围	标准编码
1300005	体位护理	天	含压疮护理、体位变更技术	指为了预防肩关节半脱位、骨盆倾斜、四肢各关节挛缩、畸形等，应用于各种体位需求的摆放，采用不同规格、类型的枕头按操作规程摆放至治疗性体位。评估患者病情，解释目的取得配合，操作动作轻柔，尽可能发挥残存的能力进行体位转移，各种卧位交替使用，以侧卧位为主，避免患者体位舒适，保持正确治疗体位基础上尽量保持患者注意观察血运戴矫形器的患者	功能性敷料	伴有挛缩、畸形、痉挛、瘫痪等神经系统和骨关节损伤的工伤职工	ACBN0001
1300006	病区综合康复延伸训练指导	次	含开展摄食-吞咽、言语、语言、呼吸、肢体活动、转移、康复辅助器具使用和手工艺活动等康复延伸训练指导	为巩固患者康复效果，促使患者尽早恢复日常生活自理功能，并缩短住院时间，护士利用患者在病区的实际生活环境及全余时间长的特点，按照康复治疗师制定的治疗方案，指导患者进行康复延伸训练指导		伴有躯体、言语、认知和精神心理障碍的各类工伤职工	
1300007	截肢残端皮肤护理	次	含健指导、皮损处理	评估患者截肢残端情况，解释目的取得配合，指导患者掌握假肢的使用和保养方法，弹力绷带的正确使用方法，控制体重的必要性，假肢的自我操控、评定假肢接受腔松紧是否适合，是否全面负重、残肢肌力和 Rom 的锻炼指导；正确处理皮损部位，残肢应用弹力绷带包扎，皮损较严重时暂停使用假肢		截肢工伤职工	

第一部分　工伤保险法律法规规章文件

续表

项目编码	项目名称	计价单位	计价说明	项目内涵	除外内容	适用范围	标准编码
1300008	康复清洁导尿培训	次		向患者（如高位脊髓损伤）或家属说明清洁导尿的方法、目的和步骤，要求取得配合，讲解尿道的生理解剖结构及泌尿系相关知识，介绍发生泌尿系感染时的症状。介绍清洁导尿的并发症，指导患者采取适当体位，示范操作清洁导尿的具体步骤及动作要点，操作训练过程中指导患者如何操作正确和动作轻柔，仔细观察训练过程避免损伤尿道	一次性导尿包、尿管	存在神经源性膀胱的工伤职工	MBZRJ001
1300009	烧伤皮肤护理	体表面积%/次	含烧伤痂壳处理、皮肤瘙痒处理、创面干燥处理	评估烧伤皮肤情况，解释目的取得配合，用无菌脱脂盐水棉球或棉签轻轻清除肢体疤痕皮肤的污垢，用无菌眼科剪和棉签揭剪残留疤痕坏死痂皮，并用无菌棉签清洗血痂部位，涂抹药物，无菌敷料包扎。彻底清洗创面，祛除焦痂，死皮后涂搽适合皮肤的润滑剂。指导患者或陪护做好皮肤护理		烧伤后创面已初步愈合、处于疤痕增生期的工伤职工	
1300010	肠道功能训练	次	包括排便操、腹部按摩、便意习惯训练、直肠直接刺激法	评估患者肠道功能障碍情况，解释目的取得配合；腹部按摩、排便训练，根据患者的生活规律，时间要符合患者的生活规律，建立排便规律。出现腹泻要注意保护肛门周围的皮肤，防止粪便刺激破坏皮肤而发生破溃	灌肠	存在肠道功能障碍的工伤职工	
14	（四）其他治疗						
1400001	肉毒杆菌毒素注射	部位		将神经毒素准确地注射入靶肌肉通过麻痹靶肌来实现治疗目的，根据患者动态和静态肌肉状况来决定注射点，并用特殊标记液标记，采用特殊的注射器必要时在肌电图引导下进行准确的肌肉注射	膀胱镜检查、药物、肌电图引导	脑损伤、脊髓损伤及脑瘫等上运动神经元损伤所致肌肉痉挛的工伤职工	在HX848105基础上做项目内涵修改

续表

二、职业社会康复服务类

项目编码	项目名称	计价单位	计价说明	项目内涵	除外内容	适用范围	标准编码
21	（一）评估类						
2100001	徒手职业能力评定	次	含工作能力配对	对工伤职工进行与职业功能状态相关的徒手技术操作能力评定，含日常生活中与职业相关的各种运动技能和操作技能的评定。人工报告		处于职业年龄阶段并有再就业潜能的工伤职工	MAKZY001
2100002	器械职业能力评定	次	包括智能化职业能力评估，含工具使用示范、配对	利用仪器或器械模拟进行职业功能状态相关的技术能力评定，含对工伤职工日常生活中与职业相关的各种运动技能和操作技能的评定。人工报告		处于职业年龄阶段并有再就业潜能的工伤职工	MAKZY002
2100003	霍兰德职业倾向测验量表测评	次	含专业量表测评、职业分析及讨论	说明目的和要求并取得工伤职工配合，工伤职工按照正确的方法如实填写，操作者严格给予评分，电脑统计分析，打印结果。通过标准量表测评工伤职工的职业兴趣和能力特长，从而更好地做出求职择业的决策。包括专业评定量表		计划转换工作岗位或再就业的工伤职工	
2100004	工作模拟评估	次	包括智能化工作站模拟评估。含工作模拟任务、各类要求、工作动作模拟、分析结果	说明目的和要求并取得工伤职工配合，工伤职工在非工作现场使用模拟工作的仪器、设备设施完成某指定工作任务，操作者收集反馈信息，记录及分析结果，用于评定工伤职工当前的躯体功能及作业能力。人工报告		有具体职业目标的工伤职工	
2100005	工伤职工职业调查	次	含收集工伤职工的个人、职业相关、工伤相关和雇主相关资料	采用一对一的方式对患者实施测验通过问卷形式进行，收集工伤职工职业相关的资料，分析影响工伤职工就业的因素。人工报告		无严重认知功能障碍的工伤职工	

268

续表

项目编码	项目名称	计价单位	计价说明	项目内涵	除外内容	适用范围	标准编码
2100006	就业意愿评估	次	含考虑前阶段、考虑阶段、准备阶段、行动阶段	说明目的和要求并取得工伤职工配合，采用量表评估形式，分析结果，用于评估工伤职工在当前阶段的就业心理状态。人工报告		处于职业年龄阶段的工伤职工	
2100007	症状放大症评估	次	包括主动用力一致性评估，变异系数分析，重复测试，行为观测	应用标准化的仪器测试，分析工伤职工是否存在症状放大症等心理障碍问题。用于评估工伤职工"身体功能或能力表现的可信度"；评估行为与躯体症状反应的一致性等。人工报告		疑似存在社会心理问题的工伤职工	
2100008	腰背功能评估	次	包括腰背功能自评量表，客观评定量表，Oswestry 腰椎评定等	说明目的和要求并取得工伤职工配合，采用面谈、量表、查体，评分并分析结果，用于工伤职工腰背功能状况的主观评估和客观查体。人工报告		腰背损伤、慢性腰背疼痛的工伤职工；从事体力性工作的工伤职工	
2100009	疼痛信念评估	次	包括自身疼痛信念评估，工作疼痛信念评估	说明目的和要求并取得工伤职工配合，应用疼痛信念自评量表，评估工伤职工对疼痛影响的主观判断，包括自评疼痛活动与疼痛的关系，以及疼痛对工作的影响。人工报告		急慢性疼痛的工伤职工	
2100010	工作压力评估	次		采用一对一的方式并使用量表进行，评分和分析工伤职工的工作心理压力状况。人工报告		处于职业年龄阶段并有就业潜能的工伤职工	

续表

项目编码	项目名称	计价单位	计价说明	项目内涵	除外内容	适用范围	标准编码
2100011	工作满意度评估	次	含薪酬满意度、晋升满意度、与上司关系满意度、与同事关系满意度、对工作总体满意情况	说明目的和要求并取得工伤职工配合，采用量表评估形式，从六个方面评估工伤职工对现阶段工作岗位的主观满意程度，分析工伤职工的工作适应情况。人工报告		处于职业年龄阶段并有就业潜能的工伤职工	
2100012	功能性能力评价	次	含移动能力评估、手部功能评估、姿势变化评估、工作平衡评估、力量耐力评估、社会心理能力评估	说明目的和要求并取得工伤职工配合，要求工伤职工按操作标准完成37项身体评估项目，治疗师记录及分析数据结果，分析工伤职工的功能能力状况。主要测试工伤职工功能能力水平与特指的工作或某一工作任务两者间相匹配的程度，从而得出个体从事某一工作时躯体功能的水平范围，包括体能、心理、情绪等方面。人工报告		处于医疗稳定期的工伤职工；保留部分或大部分劳动能力的工伤职工，无严重高血压、心脏病等禁忌证的工伤职工	
2100013	工作需求分析	次	包括工作特性分析、工人能力需求分析	说明目的和要求并取得工伤职工配合，采用量表评估方式，分析结果，评估工伤职工某一特定工种的工作需求，以评估工人能否重返原工作岗位。人工报告		有具体职业目标的工伤职工	
2100014	现场工作分析评估	次		到用人单位的工作现场收集工作职位信息的一种评估方法，可以找出组成一份工作的各种工作细节（Job tasks），以及包含的相关知识、技巧和工伤职人完成工作任务所需的能力；可以根据工伤职工身体功能、工作范畴之间的关系，有系统地分析一份工作。人工报告		处于重返工作岗位或再就业早期的工伤职工	

270

续表

项目编码	项目名称	计价单位	计价说明	项目内涵	除外内容	适用范围	标准编码
2100015	职业健康状况评估	次	含躯体功能、生理性反情感性角色功能、活力、精神健康、社会功能、疼痛等方面的评估	说明目的和要求并取得工伤职工配合，使用健康状况调查表评分及分析，得出工伤职工对自身健康状况的主观评价，分析工伤职工对自身健康状况控制能力。人工报告		处于职业年龄阶段并有就业潜能的工伤职工	
2100016	工作岗位的人体功效学评估与改良	次	包括工作环境评估与改良，手工工具评估与改良，工序任务评估与改良，工作辅具评估与改良。不包括涉及的材料费用	运用人体工效学技术，对岗位条件及身体要求进行工作归类分析，评估可能存在的风险因素。采用改良技术，为受伤工人进行工作环境、手工工具、工序任务，工作辅具等方面改造，或者提出技术指导意见，协助受伤工人可以安全返回工作岗位，提高工作适应能力及工作效率，预防再受伤。人工报告		处于重返工作岗位或就业准备期的工伤职工	
2100017	现场工作能力测定	次		说明目的和要求并取得工伤职工配合，选择在用人单位真实的工作环境中安排工伤职工进行现场操作能力测评，通过安全师选出工作流程中关键性工作任务，治疗师选后安排给工伤职工进行测评，含体力操作、设备使用、工作姿势及方法、操作耐力和同事协助，强调注意工伤职工的反馈，并确定工伤职工完成工作需要协助的程度。人工报告		医疗情况稳定，处于工作准备期或就业期的工伤职工	
2100018	工作行为评估	次		治疗师客观地测试及反映工伤职工在工作上的行为表现。或评估其工作动力、自信心、对管理的反应、守时，出席率、仪表，评估工作动机、自信心、对管理的反应、守时，出席率、仪表，评估工作的注意力、对管理的反应、生产力、人际关系、生产力、个体对心理压力和挫折的承受能力。人工报告		处于职业年龄阶段并有就业潜能的工伤职工	

续表

项目编码	项目名称	计价单位	计价说明	项目内涵	除外内容	适用范围	标准编码
2100019	技能操作评估	次	包括电脑技能评估、手工技能评估、各项专业技能评估	对工伤职工的电脑操作技能、手工制作技能及其他各专业技能的知识和实际操作能力进行评估，确定工伤职工是否能达到该工作岗位所需要接受的培训内容以及工伤职工重返工作岗位必要的辅助措施，包括对伤残者的工种专业技能知识评估、专业技能实际操作能力评估。人工报告		处于职业年龄阶段并有就业潜能的工伤职工	
2100020	创伤后应激障碍评估	次		包括结构化和半结构化的量表评估，评估受伤是否造成工伤职工创伤后应激障碍综合征，为治疗方案和措施的选择提供依据。人工报告		无严重认知障碍的工伤职工	
2100021	家居环境评估	次	包括问卷评估和实地评估	评估工伤职工居家环境是否符合日常活动需要；了解其住宅出入口、通道、门、厕所、厨房、卧室、客厅、开关、手柄、物品放置等方面情况；为进行家居环境改造和环境适应训练提供依据。人工报告		脑外伤、脊髓损伤、截肢等家庭生活受环境限制的工伤职工	
2100022	自我效能评估	次		包括结构化和半结构化量表评估，评估工伤职工对自我能力的认知，为制定恰当的社会心理辅导方案提供依据。人工报告		无严重认知障碍的工伤职工	
2100023	社会与家庭支持评估	次	包括社会支持评估、家庭支持评估等	包括量表评估、结构性面谈实地调查或家庭评估工伤职工的社区中其社会或家庭支持的相关资料收集与调查，评估社区中其社会或家庭支持程度以及可使用的有效资源等外部环境因素对工伤职工康复的影响。人工报告		所有工伤职工	

272

第一部分 工伤保险法律法规规章文件

续表

项目编码	项目名称	计价单位	计价说明	项目内涵	除外内容	适用范围	标准编码
2100024	社会适应能力评价	次	包括SF-36简明健康状况调查表、社会再适应评估、应付方式评估、社会适应能力评估等	包括结构化或半结构化的量表评估。可使用SF-36简明健康状况调查量表、社会再适应量表等进行评估。评估在高应激状态下工伤职工的健康状况、压力程度、压力应付方式以及适应能力，为制定恰当的社会心理干预、危机处理等康复辅导方案提供依据。人工报告		无严重认知障碍的工伤职工	
22.	(二) 训练类						
2200001	职业功能训练	次		使用仪器或器械模拟对工伤职工进行与职业功能状态相关的训练，含日常生活中与职业相关的各种运动技能和操作技能的训练		处于医疗稳定期的工伤职工；无严重高血压、心脏病等禁忌证的工伤职工	MBKZX002
2200002	职前训练	项/次	包括金工、木工、电工、机械维修工、电器维修工、司机、铆工、焊工、钳工、管工、建筑工、操作工、厨工、清洁工、护工、仓管员、文员等	在工作仿真车间进行训练。由专业人员对有就业意向并能从事工作相关的工伤职工，设计工种和操作程序，设定工作任务和工作量。通过训练，帮助工伤职工树立正确的工作态度、劳动习惯和价值观，养成良好的工作习惯，恢复和提高工伤职工的职业适应能力。根据工伤职工原工种设定，包括金工、木工、电工、机械维修工、电器维修工、司机、铆工、焊工、钳工、管工、建筑工、操作工、厨工、清洁工、护工、仓管员、文员等		处于医疗稳定期的工伤职工；保留部分或大部分劳动能力、无严重高血压、心脏病等禁忌证的工伤职工	

续表

项目编码	项目名称	计价单位	计价说明	项目内涵	除外内容	适用范围	标准编码
2200003	工作强化训练	次	包括与工作相关的工作推拉力、提拉力、运送能力训练。含肌肉力量、柔韧性、灵活性的强化训练	在相关的工作环境下设计或使用真实或模拟的工作活动，一般配合身体重塑项目进行		处于医疗稳定期的工伤职工，保留部分或大部分劳动能力工伤职工；无严重高血压、心脏病等禁忌证的工伤职工	MBKZX004
2200004	工作模拟训练	次	包括模拟工作站训练，智能化工作模拟训练、工作样本训练	使用仪器或器械模拟系统对工伤职工进行与职业功能状态或就业目标相关的训练，含单个工作任务的训练及提高工伤职工的工作行为意识，重新找回工作者角色		处于医疗稳定期的工伤职工，保留部分或大部分劳动能力工伤职工；无严重高血压、心脏病等禁忌证的工伤职工	MBKZX003
2200005	工作行为教育与训练	次	包括工作行为教育、工作者角色训练	通过治疗与小组学习，协助工伤职工认识自身工作行为问题，提高工伤职工的工作意识，改善工作行为，重新找回工作者角色		处于职业年龄阶段并有就业潜能的工伤职工；工作行为有缺陷的工伤职工	MBKZX005
2200006	职业咨询与指导	次	包括职业咨询、职业指导	运用标准化或自我评估的测量工具，帮助工伤职工了解自己在职业上的优势和劣势，找到符合自己兴趣与能力的工作，协助工伤职工成功地就业并维持工作的稳定性		处于职业年龄阶段并有就业潜能的工伤职工	

第一部分　工伤保险法律法规章文件

续表

项目编码	项目名称	计价单位	计价说明	项目内涵	除外内容	适用范围	标准编码
2200007	职业技能再培训	节	包括电脑技能培训、手工技能培训等各项专业技能培训	对工伤职工进行新的工作技术的培训和指导，并根据工伤职工自身兴趣、身体功能及实际需求制定相应的课程。通过有针对性的课程设计，使工伤职工重新获得一项适合自己体能、身体功能的职业技能，提升工伤职工就业能力，增加被重新聘用的机会		医疗情况稳定，处于工作准备期或就业期的工伤职工	
2200008	工作职务调整及再设计	次/节	包括工作职务调整建议、职业生涯再设计	根据工伤职工自身特点，选择适合的职业岗位，并进行科学配对，通过改善工作方法、整合工序、调整工作流程，使用适当的工具及使用辅助技术等，为工伤职工提供重返工作调整或模拟的职业生涯设计。使工作能力暂时受限或有障碍的工伤职工能够重返工作岗位		医疗情况稳定，处于工作准备期或就业期的工伤职工	
2200009	工作重塑	次		在相关的工作环境下设计或使用真实或模拟的工作活动，制定与工作有关的、密集的和以目标为导向的治疗计划，特别设计用来恢复个人的肌力、耐力、移动能力、灵活度、四肢控制能力及心肺功能		无严重高血压、心脏病等禁忌证的工伤职工；医疗情况稳定，处于工作能力障碍期的工伤职工	MBKZX006
2200010	现场工作能力强化	次	包括生产实习法、现场工作能力训练。含工伤预防指导	治疗师工厂企业等现场对工伤职工进行安全指导、工作任务训练、设备使用训练、社交及综合管理能力训练、工作团队适应等。不包括涉及的材料费用		医疗情况稳定，处于工作准备期或就业期的工伤职工	

续表

项目编码	项目名称	计价单位	计价说明	项目内涵	除外内容	适用范围	标准编码
2200011	工具使用训练	次	包括手工工具训练、机器设备操作训练	针对工伤职工受伤后在工具使用能力上存在的受限情况进行针对性训练，协助病人重新掌握工具使用技巧。通过工具模拟使用，如螺丝批、扳手、手锤、木刨、钳子、车床等，协助工伤工重新找回工作中工具使用的感觉		无严重高血压、心脏病等禁忌证的工伤职工；医疗情况稳定，处于工作能力障碍期、工作准备期、就业期或职业角色障碍期的工伤职工	
2200012	体力操作技巧训练	次	含人力搬抬风险评估、体力处理风险管理技巧	针对工伤职工从事工作活动时所需的体力操作要求进行训练，指导受伤职工学习和建立正确的体力处理技巧，规避受伤风险		无严重高血压、心脏病等禁忌证的工伤职工；医疗情况稳定工伤职工，经医生诊断后确定可以完成相关操作	
2200013	基本工作姿势训练	次	包括工作姿势维持耐力训练	纠正及强化工伤职工的工作姿势维持及变化能力，提升工伤职工工作耐力，提高工作安全性。含不同表现形式和不同作用的走、跑、跳跃、投掷、悬垂、支撑、攀登、爬越等能力		医疗情况稳定工伤职工，经医生诊断后确定可以完成相关操作	
2200014	康复辅导	45分钟		应用伤残调适理论和康复辅导技术，选择适当康复辅导技术和辅导环境，对因工伤而导致的心理或工作方面的问题及障碍进行个别化的指导，提高工伤职工适应问题和解决问题的能力		无严重认知功能障碍的工伤职工	

第一部分　工伤保险法律法规规章文件

续表

项目编码	项目名称	计价单位	计价说明	项目内涵	除外内容	适用范围	标准编码
2200015	伤残适应小组辅导	60分钟		应用小组辅导理论和技术，采用封闭式小组，通过小组动力及同辈支持，为工伤职工提供社会心理调适、情绪管理、压力管理、疼痛管理、行为调适、复工动力、社会角色重整、未来生计划等方面的训练辅导		无严重认知功能障碍的工伤职工	
2200016	工作安置协调	次	包括电话跟进、工场探访等方式	通过面谈、电话跟进、工场探访等方式，提供专业的评估及指导，协调安排符合工伤职工功能要求的工作岗位	工作设备设施改造	需要返回工作岗位的工伤职工	
2200017	社会环境适应干预	60分钟		采用实地探访、会议、电话沟通等形式，对工伤职工社会适应相关的范畴进行干预或协调，促进工伤职工更好地适应和融入社会生活。沟通或协调的对象包括工伤职工、其家庭成员、劳动保障经办部门、雇主、社区组织等，沟通或转介的内容包括社区无障碍环境、政策环境、文化环境、就业环境等方面		有需要的工伤职工	
2200018	医疗依赖者家属辅导	45分钟		采用个别或小组形式，针对医疗依赖者家属的伤残适应、健康教育、压力管理等问题进行辅导，协助他们认识、管理和解决长期照顾过程中出现的问题或困难，提升家庭生活质量		有医疗依赖的工伤职工及其家属	
2200019	家庭康复技巧训练指导	45分钟		根据工伤职工的家庭及社区康复需要，为他们制订出院后的家庭康复计划和书面方案，提供具体的训练指导以及出院后定期的跟进服务		有需要的工伤职工	

续表

项目编码	项目名称	计价单位	计价说明	项目内涵	除外内容	适用范围	标准编码
2200020	社会行为活动训练	60分钟		应用社会心理行为适应理论和训练方法，在模拟或真实的环境中，为工伤职工提供与个人能力、功能程度以及环境需求相符的社会行为活动训练。包括康复知识、人际交往、沟通技巧、交通工具使用、购物、社区聚会、互助康乐活动、生计等，为其回归社会创造条件		有需要的工伤职工	
2200021	出院准备指导	45分钟		根据中重度伤残工伤职工继续康复或照顾的需要，在住院期间提供适当的社区资源的信息和转介服务，含工伤职工出院后所需的社区医疗、社区康复、残疾人公共服务政策、社区服务和就业辅助政策等，使工伤职工能及时、安心且满意地离开医院，顺利回归家庭或转至后续照顾系统，并维持良好的健康状况与生活质量		中重度伤残工伤职工	
2200022	个案管理服务	例		包括提供从受伤开始至重返社会在内的全程个案管理服务，并对服务内容进行规范记录。主要包括个人资料、疗效转归、康复服务项目、干预措施与过程、服务转介等，工伤处理以及重返工作适应情况等。为建立成本效益符合的工伤康复服务架构流程提供有效参考数据		工伤职工	

附件 2：

工伤康复服务规范
（试行）

（2013 年修订）

人力资源社会保障部
2013 年 4 月

说　　明

　　工伤康复是在工伤保险制度框架下，利用现代康复的理论和技术，为工伤人员提供康复服务，最大限度地改善和提高其生理功能和职业劳动能力，促进其回归社会和重返工作岗位。

　　本规范针对颅脑损伤、持续性植物状态、脊柱脊髓损伤、周围神经损伤、骨折、截肢、手外伤、关节及软组织损伤和烧伤等九个常见工伤病种的住院康复服务内容，从康复住院标准、康复住院时限、医疗康复、职业社会康复和出院标准等五个方面进行了规范。上述各工伤病种的临床检查、治疗、基础护理以及各种并发症的诊治按照卫生行政部门制定的相关诊疗常规或临床路径执行。

　　一、康复住院标准

　　康复住院标准对工伤职工由临床治疗转入康复治疗的指征进行了规范。工伤职工住院康复的一般标准是：经临床急性期治疗后，生命体征基本平稳，病情相对稳定，但仍有持续性功能障碍（如运动、感觉、言语、认知、精神、吞咽、排尿排便和性功能等障碍）而影响生活自理、劳动能力下降，仍不能回归家庭和社会，且具有恢复潜力和康复价值者，均应及早转入康复协议机构住院康复治疗。对于后遗症期病情变化出现新的功能障碍等问题并且有康复价值的，参照上述标准入院康复治疗。

　　二、康复住院时限

　　根据受伤部位与损伤类型、功能障碍程度和康复潜力大小，对康复住院时间予以合理限制，住院康复时间不超过12个月。职业康复住院时限一般为60天，最长不超过180天，职业康复住院时限可分段累计计算。

　　如住院期间病情发生变化影响康复进程，或已到出院时限，但仍有较大康复治疗价值，需继续康复治疗或安装辅助器具者，必须由康复协议机构出具诊断意见和延期康复建议书、经社会保险经办机构核准后方可适当延长住院时间。

　　三、医疗康复规范

　　医疗康复规范包括功能评定、康复治疗和康复护理等3部分。

　　功能评定部分根据不同工伤病种功能障碍特点，结合国际功能、残疾和健康分类方式和康复治疗专业分工，对运动、感觉、吞咽、排尿排便和性功能等躯体功能障碍的评定以及心理、认知和言语等功能的评估进行了规范。

　　康复治疗部分包括物理治疗（含运动疗法、理疗和水疗等）、作业治疗（含日常生活活动训练和认知训练等）、言语治疗、行为心理治疗、中医康复治疗以及康复辅助器具应用等康复治疗和康复辅助技术的应用常规。

　　康复护理部分包括康复护理评估、康复护理技术常规及心理护理、家庭护理及社区康复护理指导。

　　四、职业社会康复规范

　　职业社会康复规范是根据近几年我国部分地区职业社会康复的探索经验，并借鉴中国香港和台湾地区以及美国、德国、澳大利亚等职业康复相关的技术、管理标准制定。

工伤职工进行职业康复的一般标准是：工伤职工有就业意愿，没有严重认知功能障碍和相关禁忌证，身体功能大部分恢复，但是仍然受限影响重返工作岗位的；或者由于工伤后各种因素造成身体功能、工作行为、职业技能或就业信心等方面的改变影响重返工作岗位的；或者工伤后不能返回原单位、原岗位需工作能力重建或工作职务再设计的，均应及早安排职业康复治疗。达到退休年龄的工伤职工不进行职业康复介入。

五、出院标准

工伤职工经康复治疗后已达到预期康复目标，各项功能已恢复到一定水平并基本稳定，生活自理能力提高，无明显的并发症或并发症已控制，安装假肢、矫形器者已能够独立完成穿戴和使用。严重功能障碍的工伤职工，须病情稳定，基本达到预期康复目标或已无进一步康复治疗价值。

目　录

工伤康复业务流程
一、颅脑损伤
二、持续性植物状态
三、脊柱脊髓损伤
四、周围神经损伤
五、骨折
六、截肢
七、手外伤
八、关节、软组织损伤
九、烧伤

工伤康复业务流程

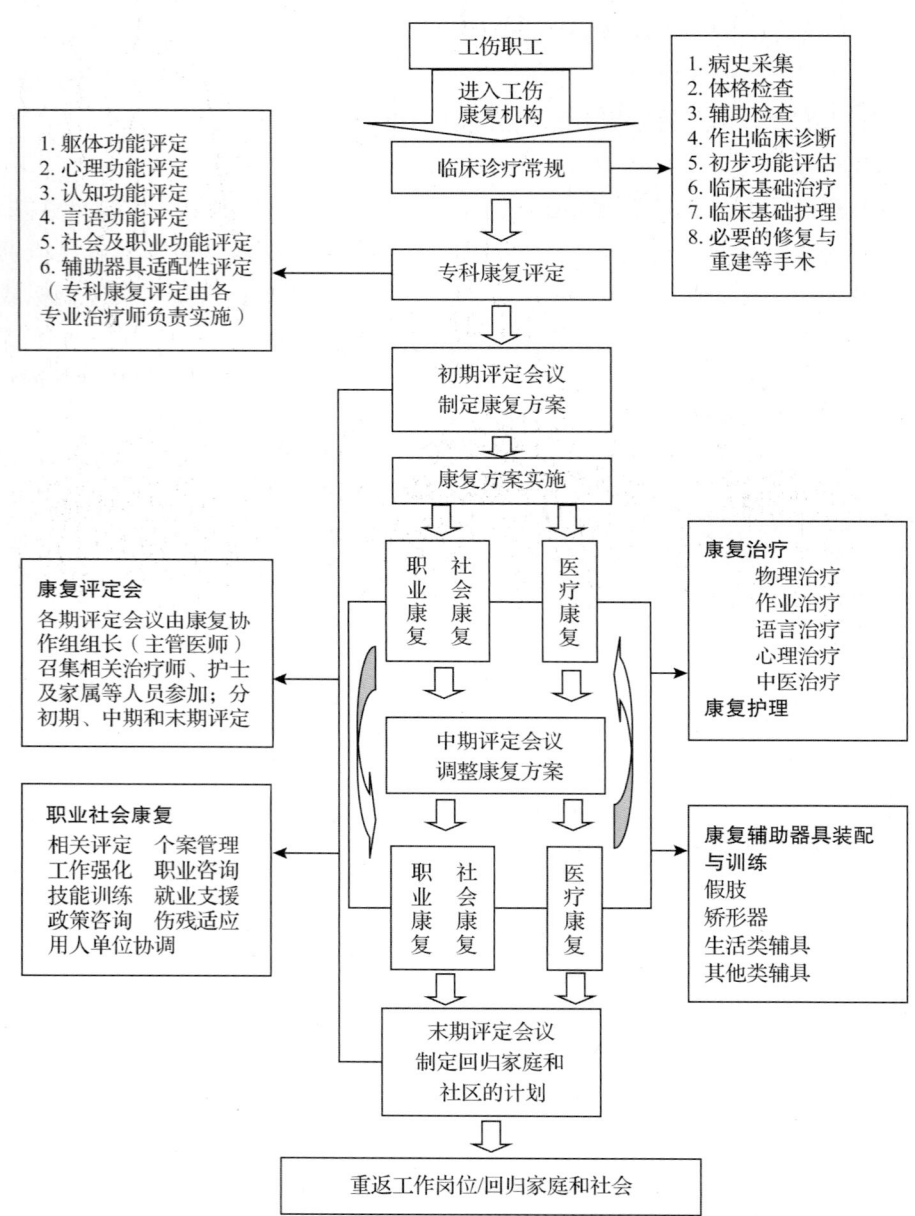

一、颅脑损伤

（一）康复住院标准

经急性期临床专科药物和（或）手术治疗一段时间（轻型颅脑损伤 2~3 周或更早，中型 4~6 周或更早，重型或特重型 6~8 周或更早）后，生命体征相对稳定，仍有持续性神经功能障碍或并发症，影响生活自理及回归家庭和社会，并符合下列条件：

1. 神经系统症状不继续加重，CT 等影像学检查未见病变进行性发展；
2. 近期未出现新的需手术处理的病情变化；
3. 脑脊液外引流管已拔除或脑室-腹腔引流管通畅，无脑脊液漏；
4. 无其他重要脏器严重功能障碍。

（二）康复住院时限

轻型颅脑损伤（单纯性脑震荡伴或不伴颅骨骨折，昏迷 30 分钟以内）住院时间不超过 3 个月。

中型颅脑损伤（轻度脑挫裂伤伴或不伴颅骨骨折及蛛网膜下腔出血，昏迷在 12 小时以内）住院时间不超过 6 个月。

重型颅脑损伤（广泛颅骨骨折、广泛脑挫裂伤、脑干损伤或血肿等，昏迷在 12 小时以上）和特重型颅脑损伤（脑原发损伤重，伤后昏迷深，有去大脑强直或伴有其他部位的脏器伤、休克等，已有晚期脑疝，包括双侧瞳孔散大，生命体征严重紊乱或呼吸已近停止）住院时间不超过 12 个月。

如工伤职工已到出院时限，仍有较大康复价值，或仍有需住院治疗的并发症，经申请批准后可以适当延长住院时间。

（三）医疗康复规范

1. 功能评定

入院后 5 个工作日内进行初期评定，住院期间根据功能变化情况可进行一次或多次中期评定，出院前进行末期评定。评定内容如下：

（1）躯体功能评定

感觉评定、疼痛评定、心肺运动试验、神经电生理检查、肢体形态评定、平衡功能评定、协调评定、关节活动度评定、肌张力评定、肌力评定、上肢及手功能评定、作业需求评定、日常生活活动评定及辅助器具使用评价，可步行者须进行步态分析和跌倒风险评估；需长期使用轮椅者应进行坐位压力检查。

（2）精神心理评估

存在精神心理问题者进行认知功能评估（可先用认知筛查、成套认知测验、知觉障碍筛查表进行评估，然后针对具体情况进行定向、注意、记忆、思维、计算、失认症、失用症及其他知觉功能专项评估）、人格评估、睡眠质量状况评估和（或）情绪评估，存在行为障碍者进行专门行为障碍评估。能完成问卷填写者进行生活质量评定。

（3）言语-语言、摄食-吞咽评定

先进行失语症和构音障碍筛查，根据失语症情况选择进行 100 单词听理解及命名、言语失用检查和（或）实用性语言交流能力检查等，根据构音障碍情况选择进行鼻流量检查、语音频谱分析检查以及喉发声检查等。存在摄食吞咽障碍的工伤职工需进行吞咽功能障碍评定，并根据情况进行纤维喉镜检查及上消化道 X 线造影检查。

2. 康复治疗

（1）物理治疗

1）运动治疗：早期主要进行床上体位摆放、神经肌肉促进技术、翻身训练、呼吸训练、机械辅助排痰治疗、关节活动度训练（被动活动、牵伸等）、坐位平衡训练、转移训练、直立床训练及床旁主动（被动）活动训练等。

恢复期继续进行关节主动和被动运动、神经肌肉促进技术、牵伸训练、呼吸训练和体位变换训练等，并进行患侧肢体的运动控制训练、关节运动训练以及各种体位间的变换和转移训练，同时进行站立床训练及坐、跪、站立位的平衡训练、循序渐进地进行减重步行、辅助步行独立步行、步态训练和等速训练等。

后期在继续加强前期治疗基础上，根据工伤职工运动控制能力、肌力、平衡功能等情况，进一步强化进行减重步行、辅助步行、独立步行及步态训练、等速训练等。

2）物理因子治疗：根据功能情况选用高压氧、直流电疗法、短波疗法、超短波疗法、微波疗法、红外线疗法、蜡疗、超声波疗法、低中频电疗法、神经肌肉电刺激、痉挛肌电刺激、经皮神经电刺激、功能性电刺激、肌电生物反馈疗法、磁疗、紫外线疗法及气压疗法等。

3）水疗：根据工伤职工具体功能情况可进行气泡浴+涡流治疗、水中肢体功能训练和水中步行运动训练等水疗项目。

（2）作业治疗

1）认知训练：对存在认知障碍者根据认知评定结果进行定向、记忆、注意、思维和计算等训练。严重病例早期可进行多种感觉刺激和提供丰富的环境，有条件的单位可使用专业设备进行认知训练。

2）知觉训练：对存在知觉障碍者根据知觉评定结果对单侧忽略、体像障碍、空间关系障碍、失认症和失用症等进行康复训练。可以采用卡片或实物训练与实际生活和工作场景训练相结合的方式，有条件的单位应使用专业设备进行知觉障碍的康复训练。对有感觉统合失调、异常情绪和行为者可进行感觉统合治疗。

3）日常生活活动训练：早期可在床边进行平衡、进食、穿衣、转移等训练，情况允许可到日常生活活动训练室进行训练，内容包括平衡、进食、穿衣、转移、步行、入厕、洗澡和个人卫生等方面，并在工伤职工实际生活环境或接近真实生活的环境中进行训练，出院前进行工具性日常生活活动训练。

4）上肢功能训练：通过有选择的作业活动来提高运动控制能力、维持和改善上肢关节活动度、降低肌张力、减轻疼痛、提高手灵活性和实用功能。针对上肢功能恢复可选择意象运动治疗、镜像治疗、机器人辅助上肢功能训练和虚拟现实治疗等治疗。

5）文体训练及虚拟现实训练：文体训练可包括手工艺训练、艺术治疗、园艺治疗、小组治疗（室内小组、户外小组）和治疗性游戏训练等。

6）功能训练指导：包括日常生活活动指导，辅助器具使用训练和指导，并为有需要的工伤职工提供环境改造指导和环境适应训练。

（3）言语-语言、摄食-吞咽治疗

对有构音障碍者进行构音障碍训练、发声障碍训练、电脑辅助言语训练和交流能力训练等；对存在失语症的工伤职工需进行听、说、读、写和交流能力等内容的语言训练、听觉反馈训练等；对摄食吞咽障碍的工伤职工需进行吞咽功能障碍训练和电刺激训练，存在言语失用者进行针对性训练。

（4）行为心理治疗

对有认知、智力、情绪和人格等心理（行为）障碍者可进行心理疏导、心理支持、认知康复、行为矫正和心理减压治疗等。

（5）中医康复治疗

运用针刺治疗，可根据情况选择电针、头皮针等；推拿治疗手法施以滚法、按法、揉法、一指禅推法等。根据情况可选择艾灸、穴位注射、中药内服、外敷治疗、浸浴疗法和熏蒸疗法等。根据工伤职工具体情况可进行中医传统运动治疗（内养功治疗）。

（6）辅助技术

早期或严重病例需配置高靠背轮椅，病情稳定、坐位平衡提高后可使用普通轮椅。根据需要配置防静脉血栓袜预防深静脉血栓形成，配置踝足矫形器以预防足下垂内翻。部分工伤职工需使用手功能位矫形器或抗痉挛矫形器、肩托，步行时需使用四脚杖或手杖，以及生活必要的自助具（如修饰自助具、进食自助具等）。颅骨摘除术后的患者需配置头部矫形器。

3. 康复护理

（1）康复护理评定

包括意识状况、呼吸道功能、进食方式、营养状况、皮肤状况、压疮发生危险因素、意外伤害危险因素、二便功能及对伤病知识掌握程度的评定。

（2）康复护理

1）体位护理：包括体位摆放、体位变换、体位转移等。

2）呼吸道管理：对给氧、气管切开等患者，进行相应的护理。

3）饮食管理：对有吞咽障碍患者，根据医嘱制订合理的进食方式、食物种类及数量，做好饮食管理，保证营养需求及进食安全。

4）膀胱与肠道功能训练，二便管理。

5）康复延伸治疗：根据康复治疗师的意见，监督和指导工伤职工在病房进行关节活动度、日常生活活动、吞咽、语言交流等延续性训练。

6）并发症的预防及护理：预防继发性损伤的护理（如摔伤、烫伤等），各类感染的预防护理，防压疮护理，预防深静脉血栓、关节挛缩及废用综合征的护理，脑室腹腔引流管阻塞的防治护理及癫痫发作的救治与护理。

（四）职业社会康复规范

1. 职业康复

（1）职业康复评估

常规进行工作分析、功能性能力评估（包括认知功能评估）、职业调查、就业意愿评估、工作模拟评估和技能操作评估等。如果单位有意向为工伤职工安排某一特定工作，需进行工作岗位的人体工效学评估与改良。

（2）职业康复训练

根据职业能力评估结果得出工伤职工重返工作岗位的潜能。根据患者重返工作岗位的能力，可以进行工作强化训练、工作职务调整与再设计、职业咨询与指导及职业技能再培训等训练，工作强化训练包括工作模拟训练、工作重整和工作行为训练。工伤职工即将重返工作岗位时，可开展职前训练。

2. 社会康复

（1）社会康复评估

一般包括创伤后应激障碍评估、家居环境评估、自我效能评估、社会与家庭支持评估和社会适应能力评价等。

（2）社会康复训练

主要采用康复辅导、社会行为活动训练等方式，协助工伤职工建立合理的康复期望和目标，认识疼痛及疼痛处理方法；出院前给予出院准备指导、提供家庭康复技巧指导、工作安置协调及雇主综合咨询等服务，出院后通过个案管理服务，采用工场探访、电话跟进等形式，对工伤职工工作适应相关的范畴进行干预或协调，促进工伤职工更好的适应工作。

（五）康复出院标准

生命体征平稳，病情稳定，并符合下列条件之一即可考虑出院，可继续社区或家庭康复，或回归和调整工作岗位：

1. 各项功能障碍经康复治疗后已改善或恢复。

2. 已达到康复住院时限，且主要的功能评定指标（如日常生活活动等）在1.5个月内无进一步改善。

3. 无严重并发症或并发症已控制。

4. 已完成出院准备，做好回归家庭、社区或工作岗位计划。有医疗或康复依赖者安排家庭病床或社区康复服务。

二、持续性植物状态

（一）康复住院标准

经临床治疗后，生命体征相对稳定，并符合下列条件：

1. 已脱离呼吸机等重症监护技术；

2. 无中枢或其他脏器严重感染；

3. 无癫痫持续状态反复发作；

4. 近期未出现需手术处理的病情变化；

5. 无其他重要脏器严重功能障碍。

（二）康复住院时限

住院康复一般不超过12个月。如已到出院时间，但仍有较大康复治疗价值，或出现需继续处理的并发症、仍需住院治疗者，经申请批准后可适当延长住院时间。

（三）医疗康复规范

1. 功能评定

入院后5个工作日内进行初期评定，住院期间根据功能变化情况可进行一次或多次中期评定，出院前进行末期评定。评定内容如下：

（1）躯体功能评定

进行吞咽功能评定、肢体形态评定、关节活动度评定、肌痉挛评定和辅助器具使用评价。

（2）意识状态评估

通过持续植物状态评分确定植物状态的程度。

（3）摄食—吞咽评定

进行吞咽功能评定。

2. 康复治疗

（1）物理治疗

1）运动治疗：主要以体位摆放、关节被动运动和肌肉牵伸为主，辅以必要的皮肤或本体感觉刺激、神经肌肉促进技术、辅助呼吸训练、体位引流技术和机械辅助排痰治疗和直立床训练等。

2）物理因子治疗：根据功能情况及并发症的发生情况酌情选用直流电疗法、短波疗法、超短波疗法、超声波疗法、磁疗、紫外线疗法、激光疗法、红外线疗法、气压疗法、低中频电疗法、神经肌肉电刺激（NMES）等疗法。

（2）作业治疗

主要以促醒训练为主，进行多种刺激并丰富环境刺激以促使工伤职工清醒，可提供视（颜色鲜艳物品、家人照片、电视节目、电脑游戏等）、听（言语、音乐、歌曲、家属录音、动物叫声等）、嗅（气味、食品）、味（食物、果汁等）、触（摸、拍、按摩等）等刺激，并教会家属进行上述训练。

指导家属掌握训练方法及技巧，包括体位放置、喂食、引流排痰、转移搬运和肢体功能维持性训练等，并根据工伤职工及护理者情况提供必要的辅助器具使用指导和环境改造指导。

（3）摄食-吞咽治疗

在病情稳定，生命体征平稳的情况下，需尽早进行吞咽功能障碍训练和电刺激训练。

（4）中医康复治疗

进行针刺治疗，根据情况选择电针、头皮针；进行推拿治疗，手法施以重刺激点按法和揉法等手法为主；根据情况选择艾灸、穴位注射和中药内服、外敷治疗等。

（5）辅助技术

外出或转移时需使用高靠背轮椅，部分体形特殊的工伤职工需进行轮椅的个性化改造。大部分工伤职工需配备矫形器以维持正确体位，常用的有上肢功能位矫形器、抗痉挛矫形器和踝足矫形器等。配备防压疮床垫和（或）坐垫以预防压疮。

3. 康复护理

（1）康复护理评定

包括意识状况、持续植物状态评分、呼吸系统状况、进食方式、营养状况、泌尿系统状况、皮肤状况、压疮发生危险因素和意外伤害危险因素等内容的评定。

（2）康复护理

1）体位护理：体位摆放和被动体位变换等护理。

2）促醒护理：通过给予听觉、抚摸、冷热、疼痛和情感刺激，促进工伤职工苏醒。

3）呼吸道管理：对给氧、气管切开等患者，进行相应的护理。

4）饮食管理：根据医嘱制订合理的进食方式、食物种类及数量，做好饮食管理，保证营养需求及进食安全。

5）二便管理：二便监测和护理，可使用排便辅助器具。

6）体位排痰：翻身叩背、体位引流与辅助排痰相结合。

7）指导陪护进行关节被动运动等。

8）并发症的预防及护理：各类感染的防治护理（呼吸系统和泌尿系统等感染），防压疮护理，预防深静脉血栓、骨质疏松、关节挛缩及废用综合征的护理。

（3）家庭康复护理指导。

（四）社会康复规范

1. 社会康复评估

一般包括家居环境评估、社会与家庭支持评估和社区环境评估等。

2. 社会康复训练

（1）住院期：主要采用伤残适应小组辅导、医疗依赖者家属辅导及家庭咨询等，对工伤职工家属的伤后情绪问题提供专业支持，舒缓压力，协助他们建立合理的康复期望和目标，适应及接受伤后的生活转变，了解并接受家庭角色的转换。

（2）出院准备期：对工伤职工家属进行出院准备指导、家居环境改造咨询、家庭康复技巧指导及社会环境适应干预等，促进工伤职工顺利回归社区及家庭关系的维持。

（3）出院后：出院后对工伤职工家属提供持续的个案管理服务。通过重返社区的跟进协调服务，对工伤职工家庭社会适应相关的范畴进行干预或协调，促进工伤职工家庭更好融入社会生活，减少照顾者的压力。

（五）康复出院标准

生命体征平稳，病情稳定，并符合以下条件：

1. 已达到预期康复目标，或未达到康复目标，但植物状态评估量表指数在康复治疗6个月无变化。

2. 已达到康复住院时限。

3. 无严重并发症或并发症已控制。

4. 已完成出院准备，已对家属或陪护进行必要康复护理培训，做好回归家庭或社区计划。有医疗、护理或康复依赖者安排家庭病床或者社区康复。

三、脊柱脊髓损伤

（一）康复住院标准

伤后基本完成临床专科处理，经保守或手术治疗后2~3周或更早，生命体征相对稳定，仍有神经功能障碍或并发症，影响生活自理及回归家庭和社会，并符合下列条件：

1. 无新的损害或病情恶化；

2. 近期未出现需手术处理的病情变化；

3. 无其他重要脏器严重功能障碍；

4. 已脱离呼吸机等重症监护设备；

5. 无危及生命的严重感染。

（二）康复住院时限

颈髓损伤康复住院时间不超过 6 个月。

胸髓损伤康复住院时间不超过 4 个月。

腰髓损伤、脊髓圆锥或马尾损伤康复住院时间不超过 3 个月。

工伤职工已到出院时间，仍有康复治疗价值者，或仍有需住院治疗的并发症，经申请批准后可以继续住院治疗。

（三）医疗康复规范

1. 功能评定

入院后 5 个工作日内进行初期评定，住院期间根据功能变化情况可进行一次或多次中期评定，出院前进行末期评定。评定内容如下：

（1）躯体功能评定

脊髓损伤 AIS 评价、感觉评定、疼痛评定、运动心肺功能评定、神经电生理检查、尿动力学评定、排尿排便功能评定、性功能评定、肢体形态评定、平衡功能评定、上肢功能评定（四肢瘫工伤职工适用）、关节活动度评定、肌力评定、牵张反射评定、痉挛评定、作业需求评定、日常生活活动评定和辅助器具适配性评定，可步行者需进行步态分析和跌倒风险评估，需长期使用轮椅者应进行坐位压力检查。

（2）精神心理评估

对事故和脊髓损伤后可能引起创伤后应激障碍、适应障碍、人格障碍、睡眠障碍、情绪问题、心理压力和脑心理活动状态进行评估。能完成问卷填写者进行生活质量评定。

2. 康复治疗

（1）物理治疗

1）运动治疗：

A. 胸 1 以上平面脊髓损伤（四肢瘫）

急性期主要进行体位摆放、关节被动运动、肌肉牵伸、上肢残存肌肉的肌力训练、机械辅助排痰治疗和呼吸训练等。

早期康复阶段主要进行血管舒缩训练（包括由仰卧至坐起，由床边坐至坐轮椅，向直立床过渡等训练）、平衡功能训练（包括坐位平衡训练、垫上平衡训练、轮椅上的平衡训练）和转移训练（包括床与轮椅间转移训练），同时继续进行关节被动运动、肌肉牵伸、上肢残存肌肉的肌力训练和呼吸训练。

康复后期继续进行肌力训练、平衡功能训练和转移训练，根据情况进行等速训练、轮椅操作训练和站立训练（通过电动起立床、辅助器具和治疗师的帮助）。条件许可者可配戴步行辅助器具进行站立及步行训练。

B. 胸 1 及胸 1 以下平面脊髓损伤（截瘫）

急性期主要进行体位摆放、关节被动运动、肌肉牵伸、躯干残存肌肉和双上肢的肌力训练、呼吸训练等。

早期康复阶段主要进行血管舒缩训练（包括由仰卧至坐起，由床边坐至坐轮椅，向直立床过渡等训练）、平衡功能训练（包括坐位平衡训练、垫上平衡训练、轮椅上的平衡训练）、转移训练（包括床与轮椅、轮椅与凳、轮椅与地面间转移）和轮椅操作训练，同时继续进行关节被动运动、肌肉牵伸、躯干残存肌肉和双上肢的肌力训练以及呼吸训练。

康复后期继续进行肌力训练、平衡功能训练和转移训练，根据情况进行站立训练、减重步行训练，以及借助重心移动式步行矫形器、膝踝足矫形器或踝足矫形器等进行步行训练或辅助步行训练，耐力增强后可以进行跨越障碍、上下台阶、摔倒及摔倒后起立等训练。

2）物理因子治疗：根据功能情况及并发症的发生情况酌情选用直流电疗法、短波疗法、超短波疗法、微波疗法、超声波疗法、低中频电疗法、神经肌肉电刺激、痉挛肌电刺激、经皮神经电刺激、功能性电刺激、肌电生物反馈疗法、磁疗、气压疗法、紫外线疗法、激光疗法、红外线疗法及蜡疗等。

3）水疗：根据工伤职工脊柱稳定性和残余肌力等情况可进行气泡浴+涡流治疗、水中肢体功能训练和水中步行运动训练等水疗项目。

（2）作业治疗

1）床边训练：早期进行体位摆放，并行床边日常生活活动训练，内容包括床上翻身、坐位平衡、进食和修饰等。

2）日常生活活动训练：首先进行床上翻身及坐位平衡训练，当可独立维持坐位并独立翻身时进行卧位到坐位转移训练，同时加强坐位平衡训练。坐位平衡达到或接近Ⅱ级后可进行轮椅与床、厕座、椅之间的转移训练、穿衣训练、入厕训练和洗澡训练等。

3）轮椅训练：进行轮椅上减压、平地驱动和转移训练（轮椅与床、椅、厕座、浴缸、交通工具等的转移），上肢功能比较好的工伤职工进行上下斜坡训练，截瘫工伤职工需进行大轮平衡技术训练。

4）上肢功能训练：强化截瘫工伤职工上肢肌力和增强四肢瘫工伤职工上肢的残存肌力，维持和改善关节活动度，四肢瘫工伤职工进行手灵活性训练，可使用辅助上肢功能训练器等。

5）耐力训练：进行必要的耐力训练，四肢瘫工伤职工还需进行呼吸训练。

6）辅助器具配置及使用训练：配置辅助器具并对工伤职工进行辅助器具使用训练。

7）文体训练和虚拟现实训练：文体训练可包括手工艺训练、艺术治疗、园艺治疗、小组治疗（室内小组、户外小组）和治疗性游戏训练等。

8）功能训练指导：进行家庭康复指导、家居环境改造指导和环境适应训练。

（3）行为心理治疗

对有情绪和人格等心理（行为）障碍者可进行心理疏导、心理支持、认知调整、行为矫正和心理减压治疗等。

（4）中医康复治疗

进行针刺治疗，根据情况选择电针、头皮针、水针等；进行推拿治疗，选穴参照针刺穴位，手法施以滚法、按法、揉法、搓法和擦法等。根据情况选择艾灸、火罐、中药药膳、内服、外敷和熏洗治疗等。根据工伤职工情况，可使用中医传统运动治疗（内养功治疗）。

（5）辅助技术

颈椎损伤工伤职工早期配置头颈胸矫形器，胸腰椎损伤配置胸腰骶椎矫形器以加强脊柱的稳定性。大部分脊髓损伤的工伤职工配置防静脉血栓袜预防深静脉血栓形成。配置防压疮床垫和（或）防褥疮坐垫预防压疮。

1）颈髓损伤：

根据患者功能情况选配高靠背轮椅、普通轮椅或电动轮椅。部分患者需进行轮椅个性化改造，以提高其使用轮椅的安全性和便利性。早期活动时可配戴颈托，部分工伤职工需要配置手功能位矫形器和（或）踝足矫形器等，多数工伤职工需要进食、穿衣、打电话和书写等自助具，坐便器和洗澡椅可根据情况选用。

2）胸1~4脊髓损伤：

常规配置普通轮椅、坐便器、洗澡椅和拾物器。符合条件者可配备截瘫步行矫形器或髋膝踝足矫形器，配合助行架、拐杖和（或）腰围等进行治疗性站立和步行。多数工伤职工夜间需要踝足矫形器维持足部功能位。

3）胸5~腰2脊髓损伤：

大部分工伤职工可通过截瘫步行矫形器或膝踝足矫形器配合助行架、拐杖和（或）腰围等进行功能性步行，夜间使用踝足矫形器维持足部功能位。常规配置普通轮椅。部分工伤职工需要配置坐便器、洗澡椅，可根据情况选用。

4）腰3及以下脊髓损伤：

大部分工伤职工应用踝足矫形器、四脚拐或手杖等可独立步行，但部分工伤职工仍需要轮椅、坐便器和洗澡椅。

3. 康复护理

（1）康复护理评定

包括皮肤状况、压疮发生危险因素、意外伤害危险因素、二便功能和对伤病知识掌握程度的评定。

（2）康复护理

1）体位护理：体位摆放、体位变换、体位转移和使用体位垫等。

2）神经源性膀胱护理：开展盆底肌肉训练、尿意习惯训练，以及应用激发技术和行为学疗法进行训练，制定饮水计划，进行膀胱容量测定、膀胱残余尿量测定、间歇导尿清洁导尿、留置尿管和改良膀胱冲洗等。

3）排便训练：调整饮食结构，早期开始肠道功能训练，如排便操、腹部按摩等，养成每日或隔日的排便习惯。保持大便通畅，3日无大便给予缓泻剂或使用开塞露，必要时进行人工掏便方法排便。

4）康复延伸治疗：根据康复治疗师的意见，监督和指导工伤职工在病房进行关节活动度、肌力、日常生活活动、站立步行和（或）呼吸功能等延续性训练。

5）并发症的预防及护理：开展预防体位性低血压、自主神经反射增强、下肢深静脉血栓和骨质疏松等并发症的护理；开展预防泌尿系统和呼吸系统等感染的护理；防压疮护理；

开展预防关节挛缩及废用综合征的护理。

(3) 心理护理、家庭康复及社区康复护理指导。

(四) 职业社会康复规范

1. 职业康复

(1) 职业康复评估

通过面谈、就业意愿评估、职业咨询及功能性能力评估确定职业康复目标，并选择进行工伤职工职业调查、工作需求分析和工作模拟评估等。

(2) 职业康复训练

根据不同的损伤水平和个体差异设计不同的康复方案，四肢瘫工伤职工可利用上肢残余功能，以个体化的技能培训为主，必要时须借助辅助器具或改良设备；截瘫工伤职工按需要进行工作耐力训练、技能培训、就业选配等职业康复训练。训练内容主要包括：职业咨询与指导、职业技能再培训、工作职务调整与再设计及职前训练。

2. 社会康复

(1) 社会康复评估

一般包括创伤后应激障碍评估、家居环境评估、自我效能评估、社会与家庭支持评估、社会适应能力评价和社区环境评估等。

(2) 社会康复训练

1) 住院期：主要采用康复辅导、伤残适应小组辅导、社会行为活动训练等方式，对工伤职工伤残社会心理适应提供专业支持，协助他们建立合理的康复期望和目标；提供家庭咨询，使工伤职工及其家庭成员循序渐进地接受伤后的生活转变，适应家庭角色的转换，逐步重建生活常规。

2) 出院准备期：为工伤职工提供出院准备指导、家居环境改造咨询家庭康复技巧指导及医疗依赖者家属辅导等，在真实的社区参与活动过程中体验和增强自己的能力，还原社会人的角色，协助工伤职工有效使用社区资源、合理计划未来生活安排、进行家居环境改造，重点解决家庭生活适应和社交退缩问题。

3) 出院后：出院后为严重的脊柱脊髓损伤工伤职工提供持续的个案管理服务及社会环境适应干预，通过重返社区跟进协调，促进工伤职工更好的适应和融入社会生活。

(五) 康复出院标准

生命体征平稳，病情稳定，并符合以下条件：

1. 已达到预期康复目标。

2. 已达到康复住院时限，且主要功能评定指标在1.5个月内无进一步改善。

3. 无严重并发症或并发症已控制。

4. 已完成出院准备，做好回归家庭、社区或工作岗位计划。有医疗或康复依赖者安排家庭病床或社区康复服务。

四、周围神经损伤

(一) 康复住院标准

经临床治疗1~2周后，生命体征稳定，有持续性神经功能障碍，影响日常生活能力及工作能力，并符合下列条件：

1. 合并骨折者，X 光片显示骨折复位良好、内固定稳定；
2. 无神经卡压征象或骨筋膜室综合征；
3. 暂无再次手术探查治疗指征；
4. 无其他康复禁忌证；
5. 近期不适宜作神经移植手术。

（二）康复住院时限

康复住院时间不超过 3 个月。如已到出院时间，仍有较大康复价值需继续住院治疗的，经申请批准后可适当延长住院时间。

（三）医疗康复规范

1. 功能评定

入院后 5 个工作日内进行初期评定，住院期间根据功能变化情况可进行一次或多次中期评定，出院前进行末期评定。评定内容如下：

（1）躯体功能评定

感觉评定、疼痛评定、神经电生理检查、肢体形态评定、关节活动度评定、肌力评定、作业需求评定、日常生活活动评定和（或）辅助器具使用评定，上肢神经损伤者需进行上肢功能评定和手功能评定，下肢神经损伤者需进行平衡功能评定和步态分析等。

（2）精神心理评估

对事故和身体疾病可能引起创伤后应激障碍、适应障碍、人格障碍、睡眠障碍、情绪问题、心理压力和脑心理活动状态进行评估。能完成问卷填写者进行生活质量评定。

2. 康复治疗

（1）物理治疗

1）运动治疗：根据患者功能障碍情况选择关节松动术、持续性被动运动（CPM）、肌力训练（如等张肌力训练和等速训练）、牵伸技术、感觉功能训练、平衡训练、步行训练、耐力训练和有氧训练等。

2）物理因子治疗：根据功能情况及并发症的发生情况酌情选用直流电疗法、短波疗法、超短波疗法、超声波疗法、低中频电疗法、神经肌肉电刺激（NMES）、经皮神经电刺激（TENS）、功能性电刺激（FES）、肌电生物反馈疗法、磁疗、气压疗法、紫外线疗法、激光疗法、红外线疗法及蜡疗等。

3）水疗：根据工伤职工具体功能情况可进行水中肢体功能训练和水中步行运动训练等水疗项目。

（2）作业治疗

对感觉过敏者进行脱敏训练，对感觉缺失者进行感觉再教育与再训练；上肢神经损伤者需进行手功能训练和辅助上肢功能训练等上肢功能训练；对存在日常生活活动障碍者进行日常生活活动训练和家务劳动训练，独立生活能力受限者进行独立生活能力训练；有需要者可进行包括手工艺训练、园艺治疗、艺术治疗和治疗性游戏训练等的文体训练和虚拟现实训练。

（3）行为心理治疗

对有创伤后应激障碍、适应障碍、人格障碍及情绪问题的工伤职工，可针对性的进行心理疏导、心理支持、认知调整、行为矫正和心理减压治疗。

（4）中医康复治疗

进行针刺治疗，根据情况选择电针和浮针等。推拿治疗选穴参照针刺穴位，手法施以滚法、按法、揉法、搓法、擦法等。根据情况选择艾灸、火罐、中药熏药、内服和外洗治疗等。电针及推拿治疗应在工伤职工骨折固定、安全情况下实施。

（5）辅助技术

根据功能情况，选择性应用功能位矫形器、固定用静态矫形器、功能训练用动态矫形器。下肢神经损伤者常用腋杖、肘杖、手杖等，部分工伤职工需使用轮椅、坐便器和洗澡椅等。

3. 康复护理

（1）康复护理评定

对皮肤状况、感觉障碍情况、疼痛程度、意外伤害危险因素、对伤病知识掌握程度等进行评定。

（2）康复护理

1）疾病的健康宣教：讲解周围神经损伤的相关康复护理知识及康复流程，指导自我功能锻炼的方法。

2）体位护理：根据神经损伤的性质和部位予以体位摆放，保持肢体功能位。

3）康复延伸治疗：在康复治疗师指导下，监督和指导工伤职工在病房利用简易器械或徒手进行关节活动度、肌力、感觉和日常生活活动等延续性训练。

4）并发症的预防及护理：预防继发性损伤的护理（如摔伤、烫伤等）；开展预防关节挛缩及废用综合征的护理；开展周围循环障碍、肢体肿胀、疼痛的预防及护理。

（3）心理护理、家庭康复及社区康复护理指导。

（四）职业社会康复规范

1. 职业康复

（1）职业康复评估

进行常规的职业能力评定，包括工作分析、功能性能力评估及工作模拟评估。如果经功能性能力评估发现工伤职工主动用力一致性低，需再进行症状放大症的评估。

（2）职业康复训练

训练的内容主要包括工作强化训练、工作模拟训练、工作行为教育与训练、工作职务调整与再设计和职前训练。在单位和工伤职工双方同意的情况下，可以进行现场工作能力评估和现场工作强化训练。

2. 社会康复

（1）社会康复评估

一般包括创伤后应激障碍评估、家居环境评估、自我效能评估、社会与家庭支持评估和社会适应能力评价等。

(2) 社会康复训练

主要采用康复辅导和社会行为活动训练的方式，协助工伤职工建立合理的康复期望和目标，认识疼痛及疼痛处理方法；出院前协助工伤职工做好出院准备计划，提供雇主综合咨询和工作安置协调等，推动其适时重返工作岗位；出院后进行社会环境适应干预。对工伤职工工作适应相关的范畴进行干预或协调，促进工伤职工更好的适应工作。

(五) 康复出院标准

生命体征平稳，病情稳定，并符合以下条件：

1. 经综合康复治疗，达到预期康复目标。
2. 已达到康复住院时限，且主要的功能评定指标在 1 个月内无进一步改善。
3. 无严重并发症或并发症已控制。
4. 已完成出院准备，制订回归工作岗位和社区的方案。

五、骨折

(一) 康复住院标准

各种类型骨折，经急性期临床治疗后，生命体征平稳，内（外）固定稳定，术后 1~2 周（或更早）仍存在功能障碍或并发症，并符合下列条件：

1. 无严重伤口感染。
2. 无严重的内脏复合伤或内脏损伤经治疗病情已稳定。

(二) 康复住院时限

单纯性四肢骨折康复住院时间不超过 2 个月；复杂性骨折康复住院时间不超过 3 个月。如已到出院时间，仍需继续住院康复者，经申请批准后可适当延长住院时间。

(三) 医疗康复规范

1. 功能评定

入院后 5 个工作日内进行初期评定，住院期间根据功能变化情况可进行一次或多次中期评定，出院前进行末期评定。评定内容如下：

(1) 躯体功能评定

感觉评定、疼痛评定、心肺运动试验、肢体形态评定、关节活动度评定、肌力评定、反射评定、作业需求评定、日常生活活动评定，上肢骨折者需进行上肢功能评定和手功能评定，下肢骨折者需进行平衡功能评定、步态分析和足底压力检测，严重损伤需使用辅助器具者进行辅助器具使用评定。

(2) 精神心理评估

对事故和身体创伤可能引起工伤职工心理上的急性应激障碍、创伤后应激障碍、适应障碍、人格障碍、睡眠障碍、情绪问题、心理压力和脑心理活动状态进行评估。能完成问卷填写者进行生活质量评定。

2. 康复治疗

(1) 物理治疗

1) 运动治疗：早期进行骨折肢体相关肌肉的等长肌力训练、持续性被动关节运动和牵伸等。随着骨折的稳定，进行骨折肢体的肌力训练（可选用等张肌力训练和等速训练）、耐力训练和有氧训练等。若关节伴有被动关节活动度受限或疼痛,则对涉及关节进行关节松动术和肌内效贴布等治疗。

严重多发性骨折、胸廓骨折或长期卧床工伤职工还需进行全身耐力训练和呼吸训练,严重下肢骨折不能站立及行走者进行轮椅训练。

单纯脊柱骨折无神经损伤者,则进行悬吊治疗、腰背肌器械训练等;部分病人可根据需要选用肌内效贴布治疗。

2) 物理因子治疗:根据功能情况及并发症的发生情况酌情选用直流电疗法、短波疗法、超短波疗法、微波疗法、超声波疗法、低中频电疗法、神经肌肉电刺激、经皮神经电刺激、功能性电刺激、肌电生物反馈疗法、磁疗、气压疗法、紫外线疗法、激光疗法,红外线疗法及蜡疗等。

3) 水疗:有条件可进行水中运动治疗,例如肌力训练、关节活动度训练、平衡训练和步行训练等。

(2) 作业治疗

上肢骨折者需进行上肢功能训练、手功能训练、日常生活活动训练和家务劳动训练,合并感觉障碍者需进行感觉训练。下肢骨折者可进行日常生活活动训练、家务劳动训练、独立生活能力训练、虚拟现实训练、感觉小组训练、负重小组训练。有需要者可进行文体训练(包括手工艺训练、园艺治疗、艺术治疗和治疗性游戏训练等)、辅助器具作业疗法训练和轮椅功能训练等。

(3) 行为心理治疗

对有急性应激障碍、创伤后应激障碍、适应障碍、人格障碍及情绪问题的工伤职工,可针对性的进行心理疏导、心理支持、认知调整、行为矫正和心理减压治疗。

(4) 中医康复治疗

进行针刺治疗,可根据情况选择电针等。推拿治疗选穴参照针刺穴位,手法施以滚法、按法、揉法、搓法和擦法等。根据情况选择挑刺、三棱针放血、艾灸、火罐、中药熏药、内服和外敷治疗等。酌情考虑小夹板治疗和手法复位。

(5) 辅助技术

根据损伤情况,选择性应用骨折固定矫形器〔臂套筒式矫形器、长(短)臂绞链矫形器、舟骨骨折矫形器、掌骨骨折矫形器、指骨骨折矫形器和(或)腕固定矫形器等〕、功能位矫形器、功能训练矫形器;下肢骨折者可配置相应部位的免荷式矫形器或固定式矫形器。

存在肢体肿胀者需制作压力肢套或压力衣,下肢骨折者可选用腋杖、肘杖或手杖等助行器,部分工伤职工需使用轮椅、坐便器和(或)洗澡椅。

3. 康复护理

(1) 康复护理评定

对皮肤状况、皮肤感觉、潜在安全因素、对伤病知识掌握程度等进行评定。

(2) 康复护理

1) 疾病的健康宣教:讲解骨折的相关康复护理知识、康复流程以及疾病的愈合。

2）体位护理：根据不同的骨折部位和愈合情况给予正确的体位摆放、体位变换和体位转移等指导。

3）康复延伸治疗：根据康复治疗师意见，监督和指导工伤职工在病房内选择性进行简单的关节活动度、肌力、负重和步行等延续性训练。

4）并发症的防治护理：预防继发性损伤（如摔伤和烫伤等）、废用综合征、下肢静脉血栓、患肢肿胀、疼痛及各类感染的护理。

（3）心理护理、家庭康复及社区康复护理指导。

（四）职业社会康复规范

1. 职业康复

（1）职业康复评估

伤后4~7周，进行职业调查、就业意愿评估、工作需求分析、功能性能力评估和现场工作分析评估；腰椎骨折的工伤职工，可增加腰背功能评估。伤后12周，增加工作模拟评估，疼痛较敏感的工伤职工进行疼痛信念评估，对工伤职工的能力表现可疑，可进行症状放大症评估。根据工伤职工身体功能康复进展，还包括现场工作能力测评等评估。

（2）职业康复训练

伤后4~7周进行职业咨询和工作模拟训练。伤后12周，可增加就业选配、工作强化训练和工作适应与调整等。根据工伤职工的身体功能康复及工作安置进展，可开展现场工作强化、体力操作技巧训练和基本工作姿势训练。

2. 社会康复

（1）社会康复评估

一般包括创伤后应激障碍评估、家居环境评估、自我效能评估、社会与家庭支持评估和社会适应能力评价等。

（2）社会康复训练

主要采用康复辅导、社会行为活动训练等方式，协助工伤职工建立合理的康复期望和目标，认识疼痛及疼痛处理方法；出院前给予出院准备指导、提供家庭康复技巧指导、工作安置协调及雇主综合咨询等服务，出院后通过个案管理服务，采用工场探访、电话跟进等形式，对工伤职工工作适应相关的范畴进行干预或协调，促进工伤职工更好的适应工作。

（五）康复出院标准

生命体征平稳，病情稳定，并符合以下条件：

1. 功能障碍经综合康复治疗达到预期目标。
2. 无严重并发症或并发症已控制。
3. 已达到康复住院时限，且主要的功能评定指标在1个月内无继续改善。
4. 已完成出院准备，制订回归工作岗位和社区的方案。

六、截肢

（一）康复住院标准

上、下肢截肢术后，经临床治疗，生命体征稳定，无严重感染及出血征象。

（二）康复住院时限

一般不超过 2 个月，特殊情况经申请批准后延长住院时间 1 个月。

（三）医疗康复规范

1. 功能评定

入院后 5 个工作日内进行初期评定，住院期间根据功能变化情况可进行一次中期评定，出院前进行末期评定。评定内容如下：

（1）躯体功能评定

感觉评定、疼痛评定、运动心肺功能评定、表面肌电检查、肢体形态评定、平衡评定、关节活动度评定、残端评定、肌力评定、步态分析、作业需求评定、日常生活活动评定和辅助器具使用评价等。

（2）精神心理评估

对事故和截肢可能引起工伤职工创伤后应激障碍、适应障碍、人格障碍、睡眠障碍、情绪问题、心理压力和脑心理活动状态、幻肢痛进行评估，可使用躯体意象评估和截肢者专用生活质量评价。

2. 康复治疗

根据截肢部位选择相应治疗。

（1）物理治疗

1）运动治疗：进行感觉训练、残肢被动关节运动、牵伸训练、关节松动训练、肌力训练和耐力训练等。上肢截肢患者针对性进行假肢穿戴与使用训练等；下肢截肢者进行渐进负重训练、过渡假肢站立负重训练、减重步行训练、穿戴假肢步行训练、平衡训练、步态训练和有氧训练等。

2）物理因子治疗：根据功能情况及并发症的发生情况酌情选用冰敷、短波疗法、超短波疗法、微波疗法、超声波疗法、低中频电疗法、神经肌肉电刺激、经皮神经电刺激、磁疗、气压疗法、紫外线疗法、激光疗法、红外线疗法及蜡疗等。

3）水疗：根据工伤职工具体功能情况可进行药物浸浴、气泡浴、旋涡浴、气泡浴+涡流治疗和水中肢体功能训练等水疗项目。

（2）作业治疗

上肢功能训练、手功能训练、假肢使用训练、日常生活活动训练、家务劳动训练、独立生活能力训练、感觉训练、虚拟现实训练和功能性作业活动训练等。存在幻肢痛者可进行镜像治疗；有需要者可进行文体训练（包括手工艺训练、园艺治疗、艺术治疗和治疗性游戏训练等）。对有需要的下肢截肢者进行轮椅功能训练。

（3）中医康复治疗

进行针刺疗法，包括体针、电针、耳针、头针和浮针等。推拿治疗以残肢为主要施术部位，手法施以按法、揉法和擦法等。根据情况选择穴位注射、火罐、艾灸、中药内服和外敷治疗等。

（4）行为心理治疗

对有急性应激障碍、创伤后应激障碍、适应障碍、人格障碍及情绪问题的工伤职工，可针对性地进行心理疏导、心理支持、认知康复、行为矫正和心理减压治疗。

（5）辅助技术

上肢截肢工伤职工根据截肢部位、残肢状况予以安装机械假肢、肌电假肢或假手等；下肢截肢工伤职工伤口愈合后即安装临时假肢，残肢塑形后更换为永久假肢，有条件者可术后即使用硬性敷料。

根据功能情况，上肢截肢工伤职工可配置不同类型自助具和压力肢套，下肢截肢可根据功能障碍情况选择配置压力肢套、轮椅、助行架、腋杖、肘杖、手杖、坐便器和（或）洗澡椅等。

3. 康复护理

（1）康复护理评定

对残肢皮肤状况（残端有无肿胀、创面愈合情况、皮温、血运、感觉等）以及对伤病知识掌握程度进行评定。

（2）康复护理

1) 疾病的健康宣教：讲解截肢的相关康复护理知识，康复流程以及疾病的预后情况。

2) 体位护理：保持残肢适合体位，如膝上截肢，患侧髋关节伸直、髋部外侧加垫软枕以防止髋屈曲外展；膝下截肢，膝关节应伸直等。

3) 残肢护理：残肢皮肤、幻肢痛及相关症状的护理与指导。

4) 饮食指导：控制体重，防止身体过胖或过瘦影响假肢接受腔的适配性。

5) 康复延伸治疗：根据假肢矫形师和康复治疗师的意见，监督和指导工伤职工在病房内选择性进行残肢负重、假肢穿戴、步行等延续性训练。

6) 并发症的护理：预防继发性损伤（如摔伤、烫伤等）、废用综合征、下肢静脉血栓、残肢肿胀、疼痛、脂肪沉积、心血管疾病和各类感染等。

（3）心理护理、家庭康复指导。

（四）职业社会康复规范

1. 职业康复

（1）职业康复评估

进行常规的职业能力评定，包括工作分析、功能性能力评估及工作模拟评估。对于上肢截肢的工伤职工，如果工作分析表明受伤前工作岗位需要双手协同操作完成工作任务，下一步工作分析评估主要以计划安排的工作内容为主。对于下肢截肢的工伤职工，必须评估其上下班交通的环境及穿戴假肢后步行、站立及上下楼梯的耐力。如果通过功能性能力评估发现工伤职工主动用力一致性低，需再进行症状放大症的评估。

（2）职业康复训练

训练内容主要包括工作行为教育与训练、工作职务调整与再设计和职前训练。在单位和工伤职工双方同意的情况下，可以进行现场工作能力评估和现场工作强化训练。对于上肢截肢的工伤职工需根据工作分析情况进行工具使用训练，下肢截肢的工伤职工需要进行模拟社区步行、上下交通工具的训练。

2. 社会康复

（1）社会康复评估

一般包括创伤后应激障碍评估、家居环境评估、自我效能评估、社会与家庭支持评估、社会适应能力评价、社区环境评估等。

（2）社会康复训练

1）住院期：主要采用康复辅导、伤残适应小组辅导及社会行为活动训练等，对工伤职工伤后和佩戴假肢后的社会心理适应提供专业支持与疏导，协助建立合理的康复期望；协助工伤职工逐渐改变受伤后的社交退缩行为，循序渐进地接受和适应伤后生活的转变。

2）出院准备期：对工伤职工进行出院准备指导和社会环境适应干预、雇主综合咨询等或工作安置协调，协助工伤职工有效使用社区资源、合理计划未来生计、学习家庭康复技巧或进行家居环境改造，以适应出院后的工作和家庭生活，重点解决社交退缩和工作安置等问题。

3）出院后：出院后提供持续的个案管理服务，在工伤职工社会适应或工作适应相关的范畴内进行干预或协调，促进工伤职工更好的适应社会生活或工作。

（五）康复出院标准

生命体征平稳，假肢（指、趾）安装完成，并符合以下条件：

1. 能够独立完成假肢的穿戴，并达到预期康复目标。
2. 残端塑形良好，皮肤无破溃及感染。
3. 达到康复住院时限，且主要的功能评定指标在 1 个月内无继续改善。
4. 已完成出院准备，制订回归工作岗位和社区的方案。

七、手外伤

（一）康复住院标准

伤后经临床治疗 1~3 周，生命体征平稳，内（外）固定稳定，仍有明显功能障碍，并符合下列条件：

1. 无出血征象和严重伤口感染。
2. 断指再植术后无末梢血运障碍。

（二）康复住院时限

康复住院时间一般不超过 3 个月，遇特殊情况经申请批准后可延长 1 个月。

（三）医疗康复规范

1. 功能评定

入院后 5 个工作日内进行初期评定，住院期间根据功能变化情况可进行一次或多次中期评定，出院前进行末期评定。评定内容如下：

（1）躯体功能评定

感觉评定、疼痛评定、根据功能情况选择神经电生理检查、自主神经功能评定、肢体形态评定、上肢功能评定、手功能评定、关节活动度评定、作业需求评定、日常生活活动评定和（或）辅助器具使用评价。

(2) 精神心理评估

对事故和手功能损伤可能引起工伤职工心理上的急性应激障碍、创伤后应激障碍、适应障碍、人格障碍、睡眠障碍、情绪问题、心理压力和脑心理活动状态进行评估。能完成问卷填写者进行生活质量评定。

2. 康复治疗

(1) 物理治疗

1) 运动治疗：早期主要以被动运动和相关肌肉的等长肌力训练为主，若无肌腱损伤或损伤已愈合，酌情进行肌肉肌腱的牵伸训练。随着工伤职工病情的稳定，则进行肌力训练、耐力训练和有氧训练、受限关节的关节松动术训练和手部肌肉的肌力训练等，伴感觉神经损伤者则需要进行感觉再训练。

2) 物理因子治疗：根据功能情况及并发症的发生情况酌情选用冰敷法、直流电疗法、短波疗法、超短波疗法、微波疗法、超声波疗法、低中频电疗法、功能性电刺激、肌电生物反馈疗法、磁疗、气压疗法、紫外线疗法、激光疗法，红外线疗法及蜡疗等。

3) 水疗：根据工伤职工具体功能情况可进行药物浸浴、气泡浴和旋涡浴治疗等水疗项目。

(2) 作业治疗

1) 手功能训练：包括握力（捏力）训练、关节活动度训练、感觉训练、手灵活性训练和辅助手功能训练等。

2) 其他训练：日常生活活动训练、家务劳动训练、独立生活能力训练、虚拟现实训练、文体训练（包括手工艺训练、园艺治疗、艺术治疗和治疗性游戏训练等）和小组治疗等。

(3) 行为心理治疗

对有急性应激障碍、创伤后应激障碍、适应障碍、人格障碍及情绪问题的工伤职工，可针对性的进行心理疏导、心理支持、认知调整、行为矫正和心理减压治疗。

(4) 中医康复治疗

进行针刺治疗，包括电针、水针和梅花针等。推拿治疗以受伤部位为主要施术部位，手法施以滚法、按法、揉法、拔伸法和擦法等。根据情况选择艾灸、火罐、中药内服和外敷熏洗治疗等。

(5) 辅助技术

主要应用矫形器维持、改善或代偿患手功能，如手部骨折者根据骨折部位和功能情况使用舟骨骨折矫形器、掌骨骨折矫形器、指骨骨折矫形器、腕固定矫形器和（或）手功能位矫形器；肌腱损伤者使用夜间固定矫形器、屈（伸）肌腱损伤动态矫形器、锤指矫形器和（或）腕固定矫形器等；断指再植、拇指重建可使用指固定矫形器和（或）对掌矫形器等。对于部分永久性功能丧失者，需配置自助具，以辅助完成日常生活活动。对于手指、掌部截肢者需根据具体情况给予配置假肢，以代偿部分功能和弥补外观缺失。

3. 康复护理

(1) 康复护理评定

对术后皮肤状况(炎性症状及肿胀、瘢痕、残余创面、色泽、血运情况、自主神经损伤症状如出汗、潮湿、干燥等)、生活自理情况及对伤病知识了解程度进行评定。

(2) 康复护理

1) 疾病的健康宣教:讲解手外伤的相关康复护理知识、康复流程以及疾病的预后情况。

2) 体位摆放:根据损伤部位和愈合情况分别将患手置于休息位、功能位或保护位等。

3) 康复延伸治疗:根据康复治疗师意见,监督和指导工伤职工在病房内使用简易器械对患手进行手的握力、捏力、对指和对掌等关节活动度、肌力以及手的灵活性、协调性等自我功能延伸练习。同时指导工伤职工进行手的脱敏训练,利手交换训练等。

4) 并发症的护理:预防继发性损伤(如擦伤、烫伤和冻伤等)、肢体废用综合征、患手肿胀以及各类感染的发生等。

(3) 心理护理、家庭康复护理。

(四) 职业社会康复规范

1. 职业康复

(1) 职业康复评估

进行职业调查、就业意愿评估、工作需求分析、功能性能力评估、现场工作分析评估、技能操作评估和工作模拟评估,疼痛较敏感的工伤职工进行疼痛信念评估,对工伤职工的能力表现可疑,可进行症状放大症评估。

(2) 职业康复训练

可根据工伤职工功能能力情况和职业特点进行工作重整及强化训练、职前训练、工具使用训练和现场工作强化等职业康复训练。

2. 社会康复

(1) 社会康复评估

一般包括创伤后应激障碍评估、自我效能评估、社会与家庭支持评估和社会适应能力评价等。

(2) 社会康复训练

主要采用康复辅导的方式,协助工伤职工建立合理的康复期望和目标;出院前协助工伤职工做好出院准备指导、雇主综合咨询、提供家庭康复技巧指导、提供工作安置协调等,协助工伤职工克服工伤后影响,适时返回工作岗位。出院后对工伤职工进行社会环境适应干预或协调,促进工伤职工更好的适应工作。

(五) 康复出院标准

生命体征平稳,并符合以下条件:

1. 疼痛消失或减轻,不影响日常生活活动。

2. 手功能恢复至基本正常或达到预期康复目标。

3. 达到康复住院时限,且主要的功能评定指标在 1 个月内无继续改善。

4. 已完成出院准备，制订回归工作岗位和社区的方案。

八、关节、软组织损伤

（一）康复住院标准

伤后经临床治疗 2 周或更早，生命体征稳定，仍有功能障碍，并符合下列条件：

1. 无其他重要器官严重功能障碍。
2. 无出血征象和严重伤口感染。

（二）康复住院时限

关节及关节软骨、韧带、肌肉、肌腱等软组织损伤的工伤职工，康复住院时限一般不超过 2 个月；膝关节交叉韧带损伤伴有半月板损伤的工伤职工，康复住院时限一般为 3~6 月；经申请批准后可以适当延长住院时间。

（三）医疗康复规范

1. 功能评定

入院后 5 个工作日内进行初期评定，住院期间根据功能变化情况可进行一次或多次中期评定，出院前进行末期评定。评定内容如下：

（1）躯体功能评定

疼痛评定、肢体形态评定、平衡功能评定、上肢功能评定、关节活动度评定、肌力评定、步态分析、作业需求评定、日常生活活动评定、足底压力检查和辅助器具适配性评定等。

（2）精神心理评估

人格评估、睡眠质量评估和情绪评估等。能完成问卷填写者进行生活质量评定。

2. 康复治疗

（1）物理治疗

1）运动治疗

早期主要进行相关肌肉的本体感觉训练、等长肌力训练、持续性被动运动治疗等，随着工伤职工病情及功能的变化，有针对性选择牵伸训练、关节松动训练、肌力训练和耐力训练等；部分病人可根据需要选用肌内效贴布治疗。

2）物理因子治疗：根据功能情况及并发症的发生情况酌情选用冰敷、短波疗法、超短波疗法、微波疗法、超声波疗法、冲击波、低中频电疗法、经皮神经电刺激、磁疗、气压疗法、紫外线疗法、激光疗法、红外线疗法及蜡疗等。

3）水疗

根据工伤职工具体功能情况可进行药物浸浴、气泡浴、旋涡浴、气泡浴+涡流治疗和水中肢体功能训练等水疗项目。

（2）作业治疗

上肢功能训练、手功能训练、作业疗法训练、日常生活活动训练、家务劳动训练、独立生活能力训练、虚拟现实训练、矫形器制作、压力治疗和文体训练（包括手工艺训练、园艺治疗、艺术治疗和治疗性游戏训练等）等。

（3）行为心理治疗

对有伤后适应障碍、睡眠障碍、情绪行为问题的工伤职工，可针对性的进行心理疏导、心理支持、认知调整、行为矫正和心理减压治疗。

（4）中医康复治疗

进行针刺治疗，可选用电针、水针、浮针、腕踝针；进行推拿治疗，手法施以滚法、按法、揉法、拔伸法和擦法等。根据情况选择艾灸、三棱针放血、小针刀、火罐、中药内服、外敷、熏蒸治疗和浸浴治疗等。根据工伤职工情况，可选用中医传统运动治疗（内养功治疗）。

（5）辅助技术

根据工伤职工病情可能需配置固定矫形器或训练用矫形器，部分工伤职工需配置轮椅或拐杖等。

3. 康复护理

（1）康复护理评定

对皮肤状况（肿胀、瘢痕、残余创面、炎性症状、色泽、自主神经损伤症状等）和对伤病知识掌握程度进行评定。

（2）康复护理

1）疾病的健康宣教：讲解软组织损伤的相关康复护理知识，康复流程以及疾病的预后情况。

2）体位护理：体位摆放，损伤部位肿胀明显者应抬高患肢，减少活动，避免患处受压。

3）康复延伸治疗：根据康复治疗师意见，监督和指导工伤职工在病房内选择性进行肌力、关节活动度、步行和日常生活活动等延续性训练。

4）并发症的防治护理：预防继发性损伤（如摔伤、烫伤和冻伤等）、肢体废用综合征、损伤部位肿胀、疼痛、并发症和各类感染的护理等。

（3）心理护理、家庭康复及社区康复护理指导。

（四）职业社会康复规范

1. 职业康复

（1）职业康复评估

进行职业调查、就业意愿评估、工作需求分析、功能性能力评估、现场工作分析评估和工作模拟评估，疼痛较敏感的工伤职工进行疼痛信念评估，对工伤职工的能力表现可疑，可进行症状放大症评估。

（2）职业康复训练

根据工伤职工功能能力情况和职业特点，可开展工作重整及强化训练、工具使用训练和现场工作强化。

2. 社会康复

（1）社会康复评估

一般包括创伤后应激障碍评估、自我效能评估、社会与家庭支持评估和社会适应能力评价等。

（2）社会康复训练

主要采用康复辅导、伤残适应小组辅导及社会行为活动训练等方式，协助工伤职工建立合理的康复期望和目标，学习应对伤后疼痛的管理方法；出院前提供出院准备指导、家庭康复技巧指导，提供工作安置协调、雇主综合咨询等，协助其社会适应能力技巧提升、工作关系的协调与适应；出院后对工伤职工进行社会环境适应干预，通过工场探访、电话跟进等形式，对工伤职工工作适应相关的范畴进行干预或协调，促进工伤职工更好的适应工作岗位。

（五）康复出院标准

生命体征平稳，病情稳定，并符合以下条件：

1. 关节、肌肉功能恢复至基本正常或达到预期康复目标。
2. 疼痛消失或减轻，不影响日常生活活动。
3. 达到康复住院时限，且主要的功能评定指标在 1 个月内无继续改善。
4. 已完成出院准备，制订回归工作岗位和社区的方案。

九、烧伤

（一）康复住院标准

烧伤面积>10%或Ⅲ度>5%以上，经过临床治疗后，生命体征稳定，呼吸道通畅，有瘢痕增生影响关节活动或外观，无重要脏器严重功能障碍。

（二）康复住院时限

轻中度烧伤住院时限不超过 2 个月；重度烧伤住院时限不超过 4 个月；特重度烧伤住院时限不超过 10 个月。

到出院时限，仍有较大康复价值或仍有合并症需要治疗者，经申请批准后可适当延长住院时间。

（三）医疗康复规范

1. 功能评定

入院后 5 个工作日内进行初期评定，住院期间根据功能变化情况可进行一次或多次中期评定，出院前进行末期评定。评定内容如下：

（1）躯体功能评定

感觉评定、疼痛评定、心肺功能评定、肢体形态评定、平衡评定、上肢功能评定、手功能评定、关节活动度评定、肌力评定、步态分析、瘢痕评定、作业需求评定、日常生活活动评定、足底压力检查和辅助器具使用评价，穿戴压力衣者必要时可进行压力测定。

（2）精神心理评估

对事故和烧伤可能引起工伤职工心理上的急性应激障碍、创伤后应激障碍、适应障碍、人格障碍、睡眠障碍、情绪问题、心理压力和脑心理活动状态进行评估。能完成问卷填写者进行生活质量评定。

2. 康复治疗

（1）物理治疗

1）运动治疗：主要以主被动运动、牵伸训练、关节松动训练、烧伤后关节功能训练、持续性被动运动、肌力训练、呼吸训练、耐力训练和有氧训练，下肢烧伤的工伤职工可同时进行平衡训练（可选择平衡生物反馈训练和电脑控制平衡功能训练）、步行训练和户外运动适应性训练等。

2）物理因子治疗：根据功能及并发症情况酌情选用直流电疗法、短波疗法、超短波疗法、超声波疗法、低中频电疗法、磁疗、气压疗法、紫外线疗法、激光疗法、红外线疗法及蜡疗等。

3）水疗：根据工伤职工具体功能情况可进行烧伤的水中浸浴治疗和水中运动疗法等水疗项目。

（2）作业治疗

1）压力治疗：包括制作压力衣（压力衣裤、压力头套、压力肢套、压力手套、压力袜、压力面罩、下颌套、透明压力面罩等）、压力支架及使用绷带加压等。

2）上肢功能训练：增强肌力训练、改善关节活动度训练、灵活性及协调性训练。

3）其他训练：日常生活活动训练、手工艺训练、家务训练、辅助器具作业疗法训练、环境改造、虚拟现实训练、文体训练（包括手工艺训练、园艺治疗、艺术治疗和治疗性游戏训练等）和小组治疗（室内或室外）等。

（3）行为心理治疗

对有急性应激障碍、创伤后应激障碍、适应障碍、人格障碍及情绪问题的工伤职工，可针对性的进行心理疏导、心理支持、认知调整、行为矫正和心理减压治疗。

（4）中医康复治疗

推拿治疗施以滚法、按法和揉法等手法。另可选择性开展中药外敷、中药化腐清创术、内服、外洗等治疗。

（5）辅助技术

矫形器常用肩外展矫形器、屈（伸）肘矫形器、保护位矫形器、拇外展矫形器、屈掌指关节矫形器、屈指矫形器、动态牵引矫形器、补高踝足矫形器、矫形鞋垫、矫形鞋等。

另根据功能情况选择其他辅助器具，如轮椅、自助具和助行器具等。

3. 康复护理

（1）康复护理评定

对皮肤状况、意外伤害危险因素和对伤病知识掌握程度进行评定。

（2）康复护理

1）疾病的健康宣教：讲解烧伤的相关康复护理知识、康复流程以及疾病的预后情况。

2）病房环境及饮食护理。

3）体位护理：体位摆放、体位变换、体位转移等。

4）残余创面护理：保持皮肤清洁，及时清除皮屑。

5）疤痕皮肤护理：疤痕皮肤的清洁、瘙痒及保养护理。

6）进行压力用品、助行器具、支具等辅助器具的使用和保养指导。

7）康复延伸治疗：根据康复治疗师意见，监督和指导工伤职工在病房内使用简易器具进行肌力、关节活动度、手功能、步行及步态和日常生活活动等延伸训练。

8）并发症的防治护理：预防残余创面扩大及感染、抑制瘢痕增生、预防压疮、防止继发性损伤和预防肢体废用性综合征。

（3）心理护理、家庭康复及社区康复护理指导。

（四）职业社会康复规范

1. 职业康复

（1）职业康复评估

通过面谈、就业意愿评估、职业咨询及功能性能力评估确定职业康复目标，并选择进行工伤职工职业调查、工作需求分析、技能操作评估、症状放大症评估、工作行为评估、工作模拟评估和现场工作分析评估等。

（2）职业康复训练

根据工伤职工烧伤部位进行针对性训练。手部烧伤者需针对手部功能进行工作重整训练和工作模拟训练。躯干部烧伤者需进行工作姿势及正确的人力搬抬和运送训练。下肢烧伤者需进行移动能力训练。根据职业康复评估的结果，对不能重返原单位原工作岗位的工伤职工可进行职业咨询与指导、职业技能再培训及工作职务调整或再设计。

2. 社会康复

（1）社会康复评估

一般包括创伤后应激障碍评估、家居环境评估、自我效能评估、社会与家庭支持评估、社会适应能力评价和社区环境评估等。

（2）社会康复训练

1）住院期：主要采用康复辅导、伤残适应小组辅导，对工伤职工烧伤后的社会心理适应问题提供专业支持，并建立合理的康复期望和目标；学习情绪及压力纾缓方法；通过社会生活适应性训练，让工伤职工循序渐进地接受并适应伤后身体意向或容貌的改变；提升自我效能感，有能力重新建立生活规划。

2）出院准备期：对工伤职工进行出院准备指导、社会环境适应干预或工作安置协调及家庭康复技巧指导等，协助工伤职工及其家庭成员了解并接受受伤后社会角色、家庭角色的转换，计划未来生计；重点协助工伤职工适应和应对陌生人的眼光和态度；为重新融入社会做好准备。

3）出院后：出院后提供持续的个案管理，通过重返社区跟进协调，对工伤职工的社会适应或工作适应进行干预，使工伤职工与现实社会生活或工作保持联结，避免社交退缩和心理适应改变。

（五）康复出院标准

病情稳定，创面愈合或仅有少量残余创面，并符合以下条件：

1. 功能及外观恢复至基本正常或达到预期目标。

2. 无严重并发症或并发症已控制。

3. 已达到康复住院时限，且主要的功能评定指标在 1 个月内无继续改善。
4. 已完成出院准备，做好回归家庭、社区或工作岗位计划。有医疗或康复依赖者安排家庭病床或社区康复服务。

53　人力资源社会保障部办公厅关于设立公布第一批区域性工伤康复示范平台名单有关问题的通知

人社厅发〔2015〕178 号

各省、自治区、直辖市及新疆生产建设兵团人力资源社会保障厅（局）：

为进一步做好工伤康复服务体系建设，按照《社会保障"十二五"规划纲要》及我部《关于进一步做好工伤康复试点工作的指导意见》（人社部发〔2013〕83 号）和要求，我部制定了《区域性工伤康复示范平台标准（试行）》，印发了《关于开展第一批区域性工伤康复示范平台评估遴选工作的通知》（人社厅函〔2015〕227 号）。按照康复机构自愿申报、地方人力资源社会保障部门初评推荐，我部组织专家评估的方式，本着严格标准、审慎稳妥、分步实施、宁缺毋滥的原则，遴选确定了第一批 4 家区域性工伤康复示范平台（名单附后）。现将有关事项通知如下：

一、进一步提高对设立工伤康复示范平台重要性的认识

各地人力资源社会保障部门要充分认识区域性工伤康复示范平台在促进工伤康复服务体系建设、规范管理、人才培养和交流合作中的重要作用，努力加强国家级、区域性工伤康复示范机构与地区级工伤康复服务机构相结合的工伤康复服务体系建设，把区域平台建设工作作为加强工伤康复协议机构管理，规范康复服务行为，提高康复服务水平的重要内容，共同推动示范平台建设工作健康发展。

二、切实发挥区域性工伤康复示范平台的作用

各相关省市人力资源社会保障部门要及时通知获准设立的 4 家区域性工伤康复示范平台机构，按照"示范指导、技术探索、业务支持"三大功能定位要求，支持、指导其尽快制定自身优化发展方案，做好区域内工伤康复示范服务工作；探索建立区域专业化网络建设，形成可持续的业务合作和信息共享机制；完善深化工伤康复技术创新，推进业务服务发展；协助工伤保险管理部门逐步建立工伤康复质量监控体系，做好工伤康复费用控制工作，推进工伤康复的规范化发展。

三、加强对示范平台的跟踪管理和服务

相关地区人力资源社会保障部门要加强对示范平台的协议管理，进一步完善工伤康复管理办法。要切实履行协议职责，多方面支持示范平台，促进其管理水平和技术水平的提高。要将区域性工伤康复示范平台建设作为加快本地区工伤康复服务均等化的重要契机，

推进工伤康复服务整体水平的提高。

设立区域性工伤康复示范平台是工伤康复服务体系建设中一项新的探索和尝试，请各有关地区在工作中注意不断总结和完善，为今后进一步规范开展工作提供经验和帮助。

附件：第一批区域性工伤康复示范平台名单

人力资源社会保障部办公厅

2015 年 11 月 12 日

附件：

第一批区域性工伤康复示范平台名单

1. 首都医科大学附属北京康复医院
2. 上海市养志康复医院（上海市阳光康复中心）
3. 广东省工伤康复医院（广东省工伤康复中心）
4. 重庆西南医院

54 工伤保险辅助器具配置管理办法

2016 年 2 月 16 日中华人民共和国人力资源和社会保障部、民政部、国家卫生和计划生育委员会令第 27 号公布，自 2016 年 4 月 1 日起施行，根据 2018 年 12 月 14 日《人力资源社会保障部关于修改部分规章的决定》修订，中华人民共和国人力资源和社会保障部令第 38 号公布。

第一章 总 则

第一条 为了规范工伤保险辅助器具配置管理，维护工伤职工的合法权益，根据《工伤保险条例》，制定本办法。

第二条 工伤职工因日常生活或者就业需要，经劳动能力鉴定委员会确认，配置假肢、矫形器、假眼、假牙和轮椅等辅助器具的，适用本办法。

第三条 人力资源社会保障行政部门负责工伤保险辅助器具配置的监督管理工作。民政、卫生计生等行政部门在各自职责范围内负责工伤保险辅助器具配置的有关监督管理工作。

社会保险经办机构（以下称经办机构）负责对申请承担工伤保险辅助器具配置服务的辅助器具装配机构和医疗机构（以下称工伤保险辅助器具配置机构）进行协议管理，并按照规定核付配置费用。

第四条 设区的市级（含直辖市的市辖区、县）劳动能力鉴定委员会（以下称劳动能力鉴定委员会）负责工伤保险辅助器具配置的确认工作。

第五条 省、自治区、直辖市人力资源社会保障行政部门负责制定工伤保险辅助器具配置机构评估确定办法。

经办机构按照评估确定办法，与工伤保险辅助器具配置机构签订服务协议，并向社会公布签订服务协议的工伤保险辅助器具配置机构（以下称协议机构）名单。

第六条 人力资源社会保障部根据社会经济发展水平、工伤职工日常生活和就业需要等，组织制定国家工伤保险辅助器具配置目录，确定配置项目、适用范围、最低使用年限等内容，并适时调整。

省、自治区、直辖市人力资源社会保障行政部门可以结合本地区实际，在国家目录确定的配置项目基础上，制定省级工伤保险辅助器具配置目录，适当增加辅助器具配置项目，并确定本地区辅助器具配置最高支付限额等具体标准。

第二章 确认与配置程序

第七条 工伤职工认为需要配置辅助器具的，可以向劳动能力鉴定委员会提出辅助器具配置确认申请，并提交下列材料：

（一）居民身份证或者社会保障卡等有效身份证明原件；

（二）有效的诊断证明、按照医疗机构病历管理有关规定复印或者复制的检查、检验报告等完整病历材料。

工伤职工本人因身体等原因无法提出申请的，可由其近亲属或者用人单位代为申请。

第八条 劳动能力鉴定委员会收到辅助器具配置确认申请后，应当及时审核；材料不完整的，应当自收到申请之日起 5 个工作日内一次性书面告知申请人需要补正的全部材料；材料完整的，应当在收到申请之日起 60 日内作出确认结论。伤情复杂、涉及医疗卫生专业较多的，作出确认结论的期限可以延长 30 日。

第九条 劳动能力鉴定委员会专家库应当配备辅助器具配置专家，从事辅助器具配置确认工作。

劳动能力鉴定委员会应当根据配置确认申请材料，从专家库中随机抽取 3 名或者 5 名专家组成专家组，对工伤职工本人进行现场配置确认。专家组中至少包括 1 名辅助器具配置专家、2 名与工伤职工伤情相关的专家。

第十条 专家组根据工伤职工伤情，依据工伤保险辅助器具配置目录有关规定，提出是否予以配置的确认意见。专家意见不一致时，按照少数服从多数的原则确定专家组的意见。

劳动能力鉴定委员会根据专家组确认意见作出配置辅助器具确认结论。其中，确认予以配置的，应当载明确认配置的理由、依据和辅助器具名称等信息；确认不予配置的，应当说明不予配置的理由。

第十一条 劳动能力鉴定委员会应当自作出确认结论之日起 20 日内将确认结论送达工

伤职工及其用人单位,并抄送经办机构。

第十二条 工伤职工收到予以配置的确认结论后,及时向经办机构进行登记,经办机构向工伤职工出具配置费用核付通知单,并告知下列事项:

(一) 工伤职工应当到协议机构进行配置;

(二) 确认配置的辅助器具最高支付限额和最低使用年限;

(三) 工伤职工配置辅助器具超目录或者超出限额部分的费用,工伤保险基金不予支付。

第十三条 工伤职工可以持配置费用核付通知单,选择协议机构配置辅助器具。

协议机构应当根据与经办机构签订的服务协议,为工伤职工提供配置服务,并如实记录工伤职工信息、配置器具产品信息、最高支付限额、最低使用年限以及实际配置费用等配置服务事项。

前款规定的配置服务记录经工伤职工签字后,分别由工伤职工和协议机构留存。

第十四条 协议机构或者工伤职工与经办机构结算配置费用时,应当出具配置服务记录。经办机构核查后,应当按照工伤保险辅助器具配置目录有关规定及时支付费用。

第十五条 工伤职工配置辅助器具的费用包括安装、维修、训练等费用,按照规定由工伤保险基金支付。

经经办机构同意,工伤职工到统筹地区以外的协议机构配置辅助器具发生的交通、食宿费用,可以按照统筹地区人力资源社会保障行政部门的规定,由工伤保险基金支付。

第十六条 辅助器具达到规定的最低使用年限的,工伤职工可以按照统筹地区人力资源社会保障行政部门的规定申请更换。

工伤职工因伤情发生变化,需要更换主要部件或者配置新的辅助器具的,经向劳动能力鉴定委员会重新提出确认申请并经确认后,由工伤保险基金支付配置费用。

第三章 管理与监督

第十七条 辅助器具配置专家应当具备下列条件之一:

(一) 具有医疗卫生中高级专业技术职务任职资格;

(二) 具有假肢师或者矫形器师职业资格;

(三) 从事辅助器具配置专业技术工作5年以上。

辅助器具配置专家应当具有良好的职业品德。

第十八条 工伤保险辅助器具配置机构的具体条件,由省、自治区、直辖市人力资源社会保障行政部门会同民政、卫生计生行政部门规定。

第十九条 经办机构与工伤保险辅助器具配置机构签订的服务协议,应当包括下列内容:

(一) 经办机构与协议机构名称、法定代表人或者主要负责人等基本信息;

(二) 服务协议期限;

(三) 配置服务内容;

(四) 配置费用结算;

(五) 配置管理要求;

（六）违约责任及争议处理；

（七）法律、法规规定应当纳入服务协议的其他事项。

第二十条 配置的辅助器具应当符合相关国家标准或者行业标准。统一规格的产品或者材料等辅助器具在装配前应当由国家授权的产品质量检测机构出具质量检测报告，标注生产厂家、产品品牌、型号、材料、功能、出品日期、使用期和保修期等事项。

第二十一条 协议机构应当建立工伤职工配置服务档案，并至少保存至服务期限结束之日起两年。经办机构可以对配置服务档案进行抽查，并作为结算配置费用的依据之一。

第二十二条 经办机构应当建立辅助器具配置工作回访制度，对辅助器具装配的质量和服务进行跟踪检查，并将检查结果作为对协议机构的评价依据。

第二十三条 工伤保险辅助器具配置机构违反国家规定的辅助器具配置管理服务标准，侵害工伤职工合法权益的，由民政、卫生计生行政部门在各自监管职责范围内依法处理。

第二十四条 有下列情形之一的，经办机构不予支付配置费用：

（一）未经劳动能力鉴定委员会确认，自行配置辅助器具的；

（二）在非协议机构配置辅助器具的；

（三）配置辅助器具超目录或者超出限额部分的；

（四）违反规定更换辅助器具的。

第二十五条 工伤职工或者其近亲属认为经办机构未依法支付辅助器具配置费用，或者协议机构认为经办机构未履行有关协议的，可以依法申请行政复议或者提起行政诉讼。

第四章 法 律 责 任

第二十六条 经办机构在协议机构管理和核付配置费用过程中收受当事人财物的，由人力资源社会保障行政部门责令改正，对直接负责的主管人员和其他直接责任人员依法给予处分；情节严重，构成犯罪的，依法追究刑事责任。

第二十七条 从事工伤保险辅助器具配置确认工作的组织或者个人有下列情形之一的，由人力资源社会保障行政部门责令改正，处 2 000 元以上 1 万元以下的罚款；情节严重，构成犯罪的，依法追究刑事责任：

（一）提供虚假确认意见的；

（二）提供虚假诊断证明或者病历的；

（三）收受当事人财物的。

第二十八条 协议机构不按照服务协议提供服务的，经办机构可以解除服务协议，并按照服务协议追究相应责任。

经办机构不按时足额结算配置费用的，由人力资源社会保障行政部门责令改正；协议机构可以解除服务协议。

第二十九条 用人单位、工伤职工或者其近亲属骗取工伤保险待遇，辅助器具装配机构、医疗机构骗取工伤保险基金支出的，按照《工伤保险条例》第六十条的规定，由人力资源社会保障行政部门责令退还，处骗取金额 2 倍以上 5 倍以下的罚款；情节严重，构成犯罪的,依法追究刑事责任。

第五章 附 则

第三十条 用人单位未依法参加工伤保险,工伤职工需要配置辅助器具的,按照本办法的相关规定执行,并由用人单位支付配置费用。

第三十一条 本办法自 2016 年 4 月 1 日起施行。

八、工伤预防

55　关于开展工伤预防试点有关问题的通知

人社厅发〔2009〕108号

河南省、海南省人力资源社会保障厅，广东省劳动保障厅：

为全面贯彻《工伤保险条例》，进一步完善工伤保险制度，结合河南、广东和海南三省工伤预防工作实际和试点城市申报情况，经研究，拟选择河南省郑州、洛阳、安阳和三门峡市，广东省广州、深圳、珠海和东莞市，以及海南省省本级、海口市、昌江县和儋州市作为工伤预防试点城市，于2009年至2010年开展工伤预防试点工作。现就开展试点工作的有关问题通知如下：

一、充分认识工伤预防工作的重要性和必要性

工伤预防是建立健全工伤预防、工伤补偿和工伤康复三位一体工伤保险制度的重要内容，是贯彻落实科学发展观、构建和谐社会的必然要求。通过开展工伤预防，可以促进安全生产，避免和减少工伤事故和职业病的发生，有效保障职工的安全健康；可以减少经济损失，有效控制工伤保险基金支出；可以减少企业内部不安全的管理和技术因素，提升企业的竞争力，促进企业的稳定发展和社会稳定。随着我国工伤保险事业的快速发展，覆盖范围进一步扩大，参保人数和基金规模不断增长，管理服务水平不断提升，为开展工伤预防工作奠定了良好的基础。各试点城市要充分认识开展工伤预防工作的重要性和必要性，积极稳妥地开展试点工作，保证试点目标和任务的顺利完成。

二、工伤预防试点工作的目标和主要任务

（一）试点目标

探索建立工伤预防的工作模式，完善工伤预防的相关政策，为在全国范围内开展工伤预防工作积累经验，探索建立我国工伤预防制度体系。

（二）主要任务

1. 规范工伤预防费的使用范围和项目。试点城市应根据本省法规政策对工伤预防费使用范围和项目的有关规定，结合本市的实际情况，有重点地选择其中某一项或几项内容，探索并规范工伤预防费的使用范围和项目。

2. 探索工伤预防费的合理提取比例。试点城市应根据本省有关的法规政策和当地工伤保险基金的规模、结余情况，考虑当地开展工伤预防工作的实际需要，探索确定工伤预防费合理提取比例。

3. 规范工伤预防费管理使用程序。试点城市应结合工伤预防费的使用范围，制定和完善工伤预防费的管理使用规程，建立起从编制工伤预防使用预算、提取工伤预防费到工伤预防费具体支出等各个环节的使用管理办法，进一步规范工伤预防费的管理使用规程。

4. 探索建立工伤预防费的管理监督机制。试点城市应按照社会保险基金管理等有关规定，制定监督办法，加强对工伤预防费使用的监督，定期披露工伤预防费的使用情况，探索建立工伤预防费的风险防范机制，确保基金的安全使用。

5. 探索建立部门间协调工作机制。工伤预防工作涉及财政、安全监督管理、卫生和工会等有关部门，试点城市应加强与相关部门的协调和配合，在试点工作中发挥各部门的优势和特点，探索建立工伤预防的部门协调制度。

三、加强工伤预防试点工作的组织领导

各试点城市所在省份的省级人力资源社会保障部门要切实加强对工伤预防试点工作的领导，协调指导试点工作。各试点城市要建立试点工作领导机构，负责试点工作的组织实施，要从实际出发，研究制定切实可行的试点工作方案和相关政策，因地制宜地开展工作。在试点工作中，要加强相关配套政策的改革和研究，特别是要探索建立工伤预防基础数据的统计分析制度、工伤预防工作的绩效评估办法和项目预算管理制度。工伤预防工作直接关系广大职工的安全健康，是一项重大的民生工作，政策性强，涉及面广。各试点城市要加强宣传，统一思想认识，积极协调财政、安全监督管理、卫生和工会等有关部门，共同推动工伤预防试点工作。试点工作中的问题及意见和建议及时反馈我部工伤保险司。

人力资源社会保障部办公厅

2009 年 8 月 21 日

56 人力资源社会保障部关于进一步做好工伤预防试点工作的通知

人社部发〔2013〕32 号

各省、自治区、直辖市及新疆生产建设兵团人力资源社会保障厅（局）：

为贯彻《工伤保险条例》，完善工伤保险制度，2009 年我部在河南、广东、海南 3 省的 12 个地市开展了工伤预防试点，取得初步成效。一些试点城市工伤事故发生率呈现下降趋势，职工的安全意识和维权意识、企业守法意识有所增强。为进一步推动工伤预防工作的开展，我部决定在 2009 年初步试点的基础上，再选择一部分具备条件的城市扩大试点。现将有关事项通知如下：

一、充分认识做好工伤预防试点工作的重要意义

工伤预防是"三位一体"工伤保险制度的重要组成部分。做好扩大工伤预防试点工作，有利于从源头上减少工伤事故的发生，从根本上保障职工生命安全和身体健康，体现以人为本的执政理念；有利于增强用人单位和职工的守法维权意识，促进各项工伤保险政策及安全生产措施的落实；有利于进一步完善细化工伤预防项目的操作流程和管理规范，维护

工伤保险基金安全，提高基金使用效率。

二、扩大试点目标和工作原则

（一）试点目标

探索建立科学、规范的工伤预防工作模式，为在全国范围内开展工伤预防工作积累经验，完善我国工伤预防制度体系。

（二）工作原则

1. 审慎稳妥，逐步推开。工伤预防工作政策性强，管理复杂，要按照审慎稳妥的原则先选择一些具备条件的城市（设区的市，以下简称试点城市）试点，待取得经验、条件成熟后再逐步推开。

2. 政府主导，专业运作。在确定项目、编制方案、选择项目实施的组织等工作中，社会保险行政部门要发挥政府主导作用；项目的具体实施要由相应的社会、经济组织负责，实现项目的专业化运作，提高项目实施的质量和水平。

3. 规范管理，确保安全。试点城市要严格按照《工伤保险条例》的规定和本通知要求，明确流程，规范管理，加强监督，确保基金使用安全。

三、试点城市的确定

（一）试点城市范围

每个省（区、市）确定不超过2个地（市、区）作为工伤预防试点城市，条件不具备的可暂不确定试点城市；前期纳入我部工伤预防试点的省份（河南、广东、海南），不再确定新的试点城市，原试点城市可继续试点；已经实现省级统筹的省（区、市）可以省（区、市）为统筹地区试点，也可以确定2个地（市、区）进行试点。

（二）试点城市应具备的条件

一是工伤保险基金已实现市级统筹；二是保证待遇支付和储备金留存的前提下有一定结余；三是经办机构有专门的工伤保险科室和人员；四是工伤保险工作基础好，管理规范，具备本地区工伤保险完整数据、统计分析手段和能力；五是从事相关宣传、培训业务的社会、经济组织相对成熟。

（三）试点城市的确定

试点城市由各省（区、市）社会保险行政部门根据统筹地区（地市级）社会保险行政部门的申请确定。

四、扩大试点内容

（一）预防费使用比例

试点城市在保证工伤保险待遇支付和储备金留存的前提下，用于工伤预防的费用控制在本统筹地区上年度工伤保险基金征缴收入的2%左右。

（二）预防费使用项目

工伤预防费主要用于开展工伤预防的宣传、培训以及法律、法规规定的其他工伤预防项目。

（三）项目实施流程

1. 项目确定。试点城市社会保险行政部门会同社会保险经办机构，根据工伤发生情况和工伤保险工作需要,确定下一年度工伤预防的具体实施项目,编制项目实施方案。

2. 项目的组织实施。试点城市社会保险行政部门应参照政府采购法规定的程序,从具备相应资质的社会、经济组织中选择提供具体服务的组织;社会保险经办机构受社会保险行政部门委托与选定的组织签订合同,明确双方的权利和义务。

3. 实施项目的社会、经济组织应具备的基本条件。一是依法登记注册,从事相关宣传、培训业务3年以上并具有良好市场信誉;二是有足够数量的可承担实施工伤预防宣传、培训项目任务的专业人员;三是有相应的硬件设施和技术手段;四是具备相应的资质;五是依法应具备的其他条件。

4. 项目验收。项目完成,由社会保险行政部门组织验收。

(四) 费用支付

1. 实行预算管理。试点城市在编制工伤保险基金预算时,按照确定的工伤预防具体实施项目和上年度预算执行情况,将工伤预防费列入下一年度工伤保险基金预算。

2. 支付程序。合同签订后先支付一定比例或数额的预付款;项目完成,经验收合格后,再支付余款。

(五) 加强监督

试点城市社会保险经办机构应按照合同规定,加强对提供服务的组织开展的宣传、培训等活动的监督,确保合同的规定落到实处;定期向社会公布工伤预防项目的实施情况和工伤预防费的使用情况,接受参保单位和社会各界的监督。

(六) 探索建立绩效评估机制

试点城市应积极探索工伤预防费使用的绩效评估办法,提高预防费的使用效率。

五、工作要求

(一) 实行项目管理

试点城市可通过电视、广播、报纸、网络、手机等媒体,通过印发宣传画、手册、标语等方式开展工伤预防宣传;通过举办培训班、专题讲座等方式开展工伤预防培训。宣传、培训工作的开展要实行项目预算管理,严禁直接提取预防费用。

(二) 突出工作重点

试点城市应将工伤事故及职业病发生率高的重点行业、重点企业、重点岗位、重点人员优先作为宣传、培训对象,注重宣传、培训实效。

(三) 规范工作程序

试点城市社会保险行政部门应按规定,组织落实项目的确定、方案编制、政府采购、实施、验收、评估等工作,进一步细化各环节工作流程,确保试点工作规范、有序开展。

(四) 严格费用支付

对确定实施的工伤预防宣传、培训项目,由统筹地区社会保险经办机构根据合同规定,先支付30%的费用。项目完成,经社会保险行政部门组织验收合格后,再由社会保险经办机构支付余款。具体程序按社会保险基金财务制度和工伤保险经办业务管理规定支出。

六、加强组织领导

1. 省(区、市)社会保险行政部门要切实加强对工伤预防试点工作的领导,研究制定相关办法，统筹规划，协调指导试点工作，及时总结经验。

2. 试点城市社会保险行政部门要组织建立试点工作领导机构，负责试点工作的组织实施；要从实际出发，研究制定切实可行的试点工作方案和相关政策，因地制宜地开展工作；要切实发挥主管部门的作用，加强与财政、卫生行政、安全生产监督管理等部门的沟通协调，发挥各部门的特点和优势，共同推进工伤预防工作开展。

3. 建立部、省（区、市）、市社会保险行政部门联系报告制度。试点城市每年2月底前应将本年度工伤预防项目实施方案，以及上一年度工伤预防项目实施情况总结（包括项目确定、具体执行及基金支出等）分别报送省社会保险行政部门和部工伤保险司、社保中心。试点工作中遇到的重大问题，应及时报告部工伤保险司。

4. 省（区、市）社会保险行政部门应将确定的试点城市名单在2013年8月底前报部工伤保险司。部里将适时对各地试点情况进行检查。

人力资源社会保障部
2013年4月22日

57 人力资源社会保障部 财政部 国家卫生计生委 国家安全监管总局关于印发工伤预防费使用管理暂行办法的通知

人社部规〔2017〕13号

各省、自治区、直辖市及新疆生产建设兵团人力资源社会保障厅（局）、财政（财务）厅（局）、卫生计生委、安全监管局：

为更好地坚持以人为本，保障职工的生命安全和健康，根据《工伤保险条例》规定，人力资源社会保障部会同财政部、卫生计生委、安全监管总局制定了《工伤预防费使用管理暂行办法》（以下简称《办法》），现印发给你们，请结合实际认真贯彻落实。

各地人力资源社会保障、财政、卫生计生、安全监管等部门要根据《办法》要求，高度重视、认真组织、密切配合，结合本地区工作实际，围绕工伤预防工作目标，细化落实政策措施，制定具体实施方案，建立工作机制，做好政策宣传解读，加强预防费使用监管，积极稳妥推进工伤预防工作。

人力资源社会保障部
财政部
国家卫生计生委
国家安全监管总局
2017年8月17日

工伤预防费使用管理暂行办法

第一条 为更好地保障职工的生命安全和健康，促进用人单位做好工伤预防工作，降低工伤事故伤害和职业病的发生率，规范工伤预防费的使用和管理，根据社会保险法、《工伤保险条例》及相关规定，制定本办法。

第二条 本办法所称工伤预防费是指统筹地区工伤保险基金中依法用于开展工伤预防工作的费用。

第三条 工伤预防费使用管理工作由统筹地区人力资源社会保障行政部门会同财政、卫生计生、安全监管行政部门按照各自职责做好相关工作。

第四条 工伤预防费用于下列项目的支出：

（一）工伤事故和职业病预防宣传；

（二）工伤事故和职业病预防培训。

第五条 在保证工伤保险待遇支付能力和储备金留存的前提下，工伤预防费的使用原则上不得超过统筹地区上年度工伤保险基金征缴收入的3%。因工伤预防工作需要，经省级人力资源社会保障部门和财政部门同意，可以适当提高工伤预防费的使用比例。

第六条 工伤预防费使用实行预算管理。统筹地区社会保险经办机构按照上年度预算执行情况，根据工伤预防工作需要，将工伤预防费列入下一年度工伤保险基金支出预算。具体预算编制按照预算法和社会保险基金预算有关规定执行。

第七条 统筹地区人力资源社会保障部门应会同财政、卫生计生、安全监管部门以及本辖区内负有安全生产监督管理职责的部门，根据工伤事故伤害、职业病高发的行业、企业、工种、岗位等情况，统筹确定工伤预防的重点领域，并通过适当方式告知社会。

第八条 统筹地区行业协会和大中型企业等社会组织根据本地区确定的工伤预防重点领域，于每年工伤保险基金预算编制前提出下一年拟开展的工伤预防项目，编制项目实施方案和绩效目标，向统筹地区的人力资源社会保障行政部门申报。

第九条 统筹地区人力资源社会保障部门会同财政、卫生计生、安全监管等部门，根据项目申报情况，结合本地区工伤预防重点领域和工伤保险等工作重点，以及下一年工伤预防费预算编制情况，统筹考虑工伤预防项目的轻重缓急，于每年10月底前确定纳入下一年度的工伤预防项目并向社会公开。

列入计划的工伤预防项目实施周期最长不超过2年。

第十条 纳入年度计划的工伤预防实施项目，原则上由提出项目的行业协会和大中型企业等社会组织负责组织实施。

行业协会和大中型企业等社会组织根据项目实际情况，可直接实施或委托第三方机构实施。直接实施的，应当与社会保险经办机构签订服务协议。委托第三方机构实施的，应当参照政府采购法和招投标法规定的程序，选择具备相应条件的社会、经济组织以及医疗卫生机构提供工伤预防服务，并与其签订服务合同，明确双方的权利义务。服务协议、服务合同应报统筹地区人力资源社会保障部门备案。

面向社会和中小微企业的工伤预防项目，可由人力资源社会保障、卫生计生、安全监管部门参照政府采购法等相关规定，从具备相应条件的社会、经济组织以及医疗卫生机构中选择提供工伤预防服务的机构，推动组织项目实施。

参照政府采购法实施的工伤预防项目，其费用低于采购限额标准的，可协议确定服务机构。具体办法由人力资源社会保障部门会同有关部门确定。

第十一条 提供工伤预防服务的机构应遵守社会保险法、《工伤保险条例》以及相关法律法规的规定，并具备以下基本条件：

（一）具备相应条件，且从事相关宣传、培训业务二年以上并具有良好市场信誉；

（二）具备相应的实施工伤预防项目的专业人员；

（三）有相应的硬件设施和技术手段；

（四）依法应具备的其他条件。

第十二条 对确定实施的工伤预防项目，统筹地区社会保险经办机构可以根据服务协议或者服务合同的约定，向具体实施工伤预防项目的组织支付30%~70%预付款。

项目实施过程中，提出项目的单位应及时跟踪项目实施进展情况，保证项目有效进行。对于行业协会和大中型企业等社会组织直接实施的项目，由人力资源社会保障部门组织第三方中介机构或聘请相关专家对项目实施情况和绩效目标实现情况进行评估验收，形成评估验收报告；对于委托第三方机构实施的，由提出项目的单位或部门通过适当方式组织评估验收，评估验收报告报人力资源社会保障部门备案。评估验收报告作为开展下一年度项目重要依据。

评估验收合格后，由社会保险经办机构支付余款。具体程序按社会保险基金财务制度、工伤保险业务经办管理等规定执行。

第十三条 社会保险经办机构要定期向社会公布工伤预防项目实施情况和工伤预防费用使用情况，接受参保单位和社会各界的监督。

第十四条 工伤预防费按本办法规定使用，违反本办法规定使用的，对相关责任人参照社会保险法、《工伤保险条例》等法律法规的规定处理。

第十五条 工伤预防服务机构提供的服务不符合法律和合同规定、服务质量不高的，三年内不得从事工伤预防项目。

工伤预防服务机构存在欺诈、骗取工伤保险基金行为的，按照有关法律法规等规定进行处理。

第十六条 统筹地区人力资源社会保障、卫生计生、安全监管等部门应分别对工作场所工伤发生情况、职业病报告情况和安全事故情况进行分析，定期相互通报基本情况。

第十七条 各省、自治区、直辖市人力资源社会保障行政部门可以结合本地区实际，会同财政、卫生计生和安全监管等行政部门制定具体实施办法。

第十八条 企业规模的划分标准按照工业和信息化部、国家统计局、国家发展改革委、财政部《关于印发中小企业划型标准规定的通知》（工信部联企业〔2011〕300号）执行。

第十九条 本办法自2017年9月1日起施行。

58 人力资源社会保障部 工业和信息化部 财政部 住房城乡建设部 交通运输部 国家卫生健康委员会 应急管理部 中华全国总工会关于印发工伤预防五年行动计划（2021—2025）的通知

人社部发〔2020〕90号

各省、自治区、直辖市及新疆生产建设兵团人力资源和社会保障厅（局）、工业和信息化厅（局）、财政厅（局）、住房和城乡建设厅（局）、交通运输厅（局、委）、卫生健康委员会、应急管理厅（局）、总工会：

为贯彻落实党的十九届五中全会精神，切实做好"十四五"时期工伤预防工作，更好发挥工伤保险积极功能，我们研究制定了《工伤预防五年行动计划（2021—2025年）》。现印发给你们，请结合实际，认真贯彻落实。

各省级人力资源社会保障部门要会同相关单位制定五年行动计划实施方案，于2021年5月底前报人力资源社会保障部备案，并于每年12月31日前将计划落实情况报人力资源社会保障部工伤保险司。

人力资源社会保障部
工业和信息化部
财政部
住房城乡建设部
交通运输部
国家卫生健康委员会
应急管理部
中华全国总工会
2020年12月18日

工伤预防五年行动计划（2021—2025年）

一、总体要求

以习近平新时代中国特色社会主义思想为指导，全面贯彻党的十九大和十九届二中、三中、四中、五中全会精神，坚持以人民为中心的发展思想，适应推进国家治理体系和治理能力现代化要求，完善"预防、康复、补偿"三位一体制度体系，把工伤预防作为工伤保险优先事项，采取一切适当的手段组织推进，切实提升工伤预防意识和能力，促进劳动者实现稳定就业，促进经济社会持续健康发展。

二、工作目标

——工伤事故发生率明显下降，重点行业5年降低20%左右；

——工作场所劳动条件不断改善，切实降低尘肺病等职业病的发生率；

——工伤预防意识和能力明显提升，实现从"要我预防"到"我要预防""我会预防"的转变。

三、主要任务

（一）牢固树立预防优先的工作理念。深入学习贯彻习近平总书记关于"人民至上、生命至上"的重要指示精神，始终把人民群众生命安全和身体健康放在第一位，把减少事故伤害和职业病危害作为工伤预防的根本出发点和落脚点，从源头上防止工伤事故发生，切实保障劳动者的生命安全和身体健康。

（二）建立完善工伤预防联防联控机制。各地人社部门要与应急管理部门、卫生健康部门、工会和行业主管部门建立联席会议制度，明确职责分工，加强协调联动，加强联合检查，督促用人单位认真落实工伤预防主体责任。要建立完善信息交换、数据共享机制，实现人员信息、事故信息、职业病信息和涉及安全生产事故和职业病的工伤信息等相关数据共享，及时对各类安全隐患、工伤事故苗头性问题和职业病危害因素浓（强）度超标现象综合运用法律、行政、经济手段重点治理，提出限期整改建议。对未按规定落实主体责任、未及时整改的用人单位及其主要负责人，相关部门应依据安全生产法和职业病防治法严肃处理。对有代表性或典型性的工伤事故，相关部门要在全国范围内进行通报，努力避免类似事故重复发生。

（三）瞄住盯紧工伤预防重点行业。各地要加强对工伤预防相关数据的分析，定期研究本地区工伤事故和职业病危害的现状及变化情况，研究确定工伤预防重点领域，依法确定重点项目。本期计划主要围绕工伤事故和职业病高发的危险化学品、矿山、建筑施工、交通运输、机械制造等重点行业企业开展。各地可结合实际明确本地区重点行业、重点领域。

（四）全面加强工伤预防宣传。充分发挥主流媒体和新媒体作用，充分发挥各部门和有关行业企业的宣传作用，抓住重点时段、重要节点、重大事件开展有针对性宣传。要从关注关爱职工群众生命安全和职业健康的视角，运用影音视频、图标图解、典型案例、身边工伤事件等群众易于接受、感染力强的形式，宣传职业病防治、安全生产、交通事故防范、心脑血管疾病防治等方面的知识，不断提高职工群众的工伤预防意识和自我保护意识。鼓励工伤事故和职业病高发易发企业设立工伤预防警示教育基地。

（五）深入推进工伤预防培训。实施重点行业重点企业工伤预防（安全生产、职业病防治）能力提升培训工程，重点培训重点行业重点企业分管负责人、安全管理部门主要负责人和一线班组长等重点岗位人员，2025年底前实现上述人员培训全覆盖。技工院校要全面开设工伤预防课程，将安全生产、职业病防治与工伤预防的政策法规、安全生产事故与工伤事故防范知识、工伤事故与职业病警示教育等内容作为工伤预防培训必修内容。鼓励各地采取线上培训和线下培训相结合方式，更加注重发挥线上培训的作用。

（六）科学进行工伤保险费率浮动。各地要在依据行业工伤风险程度确定行业基准费率基础上，充分发挥浮动费率的激励和约束作用，促进用人单位主动做好工伤预防，减少工伤事故和职业病的发生。为更好评估用人单位工伤风险趋势，更全面考察用人单位风险管理效果，鼓励各地结合实际，以3年为一个周期进行费率浮动。

（七）大力开展互联网+工伤预防。充分发挥信息化、大数据、人工智能在工伤预防方面的作用，一体化推进工伤预防信息共享、在线培训、考核评估，普及工伤预防科学知识、宣传工伤预防政策、开展工伤预防线上培训、强化工伤事故警示教育。人力资源社会保障部将建立基于云架构的工伤预防综合性平台，加强对工伤预防工作的指导和服务。各省级人社部门可会同相关部门推荐资质合法、信誉良好、服务优质的在线培训平台，供地方有关部门、大中型企业等依法自主选用。

（八）积极推进工伤预防专业化、职业化建设。支持有条件、有能力的第三方专业技术服务机构积极参与工伤预防工作，建立长效服务机制。鼓励有能力的大中型企业发挥示范作用，带领同行业中小微企业开展工伤预防工作。建立工伤预防专家库，遴选工伤预防、安全生产、职业卫生等方面的专家，负责工伤预防立项评审、宣传培训、问题诊断、措施制定、评估验收等专业技术相关工作。

（九）切实加强对工伤预防工作的考核监督。将工伤预防工作开展情况纳入对省级政府安全生产目标责任考核内容，促进提高工伤预防工作的实效。加强对工伤预防项目事前、事中、事后全过程监管，按照项目进展安排全程检查、全程跟踪、全程问效。大力推广工伤预防先进典型、先进做法，营造工伤预防正能量。

四、保障措施

（一）加强组织领导。工伤预防是一项系统性工程，也是一项民心工程。人社、财政、应急管理、卫生健康及行业主管部门要切实负起责任，落实安全生产职业卫生法律法规定的各项职责，负责各自领域工伤预防项目的实施和监管。工会组织要切实发挥好监督作用，督促企业落实工伤预防主体责任，切实维护好职工合法权益。人社部门要充分发挥牵头部门作用，发挥好部门联动工作机制作用，及时召开联席会议，研究解决工作推进中的问题。

（二）勇于创新发展。各地要坚持问题导向、目标导向、效果导向，完善工伤预防工作体系、政策体系、标准体系，加强统计分析，推动解决工伤预防重点难点问题。要建立示范引领和奖惩激励机制，加大工作引导力度，增强用人单位履行主体责任自觉性。要探索建立工伤预防培训机构和线上培训平台推荐清单制度，严把培训实施机构条件关。要坚持大处着眼、细处着手，探索创建一批可操作、可监管、可评价、可推广的工伤预防工作模式。

（三）强化经费保障。各地要认真落实《工伤保险条例》和《工伤预防费使用管理暂行办法》规定，按要求编制工伤预防项目预算，保证工伤预防工作经费，为开展工伤预防工作提供有力支撑。省级人社部门要会同有关部门制定培训项目申报指引和格式文本，为各方规范、精准、便捷申报项目提供支持。要加强基金监管，确保工伤预防费依法合规支出和使用，严格落实项目验收评估制度，防止弄虚作假，坚决杜绝形式主义、官僚主义。

（四）建立长效机制。各地要结合当地实际，健全抓落实长效机制，杜绝一阵风一刀切，推动工伤预防工作日常化、规范化、机制化。要发扬钉钉子精神，以五年为一个周期，坚持一张蓝图绘到底，保持政策稳定性和工作连续性，一年一年干下去，一期一期干下去，久久为功，常抓不懈，推动工伤预防工作不断取得新的成效。

59 人力资源社会保障部 应急管理部关于实施危险化学品企业工伤预防能力提升培训工程的通知

人社部函〔2021〕168号

各省、自治区、直辖市及新疆生产建设兵团人力资源社会保障厅（局）、应急管理厅（局）：

为贯彻落实安全生产法、职业病防治法、社会保险法和《工伤保险条例》，落实《工伤预防五年行动计划（2021—2025年）》，提升危险化学品领域从业人员工伤预防意识和能力，从源头上预防和减少工伤事故发生，人力资源社会保障部、应急管理部决定联合实施危险化学品企业工伤预防能力提升培训工程。现将有关事项通知如下：

一、指导思想

深入学习贯彻习近平总书记关于安全生产的重要论述精神，紧紧围绕从源头上消除事故隐患，扎实落实工伤预防五年行动计划，将工伤预防作为工伤保险优先事项，全覆盖高质量培训危险化学品企业重点人员，切实提升工伤预防意识和能力，推动落实企业工伤预防主体责任，保障劳动者生命安全与健康，促进劳动者稳定就业，促进危险化学品企业安全发展。

二、工作任务

实施危险化学品企业工伤预防能力提升培训工程，通过三年时间对危险化学品重点企业安全生产分管负责人、专职安全管理人员和班组长等重点对象（以下简称"三类人员"）开展全覆盖、高质量培训，提升工伤预防能力，提升安全生产基础保障水平。

（一）培训对象。将需应急管理部门许可的危险化学品生产企业、储存设施构成重大危险源的经营企业、使用危险化学品从事生产的化工企业，以及涉及重点监管危险化工工艺、构成重大危险源的精细化工企业和化学合成类药品生产企业安全生产分管负责人、专职安全管理人员和班组长（含车间主任，下同）作为重点培训对象，2024年底前实现上述人员培训全覆盖。根据工伤预防费情况，重点保障重大危险源企业相关人员培训，可适当扩大或缩小培训范围。

（二）培训内容。重点学习贯彻习近平总书记关于安全生产的重要论述精神，把观看《生命重于泰山》电视专题片作为必学内容。根据不同类型危险化学品重点企业和三类人员特点分类开展针对性培训，具体内容由当地应急管理部门会同人力资源社会保障部门确定。

（三）培训方式。采取线上学习与线下培训相结合的方式开展培训，缓解企业工学矛盾。线上培训一般以安全生产法规标准和工伤预防基础知识等通识性内容为主，线下培训一般以互动研讨和实操性内容为主。安全生产分管负责人线下培训原则上实行不超过40人的小班互动教学，专职安全管理人员和班组长线下培训班一般不超过80人。

（四）培训时长。各地应根据培训人员、内容、工伤预防费等情况，科学确定危险化学品企业三类人员培训时长和线上线下分布。安全生产分管负责人和专职安全管理人员应当培训24~48学时，一线班组长应当培训24~72学时。三类人员线下培训时长原则上均不得低于总培训时长的60%，班组长实训类课程不少于总培训时长的1/4。

（五）培训机构。危险化学品企业工伤预防培训任务可由已建立内部培训机构和专兼职师资队伍的大中型化工企业承担，也可由符合条件的行业协会、专业教育培训机构等承担。优先选择在技术、人员、课程等方面更有优势的从事危险化学品培训的机构，鼓励利用能为化工园区提供配套服务的实训基地承担工伤预防培训任务。

三、组织实施

（一）强化培训项目管理。各地人力资源社会保障部门要会同应急管理部门研究制定危险化学品企业工伤预防能力提升培训项目申报实施指引，规范项目申报，逐步建立联合遴选、专家评审、择优确定项目实施单位机制；要规范服务合同，明确培训规模、方式、内容、期限、绩效目标、费用、责任等内容，明确项目实施要求；要建立由工伤预防和危险化学品领域专家组成的专家库，为培训项目遴选评审和评估验收等提供技术支撑。

（二）维护资金安全。强化资金保障，科学合理确定工伤预防项目，充分考虑培训课程开发、教材建设、师资培训、实训设备配备等基础能力建设成本以及培训场租、培训时长等综合因素，严防低价竞争。规范经费使用，工伤预防线上培训经费符合采购招标相关政策和流程的，按照工伤预防费相关管理规定，应当予以支付。统筹培训效能，鼓励以化工园区（集中区）为单位申报项目。加强资金监管，社会保险经办机构要定期向社会公开资金使用情况，保障资金安全和效益。对以虚假培训等套取、骗取资金的，依法依纪严惩。

（三）抓好质量管控。各地要加强培训过程监督，认真审核培训方案，实施培训实名制管理，利用人脸识别、学习图像抓拍等技术和随机抽查、培训回访等方式进行筛查，杜绝线上培训挂课、代学等违规行为，对于培训管理不规范、培训考核不严格的培训机构，一经发现即予退出，并公开曝光。培训结业实行闭卷考试制度，鼓励通过国家推荐的工伤预防云平台和地方安全生产考试点实行统一考试，参加培训并考试合格的，按规定支付工伤预防费，并可减免相应的安全生产再培训学时。各地要加强对培训项目质量、施教机构、培训教师的管理评估，建立培训机构和培训师资的信用体系，及时淘汰评估结果偏差的培训机构和老师。

（四）培育第三方服务机构。鼓励各地按照政府购买服务要求，引入第三方机构，承担培训机构能力条件和培训方案审核、培训过程抽查、培训项目评估验收等工作。各地人力资源社会保障部门、应急管理部门可面向企业培训中心、行业协会、专业培训机构等，公开遴选建立具备条件的培训基地及其有能力实施的培训项目清单，供培训方参考。

四、工作要求

（一）加强组织协调，注重齐抓共管。人力资源社会保障部门要在工伤预防联席机制框架下，建立部门密切配合、协调联动机制，在保障工伤保险待遇支付的情况下，将危险化学品企业工伤预防能力提升培训工程项目优先纳入工伤预防培训项目，加强监督管理。应急管理部门要做好企业人员情况摸底、提出培训方案、项目立项建议、培训组织动员、培训过程监督和考试评价等工作。化工园区要督促和组织园区内化工企业参加培训，县级应急管理部门要督促和组织园区外其他企业参加培训。

（二）制定工作方案，强化督导落实。各地人力资源社会保障部门和应急管理部门要加强配合，协同推进，根据本通知要求抓紧制定工作实施方案，并于2021年12月底前分别报人力资源社会保障部和应急管理部。一是要摸清底数。人力资源社会保障部门摸清2020年的工伤事故发生率，应急管理部门摸清应参与工伤预防培训的企业数、人员数。二是要分解任务。各地要根据危险化学品企业培训目标，合理确定年度培训任务，确保2024年底前实现重点企业三类人员培训全覆盖；2022年重点轮训重大危险源包保责任人。三是要明确分工，建立省市县三级联动、权责清晰的工作机制。人力资源社会保障部、应急管理部将按年度调度工作进展情况。对不按要求参加的企业，地方应急管理部门要强化重点督促检查。

（三）发挥引领作用，落实企业责任。以工伤预防能力提升培训工程引领带动企业全员工伤预防培训，将现代培训方法技巧作为能力提升重点内容，大力推动三类人员成为企业工伤预防内训师。统筹工伤预防与安全生产日常培训，有机结合，协同安排，避免重复培训。落实企业工伤预防的主体责任，不以工伤预防能力提升培训代替企业结合自身风险的内部安全生产培训。

（四）发挥典型引路，广泛发动宣传。各地应将工伤预防与安全生产宣传"五进"活动相结合，加大工伤预防政策宣传力度，提升政策公众知晓度，帮助企业、第三方培训机构和劳动者熟悉了解工伤预防政策，共同促进工伤预防培训开展。注重发挥工伤预防培训的典型示范作用，两部选取山东省东营市、江苏省连云港市、宁夏回族自治区宁东基地作为危险化学品企业工伤预防能力提升培训工程的重点联系点，重点指导推动。要统筹推进危险化学品安全培训网络建设，充分发挥培训空间的载体和实训基地的节点作用，探索化工园区工伤预防培训项目常态化机制，探索建立可操作、可监管、可评价、可推广的工伤预防工作新模式，切实提高工伤预防费的使用效能。

人力资源社会保障部
应急管理部
2021年12月10日

九、工伤保险经办

60　社会保险费征缴暂行条例

1999年1月22日中华人民共和国国务院令第259号公布，自公布之日起施行，根据2019年3月24日《国务院关于修改部分行政法规的决定》修订，中华人民共和国国务院令第710号公布。

第一章　总　则

第一条　为了加强和规范社会保险费征缴工作，保障社会保险金的发放，制定本条例。

第二条　基本养老保险费、基本医疗保险费、失业保险费（以下统称社会保险费）的征收、缴纳，适用本条例。

本条例所称缴费单位、缴费个人，是指依照有关法律、行政法规和国务院的规定，应当缴纳社会保险费的单位和个人。

第三条　基本养老保险费的征缴范围：国有企业、城镇集体企业、外商投资企业、城镇私营企业和其他城镇企业及其职工，实行企业化管理的事业单位及其职工。

基本医疗保险费的征缴范围：国有企业、城镇集体企业、外商投资企业、城镇私营企业和其他城镇企业及其职工，国家机关及其工作人员，事业单位及其职工，民办非企业单位及其职工，社会团体及其专职人员。

失业保险费的征缴范围：国有企业、城镇集体企业、外商投资企业、城镇私营企业和其他城镇企业及其职工，事业单位及其职工。

省、自治区、直辖市人民政府根据当地实际情况，可以规定将城镇个体工商户纳入基本养老保险、基本医疗保险的范围，并可以规定将社会团体及其专职人员、民办非企业单位及其职工以及有雇工的城镇个体工商户及其雇工纳入失业保险的范围。

社会保险费的费基、费率依照有关法律、行政法规和国务院的规定执行。

第四条　缴费单位、缴费个人应当按时足额缴纳社会保险费。

征缴的社会保险费纳入社会保险基金，专款专用，任何单位和个人不得挪用。

第五条　国务院劳动保障行政部门负责全国的社会保险费征缴管理和监督检查工作。县级以上地方各级人民政府劳动保障行政部门负责本行政区域内的社会保险费征缴管理和监督检查工作。

第六条　社会保险费实行三项社会保险费集中、统一征收。社会保险费的征收机构由省、自治区、直辖市人民政府规定，可以由税务机关征收，也可以由劳动保障行政部门按照国务院规定设立的社会保险经办机构（以下简称社会保险经办机构）征收。

第二章 征缴管理

第七条 缴费单位必须向当地社会保险经办机构办理社会保险登记，参加社会保险。

登记事项包括：单位名称、住所、经营地点、单位类型、法定代表人或者负责人、开户银行账号以及国务院劳动保障行政部门规定的其他事项。

第八条 企业在办理登记注册时，同步办理社会保险登记。

前款规定以外的缴费单位应当自成立之日起 30 日内，向当地社会保险经办机构申请办理社会保险登记。

第九条 缴费单位的社会保险登记事项发生变更或者缴费单位依法终止的，应当自变更或者终止之日起 30 日内，到社会保险经办机构办理变更或者注销社会保险登记手续。

第十条 缴费单位必须按月向社会保险经办机构申报应缴纳的社会保险费数额，经社会保险经办机构核定后，在规定的期限内缴纳社会保险费。

缴费单位不按规定申报应缴纳的社会保险费数额的，由社会保险经办机构暂按该单位上月缴费数额的 110% 确定应缴数额；没有上月缴费数额的，由社会保险经办机构暂按该单位的经营状况、职工人数等有关情况确定应缴数额。缴费单位补办申报手续并按核定数额缴纳社会保险费后，由社会保险经办机构按照规定结算。

第十一条 省、自治区、直辖市人民政府规定由税务机关征收社会保险费的，社会保险经办机构应当及时向税务机关提供缴费单位社会保险登记、变更登记、注销登记以及缴费申报的情况。

第十二条 缴费单位和缴费个人应当以货币形式全额缴纳社会保险费。

缴费个人应当缴纳的社会保险费，由所在单位从其本人工资中代扣代缴。

社会保险费不得减免。

第十三条 缴费单位未按规定缴纳和代扣代缴社会保险费的，由劳动保障行政部门或者税务机关责令限期缴纳；逾期仍不缴纳的，除补缴欠缴数额外，从欠缴之日起，按日加收 2‰ 的滞纳金。滞纳金并入社会保险基金。

第十四条 征收的社会保险费存入财政部门在国有商业银行开设的社会保障基金财政专户。

社会保险基金按照不同险种的统筹范围，分别建立基本养老保险基金、基本医疗保险基金、失业保险基金。各项社会保险基金分别单独核算。

社会保险基金不计征税、费。

第十五条 省、自治区、直辖市人民政府规定由税务机关征收社会保险费的，税务机关应当及时向社会保险经办机构提供缴费单位和缴费个人的缴费情况；社会保险经办机构应当将有关情况汇总，报劳动保障行政部门。

第十六条 社会保险经办机构应当建立缴费记录，其中基本养老保险、基本医疗保险并应当按照规定记录个人账户。社会保险经办机构负责保存缴费记录，并保证其完整、安全。社会保险经办机构应当至少每年向缴费个人发送一次基本养老保险、基本医疗保险个人账户通知单。

缴费单位、缴费个人有权按照规定查询缴费记录。

第三章 监督检查

第十七条 缴费单位应当每年向本单位职工公布本单位全年社会保险费缴纳情况，接受职工监督。

社会保险经办机构应当定期向社会公告社会保险费征收情况，接受社会监督。

第十八条 按照省、自治区、直辖市人民政府关于社会保险费征缴机构的规定，劳动保障行政部门或者税务机关依法对单位缴费情况进行检查时，被检查的单位应当提供与缴纳社会保险费有关的用人情况、工资表、财务报表等资料，如实反映情况，不得拒绝检查，不得谎报、瞒报。劳动保障行政部门或者税务机关可以记录、录音、录像、照相和复制有关资料；但是，应当为缴费单位保密。

劳动保障行政部门、税务机关的工作人员在行使前款所列职权时，应当出示执行公务证件。

第十九条 劳动保障行政部门或者税务机关调查社会保险费征缴违法案件时，有关部门、单位应当给予支持、协助。

第二十条 社会保险经办机构受劳动保障行政部门的委托，可以进行与社会保险费征缴有关的检查、调查工作。

第二十一条 任何组织和个人对有关社会保险费征缴的违法行为，有权举报。劳动保障行政部门或者税务机关对举报应当及时调查，按照规定处理，并为举报人保密。

第二十二条 社会保险基金实行收支两条线管理，由财政部门依法进行监督。

审计部门依法对社会保险基金的收支情况进行监督。

第四章 罚 则

第二十三条 缴费单位未按照规定办理社会保险登记、变更登记或者注销登记，或者未按照规定申报应缴纳的社会保险费数额的，由劳动保障行政部门责令限期改正；情节严重的，对直接负责的主管人员和其他直接责任人员可以处1 000元以上5 000元以下的罚款；情节特别严重的，对直接负责的主管人员和其他直接责任人员可以处5 000元以上10 000元以下的罚款。

第二十四条 缴费单位违反有关财务、会计、统计的法律、行政法规和国家有关规定，伪造、变造、故意毁灭有关账册、材料，或者不设账册，致使社会保险费缴费基数无法确定的，除依照有关法律、行政法规的规定给予行政处罚、纪律处分、刑事处罚外，依照本条例第十条的规定征缴；迟延缴纳的，由劳动保障行政部门或者税务机关依照本条例第十三条的规定决定加收滞纳金，并对直接负责的主管人员和其他直接责任人员处5 000元以上20 000元以下的罚款。

第二十五条 缴费单位和缴费个人对劳动保障行政部门或者税务机关的处罚决定不服的,可以依法申请复议;对复议决定不服的,可以依法提起诉讼。

第二十六条 缴费单位逾期拒不缴纳社会保险费、滞纳金的,由劳动保障行政部门或者税务机关申请人民法院依法强制征缴。

第二十七条 劳动保障行政部门、社会保险经办机构或者税务机关的工作人员滥用职权、徇私舞弊、玩忽职守,致使社会保险费流失的,由劳动保障行政部门或者税务机关追回流失的社会保险费;构成犯罪的,依法追究刑事责任;尚不构成犯罪的,依法给予行政处分。

第二十八条 任何单位、个人挪用社会保险基金的,追回被挪用的社会保险基金;有违法所得的,没收违法所得,并入社会保险基金;构成犯罪的,依法追究刑事责任;尚不构成犯罪的,对直接负责的主管人员和其他直接责任人员依法给予行政处分。

第五章 附 则

第二十九条 省、自治区、直辖市人民政府根据本地实际情况,可以决定本条例适用于本行政区域内工伤保险费和生育保险费的征收、缴纳。

第三十条 税务机关、社会保险经办机构征收社会保险费,不得从社会保险基金中提取任何费用,所需经费列入预算,由财政拨付。

第三十一条 本条例自发布之日起施行。

61 关于加强工伤保险医疗服务协议管理工作的通知

劳社部发〔2007〕7号

各省、自治区、直辖市劳动和社会保障厅(局)、卫生厅(局)、中医药管理局:

职工因工作遭受事故伤害或患职业病时,由工伤保险为其提供医疗服务保障,是工伤保险制度的一项重要内容。做好工伤保险医疗服务协议管理工作,有利于保障工伤职工依法享有医疗服务的权益,有利于加强工伤保险基金管理,有利于规范医疗行为、促进我国卫生事业发展。各地要从以人为本、构建社会主义和谐社会的高度,充分认识加强工伤保险医疗服务协议管理工作的重要意义。根据《工伤保险条例》及国家有关法律法规,现就加强工伤保险医疗服务协议管理工作通知如下:

一、明确工伤保险医疗服务协议管理的方式,严格掌握工伤保险协议医疗机构的条件

工伤保险实行协议医疗服务方式。在公开、公正、平等协商的基础上,社会保险经办机构(简称经办机构)与符合条件的医疗机构签订医疗服务协议。工伤保险协议医疗机构的名单要以适当方式向社会公布。

工伤保险协议医疗机构必须具备以下基本条件：

（一）经卫生及中医药行政部门批准并取得《医疗机构执业许可证》的医疗机构，以及经地方卫生行政部门同意对社会提供服务的军队医疗机构；

（二）具备为工伤职工提供良好医疗服务的条件，在工伤救治、康复和职业病防治方面有专业技术优势；

（三）遵守国家有关医疗服务和职业病防治管理的法规和标准，有健全和完善的医疗服务管理制度；

（四）遵守国家和省、自治区、直辖市物价管理部门规定的医疗服务和药品的价格政策；

（五）遵守工伤保险的法律法规。

二、切实加强工伤职工的就医管理

职工发生工伤后，应当在统筹地区的协议医疗机构进行治疗，病情危急时可送往就近医疗机构进行抢救；在统筹区域以外发生工伤的职工，可在事故发生地优先选择协议医疗机构治疗。

凡未在统筹地协议医疗机构救治的工伤职工，用人单位要及时向经办机构报告工伤职工的伤情及救治医疗机构的情况，并待病情稳定后转回统筹地区的协议医疗机构治疗。

工伤职工因旧伤复发需要治疗的，用人单位凭协议医疗机构的诊断证明，向经办机构申请并经核准后列入工伤保险医疗服务管理范围。

用人单位、工伤职工、经办机构因治疗旧伤复发需要治疗发生争议的，须凭协议医疗机构的诊断证明，经劳动能力鉴定委员会鉴定后确认。

三、明确工伤保险协议医疗服务主体的职责

经办机构要依据协议加强对工伤保险医疗服务费用的管理和监督检查，按工伤保险有关规定和协议约定，及时支付工伤职工发生的医疗费用；建立、健全工伤保险医费用管理制度和各类台账，做好费用的统计分析；定期听取协议医疗机构对改进工作的意见；协调协议医疗机构与用人单位以及工伤职工有关工伤保险医疗服务的事宜。

工伤保险协议医疗机构要明确专门机构并配备专（兼）职人员，建立健全内部管理制度，做好医务人员工伤保险政策法规的宣传和培训；严格执行工伤保险诊疗项目目录、药品目录和住院服务标准，切实做到合理检查、合理治疗、合理用药、合理收费；按照协议约定搞好工伤医疗费用管理，并按时提交工伤职工费用结算清单；配合劳动保障行政部门或经办机构，及时调取、据实出具医疗诊断证明书等有关医学材料。

经办机构和协议医疗机构有下列情形之一的，双方可终止协议：

（一）协议期满，其中一方提出终止协议的；

（二）协议执行期间，一方违反协议，经协商双方不能达成一致意见的；

（三）因协议医疗机构合并、解散等原因无法履行协议的。

协议医疗机构认为经办机构未履行有关协议或规定的，可以依法申请行政复议，对行政复议不服的，可以依法提出诉讼。

四、规范工伤保险协议医疗服务费用管理

工伤保险医疗服务水平要与我国现阶段经济和社会发展水平相适应，既要保证工伤职工救治的合理需要，又要保证工伤保险基金的合理使用。

对工伤职工发生的符合工伤保险药品目录、诊疗项目目录和住院服务标准等管理规定的医疗费用和康复费用，包括职工工伤认定前已由医疗保险基金、用人单位或职工个人垫付的工伤医疗费用，由经办机构从工伤保险基金中按规定予以支付。

对于工伤职工治疗非工伤疾病所发生的费用、符合出院条件拒不出院继续发生的费用、未经经办机构批准自行转入其他医疗机构治疗所发生的费用和其他违反工伤保险有关规定的费用，工伤保险基金不予支付。

工伤职工在协议医疗机构就医发生医疗事故的，按照《医疗事故处理条例》处理。

五、加强对工伤医疗服务协议管理工作的领导

各级劳动保障、卫生、中医药行政部门要按照各自的职能，积极发挥组织、协调、监督作用，密切配合，共同做好工伤保险医疗服务协议管理的相关工作。要认真开展工伤保险政策的宣传和培训，充分发挥用人单位在工伤保险医疗服务中的积极性和主动性，动员和引导用人单位协助经办机构和协议医疗机构做好工伤职工的相关管理和服务工作。执行中的重大问题，请及时向劳动保障、卫生、中医药管理部门报告。

劳动和社会保障部
卫生部
国家中医药管理局
2007年2月27日

62 社会保险个人权益记录管理办法

2011年6月29日中华人民共和国人力资源和社会保障部令第14号公布，自2011年7月1日起施行。

第一章 总　　则

第一条 为了维护参保人员的合法权益，规范社会保险个人权益记录管理，根据《中华人民共和国社会保险法》等相关法律法规的规定，制定本办法。

第二条 本办法所称社会保险个人权益记录，是指以纸质材料和电子数据等载体记录的反映参保人员及其用人单位履行社会保险义务、享受社会保险权益状况的信息，包括下列内容：

（一）参保人员及其用人单位社会保险登记信息；
（二）参保人员及其用人单位缴纳社会保险费、获得相关补贴的信息；
（三）参保人员享受社会保险待遇资格及领取待遇的信息；
（四）参保人员缴费年限和个人账户信息；
（五）其他反映社会保险个人权益的信息。

第三条 社会保险经办机构负责社会保险个人权益记录管理，提供与社会保险个人权益记录相关的服务。

人力资源社会保障信息化综合管理机构（以下简称信息机构）对社会保险个人权益记录提供技术支持和安全保障服务。

人力资源社会保障行政部门对社会保险个人权益记录管理实施监督。

第四条 社会保险个人权益记录遵循及时、完整、准确、安全、保密原则，任何单位和个人不得用于商业交易或者营利活动，也不得违法向他人泄露。

第二章 采集和审核

第五条 社会保险经办机构通过业务经办、统计、调查等方式获取参保人员相关社会保险个人权益信息，同时，应当与社会保险费征收机构、工商、民政、公安、机构编制等部门通报的情况进行核对。

与社会保险经办机构签订服务协议的医疗机构、药品经营单位、工伤康复机构、辅助器具安装配置机构、相关金融机构等（以下简称社会保险服务机构）和参保人员及其用人单位应当及时、准确提供社会保险个人权益信息，社会保险经办机构应当按照规定程序进行核查。

第六条 社会保险经办机构应当依据业务经办原始资料及时采集社会保险个人权益信息。

通过互联网经办社会保险业务采集社会保险个人权益信息的，应当采取相应的安全措施。

社会保险经办机构应当在经办前台完成社会保险个人权益信息采集工作，不得在后台数据库直接录入、修改数据。

社会保险个人权益记录中缴费数额、待遇标准、个人账户储存额、缴费年限等待遇计发的数据，应当根据事先设定的业务规则，通过社会保险信息系统对原始采集数据进行计算处理后生成。

第七条 社会保险经办机构应当建立社会保险个人权益信息采集的初审、审核、复核、审批制度，明确岗位职责，并在社会保险信息系统中进行岗位权限设置。

第三章 保管和维护

第八条 社会保险经办机构和信息机构应当配备社会保险个人权益记录保管的场所和

设施设备，建立并完善人力资源社会保障业务专网。

第九条 社会保险个人权益数据保管应当符合以下要求：

（一）建立完善的社会保险个人权益数据存储管理办法；

（二）定期对社会保险个人权益数据的保管、可读取、备份记录状况等进行测试，发现问题及时处理；

（三）社会保险个人权益数据应当定期备份，备份介质异地存放；

（四）保管的软硬件环境、存储载体等发生变化时，应当及时对社会保险个人权益数据进行迁移、转换，并保留原有数据备查。

第十条 参保人员流动就业办理社会保险关系转移时，新参保地社会保险经办机构应当及时做好社会保险个人权益记录的接收和管理工作；原参保地社会保险经办机构在将社会保险个人权益记录转出后，应当按照规定保留原有记录备查。

第十一条 社会保险经办机构应当安排专门工作人员对社会保险个人权益数据进行管理和日常维护，检查记录的完整性、合规性，并按照规定程序修正和补充。

社会保险经办机构不得委托其他单位或者个人单独负责社会保险个人权益数据维护工作。其他单位或者个人协助维护的，社会保险经办机构应当与其签订保密协议。

第十二条 社会保险经办机构应当建立社会保险个人权益记录维护日志，对社会保险个人权益数据维护的时间、内容、维护原因、处理方法和责任人等进行登记。

第十三条 社会保险个人权益信息的采集、保管和维护等环节涉及的书面材料应当存档备查。

第四章 查询和使用

第十四条 社会保险经办机构应当向参保人员及其用人单位开放社会保险个人权益记录查询程序，界定可供查询的内容，通过社会保险经办机构网点、自助终端或者电话、网站等方式提供查询服务。

第十五条 社会保险经办机构网点应当设立专门窗口向参保人员及其用人单位提供免费查询服务。

参保人员向社会保险经办机构查询本人社会保险个人权益记录的，需持本人有效身份证件；参保人员委托他人向社会保险经办机构查询本人社会保险个人权益记录的，被委托人需持书面委托材料和本人有效身份证件。需要书面查询结果或者出具本人参保缴费、待遇享受等书面证明的，社会保险经办机构应当按照规定提供。

参保用人单位凭有效证明文件可以向社会保险经办机构免费查询本单位缴费情况，以及职工在本单位工作期间涉及本办法第二条第一项、第二项相关内容。

第十六条 参保人员或者用人单位对社会保险个人权益记录存在异议时，可以向社会保险经办机构提出书面核查申请，并提供相关证明材料。社会保险经办机构应当进行复核，确实存在错误的，应当改正。

第十七条 人力资源社会保障行政部门、信息机构基于宏观管理、决策以及信息系统开发等目的，需要使用社会保险个人权益记录的，社会保险经办机构应当依据业务需求规定范围提供。非因依法履行工作职责需要的，所提供的内容不得包含可以直接识别个人身份的信息。

第十八条 有关行政部门、司法机关等因履行工作职责，依法需要查询社会保险个人权益记录的，社会保险经办机构依法按照规定的查询对象和记录项目提供查询。

第十九条 其他申请查询社会保险个人权益记录的单位，应当向社会保险经办机构提出书面申请。申请应当包括下列内容：

（一）申请单位的有效证明文件、单位名称、联系方式；

（二）查询目的和法律依据；

（三）查询的内容。

第二十条 社会保险经办机构收到依前条规定提出的查询申请后，应当进行审核，并按照下列情形分别作出处理：

（一）对依法应当予以提供的，按照规定程序提供；

（二）对无法律依据的，应当向申请人作出说明。

第二十一条 社会保险经办机构应当对除参保人员本人及其用人单位以外的其他单位查询社会保险个人权益记录的情况进行登记。

第二十二条 社会保险经办机构不得向任何单位和个人提供数据库全库交换或者提供超出规定查询范围的信息。

第五章 保密和安全管理

第二十三条 建立社会保险个人权益记录保密制度。人力资源社会保障行政部门、社会保险经办机构、信息机构、社会保险服务机构、信息技术服务商及其工作人员对在工作中获知的社会保险个人权益记录承担保密责任，不得违法向他人泄露。

第二十四条 依据本办法第十八条规定查询社会保险个人权益记录的有关行政部门和司法机关，不得将获取的社会保险个人权益记录用作约定之外的其他用途，也不得违法向他人泄露。

第二十五条 信息机构和社会保险经办机构应当建立健全社会保险信息系统安全防护体系和安全管理制度，加强应急预案管理和灾难恢复演练，确保社会保险个人权益数据安全。

第二十六条 信息机构应当按照社会保险经办机构的要求，建立社会保险个人权益数据库用户管理制度，明确系统管理员、数据库管理员、业务经办用户和信息查询用户的职责，实行用户身份认证和权限控制。

系统管理员、数据库管理员不得兼职业务经办用户或者信息查询用户。

第六章 法 律 责 任

第二十七条 人力资源社会保障行政部门及其他有关行政部门、司法机关违反保密义务的，应当依法承担法律责任。

第二十八条 社会保险经办机构、信息机构及其工作人员有下列行为之一的，由人力资源社会保障行政部门责令改正；对直接负责的主管人员和其他直接责任人员依法给予处分；给社会保险基金、用人单位或者个人造成损失的，依法承担赔偿责任；构成违反治安管理行为的，由公安机关依法予以处罚；构成犯罪的，依法追究刑事责任：

（一）未及时、完整、准确记载社会保险个人权益信息的；

（二）系统管理员、数据库管理员兼职业务经办用户或者信息查询用户的；

（三）与用人单位或者个人恶意串通，伪造、篡改社会保险个人权益记录或者提供虚假社会保险个人权益信息的；

（四）丢失、破坏、违反规定销毁社会保险个人权益记录的；

（五）擅自提供、复制、公布、出售或者变相交易社会保险个人权益记录的；

（六）违反安全管理规定，将社会保险个人权益数据委托其他单位或个人单独管理和维护的。

第二十九条 社会保险服务机构、信息技术服务商以及按照本办法第十九条规定获取个人权益记录的单位及其工作人员，将社会保险个人权益记录用于与社会保险经办机构约定以外用途，或者造成社会保险个人权益信息泄露的，依法对直接负责的主管人员和其他直接责任人员给予处分；给社会保险基金、用人单位或者个人造成损失的，依法承担赔偿责任；构成违反治安管理行为的，由公安机关依法予以处罚；构成犯罪的，依法追究刑事责任。

第三十条 任何组织和个人非法提供、复制、公布、出售或者变相交易社会保险个人权益记录，有违法所得的，由人力资源社会保障行政部门没收违法所得；属于社会保险服务机构、信息技术服务商的，可由社会保险经办机构与其解除服务协议；依法对直接负责的主管人员和其他直接责任人员给予处分；给社会保险基金、用人单位或者个人造成损失的，依法承担赔偿责任；构成违反治安管理行为的，由公安机关依法予以处罚；构成犯罪的，依法追究刑事责任。

第七章 附 则

第三十一条 社会保险个人权益记录管理涉及会计等材料，国家对其有特别规定的，从其规定。

法律、行政法规规定有关业务接受其他监管部门监督管理的，依照其规定执行。

第三十二条 本办法自 2011 年 7 月 1 日起施行。

63 在中国境内就业的外国人参加社会保险暂行办法

2011年9月6日中华人民共和国人力资源和社会保障部令第16号公布，自2011年10月15日起施行。

第一条 为了维护在中国境内就业的外国人依法参加社会保险和享受社会保险待遇的合法权益，加强社会保险管理，根据《中华人民共和国社会保险法》（以下简称社会保险法），制定本办法。

第二条 在中国境内就业的外国人，是指依法获得《外国人就业证》《外国专家证》《外国常驻记者证》等就业证件和外国人居留证件，以及持有《外国人永久居留证》，在中国境内合法就业的非中国国籍的人员。

第三条 在中国境内依法注册或者登记的企业、事业单位、社会团体、民办非企业单位、基金会、律师事务所、会计师事务所等组织（以下称用人单位）依法招用的外国人，应当依法参加职工基本养老保险、职工基本医疗保险、工伤保险、失业保险和生育保险，由用人单位和本人按照规定缴纳社会保险费。

与境外雇主订立雇用合同后，被派遣到在中国境内注册或者登记的分支机构、代表机构（以下称境内工作单位）工作的外国人，应当依法参加职工基本养老保险、职工基本医疗保险、工伤保险、失业保险和生育保险，由境内工作单位和本人按照规定缴纳社会保险费。

第四条 用人单位招用外国人的，应当自办理就业证件之日起30日内为其办理社会保险登记。

受境外雇主派遣到境内工作单位工作的外国人，应当由境内工作单位按照前款规定为其办理社会保险登记。

依法办理外国人就业证件的机构，应当及时将外国人来华就业的相关信息通报当地社会保险经办机构。社会保险经办机构应当定期向相关机构查询外国人办理就业证件的情况。

第五条 参加社会保险的外国人，符合条件的，依法享受社会保险待遇。

在达到规定的领取养老金年龄前离境的，其社会保险个人账户予以保留，再次来中国就业的，缴费年限累计计算；经本人书面申请终止社会保险关系的，也可以将其社会保险个人账户储存额一次性支付给本人。

第六条 外国人死亡的，其社会保险个人账户余额可以依法继承。

第七条 在中国境外享受按月领取社会保险待遇的外国人，应当至少每年向负责支付其待遇的社会保险经办机构提供一次由中国驻外使、领馆出具的生存证明，或者由居住国有关机构公证、认证并经中国驻外使、领馆认证的生存证明。

外国人合法入境的，可以到社会保险经办机构自行证明其生存状况，不再提供前款规定的生存证明。

第八条 依法参加社会保险的外国人与用人单位或者境内工作单位因社会保险发生争

议的，可以依法申请调解、仲裁、提起诉讼。用人单位或者境内工作单位侵害其社会保险权益的，外国人也可以要求社会保险行政部门或者社会保险费征收机构依法处理。

第九条 具有与中国签订社会保险双边或者多边协议国家国籍的人员在中国境内就业的，其参加社会保险的办法按照协议规定办理。

第十条 社会保险经办机构应当根据《外国人社会保障号码编制规则》，为外国人建立社会保障号码，并发放中华人民共和国社会保障卡。

第十一条 社会保险行政部门应当按照社会保险法的规定，对外国人参加社会保险的情况进行监督检查。用人单位或者境内工作单位未依法为招用的外国人办理社会保险登记或者未依法为其缴纳社会保险费的，按照社会保险法、《劳动保障监察条例》等法律、行政法规和有关规章的规定处理。

用人单位招用未依法办理就业证件或者持有《外国人永久居留证》的外国人的，按照《外国人在中国就业管理规定》处理。

第十二条 本办法自 2011 年 10 月 15 日起施行。

附件：

外国人社会保障号码编制规则

外国人参加中国社会保险，其社会保障号码由外国人所在国家或地区代码、有效证件号码组成。外国人有效证件为护照或《外国人永久居留证》。所在国家或地区代码和有效证件号码之间预留一位。其表现形式为：

×××　　　　　×　　　×××××××××××××
（国家或地区代码）（预留位）（有效证件号码）

1. 外国人所在国家或地区代码按"ISO 3166-1-2006"国家及其地区的名称代码的第一部分国家代码规定的 3 位英文字母表示，如德国为 DEU，丹麦 DNK。遇国际标准升级时，人力资源和社会保障部统一确定代码升级时间。

取得在中国永久居留资格的外国人所在国家或地区代码与其所持《外国人永久居留证》号码中第 1~3 位的国家或地区代码一致（也为三位）。

2. 预留位 1 位，默认情况为 0，在特殊情况时，可填写数字为 1 至 9。

3. 编制使用外国人有效护照号码，应包含全部英文字母和阿拉伯数字，不包括其中的"."、"-"等特殊字符。编制使用《外国人永久居留证》号码，为该证件号码中第 4~15 位号码。

（1）以在我国某用人单位工作的持护照号 G01234—56 的德籍人员为例，其社会保障号码为：DEU0G0123456。

国家或地区代码　预留位　有效护照号码
　　DEU　　　　　0　　　G0123456

（2）以在我国某用人单位工作的持《外国人永久居留证》号 DNK324578912056 的丹麦

籍人员为例,其社会保障号码为:DNK0324578912056。

国家或地区代码　预留位　《外国人永久居留证》号码
　　DNK　　　　　0　　　　324578912056

4. 数据库对外国人社会保障号码预留18位长度(其中有效护照号码最多为14位)。编制号码不足18位的,不需要补足位数。

5. 外国人社会保障号码在中国唯一且终身不变。其证件号码发生改变时,以初次参保登记时的社会保障号码作为唯一标识,社会保险经办机构应对参保人员的证件类型、证件号码变更情况进行相应的记录。

64　人力资源社会保障部办公厅关于贯彻落实国务院常务会议精神切实做好稳定社保费征收工作的紧急通知

人社厅函〔2018〕246号

各省、自治区、直辖市及新疆生产建设兵团人力资源社会保障厅(局):

为深入贯彻落实2018年9月6日和9月18日国务院常务会议关于社保费征收体制改革的有关精神,确保征收体制改革平稳有序推进,维护经济社会发展稳定大局,现就稳定社保费征收工作有关事项紧急通知如下:

一、充分认识稳定社保费征收工作的重要意义。社保费征收既关系到社会保障事业健康发展和参保人员切身利益,同时也影响到参保单位特别是参保企业的生产经营和长远发展,社会关注度极高,在当前复杂形势下,进一步激发市场主体活力,稳定社会预期尤为重要。各地人社部门要切实提高政治站位,把思想和行动统一到党中央和国务院有关精神上来,把稳定征收作为当前社保工作的首要政治任务,不折不扣全力抓好落实。

二、严格执行现行各项社保费征收政策。党中央做出的将基本养老保险费、基本医疗保险费、失业保险费等各项社会保险费交由税务部门统一征收的决定,只是征收主体的变更,并未调整现行社保费征收政策。当前,我部正根据国务院要求,会同相关部门抓紧开展测算分析,提出适当降低单位社保缴费比例、确保总体上不增加企业缴费负担的具体政策措施。在社保征收机构改革到位前,各地现行的社保缴费基数、费率等相关征收政策,要一律保持不变。

三、严禁自行组织对企业历史欠费进行集中清缴。目前,仍承担社保费征缴和清欠职能职责的地区,要稳妥处理好历史欠费问题,严禁自行对企业历史欠费进行集中清缴。已经开展集中清缴的,要立即纠正,并妥善做好后续工作。

四、积极做好征收体制改革相关准备工作。各地人社部门及社保经办机构要与税务等部门加强协作,抓紧开发建设信息共享平台,要梳理问题清单,逐一拟定实施解决方案,确保机构改革到位后,能记好账,记准数,各项业务正常运转,参保人权益得到切实保障。

改革过程中，各级社保经办机构要依法履职尽责，始终做好参保登记、会计核算、统计调查、基金预决算等各项业务工作，确保工作不断档、不缺位。

五、加强督促检查，确保党中央国务院要求落实到位。各地人社部门要立即组织开展一次全面排查，发现问题及时整改。下一步，部里将按照国务院要求，联合相关部门对各地落实情况进行重点督查，对违反规定的将严肃处理。

各地排查情况及工作中发现的新情况和新问题，请及时向我部报告。

人力资源社会保障部办公厅
2018 年 9 月 21 日

65 人力资源社会保障部关于取消部分规范性文件设定的证明材料的决定

人社部发〔2019〕20 号

各省、自治区、直辖市及新疆生产建设兵团人力资源社会保障厅（局）：

为贯彻落实党中央、国务院关于减证便民、优化服务的决策部署，根据《国务院办公厅关于做好证明事项清理工作的通知》（国办发〔2018〕47 号）要求，人力资源社会保障部对现行有效的人力资源社会保障规范性文件设定的证明材料进行了清理。根据有关规定，决定取消 73 项由规范性文件设定的证明材料（见附件），现予以公布。相关证明材料自本决定公布之日起取消。

附件：取消的规范性文件设定的证明材料目录

人力资源社会保障部
2019 年 3 月 4 日

附件：

取消的规范性文件设定的证明材料目录

序号	证明	用途	依据	取消后办理方式
1	考核场地及设施设备证明材料	职业技能鉴定机构设立备案申请	《劳动部关于颁发〈职业技能鉴定规定〉的通知》（劳部发〔1993〕134 号）	改为申请人书面承诺

续表

序号	证明	用途	依据	取消后办理方式
2	管理人员、考评人员情况及资格证明材料	职业技能鉴定机构设立备案申请	《劳动部关于颁发〈职业技能鉴定规定〉的通知》（劳部发〔1993〕134号）	改为申请人书面承诺
3	身份证明	申报职业技能鉴定	《劳动部关于颁发〈职业技能鉴定规定〉的通知》（劳部发〔1993〕134号）	可通过政府部门内部或部门间核查、网络核验的，不再要求提交；暂无法核查、核验的，暂时仍按原规定执行
4	结业证书	申报职业技能鉴定	《劳动部关于颁发〈职业技能鉴定规定〉的通知》（劳部发〔1993〕134号）	不再提交
5	职业资格证书	申报职业技能鉴定	《劳动部关于颁发〈职业技能鉴定规定〉的通知》（劳部发〔1993〕134号）；《人力资源社会保障部办公厅关于印发〈国家职业技能标准编制技术规程（2018年版）〉的通知》（人社厅发〔2018〕26号）	可通过网络核验的，不再要求提交；暂无法通过网络核验的，暂时仍按原规定执行
6	毕业证书	申报职业技能鉴定	《劳动部关于颁发〈职业技能鉴定规定〉的通知》（劳部发〔1993〕134号）；《人力资源社会保障部办公厅关于印发〈国家职业技能标准编制技术规程（2018年版）〉的通知》（人社厅发〔2018〕26号）	可通过政府部门内部或部门间核查、网络核验的，不再要求提交；暂无法核查、核验的，暂时仍按原规定执行
7	预备技师证书	申报职业技能鉴定	《劳动部关于颁发〈职业技能鉴定规定〉的通知》（劳部发〔1993〕134号）；《人力资源社会保障部办公厅关于印发〈国家职业技能标准编制技术规程（2018年版）〉的通知》（人社厅发〔2018〕26号）	可通过部门内部核查或网络核验的，不再要求提交；暂无法核查、核验的，暂时仍按原规定执行
8	工作经历证明	申报职业技能鉴定	《劳动部关于颁发〈职业技能鉴定规定〉的通知》（劳部发〔1993〕134号）；《人力资源社会保障部办公厅关于印发〈国家职业技能标准编制技术规程（2018年版）〉的通知》（人社厅发〔2018〕26号）	改为申请人书面承诺

续表

序号	证明	用途	依据	取消后办理方式
9	身份证复印件	申请补发技能人员职业资格证书	《关于职业资格证书改版及核发管理工作有关问题的通知》（人社厅发〔2009〕137号）	可通过网络核验的，不再要求提交；暂无法通过网络核验的，暂时仍按原规定执行
10	证书遗失作废的登报声明	申请补发技能人员职业资格证书	《关于职业资格证书改版及核发管理工作有关问题的通知》（人社厅发〔2009〕137号）	不再提交
11	身份证件	申请更正职业资格证书信息	《关于做好职业资格证书查询系统建设工作的通知》（人社厅发〔2009〕44号）	可通过政府部门内部或部门间核查、网络核验的，不再要求提交；暂无法通过核查、核验的，暂时仍按原规定执行
12	申请更正信息的证明材料	申请更正职业资格证书信息	《关于做好职业资格证书查询系统建设工作的通知》（人社厅发〔2009〕44号）	可通过政府部门内部或部门间核查、网络核验的，不再要求提交；暂无法通过核查、核验的，暂时仍按原规定执行
13	享受国务院政府特殊津贴的证明	申请高技能人才评选表彰	《人力资源社会保障部关于开展第十四届高技能人才评选表彰活动的通知》（人社部函〔2018〕13号）	通过部门内部核查或网络核验
14	获得全国技术能手的证明	申请高技能人才评选表彰	《人力资源社会保障部关于开展第十四届高技能人才评选表彰活动的通知》（人社部函〔2018〕13号）	通过网络核验
15	职业资格证书	申请高技能人才评选表彰	《人力资源社会保障部关于开展第十四届高技能人才评选表彰活动的通知》（人社部函〔2018〕13号）	可通过网络核验的，不再要求提交；暂无法通过网络核验的，暂时仍按原规定执行
16	职业资格证书	申办国家级技能大师工作室建设项目	《人力资源社会保障部 财政部关于深入推进国家高技能人才振兴计划的通知》（人社部发〔2016〕74号）	可通过网络核验的，不再要求提交；暂无法通过网络核验的，暂时仍按原规定执行
17	获得中华技能大奖的证明	申办国家级技能大师工作室建设项目	《人力资源社会保障部 财政部关于深入推进国家高技能人才振兴计划的通知》（人社部发〔2016〕74号）	通过网络核验

续表

序号	证明	用途	依据	取消后办理方式
18	获得全国技术能手的证明	申办国家级技能大师工作室建设项目	《人力资源社会保障部 财政部关于深入推进国家高技能人才振兴计划的通知》（人社部发〔2016〕74号）	通过网络核验
19	享受国务院政府特殊津贴的证明	申办国家级技能大师工作室建设项目	《人力资源社会保障部 财政部关于深入推进国家高技能人才振兴计划的通知》（人社部发〔2016〕74号）	通过部门内部核查或网络核验
20	职业资格证书	申请高技能人才享受国务院政府特殊津贴	《人力资源社会保障部关于开展2018年享受政府特殊津贴人员选拔工作的通知》（人社部函〔2018〕9号）	可通过网络核验的，不再要求提交；暂无法通过网络核验的，暂时仍按原规定执行
21	设置竞赛项目依据的国家职业（技能）标准	申报中国技能大赛	《关于进一步加强职业技能竞赛管理工作的通知》（劳社部发〔2000〕6号）	通过部门内部核查
22	职工身份证明	职业技能竞赛获奖选手奖励申报	《关于进一步加强职业技能竞赛管理工作的通知》（劳社部发〔2000〕6号）	改由赛事主办单位或参赛单位作出承诺
23	职业资格证书	申报世界技能大赛技术指导专家	《世界技能大赛参赛管理暂行办法》（人社部发〔2013〕28号）	改为网络核验或报送单位作出承诺
24	身份证复印件	境外就业和对外劳务合作人员申请换发技能人员职业资格证书	《关于职业资格证书改版及核发管理工作有关问题的通知》（人社厅发〔2009〕137号）；《人力资源社会保障部办公厅关于进一步做好技能人员职业资格证书发放管理有关工作的通知》（人社厅发〔2018〕42号）	不再提交
25	护照复印件	境外就业和对外劳务合作人员申请换发技能人员职业资格证书	《关于职业资格证书改版及核发管理工作有关问题的通知》（人社厅发〔2009〕137号）；《人力资源社会保障部办公厅关于进一步做好技能人员职业资格证书发放管理有关工作的通知》（人社厅发〔2018〕42号）	不再提交
26	职业技能鉴定许可证	申请职业技能鉴定机构质量管理体系认证	《关于扩大职业技能鉴定机构质量管理体系认证试点工作的通知》（劳社厅函〔2005〕132号）	不再提交

续表

序号	证明	用途	依据	取消后办理方式
27	教师资格证明	申请设立技工学校审批	《人力资源社会保障部关于做好技工院校审批管理工作的通知》（人社部发〔2012〕63号）	可通过网络核验的，不再要求提交；暂无法通过网络核验的，暂时仍按原规定执行
28	高技能领军人才取得的荣誉证书	为高技能领军人才设立服务窗口，提出相关服务申请	《人力资源社会保障部关于贯彻落实〈关于提高技术工人待遇的意见〉精神的通知》（人社部发〔2018〕24号）；《人力资源社会保障部关于印发〈技能人才队伍建设工作实施方案（2018—2020年）〉的通知》（人社部发〔2018〕65号）	通过网络核验
29	职业资格证书	为高技能领军人才设立服务窗口，提出相关服务申请	《人力资源社会保障部关于贯彻落实〈关于提高技术工人待遇的意见〉精神的通知》（人社部发〔2018〕24号）；《人力资源社会保障部关于印发〈技能人才队伍建设工作实施方案（2018—2020年）〉的通知》（人社部发〔2018〕65号）	可通过网络核验的，不再要求提交；暂无法通过网络核验的，暂时仍按原规定执行
30	居民身份证原件及复印件	办理工伤登记	《关于印发工伤保险经办规程的通知》（人社部发〔2012〕11号）	通过部门内部核查
31	认定工伤决定书	办理工伤登记	《关于印发工伤保险经办规程的通知》（人社部发〔2012〕11号）	通过部门内部核查
32	工伤职工停工留薪期确认通知	办理工伤登记	《关于印发工伤保险经办规程的通知》（人社部发〔2012〕11号）	通过部门内部核查
33	停工留薪期内因工伤导致死亡的，提供居民死亡医学证明书或其他死亡证明材料	办理工伤登记	《关于印发工伤保险经办规程的通知》（人社部发〔2012〕11号）	通过部门内部核查
34	用人单位意见	工伤康复治疗期延长申请	《关于印发工伤保险经办规程的通知》（人社部发〔2012〕11号）	不再提交
35	《工伤认定决定书》原件和复印件，或者其他确认工伤的文件	辅助器具更换申请	《关于印发工伤保险经办规程的通知》（人社部发〔2012〕11号）	通过部门内部核查

续表

序号	证明	用途	依据	取消后办理方式
36	《人力资源和社会保障部关于印发工伤保险经办规程的通知》（人社部发〔2012〕11号）第六十六条第（四）项：省、自治区、直辖市经办机构规定的其他证件和资料	辅助器具配置（更换）费用申报	《关于印发工伤保险经办规程的通知》（人社部发〔2012〕11号）	不再提交
37	认定工伤决定书（包括用人单位拒不支付工伤待遇申请先行支付、涉及第三人责任申请先行支付）	先行支付申领	《关于印发工伤保险经办规程的通知》（人社部发〔2012〕11号）	通过部门内部核查
38	未依法缴纳工伤保险费的用人单位，需提供：社会保险登记证、工伤保险实缴清单	先行支付申领	《关于印发工伤保险经办规程的通知》（人社部发〔2012〕11号）	通过部门内部核查
39	用人单位拒不支付工伤待遇，工伤职工或近亲属需提供：社会保险行政部门出具的用人单位拒不支付证明材料	先行支付申领	《关于印发工伤保险经办规程的通知》（人社部发〔2012〕11号）	不再提交
40	《人力资源和社会保障部关于印发工伤保险经办规程的通知》（人社部发〔2012〕11号）第七十五条第二款第（五）项：省、自治区、直辖市经办机构规定的其他资料	先行支付申领	《关于印发工伤保险经办规程的通知》（人社部发〔2012〕11号）	不再提交
41	涉及第三人责任申请先行支付的：对肇事逃逸、暴力伤害等无法确定第三人的，需提供公安机关出具的证明材料	先行支付申领	《关于印发工伤保险经办规程的通知》（人社部发〔2012〕11号）	不再提交
42	涉及第三人责任申请先行支付的：由社会保险行政部门提供的第三人不予支付的证明材料	先行支付申领	《关于印发工伤保险经办规程的通知》（人社部发〔2012〕11号）	不再提交
43	涉及第三人责任申请先行支付的：由职工基本医疗保险先行支付的情况材料	先行支付申领	《关于印发工伤保险经办规程的通知》（人社部发〔2012〕11号）	不再提交

续表

序号	证明	用途	依据	取消后办理方式
44	《人力资源和社会保障部关于印发工伤保险经办规程的通知》（人社部发〔2012〕11号）第七十六条第（七）项：省、自治区、直辖市经办机构规定的其他资料	先行支付申领	《关于印发工伤保险经办规程的通知》（人社部发〔2012〕11号）	不再提交
45	劳动能力鉴定结论书	劳动能力鉴定登记	《关于印发工伤保险经办规程的通知》（人社部发〔2012〕11号）	通过部门内部核查
46	《人力资源和社会保障部关于印发工伤保险经办规程的通知》（人社部发〔2012〕11号）第五十五条第（二）项：省、自治区、直辖市经办机构规定的其他证件和资料	劳动能力鉴定登记	《关于印发工伤保险经办规程的通知》（人社部发〔2012〕11号）	不再提交
47	劳动能力鉴定结论	一次性工伤医疗补助金申请	《关于印发工伤保险经办规程的通知》（人社部发〔2012〕11号）	通过部门内部核查
48	劳动能力鉴定结论	伤残待遇申领（伤残津贴、一次性伤残补助金、生活护理费）	《关于印发工伤保险经办规程的通知》（人社部发〔2012〕11号）	通过部门内部核查
49	开户银行许可证复印件	中央国家机关事业单位养老保险业务经办数据信息采集导入	《人力资源社会保障部关于印发〈机关事业单位工作人员基本养老保险经办规程〉的通知》（人社部发〔2015〕32号）	中央国家机关事业单位养老保险业务经办，不再提交
50	机构类型、组织机构代码变更：中华人民共和国组织机构代码证或注册登记代码证复印件	中央国家机关事业单位养老保险业务经办单位信息变更	《人力资源社会保障部关于印发〈机关事业单位工作人员基本养老保险经办规程〉的通知》（人社部发〔2015〕32号）	中央国家机关事业单位养老保险业务经办，网上办理后即时生效，不再要求提供纸质材料
51	法人变更：新的单位法定代表人或负责人的任职文件或事业单位法人证书复印件及其居民身份证复印件	中央国家机关事业单位养老保险业务经办单位信息变更	《人力资源社会保障部关于印发〈机关事业单位工作人员基本养老保险经办规程〉的通知》（人社部发〔2015〕32号）	中央国家机关事业单位养老保险业务经办，网上办理后即时生效，不再要求提供纸质材料

续表

序号	证明	用途	依据	取消后办理方式
52	主管部门、编制人数、单位性质、经费来源变更：有关部门批复的变更文件复印件	中央国家机关事业单位养老保险业务经办单位信息变更	《人力资源社会保障部关于印发〈机关事业单位工作人员基本养老保险经办规程〉的通知》（人社部发〔2015〕32号）	中央国家机关事业单位养老保险业务经办，网上办理后即时生效，不再要求提供纸质材料
53	单位银行账号变更：开户银行许可证复印件	中央国家机关事业单位养老保险业务经办单位信息变更	《人力资源社会保障部关于印发〈机关事业单位工作人员基本养老保险经办规程〉的通知》（人社部发〔2015〕32号）	中央国家机关事业单位养老保险业务经办，不再提交
54	身份证件等相关证明材料	中央国家机关事业单位养老保险业务经办人员信息变更	《人力资源社会保障部关于印发〈机关事业单位工作人员基本养老保险经办规程〉的通知》（人社部发〔2015〕32号）	中央国家机关事业单位养老保险业务经办，网上办理后即时生效，不再要求提供纸质材料
55	工作调动人员：人事（组织）部门调动手续复印件	中央国家机关事业单位养老保险业务经办人员暂停缴费办理	《人力资源社会保障部关于印发〈机关事业单位工作人员基本养老保险经办规程〉的通知》（人社部发〔2015〕32号）	中央国家机关事业单位养老保险业务经办，网上办理后即时生效，不再要求提供纸质材料
56	辞职、解除合同人员：解除合同证明或辞职开除手续复印件	中央国家机关事业单位养老保险业务经办人员暂停缴费办理	《人力资源社会保障部关于印发〈机关事业单位工作人员基本养老保险经办规程〉的通知》（人社部发〔2015〕32号）	中央国家机关事业单位养老保险业务经办，网上办理后即时生效，不再要求提供纸质材料
57	判刑、失踪人员：党政处理文件复印件	中央国家机关事业单位养老保险业务经办人员暂停缴费办理	《人力资源社会保障部关于印发〈机关事业单位工作人员基本养老保险经办规程〉的通知》（人社部发〔2015〕32号）	中央国家机关事业单位养老保险业务经办，网上办理后即时生效，不再要求提供纸质材料
58	统筹内调入人员：人事（组织）部门正式录用通知书、调令、任职文件或事业单位聘用合同等复印件	中央国家机关事业单位养老保险业务经办人员恢复缴费办理	《人力资源社会保障部关于印发〈机关事业单位工作人员基本养老保险经办规程〉的通知》（人社部发〔2015〕32号）	中央国家机关事业单位养老保险业务经办，网上办理后即时生效，不再要求提供纸质材料
59	工资关系或工资审批文件复印件	中央国家机关事业单位养老保险业务经办人员恢复缴费办理	《人力资源社会保障部关于印发〈机关事业单位工作人员基本养老保险经办规程〉的通知》（人社部发〔2015〕32号）	中央国家机关事业单位养老保险业务经办，网上办理后即时生效，不再要求提供纸质材料
60	判刑、失踪等原因解除人员：党政处理文件复印件	中央国家机关事业单位养老保险业务经办人员恢复缴费办理	《人力资源社会保障部关于印发〈机关事业单位工作人员基本养老保险经办规程〉的通知》（人社部发〔2015〕32号）	中央国家机关事业单位养老保险业务经办，网上办理后即时生效，不再要求提供纸质材料

续表

序号	证明	用途	依据	取消后办理方式
61	参保人员居民身份证复印件	中央国家机关事业单位养老保险业务经办退休人员信息变更	《在京中央国家机关事业单位养老保险业务操作规范》	不再提交
62	其他人员根据实际情况提供相关文件复印件	中央国家机关事业单位养老保险业务经办办理定期待遇暂停	《在京中央国家机关事业单位养老保险业务操作规范》；《中央国家机关养老保险网上经办系统用户操作手册》	不再提交，改为定期待遇暂停情况说明
63	《在京中央国家机关事业单位养老保险参保人员信息变更表》以外的其他相关材料	中央国家机关事业单位养老保险业务经办退休人员发放方式变更办理	《在京中央国家机关事业单位养老保险业务操作规范》	不再提交
64	学历证明	专业技术人员资格考试资格审核	我部及有关考试行业主管部门联合印发的各项职业资格制度暂行规定中关于应试人员报考条件的规定	试行告知承诺制办理
65	从事相关专业工作年限证明	专业技术人员资格考试资格审核	我部及有关考试行业主管部门联合印发的各项职业资格制度暂行规定中关于应试人员报考条件的规定	试行告知承诺制办理
66	企业营业执照复印件	社会保障卡芯片备案	《关于印发"中华人民共和国社会保障卡"管理办法的通知》（人社部发〔2011〕47号）；《人力资源社会保障部办公厅关于印发〈社会保障卡芯片备案管理办法〉的通知》（人社厅发〔2015〕109号）	通过政府部门内部或部门间核查、网络核验
67	集成电路设计企业认定证书	社会保障卡芯片备案	《关于印发"中华人民共和国社会保障卡"管理办法的通知》（人社部发〔2011〕47号）；《人力资源社会保障部办公厅关于印发〈社会保障卡芯片备案管理办法〉的通知》（人社厅发〔2015〕109号）	不再提交
68	商用密码产品销售许可证	社会保障卡芯片备案	《关于印发"中华人民共和国社会保障卡"管理办法的通知》（人社部发〔2011〕47号）；《人力资源社会保障部办公厅关于印发〈社会保障卡芯片备案管理办法〉的通知》（人社厅发〔2015〕109号）	不再提交

续表

序号	证明	用途	依据	取消后办理方式
69	商用密码产品生产定点单位证书	社会保障卡芯片备案	《关于印发"中华人民共和国社会保障卡"管理办法的通知》(人社部发〔2011〕47号);《人力资源社会保障部办公厅关于印发〈社会保障卡芯片备案管理办法〉的通知》(人社厅发〔2015〕109号)	不再提交
70	备案产品EAL4+产品安全资质证书	社会保障卡芯片备案	《关于印发"中华人民共和国社会保障卡"管理办法的通知》(人社部发〔2011〕47号);《人力资源社会保障部办公厅关于印发〈社会保障卡芯片备案管理办法〉的通知》(人社厅发〔2015〕109号)	通过政府部门内部或部门间核查、网络核验
71	ISO质量体系认证证书	社会保障卡芯片备案	《关于印发"中华人民共和国社会保障卡"管理办法的通知》(人社部发〔2011〕47号);《人力资源社会保障部办公厅关于印发〈社会保障卡芯片备案管理办法〉的通知》(人社厅发〔2015〕109号)	通过政府部门内部或部门间核查、网络核验
72	企业营业执照复印件	社会保障PSAM卡销售备案	《人力资源社会保障部办公厅关于印发〈社会保障PSAM卡销售备案管理办法〉的通知》(人社厅发〔2015〕110号)	通过政府部门内部或部门间核查、网络核验
73	商用密码产品销售许可证	社会保障PSAM卡销售备案	《人力资源社会保障部办公厅关于印发〈社会保障PSAM卡销售备案管理办法〉的通知》(人社厅发〔2015〕110号)	不再提交

66 人力资源社会保障部关于第二批取消部分规章规范性文件设定的证明材料的决定

人社部发〔2019〕115号

各省、自治区、直辖市及新疆生产建设兵团人力资源社会保障厅(局):

根据《国务院办公厅关于做好证明事项清理工作的通知》(国办发〔2018〕47号)要求,为进一步减证便民、优化服务,不断提升群众企业办事便利度和满意度,人力资源社会保障部决定再取消 42 项由规章、规范性文件设定的证明材料（见附件），现予以公布。相关证明材料自本决定公布之日起取消。

附件：1. 部门规章设定的证明材料取消清单
2. 规范性文件设定的证明材料取消清单

人力资源社会保障部
2019 年 10 月 28 日

附件 1：

部门规章设定的证明材料取消清单

序号	证明	用途	依据	取消后办理方式
1	工作人员的学历证明	办理人力资源服务许可，开展业务备案，变更名称、住所、法定代表人或者终止经营活动，设立分支机构	《人才市场管理规定》（2001 年 9 月 11 日人事部、国家工商行政管理总局令第 1 号，2005 年 3 月 22 日第一次修订，2015 年 4 月 30 日第二次修订）第六条第二项、第七条第一款	通过网上核查或根据申请人的身份证信息直接查询
2	失业保险缴费情况证明	申领失业保险金	《失业保险金申领发放办法》（2000 年 10 月 26 日劳动和社会保障部令第 8 号，2018 年 12 月 14 日修订）第五条	通过部门内部核查
3	工作期间，突发疾病抢救证明	申请工伤认定	《工伤认定办法》（2010 年 12 月 31 日人力资源社会保障部令第 8 号）第六条第二项	不再提交
4	工伤职工的居民身份证或者社会保障卡等其他有效身份证明复印件	工伤职工劳动能力复查鉴定申请	《工伤职工劳动能力鉴定管理办法》（2014 年 2 月 20 日人力资源社会保障部、国家卫生计生委令第 21 号，2018 年 12 月 14 日修订）第十七条、第十九条	提交原件即可
5	《工伤认定决定书》原件和复印件	工伤职工劳动能力复查鉴定申请	《工伤职工劳动能力鉴定管理办法》（2014 年 2 月 20 日人力资源社会保障部、国家卫生计生委令第 21 号，2018 年 12 月 14 日修订）第十七条、第十九条	通过部门内部核查
6	劳动能力鉴定委员会规定和要求的其他材料	工伤职工劳动能力复查鉴定申请	《工伤职工劳动能力鉴定管理办法》（2014 年 2 月 20 日人力资源社会保障部、国家卫生计生委令第 21 号，2018 年 12 月 14 日修订）第十七条、第十九条	不再提交

第一部分　工伤保险法律法规规章文件

续表

序号	证明	用途	依据	取消后办理方式
7	工亡职工配偶未再婚证明	供养亲属抚恤金申领	《因工死亡职工供养亲属范围规定》（2003年9月23日劳动和社会保障部令第18号）第四条第三项	改为告知承诺制，通过部门间数据共享核查
8	工亡职工供养亲属健在证明	供养亲属抚恤金申领	《因工死亡职工供养亲属范围规定》（2003年9月23日劳动和社会保障部令第18号）第四条第五项	改为告知承诺制，通过部门间数据共享核查
9	企业营业执照、批准成立证件或其他核准执业证件	企业办理社会保险登记	《社会保险登记管理暂行办法》（1999年3月19日劳动和社会保障部令第1号）第七条第一项	按照"五证合一"改革要求，与市场监管部门实现企业开办事项业务协同，通过部门间数据共享核查。《社会保险登记管理暂行办法》已于2019年4月28日公布废止
10	企业组织机构统一代码证书	企业办理社会保险登记	《社会保险登记管理暂行办法》（1999年3月19日劳动和社会保障部令第1号）第七条第二项	按照"五证合一"改革要求，与市场监管部门实现企业开办事项业务协同，通过部门间数据共享核查。《社会保险登记管理暂行办法》已于2019年4月28日公布废止
11	企业信息变更证明	企业办理社会保险变更登记	《社会保险登记管理暂行办法》（1999年3月19日劳动和社会保障部令第1号）第十条第二项	按照"五证合一"改革要求，与市场监管部门实现企业开办事项业务协同，通过部门间数据共享核查。《社会保险登记管理暂行办法》已于2019年4月28日公布废止
12	营业执照复印件、法定代表人身份证复印件、开户许可证复印件、劳动合同备案证明、职工身份证复印件	企业职工养老保险单位新参保申报、职工基本信息变更	《社会保险费申报缴纳管理规定》（2013年9月26日人力资源社会保障部令第20号）第四条	按照"五证合一"改革要求，与市场监管部门实现企业开办事项业务协同，通过部门间数据共享核查；同时，企业可通过网上平台自助填报有关信息
13	社会保险登记证	单位社会保险注销登记	《社会保险登记管理暂行办法》（1999年3月19日劳动和社会保障部令第1号）有关规定	不再办理社会保险登记证，通过社保经办系统可核查单位注册社保账户信息。《社会保险登记管理暂行办法》已于2019年4月28日公布废止

续表

序号	证明	用途	依据	取消后办理方式
14	企业营业执照复印件	集体合同报送审查	《集体合同规定》（2004年1月20日劳动和社会保障部令第22号）第四十二条	改为告知承诺制或部门间信息共享
15	工会社团法人证明材料	集体合同报送审查	《集体合同规定》（2004年1月20日劳动和社会保障部令第22号）第四十二条	改为告知承诺制

附件2：

规范性文件设定的证明材料取消清单

序号	证明	用途	依据	取消后办理方式
1	职业资格证书原件	申请更正技能人员职业资格证书信息	《关于做好职业资格证书查询系统建设工作的通知》（人社厅发〔2009〕44号）附件1《职业资格证书网上查询管理办法（试行）》第八条	不再提交
2	职业资格证书（含《技术等级证书》、《技师合格证书》以及《高级技师合格证书》）原件	境外就业和对外劳务合作人员申请换发技能人员职业资格证书	《关于职业资格证书改版及核发管理工作有关问题的通知》（人社厅发〔2009〕137号）第八项	不再提交
3	中方上级主管部门审批文件	申请以技能为主的国外职业资格证书及发证机构资格审核和注册	《关于对引进国外职业资格证书加强管理的通知》（劳社部发〔1998〕18号）第四条	不再提交
4	基本养老保险缴费证明	企业年金方案备案	《人力资源社会保障部办公厅关于进一步做好企业年金方案备案工作的意见》（人社厅发〔2014〕60号）附件3	通过部门内部核查
5	企业职工因病或非因工伤残劳动能力鉴定结论书	企业申请办理职工因病提前退休审批	《关于制止和纠正违反国家规定办理企业职工提前退休有关问题的通知》（劳社部发〔1999〕8号）有关规定	通过部门内部核查
6	认定工伤决定书	申领工伤待遇	《关于印发工伤保险经办规程的通知》（人社部发〔2012〕11号）有关规定	通过部门内部核查

续表

序号	证明	用途	依据	取消后办理方式
7	属于交通事故或者城市轨道交通、客运轮渡、火车事故的，须提供相关的事故责任认定书	涉及第三人的工伤待遇申领	《关于印发工伤保险经办规程的通知》（人社部发〔2012〕11号）第七十三条第一项	通过部门内部核查
8	依靠工亡职工生前提供主要生活来源的证明	供养亲属抚恤金申领	《关于印发工伤保险经办规程的通知》（人社部发〔2012〕11号）第七十条第三项	改为告知承诺制办理
9	完全丧失劳动能力的提供劳动能力鉴定结论书	供养亲属抚恤金申领	《关于印发工伤保险经办规程的通知》（人社部发〔2012〕11号）第七十条第四项	通过部门内部核查
10	在校学生提供学校就读证明	供养亲属抚恤金申领	《关于印发工伤保险经办规程的通知》（人社部发〔2012〕11号）第七十条第六项	改为告知承诺制，通过部门间数据共享核查
11	属于遭受暴力伤害的，需提供公安机关出具的遭受暴力伤害证明和赔偿证明资料	涉及第三人的工伤待遇申领	《关于印发工伤保险经办规程的通知》（人社部发〔2012〕11号）第七十三条第二项	通过部门内部核查
12	参保人员户籍关系转移证明	办理城乡居民基本养老保险关系转移接续	《人力资源社会保障部关于印发城乡居民基本养老保险经办规程的通知》（人社部发〔2014〕23号）第四十一条	通过核实身份证件、户口簿办理。所依据文件已修订，修订后的文件为《人力资源社会保障部关于印发城乡居民基本养老保险经办规程的通知》（人社部发〔2019〕84号）
13	养老金异地领取资格证明	退休人员异地领取养老金	《关于对异地居住退休人员进行领取养老金资格协助认证工作的通知》（劳社厅发〔2004〕8号）第二条	通过信息比对、远程自助认证和社会化服务等方式主动核查办理；也可通过告知承诺制办理
14	户口簿复印件	办理企业因病非因工死亡职工遗属抚恤待遇	《关于调整企业因病非因工死亡职工遗属抚恤政策有关问题的通知》（劳社秘〔2004〕193号）有关规定	不再留存复印件材料，通过部门间数据共享核查
15	出国（境）定居证明	城乡居民基本养老保险注销登记	《人力资源社会保障部关于印发城乡居民基本养老保险经办规程的通知》（人社部发〔2014〕23号）第三十六条	通过告知承诺制办理，核验相关法定证照。所依据文件已修订，修订后的文件为《人力资源社会保障部关于印发城乡居民基本养老保险经办规程的通知》（人社部发〔2019〕84号）

续表

序号	证明	用途	依据	取消后办理方式
16	无固定收入证明	离退休（职）人员死亡后，其遗属申请领取丧葬补助费、抚恤费和供养直系亲属生活补助费	《关于印发〈基本养老保险经办业务规程（试行）〉的通知》（劳社险中心函〔2003〕38号）第六十六条第三项	通过告知承诺制办理
17	职工供养的年满16周岁直系亲属就读全日制高中证明或未实行奖学金或助学金制度的职业中学证明	离退休（职）人员死亡后，其遗属申请领取丧葬补助费、抚恤费和供养直系亲属生活补助费	《国家劳动总局关于职工子女年满十六岁后，在中学学习期间，列为供养直系亲属问题的复函》有关规定	通过告知承诺制、部门间核查等办理
18	医院出具的参保人死亡证明，或民政部门出具的火化证明，或公安部门出具的户籍注销证明，或能够确定指定受益人、法定继承人继承权的公证文书	城乡居民基本养老保险注销登记	《人力资源社会保障部关于印发城乡居民基本养老保险经办规程的通知》（人社部发〔2014〕23号）第三十五条、三十六条	通过告知承诺制、部门间（公安、卫健、民政）核查等办理。所依据文件已修订，修订后的文件为《人力资源社会保障部关于印发城乡居民基本养老保险经办规程的通知》（人社部发〔2019〕84号）
19	社会保险养老待遇领取证明材料	城乡居民基本养老保险注销	《人力资源社会保障部关于印发城乡居民基本养老保险经办规程的通知》（人社部发〔2014〕23号）第三十七条	通过告知承诺制办理，人社系统内部数据共享核查。所依据文件已修订，修订后的文件为《人力资源社会保障部关于印发城乡居民基本养老保险经办规程的通知》（人社部发〔2019〕84号）
20	离退休人员死亡证明	办理养老保险丧葬补助金、抚恤金核定	《人力资源社会保障部关于印发机关事业单位工作人员基本养老保险经办规程的通知》（人社部发〔2015〕32号）第四十条、《关于印发基本养老保险经办业务规程（试行）的通知》（劳社险中心函〔2003〕38号）第六十六条	通过告知承诺制、部门间数据共享核查
21	供养直系亲属与死者关系证明	办理养老保险丧葬补助金、抚恤金核定	《人力资源社会保障部关于印发机关事业单位工作人员基本养老保险经办规程的通知》（人社部发〔2015〕32号）第四十条、《关于印发基本养老保险经办业务规程（试行）的通知》（劳社险中心函〔2003〕38号）第六十六条	改为告知承诺制办理，通过部门间数据共享核查

续表

序号	证明	用途	依据	取消后办理方式
22	死亡证明材料	办理基本养老保险个人账户一次性支付核定	《人力资源社会保障部关于印发机关事业单位工作人员基本养老保险经办规程的通知》（人社部发〔2015〕32号）第四十一条；《关于印发基本养老保险经办业务规程（试行）的通知》（劳社险中心函〔2003〕38号）第六十四条和七十三条	通过告知承诺制、部门间数据共享核查
23	企业营业执照	申请实行特殊工时制度审批	《关于企业实行不定时工作制和综合计算工时工作制的审批办法》（劳部发〔1994〕503号）有关规定	部门间信息共享
24	专业技术人员职业资格证书	翻译专业资格、注册消防工程师、咨询工程师（投资）、经济专业技术资格、注册安全工程师、一级造价工程师、注册城乡规划师、一级建造师、勘察设计注册工程师等考试报名，以及免试部分考试科目	人力资源社会保障部及有关考试行业主管部门联合印发的各项职业资格制度暂行规定中关于应试人员报考条件、免试条件的规定	改为告知承诺制。通过全国一体化在线政务服务平台、国家数据共享交换平台、政府部门内部核查和部门间行政协助等方式核验。暂无法核验的，采取网上上传材料等方式办理
25	专业技术职务聘用（评聘）证明	出版、注册核安全工程师、注册计量师、注册测绘师、翻译专业资格、注册消防工程师、注册设备监理师、环境影响评价工程师、监理工程师、一级建造师等考试报名，以及免试部分考试科目	人力资源社会保障部及有关考试行业主管部门联合印发的各项职业资格制度暂行规定中关于应试人员报考条件、免试条件的规定	改为告知承诺制。通过全国一体化在线政务服务平台、国家数据共享交换平台、政府部门内部核查和部门间行政协助等方式核验。暂无法核验的，采取网上上传材料等方式办理
26	职称评聘证明	注册安全工程师、经济专业技术资格、执业药师、注册建筑师等考试报名，以及免试部分考试科目	人力资源社会保障部及有关考试行业主管部门联合印发的各项职业资格制度暂行规定中关于应试人员报考条件、免试条件的规定	改为告知承诺制。通过全国一体化在线政务服务平台、国家数据共享交换平台、政府部门内部核查和部门间行政协助等方式核验。暂无法核验的，采取网上上传材料等方式办理
27	专业技术人员职业资格证书丢失登报声明和单位证明	办理补发专业技术人员职业资格证书	《人事部办公厅关于更换补发专业技术资格证书有关问题的通知》（人办发〔1997〕85号）有关规定	当事人向当地发证机关提交个人补发证书申请

67　香港澳门台湾居民在内地（大陆）参加社会保险暂行办法

2019年11月29日中华人民共和国人力资源和社会保障部令第41号公布，自2020年1月1日起施行。

第一条　为了维护在内地（大陆）就业、居住和就读的香港特别行政区、澳门特别行政区居民中的中国公民和台湾地区居民（以下简称港澳台居民）依法参加社会保险和享受社会保险待遇的合法权益，加强社会保险管理，根据《中华人民共和国社会保险法》（以下简称社会保险法）等规定，制定本办法。

第二条　在内地（大陆）依法注册或者登记的企业、事业单位、社会组织、有雇工的个体经济组织等用人单位（以下统称用人单位）依法聘用、招用的港澳台居民，应当依法参加职工基本养老保险、职工基本医疗保险、工伤保险、失业保险和生育保险，由用人单位和本人按照规定缴纳社会保险费。

在内地（大陆）依法从事个体工商经营的港澳台居民，可以按照注册地有关规定参加职工基本养老保险和职工基本医疗保险；在内地（大陆）灵活就业且办理港澳台居民居住证的港澳台居民，可以按照居住地有关规定参加职工基本养老保险和职工基本医疗保险。

在内地（大陆）居住且办理港澳台居民居住证的未就业港澳台居民，可以在居住地按照规定参加城乡居民基本养老保险和城乡居民基本医疗保险。

在内地（大陆）就读的港澳台大学生，与内地（大陆）大学生执行同等医疗保障政策，按规定参加高等教育机构所在地城乡居民基本医疗保险。

第三条　用人单位依法聘用、招用港澳台居民的，应当持港澳台居民有效证件，以及劳动合同、聘用合同等证明材料，为其办理社会保险登记。在内地（大陆）依法从事个体工商经营和灵活就业的港澳台居民，按照注册地（居住地）有关规定办理社会保险登记。

已经办理港澳台居民居住证且符合在内地（大陆）参加城乡居民基本养老保险和城乡居民基本医疗保险条件的港澳台居民，持港澳台居民居住证在居住地办理社会保险登记。

第四条　港澳台居民办理社会保险的各项业务流程与内地（大陆）居民一致。社会保险经办机构或者社会保障卡管理机构应当为港澳台居民建立社会保障号码，并发放社会保障卡。

港澳台居民在办理居住证时取得的公民身份号码作为其社会保障号码；没有公民身份号码的港澳居民的社会保障号码，由社会保险经办机构或者社会保障卡管理机构按照国家统一规定编制。

第五条　参加社会保险的港澳台居民，依法享受社会保险待遇。

第六条　参加职工基本养老保险的港澳台居民达到法定退休年龄时，累计缴费不足15年的，可以延长缴费至满15年。社会保险法实施前参保、延长缴费5年后仍不足15年的，可以一次性缴费至满15年。

参加城乡居民基本养老保险的港澳台居民，符合领取待遇条件的，在居住地按照有关规定领取城乡居民基本养老保险待遇。达到待遇领取年龄时，累计缴费不足15年的，可以按照有关规定延长缴费或者补缴。

参加职工基本医疗保险的港澳台居民，达到法定退休年龄时累计缴费达到国家规定年限的，退休后不再缴纳基本医疗保险费，按照国家规定享受基本医疗保险待遇；未达到国家规定年限的，可以缴费至国家规定年限。退休人员享受基本医疗保险待遇的缴费年限按照各地规定执行。

参加城乡居民基本医疗保险的港澳台居民按照与所在统筹地区城乡居民同等标准缴费，并享受同等的基本医疗保险待遇。

参加基本医疗保险的港澳台居民，在境外就医所发生的医疗费用不纳入基本医疗保险基金支付范围。

第七条 港澳台居民在达到规定的领取养老金条件前离开内地（大陆）的，其社会保险个人账户予以保留，再次来内地（大陆）就业、居住并继续缴费的，缴费年限累计计算；经本人书面申请终止社会保险关系的，可以将其社会保险个人账户储存额一次性支付给本人。

已获得香港、澳门、台湾居民身份的原内地（大陆）居民，离开内地（大陆）时选择保留社会保险关系的，返回内地（大陆）就业、居住并继续参保时，原缴费年限合并计算；离开内地（大陆）时已经选择终止社会保险关系的，原缴费年限不再合并计算，可以将其社会保险个人账户储存额一次性支付给本人。

第八条 参加社会保险的港澳台居民在内地（大陆）跨统筹地区流动办理社会保险关系转移时，按照国家有关规定执行。港澳台居民参加企业职工基本养老保险的，不适用建立临时基本养老保险缴费账户的相关规定。已经领取养老保险待遇的，不再办理基本养老保险关系转移接续手续。已经享受退休人员医疗保险待遇的，不再办理基本医疗保险关系转移接续手续。

参加职工基本养老保险的港澳台居民跨省流动就业的，应当转移基本养老保险关系。达到待遇领取条件时，在其基本养老保险关系所在地累计缴费年限满10年的，在该地办理待遇领取手续；在其基本养老保险关系所在地累计缴费年限不满10年的，将其基本养老保险关系转回上一个缴费年限满10年的参保地办理待遇领取手续；在各参保地累计缴费年限均不满10年的，由其缴费年限最长的参保地负责归集基本养老保险关系及相应资金，办理待遇领取手续，并支付基本养老保险待遇；如有多个缴费年限相同的最长参保地，则由其最后一个缴费年限最长的参保地负责归集基本养老保险关系及相应资金，办理待遇领取手续，并支付基本养老保险待遇。

参加职工基本养老保险的港澳台居民跨省流动就业，达到法定退休年龄时累计缴费不足15年的，按照本条第二款有关待遇领取地的规定确定继续缴费地后，按照本办法第六条第一款办理。

第九条 按月领取基本养老保险、工伤保险待遇的港澳台居民，应当按照社会保险经办机构的规定，办理领取待遇资格认证。

按月领取基本养老保险、工伤保险、失业保险待遇的港澳台居民丧失领取资格条件后，本人或者其亲属应当于1个月内向社会保险经办机构如实报告情况。因未主动报告而多领取的待遇应当及时退还社会保险经办机构。

第十条 各级财政对在内地（大陆）参加城乡居民基本养老保险和城乡居民基本医疗保险（港澳台大学生除外）的港澳台居民，按照与所在统筹地区城乡居民相同的标准给予补助。

各级财政对港澳台大学生参加城乡居民基本医疗保险补助政策按照有关规定执行。

第十一条 已在香港、澳门、台湾参加当地社会保险，并继续保留社会保险关系的港澳台居民，可以持相关授权机构出具的证明，不在内地（大陆）参加基本养老保险和失业保险。

第十二条 内地（大陆）与香港、澳门、台湾有关机构就社会保险事宜作出具体安排的，按照相关规定办理。

第十三条 社会保险行政部门或者社会保险费征收机构应当按照社会保险法的规定，对港澳台居民参加社会保险的情况进行监督检查。用人单位未依法为聘用、招用的港澳台居民办理社会保险登记或者未依法为其缴纳社会保险费的，按照社会保险法等法律、行政法规和有关规章的规定处理。

第十四条 办法所称"港澳台居民有效证件"，指港澳居民来往内地通行证、港澳台居民居住证。

第十五条 本办法自2020年1月1日起施行。

68 人力资源社会保障部关于深入实施"人社服务快办行动"的通知

人社部发〔2021〕23号

各省、自治区、直辖市及新疆生产建设兵团人力资源社会保障厅（局），部属各单位：

自2020年我部在全系统部署开展"人社服务快办行动"（以下简称"快办行动"）以来，各级人力资源社会保障部门积极推进关联事项打包办、高频事项提速办、所有事项简便办，为企业群众办事增便利。但一些地方还存在打包事项融合不深、信息系统支撑不强、经办服务效率不高、工作推进覆盖不广等问题，影响了"快办行动"的实施效果。为进一步攻坚堵点难点，方便企业群众享受更快更好的人社服务，现就深入实施"快办行动"通知如下。

一、工作目标

聚焦企业群众办理人社业务的操心事、烦心事、揪心事，将深入实施"快办行动"作为"我为群众办实事"的重要举措，坚持集成服务、简约服务、创新服务、规范服务原则，持续推进人社领域"放管服"改革，进一步整合事项、优化流程、精简材料、压缩时限，促进服务提质增效挖潜，不断增强企业群众的幸福感获得感满意度。2021年，所有地市实施10个"一件事"打包办、20个高频事项提速办、30个异地事项跨省办，协同推进特殊情况上门办、服务下沉就近办，积极探索"免申即办"，以社会保障卡为载体推行"一卡办"。2022年以后，持续提升完善以企业群众需求为导向、以信息共享业务协同为支撑、以经办能力建设为基础，流程优化、服务智能、便民高效的人社服务格局。

二、主要任务

（一）推进"打包办"提质

1. 推动"一件事"扩面。各地人力资源社会保障部门要按照《人力资源社会保障部关于开展"人社服务快办行动"的通知》（人社部发〔2020〕26号）明确的10个打包"一件事"，结合本地实际，逐一梳理每个"一件事"所涉事项，确保应进必进、打包办理。鼓励各地根据企事业单位和群众生产生活全周期特定阶段办事需求，推动补贴申领、工伤待遇申领、人才服务、劳动维权服务、培训鉴定服务、职工提前退休和劳动能力鉴定合并申请等更多"一件事"打包办。事业单位人事管理"一件事"服务试点省份要扎实做好试点工作，其他地区也可结合本地实际积极推进。

2. 规范"一件事"流程。按照企业群众办理每个"一件事"，只需"一张表单、一套材料、一次申请"的原则，认真梳理所涉社会保险、就业创业、人才人事、劳动关系等方面事项的关联关系，形成"一件事"若干办事场景，整合重构"一件事"业务流程。可参照10个打包"一件事"表单参考信息项（见附件1），结合实际制定申请表单，方便企业群众根据需要自主勾选。对所涉事项可并联办理的，打包"一件事"办结时限不得超过单个事项最长办结时限。所需材料突出"去重"，每个"一件事"所涉事项出现相同材料时，不得要求服务对象重复提交。通过流程再造，支持服务对象"一次申请"和选择办理"一件事"所涉事项，推进事项简单整合向深度融合转变。

3. 打造"一件事"窗口。在人社政务服务平台、社会保险公共服务平台、电子社保卡、手机APP开设专区，建设线上统一受理入口。县级及以上人力资源社会保障部门，应至少有1个窗口可以受理"打包快办"业务；逐步实现所涉全部经办机构，均可按统一标准受理"一件事"办事申请，实现"一窗通办"。根据企业群众办事频率和习惯，不断优化窗口设置，推动服务下沉和事项跨层级联办。

（二）推进"提速办"增效

1. 扩大提速事项范围。按照"打包服务提速、高频事项提速、办证业务提速、待遇补贴提速"的要求，持续推进"提速办"。在巩固去年10个高频事项提速成果的基础上，结合本地实际，再实现10个以上高频事项在规定时限基础上提速50%以上。进一步推动将限时办结事项转为即时办结事项，通过减环节、提效率可在30分钟内反馈办理结果的，原则上都应即时办结。

2. 推进服务"一网通办"。大力推行"不见面"服务，实现省内事项网上办"应上尽上"。拓展网上办事广度和深度，逐步实现查询、申报、办理、反馈"全程在线"。已在线完成部分办理的，实体大厅不得要求重复填报信息或提交材料。推动更多事项向移动客户端、自助终端、服务热线等延伸拓展，为群众提供多样性、多渠道、便利化服务。依托全国人社政务服务平台、国家社会保险公共服务平台，推进更多跨省事项按照统一发布的办事指南，实现畅通办理。

3. 提升现场服务效率。完善"前台综合受理、后台分类审批、综合窗口出件"受审分离经办模式，减少群众排队等候时间。开通老年人、残疾人等特殊群体"绿色通道"，提供"一站式"或全程代办服务，特殊情况提供"上门办"服务。加强窗口单位经办能力建设，广泛开展练兵比武，培养更多人社"知识通"、业务"一口清"。

（三）推进"简便办"挖潜

1. 推行告知承诺。全面推行证明事项告知承诺制，企业群众符合条件的，在办理相关事项时只需按规定作出承诺，不必再提供相应证明材料。确定实施范围，完善办事指南，规范编制告知承诺书文本，在服务场所或网站上公示，方便办事群众查阅、索取或下载。采取在线核查、现场核查、行政机关协助核查等措施，加强事中事后监管。

2. 推行"就近可办"。统一经办服务标准，推行同城通办，事项"无差别受理"。对量大面广的事项，可借助银行、邮政、基层平台等力量实现服务下沉，方便群众就近办事。深化"人社政务服务电子地图"应用，实现办事地点和业务范围精准查询、一键导航。针对交通不便、留守老人多等地区实际情况，积极开展帮办代办等便民服务。

3. 实施精准服务。聚焦企业群众关切的高频事项，探索"免申即办"。强化数据智能比对，精准检索服务对象，核实信息确认意愿，按规定进行公示，实现免填表、免申报的"政策找企、政策找人"。探索"智能审核"，在健全业务规则、风控措施的基础上，由系统进行数据自动核验、标准化审核，提升人社服务智能化、规范化、便民化水平。

三、工作要求

（一）完善工作机制

各级人力资源社会保障部门要建立健全联办联动工作机制，明确"快办行动"的牵头单位和参与单位，并根据每个打包"一件事"，明确所涉相关机构的职责和任务，协同制定工作规程和业务流程。有关工作可参照打包"一件事"参考工作流程（见附件2）实施。要加强标准化建设，进一步推动事项的名称、类型、依据、编码和指南统一规范。省级人力资源社会保障部门要做好统筹规划，提出跨机构、跨地区、跨层级办理业务的解决方案，确保改革措施的系统性、整体性、协同性。在充分发挥好已有162个部联系点示范先行作用的同时，每个省份再向部里推荐3~4个部直接联系点，并确立一批新的省内联系点，实现部、省联系点地市级全覆盖，加强工作联系和指导，推动工作有序开展。

（二）强化系统支撑

依托人社信息化便民服务创新提升行动，加大信息系统整合力度。鼓励在全市、全省范围应用统一的人社全业务管理信息系统，打通就业创业、社会保险、人才人事、劳动关系等独立信息系统，为"快办行动"的实施提供技术支撑。强化人社系统内部各机构间和与相关部门间的信息共享，推动与政务服务平台对接，为线下"一门办"、线上"一网通"、全程"一卡办"提供保障。

（三）优化服务体验

通过"部领导走基层、厅局长走流程、人社干部走一线"，广泛开展调研暗访、服务对象访谈，体验办事流程，发现堵点难点，听取意见建议，强化问题整改。结合人社政务服务"好差评"，开展评价数据分析，做好"点"上问题的整改，提出"面"上解决措施，不断推进"快办行动"事项清单扩容升级，流程规范迭代提标。

（四）加强宣传引导

持续开展人社政策待遇"看得懂算得清"宣传解读，用通俗易懂的"白话"语言、生动形象的情景故事、简单直观的表现形式，将"快办行动"如何快、怎么好讲清楚。编制发布形式直观、易看易懂的打包"一件事"办事指南，为企业和群众办事提供清晰指引。全方位、多角度、深层次挖掘各地深入推进"快办行动"的典型做法和取得成效，及时总结和宣传可复制可推广的经验和模式。

各地工作进展和相关问题建议请及时报部行风办、社保中心。

附件：1. 10个打包"一件事"表单参考信息项
2. 打包"一件事"参考工作流程

人力资源社会保障部
2021年4月21日

附件1：

10个打包"一件事"表单参考信息项

一、企业招用员工"一件事"

（一）基本信息

姓名、性别、证件类型、证件号码、证件有效期、手机号码。

（二）参保服务

缴费人员增减申报-增员申报（默认勾选）：企业职工基本养老保险（勾选）、工伤保险（勾选）、失业保险（勾选）。

（三）社保关系转续

1. 社保关系转入（勾选）：企业职工养老保险/失业保险/机关事业单位养老保险/军人退役养老保险/未就业随军配偶养老保险。

2. 转出地社保经办机构名称。

（四）社保卡申领

社会保障卡（含实体卡和电子卡）申领（默认勾选）：领卡方式（现场领取/邮寄，邮寄地址/收件人/联系电话）、2寸免冠彩色照片（或电子照片）。

（五）就业服务

就业登记（勾选）。

（六）人事档案服务

1. 流动人员人事档案接收（勾选）：原档案管理服务机构信息；勾选获取档案调函方式（现场领取/邮寄，邮寄地址/收件人/联系电话）。现场办理档案接收时，实行告知承诺制。

2. 党员组织关系转入（勾选）：介绍信、人员类别（正式党员/预备党员）、入党日期。

（七）可拓展关联服务

1. 补贴申领（勾选）：①企业吸纳困难人员社保补贴；②企业吸纳毕业生社保补贴；③公益性岗位社保补贴。

2. 劳动关系（勾选）：①电子劳动合同签订；②劳动用工备案。

如勾选"劳动用工备案"，用人单位应及时补充招用员工具体信息。

3. 如涉及失业保险金停发等情形，可在表内一并告知。

二、企业与员工解除终止劳动合同"一件事"

（一）基本信息

姓名、证件类型、证件号码、手机号码。

（二）参保服务

1. 缴费人员增减申报–减员申报（默认勾选）：减员原因、减员时间。

2. 社保欠费补缴申报（勾选）：补缴方式、补缴时间。

（三）劳动关系服务

劳动用工备案（默认勾选，自动办理）：劳动合同解除或终止时间。

（四）人事档案服务

1. 流动人员人事档案接收（勾选）：原档案管理服务机构信息；勾选获取档案调函方式（现场领取/邮寄，邮寄地址/收件人/联系电话）。现场办理档案接收时，实行告知承诺制。

2. 党员组织关系转入（勾选）：介绍信、人员类别（正式党员/预备党员）、入党日期。

三、失业"一件事"

（一）个人基本信息

姓名、性别、证件类型、证件号码、证件有效期、手机号码、失业类型（失业原因）、原工作单位、失业时间、户籍地址、常住地址。

（二）失业服务

1. 失业登记（默认勾选）：受理后信息推送至属地经办机构。

2.《就业创业证》申领（默认勾选）：需纸质《就业创业证》的，提交2寸免冠彩色照片（或电子照片）。

3. 就业困难人员认定（勾选）：需提供就业困难人员类型所对应的证明材料；受理后信息推送至属地经办机构。

（三）待遇补贴申领

1. 失业保险金申领（勾选）：默认为社保卡银行账户，确需修改账户的提供本人银行账户信息。

2. 代缴失业人员医疗保险费（如勾选"失业保险金申领"，此项默认勾选）。
3. 价格临时补贴（对勾选"失业保险金申领"人员，如符合条件，自动办理）。
4. 职业培训补贴申领（勾选）。
（四）就业服务
职业介绍（事项勾选）：求职意向、期望月薪、择业地区、简历公开程度（只对投递的单位公开、对全部单位公开、不公开）。
（五）参保服务
1. 参保缴费（事项勾选）：
（1）灵活就业参保缴费（勾选）：参保险种、参保/续保时间、缴费档次。
（2）城乡居民养老保险参保缴费（勾选）。
2. 社会保障卡（含实体卡和电子卡）申领（勾选）：领卡方式（现场领取/邮寄，邮寄地址/收件人/联系电话）、2寸免冠彩色照片（或电子照片）。

四、高校毕业生就业"一件事"
（一）个人基本信息
姓名、性别、民族、政治面貌、证件类型、证件号码、证件有效期、手机号码、毕业院校（学历/学位/专业）、毕业时间、是否就业（就业类型/就业单位）、户籍地址、邮寄地址（地址/收件人/联系电话）。
（二）就业服务
1. 职业介绍（勾选）：求职意向、期望月薪、择业地区、简历公开程度（只对投递的单位公开、对全部单位公开、不公开）。
2. 就业服务（勾选）：就业政策法规咨询、职业供求信息推送、职业指导、就业见习、职业培训、创业指导、职业技能鉴定（或职业技能等级认定）、创业培训、公益性岗位等。
3. 就业登记（默认勾选）。
4.《就业创业证》申领（默认勾选）。
（三）人事档案服务
1. 流动人员人事档案接收（勾选）：现场办理时，实行告知承诺制。
2. 党员组织关系转入（勾选）：介绍信、人员类别（正式党员/预备党员）、入党日期。
（四）参保服务
1. 灵活就业参保缴费（勾选）：参保险种、参保/续保时间、缴费档次。
2. 社会保障卡（含实体卡和电子卡）申领（默认勾选）：领卡方式（现场领取/邮寄，邮寄地址/收件人/联系电话）、2寸免冠彩色照片（或电子照片）。
（五）可拓展关联服务
灵活就业社会保险补贴申领：补贴领取账户（默认为社保卡银行账户，确需修改账户的提供本人银行账户信息）。

五、事业单位聘用工作人员"一件事"
（一）基本信息
姓名、性别、证件类型、证件号码、证件有效期、手机号码、单位名称、户籍类型、户口所在地。

（二）人事服务

事业单位新聘用人员信息（默认勾选）：聘用人员姓名、性别、出生日期、学历、学位、毕业院校、聘用岗位、聘用前单位、聘用岗位类别、聘用岗位等级、聘用起止时间、合同年限。

（三）参保服务

1. 职工参保登记（默认勾选）：机关事业单位工作人员参保登记。

2. 缴费人员增减申报-增员申报（默认勾选）。

3. 社会保障卡（含实体卡和电子卡）申领（默认勾选）：领卡方式（现场领取/邮寄，邮寄地址/收件人/联系电话）、2寸免冠彩色照片（或电子照片）。

（四）社保关系转续

1. 事项勾选：企业职工养老保险关系转入、机关事业单位养老保险关系转入、军人退役养老保险关系转入、未就业随军配偶养老保险关系转入、失业保险关系转入。

2. 转出地社保经办机构名称。

（五）人事档案服务

1. 流动人员人事档案转出（勾选）：持拟聘用单位开具的档案调函办理转出手续/获取方式（现场办理），通过机要通信渠道转出档案。

2. 党员组织关系转出（勾选）：开具介绍信（转入党支部名称）/获取方式（现场办理）。

（六）可拓展关联服务

1. 编制部门入编手续办理。

2. 事业单位新聘人员工资核定。

3. 财政部门工资统发。

4. 公积金办理。

5. 如涉及失业保险金停发等情形，可在表内一并告知。

六、创业"一件事"

（一）个人基本信息

姓名、性别、证件类型、证件号码、证件有效期、联系电话、创办单位（企业）名称/地址、银行账户（默认为社保卡银行账户，确需修改账户的提供本人银行账户信息）。

（二）人事档案服务

1. 流动人员人事档案接收（勾选）：原档案管理服务机构信息；勾选获取档案调函方式（现场领取/邮寄，邮寄地址/收件人/联系电话）。现场办理档案接收时，实行告知承诺制。

2. 党员组织关系转入（勾选）：介绍信、人员类别（正式党员/预备党员）、入党日期。

（三）创业服务

1. 创业开业指导（勾选）。

2. 创业担保贷款申请：

（1）个人创业担保贷款资格认定（勾选）：创办者身份、拟贷款金额、拟贷款期限、拟申请贷款银行、拟申请担保方式等、贷款用途、本人及其配偶未清偿贷款情况等。

（2）企业吸纳就业创业担保贷款资格认定（勾选）：企业类型、拟贷款金额、拟贷款期限、拟申请贷款银行、拟申请担保方式、职工总数、招用重点人群数等。

3. 创业补贴申领（勾选）：创办者身份。

（四）参保服务

1. 单位参保登记（默认勾选）：企业职工基本养老保险（勾选）、工伤保险（勾选，可选择按工程建设项目参保登记）、失业保险（勾选）。

2. 职工参保登记（勾选）：社会保险增减员申报-增员申报、申报缴费基数。

3. 灵活就业参保（勾选）：参保险种、参保/续保时间、缴费档次。

4. 社会保障卡（含实体卡和电子卡）申领（默认勾选）：领卡方式（现场领取/邮寄，邮寄地址/收件人/联系电话）、2寸免冠照片1张（电子照片）。

（五）社保关系接续

1. 事项勾选：企业职工养老保险关系转入、机关事业单位养老保险关系转入、军人退役养老保险关系转入、未就业随军配偶养老保险关系转入、失业保险关系转入。

2. 转出地社保经办机构名称。

（六）可拓展关联服务

1. 就业登记、《就业创业证》申领（默认勾选，自动办理）。

2. 劳动用工备案（默认勾选，自动办理）。

3. 如涉及失业保险金停发等情形，可在表内一并告知。

七、职工退休"一件事"

（一）基本信息

姓名、性别、身份（干部/工人/灵活就业人员）、出生日期、证件类型、证件号码、手机号码、养老保险待遇发放账户（默认为社保卡银行账户，确需修改账户的提供本人银行账户信息）、养老金核定表领取方式（现场领取/邮寄）、居住地址（邮寄地址）、缴费年限情况（视同缴费年限/实际缴费年限）。

（二）社保关系转续

1. 社保关系转入（勾选）：企业职工养老保险/机关事业单位养老保险/城乡居民养老保险。

2. 转出地社保经办机构名称。

（三）退费申请

养老保险多重关系个人账户退费申请（勾选）。

（四）退休申请

1. 正常退休申请（勾选）。

2. 提前退休申请（勾选）：提前退休类别、从事特殊工种名称/性质/工作年限/从事单位；劳动能力鉴定申请（默认勾选）。

3. 一次性待遇申请（勾选）。

（五）可拓展关联服务

1. 工伤保险待遇补差、失业保险金停发（默认勾选，如涉及，自动办理）。

2. 劳动用工备案（默认勾选，自动办理）。

3. 社保欠费补缴申报（勾选）：补缴期限、补缴方式。

4. 社会保障卡（含实体卡和电子卡）申领（勾选）：领卡方式（现场领取/邮寄，邮寄地址/收件人/联系电话）、2寸免冠彩色照片（或电子照片）。

八、申领工亡人员有关待遇"一件事"

（一）基本信息

过世人姓名、性别、证件类型、证件号码。

（二）工伤医疗待遇申领

1. 工伤医疗费用申报（勾选）：票据数、金额。

（1）门诊费用（勾选）：票据数、金额。

（2）住院费用（勾选）：票据数、金额。

2. 住院伙食补助费申领（如发生住院费用，默认自动办理）。

3. 异地工伤就医报告（勾选）。

4. 统筹地区以外交通、食宿费申领（勾选）：票据数、金额。

（三）一次性及长期待遇申领

1. 一次性工亡补助金、丧葬补助金（勾选）。

2. 是否存在以下情形（勾选）：停工留薪期内死亡、一至四级停工留薪期满后死亡、下落不明达到法定期限由人民法院宣告死亡。

3. 供养亲属抚恤金申领（勾选，发给由因工死亡职工生前提供主要生活来源、无劳动能力的亲属，默认为其社保卡银行账户）。

4. 待遇发放账户变更（勾选）：过世人原待遇领取银行账户（默认为其社保卡银行账户）、继承人银行账户（默认为其社保卡银行账户）。

（四）可拓展关联服务

1. 缴费人员增减申报-减员申报（默认勾选）。

2. 社会保障卡社保功能注销（默认勾选）：代办人姓名、代办人证件号码、代办人手机号码、代办人与过世人关系。

3. 工伤认定申请。

九、退休人员过世"一件事"

（一）基本信息

1. 过世人姓名、性别、死亡时间、证件类型、证件号码。

2. 代办人姓名、代办人证件号码、代办人手机号码、代办人与过世人关系。

（二）遗属待遇申领

1. 养老保险遗属待遇申领（勾选）：继承人姓名、与过世人关系。

2. 养老保险个人账户一次性待遇申领（勾选）：继承人证件类型、证件号码。

3. 待遇领取银行账户（勾选）：过世人原待遇领取银行账户（默认为其社保卡银行账

户)、继承人银行账户(默认为其社保卡银行账户)。

(三)工伤变更申请

1. 工伤保险待遇变更(勾选)。

2. 待遇领取银行账户(勾选):过世人原待遇领取银行账户(默认为其社保卡银行账户)、继承人账号(默认为其社保卡银行账户)。

(四)可拓展关联服务

社会保障卡社保功能注销(默认勾选):代办人姓名、代办人证件号码、代办人手机号码、代办人与过世人关系。

十、申领社会保障卡"一件事"

(一)基本信息

1. 姓名、性别、国籍、民族、职业、住所地或工作单位地址、证件类型、证件号码、证件有效期、手机号码。

2. 选择社会保障卡邮寄服务时填写:邮寄地址/收件人/联系电话。

(二)社保卡申领

1. 社会保障卡(含实体卡和电子卡)申领(勾选):2寸免冠彩色照片(或电子照片)。

2. 社会保障卡补领(勾选):办理原因。

3. 社会保障卡换领(勾选):办理原因。

4. 社会保障卡换发(勾选):办理原因。

(三)社保卡服务

1. 社会保障卡社保功能启用(勾选)。

2. 社会保障卡银行账户激活(勾选)。

3. 社会保障卡密码修改与重置(勾选)。

4. 社会保障卡挂失与解挂(勾选)。

附件2:

打包"一件事"参考工作流程

地方各级人力资源社会保障部门在组织实施打包"一件事"时,可抓住建立工作机制、制定完善标准、推进系统开发、加强人员培训、抓好服务体验、持续总结提升等6个环节,开展工作。

一、建立工作机制

建立健全跨机构(跨部门)联办联动工作机制,确定每个打包"一件事"的牵头单位和参与单位。按照企业群众填写"一张表格"、提交"一套材料"、实行"一窗受理"或"一次登录"、实现"一次办结"的目标,协同推进打包办落地实施。

二、制定完善标准

1. 根据企事业单位和个人全生命周期特定阶段办事需求，全面梳理关联的人社服务事项（有条件的地方，可将关联的其他部门服务事项纳入），制定打包"一件事"清单。

2. 细化每个"一件事"办事情形，梳理事项关联性和办事逻辑性。明确各办事情形下的必选事项、可自主勾选事项。

3. 明确所涉经办机构职责和岗位权限。根据线下、线上等不同受理渠道，规范业务办理流程、信息共享流程、档案管理流程、资金拨付流程。健全业务联办机制，制定特殊情形协同处置预案。

4. 将多个事项的申请表单整合为"一张表"，多套材料整合为"一套材料"，避免重复填报信息，压减并联办理事项的整体办结时限，合并优化办结反馈材料和信息，编制发布"一件事"办事指南。

5. 完善内控制度，制定经办管理规范，查找风险点，逐一细化风控措施。

三、推进系统开发

1. 结合每个"一件事"的业务规程、办事指南和管理服务要求，研究提出信息系统需求。

2. 统筹各独立业务信息系统之间、业务系统与综合受理平台和政务服务平台的关系，做好信息系统的开发改造，确保"一件事"业务受理及时、办理协同、信息共享、结果互认。

3. 做好信息系统应用测试和上线运行。

四、开展业务培训

1. 根据业务规程和操作要点，制订业务操作指南和工作手册。

2. 做好实体大厅综合窗口、线上综合受理平台，以及后台经办协同等各项服务保障工作。

3. 加强对所涉业务部门和经办机构工作人员从受理、经办到反馈的全流程业务培训，组织开展实操演练。

五、抓好服务体验

1. 从群众办事、经办管理、技术支持等角度，采取"厅局长走流程"、招募志愿者走流程等方式，对每个"一件事"进行服务体验，评估验收合格后正式推出。

2. 对已开展的打包"一件事"服务，通过"好差评"、设立热线、投诉信箱、投诉窗口等方式，及时了解群众反映，收集意见建议。

六、持续总结提升

1. 根据"走流程"发现的堵点痛点和群众反映问题，及时对业务流程和信息系统进行调整改造，确保发现一个解决一个，不断优化群众办事体验。

2. 阶段性梳理总结工作成效，开展办件数据分析和绩效评价，挖掘群众办事新需求，及时推出服务新模式，不断提升服务水平。

十、监督管理

69 劳动保障监察条例

2004年11月1日中华人民共和国国务院令第423号公布，
自2004年12月1日起施行。

第一章 总 则

第一条 为了贯彻实施劳动和社会保障（以下称劳动保障）法律、法规和规章，规范劳动保障监察工作，维护劳动者的合法权益，根据劳动法和有关法律，制定本条例。

第二条 对企业和个体工商户（以下称用人单位）进行劳动保障监察，适用本条例。

对职业介绍机构、职业技能培训机构和职业技能考核鉴定机构进行劳动保障监察，依照本条例执行。

第三条 国务院劳动保障行政部门主管全国的劳动保障监察工作。县级以上地方各级人民政府劳动保障行政部门主管本行政区域内的劳动保障监察工作。

县级以上各级人民政府有关部门根据各自职责，支持、协助劳动保障行政部门的劳动保障监察工作。

第四条 县级、设区的市级人民政府劳动保障行政部门可以委托符合监察执法条件的组织实施劳动保障监察。

劳动保障行政部门和受委托实施劳动保障监察的组织中的劳动保障监察员应当经过相应的考核或者考试录用。

劳动保障监察证件由国务院劳动保障行政部门监制。

第五条 县级以上地方各级人民政府应当加强劳动保障监察工作。劳动保障监察所需经费列入本级财政预算。

第六条 用人单位应当遵守劳动保障法律、法规和规章，接受并配合劳动保障监察。

第七条 各级工会依法维护劳动者的合法权益，对用人单位遵守劳动保障法律、法规和规章的情况进行监督。

劳动保障行政部门在劳动保障监察工作中应当注意听取工会组织的意见和建议。

第八条 劳动保障监察遵循公正、公开、高效、便民的原则。

实施劳动保障监察，坚持教育与处罚相结合，接受社会监督。

第九条 任何组织或者个人对违反劳动保障法律、法规或者规章的行为，有权向劳动保障行政部门举报。

劳动者认为用人单位侵犯其劳动保障合法权益的，有权向劳动保障行政部门投诉。

劳动保障行政部门应当为举报人保密；对举报属实，为查处重大违反劳动保障法律、法规或者规章的行为提供主要线索和证据的举报人，给予奖励。

第二章 劳动保障监察职责

第十条 劳动保障行政部门实施劳动保障监察，履行下列职责：
（一）宣传劳动保障法律、法规和规章，督促用人单位贯彻执行；
（二）检查用人单位遵守劳动保障法律、法规和规章的情况；
（三）受理对违反劳动保障法律、法规或者规章的行为的举报、投诉；
（四）依法纠正和查处违反劳动保障法律、法规或者规章的行为。

第十一条 劳动保障行政部门对下列事项实施劳动保障监察：
（一）用人单位制定内部劳动保障规章制度的情况；
（二）用人单位与劳动者订立劳动合同的情况；
（三）用人单位遵守禁止使用童工规定的情况；
（四）用人单位遵守女职工和未成年工特殊劳动保护规定的情况；
（五）用人单位遵守工作时间和休息休假规定的情况；
（六）用人单位支付劳动者工资和执行最低工资标准的情况；
（七）用人单位参加各项社会保险和缴纳社会保险费的情况；
（八）职业介绍机构、职业技能培训机构和职业技能考核鉴定机构遵守国家有关职业介绍、职业技能培训和职业技能考核鉴定的规定的情况；
（九）法律、法规规定的其他劳动保障监察事项。

第十二条 劳动保障监察员依法履行劳动保障监察职责，受法律保护。

劳动保障监察员应当忠于职守，秉公执法，勤政廉洁，保守秘密。

任何组织或者个人对劳动保障监察员的违法违纪行为，有权向劳动保障行政部门或者有关机关检举、控告。

第三章 劳动保障监察的实施

第十三条 对用人单位的劳动保障监察，由用人单位用工所在地的县级或者设区的市级劳动保障行政部门管辖。

上级劳动保障行政部门根据工作需要，可以调查处理下级劳动保障行政部门管辖的案件。劳动保障行政部门对劳动保障监察管辖发生争议的，报请共同的上一级劳动保障行政部门指定管辖。

省、自治区、直辖市人民政府可以对劳动保障监察的管辖制定具体办法。

第十四条 劳动保障监察以日常巡视检查、审查用人单位按照要求报送的书面材料以及接受举报投诉等形式进行。

劳动保障行政部门认为用人单位有违反劳动保障法律、法规或者规章的行为，需要进行调查处理的，应当及时立案。

劳动保障行政部门或者受委托实施劳动保障监察的组织应当设立举报、投诉信箱和电话。

对因违反劳动保障法律、法规或者规章的行为引起的群体性事件，劳动保障行政部门应当根据应急预案，迅速会同有关部门处理。

第十五条 劳动保障行政部门实施劳动保障监察，有权采取下列调查、检查措施：

（一）进入用人单位的劳动场所进行检查；

（二）就调查、检查事项询问有关人员；

（三）要求用人单位提供与调查、检查事项相关的文件资料，并作出解释和说明，必要时可以发出调查询问书；

（四）采取记录、录音、录像、照相或者复制等方式收集有关情况和资料；

（五）委托会计师事务所对用人单位工资支付、缴纳社会保险费的情况进行审计；

（六）法律、法规规定可以由劳动保障行政部门采取的其他调查、检查措施。

劳动保障行政部门对事实清楚、证据确凿、可以当场处理的违反劳动保障法律、法规或者规章的行为有权当场予以纠正。

第十六条 劳动保障监察员进行调查、检查，不得少于2人，并应当佩戴劳动保障监察标志、出示劳动保障监察证件。

劳动保障监察员办理的劳动保障监察事项与本人或者其近亲属有直接利害关系的，应当回避。

第十七条 劳动保障行政部门对违反劳动保障法律、法规或者规章的行为的调查，应当自立案之日起60个工作日内完成；对情况复杂的，经劳动保障行政部门负责人批准，可以延长30个工作日。

第十八条 劳动保障行政部门对违反劳动保障法律、法规或者规章的行为，根据调查、检查的结果，作出以下处理：

（一）对依法应当受到行政处罚的，依法作出行政处罚决定；

（二）对应当改正未改正的，依法责令改正或者作出相应的行政处理决定；

（三）对情节轻微且已改正的，撤销立案。

发现违法案件不属于劳动保障监察事项的，应当及时移送有关部门处理；涉嫌犯罪的，应当依法移送司法机关。

第十九条 劳动保障行政部门对违反劳动保障法律、法规或者规章的行为作出行政处罚或者行政处理决定前，应当听取用人单位的陈述、申辩；作出行政处罚或者行政处理决定，应当告知用人单位依法享有申请行政复议或者提起行政诉讼的权利。

第二十条 违反劳动保障法律、法规或者规章的行为在2年内未被劳动保障行政部门发现，也未被举报、投诉的，劳动保障行政部门不再查处。

前款规定的期限，自违反劳动保障法律、法规或者规章的行为发生之日起计算；违反劳动保障法律、法规或者规章的行为有连续或者继续状态的，自行为终了之日起计算。

第二十一条 用人单位违反劳动保障法律、法规或者规章，对劳动者造成损害的，依法承担赔偿责任。劳动者与用人单位就赔偿发生争议的，依照国家有关劳动争议处理的规定处理。

对应当通过劳动争议处理程序解决的事项或者已经按照劳动争议处理程序申请调解、仲裁或者已经提起诉讼的事项,劳动保障行政部门应当告知投诉人依照劳动争议处理或者诉讼的程序办理。

第二十二条 劳动保障行政部门应当建立用人单位劳动保障守法诚信档案。用人单位有重大违反劳动保障法律、法规或者规章的行为的,由有关的劳动保障行政部门向社会公布。

第四章 法 律 责 任

第二十三条 用人单位有下列行为之一的,由劳动保障行政部门责令改正,按照受侵害的劳动者每人 1 000 元以上 5 000 元以下的标准计算,处以罚款:

(一)安排女职工从事矿山井下劳动、国家规定的第四级体力劳动强度的劳动或者其他禁忌从事的劳动的;

(二)安排女职工在经期从事高处、低温、冷水作业或者国家规定的第三级体力劳动强度的劳动的;

(三)安排女职工在怀孕期间从事国家规定的第三级体力劳动强度的劳动或者孕期禁忌从事的劳动的;

(四)安排怀孕 7 个月以上的女职工夜班劳动或者延长其工作时间的;

(五)女职工生育享受产假少于 90 天的;

(六)安排女职工在哺乳未满 1 周岁的婴儿期间从事国家规定的第三级体力劳动强度的劳动或者哺乳期禁忌从事的其他劳动,以及延长其工作时间或者安排其夜班劳动的;

(七)安排未成年工从事矿山井下、有毒有害、国家规定的第四级体力劳动强度的劳动或者其他禁忌从事的劳动的;

(八)未对未成年工定期进行健康检查的。

第二十四条 用人单位与劳动者建立劳动关系不依法订立劳动合同的,由劳动保障行政部门责令改正。

第二十五条 用人单位违反劳动保障法律、法规或者规章延长劳动者工作时间的,由劳动保障行政部门给予警告,责令限期改正,并可以按照受侵害的劳动者每人 100 元以上 500 元以下的标准计算,处以罚款。

第二十六条 用人单位有下列行为之一的,由劳动保障行政部门分别责令限期支付劳动者的工资报酬、劳动者工资低于当地最低工资标准的差额或者解除劳动合同的经济补偿;逾期不支付的,责令用人单位按照应付金额 50% 以上 1 倍以下的标准计算,向劳动者加付赔偿金:

(一)克扣或者无故拖欠劳动者工资报酬的;

(二)支付劳动者的工资低于当地最低工资标准的;

(三)解除劳动合同未依法给予劳动者经济补偿的。

第二十七条 用人单位向社会保险经办机构申报应缴纳的社会保险费数额时，瞒报工资总额或者职工人数的，由劳动保障行政部门责令改正，并处瞒报工资数额 1 倍以上 3 倍以下的罚款。

骗取社会保险待遇或者骗取社会保险基金支出的，由劳动保障行政部门责令退还，并处骗取金额 1 倍以上 3 倍以下的罚款；构成犯罪的，依法追究刑事责任。

第二十八条 职业介绍机构、职业技能培训机构或者职业技能考核鉴定机构违反国家有关职业介绍、职业技能培训或者职业技能考核鉴定的规定的，由劳动保障行政部门责令改正，没收违法所得，并处 1 万元以上 5 万元以下的罚款；情节严重的，吊销许可证。

未经劳动保障行政部门许可，从事职业介绍、职业技能培训或者职业技能考核鉴定的组织或者个人，由劳动保障行政部门、工商行政管理部门依照国家有关无照经营查处取缔的规定查处取缔。

第二十九条 用人单位违反《中华人民共和国工会法》，有下列行为之一的，由劳动保障行政部门责令改正：

（一）阻挠劳动者依法参加和组织工会，或者阻挠上级工会帮助、指导劳动者筹建工会的；

（二）无正当理由调动依法履行职责的工会工作人员的工作岗位，进行打击报复的；

（三）劳动者因参加工会活动而被解除劳动合同的；

（四）工会工作人员因依法履行职责被解除劳动合同的。

第三十条 有下列行为之一的，由劳动保障行政部门责令改正；对有第（一）项、第（二）项或者第（三）项规定的行为的，处 2 000 元以上 2 万元以下的罚款：

（一）无理抗拒、阻挠劳动保障行政部门依照本条例的规定实施劳动保障监察的；

（二）不按照劳动保障行政部门的要求报送书面材料，隐瞒事实真相，出具伪证或者隐匿、毁灭证据的；

（三）经劳动保障行政部门责令改正拒不改正，或者拒不履行劳动保障行政部门的行政处理决定的；

（四）打击报复举报人、投诉人的。

违反前款规定，构成违反治安管理行为的，由公安机关依法给予治安管理处罚；构成犯罪的，依法追究刑事责任。

第三十一条 劳动保障监察员滥用职权、玩忽职守、徇私舞弊或者泄露在履行职责过程中知悉的商业秘密的，依法给予行政处分；构成犯罪的，依法追究刑事责任。

劳动保障行政部门和劳动保障监察员违法行使职权，侵犯用人单位或者劳动者的合法权益的，依法承担赔偿责任。

第三十二条 属于本条例规定的劳动保障监察事项，法律、其他行政法规对处罚另有规定的，从其规定。

第五章 附 则

第三十三条 对无营业执照或者已被依法吊销营业执照，有劳动用工行为的，由劳动保障行政部门依照本条例实施劳动保障监察，并及时通报工商行政管理部门予以查处取缔。

第三十四条 国家机关、事业单位、社会团体执行劳动保障法律、法规和规章的情况，由劳动保障行政部门根据其职责，依照本条例实施劳动保障监察。

第三十五条 劳动安全卫生的监督检查，由卫生部门、安全生产监督管理部门、特种设备安全监督管理部门等有关部门依照有关法律、行政法规的规定执行。

第三十六条 本条例自2004年12月1日起施行。

70 社会保险稽核办法

2003年2月27日中华人民共和国劳动保障部令第16号公布，
自2003年4月1日起施行。

第一条 为了规范社会保险稽核工作，确保社会保险费应收尽收，维护参保人员的合法权益，根据《社会保险费征缴暂行条例》和国家有关规定，制定本办法。

第二条 本办法所称稽核是指社会保险经办机构依法对社会保险费缴纳情况和社会保险待遇领取情况进行的核查。

第三条 县级以上社会保险经办机构负责社会保险稽核工作。

县级以上社会保险经办机构的稽核部门具体承办社会保险稽核工作。

第四条 社会保险稽核人员应当具备以下条件：

（一）坚持原则，作风正派，公正廉洁；

（二）具备中专以上学历和财会、审计专业知识；

（三）熟悉社会保险业务及相关法律、法规，具备开展稽核工作的相应资格。

第五条 社会保险经办机构及社会保险稽核人员开展稽核工作，行使下列职权：

（一）要求被稽核单位提供用人情况、工资收入情况、财务报表、统计报表、缴费数据和相关账册、会计凭证等与缴纳社会保险费有关的情况和资料；

（二）可以记录、录音、录像、照相和复制与缴纳社会保险费有关的资料，对被稽核对象的参保情况和缴纳社会保险费等方面的情况进行调查、询问；

（三）要求被稽核对象提供与稽核事项有关的资料。

第六条 社会保险稽核人员承担下列义务：

（一）办理稽核事务应当实事求是，客观公正，不得利用工作之便谋取私利；

（二）保守被稽核单位的商业秘密以及个人隐私；

（三）为举报人保密。

第七条 社会保险稽核人员有下列情形之一的，应当自行回避：

（一）与被稽核单位负责人或者被稽核个人之间有亲属关系的；

（二）与被稽核单位或者稽核事项有经济利益关系的；

（三）与被稽核单位或者稽核事项有其他利害关系，可能影响稽核公正实施的。

被稽核对象有权以口头形式或者书面形式申请有前款规定情形之一的人员回避。

稽核人员的回避，由其所在的社会保险经办机构的负责人决定。对稽核人员的回避做出决定前，稽核人员不得停止实施稽核。

第八条 社会保险稽核采取日常稽核、重点稽核和举报稽核等方式进行。

社会保险经办机构应当制定日常稽核工作计划，根据工作计划定期实施日常稽核。

社会保险经办机构对特定的对象和内容应当进行重点稽核。

对于不按规定缴纳社会保险费的行为，任何单位和个人有权举报，社会保险经办机构应当及时受理举报并进行稽核。

第九条 社会保险缴费情况稽核内容包括：

（一）缴费单位和缴费个人申报的社会保险缴费人数、缴费基数是否符合国家规定；

（二）缴费单位和缴费个人是否按时足额缴纳社会保险费；

（三）欠缴社会保险费的单位和个人的补缴情况；

（四）国家规定的或者劳动保障行政部门交办的其他稽核事项。

第十条 社会保险经办机构对社会保险费缴纳情况按照下列程序实施稽核：

（一）提前3日将进行稽核的有关内容、要求、方法和需要准备的资料等事项通知被稽核对象，特殊情况下的稽核也可以不事先通知；

（二）应有两名以上稽核人员共同进行，出示执行公务的证件，并向被稽核对象说明身份；

（三）对稽核情况应做笔录，笔录应当由稽核人员和被稽核单位法定代表人（或法定代表人委托的代理人）签名或盖章，被稽核单位法定代表人拒不签名或盖章的，应注明拒签原因；

（四）对于经稽核未发现违反法规行为的被稽核对象，社会保险经办机构应当在稽核结束后5个工作日内书面告知其稽核结果；

（五）发现被稽核对象在缴纳社会保险费或按规定参加社会保险等方面，存在违反法规行为的，要据实写出稽核意见书，并在稽核结束后10个工作日内送达被稽核对象。被稽核对象应在限定时间内予以改正。

第十一条 被稽核对象少报、瞒报缴费基数和缴费人数，社会保险经办机构应当责令其改正；拒不改正的，社会保险经办机构应当报请劳动保障行政部门依法处罚。

被稽核对象拒绝稽核或伪造、变造、故意毁灭有关账册、材料迟延缴纳社会保险费的，社会保险经办机构应当报请劳动保障行政部门依法处罚。

社会保险经办机构应定期向劳动保障行政部门报告社会保险稽核工作情况。劳动保障行政部门应将社会保险经办机构提请处理事项的结果及时通报社会保险经办机构。

第十二条 社会保险经办机构应当对参保个人领取社会保险待遇情况进行核查，发现社会保险待遇领取人丧失待遇领取资格后本人或他人继续领取待遇或以其他形式骗取社会保险待遇的，社会保险经办机构应当立即停止待遇的支付并责令退还；拒不退还的，由劳动保障行政部门依法处理，并可对其处以500元以上1 000元以下罚款；构成犯罪的，由司法机关依法追究刑事责任。

第十三条 社会保险经办机构工作人员在稽核工作中滥用职权、徇私舞弊、玩忽职守的，依法给予行政处分；构成犯罪的，依法追究刑事责任。

第十四条 本办法自2003年4月1日起施行。

71 关于印发《社会保险经办机构内部控制暂行办法》的通知

劳社部发〔2007〕2号

各省、自治区、直辖市劳动和社会保障厅（局）：

为了加强社会保险经办机构内部管理与监督，提高内控执行力，确保社会保险基金安全，我部制订了《社会保险经办机构内部控制暂行办法》（以下简称《内控办法》）。现印发给你们，并就贯彻执行《内控办法》提出如下意见：

一、充分认识加强社会保险经办机构内部控制工作的重要性和必要性。社会保险基金的安全，始终是党中央、国务院高度重视的一个问题，也是社会各界关注的焦点。社会保险基金的安全与否，关系到社会保险事业的发展和社会保险经办机构（以下简称"社会保险机构"）基金管理的主体地位，关系到广大参保人员的切身利益和生活，关系到社会和谐与稳定。为了确保社会保险基金的安全，近年来，一些地区劳动保障部门及社会保险机构结合当地实际，探索建立了社会保险内部控制制度，并积极开展工作，取得了一定成效。但是个别地区风险防范意识薄弱，制度不健全，管理不到位，甚至有章不循、有令不行、有禁不止，重要岗位用人失察，违规操作，致使侵害社会保险基金的事件时有发生。实践证明，切实加强社会保险内部控制工作，是确保社保基金安全的本质要求，也是规范经办业务、保证社会保险各项工作顺利开展的重要举措。各级劳动保障部门要高度重视，把加强内部控制作为一项管长远、固根本、保安全的基础性工作来抓，把提高内控执行力作为加强社会保险机构能力建设的重要内容，通过建章立制，确保社会保险基金安全。

二、建立健全内控机制。各地要坚持与时俱进，及时、系统地梳理已有的内控制度并不断加以完善，着力规范经办业务工作，完善财务管理制度，优化操作流程。要寓内控办法于业务操作流程之中，建立岗位之间、业务环节之间相互监督、相互制衡的机制。要明确岗位职责，建立责任追究制度，确保内控机制的有效运行。要充分运用信息化手段加强对经办业务工作的监督控制，有效堵塞社保基金"跑、冒、滴、漏"，切实提高管理水平。

三、进一步加强对内部控制工作的监督管理。各省（区、市）社会保险机构要结合本地实际，建立健全考评机制，加大监督检查，稽核部门要切实履行内部审计职责，每年要对本单位及所辖机构内部控制工作进行检查评估。各地要认真贯彻落实《关于进一步加强社会保险稽核工作的通知》（劳社部发〔2005〕4号）的要求，高度重视稽核队伍建设，大力完善稽核组织体系，确保内部审计工作的有效开展。各级社会保险机构主要领导要着力推动内控制度建设，贯彻执行内控制度的规定，严肃处理违反内控制度的机构和责任人，并在一定范围内予以通报，维护内控制度的严肃性，防止流于形式。

四、建立内控制度运行情况定期报告制度。从2007年起，各地要于每年12月底前将当年的内控工作总结报送我部社会保险事业管理中心。总结要全面反映年度内部审计工作情况，重点反映内控制度建设存在的问题和典型审计案例。各地要制订贯彻落实《内控办法》的具体实施细则，指定专人负责，并于2007年3月31日前将实施细则报送我部社会保险事业管理中心。对《内控办法》贯彻实施中发现的问题和修改完善建议，请及时向我部反映。

劳动和社会保障部
2007年1月18日

社会保险经办机构内部控制暂行办法

第一章 总 则

第一条 为了加强社会保险经办机构（以下简称"社会保险机构"）内部管理与监督，防范和化解运行风险，规范社会保险管理服务工作，确保社会保险基金安全，根据《中华人民共和国劳动法》《中华人民共和国审计法》《社会保险费征缴暂行条例》《社会保险稽核办法》《关于内部审计工作的规定》《社会保险审计暂行规定》《内部审计基本准则》等法规制度，制订本办法。

第二条 本办法所称的内部控制是指各级社会保险机构对系统内部职能部门及其工作人员从事社会保险管理服务工作及业务行为进行规范、监控和评价的方法、程序、措施的总称。内部控制由组织机构控制、业务运行控制、基金财务控制、信息系统控制等组成。

第三条 办法适用于各级社会保险机构。

第四条 各级社会保险机构应建立健全内部控制制度，业务部门负责本业务环节的内部控制工作；稽核部门负责组织实施本地区、本部门管理范围内社会保险内部控制的监督检查工作。

上级社会保险机构对下级社会保险机构的内部控制工作进行指导、监督和检查。

第五条 内部控制建设的目标：在全系统内建立一个运作规范、管理科学、监控有效、考评严格的内部控制体系，对社会保险机构各项业务、各个环节进行全过程的监督，提高社会保险政策法规和各项规章制度的执行力，保证社会保险基金的安全完整，维护参保者的合法权益。

第六条 内部控制建设应遵循以下原则：

（一）合法性。内部控制的各项内容规范、统一，符合国家有关社会保险政策、法规的要求。

（二）完整性。各项业务管理行为都有相应的制度规定和监督制约。所有部门、岗位和人员，所有业务项目和操作环节都在内部控制的范围内。

（三）制衡性。从组织机构的设置上确保各部门和岗位权责分明、相互制约，通过有效的相互制衡措施消除内部控制中的盲点。

（四）有效性。在岗位、部门和单位三级内控管理模式的基础上，形成科学合理的内部控制决策机制、执行机制和监督机制。建立合理的内控程序，保障内控管理的有效执行。

（五）适应性。各项具体工作制度和流程都应与管理服务实际相结合，根据需要及时进行调整、修改和完善，适应社会保险管理服务的变化。

第二章 内部控制的内容

第七条 组织机构控制

（一）建立完善的组织决策控制制度。对内部机构、岗位设置、决策程序、法人授权等作出规定。

（二）建立科学的人事管理制度。对岗位设置与职责、人员调配与使用、干部培训、考核与奖惩作出规定。

（三）建立明确的领导授权控制制度。对授权范围、权力监督、定期轮岗、离任审计等内容作出规定。

（四）建立有效的内控考评制度。对业务风险控制情况的评价、违反内控规定的处罚等内容作出规定。

第八条 业务运行控制

（一）规范业务操作规程。按照社会保险有关政策和法规，规范参保登记管理、缴费核定、账户管理、待遇审核、待遇支付、社会化管理、基金财务管理、计划统计管理、稽核监督等业务环节的操作流程。

（二）建立业务审核制度。办理社会保险各项业务时应严格审核相关报表、凭证等资料的真实性、完整性和有效性，出具的相关资料和凭证应规范统一，数据的修改应有严格的审批制度和程序，同时进行登记备案。

（三）明确各业务环节的工作范围、责任。各部门、岗位的业务管理、操作人员都应在其职权范围内开展工作，不得超越所授权限。各项业务环节既独立操作，又相互衔接、相互制约，实行业务初审及复核制度。

（四）实行办事公开。社会保险政策、业务流程、办理时限和内容以及经办人等应公开透明。

（五）建立档案资料保管制度。社会保险业务的原始资料以及办理过程中涉及的相关资料按照档案管理规定及时留存、归档、立卷、保管。

第九条 基金财务控制

（一）依法进行基金财务管理和核算。基金财务管理严格按照国家的法律、法规、政策和社会保险基金财务会计制度，建立明确的会计操作规程，对财务处理的全过程实施监督。

（二）建立严密的会计控制系统。依法建账，按照不同险种分账核算，各险种之间、统筹基金与个人账户不得相互挤占。合理运用会计方法对发生的业务进行账务处理，记账依据的原始凭证、记账凭证合法有效，更正会计记录应履行必要的审批手续，并记录在案。

（三）建立分工明确的岗位责任制。财务会计部门应设立会计负责人（主管）、记账、复核、出纳和财务网管等岗位，明确各岗位的职责范围，财务收支审批实行分级授权，未经授权不得越岗代办。出纳员不得兼任稽核、会计档案保管和收入、支出、费用、债权债务账目的登录工作；财务印鉴、票据、空白凭证实行专人管理并有登记。会计人员轮岗或调离时，必须严格履行交接手续。

（四）建立合理的责任分离制度。货币、有价证券的保管与账务处理相分离；重要空白凭证的保管与使用相分离；资金收支的审批与具体业务办理相分离；资金受理发放或待遇支付与审查相分离；信息数据处理与业务办理及会计处理相分离。

（五）完善账务核对制度。对不同账务应定期核对，做到账证、账账、账表、账实相符。

第十条 信息系统控制

（一）严格按照劳动保障部有关社会保险信息系统建设的标准规范业务系统和数据库建设，制订明确的操作流程和管理制度。

（二）根据业务流程和业务系统功能划分各个部门和岗位的职能，明确业务操作人员和系统维护人员等各类人员的职责和使用权限，并建立相应的管理制度，明确数据操作所依据的有效凭证和必须履行的审批手续。

（三）建立数据录入、修改、访问、使用、保密、维护的权限管理制度，加强对信息系统数据的监控，建立数据远程备份机制，确保数据安全。

（四）建立有效的信息交流反馈制度。对业务数据等信息管理、交流和反馈作出明确规定，确保管理层及时了解各项业务的办理情况和综合数据。

（五）按照国家有关规定使用网络。对于涉密信息需要在网上传输的进行加密处理。加强网络和计算机病毒防护，确保网络安全。

（六）建立机房和相关设备的管理制度。做好防火、防尘、防水、防磁、防雷击等工作，落实定期维护、故障处理、安全值班和出入登记等制度，确保设备的正常运转。

第三章 内部控制的管理与监督

第十一条 稽核部门应履行内控的管理与监督职能，依照国家有关社会保险政策、法规以及法规性文件，制订内控检查年度及日常工作计划，报单位主要负责人批准后，定期或不定期地对内部控制体系的运行情况进行检查。同时，社会保险机构内控制度运行情况接受社会保险基金监督行政部门的监督。

第十二条 稽核部门在对内控制度运行情况的检查过程中可以查阅、复制有关文件资料，检查有关凭证、账簿以及其他相关资料和资产等，对检查事项有关问题进行调查，对违反内部控制制度的行为作出临时处理决定。

第十三条 稽核部门应按照内审程序进行检查，做好检查笔录。笔录由稽核人员和被检查部门负责人签字或盖章。对主要资料要进行复印并由被检查部门负责人签字或盖章。稽核部门应将检查结果定期进行公示。

第十四条 稽核部门应对内控制度运行的检查情况作出评价。对内部控制检查中发现的问题，及时报告主要领导，并提出整改建议。

第十五条 各部门、岗位和业务环节应建立责任人差错追究制度，强化内部监督制约。

第十六条 建立健全内控考评机制。内控考评工作由各省（区、市）统一组织，采取本级自评、上一级考评的形式进行。内控考评工作每年进行一次，考评时限为上年度。考评内容：

（一）单位领导是否重视内控建设。包括单位领导对内控建设的关注和要求，建立有利于控制风险的组织架构等内容。

（二）社会保险机构是否制订科学合理的内部控制制度，并按内部控制制度规定完善业务操作规程和岗位责任制。

（三）各项业务是否严格按照业务操作规程办理，岗位责任制是否落实，是否存在滥用职权、徇私舞弊、玩忽职守等行为。

（四）各项业务办理环节中的办理手续是否完备，相关凭证是否真实有效，数据录入是否完整准确，相关岗位之间的制约是否落实。

（五）基金的收支是否符合标准和规定；是否存在社会保险基金被贪污、挪用、截留等现象。

第十七条 建立奖惩制度。对内控工作好的社会保险机构和个人进行表扬和奖励。社会保险机构工作人员不遵守内部控制制度而造成不良后果的，应视情节轻重追究相应行政责任，并予以相应处罚；情节严重构成犯罪的，依法追究刑事责任。

第四章　附　　则

第十八条 各省（区、市）劳动保障行政部门可根据本办法，结合当地实际制订具体实施细则。

第十九条 本办法自发布之日起执行。

72 社会保险业务档案管理规定（试行）

2009年7月23日中华人民共和国人力资源和社会保障部、
国家档案局令第3号公布，自2009年9月1日起施行。

第一条 为规范社会保险业务档案管理，维护社会保险业务档案真实、完整和安全，发挥档案的服务作用，根据《中华人民共和国档案法》和社会保险相关法规，制定本规定。

第二条 依法经办养老、医疗、失业、工伤、生育等社会保险业务的机构（以下简称社会保险经办机构），管理社会保险业务档案，适用本规定。

第三条 本规定所称社会保险业务档案，是指社会保险经办机构在办理社会保险业务过程中，直接形成的具有保存和利用价值的专业性文字材料、电子文档、图表、声像等不同载体的历史记录。

第四条 人力资源社会保障行政部门负责社会保险业务档案管理工作的组织领导。

社会保险经办机构负责社会保险业务档案的管理工作，并接受档案行政管理部门的业务指导。

社会保险业务档案由县级以上社会保险经办机构集中保存。

第五条 社会保险经办机构配备专门的管理人员和必要的设施、场所，确保档案的安全，并根据需要配备适应档案现代化管理要求的技术设备。

第六条 社会保险经办机构应当认真落实档案保管、保密、利用、移交、鉴定、销毁等管理要求，保证社会保险业务档案妥善保管、有序存放，严防毁损、遗失和泄密。

第七条 社会保险经办机构办理社会保险业务过程中形成的记录、证据、依据，按照《社会保险业务材料归档范围与保管期限》（见附件）进行收集、整理、立卷、归档，确保归档材料的完整、安全，不得伪造、篡改。

第八条 社会保险业务档案分类应当按照社会保险业务经办的规律和特点，以方便归档整理和检索利用为原则，采用"年度—业务环节"或"年度—险种—业务环节"的方法对社会保险业务材料进行分类、整理，并及时编制归档文件目录、卷内目录、案卷目录、备考表等。负责档案管理的机构应当对接收的档案材料及时进行检查、分类、整理、编号、入库保管，并及时编制索引目录。

第九条 社会保险业务档案的保管期限分为永久和定期两类。定期保管期限分为10年、30年、50年、100年，各种社会保险业务档案的具体保管期限按照《社会保险业务材料归档范围与保管期限》执行。

社会保险业务档案定期保管期限为最低保管期限。社会保险业务档案的保管期限，自形成之日的次年1月1日开始计算。

第十条 社会保险经办机构依法为参保单位和参保个人提供档案信息查询服务。

第十一条 社会保险经办机构应当对已到期的社会保险业务档案进行鉴定。

鉴定工作应当由社会保险经办机构相关负责人、业务人员和档案管理人员，以及人力资源社会保障行政部门有关人员组成鉴定小组负责鉴定并提出处理意见。

鉴定中如发现业务档案保管期限划分过短，有必要继续保存的，应当重新确定保管期限。

第十二条 社会保险经办机构对经过鉴定可以销毁的档案，编制销毁清册，报同级人力资源社会保障行政部门备案，经社会保险经办机构主要负责人批准后销毁。

未经鉴定和批准，不得销毁任何档案。

社会保险经办机构应当派两人以上监督销毁档案。监督人员要在销毁清册上签名，并注明销毁的方式和时间。销毁清册永久保存。

第十三条 社会保险经办机构按照有关规定，将永久保存的社会保险业务档案向同级国家综合档案馆移交。

第十四条 社会保险经办机构有下列行为之一的，限期改正，并对直接负责的工作人员、主管人员和其他直接责任人员依法给予处分；给参保单位或者个人造成损失的，依法承担赔偿责任：

（一）不按规定归档或者不按规定移交档案的；

（二）伪造、篡改、隐匿档案或者擅自销毁档案的；

（三）玩忽职守，造成档案遗失、毁损的；

（四）违规提供、抄录档案，泄漏用人单位或者个人信息的；

（五）违反社会保险业务档案和国家档案法律、法规的其他行为。

第十五条 各类社会保险业务档案中涉及会计、电子文档等档案材料，国家有特别规定的，从其规定。

第十六条 本规定自 2009 年 9 月 1 日起施行。

附件：

社会保险业务材料归档范围与保管期限

一、社会保险管理类

（一）参保单位登记材料。包括参保单位办理参保登记、变更登记、注销登记时填报的登记表单及相关审核材料……………………………………………………………〔永久〕

（二）参保人员登记材料。包括缴费单位职工和退休人员，以家庭为单位或个人身份参加社会保险的城镇无业居民、农村居民、个体工商户、城镇灵活就业人员办理参保、社会保险关系变动、基本信息变更等登记手续时，填报的登记表单及相关审核材料 …〔100 年〕

（三）社会保险个人账户管理材料。包括养老、医疗保险个人账户对账、个人账户修改等相关材料……………………………………………………………………………〔100 年〕

（四）社会保险登记证管理材料。包括社会保险经办机构向参保单位核发社会保险登记证、对已核发的社会保险登记证验证换证、对遗失社会保险登记证的单位补证时的登记表单及相关审验材料 ………………………………………………………………〔10 年〕

（五）社会保险卡（证、手册）管理材料。为参保人员办理社会保险卡（证、手册）首发、补发、收回等管理的登记表单及相关材料 …………………………………〔50年〕

（六）社会保险待遇领取资格验证材料。包括对享受社会保险待遇人员进行领取资格检查验证的相关审核材料 ……………………………………………………………〔10年〕

（七）退休人员社会化管理服务材料。包括对实行社会化管理服务的退休人员进行信息采集、移交、日常管理服务的登记表单及相关材料 ……………………………〔50年〕

（八）异地安置登记材料。包括异地安置应享受社会保险待遇人员和长期派驻异地工作的参保人员，办理安置地或派驻地享受各项社会保险待遇所填报的核定表、备案表及相关材料 ………………………………………………………………………………………〔50年〕

（九）服务协议管理材料。包括与基金收付款协议银行、定点医疗机构、定点零售药店、工伤协议医疗康复机构、工伤协议辅助器具配置机构、网络通信运营商、附加保险承保单位等签订的协议书、考核材料、终止协议材料 ………………………………〔10年〕

二、社会保险费征缴类

（一）社会保险费征缴核定材料。包括缴费基数核定以及工伤费率确定、中断缴费、恢复缴费、补缴费、预（补）缴费、退费、加收滞纳金、加收利息等申报核定业务表单及相关审核材料 …………………………………………………………………………〔100年〕

（二）收款凭证、会计账簿、会计报表等，按《会计档案管理办法》确定保管期限。

（三）社会保险基金征缴明细表和汇总表 ………………………………〔50年〕

（四）社会保险基金征缴年度汇总表 ……………………………………〔10年〕

（五）缴费证明材料。包括为缴费单位、缴费个人出具的缴费证明及相关材料 ……………………………………………………………………………………………〔10年〕

三、养老保险待遇类

（一）养老保险待遇核定材料。参保人员基本养老金、养老金领取人员死亡后供养直系亲属及其抚恤金待遇、养老金领取人员丧葬费、养老保险其他一次性待遇核定、养老保险待遇调整、养老保险待遇更正、养老保险待遇补支付、养老保险待遇减支付等申报核定业务表单及相关审核材料 ……………………………………………………〔50年〕

（二）养老保险个人账户一次性支付申报核定业务表单及相关审核材料 ……〔50年〕

（三）劳动能力鉴定材料。包括参保人员劳动能力鉴定结论通知书及相关文书和审核材料 ……………………………………………………………………………………〔50年〕

（四）养老保险付款凭证、会计账簿、会计报表等，按《会计档案管理办法》确定保管期限。

（五）养老保险支付明细表和汇总表 ……………………………………〔30年〕

（六）养老保险基金支付年度汇总表 ……………………………………〔永久〕

四、医疗保险待遇类

（一）门诊特殊病登记材料。包括门诊特殊病参保人员登记表单及相关审核材料 ……………………………………………………………………………………………〔10年〕

（二）就医登记材料。包括参保人员办理住院、家庭病床、转诊转院登记表单及相关审核材料 …………………………………………………………………………………………〔10 年〕

（三）医疗保险住院待遇核定材料。包括住院医疗费用申报核定业务表单及相关审核材料 ……………………………………………………………………………………〔10 年〕

（四）医疗保险门诊待遇核定材料。包括门诊医疗费用申报核定业务表单及相关审核材料 ……………………………………………………………………………………〔10 年〕

（五）医疗保险付款凭证、会计账簿、会计报表等，按《会计档案管理办法》确定保管期限。

（六）医疗保险支付明细表和汇总表……………………………………………〔30 年〕

（七）医疗保险基金支付年度汇总表……………………………………………〔永久〕

五、失业保险待遇类

（一）失业备案材料。包括失业保险待遇享受资格审查登记业务表单、失业人员名单及相关失业证明材料 ……………………………………………………………………〔10 年〕

（二）失业人员失业保险关系转移材料。包括领取期限、待遇标准等相关材料 ……………………………………………………………………………………………〔10 年〕

（三）失业保险待遇核定材料。包括失业保险待遇申报核定业务表单及相关审核材料 ……………………………………………………………………………………………〔10 年〕

（四）促进就业补贴核定材料。包括失业人员职业培训、职业介绍补贴申报核定业务表单及相关材料 ………………………………………………………………………〔10 年〕

（五）失业保险付款凭证、会计账簿、会计报表等，按《会计档案管理办法》确定保管期限。

（六）失业保险支付明细表和汇总表……………………………………………〔30 年〕

（七）失业保险基金支付年度汇总表……………………………………………〔永久〕

六、工伤保险待遇类

（一）工伤备案材料。包括工伤事故备案登记表单及相关材料……………〔10 年〕

（二）工伤认定材料。包括工伤认定决定书及相关文书和审核材料………〔50 年〕

（三）工伤人员登记变动材料。包括工伤职工登记、工伤保险信息变动登记表单及相关材料 ……………………………………………………………………………………〔50 年〕

（四）工伤保险伤残工亡待遇核定材料。包括一次性伤残补助金、伤残津贴、生活护理费、一次性工亡补助金、工亡人员丧葬补助金、工亡人员供养直系亲属及其抚恤金等工伤保险待遇申报核定表单及相关材料 ……………………………………………〔50 年〕

（五）工伤保险医疗待遇核定材料。包括工伤人员因工伤发生的医疗、康复、配置辅助器具、劳动能力鉴定等费用申报核定业务表单及相关材料 ………………………〔10 年〕

（六）工伤预防费用核定材料。包括参保单位工伤预防费用申报核定业务表单及相关材料 ……………………………………………………………………………………〔10 年〕

（七）工伤保险付款凭证、会计账簿、会计报表等，按《会计档案管理办法》确定保管期限。

（八）工伤保险支付明细表和汇总表 ……………………………………〔30 年〕
（九）工伤保险基金支付年度汇总表 …………………………………〔永久〕

七、生育保险待遇类

（一）妊娠登记材料。包括女职工办理妊娠登记申报核定业务表单及相关材料 …………………………………………………………………………………〔10 年〕

（二）并发症登记材料。包括计划生育手术并发症等申报核定业务表单及相关材料 ……………………………………………………………………………〔10 年〕

（三）生育保险待遇核定材料。包括参保人员因生育、计划生育、治疗并发症发生的医疗费用及生育津贴等申报核定业务表单和相关审核材料 ………〔10 年〕

（四）生育保险付款凭证、会计账簿、会计报表等，按《会计档案管理办法》确定保管期限。

（五）生育保险支付明细表和汇总表 ……………………………………〔30 年〕
（六）生育保险基金支付年度汇总表 ……………………………………〔永久〕

八、社会保险业务统计报表类

（一）各项社会保险年度统计报表 ………………………………………〔永久〕
（二）社会保险数据和分析报告等材料 …………………………………〔30 年〕
（三）社会保险业务月/季统计报表 ………………………………………〔10 年〕
（四）各项社会保险基金年度预决算表按《会计档案管理办法》确定保管期限。

九、社会保险稽核监管类

（一）社会保险稽核材料。包括稽核方案、稽核通知书、工作记录、相关证据、稽核告知书或整改意见书、处罚建议书、稽核报告等专业文书及相关材料 …〔30 年〕

（二）社会保险监察材料。人力资源社会保障行政部门依照有关规定向社会保险经办机构通报的社会保险违法案件的查处情况及相关行政执法文书和其他材料 …………〔30 年〕

（三）社会保险经办机构内部控制材料。包括内部控制监督工作方案、内部控制检查通知、工作记录、相关证据、告知书或整改意见书、内部控制报告等专业文书及相关材料 ……………………………………………………………………………〔30 年〕

（四）社会保险大案、要案、特殊案件的稽核材料 ………………………〔永久〕

73 人力资源社会保障部关于印发社会保险基金要情报告制度的通知

人社部发〔2020〕21 号

各省、自治区、直辖市及新疆生产建设兵团人力资源社会保障厅（局），部社保中心、央保中心：

为加强社会保险及补充保险基金监督工作,完善基金要情报告机制,及时掌握基金安全情况,强化基金安全评估和形势研判,提高基金管理风险防控和治理能力,现将修订后的《社会保险基金要情报告制度》印发给你们,请认真贯彻执行。

人力资源社会保障部
2020 年 3 月 30 日

社会保险基金要情报告制度

第一条 [制定依据] 为加强社会保险及补充保险基金监督工作,及时掌握基金安全情况,强化基金安全评估和形势研判,提高基金管理风险防控和治理能力,根据《中华人民共和国社会保险法》等法律法规和部门规章,制定本制度。

第二条 [适用范围] 县级以上人力资源社会保障部门对其依法依规承担管理监督职责、本行政区域内发现的基本养老、失业和工伤保险等社会保险基金及企业(职业)年金基金等要情(以下简称要情)报告的管理活动适用本制度。

人力资源社会保障行政部门的社会保险基金监督机构具体负责本行政区域内要情报告的管理工作。

第三条 [完善落实要情报告制度一般性要求] 人力资源社会保障行政部门应当根据国家法律法规和本制度,结合本地区实际,建立健全要情报告制度并严格执行,加强要情报告规范化、标准化、信息化管理,确保依规、按时、完整、准确报告,做到有情则报、急情快报、应报尽报、全面报告。

上级人力资源社会保障行政部门应当加强对下级人力资源社会保障行政部门完善和落实要情报告制度的指导和督促。

第四条 [要情报告责任制] 要情报告实行单位领导负责制。县级以上人力资源社会保障行政部门主要负责人是本行政区域要情报告第一责任人,负主要领导责任;其他负责人按工作分工,负相应领导责任。人力资源社会保障行政部门的社会保险基金监督机构负责人负报告监督责任。要情发生、发现单位负责人负报告直接责任。

上报的要情必须由报告单位主要负责人或分管负责人签名并加盖单位公章。各级报告单位对所报告内容的真实性、准确性和完整性负责。

第五条 [要情定义及发现途径] 本制度所称要情是指基本养老、失业和工伤保险等社会保险基金及企业(职业)年金基金涉嫌被贪污挪用、欺诈骗取以及其他违法违规行为造成基金损失等情况。

要情发现途径包括人力资源社会保障行政部门或其委托机构监督检查、经办机构审核和稽核内审内控检查、媒体披露、受理举报投诉、审计机关审计、其他行政部门监督检查、纪检监察机关立案审查调查、公安机关立案侦查、法院立案审理及其他方式和渠道等。

第六条 [要情分类] 要情分为普通要情和重大要情:

(一)普通要情是指涉及基金金额 1 万元以上(含)、50 万元以下的;金额虽未达到 1

万元，但是被立案审查调查侦查的；

（二）重大要情是指涉及基金金额 50 万元以上（含）的；金额虽未达到 50 万元，但涉及社会保险工作人员贪污挪用骗取基金被立案审查调查侦查的，或者涉及 3 人以上（含）团伙作案的，或者涉及个人 50 人以上（含）的，或者涉及单位 3 个以上（含）的；或者其他性质严重并造成恶劣影响的。

第七条 [同批同案并案情形要情管理] 对于同批查处、属于同一经办机构经办管理、涉及多人采取同种类型违法违规行为的要情，原则上合并报告，合计涉及金额或者对象数达到重大要情标准的，应当按照重大要情管理。

对于涉及多个单位或者个人同案或者并案处理的要情，符合重大要情标准的应当按照重大要情管理，不得任意拆分为普通要情管理。

第八条 [要情报告分类和报送一般性要求] 要情报告包括要情发现报告、要情进展报告和要情终结报告。

重大要情发现、进展和终结报告应当按照本制度规定的程序、内容和时限报送。普通要情发现、进展和终结报告的报送程序、内容和时限，由省级人力资源社会保障行政部门根据本制度并结合本地区实际情况确定。

第九条 [重大要情发现报告报送] 市、县级发生重大要情的，应当在发现 5 个工作日内，同时报告上一级、省级人力资源社会保障行政部门；省级人力资源社会保障行政部门应当在收到下级重大要情发现报告 3 个工作日内，报告人力资源社会保障部社会保险基金监管局。

各省（自治区、直辖市）本级发生重大要情的，省级人力资源社会保障行政部门应当在发现 5 个工作日内，报告人力资源社会保障部社会保险基金监管局。

对于性质严重、情况紧急的重大要情，应当即时报告，可先进行口头报告和书面简报，再进行正式书面报告。

第十条 [经办机构发生发现要情报告] 社会保险经办机构发生、发现的普通要情，应当在发现 5 个工作日内报告同级人力资源社会保障行政部门；发生、发现的重大要情，应当在发现 3 个工作日内报告同级人力资源社会保障行政部门。对于性质严重、情况紧急的，应当即时报告，可先进行口头报告和书面简报，再进行正式书面报告。相关要情应当同步报告上级社会保险经办机构。

第十一条 [重大要情发现报告内容] 重大要情发现报告内容主要包括：

（一）要情基本情况。包括：发现要情的时间和方式，要情发生的时间和地点，涉案手段、金额、险种以及涉案单位和涉案人员情况等；

（二）初步处理情况和应对措施；

（三）报告单位认为其他需要报告或说明的情况；

（四）报告单位，联系人和联系电话。

第十二条 [重大要情进展报告报送] 要情报告单位应当根据本制度及上级要求和实际情况报送重大要情进展情况。重大要情进展情况每半年至少报告一次，有重要进展的应当及时报告。

省级人力资源社会保障行政部门应当在报告期后或者收到下级人力资源社会保障行政部门或同级经办机构重大要情进展报告10个工作日内，报告人力资源社会保障部社会保险基金监管局。对于同一时间报告多个重大要情进展情况的，可以一同行文报送。

第十三条 ［重大要情进展报告内容］ 重大要情进展报告内容主要包括：

（一）要情基本情况；

（二）涉案基金和责任人处理进展情况；

（三）已采取的应对措施及落实情况；

（四）下一步拟采取的措施；

（五）报告单位认为其他需要报告或说明的情况；

（六）报告单位，联系人和联系电话。

第十四条 ［重大要情终结报告情形］ 同时符合以下条件的重大要情，应当报送要情终结报告：

（一）人力资源社会保障行政部门及社会保险经办机构已依法履行相关职责；

（二）案情已查清；

（三）已梳理管理漏洞并采取相应防范措施；

（四）已作出行政处理处罚、协议处理以及依法追究责任人责任或者已进入纪检监察、司法诉讼程序的；

（五）基金已全额追回，或者基金虽未全额追回但已进入司法机关法定追退程序的。

第十五条 ［重大要情终结报告报送］ 省级人力资源社会保障行政部门应当在确定要情处置终结10个工作日内，将重大要情终结报告报送人力资源社会保障部社会保险基金监管局。情况复杂的，可以适当延长报告时限，最长不超过20个工作日。对于同一时间报告多个重大要情终结情况的，可以一同行文报送。

人力资源社会保障行政部门收到下级人力资源社会保障行政部门或同级经办机构重大要情终结报告后，应当及时组织力量进行研判，对于符合要情终结条件的，确定要情处置终结；对于不符合要情终结条件的，继续作为未终结要情管理。

第十六条 ［重大要情终结报告内容］ 重大要情终结报告内容主要包括：

（一）要情详细情况；

（二）涉案基金处理情况；

（三）责任主体及对责任人的处理（处罚、处分）情况；

（四）遗留问题和事项及解决办法或方案；

（五）原因分析及经验教训；

（六）改进和加强基金管理风险防控的措施及落实情况；

（七）报告单位认为其他需要报告或说明的情况；

（八）附件：要情处置相关文书和证据材料。

第十七条 ［重大要情处置终结后事项管理］ 人力资源社会保障行政部门应当加强对重大要情处置终结后遗留问题和事项的跟踪和督促，有重要进展或者解决完成的，应当在10个工作日内向上一级人力资源社会保障行政部门报告有关情况。

省级人力资源社会保障行政部门在收到下级人力资源社会保障行政部门或同级经办机构重大要情处置终结后事项有关情况报告 10 个工作日内,报告人力资源社会保障部社会保险基金监管局。

第十八条 [**要情情况定期汇总分析报告**] 人力资源社会保障行政部门应当定期对本地区要情进行汇总分析,研判基金安全形势,评估基金管理运行风险,形成要情情况报告,报送上一级人力资源社会保障行政部门。

省级人力资源社会保障行政部门应当于年度结束后 30 个工作日内报送上年度社会保险基金要情情况报告,并附社会保险基金要情表。

无要情发生的也要报零报告。

第十九条 [**年度要情情况报告内容**] 年度要情情况报告内容主要包括:

(一) 要情总体情况及分析;

(二) 重大要情情况及分析;

(三) 涉及社保工作人员要情情况及分析;

(四) 本地区采取的主要应对措施、成效和经验教训;

(五) 本地区完善和落实要情报告制度情况;

(六) 报告单位认为其他需要报告或说明的情况。

第二十条 [**要情情况通报**] 人力资源社会保障行政部门应当根据基金监管工作需要和要情报告实际情况,做好本地区要情情况通报工作,加强案例警示教育。

第二十一条 [**要情台账和信息化管理**] 人力资源社会保障行政部门应当建立要情台账,指派专人对要情进行登记管理。

人力资源社会保障行政部门应当充分利用社会保险基金监管信息管理系统,加强要情报告信息化管理。

第二十二条 [**要情档案管理**] 人力资源社会保障行政部门应加强要情档案管理,建立健全立卷归档、保管和查阅登记制度,妥善保管相关材料,确保档案完整和安全。

人力资源社会保障行政部门对于要情已确认处置终结的,应当及时收集、整理相关材料,分险种进行立卷归档。对于重大要情应当分别单独立卷。

人力资源社会保障行政部门建立要情报告电子档案的,电子档案应当与纸质档案内容一致。

第二十三条 [**责任追究**] 要情发生地人力资源社会保障行政部门、社会保险经办机构存在以下情形的,由上级或者同级人力资源社会保障行政部门进行督促、约谈、通报,并依法依纪追究或者建议有关部门追究相关责任人责任:

(一) 对已知发生要情而不调查核实、不处理的;

(二) 对发现要情隐瞒不报、谎报或拖延不报的,特别是其他部门已经反映或者媒体已经披露的;

(三) 其他违反本制度的情形。

第二十四条 [**施行**] 本制度自 2020 年 4 月 1 日起施行。《劳动和社会保障部关于印发社会保险基金要情报告制度的通知》(劳社部发〔2006〕43 号)同时废止。

附件:社会保险基金要情台账及相关报告文书和附表格式(略)

74 人力资源社会保障部关于进一步加强工伤医疗管理服务工作有关问题的通知

人社部函〔2021〕170号

各省、自治区、直辖市及新疆生产建设兵团人力资源社会保障厅（局）：

近年来，各地积极推进工伤医疗管理服务工作，持续加大信息化工作力度，不断提升经办管理服务水平，工伤医疗管理服务工作逐步加强和规范。当前，随着医疗保障信息平台建设的推进，工伤医疗管理服务工作面临新形势新问题新要求。为进一步加强工伤医疗管理服务，切实保障工伤职工医疗救治权益，切实维护工伤保险基金安全，现就有关问题通知如下：

一、明确工伤医疗相关目录范围

工伤保险药品目录、工伤康复项目范围、辅助器具配置目录按照国家有关规定执行。工伤保险诊疗项目目录（包括医用耗材）、工伤保险住院服务标准原则上参照本省基本医疗保险有关规定执行，允许结合当地实际进行适当调整，并制定相应调整办法，公开调整原则和工作程序、规范支付政策。

二、全面加强工伤医疗服务协议管理

各地要按照布局合理、方便就诊的原则，兼顾经办服务管理能力，科学把握协议机构数量和层级分布，既要确保伤情医疗救治，又能满足日常康复等需要。要按照省级统筹的相关要求，尽快制定全省统一的协议管理办法和协议文本，进一步细化和完善协议内容，加强对工伤医疗相关目录维护、医疗救治、辅助器具配置、费用报销、系统建设等工作。要强化日常监管，畅通举报投诉渠道，严格协议机构履行协议情况的考核，建立健全考核评估指标体系，将考核结果与费用支付、协议机构退出机制挂钩。鼓励各地探索开展省域内各地市间、各协议机构间"年度联审互查"，交流监管经验，促进行业规范，共同提升监管水平。各省要建立本省协议机构信息库，及时公布和更新本省协议机构名单。

三、全面推进省级集中系统建设

各地要按照省级集中、整合共享的要求，建设省级集中的一体化社会保险信息系统，实现工伤认定、劳动能力鉴定、工伤保险经办相关业务信息内部流转，业务协同办理。可在省级层面探索与医保等部门实现"总对总"对接，在保障数据安全的前提下，实现相关业务互通和信息共享。

四、全面实现协议机构联网持卡直接结算

各地要结合本省实际情况，独立或委托医疗保障部门，建立与工伤保险协议医疗机构、工伤康复协议机构、工伤保险辅助器具配置机构（以下统称"协议机构"）的持卡直接结算通道。在系统中按规定设置工伤医疗、工伤康复、辅助器具配置结算标准，支持完成工伤认定的参保工伤职工按照规范用卡流程持社会保障卡（含电子社保卡）直接结算，提高办事效率，减少手工报销风险。

五、加快建立完善工伤医疗智能监控系统

各地要依托省级集中系统实现工伤医疗服务智能监控,通过建立监管指标,制定监控规则,加强数据分析,设立"预警阈值",及时发现和提示异常数据,实现对工伤医疗(康复、辅助器具配置)费用支出实时监控,并及时向协议机构提供监控提示信息,从事后监管逐步向事前提醒、事中监管、事后核查全流程监管转变。要推进信息化资格认证,对长期在院或经常住院的工伤职工,探索结合生物特征识别等技术,对在院状态进行实名制管理。

六、加快推进工伤保险"异地就医"工作

各地要按照国务院政务服务"跨省通办""人社信息化便民服务创新提升行动"总体要求,梳理"跨省通办"业务流程,改造本省业务系统,实现部省对接。2021年年底前,实现工伤事故备案、工伤异地居住(就医)申请等工伤保险服务"一网通办";2022年年底前,实现申请人可持社会保障卡在异地协议机构持卡直接结算工伤医疗费。

七、加快建设工伤医疗基础数据库

加大与医疗保障部门业务协作,充分利用医保药品、医疗服务项目、医用耗材等数据标准化工作成果,建立全省统一的数据库,并根据医保相关数据变更情况做好动态维护和应用,为工伤医疗费用联网持卡直接结算和智能监管工作的开展奠定基础。要同步建立全省统一的工伤保险辅助器具配置目录信息库,实现信息标准化,推进相关费用联网持卡直接结算。

八、加大工伤医疗管理服务工作协同力度

各地要根据本省实际,加强与卫生健康、医疗保障部门和协议机构的沟通协商,建立工伤医疗和医保管理服务联动长效机制。要密切跟进本地医疗保障信息平台切换上线进度,加强对工伤医疗服务管理特别是对工伤医疗费联网持卡直接结算和费用监管工作影响程度的预判,坚持系统观念,加强顶层设计,提前做好预案,主动加强与卫生健康、医疗保障部门的协同管理,兜住兜牢底线,确保协议机构不断线、联网结算不断网、基金监管不放松。

人力资源社会保障部
2021年12月20日

75 社会保险基金行政监督办法

2022年2月9日中华人民共和国人力资源和社会保障部令第48号公布,自2022年3月18日起施行。

第一章 总 则

第一条 为了保障社会保险基金安全,规范和加强社会保险基金行政监督,根据《中华人民共和国社会保险法》和有关法律法规，制定本办法。

第二条 本办法所称社会保险基金行政监督，是指人力资源社会保障行政部门对基本养老保险基金、工伤保险基金、失业保险基金等人力资源社会保障部门管理的社会保险基金收支、管理情况进行的监督。

第三条 社会保险基金行政监督应当遵循合法、客观、公正、效率的原则。

第四条 人力资源社会保障部主管全国社会保险基金行政监督工作。县级以上地方各级人力资源社会保障行政部门负责本行政区域内的社会保险基金行政监督工作。

人力资源社会保障行政部门对下级人力资源社会保障行政部门管辖范围内的重大监督事项，可以直接进行监督。

第五条 人力资源社会保障行政部门应当加强社会保险基金行政监督队伍建设，保证工作所需经费，保障监督工作独立性。

第六条 社会保险基金行政监督工作人员应当忠于职守、清正廉洁、秉公执法、保守秘密。

社会保险基金行政监督工作人员依法履行监督职责受法律保护，失职追责、尽职免责。

社会保险基金行政监督工作人员应当具备与履行职责相适应的专业能力，依规取得行政执法证件，并定期参加培训。

第七条 人力资源社会保障行政部门负责社会保险基金监督的机构具体实施社会保险基金行政监督工作。人力资源社会保障部门负责社会保险政策、经办、信息化综合管理等机构，依据职责协同做好社会保险基金行政监督工作。

第八条 人力资源社会保障行政部门应当加强与公安、民政、司法行政、财政、卫生健康、人民银行、审计、税务、医疗保障等部门的协同配合，加强信息共享、分析，加大协同查处力度，共同维护社会保险基金安全。

第九条 人力资源社会保障行政部门应当畅通社会监督渠道，鼓励和支持社会各方参与社会保险基金监督。

任何组织或者个人有权对涉及社会保险基金的违法违规行为进行举报。

第二章 监督职责

第十条 人力资源社会保障行政部门依法履行下列社会保险基金行政监督职责：
（一）检查社会保险基金收支、管理情况；
（二）受理有关社会保险基金违法违规行为的举报；
（三）依法查处社会保险基金违法违规问题；
（四）宣传社会保险基金监督法律、法规、规章和政策；
（五）法律、法规规定的其他事项。

第十一条 人力资源社会保障行政部门对社会保险经办机构的下列事项实施监督：
（一）执行社会保险基金收支、管理的有关法律、法规、规章和政策的情况；
（二）社会保险基金预算执行及决算情况；

（三）社会保险基金收入户、支出户等银行账户开立、使用和管理情况；
（四）社会保险待遇审核和基金支付情况；
（五）社会保险服务协议订立、变更、履行、解除或者终止情况；
（六）社会保险基金收支、管理内部控制情况；
（七）法律、法规规定的其他事项。

第十二条 人力资源社会保障行政部门对社会保险服务机构的下列事项实施监督：
（一）遵守社会保险相关法律、法规、规章和政策的情况；
（二）社会保险基金管理使用情况；
（三）社会保险基金管理使用内部控制情况；
（四）社会保险服务协议履行情况；
（五）法律、法规规定的其他事项。

第十三条 人力资源社会保障行政部门对与社会保险基金收支、管理直接相关单位的下列事项实施监督：
（一）提前退休审批情况；
（二）工伤认定（职业伤害确认）情况；
（三）劳动能力鉴定情况；
（四）法律、法规规定的其他事项。

第三章 监督权限

第十四条 人力资源社会保障行政部门有权要求被监督单位提供与监督事项有关的资料，包括但不限于与社会保险基金收支、管理相关的文件、财务资料、业务资料、审计报告、会议纪要等。

被监督单位应当全面、完整提供实施监督所需资料，说明情况，并对所提供资料真实性、完整性作出书面承诺。

第十五条 人力资源社会保障行政部门有权查阅、记录、复制被监督单位与社会保险基金有关的会计凭证、会计账簿、财务会计报告、业务档案，以及其他与社会保险基金收支、管理有关的数据、资料，有权查询被监督单位社会保险信息系统的用户管理、权限控制、数据管理等情况。

第十六条 人力资源社会保障行政部门有权询问与监督事项有关的单位和个人，要求其对与监督事项有关的问题作出说明、提供有关佐证。

第十七条 人力资源社会保障行政部门应当充分利用信息化技术手段查找问题，加强社会保险基金监管信息系统应用。

第十八条 信息化综合管理机构应当根据监督工作需要，向社会保险基金行政监督工作人员开放社会保险经办系统等信息系统的查询权限，提供有关信息数据。

第十九条 人力资源社会保障行政部门有权对隐匿、伪造、变造或者故意销毁会计凭证、会计账簿、财务会计报告以及其他与社会保险基金收支、管理有关资料的行为予以制止并责令改正；有权对可能被转移、隐匿或者灭失的资料予以封存。

第二十条 人力资源社会保障行政部门有权对隐匿、转移、侵占、挪用社会保险基金的行为予以制止并责令改正。

第四章 监督实施

第二十一条 社会保险基金行政监督的检查方式包括现场检查和非现场检查。人力资源社会保障行政部门应当制定年度检查计划，明确检查范围和重点。

被监督单位应当配合人力资源社会保障行政部门的工作，并提供必要的工作条件。

第二十二条 人力资源社会保障行政部门实施现场检查，依照下列程序进行：

（一）根据年度检查计划和工作需要确定检查项目及检查内容，制定检查方案，并在实施检查3个工作日前通知被监督单位；提前通知可能影响检查结果的，可以现场下达检查通知；

（二）检查被监督单位社会保险基金相关凭证账簿，查阅与监督事项有关的文件、资料、档案、数据，向被监督单位和有关个人调查取证，听取被监督单位有关社会保险基金收支、管理使用情况的汇报；

（三）根据检查结果，形成检查报告，并送被监督单位征求意见。被监督单位如有异议，应当在接到检查报告10个工作日内提出书面意见。逾期未提出书面意见的，视同无异议。

第二十三条 人力资源社会保障行政部门实施非现场检查，依照下列程序进行：

（一）根据检查计划及工作需要，确定非现场检查目的及检查内容，通知被监督单位按照规定的范围、格式及时限报送数据、资料；或者从信息系统提取社会保险基金管理使用相关数据；

（二）审核被监督单位报送和提取的数据、资料，数据、资料不符合要求的，被监督单位应当补报或者重新报送；

（三）比对分析数据、资料，对发现的疑点问题要求被监督单位核查说明；对存在的重大问题，实施现场核实；评估社会保险基金收支、管理状况及存在的问题，形成检查报告。

对报送和提取的数据、资料，人力资源社会保障行政部门应当做好存储和使用管理，保证数据安全。

第二十四条 人力资源社会保障行政部门对监督发现的问题，采取以下处理措施：

（一）对社会保险基金收支、管理存在问题的，依法提出整改意见，采取约谈、函询、通报等手段督促整改；

（二）对依法应当由有关主管机关处理的，向有关主管机关提出处理建议。

人力资源社会保障行政部门有权对被监督单位的整改情况进行检查。

第二十五条 人力资源社会保障行政部门对通过社会保险基金行政监督检查发现、上级部门交办、举报、媒体曝光、社会保险经办机构移送等渠道获取的违法违规线索，应当查处，进行调查并依法作出行政处理、处罚决定。

人力资源社会保障行政部门作出行政处理、处罚决定前，应当听取当事人陈述、申辩；作出行政处理、处罚决定，应当告知当事人依法享有申请行政复议或者提起行政诉讼的权利。

第二十六条 社会保险基金行政监督的检查和查处应当由两名及以上工作人员共同进行，出示行政执法证件。

社会保险基金行政监督工作人员不得利用职务便利牟取不正当利益，不得从事影响客观履行基金监督职责的工作。

社会保险基金行政监督工作人员与被监督单位、个人或者事项存在利害关系的，应当回避。

第二十七条 人力资源社会保障行政部门可以聘请会计师事务所等第三方机构对社会保险基金的收支、管理情况进行审计，聘请专业人员协助开展检查。

被聘请机构和人员不得复制涉及参保个人的明细数据，不得未经授权复制统计数据和财务数据，不得将工作中获取、知悉的被监督单位资料或者相关信息用于社会保险基金监督管理以外的其他用途，不得泄露相关个人信息和商业秘密。

第二十八条 人力资源社会保障行政部门应当建立社会保险基金要情报告制度。

地方人力资源社会保障行政部门应当依规、按时、完整、准确向上级人力资源社会保障行政部门报告社会保险基金要情。

社会保险经办机构应当及时向本级人力资源社会保障行政部门报告社会保险基金要情。

本办法所称社会保险基金要情是指贪污挪用、欺诈骗取等侵害社会保险基金的情况。

第五章 法 律 责 任

第二十九条 社会保险经办机构及其工作人员有下列行为之一的，由人力资源社会保障行政部门责令改正；对直接负责的主管人员和其他直接责任人员依法给予处分；法律法规另有规定的，从其规定：

（一）未履行社会保险法定职责的；

（二）未将社会保险基金存入财政专户的；

（三）克扣或者拒不按时支付社会保险待遇的；

（四）丢失或者篡改缴费记录、享受社会保险待遇记录等社会保险数据、个人权益记录的；

（五）违反社会保险经办内部控制制度的；

（六）其他违反社会保险法律、法规的行为。

第三十条 社会保险经办机构及其工作人员隐匿、转移、侵占、挪用社会保险基金的，按照《中华人民共和国社会保险法》第九十一条的规定处理。

第三十一条 社会保险服务机构有下列行为之一，以欺诈、伪造证明材料或者其他手段骗取社会保险基金支出的，按照《中华人民共和国社会保险法》第八十七条的规定处理：

（一）工伤保险协议医疗机构、工伤康复协议机构、工伤保险辅助器具配置协议机构、工伤预防项目实施单位等通过提供虚假证明材料及相关报销票据等手段，骗取工伤保险基金支出的；

（二）培训机构通过提供虚假培训材料等手段，骗取失业保险培训补贴的；

（三）其他以欺诈、伪造证明材料等手段骗取社会保险基金支出的行为。

第三十二条 用人单位、个人有下列行为之一，以欺诈、伪造证明材料或者其他手段骗取社会保险待遇的，按照《中华人民共和国社会保险法》第八十八条的规定处理：

（一）通过虚构个人信息、劳动关系，使用伪造、变造或者盗用他人可用于证明身份的证件，提供虚假证明材料等手段虚构社会保险参保条件、违规补缴，骗取社会保险待遇的；

（二）通过虚假待遇资格认证等方式，骗取社会保险待遇的；

（三）通过伪造或者变造个人档案、劳动能力鉴定结论等手段违规办理退休，违规增加视同缴费年限，骗取基本养老保险待遇的；

（四）通过谎报工伤事故、伪造或者变造证明材料等进行工伤认定或者劳动能力鉴定，或者提供虚假工伤认定结论、劳动能力鉴定结论，骗取工伤保险待遇的；

（五）通过伪造或者变造就医资料、票据等，或者冒用工伤人员身份就医、配置辅助器具，骗取工伤保险待遇的；

（六）其他以欺诈、伪造证明材料等手段骗取社会保险待遇的。

第三十三条 人力资源社会保障行政部门工作人员弄虚作假将不符合条件的人员认定为工伤职工或者批准提前退休，给社会保险基金造成损失的，依法给予处分。

从事劳动能力鉴定的组织或者个人提供虚假鉴定意见、诊断证明，给社会保险基金造成损失的，按照《工伤保险条例》第六十一条的规定处理。

第三十四条 被监督单位有下列行为之一的，由人力资源社会保障行政部门责令改正；拒不改正的，可以通报批评，给予警告；依法对直接负责的主管人员和其他责任人员给予处分：

（一）拒绝、阻挠社会保险基金行政监督工作人员进行监督的；

（二）拒绝、拖延提供与监督事项有关资料的；

（三）隐匿、伪造、变造或者故意销毁会计凭证、会计账簿、财务会计报告以及其他与社会保险基金收支、管理有关资料的。

第三十五条 报复陷害社会保险基金行政监督工作人员的，依法给予处分。

第三十六条 人力资源社会保障行政部门、社会保险经办机构违反本办法第二十八条的规定，对发现的社会保险基金要情隐瞒不报、谎报或者拖延不报的，按照有关规定追究相关人员责任。

第三十七条 人力资源社会保障行政部门负责人、社会保险基金行政监督工作人员违反本办法规定或者有其他滥用职权、徇私舞弊、玩忽职守行为的，依法给予处分。

第三十八条 人力资源社会保障行政部门、社会保险经办机构、会计师事务所等被聘请的第三方机构及其工作人员泄露、篡改、毁损、非法向他人提供个人信息、商业秘密的，对直接负责的主管人员和其他直接责任人员依法给予处分；违反其他法律、行政法规的，由有关主管部门依法处理。

第三十九条 违反本办法规定，构成违反治安管理行为的，依法给予治安管理处罚；

构成犯罪的,依法追究刑事责任。

第六章 附 则

第四十条 本办法所称的社会保险服务机构,包括工伤保险协议医疗机构、工伤康复协议机构、工伤保险辅助器具配置协议机构、工伤预防项目实施单位、享受失业保险培训补贴的培训机构、承办社会保险经办业务的商业保险机构等。

对乡镇(街道)事务所(中心、站)等承担社会保险经办服务工作的机构的监督,参照对社会保险经办机构监督相关规定执行。

第四十一条 基本养老保险基金委托投资运营监管另行规定。

第四十二条 本办法自 2022 年 3 月 18 日起施行。原劳动和社会保障部《社会保险基金行政监督办法》(劳动和社会保障部令第 12 号)同时废止。

76 人力资源社会保障部办公厅关于进一步加强工伤保险基金管理有关工作的通知

人社厅函〔2022〕85 号

各省、自治区、直辖市及新疆生产建设兵团人力资源社会保障厅(局):

为切实贯彻落实《人力资源社会保障部关于印发〈社会保险基金管理提升年行动方案〉的通知》(以下简称"提升年行动方案")要求,做好工伤保险基金管理各项工作,确保基金安全,现就有关要求通知如下:

一、进一步规范工伤保险政策执行。全面梳理工伤保险待遇支出项目,建立健全待遇支出项目清单,及时清理规范不符合国家规定自行确定的支出范围(标准)和自行制定的待遇支出项目。加快推进各省(自治区、直辖市,以下简称省)待遇支出项目统一规范,进一步明确省级和市(地)级相关政策措施制定和实施权限。

二、加强工伤认定管理。各地要进一步完善工伤认定制度,严格按照《工伤保险条例》《工伤认定办法》的规定开展工伤认定工作,严格申请材料审核,加强对拟认定工亡案件的调查核实、审核把关,严格按照规定程序作出结论,严防欺诈骗保行为。优化工伤认定流程和服务事项,通过经办服务大厅、网上服务等多种渠道,为工伤职工提供优质高效便捷服务,进一步提升工伤认定服务效率和水平。

三、严格劳动能力鉴定管理。各地要进一步完善劳动能力鉴定制度,严格落实国家关于劳动能力鉴定风险防控体系,对伪造劳动能力鉴定材料或者违规出具结论的,发现一起,严肃查处一起。借助信息化手段提升劳动能力鉴定风险防控能力,实现劳动能力鉴定与工伤认定、工伤保险经办、病残津贴审核发放等部门内部信息共享和业务协同,加强与卫生健康、医保等部门和医疗卫生机构的信息共享，利用大数据等技术手段，有效防范劳动能力鉴定各个环节风险，防范鉴定材料造假和骗取鉴定结论行为。部里将根据"提升年行动方案"统一部署，年内对劳动能力鉴定管理工作开展专项检查。专项检查方案另行通知。

四、不断提升工伤保险经办管理服务水平。全面排查工伤保险各经办环节存在的漏洞和薄弱环节，全面梳理工伤保险管理服务工作风险点。特别是要做好工伤保险服务协议管理工作，全面履行对服务协议机构的管理责任。今年将在全国范围内组织开展工伤保险医疗、康复、辅助器具配置协议机构专项检查工作，检查分为自查和抽查两个阶段，自查阶段各省要制定本省自查方案，细化实化检查内容，形成自查报告和风险清单，并抓好整改落实。自查结束后上报本省自查报告和整改情况，部里将根据各省自查情况适时开展抽查，相关工作方案另行通知。

五、统筹推进适应工伤保险省级统筹的省级集中社会保险信息系统建设。实现工伤认定、劳动能力鉴定、工伤保险经办信息在信息系统内部流转、业务协同办理，减少材料重复提交，防范伪造材料风险。建立与工伤保险协议医疗机构、工伤康复机构和辅助器具配置机构的直接结算通道，支持完成工伤认定的参保职工持社会保障卡（含电子社保卡）直接结算，减少手工报销风险。按照国务院政务服务"跨省通办"、人社信息化便民服务创新提升行动相关要求，加快推进工伤事故备案、工伤异地居住（就医）申请、工伤职工异地就医结算、工伤认定申请、劳动能力鉴定申请等工伤保险服务"跨省通办""一网通办"服务事项落地。

六、建立健全基金支出动态管理机制。要结合本省实际，加强对本省和各市（地）基金重大支出项目或费用情况进行分析，深入研究工伤保险基金支出监控需求，建立监控指标体系，制定监控规则。根据梳理出的工伤保险管理服务工作风险点及监控规则，合理确定阈值，建立预警机制。利用信息系统进行实时监控，以大额、高频次支出为重点，大力实施数据稽核，依托业务生产数据开展常态化数据筛查比对，及时发现、锁定异常数据，强化事后监管。省级人社部门要加强对地（市）基金管理指导和明确工作要求。对地（市）运行情况进行动态监测，建立评价和考核机制，将考核结果在省人社系统内进行通报。

七、加大各方协同建立工伤保险基金风险管理联动机制。加强与财政、公安、司法、交通、应急、卫生健康、医疗保障等部门以及服务协议机构的沟通协同，推动建立工伤保险基金管理联动长效机制，综合施策，加强"全天候"基金管理，确保基金安全。

各地要从讲政治的高度落实好社保基金管理提升年各项工作要求，全面推进工伤保险基金管理各项工作。政策、经办、信息化管理机构要加强配合，强化人防、制防、技防、群防"四防"协同，加大工作合力，严防基金"跑冒滴漏"，形成社保政策、经办、信息、监督"四位一体"的基金管理态势。建立联合分析工伤保险基金要情、开展风险排查的工作机制，常态化开展疑点数据筛查核查工作。要结合当地实际，抓好本省工伤保险领域的措施落地，做好问题整改，年终形成情况报告报部工伤保险司。

人力资源社会保障部办公厅
2022 年 5 月 26 日

77　社会保险基金监督举报工作管理办法

2023年1月17日中华人民共和国人力资源和社会保障部令第49号公布，自2023年5月1日起施行。

第一章　总　　则

第一条　为了规范社会保险基金监督举报管理工作，切实保障社会保险基金安全，根据《中华人民共和国社会保险法》和有关法律、行政法规，制定本办法。

第二条　人力资源社会保障行政部门开展社会保险基金监督举报的受理、办理等管理工作，适用本办法。

本办法所称社会保险基金是指基本养老保险基金、工伤保险基金、失业保险基金等人力资源社会保障部门管理的社会保险基金。

第三条　人力资源社会保障部主管全国社会保险基金监督举报管理工作。县级以上地方人力资源社会保障行政部门负责本行政区域内的社会保险基金监督举报管理工作。

人力资源社会保障行政部门负责社会保险基金监督的机构具体承担社会保险基金监督举报综合管理工作。人力资源社会保障部门负责社会保险政策、经办、信息化综合管理等的机构，依据职责协同做好社会保险基金监督举报管理工作。

第四条　人力资源社会保障行政部门要加强与公安、民政、司法行政、财政、卫生健康、人民银行、审计、税务等部门和人民法院、纪检监察等机关的协同配合，做好社会保险基金监督举报管理工作，共同保障社会保险基金安全。

第五条　社会保险基金监督举报管理工作应当坚持依法、公正、高效、便民的原则。

第二章　举报范围

第六条　本办法所称社会保险基金监督举报（以下简称举报），是指任何组织或者个人向人力资源社会保障行政部门反映机构、单位、个人涉嫌欺诈骗取、套取或者挪用贪占社会保险基金情形的行为。

依照本办法，举报涉嫌欺诈骗取、套取或者挪用贪占社会保险基金情形的任何组织或者个人是举报人；被举报的机构、单位、个人是被举报人。

第七条　参保单位、个人、中介机构涉嫌有下列情形之一的，任何组织或者个人可以依照本办法举报：

（一）以提供虚假证明材料等手段虚构社会保险参保条件、违规补缴的；

（二）伪造、变造有关证件、档案、材料，骗取社会保险基金的；

（三）组织或者协助他人以伪造、变造档案、材料等手段骗取参保补缴、提前退休资格或者违规申领社会保险待遇的；

（四）个人丧失社会保险待遇享受资格后，本人或者相关受益人不按规定履行告知义务、隐瞒事实违规享受社会保险待遇的；

（五）其他欺诈骗取、套取或者挪用贪占社会保险基金的情形。

第八条 社会保险服务机构及其工作人员涉嫌有下列情形之一的，任何组织或者个人可以依照本办法举报：

（一）工伤保险协议医疗机构、工伤康复协议机构、工伤保险辅助器具配置协议机构、工伤预防项目实施单位、职业伤害保障委托承办机构及其工作人员以伪造、变造或者提供虚假证明材料及相关报销票据、冒名顶替等手段骗取或者协助、配合他人骗取社会保险基金的；

（二）享受失业保险培训补贴的培训机构及其工作人员以伪造、变造、提供虚假培训记录等手段骗取或者协助、配合他人骗取社会保险基金的；

（三）其他欺诈骗取、套取或者挪用贪占社会保险基金的情形。

第九条 社会保险经办机构及其工作人员涉嫌有下列情形之一的，任何组织或者个人可以依照本办法举报：

（一）隐匿、转移、侵占、挪用、截留社会保险基金的；

（二）违规审核、审批社会保险申报材料，违规办理参保、补缴、关系转移、待遇核定、待遇资格认证等，违规发放社会保险待遇的；

（三）伪造或者篡改缴费记录、享受社会保险待遇记录等社会保险数据、个人权益记录的；

（四）其他欺诈骗取、套取或者挪用贪占社会保险基金的情形。

第十条 与社会保险基金收支、管理直接相关单位及其工作人员涉嫌有下列情形之一的，任何组织或者个人可以依照本办法举报：

（一）人力资源社会保障行政部门及其工作人员违规出具行政执法文书、违规进行工伤认定、违规办理提前退休，侵害社会保险基金的；

（二）劳动能力鉴定委员会及其工作人员违规进行劳动能力鉴定，侵害社会保险基金的；

（三）劳动人事争议仲裁机构及其工作人员违规出具仲裁文书，侵害社会保险基金的；

（四）信息化综合管理机构及其工作人员伪造或者篡改缴费记录、享受社会保险待遇记录等社会保险数据、个人权益记录的；

（五）其他欺诈骗取、套取或者挪用贪占社会保险基金的情形。

第十一条 依法应当通过劳动人事争议处理、劳动保障监察投诉、行政争议处理、劳动能力再次鉴定、信访等途径解决或者以举报形式进行咨询、政府信息公开申请等活动的，不适用本办法。人力资源社会保障行政部门应当告知举报人依法依规通过相关途径解决。

人力资源社会保障行政部门收到属于财政部门、社会保险费征收机构等部门、机构职责的举报事项，应当依法书面通知并移交有权处理的部门、机构处理。

第三章 接收和受理

第十二条 人力资源社会保障行政部门通过12333或者其他服务电话、传真、信函、网络、现场等渠道接收举报事项。

人力资源社会保障行政部门应当向社会公布接收举报事项的电话号码、传真号码、通信地址、邮政编码、网络举报途径、接待场所和时间等渠道信息,并在其举报接待场所或者网站公布与举报有关的法律、法规、规章,举报范围和受理、办理程序等有关事项。

第十三条 举报人举报应当提供被举报人的名称(姓名)和涉嫌欺诈骗取、套取或者挪用贪占社会保险基金的有效线索;尽可能提供被举报人地址(住所)、统一社会信用代码(公民身份号码)、法定代表人信息和其他相关佐证材料。

提倡举报人提供书面举报材料。

第十四条 举报人进行举报,应当遵守法律、法规、规章等规定,不得捏造、歪曲事实,不得诬告陷害他人。

第十五条 举报人可以实名举报或者匿名举报。提倡实名举报。

现场实名举报的,举报人应当提供居民身份证或者营业执照等有效证件的原件和真实有效的联系方式。

以电话、传真、来信、网络等形式实名举报的,举报人应当提供居民身份证或者营业执照等有效证件的复印件和真实有效的联系方式。

举报人未采取本条第二款、第三款的形式举报的,视为匿名举报。

第十六条 现场举报应当到人力资源社会保障行政部门设立的接待场所;多人现场提出相同举报事项的,应当推选代表,代表人数不超过5人。

第十七条 接收现场口头举报,应当准确记录举报事项,交举报人确认。经征得举报人同意后可以录音、录像。实名举报的,由举报人签名或者盖章;匿名举报的,应当记录在案。

接收电话举报,应当细心接听、询问清楚、准确记录,经告知举报人后可以录音。

接收传真、来信、网络等形式举报,应当保持举报材料的完整。

对内容不详的实名举报,应当及时联系举报人补充相关材料。

第十八条 人力资源社会保障行政部门应当加强举报事项接收转交管理工作。

第十九条 举报涉及重大问题或者紧急事项的,具体承担社会保险基金监督举报综合管理工作的机构应当立即向本部门负责人报告,并依法采取必要措施。

第二十条 举报按照"属地管理、分级负责,谁主管、谁负责"的原则确定管辖。

必要时,上级人力资源社会保障行政部门可以受理下级人力资源社会保障行政部门管辖的举报事项,也可以向下级人力资源社会保障行政部门交办、督办举报事项。

两个及两个以上同级人力资源社会保障行政部门都有管辖权限的,由最先受理的人力资源社会保障行政部门管辖。对管辖发生争议的,应当自发生争议之日起5个工作日内协商解决;协商不成的,报请共同的上一级人力资源社会保障行政部门,共同的上一级人力资源社会保障行政部门应当自收到之日起 5 个工作日内指定管辖。

第二十一条 人力资源社会保障行政部门接收到举报事项后，应当在 5 个工作日内进行审查，有下列情形之一的，不予受理：

（一）不符合本办法第七条、第八条、第九条或者第十条规定的；

（二）无法确定被举报人，或者不能提供欺诈骗取、套取或者挪用贪占社会保险基金行为有效线索的；

（三）对已经办结的同一举报事项再次举报，没有提供新的有效线索的。

对符合本办法第七条、第八条、第九条或者第十条的规定但本部门不具备管辖权限的举报事项，应当移送到有管辖权限的人力资源社会保障行政部门，并告知实名举报人移送去向。

除前两款规定外，举报事项自人力资源社会保障行政部门接收之日起即为受理。

第二十二条 人力资源社会保障行政部门应当自接收举报事项之日起 10 个工作日内，将受理（不予受理）决定通过纸质通知或者电子邮件、短信等形式告知有告知要求的实名举报人。

第四章 办 理

第二十三条 受理举报事项后，人力资源社会保障行政部门办理举报事项以及作出行政处理、行政处罚决定的，应当按照《社会保险基金行政监督办法》等有关规定和本章的规定执行。

已经受理尚未办结的举报事项，再次举报的，可以合并办理；再次举报并提供新的有效线索的，办理期限自确定合并办理之日起重新计算。

第二十四条 人力资源社会保障行政部门在办理举报事项中涉及异地调查的，可以向当地人力资源社会保障行政部门提出协助请求。协助事项属于被请求部门职责范围内的，应当依法予以协助。

第二十五条 办理举报事项涉及其他部门职责的，人力资源社会保障行政部门可以会同相关部门共同办理。

第二十六条 下级人力资源社会保障行政部门对上级人力资源社会保障行政部门交办、移送的举报事项，应当按照规定时限或者上级人力资源社会保障行政部门督办要求办理，并书面报告调查处理意见、办理结果。

第二十七条 符合下列情形之一的，经人力资源社会保障行政部门批准，举报事项予以办结：

（一）经办理发现问题，依法作出行政处理、行政处罚决定的；依法应当由其他部门、机构处理，向有关部门、机构提出处理建议，或者移交有关部门、机构处理的；

（二）经办理未发现欺诈骗取、套取或者挪用贪占社会保险基金情形的；

（三）其他依法应当予以办结的情形。

人力资源社会保障行政部门应当自受理举报事项之日起 60 个工作日内办结举报事项；

情况复杂的，经人力资源社会保障行政部门负责人批准，可以适当延长，但延长期限不得超过 30 个工作日。

第二十八条 符合下列情形之一的，经人力资源社会保障行政部门批准，可以中止对举报事项的办理：

（一）举报涉及法律、法规、规章或者政策适用问题，需要有权机关作出解释或者确认的；

（二）因被举报人或者有关人员下落不明等，无法继续办理的；

（三）因被举报的机构、单位终止，尚未确定权利义务承受人，无法继续办理的；

（四）因自然灾害等不可抗力原因，无法继续办理的；

（五）因案情重大、疑难复杂或者危害后果特别严重，确需提请上级主管部门研究决定的；

（六）其他依法应当中止办理的情形。

中止情形消除后，应当恢复对举报事项的办理。办理期限自中止情形消除之日起继续计算。

第二十九条 上级人力资源社会保障行政部门发现下级人力资源社会保障行政部门对举报事项的办理确有错误的，应当责成下级人力资源社会保障行政部门重新办理，必要时可以直接办理。

第三十条 实名举报人可以要求答复举报事项的办理结果，人力资源社会保障行政部门可以视具体情况采取口头或者书面形式答复实名举报人，答复不得泄露国家秘密、商业秘密和个人隐私。口头答复应当做好书面记录。

第五章 归档和报告

第三十一条 人力资源社会保障行政部门应当严格管理举报材料，逐件登记接收举报事项的举报人、被举报人、主要内容、受理和办理等基本情况。

第三十二条 举报材料的保管和整理，应当按照档案管理的有关规定执行。

省级人力资源社会保障行政部门应当完善举报信息系统，实行信息化管理。

第三十三条 县级以上地方人力资源社会保障行政部门应当建立社会保险基金监督举报管理年度报告制度。

省级人力资源社会保障行政部门应当于每年 1 月 31 日前，向人力资源社会保障部报告上一年度社会保险基金监督举报管理情况。

第六章 保障措施

第三十四条 举报人的合法权益依法受到保护。任何单位和个人不得以任何借口阻拦、压制或者打击报复举报人。

第三十五条 人力资源社会保障行政部门工作人员与举报事项、举报人、被举报人有直接利害关系或者其他关系，可能影响公正办理的，应当回避。

举报人有正当理由并且有证据证明人力资源社会保障行政部门工作人员应当回避的，可以提出回避申请，由人力资源社会保障行政部门决定。申请人力资源社会保障行政部门负责人回避的，由上级人力资源社会保障行政部门决定。

第三十六条 人力资源社会保障行政部门应当建立健全工作责任制，严格遵守以下保密规定：

（一）举报事项的接收、受理、登记及办理，应当依照国家有关法律、行政法规等规定严格保密，不得私自摘抄、复制、扣压、销毁举报材料；

（二）严禁泄露举报人的姓名、身份、单位、地址、联系方式等信息，严禁将举报情况透露给被举报人或者与举报工作无关的人员；

（三）办理举报时不得出示举报信原件或者复印件，不得暴露举报人的有关信息，对匿名的举报书信及材料，除特殊情况外，不得鉴定笔迹；

（四）开展宣传报道，未经举报人书面同意，不得公开举报人的姓名、身份、单位、地址、联系方式等信息。

第三十七条 举报事项经查证属实，为社会保险基金挽回或者减少重大损失的，应当按照规定对实名举报人予以奖励。

第三十八条 人力资源社会保障行政部门应当配备专门人员，提供必要的办公条件等，保障举报管理工作顺利进行。

第七章 法律责任

第三十九条 受理、办理举报事项的工作人员及其负责人有下列情形之一的，由人力资源社会保障行政部门责令改正；造成严重后果的，依法依规予以处理：

（一）对于应当受理、办理的举报事项未及时受理、办理或者未在规定期限内办结举报事项的；

（二）将举报人的举报材料或者有关情况透露给被举报人或者与举报工作无关的人员的；

（三）对涉及重大问题或者紧急事项的举报隐瞒、谎报、缓报，或者未依法及时采取必要措施的；

（四）未妥善保管举报材料，造成举报材料损毁或者丢失的；

（五）其他违法违规的情形。

第四十条 举报人捏造、歪曲事实，诬告陷害他人的，依法承担法律责任。

第八章 附 则

第四十一条 本办法自2023年5月1日起施行。原劳动和社会保障部《社会保险基金监督举报工作管理办法》（劳动和社会保障部令第11号）同时废止。

十一、地方性法规

78 北京市实施《工伤保险条例》若干规定

2011年12月5日北京市人民政府第242号令公布，自公布之日起施行，根据2021年12月30日北京市人民政府第302号令修正。

第一条 为实施国务院《工伤保险条例》，结合本市实际情况，制定本规定。

第二条 本市行政区域内的用人单位应当依照《工伤保险条例》（以下简称《条例》）和本规定参加工伤保险，为本单位职工缴纳工伤保险费。用人单位的职工有依照《条例》和本规定享受工伤保险待遇的权利。

第三条 市、区社会保险行政部门负责本行政区域内的工伤保险工作。市、区社会保险经办机构具体承办工伤保险事务。

财政、卫生健康等部门按照职责分工，负责工伤保险有关工作。

第四条 市社会保险行政部门应当根据有关法律法规规章的规定，制定工伤保险具体政策和管理制度，规划、选择并公布工伤医疗机构、康复机构和辅助器具配置机构。

市社会保险经办机构负责征收工伤保险费，核定和支付工伤保险待遇，以及与工伤医疗机构、康复机构和辅助器具配置机构签订书面协议等工作。

第五条 市社会保险行政部门根据国家公布的行业差别费率及行业内费率档次，结合本市工伤保险费收支情况，确定并公布本市适用的行业内费率浮动档次。

市社会保险经办机构根据用人单位工伤保险费使用、工伤发生率等情况，在所属行业适用的费率浮动档次内，确定用人单位缴费费率。

第六条 工伤保险基金实行全市统筹。

工伤保险基金存入社会保障基金财政专户，按照《条例》的规定用于工伤保险待遇，劳动能力鉴定，工伤预防的宣传、培训等费用，以及法律法规规定的用于工伤保险的其他费用的支付。

市社会保险行政部门会同财政部门根据《条例》的有关规定，拟订工伤保险基金的具体支付项目和标准，报市人民政府批准后施行。

第七条 用人单位、职工或者其近亲属、工会组织（以下统称申请人）要求认定工伤的，应当按照《条例》规定的时限，向用人单位登记地的区社会保险行政部门提出工伤认定申请。

第八条 申请人提出工伤认定申请，应当按照《条例》第十八条的规定提交材料，并按照下列规定附具相关证明：

（一）属于《条例》第十四条第（一）、（二）、（五）项情形的，附具伤害事故证明或者下落不明的事故证明；

（二）属于《条例》第十四条第（三）项情形的，附具意外伤害证明或者司法机关出具的相关法律文书；

（三）属于《条例》第十四条第（六）项情形的，附具司法机关、公安机关交通管理、交通运输、铁道等部门或者法律、行政法规授权组织出具的相关法律文书；

（四）属于《条例》第十五条第一款第（一）项情形的，附具医疗机构出具的抢救记录；

（五）属于《条例》第十五条第一款第（二）项情形的，附具相关单位出具的证明；

（六）属于《条例》第十五条第一款第（三）项情形的，附具革命伤残军人证及医疗机构出具的旧伤复发诊断证明。

职工死亡的，应当同时附具死亡证明。

第九条 因确认劳动关系发生争议影响工伤认定的，应当在申请工伤认定前依法解决劳动争议。解决劳动争议的时间，不计算在工伤认定申请时限内。

第十条 医疗机构、职业病诊断鉴定机构出具的诊断证明书、病历、职业病诊断证明书或者职业病诊断鉴定书等医学文件，应当符合国家和本市规定的要求。对不符合要求的，区社会保险行政部门可以要求有关机构重新出具。

第十一条 区社会保险行政部门收到工伤认定申请，材料完整的，应当在5个工作日内作出受理或者不予受理的决定；材料不完整的，应当一次性书面告知申请人需要补正的全部材料。申请人应当在《条例》规定的工伤认定申请时限内补正全部材料。

区社会保险行政部门认为工伤认定申请不属于本辖区管辖的，应当及时报请市社会保险行政部门指定管辖。

第十二条 区社会保险行政部门受理工伤认定申请后，申请人撤回工伤认定申请的，工伤认定程序终止。

工伤认定程序终止的，申请人在《条例》规定的工伤认定申请时限内，有权再次提出工伤认定申请。

第十三条 区社会保险行政部门受理工伤认定申请后，根据需要可以采取下列措施进行调查核实：

（一）进入有关单位和事故现场；

（二）查阅与工伤认定有关的资料，询问有关人员并制作笔录；

（三）采用记录、复印、录音、录像等方式复制与工伤认定有关的资料。

社会保险行政部门进行调查核实，执法人员不得少于两人，并应当出示执法证件。

第十四条 区社会保险行政部门进行调查核实，用人单位、职工、工会组织、医疗机构以及有关部门应当予以协助，如实提供相关情况和证明材料。

第十五条 职工或者其近亲属认为是工伤，用人单位不认为是工伤的，由用人单位承担举证责任。该用人单位不承担举证责任的，区社会保险行政部门可以根据职工或者其近亲属提供的证据，或者自行调查取得的证据，依法作出决定。

第十六条 区社会保险行政部门应当根据申请人提供的诊断证明书等医学文件或者调查取得的证据，在工伤认定决定中载明伤害部位。

工伤职工认为工伤或者职业病直接导致其他疾病并提供工伤医疗机构出具的工伤或者职业病直接导致疾病的诊断证明书的，区社会保险行政部门应当在工伤认定决定中予以明确。

第十七条　本市逐步建立先康复后鉴定、医疗和康复并重的工伤康复制度。

第十八条　工伤职工认为伤情相对稳定后，用人单位、工伤职工或者其近亲属可以向用人单位登记地的区劳动能力鉴定委员会提出劳动能力鉴定的书面申请，并按规定提供相关证明材料。

第十九条　劳动能力鉴定委员会认为工伤职工需要进一步做医学检查的，可以要求工伤职工到工伤医疗机构进行相关医学检查。检查时间不计算在劳动能力鉴定时限内。

第二十条　工伤职工因日常生活或者就业需要，经区劳动能力鉴定委员会确认，可以安装、配置辅助器具的，应当到工伤辅助器具配置机构安装、配置，所需费用按照国家规定的标准从工伤保险基金支付。具体安装、配置标准由市社会保险行政部门制定并公布。

第二十一条　工伤职工需要暂停工作接受工伤医疗的，在停工留薪期内，原工资福利待遇不变，由所在单位按月支付。工伤职工停工留薪期一般不超过12个月，按照《条例》规定有正当理由的可以适当延长，但延长不得超过12个月。停工留薪期具体时限按照本市有关规定执行。

第二十二条　申请供养亲属抚恤金的，应当向用人单位登记地的区社会保险经办机构提交供养亲属身份证明、经济状况证明、劳动能力鉴定结论、因工死亡职工与供养亲属的关系证明、因工死亡职工工资证明等相关材料。

第二十三条　参加工伤保险的用人单位破产、解散的，其一级至四级伤残职工、享受供养亲属抚恤金待遇的人员、退休的工伤人员享受的由工伤保险基金支付的工伤待遇，由街道办事处或者乡、镇人民政府设立的社会保障事务机构发放。

第二十四条　工伤职工与用人单位的劳动关系依法解除或者终止的，该用人单位应当按照《条例》的规定向该工伤职工支付一次性伤残就业补助金。

新的用人单位与工伤职工建立劳动关系，并且同意支付一次性伤残就业补助金的，原用人单位和新用人单位应当及时到社会保险经办机构办理工伤保险关系转移手续。

第二十五条　未依法参加工伤保险的用人单位职工发生工伤的，由该用人单位按照《条例》和本规定规定的工伤保险待遇项目和标准支付费用。

第二十六条　用人单位中断缴费的，中断缴费期间职工发生工伤的，由用人单位按照《条例》和本规定规定的工伤保险待遇项目和标准支付费用；已经享受工伤保险待遇的工伤职工，按照原渠道享受工伤保险待遇。

第二十七条　用人单位未足额缴纳工伤保险费，造成工伤职工享受的工伤保险待遇降低的，降低部分由该用人单位支付。

第二十八条　被诊断或者鉴定为职业病的职工，现用人单位参加工伤保险的，由现用人单位按照《条例》和本规定规定的工伤保险待遇项目和标准支付费用；现用人单位未参加工伤保险的，职工的工伤保险待遇按照《中华人民共和国职业病防治法》的有关规定执行。

第二十九条 用人单位拒绝提供或者未如实提供相关情况和证明材料的，由社会保险行政部门责令改正，可处2000元以上2万元以下罚款。

第三十条 用人单位、工伤职工或者其近亲属、工伤医疗机构、康复机构、辅助器具配置机构有下列行为之一，造成工伤保险基金损失的，由社会保险行政部门责令退还，并处基金损失金额2倍以上5倍以下罚款：

（一）冒用参保职工骗取工伤保险待遇的；

（二）编造住院、康复、配置事实，制作虚假病历、档案的；

（三）将不符合基金支付的药品或者诊疗、康复服务、配置项目纳入基金结算的；

（四）采取其他方式骗取工伤保险待遇或者工伤保险基金支出的。

违反本条前款规定，市社会保险经办机构可以与工伤医疗机构、康复机构、辅助器具配置机构解除服务协议，5年之内不得与其签订服务协议。

第三十一条 用人单位克扣工伤保险基金支付给工伤职工或者其供养亲属工伤保险待遇的，由社会保险行政部门责令限期改正；逾期不改的，处以3000元以上3万元以下罚款，并可以通知社会保险经办机构直接支付。

社会保险经办机构按照前款规定，直接支付工伤保险待遇的，有权向用人单位追偿。

第三十二条 单位和个人违反本规定，《条例》规定有法律责任的，按照其规定执行。

第三十三条 本市国家机关和参照公务员法管理的事业单位、社会团体参加工伤保险的，参照《条例》和本规定执行。

第三十四条 本规定自公布之日起施行。2003年12月1日北京市人民政府第140号令发布的《北京市实施〈工伤保险条例〉办法》同时废止。

79 天津市工伤保险若干规定

2019年9月9日天津市人民政府令第14号公布，自2019年11月1日起施行。

第一条 为了完善工伤保险制度，保障因工作遭受事故伤害或者患职业病的职工获得医疗救治和经济补偿，促进工伤预防和职业康复，分散用人单位的工伤风险，根据《中华人民共和国社会保险法》和《工伤保险条例》，结合本市实际情况，制定本规定。

第二条 本市行政区域内的国家机关、企业、事业单位、社会团体、民办非企业单位、基金会、律师事务所、会计师事务所等组织和有雇工的个体工商户（以下称用人单位）应当依法参加工伤保险，为本单位工作人员、职工或者雇工（以下称职工）缴纳工伤保险费。

前款规定的用人单位职工均有依照本规定享受工伤保险待遇的权利。

第三条 市人力资源和社会保障行政部门负责全市的工伤保险综合管理工作，区人力资源和社会保障行政部门具体负责本行政区域内的工伤保险工作。

社会保险费征收机构负责工伤保险费的征收工作。

社会保险经办机构（以下称经办机构）负责参保登记、待遇支付、基金管理、工伤保险服务机构协议管理等工作。

公安、财政、住房城乡建设、交通运输、卫生健康、应急、市场监管、医保等部门按照各自职责做好工伤保险相关工作。

第四条　与工伤保险相关的部门应当就工伤事故和职业病建立信息共享机制。

第五条　本市工伤保险基金实行全市统筹。工伤保险基金由下列各项构成：

（一）用人单位缴纳的工伤保险费；

（二）工伤保险基金的利息；

（三）依法纳入工伤保险基金的其他资金。

第六条　经办机构根据用人单位的工商登记和主要生产经营业务等情况，依据国家有关规定，确定用人单位适用的行业差别费率。

经办机构会同社会保险费征收机构根据用人单位的工伤保险费使用、工伤发生率、事故伤害和职业病危害程度等情况，适用所属行业内相应的费率档次，确定用人单位年度工伤保险缴费费率，并报市人力资源和社会保障行政部门备案。

浮动费率每一至三年确定一次。

第七条　用人单位应当按时缴纳工伤保险费，职工个人不缴纳工伤保险费。

用人单位缴纳工伤保险费的数额为本单位职工工资总额乘以单位缴费费率之积。

对难以按照职工工资总额缴纳工伤保险费的建筑施工企业、小型服务企业、小型矿山企业等行业企业，其缴纳工伤保险费的具体计算办法，由市人力资源和社会保障行政部门确定。

第八条　企业在办理登记注册时，同步办理工伤保险登记。

前款规定以外的用人单位应当自成立之日起30日内，到所在地的经办机构办理工伤保险登记。经办机构应当自收到申请之日起10日内审核完毕。

用人单位应当自用工之日起30日内，到所在地的经办机构为其职工办理工伤保险参保手续。

用人单位的工伤保险登记事项发生变更或者依法终止的，应当自变更或者终止之日起30日内，到经办机构办理工伤保险变更或者注销手续。

职工（包括非全日制从业人员）在两个或者两个以上用人单位同时建立劳动（人事）关系的，用人单位应当分别为其缴纳工伤保险费；职工发生工伤的，由职工受到伤害时工作的用人单位依法承担工伤保险责任。

第九条　工伤保险基金用于下列支出：

（一）工伤保险待遇；

（二）劳动能力鉴定费用；

（三）工伤认定调查费用；

（四）职业康复费用；

（五）工伤预防费用；

（六）法律、法规规定用于工伤保险的其他费用。

第十条 工伤保险基金应当按照当年工伤保险基金总额的10%提留储备金,其滚存总额超过当年工伤保险基金总额的30%时,不再提取。

工伤保险基金应当留有一定比例的储备金,用于统筹本市重大事故的工伤保险待遇支付;储备金不足支付的,由市人民政府垫付。

第十一条 在保证工伤保险待遇支付能力和储备金留存的前提下,可以按照不超过上年度工伤保险基金征缴收入的一定比例提取工伤预防费,原则上不超过3%。根据工作需要,经市人力资源和社会保障行政部门、市财政部门同意,可以适当提高工伤预防费使用比例。

工伤预防费使用实行预算管理,专款专用,具体办法由市人力资源和社会保障行政部门会同相关部门制定、修改。

第十二条 市和区人力资源和社会保障行政部门按照本市工伤认定管辖规定,分别负责相关用人单位职工的工伤认定工作。工伤认定管辖规定由市人力资源和社会保障行政部门制定、调整。

第十三条 职工发生事故伤害后,职工或者现场人员应当立即向用人单位报告。用人单位应当在24小时内向人力资源和社会保障行政部门报告。

第十四条 用人单位应当自事故伤害发生之日或者职工被诊断、鉴定为职业病之日起30日内,向人力资源和社会保障行政部门提出工伤认定申请,并提交下列材料:

(一)工伤认定申请表;

(二)劳动(聘用)合同或者劳动(人事)关系证明;

(三)医疗诊断证明或者职业病诊断证明;

(四)法律、行政法规规定的其他相关证明材料。

第十五条 用人单位未按规定提出工伤认定申请的,工伤职工或者其近亲属、工会组织在事故伤害发生之日或者被诊断、鉴定为职业病之日起1年内,可以直接向人力资源和社会保障行政部门提出工伤认定申请,并提交本规定第十四条规定的材料。

第十六条 人力资源和社会保障行政部门受理工伤认定申请后,可以对事故伤害情况进行调查核实,用人单位、职工及其近亲属、工会组织、医疗机构以及公安、民政等有关部门应当予以协助,据实提供证据材料。属于下列情形之一的,申请人应当提交相应证据材料:

(一)职工死亡的,提交死亡证明;

(二)在工作时间和工作场所内,因履行工作职责受到暴力等意外伤害的,提交公安部门的证明或者其他相关证明;

(三)因工外出期间,由于工作原因受到伤害或者发生事故下落不明的,提交公安部门或者相关部门的证明;

(四)在上下班途中,受到非本人主要责任的交通事故或者城市轨道交通、客运轮渡、火车事故伤害的,提交公安交通管理部门或者其他相关部门的证明;

(五)在工作时间和工作岗位,突发疾病死亡或者在48小时之内经抢救无效死亡的,提交医疗机构的抢救证明或者其他相关证明;

（六）在抢险救灾等维护国家利益、公共利益活动中受到伤害的，提交民政部门或者其他相关部门的证明；

（七）在服役期间因战、因公致残的军人，退出现役到用人单位后旧伤复发的，提交《中华人民共和国残疾军人证》；

（八）根据实际情况需提供的其他相关材料。

第十七条 人力资源和社会保障行政部门应当自收到工伤认定申请之日起15日内，对申请人提交的材料进行审核，申请材料完整的，作出受理或者不予受理的决定，并书面通知申请人；申请材料不完整的，应当一次性书面告知申请人在15日内提交需要补正的全部材料。申请人逾期不补正或者补正后仍不符合受理要求的，人力资源和社会保障行政部门应当自逾期或者收到补正材料之日起15日内，作出不予受理的决定，书面通知申请人并说明理由。

人力资源和社会保障行政部门应当自受理工伤认定申请之日起60日内作出工伤认定的决定，并书面通知用人单位、工伤职工或者其近亲属。对受理的事实清楚、权利义务明确的工伤认定申请，应当自受理工伤认定申请之日起15日内作出工伤认定的决定。

第十八条 工伤认定过程中，属于下列情形的，分别作如下处理：

（一）职工以上下班为目的、在合理时间内往返于工作单位和住所地、经常居住地、单位宿舍以及配偶、父母、子女居住地之间的合理路线，视为上下班途中。

（二）职工在工作时间、工作岗位突发疾病，径直送至医疗机构经抢救无效在48小时内死亡的，视同工伤。48小时的起算时间为医疗机构初次抢救时间。

（三）职工因工作原因驻外，有固定的住所、有明确的作息时间，工伤认定时按照在驻在地当地正常工作的情形处理。

（四）职工乘坐上下班通勤班车发生事故伤害的，按照《工伤保险条例》第十四条第六项的有关规定处理。

第十九条 市、区设立劳动能力鉴定委员会，由同级人力资源和社会保障行政部门、卫生健康部门、工会组织、经办机构代表及用人单位代表组成。

劳动能力鉴定委员会承担下列职责：

（一）劳动功能障碍程度和生活自理障碍程度的等级鉴定；

（二）停工留薪期争议确认、停工留薪期延长的确认；

（三）配置辅助器具的确认；

（四）旧伤复发的确认；

（五）伤与非伤的界定；

（六）工亡职工供养亲属丧失劳动能力鉴定；

（七）职业康复确认；

（八）其他受委托进行的劳动能力鉴定。

市和区劳动能力鉴定委员会的具体职责分工，由市人力资源和社会保障行政部门制定、调整。

第二十条 工伤职工停工留薪期由用人单位根据工伤职工停工留薪期管理办法和医疗

机构出具的诊断证明确定，并将确定的停工留薪期书面通知工伤职工或者其近亲属以及经办机构。

用人单位与工伤职工或者其近亲属因停工留薪期确认产生争议，或者停工留薪期超过12个月后仍需延长的，可以向劳动能力鉴定委员会申请确认。

第二十一条 职工发生工伤，经治疗伤情相对稳定后存在残疾、影响劳动能力的，或者停工留薪期满，用人单位、工伤职工或者其近亲属应当自伤情相对稳定或者停工留薪期满起60日内向劳动能力鉴定委员会提出劳动能力鉴定申请。因特殊情况无法在60日内提出申请的，可适当延长申请时限。

第二十二条 用人单位、工伤职工或者其近亲属向劳动能力鉴定委员会提出劳动能力鉴定申请时，应当提交下列材料：

（一）劳动能力鉴定申请表；

（二）有效的诊断证明、按照医疗机构病历管理有关规定复印或者复制的检查、检验报告等完整病历材料；

（三）劳动能力鉴定委员会规定的其他材料。

第二十三条 劳动能力鉴定委员会收到劳动能力鉴定申请后，应当及时对申请人提交的材料进行审核。申请材料完整的，及时组织鉴定，并自收到申请之日起60日内作出鉴定结论，书面通知用人单位、工伤职工或者其近亲属；伤情复杂、涉及医疗卫生专业较多的，作出鉴定结论的期限可以延长30日。

申请材料不完整的，劳动能力鉴定委员会应当自收到申请之日起5个工作日内一次性书面告知申请人在15日内提交需要补正的全部材料。申请人逾期不补正或者补正后仍不符合受理要求的，应当自逾期或者收到补正材料之日起5个工作日内作出不予受理决定，书面通知申请人并说明理由。

劳动能力鉴定委员会认为有必要时，可以要求工伤职工到具备资格的医疗机构进行相关检查和诊断，检查时间不计算在劳动能力鉴定时限内。

第二十四条 工伤职工的下列工伤保险待遇从工伤保险基金中支付：

（一）工伤医疗费；

（二）工伤康复费；

（三）住院伙食补助费；

（四）到统筹地区以外就医所需的交通食宿费；

（五）辅助器具安装配置费；

（六）生活护理费；

（七）一次性伤残补助金；

（八）一级至四级伤残职工的伤残津贴；

（九）一次性工伤医疗补助金；

（十）丧葬补助金；

（十一）供养亲属抚恤金；

（十二）一次性工亡补助金。

第二十五条 因工伤发生的下列费用，由用人单位支付：
（一）停工留薪期内的工资福利待遇；
（二）停工留薪期内的生活护理；
（三）五级、六级伤残职工的伤残津贴；
（四）一次性伤残就业补助金。

第二十六条 职工因工作遭受事故伤害或者患职业病的，应当在签订服务协议的医疗机构治疗。情况紧急时，可以先到就近的医疗机构急救。

职工发生工伤时，用人单位应当采取措施使其得到及时救治。认定工伤后，对已经发生的治疗费用，由用人单位与经办机构结算。继续发生的住院治疗费用由医疗机构与经办机构结算。

工伤职工的工伤康复和辅助器具配置费，由签订服务协议的工伤康复医疗机构、辅助器具配置机构与经办机构结算。

经办机构与医疗机构、辅助器具配置机构在平等协商的基础上签订服务协议，并公布签订服务协议的医疗机构、辅助器具配置机构的名单。具体实施办法按照国家和本市有关规定执行。

第二十七条 工伤职工在统筹地区以外的医疗机构接受抢救治疗的，脱离危险后应当及时送转本市签订服务协议的医疗机构继续治疗。

第二十八条 工伤职工住院伙食补助费、到统筹地区以外就医的交通食宿费用标准由市人民政府另行规定。

第二十九条 职工因工致残被鉴定为五级、六级伤残的，经本人提出，可以与用人单位解除劳动（聘用）合同或者终止劳动（人事）关系；被鉴定为七级至十级伤残的，劳动（聘用）合同期满或者经本人提出，可以与用人单位解除劳动（聘用）合同或者终止劳动（人事）关系。

解除劳动（聘用）合同或者终止劳动（人事）关系的职工，由工伤保险基金支付一次性工伤医疗补助金，由用人单位支付一次性伤残就业补助金。

一次性工伤医疗补助金的具体标准为本市上年度职工月平均工资的 2 至 12 个月：五级伤残为 12 个月，六级伤残为 10 个月，七级伤残为 8 个月，八级伤残为 6 个月，九级伤残为 4 个月，十级伤残为 2 个月。

一次性伤残就业补助金的具体标准为本市上年度职工月平均工资的 3 至 18 个月：五级伤残为 18 个月，六级伤残为 15 个月，七级伤残为 12 个月，八级伤残为 9 个月，九级伤残为 6 个月，十级伤残为 3 个月。

工伤职工解除劳动（聘用）合同或者终止劳动（人事）关系时，距法定退休年龄不足五年的，一次性工伤医疗补助金和一次性伤残就业补助金按金额的 80% 支付，不足四年的按 60% 支付，不足三年的按 40% 支付，不足二年的按 20% 支付，不足一年的按 10% 支付。工伤职工解除劳动（聘用）合同或者终止劳动（人事）关系时，已达到法定退休年龄并符合按月领取养老金条件的，不支付一次性工伤医疗补助金和一次性伤残就业补助金，但属于《中华人民共和国劳动合同法》第三十八条规定的情形除外。

第三十条 已经领取一次性工伤医疗补助金的工伤职工重新就业后旧伤复发的，用于工伤治疗的费用超过一次性工伤医疗补助金以上的部分，从工伤保险基金中支付。

第三十一条 由工伤保险基金支付的伤残津贴、供养亲属抚恤金、生活护理费等长期待遇按规定发放，不得一次性支付。

第三十二条 职工退休后确诊为职业病的，依法享受工伤保险待遇。

第三十三条 伤残津贴、供养亲属抚恤金、生活护理费，由市人力资源和社会保障行政部门根据本市上年度职工月平均工资和最低工资标准进行调整。

第三十四条 职工所在用人单位未依法缴纳工伤保险费，发生工伤事故的，由用人单位支付工伤保险待遇。用人单位不支付的，从工伤保险基金中先行支付。从工伤保险基金中先行支付的工伤保险待遇应当由用人单位偿还。用人单位不偿还的，经办机构可以依照《中华人民共和国社会保险法》第六十三条的规定追偿。

由于第三人的原因造成工伤，第三人不支付工伤医疗费用或者无法确定第三人的，由工伤保险基金先行支付。工伤保险基金先行支付后，经办机构有权向第三人追偿。

第三十五条 由于第三人的原因造成工伤，第三人应当承担的人身损害赔偿（不含精神损害赔偿）总额低于工伤保险待遇的，由工伤保险基金补足差额部分。

第三十六条 享受工伤保险待遇的工伤职工或者其近亲属，应当向经办机构提交有关材料。经办机构应当自收到有关材料之日起15日内核定完毕，并按照规定落实相关待遇。

第三十七条 职工在同一用人单位多次发生工伤，应当按照伤残等级分别享受一次性伤残补助金；在解除劳动（聘用）合同或者终止劳动（人事）关系时，按最高伤残等级享受一次性工伤医疗补助金和一次性伤残就业补助金。

第三十八条 签订服务协议的工伤保险医疗机构、工伤康复医疗机构的医师，有下列行为之一的，由人力资源和社会保障行政部门给予警告，责令改正：

（一）隐匿、伪造或者擅自销毁医学文书及有关资料，影响工伤认定或者劳动能力鉴定的；

（二）以为工伤职工治疗为名开具药品处方或者购药凭证，串通参保人员不取药而兑换现金或者有价证券的；

（三）将非工伤保险基金支付的病种、诊疗项目、药品篡改为工伤保险基金支付的；

（四）故意分解处方、超量开药、重复开药的。

第三十九条 本规定自2019年11月1日起施行。天津市人民政府2012年2月3日公布的《天津市工伤保险若干规定》（2012年市人民政府令第50号）同时废止。

80　河北省工伤保险实施办法

2011年12月31日河北省人民政府令〔2011〕第21号公布，自2012年3月1日起施行，根据2019年12月28日河北省人民政府令〔2019〕第11号第一次修正，根据2022年1月9日河北省人民政府令〔2022〕第1号第二次修正。

第一章　总　　则

第一条　为保障因工作遭受事故伤害或者患职业病的职工获得医疗救治和经济补偿，促进工伤预防和职业康复，根据《中华人民共和国社会保险法》和国务院《工伤保险条例》（以下简称《条例》），结合本省实际，制定本办法。

第二条　本省行政区域内的企业、事业单位、社会团体、民办非企业单位、基金会、律师事务所、会计师事务所等组织和有雇工的个体工商户（以下称用人单位）应当依照《条例》和本办法的规定参加工伤保险。

用人单位应当为全部职工或者雇工（以下称职工）缴纳工伤保险费，其职工均有依照《条例》和本办法的规定享受工伤保险待遇的权利。

第三条　县级以上人民政府社会保险行政部门负责本行政区域内的工伤保险工作。

社会保险行政部门按国务院和省政府有关规定设立的社会保险经办机构（以下称经办机构）具体承办工伤保险事务。

第四条　省社会保险行政部门制定工伤保险政策和相关标准，应当征求工会组织、用人单位代表的意见。

第五条　用人单位应当建立安全生产、职业病防治责任制，采取措施预防工伤事故的发生，避免和减少职业病危害。

第二章　工伤保险基金

第六条　工伤保险基金实行全省统筹。具体办法由省社会保险行政部门会同省财政部门制定，报省人民政府批准后施行。

第七条　用人单位应当缴纳的工伤保险费费率，由省社会保险行政部门的经办机构（以下称省经办机构）根据用人单位所属行业相应的费率档次和用人单位工伤保险费使用、工伤发生率等情况确定。

第八条　用人单位应当以全部职工上一年度的工资总额为基数申报缴纳工伤保险费。不能以全部职工上一年度的工资总额为基数申报缴纳工伤保险费的行业，按国家和本省有关规定办理。

用人单位参加工伤保险的职工人数发生变化的，应当在5日内将变化的职工名单和相关情况报告经办机构。

第九条 用人单位应当按月向经办机构申报应当缴纳的工伤保险费数额，经办机构应当即时审核。因特殊情况不能即时审核的，应当于收到缴费申报材料之日起3日内审核完毕。用人单位应当于经办机构审核后5日内以货币形式全额缴纳工伤保险费。

用人单位不按规定申报应当缴纳的工伤保险费数额的，由经办机构暂按该单位上月缴费数额的百分之一百一十确定应缴数额；没有上月缴费数额的，由经办机构暂按该单位的经营状况、职工人数等有关情况确定应缴数额。用人单位补办申报手续并按核定数额缴纳工伤保险费后，由经办机构按规定结算。

第十条 工伤保险费由税务机关征收。

第十一条 工伤保险基金用于下列项目的支出：

（一）治疗工伤的医疗费用和康复费用；

（二）住院伙食补助费；

（三）到本设区的市以外的地区就医途中所需的交通、食宿费；

（四）安装配置伤残辅助器具所需费用；

（五）生活不能自理的工伤职工经劳动能力鉴定委员会确认的生活护理费；

（六）一次性伤残补助金和一至四级伤残职工按月领取的伤残津贴；

（七）终止或者解除劳动、聘用合同时应当享受的一次性工伤医疗补助金；

（八）因工死亡职工的遗属领取的丧葬补助金、供养亲属抚恤金和一次性工亡补助金；

（九）工伤预防费；

（十）工伤认定调查费；

（十一）劳动能力鉴定费；

（十二）法律、法规、规章规定用工伤保险基金支出的其他项目。

工伤认定调查费的支出，由省社会保险行政部门会同省财政部门提出使用计划，报省人民政府批准后执行。

工伤预防费的提取比例、使用和管理，按国家和省社会保险行政部门会同省财政、卫生健康、应急管理等部门制定的有关规定执行。

第十二条 省经办机构应当在年底前，将全省本年度征收的工伤保险费总额的百分之十留作工伤保险储备金，用于特大、重大事故的工伤保险待遇支付。工伤保险储备金可以连年结转使用，但总额不得超过工伤保险基金总额的百分之三十。

使用工伤保险储备金应当报省人民政府批准。

第三章 工伤认定

第十三条 用人单位应当自职工发生事故伤害或者按《中华人民共和国职业病防治法》的规定被诊断、鉴定为职业病之日起30日内，向所在地设区的市社会保险行政部门或者其委托的县（市、区）社会保险行政部门提出工伤认定申请。因职工发生交通事故、失踪、因工外出期间发生事故伤害以及受其他条件限制暂时不能按规定时限提出工伤认定申请的,经设区的市社会保险行政部门同意,申请时限可以适当延长,但延长的时间不得超过3个月。

用人单位未按前款规定提出工伤认定申请的,职工或者其近亲属、工会组织自事故伤害发生之日或者被诊断、鉴定为职业病之日起1年内,可以直接向用人单位所在地设区的市社会保险行政部门或者其委托的县(市、区)社会保险行政部门提出工伤认定申请。

职工与用人单位之间因劳动、人事关系发生争议的,依据法定程序处理争议的时间不计算在工伤认定的申请时限内。

第十四条 提出工伤认定申请应当提交下列材料:

(一)《工伤认定申请表》;

(二)劳动、聘用合同复印件或者其他证明职工与用人单位存在劳动、人事关系(包括事实劳动、人事关系)的材料;

(三)医疗机构出具的受伤后诊断证明书、职业病诊断机构出具的职业病诊断证明书或者鉴定机构出具的职业病诊断鉴定书。

属于下列情形的,还应当在社会保险行政部门受理工伤认定申请后分别提交相关证明材料,取得证明材料所需时间不计算在工伤认定的时限内:

(一)因履行工作职责受到暴力伤害的,提交公安机关有关证明、人民法院的裁决书或者其他有效证明;

(二)因交通事故或者城市轨道交通、客运轮渡、火车事故受到伤害提出工伤认定申请的,提交公安机关交通管理、交通运输、铁路等部门或者司法机关及法律、行政法规授权的组织出具的相关法律文书;

(三)在因工外出期间,因工作原因受到伤害的,提交公安机关证明或者其他证明;因发生事故下落不明认定因工死亡的,提交人民法院宣告死亡的证明;

(四)在工作时间和工作岗位因突发疾病死亡或者在48小时之内经抢救无效死亡的,提交医疗机构的抢救和死亡证明;

(五)在抢险救灾等维护国家利益、社会公共利益活动中受到伤害的,提交有效证明;

(六)因战、因公负伤致残的残疾军人到用人单位后旧伤复发的,提交残疾军人证和当地民政部门出具的证明及医疗机构对旧伤复发的诊断证明。

第十五条 社会保险行政部门收到用人单位、职工或者其近亲属、工会组织(以下称申请人)的工伤认定申请后,应当即时对申请人提交的材料进行审核。材料完整的,应当即时最迟在15日内作出受理或者不予受理的决定。材料不完整的,应当以书面形式一次性告知需要补正的全部材料,收到补正材料后即时最迟在15日内作出受理或者不予受理的决定。

社会保险行政部门决定受理工伤认定申请的,应当向申请人出具《工伤认定申请受理决定书》。决定不予受理的,应当向申请人出具《工伤认定申请不予受理决定书》。

第十六条 社会保险行政部门受理职工或者其近亲属、工会组织提出的工伤认定申请,需要用人单位提交有关材料的,应当通知用人单位,用人单位应当于15日内提交。用人单位未按时提交的，社会保险行政部门可以依据职工或者其近亲属、工会组织提供的材料作出工伤认定。

第十七条 社会保险行政部门受理工伤认定申请后，需要调查核实相关情况的，应当指派两名以上工作人员进行调查核实。

第十八条 社会保险行政部门应当自受理工伤认定申请之日起 60 日内作出工伤认定决定，并自作出工伤认定决定之日起 20 日内，将《认定工伤决定书》或者《不予认定工伤决定书》送达职工或者其近亲属和用人单位，同时抄送经办机构。

对认定为工伤或者视同工伤的职工，社会保险行政部门应当核发《工伤证》。《工伤证》由职工本人保管。

第十九条 用人单位工伤保险费由省经办机构核定的，其职工的工伤保险认定事项由省社会保险行政部门办理。

第四章 劳动能力鉴定

第二十条 省、设区的市应当依据《条例》的有关规定设立劳动能力鉴定委员会，具体承担下列工伤职工的劳动能力及相关事项的鉴定、确认（以下称劳动能力鉴定）工作：

（一）伤残等级鉴定；

（二）护理依赖等级鉴定；

（三）停工留薪期、延长停工留薪期及停工留薪期内因工伤导致死亡的确认；

（四）安装配置伤残辅助器具确认；

（五）工伤直接导致疾病确认；

（六）工伤复发确认；

（七）康复可能性确认；

（八）供养亲属完全丧失劳动能力鉴定；

（九）国家和本省规定的其他劳动能力鉴定工作。

劳动能力鉴定委员会的办事机构设在同级社会保险行政部门，具体负责劳动能力鉴定委员会的日常工作和劳动能力鉴定的组织工作。

第二十一条 职工发生事故伤害或者按《中华人民共和国职业病防治法》的规定被诊断或者鉴定为职业病、在停工留薪期接受治疗的，应当自停工留薪期满之日起 60 日内，申请进行劳动能力鉴定。

第二十二条 进行劳动能力鉴定，应当由用人单位、工伤职工或者其近亲属向设区的市劳动能力鉴定委员会（由省经办机构核定工伤保险费的，向省直劳动能力鉴定委员会）提出申请，并提交下列材料：

（一）《劳动能力鉴定申请表》；

（二）《认定工伤决定书》；

（三）医疗机构出具的病历、诊断证明和检查检验单等诊疗资料。

工伤职工因工伤直接导致其他疾病的，应当在申请劳动能力鉴定时一并提出确认申请，并提交相关医疗机构的证明。

第二十三条 申请进行劳动能力鉴定的用人单位和工伤职工或者其近亲属对鉴定结论不服的，应当自收到鉴定结论之日起 15 日内，向省劳动能力鉴定委员会提出再次鉴定申请，并提交初次鉴定的结论。

作出初次鉴定的劳动能力鉴定委员会应当向省劳动能力鉴定委员会移交有关材料。

第二十四条 劳动能力鉴定委员会应当自收到鉴定申请材料之日起 60 日内作出鉴定结论。

因工伤职工伤情复杂或者治疗工作涉及医疗卫生专业较多的，鉴定时限可以适当延长，但延长的时间不得超过 30 日。

第二十五条 自劳动能力鉴定结论作出之日起 1 年后，工伤职工或者其近亲属、用人单位、经办机构认为工伤职工的伤残情况发生变化的，可以到所在地设区的市或者省直劳动能力鉴定委员会申请复查鉴定。经复查鉴定伤残等级发生变化的，其工伤待遇中的定期待遇按本省有关规定予以调整。

第二十六条 初次劳动能力鉴定所需的费用，用人单位依法缴纳工伤保险费的，由工伤保险基金支付；用人单位未依法缴纳工伤保险费的，由用人单位支付。用人单位既未缴纳工伤保险费又不支付初次劳动能力鉴定费用的，由工伤保险基金先行垫付。申请再次鉴定或者复查鉴定的，由申请方预交鉴定费，再次鉴定或者复查鉴定结论与原鉴定结论一致的，鉴定费用由申请方承担；再次鉴定或者复查鉴定结论与原鉴定结论不一致的，鉴定费用由工伤保险基金支付。

第五章 工伤保险待遇

第二十七条 工伤职工需要暂停工作接受治疗的，在停工留薪期内原工资福利待遇不变，并由所在单位按月支付。

停工留薪期一般不超过 12 个月。工伤职工伤情严重或者有特殊情况的，经设区的市或者省直劳动能力鉴定委员会确认，停工留薪期可以适当延长，但延长的时间不得超过 12 个月。工伤职工评定伤残等级后，停发原待遇，按《条例》和本办法的规定享受伤残待遇。工伤职工在停工留薪期满后仍需治疗的，继续享受工伤医疗待遇。

在工伤职工停工留薪期内，用人单位不得与其解除或者终止劳动、人事关系。生活不能自理的工伤职工在停工留薪期内需要护理的，由用人单位指派专人护理。经工伤职工或者其近亲属同意，用人单位也可以按本单位上一年度职工月平均工资一人的标准支付护理费。

第二十八条 工伤职工住院治疗工伤的伙食补助费，以及经医疗机构出具证明并报经办机构同意到本设区的市以外的地区就医途中所需的交通、食宿费，由工伤保险基金支付。

前款规定的伙食补助费和交通、食宿费的支付标准，由省社会保险行政部门会同省财政部门制定，报省人民政府批准后执行。

第二十九条 工伤职工在工伤认定前的医疗费用由用人单位垫付，工伤认定后符合工伤保险诊疗项目目录、工伤保险药品目录和工伤保险住院服务标准的，由经办机构予以报销。

第三十条 职工治疗工伤应当到签订服务协议的医疗机构就医，情况紧急时可以先到就近的未签订服务协议的医疗机构急救，经急救脱离危险伤情稳定后仍需治疗的，应当转到签订服务协议的医疗机构就医。职工到未签订服务协议的医疗机构急救的，用人单位应当自职工受到伤害之日起7日内向经办机构报告。用人单位未在规定期限内向经办机构报告，或者职工经急救脱离危险伤情稳定后未及时转到签订服务协议的医疗机构就医的，职工的工伤医疗费用由用人单位支付。

工伤职工在外省、自治区、直辖市长期居住的，可以在长期居住地选择一至二家医疗机构治疗工伤，但用人单位或者工伤职工及其近亲属应当向经办机构备案。

第三十一条 具备资质的医疗机构、康复机构和伤残辅助器具配置机构拟开展工伤医疗服务的，可以按规定向社会保险行政部门提出申请。经审查符合工伤医疗服务条件的，由经办机构根据工伤医疗服务需要，在平等协商的基础上签订书面协议，明确双方的权利和义务。协议签订后，经办机构应当及时向社会公布工伤医疗服务机构的名单。

第三十二条 用人单位、工伤职工或者其近亲属申请工伤保险待遇的，经办机构应当及时审核，并在15日内支付相关待遇。

第三十三条 在国内保留工伤保险关系的职工被派遣出境工作期间，因工作原因遭受事故伤害或者患职业病需要在境外进行治疗的，其工伤医疗费用及安装配置伤残辅助器具所需的费用超过规定标准或者限额的部分，由用人单位支付。

第三十四条 五级至十级工伤职工按《条例》有关规定与用人单位解除或者终止劳动、人事关系的，由工伤保险基金支付一次性工伤医疗补助金，并由用人单位支付一次性伤残就业补助金。一次性工伤医疗补助金标准为解除或者终止劳动、人事关系时本省上一年度职工月平均工资的44个月至8个月工资，其中：五级44个月，六级38个月，七级26个月，八级20个月，九级14个月，十级8个月；一次性伤残就业补助金标准为解除或者终止劳动、人事关系时本省上一年度职工月平均工资的22个月至4个月工资，其中：五级22个月，六级16个月，七级10个月，八级8个月，九级6个月，十级4个月。

五级至十级工伤职工需要安装配置伤残辅助器具的，按省社会保险行政部门规定的标准，由工伤保险基金一次性支付伤残辅助器具的安装配置费用。

工伤职工终止或者解除劳动、人事关系时，距法定退休年龄不足5年的，一次性伤残就业补助金按每减少1年递减百分之二十的标准支付；距法定退休年龄不足1年的，一次性伤残就业补助金按规定标准的百分之十支付。工伤职工达到法定退休年龄办理退休手续的，不享受一次性工伤医疗补助金和伤残就业补助金。

第三十五条 工伤职工领取一次性工伤医疗补助金和伤残就业补助金后，不再享受其他工伤保险待遇。再次发生工伤的，应当按《条例》和本办法规定的程序重新履行工伤认定和劳动能力鉴定手续，并按新的认定和鉴定结论享受工伤保险待遇。

第三十六条 工伤职工的伤残津贴、供养亲属抚恤金、生活护理费标准，由省社会保险行政部门根据全省职工平均工资和生活费用变化等情况适时调整，报省人民政府批准后执行。

第六章 监督管理

第三十七条 社会保险行政部门应当依法对工伤保险基金的收支情况进行监督检查。

社会保险行政部门实施监督检查时,被检查的用人单位和有关人员应当如实提供与工伤保险有关的资料,不得拒绝检查或者谎报、瞒报。

第三十八条 社会保险行政部门对工伤保险基金的收支情况进行监督检查时发现存在问题的,应当提出整改建议,依法作出处理决定或者向有关行政主管部门提出处理建议。工伤保险基金收支情况的检查结果应当定期向社会公布。

第三十九条 经办机构应当建立健全业务、财务、安全和风险管理制度,定期向社会公布工伤保险基金的收支情况。

第四十条 用人单位应当按月在本单位公示参加工伤保险和缴纳工伤保险费的情况,接受职工监督。社会保险行政部门应当依法对用人单位参加工伤保险的情况实施劳动保障监察。

第四十一条 工会组织依法维护工伤职工的合法权益,对用人单位的工伤保险工作实行监督。

第七章 法律责任

第四十二条 社会保险行政部门的工作人员有下列情形之一的,依法给予处分;构成犯罪的,依法追究刑事责任:

(一) 无正当理由不受理工伤认定申请,或者弄虚作假将不符合工伤条件的人员认定为工伤职工的;

(二) 未妥善保管申请工伤认定的证据材料,致使有关证据灭失的;

(三) 收受当事人财物的;

(四) 其他玩忽职守、滥用职权、徇私舞弊的行为。

第四十三条 经办机构有下列行为之一的,由社会保险行政部门责令改正,对直接负责的主管人员和其他责任人员依法给予纪律处分;构成犯罪的,依法追究刑事责任;造成当事人经济损失的,由经办机构依法承担赔偿责任:

(一) 未按规定保存用人单位缴费和职工享受工伤保险待遇的情况记录的;

(二) 不按规定核定工伤保险待遇的;

(三) 收受当事人财物的。

第四十四条 用人单位应当按规定参加工伤保险而未参加的,由社会保险行政部门责令限期参加,补缴应当缴纳的工伤保险费,并自欠缴之日起,按日加收万分之五的滞纳金;逾期仍不缴纳的,处欠缴数额一倍以上三倍以下罚款。

应当按规定参加工伤保险而未参加的用人单位职工发生工伤的,由该用人单位按规定的工伤保险待遇项目和标准支付费用。

用人单位参加工伤保险并补缴应当缴纳的工伤保险费、滞纳金后，由工伤保险基金和用人单位按有关规定支付新发生的费用。

第八章　附　　则

第四十五条　公务员和参照公务员法管理的事业单位、社会团体的工作人员的工伤保险管理办法，由省社会保险行政部门会同有关部门制定，报省人民政府批准后施行。

第四十六条　本办法自2012年3月1日起施行。2004年11月26日河北省人民政府公布的《河北省工伤保险实施办法》同时废止。

81　山西省实施《工伤保险条例》办法

2023年1月16日山西省人民政府令第302号公布，
自2023年3月1日起施行。

第一条　为了保障因工作遭受事故伤害或者患职业病的职工获得医疗救治和经济补偿，促进工伤预防和职业康复，分散用人单位的工伤风险，根据《中华人民共和国社会保险法》和《工伤保险条例》等法律法规，结合本省实际，制定本办法。

第二条　本省行政区域内的机关、企业、事业单位、社会团体、社会服务机构、基金会、律师事务所、会计师事务所等组织和有雇工的个体工商户（以下称用人单位）参加工伤保险，职工或者雇工（以下称职工）享受工伤保险待遇，适用本办法。

第三条　省人民政府社会保险行政部门负责全省的工伤保险工作，建立统一规范的工伤保险省级统筹制度体系。设区的市、县级人民政府社会保险行政部门负责本行政区域内的工伤保险工作。

县级以上人民政府发展改革、公安、民政、财政、住房和城乡建设、交通运输、水利、卫生健康、退役军人事务、应急管理、市场监督管理、医疗保障、审计、税务等部门在各自职责范围内做好工伤保险相关工作。

第四条　县级以上人民政府社会保险行政部门所属的社会保险经办机构（以下简称经办机构），具体承办用人单位参加工伤保险登记、费率核定和待遇支付等工伤保险事务。

第五条　省人民政府社会保险行政等部门制定工伤保险的政策、标准，应当征求工会组织、用人单位代表的意见。

工会组织应当依法维护职工的合法权益，对用人单位的工伤保险工作实行监督。

第六条　省、设区的市人民政府社会保险行政部门应当会同财政、卫生健康、应急管理等部门，根据工伤事故伤害、职业病高发的行业、企业、工种和岗位等情况，确定工伤预防的重点领域和拟开展的工伤预防项目，在省、设区的市人民政府社会保险行政部门网站向社会公布。

第七条 工伤保险基金实行省级统收统支，由下列资金构成：

（一）用人单位缴纳的工伤保险费；

（二）工伤保险基金的利息；

（三）延迟缴纳工伤保险费的滞纳金；

（四）依法纳入工伤保险基金的其他资金。

第八条 用人单位应当按时足额缴纳工伤保险费。建筑、铁路、公路等工程建设项目，按照项目参加工伤保险的，执行国家和本省有关规定。

第九条 职工在两个或者两个以上用人单位同时就业的，各用人单位应当分别为职工缴纳工伤保险费。

劳务派遣单位跨地区派遣劳动者的，应当在用工单位所在地为被派遣劳动者缴纳工伤保险费。

第十条 工伤保险费根据以支定收、收支平衡原则确定费率。

省人民政府社会保险行政部门应当会同财政、税务部门，按照国家规定的行业差别费率以及行业内费率档次，结合本省实际，制定行业基准费率具体标准和费率浮动办法，经省人民政府批准后实施。

第十一条 经办机构根据用人单位登记的业务范围和行业基准费率确定用人单位初次缴费费率。业务范围跨行业的，初次缴费费率根据用人单位主业所适用的行业费率标准确定。

经办机构按照费率浮动办法，根据用人单位工伤保险费使用情况、工伤发生率、职业病危害程度等因素，对用人单位缴费费率进行浮动。

第十二条 用人单位应当自参加工伤保险缴费之日起30日内或者参加工伤保险缴费情况变更之日起15日内，在本单位公示参加工伤保险的职工姓名、参加工伤保险时间以及缴费情况等信息。公示时间不少于5个工作日。

第十三条 工伤保险基金应当存入社会保障基金财政专户，用于下列费用的支出：

（一）治疗工伤的医疗费用和康复费用；

（二）住院伙食补助费；

（三）到设区的市以外就医的交通食宿费；

（四）安装配置伤残辅助器具所需费用；

（五）生活不能自理的，经劳动能力鉴定委员会确认的生活护理费；

（六）一次性伤残补助金和一至四级伤残职工按月领取的伤残津贴；

（七）终止或者解除劳动合同时，应当享受的一次性工伤医疗补助金；

（八）因工死亡的，其遗属领取的丧葬补助金、供养亲属抚恤金和一次性工亡补助金；

（九）劳动能力鉴定费；

（十）工伤预防的宣传、培训等费用；

（十一）法律、法规规定的用于工伤保险的其他费用。

第十四条 工伤保险基金应当留有一定比例的储备金，用于重大事故的工伤保险待遇支付。

储备金占基金总额的具体比例和储备金的使用办法，由省人民政府社会保险行政部门会同财政部门制定，经省人民政府批准后实施。

第十五条 用人单位职工的工伤认定，由用人单位参加工伤保险登记地的社会保险行政部门负责办理。

按照前款规定应当由省人民政府社会保险行政部门负责的工伤认定，由用人单位所在地的设区的市人民政府社会保险行政部门负责办理。

未参加工伤保险的用人单位，其职工工伤认定由用人单位生产经营地的县级人民政府社会保险行政部门负责办理。

第十六条 用人单位应当自职工发生事故伤害之日或者被诊断、鉴定为职业病之日起30日内，提出工伤认定申请。特殊情况，经有工伤认定管辖权的社会保险行政部门同意，申请时限可以适当延长，但延长时间不得超过90日。

用人单位未在前款规定时间内提出工伤认定申请的，工伤职工或者其近亲属、工会组织在事故伤害发生之日或者被诊断、鉴定为职业病之日起1年内，可以提出工伤认定申请。

第十七条 用人单位、工伤职工或者其近亲属、工会组织提出工伤认定申请，应当填写由国务院社会保险行政部门统一样式的《工伤认定申请表》，并提交下列材料：

（一）工伤职工的社会保障卡或者居民身份证等其他身份证明复印件；

（二）劳动、聘用合同文本复印件或者与用人单位存在劳动关系（包括事实劳动关系）、人事关系的其他证明材料；

（三）医疗机构出具的受伤后诊断证明或者职业病诊断证明书（或者职业病诊断鉴定书）。

第十八条 省和设区的市应当依法建立劳动能力鉴定委员会。

劳动能力鉴定委员会办事机构负责劳动能力鉴定委员会日常工作和劳动能力鉴定组织管理工作。

第十九条 设区的市劳动能力鉴定委员会负责对下列事项进行鉴定和确认：

（一）劳动功能障碍程度初次鉴定和复查鉴定；

（二）生活自理障碍程度初次鉴定和复查鉴定；

（三）停工留薪期和延长停工留薪期的确认；

（四）安装配置辅助器具的确认；

（五）旧伤复发的确认；

（六）因工死亡职工供养亲属劳动功能障碍程度的鉴定。

申请鉴定的单位或者个人对设区的市劳动能力鉴定委员会作出的鉴定结论不服的，可以在收到该鉴定结论之日起15日内向省劳动能力鉴定委员会提出再次鉴定申请。

第二十条 省劳动能力鉴定委员会负责对初次鉴定或者复查鉴定结论不服提出的再次鉴定。

省劳动能力鉴定委员会作出的劳动能力鉴定结论为最终结论。

第二十一条 用人单位、工伤职工或者其近亲属提出劳动能力鉴定申请，应当填写由国务院社会保险行政部门统一样式的《劳动能力鉴定申请表》，并提交下列材料：

（一）工伤认定决定书复印件；

（二）工伤职工的居民身份证或者社会保障卡等其他有效身份证明原件和复印件；

（三）有效的诊断证明、按照医疗机构病历管理有关规定复印或者复制的检查、检验报告等完整病历材料。

第二十二条 初次劳动能力鉴定和确认所需费用，用人单位依法缴纳工伤保险费的，由经办机构从工伤保险基金中支付；未依法缴纳工伤保险费的，由用人单位承担。

申请再次鉴定或者复查鉴定的，鉴定结论与原鉴定结论一致的，鉴定费用由申请人承担。鉴定结论与原鉴定结论不一致的，鉴定费用依照前款规定执行。

劳动能力鉴定和确认的收费标准，由省人民政府社会保险行政部门会同价格主管部门和财政部门制定。

第二十三条 职工因工作遭受事故伤害或者患职业病时，用人单位应当采取措施及时救治。

工伤职工应当到省、设区的市经办机构公布的医疗机构、康复机构、辅助器具配置机构进行治疗、康复和辅助器具配置。情况紧急时，可以先到就近的医疗机构急救。

第二十四条 生活不能自理的工伤职工在停工留薪期需要护理的，用人单位应当派人陪护。

用人单位不派人陪护的，需经工伤职工或者其近亲属同意，并按照工伤发生时上年度全省职工月平均工资一人的标准，按月支付陪护费。

第二十五条 工伤职工经复查鉴定，伤残等级发生变化的，一次性伤残补助金不再重新计发，其他工伤保险待遇按照新的伤残等级支付。

符合领取伤残津贴的，按照就高原则，以复查鉴定结论作出之日前 12 个月的本人平均月缴费工资或者发生工伤之日前 12 个月的本人平均月缴费工资为基数核定伤残津贴。

第二十六条 伤残津贴、生活护理费和一次性伤残补助金，自作出劳动能力鉴定结论的次月起计发。

第二十七条 职工因工致残被鉴定为一级至四级伤残的，由用人单位和职工个人以伤残津贴为基数，缴纳基本医疗保险费。

职工因工致残被鉴定为五级和六级伤残的，保留与用人单位的劳动关系，由用人单位安排适当工作。难以安排工作的，用人单位按月发给伤残津贴，并由用人单位和职工个人以伤残津贴为基数，缴纳各项社会保险费。

第二十八条 伤残津贴、生活护理费、供养亲属抚恤金的调整要与全省经济发展水平相适应，根据职工工资增长、居民消费价格指数变化、工伤保险基金支付能力、相关社会保障待遇调整等因素，适时调整。

伤残津贴、生活护理费、供养亲属抚恤金调整的具体办法，由省人民政府社会保险行政部门会同财政部门制定，经省人民政府批准后实施。

第二十九条 职工因工致残被鉴定为五级至十级伤残的，依照《工伤保险条例》第三十六条、第三十七条规定，与用人单位解除或者终止劳动、聘用关系的，由经办机构从工伤保险基金中支付一次性工伤医疗补助金，由用人单位支付一次性伤残就业补助金。

一次性工伤医疗补助金和一次性伤残就业补助金，以职工与用人单位解除或者终止劳动、聘用关系之日前12个月的本人平均月缴费工资为基数，按下列标准计发：

（一）一次性工伤医疗补助金标准：五级伤残为36个月的本人工资，六级伤残为33个月的本人工资，七级伤残为24个月的本人工资，八级伤残为21个月的本人工资，九级伤残为18个月的本人工资，十级伤残为15个月的本人工资；

（二）一次性伤残就业补助金标准：五级伤残为24个月的本人工资，六级伤残为21个月的本人工资，七级伤残为15个月的本人工资，八级伤残为12个月的本人工资，九级伤残为9个月的本人工资，十级伤残为6个月的本人工资。

工伤职工距法定退休年龄不足5年的，一次性工伤医疗补助金和一次性伤残就业补助金，以5年为基数每少1年递减10%。

工伤职工达到退休年龄或者办理退休手续的，不享受一次性工伤医疗补助金和一次性伤残就业补助金。

职工在同一用人单位连续工作期间多次发生工伤的，按照职工在同一用人单位发生工伤的最高伤残等级，计发一次性工伤医疗补助金和一次性伤残就业补助金。

第三十条　职工在用人单位工作不满12个月发生工伤的，经办机构应当以职工实际工作月数的平均缴费工资为基数，核定其工伤保险待遇。

建筑、铁路、公路等工程建设项目，按照项目参加工伤保险的，经办机构在核定工伤职工待遇时，本人工资确定的，以本人工资为基数计算；本人工资不确定的，以工伤发生时上年度全省职工月平均工资为基数计算。

第三十一条　具备用工主体资格的承包单位违反法律、法规规定，将承包业务转包、分包给不具备用工主体资格的组织或者自然人，该组织或者自然人招用的劳动者从事承包业务时因工伤亡的，由承包单位承担用人单位依法应承担的工伤保险责任。

第三十二条　未参加工伤保险的用人单位职工发生工伤的，由用人单位依照《工伤保险条例》和本办法规定的工伤保险待遇项目和标准支付费用。

第三十三条　用人单位未足额申报职工缴费基数，造成工伤职工享受的工伤保险待遇降低的，差额部分由用人单位支付。

第三十四条　提供出行、外卖、即时配送和同城货运等劳动并获取报酬或者收入的新就业形态就业人员职业伤害保障，依照国家和本省有关规定执行。

第三十五条　本办法自2023年3月1日起施行。2017年4月26日山西省人民政府令第250号公布的《山西省实施〈工伤保险条例〉办法》同时废止。

82 内蒙古自治区工伤保险条例实施办法

内政发〔2014〕65号

第一章 总 则

第一条 为了保障因工作遭受事故伤害或者患职业病的职工能够及时获得医疗救治和经济补偿，促进工伤预防和工伤康复，分散用人单位的工伤风险，逐步建立完善工伤预防、补偿和工伤康复"三位一体"的制度体系，根据《中华人民共和国社会保险法》《工伤保险条例》（以下称《条例》），结合自治区实际，制定本办法。

第二条 自治区行政区域内的企业、事业单位、社会团体、民办非企业单位、基金会、律师事务所、会计师事务所等组织和有雇工的个体工商户（以下称用人单位）应当依照本办法规定参加工伤保险，为本单位全部职工或者雇工（以下称职工）缴纳工伤保险费。

自治区行政区域内的企业、事业单位、社会团体、民办非企业单位、基金会、律师事务所、会计师事务所等组织的职工和个体工商户的雇工，均有依照本办法的规定享受工伤保险待遇的权利。

第三条 工伤保险费的征缴按照《社会保险费征缴暂行条例》关于基本养老保险费、基本医疗保险费、失业保险费的征缴规定执行，由社会保险费征收机构征收。

第四条 用人单位应当将参加工伤保险的有关情况在本单位内公示。

用人单位和职工应当遵守有关安全生产和职业病防治的法律法规，执行安全卫生规程和标准；用人单位应当建立健全安全生产制度，明确责任，预防工伤事故发生，避免和减少职业病危害。

职工发生工伤时，用人单位应当采取措施使工伤职工得到及时救治。

第五条 自治区人民政府社会保险行政部门负责全区工伤保险工作，其他有关部门按照职责范围负责有关工伤保险工作。

旗县级以上人民政府社会保险行政部门负责本行政区域内工伤保险工作。其他有关部门按照职责范围负责有关工伤保险工作。

社会保险经办机构（以下简称经办机构）具体承办工伤保险事务。

第二章 工伤保险基金

第六条 工伤保险基金由用人单位缴纳的工伤保险费、工伤保险基金的利息和依法纳入工伤保险基金的其他资金构成。

第七条 工伤保险费根据以支定收、收支平衡的原则，确定费率。

第八条 统筹地区经办机构可根据用人单位上年度工伤保险费使用、工伤发生率等情况，对应所属行业内相应费率档次确定用人单位缴费费率。

用人单位初次参保，由统筹地区经办机构根据《企业法人资格证书》和《营业执照》登记的经营范围，行政机关和参照公务员法管理的事业单位、社会团体需提供《机构编制管理证》《机关事业单位工资基金管理册》《组织机构代码证》，按照用人单位所对应的工伤保险基准费率确定其缴费费率。

第九条 用人单位应当按时足额的缴纳工伤保险费。职工个人不缴纳工伤保险费。

用人单位缴纳工伤保险费的数额为本单位职工工资总额乘以单位缴费费率之积。

对难以按照工资总额计算缴纳工伤保险费的建筑施工企业、小型服务企业、小型矿山企业，工伤保险费的缴纳办法按照人力资源和社会保障部《部分行业企业工伤保险费缴纳办法》执行。

第十条 工伤保险实行属地管理，工伤保险基金实行盟市级统筹，逐步实行自治区级统筹。

跨地区、生产流动性较大的行业，可以采取相对集中的方式异地参加统筹地区的工伤保险。

第十一条 工伤保险基金存入社会保障基金财政专户，实行收支两条线管理，用于支付下列项目：

（一）治疗工伤的医疗费用和康复费用；

（二）住院伙食补助费；

（三）到统筹地区以外就医的交通食宿费；

（四）经劳动能力鉴定委员会确认需安装配置伤残辅助器具的费用；

（五）生活不能自理的，经劳动能力鉴定委员会确认的生活护理费；

（六）一次性伤残补助金和一至四级工伤职工按月领取的伤残津贴；

（七）终止或者解除劳动合同时，应当享受的一次性工伤医疗补助金；

（八）因工死亡职工的丧葬补助金、供养亲属抚恤金、一次性工亡补助金；

（九）劳动能力鉴定费；

（十）工伤认定调查费；

（十一）工伤预防费；

（十二）法律、法规规定用于工伤保险的其他费用。

工伤预防的宣传、培训等费用的提取比例、使用和管理按照国家规定执行。

经办机构应当定期向社会公布工伤保险基金的具体收支情况。

第十二条 工伤保险基金应当留有一定比例的储备金，用于统筹地区重大事故的工伤保险待遇支付，盟市级储备金不敷使用的，由自治区级储备金进行调剂，调剂后仍不敷使用的由统筹地区人民政府垫付。储备金的使用办法由自治区人力资源和社会保障厅会同有关部门制定。

第三章 工 伤 认 定

第十三条 职工发生事故伤害或者受到职业病伤害并按照职业病防治法规定被诊断、

鉴定为职业病的，所在单位应当自事故伤害发生之日或者被诊断、鉴定为职业病之日起30个工作日内，向统筹地区或者有管辖权的社会保险行政部门提出工伤认定申请。

用人单位未按前款规定提出工伤认定申请的，工伤职工或者其近亲属、工会组织在事故伤害发生之日或者被诊断、鉴定为职业病之日起1年内，可以直接向用人单位所在地统筹地区社会保险行政部门或者有管辖权的社会保险行政部门提出工伤认定申请。

在工作时间和工作岗位，因事故伤害死亡和突发疾病死亡或者在48小时之内经抢救无效死亡的，用人单位原则上应当自职工死亡之日起5个工作日内，向统筹地区或者有管辖权的社会保险行政部门报告。

注册登记地和生产经营地不在同一统筹地区的用人单位工伤职工，已参加工伤保险的，向参保地社会保险行政部门提出工伤认定申请；未参加工伤保险的，向发生工伤生产经营地社会保险行政部门提出工伤认定申请。

用人单位未在本条第一款规定的时限内提交工伤认定申请，在此期间发生符合《条例》和本《办法》规定的工伤待遇等有关费用由该用人单位负担。

第十四条 提出工伤认定申请应当提交下列材料：

（一）工伤认定申请表；

（二）与用人单位存在劳动关系（包括事实劳动关系）的证明材料；

（三）医疗诊断证明或者职业病诊断证明书（或者职业病诊断鉴定书）。

工伤认定申请表应当包括事故发生的时间、地点、原因以及职工伤害程度等基本情况。

第十五条 职工有下列情形之一的，应当认定为工伤：

（一）在工作时间和工作场所内，因工作原因受到事故伤害的；

（二）工作时间前后在工作场所内，从事与工作有关的预备性或者收尾性工作受到事故伤害的；

（三）在工作时间和工作场所内，因履行工作职责受到暴力等意外伤害的；

（四）患职业病的；

（五）因工外出期间，由于工作原因受到伤害或者发生事故下落不明的；

（六）在上下班途中，受到非本人主要责任的交通事故或者城市轨道交通、客运轮渡、火车事故伤害的；

（七）法律、行政法规规定应当认定为工伤的其他情形。

职工因工作环境存在有毒有害物质造成急性中毒被抢救治疗，经职业病诊断机构出具证明的，适用前款第（一）项的规定；受用人单位指派前往疫区工作而感染该疫病的，以及受用人单位指派参加竞技、文娱和体育比赛等活动而受到意外伤害的，适用前款第（五）项的规定。

第十六条 职工有下列情形之一的，视同工伤：

（一）在工作时间和工作岗位，突发疾病死亡或者在48小时之内经抢救无效死亡的；

（二）在抢险救灾等维护国家利益、公共利益活动中受到伤害的；

（三）职工原在军队服役，因战、因公负伤致残，已取得革命伤残军人证，到用人单位后旧伤复发的。

职工有前款第（一）项、第（二）项情形的，按照《条例》的有关规定享受工伤保险待遇；职工有前款第（三）项情形的，按照《条例》的有关规定享受除一次性伤残补助金以外的工伤保险待遇。

第十七条 职工符合本办法第十五条、第十六条的规定，但是有下列情形之一的，不得认定为工伤或者视同工伤：

（一）故意犯罪的；

（二）醉酒或者吸毒的；

（三）自残或者自杀的。

第十八条 对工伤认定申请人提供的材料，社会保险行政部门应当认真进行审查，材料完整的应当受理；材料不完整的，应当一次性书面告知工伤认定申请人需要补正的全部材料，申请人按照书面告知要求补正材料后，社会保险行政部门应当受理。

社会保险行政部门受理工伤认定申请后，依据《条例》和《工伤认定办法》作出工伤认定决定。

社会保险行政部门受理工伤认定申请后，发现劳动关系存在争议且无法确认的，应当告知当事人可以向劳动人事争议仲裁委员会申请仲裁。在此期间，作出工伤认定决定的时限中止，并书面通知申请工伤认定的当事人。劳动关系依法确认后，当事人应当将有关法律文书送交受理工伤认定申请的社会保险行政部门，该部门自收到生效法律文书之日起恢复工伤认定程序。

第十九条 职工或者其近亲属认为是工伤，用人单位不认为是工伤的，由该用人单位承担举证责任。用人单位在规定的时间内拒不举证的，社会保险行政部门可以根据受伤害职工提供的证据或者调查取得的证据，依法作出工伤认定决定。

第四章 劳动能力鉴定

第二十条 职工发生工伤，经治疗伤情相对稳定或停工留薪期满后存在残疾、影响劳动能力的，应当进行劳动能力鉴定。

劳动能力鉴定标准按照国家《职工工伤与职业病致残程度鉴定标准》执行。

第二十一条 劳动能力鉴定由用人单位、工伤职工或者其近亲属向统筹地区劳动能力鉴定委员会提出申请，并按规定提供相关证明材料。

第二十二条 自治区、盟市级劳动能力鉴定委员会分别由同级的社会保险行政部门、卫生行政部门、工会组织、经办机构代表以及用人单位代表组成。劳动能力鉴定委员会下设办公室，办公室设在社会保险行政部门。

第二十三条 劳动能力鉴定委员会负责以下工作：

（一）工伤职工劳动能力鉴定；

（二）停工留薪期限或延长停工留薪期的确认；

（三）工伤康复和辅助器具安装的确认；

（四）存在争议的旧伤复发确认；

（五）疾病与工伤因果关系鉴定；
（六）供养亲属完全丧失劳动能力鉴定；
（七）职工因病或非因工伤残丧失劳动能力程度鉴定；
（八）法律、法规规定的其他劳动能力鉴定事项。

第二十四条 劳动能力鉴定委员会依照《条例》和本《办法》进行劳动能力鉴定、确认，再次鉴定和复查鉴定的时限，依照《条例》第二十五条、二十六条、二十八条规定执行。

第二十五条 工伤申请鉴定的单位或者个人对盟市级劳动能力鉴定委员会作出的鉴定结论不服的，可以在收到该鉴定结论之日起15个工作日内向自治区劳动能力鉴定委员会提出再次鉴定申请。未在规定时限内提出申请的，自治区劳动能力鉴定委员会不予受理。自治区劳动能力鉴定委员会作出的劳动能力鉴定结论为最终结论。

第二十六条 参加工伤保险的工伤职工，劳动能力鉴定费从工伤保险基金中列支；未参加工伤保险或者未给工伤职工缴纳工伤保险费的，由用人单位支付。

第二十七条 劳动能力鉴定结论自送达申请人之日起1年后，工伤职工或者其近亲属、工伤职工所在单位或经办机构认为其伤残情况发生变化的，可以向首次做出劳动能力鉴定结论的劳动能力鉴定委员会提出复查鉴定申请。

第二十八条 用人单位、工伤职工或者其近亲属因同一工伤部位申请再次鉴定或者复查鉴定的，劳动能力鉴定费由申请人预缴，鉴定结论与初次鉴定一致的，鉴定费由申请人承担；再次鉴定或复查鉴定结论发生变化的，劳动能力鉴定费按本办法第二十六条规定执行。被鉴定人应当配合劳动能力鉴定委员会安排的劳动能力鉴定工作，无正当理由拒不配合劳动能力鉴定工作的，视为放弃劳动能力鉴定。

第五章 工伤保险待遇

第二十九条 职工因工作遭受事故伤害或者患职业病进行治疗，享受工伤医疗待遇。

职工治疗工伤应当在签订服务协议的工伤定点医疗机构就医，情况紧急时可以先到就近的医疗机构急救，并由用人单位在5个工作日内报告经办机构。工伤职工伤情相对稳定后，由经办机构视伤情确定是否转入签订服务协议的工伤定点医疗机构继续治疗。

治疗工伤所需费用符合工伤保险诊疗项目目录、工伤保险药品目录、工伤保险住院服务标准的，从工伤保险基金支付。职工住院治疗工伤或职业病的伙食补助费，以及经医疗机构出具证明，报统筹地区经办机构同意，工伤职工到统筹地区以外就医所需的符合规定的交通、食宿费用从工伤保险基金支付。基金支付的具体标准由统筹地区人民政府规定。

工伤职工治疗非工伤引发的疾病，不享受工伤医疗待遇，按照基本医疗保险办法处理。

第三十条 职工因工作遭受事故伤害或者患职业病需要暂停工作接受工伤医疗的，在停工留薪期内，原工资福利待遇不变，由所在单位按月支付。停工留薪期一般不超过12个月，伤情严重或者情况特殊，经统筹地区劳动能力鉴定委员会确认，可以适当延长，但延长不得超过12个月。工伤职工在停工留薪期满后经统筹地区劳动能力鉴定委员会鉴定仍需治疗的，继续享受工伤医疗待遇。

生活不能自理的工伤职工在停工留薪期内需要护理的，经收治的医疗机构出具证明，由所在单位负责派人护理。所在单位未派人护理的，由所在单位按照不低于统筹地区上年度职工月平均工资的70%标准向工伤职工支付陪护费。

工伤职工在停工留薪期内，用人单位不得解除劳动、聘用合同或劳动关系。

第三十一条 工伤职工申请工伤康复治疗的，需医院提出建议，由经办机构审批，对康复有疑义的，经劳动能力鉴定委员会确认，由签订服务协议的医疗或康复机构提供工伤康复服务。进行工伤康复符合规定的费用，从工伤保险基金支付。

第三十二条 工伤职工因日常生活或者就业需要安装配置辅助器具的，应当由本人申请，经劳动能力鉴定委员会确认后，到经办机构办理相关手续，由签订服务协议的辅助器具配置机构安装配置。辅助器具标准由自治区社会保险行政部门依照国家有关规定制定并公布。

工伤医疗康复和辅助器具配置机构经自治区社会保险行政部门确认后，各统筹地区社会保险行政部门在自治区确认范围内确定本统筹地区协议机构，由经办机构根据工伤医疗服务需要，在平等的基础上签订书面服务协议，明确双方权利和义务。经办机构应当及时向社会公布工伤服务机构的名单。

第三十三条 因工致残一次性伤残补助金、一至四级工伤职工的伤残津贴、生活护理费自作出劳动能力鉴定结论或者再次鉴定结论的次月起按照《条例》标准支付。

工亡职工丧葬补助金、一次性工亡补助金以工亡时间计算。按照《条例》标准支付；供养亲属抚恤金自因工死亡的次月起按照《条例》标准支付。

工伤职工申请劳动能力复查鉴定，鉴定结论发生变化的，从作出复查鉴定结论的次月起，除不计发一次性伤残补助金外，享受相应的工伤保险待遇。

第三十四条 生活护理费按照生活完全不能自理、生活大部分不能自理或者生活部分不能自理3个不同等级支付，其标准分别为统筹地区上年度职工月平均工资的50%、40%或者30%。

第三十五条 职工因工致残被鉴定为一级至四级伤残的，保留劳动关系，退出工作岗位，享受以下待遇：

（一）从工伤保险基金按伤残等级支付一次性伤残补助金，标准为：一级伤残为27个月的本人工资，二级伤残为25个月的本人工资，三级伤残为23个月的本人工资，四级伤残为21个月的本人工资。

（二）从工伤保险基金按月支付伤残津贴，标准为：一级伤残为本人工资的90%，二级伤残为本人工资的85%，三级伤残为本人工资的80%，四级伤残为本人工资的75%。工伤职工伤残津贴扣除本人基本养老保险、基本医疗保险缴费部分后，实际领取额低于统筹地区最低工资标准的，由工伤保险基金补足差额。

（三）工伤职工符合领取基本养老金条件的，停发伤残津贴，享受基本养老保险待遇。基本养老保险待遇低于伤残津贴的，从工伤保险基金补足差额。

（四）工伤职工未达到法定退休年龄前，由用人单位和工伤职工以伤残津贴为基数，按规定缴纳基本养老保险费和基本医疗保险费。如伤残津贴低于当地养老保险最低缴费基数的，按现执行养老保险政策缴纳养老保险费。工伤职工达到法定退休年龄时，其养老保险和医疗保险缴费年限不足统筹地区规定的缴费年限的，由用人单位和工伤职工按规定一次性缴纳其所余年限的基本养老保险费和医疗保险费。

第三十六条 职工因工致残被鉴定为五级、六级伤残的，享受以下待遇：

（一）从工伤保险基金按伤残等级支付一次性伤残补助金，标准为：五级伤残为18个月的本人工资，六级伤残为16个月的本人工资；

（二）保留与用人单位的劳动关系，由用人单位安排适当工作。难以安排工作的，由用人单位按月发给伤残津贴，标准为：五级伤残为本人工资的70%，六级伤残为本人工资的60%，并由用人单位和个人按照规定缴纳各项社会保险费。扣除个人缴费部分，伤残津贴实际金额低于当地最低工资标准的，由用人单位补足差额。

经工伤职工本人提出，可以与用人单位解除或者终止劳动关系。工伤职工与用人单位解除或者终止劳动关系时，由工伤保险基金支付一次性工伤医疗补助金，由用人单位支付一次性伤残就业补助金。

以工伤职工解除或终止劳动关系时统筹地区上年度职工月平均工资为基数，由工伤保险基金支付工伤职工一次性工伤医疗补助金，标准为：五级伤残的26个月统筹地区上年度职工月平均工资（下同），六级伤残的23个月。患职业病的工伤职工，一次性医疗补助金在上述基础上增加20%。

由用人单位按照工伤职工解除或终止劳动关系时统筹地区上年度职工月平均工资，支付工伤职工一次性就业补助金，标准为：五级伤残的26个月，六级伤残的23个月。

第三十七条 职工因工致残被鉴定为七级至十级伤残的，享受以下待遇：

（一）从工伤保险基金按伤残等级支付一次性伤残补助金，标准为：七级伤残为13个月的本人工资，八级伤残为11个月的本人工资，九级伤残为9个月的本人工资，十级伤残为7个月的本人工资；

（二）工伤职工劳动、聘用合同期满终止，或者职工本人提出解除劳动、聘用合同的，由工伤保险基金支付一次性工伤医疗补助金，由用人单位支付一次性伤残就业补助金。

以工伤职工终止或者职工本人提出解除劳动、聘用合同、劳动关系时统筹地区上年度职工月平均工资为基数，由工伤保险基金支付工伤职工一次性工伤医疗补助金，标准为：七级伤残的16个月，八级伤残的13个月，九级伤残的10个月，十级伤残的7个月。患职业病的工伤职工，一次性工伤医疗补助金在上述基础上增加20%。

由用人单位按照工伤职工终止或者职工本人提出解除劳动、聘用合同、劳动关系时统筹地区上年度职工月平均工资，支付工伤职工一次性就业补助金，标准为：七级伤残的16个月，八级伤残的13个月，九级伤残的10个月，十级伤残的7个月。

第三十八条 五级至十级工伤职工距法定退休年龄不足五年的，用人单位终止或者由本人提出解除劳动、聘用合同、劳动关系的，一次性医疗补助金全额支付。一次性伤残就业补助金每差一年扣减10%；不足一年的按照一年计算。工伤职工达到法定退休年龄的，不享受一次性医疗补助金和一次性就业补助金。

职工在同一用人单位连续工作期间多次发生工伤的，符合《条例》第三十六、第三十七条规定领取相关待遇时，按照其在同一用人单位发生工伤的最高伤残级别，计发一次性伤残就业补助金和一次性工伤医疗补助金。

第三十九条 因工致残职工终止或者职工本人提出解除劳动、聘用合同劳动关系的，按本《办法》第三十六条、第三十七条、第三十八条规定领取一次性工伤医疗补助金和一次性伤残就业补助金的，与用人单位、所在地经办机构签订终止工伤保险关系书面协议，工伤保险关系终止，不再享受工伤保险待遇。

第四十条 用人单位对接触职业病危害作业的职工，在终止、解除劳动合同时或者办理退休、退职手续前，应进行职业健康检查，并将检查结果告知职工。工伤职工办理退休手续后被确诊患有职业病并认定为工伤的，依法享受工伤保险有关待遇，但不享受一次性伤残就业补助金和一次性工伤医疗补助金。工伤职工劳动关系终止、解除前或者办理退休手续前在多个用人单位工作过的，工伤保险相关待遇由导致职工患职业病的用人单位承担。

第四十一条 曾经从事接触职业病危害作业、当时没有发现罹患职业病、离开工作岗位后被诊断或鉴定为职业病的符合下列条件的人员，可以自诊断、鉴定为职业病之日起一年内申请工伤认定，社会保险行政部门应当受理：

（一）办理退休（退职）手续后，未再从事接触职业病危害作业的退休人员；

（二）劳动或聘用合同期满后或者本人提出而解除劳动或聘用合同后，未再从事接触职业病危害作业的人员。

经工伤认定和劳动能力鉴定，前款第（一）项人员符合领取一次性伤残补助金条件的，按就高原则以本人退休前12个月平均月缴费工资或者确诊职业病前12个月的月平均养老金为基数计发。前款第（二）项人员被鉴定为一级至十级伤残、按《条例》规定应以本人工资作为基数享受相关待遇的，按本人终止或者解除劳动、聘用合同前12个月平均月缴费工资计发。

按照本条第一款规定被认定为工伤的职业病人员，职业病诊断证明书（或职业病诊断鉴定书）中明确的用人单位，在该职工从业期间依法为其缴纳工伤保险费的，按《条例》的规定，分别由工伤保险基金和用人单位支付工伤保险待遇；未依法为该职工缴纳工伤保险费的，由用人单位按照《条例》规定的相关项目和标准支付待遇。

工伤职工领取一次性伤残补助金、伤残就业补助金和工伤医疗补助金后，工伤保险关系终止。

第四十二条 工伤职工工伤复发的，由协议医疗机构提出意见，经办机构确认后进行治疗，并按《条例》和本办法有关规定享受工伤待遇。伤情存在争议的，由统筹地区劳动能力鉴定委员会确认。

第四十三条 经复查鉴定，伤残等级及护理程度发生变化的，自作出复查鉴定结论的次月起，所享受的除一次性伤残补助金之外的伤残津贴或生活护理费按照当期标准执行。

第四十四条 职工因工死亡，其直系亲属按照下列规定从工伤保险基金领取丧葬补助金、供养亲属抚恤金和一次性工亡补助金：

（一）丧葬补助金以工亡时间上年度统筹地区职工月平均工资为基数计发6个月。

（二）供养亲属抚恤金按照职工因工死亡前本人12个月平均月缴费工资的一定比例发给由因工死亡职工生前提供主要生活来源、无劳动能力的亲属。标准为：配偶每月40%，其他亲属每人每月30%，孤寡老人或者孤儿每人每月在上述标准的基础上增加10%。核定的各供养亲属的抚恤金之和不应高于因工死亡职工生前的本人缴费工资。

（三）一次性工亡补助金的标准为工亡时间上一年度全国城镇居民人均可支配收入的20倍。

伤残职工在停工留薪期内因工伤导致死亡的，其近亲属享受本条第一款规定的待遇。

一级至四级伤残职工在停工留薪期满后死亡的，其近亲属可以享受本条第一款第（一）项、第（二）项规定的待遇。

第四十五条 以本统筹地区上年度职工月平均工资和全国上年度城镇居民人均可支配收入为基数核定工伤保险待遇时，在上年度数据未公布之前，工伤职工或工亡职工近亲属所领取的工伤待遇可暂按前一年工伤待遇标准预支，待上年度相关数据公布后重新计算按新标准补足差额。

第四十六条 伤残津贴、供养亲属抚恤金、生活护理费由统筹地区社会保险行政部门，按照统筹地区上年度职工平均工资和生活水平情况适时调整，并向社会公布。

第四十七条 用人单位解散、破产、关闭、改制的，应当优先安排解决包括工伤保险所需费用在内的社会保险费。有关工伤保险待遇支付按照下列规定处理：

（一）一至四级的工伤职工，用人单位已参加工伤保险的，工伤保险待遇继续由经办机构支付；未参加工伤保险的，由用人单位按照统筹地区上年度工伤保险待遇人均实际支出标准计算到七十五周岁，在资产清算时一次性向经办机构缴纳；自一次性缴足次月起，工伤保险待遇由经办机构支付。

（二）五至十级的工伤职工，用人单位已参加工伤保险的，由工伤保险基金按照本办法支付一次性工伤医疗补助金，由用人单位按照本办法支付一次性伤残就业补助金，同时终止工伤保险关系；未参加工伤保险的，由用人单位按照本办法支付一次性工伤医疗补助金和一次性伤残就业补助金，同时终止工伤保险关系。

（三）因工死亡职工，用人单位已参加工伤保险的，其供养亲属抚恤金继续由经办机构支付；未参加工伤保险的，由用人单位按照《条例》规定的标准，一次性支付给供养亲属，或者一次性向经办机构缴纳，由机构定期继续支付。计算时间为：因工死亡职工供养的配偶和父母计算到七十五周岁；未成年人计算到十八周岁。

第六章 附 则

第四十八条 职工工作不满一年发生工伤的，在计算工伤保险待遇时，有缴费工资或者月工资的，可以按照缴费工资或者实际工作月份的月平均工资为基数计算；无缴费工资的，可以按照本单位上年度职工月平均工资为基数计算。本单位上年度职工月平均工资低于统筹地区在岗职工平均工资的60%，按照用人单位所在统筹地区在岗职工月平均工资的60%计算。本人工资指缴费工资。

第四十九条 用人单位因少报、瞒报缴费基数，造成工伤职工享受的工伤保险待遇降低的，差额部分由用人单位补足。

第五十条 国家机关、参照公务员法管理的事业单位及其职工参照本办法的规定参加工伤保险。

公务员、参照公务员法管理的事业单位和社会组织的工作人员因工作遭受事故伤害或者患职业病的，可以按照《条例》和本办法的规定进行工伤认定和劳动能力鉴定，享受有关工伤保险待遇，所需费用参加工伤保险的由工伤保险基金支付，未参加工伤保险的由所在单位按照《条例》和本办法规定的标准支付。

第五十一条 在2011年1月1日后解除劳动关系的工伤职工，其一次性工伤医疗补助金和一次性伤残就业补助金按本办法执行。

第五十二条 本办法自发布之日起施行，原《内蒙古自治区〈工伤保险条例〉实施办法》（内政办字〔2003〕462号）同时废止。

第五十三条 各盟行政公署、市人民政府可以根据《条例》和本办法结合本地区实际制定实施细则，经自治区社会保险行政管理部门审查后，报自治区人民政府备案。

83 辽宁省工伤保险实施办法

2017年12月20日辽宁省人民政府令第316号公布，自2018年2月1日起施行，根据2019年11月27日辽宁省人民政府令第331号修正。

第一章 总 则

第一条 为了保障因工作遭受事故伤害或者患职业病的职工获得医疗救治和经济补偿，促进工伤预防和职业康复，分散用人单位的工伤风险，根据《中华人民共和国社会保险法》《工伤保险条例》，结合我省实际，制定本办法。

第二条 我省行政区域内的企业、事业单位、社会团体、民办非企业单位、基金会、律师事务所、会计师事务所等组织和有雇工的个体工商户（以下统称用人单位）应当依法参加工伤保险，为本单位全部职工或者雇工（以下统称职工）缴纳工伤保险费。

法律、行政法规另有规定的，依照其规定。

第三条 用人单位应当按照下列规定参加工伤保险：

（一）在市场监督管理、民政、机构编制管理等机构登记注册的，在登记注册所在地参加工伤保险；

（二）登记注册地与生产经营地不在同一地区的，原则上在登记注册地参加工伤保险；未在登记注册地参加工伤保险的，在生产经营地参加工伤保险；

（三）劳务派遣单位跨地区派遣职工的，根据国家劳务派遣相关规定参加工伤保险。

鼓励用人单位在参加法定工伤保险的基础上，为职工办理补充工伤保险。

第四条 用人单位依法参加工伤保险的，工伤职工应当在参保所在地进行工伤认定、劳动能力鉴定，按照当地的有关规定依法享受工伤保险待遇；用人单位未参加工伤保险的，可以在生产经营地进行工伤认定、劳动能力鉴定，按照当地的有关规定由用人单位支付工伤保险待遇。

第五条 省、市人民政府统一领导本行政区域的工伤保险工作，加强工伤保险基金风险防控，拓展工伤保险参保覆盖范围，建立工伤预防、安全生产、职业卫生工作协调机制，将工伤认定调查经费纳入财政预算，推动工伤保险公共服务信息化建设。

第六条 省、市、县（含县级市、区，下同）社会保险行政部门负责本行政区域内的工伤保险工作。

社会保险经办机构（以下简称经办机构）具体承办登记、核定和待遇支付等工伤保险事务。

财政、应急管理、卫生健康、市场监督管理、国有资产监管、住房城乡建设、税务、交通运输、商务、民政、公安等行政部门，以及工会组织（含各级总工会、行业工会和用人单位工会）等社会团体、组织，在各自职责范围内配合做好工伤保险工作。

第二章　工伤保险基金

第七条 建立工伤保险基金省级调剂金制度。

省级调剂金由各市按上年工伤保险费征收总额的2%上解，存入社会保障基金财政专户分账核算。省级调剂金每年上解一次，根据使用情况可以适时调整上解比例，具体使用管理办法由省社会保险行政部门会同财政部门制定。

第八条 工伤保险统筹地区应当每年从工伤保险基金中提取工伤保险储备金，提取比例不超过统筹地区当年工伤保险基金收入总额的3%，具体比例和使用办法由统筹地区社会保险行政部门会同财政部门制定。

工伤保险储备金计算在工伤保险基金结存之内。储备金累计结余达到统筹地区上一年度工伤保险基金收入的30%，或者储备金规模达到6个月平均支付水平的，应当暂停提取。

第九条 在保证工伤保险待遇支付能力和储备金留存的前提下，统筹地区社会保险行政部门按照不超过统筹地区上年度工伤保险基金征缴收入3%的原则，从工伤保险基金中提取工伤预防费。因工伤预防工作需要，经省社会保险行政部门和财政部门同意，可以适当提高工伤预防费的使用比例。

第十条 工伤保险缴费费率实行行业差别费率和单位浮动费率。

社会保险行政部门应当会同应急管理、卫生健康等有关部门，根据国家费率政策和用人单位工伤保险费使用情况以及工伤事故发生率、职业病危害程度、安全生产标准化建设水平等因素，合理确定统筹地区的工伤保险行业基准费率具体标准和单位费率浮动办法，经征求本级总工会、工商业联合会、企业协会（商会）的意见后，报本级人民政府批准公布。

经办机构应当依据行业基准费率标准和单位费率浮动办法，确定用人单位缴费费率。

第三章　工 伤 认 定

第十一条　社会保险行政部门进行工伤认定时，应当按照《工伤保险条例》的有关规定执行。除法律、行政法规另有规定外，应当遵守下列规定：

（一）涉及因工外出期间的，对职工外出属于用人单位指派，且遭受的事故伤害是因工作原因所致，按照工伤处理；

（二）涉及派驻外地工作的，对有固定住所和明确作息时间的情形，按照驻在地正常工作情形处理；

（三）涉及工作原因的，对职工参加用人单位组织的文体等活动，或者受用人单位指派参加与本单位正常经营业务相关的活动受到事故伤害的，按照工作原因处理；

（四）涉及上下班途中非职工本人主要责任的交通事故、城市轨道交通、客运轮渡、火车事故伤害，或者醉酒、吸毒、自残、自杀等情形的，以有权机关或者机构出具的生效法律文书或者结论性意见为依据处理；

（五）涉及故意犯罪的，以司法机关的生效法律文书或者结论性意见为依据处理。

法律、法规规定负有前款规定情形的认定、处理职责的机关或者机构，应当依法出具相关法律文书或者结论性意见。

不能获得前款第四项、第五项规定依据的，可以根据工伤调查结果，结合相关证据处理。

第十二条　有下列情形之一的，应当视同工伤：

（一）在工作时间、工作场所内且在紧急情况下，为维护用人单位正当利益，实施超出本岗位职责范围的行为受到伤害的；

（二）受指派参加抢险救灾、防治疫病，或者因见义勇为等维护国家利益、社会公共利益行为受到伤害或者感染疫病的；

（三）在工作时间和工作岗位突发疾病当场死亡，或者在工作岗位突发疾病，且情况紧急，直接送医疗机构抢救并在48小时内死亡的；

（四）在工作时间，虽不在本岗位劳动，但由于单位的安全设施不健全、劳动条件和作业环境不良，或者存在禁止警示标识不明等管理不善情况，发生人身事故伤害或者急性中毒事故的。

前款第三项所称48小时的起算时间，为医疗机构门急诊初次接诊时间；死亡时间，以医疗机构出具的临床死亡诊断结论为依据。

第十三条　统筹地区社会保险行政部门可以委托下级社会保险行政部门承办工伤认定具体工作，或者聘请国家机关和工会组织的工作人员以及用人单位代表、律师等组成工伤认定专家组，对复杂的工伤认定案情进行论证。

第十四条　提出工伤认定申请，应当在法定时限内向社会保险行政部门提交下列材料：

（一）工伤认定申请表；

（二）工伤职工的居民身份证；

（三）劳动合同（含聘用合同，下同）文本复印件，或者职工与用人单位存在劳动关系（含人事关系、事实劳动关系，下同）的其他证明材料；

（四）医疗诊断证明或者职业病诊断证明书（或者职业病诊断鉴定书）。

工伤认定申请表的基本内容，由统筹地区社会保险行政部门确定。

第十五条 社会保险行政部门收到工伤认定申请后，应当在15日内对申请人提交的材料进行审核。材料完整的，应当作出受理或者不予受理决定，并出具工伤认定受理通知书或者不予受理通知书；材料不完整的，应当当场或者在5日内一次性书面告知申请人需要补正的全部材料。

社会保险行政部门对劳动关系清晰、事实清楚、情节简单、证据充分、权利义务明确的工伤认定申请，应当自受理之日起15日内作出工伤认定的决定；对其他工伤认定申请，应当自受理之日起60日内作出工伤认定的决定，并将工伤认定决定书送达申请工伤认定的职工或者其近亲属和该职工所在单位。

第十六条 有下列情形之一的，社会保险行政部门不予受理工伤认定申请：

（一）超过《工伤保险条例》第十七条规定时限提出工伤认定申请的；

（二）无营业执照或者未经依法登记的单位和被依法吊销、撤销、注销营业执照或者登记的用人单位，其职工受到事故伤害或者患职业病的；

（三）用工单位非法使用的童工因工作遭受事故伤害或者患职业病的；

（四）已依法享受养老保险待遇或者领取退休金的人员被用人单位聘用后，工作期间因工作原因遭受事故伤害，且用人单位未按项目参保等方式为其缴纳工伤保险费的；

（五）法律、行政法规规定的其他情形。

第十七条 职工或者其近亲属、工会组织认为是工伤，用人单位不认为是工伤的，由用人单位承担举证责任，并在收到社会保险行政部门送达的举证通知书之日起15日内提交证据。逾期未举证的，社会保险行政部门可以依据职工或者其近亲属、工会组织提供的证据或者调查取得的证据，依法作出工伤认定的决定。

第十八条 社会保险行政部门依法开展工伤认定调查时，可以委托具有社会公信力和专业技术能力的组织进行，也可以吸收有关专业技术人员参与。

用人单位、工会组织、医疗机构、公安机关、应急管理、市场监督管理等有关部门、单位和相关人员，应当协助配合社会保险行政部门开展工伤认定调查，如实提供情况和证明材料。

第十九条 社会保险行政部门享有下列工伤认定调查权限：

（一）进入有关单位和事故现场了解情况；

（二）查阅与工伤认定有关的资料，询问有关人员；

（三）对与工伤认定有关的情况进行记录、录音、录像、拍照和复制；

（四）获取有关机关和单位履行职责形成的法律文书等材料。

工伤认定调查的证据种类和获取，参照《中华人民共和国行政诉讼法》的有关规定执行。

第二十条 社会保险行政部门受理工伤认定申请后，有下列情形之一的，可以中止工伤认定并书面通知申请人：

（一）需要司法机关、行政机关和劳动人事争议仲裁等机构、单位出具法律文书或者结论性意见的；

（二）案情特殊，需要上级部门提出处理意见的；

（三）案情重大、复杂，或者涉及法律法规适用问题，需要有权机关给予解释或者确认的；

（四）有证据显示职工有醉酒或者吸毒嫌疑自己造成伤害，不能提供有关机构出具的检测结论的；

（五）需要进一步调查取证的其他情形。

中止期间不计入工伤认定时限。中止情形消除后，应当顺延工伤认定程序。

第四章 劳动能力鉴定

第二十一条 省、市劳动能力鉴定委员会承担下列鉴定和确认职能：

（一）工伤职工伤残等级和生活自理障碍等级的初次鉴定和复查鉴定；

（二）职工非因工伤致残或者因病丧失劳动能力程度的鉴定；

（三）停工留薪期确认；

（四）工伤职工安装配置辅助器具的确认；

（五）社会保险行政部门或者经办机构委托的工伤与疾病之间有无直接因果关系的确认；

（六）依法承担的其他鉴定和确认事项。

第二十二条 省、市劳动能力鉴定委员会医疗卫生专家组成员应当按照国家和省规定的有关标准，对被鉴定、确认事项进行独立、客观、公正的鉴定、确认，提出结论意见，不受任何单位和个人干涉。

有关知情单位及其工作人员应当为医疗卫生专家组成员和协助诊断的医疗机构的鉴定活动保守秘密。

第二十三条 工伤职工经治疗伤情相对稳定后存在残疾，影响劳动能力或者生活自理的，用人单位、工伤职工或者其近亲属可以向劳动能力鉴定委员会提出劳动能力鉴定申请。

第二十四条 申请劳动能力鉴定，应当向市劳动能力鉴定委员会提交下列材料：

（一）劳动能力鉴定申请表；

（二）工伤职工的居民身份证或者社会保障卡等有效身份证明原件；

（三）工伤认定决定书原件；

（四）有效诊断证明和按照医疗机构病历管理有关规定复印或者复制的检查、检验报告等完整病历材料。

申请人应当如实提供鉴定所需材料，医疗机构及其医务人员应当如实出具与劳动能力鉴定有关的各项诊断证明和病历材料，并按照要求配合劳动能力鉴定委员会开展工作。

第二十五条 市劳动能力鉴定委员会收到劳动能力鉴定申请，应当及时进行材料审核。对材料不完整的，应当自收到劳动能力鉴定申请之日起 7 日内，一次性书面告知申请人需要补正的全部材料；对材料完整的，应当自收到劳动能力鉴定申请之日起 60 日内作出劳动能力鉴定结论，必要时可以延长 30 日。劳动能力鉴定结论书应当及时送达用人单位和职工。

市劳动能力鉴定委员会认为被鉴定人需要进一步做医学检查的，应当书面通知其在规定时限内，到劳动能力鉴定委员会委托的医疗机构进行相关医学检查，检查时间不计入劳动能力鉴定时限。

第二十六条 工伤职工有下列情形之一的，该职工的当次劳动能力鉴定终止：

（一）无正当理由不参加现场鉴定的；

（二）拒不参加劳动能力鉴定委员会安排的检查和诊断的；

（三）扰乱鉴定秩序，导致鉴定难以正常进行的。

第二十七条 用人单位、工伤职工或者其近亲属对市劳动能力鉴定委员会的初次鉴定和复查鉴定结论不服的，可以自收到市劳动能力鉴定结论书之日起 15 日内，凭下列材料向省劳动能力鉴定委员会提出再次鉴定申请：

（一）劳动能力再次鉴定申请表；

（二）工伤认定决定书原件和复印件；

（三）劳动能力鉴定结论书原件和复印件；

（四）收到劳动能力鉴定结论时间的有效证明；

（五）工伤职工身份证原件，或者委托代为申请的授权委托书和代理人身份证原件。

省劳动能力鉴定委员会应当自收到再次鉴定申请之日起 60 日内作出再次鉴定结论，必要时可以延长 30 日，并及时将劳动能力再次鉴定结论书送达用人单位、工伤职工和市劳动能力鉴定委员会。

第二十八条 用人单位提出劳动能力再次鉴定申请的，工伤职工有义务配合提供相应材料和参加再次鉴定。拒不配合的，停止享受工伤保险待遇。

无正当理由，被鉴定人两次未能到场参加再次鉴定的，省劳动能力鉴定委员会应当退回再次鉴定申请材料，不再受理。

第二十九条 对不予受理工伤认定申请的，劳动能力鉴定委员会可以接受用人单位、工会组织、劳动人事仲裁机构、人民法院等单位的委托进行劳动能力鉴定，并将鉴定结论送达委托单位。

委托鉴定的，应当由委托单位出具委托书。劳动能力鉴定委员会接受委托进行鉴定的，仅对鉴定活动的规范性和鉴定结论的真实性承担责任。

第五章 工伤保险待遇

第三十条 用人单位依法参加工伤保险并按规定缴费的，由工伤保险基金支付工伤待遇；未依法参加工伤保险并缴费的，由用人单位支付相应工伤待遇。

第三十一条 职工因工伤亡的，由用人单位、职工本人或者其近亲属到经办机构办理工伤保险待遇手续，并提供下列材料：

（一）工伤保险待遇申请表；

（二）工伤医疗费用等支付凭证；

（三）工伤认定决定书；

（四）经办机构需要的其他有关材料。

经办机构应当自接到工伤保险待遇申请之日起30日内，对工伤职工或者其近亲属享受工伤保险待遇的条件进行审核。对材料不完整的，应当一次性书面告知需要补正的全部材料；对符合条件的，应当缩短办理时限，核定其待遇标准并按时足额支付；对不符合条件的，应当书面告知并说明理由。

第三十二条 因工伤发生的下列费用，依法从工伤保险基金支付：

（一）治疗工伤的医疗费和康复费用；

（二）住院伙食补助费；

（三）经办机构同意到统筹地区以外就医的交通食宿费；

（四）辅助器具安装配置费；

（五）生活不能自理的，经劳动能力鉴定委员会确认的生活护理费；

（六）一次性伤残补助金和一级至四级伤残职工按月领取的伤残津贴；

（七）终止或者解除劳动合同时应当享受的一次性工伤医疗补助金；

（八）因工死亡的，其遗属领取的丧葬补助金、供养亲属抚恤金和一次性工亡补助金；

（九）法律、法规和国家规定用于工伤保险的其他费用。

经办机构应当推行社会化支付方式，逐步达到由工伤职工或者其供养亲属直接从工伤保险基金领取待遇。

第三十三条 因工伤发生的下列费用，依法由用人单位支付：

（一）停工留薪期间的工资福利待遇；

（二）五级、六级伤残职工按月领取的伤残津贴；

（三）终止或者解除劳动合同时，工伤职工应当享受的一次性伤残就业补助金。

在停工留薪期内，工伤职工生活不能自理需要护理的，由用人单位负责安排护理。未安排护理的，由用人单位支付护理费。护理费的标准，可以参照国家相关规定执行，或者由用人单位与工伤职工及其近亲属参照当地雇用护工的日平均劳动报酬商定。

经办机构通过用人单位账户支付由工伤保险基金承担的待遇的，用人单位不得截留。

第三十四条 依法享受的伤残津贴、供养亲属抚恤金、生活护理费的工伤保险待遇标准，由统筹地区社会保险行政部门根据职工工资增长、居民消费价格指数变化、工伤保险基金支付能力、相关社会保障待遇调整等情况适时调整。

领取伤残津贴、供养亲属抚恤金和生活护理费的人员，应当按照经办机构的规定定期提供相关证明。

第三十五条 工伤职工治疗工伤，应当在与经办机构签订服务协议的医疗机构（以下简称协议医疗机构）进行。情况紧急的，可以先到就近的医疗机构急救，伤情稳定后仍需治疗的,应当及时转入协议医疗机构治疗。

治疗工伤所需费用符合国家和省工伤保险药品目录、工伤保险诊疗项目目录和工伤保险医疗服务设施目录(含住院服务标准,以下统称工伤医疗目录)的,从工伤保险基金支付。协议医疗机构不得擅自开具、提供工伤医疗目录外的药品、诊疗和服务项目。

第三十六条 因情况紧急,职工发生工伤后送就近医疗机构急救的,用人单位有义务将本办法第三十五条规定的转院条件和工伤医疗目录要求告知该医疗机构、工伤职工本人及其近亲属,并根据医疗机构的诊疗结论,及时督促转入协议医疗机构治疗,工伤职工及其近亲属和医疗机构应当予以配合。

工伤职工在伤残等级鉴定之前,其住院治疗费用按照下列规定承担:

(一)处于急救状态的,符合工伤医疗目录的费用由用人单位先行垫付,由工伤保险基金承担;

(二)医疗机构认为工伤职工伤情已经稳定,用人单位已履行前款规定的告知和督促义务,但工伤职工本人或者其近亲属拒绝转入协议医疗机构治疗的,自医疗机构告知伤情稳定或者出具转院手续之日起发生的治疗费用,由工伤职工本人或者其近亲属承担;

(三)用人单位已履行前款规定的告知义务,未经用人单位或者工伤职工及其近亲属同意,医疗机构擅自开具、提供工伤医疗目录外的药品、诊疗和服务项目的,超出目录的费用由医疗机构承担;

(四)经用人单位或者工伤职工及其近亲属同意,医疗机构开具、提供工伤医疗目录外的药品、诊疗和服务项目的,其费用按照谁同意谁支付的原则承担。

第三十七条 工伤职工本人在统筹地区进行住院治疗、工伤康复和安装配置辅助器具期间的日伙食补助费,以及按规定到统筹地区以外就医所需的日伙食补助费、交通费、宿费的标准,按照下列规定执行:

(一)日伙食补助费,按照统筹地区上年度社会日平均工资的10%计算,最高不超过上年度省城镇居民日人均消费支出额的40%,最低不少于15元。具体报销标准及支付办法,由统筹地区社会保险行政部门会同财政部门制定;

(二)经医疗机构出具证明并报经办机构同意,工伤职工转往统筹地区以外就医的,可以乘坐火车(硬座、硬卧)、动车(二等座)、高铁(二等座)、轮船(三等舱)及客运汽车,每次就医报销一次往返交通费;按照住院前的实际天数报销宿费,但最多不得超过3天,每日不得超过180元。

超出前款第(二)项规定的交通工具标准的,按照该项规定的同类交通工具标准报销;乘坐飞机的,按照同路程火车标准报销;机票费用低于火车费用的,按照机票实际费用报销。

第三十八条 一级至四级伤残职工死亡的,其近亲属同时符合领取工伤保险丧葬补助金、供养亲属抚恤金待遇和职工基本养老保险丧葬补助金、抚恤金待遇条件的,由其近亲属在工伤保险或者职工基本养老保险两类待遇中任选其一领取。

职工因工死亡或者一级至四级工伤职工死亡,其供养亲属依法享受的供养亲属抚恤金待遇按照下列规定执行:

（一）享受供养亲属抚恤金的供养亲属资格，按照国家规定的条件，以该职工死亡时供养亲属的条件进行核定；

（二）供养亲属抚恤金的计发起算时间，为职工死亡的次月；

（三）供养亲属抚恤金的计发基数，为该职工工伤前12个月本人平均月缴费工资；职工工伤前12个月本人平均月缴费工资低于其伤残津贴或者基本养老保险待遇的，为职工死亡前12个月本人平均伤残津贴或者基本养老保险待遇。

第三十九条 五级、六级伤残职工本人提出与用人单位解除或者终止劳动关系，以及七级至十级伤残职工劳动合同期满终止或者本人提出解除劳动合同的，按照下列标准由工伤保险基金支付一次性工伤医疗补助金，由用人单位支付一次性伤残就业补助金，同时终止工伤保险关系：

（一）一次性工伤医疗补助金，以统筹地区上年度职工月平均工资为计发基数。其中，五级为18个月，六级为16个月，七级为13个月，八级为11个月，九级为9个月，十级为7个月；

（二）一次性伤残就业补助金，以工伤职工受伤前12个月本人平均工资与解除或者终止劳动关系前12个月本人平均工资相比较，采取就高不就低的原则确定本人月平均工资计发基数。其中，五级为28个月，六级为24个月，七级为20个月，八级为16个月，九级为12个月，十级为8个月。

五级至十级伤残职工达到法定退休年龄并办理退休手续的，不享受一次性工伤医疗补助金和一次性伤残就业补助金，但治疗工伤复发的医疗费由工伤保险基金支付。

第四十条 五级至十级伤残职工本人提出与用人单位解除或者终止劳动关系时，距退休年龄不满5年，属于提前4年、3年、2年、1年与用人单位解除或者终止劳动关系的，一次性伤残就业补助金相应减发2个月、4个月、6个月、7个月。距退休年龄不满1年的，按照1年计算。

第四十一条 以劳动能力鉴定结论为工伤保险待遇计发依据的，自劳动能力鉴定委员会作出鉴定结论的次月起开始支付。

经市劳动能力鉴定委员会复查，工伤职工伤残等级发生变化的，对变化后的伤残等级不再重新计发一次性伤残补助金；对其他与伤残等级有关的工伤保险待遇，自作出复查鉴定结论的次月起，按照变化后的伤残等级调整计发。

第四十二条 工伤职工需要安装假肢、矫形器、假眼、假牙或者配置轮椅等辅助器具的，由本人向市劳动能力鉴定委员会提出申请。因工伤职工身体等原因无法由本人提出申请的，可以由其近亲属或者用人单位代为申请。

工伤职工收到市劳动能力鉴定委员会出具的安装配置辅助器具书面确认结论后，应当及时到经办机构办理登记，由经办机构出具安装配置费用核付通知单，工伤职工持核付通知单自行选择到签订协议的机构安装配置辅助器具。

第四十三条 用人单位欠缴工伤保险费，欠缴前已由工伤保险基金支付职工工伤保险待遇的，欠缴期间的职工工伤保险待遇由用人单位支付，补缴后由工伤保险基金补支。欠缴期间发生的工伤事故，其工伤待遇由用人单位支付，用人单位补缴后新发生的费用由工伤保险基金支付，但有证据证明用人单位恶意欠缴的除外。

已参加工伤保险的用人单位，发生欠缴后补缴了工伤保险费和滞纳金，由工伤保险基金支付补缴后新发生的费用。从工伤保险基金支付新发生费用的具体待遇项目，按照下列规定执行：

（一）因工受伤的，支付补缴后新发生的工伤医疗费、工伤康复费、日伙食补助费、辅助器具安装配置费、按规定到统筹地区以外就医的交通食宿费、一级至四级伤残职工伤残津贴，以及参保后解除劳动合同时的一次性工伤医疗补助金；

（二）欠缴期间发生因工死亡的，支付补缴后新发生的符合条件的供养亲属抚恤金，但不支付一次性工亡补助金和丧葬补助金。

第四十四条 从事职业病危害作业的职工离岗前，用人单位应当组织进行职业健康检查。未组织职工进行离岗前职业健康检查，职工退休后被诊断、鉴定为职业病的，由用人单位承担责任，并支付相应的工伤待遇。

第四十五条 达到或者超过法定退休年龄，但未办理退休手续或者未依法享受城镇职工基本养老保险待遇，继续在原用人单位工作期间受到事故伤害或者患职业病的，用人单位应当依法承担工伤保险责任。

已依法享受城镇职工养老保险待遇的人员，应聘到其他单位工作期间因工作原因受到事故伤害，该用人单位未按项目参保等方式为其缴纳工伤保险费的，可以协商处理；协商不成的，可以依法提起诉讼。

第四十六条 因用人单位少报工资总额或者未足额缴纳工伤保险费等原因，导致工伤职工应当享受的工伤保险待遇受到影响的，由用人单位承担责任。

第四十七条 职工与两个以上用人单位同时存在劳动关系的，由各用人单位分别缴纳工伤保险费。职工发生工伤的，由职工发生工伤时所在的用人单位依法承担工伤保险责任。

第四十八条 用人单位违法将承包业务转包给不具备用工主体资格的组织或者自然人，该组织或者自然人聘用的职工从事承包业务时因工伤亡的，由该用人单位承担工伤保险责任。

第四十九条 因用人单位和职工以外的第三方原因造成工伤的，由第三方支付工伤医疗费用。第三方不支付或者无法确定第三方的，可以从工伤保险基金中先行支付。工伤保险基金先行支付后，经办机构有权向第三方追偿，工伤职工应当予以配合。

第五十条 事业单位等组织参加工伤保险前已享受定期抚恤待遇的工伤职工，参加工伤保险后原待遇不变，支付方式和待遇调整按照原渠道解决；参加工伤保险后新发生的属于工伤保险基金支付的法定待遇项目，由经办机构支付；不属于的，由所在单位按照原渠道解决。

第五十一条 用人单位解散、破产、关闭、改制的，应当优先解决包括工伤保险所需费用在内的社会保险费用。其遗留的工伤职工，可以采取由用人单位一次性缴费的方式参加工伤保险统筹，具体缴费办法由市社会保险行政部门制定。

第六章　服务与监督

第五十二条　社会保险行政部门和经办机构应当按照优质、高效、便捷的原则提高服务质量，全面推行工伤保险申办事项窗口化服务方式，对用人单位免费开展工伤预防宣传和工伤保险业务培训。

第五十三条　省、市社会保险行政部门应当分别对全省和本地区的工伤保险基金运行进行监测评估，完善风险防控和预警机制。

市社会保险行政部门应当定期向省社会保险行政部门报告本地区工伤保险基金运行情况。

第五十四条　市社会保险行政部门应当统一规范本地区的工伤保险经办服务标准、办事规程、稽查制度和工伤保险数据库，组织对经办机构开展年度监督抽查和内部审计，防止挤占、挪用基金和违反规定支付待遇费用。

第五十五条　社会保险行政部门和经办机构应当加强工伤保险申办业务的信息化建设，推行网上经办服务和实时监控管理模式，改进互联网服务手段，逐步实现相关网络平台信息共享。

第五十六条　经办机构应当完善核定、登记、支付、复核、台账、归档和受理咨询查询、投诉举报及责任追究等管理制度，防止瞒报、漏报工伤保险费和骗取工伤保险基金，杜绝应支未支或者超标准支付待遇费用，确保经办信息动态记录全面、及时、准确，保存长久、安全。

第五十七条　省、市社会保险行政部门应当会同卫生计生行政部门，根据本行政区域内工伤事故伤害和职业病救治特点，制定工伤保险医疗服务管理办法，加强对签订服务协议机构的监管，并可以委托经办机构开展日常监督检查。

经办机构应当与有关医疗机构、康复机构、辅助器具配置机构签订服务协议，明确双方的权利和义务，并及时向社会公布机构名单。

第七章　法　律　责　任

第五十八条　用人单位截留工伤保险基金支付给工伤职工或者其供养亲属的工伤保险待遇的，由社会保险行政部门责令限期改正；逾期不改的，按不良信誉予以记录，纳入企业信用评价系统，处以 3 000 元以上 3 万元以下罚款，并由经办机构向用人单位追偿。

第五十九条　用人单位、工伤职工或者其近亲属、协议医疗机构以及签订服务协议的康复、辅助器具安装配置等机构有下列行为之一，造成工伤保险基金损失的，由社会保险行政部门责令退还骗取支付的费用，处以骗取金额 2 倍以上 5 倍以下罚款，并按不良信誉予以记录，纳入个人或者企业信用评价系统，由经办机构解除相应的服务协议，5 年内不得与其签订服务协议；情节严重，构成犯罪的，依法追究刑事责任：

（一）冒用工伤职工骗取工伤保险待遇的；

（二）编造住院、康复、配置情况，制作虚假病历、档案的；

（三）将不符合工伤保险基金支付的药品或者诊疗、康复服务、配置项目纳入基金结算的；

（四）采取其他方式骗取工伤保险待遇或者工伤保险基金支出的。

第六十条 从事劳动能力鉴定的组织或者个人有下列情形之一的，由社会保险行政部门取消其参加鉴定资格，处以2 000元以上1万元以下罚款，对直接责任人建议所在单位给予处分；情节严重，构成犯罪的，依法追究刑事责任：

（一）提供虚假鉴定、确认意见的；

（二）提供虚假诊断证明的；

（三）收受当事人财物的。

第八章 附 则

第六十一条 本办法规定的送达，可以采取直接送达、邮寄送达方式。采取直接送达、邮寄送达方式无法送达的，应当公告送达，具体方式可以利用当地主要媒体、官方网站等载体进行。

第六十二条 用人单位招用已达到或者超过法定退休年龄，或者已领取城镇职工基本养老保险待遇的人员，在用工期间因工作原因发生事故伤害或者患职业病，该用人单位已按项目参保等方式为其缴纳了工伤保险费的，适用《工伤保险条例》和本办法。

第六十三条 本办法下列用语的含义：

（一）工作时间，是指本单位规定的上班时间至下班时间之间，包括职工在岗时满足正常生理需要的时间，职工提前到岗后做必要的工作准备和下班时做收尾工作的时间，以及本单位安排的加班时间；

（二）工作场所，是指职工从事工作所在的车间、班组、办公楼等具体空间以内，包括职工在岗时满足正常生理需要的本单位卫生间、食堂和内部工作联系地点及其途中路线；

（三）工作岗位，是指职工从事本职工作的具体处所，包括办公室、柜台、操作台、施工段等，也包括受本单位委派所到的特定工作场合等本单位临时安排的工作岗位；

（四）上下班途中，是指以上下班为目的，在合理时间内往返于工作单位和居住地之间的合理路线。其中，对途中到停车场停车起车、接送子女等属于日常生活基本需要范畴的活动经历，视为合理时间、合理路线；对明显超出日常生活基本需要范畴和与上下班目的明显相悖的活动经历，不应当视为合理时间、合理路线；

（五）工伤保险省级调剂金，是指各市按规定比例上解到省级集中管理，用于统筹地区发生重特大事故时工伤保险基金支付出现缺口以及市级工伤保险基金入不敷出的调剂等；

（六）工伤预防费，是指为避免和减少工伤事故和职业病的发生，从工伤保险基金中依法提取，专项用于开展工伤预防工作的宣传、培训等费用。

第六十四条 本办法自2018年2月1日起施行。本办法施行前已受到事故伤害的职工尚未完成工伤认定的，按照本办法的规定执行。

2005年10月12日辽宁省人民政府第187号令公布的《辽宁省工伤保险实施办法》同时废止。

84　吉林省实施《工伤保险条例》办法

2013年10月15日吉林省人民政府令第242号公布，
自2014年1月1日起施行。

第一章　总　　则

第一条　为了保障因工作遭受事故伤害或者患职业病的职工获得医疗救治和经济补偿，促进工伤预防和职业康复，分散用人单位的工伤风险，根据《工伤保险条例》，结合本省实际，制定本办法。

第二条　本省行政区域内的企业、事业单位、社会团体、民办非企业单位、基金会、律师事务所、会计师事务所等组织和有雇工的个体工商户（以下称用人单位）应当依照法律、法规和本办法的规定参加工伤保险，为本单位全部职工或者雇工缴纳工伤保险费。

用人单位的职工和雇工（以下称职工），均有按规定享受工伤保险待遇的权利。

第三条　用人单位应当遵守有关安全生产和职业病防治的法律、法规，建立工伤事故、职业病防治工作责任制，避免和减少职业危害。

职工应当遵守安全生产操作规程，提高事故伤害和职业病自我防范意识，避免和减少事故、职业病对自身的伤害。

职工发生事故伤害和患职业病时，用人单位应当采取措施使工伤职工得到及时救治。

第四条　县级以上人民政府社会保险行政部门负责本行政区域内的工伤保险工作。社会保险行政部门所属工伤保险经办机构具体承办工伤保险事务。

第五条　县级以上人民政府财政、卫生和计生、民政、住房城乡建设、公安、交通运输、工商、安监、食品药品监管等部门按照职责分工，配合社会保险行政部门做好工伤保险工作。

第二章　工伤保险基金

第六条　工伤保险基金实行市（州）级和省级统筹相结合的制度，逐步实现省级统筹。

第七条　工伤保险费根据以支定收、收支平衡的原则，确定缴费费率。

省社会保险行政部门会同省财政部门，在国家确定的费率原则和具体规定基础上，制定和调整本省的行业基准费率，报省人民政府批准后公布施行。统筹地区社会保险行政部门制定本地区费率浮动办法，报统筹地区人民政府批准后公布施行。

工伤保险经办机构根据用人单位缴纳使用工伤保险基金、工伤发生率、职业病危害程度等情况，按照费率浮动办法，确定用人单位工伤保险缴费费率。

第八条 用人单位缴纳工伤保险费的数额为本单位全部职工上年度工资总额乘以单位缴费费率之积。难以按照工资总额缴纳工伤保险费的，按照国家有关规定执行。

用人单位应当将本单位参加工伤保险的有关情况在本单位内公示。

工伤保险经办机构应当及时为符合参保条件的用人单位办理参保缴费手续。

第九条 工伤保险基金实行财政专户管理，用于支付参保人员工伤保险待遇、劳动能力鉴定、工伤预防宣传和培训等费用，以及法律、法规规定的用于工伤保险的其他费用。

第十条 工伤保险储备金提取比例按照统筹地区当年工伤保险基金实际征缴总额的8%提取。储备金累计总额达到当年工伤保险基金实际征缴额的30%时，不再提取。

在发生重大工伤事故或者工伤保险基金不足支付时，由统筹地区工伤保险经办机构提出申请，同级社会保险行政部门和财政部门同意后可以使用工伤保险储备金。储备金使用后，应当按前款规定继续提取。

第十一条 建立和实施工伤保险省级调剂金制度。省级调剂金的提取比例和管理办法由省社会保险行政部门会同省财政部门另行规定。

第十二条 统筹地区发生重大事故工伤保险基金支付不足，在使用工伤保险储备金和省级调剂金后仍不足的，由统筹地区人民政府予以垫付。垫付资金由工伤保险基金结余部分分期偿还。

第三章 工 伤 认 定

第十三条 除《工伤保险条例》规定的情形外，职工有下列情形之一的，也应当认定为工伤：

（一）因工作环境存在有毒有害物质造成中毒伤害，并经安监部门确认的；

（二）在用人单位食堂就餐造成食物中毒伤害，并经食品药品监管部门确认的；

（三）受用人单位指派前往疫区工作或公出，并经县级以上医疗机构诊断感染疫病的；

（四）参加用人单位组织或者受单位指派参加体育比赛、文艺表演受到意外伤害的。

第十四条 用人单位、职工或者其近亲属、工会组织可以作为工伤认定申请人，在《工伤保险条例》规定的时限内，向用人单位参加工伤保险所在统筹地区社会保险行政部门提出工伤认定申请。

统筹地区社会保险行政部门可以委托县（市、区）社会保险行政部门承担工伤认定相关的具体工作。应当书面明确委托事项，规范双方权利、义务。

用人单位在省级工伤保险经办机构参保的，由省级社会保险行政部门负责办理工伤认定。

工伤认定调查所需经费列入统筹地区财政预算。

第十五条 提出工伤认定申请应当提交下列材料：

（一）工伤认定申请表；

（二）劳动（人事）合同复印件，或者其他能够证明职工与用人单位存在劳动（人事）关系的材料；

（三）医疗机构出具的受伤救治诊断证明书、职业病诊断机构出具的职业病诊断书或者职业病鉴定机构出具的职业病鉴定书。

第十六条 具有下列情形之一的，申请时还应当提供相关证明：

（一）属于《工伤保险条例》第十四条第（一）、（二）、（五）项情形的，附具伤害事故证明或者下落不明的证明；

（二）属于《工伤保险条例》第十四条第（三）项情形的，附具意外伤害证明或者司法机关出具的相关法律文书；

（三）属于《工伤保险条例》第十四条第（六）项情形的，附具司法机关、公安交通管理、交通运输、铁路等部门（单位）或者法律、法规授权组织出具的相关法律文书；

（四）属于《工伤保险条例》第十五条第（一）项情形的，附具医疗机构出具的医疗救治记录或凭证；

（五）属于《工伤保险条例》第十五条第（二）项情形的，附具相关单位出具的有效证明；

（六）属于《工伤保险条例》第十五条第（三）项情形的，附具革命伤残军人证及医疗机构出具的旧伤复发诊断证明；

（七）职工死亡的，应当附具死亡证明。

第十七条 有证据显示职工有醉酒或者吸毒嫌疑自己造成伤害的，用人单位或者工伤认定部门要求进行检测而职工或者家属拒绝检测的，不予认定为工伤。

醉酒的认定，按照国家质检总局《车辆驾驶人员血液、呼气酒精含量阈值与检验》（GB 19522—2010）标准执行，以公安交通管理部门、医疗机构等有关单位依法出具的检测结论、诊断证明等资料作为认定的依据。吸毒的认定，按照国家有关规定，由公安机关或者其委托机构依法出具的检测结论、诊断证明等资料作为认定依据。

第十八条 社会保险行政部门收到工伤认定申请且申请人提供材料完整的，应当在15日内作出是否受理决定；对提供材料不完整的，应当一次性书面告知工伤认定申请人在规定时限内补正全部材料；对不符合工伤认定申请条件的，应当告知不予受理的理由。

社会保险行政部门认为工伤认定不属于本部门管辖的，应当告知工伤认定申请人到有管辖权的社会保险行政部门进行申请。管辖有争议的，应当报请共同的上级社会保险行政部门指定管辖。

第十九条 社会保险行政部门受理工伤认定申请后，有下列情形之一的，可以中止工伤认定，并书面通知申请人：

（一）工伤认定案件需要司法机关、行政机关、劳动人事争议仲裁机构作出结论性文书的；

（二）工伤认定案情特殊，需要上级部门提出处理意见的；

（三）工伤认定案情重大、复杂，需要进一步调查取证的。

第二十条 社会保险行政部门受理工伤认定申请后，申请人撤回工伤认定申请的，可以在《工伤保险条例》规定的工伤认定申请时限内，重新提出工伤认定申请。

第二十一条 社会保险行政部门受理工伤认定申请后，根据认定工作需要，可采取下列方式进行与工伤认定有关的调查核实：

（一）进入相关单位和事故现场；

（二）查阅与工伤认定有关的资料，询问有关人员并制作笔录；

（三）采用记录、复印、录音、录像等方式获取与工伤认定有关的资料；

（四）委托其他统筹地区社会保险行政部门进行调查核实。

第二十二条 社会保险行政部门进行与工伤认定有关的调查核实应由两人以上共同进行，并出示证明工作身份的证件。工伤认定调查过程中获知的有关单位商业秘密及个人隐私应当保密。

第二十三条 社会保险行政部门进行与工伤认定有关的调查核实时，用人单位、职工及家属、工会组织、医疗机构以及有关部门（单位）应当予以协助，如实提供相关情况和证明材料。

第二十四条 职工或者其近亲属认为是工伤，用人单位认为不是工伤的，由用人单位承担举证责任。用人单位拒不承担举证责任的，社会保险行政部门可以根据工伤认定申请人提供的有效证据，或调查核实取得的证据材料，作出认定决定。

第二十五条 用人单位将工程（业务）或者经营权发包给不具备用工主体资格的组织或者自然人，该组织或者自然人聘用的职工因工受到事故伤害或者患职业病的，具备用工主体资格的发包方为工伤认定的用人单位。

第二十六条 工伤认定过程中用人单位发生转让或者变更注册名称等情形的，新的法人主体作为工伤认定的用人单位。

第四章 劳动能力鉴定

第二十七条 省和市（州）应当设立劳动能力鉴定委员会。劳动能力鉴定委员会由社会保险行政部门、卫生行政部门、工会组织、工伤保险经办机构负责人和用人单位代表组成，负责劳动能力鉴定的组织与管理。劳动能力鉴定委员会在同级社会保险行政部门设办公室，具体负责日常工作。

劳动能力鉴定委员会应当建立鉴定专家库，依据国家标准进行劳动能力鉴定。

第二十八条 经省社会保险行政部门作出工伤认定决定的工伤人员，劳动能力鉴定由省劳动能力鉴定委员会负责。

省劳动能力鉴定委员会可以委托市（州）劳动能力鉴定委员会作出劳动能力鉴定结论。

第二十九条 按照先康复后鉴定原则，工伤职工康复治疗后（不符合康复条件的在伤情相对稳定后），用人单位、工伤职工或者其近亲属可以向劳动能力鉴定委员会提出劳动能力鉴定书面申请，并按规定提交有关资料。

申请劳动能力鉴定材料不完整的，劳动能力鉴定委员会应当一次性书面告知申请人需要补正的全部材料，补正材料送达之日为劳动能力鉴定受理起始时间。

用人单位和工伤职工应当按照规定提供有关资料并参加劳动能力鉴定。

第三十条 初次劳动能力鉴定所需费用，用人单位依法缴纳工伤保险费的，由工伤保险基金支付；用人单位未依法缴纳工伤保险费的，由用人单位支付。

申请再次鉴定或者复查鉴定的，由申请方预交鉴定费，再次鉴定或者复查鉴定结论与原鉴定结论一致的，鉴定费用由申请方承担；再次鉴定或者复查鉴定结论与原结论不一致的，鉴定费用按前款规定执行。

第五章 工伤保险待遇

第三十一条 职工经依法认定为工伤的，从发生事故伤害或诊断（鉴定）为职业病的当月起享受有关的工伤保险待遇。

用人单位参保登记后职工发生工伤事故的，从工伤保险基金中依据有关规定支付工伤保险待遇。

第三十二条 职工治疗工伤应当到与工伤保险经办机构签订服务协议的工伤保险定点医疗机构就医，情况紧急时可以先到就近的医疗机构急救，经急救脱离危险伤情稳定后仍需治疗的，应当转到签订服务协议的工伤保险定点医疗机构继续治疗。

工伤职工在未签订服务协议的医疗机构急救后，用人单位、工伤职工或者其亲属应当在7个工作日内向统筹地区工伤保险经办机构报告。

第三十三条 职工受到事故伤害至被认定为工伤前发生的救治医疗费用，由用人单位垫付。工伤认定后，符合工伤保险诊疗项目目录、工伤药品目录和工伤住院服务标准的医疗费用，由工伤保险经办机构报销。

职工治疗工伤发生的医疗费用，不属于工伤保险基金支付范围的，由用人单位和工伤职工各承担50%。

第三十四条 工伤职工在停工留薪期内，用人单位不得解除劳动（人事）关系，按本人受到事故伤害或被诊断为职业病前12个月平均工资和福利支付停工留薪期待遇。停工留薪期内需要护理的，由用人单位指派专人护理。用人单位不派人护理的，按照统筹地区上年度在岗职工平均工资1人的标准支付护理费。

已享受生活护理待遇的，用人单位可不再派人护理。

第三十五条 工伤职工住院进行工伤医疗、工伤康复及配置辅助器具期间的伙食补助费，按照统筹地区上年度职工日平均工资10%的标准，由工伤保险基金支付。工伤保险经办机构同意到统筹地区以外就医的，食宿费分别按照统筹地区上年度职工日平均工资20%和60%的标准，交通费按照统筹地区事业单位普通职工享受待遇标准由工伤保险基金支付。

第三十六条 工伤职工因日常生活或者就业需要，经劳动能力鉴定委员会确认，可以安装、配置辅助器具的，由工伤保险经办机构批准到工伤辅助器具配置定点机构安装、配置，所需费用按照国家有关规定从工伤保险基金支付。辅助器具配置目录由省社会保险行政部门适时调整。

第三十七条 用人单位、工伤职工或者其近亲属，向统筹地区工伤保险经办机构申请办理工伤保险待遇支付手续时，应当按规定提交下列基本材料：

（一）工伤认定决定书；

（二）劳动能力鉴定结论；

（三）证明工伤职工身份的材料。

第三十八条 职工因工致残被鉴定为一至四级伤残的，除按《工伤保险条例》规定享受待遇外，用人单位和工伤职工个人应当从领取伤残津贴当月起以伤残津贴为基数，继续缴纳基本养老保险费和基本医疗保险费。

第三十九条 职工因工致残，有下列情形之一的，由工伤保险基金支付一次性工伤医疗补助金、用人单位支付一次性伤残就业补助金：

（一）被鉴定为五级、六级伤残的，工伤职工本人书面提出自愿与用人单位解除或者终止劳动（人事）关系的；

（二）被鉴定为七级至十级伤残的，工伤职工本人书面提出自愿解除劳动（人事）关系，或者劳动（人事）合同期满用人单位不再续签劳动（人事）合同而终止劳动（人事）关系的；

（三）用人单位依据《中华人民共和国劳动合同法》第三十六条、三十九条规定解除劳动关系的。

工伤职工领取一次性工伤医疗补助金、一次性伤残就业补助金的，应当与用人单位和工伤保险经办机构签订终止工伤保险关系书面协议，不再享受工伤保险待遇。再次发生工伤的，应当重新进行工伤认定和劳动能力鉴定，按照新的认定决定和劳动能力鉴定结论享受工伤保险待遇。

第四十条 伤残等级为五级至十级的工伤职工一次性工伤医疗补助金和一次性工伤伤残就业补助金，按以下标准支付：

一次性工伤医疗补助金的支付标准：五级伤残的为18个月本人工资，六级伤残的为16个月本人工资，七级伤残的为13个月本人工资，八级伤残的为11个月本人工资，九级伤残的为9个月本人工资，十级伤残的为7个月本人工资。患职业病的工伤职工，一次性工伤医疗补助金在上述标准基础上增加30%。

一次性伤残就业补助金的支付标准：五级伤残的为16个月本人工资，六级伤残的为14个月本人工资，七级伤残的为11个月本人工资，八级伤残的为9个月本人工资，九级伤残的为7个月本人工资，十级伤残的为5个月本人工资。伤残职工距法定退休年龄不足5年的，一次性伤残就业补助金按每减少一年递减20%标准支付。距法定退休年龄不足1年的，一次性伤残就业补助金按标准的10%支付，达到退休年龄的不计发。

职工在同一单位发生两次以上工伤的，按其最高伤残等级计算一次性工伤医疗补助金和一次性伤残就业补助金后，每多一次工伤增加20%。

第四十一条 工伤职工享受伤残津贴、生活护理费等长期待遇的，从初次劳动能力鉴定结论作出当月起支付。劳动能力复查鉴定改变原结论的，自复查鉴定结论作出当月起重新确定长期待遇标准，一次性待遇不做调整。

劳动能力再次鉴定改变原鉴定结论的，按照再次鉴定结论确定工伤保险待遇。

第四十二条 伤残津贴、供养亲属抚恤金和生活护理费由统筹地区社会保险行政部门根据统筹地区职工平均工资和生活费用变化等情况每年调整一次。调整办法报省社会保险行政部门备案。统筹地区职工平均工资降低时，不予调整。

第四十三条 用人单位依法破产的，保留工伤保险关系的工伤人员和供养亲属待遇所需资金，在资产清算时，按照全国平均预期寿命与年龄之差计算预留（供养亲属未满18周岁的，预留至年满18周岁），一次性拨付给工伤保险经办机构。

第四十四条 按月领取伤残补助金的一次性结算标准为：全国平均预期寿命与工伤职工年龄之差计算出的月数，乘以解除劳动（人事）关系时的按月领取伤残补助金标准。

第四十五条 原由养老保险基金支付工伤保险待遇的，继续由原渠道支付。

第四十六条 因工死亡职工供养亲属享受基本养老保险、新型农村社会养老保险、城镇居民养老保险等社会保障定期待遇的，供养亲属抚恤金高于社会保障定期待遇的差额部分，用人单位依法缴纳工伤保险费的由工伤保险基金补足；未依法缴纳工伤保险费的，由用人单位补足。

第四十七条 用人单位未足额缴纳工伤保险费，造成工伤职工待遇降低的，由用人单位补足差额。

第四十八条 已办理退休手续或者劳动（聘用）合同期满（含本人提出解除合同），未再从事接触职业病危害作业，被诊断或鉴定为职业病一年以上的，凭劳动能力鉴定结论享受工伤保险待遇。待遇标准按照国家规定同类情形不满一年人员的标准执行。

第四十九条 参加工伤保险的职工，因第三人原因造成工伤的，在依法获得第三人经济赔偿后，由工伤保险基金补足医疗费（含康复费）、住院伙食补助费、交通费、一次性伤残补助金（残疾赔偿金）、辅助器具配置费（残疾生活辅助具费）、一次性工亡补助金（死亡赔偿金）、丧葬费、供养亲属抚恤金（被抚养人生活费）的差额。由用人单位补足住院护理费、停工留薪期待遇（误工费）的差额。

第六章 附 则

第五十条 本办法中计算工伤保险待遇的本人工资，是指工伤职工受到事故伤害（或诊断为职业病）或者解除劳动（人事）关系前12个月平均缴费工资。用工不足12个月的，按照实际用工月数平均计算。月工资无法确定的，按照统筹地区上年度职工月平均工资计算。

本人工资高于统筹地区职工平均工资300%的，按照统筹地区职工平均工资300%计算；职工工资低于统筹地区职工平均工资60%的，按照统筹地区职工平均工资60%计算。

第五十一条 无营业执照或者未经依法登记、备案的单位以及被依法吊销营业执照或者撤销登记、备案单位的职工受到事故伤害或者患职业病的，或者用人单位使用童工造成童工伤残、死亡的，不进行工伤认定，由劳动保障监察机构确认后，进行劳动能力鉴定，用人单位按照国家有关规定给予一次性赔偿。

第五十二条 退休人员、在校实习学生因工作原因受到事故伤害的，不进行工伤认定，由聘用或者实习单位参照《工伤保险条例》及本办法支付相关待遇。

前款人员已参加工伤保险的和超过法定退休年龄的务工农民，适用《工伤保险条例》及本办法。

第五十三条 公务员和参照公务员法管理的事业单位、社会团体工作人员因工作遭受事故伤害或者患职业病的，由所在单位支付费用，具体办法根据国家有关规定另行制定。

第五十四条 本办法自2014年1月1日起施行。2003年11月18日公布的《吉林省实施〈工伤保险条例〉若干规定》（吉林省人民政府令第151号）同时废止。

本办法施行前已受到事故伤害或者患职业病的职工尚未完成工伤认定的，按照本办法的规定执行。

85 黑龙江省贯彻《工伤保险条例》实施办法

黑政发〔2016〕5号

第一条 根据《中华人民共和国社会保险法》《工伤保险条例》（国务院令第375号）、《国务院关于修改〈工伤保险条例〉的决定》（国务院令第586号）有关规定，结合我省实际，制定本办法。

第二条 我省行政区域内的各类企业、事业单位、社会团体、民办非企业单位、基金会、律师事务所、会计师事务所等组织和有雇工的个体工商户（以下统称用人单位）应当参加工伤保险，为本单位全部职工或雇工（以下统称职工）缴纳工伤保险费。职工依法享受工伤保险待遇，职工个人不缴费。

第三条 工伤保险基金实行市（地）统筹。跨省及跨行政区域较大的行业企业，在黑龙江省参加工伤保险，工伤保险基金纳入省级财政专户。工伤保险基金逐步实行省级统筹。

第四条 用人单位参加工伤保险，职工受到事故伤害或患职业病，应当向用人单位所在地设区的市级社会保险行政部门提出工伤认定申请；用人单位在注册地和生产经营地均未参加工伤保险的，农民工受到事故伤害或患职业病后，在生产经营地进行工伤认定、劳动能力鉴定，并按照生产经营地的规定依法由用人单位支付工伤保险待遇。

第五条 用人单位按照国家规定缴纳工伤保险费。中省直事业单位在省社会医疗保险局参加工伤保险的职工，其工伤认定、劳动能力鉴定分别由用人单位所在地设区的市级社会保险行政部门及工伤职工劳动能力鉴定机构作出。

第六条 工伤保险费的征缴按照《中华人民共和国社会保险法》《社会保险费征缴暂行条例》（国务院令第259号）规定执行。

第七条 统筹地区社会保险经办机构首次确定用人单位的缴费费率时，以用人单位《营业执照》的经营范围以及实际经营范围所对应行业差别费率类别确定。此后要按照以支定收、收支平衡原则，根据用人单位上年度工伤保险费的收缴、支付、工伤发生率等情况，对用人单位缴费费率档次实行浮动。

第八条 统筹地区社会保险经办机构按当年工伤保险基金征缴总额的10%至30%提取储备金，存入社会保险基金财政专户，用于突发重大事故的工伤保险待遇支付。储备金不足支付时，由同级财政垫付并列入下年工伤保险基金预算中，累计总额达到当年工伤保险基金征缴额的30%时不再提取。

第九条 职工到达法定退休年龄未办理按月领取基本养老保险待遇手续或者不符合按月领取基本养老保险待遇条件，且继续在原用人单位工作期间发生事故伤害的，申请人可以向用人单位所在统筹地区社会保险行政部门申请工伤认定，统筹地区社会保险行政部门应当予以受理。

第十条 工伤职工在停工留薪期内，原工资福利待遇不变，由所在单位支付。

在停工留薪期内办理按月领取基本养老保险待遇手续，基本养老保险待遇低于原工资福利待遇的，由用人单位补足差额至停工留薪期满之月。

工伤职工在停工留薪期内生活不能自理的，经协议定点医疗机构确认需要护理的，由用人单位负责。

第十一条 申请工伤保险待遇应向统筹地区社会保险经办机构提交工伤认定结论通知书、劳动能力鉴定结论、工伤待遇申请表；申请享受工亡职工供养亲属抚恤待遇的，根据申请的待遇项目提交以下相关补充材料：

（一）被供养人户口簿、居民身份证；

（二）孤儿、孤寡老人提供民政部门相关证明；

（三）由工伤职工劳动能力鉴定委员会作出的供养亲属完全丧失劳动能力的结论；

（四）按照《因工死亡职工供养亲属范围规定》确认供养亲属关系的证明材料。

第十二条 社会保险行政部门受理职工或者其直系亲属提出的工伤认定申请，要求用人单位限期提交有关材料而逾期未提交的或用人单位不认为是工伤又未按规定时间履行举证责任的，社会保险行政部门可以依据职工或者近亲属提供的材料作出认定结论。社会保险行政部门也可以与相关部门建立工伤认定联席会议制度，协调研究工伤认定疑难案件，促进工伤认定工作客观、公正。

第十三条 职工在两个或者两个以上用人单位同时存在劳动关系的，各用人单位应当分别依法为职工缴纳工伤保险费。职工发生工伤，由职工受到伤害时的用人单位依法承担工伤保险责任。

第十四条 五级至六级伤残职工，本人书面提出与用人单位解除或终止劳动关系的，七级至十级伤残职工劳动（聘用）合同期满终止，或者职工本人提出解除劳动（聘用）合同的，由工伤保险基金支付一次性工伤医疗补助金，由用人单位支付一次性伤残就业补助金。

（一）五级至十级伤残职工一次性工伤医疗补助金标准分别为工伤职工离岗前30、25、20、15、10、5个月的本人工资；五级至十级伤残职工一次性伤残就业补助金标准分别为工伤职工离岗前16、14、12、10、8、6个月的本人工资。

（二）伤残职工距法定退休年龄不足5年的，一次性伤残就业补助金按每减少1年递减

20%的标准支付，距法定退休年龄不足 1 年的按全额的 10%支付。

工伤职工达到退休年龄或者办理退休手续的，不享受一次性工伤医疗补助金和伤残就业补助金。

第十五条 伤残津贴平均调整水平按照统筹地区上年度职工月平均工资增长额的 70%至 90%进行调整，增长额较低的，可参照统筹地区上年度调整水平进行调整。具体标准由统筹地区社会保险行政部门根据职工月平均工资、生活费用变化及工伤人员伤残等级另行制定；工亡职工供养亲属抚恤金根据统筹地区职工工资和生活水平变化等情况做适当调整；生活护理费按照统筹地区上年度职工月平均工资水平进行调整。

第十六条 伤残津贴、生活护理费从作出劳动能力鉴定结论的次月起计发，工伤人员在劳动关系存续期间，经劳动能力复查鉴定的，从鉴定结论作出次月起，按照复查鉴定结论享受除一次性伤残补助金以外的其他相关工伤保险待遇。

第十七条 已按照《工伤保险条例》第四十一条规定执行，失踪后又重新出现并经法院撤销死亡宣告的职工，其领取的工伤保险待遇应当由社会保险经办机构追回。

第十八条 用人单位实行承包经营，承包给有营业执照一方生产经营的，应当由承包方承担工伤保险责任；承包给不具有营业执照一方生产经营的，应由发包方承担工伤保险责任，需要追偿经营者责任的，由用人单位负责追偿。

第十九条 已参加工伤保险的用人单位依法破产、解散、关闭时，由用人单位为一级至四级伤残职工、享受供养亲属抚恤金待遇的人员到社会保险经办机构办理接续工伤保险待遇的手续；为达到法定退休年龄的一级至四级伤残人员办理退休手续。

第二十条 由于第三人的原因造成工伤，第三人不支付工伤医疗费用或者无法确定第三人的，个人或者其近亲属可以持工伤认定决定书和有关材料向社会保险经办机构书面申请工伤保险基金先行支付。工伤保险基金先行支付后，工伤保险经办机构按照《社会保险基金先行支付暂行办法》（人力资源和社会保障部令第 15 号）进行追偿。

由于第三人原因造成工伤的，社会保险经办机构不得以工伤职工或者其近亲属已经对第三人提起民事诉讼为由，拒绝支付工伤保险待遇，但第三人已经支付的医疗费用除外。

第二十一条 工伤职工在工伤保险协议定点医疗机构住院或配置辅助器具的费用，符合工伤保险诊疗项目目录、药品目录、住院服务标准费用和辅助器具费用的，由社会保险经办机构直接结算，按规定应当自费或不由工伤保险基金支付的治疗费用，由工伤保险协议定点医疗机构或工伤保险辅助器具配置机构直接向本人收取，工伤保险基金不予支付。职工在工伤确认之前发生的医疗费用，在职工工伤确认后符合工伤保险诊疗项目目录、药品目录、住院服务标准的费用，由社会保险经办机构予以报销。逐步推行工伤协议定点医疗机构与工伤保险经办机构医疗支付联网，实现直接结算。

第二十二条 工伤职工日常就医或回原籍居住就医的，应在本人长期居住地选择 1 家至 2 家工伤保险协议定点医疗机构作为医治工伤的医院，由用人单位到统筹地区社会保险经办机构办理备案手续。

第二十三条 住院治疗工伤的职工及配置辅助器具工伤职工的伙食补助费和到统筹地区以外就医所需的交通、食宿费用标准由统筹地区制定。

第二十四条 用人单位对接触职业危害作业的职工，在劳动关系终止、解除前或者办理退休手续前，应当进行职业健康检查，并将检查结果告知职工，被确诊患有职业病的应认定为工伤，并按本办法享受相关待遇，诊断为疑似职业病的职工退休后确诊为职业病的，应当认定为工伤，享受工伤待遇。

第二十五条 本办法自 2016 年 5 月 1 日起执行。本办法施行前已受到事故伤害或者患职业病的职工尚未完成工伤认定的，按照本办法执行。《黑龙江省人民政府关于修订黑龙江省贯彻〈工伤保险条例〉若干规定的通知》（黑政发〔2011〕8 号）同时废止。

86　上海市工伤保险实施办法

2012 年 11 月 27 日上海市人民政府令第 93 号公布，
自 2013 年 1 月 1 日起施行。

第一章　总　　则

第一条（依据） 根据《中华人民共和国社会保险法》和《工伤保险条例》，结合本市实际，制定本办法。

第二条（适用范围） 本办法适用于本市行政区域内的企业、事业单位、国家机关、社会团体、民办非企业单位、基金会、律师事务所、会计师事务所等组织和有雇工的个体工商户（以下统称"用人单位"）及其从业人员。

第三条（征缴管理） 工伤保险费的征缴，按照《中华人民共和国社会保险法》和《社会保险费征缴暂行条例》的有关规定执行。

第四条（公示与救治） 用人单位应当将参加工伤保险的有关情况在本单位内公示。

从业人员发生工伤时，用人单位应当采取措施使工伤人员得到及时救治。

第五条（管理部门） 市人力资源社会保障局是本市工伤保险工作的行政主管部门，负责本市工伤保险工作的统一管理。

区、县人力资源社会保障局负责本行政区域内工伤保险的具体管理工作。

市社会保险事业基金结算管理中心（以下简称"社保经办机构"）具体负责工伤保险经办事务。市医疗保险事务管理中心和区、县医疗保险事务中心（以下统称"医保经办机构"）在职责范围内，配合做好工伤保险经办事务。

第六条（监督） 市人力资源社会保障局等部门制定工伤保险的政策、标准，应当征求工会组织、用人单位代表的意见。

工会组织依法维护工伤人员的合法权益，对用人单位的工伤保险工作实行监督。

第二章 工伤保险基金

第七条（基金来源和储备金） 工伤保险基金由用人单位缴纳的工伤保险费、工伤保险基金的利息和依法纳入工伤保险基金的其他资金构成。

工伤保险基金按照国家有关规定留有一定比例的储备金，用于本市重大事故的工伤保险待遇支付；储备金不足支付的，由市财政垫付。储备金的提取比例和使用，按照本市有关规定执行。

第八条（缴费原则） 用人单位应当按时缴纳工伤保险费。从业人员个人不缴纳工伤保险费。

工伤保险费根据以支定收、收支平衡的原则，确定费率。

第九条（缴费基数） 用人单位缴纳工伤保险费的基数，按照本单位缴纳城镇基本养老保险费的基数确定。

第十条（费率） 用人单位缴纳工伤保险费实行基础费率，基础费率统一为缴费基数的0.5%。

对发生工伤事故的用人单位，在基础费率的基础上，按照规定实行浮动费率。

浮动费率根据用人单位工伤保险费使用、工伤事故发生率等情况确定。浮动费率分为五档，每档幅度为缴费基数的0.5%，向上浮动后的最高费率（基础费率加浮动费率）不超过缴费基数的3%，向下逐档浮动后的最低费率不低于基础费率。浮动费率每年核定一次。

工伤保险费率浮动的具体办法，由市人力资源社会保障局会同市财政、卫生、安全生产监督管理等部门拟订，报市人民政府批准后执行。

第十一条（支付范围） 工伤保险基金用于本办法规定的工伤保险待遇，劳动能力鉴定，工伤预防的宣传、培训等费用，以及法律、法规规定的用于工伤保险的其他费用的支付。

工伤预防费用的提取比例、使用和管理，按照国家有关规定执行。

第十二条（基金管理和监督） 工伤保险基金实行全市统筹，存入本市市级社会保障基金财政专户，专款专用，任何单位和个人不得擅自动用。

市人力资源社会保障局依法对工伤保险费的征缴和工伤保险基金的支付情况进行监督检查。

市财政、审计部门依法对工伤保险基金的收支、管理情况进行监督。

第十三条（经办机构经费） 社保经办机构、医保经办机构开展工伤保险所需经费，由财政部门按照规定核定，纳入预算管理。

第三章 工 伤 认 定

第十四条（认定工伤范围） 从业人员有下列情形之一的，应当认定为工伤：

（一）在工作时间和工作场所内，因工作原因受到事故伤害的；

（二）工作时间前后在工作场所内，从事与工作有关的预备性或者收尾性工作受到事故伤害的；

（三）在工作时间和工作场所内，因履行工作职责受到暴力等意外伤害的；

（四）患职业病的；

（五）因工外出期间，由于工作原因受到伤害或者发生事故下落不明的；

（六）在上下班途中，受到非本人主要责任的交通事故或者城市轨道交通、客运轮渡、火车事故伤害的；

（七）法律、行政法规规定应当认定为工伤的其他情形。

第十五条（视同工伤范围） 从业人员有下列情形之一的，视同工伤：

（一）在工作时间和工作岗位，突发疾病死亡或者在48小时之内经抢救无效死亡的；

（二）在抢险救灾等维护国家利益、公共利益活动中受到伤害的；

（三）从业人员原在军队服役，因战、因公负伤致残，已取得革命伤残军人证，到用人单位后旧伤复发的。

从业人员有前款第一项、第二项情形的，按照本办法的有关规定享受工伤保险待遇；从业人员有前款第三项情形的，按照本办法的有关规定享受除一次性伤残补助金以外的工伤保险待遇。

第十六条（工伤排除） 从业人员符合本办法第十四条、第十五条的规定，但是有下列情形之一的，不得认定为工伤或者视同工伤：

（一）故意犯罪的；

（二）醉酒或者吸毒的；

（三）自残或者自杀的。

第十七条（认定申请） 从业人员发生事故伤害或者按照职业病防治法规定被诊断、鉴定为职业病，所在单位应当自事故伤害发生之日或者被诊断、鉴定为职业病之日起30日内，向用人单位所在地的区、县人力资源社会保障局提出工伤认定申请。遇有特殊情况，经报区、县人力资源社会保障局同意，申请时限可以适当延长。

用人单位未按照前款规定提出工伤认定申请的，从业人员或者其近亲属、工会组织在事故伤害发生之日或者被诊断、鉴定为职业病之日起1年内，可以直接向用人单位所在地的区、县人力资源社会保障局提出工伤认定申请。

用人单位未在本条第一款规定的时限内提出工伤认定申请的，在此期间发生符合本办法规定的工伤待遇等有关费用，由该用人单位负担。

第十八条（工伤认定申请材料） 提出工伤认定申请，应当提交下列材料：

（一）工伤认定申请表；

（二）与用人单位存在劳动关系（包括事实劳动关系）的证明材料；

（三）医疗诊断证明或者职业病诊断证明书（或者职业病诊断鉴定书）。

工伤认定申请表应当包括事故发生的时间、地点、原因以及从业人员伤害程度等基本情况。

工伤认定申请人在本办法规定时限内提出工伤认定申请时所提供材料不完整的，区、县人力资源社会保障局应当自收到工伤认定申请之日起 10 个工作日内，一次性书面告知工伤认定申请人需要补正的全部材料。工伤认定申请人应当在 30 日内，按照要求补正材料，逾期不补正但未超过法定申请期限的，可以重新提出工伤认定申请。

第十九条（受理） 工伤认定申请人依法提出工伤认定申请，且提供的申请材料完整的，区、县人力资源社会保障局应当自收到工伤认定申请之日起 10 个工作日内发出受理通知书。不符合受理条件的，区、县人力资源社会保障局不予受理，并书面告知工伤认定申请人。

第二十条（调查核实和举证责任） 区、县人力资源社会保障局受理工伤认定申请后，根据审核需要可以对事故伤害进行调查核实，用人单位、从业人员、工会组织、医疗机构以及有关部门应当予以协助。职业病诊断和诊断争议的鉴定，依照职业病防治法的有关规定执行。对依法取得职业病诊断证明书或者职业病诊断鉴定书的，区、县人力资源社会保障局不再进行调查核实。

用人单位、从业人员或者其近亲属可以根据认定工伤或者视同工伤的不同情形，提交相关行政机关或者司法机关出具的有关证明材料或者法律文书。

从业人员或者其近亲属认为是工伤，用人单位不认为是工伤的，由用人单位承担举证责任。

第二十一条（认定程序） 区、县人力资源社会保障局应当自受理工伤认定申请之日起 60 日内作出工伤认定决定，并在作出工伤认定决定之日起 10 个工作日内将工伤认定决定送达申请工伤认定的从业人员或者其近亲属和该从业人员所在单位。

作出工伤认定决定需要以司法机关或者有关行政主管部门的结论为依据的，在司法机关或者有关行政主管部门尚未作出结论期间，作出工伤认定决定的时限中止，工伤认定时限中止的原因消除后，应当及时恢复。工伤认定时限中止、恢复的，区、县人力资源社会保障局应当告知有关当事人。

区、县人力资源社会保障局工作人员与工伤认定申请人有利害关系的，应当回避。

第二十二条（工伤认定决定载明事项） 工伤认定决定应当载明下列事项：

（一）用人单位和工伤人员的基本情况；

（二）受伤部位、事故时间和诊治时间或者职业病名称、伤害经过和核实情况，以及医疗救治基本情况和诊断结论；

（三）认定为工伤、视同工伤或者认定为不属于工伤、不视同工伤的依据；

（四）认定结论；

（五）申请行政复议或者提起行政诉讼的期限；

（六）作出认定决定的时间。

工伤认定决定应当加盖区、县人力资源社会保障局工伤认定专用印章。

第二十三条（告知义务） 区、县人力资源社会保障局向申请工伤认定的从业人员或者其近亲属和该从业人员所在单位送达工伤认定决定时，应当书面告知劳动能力鉴定的申请程序。

第四章 劳动能力鉴定

第二十四条（劳动能力鉴定） 从业人员发生工伤，经治疗伤情相对稳定后存在残疾、影响劳动能力的，应当进行劳动功能障碍程度和生活自理障碍程度的劳动能力鉴定。

劳动功能障碍分为十个伤残等级，生活自理障碍分为三个等级。

劳动能力鉴定标准，按照国家有关规定执行。

第二十五条（鉴定机构） 市和区、县劳动能力鉴定委员会（以下简称"鉴定委员会"）由同级人力资源社会保障、卫生等部门以及工会组织、社保经办机构代表、用人单位代表组成。市和区、县鉴定委员会办公室设在同级人力资源社会保障局，负责鉴定委员会的日常工作。

市劳动能力鉴定中心受市鉴定委员会的委托，负责职业病人员的劳动能力鉴定及工伤人员的再次鉴定等具体事务。

区、县鉴定委员会负责本行政区域内的工伤人员劳动能力鉴定。

鉴定委员会依法建立医疗卫生专家库，进行劳动能力鉴定。

第二十六条（劳动能力鉴定申请材料） 工伤人员的劳动能力鉴定，可以由用人单位、工伤人员或者其近亲属向区、县鉴定委员会提出申请。职业病人员的劳动能力鉴定，向市鉴定委员会提出申请。

提出劳动能力鉴定申请的，应当提交下列材料：

（一）填写完整的劳动能力鉴定申请表；

（二）工伤认定决定；

（三）定点医疗机构诊治工伤的有关资料。

第二十七条（鉴定程序） 鉴定委员会收到劳动能力鉴定申请后，应当从其建立的医疗卫生专家库中随机抽取3名或者5名相关专家组成专家组，并由专家组提出鉴定意见；必要时，可以委托具备资格的医疗机构协助进行有关的诊断。鉴定委员会根据专家组的鉴定意见，在收到劳动能力鉴定申请之日起60日内作出工伤人员劳动能力鉴定结论。必要时，作出劳动能力鉴定结论的时限可以延长30日。鉴定委员会应当自作出劳动能力鉴定结论之日起15日内，向申请劳动能力鉴定的用人单位、工伤人员或者其近亲属送达劳动能力鉴定结论，并书面告知办理享受工伤保险待遇的手续，提供工伤保险待遇申请表。

鉴定委员会组成人员或者参加鉴定的专家与当事人有利害关系的，应当回避。

第二十八条（再次鉴定） 申请劳动能力鉴定的用人单位、工伤人员或者其近亲属对劳动能力鉴定结论不服的，可以在收到该鉴定结论之日起15日内向市鉴定委员会提出再次鉴定申请。

市鉴定委员会对职业病人员申请再次鉴定的，应当另行组织专家组，进行再次鉴定。

市鉴定委员会作出的再次鉴定结论为最终结论。

第二十九条（复查鉴定） 自劳动能力鉴定结论作出之日起1年后，工伤人员或者其近亲属、用人单位或者社保经办机构认为伤残情况发生变化的，可以提出劳动能力复查鉴定申请。

第三十条（再次鉴定和复查鉴定的期限） 鉴定委员会进行再次鉴定和复查鉴定的期限，依照本办法第二十七条的规定执行。

第三十一条（鉴定费用） 工伤人员的初次劳动能力鉴定费用，由工伤保险基金支付。

用人单位、工伤人员或者其近亲属提出再次鉴定或者复查鉴定申请的，再次鉴定结论维持原鉴定结论，或者复查鉴定结论没有变化的，鉴定费用由提出再次鉴定或者复查鉴定申请的用人单位、工伤人员或者其近亲属承担；再次鉴定结论或者复查鉴定结论有变化，以及按照国家规定需要定期复查鉴定的，鉴定费用由工伤保险基金承担。

第五章 工伤保险待遇

第三十二条（就医原则） 从业人员因工作遭受事故伤害或者患职业病进行治疗，享受工伤医疗待遇。

工伤人员治疗工伤应当在本市定点医疗机构或者职业病定点医疗机构就医。情况紧急时，可以先到就近的医疗机构急救，伤情稳定后，应当及时转往定点医疗机构治疗。确需转往外省市治疗的，由本市定点医疗机构出具证明，报社保经办机构同意。

工伤人员需要进行工伤康复的，应当选择与市医保经办机构签订服务协议的工伤康复机构。

第三十三条（工伤医疗和康复费用的支付） 治疗工伤所需医疗费用符合国家和本市的工伤保险诊疗项目目录、工伤保险药品目录、工伤保险住院服务标准的，从工伤保险基金支付。

本市的工伤保险诊疗项目目录、工伤保险药品目录、工伤保险住院服务标准，按照本市有关基本医疗保险诊疗项目范围、用药范围以及医疗服务设施范围等规定执行。

工伤人员到工伤康复机构进行工伤康复的费用，符合国家和本市工伤康复服务项目、工伤康复诊疗规范的，从工伤保险基金支付。

区、县人力资源社会保障局作出认定为工伤的决定后发生行政复议、行政诉讼的，行政复议和行政诉讼期间不停止支付工伤人员治疗工伤的医疗费用。

工伤人员治疗非工伤引发的疾病，所需医疗费用不列入工伤保险基金支付范围。

第三十四条（工伤医疗和康复费用的结算） 工伤人员发生的工伤医疗和康复费用，经市或者区、县医保经办机构审核，由社保经办机构与本市定点医疗机构或者工伤康复机构结算。

工伤人员在非定点医疗机构进行急救或者按照本办法规定到外省市治疗发生的工伤医疗费用，由其个人先行支付后，按照规定向社保经办机构申请报销，经市或者区、县医保经办机构审核后，由工伤保险基金支付。

第三十五条（住院伙食费补助、交通食宿费标准） 工伤人员住院治疗工伤的，由工伤保险基金按照规定的标准，支付住院伙食补助费；经本市定点医疗机构出具证明，报社保经办机构同意，工伤人员到外省市就医的，由工伤保险基金按照规定的标准支付食宿费，交通费按照社保经办机构核定的交通工具乘坐费用实报实销。

住院伙食补助费、食宿费标准的确定及其适时调整办法，由市人力资源社会保障局拟订，报市人民政府批准后执行。

第三十六条（辅助器具配置） 工伤人员因日常生活或者就业需要，经鉴定委员会确认，应当选择到与社保经办机构签订服务协议的辅助器具配置机构安装假肢、矫形器、假眼、假牙和配置轮椅等辅助器具，所需费用符合国家和本市辅助器具安装配置项目和标准的，从工伤保险基金支付，并由社保经办机构与辅助器具配置机构结算。

第三十七条（停工留薪期待遇） 从业人员因工作遭受事故伤害或者患职业病需要暂停工作接受工伤治疗的，在停工留薪期内，原工资福利待遇不变，由所在单位按月支付。

停工留薪期一般不超过 12 个月，具体期限根据定点医疗机构出具的伤病情诊断意见确定。伤情严重或者情况特殊，经鉴定委员会确认，可以适当延长，但延长不得超过 12 个月。工伤人员评定伤残等级后，停发原待遇，按照本办法的有关规定享受伤残待遇。工伤人员停工留薪期满后仍需治疗的，继续享受工伤医疗待遇。

生活不能自理的工伤人员在停工留薪期需要护理的，由所在单位负责。

第三十八条（生活护理待遇） 工伤人员已经评定伤残等级并经鉴定委员会确认需要生活护理的，从工伤保险基金按月支付生活护理费。

生活护理费按照生活完全不能自理、生活大部分不能自理或者生活部分不能自理 3 个不同等级支付，其标准分别为上年度全市职工月平均工资的 50%、40% 或者 30%。

第三十九条（致残一至四级待遇） 工伤人员因工致残被鉴定为一级至四级伤残的，保留劳动关系，退出工作岗位，享受以下待遇：

（一）从工伤保险基金支付一次性伤残补助金。一级伤残的，为 27 个月的工伤人员本人工资；二级伤残的，为 25 个月；三级伤残的，为 23 个月；四级伤残的，为 21 个月。

（二）从工伤保险基金按月支付伤残津贴。一级伤残的，为工伤人员本人工资的 90%；二级伤残的，为 85%；三级伤残的，为 80%；四级伤残的，为 75%。

（三）工伤人员到达法定退休年龄并办理按月领取养老金手续后，停发伤残津贴，享受基本养老保险待遇。基本养老保险待遇低于伤残津贴的，由工伤保险基金补足差额。工伤人员到达法定退休年龄又不符合按月领取养老金条件的，由工伤保险基金继续支付伤残津贴。

（四）参加本市基本医疗保险的用人单位和工伤人员以伤残津贴为基数，按月缴纳基本医疗保险费，享受基本医疗保险待遇。工伤人员到达法定退休年龄后，继续享受基本医疗保险待遇。工伤人员到达法定退休年龄，但不符合继续享受基本医疗保险待遇条件的，用人单位和工伤人员以伤残津贴为基数，按照基本医疗保险规定一次性缴纳基本医疗保险费至符合条件后，继续享受基本医疗保险待遇。

第四十条（致残五至六级待遇） 工伤人员因工致残被鉴定为五级、六级伤残的，享受以下待遇：

（一）从工伤保险基金支付一次性伤残补助金。五级伤残的，为 18 个月的工伤人员本人工资；六级伤残的，为 16 个月。

（二）保留与用人单位劳动关系，由用人单位安排适当工作。难以安排工作的，由用人单位按月发给伤残津贴。五级伤残的，为工伤人员本人工资的70%；六级伤残的，为60%。并由用人单位和工伤人员继续按照规定缴纳各项社会保险费。伤残津贴实际金额低于本市职工最低月工资标准的，由用人单位补足差额。

经工伤人员本人提出，该工伤人员可以与用人单位解除或者终止劳动关系，由工伤保险基金支付一次性工伤医疗补助金，由用人单位支付一次性伤残就业补助金。五级伤残的，分别为18个月的上年度全市职工月平均工资；六级伤残的，分别为15个月。

经工伤人员本人提出与用人单位解除劳动关系，且解除劳动关系时距法定退休年龄不足5年的，不足年限每减少1年，一次性工伤医疗补助金和一次性伤残就业补助金递减20%，但属于《中华人民共和国劳动合同法》第三十八条规定的情形除外。

因工伤人员退休或者死亡使劳动关系终止的，不享受本条第二款规定的待遇。

第四十一条（致残七至十级待遇） 工伤人员因工致残被鉴定为七级至十级伤残的，享受以下待遇：

（一）从工伤保险基金支付一次性伤残补助金。七级伤残的，为13个月的工伤人员本人工资；八级伤残的，为11个月；九级伤残的，为9个月；十级伤残的，为7个月。

（二）劳动合同期满终止，或者工伤人员本人提出解除劳动合同的，由工伤保险基金支付一次性工伤医疗补助金，由用人单位支付一次性伤残就业补助金。七级伤残的，分别为12个月的上年度全市职工月平均工资；八级伤残的，分别为9个月；九级伤残的，分别为6个月；十级伤残的，分别为3个月。

经工伤人员本人提出与用人单位解除劳动关系，且解除劳动关系时距法定退休年龄不足5年的，不足年限每减少1年，一次性工伤医疗补助金和一次性伤残就业补助金递减20%，但属于《中华人民共和国劳动合同法》第三十八条规定的情形除外。

因工伤人员退休或者死亡使劳动关系终止的，不享受本条第一款第二项规定的待遇。

第四十二条（工伤复发） 工伤人员工伤复发，经鉴定委员会确认需要治疗的，享受本办法第三十二条、第三十三条、第三十五条至第三十八条规定的工伤保险待遇。

工伤人员与用人单位解除或者终止劳动关系，并按照本办法规定享受一次性工伤医疗补助金和一次性伤残就业补助金的，不再享受本办法第三十二条、第三十三条、第三十五条至第三十八条规定的待遇。

第四十三条（因工死亡待遇） 从业人员因工死亡，其近亲属按照下列规定从工伤保险基金领取丧葬补助金、供养亲属抚恤金和一次性工亡补助金：

（一）丧葬补助金为从业人员因工死亡时6个月的上年度全市职工月平均工资。

（二）供养亲属抚恤金按照从业人员生前本人工资的一定比例发给其生前提供主要生活来源、无劳动能力的亲属。其中，配偶每月40%，其他亲属每人每月30%；孤寡老人或者孤儿每人每月在上述标准的基础上增加10%。核定的各供养亲属的抚恤金之和不应高于因工死亡人员生前本人工资。

（三）一次性工亡补助金标准为从业人员因工死亡时上一年度全国城镇居民人均可支配收入的20倍。

工伤人员在停工留薪期内因工伤导致死亡的，其近亲属享受本条第一款规定的待遇。

致残一级至四级的工伤人员在停工留薪期满后死亡的，其近亲属可以享受本条第一款第一项、第二项规定的待遇。

供养亲属的具体范围，按照国家有关规定执行。

第四十四条（待遇调整） 伤残津贴、供养亲属抚恤金、生活护理费的标准，由市人力资源社会保障局根据全市职工平均工资和生活费用变化等情况适时调整。调整办法由市人力资源社会保障局拟订，报市人民政府批准后执行。

第四十五条（与其他赔偿关系） 由于第三人的原因造成工伤的，由第三人支付工伤医疗费用。第三人不支付工伤医疗费用或者无法确定第三人的，由工伤保险基金先行支付。工伤保险基金先行支付后，社保经办机构有权按照规定向第三人追偿。

由用人单位或者工伤保险基金先行支付的停工留薪期工资福利待遇、一次性伤残补助金、一次性工亡补助金等其他工伤保险待遇的费用，工伤人员或者其近亲属在获得第三人赔偿后，应当予以相应偿还。

第四十六条（因工外出发生事故或在抢险救灾中下落不明人员的待遇） 从业人员因工外出期间发生事故或者在抢险救灾中下落不明的，从事故发生当月起3个月内照发工资，从第4个月起停发工资，由工伤保险基金按照本办法第四十三条第一款第二项所规定的标准，向其供养亲属按月支付供养亲属抚恤金。生活有困难的，可以预支一次性工亡补助金的50%。从业人员被人民法院宣告死亡的，按照本办法第四十三条规定处理。

第四十七条（待遇停止） 工伤人员有下列情形之一的，停止享受工伤保险待遇：

（一）丧失享受待遇条件的；

（二）拒不接受劳动能力鉴定的；

（三）拒绝治疗的。

第四十八条（保险责任确定） 用人单位分立、合并、转让的，承继单位应当承担原用人单位的工伤保险责任。

用人单位实行承包经营的，工伤保险责任由从业人员劳动关系所在单位承担。

从业人员被借调期间受到工伤事故伤害的，由原用人单位承担工伤保险责任，但原用人单位与借调单位可以约定补偿办法。

劳务派遣单位的从业人员在劳务派遣期间受到工伤事故伤害的，工伤保险责任由劳务派遣单位或者用工单位承担，具体认定办法由市人力资源社会保障局制定。工伤保险浮动费率责任由用工单位承担。

企业破产的，在破产清算时依法拨付应当由单位支付的工伤保险待遇费用。

第四十九条（境外赔偿） 从业人员被派遣出境工作，依据前往国家或者地区的法律应当参加当地工伤保险的，参加当地工伤保险，其国内工伤保险关系中止；不能参加当地工伤保险的，其国内工伤保险关系不中止，按照本办法规定享受工伤保险待遇。

第五十条（办理享受待遇的手续） 从业人员因工伤亡的，由用人单位、工伤人员或者其近亲属到社保经办机构办理工伤保险待遇手续，并提供下列相应材料：

（一）填写完整的工伤保险待遇申请表；

（二）工伤医疗费用支付凭证；

（三）工伤人员与承担工伤保险责任用人单位存在劳动关系的证明材料；

（四）待遇享受人的身份证明及与因工死亡人员的供养关系证明；

（五）下落不明或者宣告死亡的证明材料；

（六）其他相关材料。

社保经办机构应当自接到享受工伤保险待遇申请之日起 30 日内，对工伤人员或者其近亲属享受工伤保险待遇的条件进行审核。符合条件的，核定其待遇标准并按时足额支付；不符合条件的，应当书面告知。

第六章 特别规定

第五十一条（非全日制从业人员的规定） 招用非全日制从业人员的用人单位应当按照本办法规定的缴费基数和费率，为其缴纳工伤保险费。

非全日制从业人员因工作遭受事故伤害或者患职业病后，与用人单位的劳动关系按照《中华人民共和国劳动合同法》《上海市劳动合同条例》的规定执行，享受下列工伤保险待遇：

（一）按照本办法规定由工伤保险基金支付的工伤保险待遇；

（二）由承担工伤保险责任的用人单位参照本办法规定支付停工留薪期待遇，且不得低于全市职工月最低工资标准；

（三）致残一级至四级的，由承担工伤保险责任的用人单位和工伤人员以享受的伤残津贴为基数，一次性缴纳基本医疗保险费至工伤人员到达法定退休年龄，享受基本医疗保险待遇；

（四）致残五级至十级的，由承担工伤保险责任的用人单位按照本办法规定的标准支付一次性伤残就业补助金。

第五十二条（协保人员的工伤待遇） 用人单位使用经就业登记的协保人员的，协保人员的工资收入不计入用人单位工伤保险缴费基数。

协保人员发生工伤的，可以按照本办法规定享受工伤保险待遇，社保经办机构按照规定核定用人单位下一年度的浮动费率。

第五十三条（非正规就业劳动组织从业人员的规定） 非正规就业劳动组织参照本办法规定的缴费基数和费率缴纳工伤保险费后，其按照规定在市或者区、县人力资源社会保障局进行登记的从业人员发生工伤的，可以享受本办法规定由工伤保险基金支付的工伤保险待遇。

第五十四条（非城镇户籍外来从业人员的特别规定） 因工致残一级至四级的非城镇户籍外来从业人员，可以按照本办法规定的待遇项目标准和支付方式，享受工伤保险待遇，也可以选择按一次性领取的方式享受。选择一次性领取工伤保险待遇的，由工伤人员在首次申领待遇时向社保经办机构提出，并以协议方式确认。一经确认，不再变更，其工伤保险关系终止，并与用人单位的劳动关系解除或者终止。

因工致残一级至四级的非城镇户籍外来从业人员选择按一次性领取的方式享受工伤保险待遇的，其工伤复发医疗费以及经鉴定委员会鉴定可以享受的一次性伤残补助金、伤残津贴、生活护理费和经确认配置辅助器具费等，由工伤保险基金一次性支付，支付标准由市人力资源社会保障局另行拟订，报市人民政府批准后执行。

第五十五条（有关待遇计发的特别规定） 按照本办法规定计发的一级至十级工伤人员一次性伤残补助金，低于3896元乘以与伤残等级相应的下列月份数之积的，差额部分由工伤保险基金予以补足：一级伤残的，为24个月；二级伤残的，为22个月；三级伤残的，为20个月；四级伤残的，为18个月；五级伤残的，为16个月；六级伤残的，为14个月；七级伤残的，为12个月；八级伤残的，为10个月；九级伤残的，为8个月；十级伤残的，为6个月。

按照本办法规定计发的一级至四级工伤人员当年度伤残津贴和因工死亡人员供养亲属抚恤金，低于市人力资源社会保障局公布的上述两项工伤保险待遇最低标准的，按最低标准计发。

第七章 法 律 责 任

第五十六条（法律责任） 违反本办法规定的行为，《中华人民共和国社会保险法》《工伤保险条例》等法律法规有处理规定的，从其规定。

第五十七条（相关机构的法律责任） 工伤康复机构、辅助器具配置机构不按服务协议提供服务的，市医保经办机构、社保经办机构可以解除服务协议。

市医保经办机构、社保经办机构不按时足额结算费用的，由市人力资源社会保障局责令改正，工伤康复机构、辅助器具配置机构可以解除服务协议。

第五十八条（应参保未参保或者未按规定缴费的规定） 用人单位未依法缴纳工伤保险费的，按照《中华人民共和国社会保险法》和《社会保险费征缴暂行条例》的有关规定处理。

应当参加工伤保险而未参加或者未按规定缴纳工伤保险费的用人单位，未参加工伤保险或者未按规定缴纳工伤保险费期间，从业人员发生工伤的，由用人单位按照本办法规定的工伤保险待遇项目和标准支付费用。用人单位不支付的，从工伤保险基金中先行支付。从工伤保险基金中先行支付的费用，应当由用人单位偿还。用人单位不偿还的，社保经办机构依法追偿。

用人单位参加工伤保险并补缴应当缴纳的工伤保险费、滞纳金后，由工伤保险基金和用人单位依照本办法的规定支付新发生的费用。

第五十九条（争议处理） 工伤人员与用人单位发生工伤保险待遇方面争议，适用劳动人事争议处理的有关规定。

第六十条（行政复议和行政诉讼） 单位和个人对市或者区、县人力资源社会保障局，或者社保经办机构、医保经办机构依照本办法规定作出的具体行政行为不服的，可以依法申请行政复议或者提起行政诉讼。

第八章 附 则

第六十一条（本人工资的定义） 本办法所称本人工资，是指工伤人员因工作遭受事故伤害或者患职业病前 12 个月平均月缴费工资。本人工资高于本市职工平均工资 300%的，按照本市职工平均工资的 300%计算；本人工资低于本市职工平均工资 60%的，按照本市职工平均工资的 60%计算。

第六十二条（关于适用范围的特别规定） 国家对国家机关和参照公务员法管理的事业单位、社会团体的工伤保险另行作出规定的，按照国家规定进行调整。

第六十三条（施行日期和废止事项） 本办法自 2013 年 1 月 1 日起施行。2004 年 6 月 27 日上海市人民政府令第 29 号发布、并根据 2010 年 12 月 20 日上海市人民政府令第 52 号《上海市人民政府关于修改〈上海市农机事故处理暂行规定〉等 148 件市政府规章的决定》修正的《上海市工伤保险实施办法》同时废止。

87 江苏省实施《工伤保险条例》办法

2015 年 4 月 2 日江苏省人民政府令第 103 号公布，
自 2015 年 6 月 1 日起施行。

第一条 为了保障因工作遭受事故伤害或者患职业病的职工获得医疗救治和经济补偿，促进工伤预防和工伤康复，分散用人单位的工伤风险，根据《中华人民共和国社会保险法》、国务院《工伤保险条例》（以下称《条例》），结合本省实际，制定本办法。

第二条 本省行政区域内的国家机关、企业、事业单位、社会团体、民办非企业单位、基金会、律师事务所、会计师事务所等组织和有雇工的个体工商户（以下称用人单位）及其职工或者雇工（以下称职工），适用本办法。

第三条 县级以上地方人民政府社会保险行政部门负责本行政区域内的工伤保险工作。社会保险经办机构（以下称经办机构）具体承办工伤保险事务。

第四条 用人单位应当为本单位全部职工缴纳工伤保险费。用人单位缴纳工伤保险费的基数，按照本单位缴纳基本医疗保险费的基数确定。

第五条 工伤保险费根据以支定收、收支平衡的原则，确定费率。统筹地区社会保险行政部门根据国家工伤保险费率管理有关规定制定费率浮动办法。统筹地区经办机构根据用人单位工伤保险费使用、工伤发生率等情况，适用所属行业内相应的费率档次确定单位缴费费率。

第六条 工伤保险费的征缴，按照《中华人民共和国社会保险法》《社会保险费征缴暂行条例》和《江苏省社会保险费征缴条例》有关规定执行。

用人单位办理缴纳工伤保险费申报手续时，应当提交参保职工名单，由经办机构核实后留存。

第七条 社会保险行政部门、经办机构、劳动能力鉴定委员会以及安全生产监督管理部门应当加强信息网络建设，实现资源共享，信息互通，建立全省统一规范的工伤保险信息管理系统。

第八条 工伤保险经办经费和工伤认定所需的业务经费列入同级财政年度部门预算。

第九条 工伤保险基金逐步实行省级统筹。

第十条 工伤保险基金存入社会保障基金财政专户，实行收支两条线管理，用于《条例》及本办法规定的工伤保险待遇、劳动能力鉴定、工伤预防、工伤康复费用，以及法律、法规规定的用于工伤保险的其他费用的支付。

工伤预防费用的提取比例、使用和管理，按照国家有关规定执行。

第十一条 工伤保险基金实行储备金制度。统筹地区应当按月将已征收的工伤保险费总额的20%转为储备金。储备金达到上一年度各项工伤保险费用的支付总额时不再提取。工伤保险基金有结余的，储备金先从结余中提取，不足部分按照规定从当年征收的工伤保险费中转入。

储备金用于支付重大伤亡事故的工伤保险待遇，以及工伤保险基金当年收不抵支的部分。储备金不足支付的，由统筹地区人民政府垫付。动用储备金应当经统筹地区人民政府同意，报上一级社会保险行政部门备案。

第十二条 用人单位应当在法律、法规规定的时限内向所在地设区的市人民政府确定的社会保险行政部门提出工伤认定申请。用人单位未按照规定提出工伤认定申请的，受伤害或者患职业病的职工或者其近亲属、工会组织可以自事故伤害发生之日或者被诊断、鉴定为职业病之日起1年内，直接向用人单位所在地设区的市人民政府确定的社会保险行政部门提出工伤认定申请。

第十三条 有下列情形之一的，社会保险行政部门应当不予受理工伤认定申请：

（一）申请人不具备申请资格的；

（二）工伤认定申请超过规定时限且无法定理由的；

（三）没有工伤认定管辖权的；

（四）法律、法规、规章规定的不予受理的其他情形。

第十四条 社会保险行政部门收到工伤认定申请后，应当在15日内对申请人提交的材料进行审核，材料完整的，作出受理或者不予受理的决定；材料不完整的，应当以书面形式一次性告知申请人需要补正的全部材料。

社会保险行政部门决定受理的，应当出具《工伤认定申请受理决定书》；决定不予受理的，应当出具《工伤认定申请不予受理决定书》。

第十五条 社会保险行政部门受理工伤认定申请后，可以要求用人单位、职工或者其近亲属提交有关证据材料。用人单位、职工或者其近亲属应当配合社会保险行政部门调查核实取证，并提供有关证据材料。

职工或者其近亲属、工会组织认为是工伤，用人单位不认为是工伤的，社会保险行政部门应当书面通知用人单位举证。用人单位无正当理由在规定时限内不提供证据的,社会保险行政部门可以根据职工或者其近亲属、工会组织以及相关部门提供的证据,或者调查核实取得的证据,依法作出工伤认定决定。

第十六条 社会保险行政部门受理工伤认定申请后,有下列情形之一的,可以中止工伤认定:

(一)需要以司法机关、劳动人事争议仲裁委员会、有关行政主管部门或者相关机构的结论为依据,而司法机关、劳动人事争议仲裁委员会、有关行政主管部门或者相关机构尚未作出结论的;

(二)由于不可抗力导致工伤认定难以进行的;

(三)法律、法规、规章规定需要中止的其他情形。

中止工伤认定,应当向申请工伤认定的职工或者其近亲属、工会组织和该职工所在单位送达《工伤认定中止通知书》。中止情形消失的,应当恢复工伤认定程序。中止工伤认定的时间不计入工伤认定期限。

第十七条 社会保险行政部门受理工伤认定申请后,有下列情形之一的,应当终止工伤认定:

(一)不符合受理条件的;

(二)申请人撤回工伤认定申请的;

(三)法律、法规、规章规定的可以终止的其他情形。

终止工伤认定,应当向申请工伤认定的职工或者其近亲属、工会组织和该职工所在单位送达《工伤认定终止通知书》。

因申请人撤回工伤认定申请终止工伤认定的,在法定时限内,申请人可以再次申请工伤认定。

第十八条 社会保险行政部门作出工伤认定申请不予受理决定、终止工伤认定决定的,应当书面告知申请人享有依法申请行政复议或者提起行政诉讼的权利。

第十九条 省劳动能力鉴定委员会和设区的市劳动能力鉴定委员会分别由省和设区的市社会保险行政部门、卫生计生行政部门、工会组织、经办机构代表以及用人单位代表组成。

劳动能力鉴定委员会应当建立医疗卫生专家库,专家选任办法由省劳动能力鉴定委员会制定。

第二十条 工伤职工经治疗或者康复,伤情相对稳定后存在残疾、影响劳动能力,或者停工留薪期满的,用人单位、工伤职工或者其近亲属应当及时向设区的市劳动能力鉴定委员会提出劳动能力鉴定申请,并按照规定提交有关资料。

第二十一条 劳动能力鉴定费以及鉴定过程中符合工伤保险有关规定的医疗检查费,工伤职工参加工伤保险的,由工伤保险基金支付;工伤职工未参加工伤保险的,由用人单位支付。

第二十二条 职工因工作遭受事故伤害或者患职业病时,用人单位应当采取措施使受伤害或者患职业病的职工得到及时救治。

第二十三条 达到国家工伤康复定点机构标准的医疗或者康复机构，可以与统筹地区经办机构签订工伤康复服务协议，提供工伤康复服务。

第二十四条 工伤职工经社会保险行政部门组织劳动能力鉴定专家或者工伤康复专家确认具有康复价值的，应当由签订服务协议的工伤康复机构提出康复治疗方案，报经办机构批准后到签订服务协议的工伤康复机构进行工伤康复。

第二十五条 工伤职工的停工留薪期应当凭职工就诊的签订服务协议的医疗机构，或者签订服务协议的工伤康复机构出具的休假证明确定。停工留薪期超过12个月的，需经设区的市劳动能力鉴定委员会确认。设区的市劳动能力鉴定委员会确认的停工留薪期结论为最终结论。

在停工留薪期间，用人单位不得与工伤职工解除或者终止劳动关系。法律、法规另有规定的除外。

第二十六条 因工致残被鉴定为五级、六级伤残的工伤职工恢复工作后，又发生难以安排工作的情形的，以难以安排工作时本人工资为基数由用人单位计发伤残津贴；难以安排工作时本人工资低于发生工伤时本人工资的，以发生工伤时本人工资为基数计发。

第二十七条 职工因工致残被鉴定为五至十级伤残，按照《条例》规定与用人单位解除或者终止劳动关系时，由工伤保险基金支付一次性工伤医疗补助金，由用人单位支付一次性伤残就业补助金。一次性工伤医疗补助金的基准标准为：五级20万元，六级16万元，七级12万元，八级8万元，九级5万元，十级3万元。一次性伤残就业补助金的基准标准为：五级9.5万元，六级8.5万元，七级4.5万元，八级3.5万元，九级2.5万元，十级1.5万元。

设区的市人民政府可以根据当地经济发展水平、居民生活水平等情况，在基准标准基础上上下浮动不超过20%确定一次性工伤医疗补助金和一次性伤残就业补助金标准，并报省社会保险行政部门备案。

患职业病的工伤职工，一次性工伤医疗补助金在上述标准的基础上增发40%。

一次性工伤医疗补助金和一次性伤残就业补助金基准标准的调整，由省社会保险行政部门会同省财政部门报省人民政府批准确定。

第二十八条 工伤职工本人提出与用人单位解除劳动关系，且解除劳动关系时距法定退休年龄不足5年的，一次性工伤医疗补助金和一次性伤残就业补助金按照下列标准执行：不足5年的，按照全额的80%支付；不足4年的，按照全额的60%支付；不足3年的，按照全额的40%支付；不足2年的，按照全额的20%支付；不足1年的，按照全额的10%支付，但属于《中华人民共和国劳动合同法》第三十八条规定的情形除外。达到法定退休年龄或者按照规定办理退休手续的，不支付一次性工伤医疗补助金和一次性伤残就业补助金。

五至十级工伤职工领取一次性工伤医疗补助金的具体办法由统筹地区经办机构制定。

第二十九条 工伤职工领取一次性工伤医疗补助金和一次性伤残就业补助金后，工伤保险关系终止，劳动能力鉴定委员会不再受理其本次伤残的劳动能力复查鉴定申请。

第三十条 因工致残一次性伤残补助金、工伤职工的伤残津贴、生活护理费自作出劳动能力鉴定结论的次月起计发。

因工死亡丧葬补助金、一次性工亡补助金自职工死亡当月起计发，其供养亲属抚恤金自职工死亡的次月起计发。

第三十一条 伤残津贴、供养亲属抚恤金、生活护理费由设区的市社会保险行政部门会同财政部门根据职工平均工资和生活费用变化等情况适时调整。

伤残津贴、供养亲属抚恤金以及生活护理费调整方案，经设区的市人民政府同意报省社会保险行政部门和省财政部门批准后执行。

第三十二条 职工在同一用人单位连续工作期间多次发生工伤，符合《条例》第三十六条、第三十七条规定享受相关待遇的，按照其在同一用人单位发生工伤的最高伤残级别，计发一次性伤残就业补助金和一次性工伤医疗补助金。

第三十三条 工伤复发因伤情变化复查鉴定伤残等级改变的，不再重新计发一次性伤残补助金，其他工伤保险待遇按照新的伤残等级享受。达到领取伤残津贴条件的，以旧伤复发时本人工资为基数计发伤残津贴；旧伤复发时本人工资低于发生工伤时本人工资的，以发生工伤时本人工资为基数计发。

第三十四条 用人单位破产、撤销、解散、关闭进行资产变现、土地处置和净资产分配时，应当优先安排解决工伤职工的有关费用。有关工伤保险费用以及工伤待遇支付按照下列规定处理：

（一）一至四级工伤职工至法定退休年龄前，以伤残津贴为基数缴费参加基本医疗保险，由本人缴纳个人缴费部分，由用人单位将应当由单位缴纳的基本医疗保险费一次性划拨给医疗保险经办机构并入医疗保险基金财政专户；

（二）五至十级工伤职工，分别由工伤保险基金和用人单位按照本办法第二十七条规定发给其一次性工伤医疗补助金和一次性伤残就业补助金，工伤保险关系终止。

第三十五条 用人单位分立、合并、转让，工伤职工转入承继单位的，承继单位应当承担原用人单位的工伤保险责任，并到当地经办机构办理参加工伤保险或者变更工伤保险关系的手续。

用人单位分立、合并、转让，工伤职工不转入承继单位的，按照工伤职工与用人单位解除或者终止劳动关系时享受的有关待遇执行。

第三十六条 具备用工主体资格的用人单位将工程或者经营权发包给不具备用工主体资格的组织或者自然人，该组织或者自然人招用的劳动者发生事故伤害，劳动者提出工伤认定申请的，由具备用工主体资格的发包方承担用人单位依法应当承担的工伤保险责任，社会保险行政部门可以将具备用工主体资格的发包方作为用人单位按照规定作出工伤认定决定。

第三十七条 用人单位按照劳动合同约定或者经与职工协商一致指派职工到其他单位工作，职工发生工伤的，由用人单位承担工伤保险责任。

用人单位职工非由单位指派到其他用人单位工作发生工伤的，由实际用人单位按照《条例》和本办法规定的项目和标准支付工伤保险待遇。

职工在两个或者两个以上用人单位同时就业的，其就业的每一个用人单位都应当为其缴纳工伤保险费。职工发生工伤的，应当由其受伤时为之工作的用人单位承担工伤保险责任。

第三十八条 用人单位依照《条例》和本办法规定应当参加工伤保险而未参加或者参加工伤保险后中断缴费期间，职工发生工伤的，该工伤职工的各项工伤保险待遇，均由用人单位按照《条例》和本办法规定的项目和标准支付。用人单位按照规定足额补缴工伤保险费、滞纳金后，职工新发生的工伤保险待遇由工伤保险基金和用人单位按照《条例》和本办法规定的项目和标准支付。

第三十九条 社会保险行政部门重新作出不认定为工伤或者不视同工伤决定，工伤保险基金和用人单位已经支付工伤待遇的，职工应当向工伤保险基金和用人单位退回已经领取的工伤保险待遇。职工不退回已经领取的工伤保险待遇的，经办机构和用人单位应当依法追偿。

第四十条 本办法下列用语的含义：

（一）发生工伤时本人工资，是指工伤职工因工作遭受事故伤害或者被诊断、鉴定为职业病前12个月平均月缴费工资。

（二）难以安排工作时本人工资，是指工伤职工难以安排工作前12个月平均月缴费工资。

（三）工伤复发时本人工资，是指工伤职工工伤复发前12个月平均月缴费工资。

不足12个月的，按照实际发生的月平均缴费工资计算；不足1个月的以用人单位职工平均月缴费工资计算。本人工资高于统筹地区职工平均工资300%的，按照统筹地区职工平均工资的300%计算；本人工资低于统筹地区职工平均工资60%的，按照统筹地区职工平均工资的60%计算。

第四十一条 本办法自2015年6月1日起施行。2005年2月3日江苏省人民政府令第29号发布的《江苏省实施〈工伤保险条例〉办法》同时废止。本办法实施前职工按月享受工伤保险待遇标准低于本办法规定标准的，自本办法施行之日起，按照本办法规定标准执行，以前已发放的低于本办法规定标准部分不再追补。

88 浙江省工伤保险条例

2017年9月30日浙江省人民代表大会常务委员会公告第64号公布，自2018年1月1日起施行，根据2020年9月24日浙江省人民代表大会常务委员会公告第33号修正。

第一章 总 则

第一条 为了保障因工作遭受事故伤害或者患职业病的职工获得医疗救治和经济补偿，促进工伤预防和职业康复，分散用人单位的工伤风险，促进社会和谐稳定，根据《中华人民共和国社会保险法》《工伤保险条例》等有关法律、行政法规，结合本省实际，制定本条例。

第二条 本省行政区域内的国家机关、企业、事业单位、社会团体、民办非企业单位（包括律师事务所、会计师事务所）、基金会等组织和有雇工的个体工商户（以下统称用人单位）参加工伤保险，用人单位工作人员、职工、雇工（以下统称职工）享受工伤保险待遇，适用本条例。

第三条 县级以上人民政府社会保险行政部门负责本行政区域内的工伤保险工作。社会保险经办机构具体承办工伤保险事务。

县级以上人民政府其他有关部门应当按照各自职责，做好工伤保险相关工作。

工会组织依法维护工伤职工的合法权益，对用人单位的工伤保险工作实行监督。

第四条 县级以上人民政府应当组织社会保险、卫生健康、医疗保障、应急管理、财政等部门和工会等组织建立工伤保险协调机制，建设信息共享平台，加强对策研究，协调解决相关重大事项，提高工伤保险水平。

第二章 工伤预防

第五条 县级以上人民政府社会保险行政部门应当会同卫生健康、医疗保障、应急管理、财政等部门，根据当地工伤事故高发的行业、工种和岗位，统筹确定工伤预防的重点领域，建立工伤隐患排查机制和预警机制，依法开展工伤预防宣传、培训。

负责安全生产监督管理的部门应当加强对用人单位安全生产的监督检查，督促、指导用人单位做好工伤预防工作。

第六条 用人单位和职工应当遵守安全生产和职业病防治法律、法规，执行安全卫生规程和标准。

用人单位应当落实工伤预防的主体责任，健全、落实安全生产规章制度，加强安全防护措施，加强职工的安全生产教育和管理，通过技术进步、工艺改进等方式预防、减少工伤事故。

第七条 工伤保险预防费依法在工伤保险基金中列支，实行预算管理。其提取比例、使用和管理，按照国家相关规定执行。

第三章 工伤保险基金

第八条 建立工伤保险基金省级调剂金，用于调剂全省市、县工伤保险基金收支缺口的支出。省级调剂金的提取比例和使用、管理办法，由省人民政府规定。

第九条 市、县社会保险行政部门根据国家规定的行业差别费率及行业内费率档次，确定行业基准费率，并报本级人民政府批准后实施。

市、县社会保险经办机构根据用人单位工伤保险费使用、工伤发生率、职业病危害程度、安全生产信用等级、安全生产标准化达标等级等情况，按照规定确定并调整用人单位的具体缴费费率。

第十条 用人单位应当以全部职工工资总额为缴费基数，按时足额缴纳工伤保险费。职工个人不缴纳工伤保险费。

难以按照工资总额缴纳工伤保险费的建筑施工等行业的用人单位，其缴纳工伤保险费的具体方式，按照国家和省有关规定执行。

职工在两个或者两个以上用人单位同时就业的，各用人单位应当分别为职工缴纳工伤保险费。

第十一条 用人单位参加工伤保险，应当按照规范要求及时向市、县社会保险经办机构报送本单位参保职工名册、参保职工增减表；参保职工符合条件的，其工伤保险自社会保险经办机构收到参保职工名册或者参保职工增减表次日起生效。

市、县社会保险经办机构不得限定用人单位报送参保职工名册、参保职工增减表的具体时间，不得增设用人单位报送参保职工名册、参保职工增减表的条件。

用人单位应当自参保缴费后三十日内或者参保缴费情况变更后十五日内，将参加工伤保险的人员名单、参保时间、缴费等有关情况在本单位内公示。

第四章 工 伤 认 定

第十二条 用人单位应当自职工发生事故伤害或者被诊断、鉴定为职业病之日起三十日内，以及因特殊情况经市、县社会保险行政部门同意延长的时限内提出工伤认定申请。受伤职工或者其近亲属、工会组织可以在发生事故伤害或者被诊断、鉴定为职业病之日起一年内提出工伤认定申请。

用人单位在法定申请时限内提出工伤认定申请，受伤职工或者其近亲属、工会组织也在此时限内提出的，由最先提出申请的一方作为工伤认定申请人。

第十三条 用人单位或者受伤职工及其近亲属、工会组织在用人单位的法定申请时限内提出工伤认定申请的，提出申请前已发生的符合规定的工伤保险待遇等有关费用，由工伤保险基金负担。

用人单位或者受伤职工及其近亲属、工会组织均未在用人单位的法定申请时限内提出工伤认定申请的，提出申请前发生的符合规定的工伤保险待遇等有关费用，由用人单位负担。

第十四条 受伤职工已参加工伤保险的，用人单位、受伤职工或者其近亲属、工会组织应当向市、县社会保险行政部门提出工伤认定申请。

受伤职工未参加工伤保险的，用人单位、受伤职工或者其近亲属、工会组织应当向用人单位生产经营地的县（市、区）社会保险行政部门提出工伤认定申请。

第十五条 提出工伤认定申请，申请人应当按照规定提交下列材料：

（一）工伤认定申请表；

（二）与用人单位存在劳动人事关系（包括事实劳动人事关系）的证明材料；

（三）医疗诊断证明（包括初诊诊断证明书）或者职业病诊断证明书（职业病诊断鉴

定书)。

工伤认定申请表应当包括事故发生的时间、地点、原因、职工伤害程度等基本情况以及申请人能够提供的相关证明材料。

第十六条 市、县社会保险行政部门收到工伤认定申请后,当场或者在五个工作日内根据不同情形作出以下处理:

(一)申请事项属于本部门管辖权限范围,申请材料完整的,决定受理并出具受理通知书;

(二)申请事项不属于本部门管辖权限范围的,或者申请人、申请时限等不符合法定要求的,决定不予受理,出具不予受理通知书并书面说明理由;

(三)申请材料不完整的,应当以书面形式一次性告知申请人在合理期限内提交需要补正的全部材料。

申请人逾期不补正或者补正后仍不符合要求的,应当在逾期之日起三日内或者收到补正材料的三日内,决定不予受理,出具不予受理通知书并书面说明理由。

申请事项因提交材料不完整未被受理的,在申请材料完整以后,申请人可以在申请时限内再提出申请。

第十七条 市、县社会保险行政部门受理工伤认定申请后,应当根据审核需要对劳动人事关系、事故伤害情况进行调查核实。用人单位、工会组织、医疗机构以及有关部门应当负责安排相关人员配合工作,据实提供情况和证明材料。

市、县社会保险行政部门经调查核实,认为劳动人事关系无法确认的,经社会保险行政部门负责人同意,书面告知当事人先向劳动人事争议仲裁委员会就是否存在劳动人事关系申请仲裁。自确认劳动人事关系法律文书生效之日起,恢复工伤认定程序。

第十八条 市、县社会保险行政部门对受理的工伤认定申请,应当依照《工伤保险条例》规定在法定期限内及时作出是否属于工伤的认定决定。

职工有下列情形之一的,视为《工伤保险条例》规定的因工作原因所受的伤害,但职工因故意犯罪、醉酒或者吸毒、自残或者自杀所受的伤害除外:

(一)在工作时间和驾驶公共交通工具等特殊工作岗位,突发疾病后因岗位特殊导致救治延误病情加重,经抢救无效死亡或者抢救后完全丧失劳动能力的;

(二)在连续工作过程中和工作场所内,因就餐、工间休息、如厕等必要的生活、生理活动时所受的伤害;

(三)因参加用人单位统一组织或者安排的学习教育、培训、文体活动所受的伤害;

(四)因参加各级工会或者县级以上组织人事部门按照规定统一组织的疗休养所受的伤害,但单位承担费用由职工自行安排的疗休养除外。

第五章 劳动能力鉴定

第十九条 省和设区的市劳动能力鉴定委员会依法履行下列劳动能力和与劳动能力相关事项的鉴定职责:

（一）劳动功能障碍程度等级鉴定；
（二）生活自理障碍程度等级鉴定；
（三）停工留薪期延长确认；
（四）工伤康复确认；
（五）辅助器具配置确认；
（六）旧伤复发确认；
（七）供养亲属丧失劳动能力程度鉴定；
（八）法律、法规、规章规定的其他劳动能力鉴定事项。

设区的市劳动能力鉴定委员会根据工作需要，可以委托县（市、区）社会保险行政部门组织开展劳动能力和与劳动能力相关事项鉴定工作。

第二十条 劳动能力鉴定委员会下设的办事机构，承办下列具体事务：
（一）受理劳动能力鉴定申请；
（二）组织劳动能力和与劳动能力相关事项的鉴定；
（三）保管劳动能力鉴定档案；
（四）调查、统计劳动能力鉴定情况；
（五）提供免费咨询服务；
（六）其他事务性工作。

第二十一条 设区的市劳动能力鉴定委员会负责本辖区内的劳动能力初次鉴定、复查鉴定。省劳动能力鉴定委员会负责对初次鉴定或者复查鉴定结论不服提出的再次鉴定。

劳动能力鉴定的具体程序和要求，按照《工伤保险条例》规定执行。

第二十二条 工伤职工有下列情形之一的，工伤保险关系终止，劳动能力鉴定委员会不再受理复查鉴定申请：
（一）一级至四级工伤职工，按照规定已经一次性领取工伤保险长期待遇的；
（二）五级至十级工伤职工，依法与用人单位解除或者终止劳动关系，且按照规定已经享受工伤保险待遇的；
（三）未构成伤残等级，依法与用人单位解除或者终止劳动关系的。

第六章 工伤保险待遇

第二十三条 工伤职工进行治疗和康复，按照国家和省的有关规定享受工伤医疗和工伤康复待遇。

第二十四条 工伤职工住院进行治疗或者康复期间的伙食补助费，按照当地最低工资百分之三十五的标准，根据住院期间的实际天数计算确定。

经医疗机构出具证明，报市、县社会保险经办机构同意，工伤职工到本市、县以外地区进行治疗或者康复的，其所需的交通、食宿费，按照当地机关单位一般工作人员差旅费标准执行。

第二十五条 生活不能自理的工伤职工在停工留薪期内需要护理的，由用人单位负责；

其近亲属同意护理的，月护理费由用人单位按照不低于上年度全省职工月平均工资的标准支付。

第二十六条 一级至四级工伤职工保留劳动关系，退出工作岗位，按照《工伤保险条例》规定享受相关待遇。在劳动关系存续期间，用人单位和工伤职工个人以伤残津贴为基数，按照规定缴纳基本养老保险费、基本医疗保险费。工伤职工本人要求退出工作岗位、终止劳动关系的，办理伤残退休手续，其伤残津贴高于按照规定计发的基本养老金的，按照伤残津贴标准计发基本养老金，并继续享受工伤保险的医疗待遇。

一级至四级工伤职工达到法定退休年龄，不符合按月领取基本养老保险待遇条件的，由工伤保险基金继续按月发放伤残津贴，职工个人养老金账户金额按照规定计发标准按月冲抵到伤残津贴。工伤职工死亡时其个人养老金账户有余额的，余额由其近亲属依法继承。

一级至四级工伤职工达到法定退休年龄，不符合继续享受基本医疗保险待遇条件的，由用人单位和工伤职工个人以伤残津贴为基数，分别按照规定比例一次性缴纳基本医疗保险费至符合条件后，工伤职工继续享受基本医疗保险待遇。

第二十七条 五级至十级工伤职工，保留劳动关系的，按照《工伤保险条例》规定享受相关待遇；工伤职工按月享受基本养老保险待遇后，继续保留工伤医疗保险待遇。

五级至十级工伤职工，解除或者终止劳动关系的，其一次性工伤医疗补助金和一次性伤残就业补助金，均以解除或者终止劳动关系时上年度全省职工月平均工资为基数，分别按照下列标准计发：五级伤残为三十个月，六级伤残为二十五个月，七级伤残为十个月，八级伤残为七个月，九级伤残为四个月，十级伤残为两个月。但职工离法定退休年龄不足五年的，一次性伤残就业补助金按照职工每增加一周岁递减百分之二十的标准支付。

第二十八条 职工在同一用人单位连续工作期间多次发生工伤，符合规定享受一次性伤残补助金、一次性工伤医疗补助金和一次性伤残就业补助金的，一次性伤残补助金按照规定分别计发，一次性工伤医疗补助金和一次性伤残就业补助金按照最高伤残等级计发。

第二十九条 用人单位实行承包经营的，由职工劳动关系所在单位承担工伤保险责任。具备用工主体资格的承包单位违反法律法规规定，将业务转包、分包给不具备用工主体资格的组织或者自然人，该组织或者自然人招用的劳动者从事承包业务时遭受事故伤害或者患职业病的，由该具备用工主体资格的承包单位承担工伤保险责任。

职工在两个或者两个以上用人单位同时就业，发生工伤的，由其受到伤害时工作的单位承担工伤保险责任。

用人单位破产的，破产财产依法清偿的职工工伤保险待遇，应当包括为一级至四级工伤职工一次性缴纳至其退休后有权享受基本医疗保险待遇所需年限的医疗保险费。

第三十条 劳务派遣单位应当按照规定参加工伤保险，为被派遣劳动者缴纳工伤保险费。被派遣劳动者在用工单位因工作遭受事故伤害或者患职业病的，由劳务派遣单位承担工伤保险责任。

劳务派遣单位跨地区派遣劳动者的，应当在用工单位所在地为被派遣劳动者参加工伤保险。

第三十一条 工伤保险基金支付的工伤职工的工伤保险待遇，由市、县社会保险经办机构直接发放给工伤职工，其中用人单位先行垫付的部分，由社会保险经办机构直接发还用人单位。

第三十二条 因第三人的原因造成工伤，工伤职工可以先向第三人要求赔偿，也可以直接向工伤保险基金或者用人单位要求支付工伤保险待遇。

工伤职工先向第三人要求赔偿后，赔偿数额低于其依法应当享受的工伤保险待遇的，可以就差额部分要求工伤保险基金或者用人单位支付。

工伤职工直接向工伤保险基金或者用人单位要求支付工伤保险待遇的，工伤保险基金或者用人单位有权在其支付的工伤保险待遇范围内向第三人追偿，工伤职工应当配合追偿。

法律、行政法规对因第三人原因造成工伤的赔偿作出明确规定的，依照法律、行政法规规定执行。

第三十三条 用人单位未依法参加工伤保险或者未足额缴纳工伤保险费，其职工发生工伤的，由用人单位按照国家和省规定的工伤保险待遇项目和标准支付费用或者支付差额部分费用。

第三十四条 未参加工伤保险的一级至四级工伤职工，其按照规定应当享受的工伤保险待遇，由用人单位按月或者一次性支付。

一次性支付的工伤保险待遇，以工伤发生时上一年度全省职工年平均工资为基数，按照下列标准计发：一级伤残为十六倍，二级伤残为十四倍，三级伤残为十二倍，四级伤残为十倍。一级至四级工伤职工一次性领取工伤保险待遇前的工资福利、医疗费、护理费、住院治疗期间的伙食补助费及所需的交通费等费用，按照规定支付。

一级至四级工伤职工按月领取工伤保险待遇后，要求变更为一次性领取的，其待遇额度为一次性待遇总额扣除已经领取的一次性伤残补助金、伤残津贴后的余额。

第三十五条 未参加工伤保险的因工死亡职工，其供养亲属按照规定应当享受的工伤保险待遇，由用人单位按月或者一次性支付。

一次性支付工伤保险待遇的，以初次核定的供养亲属抚恤金为基数，按照下列期限核发：供养亲属未满十八周岁的，计算到十八周岁；供养亲属无劳动能力又无其他生活来源的按照二十周年计算，但超过六十周岁的，年龄每增加一周岁减少一年，七十五周岁以上的按照五年计算。

因工死亡职工供养亲属按月领取工伤保险待遇后，要求变更为一次性领取的，其待遇额度为一次性待遇总额扣除已经领取的供养亲属抚恤金后的余额。

第三十六条 用人单位因破产等原因，无法按月支付一级至四级工伤职工、因工死亡职工供养亲属的工伤保险待遇，但工伤职工、供养亲属仍要求按月支付的，由用人单位向市、县社会保险经办机构一次性缴纳相当于尚未支付待遇总额的工伤保险费，并由工伤保险基金按月支付。

第三十七条 一级至四级工伤职工伤残津贴的调整，参照基本养老保险待遇的调整办法执行。

五级、六级工伤职工难以被安排工作，由用人单位发给伤残津贴的，其伤残津贴由用人单位按照本单位职工平均工资增幅的水平同步进行调整。

生活护理费自上年度职工月平均工资发布次月起调整。

供养亲属抚恤金根据职工平均工资和生活费用变化等情况,由省社会保险行政部门会同财政部门适时提出调整方案,经省人民政府批准后执行。

第七章 附 则

第三十八条 按照规定参加省本级工伤保险统筹的省属单位,其工伤保险管理由省社会保险行政部门按照本条例规定执行;但职工发生人身伤害或者死亡的工伤认定、劳动能力和与劳动能力相关事项的鉴定,由省属单位所在地设区的市社会保险行政部门负责。

第三十九条 经省社会保险行政部门批准,市、县可以试行职业技工等学校的学生在实习期间和已超过法定退休年龄人员在继续就业期间参加工伤保险。省社会保险行政部门应当加强指导。

第四十条 本条例自 2018 年 1 月 1 日起施行。

89 安徽省实施《工伤保险条例》办法

2013 年 7 月 27 日安徽省人民政府令第 247 号公布,
自 2013 年 9 月 1 日起施行。

第一章 总 则

第一条 为实施国务院制定的《工伤保险条例》(以下简称《条例》),结合本省实际,制定本办法。

第二条 本省行政区域内的企业、事业单位、社会团体、民办非企业单位、基金会、律师事务所、会计师事务所等组织和有雇工的个体工商户(以下称用人单位)应当依照《条例》和本办法规定参加工伤保险,为本单位全部职工或者雇工(以下称职工)缴纳工伤保险费。

第三条 省和设区的市人民政府应当建立和完善工伤预防、经济补偿和职业康复相结合的工伤保险制度。

第四条 县级以上人民政府社会保险行政部门负责本行政区域内的工伤保险工作。

社会保险行政部门按照国务院和省人民政府有关规定设立的社会保险经办机构(以下称经办机构)具体承办工伤保险事务。经办机构所需业务经费由本级财政承担。

第五条 安全生产监督管理、卫生、财政、地税、公安、民政、住房和城乡建设等部门,在各自的职责范围内做好工伤保险的有关工作。

各级政府及其有关部门制定工伤保险政策、标准,应当征求工会组织和用人单位代表等方面的意见。

第六条 用人单位应当将参加工伤保险的职工名单、缴费工资、缴费金额等情况在本单位内公示。

用人单位和职工应当遵守有关安全生产和职业病防治的法律法规和规章，执行安全卫生规程和标准，预防工伤事故发生，避免和减少职业病危害。

第二章　工伤保险基金

第七条 工伤保险基金实行设区的市统筹，逐步实行省统筹。

第八条 工伤保险基金由下列项目构成：

（一）用人单位缴纳的工伤保险费；

（二）工伤保险费滞纳金；

（三）工伤保险基金的利息；

（四）依法纳入工伤保险基金的其他资金。

工伤保险基金存入社会保障基金财政专户。

第九条 工伤保险费根据以支定收、收支平衡的原则，确定费率。

统筹地区经办机构根据用人单位工伤保险费使用、工伤发生率等情况，适用所属行业内相应的费率档次确定用人单位缴费费率。

经营范围涉及多种行业的用人单位的缴费费率，按照其主业所适用的行业费率标准确定。

第十条 工伤保险基金用于下列项目：

（一）按照规定支付的工伤保险待遇；

（二）劳动能力鉴定费；

（三）工伤预防的宣传、培训等费用；

（四）工伤认定调查费；

（五）法律、法规、规章规定用于工伤保险的其他费用。

第十一条 省、设区的市建立工伤保险储备金制度。

设区的市工伤保险储备金从征收的工伤保险费中提留，其总量达到工伤保险费年征缴额30%后，不再增加，其中的30%上解作为省工伤保险储备金。

工伤保险储备金用于重大事故的工伤保险待遇支付。设区的市工伤保险储备金不足支付的，按一定比例分别由设区的市人民政府垫付、省工伤保险储备金支付。

第三章　工 伤 认 定

第十二条 用人单位发生伤亡事故，应及时报告统筹地区社会保险行政部门，最长不超过48小时。

第十三条 职工发生事故伤害或者按照职业病防治法规定被诊断、鉴定为职业病，所在单位应当自事故伤害发生之日或者被诊断、鉴定为职业病之日起 30 日内，向统筹地区社会保险行政部门提出工伤认定申请。遇有特殊情况，经报统筹地区社会保险行政部门同意，申请时限可以延长 30 日。

用人单位未按照前款规定提出工伤认定申请的，工伤职工或者其近亲属、工会组织在事故伤害发生之日或者被诊断、鉴定为职业病之日起 1 年内，可以直接向用人单位所在地统筹地区社会保险行政部门提出工伤认定申请。

第十四条 用人单位注册地与生产经营地不在同一统筹地区的，职工工伤认定由参加工伤保险地的社会保险行政部门负责；用人单位未给职工参加工伤保险的，职工工伤认定由生产经营地的社会保险行政部门负责。

第十五条 提出工伤认定申请应当提交下列材料：

（一）工伤认定申请表；

（二）与用人单位存在劳动关系（包括事实劳动关系）的证明材料；

（三）医疗诊断证明或者职业病诊断证明书（或者职业病诊断鉴定书）。

第十六条 因下列情形提出工伤认定申请的，除按照本办法第十五条规定提交材料外，还应当提交以下证明材料：

（一）在工作时间和工作场所内，因履行工作职责受到暴力等意外伤害的，提交公安机关或者人民法院针对暴力伤害所作的法律文书。

（二）在抢险救灾中或者因工外出期间发生事故下落不明的，提交人民法院所作的宣告失踪或者宣告死亡法律文书。

（三）在上下班途中，受到非本人主要责任的交通事故或者城市轨道交通、客运轮渡、火车事故伤害的，提交有关部门所作的法律文书或者人民法院的生效裁决。

（四）在工作时间和工作岗位突发疾病死亡的，提交医疗卫生机构所作的疾病死亡证明书；在工作时间和工作岗位突发疾病，48 小时内经抢救无效死亡的，提交医疗卫生机构所作的抢救记录和疾病死亡证明书。

（五）在抢险救灾等维护国家利益、公共利益活动中受到伤害的，提交有关部门所作的证明材料。

（六）职工原在军队服役，因战、因公负伤致残，到用人单位后旧伤复发的，需提交革命伤残军人证和劳动能力鉴定委员会所作的旧伤复发确认证明书。

第十七条 职工或者其近亲属认为是工伤，用人单位不认为是工伤的，用人单位应当自收到社会保险行政部门通知之日起 15 日内提交证明材料。

用人单位逾期未举证的，社会保险行政部门可以根据受伤害职工或者其近亲属提供的证据或者调查取得的证据，依法作出工伤认定决定。

第四章 劳动能力鉴定

第十八条 省和设区的市劳动能力鉴定委员会分别由社会保险、卫生、民政、财政等部门和工会组织、经办机构代表以及用人单位代表组成。

第十九条 设区的市劳动能力鉴定委员会承担以下工作：
（一）劳动功能障碍程度的初次鉴定和复查鉴定；
（二）生活自理障碍程度的初次鉴定和复查鉴定；
（三）延长停工留薪期的确认；
（四）停工留薪期满后仍需要继续治疗的确认；
（五）停工留薪期或者工伤复发治疗期间对需要护理有争议的确认；
（六）工伤直接导致疾病的确认；
（七）工伤康复的确认；
（八）旧伤复发的确认；
（九）配置辅助器具的确认；
（十）供养亲属劳动能力的鉴定；
（十一）法律、法规、规章规定的其他鉴定和确认项目。
上述情形需要通过专家鉴定才能确认的，由设区的市劳动能力鉴定委员会组织专家鉴定。

第二十条 省劳动能力鉴定委员会承担以下工作：
（一）劳动功能障碍程度再次鉴定；
（二）生活自理障碍程度再次鉴定；
（三）法律、法规、规章规定的其他鉴定。

第二十一条 劳动能力鉴定委员会鉴定费用标准由省社会保险行政部门提出意见，省物价部门会同省财政部门核定。

第二十二条 工伤职工停工留薪期满或者经治疗、康复伤情相对稳定后，存在残疾、影响劳动能力的，应当进行劳动能力鉴定。

第五章 工伤保险待遇

第二十三条 职工因工致残被鉴定为一级至四级伤残的，保留劳动关系，退出工作岗位，按照《条例》第三十五条规定享受相关待遇，并由用人单位和职工个人以伤残津贴为基数，缴纳基本医疗保险费。扣除个人缴纳的基本医疗保险费后，伤残津贴实际金额低于当地最低工资标准的，由工伤保险基金补足差额。

第二十四条 职工因工致残被鉴定为五级、六级伤残的，按照《条例》第三十六条规定享受相关待遇。

职工领取伤残津贴期间，用人单位和职工个人应当以伤残津贴为基数，按规定缴纳各项社会保险费，扣除个人缴纳的各项社会保险费后，伤残津贴实际金额低于当地最低工资标准的，由用人单位补足差额。

经工伤职工本人提出，职工可以与用人单位解除或者终止劳动关系，由工伤保险基金支付一次性工伤医疗补助金，由用人单位支付一次性伤残就业补助金。以统筹地区上年度职工月平均工资为基数，一次性工伤医疗补助金的标准：五级伤残为 24 个月，六级伤残为

18个月;一次性伤残就业补助金的标准:五级伤残为40个月,六级伤残为34个月。

第二十五条 职工因工致残被鉴定为七级至十级伤残的,按照《条例》第三十七条规定享受相关待遇。

劳动、聘用合同期满终止,或者职工本人提出解除劳动、聘用合同的,由工伤保险基金支付一次性工伤医疗补助金,由用人单位支付一次性伤残就业补助金。以统筹地区上年度职工月平均工资为基数,一次性工伤医疗补助金的标准:七级伤残为10个月,八级伤残为8个月,九级伤残为6个月,十级伤残为4个月;一次性伤残就业补助金的标准:七级伤残为20个月,八级伤残为15个月,九级伤残为10个月,十级伤残为5个月。

第二十六条 依照本办法第二十四条、第二十五条规定,享受一次性伤残就业补助金待遇的职工,距法定退休年龄不足五年的,一次性伤残就业补助金按照下列标准执行:

(一)不足一年的,按照全额的30%支付;

(二)不足两年的,按照全额的60%支付;

(三)不足三年的,按照全额的70%支付;

(四)不足四年的,按照全额的80%支付;

(五)不足五年的,按照全额的90%支付。

第二十七条 伤残职工按照规定办理退休手续的,不享受一次性工伤医疗补助金和一次性伤残就业补助金待遇。

第二十八条 职工因工死亡,其近亲属按照《条例》第三十九条规定领取丧葬补助金、供养亲属抚恤金和一次性工亡补助金。

申请供养亲属抚恤金待遇的,应当向统筹地区经办机构提交供养亲属身份证明、户口簿,以及乡(镇)人民政府或者街道办事处出具的被供养人依靠因工死亡职工生前提供主要生活来源的证明材料。

第二十九条 工伤职工在停工留薪期或者工伤复发治疗期需要护理的,凭医疗机构证明,由用人单位负责护理或者按月支付护理费。护理费标准为统筹地区上年度职工月平均工资的80%。其中,已享受生活护理费的,由用人单位支付工伤复发治疗期间护理费与生活护理费的差额部分。

对需要护理有争议的,可以在停工留薪期内或者工伤复发治疗期间向设区的市劳动能力鉴定委员会提出确认申请。

第三十条 下列工伤保险待遇由工伤保险基金支付:

(一)工伤医疗费、康复费;

(二)住院伙食补助费;

(三)伤残辅助器具费;

(四)到统筹地区以外就医的交通食宿费;

(五)生活不能自理的,经劳动能力鉴定委员会确认的生活护理费;

(六)一次性伤残补助金和一级至四级伤残职工的伤残津贴;

(七)一次性工伤医疗补助金;

(八)一次性工亡补助金;

（九）丧葬补助金；

（十）供养亲属抚恤金；

（十一）法律、法规、规章规定的其他费用。

第三十一条 下列工伤保险待遇由用人单位支付：

（一）停工留薪期护理费；

（二）停工留薪期工资福利待遇；

（三）工伤复发治疗期间的护理费与生活护理费的差额部分；

（四）五级、六级伤残职工的伤残津贴；

（五）一次性伤残就业补助金。

第三十二条 职工在劳动关系所在单位输出劳务期间遭受事故伤害的，由其劳动关系所在单位承担工伤保险责任。劳动关系所在单位应当与用工单位约定工伤保险补偿办法。

已办理国内工伤保险的职工在其被派遣出境工作期间，发生工伤且获得境外赔偿的，不再支付其国内的工伤保险待遇；但境外赔偿低于统筹地区工伤保险待遇的，由统筹地区社会保险经办机构补足差额部分。

第三十三条 具备用工主体资格的承包单位违反法律、法规规定，将承包业务转包、分包给不具备用工主体资格的组织或者个人，该组织或者个人雇用的劳动者从事承包业务时因工伤亡的，由该具备用工主体资格的承包单位承担用人单位依法应当承担的工伤保险责任。

第三十四条 未给职工参加工伤保险的用人单位破产、解散或者被撤销的，其一级至四级工伤职工伤残津贴和生活护理费以及因工死亡职工供养亲属抚恤金按照国家和省规定的标准发放。

上述所需资金在资产清算时予以预留，并一次性支付给统筹地区经办机构，由工伤保险基金承担用人单位破产、解散或者被撤销后一级至四级工伤职工的工伤保险待遇及因工死亡职工供养亲属抚恤金。具体预留办法由省社会保险行政部门制定。

第三十五条 工伤职工经复查鉴定，伤残等级发生变化，从复查鉴定结论作出次月起，按照新的鉴定结论支付伤残津贴、生活护理费。

第三十六条 省劳动能力鉴定委员会作出鉴定结论之前，工伤职工的一次性伤残补助金暂不支付，其他工伤保险待遇按照设区的市劳动能力鉴定委员会作出的鉴定结论支付。

省劳动能力鉴定委员会作出鉴定结论之后，工伤职工的一次性伤残补助金和其他工伤保险待遇按照新的鉴定结论支付。

第三十七条 伤残津贴、供养亲属抚恤金待遇水平由省社会保险行政部门会同省财政部门适时调整。

生活护理费待遇水平由统筹地区社会保险行政部门每年7月按照统筹地区上年度职工月平均工资水平进行调整。

第六章　工伤医疗和工伤康复

第三十八条　经办机构与医疗机构、康复机构、辅助器具配置机构在平等协商的基础上签订服务协议，并公布签订服务协议的医疗机构、康复机构、辅助器具配置机构的名单。具体办法按照国家和省有关规定执行。

第三十九条　职工治疗工伤应当在签订服务协议的医疗机构就医。情况紧急时可以就近抢救，伤情稳定后应当及时转入协议医疗机构治疗。职工治疗终结后应当及时办理出院手续。

就近抢救治疗的，用人单位应当在伤害发生后的5日内报告统筹地区经办机构，并补办有关手续。

第四十条　职工治疗事故伤害所需费用，先由用人单位垫付，经社会保险行政部门认定为工伤后，由用人单位向经办机构申请结算；继续发生的医疗费用，由协议医疗机构与经办机构直接结算。

第四十一条　逐步建立先康复后鉴定、医疗和康复并重的工伤康复制度。

职工需要工伤康复的，经设区的市劳动能力鉴定委员会确认后，可以到协议康复机构进行工伤康复。

第四十二条　工伤职工或者用人单位与统筹地区经办机构结算工伤医疗费、工伤康复费时，应当提供以下材料：

（一）工伤认定决定书；

（二）需要工伤康复的确认证明；

（三）协议医疗机构或者协议康复机构按照规定出具的诊断证明、费用单据、费用清单和相关病案资料等。

第四十三条　因下列情形发生的费用，工伤保险基金不予支付：

（一）未经批准在非协议医疗机构、康复机构发生的工伤医疗费和工伤康复费用；

（二）在非协议辅助器具配置机构发生的辅助器具配置费；

（三）工伤保险诊疗项目目录外、工伤保险药品目录外、工伤保险住院服务标准范围外的费用；

（四）与治疗工伤无关的医疗费用；

（五）法律、法规、规章规定不予支付的其他费用。

本条第一项、第三项发生的费用，在紧急抢救的情形下，工伤保险基金应当予以支付。

第七章　法律责任

第四十四条　社会保险行政部门工作人员有下列情形之一的，依法给予处分；情节严重，构成犯罪的，依法追究刑事责任：

（一）无正当理由不受理工伤认定申请，或者弄虚作假将不符合工伤条件的人员认定为工伤职工的；

（二）未妥善保管申请工伤认定的证据材料，致使有关证据灭失的；

（三）收受当事人财物的。

第四十五条 经办机构有下列行为之一的，由社会保险行政部门责令改正，对负有责任的领导人员和直接责任人员依法给予处分；情节严重，构成犯罪的，依法追究刑事责任；造成当事人经济损失的，由经办机构依法承担赔偿责任：

（一）未按规定保存用人单位缴费和职工享受工伤保险待遇情况记录的；

（二）不按规定核定工伤保险待遇的；

（三）收受当事人财物的。

第四十六条 用人单位、工伤职工或者其近亲属、协议医疗机构、协议康复机构、协议辅助器具配置机构违反《条例》和本办法的，按照《条例》相关规定予以处罚。

第八章 附 则

第四十七条 工伤职工本人工资，是指职工因工作遭受事故伤害或者患职业病前12个月平均月缴费工资。

工伤职工伤残等级或者待遇领取方式发生变化，其本人工资以发生变化前12个月平均月缴费工资、伤残津贴或者养老金为基数计算。

缴费工资、伤残津贴或者养老金不足12个月的，按照实际月数为基数计算。

第四十八条 国家机关和参照公务员法管理的事业单位、社会团体应当参照《条例》和本办法的规定，为建立劳动关系的人员缴纳工伤保险费。

第四十九条 本办法自2013年9月1日起施行。

90 福建省实施《工伤保险条例》办法

闽政〔2011〕80号

第一章 总 则

第一条 根据国务院《工伤保险条例》的规定，结合本省实际，制定本办法。

第二条 本省行政区域内的企业、事业单位、社会团体、民办非企业单位、基金会、律师事务所、会计师事务所等组织和有雇工的个体工商户（以下称用人单位）应当依照《工伤保险条例》和本办法规定参加工伤保险，为本单位全部职工或者雇工（以下称职工）缴纳工伤保险费。

本省行政区域内的职工依照《工伤保险条例》和本办法规定享有工伤保险待遇。

第三条 县级以上地方人民政府社会保险行政部门负责本行政区域内的工伤保险工作。社会保险行政部门设立的社会保险经办机构（以下称经办机构）具体承办工伤保险事务。

第四条 财政、审计部门依法对工伤保险基金收支管理情况进行监督。

地税部门负责征收工伤保险费。

卫生、建设和安全生产监督管理部门在各自的职责范围内，协助社会保险行政部门做好工伤保险工作。

第二章 工伤保险基金

第五条 工伤保险基金在设区的市实行全市统筹和省级调剂金制度，并逐步实行省级统筹。

第六条 经办机构根据国家规定的行业差别费率及行业内费率档次，并根据用人单位工伤保险费使用、工伤发生率等情况，适用所属行业内相应的费率档次确定单位缴费费率。

用人单位缴纳工伤保险费的数额为本单位职工工资总额乘以单位缴费费率之积。

第七条 工伤保险费率实行浮动制度。由统筹地区社会保险行政部门会同有关部门根据用人单位工伤保险费使用情况、工伤发生率、职业病危害程度及必要的风险储备金等因素制定浮动办法。并征求工会组织和用人单位代表意见，报统筹地区人民政府批准后执行。

经办机构根据工伤保险费率浮动办法确定用人单位费率浮动档次。

第八条 对难以按照工资总额缴纳工伤保险费的用人单位，其工伤保险费的征缴按照国家和本省有关规定的具体方式执行。

第九条 用人单位应当按规定缴纳工伤保险费，并及时向经办机构报送本单位人员情况表和人员增减明细表。

用人单位报送人员情况表和人员增减明细表的次日为参保生效日期。

第十条 工伤保险基金用于《工伤保险条例》和本办法规定的工伤保险待遇，劳动能力鉴定，工伤预防的宣传、培训等费用，以及法律、法规规定用于工伤保险其他费用的支付。

省社会保险行政部门会同省财政、卫生、安全生产监督管理部门按照国家规定的工伤预防费用提取比例、使用和管理办法制定我省的具体实施细则。

经办机构所需的管理服务经费、社会保险行政部门工伤认定调查核实经费按照实际工作需要列入统筹地区（含省本级）财政预算。

指导全省开展预防所需的宣传培训费用，从省级财政每年给省社会保险行政部门工伤保险专项业务经费的预算中统筹安排。

工伤保险基金全部纳入社会保障基金财政专户，实行收支两条线管理。

任何单位或者个人不得将工伤保险基金用于投资运营、兴建或者改建办公场所、发放奖金，或者挪作其他用途。

第十一条 统筹地区实行工伤保险储备金制度。储备金按不低于统筹地区当年征收工伤保险费一个月的额度筹集。工伤保险基金历年结余部分并入储备金。

储备金在发生重大工伤事故或当期工伤保险基金不足支出时，由经办机构提出申请，经统筹地区社会保险行政部门和财政部门核准后使用。

第十二条 建立省级工伤保险调剂金制度。各设区的市每年按征收工伤保险费总额的3%上解工伤保险调剂金。工伤保险调剂金实行财政专户管理，用于各设区的市特大工伤事故工伤保险待遇支付的补贴、工伤保险基金收支缺口的补贴和省级劳动能力鉴定等费用。省级工伤保险调剂金的使用和管理按照《福建省省级工伤保险调剂金管理办法》执行。

需要省级工伤保险调剂金补贴的，由设区的市社会保险行政部门和财政部门提出申请，经省社会保险行政部门和财政部门审批后拨付。

省级劳动能力鉴定等所需费用由省社会保险行政部门提出申请，省财政部门核准后拨付。

第三章 工伤认定

第十三条 用人单位、工伤职工或其近亲属、工会组织依法作为工伤认定申请人的，应当按照《工伤保险条例》规定时间内向用人单位所在地统筹地区社会保险行政部门或受设区市委托的县（市、区）社会保险行政部门提出工伤认定或视同工伤认定的申请，社会保险行政部门应当依法受理并作出工伤认定决定。

设区的市社会保险行政部门可以委托县（市、区）社会保险行政部门承担工伤认定的具体工作。

第十四条 社会保险行政部门应当建立快速工伤认定工作机制，社会保险行政部门对受理的事实清楚、权利义务明确的工伤认定申请，应当在15日内作出工伤认定的决定。

第十五条 申请人提出工伤认定申请时，应当按照《工伤保险条例》第十八条规定提交申请材料。

第十六条 工伤认定过程中，申请人主张发生下列工伤或视同工伤情形的，应提交相应的证明材料：

（一）在工作时间和工作场所内，因履行工作职责受到暴力等意外伤害的，应提交公安部门的证明或其他有效证明；

（二）因工外出期间，由于工作原因受到伤害或者发生事故下落不明的，应提交公安部门出具的证明或者其他有效证明；

（三）在上下班途中，受到非本人主要责任的交通事故或者城市轨道交通、客运轮渡、火车事故伤害的，应提交公安交通管理部门出具的事故责任认定书或者相关部门出具的有效证明；

（四）在工作时间和工作岗位，突发疾病死亡或者在48小时之内经抢救无效死亡的，应提交突发疾病死亡证明或医疗机构出具的抢救证明；

（五）在抢险救灾等维护国家利益、公共利益活动中受到伤害的，提交县级以上人民政府或相关部门的有效证明；

（六）因战、因公负伤致残的转业复员军人旧伤复发的，提交《革命伤残军人证》以及劳动能力鉴定机构对旧伤复发的确认。

第十七条 社会保险行政部门发现已受理的工伤认定案件不符合法定受理条件的，应当决定驳回工伤认定申请。

第十八条 建筑施工企业、矿山企业等用人单位将工程（业务）或经营权发包给不具备用工主体资格的组织或自然人，对该组织或自然人聘用的职工因工作受到事故伤害或患职业病的，具备用工主体的发包方为工伤认定决定中的用人单位。

第四章 劳动能力鉴定

第十九条 省和设区市应当设立劳动能力鉴定委员会，省劳动能力鉴定委员会制定劳动能力鉴定规则。省和设区市劳动能力鉴定委员会按照国家和本省劳动能力鉴定办法（规则）进行劳动能力鉴定。

第二十条 用人单位、工伤职工或者其近亲属向设区的市级劳动能力鉴定委员会提出劳动能力鉴定申请，并提交工伤认定决定书、诊断证明书、检查结果、诊疗病历等材料。

第二十一条 劳动能力鉴定费用从统筹地区当年征收的工伤保险费中支付。

用人单位应当参加工伤保险而未参加工伤保险期间，工伤职工的劳动能力鉴定费用由用人单位支付。具体收费标准由省人民政府价格主管部门和财政部门制定。

第五章 工伤保险待遇

第二十二条 用人单位、工伤职工或者其近亲属，向经办机构办理工伤保险待遇支付手续时，应按规定提交相应材料。

经办机构应当一次性告知所需的材料，对提交材料齐全的，在30日内予以办理。

第二十三条 用人单位或因工死亡职工近亲属办理享受供养亲属抚恤金手续的，应当向经办机构提交被供养人户口簿和居民身份证、户籍所在地公安部门出具的近亲属关系证明以及街道办事处、乡（镇）人民政府出具的被供养人经济状况证明。

有下列情形之一的，还应当分别提交相应材料：

（一）被供养人属于孤寡老人、孤儿的，提交街道办事处、乡（镇）人民政府出具的有效证明；

（二）被供养人属于养父母、养子女或属近亲属户口簿无法证明的，提交公证书；

（三）被供养人完全丧失劳动能力的，提交劳动能力鉴定机构的鉴定结论书。

第二十四条 工伤职工接受工伤治疗的，在停工留薪期内，用人单位不得与其解除或终止劳动（聘用）关系，但职工依法自愿提出解除或者终止劳动（聘用）关系的除外。

第二十五条 工伤职工住院治疗工伤的伙食补助费，以及经医疗机构出具证明，报经办机构同意，工伤职工到统筹地区以外就医所需的交通、食宿费用从工伤保险基金支付，基金支付的具体标准由统筹地区人民政府规定。

第二十六条 职工因工致残，有下列情形之一的，由工伤保险基金支付一次性工伤医疗补助金，用人单位支付一次性伤残就业补助金：

（一）被鉴定为五级、六级伤残的，工伤职工本人书面提出自愿与用人单位解除或者终止劳动（聘用）关系的；

（二）被鉴定为七级至十级伤残的，劳动（聘用）合同期满，用人单位不再续签劳动（聘用）合同而终止劳动（聘用）关系的，或者工伤职工本人书面提出自愿解除劳动（聘用）合同的；

（三）用人单位依据《中华人民共和国劳动合同法》第三十六、三十九条规定解除劳动（聘用）关系的。

工伤职工领取一次性工伤医疗补助金、一次性伤残就业补助金的，应当与用人单位、所在地经办机构签订终止工伤保险关系书面协议，不再享受工伤保险待遇。

第二十七条 五级至十级工伤职工一次性工伤医疗补助金和伤残就业补助金分别计算。其标准分别按照所在统筹地区最后一次公布的人口平均预期寿命与解除或者终止劳动关系时年龄之差以及解除或者终止劳动关系时统筹地区上年度职工月平均工资为基数计算：

（一）一次性工伤医疗补助金为：五级，每满一年发给0.7个月；六级，每满一年发给0.6个月；七级，每满一年发给0.4个月；八级，每满一年发给0.3个月；九级，每满一年发给0.2个月；十级，每满一年发给0.1个月。不满一年的按一年计算。

五至六级工伤职工一次性工伤医疗补助金低于15个月的，按15个月支付；七至八级工伤职工一次性工伤医疗补助金低于10个月的，按10个月支付；九级工伤职工一次性工伤医疗补助金低于5个月的，按5个月支付；十级工伤职工一次性工伤医疗补助金低于3个月的，按3个月支付。

患职业病的工伤职工，一次性工伤医疗补助金在上述标准的基础上增发30%。

（二）一次性伤残就业补助金为：五级，每满一年发给0.7个月；六级，每满一年发给0.6个月；七级，每满一年发给0.4个月；八级，每满一年发给0.3个月；九级，每满一年发给0.2个月；十级，每满一年发给0.1个月。不满一年的按一年计算。

五至六级工伤职工一次性伤残就业补助金低于15个月的，按15个月支付；七至八级工伤职工一次性伤残就业补助金低于10个月的，按10个月支付；九级工伤职工一次性伤残就业补助金低于5个月的，按5个月支付；十级工伤职工一次性伤残就业补助金低于3个月的，按3个月支付。

患职业病的工伤职工，一次性伤残就业补助金在上述标准的基础上增发30%。

第二十八条 职工所在用人单位未依法缴纳工伤保险费，发生工伤事故的，由用人单位支付工伤保险待遇。用人单位不支付的，从工伤保险基金中先行支付。从工伤保险基金中先行支付的工伤保险待遇应当由用人单位偿还。用人单位不偿还的，社会保险经办机构可以依法追偿。

第二十九条 由于第三人的原因造成工伤，第三人不支付工伤医疗费用或者无法确定第三人的，由工伤保险基金先行支付。工伤保险基金先行支付后，依法向第三人追偿。

第三十条 伤残津贴、供养亲属抚恤金和生活护理费由统筹地区社会保险行政部门根据统筹地区职工平均工资和生活费用变化等情况每年调整一次,并征求工会组织和用人单位代表意见,报统筹地区人民政府批准后执行。统筹地区人民政府应当将调整结果向社会公布。

第三十一条 用人单位因破产、解散等原因终止的,在清算财产时,应当依法向社会保险费征缴机关清偿欠缴的工伤保险费。

第六章 附 则

第三十二条 属于财政核拨(不含参公管理)事业单位参加统筹地区工伤保险,在组织实施的第一年,按照其职工工资总额的0.5%缴纳工伤保险费,所需经费列入同级财政预算;其工作人员2011年1月1日至本办法发布之日因工作原因遭受事故伤害或者患职业病的,按照《工伤保险条例》和本办法规定享受工伤保险待遇,所需费用已经参加工伤医疗费用统筹或工伤保险的由工伤基金支付,未参加工伤医疗费用统筹或工伤保险的由用人单位支付。

第三十三条 公务员和参照公务员法管理的事业单位、社会团体的工作人员的工伤保险按照国家有关规定执行。

第三十四条 本办法自发布之日起施行。省政府2004年4月30日颁布的《福建省实施〈工伤保险条例〉办法》(闽政〔2004〕12号)同时废止。2011年1月1日至本办法发布之日,依照《工伤保险条例》第三十六条、第三十七条规定应由工伤保险基金支付的一次性工伤医疗补助金和应由用人单位支付的一次性伤残就业补助金,参照本办法执行。

91 江西省实施《工伤保险条例》办法

2013年5月6日江西省人民政府令第204号公布,
自2013年7月1日起施行。

第一条 为了保障因工作遭受事故伤害或者患职业病的职工获得医疗救治和经济补偿,促进工伤预防和职业康复,分散用人单位的工伤风险,根据《中华人民共和国社会保险法》和国务院《工伤保险条例》(以下简称《条例》)等法律法规的有关规定,结合本省实际,制定本办法。

第二条 本省行政区域内的企业、事业单位、社会团体、民办非企业单位、基金会、律师事务所、会计师事务所等组织和有雇工的个体工商户(以下统称用人单位)应当依法参加工伤保险,为本单位全部职工或者雇工(以下统称职工)缴纳工伤保险费。用人单位的职工均有依法享受工伤保险待遇的权利。

第三条 省社会保险行政部门负责全省的工伤保险工作。设区的市、县(市、区)社会保险行政部门负责本行政区域内的工伤保险工作。各级社会保险行政部门设立的社会保险经办机构（以下简称经办机构）具体承办工伤保险事务。

财政部门和审计机关依法对工伤保险基金的收支、管理情况进行监督。

安全生产监督管理、卫生、民政、公安、交通运输、工商、住房和城乡建设等部门在各自的职责范围内，协助社会保险行政部门做好工伤保险工作。

第四条 工伤保险工作应当与事故预防和职业康复工作相结合。

用人单位和职工应当遵守有关安全生产和职业病防治的法律法规，执行安全卫生规程和标准，预防工伤事故发生，避免和减少职业病危害。

社会保险行政部门和经办机构应当建立健全工伤预防制度，通过评估参保单位工伤风险程度，采用调整费率等措施，激励参保单位做好工伤预防工作，降低工伤事故和职业病发生率。

第五条 用人单位应当在参保缴费后的三十日内或者参保缴费情况变更后的十五日内，将参加工伤保险的有关情况在本单位内公示。公示内容应当包括享受工伤保险待遇的人员范围、参保时间、缴费情况等。

职工有权督促用人单位参加工伤保险及公示参保情况，用人单位的工会组织有义务督促用人单位参加工伤保险及公示参保情况。

职工在用人单位参保缴费之前及当日所发生的工伤，其工伤保险待遇由用人单位支付；参保缴费后次日起发生的工伤，其工伤保险待遇由工伤保险基金按照《条例》和本办法的规定支付。

第六条 用人单位应当按时缴纳工伤保险费。职工个人不缴纳工伤保险费。

用人单位缴纳工伤保险费的数额为本单位职工工资总额乘以单位缴费费率之积。

用人单位缴费费率，由统筹地区经办机构根据用人单位工伤保险费使用、工伤发生率、职业病危害程度等情况，按照国家规定的行业差别费率及行业内费率档次确定。

对难以按照用人单位工资总额缴纳工伤保险费的建筑施工企业、小型服务企业、小型矿山企业，工伤保险费的缴纳办法按照国务院社会保险行政部门有关规定执行。

第七条 工伤保险基金实行设区的市全市统筹，并逐步实行省级统筹。

工伤保险基金实行全省统收统支前，设立省级工伤保险调剂金。省级工伤保险调剂金由各设区的市经办机构按照当年实际征缴工伤保险费的3%上解省经办机构，省经办机构将上述资金和省本级提取的当年实际征缴工伤保险费的3%存入财政专户管理，用于调剂解决全省重特大事故工伤保险基金缺口的支出，提高工伤保险基金保障水平。省级工伤保险调剂金的征收、管理和使用的具体办法，由省社会保险行政部门会同省财政部门制定，报省人民政府批准后实施。

工伤保险基金应当严格按照社会保险基金财务制度的规定，实行年初预算和年终决算管理。经办机构按月将基金收入缴入同级财政部门的社会保障基金财政专户，确保收入户月末无余额，并按照规定申请拨付资金。

经办机构征收工伤保险费时，应当出具省财政部门统一印制的《江西省社会保险费缴款专用收据》。

第八条 工伤保险基金用于支付下列项目：
（一）治疗工伤的医疗费用和康复费用；
（二）住院伙食补助费；
（三）到统筹地区以外就医的交通食宿费；
（四）经劳动能力鉴定委员会确认需安装配置伤残辅助器具的费用；
（五）生活不能自理的，经劳动能力鉴定委员会确认的生活护理费；
（六）一次性伤残补助金和一至四级工伤职工按月领取的伤残津贴；
（七）终止或者解除劳动合同时，应当享受的一次性工伤医疗补助金；
（八）因工死亡职工的抢救医疗费、丧葬补助金、供养亲属抚恤金、一次性工亡补助金；
（九）劳动能力鉴定费；
（十）工伤认定调查费；
（十一）工伤预防费；
（十二）职业康复费。

任何单位或者个人不得将工伤保险基金用于投资运营、兴建或者改建办公场所、发放奖金，或者挪作其他用途。

第九条 各设区的市应当建立工伤保险基金储备金（以下简称储备金）。储备金按本设区的市当年征缴的工伤保险基金总额的10%提取，逐年积累，达到统筹地区当年工伤保险基金总额的20%时不再提取。

储备金用于本设区的市重大事故的工伤保险待遇支付。使用工伤保险储备金应当由统筹地区经办机构提出方案，经设区的市社会保险行政部门、财政部门审核后，报设区的市人民政府批准。储备金不足支付的，由设区的市人民政府垫付。

第十条 职工发生事故伤害或者按照职业病防治法规定被诊断、鉴定为职业病，用人单位应当自事故伤害发生之日或者被诊断、鉴定为职业病之日起三十日内，按照《条例》的规定及时向统筹地区社会保险行政部门提出工伤认定申请。遇有特殊情况，经报社会保险行政部门同意，申请时限可以适当延长。

用人单位未按前款规定提出工伤认定申请的，工伤职工或者其近亲属、工会组织在事故伤害发生之日或者被诊断、鉴定为职业病之日起一年内，可以直接向用人单位所在地统筹地区社会保险行政部门提出工伤认定申请。

第十一条 用人单位注册登记地和生产经营地不在同一统筹地区的职工发生工伤，已参加工伤保险的，向参保地社会保险行政部门提出工伤认定申请；未参加工伤保险的，向用人单位生产经营地社会保险行政部门提出工伤认定申请。

职工被派遣出境工作，其国内工伤保险关系未中止的，发生工伤后，按照《条例》和本办法的规定申请工伤认定。

第十二条 提出工伤认定申请应当提交下列材料：
（一）工伤认定申请表；
（二）与用人单位存在劳动关系（包括事实劳动关系）的证明材料；

（三）医疗诊断证明或者职业病诊断证明书（或者职业病诊断鉴定书）。

提出工伤认定申请，除提交本条前款要求的材料外，还可以提交用人单位、相关行政机关或者人民法院已有的证明材料。

第十三条 工伤认定申请人在本办法规定时限内提出工伤认定申请，并且提供的申请材料完整的，社会保险行政部门应当自收到工伤认定申请之日起五个工作日内发出受理通知书。不符合受理条件的，社会保险行政部门不予受理，并书面告知工伤认定申请人。

工伤认定申请人在本办法规定时限内提出工伤认定申请，但提供材料不完整的，社会保险行政部门应当自收到工伤认定申请之日起五个工作日内，一次性书面告知工伤认定申请人需要补正的全部材料。工伤认定申请人在三十日内按照要求补正材料的，社会保险行政部门应当受理。

第十四条 社会保险行政部门受理工伤认定申请后，根据审核需要可以对事故伤害进行调查核实，用人单位、从业人员、工会组织、医疗机构以及有关部门应当予以协助。对依法取得职业病诊断证明书或者职业病诊断鉴定书的，社会保险行政部门不再进行调查核实。

社会保险行政部门进行工伤认定时，从业人员或者其直系亲属认为是工伤，用人单位不认为是工伤的，由用人单位承担举证责任。

社会保险行政部门应当自受理工伤认定申请之日起六十日内作出工伤认定的决定，并书面通知申请工伤认定的职工或者其直系亲属和该职工所在单位。凡认定为工伤或者视同工伤的，应当向工伤职工颁发《工伤认定证》。

社会保险行政部门对受理的事实清楚、权利义务明确的工伤认定申请，应当在十五日内作出工伤认定的决定。

第十五条 职工发生工伤，经治疗伤情相对稳定后存在残疾、影响劳动能力的，应当进行劳动能力鉴定。

用人单位、工伤职工或者其直系亲属申请劳动能力鉴定，应当向设区的市劳动能力鉴定委员会提供下列材料：

（一）劳动能力鉴定申请表；

（二）工伤认定决定；

（三）医疗机构出具的出院小结、医疗诊断证明或者职业病诊断证明书（职业病诊断鉴定书）、工伤病历和医学影像检查资料等；

（四）其他相关证明材料。

劳动能力鉴定申请人提供材料不完整的，劳动能力鉴定委员会应当一次性书面告知申请人需要补正的全部材料。申请人按照书面告知要求补正材料后，劳动能力鉴定委员会应当受理。

设区的市劳动能力鉴定委员会应当自收到劳动能力鉴定申请之日起六十日内作出劳动能力鉴定结论，必要时，作出劳动能力鉴定结论的期限可以延长三十日。劳动能力鉴定结论应当及时送达申请鉴定的单位和个人。达到伤残等级的，还应当向工伤职工颁发《因工伤残证》。

第十六条 申请进行劳动能力鉴定的用人单位和工伤职工或者其近亲属对鉴定结论不服的，应当自收到鉴定结论之日起十五日内，向省劳动能力鉴定委员会提出再次鉴定申请，并提交初次鉴定的结论。

作出初次鉴定的劳动能力鉴定委员会应当向省劳动能力鉴定委员会移交有关材料。

省劳动能力鉴定委员会作出的劳动能力鉴定结论为最终结论。

第十七条 省和设区的市社会保险行政部门规划、选择、论证并公布工伤定点医疗机构、康复机构和辅助器具配置机构。

各统筹地区经办机构负责与工伤定点医疗机构、康复机构和辅助器具配置机构签订书面协议等工作。

第十八条 职工治疗工伤应当在签订服务协议的工伤定点医疗机构就医，情况紧急时可以先到就近的医疗机构急救，并由用人单位在两个工作日内报告社会保险经办机构。工伤职工伤情相对稳定后，由经办机构视伤情确定是否转入签订服务协议的工伤定点医疗机构继续治疗。

工伤职工治疗非工伤引发的疾病，不享受工伤医疗待遇，按照基本医疗保险办法处理。

第十九条 工伤职工因日常生活或者就业需要安装配置辅助器具的，由本人提出申请，经劳动能力鉴定委员会确定后，到签订服务协议的辅助器具配置机构安装配置，所需费用按照国家规定的标准从工伤保险基金支付。

第二十条 生活不能自理的工伤职工在停工留薪期内需要护理的，经收治的医疗机构出具证明，由所在单位负责派人护理。所在单位未派人护理的，由所在单位按照统筹地区上年度职工月平均工资的70%的标准向工伤职工支付护理费。

第二十一条 职工因工致残被鉴定为一至四级伤残的，由用人单位和工伤职工以伤残津贴为基数，缴纳基本养老保险费、基本医疗保险费到法定退休年龄。

工伤职工伤残津贴低于职工基本养老保险、基本医疗保险缴费基数的，缴费基数按照职工基本养老保险、基本医疗保险相关规定执行。

工伤职工伤残津贴扣除本人基本养老保险、基本医疗保险缴费部分后，实际领取额低于统筹地区最低工资标准的，由工伤保险基金补足差额。

第二十二条 五至六级工伤职工本人提出与用人单位解除或者终止劳动关系，七级至十级伤残职工劳动、聘用合同期满终止或者职工本人提出解除劳动、聘用合同的，由工伤保险基金支付一次性工伤医疗补助金，由用人单位支付一次性伤残就业补助金。

一次性工伤医疗补助金和一次性伤残就业补助金以解除或者终止劳动关系时本人工资为基数，其中一次性工伤医疗补助金标准为：五级20个月、六级17个月、七级13个月、八级10个月、九级7个月、十级4个月的本人工资。一次性伤残就业补助金标准为：五级32个月、六级28个月、七级25个月、八级21个月、九级17个月、十级13个月的本人工资。

患职业病的工伤职工，一次性工伤医疗补助金在上述标准的基础上增发30%。

五级至十级工伤职工距法定退休年龄不足五年的，一次性伤残就业补助金每差一年扣减10%；不足一年的按照一年计算。

第二十三条 用人单位、工伤职工或者其直系亲属向经办机构提出工伤保险待遇申请，应当填写工伤保险待遇申请表并提交下列材料：

（一）工伤认定决定；

（二）劳动能力鉴定结论；

（三）经办机构要求提供的其他材料。

申请因工死亡职工直系亲属的工伤保险待遇，需提供前款第（一）、（三）项规定的材料，以及供养亲属的有关证明材料。

经办机构对于申报材料不齐全的，应当一次性告知申请人补充有关的申报材料；对于材料齐全、符合发放条件的，应当在受理之日起十个工作日内发放工伤保险待遇。

第二十四条 伤残津贴、供养亲属抚恤金、生活护理费，由省社会保险行政部门会同省财政部门根据全省职工平均工资和生活费用变化等情况，适时提出调整方案，报省人民政府批准后执行。

第二十五条 用人单位解散、破产、关闭、改制的，应当优先安排解决包括工伤保险所需费用在内的社会保险费。有关工伤保险待遇支付按照下列规定处理：

（一）一至四级的工伤职工，用人单位已参加工伤保险的，工伤保险待遇继续由经办机构支付；未参加工伤保险的，由用人单位按照统筹地区上年度工伤保险待遇人均实际支出标准计算到75周岁，在资产清算时一次性向经办机构缴纳；自一次性缴足次月起，工伤保险待遇由经办机构支付。

（二）五至十级的工伤职工，用人单位已参加工伤保险的，由工伤保险基金按照本办法支付一次性工伤医疗补助金，由用人单位按照本办法支付一次性伤残就业补助金，同时终止工伤保险关系；未参加工伤保险的，由用人单位按照本办法支付一次性工伤医疗补助金和一次性伤残就业补助金，同时终止工伤保险关系。

（三）因工死亡职工，用人单位已参加工伤保险的，其供养亲属抚恤金继续由经办机构支付；未参加工伤保险的，由用人单位按照《条例》规定的标准，一次性支付给供养亲属，或者一次性向经办机构缴纳，由经办机构定期继续支付。计算时间为：因工死亡职工供养的配偶和父母计算到75周岁；未成年人计算到18周岁。

第二十六条 用人单位对从事接触职业病危害作业的职工，在建立、终止、解除劳动关系或者办理退休手续前，应当进行职业健康检查，被确诊在用人单位患有职业病的，按照《条例》规定的程序办理工伤认定。

职工离岗后被确诊患有职业病的，职工或者其近亲属在被诊断为职业病之日起一年内提出工伤认定申请，社会保险行政部门应当受理。

第二十七条 工伤职工办理退休手续后被确诊患有职业病并认定为工伤的，依法享受工伤保险有关待遇，但不享受一次性伤残就业补助金和一次性工伤医疗补助金。工伤保险相关待遇由劳动关系终止、解除前或者办理退休手续前的用人单位承担。工伤职工劳动关系终止、解除前或者办理退休手续前在多个用人单位工作过的，工伤保险相关待遇由导致职工患职业病的用人单位承担。

第二十八条 公务员、参照公务员法管理的事业单位和社会组织的工作人员因工作遭受事故伤害或者患职业病的，可以按照《条例》和本办法的规定进行工伤认定和劳动能力鉴定，享受有关工伤保险待遇，所需费用由所在单位按照《条例》和本办法规定的标准支付。因公负伤或者因公牺牲已受到政府抚恤的，不再进行工伤认定、享受工伤保险待遇。法律、法规或者国务院主管部门另有规定的，从其规定。

第二十九条　中央、省属和军队驻赣单位工伤保险依法实行省本级统筹，工伤保险工作按照国家和省的有关规定执行。

第三十条　本办法自2013年7月1日起施行。《江西省实施〈工伤保险条例〉若干规定》（省人民政府令第132号）同时废止。

92　山东省贯彻《工伤保险条例》实施办法

鲁政发〔2011〕25号

第一条　根据《国务院关于修改〈工伤保险条例〉的决定》（国务院令第586号）修订的《工伤保险条例》（以下简称《条例》），结合我省实际，制定本办法。

第二条　企业、事业单位、社会团体、民办非企业单位、基金会、律师事务所、会计师事务所等组织和有雇工的个体工商户（以下称用人单位）应当按规定参加工伤保险，为本单位全部职工或者雇工（以下简称职工）缴纳工伤保险费。

用人单位的职工均有按照规定享受工伤保险待遇的权利。

公务员和参照公务员法管理的事业单位、社会团体的工作人员因工作遭受事故伤害或者患职业病的，由所在单位支付费用。具体实施办法由省人力资源社会保障行政部门会同省财政部门按照国家规定制定。

第三条　省人力资源社会保障行政部门负责全省工伤保险工作。县级以上人力资源社会保障行政部门负责本行政区域内的工伤保险工作。

人力资源社会保障行政部门所属的社会保险经办机构（以下简称经办机构）具体承办工伤保险事务。

各级财政、民政、卫生、公安、交通、建设、工商、安全生产监督管理、工会等有关部门和组织按照各自职责，协助人力资源社会保障行政部门做好工伤保险相关工作。

第四条　工伤保险基金在设区的市实行全市统筹，逐步实行省级统筹。

第五条　工伤保险基金按照以支定收、收支平衡的原则筹集，存入社会保障基金财政专户，专款专用，任何单位或个人不得将工伤保险基金用于投资运营、兴建或改建办公场所、发放奖金，或者挪作其他用途。

第六条　工伤保险费的征缴，按照《社会保险法》和《社会保险费征缴暂行条例》的有关规定执行。

用人单位应当按时缴纳工伤保险费。职工个人不缴纳工伤保险费。

第七条 用人单位的初次缴费费率，按行业基准费率确定。

统筹地区经办机构可根据用人单位上年度工伤保险费的征缴、支付以及工伤发生率等情况，在所属行业相应费率档次内调整用人单位缴费费率。

第八条 对难以按照职工工资总额缴纳工伤保险费的建筑、餐饮、商贸等行业，由省人力资源社会保障行政部门会同省建设、工商等行政部门根据国家有关规定制定适应行业特点的参保缴费办法。

第九条 工伤保险储备金按统筹地区当年工伤保险基金征缴额 10% 的比例提取，储备金累计结余额不超过当年工伤保险基金征缴额的 30%。工伤保险储备金的使用由统筹地区社会保险经办机构提出申请，经同级人力资源社会保障行政部门和财政部门同意，报同级人民政府批准。储备金一经使用，应及时补足差额。储备金不足支付的，由统筹地区人民政府垫付。

第十条 工伤保险基金用于下列支出：

（一）治疗工伤的医疗费用和康复费用；

（二）经确认安装配置伤残辅助器具所需费用；

（三）住院伙食补助费；

（四）经批准到统筹地区以外就医、配置辅助器具的交通食宿费；

（五）生活不能自理的，经劳动能力鉴定委员会确认的生活护理费；

（六）一次性伤残补助金和一级至四级伤残职工按月领取的伤残津贴；

（七）终止或者解除劳动合同时，应当享受的一次性医疗补助金；

（八）因工死亡的，其遗属领取的丧葬补助金、供养亲属抚恤金和因工死亡补助金；

（九）劳动能力鉴定费；

（十）工伤预防的宣传、培训等费用；

（十一）法律、法规规定的用于工伤保险的其他费用。

工伤预防费用提取比例、使用和管理的具体实施办法，由省人力资源社会保障行政部门会同省财政、卫生、安全生产监督管理等部门按照国家规定制定。

职工住院治疗工伤的伙食补助费标准和异地就医、配置辅助器具的交通、食宿费用标准由统筹地区人民政府制定。

第十一条 因工伤发生的下列费用，按照国家规定由用人单位支付：

（一）治疗工伤期间的工资福利；

（二）五级、六级伤残职工按月领取的伤残津贴；

（三）终止或者解除劳动合同时，应当享受的一次性伤残就业补助金。

第十二条 用人单位、工伤职工或者其近亲属、工会组织提出工伤认定申请，要按照《条例》第十七条的规定时限向统筹地区人力资源社会保障行政部门提出。其中，用人单位因交通事故、失踪、因工外出期间发生事故伤害及受其他不可抗力因素影响不能在规定时限内提出申请的，经统筹地区人力资源社会保障行政部门同意，申请时限可以适当延长，但延长时间不得超过 30 日。

用人单位未在规定的时限内提交工伤认定申请，在此期间发生的符合《条例》规定的工伤待遇等有关费用由该用人单位负担。

第十三条 职工上下班途中受到非本人主要责任的交通事故或城市轨道交通、客运轮渡、火车事故伤害的，申请人应提交公安交通管理部门或其他相关部门出具的事故责任认定证明。

第十四条 统筹地区人力资源社会保障行政部门应自收到工伤认定申请之日起15日内作出受理或者不予受理决定，并书面通知申请人。其中，不予受理决定中应当载明不予受理的理由、事实依据并告知申请人申请行政复议或者提起行政诉讼的时间、方式。

第十五条 人力资源社会保障行政部门应当自受理工伤认定申请之日起60日内作出工伤认定的决定。对受理的事实清楚、权利义务明确的工伤认定申请，应当在15日内作出工伤认定的决定。

作出工伤认定决定需要以司法机关或者有关行政主管部门的结论为依据的，在司法机关或者有关行政主管部门尚未作出结论期间，作出工伤认定决定的时限中止。

第十六条 省和设区的市应按《条例》规定建立劳动能力鉴定委员会，并设立劳动能力鉴定委员会办事机构，由专人负责劳动能力鉴定委员会日常工作和劳动能力鉴定组织管理工作。

第十七条 劳动能力鉴定委员会承担以下任务：

（一）工伤职工劳动能力鉴定；

（二）停工留薪期限确认；

（三）辅助器具配置确认；

（四）旧伤复发确认；

（五）疾病与工伤因果关系鉴定；

（六）供养亲属完全丧失劳动能力鉴定；

（七）职工因病或非因工伤残丧失劳动能力程度鉴定；

（八）法律、法规规定的其他劳动能力鉴定事项。

第十八条 劳动能力鉴定委员会应建立医疗卫生专家库。列入专家库的医疗卫生专业技术人员，由劳动能力鉴定委员会选聘。医疗卫生专家库原则上每年调整一次。

第十九条 劳动能力鉴定收费标准由省人力资源社会保障行政部门会同省财政、物价等部门制定。

第二十条 工伤职工认为疾病与工伤有因果关系的，可在申请劳动能力鉴定时一并提出确认申请。

第二十一条 职工因工作遭受事故伤害或者患职业病需要暂停工作接受工伤医疗的，停工留薪期内原工资福利待遇不变，由所在单位按月支付。

工伤职工在停工留薪期内，除法律规定的情形外，用人单位不得与其解除或终止劳动关系。

第二十二条 职工因工致残被鉴定为一级至四级伤残的，保留劳动关系，退出工作岗位，按伤残等级享受伤残津贴。伤残津贴实际金额低于当地最低工资标准的，由工伤保险基金补足差额。

工伤职工达到退休年龄并办理退休手续后，停发伤残津贴，按照国家有关规定享受基本养老保险待遇。基本养老保险待遇低于伤残津贴的，由工伤保险基金补足差额。

第二十三条 一级至四级工伤职工的伤残津贴、供养亲属抚恤金以及生活护理费调整办法，由省人力资源社会保障行政部门会同财政部门根据全省职工平均工资及生活费用变化等情况适时制定。

第二十四条 职工因工致残被鉴定为五级、六级伤残，用人单位难以安排工作的，在按月领取伤残津贴期间，如一级至四级工伤职工伤残津贴调整，其伤残津贴应随一级至四级工伤职工伤残津贴的调整时间予以调整，具体标准分别按统筹地区四级工伤职工伤残津贴调整标准的90%、80%相应增加。伤残津贴实际金额低于当地最低工资标准的，由用人单位补足差额。

第二十五条 工伤职工被鉴定为五级、六级伤残的，经职工本人提出，可以与用人单位解除或终止劳动合同，以其解除或终止劳动合同时统筹地区上年度职工月平均工资为基数，分别支付本人22个月、18个月的一次性工伤医疗补助金和36个月、30个月的一次性伤残就业补助金。

工伤职工被鉴定为七级至十级伤残的，劳动合同期满终止，或者职工本人提出解除劳动合同，以其解除或终止劳动合同时统筹地区上年度职工月平均工资为基数，支付本人一次性工伤医疗补助金和一次性伤残就业补助金。一次性工伤医疗补助金的具体标准为：七级13个月，八级10个月，九级7个月，十级4个月；一次性伤残就业补助金的具体标准为：七级20个月，八级16个月，九级12个月，十级8个月。

职工被确诊为职业病的，一次性工伤医疗补助金在上述标准基础上加发50%。

工伤职工与用人单位解除或者终止劳动合同时，距法定退休年龄5年以上的，一次性工伤医疗补助金和一次性伤残就业补助金全额支付；距法定退休年龄不足5年的，每减少1年一次性伤残就业补助金递减20%。距法定退休年龄不足1年的按一次性伤残就业补助金全额的10%支付；达到法定退休年龄或者按规定办理了退休手续的，不支付一次性工伤医疗补助金和一次性伤残就业补助金。

一次性工伤医疗补助金和一次性伤残就业补助金所需资金，用人单位已经参加工伤保险的，一次性工伤医疗补助金由工伤保险基金支付，一次性伤残就业补助金由用人单位支付；未参加工伤保险的，一次性工伤医疗补助金和一次性伤残就业补助金，由用人单位支付。

第二十六条 用人单位对接触职业危害作业的职工，在终止、解除劳动合同时或者办理退休、退职手续前，应进行职业健康检查，并将检查结果告知职工。被确诊患有职业病的，应办理工伤认定、劳动能力鉴定、待遇核定手续，并按规定享受工伤保险待遇。

职工离休、退休、退职后被确诊为职业病的，可以按规定享受工伤医疗待遇。生活不能自理的，按劳动能力鉴定委员会确认的护理依赖程度发给生活护理费。

第二十七条 申请工伤保险待遇，应向统筹地区经办机构提交工伤认定决定、劳动能力鉴定结论和工伤保险待遇申报表。

第二十八条 职工因工死亡，其供养亲属享受抚恤金待遇的资格，按职工因工死亡时的条件核定。

第二十九条 应当参加工伤保险而未参加的用人单位职工发生工伤的，由该用人单位按照《条例》和本办法规定的工伤保险待遇项目和标准支付费用。用人单位参加工伤保险并补缴应当缴纳的工伤保险费、滞纳金后，由工伤保险基金和用人单位依照《条例》和本办法的规定支付新发生的费用。

用人单位未按时足额缴纳工伤保险费的，欠缴期间的工伤保险待遇由用人单位支付。补缴应当缴纳的工伤保险费、滞纳金后，新发生的工伤保险费用由工伤保险基金和用人单位依照《条例》和本办法的规定支付。

第三十条 破产、关闭、解散和注销企业被鉴定为一级至四级的工伤职工以及因工死亡职工供养亲属享受的工伤保险待遇仍按原标准继续发放。所需资金，原企业已经参加工伤保险的，从工伤保险基金中支付；未参保的，预留至当地平均期望寿命（其中，因工死亡职工供养亲属未满18周岁的，预留至年满18周岁），在资产清算时一次性拨付给经办机构。

被鉴定为五级至十级的，按规定支付其一次性工伤医疗补助金和一次性伤残就业补助金。所需资金，原企业已经参加工伤保险的，其一次性工伤医疗补助金从工伤保险基金中支付，其一次性伤残就业补助金在资产清算时一次性拨付；未参保的，其一次性工伤医疗补助金和一次性伤残就业补助金，在资产清算时一次性拨付。

对已破产、关闭、解散和注销企业的一级至四级工伤职工和因工死亡职工的供养亲属，各地可参照本条一、二款及解决老工伤问题的有关规定筹集资金，保障其工伤待遇。

第三十一条 本办法自2011年7月1日起施行，《山东省贯彻〈工伤保险条例〉试行办法》（鲁政发〔2003〕107号）同时废止。

93 河南省工伤保险条例

2007年6月1日河南省人民代表大会常务委员会公告第71号公布，
自2007年10月1日起施行。

第一章 总 则

第一条 为了保障因工作遭受事故伤害或者患职业病的职工获得医疗救治和经济补偿，促进工伤预防和职业康复，分散用人单位的工伤风险，根据《中华人民共和国劳动法》、国务院《工伤保险条例》及有关法律、法规，结合本省实际，制定本条例。

第二条 本省行政区域内的各类企业、不属于财政拨款支持范围或没有经常性财政拨款的事业单位和民间非营利组织、有雇工的个体工商户（以下称用人单位）应当依照国务院《工伤保险条例》和本条例规定参加工伤保险，为本单位全部职工或者雇工（以下称职工)缴纳工伤保险费。职工个人不缴纳工伤保险费。

国家机关和财政经常拨款支持的事业单位、民间非营利组织的工作人员因工作遭受事故伤害或者患职业病的，由所在单位支付费用，具体办法按国家机关工作人员的工伤政策执行；与之建立劳动关系的劳动者因工作遭受事故伤害或者患职业病的，依照本条例规定执行。

本条例所称职工，是指与用人单位存在劳动关系（包括事实劳动关系）的各种用工形式、各种用工期限的城乡劳动者。但用人单位聘用的离退休人员除外。

第三条 用人单位应当每年将本单位参加工伤保险的职工名单、缴费工资、工伤保险费缴纳、工伤事故等情况在本单位内公示，接受职工监督。

第四条 工伤保险基金在省辖市实行全市统筹。

中央驻豫单位和省属驻郑单位以及跨地区、生产流动性较大的特殊行业，实行省直接统筹。省劳动保障行政部门可以委托特殊行业的省级主管部门负责工伤保险业务经办工作。

第五条 县级以上人民政府劳动保障行政部门负责本行政区域内的工伤保险工作。

劳动保障行政部门按照国务院有关规定设立的工伤保险经办机构（以下称经办机构）具体承办工伤保险事务。

第六条 县级以上人民政府应当努力发展职业康复事业，帮助因工致残者得到康复和从事适合身体状况的劳动，建立工伤预防、工伤补偿和职业康复相结合的工伤保险工作体系。

第二章　工伤保险基金

第七条 工伤保险基金由下列各项构成：
（一）用人单位缴纳的工伤保险费；
（二）工伤保险基金的利息；
（三）工伤保险费滞纳金；
（四）依法纳入工伤保险基金的其他资金。

第八条 工伤保险费根据以支定收、收支平衡的原则，按照国家有关规定确定费率。

省辖市劳动保障行政部门应当根据国家有关工伤保险费率的规定和行业特点，确定农民工较为集中行业的费率标准和具体缴费方式，报同级人民政府批准，并报省劳动保障行政部门备案。

第九条 工伤保险基金存入社会保障基金财政专户，用于本条例规定的工伤保险待遇、劳动能力鉴定、工伤预防、职业康复以及法律、法规规定的其他工伤保险费用的支付。

任何单位或者个人不得将工伤保险基金用于投资运营、兴建或者改建办公场所、发放奖金，或者挪作他用。

第十条 省、省辖市建立两级工伤保险储备金制度。各统筹地区储备金按当年本地工伤保险基金征缴总额的百分之七提留；百分之二上解作为省级工伤保险储备金，百分之五作为省辖市工伤保险储备金。当工伤保险储备金滚存总额超过当年工伤保险基金收入的百分之五十时,统筹地区劳动保障行政部门和财政部门应当减少储备金提留比例,并报省劳动保障行政部门和财政部门同意后实施。

储备金主要用于统筹地区重大事故的工伤保险待遇及工伤保险基金入不敷出时的支付。统筹地区储备金不足支付时,同级财政部门应当先垫付,再申请省级储备金调剂。

第十一条 职业康复费用按不超过当年结存的工伤保险基金四分之一的比例由统筹地区经办机构提出用款支出计划,报同级劳动保障行政部门和财政部门审核同意后,列入下年度工伤保险基金支出预算。下年度据实列支,用于工伤职工职业康复。

第十二条 在保证工伤保险待遇、劳动能力鉴定费、职业康复费用足额支付和储备金留存的前提下,统筹地区经办机构可以按当年工伤保险基金实际征缴总额百分之五的比例提出工伤预防费使用计划,报同级劳动保障行政部门和财政部门审核同意后,主要用于统筹地区参保单位工伤保险工作的宣传培训、工伤案例分析、工伤事故预防等。

第三章 工伤认定和劳动能力鉴定

第十三条 职工有国务院《工伤保险条例》第十四条、第十五条规定情形的,应当认定为工伤或视同工伤。

职工受用人单位指派前往疫区工作而感染该疫病的,视同工伤。

第十四条 职工有国务院《工伤保险条例》第十六条规定的情形,认定职工伤亡不属于工伤或不视同工伤的,应当以法定职权部门或者法定鉴定机构出具的书面结论为依据。

第十五条 职工发生事故伤害或者按照《中华人民共和国职业病防治法》规定被诊断、鉴定为职业病的,所在单位应当自事故伤害发生之日起或者被诊断、鉴定为职业病之日起三十日内,向统筹地区劳动保障行政部门或者其委托的有关部门提出工伤认定申请。因交通事故、失踪、因工外出期间发生事故伤害以及其他不可抗力因素导致不能在规定时限内提出申请的,经统筹地区劳动保障行政部门同意,可以适当延长申请时限,但最长不得超过九十日。

用人单位未按前款规定提出工伤认定申请的,工伤职工或者其直系亲属、工会组织在事故伤害发生之日或者被诊断、鉴定为职业病之日起一年内,可以直接向用人单位所在地统筹地区劳动保障行政部门提出工伤认定申请。

第十六条 对工伤认定管辖发生争议的,由其共同的上一级劳动保障行政部门指定管辖。

省劳动保障行政部门进行工伤认定的事项,根据属地原则移交用人单位所在地的省辖市劳动保障行政部门办理。

省辖市劳动保障行政部门根据工作需要,可以委托县级劳动保障行政部门办理工伤认定的具体事务。

第十七条 申请人提出工伤认定申请,依照国务院《工伤保险条例》第十八条规定办理,但有下列情形之一的,劳动保障行政部门不予受理,并书面告知申请人:

(一)超过法定时限提出申请的;

（二）该劳动保障行政部门没有管辖权的；
（三）不属于劳动保障行政部门职权范围的；
（四）受伤害人员是用人单位聘用的离退休人员的；
（五）法律、法规规定的不予受理的其他情形。

第十八条 职工或者其直系亲属、工会组织认为是工伤，用人单位不认为是工伤的，由用人单位承担举证责任。

劳动保障行政部门受理职工或者其直系亲属、工会组织提出的工伤认定申请后，应当在十日内书面通知用人单位提供相关证据材料。用人单位在接到书面通知二十日内不提供相关材料或者不履行举证义务的，劳动保障行政部门可以根据受伤害职工或者其直系亲属、工会组织提供的证据依法作出工伤认定结论。

第十九条 劳动保障行政部门应当自受理工伤认定申请之日起六十日内作出工伤认定的决定，并于工伤认定决定作出之日起十五日内，书面通知申请工伤认定的职工或者其直系亲属和该职工所在单位，同时抄送经办机构。认定为工伤或者视同工伤的，发给《工伤证》，不收取费用。

《工伤证》由省劳动保障行政部门统一印制。

第二十条 职工发生工伤，经治疗伤情相对稳定或者停工留薪期满后存在残疾、影响劳动能力的，应当进行劳动能力鉴定。

省、省辖市劳动能力鉴定委员会应当根据医疗专家组提出的鉴定意见作出工伤职工劳动能力鉴定结论。

第四章 工伤保险待遇

第二十一条 职工因工作遭受事故伤害或者患职业病进行治疗，劳动保障行政部门尚未作出工伤认定结论的，用人单位应当先行垫付治疗费用。经劳动保障行政部门认定为工伤或者视同工伤后，参加工伤保险的，由用人单位向经办机构申报结算；未参加工伤保险的，按工伤保险有关规定由用人单位支付。

第二十二条 用人单位将业务发包、转包、分包给不具备用工主体资格的组织或者个人，该不具备用工主体资格的组织或者个人招用的劳动者因工作原因遭受事故伤害或者患职业病的，由用人单位承担工伤保险责任。

职工在两个或者两个以上用人单位同时就业的，各用人单位应当分别为职工缴纳工伤保险费。职工发生工伤，由职工受到伤害时其工作的用人单位依法承担工伤保险责任。

第二十三条 工伤职工已经评定伤残等级并经劳动能力鉴定委员会确定需要生活护理的，按月支付生活护理费，其标准按护理鉴定结论作出时统筹地区上年度职工月平均工资为基数计算。

第二十四条 职工因工致残被鉴定为一级至四级伤残的，由用人单位和职工个人以伤残津贴为基数按规定缴纳基本养老保险费、基本医疗保险费至正常退休年龄。扣除个人缴纳的各项社会保险费后，伤残津贴低于当地最低工资标准的，由工伤保险基金补足差额。

一级至四级工伤伤残农民工，可选择一次性享受或者长期享受工伤保险待遇。一次性享受工伤保险待遇的具体办法由省人民政府另行制定。

第二十五条 职工因工致残被鉴定为五级、六级伤残的，按国务院《工伤保险条例》第三十四条规定执行，保留与用人单位的劳动关系，用人单位为其安排适当工作。职工难以胜任用人单位安排的工作或者用人单位难以安排工作的，用人单位应当按月发给伤残津贴，并以伤残津贴为基数按规定为其缴纳各项社会保险费。扣除个人缴纳的各项社会保险费后，伤残津贴实际领取数额低于当地最低工资标准的，由用人单位补足差额。

第二十六条 职工因工致残被鉴定为五级至十级伤残，恢复工作后由于伤残造成本人工资降低的，由用人单位发给在职伤残补助金，标准为本人工资降低部分的百分之七十，本人晋升工资时，在职伤残补助金予以保留。

第二十七条 五级至十级工伤职工按国务院《工伤保险条例》第三十四条、第三十五条规定与用人单位解除或者终止劳动关系的，一次性工伤医疗补助金和伤残就业补助金以解除或者终止劳动关系时统筹地区上年度职工月平均工资为基数计算，标准为：一次性工伤医疗补助金，五级十六个月，六级十四个月，七级十二个月，八级十个月，九级八个月，十级六个月；一次性伤残就业补助金，五级五十六个月，六级四十六个月，七级三十六个月，八级二十六个月，九级十六个月，十级六个月。患职业病的工伤职工，一次性工伤医疗补助金在上述标准的基础上增发百分之三十。

领取一次性工伤医疗补助金和伤残就业补助金的工伤职工，工伤保险关系同时终止。工伤职工距正常退休年龄五年以上的，一次性伤残就业补助金全额支付；距正常退休年龄不足五年的，每减少一年，一次性伤残就业补助金递减百分之二十；距正常退休年龄不足一年的按百分之十支付。

享受一次性工伤医疗补助金和伤残就业补助金的，不得减少按照失业保险规定应当享受的待遇和按有关规定应当享受的经济补偿金。

第二十八条 工伤职工办理退休手续后继续享受工伤医疗、生活护理费、辅助器具安装等待遇。所需费用，退休前已参加工伤保险的，由工伤保险基金支付；退休前未参加工伤保险的，由原用人单位支付。

第二十九条 职工因工死亡，一次性工亡补助金标准为五十四个月的统筹地区上年度职工月平均工资。对属于抢险救灾、见义勇为工亡者，按六十个月发给。

职工因工死亡，其供养亲属享受抚恤金待遇的资格按职工因工死亡时的条件核定。

第三十条 一次性伤残补助金、丧葬补助金、一次性工亡补助金自申领之日起次月内支付。伤残津贴、生活护理费等长期待遇自劳动能力鉴定结论作出的次月起支付。供养亲属抚恤金自职工死亡的次月起支付。

工伤职工经再次鉴定，鉴定结论发生变化的，应当按再次鉴定结论享受相应待遇，享受待遇的起始时间为原鉴定时间的次月。工伤职工复查鉴定结论发生变化的，应当自复查鉴定结论作出的次月起，按照复查鉴定结论享受有关待遇，但一次性伤残补助金不再调整。

第三十一条 伤残津贴、供养亲属抚恤金、生活护理费由统筹地区劳动保障行政部门根据职工平均工资和生活费用变化等情况适时调整，报省劳动保障行政部门批准后实施。

第三十二条 职工因工外出期间发生事故或者在抢险救灾中下落不明的,从事故发生当月起三个月内照发工资,从第四个月起停发工资,由工伤保险基金向其供养亲属按月支付供养亲属抚恤金。生活有困难的,可以预支一次性工亡补助金的百分之五十。该职工重新出现的,自出现的次月起停发供养亲属抚恤金,领取的一次性工亡补助金应当退回。

第三十三条 因用人单位缴纳工伤保险费基数不实造成工伤职工工伤保险待遇降低的,由用人单位承担责任,并支付差额。

第三十四条 工伤职工凭工伤认定决定、劳动能力鉴定结论享受工伤保险待遇。

工伤职工的供养亲属凭工伤认定决定、劳动能力鉴定结论、公安户籍管理机构出具的供养亲属身份证明、街道办事处或者乡镇人民政府出具的无生活来源的证明、民政部门出具的孤寡老人或者孤儿的证明、养子女(养父母)的公证书等有关材料享受工伤保险待遇。

第三十五条 用人单位撤销、破产的,在财产清算时应当按照统筹地区上年度工伤人员人均工伤保险待遇费用优先一次性缴纳十年的工伤保险待遇费用,由经办机构负责支付一级至四级工伤人员、享受供养亲属抚恤金人员以及已退休工伤人员的工伤保险基金支付项目待遇的费用;未达到退休年龄的五级至十级工伤职工,在财产清算时应当按照本条例第二十七条规定的标准,优先支付一次性工伤医疗补助金和伤残就业补助金。

第三十六条 职工被派遣出境工作,依据前往国家或者地区的法律应当参加当地工伤保险的,参加当地工伤保险,其国内工伤保险关系中止;不能参加当地工伤保险的,其国内工伤保险关系不中止。

在国内保留工伤保险关系的职工,其境外工伤医疗、康复等费用按照国家和本省规定的标准从工伤保险基金中支付。

第五章 监督管理

第三十七条 省劳动保障行政部门会同有关部门根据本省行政区域内工伤事故和职业病救治特点,制定工伤保险医疗服务管理办法,统筹规划和选择工伤保险医疗转诊机构、康复机构和辅助器具配置机构;统筹地区劳动保障行政部门根据工伤保险工作需要,在本统筹区域内选择工伤保险医疗机构。

经办机构与劳动保障行政部门选择的工伤保险医疗机构、医疗转诊机构、康复机构和辅助器具配置机构在平等协商的基础上签订包括服务对象、范围、质量、期限及解除协议条件、费用审核结算办法等内容的书面协议,明确双方的责任、权利和义务。协议签订后,经办机构应当向社会公布。

第三十八条 劳动保障行政部门应当会同当地卫生、食品药品监督管理、价格等部门依法对本地工伤保险医疗服务进行监督检查。

劳动保障行政部门、审计部门和财政部门应当依法对工伤保险基金的收支和管理情况进行监督。

对用人单位不依法参加工伤保险或者参保后少缴、欠缴、拒缴工伤保险费的,劳动保障行政部门应当依法查处;安全生产许可证颁发管理机关不予颁发、暂扣或者吊销安全生产许可证。

第三十九条 有下列情形之一的，作出工伤认定决定的劳动保障行政部门或者其上级行政机关，根据利害关系人的请求或者依据职权，可以撤销已作出的工伤认定决定：

（一）违反法定程序的；

（二）因提供虚假证据、欺骗等不正当手段而造成工伤认定的；

（三）劳动保障行政部门工作人员滥用职权、玩忽职守作出错误工伤认定的；

（四）依法可以撤销工伤认定决定的其他情形。

第六章 法 律 责 任

第四十条 劳动保障行政部门工作人员有下列情形之一的，依法给予行政处分；情节严重，构成犯罪的，依法追究刑事责任：

（一）无正当理由不受理工伤认定申请，或者弄虚作假将不符合工伤条件的人员认定为工伤职工的；

（二）未妥善保管申请工伤认定的证据材料，致使有关证据灭失的；

（三）收受当事人财物的；

（四）向工伤认定申请当事人收取工伤认定费用的；

（五）拒不纠正错误或者不正当的工伤认定决定的；

（六）拒不受理上级指定管辖的工伤认定案件的；

（七）无正当理由，未在规定时限内作出工伤认定决定的。

第四十一条 经办机构有下列行为之一的，由劳动保障行政部门责令改正，对直接负责的主管人员和其他责任人员依法给予行政处分；情节严重，构成犯罪的，依法追究刑事责任；造成当事人经济损失的，由经办机构依法承担赔偿责任：

（一）用人单位依法申报参加工伤保险，无正当理由拒不受理的；

（二）未按规定保存用人单位缴费和职工享受工伤保险待遇情况记录的；

（三）不按规定核定工伤保险待遇的；

（四）收受当事人财物的；

（五）不为符合参保条件的农民工办理参保手续的。

第四十二条 单位或者个人违反本条例规定挪用工伤保险基金，构成犯罪的，依法追究刑事责任；尚不构成犯罪的，依法给予行政处分或者纪律处分。被挪用的基金由劳动保障行政部门追回，并入工伤保险基金；没收的违法所得依法上缴国库。

第四十三条 职工因工作遭受事故伤害或者患职业病，用人单位不组织抢救、隐瞒事实真相或者拒不履行举证责任的，由劳动保障行政部门责令改正；拒不改正的，处以二千元以上二万元以下的罚款；情节严重，构成犯罪的，依法追究刑事责任。

第四十四条 用人单位未按规定缴纳工伤保险费的，由劳动保障行政部门责令限期缴纳；逾期不缴纳的，除补缴欠缴数额外，从欠缴之日起，按日加收千分之二的滞纳金。

第七章 附   则

第四十五条 劳动保障行政部门受理工伤认定申请，不得向申请人收取任何费用。
工伤认定调查勘验所需费用列入同级部门财政预算。

第四十六条 大中专院校、技工学校、职业高中等学校学生在实习单位由于工作遭受事故伤害或患职业病的，参照本条例规定的标准，一次性发给相关费用，由实习单位和学校按照双方约定承担；没有约定的，由双方平均分担。

第四十七条 本条例自2007年10月1日起施行。

94 湖北省工伤保险实施办法

2003年12月29日湖北省人民政府令第257号公布，根据2014年12月6日湖北省人民政府令第375号修订，自2015年2月1日起施行。

第一章 总   则

第一条 为了保障因工作遭受事故伤害或者患职业病的职工获得医疗救治和经济补偿，促进工伤预防和职业康复，分散用人单位的工伤风险，根据《中华人民共和国社会保险法》《工伤保险条例》等法律、法规，结合本省实际，制定本办法。

第二条 本省行政区域内的企业、事业单位、社会团体、民办非企业单位、基金会、律师事务所、会计师事务所等组织和有雇工的个体工商户（以下称用人单位）应当参加工伤保险，为本单位全部职工或者雇工（以下称职工）缴纳工伤保险费。
职工依法享受工伤保险待遇，不缴纳工伤保险费。

第三条 工伤保险工作应当坚持预防、救治、补偿、康复相结合的原则，建立与经济社会发展相适应的工伤保险制度。

第四条 县级以上人民政府应当加强对工伤保险工作的领导，将工伤保险纳入政府公共服务事业范围，完善工作制度和服务平台，推进工伤保险工作制度化、规范化。
县级以上人民政府社会保险行政部门负责本行政区域内的工伤保险工作，其社会保险经办机构（以下称经办机构）具体承办工伤保险事务。
公安、民政、财政、住房城乡建设、交通运输、卫生计生、审计、税务、工商、安全生产监督管理及工会等部门和组织按照各自职责，协助社会保险行政部门做好工伤保险相关工作。

第五条 用人单位按照属地原则，参加注册地所在统筹地区工伤保险，依照社会保险登记办法办理工伤保险登记。

用人单位有异地分支机构的，分支机构可以作为独立的缴费单位，向其注册地经办机构申请办理参保登记；用人单位跨统筹地区的，可以采取相对集中的方式选择其中一个统筹地区参加工伤保险。

统筹地区可以探索建立用人单位自愿参加的多层次补充工伤保险制度。

第六条 用人单位和职工应当遵守有关安全生产和职业病防治的法律、法规，执行安全卫生规程和标准，预防工伤事故发生，避免和减少职业病危害。

工会组织通过平等协商和集体合同制度，协调劳动关系，依法维护工伤职工合法权益，对用人单位的工伤保险工作实行监督。

第二章 工伤保险基金

第七条 工伤保险基金由用人单位缴纳的工伤保险费、工伤保险基金的利息、财政补贴和依法纳入工伤保险基金的其他资金构成，用于支付工伤保险待遇、劳动能力鉴定、工伤预防的宣传培训等费用及法律、法规规定用于工伤保险的其他费用。

劳动能力鉴定、工伤认定调查等所需工作经费应当由同级财政预算给予保障。

第八条 工伤保险基金实行市级统筹，并逐步实行省级统筹。

未实行省级统筹前，建立省级调剂金制度。省级调剂金用于特大工伤事故工伤保险待遇支付的补贴和统筹地区工伤保险基金收支缺口时的调剂。省级调剂金的提取比例和使用管理办法由省社会保险行政部门会同省财政等部门拟定，报省人民政府批准。

第九条 统筹地区实行工伤保险储备金制度。储备金按照统筹地区当年工伤保险基金征缴总额的10%提取，累计总额达到当年工伤保险基金征缴额的30%时不再提取。

储备金在发生重大工伤事故或者当期工伤保险基金不足支付时，由经办机构提出申请，经统筹地区社会保险行政部门、财政部门核准使用。使用储备金和省级调剂金后仍不足支付的，由统筹地区人民政府垫付。

第十条 工伤保险费根据以支定收、收支平衡的原则确定费率。经办机构应当按照国家公布的行业差别费率及行业内费率档次，根据用人单位工伤保险费使用、工伤发生率等情况，确定用人单位的年度缴费费率。

第十一条 用人单位应当按时足额缴纳工伤保险费，并将参加工伤保险的有关情况在本单位内公示。

社会保险行政部门应当依法对工伤保险费的征缴和工伤保险基金的支付情况进行监督检查。财政、审计部门应当依法对工伤保险基金的收支、管理情况进行监督。

第十二条 职工（包括非全日制从业人员）在两个或者两个以上用人单位同时存在劳动关系的，用人单位应当分别为职工缴纳工伤保险费。职工发生工伤的，由职工受到伤害时工作的单位依法承担工伤保险责任。

职工被借调期间发生工伤的，由原用人单位承担工伤保险责任。劳务派遣单位的职工在用工单位期间发生工伤的，由派遣单位承担工伤保险责任。

第三章 工伤认定

第十三条 职工发生事故伤害或者按照职业病防治法规定被诊断、鉴定为职业病，所在单位应当自事故伤害发生之日或者被诊断、鉴定为职业病之日起 30 日内，向统筹地区社会保险行政部门提出工伤认定申请。遇有不可抗力等特殊原因，经报社会保险行政部门同意，申请时限可以延长 60 日。

用人单位未按第一款规定提出工伤认定申请的，工伤职工或者其近亲属、工会组织在事故伤害发生之日或者被诊断、鉴定为职业病之日起 1 年内，可以直接向用人单位所在地统筹地区社会保险行政部门提出工伤认定申请。

用人单位未按第一款规定的时限内提交工伤认定申请，在此期间发生符合规定的工伤待遇等有关费用由该用人单位承担。

第十四条 曾经从事接触职业病危害作业未发现患职业病、离开工作岗位后被诊断或鉴定为患职业病的人员，办理退休手续后或者劳动（聘用）合同期满或者解除劳动（聘用）合同后，未再从事接触职业病危害作业的，可以自诊断、鉴定为职业病之日起 1 年内申请工伤认定，社会保险行政部门应当受理。

第十五条 职工工伤发生地与用人单位注册地、生产经营地不在同一统筹地区的，用人单位、工伤职工或者其近亲属、工会组织应当向参保所在地社会保险行政部门提出工伤认定申请；用人单位未参加工伤保险的，应当向单位注册地社会保险行政部门提出工伤认定申请。

第十六条 申请人提出工伤认定申请，应当填报《工伤认定申请表》，并提交下列材料：

（一）受伤害职工的居民身份证明，用人单位依法设立或者注册登记的文件证明；

（二）劳动合同、聘用合同文本复印件，或者职工与用人单位存在劳动关系（包括事实劳动关系）、人事关系的其他证明材料；

（三）医疗机构出具的职工受伤后诊断证明书，或者职业病诊断证明书或者职业病诊断鉴定书。

第十七条 社会保险行政部门收到工伤认定申请后，应当在 15 日内对申请人提交的材料进行审核。材料完整的，作出受理或者不予受理的决定，出具《工伤认定申请受理决定书》或者《工伤认定申请不予受理决定书》；材料不完整的，应当当场或者 5 日内一次性书面告知申请人需要补正的全部材料。

第十八条 社会保险行政部门受理工伤认定申请后，认为申请人确需提供下列证明材料的，应当一次性告知申请人：

（一）在工作时间和工作场所内，因履行工作职责受到暴力等意外伤害的，提交人民法院生效裁决文书或者公安机关的证明或者其他有效证明；

（二）在上下班途中，受到非本人负主要责任的交通事故或者城市轨道交通、客运轮渡、火车事故伤害的，提交有权机构出具的事故责任认定书、结论性意见或者人民法院生

效裁决文书,或者其他相关部门的证明;

(三) 因工外出期间,由于工作原因受到伤害的,提交有权机构出具的证明或者其他有效证明;因发生事故下落不明,提出因工死亡认定申请的,提交人民法院宣告死亡的法律文书;

(四) 在工作时间和工作岗位,突发疾病死亡或者突发疾病、自医疗机构初次诊断起48小时内经抢救无效死亡的,提交医疗机构的抢救记录和死亡证明;

(五) 在抢险救灾等维护国家利益、公共利益活动中受到伤害的,提交民政部门或者其他相关部门的证明;

(六) 因战、因公负伤致残的转业、复员、退伍军人,到用人单位后旧伤复发的,提交《中华人民共和国残疾军人证》及劳动能力鉴定委员会的旧伤复发鉴定证明。

第十九条 社会保险行政部门受理工伤认定申请后,申请人撤回工伤认定申请的,工伤认定程序终止。终止工伤认定的,由社会保险行政部门向申请人送达《工伤认定终止通知书》。

社会保险行政部门受理工伤认定申请后,有下列情形之一的,可以中止工伤认定:

(一) 需要以司法机关或者有关部门的结论为依据,而该结论尚未作出的;

(二) 由于不可抗力导致工伤认定难以进行的;

(三) 法律、法规、规章规定其他需要中止的情形。

中止工伤认定的,由社会保险行政部门向申请人送达《工伤认定中止通知书》。中止情形消失的,社会保险行政部门应当及时恢复工伤认定程序。中止工伤认定的时间不计入工伤认定时限。

第二十条 社会保险行政部门受理工伤认定申请后,可以根据需要对申请人提供的证据进行调查核实;事故发生在统筹地区以外的,可以委托其他统筹地区社会保险行政部门进行调查核实;申请人难以提供相关证明材料或者证据的,可以对职工受伤害事实进行调查取证。

社会保险行政部门在工伤认定中可以进行以下调查核实工作:

(一) 根据工作需要,进入有关单位和事故现场;

(二) 依法查阅与工伤认定有关的资料,询问有关人员并作出调查笔录;

(三) 记录、录音、录像和复制与工伤认定有关的资料;

(四) 法律、法规规定可以进行调查核实的其他事项。

调查核实应当由两名以上工作人员共同进行,并出示行政执法证件。

第二十一条 社会保险行政部门工作人员进行调查核实时,应当保守有关单位商业秘密和个人隐私。用人单位、工会组织、医疗机构以及有关部门和个人应当予以协助,据实提供情况和证明材料。

第二十二条 职工受伤认定为工伤或者视同工伤的情形,按照《工伤保险条例》的规定执行。有下列情形之一的,不得认定为工伤或者视同工伤:

(一) 故意犯罪的;

(二) 醉酒或者吸毒的;

（三）自残或者自杀的；
（四）法律、行政法规规定的其他情形。

对前款第一项的认定，应当以司法机关的生效法律文书或者结论性意见为依据；对前款第二项、第三项的认定，应当以有关机关出具的事故责任认定书、结论性意见和人民法院生效裁决等法律文书为依据。

第二十三条 职工或者其近亲属认为是工伤，用人单位不认为是工伤的，由该用人单位承担举证责任。用人单位拒不举证的，社会保险行政部门可以根据受伤害职工提供的证据或者调查取得的证据，依法作出工伤认定决定。

第二十四条 社会保险行政部门应当自受理工伤认定申请之日起60日内作出工伤认定决定，出具《认定工伤决定书》或者《不予认定工伤决定书》；对事实清楚、权利义务明确的工伤认定申请，应当自受理工伤认定申请之日起15日内作出工伤认定决定。

社会保险行政部门应当自工伤认定决定作出之日起20日内，将《认定工伤决定书》或者《不予认定工伤决定书》送达受伤害职工或者其近亲属和用人单位，并抄送经办机构。

第四章 劳动能力鉴定

第二十五条 省、市级劳动能力鉴定委员会负责工伤职工劳动功能障碍程度和生活自理障碍程度的等级鉴定，并对下列事项进行技术确认或者鉴定：

（一）工伤职工劳动能力等级鉴定；
（二）疾病与工伤因果关系鉴定；
（三）停工留薪期延长确认；
（四）康复性治疗确认；
（五）辅助器具配置确认；
（六）生活护理等级确认；
（七）旧伤复发确认；
（八）供养亲属丧失劳动能力程度鉴定；
（九）法律、法规、规章规定的其他劳动能力鉴定事项。

市级劳动能力鉴定委员会负责本辖区内的劳动能力初次鉴定、复查鉴定。省劳动能力鉴定委员会负责对初次鉴定或者复查鉴定结论不服提出的再次鉴定。

第二十六条 劳动能力鉴定委员会由社会保险行政部门、卫生计生行政部门、工会组织、经办机构代表、用人单位代表组成。劳动能力鉴定委员会应当按照规定选聘医疗卫生专家，建立医疗卫生专家库，组织劳动能力鉴定。

劳动能力鉴定委员会收到劳动能力鉴定申请后，应当按照规定组成医学专家组，由医学专家组提出鉴定意见。劳动能力鉴定委员会根据医学专家组的鉴定意见作出劳动能力鉴定结论。医学专家组认为有必要时，可以委托具备资格的医疗机构协助进行诊断。

第二十七条 职工发生工伤，经治疗伤情相对稳定后存在残疾、影响劳动能力的，或者停工留薪期满（含劳动能力鉴定委员会确认的延长期限），工伤职工或者其用人单位应当及时向劳动能力鉴定委员会提出劳动能力鉴定申请。

第二十八条 申请人提出劳动能力鉴定申请，应当填报《劳动能力鉴定申请表》，并提交下列材料：

（一）《认定工伤决定书》原件和复印件；

（二）有效的诊断证明、按照医疗机构病历管理有关规定复印或者复制的检查、检验报告等完整病历材料；

（三）工伤职工的居民身份证或者社会保障卡等其他有效身份证明原件和复印件；

（四）劳动能力鉴定委员会规定的其他材料。

第二十九条 用人单位、工伤职工或者其近亲属应当如实提供鉴定需要的材料，医疗机构及其医务人员应当如实出具与劳动能力鉴定有关的各项诊断证明和病历材料，按照要求配合劳动能力鉴定工作。

工伤职工有下列情形之一的，当次鉴定终止：

（一）无正当理由不参加现场鉴定的；

（二）拒不参加劳动能力鉴定委员会安排的检查和诊断的。

第三十条 劳动能力鉴定委员会收到劳动能力鉴定申请后，应当及时对申请人提交的材料进行审核；申请人提供材料不完整的，劳动能力鉴定委员会应当自收到劳动能力鉴定申请之日起7日内一次性书面告知申请人需要补正的全部材料。

申请人提供材料完整的，劳动能力鉴定委员会应当自收到劳动能力鉴定申请之日起60日内作出劳动能力鉴定结论；伤情复杂的，作出劳动能力鉴定结论的期限可以延长30日。

劳动能力鉴定委员会应当自作出鉴定结论之日起20日内，将鉴定结论送达工伤职工及其用人单位，并抄送经办机构。

第三十一条 劳动能力鉴定结论作出1年后，工伤职工或者其近亲属、用人单位或者经办机构认为伤残情况发生变化的，可以向劳动能力鉴定委员会申请劳动能力复查鉴定。

第三十二条 申请鉴定的用人单位或者工伤职工对初次鉴定或者复查鉴定结论不服的，可以自收到该鉴定结论之日起15日内，向省劳动能力鉴定委员会提出再次鉴定申请，提交初次鉴定结论原件和复印件以及本办法第二十八条规定的材料。省劳动能力鉴定委员会作出的劳动能力鉴定结论为最终结论。

第三十三条 用人单位已经参加工伤保险的，工伤职工劳动能力初次鉴定和复查鉴定费用，从工伤保险基金中支付；用人单位未参加工伤保险的，鉴定费用由用人单位承担。

第五章 工伤保险待遇

第三十四条 职工因工伤发生的下列费用，按照国家规定从工伤保险基金中支付：

（一）治疗工伤的医疗费用和康复费用；

（二）住院伙食补助费；

（三）报经办机构同意，到统筹地区以外就医所需的交通、食宿费用；

（四）安装配置伤残辅助器具所需费用；

（五）生活不能自理，经劳动能力鉴定委员会确认的生活护理费；

（六）一次性伤残补助金和一级至四级伤残职工的伤残津贴；

（七）终止或者解除劳动（聘用）合同时应当享受的一次性工伤医疗补助金；

（八）因工死亡职工的遗属领取的丧葬补助金、供养亲属抚恤金和一次性工亡补助金。

因工伤发生的下列费用，按照国家规定由用人单位支付：

（一）停工留薪期工资福利待遇及生活护理费；

（二）五级、六级伤残职工的伤残津贴；

（三）一次性伤残就业补助金。

第三十五条 一级至四级工伤职工领取伤残津贴期间，由用人单位和职工个人以伤残津贴为基数，缴纳基本医疗、基本养老保险费。扣除职工个人缴纳的基本医疗、基本养老保险费后，伤残津贴实际金额低于当地最低工资标准的，由工伤保险基金补足差额。

第三十六条 五级至十级工伤职工与用人单位解除劳动合同、聘用合同，或者七级至十级工伤职工劳动合同、聘用合同期满终止的，分别由工伤保险基金、用人单位支付一次性工伤医疗补助金、一次性伤残就业补助金。以统筹地区上年度职工月平均工资为基数，一次性工伤医疗补助金标准：五级伤残为22个月，六级伤残为18个月，七级伤残为12个月，八级伤残为10个月，九级伤残为8个月，十级伤残为6个月；一次性伤残就业补助金标准：五级伤残为34个月，六级伤残为28个月，七级伤残为20个月，八级伤残为16个月，九级伤残为12个月，十级伤残为8个月。

依照前款规定享受一次性伤残就业补助金待遇的职工，距法定退休年龄5年以上（含5年）的，应当享受全额补助金；距法定退休年龄不足5年的，每减少1年补助金递减20%；距法定退休年龄不足1年的，享受10%的补助金。

第三十七条 工伤职工领取一次性工伤医疗补助金和一次性伤残就业补助金后，不再享受工伤保险待遇。

五级至十级工伤职工在同一用人单位连续工作期间多次发生工伤，按照其在同一用人单位发生工伤的最高伤残级别计发一次性伤残就业补助金，并分别计发一次性工伤医疗补助金。

第三十八条 职工退休前，用人单位应当为职工进行职业健康检查，并建立职工健康档案。

职工符合本办法第十四条规定的，经工伤认定和劳动能力鉴定，用人单位应当按规定支付相关待遇。用人单位依法为该职工缴纳工伤保险费的，分别由工伤保险基金和用人单位支付工伤保险待遇；未依法为该职工缴纳工伤保险费的，由用人单位按照国家规定的相关项目和标准支付待遇。

第三十九条 由于第三人的原因造成工伤，第三人不支付工伤医疗费用或者无法确定第三人的，从工伤保险基金中先行支付。工伤保险基金先行支付后，有权向第三人追偿。

职工因第三人的原因导致工伤，工伤职工或者其近亲属可以按照有关规定索取民事赔偿。经办机构不得以工伤职工或者其近亲属已经对第三人提起民事诉讼为由，拒绝支付工伤保险待遇，但第三人已经支付的医疗费用除外。

第四十条 用人单位按时足额缴纳工伤保险费的,工伤职工自缴费次日起享受工伤保险待遇。

工伤职工的伤残津贴、生活护理费和一次性伤残补助金,自劳动能力鉴定委员会作出鉴定结论的次月起领取。

第四十一条 工伤职工有下列情形之一的,停止享受工伤保险待遇:

(一)丧失享受待遇条件的;

(二)拒不接受劳动能力鉴定的;

(三)拒绝治疗的。

停止支付工伤保险待遇的,在停止支付待遇的情形消失后,自下月起恢复工伤保险待遇,停止支付的工伤保险待遇不予补发。

第四十二条 职工因工死亡,其近亲属按照规定从工伤保险基金领取丧葬补助金、供养亲属抚恤金和一次性工亡补助金。

申请领取供养亲属抚恤金的,经办机构应当一次性告知申请人提交下列材料:

(一)被供养人居民户口簿、身份证;

(二)乡(镇)人民政府、街道办事处出具的生活来源证明;

(三)学校出具的在校学生证明;

(四)民政部门出具的孤寡老人或孤儿证明;

(五)养子女的收养证书;

(六)供养亲属完全丧失劳动能力的鉴定结论;

(七)法律、法规、规章规定的其他材料。

第四十三条 职工住院治疗工伤(含工伤康复治疗)期间的伙食、交通、住宿补助标准,由统筹地区人民政府规定。

伤残津贴、供养亲属抚恤金、生活护理费标准,由统筹地区社会保险行政部门根据职工平均工资和生活费用变化等情况适时调整。调整办法由省社会保险行政部门会同有关部门制定。

第六章　工伤预防、医疗和康复

第四十四条 建立由人力资源社会保障、安全生产监督管理、公安、财政、城乡住房建设、卫生计生、国有资产监督管理及工会等部门和组织为成员单位的工伤预防联席会议制度。会议由人力资源社会保障部门召集,定期通报工伤事故预防情况,研究工伤预防工作中的重大问题。

工伤预防联席会议成员单位可以通过构建信息互通平台,共享工伤认定数据、生产安全事故数据、职业病诊断鉴定数据等信息,及时、全面地掌握用人单位工伤事故、安全生产、职业危害治理等工伤预防情况。

第四十五条 社会保险行政部门应当加强工伤保险政策法规的宣传教育,积极探索建立科学、规范的工伤预防工作模式。工伤预防工作的具体办法,工伤预防费用提取比例、使用和管理办法由省社会保险行政部门会同省财政、安全生产监督管理等部门，按照国家有关规定制定。

安全生产监督管理部门应当组织安全生产法律法规和相关知识的教育培训，督促用人单位落实安全生产规章制度，提高职工的安全意识和自救互救能力。

卫生和计划生育部门应当加强对职业病防治的宣传教育，普及职业病防治知识，增强用人单位的职业病防治观念，提高职工的健康意识和自我防护能力。

第四十六条 社会保险行政部门和经办机构应当建立工伤事故报告制度。职工发生工伤事故，用人单位应当于事故发生后或者接到职业病诊断书 24 小时内报告经办机构。因情况紧急到异地医疗机构急救的，用人单位应当在 3 日内报告经办机构。

职工发生工伤时，用人单位应当及时将受伤职工送往与经办机构签订服务协议的医疗机构就医；情况紧急时可以先到就近的医疗机构急救，伤情稳定后转往签订服务协议的医疗机构。

第四十七条 工伤康复应当坚持医疗与康复并重，实行先康复治疗、后鉴定补偿的原则。

职工需要工伤康复的，经劳动能力鉴定委员会确认后，可以到与经办机构签订服务协议的康复机构进行工伤康复。

第四十八条 用人单位或者工伤职工应当及时与经办机构结算工伤医疗、工伤康复费用。

经办机构按照协议和国家有关目录、标准，对工伤职工医疗费用、康复费用、辅助器具费用的使用情况进行核查，并按时足额结算费用。

第七章 法 律 责 任

第四十九条 对违反本办法规定的行为，法律、法规已有处理规定的，从其规定。

第五十条 用人单位或者职工采取违法手段，妨碍社会保险行政部门工作人员执行公务，构成违反治安管理行为的，由公安机关按照《治安管理处罚法》的规定予以处罚；构成犯罪的，依法追究刑事责任。

第五十一条 有关单位和个人对社会保险行政部门及其经办机构依照本办法作出的具体行政行为不服的，可以依法申请行政复议或者提起行政诉讼。

第八章 附 则

第五十二条 本省行政区域内公务员和参照公务员法管理人员的工伤保障办法，由省人民政府依照国家有关规定另行规定。

第五十三条 本办法自 2015 年 2 月 1 日起施行。

本办法施行前已受到事故伤害或者患职业病的职工尚未完成工伤认定的，按照本办法规定执行；本办法施行前已完成工伤认定的，本办法施行后发生的工伤保险待遇按照本办法规定执行。

95　湖南省实施《工伤保险条例》办法

2014年2月22日湖南省人民政府令第267号公布，自2014年4月1日起施行，根据2017年12月28日湖南省人民政府令第288号第一次修改，根据2022年10月8日湖南省人民政府令第310号第二次修改。

第一章　总　则

第一条　根据国务院《工伤保险条例》（以下简称《条例》）和有关法律、法规，结合本省实际，制定本办法。

第二条　本省行政区域内的企业、事业单位、社会团体、民办非企业单位、基金会、律师事务所、会计师事务所等组织和有雇工的个体工商户（以下统称用人单位），应当依照《条例》和本办法的规定参加工伤保险，为本单位全部职工或者雇工（以下统称职工）缴纳工伤保险费。

本省行政区域内的职工均有依照《条例》和本办法的规定享受工伤保险待遇的权利。

第三条　用人单位应当在本单位内的显著位置公示本单位参加工伤保险的职工名单、缴费工资额、工伤事故和工伤申报等情况。

用人单位应当加强安全生产教育，加强事故自救互救知识和技能培训，增强职工预防工伤的意识和自救互救能力。

发生工伤时，用人单位应当采取措施使工伤职工得到及时救治，并报告社会保险行政部门和工伤保险经办机构。

第四条　县级以上人民政府社会保险行政部门负责本行政区域内的工伤保险工作，其工伤保险经办机构（以下称经办机构）具体承办工伤保险事务。

第二章　工伤保险基金

第五条　工伤保险基金由下列各项构成：
（一）用人单位缴纳的工伤保险费；
（二）工伤保险基金的利息；
（三）延迟缴纳工伤保险费的滞纳金；
（四）政府在工伤保险基金支付不足时依法给予的补贴；
（五）其他依法应当纳入工伤保险基金的资金。

第六条　工伤保险基金在设区的市、自治州实行全市、州统筹，条件具备时实行全省统筹。

工伤保险全省统筹前，养老保险由省直接管理的用人单位，其工伤保险可以由省直接管理。

第七条 统筹地区社会保险行政部门应当按照国家规定，提出适用行业差别费率及行业内费率档次的具体方案，报统筹地区人民政府批准后实施。

经办机构应当根据统筹地区人民政府批准的用人单位所属行业差别费率及行业内费率档次，确定用人单位的缴费费率。

第八条 用人单位应当按照经办机构确定的缴费费率按时足额缴纳工伤保险费。

难以按照职工工资总额缴纳工伤保险费的行业和企业，经统筹地区社会保险行政部门核定，可以按照国务院社会保险行政部门规定的缴费办法缴纳工伤保险费。

第九条 下列因工伤发生的费用和用于工伤保险的费用，依照国家规定从工伤保险基金支付：

（一）治疗工伤的医疗费用和康复费用；

（二）住院伙食补助费；

（三）到统筹地区以外就医的交通食宿费；

（四）安装配置伤残辅助器具所需费用；

（五）生活不能自理的，经劳动能力鉴定委员会确认的生活护理费；

（六）一次性伤残补助金；

（七）一级至四级工伤人员伤残津贴；

（八）终止或者解除劳动（聘用）合同时应当享受的一次性医疗补助金；

（九）因工死亡职工的遗属领取的丧葬补助金、供养亲属抚恤金、一次性工亡补助金；

（十）工伤认定调查和劳动能力鉴定费用；

（十一）工伤预防宣传和培训费用。

第十条 下列费用，工伤保险基金不予支付：

（一）应当从医疗保险基金支付的费用；

（二）境外治疗费用；

（三）不符合工伤保险诊疗项目目录、工伤保险药品目录、工伤保险住院服务标准的费用；

（四）依法不予支付的其他费用。

第十一条 建立省和设区的市、自治州两级工伤保险储备金。统筹地区按照当年工伤保险基金征缴总额的10%提取储备金，自留5%，向省上解5%。

工伤保险储备金用于重大事故的工伤保险待遇支付及工伤保险基金入不敷出时的支付。省级工伤保险储备金用于特大事故和统筹地区工伤保险基金入不敷出时的调剂。工伤保险储备金的具体使用办法由省人民政府社会保险行政部门会同财政部门制定，报省人民政府批准后执行。

第三章 工伤认定

第十二条 统筹地区社会保险行政部门和经办机构应当建立工伤事故报告制度。

上下班途中的交通事故，或者其他原因造成的重伤事故、死亡事故，用人单位应当于事故发生后 24 小时内报告；其他原因造成的轻伤事故和职业病，用人单位应当于事故发生后或者接到职业病诊断书 3 日内报告；因不可抗力原因无法在上述时间内报告的，应当于障碍消除后 3 日内报告。社会保险行政部门和经办机构应当建立台账，予以登记。

第十三条 用人单位、工伤职工或者其近亲属、工会组织申请工伤认定的，应当在《条例》第十七条规定期限内向统筹地区社会保险行政部门提出。

用人单位因特殊原因不能在《条例》第十七条规定期限内提出申请的，经统筹地区社会保险行政部门同意，申请期限可以延长 60 日。

用人单位未在前两款规定的期限内提出申请的，在此期间发生的工伤待遇费用由用人单位负担。

第十四条 申请人申请工伤认定，应当填报工伤认定申请表并提交下列相关材料：

（一）受伤害职工的身份证明；

（二）与用人单位存在劳动关系（包括人事关系）的证明材料；

（三）医疗诊断证明，或者职业病诊断证明书或者职业病诊断鉴定书；

（四）在工作时间和工作场所内，因履行工作职责受到暴力等意外伤害的，提交人民法院裁判文书或者公安部门的证明或者其他证明；

（五）在上下班途中，受到非本人主要责任的交通事故或者城市轨道交通、客运轮渡、火车事故伤害的，提交公安交通管理等部门或者其他相关部门的证明；

（六）因工外出期间，由于工作原因受到伤害的，提交公安部门的证明或者其他证明；因发生事故下落不明，提出因工死亡认定申请的，提交人民法院宣告死亡的文书；

（七）在工作时间、工作岗位突发疾病死亡，或者在工作时间、工作岗位突发疾病经抢救无效 48 小时内死亡的，提交医疗机构的抢救和死亡证明；

（八）在抢险救灾等维护国家利益、公共利益活动中受到伤害的，提交民政部门或者其他相关部门的证明；

（九）因战、因公负伤致残的转业、复员、退伍军人，到用人单位后旧伤复发的，提交革命伤残军人证及县级以上医疗机构的旧伤复发医疗诊断证明。

用人单位未参加工伤保险的，还应当提交用人单位的设立登记或者设立批准证明。

第十五条 社会保险行政部门收到工伤认定申请后，应当在 15 日内对申请人提交的材料进行审核。材料完整的，作出受理或者不予受理的决定。决定受理的，应当出具《工伤认定申请受理决定书》；决定不予受理的，应当出具《工伤认定申请不予受理决定书》。

申请人提交的材料不完整的，社会保险行政部门应当当场或者于 5 日内一次性书面告知申请人需要补正的全部材料。逾期未告知的，收到材料之日起即为受理。申请人提交了全部补正材料的，社会保险行政部门应当于 15 日内依照前款规定作出并出具是否受理的决定。

第十六条 申请人提出工伤认定申请，有下列情形之一的，社会保险行政部门不予受理，并应当说明理由：

（一）不符合管辖规定的；

（二）属于《条例》第六十六条规定情形的。

第十七条 社会保险行政部门应当在《条例》第二十条规定的时限内作出工伤认定决定，并自工伤认定决定作出之日起20日内，将工伤认定决定书送达受伤害职工或者其近亲属和用人单位，并抄送经办机构。

工伤职工与用人单位因是否存在劳动关系发生争议的，依照法定程序处理劳动争议的时间不计算在工伤认定时限内。

第十八条 工伤认定实行案例指导制度。

省人民政府社会保险行政部门应当选择工伤认定典型案例，经省人民政府法制部门审查，报省人民政府审定发布。

社会保险行政部门处理相同的工伤认定事务，除法律依据和客观情况变化外，应当参照已经发布的典型案例。

第四章 劳动能力鉴定

第十九条 省和设区的市、自治州劳动能力鉴定委员会负责工伤职工劳动功能障碍程度和生活自理障碍程度的等级鉴定，并对以下事项进行技术确认或者鉴定：

（一）停工留薪期延长的确认；

（二）疾病与工伤的因果关系鉴定；

（三）配置辅助器具的确认；

（四）供养亲属丧失劳动能力程度的确认；

（五）法律、法规规定的其他事项。

劳动能力鉴定委员会办事机构具体负责劳动能力鉴定的组织和日常工作。

第二十条 劳动能力鉴定申请由用人单位、工伤职工或者其近亲属向统筹地区劳动能力鉴定委员会提出，并提供下列材料：

（一）社会保险行政部门的工伤认定决定书；

（二）工伤职工本人身份证复印件；

（三）医疗诊断证明、职业病诊断证明书或者职业病诊断鉴定书。

劳动能力鉴定委员会应当于《条例》第二十五条规定的时限内作出劳动能力鉴定，并将劳动能力鉴定结论书送达申请人。

第二十一条 用人单位应当自收到劳动能力鉴定结论书之日起30日内，持工伤认定决定书和劳动能力鉴定结论书，到统筹地区经办机构为职工办理工伤保险待遇申报手续。

第二十二条 用人单位已经参加工伤保险的，工伤职工劳动能力鉴定费用从工伤保险基金支付。用人单位未参加工伤保险或者未按时足额缴纳工伤保险费的，工伤职工的劳动能力鉴定费用由用人单位承担。

应工伤职工或者其近亲属、所在单位申请进行的劳动能力再次鉴定或者复查鉴定，结论高于原鉴定等级的，鉴定费用从工伤保险基金支付；结论低于原鉴定结论或者与原鉴定结论相同的，鉴定费用由申请人承担。

劳动能力鉴定收费标准由省人民政府价格主管部门会同财政部门制定。

第五章　工伤保险待遇

第二十三条　经统筹地区社会保险行政部门认定为工伤的职工，其治疗工伤的医疗费用、工伤康复费用和辅助器具配置费用按照规定从工伤保险基金支付。

职工因工作遭受事故伤害或者患职业病进行治疗，工伤认定前，医疗费用由用人单位垫付；经依法认定为工伤的，垫付费用及以后的医疗费用由经办机构核定后从工伤保险基金支付。

职工住院治疗工伤的伙食补助费，以及经医疗机构出具证明，报经办机构同意，工伤职工到统筹地区以外就医所需的交通、食宿费用从工伤保险基金支付。基金支付的具体标准按照省有关规定执行。

第二十四条　职工因工致残被鉴定为一级至四级伤残的，保留劳动关系，退出工作岗位，享受《条例》第三十五条规定的待遇。

第二十五条　职工因工致残被鉴定为五级、六级伤残的，享受《条例》第三十六条规定的待遇。

经工伤职工本人提出，可以与用人单位解除或者终止劳动关系，停发伤残津贴，由工伤保险基金支付一次性工伤医疗补助金，由用人单位支付一次性伤残就业补助金，终止工伤保险关系。

一次性工伤医疗补助金的具体标准是：五级伤残为24个月的本人工资，六级伤残为18个月的本人工资；一次性伤残就业补助金的具体标准是：五级伤残为36个月的本人工资，六级伤残为30个月的本人工资。

第二十六条　职工因工致残被鉴定为七级至十级伤残的，按照《条例》第三十七条的规定，由工伤保险基金支付一次性伤残补助金。

劳动（聘用）合同期满终止劳动关系，或者职工本人提出解除劳动（聘用）合同的，由工伤保险基金支付一次性工伤医疗补助金，由用人单位支付一次性伤残就业补助金，终止工伤保险关系。

一次性工伤医疗补助金的具体标准是：七级伤残为15个月的本人工资，八级伤残为10个月的本人工资，九级伤残为8个月的本人工资，十级伤残为6个月的本人工资；一次性伤残就业补助金具体标准是：七级伤残为15个月的本人工资，八级伤残为10个月的本人工资，九级伤残为8个月的本人工资，十级伤残为6个月的本人工资。

终止劳动关系或者解除劳动（聘用）合同时，工伤职工本人工资低于本统筹地区上年度职工平均工资60%的，按本统筹地区上年度职工平均工资的60%计算和支付一次性工伤医疗补助金和一次性伤残就业补助金。

第二十七条 五级至十级伤残工伤职工自愿与用人单位解除或者终止劳动关系，距法定退休年龄 5 年以上（含 5 年）的，应当按照本办法第二十五条、第二十六条的规定享受一次性工伤医疗补助金和伤残就业补助金；不足 5 年的，每少一年减除 20%，但最高减除额不得超过全额的 90%。

工伤职工达到退休年龄并办理退休手续的，不享受一次性工伤医疗补助金和伤残就业补助金。

第二十八条 职工因工死亡，其近亲属享受《条例》第三十九条的规定的待遇。

用人单位应当于确认职工因工死亡后 30 日内，持死者的工亡认定证明和死者亲属资料到经办机构申报办理工伤保险待遇。经办机构应当在接到申报后 15 日内核定丧葬补助金、供养亲属抚恤金和一次性工亡补助金。

第二十九条 伤残津贴、供养亲属抚恤金、生活护理费标准，由统筹地区社会保险行政部门会同财政部门根据职工平均工资和生活费用变化等情况，与养老保险待遇同步调整。

第三十条 职工因工外出期间发生事故或者在抢险救灾中下落不明的，事故发生当月起 3 个月内由用人单位照发工资，从第 4 个月起停发工资，由工伤保险基金向其供养亲属按月支付供养亲属抚恤金。生活有困难的，可以预支一次性工亡补助金的 50%。职工重新出现的，供养亲属按月领取的供养亲属抚恤金、预支的一次性工亡补助金应当及时退还经办机构。

第三十一条 用人单位应当每年按规定向统筹地区经办机构提供工伤职工享受伤残津贴、工亡职工供养亲属享受抚恤金待遇的证明。

工伤职工或者工亡职工供养亲属享受工伤保险待遇的条件发生变化，用人单位、工伤职工或者工亡职工供养亲属应当及时报告统筹地区经办机构，经办机构从条件变化的次月起调整工伤保险待遇。

第三十二条 用人单位分立、合并、转让的，承继单位应当承担原用人单位的工伤保险责任；原用人单位已经参加工伤保险的，承继单位应当到当地经办机构办理工伤保险变更登记。

用人单位实行承包经营的，工伤保险责任由职工劳动关系所在单位承担。

用人单位将生产经营权、劳务工程等施工权违法转移或者承包给没有经营资质的单位或者个人的，工伤保险责任由用人单位承担。

职工被借调期间受到工伤事故伤害的，由原用人单位承担工伤保险责任，但原用人单位与借调单位可以约定补偿办法。

职工在两个以上用人单位就业的，工伤保险责任由职工受到事故伤害时为之工作的用人单位承担。

个人挂靠其他单位且以挂靠单位名义经营的，工伤保险责任由挂靠单位承担。

原用人单位被依法注销的，工伤保险责任由清算组织或者清算报告中确定的权利义务承受人承担。

第三十三条 老工伤人员纳入工伤保险统筹管理后，由工伤保险基金按规定支付工伤复发的医疗待遇，但不支付一次性伤残补助金、一次性伤残就业补助金、一次性工伤医疗补助金。

第六章 监督管理

第三十四条 经办机构具体承办工伤保险事务，履行下列职责：

（一）征收工伤保险费，定期公布工伤保险基金收支情况；

（二）核查用人单位的工资总额和职工个人工资、年龄、工种等基本情况，办理工伤保险登记，并负责保存用人单位缴费、职工个人基本情况、工伤保险待遇情况的记录；

（三）进行工伤保险的调查、统计和信息系统管理；

（四）按照规定管理工伤保险基金的支出，负责工伤保险基金的预决算工作；

（五）按照规定核定工伤保险待遇；

（六）为工伤职工或者其近亲属免费提供咨询服务；

（七）根据工伤保险基金收支情况，向社会保险行政部门提出调整行业差别费率的建议。

第三十五条 发生工伤事故后，用人单位应当及时将受伤职工送往与经办机构签订服务协议的医疗机构就医，情况紧急时可以先到就近的医疗机构急救，伤情稳定后转往签订服务协议的医疗机构。

工伤职工的就医管理办法由省人民政府社会保险行政部门会同卫生等部门制定。

第三十六条 用人单位未按照本办法第二十一条规定及时办理工伤保险待遇申报手续的，未办理期间工伤职工的伤残津贴和生活护理费，由用人单位根据《条例》和本办法规定的标准支付。

第三十七条 用人单位未参加工伤保险或者无故停缴工伤保险费，其职工受到事故伤害或者患职业病的，经统筹地区社会保险行政部门认定工伤后，由用人单位依据《条例》和本办法规定的工伤保险待遇项目和标准承担职工的工伤保险责任。

用人单位参加工伤保险后未按规定足额缴纳工伤保险费，造成职工工伤保险待遇损失的，由用人单位补足差额。

第三十八条 对从事接触职业病危害作业的职工，用人单位应当依法组织上岗前、在岗期间和离岗时的职业健康检查，并为职工建立职业健康监护档案。

用人单位不得安排未经上岗前职业健康检查的职工从事接触职业病危害的作业；不得安排有职业禁忌的职工从事其所禁忌的作业；对未进行离岗前职业健康检查的职工不得解除或者终止与其订立的劳动合同。

用人单位违反前两款规定，职工患职业病的，其工伤保险待遇由用人单位支付。用人单位拒绝支付、拖延支付或者无支付能力的，由工伤保险基金依法先行支付。用人单位应当偿还工伤保险基金先行支付的工伤保险待遇费用；用人单位不偿还的，经办机构依法向用人单位追偿。

第七章 附 则

第三十九条 本办法所称"老工伤人员",是指国有、集体企业在工伤保险社会统筹管理以前确认为工伤或者因工患职业病,仍由企业或者主管部门支付工伤待遇的在职工伤人员、退休退养工伤人员、工亡人员的供养亲属,不包括与原企业解除、终止了劳动关系或者终止了工伤待遇关系的工伤人员和已经享受了一次性工伤保险待遇、抚恤待遇的工伤人员、供养亲属。

本办法所称本人工资,是指工伤职工因工作遭受事故伤害或者患职业病前12个月平均月缴费工资。本人工资高于统筹地区职工平均工资300%的,按照统筹地区职工平均工资的300%计算;本人工资低于统筹地区职工平均工资60%的,按照统筹地区职工平均工资的60%计算。

本办法规定的时效日期,超过10日的为自然日,10日以下的为工作日。

第四十条 本办法自2014年4月1日起施行,2004年4月1日省人民政府公布的《湖南省实施〈工伤保险条例〉办法》(湖南省人民政府令第185号)同时废止。

96 广东省工伤保险条例

1998年9月18日广东省人民代表大会常务委员会第五次会议通过,广东省人民代表大会常务委员会公告第25号公布,根据2004年1月14日广东省人民代表大会常务委员会公告第24号第一次修订,根据2011年9月29日广东省人民代表大会常务委员会公告第69号第二次修订,自2012年1月1日起施行,根据2019年5月21日广东省人民代表大会常务委员会公告第37号修正。

第一章 总 则

第一条 为了保障因工作遭受事故伤害或者患职业病的职工获得医疗救治和经济补偿,促进工伤预防和职业康复,分散用人单位的工伤风险,根据《中华人民共和国社会保险法》《工伤保险条例》,结合本省实际,制定本条例。

第二条 职工有依法享受工伤保险待遇的权利。本省行政区域内的企业、事业单位、社会团体、民办非企业单位、基金会、律师事务所、会计师事务所等组织和有雇工的个体工商户(以下称用人单位)应当在生产经营所在地依法参加工伤保险,为本单位全部职工或者雇工(以下称职工)缴纳工伤保险费。

国家机关和与其建立劳动关系的职工,依照本条例执行。

第三条 工伤保险工作应当坚持预防、救治、补偿和康复相结合的原则。

第四条 用人单位和职工应当遵守有关安全生产和职业病防治的法律法规，执行安全卫生规程和标准，预防工伤事故，减少职业病危害。

第五条 省人民政府社会保险行政部门负责全省的工伤保险工作，组织实施本条例。

市、县（区）人民政府社会保险行政部门负责本行政区域内的工伤保险工作。

各级社会保险经办机构具体承办工伤保险事务。

第六条 各级人民政府应当发展工伤康复事业，帮助因工致残者得到康复和从事适合身体状况的劳动。

第七条 各级人民政府应当保证工伤保险基金的征集和工伤保险待遇的给付。遇有特殊情况，工伤保险基金不敷使用时，依照《中华人民共和国社会保险法》的有关规定处理。

工伤保险基金、享受工伤保险待遇的收入按照国家规定不征收税、费。

第八条 工伤保险费由税务部门征收。

第二章 工伤认定

第九条 职工有下列情形之一的，应当认定为工伤：

（一）在工作时间和工作场所内，因工作原因受到事故伤害的；

（二）工作时间前后在工作场所内，从事与工作有关的预备性或者收尾性工作受到事故伤害的；

（三）在工作时间和工作场所内，因履行工作职责受到暴力等意外伤害的；

（四）患职业病的；

（五）因工外出期间，由于工作原因受到伤害或者发生事故下落不明的；

（六）在上下班途中，受到非本人主要责任的交通事故或者城市轨道交通、客运轮渡、火车事故伤害的；

（七）法律、行政法规规定应当认定为工伤的其他情形。

第十条 职工有下列情形之一的，视同工伤：

（一）在工作时间和工作岗位，突发疾病死亡或者在四十八小时之内经抢救无效死亡的；

（二）在抢险救灾等维护国家利益、公共利益活动中受到伤害的；

（三）因工作环境存在有毒有害物质或者在用人单位食堂就餐造成急性中毒而住院抢救治疗，并经县级以上卫生防疫部门验证的；

（四）由用人单位指派前往依法宣布为疫区的地方工作而感染疫病的；

（五）职工原在军队服役，因战、因公负伤致残，已取得残疾军人证，到用人单位后旧伤复发的。

职工有前款第一、二、三、四项情形的，按照本条例的有关规定享受工伤保险待遇；职工有前款第五项情形的，按照本条例的有关规定享受除一次性伤残补助金以外的工伤保险待遇。

第十一条 职工符合本条例第九条、第十条的规定，但是有下列情形之一的，不得认定为工伤或者视同工伤：

（一）故意犯罪的；

（二）醉酒或者吸毒的；

（三）自残或者自杀的；

（四）法律、行政法规规定的其他情形。

第十二条 用人单位应当在职工发生事故伤害或者按照职业病防治法规定被诊断、鉴定为职业病后的第一个工作日，通知参加工伤保险所在地市、县（区）社会保险行政部门及社会保险经办机构，并自事故伤害发生之日或者按照职业病防治法规定被诊断、鉴定为职业病之日起三十日内，向参加工伤保险所在地市、县（区）社会保险行政部门提出工伤认定申请。遇有特殊情况，经报社会保险行政部门同意，申请时限可以适当延长。

用人单位未按照前款规定提出工伤认定申请的，该职工或者其近亲属、工会组织自事故伤害发生之日或者按照职业病防治法规定被诊断、鉴定为职业病之日起一年内，可以直接向用人单位参加工伤保险所在地市、县（区）社会保险行政部门提出工伤认定申请；未参加工伤保险的，向用人单位生产经营所在地市、县（区）社会保险行政部门提出工伤认定申请。

用人单位未在本条第一款规定的时限内提交工伤认定申请的，在提出工伤认定申请之前发生的符合本条例规定的工伤待遇等有关费用由用人单位承担。

第十三条 提出工伤认定申请应当提交下列材料：

（一）工伤认定申请表；

（二）用人单位与劳动者存在劳动关系（包括事实劳动关系）的证明材料；

（三）医疗诊断证明或者职业病诊断证明书（或者职业病诊断鉴定书）。

工伤认定申请表应当包括事故发生的时间、地点、原因以及职工伤害程度等基本情况。

工伤认定申请人提供材料不完整的，社会保险行政部门应当一次性书面告知工伤认定申请人需要补正的全部材料。申请人按照书面告知要求补正材料后，社会保险行政部门应当受理。

第十四条 社会保险行政部门受理工伤认定申请后，根据审核需要可以对事故伤害进行调查核实，用人单位、职工、工会组织、医疗机构以及有关部门有协助工伤调查和提供证据的义务。

职业病诊断和诊断争议的鉴定，依照职业病防治法的有关规定执行。对依法取得的职业病诊断证明书或者职业病诊断鉴定书，社会保险行政部门不再进行调查核实。

职工或者其近亲属、工会组织认为是工伤，用人单位不认为是工伤的，由用人单位承担举证责任。

第十五条 社会保险行政部门应当自受理工伤认定申请之日起六十日内作出工伤认定的决定，并书面通知申请工伤认定的职工或者其近亲属以及该职工所在单位。

社会保险行政部门对受理的事实清楚、权利义务明确的工伤认定申请，应当自受理工伤认定申请之日起十五日内作出工伤认定的决定。

作出工伤认定决定需要以司法机关或者有关行政主管部门的结论为依据的，在司法机关或者有关行政主管部门尚未作出结论期间，作出工伤认定决定的时限中止。

社会保险行政部门工作人员与工伤认定申请人或者利害关系人有利害关系的，应当回避。

第三章 劳动能力鉴定

第十六条 职工发生工伤，经治疗伤情相对稳定（医疗终结期满）后存在残疾、影响劳动能力的，应当进行劳动能力鉴定。

用人单位、工伤职工或者其近亲属应当在工伤职工医疗终结期满三十日内向地级以上市劳动能力鉴定委员会提出劳动能力鉴定申请，并提供工伤认定决定和职工工伤医疗的有关资料。

医疗终结期的确认由劳动能力鉴定委员会按照国家和省的有关规定执行。医疗终结期需要延长的，由劳动能力鉴定委员会按照国家和省的有关规定批准。

第十七条 劳动能力鉴定是指劳动功能障碍程度和生活自理障碍程度的等级鉴定。

劳动功能障碍分为十个伤残等级，最重的为一级，最轻的为十级。

生活自理障碍等级根据进食、翻身、大小便、穿衣及洗漱、自主行动五项条件确定。五项条件均需要护理者为一级，五项中四项需要护理者为二级，五项中三项需要护理者为三级，五项中一至二项需要护理者为四级。

劳动能力鉴定及职工工伤与职业病致残等级标准按照国家有关规定执行。

第十八条 省、地级以上市人民政府设立劳动能力鉴定委员会，由社会保险行政部门、卫生行政部门、工会组织、社会保险经办机构以及用人单位代表组成。

劳动能力鉴定委员会办公室设在社会保险行政部门。

劳动能力鉴定委员会负责劳动能力障碍程度和生活自理障碍程度鉴定，以及工伤医疗终结期和停工留薪期确认、工伤复发确认、辅助器具配置确认、工伤康复确认等工作。

第十九条 劳动能力鉴定委员会收到劳动能力鉴定申请后，应当从其建立的医疗卫生专家库中随机抽取三名或者五名相关专家组成专家组，由专家组提出鉴定意见。劳动能力鉴定委员会根据专家组的鉴定意见作出工伤职工劳动能力鉴定结论，必要时，可以委托具备资格的医疗机构协助进行有关的诊断。

劳动能力鉴定委员会应当自收到劳动能力鉴定申请书之日起六十日内作出劳动能力鉴定结论，必要时，作出劳动能力鉴定结论的期限可以延长三十日。劳动能力鉴定结论应当及时送达申请鉴定的单位和个人。

劳动能力鉴定工作应当客观、公正。劳动能力鉴定委员会组成人员或者参加鉴定的专家与当事人有利害关系的，应当回避。

医疗卫生专家库的设置办法及劳动能力鉴定工作程序由省劳动能力鉴定委员会另行制定。

第二十条 工伤职工及其近亲属或者用人单位对劳动能力鉴定委员会作出的劳动能力

鉴定结论不服的，可以自收到鉴定结论之日起十五日内申请复查，对复查结论不服的，可以自收到复查结论之日起十五日内向上一级劳动能力鉴定委员会申请再次鉴定；也可以自收到鉴定结论之日起十五日内向上一级劳动能力鉴定委员会申请再次鉴定。

省级劳动能力鉴定委员会作出的劳动能力鉴定结论为最终结论。

第四章　工伤保险待遇

第二十一条　职工发生工伤时，用人单位应当采取措施及时救治工伤职工。

职工治疗工伤应当在签订服务协议的医疗机构就医，情况紧急时可以先到就近的医疗机构急救；疑似职业病或者患职业病的，用人单位应当及时送依法承担职业病诊断的医疗卫生机构诊断，并及时送签订服务协议的医疗机构治疗。

职工经治疗伤情稳定，需要工伤康复的，用人单位、工伤职工或者其近亲属可以向地级以上市劳动能力鉴定委员会提出工伤康复申请。经劳动能力鉴定委员会确认，工伤职工可以在签订服务协议的康复机构进行康复。

工伤职工在认定工伤前已由基本医疗保险基金按照规定支付的医疗费用，在认定工伤后由工伤保险基金按照规定向基本医疗保险基金结算。

第二十二条　工伤职工因医疗条件所限需要转院治疗的，应当由签订服务协议的医疗机构提出，经报社会保险经办机构同意；因康复条件所限需要转院康复的，应当由工伤职工、用人单位或者签订服务协议的康复机构提出，经报社会保险经办机构同意。

第二十三条　社会保险经办机构与医疗机构、康复机构签订服务协议，应当事先征求同级总工会、有关企业协会的意见。签订服务协议的医疗机构、康复机构名单应当向社会公布。

第二十四条　治疗工伤所需费用符合工伤保险诊疗项目目录、工伤保险药品目录、工伤保险住院服务标准的，从工伤保险基金支付。工伤保险诊疗项目目录、工伤保险药品目录、工伤保险住院服务标准按照国家和省的有关规定执行。

职工住院治疗工伤、康复的伙食补助费，以及经批准转地级以上市以外门诊治疗、康复及住院治疗、康复的，其在城市间往返一次的交通费用及在转入地所需的市内交通、食宿费用，由工伤保险基金按照省人民政府规定的标准支付。

第二十五条　职工因工伤需要暂停工作接受工伤医疗的，在停工留薪期内，原工资福利待遇不变，由所在单位按月支付。停工留薪期根据医疗终结期确定，由劳动能力鉴定委员会确认，最长不超过二十四个月。

工伤职工鉴定伤残等级后，停发原待遇，按照本章的有关规定享受伤残待遇。工伤职工在鉴定伤残等级后仍需治疗的，经劳动能力鉴定委员会批准，一级至四级伤残，享受伤残津贴和工伤医疗待遇；五级至十级伤残，享受工伤医疗和停工留薪期待遇。

经劳动能力鉴定委员会确认可以进行康复的，工伤职工在签订服务协议的康复机构发生的符合规定的工伤康复费用，从工伤保险基金支付。

工伤职工在停工留薪期间生活不能自理需要护理的，由所在单位负责。所在单位未派人护理的，应当参照当地护工从事同等级别护理的劳务报酬标准向工伤职工支付护理费。

第二十六条 工伤职工已经被鉴定为一级至四级伤残等级并经劳动能力鉴定委员会确认需要生活护理的，由工伤保险基金按照工伤职工生活自理障碍等级支付生活护理费。

生活护理费以全省上年度职工月平均工资的一定比例按月计发，标准为：一级为百分之六十，二级为百分之五十，三级为百分之四十，四级为百分之三十。

生活护理费每年按照全省上年度职工平均工资增长比例同步调整，全省上年度职工平均工资负增长时不调整。

第二十七条 工伤职工因日常生活或者就业需要，必须安装假肢、矫形器、假眼、假牙和配置轮椅、拐杖等辅助器具，或者辅助器具需要维修、更换的，由签订服务协议的医疗、康复机构提出意见，经劳动能力鉴定委员会确认，所需费用按照国家规定的标准从工伤保险基金支付。

辅助器具应当限于辅助日常生活及生产劳动之必需，并采用国内市场的普及型产品。工伤职工选择其他型号产品，费用高出普及型的部分，由个人自付。

第二十八条 职工因工致残被鉴定为一级至四级伤残，本人要求退出工作岗位、终止劳动关系的，办理伤残退休手续，享受以下待遇：

（一）一次性伤残补助金。由工伤保险基金按伤残等级支付，标准为：一级伤残为二十七个月的本人工资，二级伤残为二十五个月的本人工资，三级伤残为二十三个月的本人工资，四级伤残为二十一个月的本人工资。

（二）伤残津贴。由工伤保险基金按月支付，直至本人死亡，标准为：一级伤残为本人工资的百分之九十，二级伤残为本人工资的百分之八十五，三级伤残为本人工资的百分之八十，四级伤残为本人工资的百分之七十五。伤残津贴实际金额低于当地最低工资标准的，由工伤保险基金补足差额。

办理伤残退休手续的工伤职工应当按照规定参加职工基本医疗保险。按照规定应当由用人单位缴纳的基本医疗保险费，由工伤保险基金承担。

一级至四级伤残职工与原单位保留劳动关系，退出工作岗位的，按照《工伤保险条例》的有关规定执行。

伤残津贴每年按照省人民政府的规定进行调整。

第二十九条 一级至四级伤残职工户籍从单位所在地迁回原籍的，其伤残津贴可以由社会保险经办机构按照标准每半年发放一次。用人单位应当按照全省上年度职工月平均工资为基数发给六个月的安家补助费。所需交通费、住宿费、行李搬运费和伙食补助费等，由用人单位按照因公出差标准报销。

第三十条 职工因工致残被鉴定为五级、六级伤残的，享受以下待遇：

（一）一次性伤残补助金。由工伤保险基金支付，标准为：五级伤残为十八个月的本人工资，六级伤残为十六个月的本人工资。

（二）保留与用人单位的劳动关系，由用人单位安排适当工作。难以安排工作的，由用人单位按月发给伤残津贴，标准为：五级伤残为本人工资的百分之七十，六级伤残为本人工资的百分之六十，并由用人单位按照规定为其缴纳应缴纳的各项社会保险费。伤残津贴实际金额低于当地最低工资标准的，由用人单位补足差额。

第三十一条 五级、六级伤残职工本人提出与用人单位解除或者终止劳动关系的，由工伤保险基金支付一次性工伤医疗补助金，由用人单位支付一次性伤残就业补助金，终结工伤保险关系：

（一）一次性工伤医疗补助金。标准为：五级伤残为十个月的本人工资，六级伤残为八个月的本人工资。

（二）一次性伤残就业补助金。标准为：五级伤残为五十个月的本人工资，六级伤残为四十个月的本人工资。

第三十二条 职工因工致残被鉴定为七级至十级伤残的，由工伤保险基金支付一次性伤残补助金，标准为：七级伤残为十三个月的本人工资，八级伤残为十一个月的本人工资，九级伤残为九个月的本人工资，十级伤残为七个月的本人工资。

七级至十级伤残职工劳动、聘用合同终止或者依法与用人单位解除劳动关系的，除享受基本养老保险待遇或者死亡情形之外，由工伤保险基金支付一次性工伤医疗补助金，由用人单位支付一次性伤残就业补助金，终结工伤保险关系。补助金标准如下：

（一）一次性工伤医疗补助金：七级伤残为六个月的本人工资，八级伤残为四个月的本人工资，九级伤残为二个月的本人工资，十级伤残为一个月的本人工资。

（二）一次性伤残就业补助金：七级伤残为二十五个月的本人工资，八级伤残为十五个月的本人工资，九级伤残为八个月的本人工资，十级伤残为四个月的本人工资。

第三十三条 计发本条例第三十一条、第三十二条规定的一次性工伤医疗补助金和一次性伤残就业补助金，本人工资低于工伤职工与用人单位解除或者终止劳动关系前本人十二个月平均月缴费工资的，按照解除或者终止劳动关系前本人十二个月平均月缴费工资为基数计发。缴费工资不足十二个月的，以实际缴费月数计算本人平均月缴费工资。本人平均月缴费工资高于全省上年度职工月平均工资百分之三百的，按照全省上年度职工月平均工资的百分之三百计算；低于全省上年度职工月平均工资百分之六十的，按照全省上年度职工月平均工资的百分之六十计算。

第三十四条 工伤职工工伤复发，确认需要治疗的，享受本条例第二十四条、第二十五条和第二十七条规定的工伤待遇。

第三十五条 职工因工死亡，其近亲属按照下列规定从工伤保险基金领取丧葬补助金、供养亲属抚恤金和一次性工亡补助金：

（一）丧葬补助金为六个月的全省上年度职工月平均工资。

（二）供养亲属抚恤金按照职工本人工资的一定比例发给由因工死亡职工生前提供主要生活来源、无劳动能力的亲属。标准为：配偶每月百分之四十，其他亲属每人每月百分之三十，孤寡老人或者孤儿每人每月在上述标准的基础上增加百分之十。核定的各供养亲属的抚恤金之和不应当高于因工死亡职工生前的工资。供养亲属的具体范围按照国务院社会保险行政部门的规定执行。

（三）一次性工亡补助金标准为上年度全国城镇居民人均可支配收入的二十倍。

伤残职工在停工留薪期内因工伤导致死亡的，其近亲属享受本条第一款规定的待遇。

一级至四级伤残职工在停工留薪期满后死亡的，其近亲属可以享受本条第一款第一项、第二项规定的待遇。

供养亲属抚恤金每年按照省人民政府的规定进行调整。

第三十六条 职工因工外出期间发生事故或者在抢险救灾中下落不明的，按照《工伤保险条例》的有关规定处理。被宣告死亡后重新出现的，应当退还已发的供养亲属抚恤金和一次性工亡补助金。

第三十七条 定期领取伤残津贴的人员或者领取供养亲属抚恤金的供养亲属，应当每年通过领取待遇资格认证，方可继续领取。有关人员丧失领取待遇资格的，应当及时报告社会保险经办机构，因未及时报告导致多发相关待遇费用的，应当及时退还；存在骗取工伤保险待遇情形的，依照本条例第五十七条的规定处理。

第三十八条 工伤职工有下列情形之一的，停止享受工伤保险待遇：

（一）丧失享受待遇条件的；

（二）拒不接受劳动能力鉴定的；

（三）拒绝治疗的。

第三十九条 用人单位分立、合并、转让的，承继单位应当承担原用人单位的工伤保险责任；原用人单位已经参加工伤保险的，承继单位应当到当地社会保险经办机构办理工伤保险变更登记。

企业破产，因分立、合并之外的原因解散，或者终止的，在清算时依法拨付应当由用人单位支付的工伤保险待遇费用，清偿欠缴的工伤保险费及其利息和滞纳金。

第四十条 用人单位实行承包经营的，工伤保险责任由职工劳动关系所在单位承担。

用人单位实行承包经营，使用劳动者的承包方不具备用人单位资格的，由具备用人单位资格的发包方承担工伤保险责任。

非法承包建筑工程发生工伤事故，劳动者的工伤待遇应当由分包方或者承包方承担，分包方或者承包方承担工伤保险责任后有权向发包方追偿。

职工被借调期间受到工伤事故伤害的，由原用人单位承担工伤保险责任，但原用人单位与借调单位可以约定补偿办法。

第四十一条 职工所在用人单位未依法缴纳工伤保险费，发生工伤事故的，由用人单位支付工伤保险待遇。

用人单位不支付工伤保险待遇，工伤职工或者其近亲属可以提出先行支付的申请，经审核符合规定的，从工伤保险基金中先行支付工伤保险待遇项目中应当由工伤保险基金支付的项目。

从工伤保险基金中先行支付的工伤保险待遇应当由用人单位偿还。用人单位不偿还的，由社会保险经办机构依法向用人单位追偿。

第五章 工伤保险基金

第四十二条 工伤保险基金的构成：

（一）用人单位缴纳的工伤保险费；

（二）工伤保险基金的利息；

（三）滞纳金；

（四）财政补贴；

（五）法律、法规规定的其他收入。

第四十三条 工伤保险基金根据以支定收、收支平衡的原则筹集。

社会保险经办机构每年根据用人单位工伤保险费使用、工伤发生率等情况，按照行业差别费率及行业内费率档次确定单位缴费费率。

第四十四条 工伤保险费由用人单位承担，职工个人不缴纳工伤保险费。

用人单位缴纳工伤保险费的数额为本单位职工工资总额乘以单位缴费费率之积。

难以按照工资总额缴纳工伤保险费的行业，其缴纳工伤保险费的具体方式按照国家有关规定执行。

第四十五条 工伤保险基金按照国家和省的规定实行省级统筹。

工伤保险基金按照国家和省的规定建立储备金，用于重大事故的工伤保险待遇支付和基金不敷使用时的调剂。

第四十六条 工伤保险基金存入社会保障基金财政专户并按照同期城乡居民储蓄存款利率计息，所得利息全部转入工伤保险基金。

第四十七条 工伤保险基金用于下列支出项目：

（一）工伤保险待遇；

（二）职业康复费用；

（三）工伤取证费和劳动能力鉴定费；

（四）工伤预防费。

前款第二项按照不超过上年度结存的工伤保险基金三分之一的比例，第三项按照不超过上年度工伤保险基金实际收缴总额百分之二的比例，由社会保险经办机构于每年九月提出下年度的用款支出计划，报同级社会保险行政部门和财政部门审核，按照社会保险基金预算编制相关程序报批后列入下年度工伤保险基金支出预算，下年度据实列支。

在保证储备金足额留存和本条第一款第一项至第三项规定的费用足额支付的前提下，可以按照不超过上年度工伤保险基金实际收缴总额百分之三的比例，安排使用工伤预防费。工伤预防费用的安排使用计划由社会保险行政部门会同卫生健康、应急管理等部门制定，按照社会保险基金预算编制相关程序报批后列入下年度工伤保险基金支出预算，下年度据实列支。

工伤预防费、工伤取证费和劳动能力鉴定费作为专项经费管理使用，专项经费管理使用按照国家和省的有关规定执行。

任何单位或者个人不得将工伤保险基金用于投资运营、兴建或者改建办公场所、发放奖金，或者挪作其他用途。

第六章 监督管理

第四十八条 县级以上人民政府社会保险行政部门、财政部门和审计机关按照各自职责依法对工伤保险基金的收支、管理等情况进行监督。

各级社会保险经办机构应当建立健全内部审计制度。

社会保险监督委员会依法对工伤保险基金的收支、管理情况实施社会监督。

第四十九条 工会组织依法维护工伤职工的合法权益,对用人单位的工伤保险工作实行监督。

第五十条 职工有权监督用人单位参加工伤保险及缴费情况。用人单位应当向职工如实通告因工伤亡、参加工伤保险和缴费情况。

第五十一条 用人单位和职工有权向税务部门和社会保险经办机构查询本单位工伤保险缴费和工伤保险待遇支付情况。税务部门和社会保险经办机构应当提供相应的查询、咨询服务。

第五十二条 职工与用人单位发生工伤待遇方面的争议,按照处理劳动争议的有关规定处理。

第五十三条 有下列情形之一的,有关单位或者个人可以依法申请行政复议,也可以依法向人民法院提起诉讼:

(一)申请工伤认定的职工或者其近亲属、该职工所在单位对工伤认定申请不予受理的决定不服的;

(二)申请工伤认定的职工或者其近亲属、该职工所在单位对工伤认定结论不服的;

(三)用人单位对社会保险经办机构确定的单位缴费费率不服的;

(四)签订服务协议的医疗机构、康复机构、辅助器具配置机构认为社会保险经办机构未履行有关协议或者规定的;

(五)工伤职工或者其近亲属对社会保险经办机构核定的工伤保险待遇有异议的。

第七章 法律责任

第五十四条 用人单位依照本条例规定应当参加工伤保险而未参加或者未按时足额缴纳工伤保险费的,由税务部门会同相关部门责令限期改正,并自欠缴之日起,按日加收万分之五的滞纳金;逾期仍不缴纳的,由税务部门处欠缴数额一倍以上三倍以下的罚款;对其直接负责的主管人员和其他直接责任人员依法给予处罚。

第五十五条 用人单位依照本条例规定应当参加工伤保险而未参加或者未按时缴纳工伤保险费,职工发生工伤的,由该用人单位按照本条例规定的工伤保险待遇项目和标准向职工支付费用。

用人单位按照规定补缴应当缴纳的工伤保险费和滞纳金后,由工伤保险基金和用人单位按照本条例的规定支付新发生的费用。

第五十六条 用人单位少报职工工资，未足额缴纳工伤保险费，造成工伤职工享受的工伤保险待遇降低的，工伤保险待遇差额部分由用人单位向工伤职工补足。

第五十七条 用人单位、工伤职工或者其近亲属骗取工伤保险待遇，医疗机构、康复机构、辅助器具配置机构骗取工伤保险基金支出的，由社会保险行政部门责令退还，处骗取金额二倍以上五倍以下的罚款；构成犯罪的，依法追究刑事责任。

第五十八条 用人单位未按照本条例第十四条第一款规定提供证据，或者提供虚假资料的，由社会保险行政部门对其处以二千元以上二万元以下的罚款。

第五十九条 各级人民政府、有关行政管理部门和社会保险经办机构及其工作人员违反本条例，有下列行为之一的，上级机关应当责令其改正，追回挪用流失款项；有违法所得的，没收违法所得；对直接负责的主管人员和其他直接责任人员依法给予处分；构成犯罪的，依法追究刑事责任：

（一）擅自增加或者减免应当缴纳的工伤保险费及其利息或者滞纳金的；

（二）未按照规定将工伤保险费及其利息或者滞纳金全部存入工伤保险基金专户的；

（三）挪用工伤保险基金的；

（四）未按照规定核定各项工伤保险待遇标准或者领取期限的；

（五）未按照规定上解工伤保险储备金的。

第六十条 社会保险行政部门工作人员有下列情形之一的，依法给予处分；构成犯罪的，依法追究刑事责任：

（一）无正当理由不受理工伤认定申请，或者弄虚作假将不符合工伤条件的人员认定为工伤职工的；

（二）未妥善保管申请工伤认定的证据材料，致使有关证据灭失的；

（三）收受当事人财物的。

第六十一条 从事劳动能力鉴定的组织或者个人有下列情形之一的，由社会保险行政部门责令改正，处二千元以上一万元以下的罚款；构成犯罪的，依法追究刑事责任：

（一）提供虚假鉴定意见的；

（二）提供虚假诊断证明的；

（三）收受当事人财物的。

第八章 附 则

第六十二条 中央、省属和军队驻穗单位适用本条例，工伤保险工作按照国家和省的有关规定执行。

公务员和参照公务员法管理的事业单位、社会团体的工作人员参加工伤保险，按照工伤保险有关法律、法规及国家和省的有关规定执行。

第六十三条 劳动者达到法定退休年龄或者已经依法享受基本养老保险待遇的，不适用本条例。

前款规定的劳动者受聘到用人单位工作期间，因工作原因受到人身伤害的，可以要求用人单位参照本条例规定的工伤保险待遇支付有关费用。双方对损害赔偿存在争议的，可以依法通过民事诉讼方式解决。

第六十四条 本条例中下列用语的含义：

（一）本人工资，是指工伤职工在本单位因工作遭受事故伤害或者患职业病前十二个月平均月缴费工资。本单位为工伤职工缴纳工伤保险费不足十二个月的，以实际月数计算平均月缴费工资。本人工资高于全省上年度职工月平均工资百分之三百的，按照全省上年度职工月平均工资的百分之三百计算；本人工资低于全省上年度职工月平均工资百分之六十的，按照全省上年度职工月平均工资的百分之六十计算。

（二）原工资福利待遇，是指工伤职工在本单位受工伤前十二个月的平均工资福利待遇。工伤职工在本单位工作不足十二个月的，以实际月数计算平均工资福利待遇。

用人单位所在地地级以上市职工月平均工资高于全省职工月平均工资的，计算相关工伤保险待遇使用的全省职工月平均工资按照该地级以上市职工月平均工资执行。

第六十五条 用人单位为职工办理工伤保险参保手续次日起，在规定的缴费周期内缴纳工伤保险费的，该参保职工发生工伤，由工伤保险基金按照本条例规定的工伤保险待遇项目和标准支付费用。

第六十六条 本条例自2012年1月1日起施行。本条例施行前已受到事故伤害或者患职业病的职工尚未完成工伤认定的，按照本条例的规定执行；本条例施行前已完成工伤认定的，本条例施行后发生的工伤保险待遇依照本条例的规定执行。

97 广西壮族自治区实施《工伤保险条例》办法

2006年11月27日广西壮族自治区人民政府令第18号公布，自2007年1月1日起施行，根据2017年1月4日广西壮族自治区人民政府令第117号修订。

第一章 总 则

第一条 为实施国务院《工伤保险条例》，制定本办法。

第二条 本自治区行政区域内的各类企业、事业单位、社会团体、民办非企业单位、基金会、律师事务所、会计师事务所等组织和有雇工的个体工商户（以下称用人单位）应当依法参加工伤保险。

用人单位应当为本单位全部职工及雇工、聘用人员（含农村进城务工人员，以下统称职工）缴纳工伤保险费，职工个人不缴纳工伤保险费。

第三条 县级以上人民政府社会保险行政部门负责本行政区域内的工伤保险工作。

社会保险行政部门设立的社会保险经办机构（以下简称经办机构）具体承办工伤保险事务。

第四条 政府有关职能部门应当在各自职责范围内做好工伤保险工作。

第五条 县级以上人民政府应当发展职业康复事业，帮助因工致残职工康复，使其能从事与身体状况相适应的工作。

第二章 工伤保险基金

第六条 工伤保险基金由下列各项构成：

（一）用人单位缴纳的工伤保险费；

（二）工伤保险基金的利息；

（三）工伤保险费滞纳金；

（四）社会捐款；

（五）其他资金。

第七条 工伤保险基金逐步实行自治区级统筹。具体办法由自治区财政部门、社会保险行政部门另行规定。

第八条 用人单位缴纳工伤保险费计算公式：用人单位缴纳工伤保险费数额＝本单位职工工资总额×单位缴费费率。

对难以按照工资总额缴纳工伤保险费的行业，其缴纳工伤保险费的具体办法按照国家和自治区有关规定执行。

第九条 经办机构首次确定用人单位缴费费率时，应当根据用人单位依法登记的生产经营范围所对应的行业内费率档次确定；跨行业生产经营的，按照其最高风险行业所对应的行业费率档次确定。

第十条 工伤认定费和法律、法规规定用于工伤保险的其他费用可以在工伤保险基金中支付。

第十一条 设区的市（含自治区本级）工伤保险储备金按照当地上年度工伤保险费征缴总额的10%提取，并将当年提取储备金的50%上解自治区作为自治区工伤保险储备金。储备金用于防范基金支付风险和参保地区发生重大事故的工伤保险待遇支付。

第三章 工 伤 认 定

第十二条 工伤认定由用人单位所在地的社会保险行政部门管辖。

参加自治区本级工伤保险的用人单位，其职工的工伤认定由该单位所在地设区的市级社会保险行政部门管辖。

对工伤认定管辖权发生争议的，由自治区社会保险行政部门指定管辖。

第十三条 提出工伤认定申请，应当提交工伤认定申请表、职工与用人单位存在劳动关系（包括事实劳动关系）的证明材料和医疗诊断证明或者职业病诊断证明书（或者职业病诊断鉴定书)。

有下列情形之一的,还应当提交相应的证明材料:

(一)受到意外伤害的,提交公安机关的证明、人民法院的判决书或者其他有效证明;

(二)因工作外出期间,由于工作原因受到伤害的,提交公安机关证明或者其他有效证明;发生事故下落不明需认定因工死亡的,提交人民法院宣告死亡的法律文书;

(三)受到交通事故伤害的,提交公安机关交通管理部门的证明材料;不属于公安机关交通管理部门处理的,提交相关部门的证明材料;

(四)在工作时间和工作岗位,突发疾病死亡的,提交死亡证明;突发疾病在48小时之内经抢救无效死亡的,提交医疗机构的抢救记录和死亡证明;

(五)在抢险救灾等维护国家利益、公众利益活动中受到伤害的,提交事发地县级以上人民政府有关部门出具的有效证明;

(六)属于因战、因公负伤致残的退役军人,旧伤复发的,提交《革命伤残军人证》以及医疗机构对旧伤复发的诊断证明;

(七)法律、法规、规章规定的其他证明材料。

第十四条 社会保险行政部门收到工伤认定申请后,应当在7日内作出受理或者不予受理的决定。不予受理的,应当书面告知申请人并说明理由。

申请人提供材料不完整的,社会保险行政部门应当当场或者在3日内一次性书面告知申请人需要补正的全部材料。

用人单位遇有特殊情况,暂时不能按照规定时限提出工伤认定申请的,经报社会保险行政部门同意,申请时限可以适当延长,但最长不能超过60日。

第十五条 社会保险行政部门受理工伤认定申请后,需要到设区的市以外调查核实的,可以委托当地的社会保险行政部门进行调查核实。

第十六条 依法应当由用人单位承担举证责任的,用人单位应当在收到社会保险行政部门的举证通知书后在规定的期限内进行举证;用人单位拒不举证的,社会保险行政部门可以根据受伤害职工提供的证据或者调查取得的证据,依法作出工伤认定结论。

第十七条 社会保险行政部门受理工伤认定申请后,作出工伤认定决定需要以司法机关或者有关行政主管部门的结论为依据的,在司法机关或者有关行政主管部门尚未作出结论期间,作出工伤认定决定的时限中止,并书面通知申请人。中止情形消除后,经当事人申请,社会保险行政部门应当在3日内恢复工伤认定程序。

第四章 劳动能力鉴定

第十八条 劳动能力鉴定委员会承担下列鉴定或者确认工作:
(一)工伤职工的劳动能力鉴定;
(二)供养亲属的劳动能力鉴定;
(三)职工因病或者非因工伤残的劳动能力鉴定;
(四)工伤职工其他疾病与其工伤的因果关系的确认;

（五）配置、更换辅助器具的确认；
（六）延长停工留薪期的确认；
（七）工伤职工旧伤复发的确认；
（八）康复性治疗时间的确认；
（九）其他受委托的劳动能力鉴定或者确认。

第十九条 劳动能力鉴定委员会在同级社会保险行政部门设立办事机构，负责劳动能力鉴定委员会的日常工作。

第二十条 劳动能力鉴定由用人单位、职工或者其近亲属向设区的市级劳动能力鉴定委员会提出申请，并提交下列相应材料：

（一）工伤认定决定书原件和复印件；
（二）工伤职工的居民身份证或者社会保障卡等其他有效身份证明原件和复印件；
（三）签订服务协议的医疗机构出具的疾病诊断证明、按照医疗机构病历管理有关规定复印或者复制的检查、检验报告等完整病历材料；
（四）职业病诊断证明或者职业病诊断鉴定结论；
（五）鉴定供养亲属劳动能力的，提交死亡职工与供养亲属关系证明；
（六）劳动能力鉴定委员会规定的其他材料。

第二十一条 工伤职工的劳动能力鉴定费按照下列规定承担：

（一）参加工伤保险的，由经办机构从工伤保险基金中支付，拖欠工伤保险费的由用人单位承担；
（二）再次鉴定或者复查鉴定改变原鉴定结论的，由经办机构从工伤保险基金中支付，没有改变原鉴定结论的由申请人承担；
（三）未参加工伤保险的，由用人单位承担。

劳动能力鉴定费标准由自治区物价部门会同有关部门制定。

第五章 工伤保险待遇

第二十二条 工伤职工因日常生活或者就业需要安装配置辅助器具的，可以向劳动能力鉴定委员会提出辅助器具配置确认申请，经劳动能力鉴定委员会确认，到签订工伤保险服务协议的辅助器具配置机构安装配置。配置的辅助器具应当采用国内市场的普及型产品，所需费用按照国家和自治区规定的标准由工伤保险基金支付。工伤职工选择其他型号产品，费用高出普及型部分，由个人支付。

第二十三条 工伤职工的停工留薪期，按照国家和自治区工伤职工停工留薪期有关规定执行。用人单位或者职工对停工留薪期有异议的，向设区的市级劳动能力鉴定委员会申请确认。

第二十四条 五级至六级伤残职工经本人提出与用人单位解除或者终止劳动关系、七级至十级伤残职工劳动合同期满终止或者本人提出解除劳动合同的，由工伤保险基金按照下列规定支付一次性工伤医疗补助金，由用人单位按照下列规定支付一次性伤残就业补助金，工伤保险关系终止：

（一）一次性工伤医疗补助金。以解除或者终止劳动关系时本人工资为计发基数：五级伤残计发 20 个月，六级伤残计发 18 个月，七级伤残计发 15 个月，八级伤残计发 13 个月，九级伤残计发 11 个月，十级伤残计发 9 个月。

（二）一次性伤残就业补助金。以解除或者终止劳动关系时本人工资为计发基数：五级伤残计发 18 个月，六级伤残计发 16 个月，七级伤残计发 13 个月，八级伤残计发 11 个月，九级伤残计发 9 个月，十级伤残计发 7 个月。

前款所称解除或者终止劳动关系时本人工资，是指解除或者终止劳动关系时前 12 个月个人平均月缴费工资。未参加工伤保险的，解除或者终止劳动关系时本人工资指解除或者终止劳动关系时前 12 个月个人平均月工资。本人工资高于全区城镇单位在岗职工平均工资 300% 的，按照全区城镇单位在岗职工平均工资的 300% 计算；本人工资低于全区城镇单位在岗职工平均工资 60% 的，按照全区城镇单位在岗职工平均工资的 60% 计算。

第二十五条 依照第二十四条规定享受一次性伤残就业补助金待遇的职工，距法定退休年龄不足 5 年的，一次性伤残就业补助金按照下列标准执行：

（一）不足一年的，按照全额的 30% 支付；

（二）不足两年的，按照全额的 60% 支付；

（三）不足三年的，按照全额的 70% 支付；

（四）不足四年的，按照全额的 80% 支付；

（五）不足五年的，按照全额的 90% 支付。

第二十六条 申请享受供养亲属抚恤金的，应当向经办机构提交下列材料：

（一）因工死亡职工的工伤认定决定书；

（二）供养关系的身份证明文件；

（三）供养亲属所在的乡镇人民政府、街道办事处出具的经济状况证明；

（四）无劳动能力的供养亲属，提交设区的市级劳动能力鉴定委员会所作的劳动能力鉴定结论；

（五）供养亲属为养父母、养子女的，提交公证书或者其他有效证明；

（六）供养亲属为孤寡老人或者孤儿的，提交民政部门的证明；

（七）其他相关材料。

第二十七条 工伤职工经劳动能力复查鉴定，劳动能力鉴定结论发生变化的，从作出复查鉴定结论的次月起，按新的等级享受相应的工伤保险待遇。

第二十八条 工伤职工、供养亲属享受工伤保险待遇的条件发生变化的，用人单位、工伤职工或者供养亲属应当在 30 日内报告经办机构，经办机构从条件发生变化的次月起调整工伤保险有关待遇。

职工下落不明或者被宣告死亡后重新出现的，应当退还已按《工伤保险条例》第四十一条规定领取的职工因工死亡的工伤保险待遇费用。

第二十九条 伤残津贴、供养亲属抚恤金、生活护理费，由自治区社会保险行政部门根据全区职工平均工资和生活费用变化等情况适时调整。

第三十条 用人单位被依法撤销、解散、破产、注销的，工伤保险费及工伤保险待遇按照下列规定处理：

（一）一级至四级伤残职工的伤残津贴、生活护理费、旧伤复发医疗费的费用，按上年度实际支出标准的1.3倍计算，一次性拨付10年的费用给经办机构，由经办机构负责管理和发放。一级至四级伤残职工按照相关规定应当由原用人单位缴纳的基本医疗保险费一次性划拨给经办机构，并入基本医疗保险基金。

（二）五级至十级伤残职工，由工伤保险基金按照规定支付一次性工伤医疗补助金，由原用人单位按照规定支付一次性伤残就业补助金，工伤保险关系终止。

（三）因工死亡职工供养亲属抚恤金，按上年度实际支出标准的1.2倍计算，预留费用至统筹地区居民平均预期寿命（因工死亡职工供养亲属未满18周岁的，预留至年满18周岁），由原用人单位一次性拨付给经办机构，由经办机构负责管理和发放。

第三十一条 职工在两个以上用人单位同时就业的，用人单位应当分别缴纳工伤保险费。职工发生工伤的，工伤发生单位为工伤保险责任用人单位。

第三十二条 用人单位实行承包经营，承包方属具备用工主体资格的生产经营单位的，其职工发生工伤，承包方为工伤保险责任用人单位；承包给不具备用工主体资格的组织或者自然人的，该组织或者自然人招用的劳动者发生工伤，发包方为工伤保险责任用人单位。

第三十三条 用人单位的法定住所地与生产经营地不在同一设区的市的，在法定住所地参加工伤保险或者在生产经营地参加工伤保险。职工发生事故伤害或者患职业病的，在参加工伤保险地办理工伤认定和劳动能力鉴定。职工发生事故伤害或者患职业病，用人单位未为其办理工伤保险的，工伤认定和劳动能力鉴定在生产经营地办理。

第三十四条 中央驻桂单位、自治区直属单位的工伤保险参加自治区本级统筹。

第三十五条 用人单位拖欠工伤保险费期间职工发生工伤的，由用人单位按照规定的工伤保险待遇项目和标准支付费用。

第六章 附 则

第三十六条 公务员和参照公务员法管理的事业单位、社会团体的工作人员，参照本办法的规定参加工伤保险。

第三十七条 《工伤保险条例》实施前的职工工伤待遇及处理，按照当时国家和自治区的有关规定执行。

第三十八条 本办法自2007年1月1日起施行。1994年12月1日广西壮族自治区人民政府令第9号发布的《广西壮族自治区企业职工工伤保险暂行办法》同时废止。

98　海南经济特区工伤保险若干规定

2004年5月28日海南省人民代表大会常务委员会公告第11号公布，根据2011年9月28日海南省人民代表大会常务委员会公告第82号修订，自2012年1月1日起施行。

第一条　为了保障因工作遭受事故伤害或者患职业病的从业人员获得医疗救治和经济补偿，促进工伤预防和职业康复，分散用人单位的工伤风险，根据《中华人民共和国社会保险法》和国务院《工伤保险条例》等法律、法规，结合海南经济特区实际，制定本规定。

第二条　本经济特区下列用人单位应当按照本规定参加工伤保险，为本单位全部从业人员缴纳工伤保险费：

（一）各类企业；

（二）有雇工的个体工商户；

（三）国家机关、事业单位、社会团体、民办非企业单位、基金会；

（四）律师事务所、会计师事务所等组织。

第三条　国家机关和参照公务员法管理的事业单位、社会团体的工伤保险费率及其工作人员的工伤保险待遇标准，由省人民政府确定。

第四条　用人单位应当缴纳的工伤保险费数额，由用人单位按月向社会保险经办机构申报，并由社会保险经办机构核定。

用人单位不按照规定申报应当缴纳的工伤保险费数额的，由社会保险经办机构按照该单位上月缴费额的110%确定应当缴纳数额；没有上月缴费数额的，由社会保险经办机构按照该单位的经济状况、从业人员人数等有关情况确定其应当缴纳数额。

用人单位未办理工伤保险登记的，由社会保险经办机构直接核定其应当缴纳的工伤保险费数额。

工伤保险费由地方税务机关（以下称社会保险费征收机构）依法征收。

用人单位应当按照社会保险经办机构核定或者确定的应当缴纳的工伤保险费数额，在规定的期限内向社会保险费征收机构缴纳工伤保险费。

第五条　社会保险经办机构应当及时向社会保险费征收机构提供用人单位社会保险登记以及变更登记、注销登记等有关情况。

社会保险费征收机构应当及时向社会保险行政部门和社会保险经办机构通告工伤保险费的征缴情况。

第六条　难以直接按照工资总额计算缴纳工伤保险费的建筑施工、服务、矿山等企业，可以依照国家有关规定，按照项目工程总造价、营业面积大小或者总产量的一定比例单独计算缴纳工伤保险费。具体计算办法由省人民政府社会保险行政部门制定，报省人民政府批准后公布施行。

第七条　工伤保险实行全省统筹。具体办法由省人民政府另行规定。

第八条 下列项目由工伤保险基金按照规定列支：

（一）工伤医疗费用和康复费用；

（二）住院伙食补助费；

（三）省外就医的交通食宿费；

（四）安装配置伤残辅助器具所需费用；

（五）生活不能自理的，经劳动能力鉴定委员会确认的生活护理费；

（六）一次性伤残补助金和一至四级伤残职工按月领取的伤残津贴；

（七）终止或者解除劳动合同时，应当享受的一次性医疗补助金；

（八）因工死亡的，其遗属领取的丧葬补助金、供养亲属抚恤金和因工死亡补助金；

（九）工伤人员劳动能力鉴定费用；

（十）工伤预防费；

（十一）法律、法规规定的用于工伤保险的其他费用。

工伤预防费的提取、使用、管理的具体办法由省人民政府另行规定。

工伤认定调查费应当纳入本级财政预算，由财政资金予以保障。

第九条 工伤人员需要到参保所在地以外治疗的，应当由定点医疗机构提出，经所在地工伤保险经办机构批准。工伤人员享受的工伤保险待遇依照本规定执行。

工伤人员到境外的治疗及康复等费用，工伤保险基金不予支付。

参保人员在境外发生工伤事故的，境外治疗工伤的医疗费用由工伤保险基金支付，但境外发生的康复、伤残辅助器具等其他费用不予支付。

第十条 参保所在地社会保险行政部门为工伤认定机构，负责所辖区域内工伤认定工作。

参保所在地劳动能力鉴定委员会按照省人民政府有关规定负责劳动能力鉴定工作。

第十一条 未参加工伤保险的用人单位，其从业人员发生事故伤害或者患职业病的，从业人员或者其近亲属、工会组织可以申请工伤认定。

用人单位与从业人员或者其近亲属对因工作遭受事故伤害或者患职业病达成一致后反悔的，从业人员或者其近亲属、工会组织可以申请工伤认定，工伤认定申请时效自用人单位反悔之日起顺延 30 日，工伤认定机构应当予以受理。工伤认定机构受理申请后，确认为工伤或者因事故证据灭失导致无法确认工伤的，用人单位应当按照工伤保险的项目及标准支付费用。

第十二条 用人单位、从业人员或者其近亲属、工会组织确因等待司法机关和有关管理机关做出相关结论而超过工伤认定申请时效的，工伤认定申请时效自司法机关和有关管理机关做出相关结论之日起顺延 30 日。

第十三条 从业人员或者其近亲属、工会组织认为是工伤，用人单位不认为是工伤的，由用人单位承担举证责任。用人单位拒不举证的，工伤认定机构可以根据从业人员或者其近亲属、工会组织提供的证据依法作出工伤认定决定。

从业人员与用人单位之间因劳动关系发生争议的，当事人可以向劳动争议仲裁委员会申请仲裁。依法定程序处理劳动争议的时间不计算在工伤认定的时限内。

第十四条 工伤认定申请有下列情形之一的不予受理：
（一）未能提供与用人单位存在劳动关系（包括事实劳动关系）证明材料的；
（二）超出工伤认定管辖权范围的；
（三）超过规定时限的。

第十五条 无营业执照或者未经依法登记、备案的单位以及被依法吊销营业执照或者撤销登记、备案的单位的从业人员受到事故伤害或者患职业病的，或者用人单位使用童工造成童工伤残、死亡的，不进行工伤认定，直接进行劳动能力鉴定。劳动能力鉴定由单位所在地劳动能力鉴定委员会办理，鉴定费用由伤残职工或者童工所在单位支付。

用人单位应当按照国家有关规定，向伤残职工或者死亡职工的近亲属、伤残童工或者死亡童工的近亲属给予一次性赔偿。

第十六条 劳动能力复查鉴定的伤残等级有变化的，自做出鉴定结论的下月起，按照重新确定的伤残等级支付伤残待遇，但一次性伤残待遇不再变动。

第十七条 参加工伤保险的工伤人员，进行劳动能力鉴定所需的费用，从工伤保险基金中列支；未参加工伤保险的从业人员被认定为工伤的，进行劳动能力鉴定所需费用，由用人单位承担。

同一工伤申请再次进行劳动能力鉴定的，鉴定费用由申请人预缴，再次鉴定结论与初次鉴定结论一致的，鉴定费用由申请人承担；再次鉴定的结论发生改变的，鉴定费用按照前款规定执行。

工伤人员或者其近亲属、所在单位申请伤残等级复查鉴定的，鉴定费用按照第一款、第二款的规定执行；由社会保险经办机构申请伤残等级复查鉴定的，鉴定费用从工伤保险基金列支。

第十八条 除国务院《工伤保险条例》及本规定已明确规定由用人单位支付的以外，工伤保险待遇分别不同情况，由下列渠道支付：
（一）按时足额缴纳工伤保险费的用人单位，其参加工伤保险人员的工伤保险待遇由工伤保险基金依法支付；
（二）用人单位未依法缴纳工伤保险费，发生工伤事故的，由用人单位支付工伤保险待遇。用人单位不支付的，从工伤保险基金中先行支付。从工伤保险基金中先行支付的工伤保险待遇应当由用人单位偿还。用人单位不偿还的，社会保险经办机构可以依法追偿；
（三）《海南经济特区城镇从业人员工伤保险条例》施行以前及行业统筹单位工伤保险纳入地方管理以前发生工伤的从业人员，经社会保险行政部门认定为工伤，所在单位已依法按时足额缴纳工伤保险费的，其工伤保险待遇改由工伤保险基金支付，但属一次性支付的工伤保险待遇不再补发。

第十九条 从业人员因工作遭受事故伤害或者患职业病的，用人单位应当采取措施使其得到及时救治，垫付有关费用，待工伤认定后再由规定的渠道支付。

依法缴纳工伤保险费的用人单位确无能力垫付工伤医疗费用的，报经社会保险行政部门同意后，由工伤保险基金预付部分医疗费用。

第二十条 根据工伤治疗需要，经工伤保险定点医疗机构建议，工伤人员可以自发生工伤之日起享有不超过 12 个月的工伤停工留薪期；特殊情况确需延长的，经参保所在地劳动能力鉴定委员会确认后，可以适当延长停工留薪期，但延长期不超过 12 个月。定点医疗机构每次诊断建议的停工医疗时间，不超过 30 日。

当事人对停工留薪期有异议的，可以申请劳动能力鉴定委员会确认。

第二十一条 用人单位不得违法解除与工伤人员的劳动关系。五级、六级工伤人员的劳动合同期满后应当延续。

用人单位依法解除劳动关系的，应当一次性支付工伤人员伤残就业补助金；已参加工伤保险的工伤人员由工伤保险基金向其支付一次性工伤医疗补助金。国家法律法规另有规定的，从其规定。

第二十二条 因工死亡人员的近亲属，领取丧葬补助金的标准为 6 个月的上年度全省在岗职工月平均工资。

应当由用人单位支付供养亲属抚恤金的，用人单位应当按照国务院《工伤保险条例》的有关规定予以支付；如享受供养亲属抚恤金的人员要求一次性支付的，用人单位应当一次性支付该项待遇费用。一次性支付供养亲属抚恤金的数额为国家规定供养亲属抚恤金标准的 80%。一次性支付供养配偶及父母的抚恤金应当计发至其 75 周岁。

第二十三条 用人单位解散、破产、撤销时，应当优先一次性支付应当由用人单位承担的工伤保险待遇，并补缴欠缴的工伤保险费和滞纳金。

用人单位解散、破产、撤销时，应当由用人单位支付月伤残津贴的，一次性支付月伤残津贴至伤残人员法定退休；伤残人员未参加养老保险或者养老保险缴费年限未达到按月领取养老金所需最低缴费年限的，伤残津贴应当一次性支付至其 75 周岁；应当由用人单位支付生活护理费、辅助器具费的，用人单位应当一次性支付生活护理费、辅助器具费至其 75 周岁。

用人单位解散、破产、撤销时，应当对其五级至十级伤残人员支付一次性伤残就业补助金。

用人单位解散、破产、撤销后，工伤人员继续享受依法由工伤保险基金支付的待遇。

一次性工伤医疗补助金、一次性伤残就业补助金、生活护理费、辅助器具费的具体标准由省人民政府规定。

第二十四条 一级至四级伤残人员本人提出解除或者终止劳动关系的，由用人单位按照本规定第二十三条第二款的规定支付工伤保险待遇。但用人单位一次性支付月伤残津贴和生活护理费的期限不超过 20 年。

第二十五条 一级至四级伤残人员以伤残津贴为基数缴纳基本医疗保险费，医疗保险费由用人单位和本人按照规定比例共同负担。

扣除个人缴纳的医疗保险费后，月伤残津贴低于全省一类地区月最低工资标准的，由工伤保险基金补足差额。

第二十六条 工伤人员被认定为"因公牺牲"或者被授予"革命烈士"称号的，国家规定的抚恤待遇标准高于工伤保险待遇标准的，高出部分由民政部门按照规定补足支付。

获得工伤保险待遇的工伤人员参加商业保险的，还可以依法获得商业保险赔偿。用人单位或者社会保险经办机构在核定和支付工伤保险待遇费用后，应当将有关费用单据提供给工伤人员向商业保险机构索赔，并复印单据存档。

第二十七条 由于第三人的原因造成工伤，第三人不支付工伤医疗费用或者无法确定第三人的，由工伤保险基金先行支付后，社会保险经办机构有权向第三人追偿。

第二十八条 用人单位实行承包、租赁经营的，由从业人员劳动关系所在单位承担工伤保险责任，其中：

（一）原属与发包、出租单位订立劳动合同的从业人员，在合同有效期内到承包、承租单位工作的，其工伤保险责任由发包、出租单位承担；

（二）除前项从业人员外，已与承包、承租单位订立劳动合同或者发生事实劳动关系的从业人员，其工伤保险责任由承包、承租单位承担；

（三）以自然人名义承包、承租的，其工伤保险责任由本人承担，其所雇人员的工伤保险责任由发包、出租单位承担。

第二十九条 派往其他单位工作的从业人员，由派出单位承担工伤保险责任，但派出单位与实际用人单位可以约定补偿办法。

从业人员在两个或者两个以上用人单位同时就业的，各用人单位应当分别为从业人员缴纳工伤保险费。从业人员发生工伤的，由从业人员受到伤害时工作的单位依法承担工伤保险责任。

第三十条 从业人员与用人单位解除或者终止劳动合同后发现工伤，被确认属于在原单位因工作原因导致的，原用人单位应当承担工伤保险责任。

第三十一条 发包、承包单位违法将工程（业务）或者经营权发包、转包、分包给不具备用工主体资格的组织或者自然人，该组织或者自然人聘用的人员发生工伤的，发包、承包单位为工伤认定决定中的用人单位。

第三十二条 被雇（聘）用退休人员和进行勤工助学及实习的学生，因工作遭受事故伤害或者患职业病被确认为工伤的，用人单位应当参照工伤保险待遇项目和标准，向其支付工伤费用。

第三十三条 工伤保险基金必须纳入社会保险基金财政专户，专款专用，实行收入与支出分开管理，由财政部门依法进行监督；审计机关依法对工伤保险基金进行审计，并向社会公告审计结果，接受社会监督。

第三十四条 社会保险经办机构未按照规定给付工伤保险待遇费用的，由社会保险行政部门责令其按时足额给付，并可依照国家有关规定对社会保险经办机构主要责任人和直接责任人给予处分。

第三十五条 社会保险行政部门、财政部门、社会保险经办机构、社会保险费征收机构有下列行为之一的，由上一级行政机关或者主管部门责令其限期改正，追回被挪用或者流失的工伤保险基金，并入工伤保险基金；有违法所得的，没收违法所得；对其单位主要负责人、直接责任人分别追究行政责任；构成犯罪的，依法追究刑事责任：

（一）未按照规定将工伤保险基金转入工伤保险基金财政专户的；

（二）贪污、截留、挪用工伤保险基金的；

（三）擅自减、免或者增加用人单位应当缴纳的工伤保险费的；
（四）擅自更改工伤保险待遇的。

第三十六条 违反本规定规定的行为，本规定未设定处罚但其他法律法规已设定处罚的，依照有关法律法规的规定处罚。

第三十七条 本省辖区内经济特区以外，属于本规定第二条规定范围内的单位、组织及其从业人员的工伤保险，参照本规定执行。

第三十八条 省人民政府可以根据本规定制定实施办法。

第三十九条 本规定具体应用中的问题，由省人民政府负责解释。

第四十条 本规定自2012年1月1日起施行。

99 重庆市工伤保险实施办法

渝府发〔2012〕22号

第一章 总 则

第一条 为贯彻落实《中华人民共和国社会保险法》《工伤保险条例》（以下简称《条例》）和工伤保险有关法律法规，结合我市实际，制定本办法。

第二条 本市行政区域内的事业单位、企业、社会团体、民办非企业单位、基金会、律师事务所、会计师事务所等组织和有雇工的个体工商户（以下简称用人单位）应当依照本办法规定参加工伤保险，为本单位全部职工或者雇工（以下简称职工）缴纳工伤保险费。

第三条 参加工伤保险实行实名制。本市事业单位到住所地区县（自治县）、其他用人单位到注册地区县（自治县）办理工伤保险参保登记。市外用人单位在本市从事生产经营活动的，应当在生产经营地区县（自治县）参加工伤保险。

第四条 工伤保险基金实行全市统筹、分级管理，建立市和区县（自治县）政府两级责任分担机制。

第五条 市社会保险行政部门负责全市工伤保险工作。

区县（自治县）社会保险行政部门负责本行政区域内工伤保险工作。

市、区县（自治县）社会保险经办机构（以下简称经办机构），具体承办工伤保险事务。

第六条 建立和完善工伤预防、工伤补偿、工伤康复三位一体的工伤保险体系。

用人单位应当建立健全安全生产、职业病防治责任制度，采取措施预防工伤事故的发生。对从事有毒有害工作的职工应按照《职业病防治法》的规定进行职业健康检查，建立职工职业健康档案，并应当在参保时提供职工职业健康档案。职工发生工伤时，用人单位应当及时救治，并建立和完善职工工伤管理档案。

第二章 工伤保险基金

第七条 工伤保险基金纳入市社会保险基金财政专户，实行收支两条线管理，建立工伤保险储备金和基金预决算管理制度。

各区县（自治县）按月将实际征收的工伤保险基金全额上解到市社会保险基金财政专户，当年基金结余转为储备金。储备金主要用于重大事故和工伤保险基金入不敷出时的工伤待遇支付。工伤保险储备金和基金预决算管理的具体办法，由市社会保险行政部门会同市财政部门制定，报市人民政府批准后执行。

第八条 工伤保险费根据以支定收、收支平衡的原则确定费率。

市社会保险行政部门根据国家行业差别费率和工伤保险费收支情况制定我市工伤保险基准费率；根据我市工伤保险费支出、工伤发生率和职业病发生状况等情况，制定我市工伤保险费率浮动政策。经办机构按照我市工伤保险费率政策，定期调整各用人单位缴费费率。

第九条 用人单位应当以货币形式按月向征收机关足额缴纳工伤保险费，职工个人不缴纳工伤保险费。

第十条 工伤保险基金用于下列支出：

（一）治疗工伤的医疗费用和康复费用；

（二）住院伙食补助费；

（三）市外就医的交通食宿费；

（四）安装配置伤残辅助器具费用；

（五）生活不能自理的，经劳动能力鉴定委员会确认的生活护理费；

（六）一次性伤残补助金和一至四级伤残职工的伤残津贴；

（七）终止或解除劳动合同时，应当享受的一次性医疗补助金；

（八）因工死亡的，其遗属领取的一次性丧葬补助金、供养亲属抚恤金和一次性工亡补助金；

（九）劳动能力鉴定（确认）费；

（十）工伤预防的宣传、培训等费用；

（十一）法律法规规定的其他费用支出。

第三章 工伤认定

第十一条 社会保险行政部门按《条例》规定进行工伤认定。

职工发生事故伤害，用人单位应当自事故发生之日起3日内向负责工伤认定的社会保险行政部门报告，并填报《事故伤害报告表》；发生死亡事故或一次负伤3人以上（包括3人）的伤害事故，应在24小时内通过电话、传真等方式及时报告。

第十二条 职工因工发生事故伤害或者依法被诊断、鉴定为职业病，所在单位应当自事故伤害发生之日或者被诊断、鉴定为职业病之日起 30 日内，向参保地区县（自治县）社会保险行政部门提出工伤认定书面申请。遇有特殊情况需要延期提出工伤认定书面申请的，用人单位应当在事故发生之日或者被诊断、鉴定为职业病之日起 30 日内向参保地区县（自治县）社会保险行政部门提出书面延期申请，社会保险行政部门应当自收到申请之日起 3 个工作日内书面答复；对有正当理由的，申请时限最多可以延长 30 日。

用人单位未按前款规定提出工伤认定申请的，工伤职工或者其近亲属、工会组织在事故伤害发生之日或者被诊断、鉴定为职业病之日起 1 年内，可直接向参保地区县（自治县）社会保险行政部门提出工伤认定书面申请。

用人单位未在本条第一款规定的时限内提交工伤认定书面申请或延期认定申请的，从事故伤害发生之日或被诊断、鉴定为职业病之日起至社会保险行政部门受理工伤认定申请之日止，其间发生的医疗费、伙食补助费、市外就医的交通食宿费和工亡职工供养亲属抚恤金由用人单位承担。

第十三条 工伤认定由用人单位参保地区县（自治县）社会保险行政部门负责。职工在参保地之外发生事故，参保地社会保险行政部门可委托事故发生地社会保险行政部门进行调查核实。

受伤职工未参加工伤保险的，本市用人单位由注册地或住所地区县（自治县）社会保险行政部门负责工伤认定，市外用人单位在本市从事生产经营活动的由生产经营地区县（自治县）社会保险行政部门负责工伤认定。

第十四条 提出工伤认定申请应当提交下列材料：

（一）《工伤认定申请表》及受伤职工本人身份证复印件；

（二）与用人单位存在劳动关系（包括事实劳动关系）或人事关系的证明材料；

（三）职工发生伤害事故的，提供医疗机构出具的医疗诊断初诊证明和病历资料等；职工患职业病的，提供有职业病诊断资格医疗机构出具的诊断证明书（或职业病诊断鉴定书）。

工伤认定申请人提供材料不完整的，社会保险行政部门应当一次性书面告知工伤认定申请人需要补正的全部材料。提供补正材料的期限一般不超过 15 日；遇有特殊情况，经社会保险行政部门同意，可以适当延长。申请人按照书面告知要求补正材料后，社会保险行政部门应当受理。

第十五条 社会保险行政部门受理工伤认定申请后，发现该申请不符合《条例》和本办法规定受理条件的，应当驳回该工伤认定申请，对申请人出具《驳回工伤认定申请通知书》，并说明理由、告知诉权。

第十六条 社会保险行政部门应当自受理工伤认定申请之日起 60 日内作出工伤认定决定，并在作出工伤认定决定后 15 日内书面通知工伤职工或者其近亲属和该职工所在单位。

社会保险行政部门对受理的事实清楚、权利义务明确的工伤认定申请，应当在 15 日内作出工伤认定决定。

第十七条 职工或者近亲属认为是工伤，用人单位不认为是工伤的，由社会保险行政部门书面通知用人单位提供举证材料，用人单位应自收到举证通知之日起 15 日内提供相关证据。用人单位逾期不提供举证材料的，承担举证不能的责任。

第四章 劳动能力鉴定

第十八条 市、区县（自治县）劳动能力鉴定委员会由同级社会保险行政部门、卫生行政部门、工会组织、经办机构代表以及用人单位代表组成。市、区县（自治县）劳动能力鉴定委员会下设办公室，挂靠在同级社会保险行政部门，负责劳动能力鉴定委员会的日常工作。

第十九条 劳动能力鉴定委员会承担以下鉴定或确认工作：
（一）工伤职工劳动能力的鉴定；
（二）延长停工留薪期的确认；
（三）配置辅助器具的确认；
（四）疾病与工伤关联的确认；
（五）供养亲属完全丧失劳动能力的鉴定；
（六）工伤康复的确认；
（七）工伤职工旧伤复发的确认；
（八）其他受委托的劳动能力鉴定。

第二十条 工伤职工伤情处于相对稳定状态，用人单位、工伤职工或者其近亲属可向劳动能力鉴定委员会提出劳动能力鉴定申请。工伤职工停工留薪期满或停工留薪期终止，应当进行劳动能力鉴定。

用人单位、工伤职工或者其近亲属向劳动能力鉴定委员会提出劳动能力鉴定申请时，应填报《劳动能力鉴定表》，并提交《工伤认定决定书》、病历及相关诊疗资料等。用人单位、工伤职工或者其近亲属申请其他工伤鉴定（确认）的，应按规定提交相关资料。

劳动能力鉴定（确认）具体办法由市社会保险行政部门制定。

第二十一条 工伤职工再次发生工伤后申请劳动能力鉴定的，先对新发生的工伤作出劳动能力鉴定结论，再结合原有工伤作出综合劳动能力鉴定结论。

第二十二条 申请鉴定的单位或者个人对区县（自治县）劳动能力鉴定委员会的鉴定（确认）结论不服的，可以在收到鉴定（确认）结论之日起15日内向市劳动能力鉴定委员会申请再次鉴定（确认），并提交区县（自治县）劳动能力鉴定委员会的鉴定结论及相关材料。

市劳动能力鉴定委员会的再次鉴定（确认）结论为最终结论。

第二十三条 自生效的劳动能力鉴定结论作出之日起1年后，工伤职工及其近亲属、工伤职工所在单位或经办机构认为其伤残情况发生变化的，可以向负责首次鉴定的劳动能力鉴定委员会申请复查鉴定。

第二十四条 按本办法第十九条规定的范围所产生的劳动能力鉴定（确认）费及鉴定检查费用，参加工伤保险并足额缴纳工伤保险费的，由工伤保险基金支付；未参加工伤保险的或未足额缴纳工伤保险费期间发生的劳动能力鉴定（确认）费及鉴定检查费用，由用人单位承担。

鉴定（确认）结果为与工伤无关联的疾病、供养亲属未完全丧失劳动能力以及再次鉴定（确认）或复查鉴定的结论没有变化，所产生的鉴定（确认）费及鉴定检查费用由申请者承担。

劳动能力鉴定（确认）费收费标准由市物价部门会同市财政部门确定。

第二十五条 工伤职工在停工留薪期内或者尚未作出劳动能力鉴定结论的，用人单位不得解除劳动合同或者终止劳动关系。

第五章 工伤保险待遇

第二十六条 用人单位按本办法规定参加工伤保险，并按时足额缴纳工伤保险费，参保职工受到事故伤害或者患职业病并认定为工伤的，按《条例》和本办法规定享受工伤保险待遇。

第二十七条 职工住院治疗工伤期间的伙食补助费，以及经批准到市外就医所需的交通、食宿费标准由市社会保险行政部门会同市财政部门制定，报市人民政府批准后执行。

第二十八条 职工治疗工伤，实行定点医疗。就医和结算管理办法由市社会保险行政部门会同市财政、市卫生行政部门制定。工伤医疗、康复、辅助器具配置定点机构管理办法由市社会保险行政部门制定。

第二十九条 社会保险行政部门作出认定为工伤的决定后发生行政复议、行政诉讼的，行政复议和行政诉讼期间不停止支付工伤职工治疗工伤的医疗费用。经行政复议或行政诉讼后不予认定为工伤的，已由工伤保险基金支付的医疗费用应及时退还；不退还的，由社会保险经办机构依法追回。

第三十条 职工享受工伤保险待遇，由用人单位向社会保险经办机构申请（情况特殊的，工伤职工可直接申请），并提交工伤认定决定书、劳动能力鉴定结论等材料。申请人提交资料齐全的，社会保险经办机构应当在30日内按规定支付工伤保险待遇，情形特殊的可适当延长，延长期不得超过15日。

申请享受供养亲属抚恤待遇的，根据所申请的待遇项目提交以下补充材料：

（一）被供养人户口簿、身份证、公安户籍管理的生存证明；
（二）街道办事处或乡镇政府出具的无生活来源证明；
（三）婚姻关系证明；
（四）民政部门出具的孤寡老人或孤儿的证明；
（五）养子女的收养证书；
（六）劳动能力鉴定委员会作出的供养亲属完全丧失劳动能力的鉴定结论。

第三十一条 工伤职工停工留薪期一般不超过12个月。伤情严重或者情况特殊的，工伤职工或其近亲属应在停工留薪期满前申请延长停工留薪期，经参保地的劳动能力鉴定委员会确认可以适当延长，但延长期限最长不得超过12个月。用人单位、工伤职工或其近亲属对延长停工留薪期确认存在争议的，由用人单位、工伤职工或其近亲属向市劳动能力鉴定委员会申请再次确认。停工留薪期确认及管理的具体办法由市社会保险行政部门制定。

第三十二条 对在进行劳动能力鉴定期间停工留薪期满的工伤职工，停发停工留薪期待遇；如因工伤不能从事工作的，由用人单位按不低于病假待遇的标准支付相关待遇。

第三十三条 工伤职工因日常生活或者就业需要，要求安装、配置辅助器具的，由用人单位或工伤职工根据工伤职工就医定点医疗机构建议，向参保地区县（自治县）劳动能力鉴定委员会申请确认。经确认需要安装、配置的，到工伤保险定点辅助器具配置机构安装、配置，所需费用按照国家和我市有关规定由工伤保险基金支付，具体办法由市社会保险行政部门制定。

第三十四条 职工因工受伤或者被诊断（鉴定）为职业病并认定为工伤的，从受伤之日或诊断（鉴定）为职业病之日起，享受工伤医疗待遇；职工因工致残被鉴定为一至十级伤残的，从生效的劳动能力鉴定结论作出的次月起享受工伤保险待遇；职工因工死亡的，以其死亡当日计算一次性工亡待遇和工亡职工供养亲属年龄，从其死亡的次月起供养亲属享受供养亲属抚恤金待遇。

首次计发一至六级工伤职工伤残津贴金额不得低于本市最低工资标准的最高档次。

第三十五条 职工因工致残被鉴定为一至四级伤残的，保留劳动关系，退出工作岗位；以伤残津贴为基数，按规定缴纳各项社会保险费。具体缴费办法由市社会保险行政部门制定。

第三十六条 五至十级工伤职工本人提出与用人单位解除劳动关系或者用人单位依法解除劳动关系的，或七级至十级工伤职工劳动合同期满用人单位难以安排工作而终止劳动关系的，自与用人单位按规定程序终止劳动关系之日起，与经办机构的工伤保险关系同时终止，由工伤保险基金支付一次性工伤医疗补助金，由用人单位支付一次性伤残就业补助金，计发标准如下：

一次性工伤医疗补助金以解除劳动关系之日的本市上年度职工月平均工资为计发基数，按五级12个月、六级10个月、七级8个月、八级6个月、九级4个月、十级2个月计发。

一次性伤残就业补助金以解除劳动关系之日的本市上年度职工月平均工资为计发基数，按五级60个月、六级48个月、七级15个月、八级12个月、九级9个月、十级6个月计发。终止或解除劳动关系时，工伤职工距法定退休年龄10年以上（含10年）的，一次性伤残就业补助金按全额支付；距法定退休年龄9年以上（含9年）不足10年的，按90%支付；以此类推，每减少1年递减10%。距法定退休年龄不足1年的，按全额的10%支付；达到法定退休年龄的工伤职工，不计发一次性伤残就业补助金。

五至六级工伤职工在本办法实施前已提出解除劳动合同、终止工伤保险关系的，一次性伤残就业补助金按原标准执行；本办法实施后提出解除劳动合同、终止工伤保险关系的，一次性伤残就业补助金按本办法标准执行。

第三十七条 一至四级工伤职工在停工留薪期满后死亡的，其近亲属享受《条例》第三十九条第一款第（一）、（二）项规定的工伤保险待遇。工伤职工供养亲属抚恤金以其死亡时享受的伤残津贴或养老保险待遇为基数，按《条例》规定的比例计发。

第三十八条 经复查鉴定，伤残等级及护理程度发生变化的，自作出复查鉴定结论的次月起，以复查鉴定结论为依据享受《条例》和本办法规定的除一次性伤残补助金之外的工伤保险待遇。享受伤残津贴或养老保险待遇的工伤人员，经复查鉴定伤残等级发生变化的，原享受的伤残津贴或养老保险待遇低于同期同等级伤残津贴标准的，从复查鉴定结论作出的次月起，伤残津贴或养老保险待遇调整到同期同等级伤残津贴最低标准。

革命伤残军人解除劳动合同并终止工伤保险关系时，已从工伤保险基金享受过一次性工伤医疗补助金的，不再重复享受。

第三十九条 工伤职工再次发生工伤的，以新发生工伤的劳动能力鉴定等级享受一次性伤残补助金，以综合劳动能力鉴定等级享受除一次性伤残补助金以外的工伤保险待遇。

第四十条 以本市上年度职工月平均工资和全国上年度城镇居民人均可支配收入为基数核定工伤保险待遇时，若上年度标准尚未公布，可暂按上上年度标准核算，待上年度标准公布后再重新结算。

第四十一条 伤残津贴、供养亲属抚恤金标准根据职工平均工资和生活费用变化等情况适时调整，由市社会保险行政部门提出调整方案，报市人民政府批准后执行。

生活护理费每年从1月1日起以全市上年度职工月平均工资为基数按规定比例计发。

第四十二条 用人单位依法破产、关闭或注销时，工伤职工的工伤保险待遇按以下规定处理：

（一）一至四级工伤职工、已办理退休的五至十级工伤职工以及享受工亡职工供养亲属抚恤金待遇的人员，由用人单位按本市有关规定一次性缴纳工伤保险统筹费用后，由工伤保险基金按规定支付待遇，领取工伤保险待遇的相关手续移交其长期居住地的乡镇（街道）社会保障服务机构，实行社会化管理服务。

（二）不符合办理退休的五至十级工伤职工与用人单位解除劳动关系，终止工伤保险关系，按本办法规定支付一次性工伤医疗补助金和伤残就业补助金。

第六章 管理和监督

第四十三条 市社会保险行政部门履行下列职责：

（一）贯彻执行国家工伤保险的法律、法规，负责制定工伤保险政策并组织实施，统筹规划全市工伤保险工作；

（二）制定工伤预防、宣传、培训规划和职业康复计划并组织实施；

（三）审核工伤保险基金预决算；

（四）制定工伤医疗（康复）定点服务机构和辅助器具配置机构管理办法，负责有关审批管理工作；

（五）负责职责范围内的工伤认定工作，组织实施劳动能力鉴定工作；

（六）法律、法规赋予的其他职责。

第四十四条 区县（自治县）社会保险行政部门履行下列职责：

（一）贯彻执行工伤保险的法律、法规和政策；

（二）负责对用人单位和职工进行工伤保险政策的宣传、培训；

（三）负责工伤认定工作；

（四）负责劳动能力鉴定的监督检查，工伤保险基金的缴纳、支付、使用情况的监督检查；

（五）负责本级经办机构发生的工伤保险行政争议的复议工作；

（六）上级交办的其他工作任务。

第四十五条 市级工伤保险经办机构履行下列职责：

（一）负责管理全市工伤保险基金；

（二）编制工伤保险基金预决算草案；

（三）负责与工伤医疗、康复和辅助器具配置机构签订服务协议并组织实施；

（四）负责工伤保险基金收缴、支付的各项统计分析工作；

（五）指导、监督、检查区县（自治县）工伤保险经办机构的工作；

（六）法律、法规、规章规定和上级机关交办的其他工作。

第四十六条 区县（自治县）工伤保险经办机构履行下列职责：

（一）核查用人单位的工资总额和职工人数，并办理工伤保险登记、缴费申报，确定缴费费率；

（二）按规定与本行政区域的工伤医疗服务机构签订服务协议；

（三）管理工伤保险基金，核定和支付工伤保险待遇；

（四）编报工伤保险基金的会计、统计报表；

（五）提供工伤保险待遇查询和政策咨询服务；

（六）承办上级部门和本级社会保险行政部门交办的其他工作。

第四十七条 乡镇（街道）社会保障服务机构负责工伤保险社会化管理服务工作。

第四十八条 市、区县（自治县）财政部门对工伤保险基金的收支、管理情况进行监督，负责及时审批、拨付工伤保险基金。

第四十九条 市、区县（自治县）地方税务机关按照《社会保险费征缴暂行条例》（国务院令第259号）规定，负责工伤保险费的征收，对用人单位在缴纳工伤保险费过程中的违法行为依法查处。

第五十条 用人单位应当将每年参保职工名单、参保日期、缴费情况、年度内发生的工伤事故、工伤认定、劳动能力鉴定和工伤待遇支付等情况，于次年的1月底前在本单位内公示。公示时间不得少于15天，公示情况书面报所属经办机构备案。经办机构应当按规定为参保职工建立工伤保险档案，用人单位和职工有权查询。

第七章 附 则

第五十一条 用人单位应当参加工伤保险而未参加，或少报、漏报参保职工以及未按时足额缴纳工伤保险费的，按以下办法办理：

（一）2010年12月31日前受伤的工伤人员及工亡职工的供养亲属，按我市有关规定由用人单位一次性缴纳工伤保险统筹费用后纳入工伤保险统筹管理，纳入统筹前的待遇由用人单位支付。

（二）2011年1月1日后受伤的工伤人员及工亡职工的供养亲属，按《条例》第六十二条规定，用人单位补缴工伤保险费和滞纳金后的次月起，新发生的除一次性工亡补助金、一次性丧葬补助金和一次性伤残补助金外的应由工伤保险基金支付的工伤保险待遇由工伤保险基金支付。

第五十二条 新参加工伤保险的用人单位和个人，从受理申报当月起缴纳新参保人员工伤保险费，受理申报次日起享受工伤保险待遇。已参加工伤保险的用人单位减少参保人员，从申报减少次月起停止缴纳减少人员工伤保险费。

第五十三条 用人单位因少报、瞒报缴费基数，造成工伤职工享受的工伤保险待遇降低的，差额部分由用人单位补足。

第五十四条 用人单位未参加工伤保险，职工受到事故伤害或诊断为职业病的，其工伤待遇按《条例》和本办法规定由用人单位支付。

工伤职工、工亡职工未参加工伤保险或已参加工伤保险但伤（亡）时户籍不在本市的，工伤职工、工亡职工供养亲属的长期待遇，可实行一次性支付或长期支付两种办法。其一次性支付标准由市社会保险行政部门制定。

第五十五条 达到法定退休年龄或者已经依法享受基本养老保险待遇的人员，不适用本办法。

第五十六条 本市行政区域内的公务员和参照《公务员法》管理的事业单位、社会团体的工作人员，参照《条例》和本办法执行。具体办法由市社会保险行政部门会同市财政部门制定。

第五十七条 本办法自2012年1月1日起施行，《重庆市人民政府关于印发重庆市工伤保险实施暂行办法的通知》（渝府发〔2003〕82号）和《重庆市人民政府关于印发重庆市机关事业单位工作人员工伤管理暂行办法的通知》（渝府发〔2004〕63号）同时废止。

100　四川省工伤保险条例

2020年7月31日四川省人民代表大会常务委员会公告第61号公布，自2020年9月1日起施行。

第一章　总　　则

第一条 为了保障因工作遭受事故伤害或者患职业病的职工获得医疗救治和经济补偿，促进工伤预防和职业康复，分散用人单位的工伤风险，根据《中华人民共和国社会保险法》《中华人民共和国职业病防治法》和国务院《工伤保险条例》等法律法规的规定，结合四川省实际，制定本条例。

第二条 四川省行政区域内企业、事业单位、社会团体、社会服务机构、基金会、律师事务所、会计师事务所等组织和有雇工的个体工商户（以下称用人单位）应当参加工伤保险，为本单位全部职工或者雇工（以下称职工）缴纳工伤保险费。职工个人不缴纳工伤保险费。

第三条 用人单位应当在登记或者注册所在地依法为职工参加工伤保险。未在登记或者注册所在地参加工伤保险的职工，可由用人单位在生产经营地为其参加工伤保险。

第四条 用人单位和职工应当遵守有关安全生产和职业病防治的法律法规，执行安全卫生规程和标准，预防工伤事故发生，避免和减少职业病危害。

工程建设领域的用人单位应当将依法参加工伤保险作为保证工程施工安全的具体措施。

不能按照用人单位参加工伤保险的工程建设项目，按照国家和省有关规定以建设项目参加工伤保险。

第五条 县级以上地方人民政府应当加强工伤预防工作，发展工伤康复事业，建立工伤预防、补偿和康复相结合的工伤保险工作体系。

县级以上地方人民政府社会保险行政部门负责本行政区域内的工伤保险工作，社会保险经办机构（以下称经办机构）具体承办工伤保险事务。

省、市（州）劳动能力鉴定机构负责职工劳动能力鉴定工作。

县级以上地方人民政府发展改革、公安、民政、财政、住房城乡建设、交通运输、农业农村、水利、应急管理、卫生健康、市场监督管理、医疗保障、税务等部门在各自职责范围内做好工伤保险相关工作。

第六条 市（州）以上地方人民政府社会保险行政部门应当会同财政、卫生健康、住房城乡建设和应急管理等部门，根据辖区内工伤事故伤害、职业病高发的行业、企业、工种、岗位等情况，统筹确定工伤预防的重点领域，开展工伤预防的宣传、培训，建立工伤隐患排查机制和预警机制。

第七条 工会组织依法维护工伤职工的合法权益，对用人单位的工伤保险工作实行监督。

第八条 工伤保险基金依法由国家和省规定的资金构成，实行省级统筹。

工伤保险基金用于国家和本条例规定的工伤保险待遇，劳动能力鉴定，工伤预防的宣传、培训等费用以及法律法规规定的用于工伤保险的其他费用。工伤保险管理、工伤认定、业务经办的必要工作经费，由同级财政予以保障。

省人民政府社会保险、财政、税务等部门，在各自职责范围内，经省人民政府授权，依据国家相关规定，做好确定、调整、发布我省工伤保险待遇标准、费率等工作。

第九条 经办机构应当建立、健全内部财务、审计制度，每年至少应当向社会公布一次工伤保险基金收支情况。

社会保险行政部门、财政部门和审计部门依法对工伤保险基金的收支、管理情况进行监督。

第十条 县级以上地方人民政府应当组织相关行政主管部门和工会等组织建立工伤保险工作协调机制，建设信息共享平台，协调解决相关重大事项。

第十一条 县级以上地方人民政府应当加强工伤保险制度宣传和普及工作，提高职工的自我保护意识。

司法行政部门应当加强工伤保险法制宣传教育、法律服务和法律援助工作。

公民、法人和其他组织依法享有知悉信息、参与及监督工伤保险制度执行的权利，有权对涉及工伤认定、劳动能力鉴定等违法行为进行举报。

第二章 工伤认定

第十二条 受到事故伤害或者患职业病的职工（以下称受伤职工）已参加工伤保险的，用人单位、受伤职工或者其近亲属、工会组织向参保地同级社会保险行政部门提出工伤认定申请。

在省本级参加工伤保险的，向用人单位所在地市（州）社会保险行政部门提出工伤认定申请。

未参加工伤保险的，向用人单位生产经营地的县（市、区）社会保险行政部门提出工伤认定申请。

第十三条 提出工伤认定申请应当提交下列材料：

（一）工伤认定申请表；

（二）与用人单位存在劳动关系（包括事实劳动关系）、人事关系的证明材料；

（三）医疗机构出具的医疗诊断证明（含职工受伤害时的初诊诊断证明）或者依法承担职业病诊断的医疗、卫生机构出具的职业病诊断证明书（或者职业病诊断鉴定书）；

（四）申请人能够提供的其他相关证明材料。

第十四条 社会保险行政部门收到工伤认定申请后，应当在十五日内对申请人提交的材料进行审核，材料完整的，书面作出受理或者不予受理的决定；材料不完整的，应当书面告知补正要求。申请人按照补正要求补正材料后，社会保险行政部门应当在十五日内作出受理或者不予受理的决定。

第十五条 职工发生事故伤害或者按照职业病防治法规定被诊断、鉴定为职业病的，用人单位应当自事故伤害发生之日或者被初次诊断、鉴定为职业病之日起三十日内，按本条例规定向社会保险行政部门提出工伤认定申请。遇有特殊情况，经书面报社会保险行政部门同意，申请时限可以适当延长。

用人单位未按前款规定提出工伤认定申请的，受伤职工或者其近亲属、工会组织在事故伤害发生之日或者被初次诊断、鉴定为职业病之日起一年内，可以直接向社会保险行政部门提出工伤认定申请。

用人单位未在本条第一款规定的时限内提交工伤认定申请，自事故伤害发生之日或者被初次诊断、鉴定为职业病之日起至社会保险行政部门收到工伤认定申请之日止，发生符合国家和本条例规定的工伤保险待遇等有关费用，由该用人单位负担。

第十六条 有下列情形之一的，被延误的时间不计算在工伤认定申请时限内：

（一）受不可抗力影响的；

（二）职工由于被国家机关依法采取强制措施等人身自由受到限制不能申请工伤认定的；

（三）当事人就确认劳动关系申请劳动争议仲裁或者提起民事诉讼的；

（四）其他符合法律法规规定的情形。

第十七条 有下列情形之一的，社会保险行政部门不予受理工伤认定申请：

（一）超出工伤认定管辖权范围的；

（二）超过规定申请时限的；

（三）已经作出工伤认定决定，申请人基于同一事实和理由，就同一次伤害情形再次提出申请的；

（四）法律法规规定的不予受理的其他情形。

第十八条 社会保险行政部门受理工伤认定申请后，根据审核需要可以对劳动人事关系、事故伤害情况进行调查核实。用人单位、职工、工会组织、医疗机构以及有关部门应当予以配合，据实提供情况及相关材料。

当事人对劳动关系存在争议的，社会保险行政部门应当书面告知当事人向劳动人事争议仲裁委员会申请仲裁。

第十九条 社会保险行政部门应当自受理工伤认定申请之日起六十日内作出工伤认定的决定。对受理的事实清楚、权利义务明确的工伤认定申请，应当自受理工伤认定申请之日起十五日内作出工伤认定的决定。

第二十条 社会保险行政部门受理工伤认定申请后，有下列情形之一的，作出工伤认定决定的时限中止，并书面通知申请人：

（一）受伤职工与用人单位之间就劳动关系是否成立正在进行劳动人事争议仲裁或者诉讼的；

（二）对受伤职工是否构成醉酒或者吸毒、自残或者自杀和故意犯罪等正在进行认定，尚未作出生效法律文书或者结论性意见的；

（三）人民法院对宣告职工死亡的判决尚未作出或者尚未发生法律效力的；

（四）确需进行工伤因果关系、技术性鉴定，尚未作出鉴定结论的；

（五）法律法规规定的其他情形。

上述情形消除后，社会保险行政部门应当在收到有关部门作出的结论五个工作日内恢复工伤认定程序，并书面告知申请人。

第二十一条 有下列情形之一的，视为因工作原因受到事故伤害：

（一）职工在连续工作过程中和工作场所内，因工间就餐、休息、如厕等必要的生活、生理活动时受到事故伤害的；

（二）职工由用人单位指派前往依法宣布为疫区的地方工作而感染该传染病的；

（三）在传染病疫情和突发公共卫生事件中的预防、救治等工作中感染该传染病的；

（四）职工参加用人单位组织或者受用人单位指派参加其他单位组织的活动受到事故伤害的，但参加与工作无关的活动除外。

第二十二条 因工外出期间，由于工作原因受到伤害或者发生事故下落不明的，应当认定为工伤。

职工因工作原因驻外地工作，有固定的住所、有明确的作息时间，工伤认定时按照在驻在地当地正常工作的情形处理。

职工被派遣出境工作的，其工伤保险按照国家有关规定执行。

第二十三条 具备用工主体资格的承包单位，将承包业务转包、分包给不具备用工主体资格的组织或者自然人，该组织或者自然人招用的劳动者从事承包业务时发生工伤的，由该具备用工主体资格的承包单位承担工伤保险责任。

个人挂靠单位对外经营，其聘用的人员发生工伤的，由被挂靠单位承担工伤保险责任。

第二十四条 职工在两个或者两个以上用人单位同时就业的，各用人单位应当分别为职工缴纳工伤保险费。职工发生工伤的，由职工受到伤害时工作的单位承担工伤保险责任。

第二十五条 社会保险行政部门及其工作人员在进行工伤认定时，应当保守有关单位商业秘密和个人隐私，并为提供情况和相关材料的人员保密。

第三章 劳动能力鉴定

第二十六条 用人单位、工伤职工或者其近亲属向工伤认定地的市（州）劳动能力鉴定机构申请劳动能力初次鉴定、复查鉴定。

非法用工单位伤亡人员的劳动能力鉴定由单位所在地的市（州）劳动能力鉴定机构办理。

对初次鉴定或者复查鉴定结论不服的，可以向省劳动能力鉴定机构申请再次鉴定。省劳动能力鉴定机构作出的劳动能力鉴定结论为最终结论。

第二十七条 劳动能力鉴定机构履行下列鉴定和确认职责：

（一）劳动功能障碍程度等级鉴定；

（二）生活自理障碍程度等级鉴定；

（三）供养亲属丧失劳动能力程度鉴定；

（四）辅助器具配置确认；

（五）旧伤复发确认；

（六）工伤康复必要性及期限确认；

（七）停工留薪期延长确认；

（八）法律法规规章规定的其他鉴定或者确认事项。

劳动关系终止后，有关单位或者个人申请前款规定鉴定或者确认事项的，劳动能力鉴定机构不再受理。

第二十八条 工伤职工因伤情严重或者情况特殊需延长停工留薪期的，应当在期满前十五日内向劳动能力鉴定机构申请确认。

第二十九条 工伤职工进行初次劳动能力鉴定所需的费用，参加工伤保险的从工伤保险基金中列支；未参加工伤保险的由用人单位承担。

同一工伤申请再次鉴定或者复查鉴定的，再次鉴定和复查鉴定费用由申请人预缴，再次鉴定或者复查结论与初次鉴定结论一致的，鉴定费用由申请人承担；再次鉴定或者复查鉴定结论发生改变的，鉴定费用按照前款规定执行。

由经办机构申请劳动能力复查鉴定的，鉴定费用从工伤保险基金列支。

第四章　工伤保险待遇

第三十条　用人单位依法参加工伤保险的，工伤职工应该享受的工伤保险待遇按照国家和本条例规定分别由工伤保险基金和用人单位支付；未依法参加工伤保险的，工伤职工依法应该享受的工伤保险待遇全部由用人单位支付。

第三十一条　职工因工作遭受事故伤害或者患职业病的，用人单位应当采取措施使其得到及时救治并垫付相关费用。

第三十二条　工伤职工进行治疗和康复，按照国家和省的有关规定享受工伤医疗和工伤康复待遇。

治疗工伤所需费用符合工伤保险诊疗项目目录、工伤保险药品目录、工伤保险住院服务标准的，从工伤保险基金支付。不符合规定的费用不得从工伤保险基金中支付，急诊、抢救的医疗费用除外。

第三十三条　一级至四级工伤职工保留劳动人事关系，退出工作岗位，按照国家规定享受相关待遇。

未参加工伤保险的一级至四级工伤职工的工伤保险待遇，经工伤职工或者其法定代理人与用人单位协商一致，可以解除劳动人事关系，由用人单位一次性支付工伤保险待遇。一次性支付的工伤保险待遇，以工伤发生时上一年度全省城镇全部单位就业人员年平均工资为基数，按照下列标准计发：一级伤残为十六倍，二级伤残为十四倍，三级伤残为十二倍，四级伤残为十倍。一级至四级工伤职工一次性领取工伤保险待遇前的工资福利、医疗费、护理费、住院治疗期间的伙食补助费及所需的交通费等费用，按照规定支付。

第三十四条　五级至十级工伤职工，保留劳动人事关系的，按照国家规定享受相关待遇。

五级、六级工伤职工本人提出解除或者终止劳动人事关系，以及七级至十级工伤职工劳动、聘用合同期满终止或者本人提出解除劳动、聘用合同时，参加工伤保险的，由工伤保险基金支付一次性工伤医疗补助金，由用人单位支付一次性伤残就业补助金；未参加工伤保险的，由用人单位支付一次性工伤医疗补助金和一次性伤残就业补助金。工伤保险待遇自解除或者终止劳动人事关系之日起不再享受。

一次性工伤医疗补助金和一次性伤残就业补助金的具体标准由省人民政府规定。

第三十五条　五级、六级工伤职工本人提出与用人单位解除或者终止劳动人事关系，以及七级至十级工伤职工本人提出与用人单位解除劳动、聘用合同时，距法定退休年龄五年以上（含五年）的，一次性伤残就业补助金由用人单位全额支付；距法定退休年龄不足五年的，一次性伤残就业补助金按照年龄每增加一周岁递减支付，具体标准由省人民政府规定。

用人单位违反《中华人民共和国劳动合同法》等法律法规规定，工伤职工提出解除劳动合同的，用人单位应当全额支付一次性伤残就业补助金。

第三十六条 职工因工死亡，其近亲属按照国家规定领取丧葬补助金、供养亲属抚恤金和一次性工亡补助金。

未参加工伤保险的因工死亡职工供养亲属抚恤金，经供养亲属或者其法定代理人与用人单位协商一致，可以由用人单位一次性支付。一次性支付供养亲属抚恤金的具体标准，由省人民政府规定。

第三十七条 伤残等级有变化的，自劳动能力复查鉴定结论作出的次月起，根据重新确定的伤残等级，以工伤职工受伤时的本人工资为基数，重新核定工伤保险定期待遇，但一次性伤残补助金不再重新核发。

第三十八条 在劳动关系存续期间，一级至四级工伤职工本人自愿的，由用人单位和个人以伤残津贴为基数缴纳职工基本养老保险费。如伤残津贴低于当期养老保险最低缴费基数的，按养老保险最低缴费基数执行。

第五章 法律责任

第三十九条 违反本条例规定的行为，法律、行政法规已有处罚规定的，从其规定。

第四十条 用人单位按照规定应当参加工伤保险而未参加的，由社会保险行政部门责令限期参加并依法处理。用人单位未按时足额缴纳保险费的，由社会保险费征收机构责令其限期缴纳或者补足，并依法缴纳滞纳金；逾期仍不缴纳的，由有关行政部门处欠缴数额一倍以上三倍以下的罚款。

第四十一条 用人单位不依法参加工伤保险的，由有关部门按照规定纳入诚信档案。

第四十二条 用人单位未足额缴纳工伤保险费造成工伤职工工伤保险待遇降低的，由用人单位承担待遇补差责任。

第四十三条 用人单位、工伤职工或者近亲属在工伤认定中提供虚假材料的，由社会保险行政部门处二千元以上一万元以下的罚款。

第四十四条 社会保险行政部门、经办机构和国家相关部门工作人员在工作中滥用职权、玩忽职守、徇私舞弊的，依法给予处理。

第六章 附 则

第四十五条 以下人员可以参照本条例参加工伤保险，具体办法由省人民政府社会保险行政部门会同有关部门制定：

（一）已经达到或者超过法定退休年龄且未依法享受职工基本养老保险待遇的人员；

（二）由学校统一组织、实习单位按规定支付劳动报酬的年满十六周岁的参加实习工作的在校学生；

（三）在毕业实习期间的医学生和在住院医师等规范化培训期间的医学在读研究生；

（四）参加住院医师等规范化培训的社会学员；

（五）其他可以参照本条例参加工伤保险的人员。

第四十六条 无营业执照或者未经依法登记、备案的单位以及被依法吊销营业执照或者撤销登记、备案的单位的从业人员因工作原因受到事故伤害或者患职业病的，或者用人单位非法使用童工造成童工伤残、死亡的，不进行工伤认定；造成上述人员伤残的，应当进行劳动能力鉴定。

用人单位应当按照国家有关规定，向伤残职工或者死亡职工的近亲属、童工或者童工的近亲属给予一次性赔偿。伤残职工或者死亡职工的近亲属、童工或者童工的近亲属就赔偿数额与用人单位发生争议的，按照处理劳动争议的有关规定处理。

第四十七条 用人单位为职工办理工伤保险参保手续次日起，在规定的缴费周期内缴纳工伤保险费的，该参保职工发生工伤，由工伤保险基金按照国家和本条例规定的工伤保险待遇项目和标准支付费用。

第四十八条 工伤职工工作时间不足十二个月的，其本人工资按照实际工作月数的月平均缴费工资计算；工伤职工工作时间不足一个月的，其本人工资按照其一个月的缴费工资计算。

工伤职工本人工资标准难以查实的，按职工受伤或者诊断（鉴定）为职业病时上年度全省城镇全部单位就业人员月平均工资标准确定工伤职工本人工资。

第四十九条 本条例自 2020 年 9 月 1 日起施行。本条例施行前受到事故伤害或者患职业病的职工，其工伤保险相关问题按照职工受到事故伤害或者被初次诊断（鉴定）为职业病时的有关规定处理。

101 贵州省工伤保险条例

2011 年 11 月 23 日贵州省人民代表大会常务委员会公告第 11 号公布，自 2012 年 3 月 1 日起施行。

第一条 为了保障因工作遭受事故伤害或者患职业病的职工获得医疗救治和经济补偿，促进工伤预防和职业康复，分散用人单位工伤风险，根据《中华人民共和国社会保险法》《工伤保险条例》等法律、行政法规的规定，结合我省实际，制定本条例。

第二条 本省行政区域内的企业、事业单位、社会团体、民办非企业单位、基金会、律师事务所、会计师事务所等组织和有雇工的个体工商户（以下称用人单位）应当依法参加工伤保险，按照国家规定的费率为本单位全部职工或者雇工（以下称职工）缴纳工伤保险费。职工有依法享受工伤保险待遇的权利。

第三条 省人民政府社会保险行政部门负责全省工伤保险工作，对全省工伤保险工作实施监督管理，确保职工依法享受工伤保险待遇。

县级以上人民政府社会保险行政部门负责本行政区域内的工伤保险工作。其按照国务院规定设立的社会保险经办机构（以下称经办机构）具体承办工伤保险事务。

卫生、安全生产监督管理等有关部门和工会组织、用人单位应当在职责范围内做好工伤保险工作。

第四条 县级以上人民政府应当重视和加强工伤预防工作，发展职业康复事业，建立工伤预防、工伤补偿和职业康复相结合的工伤保险工作体系。

第五条 工伤保险基金实行省级统筹，具体办法由省人民政府制定。

省人民政府社会保险行政部门依法对工伤保险费的征缴和工伤保险基金的支付情况进行监督检查。

省人民政府财政、审计部门依法对工伤保险基金的收支、管理情况进行监督。

经办机构应当定期公布工伤保险基金的具体收支情况。

第六条 工伤保险基金应当留有一定比例的储备金，用于本省内重大事故的工伤保险待遇支付；储备金不足支付的，由省人民政府垫付。储备金占基金总额的具体比例和储备金的使用办法，由省人民政府规定。

第七条 对用工期限短、流动性大等难以按照工资总额缴纳工伤保险费的行业，其缴纳工伤保险费的具体计算办法由省人民政府社会保险行政部门根据实际情况确定。

第八条 工伤预防费从工伤保险基金中提取。工伤预防费支出范围：

（一）工伤预防的宣传、培训；

（二）工伤预防的调查、统计和分析；

（三）减少、防范工伤事故技术和职业危害防治技术的推广应用；

（四）法律、法规和国家规定的其他项目。

第九条 工伤认定根据属地原则，由用人单位所在地的市、州人民政府社会保险行政部门办理。

工伤认定不收取费用。

第十条 市、州人民政府社会保险行政部门对工伤认定的管辖权发生争议时，由省人民政府社会保险行政部门在3日内指定管辖。

第十一条 社会保险行政部门收到工伤认定申请后，应当在15日内对申请人提交的材料进行审核，材料完整的，作出受理或者不予受理的决定；材料不完整的，应当以书面形式一次性告知申请人需要补正的全部材料。

工伤认定申请人提交的申请材料符合要求，属于社会保险行政部门管辖范围且在受理时限内的，社会保险行政部门应当受理。

社会保险行政部门决定受理的，应当出具工伤认定申请受理决定书；决定不予受理的，应当出具工伤认定申请不予受理决定书。

第十二条 社会保险行政部门应当自受理工伤认定申请之日起60日内作出是否认定工伤的决定，并将认定工伤决定书或者不予认定工伤决定书送达申请工伤认定的职工或者其近亲属和该职工所在单位。

社会保险行政部门对于事实清楚、权利义务明确的工伤认定申请，应当自受理工伤认定申请之日起 15 日内作出工伤认定决定。

第十三条 社会保险行政部门受理工伤认定申请后，作出工伤认定决定需要以司法机关或者有关行政主管部门的结论为依据的，在司法机关或者有关行政主管部门尚未作出结论期间，作出工伤认定决定的时限中止，并书面通知申请人。中止情形消除后，经当事人申请，社会保险行政部门应当在 3 日内恢复工伤认定程序。

第十四条 市、州人民政府劳动能力鉴定委员会负责受理劳动能力鉴定申请，并作出鉴定结论；省劳动能力鉴定委员会负责受理对鉴定结论不服的劳动能力再次鉴定申请，并作出最终鉴定结论。

自劳动能力鉴定结论作出之日起 1 年后，工伤职工或者其近亲属、所在单位或者经办机构认为伤残情况发生变化的，可以申请劳动能力复查鉴定。劳动能力复查鉴定由市、州人民政府劳动能力鉴定委员会负责受理，并作出鉴定结论。

劳动能力鉴定委员会下设的办事机构承担劳动能力鉴定日常工作。

第十五条 市、州人民政府社会保险经办机构应当择优选择医疗机构、职业康复机构、辅助器具配置机构，并在平等协商的基础上签订服务协议，及时向社会公布签订服务协议的医疗机构、职业康复机构、辅助器具配置机构名单。

第十六条 工伤职工工伤医疗期满鉴定达到伤残等级，劳动能力鉴定委员会确认具有职业康复价值的，由协议医疗机构、职业康复机构提供职业康复服务。

第十七条 职业康复机构应当按照国家和省规定的职业康复范围、职业康复介入标准、职业康复治疗标准，开展工伤职工职业康复服务。

用人单位应当配合职业康复机构开展工伤职工职业康复工作，帮助工伤职工重返工作岗位。

第十八条 职工因工作遭受事故伤害或者患职业病进行治疗，享受工伤医疗待遇。

职工治疗工伤应当在签订服务协议的医疗机构就医。情况紧急到就近医疗机构急救的，应当在急救医疗机构出具伤情稳定证明后 5 日内转往协议医疗机构就医。

第十九条 用人单位、工伤职工或者其近亲属向经办机构申请工伤待遇的，经办机构应当在收到申请之日起 15 日内，按照规定核定工伤保险待遇，并以书面形式通知用人单位、工伤职工或者其近亲属。

第二十条 工伤职工的伤残津贴、生活护理费自劳动能力鉴定结论作出的次月起享受，供养亲属抚恤金自职工死亡时的次月起享受。

工伤职工进行劳动能力再次鉴定，按照再次鉴定结论享受相应待遇，待遇的起始时间为作出原鉴定结论时间的次月。

第二十一条 工伤职工劳动能力复查鉴定结论发生变化的，自复查鉴定作出的次月起，按照复查鉴定结论享受有关待遇，不再重复享受一次性待遇。

第二十二条 职工因工致残被鉴定为一级至四级伤残的，保留与用人单位劳动关系，由用人单位和职工个人以伤残津贴为基数缴纳职工基本养老保险费、基本医疗保险费。

工伤职工伤残津贴低于职工基本养老保险、基本医疗保险规定的缴费基数的，缴费基数按照职工基本养老保险、基本医疗保险相关规定执行。

职工因工致残被鉴定为五级至十级伤残的，按照国家有关规定办理。

第二十三条 工伤职工领取一次性工伤医疗补助金和一次性伤残就业补助金的，社会保险经办机构应当与用人单位办理该职工的工伤保险关系终止手续。

第二十四条 工伤职工工作时间不足12个月的，其工伤待遇按照实际工作月数的月平均工资计算；工伤职工工作时间不足1个月的，其工伤待遇按照其1个月的工资计算。

第二十五条 从事非全日制用工的职工与两个或者两个以上用人单位同时建立劳动关系的，用人单位应当分别为其缴纳工伤保险费；职工发生工伤，由受到伤害时职工工作的用人单位依法承担工伤保险责任。

第二十六条 大中专院校、技工学校、职业高中等学校学生实习期间，由实习单位和学校缴纳工伤保险费；学生因工作原因遭受事故伤害或者患职业病的，享受工伤保险相应待遇，具体办法由省人民政府制定。

第二十七条 社会保险、卫生、安全生产监督管理、住房和城乡建设、民政、工商行政管理、税务、人民银行等部门应当建立用人单位登记注册、纳税、征信等信息共享机制。

第二十八条 职工在工作中发生事故，由用人单位先行垫付医疗费用；认定为工伤的，由工伤保险基金支付，不认定为工伤的，用人单位有权依法追回。

职工所在用人单位未依法缴纳工伤保险费，发生工伤事故的，由用人单位支付工伤保险待遇。用人单位不支付的，从工伤保险基金中先行支付。从工伤保险基金中先行支付的工伤保险待遇应当由用人单位偿还。用人单位不偿还的，社会保险行政部门可以依照国家有关规定追偿。

第二十九条 国家机关、经办机构工作人员在工伤保险管理中滥用职权、徇私舞弊、玩忽职守尚不构成犯罪的，依法给予行政处分。

第三十条 违反本条例规定，法律、法规有处罚规定的，从其规定。

第三十一条 本省行政区域内实行公务员管理的单位和参照公务员法管理的事业单位、社会团体应当依法为与本单位建立劳动关系的职工按照国家规定的费率缴纳工伤保险费。与实行公务员管理的单位和参照公务员法管理的事业单位、社会团体建立劳动关系的职工，有依法享受工伤保险待遇的权利。

将公务员和参照公务员法管理的事业单位、社会团体的工作人员逐步纳入工伤保险。

第三十二条 本条例自2012年3月1日起施行。

102 云南省实施《工伤保险条例》办法

云政规〔2021〕1号

第一章 总 则

第一条 为了保障因工作遭受事故伤害或者患职业病的职工获得医疗救治和经济补偿，促进工伤预防和职业康复，分散用人单位的工伤风险，根据《中华人民共和国社会保险法》《工伤保险条例》（以下称条例）等法律、法规，结合本省实际，制定本实施办法。

第二条 本省行政区域内的国家机关和参照公务员法管理的事业单位、各类企业、其他事业单位、社会团体、民办非企业单位、基金会、律师事务所、会计师事务所等组织和有雇工的个体工商户（以下简称用人单位）应当依法参加工伤保险，为本单位全部职工（含非全日制从业人员，以下简称职工）缴纳工伤保险费。

以工程项目施工的应当按照项目参加工伤保险。

第三条 工伤保险坚持"制度统一、机制健全、预防优先、分级管理、待遇公平、持续发展"的原则，逐步完善工伤预防、补偿、康复"三位一体"的工伤保险制度。

第四条 省社会保险行政部门负责全省的工伤保险工作；州（市）和县（市、区）社会保险行政部门负责本行政区域内的工伤保险工作。

社会保险行政部门设立的社会保险经办机构具体承办工伤保险事务，乡（镇）或街道办事处的社会保障站（所）根据社会保险经办机构的委托具体承办工伤保险事务。

第五条 全省工伤保险基金实行省级统筹管理，按照国家和省规定，建立工伤保险省级调剂金和工伤保险省级储备金。

省级调剂金和储备金管理使用的具体办法由省社会保险行政部门会同财政部门另行制定。

第六条 各级政府应当运用法律、行政、经济等手段，保证工伤保险基金的征收和工伤保险待遇的给付。

第七条 用人单位参加工伤保险，实行属地管理，由用人单位所在地社会保险经办机构规定的机构办理参保登记及处理有关业务。

省内跨州（市）生产流动性较大的用人单位申请集中登记办理参加工伤保险手续的，由省社会保险行政部门会同有关部门确定集中参保地。

原由省社会保险经办机构管理的参保单位及其职工，待条件成熟时，逐步移交所在属地管理。

其他适用于条例和本办法的用人单位及职工参加工伤保险，由用人单位所在县（市、区）社会保险经办机构办理参保手续。

第二章 基 金 管 理

第八条 根据以支定收、收支平衡的原则确定全省统一的工伤保险行业类别基准费率，建立全省统一的工伤保险单位缴费费率浮动机制。参保地社会保险经办机构根据用人单位工伤发生率、使用工伤保险基金等情况，合理确定用人单位所属行业内相应的浮动费率档次。

第九条 工伤保险费按照《云南省社会保险费征缴条例》的规定，由用人单位所在地社会保险经办机构统一核定，由社会保险费征收机关负责征收。

用人单位依法按时足额缴纳工伤保险费。职工个人不缴纳工伤保险费。

用人单位缴纳工伤保险费的数额为本单位职工工资总额乘以单位缴费费率之积。

难以按照用人单位工资总额缴纳工伤保险费的，可按照建筑工程造价提取一定比例、经营服务面积核定人数和吨矿产品相应费率的方式计算并缴费，实行实名登记参保。

第十条 工伤保险基金存入社会保障基金财政专户，实行收支两条线管理。工伤保险基金依法用于工伤预防、补偿、康复等下列费用：

（一）治疗工伤的医疗费用和康复费用；

（二）住院伙食补助费；

（三）参保所在州（市）以外就医的交通食宿费；

（四）经劳动能力鉴定委员会确认需安装配置伤残辅助器具的费用；

（五）生活不能自理的，经劳动能力鉴定委员会确认的生活护理费；

（六）一次性伤残补助金和一至四级伤残职工按月领取的伤残津贴；

（七）终止或者解除劳动合同时，应当享受的一次性工伤医疗补助金；

（八）因工死亡遗属领取的丧葬补助金、供养亲属抚恤金和一次性工亡补助金；

（九）因工致残劳动能力鉴定的所需费用；

（十）工伤预防费；

（十一）法律、法规规定的其他费用。

第十一条 工伤预防费依法用于工伤预防宣传和培训等工作支出。工伤防预费使用比例原则上不超过上年度工伤保险基金征缴收入的3%。因工伤预防工作需要，经省社会保险行政部门和财政部门同意，可以适当提高工伤预防费的使用比例。

第十二条 用人单位未依法缴纳工伤保险费，发生工伤事故后，用人单位不支付工伤职工工伤保险待遇的；或者由于第三人的原因造成工伤，第三人不支付工伤医疗费用或者无法确定第三人的，申请人申请先行支付有关费用时，应当持工伤认定决定书和有关资料向当地社会保险经办机构提出书面申请，经审核符合先行支付条件的，从工伤保险基金中支付，然后由社会保险经办机构依法追偿有关费用。

社会保险经办机构不得以工伤认定决定正在行政复议或者行政诉讼为由，拒绝法律、法规规定应当先行支付的有关待遇。

第三章 工 伤 认 定

第十三条 工伤认定应当向用人单位所在地社会保险行政部门提出申请;事故发生地与用人单位所在地不一致的,也可以向事故发生地社会保险行政部门提出申请。对工伤认定管辖权发生争议的,由其共同的上一级社会保险行政部门指定管辖。

国家机关、参照公务员法管理的事业单位工作人员发生工伤,以及省社会保险经办机构管理的用人单位发生工伤的,其工伤认定由单位所在地社会保险行政部门按照条例规定受理、认定。

第十四条 职工有下列情形之一的,可依据条例第十四条规定,按照工伤处理:

(一)因工作环境存在有毒有害物质或者在用人单位食堂就餐造成急性中毒进行抢救治疗,并经县级以上卫生防疫等部门验证确诊的;

(二)受用人单位指派前往疫区工作而感染该疫病的;

(三)在工作时间,参加用人单位组织或者受用人单位指派参加竞技和文娱、体育比赛等活动而受到意外伤害的;

(四)受用人单位指派在出差期间因基本生活必需而受到意外伤害的。

第十五条 非本人主要责任交通事故的认定,应当以公安机关交通管理、交通运输、铁路等部门或者司法机关,以及法律、法规授权组织出具的有关有效证明资料为依据。

属于《条例》第十五条第一款第(一)项情形的,在申请工伤时,应当提交医疗机构的抢救和死亡证明。

属于《条例》第十五项第一款第(三)项情形的,申请工伤时,提交《中华人民共和国残疾军人证》及劳动能力鉴定委员会的旧伤复发鉴定证明。

第十六条 《中华人民共和国社会保险法》第三十七条第(二)项中的醉酒认定,按照《车辆驾驶人员血液、呼气酒精含量阈值与检验》(GB 19522—2004)执行。

公安机关交通管理部门、医疗机构等有关单位依法出具的检测结论、诊断证明等资料,可以作为认定醉酒的依据。

第十七条 条例第十六条第(二)项中吸毒的确定,按照国家有关规定,由公安机关或者其委托的机构依法出具的检测结论、诊断证明等资料可以作为认定吸毒的依据。

第十八条 有证据显示受伤职工有醉酒或者吸毒嫌疑的,而申请人未能提供相反有效证据证明或者拒绝检测的,不予认定为工伤或者视同工伤。

第十九条 职工在原用人单位从事接触职业病危害作业,到现用人单位后被诊断患职业病的,现用人单位、本人或者其近亲属可以依法提出工伤认定申请;离开原用人单位后无职业病接触史,现无用人单位且被诊断为职业病的,本人或者其近亲属可以自被诊断为职业病之日起一年内,向原用人单位所在地社会保险行政部门提出工伤认定申请。

职工退休前因从事接触职业病危害作业,在办理退休手续后被诊断为职业病的,应当自被诊断为职业病之日起 1 年内提出工伤认定申请。

第二十条 职工在两个或者两个以上用人单位同时存在劳动关系的,各用人单位应当依法为职工缴纳工伤保险费。职工发生工伤，由职工受到伤害时的用人单位依法承担工伤保险责任。

第二十一条 用人单位分立、合并、转让的，承继单位应当自变更之日起 30 日内到当地社会保险经办机构办理工伤保险登记或者变更登记手续，继续承担原用人单位的工伤保险责任。

第二十二条 职工或者其近亲属认为是工伤，用人单位认为不是工伤的，当地社会保险行政部门应当书面通知由用人单位承担举证责任。

用人单位应当自收到举证通知之日起 15 日内提供职工不应当认定为工伤的有关证据。职工或者其近亲属对与用人单位是否存在劳动关系，以及发生工伤的时间、地点、伤害情况仍负举证责任。

用人单位不提供有关资料或者不履行举证义务的，社会保险行政部门可以根据受伤害职工或者其近亲属、工会组织提供的证据，依法作出工伤认定结论。

第二十三条 申请人提出工伤认定申请时，应当提交与用人单位签订的劳动合同或者能够确认与用人单位存在劳动关系（含事实劳动关系）的其他证明资料。

社会保险行政部门认为劳动关系成立，且资料完整的，应当依法受理工伤认定申请。申请人提供资料不完整的，应当在 5 个工作日内向申请人发出补正资料通知书，一次性书面告知申请人需要补正的全部资料。劳动关系有争议的，告知当事人可以向劳动争议仲裁委员会申请确认劳动关系。

劳动争议仲裁、发生不可抗力等符合法定中止事由的期间不计入工伤认定申请时限。

第二十四条 申请人提出工伤认定申请，但有下列情形之一的，社会保险行政部门不予受理：

（一）无法定事由超过法定时限提出申请的；
（二）申请人不具备申请资格的；
（三）受理申请的社会保险行政部门没有管辖权或者未得到委托受理的；
（四）法律、法规规定不予受理的其他情形。

第二十五条 社会保险行政部门受理工伤认定申请后，有以下情形之一的，可以中止工伤认定：

（一）需要以有关部门对相应事故的结论为依据，而有关部门尚未作出结论的；
（二）由于不可抗力导致工伤认定难以进行的；
（三）法律、法规、规章规定其他需要中止的情形。

中止工伤认定，应当向申请人送达《工伤认定中止通知书》，中止情形消失的，应当恢复工伤认定程序。中止工伤认定的时间不计入工伤认定时限。

第四章 劳动能力鉴定

第二十六条 省、州（市）劳动能力鉴定委员会由社会保险行政部门、卫生健康行政部门、工会组织、经办机构代表以及用人单位代表组成。

劳动能力鉴定委员会承担以下职责：
（一）劳动功能障碍程度和生活自理障碍程度的等级鉴定；
（二）停工留薪期延长的确认；
（三）辅助器具配置的确认；
（四）旧伤复发的确认；
（五）疾病与工伤因果关系确认；
（六）工亡职工供养亲属的劳动能力鉴定；
（七）工伤康复确认；
（八）其他受委托进行的劳动能力鉴定。

第二十七条 职工发生工伤经治疗伤情相对稳定或者停工留薪期满后存在残疾、影响劳动力的，应当进行劳动能力鉴定，由用人单位、工伤职工或者其近亲属向做出工伤认定的州（市）劳动能力鉴定委员会申请劳动能力鉴定。

第二十八条 工伤职工申请劳动能力再次鉴定，鉴定结论发生变化的，应当按照再次鉴定结论，享受鉴定结论变更后的工伤保险待遇。

工伤职工申请劳动能力复查鉴定，鉴定结论发生变化的，应当按照复查鉴定结论，除不计发一次性伤残补助金外，享受相应工伤保险待遇。

第五章　工伤保险待遇

第二十九条 省社会保险行政部门应当依据国家有关规定，调整补充工伤医疗康复用药、诊疗和服务项目，在现有定点医疗机构中确定协议医疗康复机构。

各级社会保险经办机构与医疗康复机构、辅助器具配置机构在平等协商的基础上签订服务协议，其医疗康复机构纳入全省统一的社会保障信息系统管理，接受社会保险行政部门的监督。

第三十条 职工因工作遭受事故伤害或者患职业病进行及时救治，按照规定享受工伤医疗康复待遇；职工治疗工伤应当在签订服务协议的定点医疗康复机构就医，情况紧急时可以先到就近的医疗机构急救。

工伤职工在非定点协议医疗机构急救后，其用人单位、工伤职工或者其亲属应当在7个工作日内到社会保险经办机构备案，伤情稳定后应当转到定点协议医疗康复机构治疗。

第三十一条 工伤职工在医疗康复机构所发生的费用符合国家和本省基本医疗保险、工伤保险和生育保险药品目录、诊疗项目和服务设施标准支付范围的，由工伤保险基金支付。

全省参保单位工伤职工住院伙食补助费、异地就医的交通食宿费用支付办法和标准，由省社会保险行政部门和财政部门另行制定。

第三十二条 工伤职工因日常生活或者就业需要安装配置辅助器具的，应当由签订服务协议的医疗机构提出建议，经劳动能力鉴定委员会确定后，到签订服务协议的辅助器具配置机构安装配置。安装配置辅助器具的费用限额和管理规定由省社会保险行政部门另行制定。

第三十三条 因工致残一次性伤残补助金、一至四级工伤职工的伤残津贴、生活护理费自作出劳动能力鉴定结论或者再次鉴定结论的次月起支付。

工亡职工丧葬补助金、一次性工亡补助金自死亡当月支付；供养亲属抚恤金自职工死亡的次月起支付。

第三十四条 一至四级工伤职工死亡，供养遗属抚恤金按照工亡职工工伤前12个月的月平均工资，本人工资低于伤残津贴（养老金）的，按照死亡前12个月的月平均伤残津贴（养老金）作为计发基数。

第三十五条 工伤职工办理退休手续并已按月领取基本养老保障待遇的，基本养老保险待遇高于伤残津贴的，工伤伤残津贴不再发放；基本养老保险待遇低于工伤伤残津贴的，工伤伤残津贴采取补差的办法发放。

一至四级工伤职工达到法定退休年龄办理退休手续，其按月领取的生活护理费以及治疗工伤旧伤复发的医疗费仍由工伤保险基金负责支付。

第三十六条 职工因工致残被鉴定为五级、六级伤残的，保留与用人单位的劳动关系，单位应当为其安排适当工作。用人单位难以安排工作的，由所在单位按月发给伤残津贴，并以伤残津贴为基数按照规定为其缴纳各项社会保险费。扣除个人缴费部分后，伤残津贴实际领取数额低于当地最低工资标准的，由单位补足差额。

五级、六级伤残职工本人提出申请的，用人单位可以与其解除或者终止劳动关系。

由用人单位按照解除或者终止劳动关系时，全省上年度职工月平均工资为基数支付一次性伤残就业补助金。标准为：五级33个月、六级29个月。

由工伤保险基金按照解除或者终止劳动关系时，全省上年度职工月平均工资为基数支付一次性工伤医疗补助金。标准为：五级15个月、六级13个月。患职业病的工伤职工，一次性工伤医疗补助金在上述标准的基础上增发30%。

第三十七条 七级至十级伤残职工，劳动合同期满终止或者职工本人提出解除劳动合同的，用人单位可以与其解除或者终止劳动关系。

由用人单位按照解除或者终止劳动关系时，全省上年度职工月平均工资为基数支付一次性伤残就业补助金。标准为：七级22个月、八级18个月、九级13个月、十级7个月。

由工伤保险基金按照解除或者终止劳动关系时，全省上年度职工月平均工资为基数支付一次性工伤医疗补助金。标准为：七级8个月、八级6个月、九级3个月、十级2个月。患职业病的工伤职工，一次性工伤医疗补助金在上述标准的基础上增发30%。

第三十八条 工伤职工领取一次性伤残就业补助金和一次性工伤医疗补助金后，工伤保险关系终止。

工伤职工已办理退休手续的，继续依法享受工伤保险有关待遇，但不享受一次性伤残就业补助金和一次性工伤医疗补助金。

第三十九条 职工退休前因从事接触职业病危害作业，认定为工伤的，享受工伤医疗待遇。属参保职工退休后，被诊断为职业病并认定为工伤，经劳动能力鉴定达到伤残等级的，以本人被诊断、鉴定为职业病前12个月的月平均工资或者养老金作为基数，享受一次性伤残补助金，达到护理依赖等级的从作出鉴定结论次月起按月支付生活护理费。

第四十条 职工因工死亡的，一次性工亡补助金以死亡时上年度全国城镇居民人均可支配收入的 20 倍计发；丧葬补助金以死亡时全省上年度职工月平均工资为基数计发 6 个月。

第四十一条 国家机关、参照公务员法管理的事业单位纳入工伤保险统筹管理，其工伤职工待遇支付，采取伤残、抚恤等待遇就高或者基金补差的方式兑现。

第四十二条 伤残津贴、供养亲属抚恤金、生活护理费的发放标准，由省社会保险行政部门会同财政部门适时统一调整。

第四十三条 用人单位及其职工参加工伤保险并参加其他商业保险的，依法分别享受有关待遇。由于第三人原因导致工伤的，工伤保险经办机构应当依法支付工伤保险待遇，第三人已经支付的医疗费用除外。

第六章 附 则

第四十四条 本办法所称职工，是指与用人单位存在劳动关系的各种用工形式、各种用工期限的城乡劳动者及外来务工人员。不包括用人单位聘用的离、退休人员以及实习学生。

第四十五条 本办法所称劳动关系，是指用人单位与职工建立的劳动关系（包括事实劳动关系）或者人事关系。

第四十六条 本办法自 2012 年 1 月 1 日起施行。云南省人民政府关于印发《云南省贯彻〈工伤保险条例〉实施办法》的通知（云政发〔2003〕185 号）同时废止。

103 西藏自治区实施《工伤保险条例》办法

2012 年 9 月 13 日西藏自治区人民政府令第 113 号公布，
自 2012 年 11 月 1 日起施行。

第一章 总 则

第一条 为了保障因工作遭受事故伤害或者患职业病的职工以及见义勇为的人员获得医疗救治和经济补偿，促进工伤预防和职业康复，分散用人单位的工伤风险，根据《中华人民共和国社会保险法》和《工伤保险条例》（以下简称《条例》），结合自治区实际，制定本办法。

第二条 自治区行政区域内的企业、事业单位、社会团体、民办非企业单位、基金会、律师事务所、会计师事务所等组织和有雇工的个体工商户（以下简称用人单位）应当依法参加工伤保险，为本单位全部职工或者雇工（以下简称职工）缴纳工伤保险费。

自治区行政区域内的国家机关、参照公务员法管理的事业单位（以下简称用人单位）应当依照本办法规定参加工伤保险，为本单位的工勤人员和聘用人员（以下简称职工）缴纳工伤保险费。

职工有依法享受工伤保险待遇的权利。

第三条 用人单位应当建立健全安全生产和职业病防治责任制，采取措施预防工伤事故的发生，避免和减少职业危害。

第四条 自治区社会保险行政部门负责全区的工伤保险工作。

地（市）、县（市、区）社会保险行政部门负责本行政区域内的工伤保险工作。

各级社会保险行政部门设立的社会保险经办机构（以下简称经办机构）具体承办工伤保险事务。

第五条 各级财政、审计、卫生、工商、交通运输、公安、住房城乡建设、安全监管、工会等有关部门在各自职责范围内，协助社会保险行政部门做好工伤保险工作。

第二章 工伤保险基金

第六条 工伤保险基金实行自治区级统筹。具体办法由自治区社会保险行政部门会同财政部门制定，报自治区人民政府批准后执行。

工伤保险基金存入社会保障基金财政专户，实行收支两条线管理，专款专用。

第七条 工伤保险基金由下列各项构成：

（一）用人单位缴纳的工伤保险费；

（二）工伤保险费滞纳金；

（三）工伤保险基金存入银行的利息；

（四）依法应当纳入工伤保险基金的其他资金。

第八条 工伤保险费由用人单位缴纳，职工个人不缴纳。用人单位应当按照本办法确定的费率，以全部职工上月工资总额为缴费基数，按月足额缴纳工伤保险费。工伤保险费不得减免。

缴费基数低于全区上年度在岗职工平均工资60%的，按60%征缴；高于300%的，按300%征缴。

第九条 难以直接按照工资总额计算缴纳工伤保险费的建筑、服务、矿山等企业，可依照国家有关规定，按照项目工程造价、营业面积大小或者总产量的一定比例单独计算缴纳工伤保险费。具体计算办法由自治区社会保险行政部门会同有关部门制定，报自治区人民政府批准后执行。

第十条 工伤保险费率按照国家公布的工伤保险行业类别确定，风险较小的一类行业，用人单位的缴费费率为职工工资总额的0.5%，不实行费率浮动；中等风险的二类行业和风险较大的三类行业，初次缴费费率为职工工资总额的1%和2%，费率每两年浮动一次。

工伤保险费率浮动实行上下浮动两档的原则。在行业基准缴费费率的基础上，上下浮动两档：上浮第一档到本行业基准费率的120%，即二类行业为1.2%，三类行业为2.4%；上浮第二档到本行业基准费率的150%，即二类行业为1.5%，三类行业为3%；下浮第一档到本行业基准费率的80%，即二类行业为0.8%，三类行业为1.6%；下浮第二档到本行业基准费率的50%，即二类行业为0.5%，三类行业为1%。

第十一条 自治区工伤保险经办机构负责组织实施全区二类、三类行业用人单位工伤保险费率的调整工作。在每两年年末，根据全区二类、三类行业用人单位工伤保险费使用、工伤发生率等情况进行综合评估，调整用人单位工伤保险费率并于次年起执行。

用人单位安全生产情况差、发生工伤和职业病率高，两年内使用工伤保险费超过单位缴费总额25%的，费率上浮到行业基准费率的第一档；超过50%的，费率上浮到行业基准费率的第二档。用人单位安全生产情况好、发生工伤和职业病率低，两年内使用工伤保险费低于单位缴费总额25%的，费率下浮到行业基准费率的第一档；未发生工伤事故和职业病危害的，费率下浮到行业基准费率的第二档。

第十二条 工伤保险基金用于下列项目支出：
（一）治疗工伤的医疗费用和康复费用；
（二）住院伙食补助费；
（三）经批准到统筹地区以外就医的交通食宿费；
（四）安装配置伤残辅助器具所需费用；
（五）生活不能自理的，经劳动能力鉴定委员会确认的生活护理费；
（六）一次性伤残补助金和一至四级伤残职工按月领取的伤残津贴；
（七）终止或者解除劳动合同时，应当享受的一次性医疗补助金；
（八）因工死亡的，其遗属领取的丧葬补助金、供养亲属抚恤金和因工死亡补助金；
（九）劳动能力鉴定费；
（十）工伤预防的宣传、培训费；
（十一）法律、法规规定的用于工伤保险的其他费用。

第十三条 工伤保险基金应当留有一定比例的储备金，储备金由自治区经办机构统一建立，按全区工伤保险基金当年征缴总额的10%提取，存入自治区工伤保险基金财政专户。储备金滚存结余超过当年基金应征缴总额的50%时，不再提取。

储备金用于全区突发重大事故或者当期工伤保险基金不足支出时的工伤保险待遇支付。储备金的使用由经办机构提出，经社会保险行政部门和财政部门核准后使用。储备金不足使用的，由自治区财政垫付。次年提取的储备金首先用于偿还自治区财政垫付资金，直至结清垫付资金为止。

第三章 工伤认定

第十四条 用人单位、工伤职工或者其近亲属、工会组织（以下简称申请人）应当按照《条例》第十七条规定的时限和要求，向社会保险行政部门提出工伤认定申请。

因交通事故、失踪、因公外出期间发生事故伤害以及受其他条件限制不能按照规定时限进行申请的，经社会保险行政部门同意，申请时限可以适当延长，延长时间最长不得超过3个月。

因确认劳动关系等发生争议影响工伤认定的，应当在申请工伤认定前依法解决劳动争议。解决劳动争议的时间，不计算在工伤认定申请时限内。

第十五条 提出工伤认定申请应当提交下列材料：

（一）工伤认定申请表及本人身份证复印件；

（二）用人单位营业执照或者机构代码证复印件（工伤职工或者其近亲属、工会组织提出申请的，可以不提供）；

（三）与用人单位存在劳动关系（包括事实劳动关系）的其他证明材料；

（四）医疗诊断证明或者职业病诊断证明书（或者职业病诊断鉴定书）。

第十六条 属于下列情形之一的，除提供本办法第十五条所规定的材料外，还应当提交以下相关证明材料：

（一）因履行工作职责受到暴力等意外伤害的，提交公安机关或者人民法院证明或者判决书；

（二）因工外出期间，由于工作原因受到伤害或者发生事故下落不明，申请认定因工死亡的，提交人民法院死亡宣告书；

（三）在上下班途中，受到非本人主要责任的交通事故或者城市轨道交通、客运轮渡、火车事故伤害的，提交公安交通管理部门出具的交通事故认定书或者相关证明；

（四）属于因战、因公致残的转业、复员、退伍军人旧伤复发的，提交《革命伤残军人证》和劳动能力鉴定委员会出具的旧伤复发证明；

（五）在抢险救灾等维护国家利益、公众利益活动中受到伤害的，提交县级以上人民政府民政部门或者其他相关行政部门按照规定出具的证明；

（六）在工作时间和工作岗位突发疾病死亡或者在48小时之内经抢救无效死亡的，提交抢救治疗记录、病历复印件和死亡证明；

（七）符合享受工伤保险待遇条件的见义勇为人员，提交县级以上人民政府民政部门或者其他相关行政部门按照规定出具的证明。

第十七条 社会保险行政部门收到申请人的工伤认定申请后，应当在15日内对申请人提交的材料进行审核，对申请材料不完整的，应当以书面形式一次性告知申请人需要补正的全部材料，补正全部材料后，应当作出受理或者不予受理的决定。

社会保险行政部门对于事实清楚，权利义务明确的工伤认定申请，应当自受理工伤认定申请之日起15日内作出工伤认定决定。对事实或提供资料需要调查核实的，在60日内作出工伤认定决定。作出工伤认定决定应出具《认定工伤决定书》或者《不予认定工伤决定书》，送达申请人和经办机构。

第十八条 社会保险行政部门受理工伤认定申请，要求用人单位提交有关材料逾期未提交的，或者用人单位不认为是工伤又不履行举证责任的，社会保险行政部门可以根据职工或者其近亲属提供的证据，依法作出工伤认定决定。

申请人对工伤认定不予受理决定不服或者对工伤认定决定不服的，可以依法申请行政复议或者提起行政诉讼。

第四章　劳动能力鉴定

第十九条　自治区和各地（市）劳动能力鉴定委员会由同级社会保险行政部门、卫生行政部门、工会组织、经办机构代表以及用人单位代表组成。劳动能力鉴定委员会承担以下职责：

（一）劳动功能障碍程度等级鉴定（即伤残等级鉴定）；

（二）生活自理障碍程度等级鉴定；

（三）停工留薪期及延长停工留薪期确认；

（四）配置辅助器具确认；

（五）旧伤复发及工伤康复期确认；

（六）疾病与工伤关联确认；

（七）工亡职工供养亲属丧失劳动能力程度鉴定；

（八）职工非因工伤残或者因病丧失劳动能力程度鉴定。劳动能力鉴定委员会办公室设在同级社会保险行政部门，负责劳动能力鉴定的日常工作。

第二十条　劳动能力鉴定委员会从其建立的医疗卫生专家库中随机抽取 3 名或者 5 名组成专家组，由专家组提出鉴定意见，劳动能力鉴定委员会根据鉴定意见作出伤残等级和护理等级的鉴定结论。医疗卫生专家应当具备下列条件：

（一）具有相应卫生专业技术职务任职资格；

（二）掌握劳动能力鉴定的相关知识；

（三）具有良好的职业品德。劳动能力鉴定人员与当事人有利害关系的，应当回避。

第二十一条　工伤职工停工留薪期满或者停工留薪期内伤情相对稳定后存在残疾、影响劳动能力的，应当由用人单位或者工伤职工及其近亲属，向所在地（市）劳动能力鉴定委员会提出劳动能力鉴定书面申请，并提交下列材料：

（一）《工伤伤残程度鉴定申请表》；

（二）《工伤认定决定书》；

（三）申请鉴定职工的身份证复印件和近期照片；

（四）医疗卫生机构出具的诊断证明、诊疗病历等有关资料；

（五）劳动能力鉴定委员会规定的其他资料。

第二十二条　劳动能力鉴定委员会应当自收到申请材料之日起 5 日内，作出是否受理劳动能力鉴定申请决定，并书面通知申请人。

对申请人提供材料不完整的，应当一次性告知申请人需要补正的全部材料；不符合鉴定条件的书面告知不予受理的理由。

第二十三条　申请人对地（市）劳动能力鉴定委员会作出的鉴定结论不服的，可以自收到该鉴定结论之日起 15 日内向自治区劳动能力鉴定委员会提出再次鉴定申请。自治区劳动能力鉴定委员会作出的劳动能力鉴定结论为最终结论。

自劳动能力鉴定结论作出之日起 1 年后，工伤职工或者其直系亲属、所在单位或者经办机构认为伤残情况发生变化的，可以申请劳动能力复查鉴定。

第二十四条 参加工伤保险的工伤职工进行劳动能力鉴定的费用，由工伤保险基金支付；未参加工伤保险或者未足额缴纳工伤保险费的，由用人单位支付。

申请再次鉴定或者复查鉴定后，其鉴定结论无变化的，鉴定费用由申请人承担。由工伤保险经办机构申请复查鉴定的，鉴定费用由工伤保险基金支付。

第五章　工伤保险待遇

第二十五条 职工因工作遭受事故伤害或者患职业病需要暂停工作接受医疗的，在停工留薪期内原工资福利待遇不变，由所在单位按月支付，用人单位不得与其解除或者终止劳动关系。

停工留薪期一般不超过 12 个月。职工伤情严重或者情况特殊的，经所在地（市）劳动能力鉴定委员会确认，可以适当延长，但最长不得超过 12 个月。职工鉴定伤残等级后，按《条例》和本办法规定享受伤残待遇。在停工留薪期满后仍需治疗的，继续享受工伤医疗待遇。

停工留薪期生活不能自理需要护理的，由用人单位指派专人护理。未派人护理的，经职工或者其近亲属同意，用人单位可按照自治区上年度在岗职工月平均工资标准支付护理费。

第二十六条 治疗工伤所需医疗费用符合工伤保险诊疗项目目录、工伤保险药品目录、工伤保险住院服务标准的，从工伤保险基金中支付。

第二十七条 职工治疗工伤应当在签订服务协议的医疗机构就医，情况紧急时可以先到就近医疗机构救治，待伤情稳定或者好转后再转入定点医疗机构继续接受医疗。在异地医疗机构抢救治疗的，用人单位应当自职工受伤害之日起 15 日内向经办机构备案。

第二十八条 需要进行康复性治疗的，应当由工伤职工、用人单位或者定点医疗（康复）机构提出申请，经劳动能力鉴定委员会确认和社会保险经办机构批准同意，可到签订服务协议的医疗机构进行康复治疗，符合规定的医疗费由工伤保险基金支付。

第二十九条 职工住院治疗工伤或者康复期间的伙食补助费、交通食宿费从工伤保险基金支付，具体标准由自治区社会保险行政部门会同财政部门制定，报自治区人民政府批准后执行。

第三十条 工伤职工因日常生活或者就业需要，应当由本人提出申请，定点医疗机构提出意见，经劳动能力鉴定委员会审核确认，方可安装或者维修、更换假肢、矫形器、假眼、假牙和配置轮椅、拐杖等辅助器具，所需费用按照国家和自治区规定标准从工伤保险基金支付。

第三十一条 职工因工致残被鉴定为一级至四级伤残的，保留劳动关系，退出工作岗位，享受相关工伤待遇。工伤职工未申请按国家规定办理残疾退休手续的，由用人单位和工伤职工以伤残津贴为基数，按规定缴纳基本养老保险费和基本医疗保险费。

一级至四级工伤职工达到自治区规定的退休或者领取养老保险金条件时,可以办理退休手续,停领伤残津贴,享受基本养老保险待遇。

对一至四级工伤职工,符合国家规定的因工伤残退休条件和自治区规定的养老保险申领条件的,可以办理退休手续,停领伤残津贴,享受基本养老保险待遇。基本养老保险待遇低于伤残津贴的,由工伤保险基金补足差额。符合规定的其他工伤保险待遇,由工伤保险基金支付。

已参加工伤保险的用人单位依法破产清算或者被注销营业执照的,应当按照全区上年度工伤人员人均工伤费用,为本单位一至四级工伤职工一次性缴纳10年的工伤保险费用,由经办机构支付工伤待遇。

第三十二条 职工因工致残鉴定为五至十级伤残的,劳动合同期满或者本人提出与用人单位解除或者终止劳动关系,并报经办机构确认后,由工伤保险基金支付一次性工伤医疗补助金,并由用人单位支付一次性伤残就业补助金。

一次性工伤医疗补助金标准:以全区上年度在岗职工月平均工资为基数,五级23个月,六级19个月,七级14个月,八级12个月,九级9个月,十级5个月。

一次性伤残就业补助金标准:以全区上年度在岗职工月平均工资为基数,五级25个月,六级21个月,七级16个月,八级13个月,九级11个月,十级7个月。

工伤职工领取一次性工伤医疗补助金和伤残就业补助金后,工伤保险关系同时终止,工伤保险基金不再支付工伤待遇。

工伤职工与用人单位终止或解除劳动关系时,距法定退休年龄不足5年的,一次性全额支付工伤医疗补助金,一次性伤残就业补助金按每减少1年递减20%的标准支付;不足1年的按全额的10%支付。工伤职工办理退休手续的,不享受一次性工伤医疗补助金和伤残就业补助金。

第三十三条 伤残津贴、供养亲属抚恤金、生活护理费标准,由自治区社会保险行政部门会同同级财政部门根据当地职工平均工资和生活费用变化等情况,适时提出调整方案,并征求工会组织和用人单位代表意见,报自治区人民政府批准后执行。

第三十四条 用人单位按照规定参加工伤保险,并足额缴纳工伤保险费后,从缴费之日起其工伤职工享受工伤保险待遇;用人单位中断缴纳工伤保险费一个月以上的,中断缴费期间其工伤职工应享受的工伤保险待遇,由用人单位承担;用人单位又重新缴费的,须将中断缴费期间的工伤保险费及滞纳金补齐,其工伤职工从重新缴费的次月起开始享受工伤保险待遇。

第三十五条 用人单位对接触职业危害作业的职工,在终止、解除劳动关系或者办理退休手续前,应当到所在地社会保险行政部门指定的医疗机构进行职业健康检查,并将检查结果告知职工。如诊断、鉴定为职业病的,可按规定进行工伤认定并享受工伤保险待遇。

用人单位未对职工进行离岗前职业健康检查,终止、解除劳动关系后,三年内被确诊为职业病的,由用人单位承担职工的工伤保险待遇。

第三十六条 用人单位拒不支付伤情危重职工工伤医疗费,为保障其生命安全,及时得到救治,工伤职工或者其近亲属可以按照国家规定提出先行支付医疗费申请,报经办机构审核批准后，符合工伤保险基金先行支付项目的，从工伤保险基金支付。

从工伤保险基金先行支付的工伤医疗费应当由用人单位偿还。用人单位不偿还的，由社会保险经办机构依照《社会保险基金先行支付办法》规定，向用人单位追偿。

第六章 监督管理

第三十七条 自治区社会保险行政部门会同有关部门根据自治区工伤事故和职业病特点，制定工伤保险医疗服务管理办法和工伤康复管理办法，统筹规划工伤保险医疗机构、康复机构和辅助器具配置机构。

第三十八条 各级社会保险经办机构与取得资格的工伤保险定点医疗机构、康复机构和辅助器具配置机构，在平等协商的基础上签订包括服务对象、范围、质量、期限及解除协议条件、费用审核结算办法等内容的服务协议，明确双方的责任、权利和义务，并及时向社会公布工伤保险医疗机构、康复机构和辅助器具配置机构的名单。

第三十九条 社会保险行政部门依法对工伤保险费的征缴和工伤保险基金的支付情况进行监督。

财政部门和审计机关依法对工伤保险基金的收支、管理情况进行监督。

第四十条 县级以上人民政府安全生产监督管理部门依法对用人单位安全生产和安全预防工作进行监督检查，及时提出整改意见和建议。

工会组织依法维护工伤职工的合法权益，对用人单位的工伤保险工作实行监督。

第四十一条 用人单位应当定期公示本单位参加工伤保险和缴纳工伤保险费的情况，接受职工监督。

第四十二条 任何组织和个人有权对有关工伤保险违法行为进行举报。社会保险行政部门对举报应当及时调查，按照规定处理，并为举报人保密。

第四十三条 对违反本办法规定的行为，按照《社会保险法》和《条例》有关规定予以处罚。

第七章 附 则

第四十四条 本办法自 2012 年 11 月 1 日起施行。2004 年 11 月 19 日西藏自治区人民政府颁布的《西藏自治区实施〈工伤保险条例〉办法》同时废止。2011 年 1 月 1 日至本办法施行前涉及的工伤待遇按照《条例》和本办法规定执行。

104　陕西省实施《工伤保险条例》办法

2004年4月2日陕西省人民政府令第97号公布，自2004年6月1日起施行
根据2011年2月25日陕西省人民政府令第148号修订。

第一条　根据国务院《工伤保险条例》（以下简称《条例》），结合本省实际，制定本办法。

第二条　本省行政区域内的各类企业、有雇工的个体工商户（以下称用人单位）和与之形成劳动关系的劳动者（以下称职工），适用本办法。

第三条　县级以上人民政府人力资源和社会保障部门按照国务院有关规定设立的工伤保险经办机构（以下简称经办机构）的工作经费，列入本级财政预算。

第四条　工伤保险基金在设区的市实行全市统筹，国家另有规定的除外。

第五条　工伤保险费由地方税务部门征收。

人力资源和社会保障部门和财政、审计行政部门依照《条例》和本办法的规定，对工伤保险基金的收支、管理情况进行监督。

第六条　经办机构应当根据用人单位的工商登记和主要生产经营业务等情况，按照不同行业差别费率标准，确定用人单位的初次缴费费率。

用人单位的生产经营跨行业的，按照风险较高的行业确定缴费费率。

经办机构应当根据用人单位工伤保险费使用、工伤发生率和职业病危害程度等情况，适时提出调整用人单位费率的建议，经统筹地区人力资源和社会保障部门批准后，对用人单位的缴费费率进行调整。

第七条　工伤保险费按下列规定缴纳：

（一）用人单位按本单位职工上年度月平均工资总额乘以单位缴费费率之积缴纳，职工个人不缴费。

（二）用人单位职工平均工资低于所在地上年度职工平均月工资60%的，以所在地上年度职工平均月工资的60%作为缴费基数；职工平均工资高于所在地上年度职工平均月工资300%的，以所在地上年度职工平均月工资300%作为缴费基数，超过部分用人单位不再缴纳。

（三）有雇工的个体工商户以所在地上年度职工月平均工资为基数缴纳工伤保险费。

第八条　工伤保险基金用于下列项目支出：

（一）工伤医疗费；

（二）一至四级工伤人员伤残津贴；

（三）一次性伤残补助金；

（四）生活护理费；

（五）丧葬补助金；

（六）供养亲属抚恤金；

（七）一次性工亡补助金；

（八）辅助器具配置费；

（九）工伤康复费；

（十）工伤职工劳动能力鉴定费；

（十一）法律、法规规定的其他费用。

第九条 用人单位欠缴工伤保险费的，欠缴前已由工伤保险基金支付工伤保险待遇的工伤职工和欠缴期间发生工伤的职工，其欠缴期间的工伤保险待遇由用人单位按照《条例》和本办法规定的项目和标准支付，补缴后由工伤保险基金补支。

第十条 统筹地区应当从当年收取的工伤保险基金中提10%建立风险储备金，用于本地区重大事故的工伤保险待遇支付。风险储备金的具体使用办法由省人民政府人力资源和社会保障部门会同财政行政部门另行制定。

第十一条 申请人应当依照《条例》和《工伤认定办法》的规定，向进行工伤保险登记的统筹地区人力资源和社会保障部门提出工伤认定申请或者视同工伤认定申请。属于下列情况的应当提供相关证明材料：

（一）由于交通事故受到伤害的，提交公安交通管理部门的责任认定书或者其他有效的法律文书等相关证明；

（二）在抢险救灾等维护国家利益、公众利益活动中受到伤害的，提交事发地县级以上人民政府有关部门出具的证明；

（三）因履行工作职责受到暴力伤害的，提交公安部门的证明、人民法院的判决书或者其他证明；

（四）属于因公、因战致残的转业、复员退伍军人旧伤复发的，提交民政部门颁发的《革命伤残军人证》以及劳动能力鉴定委员会作出的旧伤复发的鉴定证明；职工旧伤复发的，提交人力资源和社会保障部门作出的《工伤认定决定书》以及劳动能力鉴定委员会作出的旧伤复发的鉴定结论；

（五）工作期间突发疾病死亡的，提交医疗机构的死亡证明书；

（六）因工作外出期间，发生事故下落不明需认定因工死亡的，提交人民法院宣告死亡的判决书。

第十二条 申请人提供的材料不完整的，人力资源和社会保障部门应当在15日内，一次性书面告知申请人需要补正的全部材料。申请人应当从告知之日起30日内补正全部材料。

按法定程序处理劳动关系争议的时间不计算在工伤认定的时限内。

第十三条 省和设区市的劳动能力鉴定委员会应当建立医疗卫生专家库。省和设区市的劳动能力鉴定委员会的办事机构设在同级人力资源和社会保障部门。

第十四条 劳动能力鉴定包括以下内容：

（一）劳动功能障碍程度等级的鉴定；

（二）生活自理障碍程度等级的鉴定；

（三）停工留薪期延长的确认；

（四）工伤直接导致疾病的确认；

（五）配置辅助器具的确认；

（六）供养亲属完全丧失劳动能力的鉴定；

（七）法律、法规规定的其他事项。

第十五条 申请人向设区的市劳动能力鉴定委员会提出劳动能力鉴定申请时，应当提交工伤认定决定、诊断证明书、检查结果、诊疗病历等资料。申请人认为工伤直接导致其他疾病的，还应当提交工伤医疗机构出具的相关证明。

第十六条 工伤职工的初次劳动能力鉴定、工伤直接导致疾病确认、配置辅助器具确认和供养亲属完全丧失劳动能力鉴定，其费用由工伤保险基金支付；再次鉴定或复查鉴定的费用，鉴定结论未改变的由申请人负担，鉴定结论改变的由工伤保险基金支付；停工留薪期延长确认的费用，由用人单位承担。未参加工伤保险或未足额交纳工伤保险费的，鉴定费用由用人单位承担。

劳动鉴定收费标准由省人民政府人力资源和社会保障部门会同财政、价格行政部门制定。

第十七条 工伤医疗服务管理办法，由省人民政府人力资源和社会保障部门根据国家规定另行制定。

第十八条 工伤职工在停工留薪期内，用人单位不得与其解除或者终止劳动关系。停工留薪期满，工伤医疗服务机构出具继续休假证明的，按照《条例》第三十一条规定延长停工留薪期。用人单位不同意延长的，由用人单位向设区的市劳动能力鉴定委员会提出确认申请。用人单位未提出确认申请的，视同同意延长。

第十九条 申请供养亲属抚恤金待遇的，应当持因工死亡工伤认定决定并向经办机构提供以下材料：

（一）被供养人户口簿、身份证；

（二）被供养人所在的街道办事处、乡镇人民政府出具的被供养人经济状况证明；

（三）民政部门出具的被供养人为孤寡老人或孤儿的证明；

（四）工亡职工的养父母、养子女的公证书；

（五）被供养人完全丧失劳动能力的，需提交设区的市劳动能力鉴定委员会所作的劳动能力鉴定结论。

第二十条 工伤职工需要安装、配置辅助器具的，由工伤医疗服务机构提出建议，经劳动能力鉴定委员会确认，到工伤辅助器具服务机构安装、配置。其费用由经办机构与工伤辅助器具服务机构直接结算。

第二十一条 工伤职工自劳动能力鉴定委员会作出鉴定结论的次月起享受工伤待遇。

第二十二条 一级至四级工伤职工达到法定退休年龄的，应当办理退休手续，停发伤残津贴，享受基本养老保险待遇。核定基本养老金时，工伤职工基本养老金低于伤残津贴的差额部分由工伤保险基金补足。

第二十三条 五级和六级工伤职工经本人提出，可以与用人单位解除劳动关系，由用人单位以其解除劳动关系时的所在地上年度职工月平均工资为基数，分别支付 24 个月、21

个月的一次性工伤医疗补助金和24个月、21个月的一次性伤残就业补助金。

第二十四条 七级至十级工伤职工有下列情况之一的,由用人单位向职工支付一次性工伤医疗补助金和伤残就业补助金:

(一)本人自愿解除劳动关系的;

(二)用人单位依据《中华人民共和国劳动法》第二十五条规定解除劳动关系的;

(三)劳动合同期满终止劳动关系的。

一次性工伤医疗补助金和伤残就业补助金以解除或者终止劳动关系时所在地上年度职工月平均工资为基数。一次性工伤医疗补助金的标准分别为:七级15个月,八级12个月,九级9个月,十级6个月;一次性伤残就业补助金的标准分别为:七级15个月,八级12个月,九级9个月,十级6个月。

第二十五条 工伤职工距法定退休年龄不足五年的,一次性工伤医疗补助金和伤残就业补助金按每减少1年递减20%的标准支付。但距法定退休年龄不足1年的按全额的10%支付。工伤职工达到退休年龄或者办理退休手续的,不享受一次性工伤医疗补助金和伤残就业补助金。

第二十六条 用人单位破产、撤销、解散或者关闭的,应当自公告之日起15日内,书面通知经办机构参加财产清算,并依法从资产变现收益中优先拨付应当由用人单位支付的工伤保险待遇费用。领取伤残津贴的一级至四级工伤职工、享受供养亲属抚恤金待遇的人员和已经退休的工伤人员,符合工伤保险基金支付项目的工伤保险待遇由经办机构支付。

未达到法定退休年龄的五级至十级工伤职工,由用人单位按照本办法第二十三条、第二十四条规定的标准,支付一次性工伤医疗补助金和伤残就业补助金,并终止工伤保险关系。

第二十七条 工伤职工伤残津贴、生活护理费、供养亲属抚恤金由设区的市人力资源和社会保障部门根据当地职工平均工资和生活费用变化等情况1年至3年调整一次,并向省人力资源和社会保障部门备案。

第二十八条 职工在单位工作不满1年而发生工伤的,在计算工伤待遇时,有月工资的,可以实际工作月份的平均工资为基数计算;无月工资的,可以本单位上年度职工月平均工资为基数计算。

第二十九条 《条例》实施前受到事故伤害或者患职业病的职工,已作出工伤认定决定的,其工伤待遇和支付渠道不再变动,但参加当地伤残津贴、生活护理费和供养亲属抚恤金的调整;尚未作出工伤认定决定的,按照《条例》和本办法的规定执行。

第三十条 本实施办法自2004年6月1日起施行。

105　甘肃省工伤保险实施办法

2018年7月23日甘肃省人民政府令第145号公布，自2018年9月1日起施行，根据2019年7月25日甘肃省人民政府令第150号修正。

第一条　为了保障工伤保险制度的实施，根据《中华人民共和国社会保险法》《工伤保险条例》等有关法律、法规和国家有关规定，结合本省实际，制定本办法。

第二条　本省行政区域内的国家机关、企业、事业单位、社会团体、民办非企业单位（包括律师事务所、会计师事务所）、基金会等组织和有雇工的个体工商户（以下统称"用人单位"），应当依法参加工伤保险，为本单位全部职工或者雇工（以下统称"职工"）缴纳工伤保险费。

公务员和参照公务员法管理的工作人员依照本办法参加工伤保险。

用人单位的职工均有依法享受工伤保险待遇的权利。

法律法规对工伤保险另有规定的，从其规定。

第三条　省社会保险行政部门负责全省的工伤保险工作。

市（州）、县（市、区）社会保险行政部门负责本行政区域内的工伤保险工作。

社会保险行政部门设立的社会保险经办机构办理工伤保险事务。

第四条　用人单位按照属地化管理原则，在所在市（州）、县（市、区）参加工伤保险。

在省社会保险经办机构参加城镇职工基本医疗保险的用人单位，跨地区、生产流动性较大行业的用人单位，其工伤保险工作由省社会保险行政部门管理，工伤保险事务由省社会保险经办机构办理。

第五条　用人单位注册地与工作生产经营地不在同一统筹地区的，原则上应当在注册地为职工参加工伤保险；未在注册地参加工伤保险的职工，可由用人单位在生产经营地为其参加工伤保险。

参加工伤保险的用人单位职工实行实名制管理。

第六条　省社会保险行政部门建立统一规范的工伤保险信息管理系统。

各级社会保险行政部门、社会保险经办机构、劳动能力鉴定委员会应当加强工伤信息网络建设，实现资源共享，信息互通。

第七条　工伤保险业务管理经费列入同级财政部门预算。

第八条　用人单位应当以职工工资总额为缴费基数，按时足额缴纳工伤保险费，职工个人不缴纳工伤保险费。

用人单位应当将参加工伤保险的有关情况在本单位内公示。

第九条　工伤保险费根据以支定收、收支平衡的原则，由省、市（州）社会保险经办机构根据用人单位工伤保险费使用情况、工伤发生率、职业病危害程度等因素，在所属行业费率档次内，确定用人单位缴费费率。

第十条 工伤预防费使用实行预算管理。在保证工伤保险待遇支付能力和储备金留存的前提下，工伤预防费的使用不得超过上年度工伤保险基金征缴收入的3%。

工伤预防费用于工伤预防的宣传、培训。

第十一条 工伤保险基金实行省级统筹，建立省级工伤保险调剂金制度。市（州）和省直行业（企业）按上年度缴费收入决算的10%上解至省级财政专户，全省统一调剂使用。市（州）和省直行业（企业）基金出现缺口时，可申请省级调剂。

第十二条 建立工伤保险省级储备金制度。按照当年上解省级调剂金的10%提取储备金，用于防范基金支付风险和参保地区重大事故的工伤保险待遇支付，储备金总额控制在基金累计结余的10%以内。

第十三条 社会保险行政部门对受理的工伤认定申请，应当依照《工伤保险条例》和国家有关工伤认定的规定，在法定期限内及时作出是否属于工伤的认定决定。

第十四条 有下列情形之一的，社会保险行政部门不予受理工伤认定申请：

（一）申请人不具备申请资格的；

（二）工伤认定申请超过规定时限且无法定理由的；

（三）没有工伤认定管辖权的；

（四）法律、法规规定不予受理的其他情形。

第十五条 社会保险行政部门受理工伤认定申请后，根据审核需要对事故伤害进行调查核实的，由两名以上工作人员共同进行，并出示执行公务的证件。

用人单位、工会组织、医疗机构以及有关部门和个人应当予以协助，如实提供情况和证明材料。

第十六条 申请工伤认定的职工、近亲属或者工会组织与用人单位对劳动关系有争议的，社会保险行政部门应当以生效的劳动争议仲裁裁决或者法院判决、裁定为依据，确定劳动关系。

第十七条 用人单位发生符合《工伤保险条例》第十四条、第十五条规定情形的职工伤亡事件，应当从事故伤害发生或者发现之时起24小时内向社会保险行政部门报送职工工伤事故快报，事故快报应当以电子邮件或者传真方式报送，特殊情况可以电话报送，但应在3日内补发电子邮件或者传真。

第十八条 参加工伤保险的用人单位职工受到事故伤害或者被诊断、鉴定为职业病，在参保地进行工伤认定和劳动能力鉴定。

未参加工伤保险的用人单位职工受到事故伤害或者被诊断、鉴定为职业病，在工作生产经营地进行工伤认定和劳动能力鉴定。

第十九条 用人单位违反《中华人民共和国职业病防治法》《中华人民共和国劳动合同法》相关规定与职工解除或者终止劳动、聘用关系，该职工被诊断、鉴定为职业病的，自诊断、鉴定结论作出之日起1年内，职工或者其近亲属、工会组织可以向原用人单位所在地社会保险行政部门申请工伤认定；职工被认定为工伤的，由原用人单位承担工伤保险责任。

第二十条 市（州）社会保险行政部门对工伤认定管辖有争议的，由争议双方协商解决；协商不成的，由最先接到工伤认定申请的社会保险行政部门向省社会保险行政部门申请指定管辖。

对工伤认定管辖有争议的，协商不成，市（州）社会保险行政部门又不申请指定管辖的，用人单位、职工或者其近亲属、工会组织可以向省社会保险行政部门申请指定管辖。

省社会保险行政部门指定管辖的，市（州）社会保险行政部门应当管辖。

第二十一条 市（州）社会保险行政部门可以委托县（市、区）社会保险行政部门受理工伤认定申请，进行工伤情况调查，送达市（州）作出的工伤认定决定书。

市（州）劳动能力鉴定委员会可以委托县（市、区）社会保险行政部门受理劳动能力鉴定申请，送达市（州）作出的劳动能力鉴定结论通知书。

第二十二条 职工发生事故伤害或者按照《中华人民共和国职业病防治法》规定被诊断、鉴定为职业病，所在单位遇有特殊情况，不能在30日内向社会保险行政部门提出工伤认定申请的，应当由用人单位提出书面申请，经社会保险行政部门同意，申请时限可以适当延长，延长时间最长不得超过90天。

社会保险行政部门收到用人单位提交的书面时限延长申请后，应当在7日内作出书面答复。

用人单位未在规定的时限内提交工伤认定申请，在此期间发生符合法律、法规规定的工伤保险待遇等有关费用由用人单位负担。

第二十三条 参加工伤保险的用人单位，其工伤职工劳动能力等鉴定所需费用由工伤保险基金支付；未依法缴纳工伤保险费的用人单位，其工伤职工劳动能力等鉴定所需费用由用人单位承担。

劳动能力再次鉴定结论发生变化的应当及时通知用人单位，同时抄送作出初次劳动能力鉴定结论的市（州）劳动能力鉴定委员会和社会保险经办机构。

第二十四条 自劳动能力鉴定结论作出1年后，工伤职工或者其近亲属、所在用人单位或者社会保险经办机构认为伤残情况发生变化的，可以向作出初次劳动能力鉴定结论的劳动能力鉴定委员会申请劳动能力复查鉴定。

第二十五条 职工住院治疗工伤期间的伙食补助费，按照不超过上年度全省城镇居民日人均消费支出额的40%，由工伤保险基金支付。

职工因工作遭受事故伤害或者患职业病需要暂停工作接受工伤医疗的，停工留薪期内治疗的住院伙食补助费，按前款标准核销；停工留薪期外仍需治疗的，住院伙食补助费按前款标准的50%核销。

经医疗机构出具证明，报社会保险经办机构同意，工伤职工到市（州）以外就医，交通和住宿费参照本省行政部门工作人员的差旅费标准执行，由工伤保险基金支付。

工伤职工到市（州）以外就医，非住院期间的交通和住宿产生的费用，省内不超过3天，省外不超过5天；非住院期间的伙食补助费按照职工住院治疗工伤的伙食补助费标准执行。

第二十六条 职工再次发生工伤，按照新发生工伤的伤残等级享受一次性伤残补助金待遇。根据规定应当享受伤残津贴的，按照新认定的伤残等级享受伤残津贴待遇。

第二十七条 工伤职工复查鉴定后伤残等级发生变化的，从鉴定结论作出的次月起，按照复查鉴定结论的伤残等级享受相应工伤待遇，一次性伤残补助金不再重新核定和补发。达到领取伤残津贴条件的，以复查鉴定结论作出时的本人工资为基数计发伤残津贴；复查鉴定结论作出时本人工资低于发生工伤时本人工资的，以发生工伤时本人工资为基数计发。

本办法所称本人工资，是指工伤职工因工作遭受事故伤害或者患职业病前、解除或者终止劳动关系前12个月平均月缴费工资。本人工资高于统筹地区职工平均工资300%的，按照统筹地区职工平均工资的300%计算；本人工资低于统筹地区职工平均工资60%的，按照统筹地区职工平均工资的60%计算。

第二十八条 一级至四级工伤职工保留劳动关系，退出工作岗位，按照《工伤保险条例》规定享受相关待遇。在劳动关系存续期间，用人单位和工伤职工个人以伤残津贴为基数，按照规定缴纳基本养老保险费、基本医疗保险费。伤残津贴超过本省上年度在岗职工月平均工资300%以上的部分不计入个人缴费工资基数；低于本省上年度在岗职工月平均工资60%的，按60%计入。

一级至四级工伤职工达到退休年龄、符合退休条件的，应当办理退休手续，停发伤残津贴，享受基本养老保险待遇。核定基本养老金时，工伤职工基本养老金低于伤残津贴的差额部分由工伤保险基金补足。

一级至四级工伤职工达到退休年龄，但不符合按月领取基本养老保险待遇条件的，由工伤保险基金继续按月发放伤残津贴，职工个人养老金账户金额按照规定计发标准按月冲抵到伤残津贴。工伤职工死亡时其个人养老金账户有余额的，余额由其近亲属依法继承。

第二十九条 职工因工致残被鉴定为五级、六级伤残的，按照《工伤保险条例》规定享受相关待遇。如果本人提出与用人单位解除或者终止劳动关系的，应当以解除或者终止劳动关系前本人工资为基数，由工伤保险基金支付一次性工伤医疗补助金，由用人单位支付一次性伤残就业补助金，终结工伤保险关系。

一次性工伤医疗补助金标准为：五级伤残18个月，六级伤残16个月；一次性伤残就业补助金标准为：五级伤残18个月，六级伤残16个月。

第三十条 职工因工致残被鉴定为七级至十级伤残的，按照《工伤保险条例》规定享受相关待遇。劳动、聘用合同期满终止或者本人提出解除劳动、聘用合同的，应当以终止或者解除劳动、聘用合同前本人工资为基数，由工伤保险基金支付一次性工伤医疗补助金，由用人单位支付一次性伤残就业补助金，终结工伤保险关系。

一次性工伤医疗补助金标准为：七级伤残13个月，八级伤残11个月，九级伤残9个月，十级伤残7个月；一次性伤残就业补助金标准为：七级伤残13个月，八级伤残11个月，九级伤残9个月，十级伤残7个月。

第三十一条 因工伤职工退休或者死亡导致劳动关系终止的，不再享受一次性工伤医疗补助金和一次性伤残就业补助金。

第三十二条 用人单位未依法参加工伤保险，其职工发生工伤的，由用人单位按照国家规定的工伤保险待遇项目和标准支付费用。

第三十三条 省社会保险行政部门会同省财政部门根据全省职工平均工资变化情况，

对工伤职工伤残津贴、生活护理费和工亡职工供养亲属抚恤金标准适时进行调整，并向社会公布。

第三十四条 违反工伤保险法律法规规章规定的行为，法律法规已有处罚规定的，从其规定。

第三十五条 本实施办法自 2018 年 9 月 1 日起施行。省人民政府 2012 年 2 月 28 日颁布的《甘肃省实施〈工伤保险条例〉办法》同时废止。

106　青海省实施《工伤保险条例》办法

2004 年 5 月 19 日青海省人民政府令第 42 号公布，自 2004 年 7 月 1 日起施行，
　　根据 2010 年 12 月 29 日青海省人民政府令第 76 号第一次修订，
　　根据 2011 年 11 月 25 日青海省人民政府令第 83 号第二次修订，
　　根据 2014 年 2 月 23 日青海省人民政府令第 106 号第三次修订，
　　根据 2020 年 6 月 12 日青海省人民政府令第 125 号第四次修订。

第一章　总　　则

第一条　根据国务院《工伤保险条例》（以下简称《条例》），结合本省实际，制定本办法。

第二条　本省行政区域内的企业、事业单位、社会团体、民办非企业单位、基金会、律师事务所、会计师事务所等组织和有雇工的个体工商户（以下称用人单位）应当依照《条例》和本办法规定参加工伤保险，为本单位全部职工或者雇工（以下称职工）缴纳工伤保险费。

本省行政区域内的企业、事业单位、社会团体、民办非企业单位、基金会、律师事务所、会计师事务所等组织的职工和个体工商户的雇工，均有依照《条例》和本办法规定享受工伤保险待遇的权利。

第三条　省社会保险行政部门负责全省的工伤保险工作。县级以上社会保险行政部门负责本行政区域内的工伤保险工作。

社会保险经办机构（以下简称经办机构），具体承办工伤保险事务。

第四条　工伤保险费由经办机构按照国务院《社会保险费征缴暂行条例》的规定征缴。

第二章　工伤保险基金

第五条　工伤保险基金实行州（市）级统筹，按照以支定收、收支平衡的原则筹集，

并建立省级调剂金，逐步实行省级统筹。

中央驻青行业单位、省级事业单位、社会团体、民办非企业单位等的工伤保险实行省级统筹。

第六条 用人单位应当按照《条例》和本办法规定到统筹地区的经办机构办理工伤保险登记，经办机构应当自受理之日起10日内审核完毕。

用人单位工伤保险登记事项发生变更或者依法终止的，应自变更或者终止之日起30日内，到经办机构办理工伤保险变更或注销手续。

第七条 省社会保险行政部门按照工伤保险费使用、工伤发生率、职业病危害程度等情况制定行业基准费率标准，报省人民政府批准执行。

经办机构根据用人单位的工商登记和经营生产情况，确定用人单位的行业风险类别。按照行业基准费率确定用人单位的初次缴费费率，经统筹地区社会保险行政部门审核，报省级社会保险行政部门备案。

第八条 用人单位应按照确定的费率，以上年度职工工资总额为基数，按月向统筹地区经办机构申报工伤保险费缴费数额，并按时足额缴纳工伤保险费。用人单位上年度职工工资低于统筹地区职工平均工资60%的按60%缴费，高于300%的，按300%缴费。

职工个人不缴纳工伤保险费。用人单位缴纳的工伤保险费由用人单位自筹，并按时足额缴纳，在社会保障费中列支。由财政全额拨款的事业单位、社会团体等用人单位在编职工（含在编工勤人员）缴纳的工伤保险费纳入同级财政预算，拨付用人单位；编制外聘用人员的工伤保险费由单位自筹，一并由用人单位按时足额缴纳。

企业破产的，按照企业上年度由工伤保险基金支付的实际费用，依照法定清偿程序，从资产变现中一次性缴纳10年的工伤保险费。

第九条 用人单位按照本办法第七条规定的初次缴费费率缴费。属一类行业的，按行业基准费率缴费，不实行费率浮动。属于二、三类行业的，由经办机构根据用人单位工伤保险费使用、工伤发生率、职业病危害程度等因素，1至3年浮动一次。费率浮动的具体办法由统筹地区社会保险行政部门制定，报省社会保险行政部门备案。

第十条 工伤保险基金由下列项目构成：

（一）用人单位缴纳的工伤保险费；

（二）工伤保险基金的利息收入；

（三）法律、法规规定的其他资金。

第十一条 工伤保险基金用于下列项目支出：

（一）工伤医疗费用和康复费用；

（二）住院伙食补助费；

（三）转外就医的交通食宿费；

（四）安装配置伤残辅助器具费；

（五）生活护理费；

（六）一次性伤残补助金；

（七）一至四级工伤人员伤残津贴；

（八）一次性医疗补助金；

（九）丧葬补助金；

（十）供养亲属抚恤金；

（十一）一次性因工死亡补助金；

（十二）工伤预防宣传、培训费；

（十三）劳动能力鉴定费及其他与工伤关联的鉴定费；

（十四）法律、法规规定的用于工伤保险的其他费用。

第十二条 工伤保险储备金以统筹地区为单位建立。储备金的提取比例按照当年工伤保险费实际征收额的10%安排，用于统筹地区突发重大事故的工伤保险待遇支付，以及当年工伤保险基金支出超过实际收入部分的支付。储备金不足支付时，由统筹地区人民政府垫付。

第三章 工 伤 认 定

第十三条 职工发生事故伤害或者按照职业病防治法规定被诊断、鉴定为职业病后，用人单位应当及时向统筹地区社会保险行政部门报告，社会保险行政部门应根据需要到事故现场调查核实情况。

用人单位应按照《条例》第十七条规定的时限，向统筹地区社会保险行政部门提出工伤认定申请。遇有特殊情况，经报社会保险行政部门同意，申请时限可适当延长，最长延长至90日。用人单位未按规定时限提出工伤认定申请，由职工或其近亲属、工会组织提出申请并认定为工伤的，按照《条例》第十七条第四款规定执行。

第十四条 提出工伤认定申请应当提交下列材料：

（一）工伤认定申请表；

（二）劳动、聘用合同文本复印件或其他建立劳动人事关系（包括事实劳动关系）的有效证明；

（三）医疗机构出具的受伤害时医疗诊断证明（死亡证明）及抢救记录或者职业病诊断（鉴定）书；

（四）受伤害职工的居民身份证或近亲属关系证明；

（五）工伤认定申请需要提交的其他材料。

第十五条 属于下列情况的还应提供相关证明材料：

（一）因履行工作职责受到暴力等意外伤害的，提交公安机关的证明或者人民法院判决书及其他有效证明；

（二）因工外出期间发生事故或在抢险救灾中失踪下落不明认定因工死亡的，提交人民法院宣告死亡的结论；

（三）受到交通事故或者城市轨道交通、客运轮渡、火车事故伤害的，应提交公安交通管理部门的责任认定书或其他相关部门的证明；

（四）复退军人旧伤复发的，提交《革命伤残军人证》及劳动能力鉴定委员会旧伤复发的鉴定结论；

（五）在维护国家利益、公众利益活动中受到伤害的，提交民政部门或其他相关部门出具的证明；

（六）用人单位未参加工伤保险的，用人单位申请工伤认定时，应提交用人单位的法人登记证、营业执照副本（复印件）。

第十六条 社会保险行政部门收到申请人的工伤认定申请后，应及时审核，对申请材料不完整的，社会保险行政部门应当一次性书面告知工伤认定申请人需要补正的全部材料，补正全部材料后，应当作出受理或者不予受理的决定。

社会保险行政部门受理工伤认定申请后，对受理的事实清楚，权利义务明确的工伤认定申请，应当在15日内作出工伤认定决定。对事实或提供资料需要调查核实的，在60日内作出工伤认定决定。作出工伤认定决定应出具《认定工伤决定书》或者《不予认定工伤决定书》，送达用人单位、工伤职工或者其近亲属和经办机构。

因法定情形，作出工伤认定决定的时限需要中止的，社会保险行政部门应当书面通知申请人。

第十七条 社会保险行政部门受理工伤认定申请，要求用人单位提交有关材料逾期未提交的，或用人单位不认为是工伤又不履行举证责任的，社会保险行政部门可以根据职工或者其近亲属提供的证据，经调查核实后依法作出工伤认定结论。

第十八条 工伤认定申请有下列情形之一的，不予受理：

（一）超过法定申请时限提出工伤认定的；

（二）属于《条例》第六十六条规定情形的。

对不予受理的，社会保险行政部门应当自收到申请之日起15日内书面告知申请人。

第四章 劳动能力鉴定

第十九条 省和州（市）劳动能力鉴定委员会由同级社会保险行政部门、卫生健康行政部门、工会组织、经办机构代表以及用人单位代表组成。劳动能力鉴定委员会办公室设在同级社会保险行政部门，负责劳动能力鉴定的日常工作。劳动能力鉴定委员会承担以下职责：

（一）工伤职工劳动功能障碍程度等级鉴定（即伤残等级鉴定）；

（二）生活自理障碍程度等级鉴定；

（三）延长停工留薪期确认；

（四）配置辅助器具确认；

（五）旧伤复发确认；

（六）疾病与工伤关联确认；

（七）工亡职工供养亲属完全丧失劳动能力鉴定。

第二十条 劳动能力鉴定委员会应按《条例》第二十四条的规定建立医疗卫生专家库，列入专家库的专家，由劳动能力鉴定委员会随机选聘。

劳动能力鉴定委员会组成人员或参加鉴定的专家与当事人有利害关系的应当回避。

第二十一条 工伤职工经治疗伤情相对稳定或停工留薪期满存在残疾,影响劳动能力的,应当由用人单位、工伤职工或者其近亲属向统筹地区劳动能力鉴定委员会提出劳动能力鉴定书面申请,并提交以下材料:

（一）认定工伤决定书；

（二）劳动能力鉴定表；

（三）工伤医疗机构出具的病历、诊断证明、检查、检验资料；

（四）劳动能力鉴定委员会规定的其他材料。

第二十二条 劳动能力鉴定委员会收到劳动能力鉴定申请后,按照《条例》第二十五条规定的程序鉴定,作出劳动能力鉴定结论和相关的确认结论,并由社会保险行政部门发放《工伤证》。《劳动能力鉴定表》由用人单位和经办机构分别保管,《工伤证》由工伤职工保管。

第二十三条 申请人对州（市）劳动能力鉴定委员会作出的鉴定结论不服,可按照《条例》第二十六条规定向省劳动能力鉴定委员会提出再次鉴定申请,省劳动能力鉴定委员会作出的劳动能力鉴定结论为最终结论。再次鉴定申请超过规定时间的,省劳动能力鉴定委员会不予受理。

工伤职工伤残情况发生变化需要复查鉴定的,按照《条例》第二十八条规定进行。

第二十四条 劳动能力鉴定费,参加工伤保险的工伤职工由工伤保险基金支付,未参加工伤保险或未足额缴纳工伤保险费的由用人单位承担。申请再次鉴定或复查鉴定其鉴定结论无变化的,以及鉴定疾病与工伤无直接因果关系的,鉴定费由申请人承担。

第五章 工伤保险待遇

第二十五条 工伤职工需要暂停工作接受治疗的,按照《条例》第三十三条规定享受停工留薪期待遇。

工伤职工在停工留薪期间,用人单位不得与其解除或终止劳动关系。

第二十六条 职工受伤用人单位应将其及时送往工伤医疗机构就医,情况紧急时可以到就近医疗机构抢救,脱离危险后应转到工伤医疗机构就医。在外地医院抢救治疗的,用人单位应当自伤害之日起15日内向经办机构报告。

治疗工伤所需费用符合工伤医疗目录标准的,由工伤保险基金支付。医疗机构治疗工伤超出工伤医疗目录的项目应征得工伤职工或家属的同意,费用由工伤职工承担。

职工住院治疗工伤按实际住院天数每天发给15元的伙食补助费。经定点医疗机构出具证明,报经办机构同意,工伤职工到统筹地区以外就医的,往返交通费按硬卧以下标准凭票据报销（不包括出租车票）；住院前住宿费按不超过三天,每天标准不高于150元报销,住院治疗期间按规定报销；转外就医按实际天数每天发给30元的伙食补助费。所需费用由工伤保险基金支付,超出部分自理。

第二十七条 工伤职工旧伤复发（含革命伤残军人旧伤复发）,经工伤医疗机构诊断,劳动能力鉴定委员会确认，可以享受工伤医疗待遇。确需停止工作接受治疗的，可以享受停工留薪期待遇。需要回原籍居住就医的，应在本人长期居住地选择一家工伤医疗机构作为医治工伤的医院，由用人单位到经办机构办理审批手续。未经审批同意所发生的工伤医疗费用，工伤保险基金不予支付。

第二十八条　工伤职工需要工伤康复的，由经办机构批准，到签订服务协议的工伤康复服务机构进行工伤康复。

第二十九条　工伤职工或者其近亲属申请工伤保险待遇，由用人单位向经办机构提交《工伤保险待遇申请表》《认定工伤决定书》《工伤证》《劳动能力鉴定表》。用人单位拒不提交工伤保险待遇申请的，工伤职工或者其近亲属可以直接向经办机构提交工伤保险待遇申请。

申请享受供养亲属抚恤待遇的，根据所申请的待遇项目提交以下相关补充材料：

（一）被供养人身份证；

（二）供养亲属完全丧失劳动能力的鉴定结论；

（三）社会保险行政部门规定的其他材料。

第三十条　经办机构接受申请人提交的申请材料后，应当在15日内核定完毕，按规定落实相关待遇。其中应领取的伤残津贴、生活护理费、供养亲属抚恤金和一次性伤残补助金，自劳动能力鉴定委员会作出鉴定结论的次月开始计发。

第三十一条　工伤职工因日常生活或就业需要安装或配置辅助器具的，由工伤医疗机构提出建议，经劳动能力鉴定委员会确认，到确定的辅助器具配置机构安装或配置。安装或配置辅助器具的费用按照国家规定的标准从工伤保险基金支付。

第三十二条　职工因工致残被鉴定为一至四级伤残的，由用人单位和工伤职工以本人伤残津贴为基数缴纳基本养老保险费和基本医疗保险费到规定退休年龄。伤残津贴扣除本人缴纳基本养老保险费、基本医疗保险费部分后，实际领取额低于统筹地区最低工资标准的，由工伤保险基金补足差额。

已办理退休手续的一至四级工伤职工，不享受伤残津贴，享受基本养老保险待遇或退休金，符合享受工伤保险其他待遇的由工伤保险基金支付。

一至四级工伤职工达到退休年龄或企业依法关闭、破产的，应当办理退休手续，停发伤残津贴，享受基本养老保险待遇，核定的基本养老保险待遇低于伤残津贴的，由工伤保险基金补足差额。符合其他工伤保险待遇的由工伤保险基金支付。

第三十三条　职工因工致残被鉴定为五至十级伤残的，用人单位和伤残职工应以本人伤残津贴或本人工资为基数，按规定缴纳各项社会保险费到规定退休年龄。扣除本人缴纳的各项社会保险费后，伤残津贴或本人工资实际领取额低于统筹地区最低工资标准的，由用人单位补足差额。

第三十四条　五至十级工伤职工劳动合同期满或本人提出与用人单位解除或终止劳动关系的，由工伤保险基金支付一次性工伤医疗补助金，其标准为解除或终止劳动关系时本人缴费工资的15个月至7.5个月，其中五级15个月，六级13.5个月，七级12个月，八级10.5个月，九级9个月，十级7.5个月。由用人单位支付一次性伤残就业补助金，其标准为解除或终止劳动关系时本人缴费工资的 15 个月至 7.5 个月，其中五级 15 个月，六级 13.5 个月，七级 12 个月，八级 10.5 个月，九级 9 个月，十级 7.5 个月。

参加养老保险统筹的工伤职工在终止或解除劳动关系时，距规定退休年龄不足五年的，一次性工伤医疗补助金和伤残就业补助金按金额的 80% 支付，不足四年的按 60% 支付，不足三年的按 40% 支付，不足二年的按 20% 支付，不足一年的按 10% 支付。工伤职工达到退休年龄或者办理退休手续按月领取养老金的，不支付一次性工伤医疗补助金和一次性伤残就业补助金。

第三十五条 工伤职工领取一次性工伤医疗补助金和一次性伤残就业补助金后，与用人单位和经办机构办理工伤保险关系终止手续，并经公证机关公证。符合享受失业保险待遇的，按规定享受失业保险待遇。重新就业后新发生工伤的，按《条例》和本办法规定程序履行工伤认定和劳动能力鉴定手续，享受新核定的工伤保险待遇。

第三十六条 职工因工死亡，其近亲属享受《条例》第三十九条第一款规定的待遇。

第三十七条 用人单位关闭、破产的，应将一至四级工伤人员、享受供养亲属抚恤金待遇人员移交长期居住地街道或乡镇社会保障服务站，实行社会化管理服务。符合工伤保险基金支付项目的工伤保险待遇由经办机构发放。未达到规定退休年龄的五至十级工伤职工与用人单位解除劳动关系时，按照本办法第三十四条规定的标准由工伤保险基金支付一次性工伤医疗补助金，由用人单位支付一次性伤残就业补助金，终止工伤保险关系。

第三十八条 伤残津贴、供养亲属抚恤金、生活护理费，由省社会保险行政部门会同财政部门根据全省职工平均工资和生活费用变化等情况，适时提出调整方案，报省政府批准后执行。

第三十九条 工伤保险待遇的其他费用由用人单位支付。用人单位提请劳动鉴定委员会确认工伤职工是否延长停工留薪期的，所需费用由用人单位支付。

第四十条 职工再次发生工伤的，根据新发生工伤的伤残部位评定伤残等级，可再享受一次性伤残补助金，按照其本人伤残程度最高的级别享受其他工伤保险待遇。

第六章 监督管理

第四十一条 省社会保险行政部门根据本省行政区域内工伤事故伤害和职业病救治特点，制定工伤保险医疗服务管理办法，统筹规划和确定工伤保险医疗机构、康复机构和辅助器具配置机构，会同卫生健康、民政等有关部门加强对全省工伤保险医疗服务机构的监督检查。州（市）社会保险行政部门根据工伤保险工作需要，在本统筹区域内确定工伤保险医疗机构，会同当地卫生健康、民政等有关部门加强对本地工伤保险医疗服务机构的监督检查。

各级社会保险行政部门应当会同有关部门对用人单位及其职工进行工伤预防宣传教育，防止或减少工伤及职业病的发生。

第四十二条 统筹地区经办机构应与工伤保险医疗机构、康复机构和辅助器具配置机构（统称服务机构），签订服务协议，明确双方的权利和义务，并及时向社会公布。

第四十三条 工伤保险服务机构应严格遵守工伤保险的各项规定，为工伤职工提供良好的服务，配合社会保险行政部门以及劳动能力鉴定机构、经办机构做好工伤保险工作。

第七章 附 则

第四十四条 用人单位参加工伤保险前的工伤人员，在单位参保时同步纳入工伤保险统筹管理。参保前已认定工伤的，其工伤待遇和支付渠道按原有规定执行。参保后经社会保险行政部门审核鉴定，按《条例》和本《办法》的规定由工伤保险基金支付新发生的工伤保险待遇，过去的不予追补。用人单位未参加工伤保险统筹或未按时足额缴纳工伤保险费期间的工伤保险待遇由用人单位支付。

第四十五条 职工工作不满一年发生工伤的，在计算工伤保险待遇时，有月工资的，可按照实际工作月份的月平均工资为基数计算；无月工资或缴费工资的，可按照本单位上年度职工月平均工资为基数计算。本单位上年度职工月平均工资不能确定的，可按照用人单位所在地区职工平均工资的60%为基数计算。

第四十六条 用人单位对接触职业危害作业的职工，在终止、解除劳动关系或办理退休手续前，应进行职业健康检查，并将检查结果告知职工。被确诊患有职业病的应办理工伤认定、劳动能力鉴定、待遇核定手续，支付工伤保险待遇。诊断为疑似职业病的职工退休后确诊为职业病的，可以办理工伤认定，享受工伤保险待遇。用人单位未对职工进行离岗前职业健康检查的，不得终止、解除劳动关系，退休后被确诊患有职业病的，由原用人单位承担责任，并支付工伤保险待遇。

第四十七条 工伤职工无故拒绝检查、治疗和鉴定，影响工伤保险工作正常进行的，用人单位和经办机构可停发其有关待遇。对经劳动能力鉴定委员会鉴定已完全或大部分恢复劳动能力而拒绝单位安排工作的，用人单位按照有关规章制度处理。

第四十八条 本办法自2004年7月1日起执行。

107 宁夏回族自治区实施《工伤保险条例》办法

宁政发〔2012〕115号

第一章 总 则

第一条 根据国务院《工伤保险条例》（以下称《条例》）和国家有关规定，结合自治区实际，制定本办法。

第二条 自治区行政区域内的企业、事业单位、社会团体、民办非企业单位、基金会、律师事务所、会计师事务所等组织和有雇工的个体工商户（以下称用人单位），应当依照

《条例》和本办法规定参加工伤保险，为与本单位建立劳动关系和形成事实劳动关系的全部职工或者雇工（以下称职工）缴纳工伤保险费用。

自治区行政区域内的企业、事业单位、社会团体、民办非企业单位、基金会、律师事务所、会计师事务所等组织的职工和个体工商户的雇工，均有依照《条例》和本办法的规定享受工伤保险待遇的权利。

第三条 县级以上人民政府人力资源社会保障部门负责本行政区域内的工伤保险工作。人力资源社会保障部门设立的社会保险经办机构（以下称经办机构），具体承办工伤保险事务。

第四条 税务部门负责征收工伤保险费。

财政部门、审计机关依法对工伤保险基金收支管理情况进行监督。

卫生、工商、安全生产监督管理部门在各自的职责范围内，协助人力资源社会保障部门做好工伤保险的相关工作。

各级工会组织依法维护工伤职工的合法权益，监督用人单位的工伤保险工作。

第二章 工伤保险基金

第五条 工伤保险基金实行自治区级统筹。

第六条 工伤保险费由用人单位缴纳，职工个人不缴纳工伤保险费。

工伤保险费缴费数额为本单位职工工资总额乘以单位缴费费率之积。难以直接按照工资总额计算缴纳工伤保险费的建筑施工企业、小型服务业、小型矿山企业等，按照人力资源和社会保障部公布的《部分行业企业工伤保险费缴纳办法》执行，具体计算办法由自治区人力资源社会保障部门确定。

用人单位缴费费率由自治区经办机构根据国家规定的行业差别费率及行业内费率档次，以及用人单位工伤保险费使用、工伤发生率等情况确定。

用人单位跨行业经营的，按照经营范围内风险较高行业费率确定其缴费费率；用人单位的经营范围无具体对应项目的，以自治区工伤保险平均费率确定缴费费率。

事业单位、社会团体按照工伤保险一类行业确定工伤保险缴费费率。

第七条 用人单位应当按时、足额缴纳工伤保险费，并及时向经办机构报送本单位人员情况表和人员增减明细表。按期足额缴费的用人单位报送人员情况表和人员增减明细表的次日为工伤保险参保生效日期。

第八条 工伤保险费率实行浮动制度。具体浮动办法由自治区人力资源社会保障部门会同有关部门，根据用人单位工伤保险费使用情况、工伤发生率、职业病危害程度及必要的风险储备金等因素制定，报自治区人民政府批准后执行。

经办机构根据工伤保险费率浮动办法确定用人单位费率浮动档次。

第九条 工伤保险费列入企业成本，不计征税、费。

事业单位参加工伤保险所需费用按照现行财政管理体制和资金渠道执行。

第十条 工伤保险基金全部纳入社会保障基金财政专户，实行收支两条线管理，用于下列项目的支出：

（一）工伤医疗费和工伤康复费；

（二）住院伙食补助费；

（三）转外就医的交通、食宿费；

（四）伤残津贴；

（五）生活护理费；

（六）一次性工亡补助金；

（七）一次性伤残补助金；

（八）一次性医疗补助金；

（九）丧葬补助金；

（十）供养亲属抚恤金；

（十一）工伤伤残辅助器具配置费；

（十二）劳动能力鉴定费；

（十三）工伤预防教育、宣传、培训费；

（十四）法律、法规规定支付的其他与工伤保险有关的费用。

工伤预防教育、宣传、培训费按当期工伤保险基金收入的百分之八提取，国家另有规定的，从其规定。

第十一条 自治区建立工伤保险储备金，用于重大事故的工伤保险待遇支付和设区的市、县（市）基金缺口的调剂使用。

工伤保险储备金由设区的市、县（市）按照当年工伤保险基金实际征收总额的百分之十提取，按年度上解至自治区社会保障财政专户。

因重大工伤事故造成基金当年收不抵支的，由设区的市、县（市）人力资源社会保障部门会同财政部门提出申请，经自治区人力资源社会保障部门、财政部门批准后从工伤保险累计结余基金中支付。

工伤保险累计结余基金不足支付的地区，完成自治区规定的年度基金预决算和扩面征缴任务的，由自治区工伤保险储备金调剂支付；未完成自治区规定的年度基金预决算和扩面征缴任务的，由设区的市、县（市）人民政府补足资金缺口后，由自治区工伤保险储备金调剂支付。

第三章 工 伤 认 定

第十二条 用人单位、职工或者其近亲属、工会组织申请认定工伤的，应当按照下列规定办理：

（一）驻宁中央单位、自治区区直单位以及用人单位在市辖区的职工的工伤认定，按照属地原则，由用人单位所在地设区的市人力资源社会保障部门办理。

（二）其他工伤认定由用人单位所在地县（市）人力资源社会保障部门办理。

申请工伤认定应当提交下列材料：

（一）职工工伤认定申请表；

（二）受伤害职工的居民身份证及近亲属关系证明；

（三）劳动（聘用）合同文本原件及复印件，或者其他建立劳动关系（包括事实劳动关系）的证明材料；

（四）医疗机构出具的受伤害时医疗诊断证明书（死亡证明书）及抢救记录证明或者职业病诊断（鉴定）书；

（五）单位或者主管部门的事故调查报告；

（六）与职工受伤事故经过有关的证明材料。

属于因履行工作职责受到暴力等伤害的，应当提交公安机关的处理结论或者人民法院判决书、调解书及其他有效证明；属于受到交通事故伤害的，应当提交公安机关交通管理部门的责任认定书。

用人单位未参加工伤保险的，应当提交用人单位的营业执照副本（复印件）或者工商行政管理部门出具的查询证明。

第十三条 对事实清楚，权利义务明确的工伤认定申请，人力资源社会保障部门应当自受理之日起十五日内作出工伤认定的决定；需要调查核实的，应当自受理之日起六十日内作出工伤认定的决定，并书面通知申请工伤认定的职工或者其近亲属和该职工所在用人单位以及经办机构。工伤认定的决定中应当载明工伤伤害部位。

因交通事故受到伤害或者因工受到暴力伤害以及有其他因工受到伤害情形无法及时提供结论依据的，或者作出工伤认定决定需要以司法机关或者有关行政部门的结论为依据的，作出工伤认定决定的时限中止。

人力资源社会保障部门工作人员与工伤认定申请人有利害关系的，应当回避。

第十四条 职工或者其近亲属认为是工伤，用人单位认为不是工伤的，由用人单位承担举证责任。用人单位不承担举证责任的，人力资源社会保障部门可以根据职工及其近亲属提供的证据或者自行调查取得的证据，依法作出工伤认定决定。

用人单位逾期未进行事故报告或者未申请工伤认定，或者不能举证的，在此期间发生的费用由用人单位承担。

第十五条 用人单位对接触职业危害作业的职工，在终止、解除劳动关系或者办理退休手续前应当进行职业健康检查，对确诊患有职业病的，应当进行工伤认定和劳动能力鉴定。

职工退休前有职业病接触史，退休后被诊断、鉴定患职业病的，应当自被诊断、鉴定患职业病之日起一年内申请工伤认定和劳动能力鉴定。符合工伤认定条件，并经劳动能力鉴定达到伤残等级的，以确诊为职业病时本人领取的养老金为基数计发一次性伤残补助金。

第十六条 工伤认定申请从发生伤害事故或者确诊为职业病之日起计算超过一年的，人力资源社会保障部门不予受理，由此产生的工伤待遇问题由受伤职工或者其近亲属、工会组织与用人单位协商解决；协商不成的，可以依法向人民法院提起诉讼。

第十七条 人力资源社会保障部门受理工伤认定申请后，可以根据工作需要，委托事故发生地人力资源社会保障部门或者相关部门进行调查核实。

第四章 劳动能力鉴定

第十八条 自治区和设区的市设立劳动能力鉴定委员会。劳动能力鉴定委员会的日常工作，由人力资源社会保障部门设立的劳动能力鉴定事务中心负责。

第十九条 用人单位、工伤职工或者其近亲属申请劳动能力鉴定的，应当向用人单位所在地设区的市劳动能力鉴定委员会提出申请。

申请劳动能力鉴定的，应当提供工伤认定决定和职工工伤医疗的有关资料。

第二十条 自劳动能力鉴定结论作出之日起一年后，工伤职工或者其近亲属、所在单位或者经办机构认为伤残情况发生变化的，可以申请劳动能力复查鉴定。复查鉴定伤残等级有变化的，自作出鉴定结论的次月起，按照重新确定的伤残等级享受工伤保险长期待遇，一次性伤残待遇不再支付。

第二十一条 单位或者个人对设区的市劳动能力鉴定委员会作出的鉴定结论不服的，可以在收到该鉴定结论之日起十五日内向自治区劳动能力鉴定委员会提出再次鉴定书面申请，未在规定期限内提出申请的，自治区劳动能力鉴定委员会不予受理。

劳动能力初次鉴定、再次鉴定及复查鉴定医学检查时间不计算在时限内。

被鉴定人应当配合劳动能力鉴定委员会安排的医学检查等鉴定工作，无正当理由两次不到或者拒不配合医学检查等鉴定工作的，视为放弃接受劳动能力鉴定。

第二十二条 劳动能力鉴定费按照下列规定承担：

（一）参加工伤保险的，由工伤保险基金支付；

（二）申请再次鉴定或者复查鉴定，再次鉴定、复查鉴定结论没有变化的，由申请人承担；再次鉴定、复查鉴定结论有变化的，由工伤保险基金支付；

（三）未参加工伤保险或者欠缴工伤保险费的，由用人单位承担。

劳动能力鉴定收费标准、医学检查收费标准由自治区人力资源社会保障部门会同财政、物价部门制定。

第二十三条 自治区劳动能力鉴定委员会选定的承担劳动能力鉴定的医学检查机构，应当向社会公布。

第五章 工伤保险待遇

第二十四条 职工因工作遭受事故伤害或者患职业病进行治疗，享受工伤保险待遇。

第二十五条 职工因工伤需要急救的，可以就近救治，但伤情平稳后，应当转到工伤保险协议医疗机构治疗；需要工伤康复的，应当在协议康复医疗机构进行。

工伤医疗费用应当符合国家和自治区工伤保险诊疗项目目录、药品目录和医疗服务设施标准范围。超出工伤保险支付范围的费用，工伤保险基金不予支付。

第二十六条 职工停工留薪期内住院治疗工伤的伙食补助费、旧伤复发住院治疗和住院康复伙食补助费，以及转往自治区外就医的交通费、伙食补助费从工伤保险基金中支付，具体标准参照《自治区机关事业单位差旅费管理办法》执行：

（一）职工在自治区内住院治疗及康复治疗工伤的，按实际住院天数每人每天计发十五元伙食补助费。经定点医疗机构出具证明报经办机构同意，工伤职工需转院在自治区内跨市、县就医的，其往返交通费按长途汽车和火车硬卧及以下标准，凭票据报销（不包括出租车票）。

（二）工伤职工需转院到自治区外就医的，经定点医疗机构出具证明，报经办机构同意，其往返交通费按长途汽车和火车硬卧及以下标准，凭票据报销（不包括出租车票）；伙食补助费按实际住院天数每人每天三十元计发；办理住院期间的住宿费按照每人每天不超过二百元标准，最多支付三天，凭住宿票据报销，住院期间费用按规定报销。

自治区机关事业单位差旅费的相关标准调整的，前款规定的相关费用应当适时调整。

第二十七条 工伤职工停工留薪期时限由工伤保险协议医疗机构按照受伤部位的常规治疗期限提出意见，经劳动能力鉴定委员会审核后予以确定。

停工留薪期间，用人单位不得与工伤职工解除劳动关系。

停工留薪期满，用人单位应当为工伤职工安排适当工作；确因伤情不能安排工作的，用人单位应当以工伤职工受伤前十二个月月平均工资为标准按月发给生活费，待评定伤残等级后，按照《条例》的规定享受相关待遇。

停工留薪期的具体确定办法，由自治区人力资源社会保障部门制定。

第二十八条 工伤职工在救治期间需要护理的，由工伤保险协议医疗机构出具证明，用人单位派人护理或者雇用人员护理。

第二十九条 工伤职工鉴定为一级至四级伤残的，保留劳动关系，退出工作岗位，除按照《条例》的规定享受相关待遇外，用人单位应当以其享受的伤残津贴标准为基数，为其全额缴纳（含个人应缴部分）养老、医疗和生育保险费用。伤残津贴低于上年度自治区在岗职工平均工资百分之六十的，以上年度自治区在岗职工平均工资百分之六十为缴费基数。

工伤职工鉴定为五级至十级伤残的，保留与用人单位的劳动关系，按照《条例》的规定享受相关待遇。

第三十条 工伤职工鉴定为一级至六级伤残的，本人自愿一次性结清工伤待遇并与用人单位解除或者终止劳动关系的，由职工本人向用人单位提出，经双方协商一致后签订协议，解除劳动关系。

职工按照前款规定与用人单位解除劳动关系的，除按照《条例》规定享受相应待遇外，还享受以下工伤待遇：

（一）以解除或者终止劳动关系前十二个月本人月平均缴费工资为基数，由工伤保险基金支付一次性工伤医疗补助金，标准为：一级三十五个月，二级三十二个月，三级二十九个月，四级二十六个月，五级二十二个月，六级十九个月。

（二）以解除或者终止劳动关系前十二个月本人月平均缴费工资为基数，由用人单位支付一次性伤残就业补助金，标准为：一级三十五个月，二级三十二个月，三级二十九个月，四级二十六个月，五级二十二个月，六级十九个月。

（三）伤残职工经鉴定需要生活护理的，按照护理等级标准由工伤保险基金支付七十二个月的生活护理费。

（四）经鉴定需要配置辅助器具的，以自治区上年度职工月平均工资为标准由工伤保险基金支付八个月的工伤伤残辅助器具配置费。

第三十一条 工伤职工经鉴定为七级至十级伤残的，劳动合同期满终止或者职工本人提出解除劳动、聘用合同的，经双方协商一致后签订协议，解除劳动关系。

职工按照前款规定与用人单位解除劳动关系的，除按照《条例》规定享受相应待遇外，还享受以下工伤待遇：

（一）以解除或者终止劳动关系前十二个月本人月平均缴费工资为基数，由工伤保险基金支付一次性工伤医疗补助金，标准为：七级十五个月，八级十二个月，九级九个月，十级六个月。

（二）以解除或者终止劳动关系前十二个月本人月平均缴费工资为基数，由用人单位支付一次性伤残就业补助金，标准为：七级十五个月，八级十二个月，九级九个月，十级六个月。

第三十二条 本办法第三十条、第三十一条规定的伤残职工患职业病的，其一次性伤残补助金、一次性工伤医疗补助金和一次性伤残就业补助金在规定标准的基础上增加百分之三十。

工伤职工与用人单位解除或者终止劳动合同时，距法定退休年龄五年以上的，一次性伤残就业补助金全额支付；距法定退休年龄不足五年的，每减少一年一次性伤残就业补助金递减百分之二十；距法定退休年龄不足一年的，按一次性伤残就业补助金全额的百分之二十支付。

一次性结清工伤保险待遇并终止或者解除劳动关系的工伤职工，不再享受工伤保险相关待遇。在其他用人单位重新就业后发生的工伤，按照《条例》和本办法办理。

第三十三条 工伤职工跨省易地安家的，由用人单位按照自治区上年度职工月平均工资一次性发给六个月的安家费（含交通、食宿费）。

第三十四条 职工因工死亡的，其近亲属领取一次性工亡补助金的标准为职工死亡时上年度全国城镇居民人均可支配收入的二十倍，领取丧葬补助金的标准为职工死亡时上年度自治区在岗职工月平均工资的六倍。

职工因工死亡的，供养亲属抚恤金自职工死亡的次月起支付。因工死亡职工供养亲属范围，按照国务院原劳动和社会保障部公布的《因工死亡职工供养亲属范围规定》确定。

第三十五条 职工因工外出期间发生事故或者在抢险救灾中失踪，亲属领取工亡待遇后失踪人又出现的，已领取的工亡待遇应当退还；拒不退还的，由经办机构依法追回。

第三十六条 用人单位分立、合并、转让的，其工伤职工的工伤保险责任由承继单位承担。

用人单位关闭、破产、改制的，由经办机构按照上年度单位应当支付的各类工伤保险待遇费用（包括一级至六级伤残人员伤残津贴、生活护理费、工伤医疗费、工伤伤残辅助器具配置费和工亡职工供养亲属抚恤金等）核定缴费基数，用人单位一次性足额趸缴十年的费用后，其工伤职工纳入工伤保险统筹管理，由工伤保险基金按照《条例》和本办法的规定支付工伤保险待遇。

前款规定所需资金，用人单位应当在关闭、破产和改制资产清算时，一次性足额缴纳。

第三十七条 工伤职工需要配置辅助器具的，由工伤职工或者所在单位向劳动能力鉴定委员会提出申请，经鉴定确需配置辅助器具的，在协议辅助器具配置机构配置，费用按照规定标准支付。未经确认或者在非协议配置机构配置的，工伤保险基金不予支付。

第三十八条 伤残津贴、供养亲属抚恤金、生活护理费标准由自治区人力资源社会保障部门根据职工工资增长率、物价等因素适时调整。

第三十九条 依据伤残等级标准发放的定期待遇，自劳动能力鉴定委员会作出鉴定结论后的次月起计发。

第四十条 工伤保险定点医疗机构、康复机构和伤残辅助器具配置等服务机构，由自治区人力资源社会保障部门确定并公布，经办机构应当与工伤保险相关服务机构签订书面协议，明确双方权利义务。

第四十一条 参保工伤职工在自治区内跨市、县调动工作的，应当转移工伤保险关系，工伤保险待遇由关系转入地经办机构从变更次月起支付。

第四十二条 已经鉴定为一级至四级伤残并办理工残退休人员的退休金和护理费，以及破产企业五级至六级伤残已经办理提前退休人员的退休金由原渠道支付。

达到退休年龄的一级至四级和企业依法关闭、破产的五级至六级工伤职工，应当办理退休手续，停发伤残津贴享受基本养老保险待遇。核定的基本养老保险待遇低于伤残津贴的，由工伤保险基金补足差额，并执行调增基本养老金政策规定。

第四十三条 用人单位参加工伤保险前的老工伤人员，按照自治区老工伤人员工伤保险统筹管理政策执行，参保缴费后，由工伤保险基金支付新发生的工伤保险待遇。

第四十四条 用人单位关闭、破产的，应当将一级至六级享受伤残津贴的工伤人员、享受供养亲属抚恤金待遇人员移交长期居住地街道或者乡镇民生服务工作机构，实行社会化管理服务。

第四十五条 职工再次发生工伤的，可以根据新发生工伤的伤残部位评定伤残等级，按新等级享受一次性伤残补助金。

从事非全日制用工或者与两个及两个以上用人单位同时建立劳动关系的职工，用人单位应当分别为其缴纳工伤保险费。职工发生工伤的，由受到伤害时职工工作的用人单位依法承担工伤保险责任。

第四十六条 用人单位未依法缴纳工伤保险费，职工发生工伤后拒不支付职工工伤医疗费用的，由工伤保险基金先行支付，用人单位负责偿还。用人单位不偿还的，经办机构可以依法追偿。

工伤保险基金先行支付具体办法按照人力资源和社会保障部公布的《社会保险基金先行支付暂行办法》及相关规定执行。

第六章 监督管理

第四十七条 工伤保险基金按照"统一政策、分级实施,统一预算、分级核算,统一调剂、分级平衡,统一考核、分级负责"的原则统一管理。具体统筹管理办法,由自治区人力资源社会保障部门会同相关部门另行制定。

第四十八条 工伤保险基金实行预决算制度,预决算草案由人力资源社会保障部门会同财政、税务部门编制。

设区的市、县(市)工伤保险基金预决算草案编制完毕后,应当报送自治区人力资源社会保障部门进行汇总。自治区人力资源社会保障部门在汇总设区的市、县(市)上报的工伤保险基金预决算草案的基础上,会同财政、地税和国税部门编制自治区工伤保险基金预决算草案,报自治区人民政府批准后执行。

自治区人力资源社会保障部门应当加强对全区工伤保险基金预决算执行考核和基金收支调剂平衡管理工作,并定期向社会公布全区工伤保险基金管理信息。

第四十九条 任何单位或者个人不得将工伤保险基金用于投资运营、兴建或者改建办公场所、发放奖金,或者挪作其他用途。

工伤保险费征收部门和经办机构所需的管理服务经费以及人力资源社会保障部门工伤认定调查核实经费按照实际工作需要列入财政预算。

第五十条 工伤保险纳入对设区的市、县(市)社会保险工作目标考核内容,自治区财政根据全区工伤保险参保人数和基金征缴考核情况,适当安排考核奖励工作经费。

第七章 附 则

第五十一条 公务员和参照公务员法管理的事业单位、社会团体的工作人员发生工伤后,其工伤认定、劳动能力鉴定及相关待遇参照本办法执行,所需资金列入同级财政预算。

第五十二条 用人单位聘用的退休人员以及在校实习学生,不适用本办法。

第五十三条 本办法自 2012 年 10 月 1 日起施行。

108　新疆维吾尔自治区实施《工伤保险条例》办法

2013年1月8日新疆维吾尔自治区人民政府令第182号公布，
自2013年3月1日起施行。

第一章　总　　则

第一条　根据国务院《工伤保险条例》，结合自治区实际，制定本办法。

第二条　职工有依法享受工伤保险待遇的权利。

自治区行政区域内的企业、事业单位、社会团体、民办非企业单位、基金会、律师事务所、会计师事务所等组织和有雇工的个体工商户（以下称用人单位）应当按照本办法规定，参加工伤保险，为本单位全部职工（包括雇工）缴纳工伤保险费。

第三条　县（市）以上人力资源和社会保障行政部门负责本行政区域工伤保险工作，其所属的社会保险经办机构（以下简称经办机构）具体承办工伤保险有关事务。

财政、卫生、安全生产监督管理等有关部门在各自法定职责范围内，负责工伤保险相关工作。

财政、审计部门依法对工伤保险基金的收支、管理实施监督。

第二章　工伤保险基金

第四条　工伤保险基金实行州、市（地）级统筹，逐步实行自治区级统筹。

第五条　州、市（地）实行工伤保险储备金制度。工伤保险储备金按照上年度工伤保险基金征缴额的10%提取，存入社会保障基金财政专户，用于重大事故的工伤保险待遇支付。

工伤保险储备金累计结余额不得超过上年度工伤保险基金收入。

第六条　自治区建立区级工伤保险调剂金制度。工伤保险调剂金用于工伤保险待遇支付补助和工伤保险基金收支调剂。具体办法由自治区人力资源和社会保障行政部门会同自治区财政部门制定。

第七条　用人单位为本单位职工缴纳工伤保险费，实行实名登记、全员参保、动态管理制度。

用人单位应当向所在地经办机构办理工伤保险登记，经办机构应当自受理之日起15日内办理完毕。

用人单位变更或者终止的，应当自变更或者终止之日起30日内，向原经办机构办理工伤保险变更或者注销手续。

第八条　用人单位参加工伤保险的初次缴费费率，按照国家规定的行业基准费率确定。

用人单位缴纳工伤保险费的数额为本单位职工工资总额乘以单位缴费费率之积。难以按照用人单位工资总额确定缴费基数的，可以按照建筑工程造价的一定比例、经营服务面积、吨矿产品相应费率等方式计算缴费。

第九条 工伤保险基金用于下列项目支出：
（一）工伤医疗和康复费用；
（二）住院伙食补助费；
（三）在本州、市（地）以外就医的交通、食宿费用；
（四）配置辅助器具费用；
（五）生活护理费；
（六）一次性伤残补助金；
（七）一至四级伤残职工按月领取的伤残津贴；
（八）终止或者解除劳动关系，应当享受的一次性工伤医疗补助金；
（九）丧葬补助金、供养亲属抚恤金和一次性工亡补助金；
（十）劳动能力鉴定费用；
（十一）工伤预防的政策宣传、业务培训等费用；
（十二）法律、法规规定用于工伤保险的其他费用。

第十条 用人单位应当于每年1月31日前将本单位上年度参加工伤保险职工名单、缴费期限、缴费情况、工伤认定、工伤待遇及发生工伤事故等情况在本单位内进行公示。公示时间不得少于15日。

用人单位应当将公示情况报经办机构备案。

第三章 工 伤 认 定

第十一条 职工发生事故伤害或者按照《职业病防治法》规定被诊断、鉴定为职业病，因特殊情况用人单位不能按照规定时限提出工伤认定申请的，经州、市（地）人力资源和社会保障行政部门同意，申请时限可以延长30日。

第十二条 职工或者其近亲属认为是工伤，用人单位认为不是工伤的，由用人单位承担举证责任。

用人单位应当自收到《举证通知书》之日起10日内，向受理工伤认定申请的人力资源和社会保障行政部门提交有关证据；逾期未提交的，人力资源和社会保障行政部门可以依据职工或者其近亲属提供的证据依法作出结论。

第十三条 工伤职工认为工伤或者职业病直接导致其他疾病发生的，自医疗诊断之日起1年内，可以向州、市（地）人力资源和社会保障行政部门提出工伤认定申请。

第十四条 州、市（地）人力资源和社会保障行政部门可以委托有条件的县（市）人力资源和社会保障行政部门承担工伤认定有关工作。

第四章　劳动能力鉴定

第十五条　自治区、州、市（地）劳动能力鉴定委员会由本级人力资源和社会保障行政部门、卫生行政部门、工会组织、经办机构代表以及用人单位代表组成。

第十六条　劳动能力鉴定委员会的职责：
（一）劳动功能障碍程度鉴定；
（二）生活自理障碍程度鉴定；
（三）延长停工留薪期确认；
（四）配置辅助器具确认；
（五）疾病与工伤关联鉴定；
（六）工伤康复确认；
（七）因病或者非因工伤残丧失劳动能力程度鉴定；
（八）接受委托的劳动能力鉴定。

第十七条　申请劳动能力鉴定，应当提交下列材料：
（一）劳动能力鉴定申请表；
（二）工伤认定决定书；
（三）医疗机构出具的病历、诊断证明和检查检验单、影像等诊疗资料。

第十八条　劳动能力鉴定费用由工伤保险基金支付；未参加工伤保险或者未按时足额缴纳工伤保险费的，由用人单位支付。再次鉴定、复查鉴定的鉴定结论没有改变的，或者鉴定疾病与工伤无关联的，鉴定费用由申请人承担。

第五章　工伤保险待遇

第十九条　申请享受工伤保险待遇，应当向经办机构提交工伤保险待遇申请表、工伤认定决定书。经办机构应当在 15 日内审核并确定支付相关待遇。

供养亲属申请享受抚恤金的，还应当提交下列材料：
（一）户口簿、身份证以及公安户籍管理部门或者乡（镇）人民政府、街道办事处出具的生存证明；
（二）乡（镇）人民政府、街道办事处出具的主要生活来源证明；
（三）民政部门出具的孤寡老人、孤儿证明或者养父母、养子女收养证明。

供养亲属无劳动能力的，还应当提交无劳动能力鉴定结论。供养亲属无劳动能力的鉴定，由经办机构提请劳动能力鉴定委员会作出。

第二十条　受伤职工工伤认定前的医疗费用由用人单位垫付；工伤认定后符合工伤保险基金支付项目的，由经办机构支付。

第二十一条　职工治疗工伤，应当在与经办机构签订服务协议的医疗机构就医，情况紧急时可以先到就近的医疗机构急救；经急救脱离危险伤情稳定后仍需要治疗的，应当转到签订服务协议的医疗机构就医。

职工在未签订服务协议的医疗机构急救的，用人单位应当自医疗机构急救之日起10日内向所在地经办机构报告。

第二十二条 生活不能自理的工伤职工在停工留薪期间住院治疗需要护理的，由所在单位负责派员护理或者按月发给本人本单位上年度在岗职工月平均工资标准的护理费，住院治疗期不足1个月的，按1个月计发护理费。

工伤职工在停工留薪期内，除本人自愿提出外，用人单位不得与其解除、终止劳动关系。

第二十三条 工伤职工需要配置辅助器具的，经州、市（地）劳动能力鉴定委员会确认，到定点的辅助器具配置机构配置。配置辅助器具的项目和费用标准，适用国家、自治区有关规定。

第二十四条 工伤职工需要康复医疗的，由本人或者用人单位提出申请，经州、市（地）劳动能力鉴定委员会确认，在定点的康复医疗机构进行。

第二十五条 康复医疗机构和辅助器具配置机构由自治区人力资源和社会保障行政部门按照国家、自治区规定的条件确定，并向社会公布。州、市（地）经办机构应当与自治区公布的康复医疗机构和辅助器具配置机构签订服务协议，并向社会公布。

第二十六条 长期在户籍所在地以外居住的工伤职工旧伤复发，经原居住地经办机构同意，可以在现居住地选择一至两家医疗机构治疗，享受原居住地的州、市（地）工伤医疗待遇标准。

第二十七条 一级至四级伤残职工依法办理退休手续后，停发伤残津贴，按照国家、自治区规定享受基本养老保险待遇，按月领取基本养老保险金。基本养老保险金低于伤残津贴的，由工伤保险基金予以补差。按月领取的生活护理费及旧伤复发医疗费仍由工伤保险基金支付。

按月从工伤保险基金领取伤残津贴的一级至四级伤残职工，达到法定退休年龄，但不符合享受基本养老保险待遇条件的，其伤残津贴继续由工伤保险基金支付。

第二十八条 五级、六级伤残职工本人自愿提出与用人单位解除、终止劳动关系的，以解除、终止劳动关系时所在州、市（地）上年度职工月平均工资为基数，由用人单位为其支付一次性伤残就业补助金，并由工伤保险基金为其支付一次性工伤医疗补助金。五级伤残职工一次性伤残就业补助金和一次性工伤医疗补助金，分别按27个月和11个月计发，六级伤残职工分别按24个月和10个月计发。患职业病的，一次性工伤医疗补助金在此标准基础上增发30%。

第二十九条 七级至十级伤残职工劳动（聘用）合同期满终止劳动（聘用）合同或者本人提出解除劳动（聘用）合同的，以终止或者解除劳动（聘用）关系时所在州、市（地）上年度职工月平均工资为基数，由用人单位为其支付一次性伤残就业补助金，并由工伤保险基金为其支付一次性工伤医疗补助金。七级伤残职工一次性伤残就业补助金和一次性工伤医疗补助金分别按21个月和9个月计发，八级伤残职工分别按18个月和8个月计发，九级伤残职工分别按15个月和7个月计发，十级伤残职工分别按12个月和6个月计发。患职业病的，一次性工伤医疗补助金在此标准基础上增发20%。

第三十条 职工退休后诊断为职业病，退休期间未从事过职业活动，也未接触过职业危害因素的，经人力资源和社会保障行政部门对其身份、原所在单位是否参加工伤保险等情况进行核实，由劳动能力鉴定委员会进行劳动能力鉴定。退休职工原所在单位参加工伤保险的，由工伤保险基金支付除一次性伤残补助金以外的工伤保险金；原所在单位未参加工伤保险的，由原所在单位支付除一次性伤残补助金以外的工伤保险金。

第三十一条 一次性工伤医疗补助金和一次性伤残就业补助金标准由自治区人力资源和社会保障行政部门会同自治区财政部门根据实际情况适时提出调整方案，报自治区人民政府批准后执行。

第三十二条 职工因工死亡，其供养亲属享受抚恤金的资格，按职工死亡时的条件核定。

因工死亡职工供养亲属已享受城镇职工基本养老保险、新型农村社会养老保险、城镇居民社会养老保险等社会保障待遇，但待遇标准低于供养亲属抚恤金的，由工伤保险基金补足差额；未参保的，由用人单位补足差额。

第三十三条 定期领取伤残津贴、生活护理费的工伤职工或者领取供养亲属抚恤金的因公死亡职工亲属，应当每年向所在地经办机构提供生存证明。

第三十四条 用人单位依法破产已参加工伤保险的，应当清偿下列工伤保险费用：

（一）一级至四级伤残职工应当缴纳的基本医疗保险费；

（二）五级、六级伤残职工应当享受的伤残津贴；

（三）七级至十级伤残职工的一次性伤残就业补助金。

未参加工伤保险的，应当清偿下列工伤保险费用：

（一）因公死亡职工供养亲属应当享受的抚恤金；

（二）一级至四级伤残职工应当享受的伤残津贴、生活护理费、旧伤复发医疗费用、配置辅助器具费以及应当缴纳的基本医疗保险费；

（三）五级、六级伤残职工应当享受的伤残津贴、基本医疗保险费、基本养老保险费、配置辅助器具费、一次性工伤医疗补助金；

（四）七级至十级伤残职工应当享受的一次性工伤医疗补助金和一次性伤残就业补助金。

符合工伤保险基金支付项目的工伤保险待遇，继续由经办机构支付。

第六章 法 律 责 任

第三十五条 用人单位克扣工伤职工或者其供养亲属工伤保险待遇的，由人力资源和社会保障行政部门责令限期改正；逾期未改正的，处3千元以上3万元以下罚款，并通知经办机构直接支付给工伤职工。

由工伤保险基金支付的工伤保险待遇，经办机构有权向用人单位追偿。

第三十六条 违反本办法规定的其他行为，应当承担法律责任的，按照有关法律、法规的规定执行。

第七章 附 则

第三十七条 本办法自 2013 年 3 月 1 日起施行。自治区人民政府 2004 年 2 月 24 日颁布的《新疆维吾尔自治区实施〈工伤保险条例〉办法》（政府令第 115 号）同时废止。

109 新疆生产建设兵团实施《工伤保险条例》办法

新兵发〔2013〕50 号

第一章 总 则

第一条 根据国务院《工伤保险条例》和《新疆维吾尔自治区实施〈工伤保险条例〉办法》，结合兵团实际，制定本办法。

第二条 兵团范围的企业、团场、机关、事业单位、民间非盈利组织、社会团体、民办非企业单位、基金会、律师事务所、会计师事务所等组织和有雇工的个体工商户（以下统称用人单位）应当参加工伤保险，为本单位全部职工、雇工和建立劳动关系的非全日制劳动者（以下统称职工）缴纳工伤保险费。

用人单位的职工依照《工伤保险条例》和本办法有权享受工伤保险待遇。

第三条 兵团工伤保险在制度政策、业务流程和网络系统等方面实行全兵团统一，工伤保险基金实行师级统筹，兵团直属各单位组成兵直统筹区（以下称统筹区）。兵团工伤保险逐步实现兵团级统筹。

第四条 兵团社会保险行政部门负责全兵团工伤保险工作。各师社会保险行政部门负责本统筹区的工伤保险工作。

社会保险行政部门所属各级社会保险经办机构（以下称经办机构）具体承办工伤保险事务。

财政（财务）、卫生、安全生产监督管理等有关部门在各自法定职责范围内，负责工伤保险工作。

财政（财务）、审计部门对工伤保险基金的收支、管理实施监督。

第五条 工伤保险工作应当坚持预防、补偿和康复相结合的原则，逐步形成三位一体的工作格局。

第六条 工伤认定、工伤保险经办、劳动能力鉴定等工作的业务经费列入同级财政（财务）部门预算。

第二章 工伤保险基金

第七条 各统筹区应当设立工伤保险基金。工伤保险基金由用人单位缴纳的工伤保险费、工伤保险基金的利息和依法纳入工伤保险基金的其他资金构成，实行收支两条线，纳入社会保险基金财政专户管理。

第八条 工伤保险费的征缴及资金来源按照《社会保险费征缴暂行条例》有关规定执行，其中机关、参公事业单位、全额拨款事业单位应当缴纳的工伤保险费列入同级财政预算。

第九条 各统筹区实行工伤保险储备金制度。工伤保险储备金按当期工伤保险基金征缴额的5%提取，存入社会保险基金财政专户。工伤保险储备金用于重大事故的工伤保险待遇支付，储备金不足支付时由同级财务垫付。储备金结余额达到统筹区上年度工伤保险基金收入总额时，当年不再提取储备金。

工伤保险储备金管理办法由兵团社会保险行政部门会同兵团财政（财务）部门制定。

第十条 建立兵团级工伤保险调剂金制度，资金由统筹区按照当期基金收缴总额的一定比例上解及兵团财务补助构成。工伤保险调剂金用于工伤保险待遇支付补助和工伤保险基金收支调剂。具体管理办法由兵团社会保险行政部门会同兵团财政（财务）部门制定。

第十一条 用人单位参加工伤保险的初次缴费费率，按照其对应的行业基准费率确定。

跨行业经营的单位，按所跨行业对应的行业差别费率及行业内费率档次，确定其缴费费率。

团场的缴费费率由各师根据团场内部产业结构情况确定。

各统筹区建立工伤保险费率动态调整机制，每年根据参保单位上年度工伤保险费使用、工伤发生率及职业病危害程度等情况，确定对应单位的下年度缴费费率。

经办机构提出调整用人单位缴费费率的建议，经同级社会保险行政部门、财政（财务）部门批准后，对用人单位的缴费费率进行调整。

第十二条 用人单位缴纳工伤保险费的数额为本单位职工工资总额乘以单位缴费费率之积。难以按照用人单位工资总额确定缴费基数的，可以按照工程造价的一定比例、经营服务面积、吨矿产品相应费率或国家、兵团规定的方式计算缴费。

第十三条 用人单位为本单位职工缴纳工伤保险费，实行实名登记、全员参保、动态管理制度。

用人单位应当向统筹区经办机构办理工伤保险登记，经办机构应当自受理之日起15日内办理完毕。参保单位在规定时限内缴纳工伤保险费的，自经办机构受理工伤保险登记的次日为参保生效日期。

用人单位变更或者终止的，应当自变更或者终止之日起30日内，向原经办机构办理工伤保险变更或者注销手续。

第十四条 工伤保险基金用于下列项目支出：

（一）工伤医疗和康复费用；

（二）住院伙食补助费；
（三）在本统筹区以外就医的交通、食宿费用；
（四）配置辅助器具费用；
（五）生活护理费；
（六）一次性伤残补助金；
（七）一至四级伤残职工按月领取的伤残津贴；
（八）终止或者解除劳动关系，应当享受的一次性工伤医疗补助金；
（九）丧葬补助金、供养亲属抚恤金和一次性工亡补助金；
（十）劳动能力鉴定费用；
（十一）工伤预防的政策宣传、业务培训等费用；
（十二）法律、法规规定用于工伤保险的其他费用。

第三章 工伤认定

第十五条 职工或其近亲属及工会组织认为是工伤，用人单位认为不是工伤的，由用人单位承担举证责任。社会保险行政部门向用人单位下达《举证通知书》，用人单位在收到《举证通知书》之日起10日内向社会保险行政部门提交有关证据，逾期未提交有关证据的，社会保险行政部门可依据职工或其近亲属提供的证据依法作出结论。

第十六条 认定工伤或视同工伤的（以下统称工伤），由作出工伤认定结论的社会保险行政部门核发《工伤（亡）职工证明书》，并根据医疗诊断情况，将伤害部位、职业病名称以及经劳动能力鉴定委员会鉴定与工伤有直接关联的伤病情况，记入《工伤（亡）职工证明书》。《工伤（亡）职工证明书》由本人保管。

第十七条 兵团建立工伤认定委托调查制度，社会保险行政部门根据工作需要委托有关单位调查工伤。

第四章 劳动能力鉴定

第十八条 兵师两级设立劳动能力鉴定委员会，劳动能力鉴定委员会分别由同级社会保险行政部门、卫生行政部门、工会组织、经办机构代表以及用人单位代表组成。

第十九条 兵团统一建立劳动能力鉴定医疗卫生专家库，各统筹区应从医疗卫生专家库抽取专家完成相关工作。

第二十条 劳动能力鉴定委员会的职责：
（一）劳动功能障碍程度鉴定；
（二）生活自理障碍程度鉴定；
（三）延长停工留薪期确认；
（四）配置辅助器具确认；
（五）疾病与工伤关联鉴定；

（六）工伤康复确认；

（七）因病或者非因工伤残丧失劳动能力程度鉴定；

（八）接受按规定委托的劳动能力鉴定。

第二十一条 用人单位或工伤职工对师劳动能力鉴定委员会作出鉴定结论不服的，应当在收到鉴定结论之日起 15 日内向兵团劳动能力鉴定委员会申请再次鉴定，并提交《劳动能力再次鉴定申请表》、师劳动能力鉴定委员会的鉴定结论及相关材料。

兵团劳动能力鉴定委员会组织再次鉴定时，不得选用参加原鉴定工作的专家。

兵团劳动能力鉴定委员会作出的劳动能力鉴定结论为最终结论。

第二十二条 劳动能力鉴定费用，参加工伤保险的由工伤保险基金支付；未参加工伤保险或者未按时足额缴纳工伤保险费的，由用人单位支付。再次鉴定、复查鉴定的鉴定结论没有改变的，或者鉴定疾病与工伤无关联的，鉴定费用由申请人承担。

第五章　工伤保险待遇

第二十三条 申请享受供养亲属抚恤待遇，应当向经办机构提交工伤保险待遇申请表、工伤认定决定书、劳动能力鉴定结论通知书，经办机构在 15 日内完成待遇审核支付工作。

供养亲属申请享受抚恤金的，还应当提交下列材料：

（一）被供养人户口簿、身份证以及公安机关出具的生存证明；

（二）被供养亲属所在单位、街道办事处、团场出具的被供养人经济状况证明；

（三）民政部门出具的孤寡老人或孤儿的证明或者养父母、养子女的收养证明。

供养亲属无劳动能力的，还应当提交无劳动能力鉴定结论。供养亲属无劳动能力的鉴定，需提请劳动能力鉴定委员会作出。

第二十四条 伤残职工在工伤医疗服务机构发生的费用先由用人单位垫付，待认定为工伤后，符合工伤保险基金支付项目的给予报销。

第二十五条 康复医疗机构和辅助器具配置机构由兵团社会保险行政部门按照国家、自治区规定的条件确定，并向社会公布。各统筹区经办机构应当与公布的康复医疗机构和辅助器具配置机构签订服务协议，并向社会公布。

第二十六条 生活不能自理的工伤职工在停工留薪期间住院治疗需要陪护的，由所在单位负责派员陪护或者按月发给本统筹区所在地方上年度在岗职工月平均工资的陪护费，住院治疗期不足 1 个月的，按 1 个月计发陪护费。

工伤职工在停工留薪期内，除本人自愿提出外，用人单位不得与其解除、终止劳动关系。

第二十七条 按月从工伤保险基金领取伤残津贴的一级至四级伤残职工，达到法定退休年龄，但不符合享受基本养老保险待遇条件的，其伤残津贴继续由工伤保险基金支付。

第二十八条 五级、六级伤残职工本人自愿提出与用人单位解除、终止劳动关系的，以解除、终止劳动关系时统筹区所在地方的上年度职工月平均工资为基数：

（一）由用人单位支付一次性就业补助金，标准为五级伤残为 27 个月，六级伤残为 24

个月；

（二）由工伤保险基金支付一次性工伤医疗补助金，标准为五级伤残为 11 个月，六级伤残为 10 个月。患职业病的，一次性工伤医疗补助金在此标准基础上增发 30%。

第二十九条 七级至十级伤残职工劳动（聘用）合同期满终止劳动（聘用）合同或者本人提出解除劳动（聘用）合同的，以终止或者解除劳动（聘用）关系时统筹区所在地方上年度职工月平均工资为基数：

（一）由用人单位支付一次性就业补助金，标准为七级伤残为 21 个月，八级伤残为 18 个月，九级伤残为 15 个月，十级伤残为 12 个月。

（二）由工伤保险基金支付一次性工伤医疗补助金，标准为七级伤残为 9 个月，八级伤残为 8 个月，九级伤残为 7 个月，十级伤残为 6 个月。患职业病的，一次性工伤医疗补助金在此标准基础上增发 20%。

第三十条 一次性工伤医疗补助金和一次性伤残就业补助金标准，由兵团社会保险行政部门会同兵团财政（财务）部门适时提出调整方案，报兵团批准后执行。

第三十一条 职工因工死亡，其供养亲属享受抚恤金的资格，按职工死亡时的条件核定。

因工死亡职工供养亲属已享受城镇职工基本养老保险、新型农村社会养老保险、城镇居民社会养老保险等社会保障待遇，但待遇标准低于供养亲属抚恤金的，由工伤保险基金补足差额；未参加工伤保险的，由用人单位补足差额。

第三十二条 定期领取伤残津贴、生活护理费的工伤职工或者领取供养亲属抚恤金的因工死亡职工亲属，应当每年第二季度向参保地社会保险经办机构提供生存证明。

第三十三条 用人单位依法破产的应当清算工伤保险费用，清偿项目和金额标准等按自治区及兵团有关规定执行。

第三十四条 调整工伤职工伤残津贴、生活护理费、供养亲属抚恤金，由兵团社会保险行政部门会同兵团财政（财务）部门提出调整方案，报兵团批准后执行。

第三十五条 由于第三人原因造成的工伤，工伤保险待遇由第三人支付，第三人承担部分低于工伤保险待遇的，工伤保险基金补足差额。

第三人无力承担或无法确定第三人的，工伤保险基金先行支付相关待遇，社会保险经办机构有权向第三人追偿。

第三十六条 享受工伤待遇有下列情形之一的，暂停相关工伤保险待遇：

（一）应当提供生存证明而拒不提供的；

（二）违反工伤就医管理规定的；

（三）符合出院条件拒绝出院的；

（四）违反工伤辅助器具配置管理规定的；

（五）其他违反工伤保险政策规定的。

暂停情形消除的，应当恢复相关的工伤保险待遇。

第六章 管理与监督

第三十七条 社会保险行政部门履行下列职责：
（一）贯彻执行国家工伤保险的法律、法规，负责制定工伤保险政策和组织实施，统筹规划工伤保险工作；
（二）负责制定工伤预防、宣传、培训、规划和职业康复计划并组织实施；
（三）负责监督检查工伤保险基金征缴、支付；
（四）负责工伤认定工作；
（五）负责制定工伤医疗服务机构、康复医疗机构和辅助器具配置服务机构的管理办法；
（六）负责对服务协议履行、工伤保险费用使用情况进行检查；
（七）法律、法规赋予的其他职责。

第三十八条 社会保险经办机构履行下列职责：
（一）按照社会保险行政部门要求对事故伤害进行调查核实；
（二）办理工伤保险登记，负责保存相关记录；
（三）征缴工伤保险费；
（四）核定并支付工伤保险待遇；
（五）负责与工伤辅助器具机构和工伤医疗机构签订服务协议并组织实施；
（六）负责工伤保险基金预算、决算和统计工作；
（七）承办社会保险行政部门交办的其他事务。

第三十九条 参保单位应当于每年1月31日前将本单位参保职工的名单、参保日期、缴费情况等进行公示。公示时间不得少于15天，并将公示情况及时以书面形式报统筹区社会保险经办机构备案。

第四十条 对应的法律责任和事务处理按照国家和自治区有关规定执行。

第七章 附 则

第四十一条 公务员以及参照《公务员法》管理的国家机关工作人员和人民警察发生工（公）伤时，其残疾等级评定和抚恤仍按国家现行规定办理，与工伤保险同性质待遇不重复享受。

第四十二条 工伤职工受伤前本人工资不足12个月的，按职工所在单位上年度职工月平均缴费工资计算。

第四十三条 本办法称统筹区所在地方上年度职工月平均工资是指与统筹区同级的地方上年度职工月平均工资。

第四十四条 本办法由兵团人力资源和社会保障局负责解释。

第四十五条 本办法自2013年7月1日起施行。兵团2004年4月21日发布的《新疆生产建设兵团工伤保险办法》（兵团令第2号）同时废止。

第二部分　相关法律法规规章文件

十二、争议处理

110 中华人民共和国劳动争议调解仲裁法

2007年12月29日第十届全国人民代表大会常务委员会第三十一次会议通过，中华人民共和国主席令第80号公布。

第一章 总 则

第一条 为了公正及时解决劳动争议，保护当事人合法权益，促进劳动关系和谐稳定，制定本法。

第二条 中华人民共和国境内的用人单位与劳动者发生的下列劳动争议，适用本法：
（一）因确认劳动关系发生的争议；
（二）因订立、履行、变更、解除和终止劳动合同发生的争议；
（三）因除名、辞退和辞职、离职发生的争议；
（四）因工作时间、休息休假、社会保险、福利、培训以及劳动保护发生的争议；
（五）因劳动报酬、工伤医疗费、经济补偿或者赔偿金等发生的争议；
（六）法律、法规规定的其他劳动争议。

第三条 解决劳动争议，应当根据事实，遵循合法、公正、及时、着重调解的原则，依法保护当事人的合法权益。

第四条 发生劳动争议，劳动者可以与用人单位协商，也可以请工会或者第三方共同与用人单位协商，达成和解协议。

第五条 发生劳动争议，当事人不愿协商、协商不成或者达成和解协议后不履行的，可以向调解组织申请调解；不愿调解、调解不成或者达成调解协议后不履行的，可以向劳动争议仲裁委员会申请仲裁；对仲裁裁决不服的，除本法另有规定的外，可以向人民法院提起诉讼。

第六条 发生劳动争议，当事人对自己提出的主张，有责任提供证据。与争议事项有关的证据属于用人单位掌握管理的，用人单位应当提供；用人单位不提供的，应当承担不利后果。

第七条 发生劳动争议的劳动者一方在十人以上，并有共同请求的，可以推举代表参加调解、仲裁或者诉讼活动。

第八条 县级以上人民政府劳动行政部门会同工会和企业方面代表建立协调劳动关系三方机制，共同研究解决劳动争议的重大问题。

第九条 用人单位违反国家规定，拖欠或者未足额支付劳动报酬，或者拖欠工伤医疗费、经济补偿或者赔偿金的，劳动者可以向劳动行政部门投诉，劳动行政部门应当依法处理。

第二章 调 解

第十条 发生劳动争议，当事人可以到下列调解组织申请调解：
（一）企业劳动争议调解委员会；
（二）依法设立的基层人民调解组织；
（三）在乡镇、街道设立的具有劳动争议调解职能的组织。
企业劳动争议调解委员会由职工代表和企业代表组成。职工代表由工会成员担任或者由全体职工推举产生，企业代表由企业负责人指定。企业劳动争议调解委员会主任由工会成员或者双方推举的人员担任。

第十一条 劳动争议调解组织的调解员应当由公道正派、联系群众、热心调解工作，并具有一定法律知识、政策水平和文化水平的成年公民担任。

第十二条 当事人申请劳动争议调解可以书面申请，也可以口头申请。口头申请的，调解组织应当当场记录申请人基本情况、申请调解的争议事项、理由和时间。

第十三条 调解劳动争议，应当充分听取双方当事人对事实和理由的陈述，耐心疏导，帮助其达成协议。

第十四条 经调解达成协议的，应当制作调解协议书。
调解协议书由双方当事人签名或者盖章，经调解员签名并加盖调解组织印章后生效，对双方当事人具有约束力，当事人应当履行。
自劳动争议调解组织收到调解申请之日起十五日内未达成调解协议的，当事人可以依法申请仲裁。

第十五条 达成调解协议后，一方当事人在协议约定期限内不履行调解协议的，另一方当事人可以依法申请仲裁。

第十六条 因支付拖欠劳动报酬、工伤医疗费、经济补偿或者赔偿金事项达成调解协议，用人单位在协议约定期限内不履行的，劳动者可以持调解协议书依法向人民法院申请支付令。人民法院应当依法发出支付令。

第三章 仲 裁

第一节 一 般 规 定

第十七条 劳动争议仲裁委员会按照统筹规划、合理布局和适应实际需要的原则设立。省、自治区人民政府可以决定在市、县设立；直辖市人民政府可以决定在区、县设立。直辖市、设区的市也可以设立一个或者若干个劳动争议仲裁委员会。劳动争议仲裁委员会不按行政区划层层设立。

第十八条 国务院劳动行政部门依照本法有关规定制定仲裁规则。省、自治区、直辖市人民政府劳动行政部门对本行政区域的劳动争议仲裁工作进行指导。

第十九条 劳动争议仲裁委员会由劳动行政部门代表、工会代表和企业方面代表组成。劳动争议仲裁委员会组成人员应当是单数。

劳动争议仲裁委员会依法履行下列职责：

（一）聘任、解聘专职或者兼职仲裁员；

（二）受理劳动争议案件；

（三）讨论重大或者疑难的劳动争议案件；

（四）对仲裁活动进行监督。

劳动争议仲裁委员会下设办事机构，负责办理劳动争议仲裁委员会的日常工作。

第二十条 劳动争议仲裁委员会应当设仲裁员名册。

仲裁员应当公道正派并符合下列条件之一：

（一）曾任审判员的；

（二）从事法律研究、教学工作并具有中级以上职称的；

（三）具有法律知识、从事人力资源管理或者工会等专业工作满五年的；

（四）律师执业满三年的。

第二十一条 劳动争议仲裁委员会负责管辖本区域内发生的劳动争议。

劳动争议由劳动合同履行地或者用人单位所在地的劳动争议仲裁委员会管辖。双方当事人分别向劳动合同履行地和用人单位所在地的劳动争议仲裁委员会申请仲裁的，由劳动合同履行地的劳动争议仲裁委员会管辖。

第二十二条 发生劳动争议的劳动者和用人单位为劳动争议仲裁案件的双方当事人。

劳务派遣单位或者用工单位与劳动者发生劳动争议的，劳务派遣单位和用工单位为共同当事人。

第二十三条 与劳动争议案件的处理结果有利害关系的第三人，可以申请参加仲裁活动或者由劳动争议仲裁委员会通知其参加仲裁活动。

第二十四条 当事人可以委托代理人参加仲裁活动。委托他人参加仲裁活动，应当向劳动争议仲裁委员会提交有委托人签名或者盖章的委托书，委托书应当载明委托事项和权限。

第二十五条 丧失或者部分丧失民事行为能力的劳动者，由其法定代理人代为参加仲裁活动；无法定代理人的，由劳动争议仲裁委员会为其指定代理人。劳动者死亡的，由其近亲属或者代理人参加仲裁活动。

第二十六条 劳动争议仲裁公开进行，但当事人协议不公开进行或者涉及国家秘密、商业秘密和个人隐私的除外。

第二节　申请和受理

第二十七条 劳动争议申请仲裁的时效期间为一年。仲裁时效期间从当事人知道或者应当知道其权利被侵害之日起计算。

前款规定的仲裁时效，因当事人一方向对方当事人主张权利，或者向有关部门请求权利救济，或者对方当事人同意履行义务而中断。从中断时起，仲裁时效期间重新计算。

因不可抗力或者有其他正当理由，当事人不能在本条第一款规定的仲裁时效期间申请仲裁的，仲裁时效中止。从中止时效的原因消除之日起，仲裁时效期间继续计算。

劳动关系存续期间因拖欠劳动报酬发生争议的，劳动者申请仲裁不受本条第一款规定的仲裁时效期间的限制；但是，劳动关系终止的，应当自劳动关系终止之日起一年内提出。

第二十八条 申请人申请仲裁应当提交书面仲裁申请，并按照被申请人人数提交副本。

仲裁申请书应当载明下列事项：

（一）劳动者的姓名、性别、年龄、职业、工作单位和住所，用人单位的名称、住所和法定代表人或者主要负责人的姓名、职务；

（二）仲裁请求和所根据的事实、理由；

（三）证据和证据来源、证人姓名和住所。

书写仲裁申请确有困难的，可以口头申请，由劳动争议仲裁委员会记入笔录，并告知对方当事人。

第二十九条 劳动争议仲裁委员会收到仲裁申请之日起五日内，认为符合受理条件的，应当受理，并通知申请人；认为不符合受理条件的，应当书面通知申请人不予受理，并说明理由。对劳动争议仲裁委员会不予受理或者逾期未作出决定的，申请人可以就该劳动争议事项向人民法院提起诉讼。

第三十条 劳动争议仲裁委员会受理仲裁申请后，应当在五日内将仲裁申请书副本送达被申请人。

被申请人收到仲裁申请书副本后，应当在十日内向劳动争议仲裁委员会提交答辩书。劳动争议仲裁委员会收到答辩书后，应当在五日内将答辩书副本送达申请人。被申请人未提交答辩书的，不影响仲裁程序的进行。

第三节 开庭和裁决

第三十一条 劳动争议仲裁委员会裁决劳动争议案件实行仲裁庭制。仲裁庭由三名仲裁员组成，设首席仲裁员。简单劳动争议案件可以由一名仲裁员独任仲裁。

第三十二条 劳动争议仲裁委员会应当在受理仲裁申请之日起五日内将仲裁庭的组成情况书面通知当事人。

第三十三条 仲裁员有下列情形之一，应当回避，当事人也有权以口头或者书面方式提出回避申请：

（一）是本案当事人或者当事人、代理人的近亲属的；

（二）与本案有利害关系的；

（三）与本案当事人、代理人有其他关系，可能影响公正裁决的；

（四）私自会见当事人、代理人，或者接受当事人、代理人的请客送礼的。

劳动争议仲裁委员会对回避申请应当及时作出决定，并以口头或者书面方式通知当事人。

第三十四条 仲裁员有本法第三十三条第四项规定情形，或者有索贿受贿、徇私舞弊、枉法裁决行为的，应当依法承担法律责任。劳动争议仲裁委员会应当将其解聘。

第三十五条 仲裁庭应当在开庭五日前,将开庭日期、地点书面通知双方当事人。当事人有正当理由的,可以在开庭三日前请求延期开庭。是否延期,由劳动争议仲裁委员会决定。

第三十六条 申请人收到书面通知,无正当理由拒不到庭或者未经仲裁庭同意中途退庭的,可以视为撤回仲裁申请。

被申请人收到书面通知,无正当理由拒不到庭或者未经仲裁庭同意中途退庭的,可以缺席裁决。

第三十七条 仲裁庭对专门性问题认为需要鉴定的,可以交由当事人约定的鉴定机构鉴定;当事人没有约定或者无法达成约定的,由仲裁庭指定的鉴定机构鉴定。

根据当事人的请求或者仲裁庭的要求,鉴定机构应当派鉴定人参加开庭。当事人经仲裁庭许可,可以向鉴定人提问。

第三十八条 当事人在仲裁过程中有权进行质证和辩论。质证和辩论终结时,首席仲裁员或者独任仲裁员应当征询当事人的最后意见。

第三十九条 当事人提供的证据经查证属实的,仲裁庭应当将其作为认定事实的根据。

劳动者无法提供由用人单位掌握管理的与仲裁请求有关的证据,仲裁庭可以要求用人单位在指定期限内提供。用人单位在指定期限内不提供的,应当承担不利后果。

第四十条 仲裁庭应当将开庭情况记入笔录。当事人和其他仲裁参加人认为对自己陈述的记录有遗漏或者差错的,有权申请补正。如果不予补正,应当记录该申请。

笔录由仲裁员、记录人员、当事人和其他仲裁参加人签名或者盖章。

第四十一条 当事人申请劳动争议仲裁后,可以自行和解。达成和解协议的,可以撤回仲裁申请。

第四十二条 仲裁庭在作出裁决前,应当先行调解。

调解达成协议的,仲裁庭应当制作调解书。

调解书应当写明仲裁请求和当事人协议的结果。调解书由仲裁员签名,加盖劳动争议仲裁委员会印章,送达双方当事人。调解书经双方当事人签收后,发生法律效力。

调解不成或者调解书送达前,一方当事人反悔的,仲裁庭应当及时作出裁决。

第四十三条 仲裁庭裁决劳动争议案件,应当自劳动争议仲裁委员会受理仲裁申请之日起四十五日内结束。案情复杂需要延期的,经劳动争议仲裁委员会主任批准,可以延期并书面通知当事人,但是延长期限不得超过十五日。逾期未作出仲裁裁决的,当事人可以就该劳动争议事项向人民法院提起诉讼。

仲裁庭裁决劳动争议案件时,其中一部分事实已经清楚,可以就该部分先行裁决。

第四十四条 仲裁庭对追索劳动报酬、工伤医疗费、经济补偿或者赔偿金的案件,根据当事人的申请,可以裁决先予执行,移送人民法院执行。

仲裁庭裁决先予执行的,应当符合下列条件:

(一)当事人之间权利义务关系明确;

(二)不先予执行将严重影响申请人的生活。

劳动者申请先予执行的,可以不提供担保。

第四十五条 裁决应当按照多数仲裁员的意见作出,少数仲裁员的不同意见应当记入笔录。仲裁庭不能形成多数意见时,裁决应当按照首席仲裁员的意见作出。

第四十六条 裁决书应当载明仲裁请求、争议事实、裁决理由、裁决结果和裁决日期。裁决书由仲裁员签名,加盖劳动争议仲裁委员会印章。对裁决持不同意见的仲裁员,可以签名,也可以不签名。

第四十七条 下列劳动争议,除本法另有规定的外,仲裁裁决为终局裁决,裁决书自作出之日起发生法律效力:

(一)追索劳动报酬、工伤医疗费、经济补偿或者赔偿金,不超过当地月最低工资标准十二个月金额的争议;

(二)因执行国家的劳动标准在工作时间、休息休假、社会保险等方面发生的争议。

第四十八条 劳动者对本法第四十七条规定的仲裁裁决不服的,可以自收到仲裁裁决书之日起十五日内向人民法院提起诉讼。

第四十九条 用人单位有证据证明本法第四十七条规定的仲裁裁决有下列情形之一,可以自收到仲裁裁决书之日起三十日内向劳动争议仲裁委员会所在地的中级人民法院申请撤销裁决:

(一)适用法律、法规确有错误的;

(二)劳动争议仲裁委员会无管辖权的;

(三)违反法定程序的;

(四)裁决所根据的证据是伪造的;

(五)对方当事人隐瞒了足以影响公正裁决的证据的;

(六)仲裁员在仲裁该案时有索贿受贿、徇私舞弊、枉法裁决行为的。

人民法院经组成合议庭审查核实裁决有前款规定情形之一的,应当裁定撤销。

仲裁裁决被人民法院裁定撤销的,当事人可以自收到裁定书之日起十五日内就该劳动争议事项向人民法院提起诉讼。

第五十条 当事人对本法第四十七条规定以外的其他劳动争议案件的仲裁裁决不服的,可以自收到仲裁裁决书之日起十五日内向人民法院提起诉讼;期满不起诉的,裁决书发生法律效力。

第五十一条 当事人对发生法律效力的调解书、裁决书,应当依照规定的期限履行。一方当事人逾期不履行的,另一方当事人可以依照民事诉讼法的有关规定向人民法院申请执行。受理申请的人民法院应当依法执行。

第四章 附 则

第五十二条 事业单位实行聘用制的工作人员与本单位发生劳动争议的,依照本法执行;法律、行政法规或者国务院另有规定的,依照其规定。

第五十三条 劳动争议仲裁不收费。劳动争议仲裁委员会的经费由财政予以保障。

第五十四条 本法自 2008 年 5 月 1 日起施行。

111　中华人民共和国行政诉讼法

1989年4月4日第七届全国人民代表大会第二次会议通过，中华人民共和国主席令第16号公布，根据2014年11月1日第十二届全国人民代表大会常务委员会第十一次会议《关于修改〈中华人民共和国行政诉讼法〉的决定》第一次修正，中华人民共和国主席令第15号公布，根据2017年6月27日第十二届全国人民代表大会常务委员会第二十八次会议《关于修改〈中华人民共和国民事诉讼法〉和〈中华人民共和国行政诉讼法〉的决定》第二次修正，中华人民共和国主席令第71号公布。

第一章　总　　则

第一条　为保证人民法院公正、及时审理行政案件，解决行政争议，保护公民、法人和其他组织的合法权益，监督行政机关依法行使职权，根据宪法，制定本法。

第二条　公民、法人或者其他组织认为行政机关和行政机关工作人员的行政行为侵犯其合法权益，有权依照本法向人民法院提起诉讼。

前款所称行政行为，包括法律、法规、规章授权的组织作出的行政行为。

第三条　人民法院应当保障公民、法人和其他组织的起诉权利，对应当受理的行政案件依法受理。

行政机关及其工作人员不得干预、阻碍人民法院受理行政案件。

被诉行政机关负责人应当出庭应诉。不能出庭的，应当委托行政机关相应的工作人员出庭。

第四条　人民法院依法对行政案件独立行使审判权，不受行政机关、社会团体和个人的干涉。

人民法院设行政审判庭，审理行政案件。

第五条　人民法院审理行政案件，以事实为根据，以法律为准绳。

第六条　人民法院审理行政案件，对行政行为是否合法进行审查。

第七条　人民法院审理行政案件，依法实行合议、回避、公开审判和两审终审制度。

第八条　当事人在行政诉讼中的法律地位平等。

第九条　各民族公民都有用本民族语言、文字进行行政诉讼的权利。

在少数民族聚居或者多民族共同居住的地区，人民法院应当用当地民族通用的语言、文字进行审理和发布法律文书。

人民法院应当对不通晓当地民族通用的语言、文字的诉讼参与人提供翻译。

第十条　当事人在行政诉讼中有权进行辩论。

第十一条　人民检察院有权对行政诉讼实行法律监督。

第二章 受案范围

第十二条 人民法院受理公民、法人或者其他组织提起的下列诉讼：

（一）对行政拘留、暂扣或者吊销许可证和执照、责令停产停业、没收违法所得、没收非法财物、罚款、警告等行政处罚不服的；

（二）对限制人身自由或者对财产的查封、扣押、冻结等行政强制措施和行政强制执行不服的；

（三）申请行政许可，行政机关拒绝或者在法定期限内不予答复，或者对行政机关作出的有关行政许可的其他决定不服的；

（四）对行政机关作出的关于确认土地、矿藏、水流、森林、山岭、草原、荒地、滩涂、海域等自然资源的所有权或者使用权的决定不服的；

（五）对征收、征用决定及其补偿决定不服的；

（六）申请行政机关履行保护人身权、财产权等合法权益的法定职责，行政机关拒绝履行或者不予答复的；

（七）认为行政机关侵犯其经营自主权或者农村土地承包经营权、农村土地经营权的；

（八）认为行政机关滥用行政权力排除或者限制竞争的；

（九）认为行政机关违法集资、摊派费用或者违法要求履行其他义务的；

（十）认为行政机关没有依法支付抚恤金、最低生活保障待遇或者社会保险待遇的；

（十一）认为行政机关不依法履行、未按照约定履行或者违法变更、解除政府特许经营协议、土地房屋征收补偿协议等协议的；

（十二）认为行政机关侵犯其他人身权、财产权等合法权益的。

除前款规定外，人民法院受理法律、法规规定可以提起诉讼的其他行政案件。

第十三条 人民法院不受理公民、法人或者其他组织对下列事项提起的诉讼：

（一）国防、外交等国家行为；

（二）行政法规、规章或者行政机关制定、发布的具有普遍约束力的决定、命令；

（三）行政机关对行政机关工作人员的奖惩、任免等决定；

（四）法律规定由行政机关最终裁决的行政行为。

第三章 管辖

第十四条 基层人民法院管辖第一审行政案件。

第十五条 中级人民法院管辖下列第一审行政案件：

（一）对国务院部门或者县级以上地方人民政府所作的行政行为提起诉讼的案件；

（二）海关处理的案件；

（三）本辖区内重大、复杂的案件；

（四）其他法律规定由中级人民法院管辖的案件。

第十六条 高级人民法院管辖本辖区内重大、复杂的第一审行政案件。

第十七条 最高人民法院管辖全国范围内重大、复杂的第一审行政案件。

第十八条 行政案件由最初作出行政行为的行政机关所在地人民法院管辖。经复议的案件，也可以由复议机关所在地人民法院管辖。

经最高人民法院批准，高级人民法院可以根据审判工作的实际情况，确定若干人民法院跨行政区域管辖行政案件。

第十九条 对限制人身自由的行政强制措施不服提起的诉讼，由被告所在地或者原告所在地人民法院管辖。

第二十条 因不动产提起的行政诉讼，由不动产所在地人民法院管辖。

第二十一条 两个以上人民法院都有管辖权的案件，原告可以选择其中一个人民法院提起诉讼。原告向两个以上有管辖权的人民法院提起诉讼的，由最先立案的人民法院管辖。

第二十二条 人民法院发现受理的案件不属于本院管辖的，应当移送有管辖权的人民法院，受移送的人民法院应当受理。受移送的人民法院认为受移送的案件按照规定不属于本院管辖的，应当报请上级人民法院指定管辖，不得再自行移送。

第二十三条 有管辖权的人民法院由于特殊原因不能行使管辖权的，由上级人民法院指定管辖。

人民法院对管辖权发生争议，由争议双方协商解决。协商不成的，报它们的共同上级人民法院指定管辖。

第二十四条 上级人民法院有权审理下级人民法院管辖的第一审行政案件。

下级人民法院对其管辖的第一审行政案件，认为需要由上级人民法院审理或者指定管辖的，可以报请上级人民法院决定。

第四章 诉讼参加人

第二十五条 行政行为的相对人以及其他与行政行为有利害关系的公民、法人或者其他组织，有权提起诉讼。

有权提起诉讼的公民死亡，其近亲属可以提起诉讼。

有权提起诉讼的法人或者其他组织终止，承受其权利的法人或者其他组织可以提起诉讼。

人民检察院在履行职责中发现生态环境和资源保护、食品药品安全、国有财产保护、国有土地使用权出让等领域负有监督管理职责的行政机关违法行使职权或者不作为，致使国家利益或者社会公共利益受到侵害的，应当向行政机关提出检察建议，督促其依法履行职责。行政机关不依法履行职责的，人民检察院依法向人民法院提起诉讼。

第二十六条 公民、法人或者其他组织直接向人民法院提起诉讼的，作出行政行为的行政机关是被告。

经复议的案件，复议机关决定维持原行政行为的，作出原行政行为的行政机关和复议机关是共同被告；复议机关改变原行政行为的，复议机关是被告。

复议机关在法定期限内未作出复议决定，公民、法人或者其他组织起诉原行政行为的，作出原行政行为的行政机关是被告；起诉复议机关不作为的，复议机关是被告。

两个以上行政机关作出同一行政行为的，共同作出行政行为的行政机关是共同被告。

行政机关委托的组织所作的行政行为，委托的行政机关是被告。

行政机关被撤销或者职权变更的，继续行使其职权的行政机关是被告。

第二十七条 当事人一方或者双方为二人以上，因同一行政行为发生的行政案件，或者因同类行政行为发生的行政案件、人民法院认为可以合并审理并经当事人同意的，为共同诉讼。

第二十八条 当事人一方人数众多的共同诉讼，可以由当事人推选代表人进行诉讼。代表人的诉讼行为对其所代表的当事人发生效力，但代表人变更、放弃诉讼请求或者承认对方当事人的诉讼请求，应当经被代表的当事人同意。

第二十九条 公民、法人或者其他组织同被诉行政行为有利害关系但没有提起诉讼，或者同案件处理结果有利害关系的，可以作为第三人申请参加诉讼，或者由人民法院通知参加诉讼。

人民法院判决第三人承担义务或者减损第三人权益的，第三人有权依法提起上诉。

第三十条 没有诉讼行为能力的公民，由其法定代理人代为诉讼。法定代理人互相推诿代理责任的，由人民法院指定其中一人代为诉讼。

第三十一条 当事人、法定代理人，可以委托一至二人作为诉讼代理人。

下列人员可以被委托为诉讼代理人：

（一）律师、基层法律服务工作者；

（二）当事人的近亲属或者工作人员；

（三）当事人所在社区、单位以及有关社会团体推荐的公民。

第三十二条 代理诉讼的律师，有权按照规定查阅、复制本案有关材料，有权向有关组织和公民调查，收集与本案有关的证据。对涉及国家秘密、商业秘密和个人隐私的材料，应当依照法律规定保密。

当事人和其他诉讼代理人有权按照规定查阅、复制本案庭审材料，但涉及国家秘密、商业秘密和个人隐私的内容除外。

第五章 证 据

第三十三条 证据包括：

（一）书证；

（二）物证；

（三）视听资料；

（四）电子数据；

（五）证人证言；

（六）当事人的陈述；

（七）鉴定意见；
（八）勘验笔录、现场笔录。
以上证据经法庭审查属实，才能作为认定案件事实的根据。

第三十四条 被告对作出的行政行为负有举证责任，应当提供作出该行政行为的证据和所依据的规范性文件。

被告不提供或者无正当理由逾期提供证据，视为没有相应证据。但是，被诉行政行为涉及第三人合法权益，第三人提供证据的除外。

第三十五条 在诉讼过程中，被告及其诉讼代理人不得自行向原告、第三人和证人收集证据。

第三十六条 被告在作出行政行为时已经收集了证据，但因不可抗力等正当事由不能提供的，经人民法院准许，可以延期提供。

原告或者第三人提出了其在行政处理程序中没有提出的理由或者证据的，经人民法院准许，被告可以补充证据。

第三十七条 原告可以提供证明行政行为违法的证据。原告提供的证据不成立的，不免除被告的举证责任。

第三十八条 在起诉被告不履行法定职责的案件中，原告应当提供其向被告提出申请的证据。但有下列情形之一的除外：

（一）被告应当依职权主动履行法定职责的；
（二）原告因正当理由不能提供证据的。

在行政赔偿、补偿的案件中，原告应当对行政行为造成的损害提供证据。因被告的原因导致原告无法举证的，由被告承担举证责任。

第三十九条 人民法院有权要求当事人提供或者补充证据。

第四十条 人民法院有权向有关行政机关以及其他组织、公民调取证据。但是，不得为证明行政行为的合法性调取被告作出行政行为时未收集的证据。

第四十一条 与本案有关的下列证据，原告或者第三人不能自行收集的，可以申请人民法院调取：

（一）由国家机关保存而须由人民法院调取的证据；
（二）涉及国家秘密、商业秘密和个人隐私的证据；
（三）确因客观原因不能自行收集的其他证据。

第四十二条 在证据可能灭失或者以后难以取得的情况下，诉讼参加人可以向人民法院申请保全证据，人民法院也可以主动采取保全措施。

第四十三条 证据应当在法庭上出示，并由当事人互相质证。对涉及国家秘密、商业秘密和个人隐私的证据，不得在公开开庭时出示。

人民法院应当按照法定程序，全面、客观地审查核实证据。对未采纳的证据应当在裁判文书中说明理由。

以非法手段取得的证据，不得作为认定案件事实的根据。

第六章　起诉和受理

第四十四条　对属于人民法院受案范围的行政案件，公民、法人或者其他组织可以先向行政机关申请复议，对复议决定不服的，再向人民法院提起诉讼；也可以直接向人民法院提起诉讼。

法律、法规规定应当先向行政机关申请复议，对复议决定不服再向人民法院提起诉讼的，依照法律、法规的规定。

第四十五条　公民、法人或者其他组织不服复议决定的，可以在收到复议决定书之日起十五日内向人民法院提起诉讼。复议机关逾期不作决定的，申请人可以在复议期满之日起十五日内向人民法院提起诉讼。法律另有规定的除外。

第四十六条　公民、法人或者其他组织直接向人民法院提起诉讼的，应当自知道或者应当知道作出行政行为之日起六个月内提出。法律另有规定的除外。

因不动产提起诉讼的案件自行政行为作出之日起超过二十年，其他案件自行政行为作出之日起超过五年提起诉讼的，人民法院不予受理。

第四十七条　公民、法人或者其他组织申请行政机关履行保护其人身权、财产权等合法权益的法定职责，行政机关在接到申请之日起两个月内不履行的，公民、法人或者其他组织可以向人民法院提起诉讼。法律、法规对行政机关履行职责的期限另有规定的，从其规定。

公民、法人或者其他组织在紧急情况下请求行政机关履行保护其人身权、财产权等合法权益的法定职责，行政机关不履行的，提起诉讼不受前款规定期限的限制。

第四十八条　公民、法人或者其他组织因不可抗力或者其他不属于其自身的原因耽误起诉期限的，被耽误的时间不计算在起诉期限内。

公民、法人或者其他组织因前款规定以外的其他特殊情况耽误起诉期限的，在障碍消除后十日内，可以申请延长期限，是否准许由人民法院决定。

第四十九条　提起诉讼应当符合下列条件：

（一）原告是符合本法第二十五条规定的公民、法人或者其他组织；

（二）有明确的被告；

（三）有具体的诉讼请求和事实根据；

（四）属于人民法院受案范围和受诉人民法院管辖。

第五十条　起诉应当向人民法院递交起诉状，并按照被告人数提出副本。

书写起诉状确有困难的，可以口头起诉，由人民法院记入笔录，出具注明日期的书面凭证，并告知对方当事人。

第五十一条　人民法院在接到起诉状时对符合本法规定的起诉条件的，应当登记立案。

对当场不能判定是否符合本法规定的起诉条件的，应当接收起诉状，出具注明收到日期的书面凭证，并在七日内决定是否立案。不符合起诉条件的，作出不予立案的裁定。裁定书应当载明不予立案的理由。原告对裁定不服的，可以提起上诉。

起诉状内容欠缺或者有其他错误的，应当给予指导和释明，并一次性告知当事人需要补正的内容。不得未经指导和释明即以起诉不符合条件为由不接收起诉状。

对于不接收起诉状、接收起诉状后不出具书面凭证，以及不一次性告知当事人需要补正的起诉状内容的，当事人可以向上级人民法院投诉，上级人民法院应当责令改正，并对直接负责的主管人员和其他直接责任人员依法给予处分。

第五十二条 人民法院既不立案，又不作出不予立案裁定的，当事人可以向上一级人民法院起诉。上一级人民法院认为符合起诉条件的，应当立案、审理，也可以指定其他下级人民法院立案、审理。

第五十三条 公民、法人或者其他组织认为行政行为所依据的国务院部门和地方人民政府及其部门制定的规范性文件不合法，在对行政行为提起诉讼时，可以一并请求对该规范性文件进行审查。

前款规定的规范性文件不含规章。

第七章 审理和判决

第一节 一般规定

第五十四条 人民法院公开审理行政案件，但涉及国家秘密、个人隐私和法律另有规定的除外。

涉及商业秘密的案件，当事人申请不公开审理的，可以不公开审理。

第五十五条 当事人认为审判人员与本案有利害关系或者有其他关系可能影响公正审判，有权申请审判人员回避。

审判人员认为自己与本案有利害关系或者有其他关系，应当申请回避。

前两款规定，适用于书记员、翻译人员、鉴定人、勘验人。

院长担任审判长时的回避，由审判委员会决定；审判人员的回避，由院长决定；其他人员的回避，由审判长决定。当事人对决定不服的，可以申请复议一次。

第五十六条 诉讼期间，不停止行政行为的执行。但有下列情形之一的，裁定停止执行：

（一）被告认为需要停止执行的；

（二）原告或者利害关系人申请停止执行，人民法院认为该行政行为的执行会造成难以弥补的损失，并且停止执行不损害国家利益、社会公共利益的；

（三）人民法院认为该行政行为的执行会给国家利益、社会公共利益造成重大损害的；

（四）法律、法规规定停止执行的。

当事人对停止执行或者不停止执行的裁定不服的，可以申请复议一次。

第五十七条 人民法院对起诉行政机关没有依法支付抚恤金、最低生活保障金和工伤、医疗社会保险金的案件，权利义务关系明确、不先予执行将严重影响原告生活的，可以根据原告的申请，裁定先予执行。

当事人对先予执行裁定不服的，可以申请复议一次。复议期间不停止裁定的执行。

第五十八条 经人民法院传票传唤，原告无正当理由拒不到庭，或者未经法庭许可中途退庭的，可以按照撤诉处理；被告无正当理由拒不到庭，或者未经法庭许可中途退庭的，可以缺席判决。

第五十九条 诉讼参与人或者其他人有下列行为之一的，人民法院可以根据情节轻重，予以训诫、责令具结悔过或者处一万元以下的罚款、十五日以下的拘留；构成犯罪的，依法追究刑事责任：

（一）有义务协助调查、执行的人，对人民法院的协助调查决定、协助执行通知书，无故推拖、拒绝或者妨碍调查、执行的；

（二）伪造、隐藏、毁灭证据或者提供虚假证明材料，妨碍人民法院审理案件的；

（三）指使、贿买、胁迫他人作伪证或者威胁、阻止证人作证的；

（四）隐藏、转移、变卖、毁损已被查封、扣押、冻结的财产的；

（五）以欺骗、胁迫等非法手段使原告撤诉的；

（六）以暴力、威胁或者其他方法阻碍人民法院工作人员执行职务，或者以哄闹、冲击法庭等方法扰乱人民法院工作秩序的；

（七）对人民法院审判人员或者其他工作人员、诉讼参与人、协助调查和执行的人员恐吓、侮辱、诽谤、诬陷、殴打、围攻或者打击报复的。

人民法院对有前款规定的行为之一的单位，可以对其主要负责人或者直接责任人员依照前款规定予以罚款、拘留；构成犯罪的，依法追究刑事责任。

罚款、拘留须经人民法院院长批准。当事人不服的，可以向上一级人民法院申请复议一次。复议期间不停止执行。

第六十条 人民法院审理行政案件，不适用调解。但是，行政赔偿、补偿以及行政机关行使法律、法规规定的自由裁量权的案件可以调解。

调解应当遵循自愿、合法原则，不得损害国家利益、社会公共利益和他人合法权益。

第六十一条 在涉及行政许可、登记、征收、征用和行政机关对民事争议所作的裁决的行政诉讼中，当事人申请一并解决相关民事争议的，人民法院可以一并审理。

在行政诉讼中，人民法院认为行政案件的审理需以民事诉讼的裁判为依据的，可以裁定中止行政诉讼。

第六十二条 人民法院对行政案件宣告判决或者裁定前，原告申请撤诉的，或者被告改变其所作的行政行为，原告同意并申请撤诉的，是否准许，由人民法院裁定。

第六十三条 人民法院审理行政案件，以法律和行政法规、地方性法规为依据。地方性法规适用于本行政区域内发生的行政案件。

人民法院审理民族自治地方的行政案件，并以该民族自治地方的自治条例和单行条例为依据。

人民法院审理行政案件，参照规章。

第六十四条 人民法院在审理行政案件中，经审查认为本法第五十三条规定的规范性文件不合法的，不作为认定行政行为合法的依据，并向制定机关提出处理建议。

第六十五条 人民法院应当公开发生法律效力的判决书、裁定书,供公众查阅,但涉及国家秘密、商业秘密和个人隐私的内容除外。

第六十六条 人民法院在审理行政案件中,认为行政机关的主管人员、直接责任人员违法违纪的,应当将有关材料移送监察机关、该行政机关或者其上一级行政机关;认为有犯罪行为的,应当将有关材料移送公安、检察机关。

人民法院对被告经传票传唤无正当理由拒不到庭,或者未经法庭许可中途退庭的,可以将被告拒不到庭或者中途退庭的情况予以公告,并可以向监察机关或者被告的上一级行政机关提出依法给予其主要负责人或者直接责任人员处分的司法建议。

第二节 第一审普通程序

第六十七条 人民法院应当在立案之日起五日内,将起诉状副本发送被告。被告应当在收到起诉状副本之日起十五日内向人民法院提交作出行政行为的证据和所依据的规范性文件,并提出答辩状。人民法院应当在收到答辩状之日起五日内,将答辩状副本发送原告。

被告不提出答辩状的,不影响人民法院审理。

第六十八条 人民法院审理行政案件,由审判员组成合议庭,或者由审判员、陪审员组成合议庭。合议庭的成员,应当是三人以上的单数。

第六十九条 行政行为证据确凿,适用法律、法规正确,符合法定程序的,或者原告申请被告履行法定职责或者给付义务理由不成立的,人民法院判决驳回原告的诉讼请求。

第七十条 行政行为有下列情形之一的,人民法院判决撤销或者部分撤销,并可以判决被告重新作出行政行为:

(一)主要证据不足的;

(二)适用法律、法规错误的;

(三)违反法定程序的;

(四)超越职权的;

(五)滥用职权的;

(六)明显不当的。

第七十一条 人民法院判决被告重新作出行政行为的,被告不得以同一的事实和理由作出与原行政行为基本相同的行政行为。

第七十二条 人民法院经过审理,查明被告不履行法定职责的,判决被告在一定期限内履行。

第七十三条 人民法院经过审理,查明被告依法负有给付义务的,判决被告履行给付义务。

第七十四条 行政行为有下列情形之一的,人民法院判决确认违法,但不撤销行政行为:

(一)行政行为依法应当撤销,但撤销会给国家利益、社会公共利益造成重大损害的;

(二)行政行为程序轻微违法,但对原告权利不产生实际影响的。

行政行为有下列情形之一,不需要撤销或者判决履行的,人民法院判决确认违法:

（一）行政行为违法，但不具有可撤销内容的；
（二）被告改变原违法行政行为，原告仍要求确认原行政行为违法的；
（三）被告不履行或者拖延履行法定职责，判决履行没有意义的。

第七十五条 行政行为有实施主体不具有行政主体资格或者没有依据等重大且明显违法情形，原告申请确认行政行为无效的，人民法院判决确认无效。

第七十六条 人民法院判决确认违法或者无效的，可以同时判决责令被告采取补救措施；给原告造成损失的，依法判决被告承担赔偿责任。

第七十七条 行政处罚明显不当，或者其他行政行为涉及对款额的确定、认定确有错误的，人民法院可以判决变更。

人民法院判决变更，不得加重原告的义务或者减损原告的权益。但利害关系人同为原告，且诉讼请求相反的除外。

第七十八条 被告不依法履行、未按照约定履行或者违法变更、解除本法第十二条第一款第十一项规定的协议的，人民法院判决被告承担继续履行、采取补救措施或者赔偿损失等责任。

被告变更、解除本法第十二条第一款第十一项规定的协议合法，但未依法给予补偿的，人民法院判决给予补偿。

第七十九条 复议机关与作出原行政行为的行政机关为共同被告的案件，人民法院应当对复议决定和原行政行为一并作出裁判。

第八十条 人民法院对公开审理和不公开审理的案件，一律公开宣告判决。

当庭宣判的，应当在十日内发送判决书；定期宣判的，宣判后立即发给判决书。

宣告判决时，必须告知当事人上诉权利、上诉期限和上诉的人民法院。

第八十一条 人民法院应当在立案之日起六个月内作出第一审判决。有特殊情况需要延长的，由高级人民法院批准，高级人民法院审理第一审案件需要延长的，由最高人民法院批准。

第三节 简 易 程 序

第八十二条 人民法院审理下列第一审行政案件，认为事实清楚、权利义务关系明确、争议不大的，可以适用简易程序：
（一）被诉行政行为是依法当场作出的；
（二）案件涉及款额二千元以下的；
（三）属于政府信息公开案件的。

除前款规定以外的第一审行政案件，当事人各方同意适用简易程序的，可以适用简易程序。

发回重审、按照审判监督程序再审的案件不适用简易程序。

第八十三条 适用简易程序审理的行政案件，由审判员一人独任审理，并应当在立案之日起四十五日内审结。

第八十四条 人民法院在审理过程中，发现案件不宜适用简易程序的，裁定转为普通程序。

第四节 第二审程序

第八十五条 当事人不服人民法院第一审判决的，有权在判决书送达之日起十五日内向上一级人民法院提起上诉。当事人不服人民法院第一审裁定的，有权在裁定书送达之日起十日内向上一级人民法院提起上诉。逾期不提起上诉的，人民法院的第一审判决或者裁定发生法律效力。

第八十六条 人民法院对上诉案件，应当组成合议庭，开庭审理。经过阅卷、调查和询问当事人，对没有提出新的事实、证据或者理由，合议庭认为不需要开庭审理的，也可以不开庭审理。

第八十七条 人民法院审理上诉案件，应当对原审人民法院的判决、裁定和被诉行政行为进行全面审查。

第八十八条 人民法院审理上诉案件，应当在收到上诉状之日起三个月内作出终审判决。有特殊情况需要延长的，由高级人民法院批准，高级人民法院审理上诉案件需要延长的，由最高人民法院批准。

第八十九条 人民法院审理上诉案件，按照下列情形，分别处理：

（一）原判决、裁定认定事实清楚，适用法律、法规正确的，判决或者裁定驳回上诉，维持原判决、裁定；

（二）原判决、裁定认定事实错误或者适用法律、法规错误的，依法改判、撤销或者变更；

（三）原判决认定基本事实不清、证据不足的，发回原审人民法院重审，或者查清事实后改判；

（四）原判决遗漏当事人或者违法缺席判决等严重违反法定程序的，裁定撤销原判决，发回原审人民法院重审。

原审人民法院对发回重审的案件作出判决后，当事人提起上诉的，第二审人民法院不得再次发回重审。

人民法院审理上诉案件，需要改变原审判决的，应当同时对被诉行政行为作出判决。

第五节 审判监督程序

第九十条 当事人对已经发生法律效力的判决、裁定，认为确有错误的，可以向上一级人民法院申请再审，但判决、裁定不停止执行。

第九十一条 当事人的申请符合下列情形之一的，人民法院应当再审：

（一）不予立案或者驳回起诉确有错误的；

（二）有新的证据，足以推翻原判决、裁定的；

（三）原判决、裁定认定事实的主要证据不足、未经质证或者系伪造的；

（四）原判决、裁定适用法律、法规确有错误的；

（五）违反法律规定的诉讼程序，可能影响公正审判的；

（六）原判决、裁定遗漏诉讼请求的；
（七）据以作出原判决、裁定的法律文书被撤销或者变更的；
（八）审判人员在审理该案件时有贪污受贿、徇私舞弊、枉法裁判行为的。

第九十二条 各级人民法院院长对本院已经发生法律效力的判决、裁定，发现有本法第九十一条规定情形之一，或者发现调解违反自愿原则或者调解书内容违法，认为需要再审的，应当提交审判委员会讨论决定。

最高人民法院对地方各级人民法院已经发生法律效力的判决、裁定，上级人民法院对下级人民法院已经发生法律效力的判决、裁定，发现有本法第九十一条规定情形之一，或者发现调解违反自愿原则或者调解书内容违法的，有权提审或者指令下级人民法院再审。

第九十三条 最高人民检察院对各级人民法院已经发生法律效力的判决、裁定，上级人民检察院对下级人民法院已经发生法律效力的判决、裁定，发现有本法第九十一条规定情形之一，或者发现调解书损害国家利益、社会公共利益的，应当提出抗诉。

地方各级人民检察院对同级人民法院已经发生法律效力的判决、裁定，发现有本法第九十一条规定情形之一，或者发现调解书损害国家利益、社会公共利益的，可以向同级人民法院提出检察建议，并报上级人民检察院备案；也可以提请上级人民检察院向同级人民法院提出抗诉。

各级人民检察院对审判监督程序以外的其他审判程序中审判人员的违法行为，有权向同级人民法院提出检察建议。

第八章 执 行

第九十四条 当事人必须履行人民法院发生法律效力的判决、裁定、调解书。

第九十五条 公民、法人或者其他组织拒绝履行判决、裁定、调解书的，行政机关或者第三人可以向第一审人民法院申请强制执行，或者由行政机关依法强制执行。

第九十六条 行政机关拒绝履行判决、裁定、调解书的，第一审人民法院可以采取下列措施：
（一）对应当归还的罚款或者应当给付的款额，通知银行从该行政机关的账户内划拨；
（二）在规定期限内不履行的，从期满之日起，对该行政机关负责人按日处五十元至一百元的罚款；
（三）将行政机关拒绝履行的情况予以公告；
（四）向监察机关或者该行政机关的上一级行政机关提出司法建议。接受司法建议的机关，根据有关规定进行处理，并将处理情况告知人民法院；
（五）拒不履行判决、裁定、调解书，社会影响恶劣的，可以对该行政机关直接负责的主管人员和其他直接责任人员予以拘留；情节严重，构成犯罪的，依法追究刑事责任。

第九十七条 公民、法人或者其他组织对行政行为在法定期限内不提起诉讼又不履行的，行政机关可以申请人民法院强制执行，或者依法强制执行。

第九章　涉外行政诉讼

第九十八条　外国人、无国籍人、外国组织在中华人民共和国进行行政诉讼，适用本法。法律另有规定的除外。

第九十九条　外国人、无国籍人、外国组织在中华人民共和国进行行政诉讼，同中华人民共和国公民、组织有同等的诉讼权利和义务。

外国法院对中华人民共和国公民、组织的行政诉讼权利加以限制的，人民法院对该国公民、组织的行政诉讼权利，实行对等原则。

第一百条　外国人、无国籍人、外国组织在中华人民共和国进行行政诉讼，委托律师代理诉讼的，应当委托中华人民共和国律师机构的律师。

第十章　附　　则

第一百零一条　人民法院审理行政案件，关于期间、送达、财产保全、开庭审理、调解、中止诉讼、终结诉讼、简易程序、执行等，以及人民检察院对行政案件受理、审理、裁判、执行的监督，本法没有规定的，适用《中华人民共和国民事诉讼法》的相关规定。

第一百零二条　人民法院审理行政案件，应当收取诉讼费用。诉讼费用由败诉方承担，双方都有责任的由双方分担。收取诉讼费用的具体办法另行规定。

第一百零三条　本法自1990年10月1日起施行。

112　中华人民共和国行政复议法

1999年4月29日第九届全国人民代表大会常务委员会第九次会议通过，中华人民共和国主席令第16号公布，根据2009年8月27日第十一届全国人民代表大会常务委员会第十次会议《关于修改部分法律的决定》第一次修正，中华人民共和国主席令第18号公布，根据2017年9月1日第十二届全国人民代表大会常务委员会第二十九次会议《关于修改〈中华人民共和国法官法〉等八部法律的决定》第二次修正，中华人民共和国主席令第76号公布。

第一章　总　　则

第一条　为了防止和纠正违法的或者不当的具体行政行为，保护公民、法人和其他组织的合法权益，保障和监督行政机关依法行使职权，根据宪法，制定本法。

第二条 公民、法人或者其他组织认为具体行政行为侵犯其合法权益，向行政机关提出行政复议申请，行政机关受理行政复议申请、作出行政复议决定，适用本法。

第三条 依照本法履行行政复议职责的行政机关是行政复议机关。行政复议机关负责法制工作的机构具体办理行政复议事项，履行下列职责：

（一）受理行政复议申请；

（二）向有关组织和人员调查取证，查阅文件和资料；

（三）审查申请行政复议的具体行政行为是否合法与适当，拟订行政复议决定；

（四）处理或者转送对本法第七条所列有关规定的审查申请；

（五）对行政机关违反本法规定的行为依照规定的权限和程序提出处理建议；

（六）办理因不服行政复议决定提起行政诉讼的应诉事项；

（七）法律、法规规定的其他职责。

行政机关中初次从事行政复议的人员，应当通过国家统一法律职业资格考试取得法律职业资格。

第四条 行政复议机关履行行政复议职责，应当遵循合法、公正、公开、及时、便民的原则，坚持有错必纠，保障法律、法规的正确实施。

第五条 公民、法人或者其他组织对行政复议决定不服的，可以依照行政诉讼法的规定向人民法院提起行政诉讼，但是法律规定行政复议决定为最终裁决的除外。

第二章　行政复议范围

第六条 有下列情形之一的，公民、法人或者其他组织可以依照本法申请行政复议：

（一）对行政机关作出的警告、罚款、没收违法所得、没收非法财物、责令停产停业、暂扣或者吊销许可证、暂扣或者吊销执照、行政拘留等行政处罚决定不服的；

（二）对行政机关作出的限制人身自由或者查封、扣押、冻结财产等行政强制措施决定不服的；

（三）对行政机关作出的有关许可证、执照、资质证、资格证等证书变更、中止、撤销的决定不服的；

（四）对行政机关作出的关于确认土地、矿藏、水流、森林、山岭、草原、荒地、滩涂、海域等自然资源的所有权或者使用权的决定不服的；

（五）认为行政机关侵犯合法的经营自主权的；

（六）认为行政机关变更或者废止农业承包合同，侵犯其合法权益的；

（七）认为行政机关违法集资、征收财物、摊派费用或者违法要求履行其他义务的；

（八）认为符合法定条件，申请行政机关颁发许可证、执照、资质证、资格证等证书，或者申请行政机关审批、登记有关事项，行政机关没有依法办理的；

（九）申请行政机关履行保护人身权利、财产权利、受教育权利的法定职责，行政机关没有依法履行的；

（十）申请行政机关依法发放抚恤金、社会保险金或者最低生活保障费，行政机关没有依法发放的；

（十一）认为行政机关的其他具体行政行为侵犯其合法权益的。

第七条 公民、法人或者其他组织认为行政机关的具体行政行为所依据的下列规定不合法，在对具体行政行为申请行政复议时，可以一并向行政复议机关提出对该规定的审查申请：

（一）国务院部门的规定；

（二）县级以上地方各级人民政府及其工作部门的规定；

（三）乡、镇人民政府的规定。

前款所列规定不含国务院部、委员会规章和地方人民政府规章。规章的审查依照法律、行政法规办理。

第八条 不服行政机关作出的行政处分或者其他人事处理决定的，依照有关法律、行政法规的规定提出申诉。

不服行政机关对民事纠纷作出的调解或者其他处理，依法申请仲裁或者向人民法院提起诉讼。

第三章　行政复议申请

第九条 公民、法人或者其他组织认为具体行政行为侵犯其合法权益的，可以自知道该具体行政行为之日起六十日内提出行政复议申请；但是法律规定的申请期限超过六十日的除外。

因不可抗力或者其他正当理由耽误法定申请期限的，申请期限自障碍消除之日起继续计算。

第十条 依照本法申请行政复议的公民、法人或者其他组织是申请人。

有权申请行政复议的公民死亡的，其近亲属可以申请行政复议。有权申请行政复议的公民为无民事行为能力人或者限制民事行为能力人的，其法定代理人可以代为申请行政复议。有权申请行政复议的法人或者其他组织终止的，承受其权利的法人或者其他组织可以申请行政复议。

同申请行政复议的具体行政行为有利害关系的其他公民、法人或者其他组织，可以作为第三人参加行政复议。

公民、法人或者其他组织对行政机关的具体行政行为不服申请行政复议的，作出具体行政行为的行政机关是被申请人。

申请人、第三人可以委托代理人代为参加行政复议。

第十一条 申请人申请行政复议，可以书面申请，也可以口头申请；口头申请的，行政复议机关应当当场记录申请人的基本情况、行政复议请求、申请行政复议的主要事实、理由和时间。

第十二条 对县级以上地方各级人民政府工作部门的具体行政行为不服的，由申请人选择，可以向该部门的本级人民政府申请行政复议，也可以向上一级主管部门申请行政复议。

对海关、金融、国税、外汇管理等实行垂直领导的行政机关和国家安全机关的具体行政行为不服的，向上一级主管部门申请行政复议。

第十三条 对地方各级人民政府的具体行政行为不服的，向上一级地方人民政府申请行政复议。

对省、自治区人民政府依法设立的派出机关所属的县级地方人民政府的具体行政行为不服的，向该派出机关申请行政复议。

第十四条 对国务院部门或者省、自治区、直辖市人民政府的具体行政行为不服的，向作出该具体行政行为的国务院部门或者省、自治区、直辖市人民政府申请行政复议。对行政复议决定不服的，可以向人民法院提起行政诉讼；也可以向国务院申请裁决，国务院依照本法的规定作出最终裁决。

第十五条 对本法第十二条、第十三条、第十四条规定以外的其他行政机关、组织的具体行政行为不服的，按照下列规定申请行政复议：

（一）对县级以上地方人民政府依法设立的派出机关的具体行政行为不服的，向设立该派出机关的人民政府申请行政复议；

（二）对政府工作部门依法设立的派出机构依照法律、法规或者规章规定，以自己的名义作出的具体行政行为不服的，向设立该派出机构的部门或者该部门的本级地方人民政府申请行政复议；

（三）对法律、法规授权的组织的具体行政行为不服的，分别向直接管理该组织的地方人民政府、地方人民政府工作部门或者国务院部门申请行政复议；

（四）对两个或者两个以上行政机关以共同的名义作出的具体行政行为不服的，向其共同上一级行政机关申请行政复议；

（五）对被撤销的行政机关在撤销前所作出的具体行政行为不服的，向继续行使其职权的行政机关的上一级行政机关申请行政复议。

有前款所列情形之一的，申请人也可以向具体行政行为发生地的县级地方人民政府提出行政复议申请，由接受申请的县级地方人民政府依照本法第十八条的规定办理。

第十六条 公民、法人或者其他组织申请行政复议，行政复议机关已经依法受理的，或者法律、法规规定应当先向行政复议机关申请行政复议、对行政复议决定不服再向人民法院提起行政诉讼的，在法定行政复议期限内不得向人民法院提起行政诉讼。

公民、法人或者其他组织向人民法院提起行政诉讼，人民法院已经依法受理的，不得申请行政复议。

第四章 行政复议受理

第十七条 行政复议机关收到行政复议申请后，应当在五日内进行审查，对不符合本法规定的行政复议申请，决定不予受理，并书面告知申请人；对符合本法规定，但是不属于本机关受理的行政复议申请,应当告知申请人向有关行政复议机关提出。

除前款规定外,行政复议申请自行政复议机关负责法制工作的机构收到之日起即为受理。

第十八条 依照本法第十五条第二款的规定接受行政复议申请的县级地方人民政府,对依照本法第十五条第一款的规定属于其他行政复议机关受理的行政复议申请,应当自接到该行政复议申请之日起七日内,转送有关行政复议机关,并告知申请人。接受转送的行政复议机关应当依照本法第十七条的规定办理。

第十九条 法律、法规规定应当先向行政复议机关申请行政复议、对行政复议决定不服再向人民法院提起行政诉讼的,行政复议机关决定不予受理或者受理后超过行政复议期限不作答复的,公民、法人或者其他组织可以自收到不予受理决定书之日起或者行政复议期满之日起十五日内,依法向人民法院提起行政诉讼。

第二十条 公民、法人或者其他组织依法提出行政复议申请,行政复议机关无正当理由不予受理的,上级行政机关应当责令其受理;必要时,上级行政机关也可以直接受理。

第二十一条 行政复议期间具体行政行为不停止执行;但是,有下列情形之一的,可以停止执行:

(一)被申请人认为需要停止执行的;
(二)行政复议机关认为需要停止执行的;
(三)申请人申请停止执行,行政复议机关认为其要求合理,决定停止执行的;
(四)法律规定停止执行的。

第五章 行政复议决定

第二十二条 行政复议原则上采取书面审查的办法,但是申请人提出要求或者行政复议机关负责法制工作的机构认为有必要时,可以向有关组织和人员调查情况,听取申请人、被申请人和第三人的意见。

第二十三条 行政复议机关负责法制工作的机构应当自行政复议申请受理之日起七日内,将行政复议申请书副本或者行政复议申请笔录复印件发送被申请人。被申请人应当自收到申请书副本或者申请笔录复印件之日起十日内,提出书面答复,并提交当初作出具体行政行为的证据、依据和其他有关材料。

申请人、第三人可以查阅被申请人提出的书面答复、作出具体行政行为的证据、依据和其他有关材料,除涉及国家秘密、商业秘密或者个人隐私外,行政复议机关不得拒绝。

第二十四条 在行政复议过程中,被申请人不得自行向申请人和其他有关组织或者个人收集证据。

第二十五条 行政复议决定作出前,申请人要求撤回行政复议申请的,经说明理由,可以撤回;撤回行政复议申请的,行政复议终止。

第二十六条 申请人在申请行政复议时,一并提出对本法第七条所列有关规定的审查申请的,行政复议机关对该规定有权处理的,应当在三十日内依法处理;无权处理的,应当在七日内按照法定程序转送有权处理的行政机关依法处理，有权处理的行政机关应当在六十日内依法处理。处理期间，中止对具体行政行为的审查。

第二十七条 行政复议机关在对被申请人作出的具体行政行为进行审查时，认为其依据不合法，本机关有权处理的，应当在三十日内依法处理；无权处理的，应当在七日内按照法定程序转送有权处理的国家机关依法处理。处理期间，中止对具体行政行为的审查。

第二十八条 行政复议机关负责法制工作的机构应当对被申请人作出的具体行政行为进行审查，提出意见，经行政复议机关的负责人同意或者集体讨论通过后，按照下列规定作出行政复议决定：

（一）具体行政行为认定事实清楚，证据确凿，适用依据正确，程序合法，内容适当的，决定维持；

（二）被申请人不履行法定职责的，决定其在一定期限内履行；

（三）具体行政行为有下列情形之一的，决定撤销、变更或者确认该具体行政行为违法；决定撤销或者确认该具体行政行为违法的，可以责令被申请人在一定期限内重新作出具体行政行为：

1. 主要事实不清、证据不足的；
2. 适用依据错误的；
3. 违反法定程序的；
4. 超越或者滥用职权的；
5. 具体行政行为明显不当的。

（四）被申请人不按照本法第二十三条的规定提出书面答复、提交当初作出具体行政行为的证据、依据和其他有关材料的，视为该具体行政行为没有证据、依据，决定撤销该具体行政行为。

行政复议机关责令被申请人重新作出具体行政行为的，被申请人不得以同一的事实和理由作出与原具体行政行为相同或者基本相同的具体行政行为。

第二十九条 申请人在申请行政复议时可以一并提出行政赔偿请求，行政复议机关对符合国家赔偿法的有关规定应当给予赔偿的，在决定撤销、变更具体行政行为或者确认具体行政行为违法时，应当同时决定被申请人依法给予赔偿。

申请人在申请行政复议时没有提出行政赔偿请求的，行政复议机关在依法决定撤销或者变更罚款，撤销违法集资、没收财物、征收财物、摊派费用以及对财产的查封、扣押、冻结等具体行政行为时，应当同时责令被申请人返还财产，解除对财产的查封、扣押、冻结措施，或者赔偿相应的价款。

第三十条 公民、法人或者其他组织认为行政机关的具体行政行为侵犯其已经依法取得的土地、矿藏、水流、森林、山岭、草原、荒地、滩涂、海域等自然资源的所有权或者使用权的，应当先申请行政复议；对行政复议决定不服的，可以依法向人民法院提起行政诉讼。

根据国务院或者省、自治区、直辖市人民政府对行政区划的勘定、调整或者征收土地的决定，省、自治区、直辖市人民政府确认土地、矿藏、水流、森林、山岭、草原、荒地、滩涂、海域等自然资源的所有权或者使用权的行政复议决定为最终裁决。

第三十一条 行政复议机关应当自受理申请之日起六十日内作出行政复议决定；但是法律规定的行政复议期限少于六十日的除外。情况复杂，不能在规定期限内作出行政复议决定的，经行政复议机关的负责人批准，可以适当延长，并告知申请人和被申请人；但是延长期限最多不超过三十日。

行政复议机关作出行政复议决定，应当制作行政复议决定书，并加盖印章。

行政复议决定书一经送达，即发生法律效力。

第三十二条 被申请人应当履行行政复议决定。

被申请人不履行或者无正当理由拖延履行行政复议决定的，行政复议机关或者有关上级行政机关应当责令其限期履行。

第三十三条 申请人逾期不起诉又不履行行政复议决定的，或者不履行最终裁决的行政复议决定的，按照下列规定分别处理：

（一）维持具体行政行为的行政复议决定，由作出具体行政行为的行政机关依法强制执行，或者申请人民法院强制执行；

（二）变更具体行政行为的行政复议决定，由行政复议机关依法强制执行，或者申请人民法院强制执行。

第六章 法 律 责 任

第三十四条 行政复议机关违反本法规定，无正当理由不予受理依法提出的行政复议申请或者不按照规定转送行政复议申请的，或者在法定期限内不作出行政复议决定的，对直接负责的主管人员和其他直接责任人员依法给予警告、记过、记大过的行政处分；经责令受理仍不受理或者不按照规定转送行政复议申请，造成严重后果的，依法给予降级、撤职、开除的行政处分。

第三十五条 行政复议机关工作人员在行政复议活动中，徇私舞弊或者有其他渎职、失职行为的，依法给予警告、记过、记大过的行政处分；情节严重的，依法给予降级、撤职、开除的行政处分；构成犯罪的，依法追究刑事责任。

第三十六条 被申请人违反本法规定，不提出书面答复或者不提交作出具体行政行为的证据、依据和其他有关材料，或者阻挠、变相阻挠公民、法人或者其他组织依法申请行政复议的，对直接负责的主管人员和其他直接责任人员依法给予警告、记过、记大过的行政处分；进行报复陷害的，依法给予降级、撤职、开除的行政处分；构成犯罪的，依法追究刑事责任。

第三十七条 被申请人不履行或者无正当理由拖延履行行政复议决定的，对直接负责的主管人员和其他直接责任人员依法给予警告、记过、记大过的行政处分；经责令履行仍拒不履行的，依法给予降级、撤职、开除的行政处分。

第三十八条 行政复议机关负责法制工作的机构发现有无正当理由不予受理行政复议申请、不按照规定期限作出行政复议决定、徇私舞弊、对申请人打击报复或者不履行行政复议决定等情形的，应当向有关行政机关提出建议，有关行政机关应当依照本法和有关法律、行政法规的规定作出处理。

第七章 附 则

第三十九条 行政复议机关受理行政复议申请，不得向申请人收取任何费用。行政复议活动所需经费，应当列入本机关的行政经费，由本级财政予以保障。

第四十条 行政复议期间的计算和行政复议文书的送达，依照民事诉讼法关于期间、送达的规定执行。

本法关于行政复议期间有关"五日""七日"的规定是指工作日，不含节假日。

第四十一条 外国人、无国籍人、外国组织在中华人民共和国境内申请行政复议，适用本法。

第四十二条 本法施行前公布的法律有关行政复议的规定与本法的规定不一致的，以本法的规定为准。

第四十三条 本法自1999年10月1日起施行。1990年12月24日国务院发布、1994年10月9日国务院修订发布的《行政复议条例》同时废止。

113 中华人民共和国行政处罚法

1996年3月17日第八届全国人民代表大会第四次会议通过，
中华人民共和国主席令第63号公布，根据2009年8月27日第十一届
全国人民代表大会常务委员会第十次会议《关于修改部分法律的决定》
第一次修正，中华人民共和国主席令第18号公布，根据2017年9月1日
第十二届全国人民代表大会常务委员会第二十九次会议《关于修改
〈中华人民共和国法官法〉等八部法律的决定》第二次修正，
中华人民共和国主席令第76号公布，根据2021年1月22日第十三届
全国人民代表大会常务委员会第二十五次会议修订，
中华人民共和国主席令第70号公布。

第一章 总 则

第一条 为了规范行政处罚的设定和实施，保障和监督行政机关有效实施行政管理，维护公共利益和社会秩序，保护公民、法人或者其他组织的合法权益，根据宪法，制定本法。

第二条 行政处罚是指行政机关依法对违反行政管理秩序的公民、法人或者其他组织,以减损权益或者增加义务的方式予以惩戒的行为。

第三条 行政处罚的设定和实施,适用本法。

第四条 公民、法人或者其他组织违反行政管理秩序的行为,应当给予行政处罚的,依照本法由法律、法规、规章规定,并由行政机关依照本法规定的程序实施。

第五条 行政处罚遵循公正、公开的原则。

设定和实施行政处罚必须以事实为依据,与违法行为的事实、性质、情节以及社会危害程度相当。

对违法行为给予行政处罚的规定必须公布;未经公布的,不得作为行政处罚的依据。

第六条 实施行政处罚,纠正违法行为,应当坚持处罚与教育相结合,教育公民、法人或者其他组织自觉守法。

第七条 公民、法人或者其他组织对行政机关所给予的行政处罚,享有陈述权、申辩权;对行政处罚不服的,有权依法申请行政复议或者提起行政诉讼。

公民、法人或者其他组织因行政机关违法给予行政处罚受到损害的,有权依法提出赔偿要求。

第八条 公民、法人或者其他组织因违法行为受到行政处罚,其违法行为对他人造成损害的,应当依法承担民事责任。

违法行为构成犯罪,应当依法追究刑事责任的,不得以行政处罚代替刑事处罚。

第二章 行政处罚的种类和设定

第九条 行政处罚的种类:

(一)警告、通报批评;

(二)罚款、没收违法所得、没收非法财物;

(三)暂扣许可证件、降低资质等级、吊销许可证件;

(四)限制开展生产经营活动、责令停产停业、责令关闭、限制从业;

(五)行政拘留;

(六)法律、行政法规规定的其他行政处罚。

第十条 法律可以设定各种行政处罚。

限制人身自由的行政处罚,只能由法律设定。

第十一条 行政法规可以设定除限制人身自由以外的行政处罚。

法律对违法行为已经作出行政处罚规定,行政法规需要作出具体规定的,必须在法律规定的给予行政处罚的行为、种类和幅度的范围内规定。

法律对违法行为未作出行政处罚规定,行政法规为实施法律,可以补充设定行政处罚。拟补充设定行政处罚的,应当通过听证会、论证会等形式广泛听取意见,并向制定机关作出书面说明。行政法规报送备案时,应当说明补充设定行政处罚的情况。

第十二条 地方性法规可以设定除限制人身自由、吊销营业执照以外的行政处罚。

法律、行政法规对违法行为已经作出行政处罚规定，地方性法规需要作出具体规定的，必须在法律、行政法规规定的给予行政处罚的行为、种类和幅度的范围内规定。

法律、行政法规对违法行为未作出行政处罚规定，地方性法规为实施法律、行政法规，可以补充设定行政处罚。拟补充设定行政处罚的，应当通过听证会、论证会等形式广泛听取意见，并向制定机关作出书面说明。地方性法规报送备案时，应当说明补充设定行政处罚的情况。

第十三条 国务院部门规章可以在法律、行政法规规定的给予行政处罚的行为、种类和幅度的范围内作出具体规定。

尚未制定法律、行政法规的，国务院部门规章对违反行政管理秩序的行为，可以设定警告、通报批评或者一定数额罚款的行政处罚。罚款的限额由国务院规定。

第十四条 地方政府规章可以在法律、法规规定的给予行政处罚的行为、种类和幅度的范围内作出具体规定。

尚未制定法律、法规的，地方政府规章对违反行政管理秩序的行为，可以设定警告、通报批评或者一定数额罚款的行政处罚。罚款的限额由省、自治区、直辖市人民代表大会常务委员会规定。

第十五条 国务院部门和省、自治区、直辖市人民政府及其有关部门应当定期组织评估行政处罚的实施情况和必要性，对不适当的行政处罚事项及种类、罚款数额等，应当提出修改或者废止的建议。

第十六条 除法律、法规、规章外，其他规范性文件不得设定行政处罚。

第三章 行政处罚的实施机关

第十七条 行政处罚由具有行政处罚权的行政机关在法定职权范围内实施。

第十八条 国家在城市管理、市场监管、生态环境、文化市场、交通运输、应急管理、农业等领域推行建立综合行政执法制度，相对集中行政处罚权。

国务院或者省、自治区、直辖市人民政府可以决定一个行政机关行使有关行政机关的行政处罚权。

限制人身自由的行政处罚权只能由公安机关和法律规定的其他机关行使。

第十九条 法律、法规授权的具有管理公共事务职能的组织可以在法定授权范围内实施行政处罚。

第二十条 行政机关依照法律、法规、规章的规定，可以在其法定权限内书面委托符合本法第二十一条规定条件的组织实施行政处罚。行政机关不得委托其他组织或者个人实施行政处罚。

委托书应当载明委托的具体事项、权限、期限等内容。委托行政机关和受委托组织应当将委托书向社会公布。

委托行政机关对受委托组织实施行政处罚的行为应当负责监督，并对该行为的后果承担法律责任。

受委托组织在委托范围内,以委托行政机关名义实施行政处罚;不得再委托其他组织或者个人实施行政处罚。

第二十一条 受委托组织必须符合以下条件:

(一)依法成立并具有管理公共事务职能;

(二)有熟悉有关法律、法规、规章和业务并取得行政执法资格的工作人员;

(三)需要进行技术检查或者技术鉴定的,应当有条件组织进行相应的技术检查或者技术鉴定。

第四章 行政处罚的管辖和适用

第二十二条 行政处罚由违法行为发生地的行政机关管辖。法律、行政法规、部门规章另有规定的,从其规定。

第二十三条 行政处罚由县级以上地方人民政府具有行政处罚权的行政机关管辖。法律、行政法规另有规定的,从其规定。

第二十四条 省、自治区、直辖市根据当地实际情况,可以决定将基层管理迫切需要的县级人民政府部门的行政处罚权交由能够有效承接的乡镇人民政府、街道办事处行使,并定期组织评估。决定应当公布。

承接行政处罚权的乡镇人民政府、街道办事处应当加强执法能力建设,按照规定范围、依照法定程序实施行政处罚。

有关地方人民政府及其部门应当加强组织协调、业务指导、执法监督,建立健全行政处罚协调配合机制,完善评议、考核制度。

第二十五条 两个以上行政机关都有管辖权的,由最先立案的行政机关管辖。

对管辖发生争议的,应当协商解决,协商不成的,报请共同的上一级行政机关指定管辖;也可以直接由共同的上一级行政机关指定管辖。

第二十六条 行政机关因实施行政处罚的需要,可以向有关机关提出协助请求。协助事项属于被请求机关职权范围内的,应当依法予以协助。

第二十七条 违法行为涉嫌犯罪的,行政机关应当及时将案件移送司法机关,依法追究刑事责任。对依法不需要追究刑事责任或者免予刑事处罚,但应当给予行政处罚的,司法机关应当及时将案件移送有关行政机关。

行政处罚实施机关与司法机关之间应当加强协调配合,建立健全案件移送制度,加强证据材料移交、接收衔接,完善案件处理信息通报机制。

第二十八条 行政机关实施行政处罚时,应当责令当事人改正或者限期改正违法行为。

当事人有违法所得,除依法应当退赔的外,应当予以没收。违法所得是指实施违法行为所取得的款项。法律、行政法规、部门规章对违法所得的计算另有规定的,从其规定。

第二十九条 对当事人的同一个违法行为,不得给予两次以上罚款的行政处罚。同一个违法行为违反多个法律规范应当给予罚款处罚的,按照罚款数额高的规定处罚。

第三十条 不满十四周岁的未成年人有违法行为的,不予行政处罚,责令监护人加以管教；已满十四周岁不满十八周岁的未成年人有违法行为的，应当从轻或者减轻行政处罚。

第三十一条 精神病人、智力残疾人在不能辨认或者不能控制自己行为时有违法行为的，不予行政处罚，但应当责令其监护人严加看管和治疗。间歇性精神病人在精神正常时有违法行为的，应当给予行政处罚。尚未完全丧失辨认或者控制自己行为能力的精神病人、智力残疾人有违法行为的，可以从轻或者减轻行政处罚。

第三十二条 当事人有下列情形之一，应当从轻或者减轻行政处罚：

（一）主动消除或者减轻违法行为危害后果的；

（二）受他人胁迫或者诱骗实施违法行为的；

（三）主动供述行政机关尚未掌握的违法行为的；

（四）配合行政机关查处违法行为有立功表现的；

（五）法律、法规、规章规定其他应当从轻或者减轻行政处罚的。

第三十三条 违法行为轻微并及时改正，没有造成危害后果的，不予行政处罚。初次违法且危害后果轻微并及时改正的，可以不予行政处罚。

当事人有证据足以证明没有主观过错的，不予行政处罚。法律、行政法规另有规定的，从其规定。

对当事人的违法行为依法不予行政处罚的，行政机关应当对当事人进行教育。

第三十四条 行政机关可以依法制定行政处罚裁量基准，规范行使行政处罚裁量权。行政处罚裁量基准应当向社会公布。

第三十五条 违法行为构成犯罪，人民法院判处拘役或者有期徒刑时，行政机关已经给予当事人行政拘留的，应当依法折抵相应刑期。

违法行为构成犯罪，人民法院判处罚金时，行政机关已经给予当事人罚款的，应当折抵相应罚金；行政机关尚未给予当事人罚款的，不再给予罚款。

第三十六条 违法行为在二年内未被发现的，不再给予行政处罚；涉及公民生命健康安全、金融安全且有危害后果的，上述期限延长至五年。法律另有规定的除外。

前款规定的期限，从违法行为发生之日起计算；违法行为有连续或者继续状态的，从行为终了之日起计算。

第三十七条 实施行政处罚，适用违法行为发生时的法律、法规、规章的规定。但是，作出行政处罚决定时，法律、法规、规章已被修改或者废止，且新的规定处罚较轻或者不认为是违法的，适用新的规定。

第三十八条 行政处罚没有依据或者实施主体不具有行政主体资格的，行政处罚无效。

违反法定程序构成重大且明显违法的，行政处罚无效。

第五章 行政处罚的决定

第一节 一般规定

第三十九条 行政处罚的实施机关、立案依据、实施程序和救济渠道等信息应当公示。

第四十条 公民、法人或者其他组织违反行政管理秩序的行为，依法应当给予行政处罚的，行政机关必须查明事实；违法事实不清、证据不足的，不得给予行政处罚。

第四十一条 行政机关依照法律、行政法规规定利用电子技术监控设备收集、固定违法事实的，应当经过法制和技术审核，确保电子技术监控设备符合标准、设置合理、标志明显，设置地点应当向社会公布。

电子技术监控设备记录违法事实应当真实、清晰、完整、准确。行政机关应当审核记录内容是否符合要求；未经审核或者经审核不符合要求的，不得作为行政处罚的证据。

行政机关应当及时告知当事人违法事实，并采取信息化手段或者其他措施，为当事人查询、陈述和申辩提供便利。不得限制或者变相限制当事人享有的陈述权、申辩权。

第四十二条 行政处罚应当由具有行政执法资格的执法人员实施。执法人员不得少于两人，法律另有规定的除外。

执法人员应当文明执法，尊重和保护当事人合法权益。

第四十三条 执法人员与案件有直接利害关系或者有其他关系可能影响公正执法的，应当回避。

当事人认为执法人员与案件有直接利害关系或者有其他关系可能影响公正执法的，有权申请回避。

当事人提出回避申请的，行政机关应当依法审查，由行政机关负责人决定。决定作出之前，不停止调查。

第四十四条 行政机关在作出行政处罚决定之前，应当告知当事人拟作出的行政处罚内容及事实、理由、依据，并告知当事人依法享有的陈述、申辩、要求听证等权利。

第四十五条 当事人有权进行陈述和申辩。行政机关必须充分听取当事人的意见，对当事人提出的事实、理由和证据，应当进行复核；当事人提出的事实、理由或者证据成立的，行政机关应当采纳。

行政机关不得因当事人陈述、申辩而给予更重的处罚。

第四十六条 证据包括：

（一）书证；

（二）物证；

（三）视听资料；

（四）电子数据；

（五）证人证言；

（六）当事人的陈述；

（七）鉴定意见；

（八）勘验笔录、现场笔录。

证据必须经查证属实，方可作为认定案件事实的根据。

以非法手段取得的证据，不得作为认定案件事实的根据。

第四十七条 行政机关应当依法以文字、音像等形式，对行政处罚的启动、调查取证、审核、决定、送达、执行等进行全过程记录，归档保存。

第四十八条 具有一定社会影响的行政处罚决定应当依法公开。

公开的行政处罚决定被依法变更、撤销、确认违法或者确认无效的，行政机关应当在三日内撤回行政处罚决定信息并公开说明理由。

第四十九条 发生重大传染病疫情等突发事件，为了控制、减轻和消除突发事件引起的社会危害，行政机关对违反突发事件应对措施的行为，依法快速、从重处罚。

第五十条 行政机关及其工作人员对实施行政处罚过程中知悉的国家秘密、商业秘密或者个人隐私，应当依法予以保密。

第二节 简易程序

第五十一条 违法事实确凿并有法定依据，对公民处以二百元以下、对法人或者其他组织处以三千元以下罚款或者警告的行政处罚的，可以当场作出行政处罚决定。法律另有规定的，从其规定。

第五十二条 执法人员当场作出行政处罚决定的，应当向当事人出示执法证件，填写预定格式、编有号码的行政处罚决定书，并当场交付当事人。当事人拒绝签收的，应当在行政处罚决定书上注明。

前款规定的行政处罚决定书应当载明当事人的违法行为，行政处罚的种类和依据、罚款数额、时间、地点，申请行政复议、提起行政诉讼的途径和期限以及行政机关名称，并由执法人员签名或者盖章。

执法人员当场作出的行政处罚决定，应当报所属行政机关备案。

第五十三条 对当场作出的行政处罚决定，当事人应当依照本法第六十七条至第六十九条的规定履行。

第三节 普通程序

第五十四条 除本法第五十一条规定的可以当场作出的行政处罚外，行政机关发现公民、法人或者其他组织有依法应当给予行政处罚的行为的，必须全面、客观、公正地调查，收集有关证据；必要时，依照法律、法规的规定，可以进行检查。

符合立案标准的，行政机关应当及时立案。

第五十五条 执法人员在调查或者进行检查时，应当主动向当事人或者有关人员出示执法证件。当事人或者有关人员有权要求执法人员出示执法证件。执法人员不出示执法证件的，当事人或者有关人员有权拒绝接受调查或者检查。

当事人或者有关人员应当如实回答询问，并协助调查或者检查，不得拒绝或者阻挠。询问或者检查应当制作笔录。

第五十六条 行政机关在收集证据时，可以采取抽样取证的方法；在证据可能灭失或者以后难以取得的情况下，经行政机关负责人批准，可以先行登记保存，并应当在七日内及时作出处理决定，在此期间，当事人或者有关人员不得销毁或者转移证据。

第五十七条 调查终结，行政机关负责人应当对调查结果进行审查，根据不同情况，分别作出如下决定：

（一）确有应受行政处罚的违法行为的，根据情节轻重及具体情况，作出行政处罚决定；

（二）违法行为轻微，依法可以不予行政处罚的，不予行政处罚；

（三）违法事实不能成立的，不予行政处罚；

（四）违法行为涉嫌犯罪的，移送司法机关。

对情节复杂或者重大违法行为给予行政处罚，行政机关负责人应当集体讨论决定。

第五十八条 有下列情形之一，在行政机关负责人作出行政处罚的决定之前，应当由从事行政处罚决定法制审核的人员进行法制审核；未经法制审核或者审核未通过的，不得作出决定：

（一）涉及重大公共利益的；

（二）直接关系当事人或者第三人重大权益，经过听证程序的；

（三）案件情况疑难复杂、涉及多个法律关系的；

（四）法律、法规规定应当进行法制审核的其他情形。

行政机关中初次从事行政处罚决定法制审核的人员，应当通过国家统一法律职业资格考试取得法律职业资格。

第五十九条 行政机关依照本法第五十七条的规定给予行政处罚，应当制作行政处罚决定书。行政处罚决定书应当载明下列事项：

（一）当事人的姓名或者名称、地址；

（二）违反法律、法规、规章的事实和证据；

（三）行政处罚的种类和依据；

（四）行政处罚的履行方式和期限；

（五）申请行政复议、提起行政诉讼的途径和期限；

（六）作出行政处罚决定的行政机关名称和作出决定的日期。

行政处罚决定书必须盖有作出行政处罚决定的行政机关的印章。

第六十条 行政机关应当自行政处罚案件立案之日起九十日内作出行政处罚决定。法律、法规、规章另有规定的，从其规定。

第六十一条 行政处罚决定书应当在宣告后当场交付当事人；当事人不在场的，行政机关应当在七日内依照《中华人民共和国民事诉讼法》的有关规定，将行政处罚决定书送达当事人。

当事人同意并签订确认书的，行政机关可以采用传真、电子邮件等方式，将行政处罚决定书等送达当事人。

第六十二条 行政机关及其执法人员在作出行政处罚决定之前，未依照本法第四十四条、第四十五条的规定向当事人告知拟作出的行政处罚内容及事实、理由、依据，或者拒绝听取当事人的陈述、申辩，不得作出行政处罚决定；当事人明确放弃陈述或者申辩权利的除外。

第四节 听证程序

第六十三条 行政机关拟作出下列行政处罚决定，应当告知当事人有要求听证的权利，当事人要求听证的，行政机关应当组织听证：

（一）较大数额罚款；

（二）没收较大数额违法所得、没收较大价值非法财物；

（三）降低资质等级、吊销许可证件；

（四）责令停产停业、责令关闭、限制从业；

（五）其他较重的行政处罚；

（六）法律、法规、规章规定的其他情形。

当事人不承担行政机关组织听证的费用。

第六十四条 听证应当依照以下程序组织：

（一）当事人要求听证的，应当在行政机关告知后五日内提出；

（二）行政机关应当在举行听证的七日前，通知当事人及有关人员听证的时间、地点；

（三）除涉及国家秘密、商业秘密或者个人隐私依法予以保密外，听证公开举行；

（四）听证由行政机关指定的非本案调查人员主持；当事人认为主持人与本案有直接利害关系的，有权申请回避；

（五）当事人可以亲自参加听证，也可以委托一至二人代理；

（六）当事人及其代理人无正当理由拒不出席听证或者未经许可中途退出听证的，视为放弃听证权利，行政机关终止听证；

（七）举行听证时，调查人员提出当事人违法的事实、证据和行政处罚建议，当事人进行申辩和质证；

（八）听证应当制作笔录。笔录应当交当事人或者其代理人核对无误后签字或者盖章。当事人或者其代理人拒绝签字或者盖章的，由听证主持人在笔录中注明。

第六十五条 听证结束后，行政机关应当根据听证笔录，依照本法第五十七条的规定，作出决定。

第六章 行政处罚的执行

第六十六条 行政处罚决定依法作出后，当事人应当在行政处罚决定书载明的期限内，予以履行。

当事人确有经济困难，需要延期或者分期缴纳罚款的，经当事人申请和行政机关批准，可以暂缓或者分期缴纳。

第六十七条 作出罚款决定的行政机关应当与收缴罚款的机构分离。

除依照本法第六十八条、第六十九条的规定当场收缴的罚款外，作出行政处罚决定的行政机关及其执法人员不得自行收缴罚款。

当事人应当自收到行政处罚决定书之日起十五日内，到指定的银行或者通过电子支付系统缴纳罚款。银行应当收受罚款，并将罚款直接上缴国库。

第六十八条 依照本法第五十一条的规定当场作出行政处罚决定，有下列情形之一，执法人员可以当场收缴罚款：

（一）依法给予一百元以下罚款的；

（二）不当场收缴事后难以执行的。

第六十九条 在边远、水上、交通不便地区，行政机关及其执法人员依照本法第五十一条、第五十七条的规定作出罚款决定后，当事人到指定的银行或者通过电子支付系统缴纳罚款确有困难，经当事人提出，行政机关及其执法人员可以当场收缴罚款。

第七十条 行政机关及其执法人员当场收缴罚款的，必须向当事人出具国务院财政部门或者省、自治区、直辖市人民政府财政部门统一制发的专用票据；不出具财政部门统一制发的专用票据的，当事人有权拒绝缴纳罚款。

第七十一条 执法人员当场收缴的罚款，应当自收缴罚款之日起二日内，交至行政机关；在水上当场收缴的罚款，应当自抵岸之日起二日内交至行政机关；行政机关应当在二日内将罚款缴付指定的银行。

第七十二条 当事人逾期不履行行政处罚决定的，作出行政处罚决定的行政机关可以采取下列措施：

（一）到期不缴纳罚款的，每日按罚款数额的百分之三加处罚款，加处罚款的数额不得超出罚款的数额；

（二）根据法律规定，将查封、扣押的财物拍卖、依法处理或者将冻结的存款、汇款划拨抵缴罚款；

（三）根据法律规定，采取其他行政强制执行方式；

（四）依照《中华人民共和国行政强制法》的规定申请人民法院强制执行。

行政机关批准延期、分期缴纳罚款的，申请人民法院强制执行的期限，自暂缓或者分期缴纳罚款期限结束之日起计算。

第七十三条 当事人对行政处罚决定不服，申请行政复议或者提起行政诉讼的，行政处罚不停止执行，法律另有规定的除外。

当事人对限制人身自由的行政处罚决定不服，申请行政复议或者提起行政诉讼的，可以向作出决定的机关提出暂缓执行申请。符合法律规定情形的，应当暂缓执行。

当事人申请行政复议或者提起行政诉讼的，加处罚款的数额在行政复议或者行政诉讼期间不予计算。

第七十四条 除依法应当予以销毁的物品外，依法没收的非法财物必须按照国家规定公开拍卖或者按照国家有关规定处理。

罚款、没收的违法所得或者没收非法财物拍卖的款项，必须全部上缴国库，任何行政机关或者个人不得以任何形式截留、私分或者变相私分。

罚款、没收的违法所得或者没收非法财物拍卖的款项，不得同作出行政处罚决定的行政机关及其工作人员的考核、考评直接或者变相挂钩。除依法应当退还、退赔的外，财政部门不得以任何形式向作出行政处罚决定的行政机关返还罚款、没收的违法所得或者没收非法财物拍卖的款项。

第七十五条 行政机关应当建立健全对行政处罚的监督制度。县级以上人民政府应当定期组织开展行政执法评议、考核，加强对行政处罚的监督检查，规范和保障行政处罚的实施。

行政机关实施行政处罚应当接受社会监督。公民、法人或者其他组织对行政机关实施行政处罚的行为，有权申诉或者检举；行政机关应当认真审查，发现有错误的，应当主动改正。

第七章 法律责任

第七十六条 行政机关实施行政处罚，有下列情形之一，由上级行政机关或者有关机关责令改正，对直接负责的主管人员和其他直接责任人员依法给予处分：

（一）没有法定的行政处罚依据的；
（二）擅自改变行政处罚种类、幅度的；
（三）违反法定的行政处罚程序的；
（四）违反本法第二十条关于委托处罚的规定的；
（五）执法人员未取得执法证件的。

行政机关对符合立案标准的案件不及时立案的，依照前款规定予以处理。

第七十七条 行政机关对当事人进行处罚不使用罚款、没收财物单据或者使用非法定部门制发的罚款、没收财物单据的，当事人有权拒绝，并有权予以检举，由上级行政机关或者有关机关对使用的非法单据予以收缴销毁，对直接负责的主管人员和其他直接责任人员依法给予处分。

第七十八条 行政机关违反本法第六十七条的规定自行收缴罚款的，财政部门违反本法第七十四条的规定向行政机关返还罚款、没收的违法所得或者拍卖款项的，由上级行政机关或者有关机关责令改正，对直接负责的主管人员和其他直接责任人员依法给予处分。

第七十九条 行政机关截留、私分或者变相私分罚款、没收的违法所得或者财物的，由财政部门或者有关机关予以追缴，对直接负责的主管人员和其他直接责任人员依法给予处分；情节严重构成犯罪的，依法追究刑事责任。

执法人员利用职务上的便利，索取或者收受他人财物、将收缴罚款据为己有，构成犯罪的，依法追究刑事责任；情节轻微不构成犯罪的，依法给予处分。

第八十条 行政机关使用或者损毁查封、扣押的财物，对当事人造成损失的，应当依法予以赔偿，对直接负责的主管人员和其他直接责任人员依法给予处分。

第八十一条 行政机关违法实施检查措施或者执行措施，给公民人身或者财产造成损害、给法人或者其他组织造成损失的，应当依法予以赔偿，对直接负责的主管人员和其他直接责任人员依法给予处分；情节严重构成犯罪的，依法追究刑事责任。

第八十二条 行政机关对应当依法移交司法机关追究刑事责任的案件不移交，以行政处罚代替刑事处罚，由上级行政机关或者有关机关责令改正，对直接负责的主管人员和其他直接责任人员依法给予处分；情节严重构成犯罪的，依法追究刑事责任。

第八十三条 行政机关对应当予以制止和处罚的违法行为不予制止、处罚，致使公民、法人或者其他组织的合法权益、公共利益和社会秩序遭受损害的，对直接负责的主管人员和其他直接责任人员依法给予处分；情节严重构成犯罪的，依法追究刑事责任。

第八章 附 则

第八十四条 外国人、无国籍人、外国组织在中华人民共和国领域内有违法行为，应当给予行政处罚的，适用本法，法律另有规定的除外。

第八十五条 本法中"二日""三日""五日""七日"的规定是指工作日，不含法定节假日。

第八十六条 本法自 2021 年 7 月 15 日起施行。

114 社会保险行政争议处理办法

2001 年 5 月 27 日中华人民共和国劳动和社会保障部令第 13 号公布，
自 2001 年 5 月 27 日起施行。

第一条 为妥善处理社会保险行政争议，维护公民、法人和其他组织的合法权益，保障和监督社会保险经办机构（以下简称经办机构）依法行使职权，根据劳动法、行政复议法及有关法律、行政法规，制定本办法。

第二条 本办法所称的社会保险行政争议，是指经办机构在依照法律、法规及有关规定经办社会保险事务过程中，与公民、法人或者其他组织之间发生的争议。

本办法所称的经办机构，是指法律、法规授权的劳动保障行政部门所属的专门办理养老保险、医疗保险、失业保险、工伤保险、生育保险等社会保险事务的工作机构。

第三条 公民、法人或者其他组织认为经办机构的具体行政行为侵犯其合法权益，向经办机构或者劳动保障行政部门申请社会保险行政争议处理，经办机构或者劳动保障行政部门处理社会保险行政争议适用本办法。

第四条 经办机构和劳动保障行政部门的法制工作机构或者负责法制工作的机构为本单位的社会保险行政争议处理机构（以下简称保险争议处理机构），具体负责社会保险行政争议的处理工作。

第五条 经办机构和劳动保障行政部门分别采用复查和行政复议的方式处理社会保险行政争议。

第六条 有下列情形之一的，公民、法人或者其他组织可以申请行政复议：

（一）认为经办机构未依法为其办理社会保险登记、变更或者注销手续的；

（二）认为经办机构未按规定审核社会保险缴费基数的；

（三）认为经办机构未按规定记录社会保险费缴费情况或者拒绝其查询缴费记录的；

（四）认为经办机构违法收取费用或者违法要求履行义务的；

（五）对经办机构核定其社会保险待遇标准有异议的；

（六）认为经办机构不依法支付其社会保险待遇或者对经办机构停止其享受社会保险待遇有异议的；

（七）认为经办机构未依法为其调整社会保险待遇的；

（八）认为经办机构未依法为其办理社会保险关系转移或者接续手续的；

（九）认为经办机构的其他具体行政行为侵犯其合法权益的。

属于前款第（二）、（五）、（六）、（七）项情形之一的，公民、法人或者其他组织可以直接向劳动保障行政部门申请行政复议，也可以先向作出该具体行政行为的经办机构申请复查，对复查决定不服，再向劳动保障行政部门申请行政复议。

第七条 公民、法人或者其他组织认为经办机构的具体行政行为所依据的除法律、法规、规章和国务院文件以外的其他规范性文件不合法，在对具体行政行为申请行政复议时，可以向劳动保障行政部门一并提出对该规范性文件的审查申请。

第八条 公民、法人或者其他组织对经办机构作出的具体行政行为不服，可以向直接管理该经办机构的劳动保障行政部门申请行政复议。

第九条 申请人认为经办机构的具体行政行为侵犯其合法权益的，可以自知道该具体行政行为之日起60日内向经办机构申请复查或者向劳动保障行政部门申请行政复议。

申请人与经办机构之间发生的属于人民法院受案范围的行政案件，申请人也可以依法直接向人民法院提起行政诉讼。

第十条 经办机构作出具体行政行为时，未告知申请人有权申请行政复议或者行政复议申请期限的，行政复议申请期限从申请人知道行政复议权或者行政复议申请期限之日起计算，但最长不得超过二年。

因不可抗力或者其他正当理由耽误法定申请期限的，申请期限自障碍消除之日起继续计算。

第十一条 申请人向经办机构申请复查或者向劳动保障行政部门申请行政复议，一般应当以书面形式提出，也可以口头提出。口头提出的，接到申请的保险争议处理机构应当当场记录申请人的基本情况、请求事项、主要事实和理由、申请时间等事项，并由申请人签字或者盖章。

劳动保障行政部门的其他工作机构接到以书面形式提出的行政复议申请的，应当立即转送本部门的保险争议处理机构。

第十二条 申请人向作出该具体行政行为的经办机构申请复查的，该经办机构应指定其内部专门机构负责处理，并应当自接到复查申请之日起20日内作出维持或者改变该具体行政行为的复查决定。决定改变的，应当重新作出新的具体行政行为。

经办机构作出的复查决定应当采用书面形式。

第十三条 申请人对经办机构的复查决定不服，或者经办机构逾期未作出复查决定的，申请人可以向直接管理该经办机构的劳动保障行政部门申请行政复议。

申请人在经办机构复查该具体行政行为期间，向劳动保障行政部门申请行政复议的，经办机构的复查程序终止。

第十四条 经办机构复查期间，行政复议的申请期限中止，复查期限不计入行政复议申请期限。

第十五条 劳动保障行政部门的保险争议处理机构接到行政复议申请后，应当注明收到日期，并在5个工作日内进行审查，由劳动保障行政部门按照下列情况分别作出决定：

（一）对符合法定受理条件，但不属于本行政机关受理范围的，应当告知申请人向有关机关提出；

（二）对不符合法定受理条件的，应当作出不予受理决定，并制作行政复议不予受理决定书，送达申请人。该决定书中应当说明不予受理的理由。

除前款规定外，行政复议申请自劳动保障行政部门的保险争议处理机构收到之日起即为受理，并制作行政复议受理通知书，送达申请人和被申请人。该通知中应当告知受理日期。

本条规定的期限，从劳动保障行政部门的保险争议处理机构收到行政复议申请之日起计算；因行政复议申请书的主要内容欠缺致使劳动保障行政部门难以作出决定而要求申请人补正有关材料的，从保险争议处理机构收到补正材料之日起计算。

第十六条 经办机构作出具体行政行为时，没有制作或者没有送达行政文书，申请人不服提起行政复议的，只要能证明具体行政行为存在，劳动保障行政部门应当依法受理。

第十七条 申请人认为劳动保障行政部门无正当理由不受理其行政复议申请的，可以向上级劳动保障行政部门申诉，上级劳动保障行政部门在审查后，作出以下处理决定：

（一）申请人提出的行政复议申请符合法定受理条件的，应当责令下级劳动保障行政部门予以受理；其中申请人不服的具体行政行为是依据劳动保障法律、法规、部门规章、本级以上人民政府制定的规章或者本行政机关制定的规范性文件作出的，或者上级劳动保障行政部门认为有必要直接受理的，可以直接受理；

（二）上级劳动保障行政部门认为下级劳动保障行政部门不予受理行为确属有正当理由，应当将审查结论告知申请人。

第十八条 劳动保障行政部门的保险争议处理机构对已受理的社会保险行政争议案件，应当自收到申请之日起7个工作日内，将申请书副本或者申请笔录复印件和行政复议受理通知书送达被申请人。

第十九条 被申请人应当自接到行政复议申请书副本或者申请笔录复印件之日起10日内，提交答辩书，并提交作出该具体行政行为的证据、所依据的法律规范及其他有关材料。

被申请人不提供或者无正当理由逾期提供的，视为该具体行政行为没有证据、依据。

第二十条 申请人可以依法查阅被申请人提出的书面答辩、作出具体行政行为的证据、依据和其他有关材料。

第二十一条 劳动保障行政部门处理社会保险行政争议案件，原则上采用书面审查方式。必要时，可以向有关单位和个人调查了解情况，听取申请人、被申请人和有关人员的意见，并制作笔录。

第二十二条　劳动保障行政部门处理社会保险行政争议案件，以法律、法规、规章和依法制定的其他规范性文件为依据。

第二十三条　劳动保障行政部门在依法向有关部门请示行政复议过程中所遇到的问题应当如何处理期间，行政复议中止。

第二十四条　劳动保障行政部门在审查申请人一并提出的作出具体行政行为所依据的有关规定的合法性时，应当根据具体情况，分别作出以下处理：

（一）该规定是由本行政机关制定的，应当在 30 日内对该规定依法作出处理结论；

（二）该规定是由本行政机关以外的劳动保障行政部门制定的，应当在 7 个工作日内将有关材料直接移送制定该规定的劳动保障行政部门，请其在 60 日内依法作出处理结论，并将处理结论告知移送的劳动保障行政部门；

（三）该规定是由政府及其他工作部门制定的，应当在 7 个工作日内按照法定程序转送有权处理的国家机关依法处理。

审查该规定期间，行政复议中止，劳动保障行政部门应将有关中止情况通知申请人和被申请人。

第二十五条　行政复议中止的情形结束后，劳动保障行政部门应当继续对该具体行政行为进行审查，并将恢复行政复议审查的时间通知申请人和被申请人。

第二十六条　申请人向劳动保障行政部门提出行政复议申请后，在劳动保障行政部门作出处理决定之前，撤回行政复议申请的，经说明理由，劳动保障行政部门可以终止审理，并将有关情况记录在案。

第二十七条　劳动保障行政部门行政复议期间，被申请人变更或者撤销原具体行政行为的，应当书面告知劳动保障行政部门和申请人。劳动保障行政部门可以终止对原具体行政行为的审查，并书面告知申请人和被申请人。

申请人对被申请人变更或者重新作出的具体行政行为不服，向劳动保障行政部门提出行政复议申请的，劳动保障行政部门应当受理。

第二十八条　劳动保障行政部门的保险争议处理机构应当对其组织审理的社会保险行政争议案件提出处理建议，经本行政机关负责人审查同意或者重大案件经本行政机关集体讨论决定后，由本行政机关依法作出行政复议决定。

第二十九条　劳动保障行政部门作出行政复议决定，应当制作行政复议决定书。行政复议决定书应当载明下列事项：

（一）申请人的姓名、性别、年龄、工作单位、住址（法人或者其他组织的名称、地址、法定代表人的姓名、职务）；

（二）被申请人的名称、地址、法定代表人的姓名、职务；

（三）申请人的复议请求和理由；

（四）被申请人的答辩意见；

（五）劳动保障行政部门认定的事实、理由，适用的法律、法规、规章和依法制定的其他规范性文件；

（六）复议结论；
（七）申请人不服复议决定向人民法院起诉的期限；
（八）作出复议决定的年、月、日。

行政复议决定书应当加盖本行政机关的印章。

第三十条 经办机构和劳动保障行政部门应当依照民事诉讼法有关送达的规定，将复查决定和行政复议文书送达申请人和被申请人。

第三十一条 申请人对劳动保障行政部门作出的行政复议决定不服的，可以依法向人民法院提起行政诉讼。

第三十二条 经办机构必须执行生效的行政复议决定书。拒不执行或者故意拖延不执行的，由直接主管该经办机构的劳动保障行政部门责令其限期履行，并按照人事管理权限对直接负责的主管人员给予行政处分，或者建议经办机构对有关人员给予行政处分。

第三十三条 经办机构或者劳动保障行政部门审查社会保险行政争议案件，不得向申请人收取任何费用。

行政复议活动所需经费，由本单位的行政经费予以保障。

第三十四条 本办法自发布之日起施行。

115　人力资源社会保障行政复议办法

2010年3月16日中华人民共和国人力资源和社会保障部令第6号公布，自2010年3月16日起施行。

第一章　总　　则

第一条 为了规范人力资源社会保障行政复议工作，根据《中华人民共和国行政复议法》（以下简称行政复议法）和《中华人民共和国行政复议法实施条例》（以下简称行政复议法实施条例），制定本办法。

第二条 公民、法人或者其他组织认为人力资源社会保障部门作出的具体行政行为侵犯其合法权益，向人力资源社会保障行政部门申请行政复议，人力资源社会保障行政部门及其法制工作机构开展行政复议相关工作，适用本办法。

第三条 各级人力资源社会保障行政部门是人力资源社会保障行政复议机关（以下简称行政复议机关），应当认真履行行政复议职责，遵循合法、公正、公开、及时、便民的原则，坚持有错必纠，保障法律、法规和人力资源社会保障规章的正确实施。

行政复议机关应当依照有关规定配备专职行政复议人员，为行政复议工作提供财政保障。

第四条 行政复议机关负责法制工作的机构（以下简称行政复议机构）具体办理行政

复议事项，履行下列职责：

（一）处理行政复议申请；

（二）向有关组织和人员调查取证，查阅文件和资料，组织行政复议听证；

（三）依照行政复议法实施条例第九条的规定，办理第三人参加行政复议事项；

（四）依照行政复议法实施条例第四十一条的规定，决定行政复议中止、恢复行政复议审理事项；

（五）依照行政复议法实施条例第四十二条的规定，拟订行政复议终止决定；

（六）审查申请行政复议的具体行政行为是否合法与适当，提出处理建议，拟订行政复议决定，主持行政复议调解，审查和准许行政复议和解协议；

（七）处理或者转送对行政复议法第七条所列有关规定的审查申请；

（八）依照行政复议法第二十九条的规定，办理行政赔偿等事项；

（九）依照行政复议法实施条例第三十七条的规定，办理鉴定事项；

（十）按照职责权限，督促行政复议申请的受理和行政复议决定的履行；

（十一）对人力资源社会保障部门及其工作人员违反行政复议法、行政复议法实施条例和本办法规定的行为依照规定的权限和程序提出处理建议；

（十二）研究行政复议过程中发现的问题，及时向有关机关和部门提出建议，重大问题及时向行政复议机关报告；

（十三）办理因不服行政复议决定提起行政诉讼的行政应诉事项；

（十四）办理或者组织办理未经行政复议直接提起行政诉讼的行政应诉事项；

（十五）办理行政复议、行政应诉案件统计和重大行政复议决定备案事项；

（十六）组织培训；

（十七）法律、法规规定的其他职责。

第五条 专职行政复议人员应当具备与履行行政复议职责相适应的品行、专业知识和业务能力，并取得相应资格。各级人力资源社会保障部门应当保障行政复议人员参加培训的权利，应当为行政复议人员参加法律类资格考试提供必要的帮助。

第六条 行政复议人员享有下列权利：

（一）依法履行行政复议职责的行为受法律保护；

（二）获得履行行政复议职责相应的物质条件；

（三）对行政复议工作提出建议；

（四）参加培训；

（五）法律、法规和规章规定的其他权利。

行政复议人员应当履行下列义务：

（一）严格遵守宪法和法律；

（二）以事实为根据，以法律为准绳审理行政复议案件；

（三）忠于职守，尽职尽责，清正廉洁，秉公执法；

（四）依法保障行政复议参加人的合法权益；

（五）保守国家秘密、商业秘密和个人隐私；

（六）维护国家利益、社会公共利益，维护公民、法人或者其他组织的合法权益；
（七）法律、法规和规章规定的其他义务。

第二章　行政复议范围

第七条　有下列情形之一的，公民、法人或者其他组织可以依法申请行政复议：
（一）对人力资源社会保障部门作出的警告、罚款、没收违法所得、依法予以关闭、吊销许可证等行政处罚决定不服的；
（二）对人力资源社会保障部门作出的行政处理决定不服的；
（三）对人力资源社会保障部门作出的行政许可、行政审批不服的；
（四）对人力资源社会保障部门作出的行政确认不服的；
（五）认为人力资源社会保障部门不履行法定职责的；
（六）认为人力资源社会保障部门违法收费或者违法要求履行义务的；
（七）认为人力资源社会保障部门作出的其他具体行政行为侵犯其合法权益的。

第八条　公民、法人或者其他组织对下列事项，不能申请行政复议：
（一）人力资源社会保障部门作出的行政处分或者其他人事处理决定；
（二）劳动者与用人单位之间发生的劳动人事争议；
（三）劳动能力鉴定委员会的行为；
（四）劳动人事争议仲裁委员会的仲裁、调解等行为；
（五）已就同一事项向其他有权受理的行政机关申请行政复议的；
（六）向人民法院提起行政诉讼，人民法院已经依法受理的；
（七）法律、行政法规规定的其他情形。

第三章　行政复议申请

第一节　申　请　人

第九条　依照本办法规定申请行政复议的公民、法人或者其他组织为人力资源社会保障行政复议申请人。

第十条　同一行政复议案件申请人超过5人的，推选1至5名代表参加行政复议，并提交全体行政复议申请人签字的授权委托书以及全体行政复议申请人的身份证复印件。

第十一条　依照行政复议法实施条例第九条的规定，公民、法人或者其他组织申请作为第三人参加行政复议，应当提交《第三人参加行政复议申请书》，该申请书应当列明其参加行政复议的事实和理由。

申请作为第三人参加行政复议的，应当对其与被审查的具体行政行为有利害关系负举证责任。

行政复议机构通知或者同意第三人参加行政复议的，应当制作《第三人参加行政复议通知书》，送达第三人，并注明第三人参加行政复议的日期。

第十二条 申请人、第三人可以委托 1 至 2 名代理人参加行政复议。

申请人、第三人委托代理人参加行政复议的，应当向行政复议机构提交授权委托书。授权委托书应当载明下列事项：

（一）委托人姓名或者名称，委托人为法人或者其他组织的，还应当载明法定代表人或者主要负责人的姓名、职务；

（二）代理人姓名、性别、职业、住所以及邮政编码；

（三）委托事项、权限和期限；

（四）委托日期以及委托人签字或者盖章。

申请人、第三人解除或者变更委托的，应当书面报告行政复议机构。

第二节 被申请人

第十三条 公民、法人或者其他组织对人力资源社会保障部门作出的具体行政行为不服，依照本办法规定申请行政复议的，作出该具体行政行为的人力资源社会保障部门为被申请人。

第十四条 对县级以上人力资源社会保障行政部门的具体行政行为不服的，可以向上一级人力资源社会保障行政部门申请复议，也可以向该人力资源社会保障行政部门的本级人民政府申请行政复议。

对人力资源社会保障部作出的具体行政行为不服的，向人力资源社会保障部申请行政复议。

第十五条 对人力资源社会保障行政部门按照国务院规定设立的社会保险经办机构（以下简称社会保险经办机构）依照法律、法规规定作出的具体行政行为不服，可以向直接管理该社会保险经办机构的人力资源社会保障行政部门申请行政复议。

第十六条 对依法受委托的属于事业组织的公共就业服务机构、职业技能考核鉴定机构以及街道、乡镇人力资源社会保障工作机构等作出的具体行政行为不服的，可以向委托其行使行政管理职能的人力资源社会保障行政部门的上一级人力资源社会保障行政部门申请复议，也可以向该人力资源社会保障行政部门的本级人民政府申请行政复议。委托的人力资源社会保障行政部门为被申请人。

第十七条 对人力资源社会保障部门和政府其他部门以共同名义作出的具体行政行为不服的，可以向其共同的上一级行政部门申请复议。共同作出具体行政行为的人力资源社会保障部门为共同被申请人之一。

第十八条 人力资源社会保障部门设立的派出机构、内设机构或者其他组织，未经法律、法规授权，对外以自己名义作出具体行政行为的，该人力资源社会保障部门为被申请人。

第三节 行政复议申请期限

第十九条 公民、法人或者其他组织认为人力资源社会保障部门作出的具体行政行为侵犯其合法权益的，可以自知道该具体行政行为之日起60日内提出行政复议申请。

前款规定的行政复议申请期限依照下列规定计算：

（一）当场作出具体行政行为的，自具体行政行为作出之日起计算；

（二）载明具体行政行为的法律文书直接送达的，自受送达人签收之日起计算；

（三）载明具体行政行为的法律文书依法留置送达的，自送达人和见证人在送达回证上签注的留置送达之日起计算；

（四）载明具体行政行为的法律文书邮寄送达的，自受送达人在邮件签收单上签收之日起计算；没有邮件签收单的，自受送达人在送达回执上签名之日起计算；

（五）具体行政行为依法通过公告形式告知受送达人的，自公告规定的期限届满之日起计算；

（六）被申请人作出具体行政行为时未告知公民、法人或者其他组织，事后补充告知的，自该公民、法人或者其他组织收到补充告知的通知之日起计算；

（七）被申请人有证据材料能够证明公民、法人或者其他组织知道该具体行政行为的，自证据材料证明其知道具体行政行为之日起计算。

人力资源社会保障部门作出具体行政行为，依法应当向有关公民、法人或者其他组织送达法律文书而未送达的，视为该公民、法人或者其他组织不知道该具体行政行为。

申请人因不可抗力或者其他正当理由耽误法定申请期限的，申请期限自原因消除之日起继续计算。

第二十条 人力资源社会保障部门对公民、法人或者其他组织作出具体行政行为，应当告知其申请行政复议的权利、行政复议机关和行政复议申请期限。

第四节 行政复议申请的提出

第二十一条 申请人书面申请行政复议的，可以采取当面递交、邮寄或者传真等方式递交行政复议申请书。

有条件的行政复议机构可以接受以电子邮件形式提出的行政复议申请。

对采取传真、电子邮件方式提出的行政复议申请，行政复议机构应当告知申请人补充提交证明其身份以及确认申请书真实性的相关书面材料。

第二十二条 申请人书面申请行政复议的，应当在行政复议申请书中载明下列事项：

（一）申请人基本情况：申请人是公民的，包括姓名、性别、年龄、身份证号码、工作单位、住所、邮政编码；申请人是法人或者其他组织的，包括名称、住所、邮政编码和法定代表人或者主要负责人的姓名、职务；

（二）被申请人的名称；

（三）申请行政复议的具体行政行为、行政复议请求、申请行政复议的主要事实和理由；

（四）申请人签名或者盖章；

（五）日期。

申请人口头申请行政复议的，行政复议机构应当依照前款规定内容，当场制作行政复议申请笔录交申请人核对或者向申请人宣读，并由申请人签字确认。

第二十三条 有下列情形之一的，申请人应当提供相应的证明材料：

（一）认为被申请人不履行法定职责的，提供曾经申请被申请人履行法定职责的证明材料；

（二）申请行政复议时一并提出行政赔偿申请的，提供受具体行政行为侵害而造成损害的证明材料；

（三）属于本办法第十九条第四款情形的，提供发生不可抗力或者有其他正当理由的证明材料；

（四）需要申请人提供证据材料的其他情形。

第二十四条 申请人提出行政复议申请时错列被申请人的，行政复议机构应当告知申请人变更被申请人。

申请人变更被申请人的期间，不计入行政复议审理期限。

第二十五条 依照行政复议法第七条的规定，申请人认为具体行政行为所依据的规定不合法的，可以在对具体行政行为申请行政复议的同时一并提出对该规定的审查申请；申请人在对具体行政行为提出行政复议申请时尚不知道该具体行政行为所依据的规定的，可以在行政复议机关作出行政复议决定前向行政复议机关提出对该规定的审查申请。

第四章　行政复议受理

第二十六条 行政复议机构收到行政复议申请后，应当在5日内进行审查，按照下列情况分别作出处理：

（一）对符合行政复议法实施条例第二十八条规定条件的，依法予以受理，制作《行政复议受理通知书》和《行政复议提出答复通知书》，送达申请人和被申请人；

（二）对符合本办法第七条规定的行政复议范围，但不属于本机关受理范围的，应当书面告知申请人向有关行政复议机关提出；

（三）对不符合法定受理条件的，应当作出不予受理决定，制作《行政复议不予受理决定书》，送达申请人，该决定书中应当说明不予受理的理由和依据。

对不符合前款规定的行政复议申请，行政复议机构应当将有关处理情况告知申请人。

第二十七条 人力资源社会保障行政部门的其他工作机构收到复议申请的，应当及时转送行政复议机构。

除不符合行政复议法定条件或者不属于本机关受理的行政复议申请外，行政复议申请自行政复议机构收到之日起即为受理。

第二十八条 依照行政复议法实施条例第二十九条的规定，行政复议申请材料不齐全或者表述不清楚的，行政复议机构可以向申请人发出补正通知，一次性告知申请人需要补正的事项。

补正通知应当载明下列事项：

（一）行政复议申请书中需要修改、补充的具体内容；

（二）需要补正的证明材料；
（三）合理的补正期限；
（四）逾期未补正的法律后果。

补正期限从申请人收到补正通知之日起计算。

无正当理由逾期不补正的，视为申请人放弃行政复议申请。

申请人应当在补正期限内向行政复议机构提交需要补正的材料。补正申请材料所用时间不计入行政复议审理期限。

第二十九条 申请人依法提出行政复议申请，行政复议机关无正当理由不予受理的，上一级人力资源社会保障行政部门可以根据申请人的申请或者依职权先行督促其受理；经督促仍不受理的，应当责令其限期受理，并且制作《责令受理行政复议申请通知书》；必要时，上一级人力资源社会保障行政部门也可以直接受理。

上一级人力资源社会保障行政部门经审查认为行政复议申请不符合法定受理条件的，应当告知申请人。

第三十条 劳动者与用人单位因工伤保险待遇发生争议，向劳动人事争议仲裁委员会申请仲裁期间，又对人力资源社会保障行政部门作出的工伤认定结论不服向行政复议机关申请行政复议的，如果符合法定条件，应当予以受理。

第五章 行政复议审理和决定

第三十一条 行政复议原则上采取书面审查的办法，但是申请人提出要求或者行政复议机构认为有必要的，可以向有关组织和人员调查情况，听取申请人、被申请人和第三人的意见。

第三十二条 行政复议机构应当自行政复议申请受理之日起7日内，将行政复议申请书副本或者行政复议申请笔录复印件发送被申请人。被申请人应当自收到申请书副本或者申请笔录复印件之日起10日内，提交行政复议答复书，并提交当初作出具体行政行为的证据、依据和其他有关材料。

行政复议答复书应当载明下列事项，并加盖被申请人印章：
（一）被申请人的名称、地址、法定代表人的姓名、职务；
（二）作出具体行政行为的事实和有关证据材料；
（三）作出具体行政行为依据的法律、法规、规章和规范性文件的具体条款和内容；
（四）对申请人行政复议请求的意见和理由；
（五）日期。

被申请人应当对其提交的证据材料分类编号，对证据材料的来源、证明对象和内容作简要说明。

因不可抗力或者其他正当理由，被申请人不能在法定期限内提出书面答复、提交当初作出具体行政行为的证据、依据和其他有关材料的，可以向行政复议机关提出延期答复和举证的书面申请。

第三十三条 有下列情形之一的，行政复议机构可以实地调查核实证据：
（一）申请人或者被申请人对于案件事实的陈述有争议的；
（二）被申请人提供的证据材料之间相互矛盾的；
（三）第三人提出新的证据材料，足以推翻被申请人认定的事实的；
（四）行政复议机构认为确有必要的其他情形。
调查取证时，行政复议人员不得少于2人，并应当向当事人或者有关人员出示证件。

第三十四条 对重大、复杂的案件，申请人提出要求或者行政复议机构认为必要时，可以采取听证的方式审理。
有下列情形之一的，属于重大、复杂的案件：
（一）涉及人数众多或者群体利益的案件；
（二）具有涉外因素的案件；
（三）社会影响较大的案件；
（四）案件事实和法律关系复杂的案件；
（五）行政复议机构认为其他重大、复杂的案件。

第三十五条 公民、法人或者其他组织对人力资源社会保障部门行使法律、法规规定的自由裁量权作出的具体行政行为不服申请行政复议，在行政复议机关作出行政复议决定之前，申请人和被申请人可以在自愿、合法基础上达成和解。申请人和被申请人达成和解的，应当向行政复议机构提交书面和解协议。
书面和解协议应当载明行政复议请求、事实、理由和达成和解的结果，并且由申请人和被申请人签字或者盖章。
行政复议机构应当对申请人和被申请人提交的和解协议进行审查。和解确属申请人和被申请人的真实意思表示，和解内容不违反法律、法规的强制性规定，不损害国家利益、社会公共利益和他人合法权益的，行政复议机构应当准许和解，并终止行政复议案件的审理。

第三十六条 依照行政复议法实施条例第四十一条的规定，行政复议机构中止、恢复行政复议案件的审理，应当分别制发《行政复议中止通知书》和《行政复议恢复审理通知书》，并通知申请人、被申请人和第三人。

第三十七条 依照行政复议法实施条例第四十二条的规定，行政复议机关终止行政复议的，应当制发《行政复议终止通知书》，并通知申请人、被申请人和第三人。

第三十八条 依照行政复议法第二十八条第一款第一项规定，具体行政行为认定事实清楚，证据确凿，适用依据正确，程序合法，内容适当的，行政复议机关应当决定维持。

第三十九条 依照行政复议法第二十八条第一款第二项规定，被申请人不履行法定职责的，行政复议机关应当决定其在一定期限内履行法定职责。

第四十条 具体行政行为有行政复议法第二十八条第一款第三项规定情形之一的，行政复议机关应当决定撤销、变更该具体行政行为或者确认该具体行政行为违法；决定撤销该具体行政行为或者确认该具体行政行为违法的，可以责令被申请人在一定期限内重新作出具体行政行为。

第四十一条 被申请人未依照行政复议法第二十三条的规定提出书面答复、提交当初作出具体行政行为的证据、依据和其他有关材料的，视为该具体行政行为没有证据、依据，行政复议机关应当决定撤销该具体行政行为。

第四十二条 具体行政行为有行政复议法实施条例第四十七条规定情形之一的，行政复议机关可以作出变更决定。

第四十三条 依照行政复议法实施条例第四十八条第一款的规定，行政复议机关决定驳回行政复议申请的，应当制发《驳回行政复议申请决定书》，并通知申请人、被申请人和第三人。

第四十四条 行政复议机关依照行政复议法第二十八条的规定责令被申请人重新作出具体行政行为的，被申请人应当在法律、法规、规章规定的期限内重新作出具体行政行为；法律、法规、规章未规定期限的，重新作出具体行政行为的期限为60日。

公民、法人或者其他组织对被申请人重新作出的具体行政行为不服，可以依法申请行政复议或者提起行政诉讼。

第四十五条 有下列情形之一的，行政复议机关可以按照自愿、合法的原则进行调解：

（一）公民、法人或者其他组织对人力资源社会保障部门行使法律、法规规定的自由裁量权作出的具体行政行为不服申请行政复议的；

（二）当事人之间的行政赔偿或者行政补偿纠纷；

（三）其他适于调解的。

第四十六条 行政复议机关进行调解应当符合下列要求：

（一）在查明案件事实的基础上进行；

（二）充分尊重申请人和被申请人的意愿；

（三）遵循公正、合理原则；

（四）调解结果应当符合有关法律、法规的规定；

（五）调解结果不得损害国家利益、社会公共利益或者他人合法权益。

第四十七条 申请人和被申请人经调解达成协议的，行政复议机关应当制作《行政复议调解书》。《行政复议调解书》应当载明下列内容：

（一）申请人姓名、性别、年龄、住所（法人或者其他组织的名称、地址、法定代表人或者主要负责人的姓名、职务）；

（二）被申请人的名称；

（三）申请人申请行政复议的请求、事实和理由；

（四）被申请人答复的事实、理由、证据和依据；

（五）进行调解的基本情况；

（六）调解结果；

（七）日期。

《行政复议调解书》应当加盖行政复议机关印章。《行政复议调解书》经申请人、被申请人签字或者盖章，即具有法律效力。

调解未达成协议或者调解书生效前一方反悔的，行政复议机关应当及时作出行政复议决定。

第四十八条 行政复议机关在审查申请人一并提出的作出具体行政行为所依据的规定的合法性时，应当根据具体情况，分别作出下列处理：

（一）如果该规定是由本行政机关制定的，应当在 30 日内对该规定依法作出处理结论；

（二）如果该规定是由其他人力资源社会保障行政部门制定的，应当在 7 日内按照法定程序转送制定该规定的人力资源社会保障行政部门，请其在 60 日内依法处理；

（三）如果该规定是由人民政府制定的，应当在 7 日内按照法定程序转送有权处理的国家机关依法处理。

对该规定进行审查期间，中止对具体行政行为的审查；审查结束后，行政复议机关再继续对具体行政行为的审查。

第四十九条 行政复议机关对决定撤销、变更具体行政行为或者确认具体行政行为违法并且申请人提出行政赔偿请求的下列具体行政行为，应当在行政复议决定中同时作出被申请人依法给予赔偿的决定：

（一）被申请人违法实施罚款、没收违法所得、依法予以关闭、吊销许可证等行政处罚的；

（二）被申请人造成申请人财产损失的其他违法行为。

第五十条 行政复议机关作出行政复议决定，应当制作《行政复议决定书》，载明下列事项：

（一）申请人的姓名、性别、年龄、住所（法人或者其他组织的名称、地址、法定代表人或者主要负责人的姓名、职务）；

（二）被申请人的名称、住所；

（三）申请人的行政复议请求和理由；

（四）第三人的意见；

（五）被申请人答复意见；

（六）行政复议机关认定的事实、理由，适用的法律、法规、规章以及其他规范性文件；

（七）复议决定；

（八）申请人不服行政复议决定向人民法院起诉的期限；

（九）日期。

《行政复议决定书》应当加盖行政复议机关印章。

第五十一条 行政复议机关应当根据《中华人民共和国民事诉讼法》的规定，采用直接送达、邮寄送达或者委托送达等方式，将行政复议决定送达申请人、被申请人和第三人。

第五十二条 下级行政复议机关应当及时将重大行政复议决定报上级行政复议机关备案。

第五十三条 案件审查结束后，办案人员应当及时将案卷进行整理归档。案卷保存期不少于 10 年，国家另有规定的从其规定。保存期满后的案卷，应当按照国家有关档案管理的规定处理。

案卷归档材料应当包括：
（一）行政复议申请的处理
1. 行政复议申请书或者行政复议申请笔录、申请人提交的证据材料；
2. 授权委托书、申请人身份证复印件、法定代表人或者主要负责人身份证明书；
3. 行政复议补正通知书；
4. 行政复议受理通知书和行政复议提出答复通知书；
5. 行政复议不予受理决定书；
6. 行政复议告知书；
7. 行政复议答复书、被申请人提交的证据材料；
8. 第三人参加行政复议申请书、第三人参加行政复议通知书；
9. 责令限期受理行政复议申请通知书。
（二）案件审理
1. 行政复议调查笔录；
2. 行政复议听证记录；
3. 行政复议中止通知书、行政复议恢复审理通知书；
4. 行政复议和解协议；
5. 行政复议延期处理通知书；
6. 撤回行政复议申请书；
7. 规范性文件转送函。
（三）处理结果
1. 行政复议决定书；
2. 行政复议调解书；
3. 行政复议终止书；
4. 驳回行政复议申请决定书。
（四）其他
1. 行政复议文书送达回证；
2. 行政复议意见书；
3. 行政复议建议书；
4. 其他。

第五十四条 案卷装订、归档应当达到下列要求：
（一）案卷装订整齐；
（二）案卷目录用钢笔或者签字笔填写，字迹工整；
（三）案卷材料不得涂改；
（四）卷内材料每页下方应当居中标注页码。

第六章 附 则

第五十五条 本办法所称人力资源社会保障部门包括人力资源社会保障行政部门、社会保险经办机构、公共就业服务机构等具有行政职能的机构。

第五十六条 人力资源社会保障行政复议活动所需经费、办公用房以及交通、通讯、摄像、录音等设备由各级人力资源社会保障部门予以保障。

第五十七条 行政复议机关可以使用行政复议专用章。在人力资源社会保障行政复议活动中，行政复议专用章和行政复议机关印章具有同等效力。

第五十八条 本办法未规定事项，依照行政复议法、行政复议法实施条例规定执行。

第五十九条 本办法自发布之日起施行。劳动和社会保障部1999年11月23日发布的《劳动和社会保障行政复议办法》（劳动和社会保障部令第5号）同时废止。

116 最高人民法院关于审理工伤保险行政案件若干问题的规定

法释〔2014〕9号

为正确审理工伤保险行政案件，根据《中华人民共和国社会保险法》《中华人民共和国劳动法》《中华人民共和国行政诉讼法》《工伤保险条例》及其他有关法律、行政法规规定，结合行政审判实际，制定本规定。

第一条 人民法院审理工伤认定行政案件，在认定是否存在《工伤保险条例》第十四条第（六）项"本人主要责任"、第十六条第（二）项"醉酒或者吸毒"和第十六条第（三）项"自残或者自杀"等情形时，应当以有权机构出具的事故责任认定书、结论性意见和人民法院生效裁判等法律文书为依据，但有相反证据足以推翻事故责任认定书和结论性意见的除外。

前述法律文书不存在或者内容不明确，社会保险行政部门就前款事实作出认定的，人民法院应当结合其提供的相关证据依法进行审查。

《工伤保险条例》第十六条第（一）项"故意犯罪"的认定，应当以刑事侦查机关、检察机关和审判机关的生效法律文书或者结论性意见为依据。

第二条 人民法院受理工伤认定行政案件后，发现原告或者第三人在提起行政诉讼前已经就是否存在劳动关系申请劳动仲裁或者提起民事诉讼的，应当中止行政案件的审理。

第三条 社会保险行政部门认定下列单位为承担工伤保险责任单位的，人民法院应予支持：

（一）职工与两个或两个以上单位建立劳动关系，工伤事故发生时，职工为之工作的单位为承担工伤保险责任的单位；

（二）劳务派遣单位派遣的职工在用工单位工作期间因工伤亡的，派遣单位为承担工伤保险责任的单位；

（三）单位指派到其他单位工作的职工因工伤亡的，指派单位为承担工伤保险责任的单位；

（四）用工单位违反法律、法规规定将承包业务转包给不具备用工主体资格的组织或者自然人，该组织或者自然人聘用的职工从事承包业务时因工伤亡的，用工单位为承担工伤保险责任的单位；

（五）个人挂靠其他单位对外经营，其聘用的人员因工伤亡的，被挂靠单位为承担工伤保险责任的单位。

前款第（四）、（五）项明确的承担工伤保险责任的单位承担赔偿责任或者社会保险经办机构从工伤保险基金支付工伤保险待遇后，有权向相关组织、单位和个人追偿。

第四条 社会保险行政部门认定下列情形为工伤的，人民法院应予支持：

（一）职工在工作时间和工作场所内受到伤害，用人单位或者社会保险行政部门没有证据证明是非工作原因导致的；

（二）职工参加用人单位组织或者受用人单位指派参加其他单位组织的活动受到伤害的；

（三）在工作时间内，职工来往于多个与其工作职责相关的工作场所之间的合理区域因工受到伤害的；

（四）其他与履行工作职责相关，在工作时间及合理区域内受到伤害的。

第五条 社会保险行政部门认定下列情形为"因工外出期间"的，人民法院应予支持：

（一）职工受用人单位指派或者因工作需要在工作场所以外从事与工作职责有关的活动期间；

（二）职工受用人单位指派外出学习或者开会期间；

（三）职工因工作需要的其他外出活动期间。

职工因工外出期间从事与工作或者受用人单位指派外出学习、开会无关的个人活动受到伤害，社会保险行政部门不认定为工伤的，人民法院应予支持。

第六条 对社会保险行政部门认定下列情形为"上下班途中"的，人民法院应予支持：

（一）在合理时间内往返于工作地与住所地、经常居住地、单位宿舍的合理路线的上下班途中；

（二）在合理时间内往返于工作地与配偶、父母、子女居住地的合理路线的上下班途中；

（三）从事属于日常工作生活所需要的活动，且在合理时间和合理路线的上下班途中；

（四）在合理时间内其他合理路线的上下班途中。

第七条 由于不属于职工或者其近亲属自身原因超过工伤认定申请期限的，被耽误的时间不计算在工伤认定申请期限内。

有下列情形之一耽误申请时间的，应当认定为不属于职工或者其近亲属自身原因：

（一）不可抗力；

（二）人身自由受到限制；
（三）属于用人单位原因；
（四）社会保险行政部门登记制度不完善；
（五）当事人对是否存在劳动关系申请仲裁、提起民事诉讼。

第八条 职工因第三人的原因受到伤害，社会保险行政部门以职工或者其近亲属已经对第三人提起民事诉讼或者获得民事赔偿为由，作出不予受理工伤认定申请或者不予认定工伤决定的，人民法院不予支持。

职工因第三人的原因受到伤害，社会保险行政部门已经作出工伤认定，职工或者其近亲属未对第三人提起民事诉讼或者尚未获得民事赔偿，起诉要求社会保险经办机构支付工伤保险待遇的，人民法院应予支持。

职工因第三人的原因导致工伤，社会保险经办机构以职工或者其近亲属已经对第三人提起民事诉讼为由，拒绝支付工伤保险待遇的，人民法院不予支持，但第三人已经支付的医疗费用除外。

第九条 因工伤认定申请人或者用人单位隐瞒有关情况或者提供虚假材料，导致工伤认定错误的，社会保险行政部门可以在诉讼中依法予以更正。

工伤认定依法更正后，原告不申请撤诉，社会保险行政部门在作出原工伤认定时有过错的，人民法院应当判决确认违法；社会保险行政部门无过错的，人民法院可以驳回原告诉讼请求。

最高人民法院以前颁布的司法解释与本规定不一致的，以本规定为准。

117 劳动人事争议仲裁办案规则

2017年5月8日中华人民共和国人力资源和社会保障部令第33号公布，自2017年7月1日起施行。

第一章 总 则

第一条 为公正及时处理劳动人事争议（以下简称争议），规范仲裁办案程序，根据《中华人民共和国劳动争议调解仲裁法》（以下简称调解仲裁法）以及《中华人民共和国公务员法》（以下简称公务员法）、《事业单位人事管理条例》、《中国人民解放军文职人员条例》和有关法律、法规、国务院有关规定，制定本规则。

第二条 本规则适用下列争议的仲裁：

（一）企业、个体经济组织、民办非企业单位等组织与劳动者之间，以及机关、事业单位、社会团体与其建立劳动关系的劳动者之间，因确认劳动关系，订立、履行、变更、解除和终止劳动合同，工作时间、休息休假、社会保险、福利、培训以及劳动保护，劳动报酬、工伤医疗费、经济补偿或者赔偿金等发生的争议；

（二）实施公务员法的机关与聘任制公务员之间、参照公务员法管理的机关（单位）与聘任工作人员之间因履行聘任合同发生的争议；

（三）事业单位与其建立人事关系的工作人员之间因终止人事关系以及履行聘用合同发生的争议；

（四）社会团体与其建立人事关系的工作人员之间因终止人事关系以及履行聘用合同发生的争议；

（五）军队文职人员用人单位与聘用制文职人员之间因履行聘用合同发生的争议；

（六）法律、法规规定由劳动人事争议仲裁委员会（以下简称仲裁委员会）处理的其他争议。

第三条 仲裁委员会处理争议案件，应当遵循合法、公正的原则，先行调解，及时裁决。

第四条 仲裁委员会下设实体化的办事机构，称为劳动人事争议仲裁院（以下简称仲裁院）。

第五条 劳动者一方在十人以上并有共同请求的争议，或者因履行集体合同发生的劳动争议，仲裁委员会应当优先立案，优先审理。

第二章 一般规定

第六条 发生争议的用人单位未办理营业执照、被吊销营业执照、营业执照到期继续经营、被责令关闭、被撤销以及用人单位解散、歇业，不能承担相关责任的，应当将用人单位和其出资人、开办单位或者主管部门作为共同当事人。

第七条 劳动者与个人承包经营者发生争议，依法向仲裁委员会申请仲裁的，应当将发包的组织和个人承包经营者作为共同当事人。

第八条 劳动合同履行地为劳动者实际工作场所地，用人单位所在地为用人单位注册、登记地或者主要办事机构所在地。用人单位未经注册、登记的，其出资人、开办单位或者主管部门所在地为用人单位所在地。

双方当事人分别向劳动合同履行地和用人单位所在地的仲裁委员会申请仲裁的，由劳动合同履行地的仲裁委员会管辖。有多个劳动合同履行地的，由最先受理的仲裁委员会管辖。劳动合同履行地不明确的，由用人单位所在地的仲裁委员会管辖。

案件受理后，劳动合同履行地或者用人单位所在地发生变化的，不改变争议仲裁的管辖。

第九条 仲裁委员会发现已受理案件不属于其管辖范围的，应当移送至有管辖权的仲裁委员会，并书面通知当事人。

对上述移送案件，受移送的仲裁委员会应当依法受理。受移送的仲裁委员会认为移送的案件按照规定不属于其管辖，或者仲裁委员会之间因管辖争议协商不成的，应当报请共同的上一级仲裁委员会主管部门指定管辖。

第十条 当事人提出管辖异议的，应当在答辩期满前书面提出。仲裁委员会应当审查当事人提出的管辖异议，异议成立的，将案件移送至有管辖权的仲裁委员会并书面通知当事人；异议不成立的，应当书面决定驳回。

当事人逾期提出的，不影响仲裁程序的进行。

第十一条 当事人申请回避，应当在案件开庭审理前提出，并说明理由。回避事由在案件开庭审理后知晓的，也可以在庭审辩论终结前提出。

当事人在庭审辩论终结后提出回避申请的，不影响仲裁程序的进行。

仲裁委员会应当在回避申请提出的三日内，以口头或者书面形式作出决定。以口头形式作出的，应当记入笔录。

第十二条 仲裁员、记录人员是否回避，由仲裁委员会主任或者其委托的仲裁院负责人决定。仲裁委员会主任担任案件仲裁员是否回避，由仲裁委员会决定。

在回避决定作出前，被申请回避的人员应当暂停参与该案处理，但因案件需要采取紧急措施的除外。

第十三条 当事人对自己提出的主张有责任提供证据。与争议事项有关的证据属于用人单位掌握管理的，用人单位应当提供；用人单位不提供的，应当承担不利后果。

第十四条 法律没有具体规定、按照本规则第十三条规定无法确定举证责任承担的，仲裁庭可以根据公平原则和诚实信用原则，综合当事人举证能力等因素确定举证责任的承担。

第十五条 承担举证责任的当事人应当在仲裁委员会指定的期限内提供有关证据。当事人在该期限内提供证据确有困难的，可以向仲裁委员会申请延长期限，仲裁委员会根据当事人的申请适当延长。当事人逾期提供证据的，仲裁委员会应当责令其说明理由；拒不说明理由或者理由不成立的，仲裁委员会可以根据不同情形不予采纳该证据，或者采纳该证据但予以训诫。

第十六条 当事人因客观原因不能自行收集的证据，仲裁委员会可以根据当事人的申请，参照民事诉讼有关规定予以收集；仲裁委员会认为有必要的，也可以决定参照民事诉讼有关规定予以收集。

第十七条 仲裁委员会依法调查取证时，有关单位和个人应当协助配合。

仲裁委员会调查取证时，不得少于两人，并应当向被调查对象出示工作证件和仲裁委员会出具的介绍信。

第十八条 争议处理中涉及证据形式、证据提交、证据交换、证据质证、证据认定等事项，本规则未规定的，可以参照民事诉讼证据规则的有关规定执行。

第十九条 仲裁期间包括法定期间和仲裁委员会指定期间。

仲裁期间的计算，本规则未规定的，仲裁委员会可以参照民事诉讼关于期间计算的有关规定执行。

第二十条 仲裁委员会送达仲裁文书必须有送达回证，由受送达人在送达回证上记明收到日期，并签名或者盖章。受送达人在送达回证上的签收日期为送达日期。

因企业停业等原因导致无法送达且劳动者一方在十人以上的，或者受送达人拒绝签收仲裁文书的，通过在受送达人住所留置、张贴仲裁文书，并采用拍照、录像等方式记录的，自留置、张贴之日起经过三日即视为送达，不受本条第一款的限制。

仲裁文书的送达方式，本规则未规定的，仲裁委员会可以参照民事诉讼关于送达方式的有关规定执行。

第二十一条 案件处理终结后，仲裁委员会应当将处理过程中形成的全部材料立卷归档。

第二十二条 仲裁案卷分正卷和副卷装订。

正卷包括：仲裁申请书、受理（不予受理）通知书、答辩书、当事人及其他仲裁参加人的身份证明材料、授权委托书、调查证据、勘验笔录、当事人提供的证据材料、委托鉴定材料、开庭通知、庭审笔录、延期通知书、撤回仲裁申请书、调解书、裁决书、决定书、案件移送函、送达回证等。

副卷包括：立案审批表、延期审理审批表、中止审理审批表、调查提纲、阅卷笔录、会议笔录、评议记录、结案审批表等。

第二十三条 仲裁委员会应当建立案卷查阅制度。对案卷正卷材料，应当允许当事人及其代理人依法查阅、复制。

第二十四条 仲裁裁决结案的案卷，保存期不少于十年；仲裁调解和其他方式结案的案卷，保存期不少于五年；国家另有规定的，从其规定。

保存期满后的案卷，应当按照国家有关档案管理的规定处理。

第二十五条 在仲裁活动中涉及国家秘密或者军事秘密的，按照国家或者军队有关保密规定执行。

当事人协议不公开或者涉及商业秘密和个人隐私的，经相关当事人书面申请，仲裁委员会应当不公开审理。

第三章　仲　裁　程　序

第一节　申请和受理

第二十六条 本规则第二条第（一）、（三）、（四）、（五）项规定的争议，申请仲裁的时效期间为一年。仲裁时效期间从当事人知道或者应当知道其权利被侵害之日起计算。

本规则第二条第（二）项规定的争议，申请仲裁的时效期间适用公务员法有关规定。

劳动人事关系存续期间因拖欠劳动报酬发生争议的，劳动者申请仲裁不受本条第一款规定的仲裁时效期间的限制；但是，劳动人事关系终止的，应当自劳动人事关系终止之日起一年内提出。

第二十七条 在申请仲裁的时效期间内，有下列情形之一的，仲裁时效中断：

（一）一方当事人通过协商、申请调解等方式向对方当事人主张权利的；

（二）一方当事人通过向有关部门投诉，向仲裁委员会申请仲裁，向人民法院起诉或者申请支付令等方式请求权利救济的；

（三）对方当事人同意履行义务的。

从中断时起，仲裁时效期间重新计算。

第二十八条 因不可抗力，或者有无民事行为能力或者限制民事行为能力劳动者的法定代理人未确定等其他正当理由，当事人不能在规定的仲裁时效期间申请仲裁的，仲裁时效中止。从中止时效的原因消除之日起，仲裁时效期间继续计算。

第二十九条 申请人申请仲裁应当提交书面仲裁申请，并按照被申请人人数提交副本。

仲裁申请书应当载明下列事项：

（一）劳动者的姓名、性别、出生日期、身份证件号码、住所、通讯地址和联系电话，用人单位的名称、住所、通讯地址、联系电话和法定代表人或者主要负责人的姓名、职务；

（二）仲裁请求和所根据的事实、理由；

（三）证据和证据来源，证人姓名和住所。

书写仲裁申请确有困难的，可以口头申请，由仲裁委员会记入笔录，经申请人签名、盖章或者捺印确认。

对于仲裁申请书不规范或者材料不齐备的，仲裁委员会应当当场或者在五日内一次性告知申请人需要补正的全部材料。

仲裁委员会收取当事人提交的材料应当出具收件回执。

第三十条 仲裁委员会对符合下列条件的仲裁申请应当予以受理，并在收到仲裁申请之日起五日内向申请人出具受理通知书：

（一）属于本规则第二条规定的争议范围；

（二）有明确的仲裁请求和事实理由；

（三）申请人是与本案有直接利害关系的自然人、法人或者其他组织，有明确的被申请人；

（四）属于本仲裁委员会管辖范围。

第三十一条 对不符合本规则第三十条第（一）、（二）、（三）项规定之一的仲裁申请，仲裁委员会不予受理，并在收到仲裁申请之日起五日内向申请人出具不予受理通知书；对不符合本规则第三十条第（四）项规定的仲裁申请，仲裁委员会应当在收到仲裁申请之日起五日内，向申请人作出书面说明并告知申请人向有管辖权的仲裁委员会申请仲裁。

对仲裁委员会逾期未作出决定或者决定不予受理的，申请人可以就该争议事项向人民法院提起诉讼。

第三十二条 仲裁委员会受理案件后，发现不应当受理的，除本规则第九条规定外，应当撤销案件，并自决定撤销案件后五日内，以决定书的形式通知当事人。

第三十三条 仲裁委员会受理仲裁申请后，应当在五日内将仲裁申请书副本送达被申请人。

被申请人收到仲裁申请书副本后，应当在十日内向仲裁委员会提交答辩书。仲裁委员会收到答辩书后，应当在五日内将答辩书副本送达申请人。被申请人逾期未提交答辩书的，不影响仲裁程序的进行。

第三十四条 符合下列情形之一，申请人基于同一事实、理由和仲裁请求又申请仲裁的，仲裁委员会不予受理：

（一）仲裁委员会已经依法出具不予受理通知书的；

（二）案件已在仲裁、诉讼过程中或者调解书、裁决书、判决书已经发生法律效力的。

第三十五条 仲裁处理结果作出前，申请人可以自行撤回仲裁申请。申请人再次申请仲裁的，仲裁委员会应当受理。

第三十六条 被申请人可以在答辩期间提出反申请，仲裁委员会应当自收到被申请人反申请之日起五日内决定是否受理并通知被申请人。

决定受理的，仲裁委员会可以将反申请和申请合并处理。

反申请应当另行申请仲裁的，仲裁委员会应当书面告知被申请人另行申请仲裁；反申请不属于本规则规定应当受理的，仲裁委员会应当向被申请人出具不予受理通知书。

被申请人答辩期满后对申请人提出反申请的，应当另行申请仲裁。

第二节　开庭和裁决

第三十七条 仲裁委员会应当在受理仲裁申请之日起五日内组成仲裁庭并将仲裁庭的组成情况书面通知当事人。

第三十八条 仲裁庭应当在开庭五日前，将开庭日期、地点书面通知双方当事人。当事人有正当理由的，可以在开庭三日前请求延期开庭。是否延期，由仲裁委员会根据实际情况决定。

第三十九条 申请人收到书面开庭通知，无正当理由拒不到庭或者未经仲裁庭同意中途退庭的，可以按撤回仲裁申请处理；申请人重新申请仲裁的，仲裁委员会不予受理。被申请人收到书面开庭通知，无正当理由拒不到庭或者未经仲裁庭同意中途退庭的，仲裁庭可以继续开庭审理，并缺席裁决。

第四十条 当事人申请鉴定的，鉴定费由申请鉴定方先行垫付，案件处理终结后，由鉴定结果对其不利方负担。鉴定结果不明确的，由申请鉴定方负担。

第四十一条 开庭审理前，记录人员应当查明当事人和其他仲裁参与人是否到庭，宣布仲裁庭纪律。

开庭审理时，由仲裁员宣布开庭、案由和仲裁员、记录人员名单，核对当事人，告知当事人有关的权利义务，询问当事人是否提出回避申请。

开庭审理中，仲裁员应当听取申请人的陈述和被申请人的答辩，主持庭审调查、质证和辩论、征询当事人最后意见，并进行调解。

第四十二条 仲裁庭应当将开庭情况记入笔录。当事人或者其他仲裁参与人认为对自己陈述的记录有遗漏或者差错的，有权当庭申请补正。仲裁庭认为申请无理由或者无必要的，可以不予补正，但是应当记录该申请。

仲裁员、记录人员、当事人和其他仲裁参与人应当在庭审笔录上签名或者盖章。当事人或者其他仲裁参与人拒绝在庭审笔录上签名或者盖章的，仲裁庭应当记明情况附卷。

第四十三条 仲裁参与人和其他人应当遵守仲裁庭纪律，不得有下列行为：

（一）未经准许进行录音、录像、摄影；

（二）未经准许以移动通信等方式现场传播庭审活动；

（三）其他扰乱仲裁庭秩序、妨害审理活动进行的行为。

仲裁参与人或者其他人有前款规定的情形之一的，仲裁庭可以训诫、责令退出仲裁庭，也可以暂扣进行录音、录像、摄影、传播庭审活动的器材，并责令其删除有关内容。拒不删除的，可以采取必要手段强制删除，并将上述事实记入庭审笔录。

第四十四条 申请人在举证期限届满前可以提出增加或者变更仲裁请求；仲裁庭对申请人增加或者变更的仲裁请求审查后认为应当受理的，应当通知被申请人并给予答辩期，被申请人明确表示放弃答辩期的除外。

申请人在举证期限届满后提出增加或者变更仲裁请求的，应当另行申请仲裁。

第四十五条 仲裁庭裁决案件，应当自仲裁委员会受理仲裁申请之日起四十五日内结束。案情复杂需要延期的，经仲裁委员会主任或者其委托的仲裁院负责人书面批准，可以延期并书面通知当事人，但延长期限不得超过十五日。

第四十六条 有下列情形的，仲裁期限按照下列规定计算：

（一）仲裁庭追加当事人或者第三人的，仲裁期限从决定追加之日起重新计算；

（二）申请人需要补正材料的，仲裁委员会收到仲裁申请的时间从材料补正之日起重新计算；

（三）增加、变更仲裁请求的，仲裁期限从受理增加、变更仲裁请求之日起重新计算；

（四）仲裁申请和反申请合并处理的，仲裁期限从受理反申请之日起重新计算；

（五）案件移送管辖的，仲裁期限从接受移送之日起重新计算；

（六）中止审理期间、公告送达期间不计入仲裁期限内；

（七）法律、法规规定应当另行计算的其他情形。

第四十七条 有下列情形之一的，经仲裁委员会主任或者其委托的仲裁院负责人批准，可以中止案件审理，并书面通知当事人：

（一）劳动者一方当事人死亡，需要等待继承人表明是否参加仲裁的；

（二）劳动者一方当事人丧失民事行为能力，尚未确定法定代理人参加仲裁的；

（三）用人单位终止，尚未确定权利义务承继者的；

（四）一方当事人因不可抗拒的事由，不能参加仲裁的；

（五）案件审理需要以其他案件的审理结果为依据，且其他案件尚未审结的；

（六）案件处理需要等待工伤认定、伤残等级鉴定以及其他鉴定结论的；

（七）其他应当中止仲裁审理的情形。

中止审理的情形消除后，仲裁庭应当恢复审理。

第四十八条 当事人因仲裁庭逾期未作出仲裁裁决而向人民法院提起诉讼并立案受理的，仲裁委员会应当决定该案件终止审理；当事人未就该争议事项向人民法院提起诉讼的，仲裁委员会应当继续处理。

第四十九条 仲裁庭裁决案件时，其中一部分事实已经清楚的，可以就该部分先行裁决。当事人对先行裁决不服的，可以按照调解仲裁法有关规定处理。

第五十条 仲裁庭裁决案件时，申请人根据调解仲裁法第四十七条第（一）项规定，追索劳动报酬、工伤医疗费、经济补偿或者赔偿金，如果仲裁裁决涉及数项，对单项裁决数额不超过当地月最低工资标准十二个月金额的事项，应当适用终局裁决。

前款经济补偿包括《中华人民共和国劳动合同法》（以下简称劳动合同法）规定的竞业限制期限内给予的经济补偿、解除或者终止劳动合同的经济补偿等；赔偿金包括劳动合同法规定的未签订书面劳动合同第二倍工资、违法约定试用期的赔偿金、违法解除或者终止劳动合同的赔偿金等。

根据调解仲裁法第四十七条第（二）项的规定，因执行国家的劳动标准在工作时间、休息休假、社会保险等方面发生的争议，应当适用终局裁决。

仲裁庭裁决案件时，裁决内容同时涉及终局裁决和非终局裁决的，应当分别制作裁决书，并告知当事人相应的救济权利。

第五十一条 仲裁庭对追索劳动报酬、工伤医疗费、经济补偿或者赔偿金的案件，根据当事人的申请，可以裁决先予执行，移送人民法院执行。

仲裁庭裁决先予执行的，应当符合下列条件：

（一）当事人之间权利义务关系明确；

（二）不先予执行将严重影响申请人的生活。

劳动者申请先予执行的，可以不提供担保。

第五十二条 裁决应当按照多数仲裁员的意见作出，少数仲裁员的不同意见应当记入笔录。仲裁庭不能形成多数意见时，裁决应当按照首席仲裁员的意见作出。

第五十三条 裁决书应当载明仲裁请求、争议事实、裁决理由、裁决结果、当事人权利和裁决日期。裁决书由仲裁员签名，加盖仲裁委员会印章。对裁决持不同意见的仲裁员，可以签名，也可以不签名。

第五十四条 对裁决书中的文字、计算错误或者仲裁庭已经裁决但在裁决书中遗漏的事项，仲裁庭应当及时制作决定书予以补正并送达当事人。

第五十五条 当事人对裁决不服向人民法院提起诉讼的，按照调解仲裁法有关规定处理。

第三节 简易处理

第五十六条 争议案件符合下列情形之一的，可以简易处理：

（一）事实清楚、权利义务关系明确、争议不大的；

（二）标的额不超过本省、自治区、直辖市上年度职工年平均工资的；

（三）双方当事人同意简易处理的。

仲裁委员会决定简易处理的，可以指定一名仲裁员独任仲裁，并应当告知当事人。

第五十七条 争议案件有下列情形之一的，不得简易处理：

（一）涉及国家利益、社会公共利益的；

（二）有重大社会影响的；

（三）被申请人下落不明的；

（四）仲裁委员会认为不宜简易处理的。

第五十八条 简易处理的案件，经与被申请人协商同意，仲裁庭可以缩短或者取消答辩期。

第五十九条 简易处理的案件，仲裁庭可以用电话、短信、传真、电子邮件等简便方式送达仲裁文书，但送达调解书、裁决书除外。

以简便方式送达的开庭通知，未经当事人确认或者没有其他证据证明当事人已经收到的，仲裁庭不得按撤回仲裁申请处理或者缺席裁决。

第六十条 简易处理的案件，仲裁庭可以根据案件情况确定举证期限、开庭日期、审理程序、文书制作等事项，但应当保障当事人陈述意见的权利。

第六十一条 仲裁庭在审理过程中，发现案件不宜简易处理的，应当在仲裁期限届满前决定转为按照一般程序处理，并告知当事人。

案件转为按照一般程序处理的，仲裁期限自仲裁委员会受理仲裁申请之日起计算，双方当事人已经确认的事实，可以不再进行举证、质证。

第四节 集体劳动人事争议处理

第六十二条 处理劳动者一方在十人以上并有共同请求的争议案件，或者因履行集体合同发生的劳动争议案件，适用本节规定。

符合本规则第五十六条第一款规定情形之一的集体劳动人事争议案件，可以简易处理，不受本节规定的限制。

第六十三条 发生劳动者一方在十人以上并有共同请求的争议的，劳动者可以推举三至五名代表参加仲裁活动。代表人参加仲裁的行为对其所代表的当事人发生效力，但代表人变更、放弃仲裁请求或者承认对方当事人的仲裁请求，进行和解，必须经被代表的当事人同意。

因履行集体合同发生的劳动争议，经协商解决不成的，工会可以依法申请仲裁；尚未建立工会的，由上级工会指导劳动者推举产生的代表依法申请仲裁。

第六十四条 仲裁委员会应当自收到当事人集体劳动人事争议仲裁申请之日起五日内作出受理或者不予受理的决定。决定受理的，应当自受理之日起五日内将仲裁庭组成人员、答辩期限、举证期限、开庭日期和地点等事项一次性通知当事人。

第六十五条 仲裁委员会处理集体劳动人事争议案件，应当由三名仲裁员组成仲裁庭，设首席仲裁员。

仲裁委员会处理因履行集体合同发生的劳动争议，应当按照三方原则组成仲裁庭处理。

第六十六条 仲裁庭处理集体劳动人事争议，开庭前应当引导当事人自行协商，或者先行调解。

仲裁庭处理集体劳动人事争议案件，可以邀请法律工作者、律师、专家学者等第三方共同参与调解。

协商或者调解未能达成协议的，仲裁庭应当及时裁决。

第六十七条 仲裁庭开庭场所可以设在发生争议的用人单位或者其他便于及时处理争议的地点。

第四章 调 解 程 序

第一节 仲 裁 调 解

第六十八条 仲裁委员会处理争议案件，应当坚持调解优先，引导当事人通过协商、调解方式解决争议，给予必要的法律释明以及风险提示。

第六十九条 对未经调解、当事人直接申请仲裁的争议，仲裁委员会可以向当事人发出调解建议书，引导其到调解组织进行调解。当事人同意先行调解的，应当暂缓受理；当事人不同意先行调解的，应当依法受理。

第七十条 开庭之前，经双方当事人同意，仲裁庭可以委托调解组织或者其他具有调解能力的组织、个人进行调解。

自当事人同意之日起十日内未达成调解协议的，应当开庭审理。

第七十一条 仲裁庭审理争议案件时，应当进行调解。必要时可以邀请有关单位、组织或者个人参与调解。

第七十二条 仲裁调解达成协议的，仲裁庭应当制作调解书。

调解书应当写明仲裁请求和当事人协议的结果。调解书由仲裁员签名，加盖仲裁委员会印章，送达双方当事人。调解书经双方当事人签收后，发生法律效力。

调解不成或者调解书送达前，一方当事人反悔的，仲裁庭应当及时作出裁决。

第七十三条 当事人就部分仲裁请求达成调解协议的，仲裁庭可以就该部分先行出具调解书。

第二节 调解协议的仲裁审查

第七十四条 经调解组织调解达成调解协议的，双方当事人可以自调解协议生效之日起十五日内，共同向有管辖权的仲裁委员会提出仲裁审查申请。

当事人申请审查调解协议，应当向仲裁委员会提交仲裁审查申请书、调解协议和身份证明、资格证明以及其他与调解协议相关的证明材料，并提供双方当事人的送达地址、电话号码等联系方式。

第七十五条 仲裁委员会收到当事人仲裁审查申请，应当及时决定是否受理。决定受理的，应当出具受理通知书。

有下列情形之一的，仲裁委员会不予受理：

（一）不属于仲裁委员会受理争议范围的；
（二）不属于本仲裁委员会管辖的；
（三）超出规定的仲裁审查申请期间的；
（四）确认劳动关系的；
（五）调解协议已经人民法院司法确认的。

第七十六条 仲裁委员会审查调解协议，应当自受理仲裁审查申请之日起五日内结束。

因特殊情况需要延期的，经仲裁委员会主任或者其委托的仲裁院负责人批准，可以延长五日。

调解书送达前，一方或者双方当事人撤回仲裁审查申请的，仲裁委员会应当准许。

第七十七条 仲裁委员会受理仲裁审查申请后，应当指定仲裁员对调解协议进行审查。

仲裁委员会经审查认为调解协议的形式和内容合法有效的，应当制作调解书。调解书的内容应当与调解协议的内容相一致。调解书经双方当事人签收后，发生法律效力。

第七十八条 调解协议具有下列情形之一的，仲裁委员会不予制作调解书：

（一）违反法律、行政法规强制性规定的；

（二）损害国家利益、社会公共利益或者公民、法人、其他组织合法权益的；

（三）当事人提供证据材料有弄虚作假嫌疑的；

（四）违反自愿原则的；

（五）内容不明确的；

（六）其他不能制作调解书的情形。

仲裁委员会决定不予制作调解书的，应当书面通知当事人。

第七十九条 当事人撤回仲裁审查申请或者仲裁委员会决定不予制作调解书的，应当终止仲裁审查。

第五章 附 则

第八十条 本规则规定的"三日""五日""十日"指工作日，"十五日""四十五日"指自然日。

第八十一条 本规则自 2017 年 7 月 1 日起施行。2009 年 1 月 1 日人力资源社会保障部公布的《劳动人事争议仲裁办案规则》（人力资源和社会保障部令第 2 号）同时废止。

118 最高人民法院关于审理劳动争议案件适用法律问题的解释（一）

法释〔2020〕26 号

为正确审理劳动争议案件，根据《中华人民共和国民法典》《中华人民共和国劳动法》《中华人民共和国劳动合同法》《中华人民共和国劳动争议调解仲裁法》《中华人民共和国民事诉讼法》等相关法律规定，结合审判实践，制定本解释。

第一条 劳动者与用人单位之间发生的下列纠纷，属于劳动争议，当事人不服劳动争议仲裁机构作出的裁决，依法提起诉讼的，人民法院应予受理：

（一）劳动者与用人单位在履行劳动合同过程中发生的纠纷；

（二）劳动者与用人单位之间没有订立书面劳动合同，但已形成劳动关系后发生的纠纷；

（三）劳动者与用人单位因劳动关系是否已经解除或者终止，以及应否支付解除或者终止劳动关系经济补偿金发生的纠纷；

（四）劳动者与用人单位解除或者终止劳动关系后，请求用人单位返还其收取的劳动合同定金、保证金、抵押金、抵押物发生的纠纷，或者办理劳动者的人事档案、社会保险关系等移转手续发生的纠纷；

（五）劳动者以用人单位未为其办理社会保险手续，且社会保险经办机构不能补办导致其无法享受社会保险待遇为由，要求用人单位赔偿损失发生的纠纷；

（六）劳动者退休后，与尚未参加社会保险统筹的原用人单位因追索养老金、医疗费、工伤保险待遇和其他社会保险待遇而发生的纠纷；

（七）劳动者因为工伤、职业病，请求用人单位依法给予工伤保险待遇发生的纠纷；

（八）劳动者依据劳动合同法第八十五条规定，要求用人单位支付加付赔偿金发生的纠纷；

（九）因企业自主进行改制发生的纠纷。

第二条 下列纠纷不属于劳动争议：

（一）劳动者请求社会保险经办机构发放社会保险金的纠纷；

（二）劳动者与用人单位因住房制度改革产生的公有住房转让纠纷；

（三）劳动者对劳动能力鉴定委员会的伤残等级鉴定结论或者对职业病诊断鉴定委员会的职业病诊断鉴定结论的异议纠纷；

（四）家庭或者个人与家政服务人员之间的纠纷；

（五）个体工匠与帮工、学徒之间的纠纷；

（六）农村承包经营户与受雇人之间的纠纷。

第三条 劳动争议案件由用人单位所在地或者劳动合同履行地的基层人民法院管辖。

劳动合同履行地不明确的，由用人单位所在地的基层人民法院管辖。

法律另有规定的，依照其规定。

第四条 劳动者与用人单位均不服劳动争议仲裁机构的同一裁决，向同一人民法院起诉的，人民法院应当并案审理，双方当事人互为原告和被告，对双方的诉讼请求，人民法院应当一并作出裁决。在诉讼过程中，一方当事人撤诉的，人民法院应当根据另一方当事人的诉讼请求继续审理。双方当事人就同一仲裁裁决分别向有管辖权的人民法院起诉的，后受理的人民法院应当将案件移送给先受理的人民法院。

第五条 劳动争议仲裁机构以无管辖权为由对劳动争议案件不予受理，当事人提起诉讼的，人民法院按照以下情形分别处理：

（一）经审查认为该劳动争议仲裁机构对案件确无管辖权的，应当告知当事人向有管辖权的劳动争议仲裁机构申请仲裁；

（二）经审查认为该劳动争议仲裁机构有管辖权的，应当告知当事人申请仲裁，并将审查意见书面通知该劳动争议仲裁机构；劳动争议仲裁机构仍不受理，当事人就该劳动争议事项提起诉讼的，人民法院应予受理。

第六条 劳动争议仲裁机构以当事人申请仲裁的事项不属于劳动争议为由，作出不予受理的书面裁决、决定或者通知，当事人不服依法提起诉讼的，人民法院应当分别情况予以处理：

（一）属于劳动争议案件的，应当受理；

（二）虽不属于劳动争议案件，但属于人民法院主管的其他案件，应当依法受理。

第七条 劳动争议仲裁机构以申请仲裁的主体不适格为由，作出不予受理的书面裁决、决定或者通知，当事人不服依法提起诉讼，经审查确属主体不适格的，人民法院不予受理；已经受理的，裁定驳回起诉。

第八条 劳动争议仲裁机构为纠正原仲裁裁决错误重新作出裁决，当事人不服依法提起诉讼的，人民法院应当受理。

第九条 劳动争议仲裁机构仲裁的事项不属于人民法院受理的案件范围，当事人不服依法提起诉讼的，人民法院不予受理；已经受理的，裁定驳回起诉。

第十条 当事人不服劳动争议仲裁机构作出的预先支付劳动者劳动报酬、工伤医疗费、经济补偿或者赔偿金的裁决，依法提起诉讼的，人民法院不予受理。

用人单位不履行上述裁决中的给付义务，劳动者依法申请强制执行的，人民法院应予受理。

第十一条 劳动争议仲裁机构作出的调解书已经发生法律效力，一方当事人反悔提起诉讼的，人民法院不予受理；已经受理的，裁定驳回起诉。

第十二条 劳动争议仲裁机构逾期未作出受理决定或仲裁裁决，当事人直接提起诉讼的，人民法院应予受理，但申请仲裁的案件存在下列事由的除外：

（一）移送管辖的；

（二）正在送达或者送达延误的；

（三）等待另案诉讼结果、评残结论的；

（四）正在等待劳动争议仲裁机构开庭的；

（五）启动鉴定程序或者委托其他部门调查取证的；

（六）其他正当事由。

当事人以劳动争议仲裁机构逾期未作出仲裁裁决为由提起诉讼的，应当提交该仲裁机构出具的受理通知书或者其他已接受仲裁申请的凭证、证明。

第十三条 劳动者依据劳动合同法第三十条第二款和调解仲裁法第十六条规定向人民法院申请支付令，符合民事诉讼法第十七章督促程序规定的，人民法院应予受理。

依据劳动合同法第三十条 第二款规定申请支付令被人民法院裁定终结督促程序后，劳动者就劳动争议事项直接提起诉讼的，人民法院应当告知其先向劳动争议仲裁机构申请仲裁。

依据调解仲裁法第十六条规定申请支付令被人民法院裁定终结督促程序后，劳动者依据调解协议直接提起诉讼的，人民法院应予受理。

第十四条 人民法院受理劳动争议案件后，当事人增加诉讼请求的，如该诉讼请求与讼争的劳动争议具有不可分性，应当合并审理；如属独立的劳动争议，应当告知当事人向劳动争议仲裁机构申请仲裁。

第十五条 劳动者以用人单位的工资欠条为证据直接提起诉讼，诉讼请求不涉及劳动关系其他争议的，视为拖欠劳动报酬争议，人民法院按照普通民事纠纷受理。

第十六条 劳动争议仲裁机构作出仲裁裁决后，当事人对裁决中的部分事项不服，依法提起诉讼的，劳动争议仲裁裁决不发生法律效力。

第十七条 劳动争议仲裁机构对多个劳动者的劳动争议作出仲裁裁决后，部分劳动者对仲裁裁决不服，依法提起诉讼的，仲裁裁决对提起诉讼的劳动者不发生法律效力；对未提起诉讼的部分劳动者，发生法律效力，如其申请执行的，人民法院应当受理。

第十八条 仲裁裁决的类型以仲裁裁决书确定为准。仲裁裁决书未载明该裁决为终局裁决或者非终局裁决，用人单位不服该仲裁裁决向基层人民法院提起诉讼的，应当按照以下情形分别处理：

（一）经审查认为该仲裁裁决为非终局裁决的，基层人民法院应予受理；

（二）经审查认为该仲裁裁决为终局裁决的，基层人民法院不予受理，但应告知用人单位可以自收到不予受理裁定书之日起三十日内向劳动争议仲裁机构所在地的中级人民法院申请撤销该仲裁裁决；已经受理的，裁定驳回起诉。

第十九条 仲裁裁决书未载明该裁决为终局裁决或者非终局裁决，劳动者依据调解仲裁法第四十七条第一项规定，追索劳动报酬、工伤医疗费、经济补偿或者赔偿金，如果仲裁裁决涉及数项，每项确定的数额均不超过当地月最低工资标准十二个月金额的，应当按照终局裁决处理。

第二十条 劳动争议仲裁机构作出的同一仲裁裁决同时包含终局裁决事项和非终局裁决事项，当事人不服该仲裁裁决向人民法院提起诉讼的，应当按照非终局裁决处理。

第二十一条 劳动者依据调解仲裁法第四十八条规定向基层人民法院提起诉讼，用人单位依据调解仲裁法第四十九条规定向劳动争议仲裁机构所在地的中级人民法院申请撤销仲裁裁决的，中级人民法院应当不予受理；已经受理的，应当裁定驳回申请。

被人民法院驳回起诉或者劳动者撤诉的，用人单位可以自收到裁定书之日起三十日内，向劳动争议仲裁机构所在地的中级人民法院申请撤销仲裁裁决。

第二十二条 用人单位依据调解仲裁法第四十九条规定向中级人民法院申请撤销仲裁裁决，中级人民法院作出的驳回申请或者撤销仲裁裁决的裁定为终审裁定。

第二十三条 中级人民法院审理用人单位申请撤销终局裁决的案件，应当组成合议庭开庭审理。经过阅卷、调查和询问当事人，对没有新的事实、证据或者理由，合议庭认为不需要开庭审理的，可以不开庭审理。

中级人民法院可以组织双方当事人调解。达成调解协议的，可以制作调解书。一方当事人逾期不履行调解协议的，另一方可以申请人民法院强制执行。

第二十四条 当事人申请人民法院执行劳动争议仲裁机构作出的发生法律效力的裁决书、调解书，被申请人提出证据证明劳动争议仲裁裁决书、调解书有下列情形之一，并经审查核实的，人民法院可以根据民事诉讼法第二百三十七条规定，裁定不予执行：

（一）裁决的事项不属于劳动争议仲裁范围，或者劳动争议仲裁机构无权仲裁的；
（二）适用法律、法规确有错误的；
（三）违反法定程序的；
（四）裁决所根据的证据是伪造的；
（五）对方当事人隐瞒了足以影响公正裁决的证据的；
（六）仲裁员在仲裁该案时有索贿受贿、徇私舞弊、枉法裁决行为的；
（七）人民法院认定执行该劳动争议仲裁裁决违背社会公共利益的。

人民法院在不予执行的裁定书中，应当告知当事人在收到裁定书之次日起三十日内，可以就该劳动争议事项向人民法院提起诉讼。

第二十五条 劳动争议仲裁机构作出终局裁决，劳动者向人民法院申请执行，用人单位向劳动争议仲裁机构所在地的中级人民法院申请撤销的，人民法院应当裁定中止执行。

用人单位撤回撤销终局裁决申请或者其申请被驳回的，人民法院应当裁定恢复执行。仲裁裁决被撤销的，人民法院应当裁定终结执行。

用人单位向人民法院申请撤销仲裁裁决被驳回后，又在执行程序中以相同理由提出不予执行抗辩的，人民法院不予支持。

第二十六条 用人单位与其他单位合并的，合并前发生的劳动争议，由合并后的单位为当事人；用人单位分立为若干单位的，其分立前发生的劳动争议，由分立后的实际用人单位为当事人。

用人单位分立为若干单位后，具体承受劳动权利义务的单位不明确的，分立后的单位均为当事人。

第二十七条 用人单位招用尚未解除劳动合同的劳动者，原用人单位与劳动者发生的劳动争议，可以列新的用人单位为第三人。

原用人单位以新的用人单位侵权为由提起诉讼的，可以列劳动者为第三人。

原用人单位以新的用人单位和劳动者共同侵权为由提起诉讼的，新的用人单位和劳动者列为共同被告。

第二十八条 劳动者在用人单位与其他平等主体之间的承包经营期间，与发包方和承包方双方或者一方发生劳动争议，依法提起诉讼的，应当将承包方和发包方作为当事人。

第二十九条 劳动者与未办理营业执照、营业执照被吊销或者营业期限届满仍继续经营的用人单位发生争议的，应当将用人单位或者其出资人列为当事人。

第三十条 未办理营业执照、营业执照被吊销或者营业期限届满仍继续经营的用人单位，以挂靠等方式借用他人营业执照经营的，应当将用人单位和营业执照出借方列为当事人。

第三十一条 当事人不服劳动争议仲裁机构作出的仲裁裁决，依法提起诉讼，人民法院审查认为仲裁裁决遗漏了必须共同参加仲裁的当事人的，应当依法追加遗漏的人为诉讼当事人。

被追加的当事人应当承担责任的，人民法院应当一并处理。

第三十二条 用人单位与其招用的已经依法享受养老保险待遇或者领取退休金的人员

发生用工争议而提起诉讼的，人民法院应当按劳务关系处理。

企业停薪留职人员、未达到法定退休年龄的内退人员、下岗待岗人员以及企业经营性停产放长假人员，因与新的用人单位发生用工争议而提起诉讼的，人民法院应当按劳动关系处理。

第三十三条 外国人、无国籍人未依法取得就业证件即与中华人民共和国境内的用人单位签订劳动合同，当事人请求确认与用人单位存在劳动关系的，人民法院不予支持。

持有《外国专家证》并取得《外国人来华工作许可证》的外国人，与中华人民共和国境内的用人单位建立用工关系的，可以认定为劳动关系。

第三十四条 劳动合同期满后，劳动者仍在原用人单位工作，原用人单位未表示异议的，视为双方同意以原条件继续履行劳动合同。一方提出终止劳动关系的，人民法院应予支持。

根据劳动合同法第十四条规定，用人单位应当与劳动者签订无固定期限劳动合同而未签订的，人民法院可以视为双方之间存在无固定期限劳动合同关系，并以原劳动合同确定双方的权利义务关系。

第三十五条 劳动者与用人单位就解除或者终止劳动合同办理相关手续、支付工资报酬、加班费、经济补偿或者赔偿金等达成的协议，不违反法律、行政法规的强制性规定，且不存在欺诈、胁迫或者乘人之危情形的，应当认定有效。

前款协议存在重大误解或者显失公平情形，当事人请求撤销的，人民法院应予支持。

第三十六条 当事人在劳动合同或者保密协议中约定了竞业限制，但未约定解除或者终止劳动合同后给予劳动者经济补偿，劳动者履行了竞业限制义务，要求用人单位按照劳动者在劳动合同解除或者终止前十二个月平均工资的30%按月支付经济补偿的，人民法院应予支持。

前款规定的月平均工资的30%低于劳动合同履行地最低工资标准的，按照劳动合同履行地最低工资标准支付。

第三十七条 当事人在劳动合同或者保密协议中约定了竞业限制和经济补偿，当事人解除劳动合同时，除另有约定外，用人单位要求劳动者履行竞业限制义务，或者劳动者履行了竞业限制义务后要求用人单位支付经济补偿的，人民法院应予支持。

第三十八条 当事人在劳动合同或者保密协议中约定了竞业限制和经济补偿，劳动合同解除或者终止后，因用人单位的原因导致三个月未支付经济补偿，劳动者请求解除竞业限制约定的，人民法院应予支持。

第三十九条 在竞业限制期限内，用人单位请求解除竞业限制协议的，人民法院应予支持。

在解除竞业限制协议时，劳动者请求用人单位额外支付劳动者三个月的竞业限制经济补偿的，人民法院应予支持。

第四十条 劳动者违反竞业限制约定，向用人单位支付违约金后，用人单位要求劳动者按照约定继续履行竞业限制义务的，人民法院应予支持。

第四十一条 劳动合同被确认为无效，劳动者已付出劳动的，用人单位应当按照劳动合同法第二十八条、第四十六条、第四十七条的规定向劳动者支付劳动报酬和经济补偿。

由于用人单位原因订立无效劳动合同,给劳动者造成损害的,用人单位应当赔偿劳动者因合同无效所造成的经济损失。

第四十二条 劳动者主张加班费的,应当就加班事实的存在承担举证责任。但劳动者有证据证明用人单位掌握加班事实存在的证据,用人单位不提供的,由用人单位承担不利后果。

第四十三条 用人单位与劳动者协商一致变更劳动合同,虽未采用书面形式,但已经实际履行了口头变更的劳动合同超过一个月,变更后的劳动合同内容不违反法律、行政法规且不违背公序良俗,当事人以未采用书面形式为由主张劳动合同变更无效的,人民法院不予支持。

第四十四条 因用人单位作出的开除、除名、辞退、解除劳动合同、减少劳动报酬、计算劳动者工作年限等决定而发生的劳动争议,用人单位负举证责任。

第四十五条 用人单位有下列情形之一,迫使劳动者提出解除劳动合同的,用人单位应当支付劳动者的劳动报酬和经济补偿,并可支付赔偿金:

(一)以暴力、威胁或者非法限制人身自由的手段强迫劳动的;
(二)未按照劳动合同约定支付劳动报酬或者提供劳动条件的;
(三)克扣或者无故拖欠劳动者工资的;
(四)拒不支付劳动者延长工作时间工资报酬的;
(五)低于当地最低工资标准支付劳动者工资的。

第四十六条 劳动者非因本人原因从原用人单位被安排到新用人单位工作,原用人单位未支付经济补偿,劳动者依据劳动合同法第三十八条规定与新用人单位解除劳动合同,或者新用人单位向劳动者提出解除、终止劳动合同,在计算支付经济补偿或赔偿金的工作年限时,劳动者请求把在原用人单位的工作年限合并计算为新用人单位工作年限的,人民法院应予支持。

用人单位符合下列情形之一的,应当认定属于"劳动者非因本人原因从原用人单位被安排到新用人单位工作":

(一)劳动者仍在原工作场所、工作岗位工作,劳动合同主体由原用人单位变更为新用人单位;
(二)用人单位以组织委派或任命形式对劳动者进行工作调动;
(三)因用人单位合并、分立等原因导致劳动者工作调动;
(四)用人单位及其关联企业与劳动者轮流订立劳动合同;
(五)其他合理情形。

第四十七条 建立了工会组织的用人单位解除劳动合同符合劳动合同法第三十九条、第四十条规定,但未按照劳动合同法第四十三条规定事先通知工会,劳动者以用人单位违法解除劳动合同为由请求用人单位支付赔偿金的,人民法院应予支持,但起诉前用人单位已经补正有关程序的除外。

第四十八条 劳动合同法施行后,因用人单位经营期限届满不再继续经营导致劳动合同不能继续履行，劳动者请求用人单位支付经济补偿的，人民法院应予支持。

第四十九条 在诉讼过程中，劳动者向人民法院申请采取财产保全措施，人民法院经审查认为申请人经济确有困难，或者有证据证明用人单位存在欠薪逃匿可能的，应当减轻或者免除劳动者提供担保的义务，及时采取保全措施。

人民法院作出的财产保全裁定中，应当告知当事人在劳动争议仲裁机构的裁决书或者在人民法院的裁判文书生效后三个月内申请强制执行。逾期不申请的，人民法院应当裁定解除保全措施。

第五十条 用人单位根据劳动合同法第四条规定，通过民主程序制定的规章制度，不违反国家法律、行政法规及政策规定，并已向劳动者公示的，可以作为确定双方权利义务的依据。

用人单位制定的内部规章制度与集体合同或者劳动合同约定的内容不一致，劳动者请求优先适用合同约定的，人民法院应予支持。

第五十一条 当事人在调解仲裁法第十条规定的调解组织主持下达成的具有劳动权利义务内容的调解协议，具有劳动合同的约束力，可以作为人民法院裁判的根据。

当事人在调解仲裁法第十条规定的调解组织主持下仅就劳动报酬争议达成调解协议，用人单位不履行调解协议确定的给付义务，劳动者直接提起诉讼的，人民法院可以按照普通民事纠纷受理。

第五十二条 当事人在人民调解委员会主持下仅就给付义务达成的调解协议，双方认为有必要的，可以共同向人民调解委员会所在地的基层人民法院申请司法确认。

第五十三条 用人单位对劳动者作出的开除、除名、辞退等处理，或者因其他原因解除劳动合同确有错误的，人民法院可以依法判决予以撤销。

对于追索劳动报酬、养老金、医疗费以及工伤保险待遇、经济补偿金、培训费及其他相关费用等案件，给付数额不当的，人民法院可以予以变更。

第五十四条 本解释自2021年1月1日起施行。

119 人力资源社会保障部 最高人民法院关于联合发布第二批劳动人事争议典型案例的通知（节选）

人社部函〔2021〕90号

各省、自治区、直辖市人力资源社会保障厅（局）、高级人民法院，解放军军事法院，新疆生产建设兵团人力资源社会保障局、新疆维吾尔自治区高级人民法院生产建设兵团分院：

为贯彻落实人力资源社会保障部、最高人民法院《关于加强劳动人事争议仲裁与诉讼衔接机制建设的意见》（人社部发〔2017〕70号）提出的"开展类案分析，联合筛选并发布典型案例"等要求，明确工时及加班工资法律适用标准，进一步提高劳动人事争议案件处理质效，全力维护劳动关系和谐与社会稳定，现发布第二批劳动人事争议典型案例，请各地仲裁机构、人民法院在办案中予以参照。

附件：劳动人事争议典型案例（第二批，节选）

人力资源社会保障部
最高人民法院
2021 年 6 月 30 日

附件：劳动人事争议典型案例（第二批，节选）

案例 7　劳动者超时加班发生工伤，用工单位、劳务派遣单位是否承担连带赔偿责任

基本案情

2017 年 8 月，某服务公司（已依法取得劳务派遣行政许可）与某传媒公司签订劳务派遣协议，约定某服务公司为某传媒公司提供派遣人员，每天工作 11 小时，每人每月最低保底工时 286 小时。2017 年 9 月，某服务公司招用李某并派遣至某传媒公司工作，未为李某缴纳工伤保险。2018 年 8 月、9 月、11 月，李某月工时分别为 319 小时、293 小时、322.5 小时，每月休息日不超过 3 日。2018 年 11 月 30 日，李某工作时间为当日晚 8 时 30 分至 12 月 1 日上午 8 时 30 分。李某于 12 月 1 日凌晨 5 时 30 分晕倒在单位卫生间，经抢救无效于当日死亡，死亡原因为心肌梗死等。2018 年 12 月，某传媒公司与李某近亲属惠某等签订赔偿协议，约定某传媒公司支付惠某等工亡待遇 42 万元，惠某等不得再就李某工亡赔偿事宜或在派遣工作期间享有的权利，向某传媒公司提出任何形式的赔偿要求。上述协议签订后，某传媒公司实际支付惠某等各项费用计 423 497.80 元。此后，李某所受伤害被社会保险行政部门认定为工伤。某服务公司、惠某等不服仲裁裁决，诉至人民法院。

原告诉讼请求

惠某等请求判决某服务公司与某传媒公司连带支付医疗费、一次性工亡补助金、丧葬补助金、供养亲属抚恤金，共计 1 193 821 元。

某服务公司请求判决不应支付供养亲属抚恤金；应支付的各项赔偿中应扣除某传媒公司已支付款项；某传媒公司承担连带责任。

裁判结果

一审法院判决：按照《工伤保险条例》，因用人单位未为李某参加工伤保险，其工亡待遇由用人单位全部赔偿。某服务公司和某传媒公司连带赔偿惠某等医疗费、一次性工亡补助金、丧葬补助金、供养亲属抚恤金合计 766 911.55 元。某传媒公司不服，提起上诉。二审法院判决：驳回上诉，维持原判。

案例分析

本案的争议焦点是李某超时加班发生工伤，用工单位与劳务派遣单位是否应承担连带

赔偿责任。

《中华人民共和国劳动法》第三十八条规定:"用人单位应当保证劳动者每周至少休息一日。"第四十一条规定:"用人单位由于生产经营需要,经与工会和劳动者协商后可以延长工作时间,一般每日不得超过一小时;因特殊原因需要延长工作时间的,在保障劳动者身体健康的条件下延长工作时间每日不得超过三小时,但是每月不得超过三十六小时。"《中华人民共和国劳动合同法》第九十二条规定:"用工单位给被派遣劳动者造成损害的,劳务派遣单位与用工单位承担连带赔偿责任。"《国务院关于职工工作时间的规定》(国务院令第174号)第三条规定:"职工每日工作8小时、每周工作40小时。"休息权是劳动者的基本劳动权利,即使在支付劳动者加班费的情况下,劳动者的工作时间仍然受到法定延长工作时间上限的制约。劳务派遣用工中,劳动者超时加班发生工伤,用工单位和劳务派遣单位对劳动者的损失均负有责任,应承担连带赔偿责任。劳动者与用工单位、劳务派遣单位达成赔偿协议的,当赔偿协议存在违反法律、行政法规的强制性规定、欺诈、胁迫或者乘人之危情形时,不应认定赔偿协议有效;当赔偿协议存在重大误解或者显失公平情形时,应当支持劳动者依法行使撤销权。

本案中,某服务公司和某传媒公司协议约定的被派遣劳动者每天工作时间及每月工作保底工时,均严重超过法定标准。李某工亡前每月休息时间不超过3日,每日工作时间基本超过11小时,每月延长工作时间超过36小时数倍,其依法享有的休息权受到严重侵害。某传媒公司作为用工单位长期安排李某超时加班,存在过错,对李某在工作期间突发疾病死亡负有不可推卸的责任。惠某等主张某传媒公司与某服务公司就李某工伤的相关待遇承担连带赔偿责任,应予支持。惠某等虽与某传媒公司达成了赔偿协议,但赔偿协议是在劳动者未经社会保险行政部门认定工伤的情形下签订的,且赔偿协议约定的补偿数额明显低于法定工伤保险待遇标准,某服务公司和某传媒公司应对差额部分予以补足。

典型意义

面对激烈的市场竞争环境,个别用人单位为降低用工成本、追求利润最大化,长期安排劳动者超时加班,对劳动者的身心健康、家庭和睦、参与社会生活等造成了严重影响,极端情况下会威胁劳动者的生命安全。本案系劳动者超时加班发生工伤而引发的工伤保险待遇纠纷,是超时劳动严重损害劳动者健康权的缩影。本案裁判明确了此种情况下用工单位、劳务派遣单位承担连带赔偿责任,可以有效避免劳务派遣用工中出现责任真空的现象,实现对劳动者合法权益的充分保障。同时,用人单位应依法为职工参加工伤保险,保障职工的工伤权益,也能分散自身风险。如用人单位未为职工参加工伤保险,工伤职工工伤保险待遇全部由用人单位支付。

十三、劳动关系

120　中华人民共和国劳动合同法

2007年6月29日第十届全国人民代表大会常务委员会第二十八次会议通过，中华人民共和国主席令第65号公布，根据2012年12月28日第十一届全国人民代表大会常务委员会第三十次会议《关于修改〈中华人民共和国劳动合同法〉的决定》修正，中华人民共和国主席令第73号公布。

第一章　总　　则

第一条　为了完善劳动合同制度，明确劳动合同双方当事人的权利和义务，保护劳动者的合法权益，构建和发展和谐稳定的劳动关系，制定本法。

第二条　中华人民共和国境内的企业、个体经济组织、民办非企业单位等组织（以下称用人单位）与劳动者建立劳动关系，订立、履行、变更、解除或者终止劳动合同，适用本法。

国家机关、事业单位、社会团体和与其建立劳动关系的劳动者，订立、履行、变更、解除或者终止劳动合同，依照本法执行。

第三条　订立劳动合同，应当遵循合法、公平、平等自愿、协商一致、诚实信用的原则。

依法订立的劳动合同具有约束力，用人单位与劳动者应当履行劳动合同约定的义务。

第四条　用人单位应当依法建立和完善劳动规章制度，保障劳动者享有劳动权利、履行劳动义务。

用人单位在制定、修改或者决定有关劳动报酬、工作时间、休息休假、劳动安全卫生、保险福利、职工培训、劳动纪律以及劳动定额管理等直接涉及劳动者切身利益的规章制度或者重大事项时，应当经职工代表大会或者全体职工讨论，提出方案和意见，与工会或者职工代表平等协商确定。

在规章制度和重大事项决定实施过程中，工会或者职工认为不适当的，有权向用人单位提出，通过协商予以修改完善。

用人单位应当将直接涉及劳动者切身利益的规章制度和重大事项决定公示，或者告知劳动者。

第五条　县级以上人民政府劳动行政部门会同工会和企业方面代表，建立健全协调劳动关系三方机制，共同研究解决有关劳动关系的重大问题。

第六条　工会应当帮助、指导劳动者与用人单位依法订立和履行劳动合同，并与用单位建立集体协商机制，维护劳动者的合法权益。

第二章 劳动合同的订立

第七条 用人单位自用工之日起即与劳动者建立劳动关系。用人单位应当建立职工名册备查。

第八条 用人单位招用劳动者时，应当如实告知劳动者工作内容、工作条件、工作地点、职业危害、安全生产状况、劳动报酬，以及劳动者要求了解的其他情况；用人单位有权了解劳动者与劳动合同直接相关的基本情况，劳动者应当如实说明。

第九条 用人单位招用劳动者，不得扣押劳动者的居民身份证和其他证件，不得要求劳动者提供担保或者以其他名义向劳动者收取财物。

第十条 建立劳动关系，应当订立书面劳动合同。

已建立劳动关系，未同时订立书面劳动合同的，应当自用工之日起一个月内订立书面劳动合同。

用人单位与劳动者在用工前订立劳动合同的，劳动关系自用工之日起建立。

第十一条 用人单位未在用工的同时订立书面劳动合同，与劳动者约定的劳动报酬不明确的，新招用的劳动者的劳动报酬按照集体合同规定的标准执行；没有集体合同或者集体合同未规定的，实行同工同酬。

第十二条 劳动合同分为固定期限劳动合同、无固定期限劳动合同和以完成一定工作任务为期限的劳动合同。

第十三条 固定期限劳动合同，是指用人单位与劳动者约定合同终止时间的劳动合同。

用人单位与劳动者协商一致，可以订立固定期限劳动合同。

第十四条 无固定期限劳动合同，是指用人单位与劳动者约定无确定终止时间的劳动合同。

用人单位与劳动者协商一致，可以订立无固定期限劳动合同。有下列情形之一，劳动者提出或者同意续订、订立劳动合同的，除劳动者提出订立固定期限劳动合同外，应当订立无固定期限劳动合同：

（一）劳动者在该用人单位连续工作满十年的；

（二）用人单位初次实行劳动合同制度或者国有企业改制重新订立劳动合同时，劳动者在该用人单位连续工作满十年且距法定退休年龄不足十年的；

（三）连续订立二次固定期限劳动合同，且劳动者没有本法第三十九条和第四十条第一项、第二项规定的情形，续订劳动合同的。

用人单位自用工之日起满一年不与劳动者订立书面劳动合同的，视为用人单位与劳动者已订立无固定期限劳动合同。

第十五条 以完成一定工作任务为期限的劳动合同，是指用人单位与劳动者约定以某项工作的完成为合同期限的劳动合同。

用人单位与劳动者协商一致，可以订立以完成一定工作任务为期限的劳动合同。

第十六条 劳动合同由用人单位与劳动者协商一致，并经用人单位与劳动者在劳动合同文本上签字或者盖章生效。

劳动合同文本由用人单位和劳动者各执一份。

第十七条 劳动合同应当具备以下条款：

（一）用人单位的名称、住所和法定代表人或者主要负责人；

（二）劳动者的姓名、住址和居民身份证或者其他有效身份证件号码；

（三）劳动合同期限；

（四）工作内容和工作地点；

（五）工作时间和休息休假；

（六）劳动报酬；

（七）社会保险；

（八）劳动保护、劳动条件和职业危害防护；

（九）法律、法规规定应当纳入劳动合同的其他事项。

劳动合同除前款规定的必备条款外，用人单位与劳动者可以约定试用期、培训、保守秘密、补充保险和福利待遇等其他事项。

第十八条 劳动合同对劳动报酬和劳动条件等标准约定不明确，引发争议的，用人单位与劳动者可以重新协商；协商不成的，适用集体合同规定；没有集体合同或者集体合同未规定劳动报酬的，实行同工同酬；没有集体合同或者集体合同未规定劳动条件等标准的，适用国家有关规定。

第十九条 劳动合同期限三个月以上不满一年的，试用期不得超过一个月；劳动合同期限一年以上不满三年的，试用期不得超过二个月；三年以上固定期限和无固定期限的劳动合同，试用期不得超过六个月。

同一用人单位与同一劳动者只能约定一次试用期。

以完成一定工作任务为期限的劳动合同或者劳动合同期限不满三个月的，不得约定试用期。

试用期包含在劳动合同期限内。劳动合同仅约定试用期的，试用期不成立，该期限为劳动合同期限。

第二十条 劳动者在试用期的工资不得低于本单位相同岗位最低档工资或者劳动合同约定工资的百分之八十，并不得低于用人单位所在地的最低工资标准。

第二十一条 在试用期中，除劳动者有本法第三十九条和第四十条第一项、第二项规定的情形外，用人单位不得解除劳动合同。用人单位在试用期解除劳动合同的，应当向劳动者说明理由。

第二十二条 用人单位为劳动者提供专项培训费用，对其进行专业技术培训的，可以与该劳动者订立协议，约定服务期。

劳动者违反服务期约定的，应当按照约定向用人单位支付违约金。违约金的数额不得超过用人单位提供的培训费用。用人单位要求劳动者支付的违约金不得超过服务期尚未履行部分所应分摊的培训费用。

用人单位与劳动者约定服务期的，不影响按照正常的工资调整机制提高劳动者在服务期期间的劳动报酬。

第二十三条 用人单位与劳动者可以在劳动合同中约定保守用人单位的商业秘密和与知识产权相关的保密事项。

对负有保密义务的劳动者，用人单位可以在劳动合同或者保密协议中与劳动者约定竞业限制条款，并约定在解除或者终止劳动合同后，在竞业限制期限内按月给予劳动者经济补偿。劳动者违反竞业限制约定的，应当按照约定向用人单位支付违约金。

第二十四条 竞业限制的人员限于用人单位的高级管理人员、高级技术人员和其他负有保密义务的人员。竞业限制的范围、地域、期限由用人单位与劳动者约定，竞业限制的约定不得违反法律、法规的规定。

在解除或者终止劳动合同后，前款规定的人员到与本单位生产或者经营同类产品、从事同类业务的有竞争关系的其他用人单位，或者自己开业生产或者经营同类产品、从事同类业务的竞业限制期限，不得超过二年。

第二十五条 除本法第二十二条和第二十三条规定的情形外，用人单位不得与劳动者约定由劳动者承担违约金。

第二十六条 下列劳动合同无效或者部分无效：

（一）以欺诈、胁迫的手段或者乘人之危，使对方在违背真实意思的情况下订立或者变更劳动合同的；

（二）用人单位免除自己的法定责任、排除劳动者权利的；

（三）违反法律、行政法规强制性规定的。

对劳动合同的无效或者部分无效有争议的，由劳动争议仲裁机构或者人民法院确认。

第二十七条 劳动合同部分无效，不影响其他部分效力的，其他部分仍然有效。

第二十八条 劳动合同被确认无效，劳动者已付出劳动的，用人单位应当向劳动者支付劳动报酬。劳动报酬的数额，参照本单位相同或者相近岗位劳动者的劳动报酬确定。

第三章 劳动合同的履行和变更

第二十九条 用人单位与劳动者应当按照劳动合同的约定，全面履行各自的义务。

第三十条 用人单位应当按照劳动合同约定和国家规定，向劳动者及时足额支付劳动报酬。

用人单位拖欠或者未足额支付劳动报酬的，劳动者可以依法向当地人民法院申请支付令，人民法院应当依法发出支付令。

第三十一条 用人单位应当严格执行劳动定额标准，不得强迫或者变相强迫劳动者加班。用人单位安排加班的，应当按照国家有关规定向劳动者支付加班费。

第三十二条 劳动者拒绝用人单位管理人员违章指挥、强令冒险作业的，不视为违反劳动合同。

劳动者对危害生命安全和身体健康的劳动条件，有权对用人单位提出批评、检举和控告。

第三十三条 用人单位变更名称、法定代表人、主要负责人或者投资人等事项，不影响劳动合同的履行。

第三十四条 用人单位发生合并或者分立等情况，原劳动合同继续有效，劳动合同由承继其权利和义务的用人单位继续履行。

第三十五条 用人单位与劳动者协商一致，可以变更劳动合同约定的内容。变更劳动合同，应当采用书面形式。

变更后的劳动合同文本由用人单位和劳动者各执一份。

第四章 劳动合同的解除和终止

第三十六条 用人单位与劳动者协商一致，可以解除劳动合同。

第三十七条 劳动者提前三十日以书面形式通知用人单位，可以解除劳动合同。劳动者在试用期内提前三日通知用人单位，可以解除劳动合同。

第三十八条 用人单位有下列情形之一的，劳动者可以解除劳动合同：

（一）未按照劳动合同约定提供劳动保护或者劳动条件的；

（二）未及时足额支付劳动报酬的；

（三）未依法为劳动者缴纳社会保险费的；

（四）用人单位的规章制度违反法律、法规的规定，损害劳动者权益的；

（五）因本法第二十六条第一款规定的情形致使劳动合同无效的；

（六）法律、行政法规规定劳动者可以解除劳动合同的其他情形。

用人单位以暴力、威胁或者非法限制人身自由的手段强迫劳动者劳动的，或者用人单位违章指挥、强令冒险作业危及劳动者人身安全的，劳动者可以立即解除劳动合同，不需事先告知用人单位。

第三十九条 劳动者有下列情形之一的，用人单位可以解除劳动合同：

（一）在试用期间被证明不符合录用条件的；

（二）严重违反用人单位的规章制度的；

（三）严重失职，营私舞弊，给用人单位造成重大损害的；

（四）劳动者同时与其他用人单位建立劳动关系，对完成本单位的工作任务造成严重影响，或者经用人单位提出，拒不改正的；

（五）因本法第二十六条第一款第一项规定的情形致使劳动合同无效的；

（六）被依法追究刑事责任的。

第四十条 有下列情形之一的，用人单位提前三十日以书面形式通知劳动者本人或者额外支付劳动者一个月工资后，可以解除劳动合同：

（一）劳动者患病或者非因工负伤，在规定的医疗期满后不能从事原工作，也不能从事由用人单位另行安排的工作的；

（二）劳动者不能胜任工作，经过培训或者调整工作岗位，仍不能胜任工作的；

（三）劳动合同订立时所依据的客观情况发生重大变化，致使劳动合同无法履行，经用人单位与劳动者协商，未能就变更劳动合同内容达成协议的。

第四十一条 有下列情形之一，需要裁减人员二十人以上或者裁减不足二十人但占企业职工总数百分之十以上的，用人单位提前三十日向工会或者全体职工说明情况，听取工会或者职工的意见后，裁减人员方案经向劳动行政部门报告，可以裁减人员：

（一）依照企业破产法规定进行重整的；

（二）生产经营发生严重困难的；

（三）企业转产、重大技术革新或者经营方式调整，经变更劳动合同后，仍需裁减人员的；

（四）其他因劳动合同订立时所依据的客观经济情况发生重大变化，致使劳动合同无法履行的。

裁减人员时，应当优先留用下列人员：

（一）与本单位订立较长期限的固定期限劳动合同的；

（二）与本单位订立无固定期限劳动合同的；

（三）家庭无其他就业人员，有需要扶养的老人或者未成年人的。

用人单位依照本条第一款规定裁减人员，在六个月内重新招用人员的，应当通知被裁减的人员，并在同等条件下优先招用被裁减的人员。

第四十二条 劳动者有下列情形之一的，用人单位不得依照本法第四十条、第四十一条的规定解除劳动合同：

（一）从事接触职业病危害作业的劳动者未进行离岗前职业健康检查，或者疑似职业病病人在诊断或者医学观察期间的；

（二）在本单位患职业病或者因工负伤并被确认丧失或者部分丧失劳动能力的；

（三）患病或者非因工负伤，在规定的医疗期内的；

（四）女职工在孕期、产期、哺乳期的；

（五）在本单位连续工作满十五年，且距法定退休年龄不足五年的；

（六）法律、行政法规规定的其他情形。

第四十三条 用人单位单方解除劳动合同，应当事先将理由通知工会。用人单位违反法律、行政法规规定或者劳动合同约定的，工会有权要求用人单位纠正。用人单位应当研究工会的意见，并将处理结果书面通知工会。

第四十四条 有下列情形之一的，劳动合同终止：

（一）劳动合同期满的；

（二）劳动者开始依法享受基本养老保险待遇的；

（三）劳动者死亡，或者被人民法院宣告死亡或者宣告失踪的；

（四）用人单位被依法宣告破产的；

（五）用人单位被吊销营业执照、责令关闭、撤销或者用人单位决定提前解散的；

（六）法律、行政法规规定的其他情形。

第四十五条 劳动合同期满，有本法第四十二条规定情形之一的，劳动合同应当续延至相应的情形消失时终止。但是，本法第四十二条第二项规定丧失或者部分丧失劳动能力劳动者的劳动合同的终止，按照国家有关工伤保险的规定执行。

第四十六条 有下列情形之一的，用人单位应当向劳动者支付经济补偿：

（一）劳动者依照本法第三十八条规定解除劳动合同的；

（二）用人单位依照本法第三十六条规定向劳动者提出解除劳动合同并与劳动者协商一致解除劳动合同的；

（三）用人单位依照本法第四十条规定解除劳动合同的；

（四）用人单位依照本法第四十一条第一款规定解除劳动合同的；

（五）除用人单位维持或者提高劳动合同约定条件续订劳动合同，劳动者不同意续订的情形外，依照本法第四十四条第一项规定终止固定期限劳动合同的；

（六）依照本法第四十四条第四项、第五项规定终止劳动合同的；

（七）法律、行政法规规定的其他情形。

第四十七条 经济补偿按劳动者在本单位工作的年限，每满一年支付一个月工资的标准向劳动者支付。六个月以上不满一年的，按一年计算；不满六个月的，向劳动者支付半个月工资的经济补偿。

劳动者月工资高于用人单位所在直辖市、设区的市级人民政府公布的本地区上年度职工月平均工资三倍的，向其支付经济补偿的标准按职工月平均工资三倍的数额支付，向其支付经济补偿的年限最高不超过十二年。

本条所称月工资是指劳动者在劳动合同解除或者终止前十二个月的平均工资。

第四十八条 用人单位违反本法规定解除或者终止劳动合同，劳动者要求继续履行劳动合同的，用人单位应当继续履行；劳动者不要求继续履行劳动合同或者劳动合同已经不能继续履行的，用人单位应当依照本法第八十七条规定支付赔偿金。

第四十九条 国家采取措施，建立健全劳动者社会保险关系跨地区转移接续制度。

第五十条 用人单位应当在解除或者终止劳动合同时出具解除或者终止劳动合同的证明，并在十五日内为劳动者办理档案和社会保险关系转移手续。

劳动者应当按照双方约定，办理工作交接。用人单位依照本法有关规定应当向劳动者支付经济补偿的，在办结工作交接时支付。

用人单位对已经解除或者终止的劳动合同的文本，至少保存二年备查。

第五章 特别规定

第一节 集体合同

第五十一条 企业职工一方与用人单位通过平等协商，可以就劳动报酬、工作时间、休息休假、劳动安全卫生、保险福利等事项订立集体合同。集体合同草案应当提交职工代表大会或者全体职工讨论通过。

集体合同由工会代表企业职工一方与用人单位订立；尚未建立工会的用人单位，由上级工会指导劳动者推举的代表与用人单位订立。

第五十二条 企业职工一方与用人单位可以订立劳动安全卫生、女职工权益保护、工资调整机制等专项集体合同。

第五十三条 在县级以下区域内,建筑业、采矿业、餐饮服务业等行业可以由工会与企业方面代表订立行业性集体合同,或者订立区域性集体合同。

第五十四条 集体合同订立后,应当报送劳动行政部门;劳动行政部门自收到集体合同文本之日起十五日内未提出异议的,集体合同即行生效。

依法订立的集体合同对用人单位和劳动者具有约束力。行业性、区域性集体合同对当地本行业、本区域的用人单位和劳动者具有约束力。

第五十五条 集体合同中劳动报酬和劳动条件等标准不得低于当地人民政府规定的最低标准;用人单位与劳动者订立的劳动合同中劳动报酬和劳动条件等标准不得低于集体合同规定的标准。

第五十六条 用人单位违反集体合同,侵犯职工劳动权益的,工会可以依法要求用人单位承担责任;因履行集体合同发生争议,经协商解决不成的,工会可以依法申请仲裁、提起诉讼。

第二节　劳务派遣

第五十七条 经营劳务派遣业务应当具备下列条件:
(一) 注册资本不得少于人民币二百万元;
(二) 有与开展业务相适应的固定的经营场所和设施;
(三) 有符合法律、行政法规规定的劳务派遣管理制度;
(四) 法律、行政法规规定的其他条件。

经营劳务派遣业务,应当向劳动行政部门依法申请行政许可;经许可的,依法办理相应的公司登记。未经许可,任何单位和个人不得经营劳务派遣业务。

第五十八条 劳务派遣单位是本法所称用人单位,应当履行用人单位对劳动者的义务。劳务派遣单位与被派遣劳动者订立的劳动合同,除应当载明本法第十七条规定的事项外,还应当载明被派遣劳动者的用工单位以及派遣期限、工作岗位等情况。

劳务派遣单位应当与被派遣劳动者订立二年以上的固定期限劳动合同,按月支付劳动报酬;被派遣劳动者在无工作期间,劳务派遣单位应当按照所在地人民政府规定的最低工资标准,向其按月支付报酬。

第五十九条 劳务派遣单位派遣劳动者应当与接受以劳务派遣形式用工的单位(以下称用工单位)订立劳务派遣协议。劳务派遣协议应当约定派遣岗位和人员数量、派遣期限、劳动报酬和社会保险费的数额与支付方式以及违反协议的责任。

用工单位应当根据工作岗位的实际需要与劳务派遣单位确定派遣期限,不得将连续用工期限分割订立数个短期劳务派遣协议。

第六十条 劳务派遣单位应当将劳务派遣协议的内容告知被派遣劳动者。

劳务派遣单位不得克扣用工单位按照劳务派遣协议支付给被派遣劳动者的劳动报酬。

劳务派遣单位和用工单位不得向被派遣劳动者收取费用。

第六十一条　劳务派遣单位跨地区派遣劳动者的，被派遣劳动者享有的劳动报酬和劳动条件，按照用工单位所在地的标准执行。

第六十二条　用工单位应当履行下列义务：

（一）执行国家劳动标准，提供相应的劳动条件和劳动保护；

（二）告知被派遣劳动者的工作要求和劳动报酬；

（三）支付加班费、绩效奖金，提供与工作岗位相关的福利待遇；

（四）对在岗被派遣劳动者进行工作岗位所必需的培训；

（五）连续用工的，实行正常的工资调整机制。

用工单位不得将被派遣劳动者再派遣到其他用人单位。

第六十三条　被派遣劳动者享有与用工单位的劳动者同工同酬的权利。用工单位应当按照同工同酬原则，对被派遣劳动者与本单位同类岗位的劳动者实行相同的劳动报酬分配办法。用工单位无同类岗位劳动者的，参照用工单位所在地相同或者相近岗位劳动者的劳动报酬确定。

劳务派遣单位与被派遣劳动者订立的劳动合同和与用工单位订立的劳务派遣协议，载明或者约定的向被派遣劳动者支付的劳动报酬应当符合前款规定。

第六十四条　被派遣劳动者有权在劳务派遣单位或者用工单位依法参加或者组织工会，维护自身的合法权益。

第六十五条　被派遣劳动者可以依照本法第三十六条、第三十八条的规定与劳务派遣单位解除劳动合同。

被派遣劳动者有本法第三十九条和第四十条第一项、第二项规定情形的，用工单位可以将劳动者退回劳务派遣单位，劳务派遣单位依照本法有关规定，可以与劳动者解除劳动合同。

第六十六条　劳动合同用工是我国的企业基本用工形式。劳务派遣用工是补充形式，只能在临时性、辅助性或者替代性的工作岗位上实施。

前款规定的临时性工作岗位是指存续时间不超过六个月的岗位；辅助性工作岗位是指为主营业务岗位提供服务的非主营业务岗位；替代性工作岗位是指用工单位的劳动者因脱产学习、休假等原因无法工作的一定期间内，可以由其他劳动者替代工作的岗位。

用工单位应当严格控制劳务派遣用工数量，不得超过其用工总量的一定比例，具体比例由国务院劳动行政部门规定。

第六十七条　用人单位不得设立劳务派遣单位向本单位或者所属单位派遣劳动者。

第三节　非全日制用工

第六十八条　非全日制用工，是指以小时计酬为主，劳动者在同一用人单位一般平均每日工作时间不超过四小时，每周工作时间累计不超过二十四小时的用工形式。

第六十九条　非全日制用工双方当事人可以订立口头协议。

从事非全日制用工的劳动者可以与一个或者一个以上用人单位订立劳动合同；但是，后订立的劳动合同不得影响先订立的劳动合同的履行。

第七十条 非全日制用工双方当事人不得约定试用期。

第七十一条 非全日制用工双方当事人任何一方都可以随时通知对方终止用工。终止用工,用人单位不向劳动者支付经济补偿。

第七十二条 非全日制用工小时计酬标准不得低于用人单位所在地人民政府规定的最低小时工资标准。

非全日制用工劳动报酬结算支付周期最长不得超过十五日。

第六章　监　督　检　查

第七十三条 国务院劳动行政部门负责全国劳动合同制度实施的监督管理。

县级以上地方人民政府劳动行政部门负责本行政区域内劳动合同制度实施的监督管理。

县级以上各级人民政府劳动行政部门在劳动合同制度实施的监督管理工作中,应当听取工会、企业方面代表以及有关行业主管部门的意见。

第七十四条 县级以上地方人民政府劳动行政部门依法对下列实施劳动合同制度的情况进行监督检查:

(一)用人单位制定直接涉及劳动者切身利益的规章制度及其执行的情况;

(二)用人单位与劳动者订立和解除劳动合同的情况;

(三)劳务派遣单位和用工单位遵守劳务派遣有关规定的情况;

(四)用人单位遵守国家关于劳动者工作时间和休息休假规定的情况;

(五)用人单位支付劳动合同约定的劳动报酬和执行最低工资标准的情况;

(六)用人单位参加各项社会保险和缴纳社会保险费的情况;

(七)法律、法规规定的其他劳动监察事项。

第七十五条 县级以上地方人民政府劳动行政部门实施监督检查时,有权查阅与劳动合同、集体合同有关的材料,有权对劳动场所进行实地检查,用人单位和劳动者都应当如实提供有关情况和材料。

劳动行政部门的工作人员进行监督检查,应当出示证件,依法行使职权,文明执法。

第七十六条 县级以上人民政府建设、卫生、安全生产监督管理等有关主管部门在各自职责范围内,对用人单位执行劳动合同制度的情况进行监督管理。

第七十七条 劳动者合法权益受到侵害的,有权要求有关部门依法处理,或者依法申请仲裁、提起诉讼。

第七十八条 工会依法维护劳动者的合法权益,对用人单位履行劳动合同、集体合同的情况进行监督。用人单位违反劳动法律、法规和劳动合同、集体合同的,工会有权提出意见或者要求纠正;劳动者申请仲裁、提起诉讼的,工会依法给予支持和帮助。

第七十九条 任何组织或者个人对违反本法的行为都有权举报,县级以上人民政府劳动行政部门应当及时核实、处理,并对举报有功人员给予奖励。

第七章　法　律　责　任

第八十条　用人单位直接涉及劳动者切身利益的规章制度违反法律、法规规定的,由劳动行政部门责令改正,给予警告;给劳动者造成损害的,应当承担赔偿责任。

第八十一条　用人单位提供的劳动合同文本未载明本法规定的劳动合同必备条款或者用人单位未将劳动合同文本交付劳动者的,由劳动行政部门责令改正;给劳动者造成损害的,应当承担赔偿责任。

第八十二条　用人单位自用工之日起超过一个月不满一年未与劳动者订立书面劳动合同的,应当向劳动者每月支付二倍的工资。

用人单位违反本法规定不与劳动者订立无固定期限劳动合同的,自应当订立无固定期限劳动合同之日起向劳动者每月支付二倍的工资。

第八十三条　用人单位违反本法规定与劳动者约定试用期的,由劳动行政部门责令改正;违法约定的试用期已经履行的,由用人单位以劳动者试用期满月工资为标准,按已经履行的超过法定试用期的期间向劳动者支付赔偿金。

第八十四条　用人单位违反本法规定,扣押劳动者居民身份证等证件的,由劳动行政部门责令限期退还劳动者本人,并依照有关法律规定给予处罚。

用人单位违反本法规定,以担保或者其他名义向劳动者收取财物的,由劳动行政部门责令限期退还劳动者本人,并以每人五百元以上二千元以下的标准处以罚款;给劳动者造成损害的,应当承担赔偿责任。

劳动者依法解除或者终止劳动合同,用人单位扣押劳动者档案或者其他物品的,依照前款规定处罚。

第八十五条　用人单位有下列情形之一的,由劳动行政部门责令限期支付劳动报酬、加班费或者经济补偿;劳动报酬低于当地最低工资标准的,应当支付其差额部分;逾期不支付的,责令用人单位按应付金额百分之五十以上百分之一百以下的标准向劳动者加付赔偿金:

(一) 未按照劳动合同的约定或者国家规定及时足额支付劳动者劳动报酬的;

(二) 低于当地最低工资标准支付劳动者工资的;

(三) 安排加班不支付加班费的;

(四) 解除或者终止劳动合同,未依照本法规定向劳动者支付经济补偿的。

第八十六条　劳动合同依照本法第二十六条规定被确认无效,给对方造成损害的,有过错的一方应当承担赔偿责任。

第八十七条　用人单位违反本法规定解除或者终止劳动合同的,应当依照本法第四十七条规定的经济补偿标准的二倍向劳动者支付赔偿金。

第八十八条　用人单位有下列情形之一的,依法给予行政处罚;构成犯罪的,依法追究刑事责任;给劳动者造成损害的,应当承担赔偿责任:

(一) 以暴力、威胁或者非法限制人身自由的手段强迫劳动的;

（二）违章指挥或者强令冒险作业危及劳动者人身安全的；
（三）侮辱、体罚、殴打、非法搜查或者拘禁劳动者的；
（四）劳动条件恶劣、环境污染严重，给劳动者身心健康造成严重损害的。

第八十九条 用人单位违反本法规定未向劳动者出具解除或者终止劳动合同的书面证明，由劳动行政部门责令改正；给劳动者造成损害的，应当承担赔偿责任。

第九十条 劳动者违反本法规定解除劳动合同，或者违反劳动合同中约定的保密义务或者竞业限制，给用人单位造成损失的，应当承担赔偿责任。

第九十一条 用人单位招用与其他用人单位尚未解除或者终止劳动合同的劳动者，给其他用人单位造成损失的，应当承担连带赔偿责任。

第九十二条 违反本法规定，未经许可，擅自经营劳务派遣业务的，由劳动行政部门责令停止违法行为，没收违法所得，并处违法所得一倍以上五倍以下的罚款；没有违法所得的，可以处五万元以下的罚款。

劳务派遣单位、用工单位违反本法有关劳务派遣规定的，由劳动行政部门责令限期改正；逾期不改正的，以每人五千元以上一万元以下的标准处以罚款，对劳务派遣单位，吊销其劳务派遣业务经营许可证。用工单位给被派遣劳动者造成损害的，劳务派遣单位与用工单位承担连带赔偿责任。

第九十三条 对不具备合法经营资格的用人单位的违法犯罪行为，依法追究法律责任；劳动者已经付出劳动的，该单位或者其出资人应当依照本法有关规定向劳动者支付劳动报酬、经济补偿、赔偿金；给劳动者造成损害的，应当承担赔偿责任。

第九十四条 个人承包经营违反本法规定招用劳动者，给劳动者造成损害的，发包的组织与个人承包经营者承担连带赔偿责任。

第九十五条 劳动行政部门和其他有关主管部门及其工作人员玩忽职守、不履行法定职责，或者违法行使职权，给劳动者或者用人单位造成损害的，应当承担赔偿责任；对直接负责的主管人员和其他直接责任人员，依法给予行政处分；构成犯罪的，依法追究刑事责任。

第八章 附 则

第九十六条 事业单位与实行聘用制的工作人员订立、履行、变更、解除或者终止劳动合同，法律、行政法规或者国务院另有规定的，依照其规定；未作规定的，依照本法有关规定执行。

第九十七条 本法施行前已依法订立且在本法施行之日存续的劳动合同，继续履行；本法第十四条第二款第三项规定连续订立固定期限劳动合同的次数，自本法施行后续订固定期限劳动合同时开始计算。

本法施行前已建立劳动关系，尚未订立书面劳动合同的，应当自本法施行之日起一个月内订立。

本法施行之日存续的劳动合同在本法施行后解除或者终止，依照本法第四十六条规定应当支付经济补偿的，经济补偿年限自本法施行之日起计算；本法施行前按照当时有关规定，用人单位应当向劳动者支付经济补偿的，按照当时有关规定执行。

第九十八条 本法自 2008 年 1 月 1 日起施行。

121　中华人民共和国劳动法

1994 年 7 月 5 日第八届全国人民代表大会常务委员会第八次会议通过，中华人民共和国主席令第 28 号公布，根据 2009 年 8 月 27 日第十一届全国人民代表大会常务委员会第十次会议《关于修改部分法律的决定》第一次修正，中华人民共和国主席令第 18 号公布，根据 2018 年 12 月 29 日第十三届全国人民代表大会常务委员会第七次会议《关于修改〈中华人民共和国劳动法〉等七部法律的决定》第二次修正，中华人民共和国主席令第 24 号公布。

第一章　总　则

第一条　为了保护劳动者的合法权益，调整劳动关系，建立和维护适应社会主义市场经济的劳动制度，促进经济发展和社会进步，根据宪法，制定本法。

第二条　在中华人民共和国境内的企业、个体经济组织（以下统称用人单位）和与之形成劳动关系的劳动者，适用本法。

国家机关、事业组织、社会团体和与之建立劳动合同关系的劳动者，依照本法执行。

第三条　劳动者享有平等就业和选择职业的权利、取得劳动报酬的权利、休息休假的权利、获得劳动安全卫生保护的权利、接受职业技能培训的权利、享受社会保险和福利的权利、提请劳动争议处理的权利以及法律规定的其他劳动权利。

劳动者应当完成劳动任务，提高职业技能，执行劳动安全卫生规程，遵守劳动纪律和职业道德。

第四条　用人单位应当依法建立和完善规章制度，保障劳动者享有劳动权利和履行劳动义务。

第五条　国家采取各种措施，促进劳动就业，发展职业教育，制定劳动标准，调节社会收入，完善社会保险，协调劳动关系，逐步提高劳动者的生活水平。

第六条　国家提倡劳动者参加社会义务劳动，开展劳动竞赛和合理化建议活动，鼓励和保护劳动者进行科学研究、技术革新和发明创造，表彰和奖励劳动模范和先进工作者。

第七条　劳动者有权依法参加和组织工会。

工会代表和维护劳动者的合法权益，依法独立自主地开展活动。

第八条 劳动者依照法律规定,通过职工大会、职工代表大会或者其他形式,参与民主管理或者就保护劳动者合法权益与用人单位进行平等协商。

第九条 国务院劳动行政部门主管全国劳动工作。

县级以上地方人民政府劳动行政部门主管本行政区域内的劳动工作。

第二章 促 进 就 业

第十条 国家通过促进经济和社会发展,创造就业条件,扩大就业机会。

国家鼓励企业、事业组织、社会团体在法律、行政法规规定的范围内兴办产业或者拓展经营,增加就业。

国家支持劳动者自愿组织起来就业和从事个体经营实现就业。

第十一条 地方各级人民政府应当采取措施,发展多种类型的职业介绍机构,提供就业服务。

第十二条 劳动者就业,不因民族、种族、性别、宗教信仰不同而受歧视。

第十三条 妇女享有与男子平等的就业权利。在录用职工时,除国家规定的不适合妇女的工种或者岗位外,不得以性别为由拒绝录用妇女或者提高对妇女的录用标准。

第十四条 残疾人、少数民族人员、退出现役的军人的就业,法律、法规有特别规定的,从其规定。

第十五条 禁止用人单位招用未满十六周岁的未成年人。

文艺、体育和特种工艺单位招用未满十六周岁的未成年人,必须遵守国家有关规定,并保障其接受义务教育的权利。

第三章 劳动合同和集体合同

第十六条 劳动合同是劳动者与用人单位确立劳动关系、明确双方权利和义务的协议。

建立劳动关系应当订立劳动合同。

第十七条 订立和变更劳动合同,应当遵循平等自愿、协商一致的原则,不得违反法律、行政法规的规定。

劳动合同依法订立即具有法律约束力,当事人必须履行劳动合同规定的义务。

第十八条 下列劳动合同无效:

(一)违反法律、行政法规的劳动合同;

(二)采取欺诈、威胁等手段订立的劳动合同。

无效的劳动合同,从订立的时候起,就没有法律约束力。确认劳动合同部分无效的,如果不影响其余部分的效力,其余部分仍然有效。

劳动合同的无效,由劳动争议仲裁委员会或者人民法院确认。

第十九条 劳动合同应当以书面形式订立,并具备以下条款:

(一)劳动合同期限;

（二）工作内容；

（三）劳动保护和劳动条件；

（四）劳动报酬；

（五）劳动纪律；

（六）劳动合同终止的条件；

（七）违反劳动合同的责任。

劳动合同除前款规定的必备条款外，当事人可以协商约定其他内容。

第二十条 劳动合同的期限分为有固定期限、无固定期限和以完成一定的工作为期限。

劳动者在同一用人单位连续工作满十年以上，当事人双方同意续延劳动合同的，如果劳动者提出订立无固定期限的劳动合同，应当订立无固定期限的劳动合同。

第二十一条 劳动合同可以约定试用期。试用期最长不得超过六个月。

第二十二条 劳动合同当事人可以在劳动合同中约定保守用人单位商业秘密的有关事项。

第二十三条 劳动合同期满或者当事人约定的劳动合同终止条件出现，劳动合同即行终止。

第二十四条 经劳动合同当事人协商一致，劳动合同可以解除。

第二十五条 劳动者有下列情形之一的，用人单位可以解除劳动合同：

（一）在试用期间被证明不符合录用条件的；

（二）严重违反劳动纪律或者用人单位规章制度的；

（三）严重失职，营私舞弊，对用人单位利益造成重大损害的；

（四）被依法追究刑事责任的。

第二十六条 有下列情形之一的，用人单位可以解除劳动合同，但是应当提前三十日以书面形式通知劳动者本人：

（一）劳动者患病或者非因工负伤，医疗期满后，不能从事原工作也不能从事由用人单位另行安排的工作的；

（二）劳动者不能胜任工作，经过培训或者调整工作岗位，仍不能胜任工作的；

（三）劳动合同订立时所依据的客观情况发生重大变化，致使原劳动合同无法履行，经当事人协商不能就变更劳动合同达成协议的。

第二十七条 用人单位濒临破产进行法定整顿期间或者生产经营状况发生严重困难，确需裁减人员的，应当提前三十日向工会或者全体职工说明情况，听取工会或者职工的意见，经向劳动行政部门报告后，可以裁减人员。

用人单位依据本条规定裁减人员，在六个月内录用人员的，应当优先录用被裁减的人员。

第二十八条 用人单位依据本法第二十四条、第二十六条、第二十七条的规定解除劳动合同的，应当依照国家有关规定给予经济补偿。

第二十九条 劳动者有下列情形之一的，用人单位不得依据本法第二十六条、第二十七条的规定解除劳动合同：

（一）患职业病或者因工负伤并被确认丧失或者部分丧失劳动能力的；

(二) 患病或者负伤,在规定的医疗期内的;
(三) 女职工在孕期、产期、哺乳期内的;
(四) 法律、行政法规规定的其他情形。

第三十条 用人单位解除劳动合同,工会认为不适当的,有权提出意见。如果用人单位违反法律、法规或者劳动合同,工会有权要求重新处理;劳动者申请仲裁或者提起诉讼的,工会应当依法给予支持和帮助。

第三十一条 劳动者解除劳动合同,应当提前三十日以书面形式通知用人单位。

第三十二条 有下列情形之一的,劳动者可以随时通知用人单位解除劳动合同:
(一) 在试用期内的;
(二) 用人单位以暴力、威胁或者非法限制人身自由的手段强迫劳动的;
(三) 用人单位未按照劳动合同约定支付劳动报酬或者提供劳动条件的。

第三十三条 企业职工一方与企业可以就劳动报酬、工作时间、休息休假、劳动安全卫生、保险福利等事项,签订集体合同。集体合同草案应当提交职工代表大会或者全体职工讨论通过。

集体合同由工会代表职工与企业签订;没有建立工会的企业,由职工推举的代表与企业签订。

第三十四条 集体合同签订后应当报送劳动行政部门;劳动行政部门自收到集体合同文本之日起十五日内未提出异议的,集体合同即行生效。

第三十五条 依法签订的集体合同对企业和企业全体职工具有约束力。职工个人与企业订立的劳动合同中劳动条件和劳动报酬等标准不得低于集体合同的规定。

第四章 工作时间和休息休假

第三十六条 国家实行劳动者每日工作时间不超过八小时、平均每周工作时间不超过四十四小时的工时制度。

第三十七条 对实行计件工作的劳动者,用人单位应当根据本法第三十六条规定的工时制度合理确定其劳动定额和计件报酬标准。

第三十八条 用人单位应当保证劳动者每周至少休息一日。

第三十九条 企业因生产特点不能实行本法第三十六条、第三十八条规定的,经劳动行政部门批准,可以实行其他工作和休息办法。

第四十条 用人单位在下列节日期间应当依法安排劳动者休假:
(一) 元旦;
(二) 春节;
(三) 国际劳动节;
(四) 国庆节;
(五) 法律、法规规定的其他休假节日。

第四十一条 用人单位由于生产经营需要,经与工会和劳动者协商后可以延长工作时间，一般每日不得超过一小时；因特殊原因需要延长工作时间的，在保障劳动者身体健康的条件下延长工作时间每日不得超过三小时，但是每月不得超过三十六小时。

第四十二条 有下列情形之一的，延长工作时间不受本法第四十一条规定的限制：

（一）发生自然灾害、事故或者因其他原因，威胁劳动者生命健康和财产安全，需要紧急处理的；

（二）生产设备、交通运输线路、公共设施发生故障，影响生产和公众利益，必须及时抢修的；

（三）法律、行政法规规定的其他情形。

第四十三条 用人单位不得违反本法规定延长劳动者的工作时间。

第四十四条 有下列情形之一的，用人单位应当按照下列标准支付高于劳动者正常工作时间工资的工资报酬：

（一）安排劳动者延长工作时间的，支付不低于工资的百分之一百五十的工资报酬；

（二）休息日安排劳动者工作又不能安排补休的，支付不低于工资的百分之二百的工资报酬；

（三）法定休假日安排劳动者工作的，支付不低于工资的百分之三百的工资报酬。

第四十五条 国家实行带薪年休假制度。

劳动者连续工作一年以上的，享受带薪年休假。具体办法由国务院规定。

第五章 工 资

第四十六条 工资分配应当遵循按劳分配原则，实行同工同酬。

工资水平在经济发展的基础上逐步提高。国家对工资总量实行宏观调控。

第四十七条 用人单位根据本单位的生产经营特点和经济效益，依法自主确定本单位的工资分配方式和工资水平。

第四十八条 国家实行最低工资保障制度。最低工资的具体标准由省、自治区、直辖市人民政府规定，报国务院备案。

用人单位支付劳动者的工资不得低于当地最低工资标准。

第四十九条 确定和调整最低工资标准应当综合参考下列因素：

（一）劳动者本人及平均赡养人口的最低生活费用；

（二）社会平均工资水平；

（三）劳动生产率；

（四）就业状况；

（五）地区之间经济发展水平的差异。

第五十条 工资应当以货币形式按月支付给劳动者本人。不得克扣或者无故拖欠劳动者的工资。

第五十一条 劳动者在法定休假日和婚丧假期间以及依法参加社会活动期间，用人单位应当依法支付工资。

第六章　劳动安全卫生

第五十二条　用人单位必须建立、健全劳动安全卫生制度，严格执行国家劳动安全卫生规程和标准，对劳动者进行劳动安全卫生教育，防止劳动过程中的事故，减少职业危害。

第五十三条　劳动安全卫生设施必须符合国家规定的标准。

新建、改建、扩建工程的劳动安全卫生设施必须与主体工程同时设计、同时施工、同时投入生产和使用。

第五十四条　用人单位必须为劳动者提供符合国家规定的劳动安全卫生条件和必要的劳动防护用品，对从事有职业危害作业的劳动者应当定期进行健康检查。

第五十五条　从事特种作业的劳动者必须经过专门培训并取得特种作业资格。

第五十六条　劳动者在劳动过程中必须严格遵守安全操作规程。

劳动者对用人单位管理人员违章指挥、强令冒险作业，有权拒绝执行；对危害生命安全和身体健康的行为，有权提出批评、检举和控告。

第五十七条　国家建立伤亡事故和职业病统计报告和处理制度。县级以上各级人民政府劳动行政部门、有关部门和用人单位应当依法对劳动者在劳动过程中发生的伤亡事故和劳动者的职业病状况，进行统计、报告和处理。

第七章　女职工和未成年工特殊保护

第五十八条　国家对女职工和未成年工实行特殊劳动保护。

未成年工是指年满十六周岁未满十八周岁的劳动者。

第五十九条　禁止安排女职工从事矿山井下、国家规定的第四级体力劳动强度的劳动和其他禁忌从事的劳动。

第六十条　不得安排女职工在经期从事高处、低温、冷水作业和国家规定的第三级体力劳动强度的劳动。

第六十一条　不得安排女职工在怀孕期间从事国家规定的第三级体力劳动强度的劳动和孕期禁忌从事的劳动。对怀孕七个月以上的女职工，不得安排其延长工作时间和夜班劳动。

第六十二条　女职工生育享受不少于九十天的产假。

第六十三条　不得安排女职工在哺乳未满一周岁的婴儿期间从事国家规定的第三级体力劳动强度的劳动和哺乳期禁忌从事的其他劳动，不得安排其延长工作时间和夜班劳动。

第六十四条　不得安排未成年工从事矿山井下、有毒有害、国家规定的第四级体力劳动强度的劳动和其他禁忌从事的劳动。

第六十五条　用人单位应当对未成年工定期进行健康检查。

第八章　职　业　培　训

第六十六条　国家通过各种途径，采取各种措施，发展职业培训事业，开发劳动者的职业技能，提高劳动者素质，增强劳动者的就业能力和工作能力。

第六十七条 各级人民政府应当把发展职业培训纳入社会经济发展的规划，鼓励和支持有条件的企业、事业组织、社会团体和个人进行各种形式的职业培训。

第六十八条 用人单位应当建立职业培训制度，按照国家规定提取和使用职业培训经费，根据本单位实际，有计划地对劳动者进行职业培训。

从事技术工种的劳动者，上岗前必须经过培训。

第六十九条 国家确定职业分类，对规定的职业制定职业技能标准，实行职业资格证书制度，由经备案的考核鉴定机构负责对劳动者实施职业技能考核鉴定。

第九章 社会保险和福利

第七十条 国家发展社会保险事业，建立社会保险制度，设立社会保险基金，使劳动者在年老、患病、工伤、失业、生育等情况下获得帮助和补偿。

第七十一条 社会保险水平应当与社会经济发展水平和社会承受能力相适应。

第七十二条 社会保险基金按照保险类型确定资金来源，逐步实行社会统筹。用人单位和劳动者必须依法参加社会保险，缴纳社会保险费。

第七十三条 劳动者在下列情形下，依法享受社会保险待遇：

（一）退休；

（二）患病、负伤；

（三）因工伤残或者患职业病；

（四）失业；

（五）生育。

劳动者死亡后，其遗属依法享受遗属津贴。

劳动者享受社会保险待遇的条件和标准由法律、法规规定。

劳动者享受的社会保险金必须按时足额支付。

第七十四条 社会保险基金经办机构依照法律规定收支、管理和运营社会保险基金，并负有使社会保险基金保值增值的责任。

社会保险基金监督机构依照法律规定，对社会保险基金的收支、管理和运营实施监督。

社会保险基金经办机构和社会保险基金监督机构的设立和职能由法律规定。

任何组织和个人不得挪用社会保险基金。

第七十五条 国家鼓励用人单位根据本单位实际情况为劳动者建立补充保险。

国家提倡劳动者个人进行储蓄性保险。

第七十六条 国家发展社会福利事业，兴建公共福利设施，为劳动者休息、休养和疗养提供条件。

用人单位应当创造条件，改善集体福利，提高劳动者的福利待遇。

第十章　劳动争议

第七十七条　用人单位与劳动者发生劳动争议，当事人可以依法申请调解、仲裁、提起诉讼，也可以协商解决。

调解原则适用于仲裁和诉讼程序。

第七十八条　解决劳动争议，应当根据合法、公正、及时处理的原则，依法维护劳动争议当事人的合法权益。

第七十九条　劳动争议发生后，当事人可以向本单位劳动争议调解委员会申请调解；调解不成，当事人一方要求仲裁的，可以向劳动争议仲裁委员会申请仲裁。当事人一方也可以直接向劳动争议仲裁委员会申请仲裁。对仲裁裁决不服的，可以向人民法院提起诉讼。

第八十条　在用人单位内，可以设立劳动争议调解委员会。劳动争议调解委员会由职工代表、用人单位代表和工会代表组成。劳动争议调解委员会主任由工会代表担任。

劳动争议经调解达成协议的，当事人应当履行。

第八十一条　劳动争议仲裁委员会由劳动行政部门代表、同级工会代表、用人单位方面的代表组成。劳动争议仲裁委员会主任由劳动行政部门代表担任。

第八十二条　提出仲裁要求的一方应当自劳动争议发生之日起六十日内向劳动争议仲裁委员会提出书面申请。仲裁裁决一般应在收到仲裁申请的六十日内作出。对仲裁裁决无异议的，当事人必须履行。

第八十三条　劳动争议当事人对仲裁裁决不服的，可以自收到仲裁裁决书之日起十五日内向人民法院提起诉讼。一方当事人在法定期限内不起诉又不履行仲裁裁决的，另一方当事人可以申请人民法院强制执行。

第八十四条　因签订集体合同发生争议，当事人协商解决不成的，当地人民政府劳动行政部门可以组织有关各方协调处理。

因履行集体合同发生争议，当事人协商解决不成的，可以向劳动争议仲裁委员会申请仲裁；对仲裁裁决不服的，可以自收到仲裁裁决书之日起十五日内向人民法院提起诉讼。

第十一章　监督检查

第八十五条　县级以上各级人民政府劳动行政部门依法对用人单位遵守劳动法律、法规的情况进行监督检查，对违反劳动法律、法规的行为有权制止，并责令改正。

第八十六条　县级以上各级人民政府劳动行政部门监督检查人员执行公务，有权进入用人单位了解执行劳动法律、法规的情况，查阅必要的资料，并对劳动场所进行检查。

县级以上各级人民政府劳动行政部门监督检查人员执行公务，必须出示证件，秉公执法并遵守有关规定。

第八十七条　县级以上各级人民政府有关部门在各自职责范围内，对用人单位遵守劳动法律、法规的情况进行监督。

第八十八条　各级工会依法维护劳动者的合法权益，对用人单位遵守劳动法律、法规的情况进行监督。

任何组织和个人对于违反劳动法律、法规的行为有权检举和控告。

第十二章　法律责任

第八十九条　用人单位制定的劳动规章制度违反法律、法规规定的，由劳动行政部门给予警告，责令改正；对劳动者造成损害的，应当承担赔偿责任。

第九十条　用人单位违反本法规定，延长劳动者工作时间的，由劳动行政部门给予警告，责令改正，并可以处以罚款。

第九十一条　用人单位有下列侵害劳动者合法权益情形之一的，由劳动行政部门责令支付劳动者的工资报酬、经济补偿，并可以责令支付赔偿金：

（一）克扣或者无故拖欠劳动者工资的；

（二）拒不支付劳动者延长工作时间工资报酬的；

（三）低于当地最低工资标准支付劳动者工资的；

（四）解除劳动合同后，未依照本法规定给予劳动者经济补偿的。

第九十二条　用人单位的劳动安全设施和劳动卫生条件不符合国家规定或者未向劳动者提供必要的劳动防护用品和劳动保护设施的，由劳动行政部门或者有关部门责令改正，可以处以罚款；情节严重的，提请县级以上人民政府决定责令停产整顿；对事故隐患不采取措施，致使发生重大事故，造成劳动者生命和财产损失的，对责任人员依照刑法有关规定追究刑事责任。

第九十三条　用人单位强令劳动者违章冒险作业，发生重大伤亡事故，造成严重后果的，对责任人员依法追究刑事责任。

第九十四条　用人单位非法招用未满十六周岁的未成年人的，由劳动行政部门责令改正，处以罚款；情节严重的，由市场监督管理部门吊销营业执照。

第九十五条　用人单位违反本法对女职工和未成年工的保护规定，侵害其合法权益的，由劳动行政部门责令改正，处以罚款；对女职工或者未成年工造成损害的，应当承担赔偿责任。

第九十六条　用人单位有下列行为之一，由公安机关对责任人员处以十五日以下拘留、罚款或者警告；构成犯罪的，对责任人员依法追究刑事责任：

（一）以暴力、威胁或者非法限制人身自由的手段强迫劳动的；

（二）侮辱、体罚、殴打、非法搜查和拘禁劳动者的。

第九十七条　由于用人单位的原因订立的无效合同，对劳动者造成损害的，应当承担赔偿责任。

第九十八条　用人单位违反本法规定的条件解除劳动合同或者故意拖延不订立劳动合同的，由劳动行政部门责令改正；对劳动者造成损害的，应当承担赔偿责任。

第九十九条　用人单位招用尚未解除劳动合同的劳动者，对原用人单位造成经济损失的，该用人单位应当依法承担连带赔偿责任。

第一百条 用人单位无故不缴纳社会保险费的,由劳动行政部门责令其限期缴纳;逾期不缴的,可以加收滞纳金。

第一百零一条 用人单位无理阻挠劳动行政部门、有关部门及其工作人员行使监督检查权,打击报复举报人员的,由劳动行政部门或者有关部门处以罚款;构成犯罪的,对责任人员依法追究刑事责任。

第一百零二条 劳动者违反本法规定的条件解除劳动合同或者违反劳动合同中约定的保密事项,对用人单位造成经济损失的,应当依法承担赔偿责任。

第一百零三条 劳动行政部门或者有关部门的工作人员滥用职权、玩忽职守、徇私舞弊,构成犯罪的,依法追究刑事责任;不构成犯罪的,给予行政处分。

第一百零四条 国家工作人员和社会保险基金经办机构的工作人员挪用社会保险基金,构成犯罪的,依法追究刑事责任。

第一百零五条 违反本法规定侵害劳动者合法权益,其他法律、行政法规已规定处罚的,依照该法律、行政法规的规定处罚。

第十三章 附 则

第一百零六条 省、自治区、直辖市人民政府根据本法和本地区的实际情况,规定劳动合同制度的实施步骤,报国务院备案。

第一百零七条 本法自1995年1月1日起施行。

122 中华人民共和国工会法

1992年4月3日第七届全国人民代表大会第五次会议通过,中华人民共和国主席令第57号公布,根据2001年10月27日第九届全国人民代表大会常务委员会第二十四次会议《关于修改〈中华人民共和国工会法〉的决定》第一次修正,中华人民共和国主席令第62号公布,根据2009年8月27日第十一届全国人民代表大会常务委员会第十次会议《关于修改部分法律的决定》第二次修正,中华人民共和国主席令第18号公布,根据2021年12月24日第十三届全国人民代表大会常务委员会第三十二次会议《关于修改〈中华人民共和国工会法〉的决定》第三次修正,中华人民共和国主席令第107号公布。

第一章 总 则

第一条 为保障工会在国家政治、经济和社会生活中的地位,确定工会的权利与义务,发挥工会在社会主义现代化建设事业中的作用，根据宪法，制定本法。

第二条 工会是中国共产党领导的职工自愿结合的工人阶级群众组织，是中国共产党联系职工群众的桥梁和纽带。

中华全国总工会及其各工会组织代表职工的利益，依法维护职工的合法权益。

第三条 在中国境内的企业、事业单位、机关、社会组织（以下统称用人单位）中以工资收入为主要生活来源的劳动者，不分民族、种族、性别、职业、宗教信仰、教育程度，都有依法参加和组织工会的权利。任何组织和个人不得阻挠和限制。

工会适应企业组织形式、职工队伍结构、劳动关系、就业形态等方面的发展变化，依法维护劳动者参加和组织工会的权利。

第四条 工会必须遵守和维护宪法，以宪法为根本的活动准则，以经济建设为中心，坚持社会主义道路，坚持人民民主专政，坚持中国共产党的领导，坚持马克思列宁主义、毛泽东思想、邓小平理论、"三个代表"重要思想、科学发展观、习近平新时代中国特色社会主义思想，坚持改革开放，保持和增强政治性、先进性、群众性，依照工会章程独立自主地开展工作。

工会会员全国代表大会制定或者修改《中国工会章程》，章程不得与宪法和法律相抵触。

国家保护工会的合法权益不受侵犯。

第五条 工会组织和教育职工依照宪法和法律的规定行使民主权利，发挥国家主人翁的作用，通过各种途径和形式，参与管理国家事务、管理经济和文化事业、管理社会事务；协助人民政府开展工作，维护工人阶级领导的、以工农联盟为基础的人民民主专政的社会主义国家政权。

第六条 维护职工合法权益、竭诚服务职工群众是工会的基本职责。工会在维护全国人民总体利益的同时，代表和维护职工的合法权益。

工会通过平等协商和集体合同制度等，推动健全劳动关系协调机制，维护职工劳动权益，构建和谐劳动关系。

工会依照法律规定通过职工代表大会或者其他形式，组织职工参与本单位的民主选举、民主协商、民主决策、民主管理和民主监督。

工会建立联系广泛、服务职工的工会工作体系，密切联系职工，听取和反映职工的意见和要求，关心职工的生活，帮助职工解决困难，全心全意为职工服务。

第七条 工会动员和组织职工积极参加经济建设，努力完成生产任务和工作任务。教育职工不断提高思想道德、技术业务和科学文化素质，建设有理想、有道德、有文化、有纪律的职工队伍。

第八条 工会推动产业工人队伍建设改革，提高产业工人队伍整体素质，发挥产业工人骨干作用，维护产业工人合法权益，保障产业工人主人翁地位，造就一支有理想守信念、懂技术会创新、敢担当讲奉献的宏大产业工人队伍。

第九条 中华全国总工会根据独立、平等、互相尊重、互不干涉内部事务的原则，加强同各国工会组织的友好合作关系。

第二章 工 会 组 织

第十条 工会各级组织按照民主集中制原则建立。

各级工会委员会由会员大会或者会员代表大会民主选举产生。企业主要负责人的近亲属不得作为本企业基层工会委员会成员的人选。

各级工会委员会向同级会员大会或者会员代表大会负责并报告工作,接受其监督。

工会会员大会或者会员代表大会有权撤换或者罢免其所选举的代表或者工会委员会组成人员。

上级工会组织领导下级工会组织。

第十一条 用人单位有会员二十五人以上的,应当建立基层工会委员会;不足二十五人的,可以单独建立基层工会委员会,也可以由两个以上单位的会员联合建立基层工会委员会,也可以选举组织员一人,组织会员开展活动。女职工人数较多的,可以建立工会女职工委员会,在同级工会领导下开展工作;女职工人数较少的,可以在工会委员会中设女职工委员。

企业职工较多的乡镇、城市街道,可以建立基层工会的联合会。

县级以上地方建立地方各级总工会。

同一行业或者性质相近的几个行业,可以根据需要建立全国的或者地方的产业工会。

全国建立统一的中华全国总工会。

第十二条 基层工会、地方各级总工会、全国或者地方产业工会组织的建立,必须报上一级工会批准。

上级工会可以派员帮助和指导企业职工组建工会,任何单位和个人不得阻挠。

第十三条 任何组织和个人不得随意撤销、合并工会组织。

基层工会所在的用人单位终止或者被撤销,该工会组织相应撤销,并报告上一级工会。

依前款规定被撤销的工会,其会员的会籍可以继续保留,具体管理办法由中华全国总工会制定。

第十四条 职工二百人以上的企业、事业单位、社会组织的工会,可以设专职工会主席。工会专职工作人员的人数由工会与企业、事业单位、社会组织协商确定。

第十五条 中华全国总工会、地方总工会、产业工会具有社会团体法人资格。

基层工会组织具备民法典规定的法人条件的,依法取得社会团体法人资格。

第十六条 基层工会委员会每届任期三年或者五年。各级地方总工会委员会和产业工会委员会每届任期五年。

第十七条 基层工会委员会定期召开会员大会或者会员代表大会,讨论决定工会工作的重大问题。经基层工会委员会或者三分之一以上的工会会员提议,可以临时召开会员大会或者会员代表大会。

第十八条 工会主席、副主席任期未满时,不得随意调动其工作。因工作需要调动时,应当征得本级工会委员会和上一级工会的同意。

罢免工会主席、副主席必须召开会员大会或者会员代表大会讨论，非经会员大会全体会员或者会员代表大会全体代表过半数通过，不得罢免。

第十九条 基层工会专职主席、副主席或者委员自任职之日起，其劳动合同期限自动延长，延长期限相当于其任职期间；非专职主席、副主席或者委员自任职之日起，其尚未履行的劳动合同期限短于任期的，劳动合同期限自动延长至任期期满。但是，任职期间个人严重过失或者达到法定退休年龄的除外。

第三章 工会的权利和义务

第二十条 企业、事业单位、社会组织违反职工代表大会制度和其他民主管理制度，工会有权要求纠正，保障职工依法行使民主管理的权利。

法律、法规规定应当提交职工大会或者职工代表大会审议、通过、决定的事项，企业、事业单位、社会组织应当依法办理。

第二十一条 工会帮助、指导职工与企业、实行企业化管理的事业单位、社会组织签订劳动合同。

工会代表职工与企业、实行企业化管理的事业单位、社会组织进行平等协商，依法签订集体合同。集体合同草案应当提交职工代表大会或者全体职工讨论通过。

工会签订集体合同，上级工会应当给予支持和帮助。

企业、事业单位、社会组织违反集体合同，侵犯职工劳动权益的，工会可以依法要求企业、事业单位、社会组织予以改正并承担责任；因履行集体合同发生争议，经协商解决不成的，工会可以向劳动争议仲裁机构提请仲裁，仲裁机构不予受理或者对仲裁裁决不服的，可以向人民法院提起诉讼。

第二十二条 企业、事业单位、社会组织处分职工，工会认为不适当的，有权提出意见。

用人单位单方面解除职工劳动合同时，应当事先将理由通知工会，工会认为用人单位违反法律、法规和有关合同，要求重新研究处理时，用人单位应当研究工会的意见，并将处理结果书面通知工会。

职工认为用人单位侵犯其劳动权益而申请劳动争议仲裁或者向人民法院提起诉讼的，工会应当给予支持和帮助。

第二十三条 企业、事业单位、社会组织违反劳动法律法规规定，有下列侵犯职工劳动权益情形，工会应当代表职工与企业、事业单位、社会组织交涉，要求企业、事业单位、社会组织采取措施予以改正；企业、事业单位、社会组织应当予以研究处理，并向工会作出答复；企业、事业单位、社会组织拒不改正的，工会可以提请当地人民政府依法作出处理：

（一）克扣、拖欠职工工资的；

（二）不提供劳动安全卫生条件的；

（三）随意延长劳动时间的；

（四）侵犯女职工和未成年工特殊权益的；

（五）其他严重侵犯职工劳动权益的。

第二十四条 工会依照国家规定对新建、扩建企业和技术改造工程中的劳动条件和安全卫生设施与主体工程同时设计、同时施工、同时投产使用进行监督。对工会提出的意见，企业或者主管部门应当认真处理，并将处理结果书面通知工会。

第二十五条 工会发现企业违章指挥、强令工人冒险作业，或者生产过程中发现明显重大事故隐患和职业危害，有权提出解决的建议，企业应当及时研究答复；发现危及职工生命安全的情况时，工会有权向企业建议组织职工撤离危险现场，企业必须及时作出处理决定。

第二十六条 工会有权对企业、事业单位、社会组织侵犯职工合法权益的问题进行调查，有关单位应当予以协助。

第二十七条 职工因工伤亡事故和其他严重危害职工健康问题的调查处理，必须有工会参加。工会应当向有关部门提出处理意见，并有权要求追究直接负责的主管人员和有关责任人员的责任。对工会提出的意见，应当及时研究，给予答复。

第二十八条 企业、事业单位、社会组织发生停工、怠工事件，工会应当代表职工同企业、事业单位、社会组织或者有关方面协商，反映职工的意见和要求并提出解决意见。对于职工的合理要求，企业、事业单位、社会组织应当予以解决。工会协助企业、事业单位、社会组织做好工作，尽快恢复生产、工作秩序。

第二十九条 工会参加企业的劳动争议调解工作。

地方劳动争议仲裁组织应当有同级工会代表参加。

第三十条 县级以上各级总工会依法为所属工会和职工提供法律援助等法律服务。

第三十一条 工会协助用人单位办好职工集体福利事业，做好工资、劳动安全卫生和社会保险工作。

第三十二条 工会会同用人单位加强对职工的思想政治引领，教育职工以国家主人翁态度对待劳动，爱护国家和单位的财产；组织职工开展群众性的合理化建议、技术革新、劳动和技能竞赛活动，进行业余文化技术学习和职工培训，参加职业教育和文化体育活动，推进职业安全健康教育和劳动保护工作。

第三十三条 根据政府委托，工会与有关部门共同做好劳动模范和先进生产（工作）者的评选、表彰、培养和管理工作。

第三十四条 国家机关在组织起草或者修改直接涉及职工切身利益的法律、法规、规章时，应当听取工会意见。

县级以上各级人民政府制定国民经济和社会发展计划，对涉及职工利益的重大问题，应当听取同级工会的意见。

县级以上各级人民政府及其有关部门研究制定劳动就业、工资、劳动安全卫生、社会保险等涉及职工切身利益的政策、措施时，应当吸收同级工会参加研究，听取工会意见。

第三十五条 县级以上地方各级人民政府可以召开会议或者采取适当方式，向同级工会通报政府的重要的工作部署和与工会工作有关的行政措施，研究解决工会反映的职工群众的意见和要求。

各级人民政府劳动行政部门应当会同同级工会和企业方面代表，建立劳动关系三方协商机制，共同研究解决劳动关系方面的重大问题。

第四章　基层工会组织

第三十六条　国有企业职工代表大会是企业实行民主管理的基本形式，是职工行使民主管理权力的机构，依照法律规定行使职权。

国有企业的工会委员会是职工代表大会的工作机构，负责职工代表大会的日常工作，检查、督促职工代表大会决议的执行。

第三十七条　集体企业的工会委员会，应当支持和组织职工参加民主管理和民主监督，维护职工选举和罢免管理人员、决定经营管理的重大问题的权力。

第三十八条　本法第三十六条、第三十七条规定以外的其他企业、事业单位的工会委员会，依照法律规定组织职工采取与企业、事业单位相适应的形式，参与企业、事业单位民主管理。

第三十九条　企业、事业单位、社会组织研究经营管理和发展的重大问题应当听取工会的意见；召开会议讨论有关工资、福利、劳动安全卫生、工作时间、休息休假、女职工保护和社会保险等涉及职工切身利益的问题，必须有工会代表参加。

企业、事业单位、社会组织应当支持工会依法开展工作，工会应当支持企业、事业单位、社会组织依法行使经营管理权。

第四十条　公司的董事会、监事会中职工代表的产生，依照公司法有关规定执行。

第四十一条　基层工会委员会召开会议或者组织职工活动，应当在生产或者工作时间以外进行，需要占用生产或者工作时间的，应当事先征得企业、事业单位、社会组织的同意。

基层工会的非专职委员占用生产或者工作时间参加会议或者从事工会工作，每月不超过三个工作日，其工资照发，其他待遇不受影响。

第四十二条　用人单位工会委员会的专职工作人员的工资、奖励、补贴，由所在单位支付。社会保险和其他福利待遇等，享受本单位职工同等待遇。

第五章　工会的经费和财产

第四十三条　工会经费的来源：

（一）工会会员缴纳的会费；

（二）建立工会组织的用人单位按每月全部职工工资总额的百分之二向工会拨缴的经费；

（三）工会所属的企业、事业单位上缴的收入；

（四）人民政府的补助；

（五）其他收入。

前款第二项规定的企业、事业单位、社会组织拨缴的经费在税前列支。

工会经费主要用于为职工服务和工会活动。经费使用的具体办法由中华全国总工会制定。

第四十四条 企业、事业单位、社会组织无正当理由拖延或者拒不拨缴工会经费，基层工会或者上级工会可以向当地人民法院申请支付令；拒不执行支付令的，工会可以依法申请人民法院强制执行。

第四十五条 工会应当根据经费独立原则，建立预算、决算和经费审查监督制度。

各级工会建立经费审查委员会。

各级工会经费收支情况应当由同级工会经费审查委员会审查，并且定期向会员大会或者会员代表大会报告，接受监督。工会会员大会或者会员代表大会有权对经费使用情况提出意见。

工会经费的使用应当依法接受国家的监督。

第四十六条 各级人民政府和用人单位应当为工会办公和开展活动，提供必要的设施和活动场所等物质条件。

第四十七条 工会的财产、经费和国家拨给工会使用的不动产，任何组织和个人不得侵占、挪用和任意调拨。

第四十八条 工会所属的为职工服务的企业、事业单位，其隶属关系不得随意改变。

第四十九条 县级以上各级工会的离休、退休人员的待遇，与国家机关工作人员同等对待。

第六章 法 律 责 任

第五十条 工会对违反本法规定侵犯其合法权益的，有权提请人民政府或者有关部门予以处理，或者向人民法院提起诉讼。

第五十一条 违反本法第三条、第十二条规定，阻挠职工依法参加和组织工会或者阻挠上级工会帮助、指导职工筹建工会的，由劳动行政部门责令其改正；拒不改正的，由劳动行政部门提请县级以上人民政府处理；以暴力、威胁等手段阻挠造成严重后果，构成犯罪的，依法追究刑事责任。

第五十二条 违反本法规定，对依法履行职责的工会工作人员无正当理由调动工作岗位，进行打击报复的，由劳动行政部门责令改正、恢复原工作；造成损失的，给予赔偿。

对依法履行职责的工会工作人员进行侮辱、诽谤或者进行人身伤害，构成犯罪的，依法追究刑事责任；尚未构成犯罪的，由公安机关依照治安管理处罚法的规定处罚。

第五十三条 违反本法规定，有下列情形之一的，由劳动行政部门责令恢复其工作，并补发被解除劳动合同期间应得的报酬，或者责令给予本人年收入二倍的赔偿：

（一）职工因参加工会活动而被解除劳动合同的；

（二）工会工作人员因履行本法规定的职责而被解除劳动合同的。

第五十四条 违反本法规定,有下列情形之一的,由县级以上人民政府责令改正,依法处理:

(一) 妨碍工会组织职工通过职工代表大会和其他形式依法行使民主权利的;

(二) 非法撤销、合并工会组织的;

(三) 妨碍工会参加职工因工伤亡事故以及其他侵犯职工合法权益问题的调查处理的;

(四) 无正当理由拒绝进行平等协商的。

第五十五条 违反本法第四十七条规定,侵占工会经费和财产拒不返还的,工会可以向人民法院提起诉讼,要求返还,并赔偿损失。

第五十六条 工会工作人员违反本法规定,损害职工或者工会权益的,由同级工会或者上级工会责令改正,或者予以处分;情节严重的,依照《中国工会章程》予以罢免;造成损失的,应当承担赔偿责任;构成犯罪的,依法追究刑事责任。

第七章 附 则

第五十七条 中华全国总工会会同有关国家机关制定机关工会实施本法的具体办法。

第五十八条 本法自公布之日起施行。1950年6月29日中央人民政府颁布的《中华人民共和国工会法》同时废止。

123 国务院关于职工工作时间的规定

1994年2月3日中华人民共和国国务院令第146号公布,

根据1995年3月25日中华人民共和国国务院令第174号修订,

自1995年5月1日起施行。

第一条 为了合理安排职工的工作和休息时间,维护职工的休息权利,调动职工的积极性,促进社会主义现代化建设事业的发展,根据宪法有关规定,制定本规定。

第二条 本规定适用于在中华人民共和国境内的国家机关、社会团体、企业事业单位以及其他组织的职工。

第三条 职工每日工作8小时,每周工作40小时。

第四条 在特殊条件下从事劳动和有特殊情况,需要适当缩短工作时间的,按照国家有关规定执行。

第五条 因工作性质或者生产特点的限制,不能实行每日工作8小时、每周工作40小时标准工时制度的,按照国家有关规定,可以实行其他工作和休息办法。

第六条 任何单位和个人不得擅自延长职工工作时间。因特殊情况和紧急任务确需延长工作时间的,按照国家有关规定执行。

第七条 国家机关、事业单位实行统一的工作时间,星期六和星期日为周休息日。

企业和不能实行前款规定的统一工作时间的事业单位,可以根据实际情况灵活安排周休息日。

第八条 本规定由劳动部、人事部负责解释;实施办法由劳动部、人事部制定。

第九条 本规定自1995年5月1日起施行。1995年5月1日施行有困难的企业、事业单位,可以适当延期;但是,事业单位最迟应当自1996年1月1日起施行,企业最迟应当自1997年5月1日起施行。

124 关于工资总额组成的规定

1990年1月1日国家统计局令第1号公布,自公布之日起施行。

第一章 总 则

第一条 为了统一工资总额的计算范围,保证国家对工资进行统一的统计核算和会计核算,有利于编制、检查计划和进行工资管理以及正确地反映职工的工资收入,制定本规定。

第二条 全民所有制和集体所有制企业、事业单位,各种合营单位,各级国家机关、政党机关和社会团体,在计划、统计、会计上有关工资总额范围的计算,均应遵守本规定。

第三条 工资总额是指各单位在一定时期内直接支付给本单位全部职工的劳动报酬总额。

工资总额的计算应以直接支付给职工的全部劳动报酬为根据。

第二章 工资总额的组成

第四条 工资总额由下列六个部分组成:
(一) 计时工资;
(二) 计件工资;
(三) 奖金;
(四) 津贴和补贴;
(五) 加班加点工资;
(六) 特殊情况下支付的工资。

第五条 计时工资是指按计时工资标准(包括地区生活费补贴)和工作时间支付给个人的劳动报酬。包括:
(一) 对已做工作按计时工资标准支付的工资;

（二）实行结构工资制的单位支付给职工的基础工资和职务（岗位）工资；

（三）新参加工作职工的见习工资（学徒的生活费）；

（四）运动员体育津贴。

第六条 计件工资是指对已做工作按计件单价支付的劳动报酬。包括：

（一）实行超额累进计件、直接无限计件、限额计件、超定额计件等工资制，按劳动部门或主管部门批准的定额和计件单价支付给个人的工资；

（二）按工作任务包干方法支付给个人的工资；

（三）按营业额提成或利润提成办法支付给个人的工资。

第七条 奖金是指支付给职工的超额劳动报酬和增收节支的劳动报酬。包括：

（一）生产奖；

（二）节约奖；

（三）劳动竞赛奖；

（四）机关、事业单位的奖励工资；

（五）其他奖金。

第八条 津贴和补贴是指为了补偿职工特殊或额外的劳动消耗和因其他特殊原因支付给职工的津贴，以及为了保证职工工资水平不受物价影响支付给职工的物价补贴。

（一）津贴。包括：补偿职工特殊或额外劳动消耗的津贴，保健性津贴，技术性津贴，年功性津贴及其他津贴。

（二）物价补贴。包括：为保证职工工资水平不受物价上涨或变动影响而支付的各种补贴。

第九条 加班加点工资是指按规定支付的加班工资和加点工资。

第十条 特殊情况下支付的工资。包括：

（一）根据国家法律、法规和政策规定，因病、工伤、产假、计划生育假、婚丧假、事假、探亲假、定期休假、停工学习、执行国家或社会义务等原因按计时工资标准或计时工资标准的一定比例支付的工资；

（二）附加工资、保留工资。

第三章 工资总额不包括的项目

第十一条 下列各项不列入工资总额的范围：

（一）根据国务院发布的有关规定颁发的创造发明奖、自然科学奖、科学技术进步奖和支付的合理化建议和技术改进奖以及支付给运动员、教练员的奖金；

（二）有关劳动保险和职工福利方面的各项费用；

（三）有关离休、退休、退职人员待遇的各项支出；

（四）劳动保护的各项支出；

（五）稿费、讲课费及其他专门工作报酬；

（六）出差伙食补助费、误餐补助、调动工作的旅费和安家费；

（七）对自带工具、牲畜来企业工作职工所支付的工具、牲畜等的补偿费用；
（八）实行租赁经营单位的承租人的风险性补偿收入；
（九）对购买本企业股票和债券的职工所支付的股息（包括股金分红）和利息；
（十）劳动合同制职工解除劳动合同时由企业支付的医疗补助费、生活补助费等；
（十一）因录用临时工而在工资以外向提供劳动力单位支付的手续费或管理费；
（十二）支付给家庭工人的加工费和按加工订货办法支付给承包单位的发包费用；
（十三）支付给参加企业劳动的在校学生的补贴；
（十四）计划生育独生子女补贴。

第十二条 前条所列各项按照国家规定另行统计。

第四章 附 则

第十三条 中华人民共和国境内的私营单位、华侨及港、澳、台工商业者经营单位和外商经营单位有关工资总额范围的计算，参照本规定执行。

第十四条 本规定由国家统计局负责解释。

第十五条 各地区、各部门可依据本规定制定有关工资总额组成的具体范围的规定。

第十六条 本规定自发布之日起施行。国务院一九五五年五月二十一日批准颁发的《关于工资总额组成的暂行规定》同时废止。

125 关于印发《〈国务院关于职工工作时间的规定〉问题解答》的通知

劳部发〔1995〕187号

各省、自治区、直辖市及计划单列市劳动（劳动人事）厅（局），国务院有关部门：

《国务院关于修改〈国务院关于职工工作时间的规定〉的决定》发布后，一些地区和部门询问有关问题，经研究，对带有普遍性的问题做出解答，现印发给你们，请按照执行，并将执行中的情况及时转告我部。

劳动部
1995年4月22日

《国务院关于职工工作时间的规定》问题解答

一、问：1995年2月17日《国务院关于职工工作时间的规定》（以下简称《规定》）

发布后，企业职工每周工作时间不超过 40 小时，是否一定要每周休息两天？

答：有条件的企业应尽可能实行职工每日工作 8 小时、每周工作 40 小时这一标准工时制度。有些企业因工作性质和生产特点不能实行标准工时制度的，应将贯彻《规定》和贯彻《劳动法》结合起来，保证职工每周工作时间不超过 40 小时，每周至少休息 1 天；有些企业还可以实行不定时工作制、综合计算工时工作制等其他工作和休息办法。

二、问：实行新工时制后，企业职工原有的年休假还实行吗？

答：《劳动法》第四十五条规定，国家实行带薪年休假制度。劳动者连续工作一年以上的，享受带薪年休假。具体办法由国务院规定。在国务院没有发布企业职工年休假规定以前，1991 年 6 月 15 日中共中央、国务院共同发出的《关于职工休假问题的通知》应继续贯彻执行。

三、问：《规定》第九条中"1995 年 5 月 1 日施行有困难的企业"主要指的是哪些？

答：贯彻执行《规定》有一个很重要的原则，这就是既要维护职工的休息权利，也要保证生产和工作任务的完成，确保全国生产工作秩序的正常，以促进社会主义现代化建设事业的发展。《规定》所提到的有困难的企业主要是指：需要连续生产作业，而劳动组织、班制一时难以调整到位的关系国计民生的行业、企业；确有较多业务技术骨干需经较长时间培训合格上岗才能进一步缩短工时的企业；如立即实行新工时制，可能要严重影响企业完成生产任务、企业信誉和企业职工收入，确需一段准备过渡时间的企业。

这里特别需要指出的是，对于上述暂时存在困难的企业，各地区、各部门务必加强领导，精心指导，帮助他们制定切实可行的实施步骤；上述企业也应立足自身，挖掘潜力，积极创造条件，力争早日实行新工时制度，而不要非拖到 1997 年 5 月 1 日再实行。

四、问：如果有些企业只因极少数技术骨干轮换不过来而影响《规定》的贯彻实施，能不能用加班加点的办法予以解决？

答：为了使更多的企业职工能够实施新工时制度，企业首先要抓紧进行业务、技术骨干的培养，以便有足够的技术力量轮换顶班。只有这样才能既保证全体职工的健康和休息权利，也能保证正常的生产和工作秩序。在抓紧培养技术骨干的同时，为使企业绝大多数职工能尽早实行新工时制度，可以采取一些过渡性措施，即对极少数技术骨干发加班工资或补休。但是，一要与工会和劳动者本人协商，做好工作；二要保障技术骨干的身体健康；三不能无限期地延续下去，必须尽快招聘合格人才或抓紧培养合格人才。

五、问：哪些企业职工可实行不定时工作制？

答：不定时工作制是针对因生产特点、工作特殊需要或职责范围的关系，无法按标准工作时间衡量或需要机动作业的职工所采用的一种工时制度。例如：企业中从事高级管理、推销、货运、装卸、长途运输驾驶、押运、非生产性值班和特殊工作形式的个体工作岗位的职工，出租车驾驶员等，可实行不定时工作制。鉴于每个企业的情况不同，企业可依据上述原则结合企业的实际情况进行研究，并按有关规定报批。

六、问：哪些企业职工可实行综合计算工时工作制？

答：综合计算工时工作制是针对因工作性质特殊，需连续作业或受季节及自然条件限制的企业的部分职工，采用的以周、月、季、年等为周期综合计算工作时间的一种工时制度，但其平均日工作时间和平均周工作时间应与法定标准工作时间基本相同。主要是指：交通、铁路、邮电、水运、航空、渔业等行业中因工作性质特殊，需要连续作业的职工；地质、石油及资源勘探、建筑、制盐、制糖、旅游等受季节和自然条件限制的行业的部分职工；亦工亦农或由于受能源、原材料供应等条件限制难以均衡生产的乡镇企业的职工等。另外，对于那些在市场竞争中，由于外界因素影响，生产任务不均衡的企业的部分职工也可以参照综合计算工时工作制的办法实施。

对于因工作性质或生产特点的限制，实行不定时工作制或综合计算工时工作制等其他工作和休息办法的职工，企业都应根据《中华人民共和国劳动法》和《规定》的有关条款，在保障职工身体健康并充分听取职工意见的基础上，采取集中工作、集中休息、轮休调休、弹性工作时间等适当的工作和休息方式，确保职工的休息休假权利和生产、工作任务的完成。同时，各企业主管部门也应积极创造条件，尽可能使企业的生产任务均衡合理，帮助企业解决贯彻《规定》中的实际问题。

七、问：在特殊条件下从事劳动和有特殊情况的，是否可以进一步缩短工作时间？

答：在特殊条件下从事劳动和有特殊情况，需要在每周工作40小时的基础上再适当缩短工作时间的，应在保证完成生产和工作任务的前提下，根据《中华人民共和国劳动法》第三十六条的规定，由企业根据实际情况决定。

八、问：中外合营企业中外籍人员，应如何执行《规定》？

答：根据《中华人民共和国涉外经济合同法》第四十条规定，在中华人民共和国境内履行、经国家批准成立的中外合资经营企业合同、中外合作经营企业合同、中外合作勘探开发自然资源合同，在法律有新的规定时，可以仍然按照合同的规定执行。因此，在《规定》发布前，凡以合同形式聘用的外籍员工，其工作时间仍可按原合同执行。

九、问：企业因生产经营需要延长工作时间是在每周40小时、还是在每周44小时基础上计算？

答：1997年5月1日以前，以企业所执行的工时制度为基础。即实行每周40小时工时制度的企业，以每周40小时为基础计算加班加点时间；实行每周44小时工时制度的企业，以每周44小时为基础计算加班加点时间。上述加班加点，仍然按《劳动法》的有关规定执行。1997年5月1日以后，一律应以每周40小时为基础计算。

126 关于确立劳动关系有关事项的通知

劳社部发〔2005〕12号

各省、自治区、直辖市劳动和社会保障厅（局）：

近一个时期，一些地方反映部分用人单位招用劳动者不签订劳动合同，发生劳动争议时因双方劳动关系难以确定，致使劳动者合法权益难以维护，对劳动关系的和谐稳定带来不利影响。为规范用人单位用工行为，保护劳动者合法权益，促进社会稳定，现就用人单位与劳动者确立劳动关系的有关事项通知如下：

一、用人单位招用劳动者未订立书面劳动合同，但同时具备下列情形的，劳动关系成立。

（一）用人单位和劳动者符合法律、法规规定的主体资格；

（二）用人单位依法制定的各项劳动规章制度适用于劳动者，劳动者受用人单位的劳动管理，从事用人单位安排的有报酬的劳动；

（三）劳动者提供的劳动是用人单位业务的组成部分。

二、用人单位未与劳动者签订劳动合同，认定双方存在劳动关系时可参照下列凭证：

（一）工资支付凭证或记录（职工工资发放花名册）、缴纳各项社会保险费的记录；

（二）用人单位向劳动者发放的"工作证""服务证"等能够证明身份的证件；

（三）劳动者填写的用人单位招工招聘"登记表""报名表"等招用记录；

（四）考勤记录；

（五）其他劳动者的证言等。

其中，（一）、（三）、（四）项的有关凭证由用人单位负举证责任。

三、用人单位招用劳动者符合第一条规定的情形的，用人单位应当与劳动者补签劳动合同，劳动合同期限由双方协商确定。协商不一致的，任何一方均可提出终止劳动关系，但对符合签订无固定期限劳动合同条件的劳动者，如果劳动者提出订立无固定期限劳动合同，用人单位应当订立。

用人单位提出终止劳动关系的，应当按照劳动者在本单位工作年限每满一年支付一个月工资的经济补偿金。

四、建筑施工、矿山企业等用人单位将工程（业务）或经营权发包给不具备用工主体资格的组织或自然人，对该组织或自然人招用的劳动者，由具备用工主体资格的发包方承担用工主体责任。

五、劳动者与用人单位就是否存在劳动关系引发争议的，可以向有管辖权的劳动争议仲裁委员会申请仲裁。

劳动和社会保障部
2005年5月25日

十四、职业健康

127 中华人民共和国职业病防治法

2001年10月27日第九届全国人民代表大会常务委员会第二十四次会议通过，中华人民共和国主席令第60号公布，根据2011年12月31日第十一届全国人民代表大会常务委员会第二十四次会议《关于修改〈中华人民共和国职业病防治法〉的决定》第一次修正，中华人民共和国主席令第52号公布，根据2016年7月2日第十二届全国人民代表大会常务委员会第二十一次会议《关于修改〈中华人民共和国节约能源法〉等六部法律的决定》第二次修正，中华人民共和国主席令第48号公布，根据2017年11月4日第十二届全国人民代表大会常务委员会第三十次会议《关于修改〈中华人民共和国会计法〉等十一部法律的决定》第三次修正，中华人民共和国主席令第81号公布，根据2018年12月29日第十三届全国人民代表大会常务委员会第七次会议《关于修改〈中华人民共和国劳动法〉等七部法律的决定》第四次修正，中华人民共和国主席令第24号公布。

第一章 总 则

第一条 为了预防、控制和消除职业病危害，防治职业病，保护劳动者健康及其相关权益，促进经济社会发展，根据宪法，制定本法。

第二条 本法适用于中华人民共和国领域内的职业病防治活动。

本法所称职业病，是指企业、事业单位和个体经济组织等用人单位的劳动者在职业活动中，因接触粉尘、放射性物质和其他有毒、有害因素而引起的疾病。

职业病的分类和目录由国务院卫生行政部门会同国务院劳动保障行政部门制定、调整并公布。

第三条 职业病防治工作坚持预防为主、防治结合的方针，建立用人单位负责、行政机关监管、行业自律、职工参与和社会监督的机制，实行分类管理、综合治理。

第四条 劳动者依法享有职业卫生保护的权利。

用人单位应当为劳动者创造符合国家职业卫生标准和卫生要求的工作环境和条件，并采取措施保障劳动者获得职业卫生保护。

工会组织依法对职业病防治工作进行监督，维护劳动者的合法权益。用人单位制定或者修改有关职业病防治的规章制度，应当听取工会组织的意见。

第五条 用人单位应当建立、健全职业病防治责任制，加强对职业病防治的管理，提高职业病防治水平，对本单位产生的职业病危害承担责任。

第六条 用人单位的主要负责人对本单位的职业病防治工作全面负责。

第七条 用人单位必须依法参加工伤保险。

国务院和县级以上地方人民政府劳动保障行政部门应当加强对工伤保险的监督管理，确保劳动者依法享受工伤保险待遇。

第八条 国家鼓励和支持研制、开发、推广、应用有利于职业病防治和保护劳动者健康的新技术、新工艺、新设备、新材料，加强对职业病的机理和发生规律的基础研究，提高职业病防治科学技术水平；积极采用有效的职业病防治技术、工艺、设备、材料；限制使用或者淘汰职业病危害严重的技术、工艺、设备、材料。

国家鼓励和支持职业病医疗康复机构的建设。

第九条 国家实行职业卫生监督制度。

国务院卫生行政部门、劳动保障行政部门依照本法和国务院确定的职责，负责全国职业病防治的监督管理工作。国务院有关部门在各自的职责范围内负责职业病防治的有关监督管理工作。

县级以上地方人民政府卫生行政部门、劳动保障行政部门依据各自职责，负责本行政区域内职业病防治的监督管理工作。县级以上地方人民政府有关部门在各自的职责范围内负责职业病防治的有关监督管理工作。

县级以上人民政府卫生行政部门、劳动保障行政部门（以下统称职业卫生监督管理部门）应当加强沟通，密切配合，按照各自职责分工，依法行使职权，承担责任。

第十条 国务院和县级以上地方人民政府应当制定职业病防治规划，将其纳入国民经济和社会发展计划，并组织实施。

县级以上地方人民政府统一负责、领导、组织、协调本行政区域的职业病防治工作，建立健全职业病防治工作体制、机制，统一领导、指挥职业卫生突发事件应对工作；加强职业病防治能力建设和服务体系建设，完善、落实职业病防治工作责任制。

乡、民族乡、镇的人民政府应当认真执行本法，支持职业卫生监督管理部门依法履行职责。

第十一条 县级以上人民政府职业卫生监督管理部门应当加强对职业病防治的宣传教育，普及职业病防治的知识，增强用人单位的职业病防治观念，提高劳动者的职业健康意识、自我保护意识和行使职业卫生保护权利的能力。

第十二条 有关防治职业病的国家职业卫生标准，由国务院卫生行政部门组织制定并公布。

国务院卫生行政部门应当组织开展重点职业病监测和专项调查，对职业健康风险进行评估，为制定职业卫生标准和职业病防治政策提供科学依据。

县级以上地方人民政府卫生行政部门应当定期对本行政区域的职业病防治情况进行统计和调查分析。

第十三条 任何单位和个人有权对违反本法的行为进行检举和控告。有关部门收到相关的检举和控告后，应当及时处理。

对防治职业病成绩显著的单位和个人，给予奖励。

第二章 前 期 预 防

第十四条 用人单位应当依照法律、法规要求，严格遵守国家职业卫生标准，落实职业病预防措施，从源头上控制和消除职业病危害。

第十五条 产生职业病危害的用人单位的设立除应当符合法律、行政法规规定的设立条件外，其工作场所还应当符合下列职业卫生要求：

（一）职业病危害因素的强度或者浓度符合国家职业卫生标准；

（二）有与职业病危害防护相适应的设施；

（三）生产布局合理，符合有害与无害作业分开的原则；

（四）有配套的更衣间、洗浴间、孕妇休息间等卫生设施；

（五）设备、工具、用具等设施符合保护劳动者生理、心理健康的要求；

（六）法律、行政法规和国务院卫生行政部门关于保护劳动者健康的其他要求。

第十六条 国家建立职业病危害项目申报制度。

用人单位工作场所存在职业病目录所列职业病的危害因素的，应当及时、如实向所在地卫生行政部门申报危害项目，接受监督。

职业病危害因素分类目录由国务院卫生行政部门制定、调整并公布。职业病危害项目申报的具体办法由国务院卫生行政部门制定。

第十七条 新建、扩建、改建建设项目和技术改造、技术引进项目（以下统称建设项目）可能产生职业病危害的，建设单位在可行性论证阶段应当进行职业病危害预评价。

医疗机构建设项目可能产生放射性职业病危害的，建设单位应当向卫生行政部门提交放射性职业病危害预评价报告。卫生行政部门应当自收到预评价报告之日起三十日内，作出审核决定并书面通知建设单位。未提交预评价报告或者预评价报告未经卫生行政部门审核同意的，不得开工建设。

职业病危害预评价报告应当对建设项目可能产生的职业病危害因素及其对工作场所和劳动者健康的影响作出评价，确定危害类别和职业病防护措施。

建设项目职业病危害分类管理办法由国务院卫生行政部门制定。

第十八条 建设项目的职业病防护设施所需费用应当纳入建设项目工程预算，并与主体工程同时设计，同时施工，同时投入生产和使用。

建设项目的职业病防护设施设计应当符合国家职业卫生标准和卫生要求；其中，医疗机构放射性职业病危害严重的建设项目的防护设施设计，应当经卫生行政部门审查同意后，方可施工。

建设项目在竣工验收前，建设单位应当进行职业病危害控制效果评价。

医疗机构可能产生放射性职业病危害的建设项目竣工验收时，其放射性职业病防护设施经卫生行政部门验收合格后，方可投入使用；其他建设项目的职业病防护设施应当由建设单位负责依法组织验收，验收合格后，方可投入生产和使用。卫生行政部门应当加强对建设单位组织的验收活动和验收结果的监督核查。

第十九条 国家对从事放射性、高毒、高危粉尘等作业实行特殊管理。具体管理办法由国务院制定。

第三章　劳动过程中的防护与管理

第二十条 用人单位应当采取下列职业病防治管理措施：

（一）设置或者指定职业卫生管理机构或者组织，配备专职或者兼职的职业卫生管理人员，负责本单位的职业病防治工作；

（二）制定职业病防治计划和实施方案；

（三）建立、健全职业卫生管理制度和操作规程；

（四）建立、健全职业卫生档案和劳动者健康监护档案；

（五）建立、健全工作场所职业病危害因素监测及评价制度；

（六）建立、健全职业病危害事故应急救援预案。

第二十一条 用人单位应当保障职业病防治所需的资金投入，不得挤占、挪用，并对因资金投入不足导致的后果承担责任。

第二十二条 用人单位必须采用有效的职业病防护设施，并为劳动者提供个人使用的职业病防护用品。

用人单位为劳动者个人提供的职业病防护用品必须符合防治职业病的要求；不符合要求的，不得使用。

第二十三条 用人单位应当优先采用有利于防治职业病和保护劳动者健康的新技术、新工艺、新设备、新材料，逐步替代职业病危害严重的技术、工艺、设备、材料。

第二十四条 产生职业病危害的用人单位，应当在醒目位置设置公告栏，公布有关职业病防治的规章制度、操作规程、职业病危害事故应急救援措施和工作场所职业病危害因素检测结果。

对产生严重职业病危害的作业岗位，应当在其醒目位置，设置警示标识和中文警示说明。警示说明应当载明产生职业病危害的种类、后果、预防以及应急救治措施等内容。

第二十五条 对可能发生急性职业损伤的有毒、有害工作场所，用人单位应当设置报警装置，配置现场急救用品、冲洗设备、应急撤离通道和必要的泄险区。

对放射工作场所和放射性同位素的运输、贮存，用人单位必须配置防护设备和报警装置，保证接触放射线的工作人员佩戴个人剂量计。

对职业病防护设备、应急救援设施和个人使用的职业病防护用品，用人单位应当进行经常性的维护、检修，定期检测其性能和效果，确保其处于正常状态，不得擅自拆除或者停止使用。

第二十六条 用人单位应当实施由专人负责的职业病危害因素日常监测，并确保监测系统处于正常运行状态。

用人单位应当按照国务院卫生行政部门的规定，定期对工作场所进行职业病危害因素检测、评价。检测、评价结果存入用人单位职业卫生档案，定期向所在地卫生行政部门报告并向劳动者公布。

职业病危害因素检测、评价由依法设立的取得国务院卫生行政部门或者设区的市级以上地方人民政府卫生行政部门按照职责分工给予资质认可的职业卫生技术服务机构进行。职业卫生技术服务机构所作检测、评价应当客观、真实。

发现工作场所职业病危害因素不符合国家职业卫生标准和卫生要求时，用人单位应当立即采取相应治理措施，仍然达不到国家职业卫生标准和卫生要求的，必须停止存在职业病危害因素的作业；职业病危害因素经治理后，符合国家职业卫生标准和卫生要求的，方可重新作业。

第二十七条 职业卫生技术服务机构依法从事职业病危害因素检测、评价工作，接受卫生行政部门的监督检查。卫生行政部门应当依法履行监督职责。

第二十八条 向用人单位提供可能产生职业病危害的设备的，应当提供中文说明书，并在设备的醒目位置设置警示标识和中文警示说明。警示说明应当载明设备性能、可能产生的职业病危害、安全操作和维护注意事项、职业病防护以及应急救治措施等内容。

第二十九条 向用人单位提供可能产生职业病危害的化学品、放射性同位素和含有放射性物质的材料的，应当提供中文说明书。说明书应当载明产品特性、主要成分、存在的有害因素、可能产生的危害后果、安全使用注意事项、职业病防护以及应急救治措施等内容。产品包装应当有醒目的警示标识和中文警示说明。贮存上述材料的场所应当在规定的部位设置危险物品标识或者放射性警示标识。

国内首次使用或者首次进口与职业病危害有关的化学材料，使用单位或者进口单位按照国家规定经国务院有关部门批准后，应当向国务院卫生行政部门报送该化学材料的毒性鉴定以及经有关部门登记注册或者批准进口的文件等资料。

进口放射性同位素、射线装置和含有放射性物质的物品的，按照国家有关规定办理。

第三十条 任何单位和个人不得生产、经营、进口和使用国家明令禁止使用的可能产生职业病危害的设备或者材料。

第三十一条 任何单位和个人不得将产生职业病危害的作业转移给不具备职业病防护条件的单位和个人。不具备职业病防护条件的单位和个人不得接受产生职业病危害的作业。

第三十二条 用人单位对采用的技术、工艺、设备、材料，应当知悉其产生的职业病危害，对有职业病危害的技术、工艺、设备、材料隐瞒其危害而采用的，对所造成的职业病危害后果承担责任。

第三十三条 用人单位与劳动者订立劳动合同（含聘用合同，下同）时，应当将工作过程中可能产生的职业病危害及其后果、职业病防护措施和待遇等如实告知劳动者，并在劳动合同中写明，不得隐瞒或者欺骗。

劳动者在已订立劳动合同期间因工作岗位或者工作内容变更，从事与所订立劳动合同中未告知的存在职业病危害的作业时，用人单位应当依照前款规定，向劳动者履行如实告知的义务，并协商变更原劳动合同相关条款。

用人单位违反前两款规定的，劳动者有权拒绝从事存在职业病危害的作业，用人单位不得因此解除与劳动者所订立的劳动合同。

第三十四条 用人单位的主要负责人和职业卫生管理人员应当接受职业卫生培训，遵守职业病防治法律、法规，依法组织本单位的职业病防治工作。

用人单位应当对劳动者进行上岗前的职业卫生培训和在岗期间的定期职业卫生培训，普及职业卫生知识，督促劳动者遵守职业病防治法律、法规、规章和操作规程，指导劳动者正确使用职业病防护设备和个人使用的职业病防护用品。

劳动者应当学习和掌握相关的职业卫生知识，增强职业病防范意识，遵守职业病防治法律、法规、规章和操作规程，正确使用、维护职业病防护设备和个人使用的职业病防护用品，发现职业病危害事故隐患应当及时报告。

劳动者不履行前款规定义务的，用人单位应当对其进行教育。

第三十五条 对从事接触职业病危害的作业的劳动者，用人单位应当按照国务院卫生行政部门的规定组织上岗前、在岗期间和离岗时的职业健康检查，并将检查结果书面告知劳动者。职业健康检查费用由用人单位承担。

用人单位不得安排未经上岗前职业健康检查的劳动者从事接触职业病危害的作业；不得安排有职业禁忌的劳动者从事其所禁忌的作业；对在职业健康检查中发现有与所从事的职业相关的健康损害的劳动者，应当调离原工作岗位，并妥善安置；对未进行离岗前职业健康检查的劳动者不得解除或者终止与其订立的劳动合同。

职业健康检查应当由取得《医疗机构执业许可证》的医疗卫生机构承担。卫生行政部门应当加强对职业健康检查工作的规范管理，具体管理办法由国务院卫生行政部门制定。

第三十六条 用人单位应当为劳动者建立职业健康监护档案，并按照规定的期限妥善保存。

职业健康监护档案应当包括劳动者的职业史、职业病危害接触史、职业健康检查结果和职业病诊疗等有关个人健康资料。

劳动者离开用人单位时，有权索取本人职业健康监护档案复印件，用人单位应当如实、无偿提供，并在所提供的复印件上签章。

第三十七条 发生或者可能发生急性职业病危害事故时，用人单位应当立即采取应急救援和控制措施，并及时报告所在地卫生行政部门和有关部门。卫生行政部门接到报告后，应当及时会同有关部门组织调查处理；必要时，可以采取临时控制措施。卫生行政部门应当组织做好医疗救治工作。

对遭受或者可能遭受急性职业病危害的劳动者，用人单位应当及时组织救治、进行健康检查和医学观察，所需费用由用人单位承担。

第三十八条 用人单位不得安排未成年工从事接触职业病危害的作业；不得安排孕期、哺乳期的女职工从事对本人和胎儿、婴儿有危害的作业。

第三十九条 劳动者享有下列职业卫生保护权利：

（一）获得职业卫生教育、培训；

（二）获得职业健康检查、职业病诊疗、康复等职业病防治服务；

（三）了解工作场所产生或者可能产生的职业病危害因素、危害后果和应当采取的职业病防护措施；

（四）要求用人单位提供符合防治职业病要求的职业病防护设施和个人使用的职业病防护用品，改善工作条件；

（五）对违反职业病防治法律、法规以及危及生命健康的行为提出批评、检举和控告；

（六）拒绝违章指挥和强令进行没有职业病防护措施的作业；

（七）参与用人单位职业卫生工作的民主管理，对职业病防治工作提出意见和建议。

用人单位应当保障劳动者行使前款所列权利。因劳动者依法行使正当权利而降低其工资、福利等待遇或者解除、终止与其订立的劳动合同的，其行为无效。

第四十条 工会组织应当督促并协助用人单位开展职业卫生宣传教育和培训，有权对用人单位的职业病防治工作提出意见和建议，依法代表劳动者与用人单位签订劳动安全卫生专项集体合同，与用人单位就劳动者反映的有关职业病防治的问题进行协调并督促解决。

工会组织对用人单位违反职业病防治法律、法规，侵犯劳动者合法权益的行为，有权要求纠正；产生严重职业病危害时，有权要求采取防护措施，或者向政府有关部门建议采取强制性措施；发生职业病危害事故时，有权参与事故调查处理；发现危及劳动者生命健康的情形时，有权向用人单位建议组织劳动者撤离危险现场，用人单位应当立即作出处理。

第四十一条 用人单位按照职业病防治要求，用于预防和治理职业病危害、工作场所卫生检测、健康监护和职业卫生培训等费用，按照国家有关规定，在生产成本中据实列支。

第四十二条 职业卫生监督管理部门应当按照职责分工，加强对用人单位落实职业病防护管理措施情况的监督检查，依法行使职权，承担责任。

第四章 职业病诊断与职业病病人保障

第四十三条 职业病诊断应当由取得《医疗机构执业许可证》的医疗卫生机构承担。卫生行政部门应当加强对职业病诊断工作的规范管理，具体管理办法由国务院卫生行政部门制定。

承担职业病诊断的医疗卫生机构还应当具备下列条件：

（一）具有与开展职业病诊断相适应的医疗卫生技术人员；

（二）具有与开展职业病诊断相适应的仪器、设备；

（三）具有健全的职业病诊断质量管理制度。

承担职业病诊断的医疗卫生机构不得拒绝劳动者进行职业病诊断的要求。

第四十四条 劳动者可以在用人单位所在地、本人户籍所在地或者经常居住地依法承担职业病诊断的医疗卫生机构进行职业病诊断。

第四十五条 职业病诊断标准和职业病诊断、鉴定办法由国务院卫生行政部门制定。职业病伤残等级的鉴定办法由国务院劳动保障行政部门会同国务院卫生行政部门制定。

第四十六条 职业病诊断，应当综合分析下列因素：

（一）病人的职业史；

（二）职业病危害接触史和工作场所职业病危害因素情况；

（三）临床表现以及辅助检查结果等。

没有证据否定职业病危害因素与病人临床表现之间的必然联系的，应当诊断为职业病。

职业病诊断证明书应当由参与诊断的取得职业病诊断资格的执业医师签署，并经承担职业病诊断的医疗卫生机构审核盖章。

第四十七条 用人单位应当如实提供职业病诊断、鉴定所需的劳动者职业史和职业病危害接触史、工作场所职业病危害因素检测结果等资料；卫生行政部门应当监督检查和督促用人单位提供上述资料；劳动者和有关机构也应当提供与职业病诊断、鉴定有关的资料。

职业病诊断、鉴定机构需要了解工作场所职业病危害因素情况时，可以对工作场所进行现场调查，也可以向卫生行政部门提出，卫生行政部门应当在十日内组织现场调查。用人单位不得拒绝、阻挠。

第四十八条 职业病诊断、鉴定过程中，用人单位不提供工作场所职业病危害因素检测结果等资料的，诊断、鉴定机构应当结合劳动者的临床表现、辅助检查结果和劳动者的职业史、职业病危害接触史，并参考劳动者的自述、卫生行政部门提供的日常监督检查信息等，作出职业病诊断、鉴定结论。

劳动者对用人单位提供的工作场所职业病危害因素检测结果等资料有异议，或者因劳动者的用人单位解散、破产，无用人单位提供上述资料的，诊断、鉴定机构应当提请卫生行政部门进行调查，卫生行政部门应当自接到申请之日起三十日内对存在异议的资料或者工作场所职业病危害因素情况作出判定；有关部门应当配合。

第四十九条 职业病诊断、鉴定过程中，在确认劳动者职业史、职业病危害接触史时，当事人对劳动关系、工种、工作岗位或者在岗时间有争议的，可以向当地的劳动人事争议仲裁委员会申请仲裁；接到申请的劳动人事争议仲裁委员会应当受理，并在三十日内作出裁决。

当事人在仲裁过程中对自己提出的主张，有责任提供证据。劳动者无法提供由用人单位掌握管理的与仲裁主张有关的证据的，仲裁庭应当要求用人单位在指定期限内提供；用人单位在指定期限内不提供的，应当承担不利后果。

劳动者对仲裁裁决不服的，可以依法向人民法院提起诉讼。

用人单位对仲裁裁决不服的，可以在职业病诊断、鉴定程序结束之日起十五日内依法向人民法院提起诉讼；诉讼期间，劳动者的治疗费用按照职业病待遇规定的途径支付。

第五十条 用人单位和医疗卫生机构发现职业病病人或者疑似职业病病人时，应当及时向所在地卫生行政部门报告。确诊为职业病的，用人单位还应当向所在地劳动保障行政部门报告。接到报告的部门应当依法作出处理。

第五十一条 县级以上地方人民政府卫生行政部门负责本行政区域内的职业病统计报告的管理工作，并按照规定上报。

第五十二条 当事人对职业病诊断有异议的，可以向作出诊断的医疗卫生机构所在地地方人民政府卫生行政部门申请鉴定。

职业病诊断争议由设区的市级以上地方人民政府卫生行政部门根据当事人的申请，组织职业病诊断鉴定委员会进行鉴定。

当事人对设区的市级职业病诊断鉴定委员会的鉴定结论不服的,可以向省、自治区、直辖市人民政府卫生行政部门申请再鉴定。

第五十三条 职业病诊断鉴定委员会由相关专业的专家组成。

省、自治区、直辖市人民政府卫生行政部门应当设立相关的专家库,需要对职业病争议作出诊断鉴定时,由当事人或者当事人委托有关卫生行政部门从专家库中以随机抽取的方式确定参加诊断鉴定委员会的专家。

职业病诊断鉴定委员会应当按照国务院卫生行政部门颁布的职业病诊断标准和职业病诊断、鉴定办法进行职业病诊断鉴定,向当事人出具职业病诊断鉴定书。职业病诊断、鉴定费用由用人单位承担。

第五十四条 职业病诊断鉴定委员会组成人员应当遵守职业道德,客观、公正地进行诊断鉴定,并承担相应的责任。职业病诊断鉴定委员会组成人员不得私下接触当事人,不得收受当事人的财物或者其他好处,与当事人有利害关系的,应当回避。

人民法院受理有关案件需要进行职业病鉴定时,应当从省、自治区、直辖市人民政府卫生行政部门依法设立的相关的专家库中选取参加鉴定的专家。

第五十五条 医疗卫生机构发现疑似职业病病人时,应当告知劳动者本人并及时通知用人单位。

用人单位应当及时安排对疑似职业病病人进行诊断;在疑似职业病病人诊断或者医学观察期间,不得解除或者终止与其订立的劳动合同。

疑似职业病病人在诊断、医学观察期间的费用,由用人单位承担。

第五十六条 用人单位应当保障职业病病人依法享受国家规定的职业病待遇。

用人单位应当按照国家有关规定,安排职业病病人进行治疗、康复和定期检查。

用人单位对不适宜继续从事原工作的职业病病人,应当调离原岗位,并妥善安置。

用人单位对从事接触职业病危害的作业的劳动者,应当给予适当岗位津贴。

第五十七条 职业病病人的诊疗、康复费用,伤残以及丧失劳动能力的职业病病人的社会保障,按照国家有关工伤保险的规定执行。

第五十八条 职业病病人除依法享有工伤保险外,依照有关民事法律,尚有获得赔偿的权利的,有权向用人单位提出赔偿要求。

第五十九条 劳动者被诊断患有职业病,但用人单位没有依法参加工伤保险的,其医疗和生活保障由该用人单位承担。

第六十条 职业病病人变动工作单位,其依法享有的待遇不变。

用人单位在发生分立、合并、解散、破产等情形时,应当对从事接触职业病危害的作业的劳动者进行健康检查,并按照国家有关规定妥善安置职业病病人。

第六十一条 用人单位已经不存在或者无法确认劳动关系的职业病病人,可以向地方人民政府医疗保障、民政部门申请医疗救助和生活等方面的救助。

地方各级人民政府应当根据本地区的实际情况,采取其他措施,使前款规定的职业病病人获得医疗救治。

第五章 监督检查

第六十二条 县级以上人民政府职业卫生监督管理部门依照职业病防治法律、法规、国家职业卫生标准和卫生要求，依据职责划分，对职业病防治工作进行监督检查。

第六十三条 卫生行政部门履行监督检查职责时，有权采取下列措施：

（一）进入被检查单位和职业病危害现场，了解情况，调查取证；

（二）查阅或者复制与违反职业病防治法律、法规的行为有关的资料和采集样品；

（三）责令违反职业病防治法律、法规的单位和个人停止违法行为。

第六十四条 发生职业病危害事故或者有证据证明危害状态可能导致职业病危害事故发生时，卫生行政部门可以采取下列临时控制措施：

（一）责令暂停导致职业病危害事故的作业；

（二）封存造成职业病危害事故或者可能导致职业病危害事故发生的材料和设备；

（三）组织控制职业病危害事故现场。

在职业病危害事故或者危害状态得到有效控制后，卫生行政部门应当及时解除控制措施。

第六十五条 职业卫生监督执法人员依法执行职务时，应当出示监督执法证件。

职业卫生监督执法人员应当忠于职守，秉公执法，严格遵守执法规范；涉及用人单位的秘密的，应当为其保密。

第六十六条 职业卫生监督执法人员依法执行职务时，被检查单位应当接受检查并予以支持配合，不得拒绝和阻碍。

第六十七条 卫生行政部门及其职业卫生监督执法人员履行职责时，不得有下列行为：

（一）对不符合法定条件的，发给建设项目有关证明文件、资质证明文件或者予以批准；

（二）对已经取得有关证明文件的，不履行监督检查职责；

（三）发现用人单位存在职业病危害的，可能造成职业病危害事故，不及时依法采取控制措施；

（四）其他违反本法的行为。

第六十八条 职业卫生监督执法人员应当依法经过资格认定。

职业卫生监督管理部门应当加强队伍建设，提高职业卫生监督执法人员的政治、业务素质，依照本法和其他有关法律、法规的规定，建立、健全内部监督制度，对其工作人员执行法律、法规和遵守纪律的情况，进行监督检查。

第六章 法律责任

第六十九条 建设单位违反本法规定，有下列行为之一的，由卫生行政部门给予警告，责令限期改正；逾期不改正的，处十万元以上五十万元以下的罚款；情节严重的，责令停

止产生职业病危害的作业,或者提请有关人民政府按照国务院规定的权限责令停建、关闭:

(一) 未按照规定进行职业病危害预评价的;

(二) 医疗机构可能产生放射性职业病危害的建设项目未按照规定提交放射性职业病危害预评价报告,或者放射性职业病危害预评价报告未经卫生行政部门审核同意,开工建设的;

(三) 建设项目的职业病防护设施未按照规定与主体工程同时设计、同时施工、同时投入生产和使用的;

(四) 建设项目的职业病防护设施设计不符合国家职业卫生标准和卫生要求,或者医疗机构放射性职业病危害严重的建设项目的防护设施设计未经卫生行政部门审查同意擅自施工的;

(五) 未按照规定对职业病防护设施进行职业病危害控制效果评价的;

(六) 建设项目竣工投入生产和使用前,职业病防护设施未按照规定验收合格的。

第七十条 违反本法规定,有下列行为之一的,由卫生行政部门给予警告,责令限期改正;逾期不改正的,处十万元以下的罚款:

(一) 工作场所职业病危害因素检测、评价结果没有存档、上报、公布的;

(二) 未采取本法第二十条规定的职业病防治管理措施的;

(三) 未按照规定公布有关职业病防治的规章制度、操作规程、职业病危害事故应急救援措施的;

(四) 未按照规定组织劳动者进行职业卫生培训,或者未对劳动者个人职业病防护采取指导、督促措施的;

(五) 国内首次使用或者首次进口与职业病危害有关的化学材料,未按照规定报送毒性鉴定资料以及经有关部门登记注册或者批准进口的文件的。

第七十一条 用人单位违反本法规定,有下列行为之一的,由卫生行政部门责令限期改正,给予警告,可以并处五万元以上十万元以下的罚款:

(一) 未按照规定及时、如实向卫生行政部门申报产生职业病危害的项目的;

(二) 未实施由专人负责的职业病危害因素日常监测,或者监测系统不能正常监测的;

(三) 订立或者变更劳动合同时,未告知劳动者职业病危害真实情况的;

(四) 未按照规定组织职业健康检查、建立职业健康监护档案或者未将检查结果书面告知劳动者的;

(五) 未依照本法规定在劳动者离开用人单位时提供职业健康监护档案复印件的。

第七十二条 用人单位违反本法规定,有下列行为之一的,由卫生行政部门给予警告,责令限期改正,逾期不改正的,处五万元以上二十万元以下的罚款;情节严重的,责令停止产生职业病危害的作业,或者提请有关人民政府按照国务院规定的权限责令关闭:

(一) 工作场所职业病危害因素的强度或者浓度超过国家职业卫生标准的;

(二) 未提供职业病防护设施和个人使用的职业病防护用品,或者提供的职业病防护设施和个人使用的职业病防护用品不符合国家职业卫生标准和卫生要求的;

(三) 对职业病防护设备、应急救援设施和个人使用的职业病防护用品未按照规定进行维护、检修、检测，或者不能保持正常运行、使用状态的；

（四）未按照规定对工作场所职业病危害因素进行检测、评价的；

（五）工作场所职业病危害因素经治理仍然达不到国家职业卫生标准和卫生要求时，未停止存在职业病危害因素的作业的；

（六）未按照规定安排职业病病人、疑似职业病病人进行诊治的；

（七）发生或者可能发生急性职业病危害事故时，未立即采取应急救援和控制措施或者未按照规定及时报告的；

（八）未按照规定在产生严重职业病危害的作业岗位醒目位置设置警示标识和中文警示说明的；

（九）拒绝职业卫生监督管理部门监督检查的；

（十）隐瞒、伪造、篡改、毁损职业健康监护档案、工作场所职业病危害因素检测评价结果等相关资料，或者拒不提供职业病诊断、鉴定所需资料的；

（十一）未按照规定承担职业病诊断、鉴定费用和职业病病人的医疗、生活保障费用的。

第七十三条 向用人单位提供可能产生职业病危害的设备、材料，未按照规定提供中文说明书或者设置警示标识和中文警示说明的，由卫生行政部门责令限期改正，给予警告，并处五万元以上二十万元以下的罚款。

第七十四条 用人单位和医疗卫生机构未按照规定报告职业病、疑似职业病的，由有关主管部门依据职责分工责令限期改正，给予警告，可以并处一万元以下的罚款；弄虚作假的，并处二万元以上五万元以下的罚款；对直接负责的主管人员和其他直接责任人员，可以依法给予降级或者撤职的处分。

第七十五条 违反本法规定，有下列情形之一的，由卫生行政部门责令限期治理，并处五万元以上三十万元以下的罚款；情节严重的，责令停止产生职业病危害的作业，或者提请有关人民政府按照国务院规定的权限责令关闭：

（一）隐瞒技术、工艺、设备、材料所产生的职业病危害而采用的；

（二）隐瞒本单位职业卫生真实情况的；

（三）可能发生急性职业损伤的有毒、有害工作场所、放射工作场所或者放射性同位素的运输、贮存不符合本法第二十五条规定的；

（四）使用国家明令禁止使用的可能产生职业病危害的设备或者材料的；

（五）将产生职业病危害的作业转移给没有职业病防护条件的单位和个人，或者没有职业病防护条件的单位和个人接受产生职业病危害的作业的；

（六）擅自拆除、停止使用职业病防护设备或者应急救援设施的；

（七）安排未经职业健康检查的劳动者、有职业禁忌的劳动者、未成年工或者孕期、哺乳期女职工从事接触职业病危害的作业或者禁忌作业的；

（八）违章指挥和强令劳动者进行没有职业病防护措施的作业的。

第七十六条 生产、经营或者进口国家明令禁止使用的可能产生职业病危害的设备或者材料的，依照有关法律、行政法规的规定给予处罚。

第七十七条 用人单位违反本法规定,已经对劳动者生命健康造成严重损害的,由卫生行政部门责令停止产生职业病危害的作业,或者提请有关人民政府按照国务院规定的权限责令关闭,并处十万元以上五十万元以下的罚款。

第七十八条 用人单位违反本法规定,造成重大职业病危害事故或者其他严重后果,构成犯罪的,对直接负责的主管人员和其他直接责任人员,依法追究刑事责任。

第七十九条 未取得职业卫生技术服务资质认可擅自从事职业卫生技术服务的,由卫生行政部门责令立即停止违法行为,没收违法所得;违法所得五千元以上的,并处违法所得二倍以上十倍以下的罚款;没有违法所得或者违法所得不足五千元的,并处五千元以上五万元以下的罚款;情节严重的,对直接负责的主管人员和其他直接责任人员,依法给予降级、撤职或者开除的处分。

第八十条 从事职业卫生技术服务的机构和承担职业病诊断的医疗卫生机构违反本法规定,有下列行为之一的,由卫生行政部门责令立即停止违法行为,给予警告,没收违法所得;违法所得五千元以上的,并处违法所得二倍以上五倍以下的罚款;没有违法所得或者违法所得不足五千元的,并处五千元以上二万元以下的罚款;情节严重的,由原认可或者登记机关取消其相应的资格;对直接负责的主管人员和其他直接责任人员,依法给予降级、撤职或者开除的处分;构成犯罪的,依法追究刑事责任:

(一) 超出资质认可或者诊疗项目登记范围从事职业卫生技术服务或者职业病诊断的;

(二) 不按照本法规定履行法定职责的;

(三) 出具虚假证明文件的。

第八十一条 职业病诊断鉴定委员会组成人员收受职业病诊断争议当事人的财物或者其他好处的,给予警告,没收收受的财物,可以并处三千元以上五万元以下的罚款,取消其担任职业病诊断鉴定委员会组成人员的资格,并从省、自治区、直辖市人民政府卫生行政部门设立的专家库中予以除名。

第八十二条 卫生行政部门不按照规定报告职业病和职业病危害事故的,由上一级行政部门责令改正,通报批评,给予警告;虚报、瞒报的,对单位负责人、直接负责的主管人员和其他直接责任人员依法给予降级、撤职或者开除的处分。

第八十三条 县级以上地方人民政府在职业病防治工作中未依照本法履行职责,本行政区域出现重大职业病危害事故、造成严重社会影响的,依法对直接负责的主管人员和其他直接责任人员给予记大过直至开除的处分。

县级以上人民政府职业卫生监督管理部门不履行本法规定的职责,滥用职权、玩忽职守、徇私舞弊,依法对直接负责的主管人员和其他直接责任人员给予记大过或者降级的处分;造成职业病危害事故或者其他严重后果的,依法给予撤职或者开除的处分。

第八十四条 违反本法规定,构成犯罪的,依法追究刑事责任。

第七章 附 则

第八十五条 本法下列用语的含义:

职业病危害，是指对从事职业活动的劳动者可能导致职业病的各种危害。职业病危害因素包括：职业活动中存在的各种有害的化学、物理、生物因素以及在作业过程中产生的其他职业有害因素。

职业禁忌，是指劳动者从事特定职业或者接触特定职业病危害因素时，比一般职业人群更易于遭受职业病危害和罹患职业病或者可能导致原有自身疾病病情加重，或者在从事作业过程中诱发可能导致对他人生命健康构成危险的疾病的个人特殊生理或者病理状态。

第八十六条 本法第二条规定的用人单位以外的单位，产生职业病危害的，其职业病防治活动可以参照本法执行。

劳务派遣用工单位应当履行本法规定的用人单位的义务。

中国人民解放军参照执行本法的办法，由国务院、中央军事委员会制定。

第八十七条 对医疗机构放射性职业病危害控制的监督管理，由卫生行政部门依照本法的规定实施。

第八十八条 本法自2002年5月1日起施行。

128 中华人民共和国尘肺病防治条例

国发〔1987〕105号

第一章 总 则

第一条 为保护职工健康，消除粉尘危害，防止发生尘肺病，促进生产发展，制定本条例。

第二条 本条例适用于所有有粉尘作业的企业、事业单位。

第三条 尘肺病系指在生产活动中吸入粉尘而发生的肺组织纤维化为主的疾病。

第四条 地方各级人民政府要加强对尘肺病防治工作的领导。在制定本地区国民经济和社会发展计划时，要统筹安排尘肺病防治工作。

第五条 企业、事业单位的主管部门应当根据国家卫生等有关标准，结合实际情况，制定所属企业的尘肺病防治规划，并督促其施行。

乡镇企业主管部门，必须指定专人负责乡镇企业尘肺病的防治工作，建立监督检查制度，并指导乡镇企业对尘肺病的防治工作。

第六条 企业、事业单位的负责人，对本单位的尘肺病防治工作负有直接责任，应采取有效措施使本单位的粉尘作业场所达到国家卫生标准。

第二章 防 尘

第七条 凡有粉尘作业的企业、事业单位应采取综合防尘措施和无尘或低尘的新技术、新工艺、新设备，使作业场所的粉尘浓度不超过国家卫生标准。

第八条 尘肺病诊断标准由卫生行政部门制定，粉尘浓度卫生标准由卫生行政部门会同劳动等有关部门联合制定。

第九条 防尘设施的鉴定和定型制度，由劳动部门会同卫生行政部门制定。任何企业、事业单位除特殊情况外，未经上级主管部门批准，不得停止运行或者拆除防尘设施。

第十条 防尘经费应当纳入基本建设和技术改造经费计划，专款专用，不得挪用。

第十一条 严禁任何企业、事业单位将粉尘作业转嫁、外包或以联营的形式给没有防尘设施的乡镇、街道企业或个体工商户。

中、小学校各类校办的实习工厂或车间，禁止从事有粉尘的作业。

第十二条 职工使用的防止粉尘危害的防护用品，必须符合国家的有关标准。企业、事业单位应当建立严格的管理制度，并教育职工按规定和要求使用。

对初次从事粉尘作业的职工，由其所在单位进行防尘知识教育和考核，考试合格后方可从事粉尘作业。

不满十八周岁的未成年人，禁止从事粉尘作业。

第十三条 新建、改建、扩建、续建有粉尘作业的工程项目，防尘设施必须与主体工程同时设计、同时施工、同时投产。设计任务书，必须经当地卫生行政部门、劳动部门和工会组织审查同意后，方可施工。竣工验收，应由当地卫生行政部门、劳动部门和工会组织参加，凡不符合要求的，不得投产。

第十四条 作业场所的粉尘浓度超过国家卫生标准，又未积极治理，严重影响职工安全健康时，职工有权拒绝操作。

第三章 监督和监测

第十五条 卫生行政部门、劳动部门和工会组织分工协作，互相配合，对企业、事业单位的尘肺病防治工作进行监督。

第十六条 卫生行政部门负责卫生标准的监测；劳动部门负责劳动卫生工程技术标准的监测。

工会组织负责组织职工群众对本单位的尘肺病防治工作进行监督，并教育职工遵守操作规程与防尘制度。

第十七条 凡有粉尘作业的企业、事业单位，必须定期测定作业场所的粉尘浓度。测尘结果必须向主管部门和当地卫生行政部门、劳动部门和工会组织报告，并定期向职工公布。

从事粉尘作业的单位必须建立测尘资料档案。

第十八条 卫生行政部门和劳动部门，要对从事粉尘作业的企业、事业单位的测尘机构加强业务指导，并对测尘人员加强业务指导和技术培训。

第四章 健 康 管 理

第十九条 各企业、事业单位对新从事粉尘作业的职工，必须进行健康检查。对在职和离职的从事粉尘作业的职工，必须定期进行健康检查。检查的内容、期限和尘肺病诊断标准，按卫生行政部门有关职业病管理的规定执行。

第二十条 各企业、事业单位必须贯彻执行职业病报告制度，按期向当地卫生行政部门、劳动部门、工会组织和本单位的主管部门报告职工尘肺病发生和死亡情况。

第二十一条 各企业、事业单位对已确诊为尘肺病的职工，必须调离粉尘作业岗位，并给予治疗或疗养。尘肺病患者的社会保险待遇，按国家有关规定办理。

第五章 奖励和处罚

第二十二条 对在尘肺病防治工作中做出显著成绩的单位和个人，由其上级主管部门给予奖励。

第二十三条 凡违反本条例规定，有下列行为之一的，卫生行政部门和劳动部门，可视其情节轻重，给予警告、限期治理、罚款和停业整顿的处罚。但停业整顿的处罚，需经当地人民政府同意。

（一）作业场所粉尘浓度超过国家卫生标准，逾期不采取措施的；

（二）任意拆除防尘设施，致使粉尘危害严重的；

（三）挪用防尘措施经费的；

（四）工程设计和竣工验收未经卫生行政部门、劳动部门和工会组织审查同意，擅自施工、投产的；

（五）将粉尘作业转嫁、外包或以联营的形式给没有防尘设施的乡镇、街道企业或个体工商户的；

（六）不执行健康检查制度和测尘制度的；

（七）强令尘肺病患者继续从事粉尘作业的；

（八）假报测尘结果或尘肺病诊断结果的；

（九）安排未成年人从事粉尘作业的。

第二十四条 当事人对处罚不服的，可在接到处罚通知之日起十五日内，向作出处罚的部门的上级机关申请复议。但是，对停业整顿的决定应当立即执行。上级机关应当在接到申请之日起三十日内作出答复。对答复不服的，可以在接到答复之日起十五日内，向人民法院起诉。

第二十五条 企业、事业单位负责人和监督、监测人员玩忽职守，致使公共财产、国家和人民利益遭受损失，情节轻微的，由其主管部门给予行政处分；造成重大损失，构成犯罪的，由司法机关依法追究直接责任人员的刑事责任。

第六章 附 则

第二十六条 本条例由国务院卫生行政部门和劳动部门联合进行解释。

第二十七条 各省、自治区、直辖市人民政府应当结合当地实际情况，制定本条例的实施办法。

第二十八条 本条例自发布之日起施行。

129 职业病危害项目申报办法

2012年4月27日国家安全生产监督管理总局令第48号公布，
自2012年6月1日起施行。

第一条 为了规范职业病危害项目的申报工作，加强对用人单位职业卫生工作的监督管理，根据《中华人民共和国职业病防治法》，制定本办法。

第二条 用人单位（煤矿除外）工作场所存在职业病目录所列职业病的危害因素的，应当及时、如实向所在地安全生产监督管理部门申报危害项目，并接受安全生产监督管理部门的监督管理。

煤矿职业病危害项目申报办法另行规定。

第三条 本办法所称职业病危害项目，是指存在职业病危害因素的项目。

职业病危害因素按照《职业病危害因素分类目录》确定。

第四条 职业病危害项目申报工作实行属地分级管理的原则。

中央企业、省属企业及其所属用人单位的职业病危害项目，向其所在地设区的市级人民政府安全生产监督管理部门申报。

前款规定以外的其他用人单位的职业病危害项目，向其所在地县级人民政府安全生产监督管理部门申报。

第五条 用人单位申报职业病危害项目时，应当提交《职业病危害项目申报表》和下列文件、资料：

（一）用人单位的基本情况；
（二）工作场所职业病危害因素种类、分布情况以及接触人数；
（三）法律、法规和规章规定的其他文件、资料。

第六条 职业病危害项目申报同时采取电子数据和纸质文本两种方式。

用人单位应当首先通过"职业病危害项目申报系统"进行电子数据申报，同时将《职业病危害项目申报表》加盖公章并由本单位主要负责人签字后，按照本办法第四条和第五条的规定，连同有关文件、资料一并上报所在地设区的市级、县级安全生产监督管理部门。

受理申报的安全生产监督管理部门应当自收到申报文件、资料之日起 5 个工作日内，出具《职业病危害项目申报回执》。

第七条 职业病危害项目申报不得收取任何费用。

第八条 用人单位有下列情形之一的，应当按照本条规定向原申报机关申报变更职业病危害项目内容：

（一）进行新建、改建、扩建、技术改造或者技术引进建设项目的，自建设项目竣工验收之日起 30 日内进行申报；

（二）因技术、工艺、设备或者材料等发生变化导致原申报的职业病危害因素及其相关内容发生重大变化的，自发生变化之日起 15 日内进行申报；

（三）用人单位工作场所、名称、法定代表人或者主要负责人发生变化的，自发生变化之日起 15 日内进行申报；

（四）经过职业病危害因素检测、评价，发现原申报内容发生变化的，自收到有关检测、评价结果之日起 15 日内进行申报。

第九条 用人单位终止生产经营活动的，应当自生产经营活动终止之日起 15 日内向原申报机关报告并办理注销手续。

第十条 受理申报的安全生产监督管理部门应当建立职业病危害项目管理档案。职业病危害项目管理档案应当包括辖区内存在职业病危害因素的用人单位数量、职业病危害因素种类、行业及地区分布、接触人数等内容。

第十一条 安全生产监督管理部门应当依法对用人单位职业病危害项目申报情况进行抽查，并对职业病危害项目实施监督检查。

第十二条 安全生产监督管理部门及其工作人员应当保守用人单位商业秘密和技术秘密。违反有关保密义务的，应当承担相应的法律责任。

第十三条 安全生产监督管理部门应当建立健全举报制度，依法受理和查处有关用人单位违反本办法行为的举报。

任何单位和个人均有权向安全生产监督管理部门举报用人单位违反本办法的行为。

第十四条 用人单位未按照本办法规定及时、如实地申报职业病危害项目的，责令限期改正，给予警告，可以并处 5 万元以上 10 万元以下的罚款。

第十五条 用人单位有关事项发生重大变化，未按照本办法的规定申报变更职业病危害项目内容的，责令限期改正，可以并处 5 千元以上 3 万元以下的罚款。

第十六条 《职业病危害项目申报表》《职业病危害项目申报回执》的式样由国家安全生产监督管理总局规定。

第十七条 本办法自 2012 年 6 月 1 日起施行。国家安全生产监督管理总局 2009 年 9 月 8 日公布的《作业场所职业危害申报管理办法》同时废止。

130 关于印发《职业病分类和目录》的通知

国卫疾控发〔2013〕48号

各省、自治区、直辖市卫生计生委（卫生厅局）、安全生产监督管理局、人力资源社会保障厅（局）、总工会，新疆生产建设兵团卫生局、安全生产监督管理局、人力资源社会保障局、工会，中国疾病预防控制中心：

根据《中华人民共和国职业病防治法》有关规定，国家卫生计生委、安全监管总局、人力资源社会保障部和全国总工会联合组织对职业病的分类和目录进行了调整。现将《职业病分类和目录》印发给你们，从即日起施行。2002年4月18日原卫生部和原劳动保障部联合印发的《职业病目录》同时废止。

国家卫生计生委
人力资源社会保障部
安全监管总局
全国总工会
2013年12月23日

职业病分类和目录

一、职业性尘肺病及其他呼吸系统疾病

（一）尘肺病

1. 矽肺
2. 煤工尘肺
3. 石墨尘肺
4. 碳黑尘肺
5. 石棉肺
6. 滑石尘肺
7. 水泥尘肺
8. 云母尘肺
9. 陶工尘肺
10. 铝尘肺
11. 电焊工尘肺
12. 铸工尘肺
13. 根据《尘肺病诊断标准》和《尘肺病理诊断标准》可以诊断的其他尘肺病

（二）其他呼吸系统疾病

1. 过敏性肺炎
2. 棉尘病
3. 哮喘
4. 金属及其化合物粉尘肺沉着病（锡、铁、锑、钡及其化合物等）
5. 刺激性化学物所致慢性阻塞性肺疾病
6. 硬金属肺病

二、职业性皮肤病

1. 接触性皮炎
2. 光接触性皮炎
3. 电光性皮炎
4. 黑变病
5. 痤疮
6. 溃疡
7. 化学性皮肤灼伤
8. 白斑
9. 根据《职业性皮肤病的诊断总则》可以诊断的其他职业性皮肤病

三、职业性眼病

1. 化学性眼部灼伤
2. 电光性眼炎
3. 白内障（含放射性白内障、三硝基甲苯白内障）

四、职业性耳鼻喉口腔疾病

1. 噪声聋
2. 铬鼻病
3. 牙酸蚀病
4. 爆震聋

五、职业性化学中毒

1. 铅及其化合物中毒（不包括四乙基铅）
2. 汞及其化合物中毒
3. 锰及其化合物中毒
4. 镉及其化合物中毒
5. 铍病
6. 铊及其化合物中毒
7. 钡及其化合物中毒
8. 钒及其化合物中毒
9. 磷及其化合物中毒

10. 砷及其化合物中毒
11. 铀及其化合物中毒
12. 砷化氢中毒
13. 氯气中毒
14. 二氧化硫中毒
15. 光气中毒
16. 氨中毒
17. 偏二甲基肼中毒
18. 氮氧化合物中毒
19. 一氧化碳中毒
20. 二硫化碳中毒
21. 硫化氢中毒
22. 磷化氢、磷化锌、磷化铝中毒
23. 氟及其无机化合物中毒
24. 氰及腈类化合物中毒
25. 四乙基铅中毒
26. 有机锡中毒
27. 羰基镍中毒
28. 苯中毒
29. 甲苯中毒
30. 二甲苯中毒
31. 正己烷中毒
32. 汽油中毒
33. 一甲胺中毒
34. 有机氟聚合物单体及其热裂解物中毒
35. 二氯乙烷中毒
36. 四氯化碳中毒
37. 氯乙烯中毒
38. 三氯乙烯中毒
39. 氯丙烯中毒
40. 氯丁二烯中毒
41. 苯的氨基及硝基化合物（不包括三硝基甲苯）中毒
42. 三硝基甲苯中毒
43. 甲醇中毒
44. 酚中毒
45. 五氯酚（钠）中毒
46. 甲醛中毒

47. 硫酸二甲酯中毒

48. 丙烯酰胺中毒

49. 二甲基甲酰胺中毒

50. 有机磷中毒

51. 氨基甲酸酯类中毒

52. 杀虫脒中毒

53. 溴甲烷中毒

54. 拟除虫菊酯类中毒

55. 铟及其化合物中毒

56. 溴丙烷中毒

57. 碘甲烷中毒

58. 氯乙酸中毒

59. 环氧乙烷中毒

60. 上述条目未提及的与职业有害因素接触之间存在直接因果联系的其他化学中毒

六、物理因素所致职业病

1. 中暑

2. 减压病

3. 高原病

4. 航空病

5. 手臂振动病

6. 激光所致眼（角膜、晶状体、视网膜）损伤

7. 冻伤

七、职业性放射性疾病

1. 外照射急性放射病

2. 外照射亚急性放射病

3. 外照射慢性放射病

4. 内照射放射病

5. 放射性皮肤疾病

6. 放射性肿瘤（含矿工高氡暴露所致肺癌）

7. 放射性骨损伤

8. 放射性甲状腺疾病

9. 放射性性腺疾病

10. 放射复合伤

11. 根据《职业性放射性疾病诊断标准（总则)》可以诊断的其他放射性损伤

八、职业性传染病

1. 炭疽

2. 森林脑炎

3. 布鲁氏菌病

4. 艾滋病（限于医疗卫生人员及人民警察）

5. 莱姆病

九、职业性肿瘤

1. 石棉所致肺癌、间皮瘤

2. 联苯胺所致膀胱癌

3. 苯所致白血病

4. 氯甲醚、双氯甲醚所致肺癌

5. 砷及其化合物所致肺癌、皮肤癌

6. 氯乙烯所致肝血管肉瘤

7. 焦炉逸散物所致肺癌

8. 六价铬化合物所致肺癌

9. 毛沸石所致肺癌、胸膜间皮瘤

10. 煤焦油、煤焦油沥青、石油沥青所致皮肤癌

11. β-萘胺所致膀胱癌

十、其他职业病

1. 金属烟热

2. 滑囊炎（限于井下工人）

3. 股静脉血栓综合征、股动脉闭塞症或淋巴管闭塞症（限于刮研作业人员）

131 关于印发《职业病危害因素分类目录》的通知

国卫疾控发〔2015〕92号

各省、自治区、直辖市卫生计生委、安全生产监督管理局、人力资源社会保障厅（局）、总工会，新疆生产建设兵团卫生局、安全生产监督管理局、人力资源社会保障局、工会，中国疾病预防控制中心：

为贯彻落实《职业病防治法》，切实保障劳动者健康权益，根据职业病防治工作需要，国家卫生计生委、安全监管总局、人力资源社会保障部和全国总工会联合组织对职业病危害因素分类目录进行了修订。现将《职业病危害因素分类目录》印发给你们，从即日起施行。2002年3月11日原卫生部印发的《职业病危害因素分类目录》同时废止。

附件：职业病危害因素分类目录

国家卫生计生委
人力资源社会保障部
安全监管总局
全国总工会
2015 年 11 月 17 日

附件：

职业病危害因素分类目录

一、粉尘

序号	名称	CAS 号
1	矽尘（游离 SiO_2 含量≥10%）	14808-60-7
2	煤尘	
3	石墨粉尘	7782-42-5
4	炭黑粉尘	1333-86-4
5	石棉粉尘	1332-21-4
6	滑石粉尘	14807-96-6
7	水泥粉尘	
8	云母粉尘	12001-26-2
9	陶土粉尘	
10	铝尘	7429-90-5
11	电焊烟尘	
12	铸造粉尘	
13	白炭黑粉尘	112926-00-8
14	白云石粉尘	
15	玻璃钢粉尘	
16	玻璃棉粉尘	65997-17-3
17	茶尘	
18	大理石粉尘	1317-65-3
19	二氧化钛粉尘	13463-67-7
20	沸石粉尘	
21	谷物粉尘（游离 SiO_2 含量<10%）	
22	硅灰石粉尘	13983-17-0
23	硅藻土粉尘（游离 SiO_2 含量<10%）	61790-53-2

续表

序号	名称	CAS 号
24	活性炭粉尘	64365-11-3
25	聚丙烯粉尘	9003-07-0
26	聚丙烯腈纤维粉尘	
27	聚氯乙烯粉尘	9002-86-2
28	聚乙烯粉尘	9002-88-4
29	矿渣棉粉尘	
30	麻尘（亚麻、黄麻和苎麻）（游离 SiO_2 含量<10%）	
31	棉尘	
32	木粉尘	
33	膨润土粉尘	1302-78-9
34	皮毛粉尘	
35	桑蚕丝尘	
36	砂轮磨尘	
37	石膏粉尘（硫酸钙）	10101-41-4
38	石灰石粉尘	1317-65-3
39	碳化硅粉尘	409-21-2
40	碳纤维粉尘	
41	稀土粉尘（游离 SiO_2 含量<10%）	
42	烟草尘	
43	岩棉粉尘	
44	萤石混合性粉尘	
45	珍珠岩粉尘	93763-70-3
46	蛭石粉尘	
47	重晶石粉尘（硫酸钡）	7727-43-7
48	锡及其化合物粉尘	7440-31-5（锡）
49	铁及其化合物粉尘	7439-89-6（铁）
50	锑及其化合物粉尘	7440-36-0（锑）
51	硬质合金粉尘	
52	以上未提及的可导致职业病的其他粉尘	

二、化学因素

序号	名称	CAS 号
1	铅及其化合物（不包括四乙基铅）	7439-92-1（铅）
2	汞及其化合物	7439-97-6（汞）
3	锰及其化合物	7439-96-5（锰）
4	镉及其化合物	7440-43-9（镉）

续表

序号	名称	CAS 号
5	铍及其化合物	7440-41-7（铍）
6	铊及其化合物	7440-28-0（铊）
7	钡及其化合物	7440-39-3（钡）
8	钒及其化合物	7440-62-6（钒）
9	磷及其化合物（磷化氢、磷化锌、磷化铝、有机磷单列）	7723-14-0（磷）
10	砷及其化合物（砷化氢单列）	7440-38-2（砷）
11	铀及其化合物	7440-61-1（铀）
12	砷化氢	7784-42-1
13	氯气	7782-50-5
14	二氧化硫	7446-9-5
15	光气（碳酰氯）	75-44-5
16	氨	7664-41-7
17	偏二甲基肼（1,1-二甲基肼）	57-14-7
18	氮氧化合物	
19	一氧化碳	630-08-0
20	二硫化碳	75-15-0
21	硫化氢	7783-6-4
22	磷化氢、磷化锌、磷化铝	7803-51-2、1314-84-7、20859-73-8
23	氟及其无机化合物	7782-41-4（氟）
24	氰及其腈类化合物	460-19-5（氰）
25	四乙基铅	78-00-2
26	有机锡	
27	羰基镍	13463-39-3
28	苯	71-43-2
29	甲苯	108-88-3
30	二甲苯	1330-20-7
31	正己烷	110-54-3
32	汽油	
33	一甲胺	74-89-5
34	有机氟聚合物单体及其热裂解物	
35	二氯乙烷	1300-21-6
36	四氯化碳	56-23-5
37	氯乙烯	1975-1-4
38	三氯乙烯	1979-1-6
39	氯丙烯	107-05-1
40	氯丁二烯	126-99-8

续表

序号	名称	CAS 号
41	苯的氨基及硝基化合物（不含三硝基甲苯）	
42	三硝基甲苯	118-96-7
43	甲醇	67-56-1
44	酚	108-95-2
45	五氯酚及其钠盐	87-86-5（五氯酚）
46	甲醛	50-00-0
47	硫酸二甲酯	77-78-1
48	丙烯酰胺	1979-6-1
49	二甲基甲酰胺	1968-12-2
50	有机磷	
51	氨基甲酸酯类	
52	杀虫脒	19750-95-9
53	溴甲烷	74-83-9
54	拟除虫菊酯	
55	铟及其化合物	7440-74-6（铟）
56	溴丙烷（1-溴丙烷；2-溴丙烷）	106-94-5；75-26-3
57	碘甲烷	74-88-4
58	氯乙酸	1979-11-8
59	环氧乙烷	75-21-8
60	氨基磺酸铵	7773-06-0
61	氯化铵烟	12125-02-9（氯化铵）
62	氯磺酸	7790-94-5
63	氢氧化铵	1336-21-6
64	碳酸铵	506-87-6
65	α-氯乙酰苯	532-27-4
66	对特丁基甲苯	98-51-1
67	二乙烯基苯	1321-74-0
68	过氧化苯甲酰	94-36-0
69	乙苯	100-41-4
70	碲化铋	1304-82-1
71	铂化物	
72	1,3-丁二烯	106-99-0
73	苯乙烯	100-42-5
74	丁烯	25167-67-3
75	二聚环戊二烯	77-73-6
76	邻氯苯乙烯（氯乙烯苯）	2039-87-4

续表

序号	名称	CAS 号
77	乙炔	74-86-2
78	1,1-二甲基-4,4′-联吡啶鎓盐二氯化物（百草枯）	1910-42-5
79	2-N-二丁氨基乙醇	102-81-8
80	2-二乙氨基乙醇	100-37-8
81	乙醇胺（氨基乙醇）	141-43-5
82	异丙醇胺（1-氨基-2-二丙醇）	78-96-6
83	1,3-二氯-2-丙醇	96-23-1
84	苯乙醇	60-12-18
85	丙醇	71-23-8
86	丙烯醇	107-18-6
87	丁醇	71-36-3
88	环己醇	108-93-0
89	己二醇	107-41-5
90	糠醇	98-00-0
91	氯乙醇	107-07-3
92	乙二醇	107-21-1
93	异丙醇	67-63-0
94	正戊醇	71-41-0
95	重氮甲烷	334-88-3
96	多氯萘	70776-03-3
97	蒽	120-12-7
98	六氯萘	1335-87-1
99	氯萘	90-13-1
100	萘	91-20-3
101	萘烷	91-17-8
102	硝基萘	86-57-7
103	蒽醌及其染料	84-65-1（蒽醌）
104	二苯胍	102-06-7
105	对苯二胺	106-50-3
106	对溴苯胺	106-40-1
107	卤化水杨酰苯胺（N-水杨酰苯胺）	
108	硝基萘胺	776-34-1
109	对苯二甲酸二甲酯	120-61-6
110	邻苯二甲酸二丁酯	84-74-2
111	邻苯二甲酸二甲酯	131-11-3
112	磷酸二丁基苯酯	2528-36-1

续表

序号	名称	CAS 号
113	磷酸三邻甲苯酯	78-30-8
114	三甲苯磷酸酯	1330-78-5
115	1,2,3-苯三酚（焦棓酚）	87-66-1
116	4,6-二硝基邻苯甲酚	534-52-1
117	N,N-二甲基-3-氨基苯酚	99-07-0
118	对氨基酚	123-30-8
119	多氯酚	
120	二甲苯酚	108-68-9
121	二氯酚	120-83-2
122	二硝基苯酚	51-28-5
123	甲酚	1319-77-3
124	甲基氨基酚	55-55-0
125	间苯二酚	108-46-3
126	邻仲丁基苯酚	89-72-5
127	萘酚	1321-67-1
128	氢醌（对苯二酚）	123-31-9
129	三硝基酚（苦味酸）	88-89-1
130	氰氨化钙	156-62-7
131	碳酸钙	471-34-1
132	氧化钙	1305-78-8
133	锆及其化合物	7440-67-7（锆）
134	铬及其化合物	7440-47-3（铬）
135	钴及其氧化物	7440-48-4
136	二甲基二氯硅烷	75-78-5
137	三氯氢硅	10025-78-2
138	四氯化硅	10026-04-7
139	环氧丙烷	75-56-9
140	环氧氯丙烷	106-89-8
141	柴油	
142	焦炉逸散物	
143	煤焦油	8007-45-2
144	煤焦油沥青	65996-93-2
145	木馏油（焦油）	8001-58-9
146	石蜡烟	
147	石油沥青	8052-42-4
148	苯肼	100-63-0

续表

序号	名称	CAS 号
149	甲基肼	60-34-4
150	肼	302-01-2
151	聚氯乙烯热解物	7647-01-0
152	锂及其化合物	7439-93-2（锂）
153	联苯胺（4,4'-二氨基联苯）	92-87-5
154	3,3-二甲基联苯胺	119-93-7
155	多氯联苯	1336-36-3
156	多溴联苯	59536-65-1
157	联苯	92-52-4
158	氯联苯（54%氯）	11097-69-1
159	甲硫醇	74-93-1
160	乙硫醇	75-08-1
161	正丁基硫醇	109-79-5
162	二甲基亚砜	67-68-5
163	二氯化砜（磺酰氯）	7791-25-5
164	过硫酸盐（过硫酸钾、过硫酸钠、过硫酸铵等）	
165	硫酸及三氧化硫	7664-93-9
166	六氟化硫	2551-62-4
167	亚硫酸钠	7757-83-7
168	2-溴乙氧基苯	589-10-6
169	苄基氯	100-44-7
170	苄基溴（溴甲苯）	100-39-0
171	多氯苯	
172	二氯苯	106-46-7
173	氯苯	108-90-7
174	溴苯	108-86-1
175	1,1-二氯乙烯	75-35-4
176	1,2-二氯乙烯（顺式）	540-59-0
177	1,3-二氯丙烯	542-75-6
178	二氯乙炔	7572-29-4
179	六氯丁二烯	87-68-3
180	六氯环戊二烯	77-47-4
181	四氯乙烯	127-18-4
182	1,1,1-三氯乙烷	71-55-6
183	1,2,3-三氯丙烷	96-18-4
184	1,2-二氯丙烷	78-87-5

续表

序号	名称	CAS 号
185	1,3-二氯丙烷	142-28-9
186	二氯二氟甲烷	75-71-8
187	二氯甲烷	75-09-2
188	二溴氯丙烷	35407
189	六氯乙烷	67-72-1
190	氯仿（三氯甲烷）	67-66-3
191	氯甲烷	74-87-3
192	氯乙烷	75-00-3
193	氯乙酰氯	79-40-9
194	三氯一氟甲烷	75-69-4
195	四氯乙烷	79-34-5
196	四溴化碳	558-13-4
197	五氟氯乙烷	76-15-3
198	溴乙烷	74-96-4
199	铝酸钠	1302-42-7
200	二氧化氯	10049-04-4
201	氯化氢及盐酸	7647-01-0
202	氯酸钾	3811-04-9
203	氯酸钠	7775-09-9
204	三氟化氯	7790-91-2
205	氯甲醚	107-30-2
206	苯基醚（二苯醚）	101-84-8
207	二丙二醇甲醚	34590-94-8
208	二氯乙醚	111-44-4
209	二缩水甘油醚	
210	邻茴香胺	90-04-0
211	双氯甲醚	542-88-1
212	乙醚	60-29-7
213	正丁基缩水甘油醚	2426-08-6
214	钼酸	13462-95-8
215	钼酸铵	13106-76-8
216	钼酸钠	7631-95-0
217	三氧化钼	1313-27-5
218	氢氧化钠	1310-73-2
219	碳酸钠（纯碱）	3313-92-6
220	镍及其化合物（羰基镍单列）	

续表

序号	名称	CAS 号
221	癸硼烷	17702-41-9
222	硼烷	
223	三氟化硼	7637-07-2
224	三氯化硼	10294-34-5
225	乙硼烷	19287-45-7
226	2-氯苯基羟胺	10468-16-3
227	3-氯苯基羟胺	10468-17-4
228	4-氯苯基羟胺	823-86-9
229	苯基羟胺（苯胲）	100-65-2
230	巴豆醛（丁烯醛）	4170-30-3
231	丙酮醛（甲基乙二醛）	78-98-8
232	丙烯醛	107-02-8
233	丁醛	123-72-8
234	糠醛	98-01-1
235	氯乙醛	107-20-0
236	羟基香茅醛	107-75-5
237	三氯乙醛	75-87-6
238	乙醛	75-07-0
239	氢氧化铯	21351-79-1
240	氯化苄烷胺（洁尔灭）	8001-54-5
241	双-（二甲基硫代氨基甲酰基）二硫化物（秋兰姆、福美双）	137-26-8
242	α-萘硫脲（安妥）	86-88-4
243	3-（1-丙酮基苄基）-4-羟基香豆素（杀鼠灵）	81-81-2
244	酚醛树脂	9003-35-4
245	环氧树脂	38891-59-7
246	脲醛树脂	25104-55-6
247	三聚氰胺甲醛树脂	9003-08-1
248	1,2,4-苯三酸酐	552-30-7
249	邻苯二甲酸酐	85-44-9
250	马来酸酐	108-31-6
251	乙酸酐	108-24-7
252	丙酸	79-09-4
253	对苯二甲酸	100-21-0
254	氟乙酸钠	62-74-8
255	甲基丙烯酸	79-41-4
256	甲酸	64-18-6

续表

序号	名称	CAS 号
257	羟基乙酸	79-14-1
258	巯基乙酸	68-11-1
259	三甲基己二酸	3937-59-5
260	三氯乙酸	76-03-9
261	乙酸	64-19-7
262	正香草酸（高香草酸）	306-08-1
263	四氯化钛	7550-45-0
264	钽及其化合物	7440-25-7（钽）
265	锑及其化合物	7440-36-0（锑）
266	五羰基铁	13463-40-6
267	2-己酮	591-78-6
268	3,5,5-三甲基-2-环己烯-1-酮（异佛尔酮）	78-59-1
269	丙酮	67-64-1
270	丁酮	78-93-3
271	二乙基甲酮	96-22-0
272	二异丁基甲酮	108-83-8
273	环己酮	108-94-1
274	环戊酮	120-92-3
275	六氟丙酮	684-16-2
276	氯丙酮	78-95-5
277	双丙酮醇	123-42-2
278	乙基另戊基甲酮（5-甲基-3-庚酮）	541-85-5
279	乙基戊基甲酮	106-68-3
280	乙烯酮	463-51-4
281	异亚丙基丙酮	141-79-7
282	铜及其化合物	
283	丙烷	74-98-6
284	环己烷	110-82-7
285	甲烷	74-82-8
286	壬烷	111-84-2
287	辛烷	111-65-9
288	正庚烷	142-82-5
289	正戊烷	109-66-0
290	2-乙氧基乙醇	110-80-5
291	甲氧基乙醇	109-86-4
292	围涎树碱	

续表

序号	名称	CAS 号
293	二硫化硒	56093-45-9
294	硒化氢	7783-07-5
295	钨及其不溶性化合物	7740-33-7（钨）
296	硒及其化合物（六氟化硒、硒化氢单列）	7782-49-2（硒）
297	二氧化锡	1332-29-2
298	N,N-二甲基乙酰胺	127-19-5
299	N-3,4 二氯苯基丙酰胺（敌稗）	709-98-8
300	氟乙酰胺	640-19-7
301	己内酰胺	105-60-2
302	环四次甲基四硝胺（奥克托今）	2691-41-0
303	环三次甲基三硝铵（黑索今）	121-82-4
304	硝化甘油	55-63-0
305	氯化锌烟	7646-85-7（氯化锌）
306	氧化锌	1314-13-2
307	氢溴酸（溴化氢）	10035-10-6
308	臭氧	10028-15-6
309	过氧化氢	7722-84-1
310	钾盐镁矾	
311	丙烯基芥子油	
312	多次甲基多苯基异氰酸酯	57029-46-6
313	二苯基甲烷二异氰酸酯	101-68-8
314	甲苯-2,4-二异氰酸酯（TDI）	584-84-9
315	六亚甲基二异氰酸酯（HDI）（1,6-己二异氰酸酯）	822-06-0
316	萘二异氰酸酯	3173-72-6
317	异佛尔酮二异氰酸酯	4098-71-9
318	异氰酸甲酯	624-83-9
319	氧化银	20667-12-3
320	甲氧氯	72-43-5
321	2-氨基吡啶	504-29-0
322	N-乙基吗啉	100-74-3
323	吖啶	260-94-6
324	苯绕蒽酮	82-05-3
325	吡啶	110-86-1
326	二噁烷	123-91-1
327	呋喃	110-00-9
328	吗啉	110-91-8

续表

序号	名称	CAS 号
329	四氢呋喃	109-99-9
330	茚	95-13-6
331	四氢化锗	7782-65-2
332	二乙烯二胺（哌嗪）	110-85-0
333	1,6-己二胺	124-09-4
334	二甲胺	124-40-3
335	二乙烯三胺	111-40-0
336	二异丙氨基氯乙烷	96-79-7
337	环己胺	108-91-8
338	氯乙基胺	689-98-5
339	三乙烯四胺	112-24-3
340	烯丙胺	107-11-9
341	乙胺	75-04-7
342	乙二胺	107-15-3
343	异丙胺	75-31-0
344	正丁胺	109-73-9
345	1,1-二氯-1-硝基乙烷	594-72-9
346	硝基丙烷	25322-01-4
347	三氯硝基甲烷（氯化苦）	76-06-2
348	硝基甲烷	75-52-5
349	硝基乙烷	79-24-3
350	1,3-二甲基丁基乙酸酯（乙酸仲己酯）	108-84-9
351	2-甲氧基乙基乙酸酯	110-49-6
352	2-乙氧基乙基乙酸酯	111-15-9
353	n-乳酸正丁酯	138-22-7
354	丙烯酸甲酯	96-33-3
355	丙烯酸正丁酯	141-32-2
356	甲基丙烯酸甲酯（异丁烯酸甲酯）	80-62-6
357	甲基丙烯酸缩水甘油酯	106-91-2
358	甲酸丁酯	592-84-7
359	甲酸甲酯	107-31-3
360	甲酸乙酯	109-94-4
361	氯甲酸甲酯	79-22-1
362	氯甲酸三氯甲酯（双光气）	503-38-8
363	三氟甲基次氟酸酯	
364	亚硝酸乙酯	109-95-5

续表

序号	名称	CAS 号
365	乙二醇二硝酸酯	628-96-6
366	乙基硫代磺酸乙酯	682-91-7
367	乙酸苯酯	140-11-4
368	乙酸丙酯	109-60-4
369	乙酸丁酯	123-86-4
370	乙酸甲酯	79-20-9
371	乙酸戊酯	628-63-7
372	乙酸乙烯酯	108-05-4
373	乙酸乙酯	141-78-6
374	乙酸异丙酯	108-21-4
375	以上未提及的可导致职业病的其他化学因素	

三、物理因素

序号	名称
1	噪声
2	高温
3	低气压
4	高气压
5	高原低氧
6	振动
7	激光
8	低温
9	微波
10	紫外线
11	红外线
12	工频电磁场
13	高频电磁场
14	超高频电磁场
15	以上未提及的可导致职业病的其他物理因素

四、放射性因素

序号	名称	备注
1	密封放射源产生的电离辐射	主要产生 γ、中子等射线
2	非密封放射性物质	可产生 α、β、γ 射线或中子

续表

序号	名称	备注
3	X射线装置（含CT机）产生的电离辐射	X射线
4	加速器产生的电离辐射	可产生电子射线、X射线、质子、重离子、中子以及感生放射性等
5	中子发生器产生的电离辐射	主要是中子、γ射线等
6	氡及其短寿命子体	限于矿工高氡暴露
7	铀及其化合物	
8	以上未提及的可导致职业病的其他放射性因素	

五、生物因素

序号	名称	备注
1	艾滋病病毒	限于医疗卫生人员及人民警察
2	布鲁氏菌	
3	伯氏疏螺旋体	
4	森林脑炎病毒	
5	炭疽芽孢杆菌	
6	以上未提及的可导致职业病的其他生物因素	

六、其他因素

序号	名称	备注
1	金属烟	
2	井下不良作业条件	限于井下工人
3	刮研作业	限于手工刮研作业人员

132 关于印发加强农民工尘肺病防治工作的意见的通知

国卫疾控发〔2016〕2号

各省、自治区、直辖市卫生计生委、发展改革委、科技厅（委、局）、工业和信息化主管部门、民政厅（局）、财政厅（局）、人力资源社会保障厅（局）、国资委、安全生产监督管理局、总工会，新疆生产建设兵团卫生局、发展改革委、科技局、工业和信息化主管部门、民政局、财务局、人力资源社会保障局、国资委、安全生产监督管理局、工会：

为贯彻落实《职业病防治法》，切实保障劳动者健康权益，根据农民工尘肺病防治工作需要，国家卫生计生委、国家发展改革委、科技部、工业和信息化部、民政部、财政部、人力资源社会保障部、国务院国资委、安全监管总局和全国总工会联合制定了《关于加强农民工尘肺病防治工作的意见》。经国务院同意，现印发给你们，请认真贯彻落实。

国家卫生计生委

国家发展改革委

科技部

工业和信息化部

民政部

财政部

人力资源社会保障部

国务院国资委

安全监管总局

全国总工会

2016 年 1 月 8 日

关于加强农民工尘肺病防治工作的意见

农民工已成为我国产业工人的主体，截至 2014 年底，我国农民工人数达 2.74 亿，是推动国家现代化建设的重要力量，为经济社会发展作出了巨大贡献。党中央、国务院高度重视农民工的职业健康。近年来，我国先后公布了《职业病防治法》等一系列法律法规、规划和职业卫生标准，监管力度逐步加大，职业病防治能力和服务体系持续加强，诊断服务的可及性和诊断水平不断提高。但是，由于一些用人单位不履行防治主体责任，健康监护不到位，加上部分农民工缺乏职业防护和维权意识，农民工罹患尘肺病的势头并没有得到有效控制，病后得不到及时诊断、救治和赔偿的问题也没有得到有效解决。为进一步深入贯彻党的十八大和十八届三中、四中、五中全会精神，落实《国务院关于进一步做好为农民工服务工作的意见》（国发〔2014〕40 号）有关要求，预防、控制和消除尘肺病危害，切实保护农民工职业健康和相关权益，提出以下意见：

一、着力加强农民工尘肺病源头治理

用人单位要建立健全粉尘防治规章制度和责任制，落实粉尘防治主体责任。要建立健全粉尘防治管理机构，配备专职管理人员，负责粉尘防治日常管理工作。严格执行建设项目防尘设施"三同时"，确保新建设项目粉尘防护设施齐全有效。按照要求开展工作场所粉尘日常监测和定期检测，加强防尘设施设备维护管理，配备合格有效的个人粉尘防护用品。强化职业病危害告知和职业卫生宣教培训，提高农民工的粉尘防范能力和自我防护意识。各地要抓住国家经济转型和产业结构调整契机，强化新技术、新工艺、新设备和新材料的推广应用，淘汰粉尘危害严重的落后产能，主动关闭粉尘危害严重、不具备防治条件的小矿山、小水泥、小冶金、小陶瓷、小石材加工等企业。各级安全监管部门要会同能源等行业管理部门，深入开展矿山开采、建材生产等粉尘危害严重行业领域的专项治理。加大对用人单位粉尘防治工作的监督检查力度，依法查处违法违规行为，对工艺落后、粉尘危害严重且整改无望的企业，要提请地方政府依法予以关闭。要建立粉尘危害企业黑名单制度，对违法违规企业坚决予以曝光。加大尘肺病事件的查处力度，对出现群体性尘肺病的用人单位，依法从严从重查处并追究相关责任人的责任。

二、大力推进农民工职业健康检查工作

用人单位要为农民工建立个人职业健康监护档案，依法对农民工进行上岗前、在岗期间和离岗时职业健康检查，书面告知检查结果，并为离开本单位的农民工提供档案复印件。不得安排未经上岗前职业健康检查或有职业禁忌的农民工从事粉尘作业，在岗期间职业健康检查发现有职业健康禁忌的，应当调离有健康损害的工作岗位。对疑似尘肺病农民工应当及时安排进行诊断，离岗前未进行职业健康检查的农民工不得与其解除或终止劳动合同。地方各级卫生计生行政部门要根据工作需要，统一规划、科学布局、合理设置职业健康检查机构。职业健康检查机构要优化检查流程，加强质量控制，为用人单位和农民工提供方便高效的服务，并可根据需要，在登记机关管辖区域范围内开展外出职业健康检查。发现疑似尘肺病和职业禁忌的应当及时书面告知农民工和用人单位，并将疑似尘肺病报告用人单位所在地的卫生计生行政部门和安全监管部门。

三、认真做好尘肺病诊断鉴定和医疗救治工作

劳动者有粉尘接触史且临床表现以及辅助检查结果符合尘肺病特征的，医疗机构应当及时作出尘肺病相关临床诊断。符合职业性尘肺病相关诊断标准的，职业病诊断机构应当加强有关部门协调，提高效率，尽快作出职业性尘肺病诊断。没有证据否定职业病危害因素与病人临床表现之间的必然联系的，应当诊断为职业性尘肺病。各级卫生计生、人力资源社会保障、安全监管等部门和工会组织要针对当前农民工尘肺病诊断过程中存在的实际问题，研究制订具体办法，简化诊断程序，缩短诊断时间，切实解决农民工尘肺病诊断的实际困难。对诊断有争议的，按照有关规定进行鉴定。要按照"方便治疗、疗效可靠、价格合理、服务周到"的原则，优化尘肺病定点医疗机构设置。有关科技行政部门要将尘肺病防治技术和产品的研发列入有关科研计划，组织产学研医等方面的优势力量，加大科研攻关力度。各级人力资源社会保障和卫生计生行政部门要及时按规定将疗效可靠的尘肺病治疗药品列入各类基本医疗保险药品目录。各级卫生计生行政部门要加强医务人员培训，规范尘肺病救治工作，提高尘肺病治疗技术水平。

四、有效保障符合条件的尘肺病农民工工伤保险待遇

要大力推进《劳动合同法》和《工伤保险条例》的贯彻落实，规范用人单位劳动用工管理，督促其依法与农民工签订劳动合同，按时足额为农民工缴纳工伤保险费。对于不依法签订劳动合同、不按规定缴纳工伤保险费的，各级人力资源社会保障行政部门要及时查处。各级人力资源社会保障行政部门要按规定及时进行工伤认定和劳动能力鉴定，依法落实其各项工伤保险待遇。对于未参保尘肺病农民工，由用人单位依法支付其各项工伤保险待遇。用人单位不支付的，工伤保险基金按规定先行支付，并由社会保险经办机构依法向用人单位追偿。

五、切实解决特困尘肺病农民工医疗和生活问题

未参加工伤保险，且用人单位已经不存在或无法确认劳动关系的尘肺病病人，参加基本医疗保险的，按规定享受基本医疗保险相应待遇，并可向地方人民政府民政部门申请医疗救助和生活等方面的救助。各地要落实大病保险和医疗救助制度，及时将符合条件的尘肺病农民工纳入大病保险和城乡医疗救助体系。上述保障制度仍不能解决医疗救治问题的，要采取多种措施，使其获得医疗救治。各级民政部门要将符合条件的尘肺病农民工纳入最低生活保障、临时救助等社会救助范围。对尘肺病农民工遭受突发性、紧迫性、临时性基本生活困难的，应当按规定给予临时救助。各地要出台优惠政策，鼓励企业、社会团体和个人弘扬中华民族"扶危济困"的传统美德，为尘肺病农民工献爱心、送温暖，逐步形成政府救助与社会关爱相结合的工作格局，共同解决尘肺病农民工的生活困难。

六、全力维护尘肺病农民工职业健康权益

各级工会组织要加强基层组织建设，努力把农民工组织到工会中，依法对农民工尘肺病防治工作进行监督。通过政府与工会联席会议、协调劳动关系三方机制、集体协商、职代会等途径，反映农民工尘肺病防治诉求，推动解决农民工尘肺病防治突出问题。加强平等协商和签订劳动安全卫生专项集体合同工作，督促用人单位保障农民工职业卫生保护权利，对用人单位尘肺病防治工作提出意见和建议。在农民工相对聚集的行业企业，深入开展群众性职业危害隐患排查活动。

七、全面强化政府落实责任

各地要高度重视农民工尘肺病防治工作，将其纳入本地国民经济和社会发展计划以及职业病防治规划，纳入本地健康城市的创建工作，加强领导协调，研究落实解决农民工尘肺病防治的重大问题，加强尘肺病防治能力建设，保证尘肺病防治工作的经费。各级卫生计生、安全监管、发展改革、科技、工业和信息化、民政、财政、人力资源社会保障、国资、能源等有关部门和工会组织按照职责分工，密切配合，落实防治监管、医疗服务、经费保障等责任，确保各项防治措施落实到位。

133 关于印发尘肺病防治攻坚行动方案的通知

国卫职健发〔2019〕46号

各省、自治区、直辖市人民政府，国务院各部委、各直属机构：

为加强尘肺病预防控制和尘肺病患者救治救助工作，切实保障劳动者职业健康权益，国家卫生健康委等10部门联合制定了《尘肺病防治攻坚行动方案》。经国务院同意，现印

发给你们，请认真贯彻执行。

国家卫生健康委

国家发展改革委

民政部

财政部

人力资源社会保障部

生态环境部

应急部

国务院扶贫办

国家医保局

全国总工会

2019 年 7 月 11 日

尘肺病防治攻坚行动方案

为贯彻落实党中央、国务院领导同志重要批示精神和《国家职业病防治规划（2016—2020年)》有关要求，解决当前尘肺病防治工作中存在的重点和难点问题，坚决遏制尘肺病高发势头，保障劳动者职业健康权益，特制定本行动方案。

一、总体要求

（一）指导思想

以习近平新时代中国特色社会主义思想为指导，认真贯彻落实党的十九大和十九届二中、三中全会精神，以及习近平总书记在全国卫生与健康大会上的重要讲话精神，坚持以人民健康为中心，贯彻预防为主、防治结合的方针，按照"摸清底数，加强预防，控制增量，保障存量"的思路，动员各方力量，实施分类管理、分级负责、综合治理，有效加强尘肺病预防控制，大力开展尘肺病患者救治救助工作，切实保障劳动者职业健康权益。

（二）基本原则

政府领导，部门协作。地方各级人民政府要将尘肺病等职业病防治工作纳入本地区国民经济和社会发展规划，加强领导，保障投入。各有关部门要加强协调，密切合作，立足本部门职责，积极落实防治措施。

预防为主，防治结合。用人单位要依法落实尘肺病防治主体责任，采取有效措施改善作业环境，预防和控制粉尘危害。地方人民政府要加强对尘肺病诊断和治疗工作的管理，采取多种措施救助尘肺病患者，防止"因病致贫、因病返贫"。

分类指导，落实责任。根据不同行业的粉尘危害特点，采取科学、有效的综合防治措施。落实地方政府领导责任，细化防治任务，并具体落实到县级人民政府及相关部门。

综合施策，强化考核。将尘肺病防治与健康扶贫工作紧密结合，中央、地方和用人单位共同投入防治资金，坚持标本兼治，完善尘肺病防治体系，将尘肺病防治工作纳入政府目标考核内容。

（三）行动目标

到 2020 年底，摸清用人单位粉尘危害基本情况和报告职业性尘肺病患者健康状况。煤矿、非煤矿山、冶金、建材等尘肺病易发高发行业的粉尘危害专项治理工作取得明显成效，纳入治理范围的用人单位粉尘危害申报率达到 95% 以上，粉尘浓度定期检测率达到 95% 以上，接尘劳动者在岗期间职业健康检查率达到 95% 以上，主要负责人、职业健康管理人员和劳动者培训率达到 95% 以上。尘肺病患者救治救助水平明显提高；稳步提高被归因诊断为职业性尘肺病患者的保障水平。煤矿、非煤矿山、冶金、建材等重点行业用人单位劳动者工伤保险覆盖率达到 80% 以上。职业健康监督执法能力有较大提高，基本建成职业健康监督执法网络，地市、县有职业健康监督执法力量，乡镇和街道有专兼职执法人员或协管员。煤矿、非煤矿山、冶金、建材等重点行业新增建设项目职业病防护设施"三同时"实施率达到 95% 以上，用人单位监督检查覆盖率达到 95% 以上，职业健康违法违规行为明显减少。职业病防治技术支撑能力有较大提升，初步建成国家、省、地市、县四级职业病防治技术支撑网络。尘肺病防治目标与脱贫攻坚任务同步完成。

二、重点任务

（一）粉尘危害专项治理行动

按照"摸清底数、突出重点、淘汰落后、综合治理"的路径，深入开展尘肺病易发高发行业领域的专项治理工作，督促用人单位落实粉尘防控主体责任，确保实现治理目标。

1. 开展粉尘危害专项调查。按照属地管理原则，组织开展专项调查，全面掌握用人单位粉尘危害基本信息及其地区、行业、岗位、人群分布情况，建立粉尘危害基础数据库，2020 年底前完成调查工作。（国家卫生健康委负责，地方人民政府落实）

2. 集中开展煤矿、非煤矿山、冶金等重点行业粉尘危害专项治理工作。组织印发治理工作指南和技术指南，明确治理目标、任务、步骤和要求，以及不同行业领域重点环节、重点岗位的防尘工程措施、检查要点，加强对治理工作的具体指导，推动用人单位从生产工艺、防护设施和个体防护等方面入手进行整治，控制和消除粉尘危害。（国家卫生健康委负责，地方人民政府落实）

3. 对 2017 年部署开展的水泥行业安全生产和职业健康执法专项行动，继续按照要求推进实施，突出对包装和装车环节的治理改造，确保所有水泥生产企业在 2019 年底前实现既定治理目标。（国家卫生健康委、应急部按职责分工负责，地方人民政府落实）

4. 对已经开展过粉尘危害专项治理的陶瓷生产、耐火材料制造、石棉开采、石材加工、石英砂加工、玉石加工、宝石加工等行业领域，通过组织"回头看"，巩固提高治理成效。（国家卫生健康委负责，地方人民政府落实）

5. 对不具备安全生产条件或不满足环保要求的矿山、水泥、冶金、陶瓷、石材加工等用人单位，坚决依法责令停产整顿，对整治无望的提请地方政府依法予以关闭。（应急部、国家煤矿安监局、生态环境部按职责分工负责，地方人民政府落实）

(二) 尘肺病患者救治救助行动

1. 加强尘肺病监测、筛查和随访

在现有重点职业病监测方案基础上，增加目标疾病病种，将《职业病分类和目录》中的13种尘肺病全部纳入重点职业病监测内容；加强尘肺病主动监测，开展呼吸类疾病就诊患者尘肺病筛查试点；对所有诊断为尘肺病的患者建立档案，实现一人一档。对已报告尘肺病患者进行随访和回顾性调查，掌握其健康状况。通过职业病信息管理系统逐级上报相关信息，汇总至中国疾病预防控制中心，同时各级卫生健康行政部门统计汇总后报送本级人民政府。（国家卫生健康委负责，财政部配合，地方人民政府落实）

2. 对诊断为尘肺病的患者实施分类救治救助

对于已经诊断为职业性尘肺病且已参加工伤保险的患者，严格按照现有政策规定落实各项保障措施；对于已经诊断为职业性尘肺病、未参加工伤保险，但相关用人单位仍存在的患者，由用人单位按照国家有关规定承担其医疗和生活保障费用。依法开展法律援助，为诊断为职业性尘肺病的患者提供优质便捷的法律服务。（人力资源社会保障部、国家卫生健康委、司法部、国资委按职责分工负责，地方人民政府落实）

对于已经诊断为职业性尘肺病，但没有参加工伤保险且相关用人单位已不存在等特殊情况，以及因缺少职业病诊断所需资料、仅诊断为尘肺病的患者，将符合条件的纳入救助范围，统筹基本医保、大病保险、医疗救助三项制度，做好资助参保工作，实施综合医疗保障，梯次减轻患者负担；对基本生活有困难的，全面落实生活帮扶措施。医疗保障部门、人力资源社会保障部门要按照程序将符合条件的尘肺病治疗药品和治疗技术纳入基本医疗保险和工伤保险的支付范围。（国家卫生健康委、人力资源社会保障部、民政部、国家医保局按职责分工负责，地方人民政府落实）

3. 实施尘肺病重点行业工伤保险扩面专项行动

定期了解粉尘危害基础数据库信息更新情况，及时将相关用人单位劳动者纳入工伤保险统筹范围。（人力资源社会保障部负责，国家卫生健康委配合，地方人民政府落实）

(三) 职业健康监管执法行动

1. 按照监管任务与监管力量相匹配的原则，加强职业健康监管队伍建设，重点充实地市、县两级职业健康监管执法人员。2019年完善职业健康监管执法装备配备标准，重点加强地市、县两级执法装备投入，保障监管执法需要。强化对职业健康监管执法人员法律法规、行政执法、专业知识等方面的培训，到2019年底前，职业健康监管执法人员培训率达到100%。（国家卫生健康委负责，国家发展改革委配合，地方人民政府落实）

2. 加强对煤矿、非煤矿山、冶金、建材等重点行业领域新建、改建、扩建项目职业病防护设施"三同时"的监督检查，对违反规定拒不整改的，严厉处罚、公开曝光，并依法将其纳入"黑名单"管理，强化震慑作用，确保这些重点行业领域新增建设项目"三同时"实施率达到95%以上。（国家卫生健康委负责，地方人民政府落实）

3. 按照分类分级监管原则，强化对粉尘危害风险高的用人单位的监督检查。对作业场所粉尘浓度严重超标但未采取有效工程或个体防护措施的，要进行重点监督，加大执法频次，依法从严处罚。对于粉尘浓度严重超标且整改无望的企业，要依法予以关闭。到2020

年底前，煤矿、非煤矿山、冶金、建材等重点行业监督检查覆盖率达到95%以上，职业健康违法违规行为明显减少。（国家卫生健康委负责，地方人民政府落实）

（四）用人单位主体责任落实行动

1. 用人单位要设置或者指定职业健康管理机构（或组织）。煤矿、非煤矿山、冶金、建材等粉尘危害严重的用人单位，必须配备专职管理人员，负责粉尘防治日常管理工作。

2. 用人单位必须依法及时、如实申报粉尘危害项目，按照要求开展粉尘日常监测和定期检测工作，加强防尘设施设备的维护管理，为劳动者配发合格有效的防尘口罩或防护面具。

3. 用人单位必须依法与劳动者签订劳动合同，告知劳动者粉尘危害及防护知识，为劳动者缴纳工伤保险；依法组织劳动者进行上岗前、在岗期间和离岗时的职业健康检查，为劳动者建立个人职业健康监护档案，对在岗期间职业健康检查发现有职业健康禁忌的，及时调离相关工作岗位。

4. 以健康企业建设为载体，推动企业提升粉尘危害防治水平。在重点行业推行平等协商和签订劳动安全卫生专项集体合同制度，督促用人单位认真履行职业病防治责任和义务。到2020年底前，重点行业用人单位劳动者工伤保险覆盖率达到80%以上，重点行业企业普遍依法与劳动者签订劳动合同。（以上由国家卫生健康委、人力资源社会保障部、税务总局、全国总工会按职责分工负责，地方人民政府落实）

（五）防治技术能力提升行动

1. 建立完善国家、省、地市、县四级支撑网络。在充分调研论证的基础上，制定出台以防治尘肺病为重点的职业病防治技术支撑体系建设指导意见，进一步整合各级职业病防治院所、疾控中心和医疗卫生机构的资源和力量，明确国家级、省级、地市级、县级支撑机构的职责、功能和建设目标、任务，到2020年底前，试点建设或命名一批支撑机构。（国家卫生健康委负责，国家发展改革委配合，地方人民政府落实）

2. 按照"地市能诊断，县区能体检，镇街有康复站，村居有康复点"的目标，加强基层尘肺病诊治康复能力建设。到2020年底前，每个地市至少确定1家医疗卫生机构承担职业病诊断；粉尘危害企业或者接触粉尘危害劳动者较多的县区至少确定1家医疗卫生机构承担职业健康检查，配备高千伏X光摄影仪或数字化直接成像（DR）系统等仪器设备，并根据工作需要装备移动式体检车。在重点地区开展尘肺病康复站（点）试点工作，常住尘肺病患者达到100人的乡镇，依托乡镇卫生院或社区卫生服务中心建立尘肺病康复站，设置氧疗室、治疗室、教育室、抢救室等用房，配备心电图机、吸氧装置、呼吸机等医疗设备，备齐治疗尘肺病常用药物；常住尘肺病患者达到10人的村居，依托村卫生室建立尘肺病康复点，配备制氧机等设备和医疗床位，备有常用药物。（国家卫生健康委负责，国家发展改革委配合，地方人民政府落实）

三、保障措施

（一）加强组织领导

国务院防治重大疾病工作部际联席会议相关成员单位要按照职责分工，主动研究尘肺病防治工作中的重大问题，认真组织落实本方案确定的任务措施，建立工作台账，互通信息,密切配合,切实抓好落实。国务院委托国家卫生健康委与各省级人民政府签订目标责任书,开展专项督导检查,保障如期完成攻坚行动目标。

落实地方政府责任,将尘肺病防治纳入政府议事日程,成立主要领导负责的防治工作领导小组,将尘肺病防治作为脱贫攻坚的重要内容,明确目标与责任,建立工作台账,研究落实各项防治措施,及时协调解决防治工作中的重大问题。省级、地市级、县级人民政府逐级签订目标责任书,层层压实责任,督促落实各项防治工作。地方各级人民政府、各有关部门要根据本方案的要求,结合实际制订本地区、本部门的实施计划和方案。(以上由国务院防治重大疾病工作部际联席会议相关成员单位、各省级人民政府落实)

(二) 完善法规标准

研究完善《职业病防治法》《尘肺病防治条例》等相关法律法规,健全高危粉尘等特殊作业管理以及职业健康检查、职业病诊断与鉴定、职业卫生技术服务等制度。完善职业病报告、职业健康管理、尘肺病等重点职业病监测和职业健康风险评估等技术规范。修改完善粉尘危害工程控制、个体防护、健康监护以及职业病诊断等国家职业卫生标准。(国家卫生健康委、人力资源社会保障部、司法部按职责分工负责)

(三) 强化人才保障

加强疾病预防控制机构、职业病防治院所、综合性医院和专科医院职业病科等队伍建设,着力提高地市、县、乡三级职业健康服务能力。严格从事职业病诊断的医师管理,强化专业培训和继续教育,发展壮大诊断医师队伍。按照逐级分类培训原则,组织对职业卫生技术人员开展防治知识和基本操作技能培训,提高业务水平。引导普通高校、职业院校加强职业健康相关学科专业建设,重点加强对临床医学、预防医学等与职业健康相关专业人才的培养。(国家卫生健康委、教育部、人力资源社会保障部按职责分工负责,地方人民政府落实)

(四) 营造良好氛围

动员组织全社会力量共同参与尘肺病防治工作,充分运用广播、电视、报纸等传统媒体以及微博、微信等新媒体,采用劳动者喜闻乐见的语言和方式,广泛开展尘肺病防治法治宣传教育、健康教育和科普宣传,普及粉尘危害防治知识和相关法律法规。加强舆论引导,积极宣传报道各地区、各部门的先进经验和典型做法,营造有利于攻坚行动开展的浓厚氛围。(国家卫生健康委负责,司法部、人力资源社会保障部、广电总局、全国总工会配合,地方人民政府落实)

各级卫生健康行政部门会同有关部门制订监督检查方案,开展定期和不定期监督检查,对工作内容和实施效果进行综合评估,并予以通报。国家卫生健康委将会同有关部门制订考核评估办法,分别于2019年和2020年适时组织评估,抽查各地各行业落实情况和实施效果,评估结果向国务院报告。

附件:尘肺病防治攻坚行动具体工作目标和责任分解一览表(略)

134 职业病诊断与鉴定管理办法

2021年1月4日中华人民共和国国家卫生健康委员会令第6号公布，自公布之日起施行。

第一章 总 则

第一条 为了规范职业病诊断与鉴定工作，加强职业病诊断与鉴定管理，根据《中华人民共和国职业病防治法》（以下简称《职业病防治法》），制定本办法。

第二条 职业病诊断与鉴定工作应当按照《职业病防治法》、本办法的有关规定及《职业病分类和目录》、国家职业病诊断标准进行，遵循科学、公正、及时、便捷的原则。

第三条 国家卫生健康委负责全国范围内职业病诊断与鉴定的监督管理工作，县级以上地方卫生健康主管部门依据职责负责本行政区域内职业病诊断与鉴定的监督管理工作。

省、自治区、直辖市卫生健康主管部门（以下简称省级卫生健康主管部门）应当结合本行政区域职业病防治工作实际和医疗卫生服务体系规划，充分利用现有医疗卫生资源，实现职业病诊断机构区域覆盖。

第四条 各地要加强职业病诊断机构能力建设，提供必要的保障条件，配备相关的人员、设备和工作经费，以满足职业病诊断工作的需要。

第五条 各地要加强职业病诊断与鉴定信息化建设，建立健全劳动者接触职业病危害、开展职业健康检查、进行职业病诊断与鉴定等全过程的信息化系统，不断提高职业病诊断与鉴定信息报告的准确性、及时性和有效性。

第六条 用人单位应当依法履行职业病诊断、鉴定的相关义务：

（一）及时安排职业病病人、疑似职业病病人进行诊治；

（二）如实提供职业病诊断、鉴定所需的资料；

（三）承担职业病诊断、鉴定的费用和疑似职业病病人在诊断、医学观察期间的费用；

（四）报告职业病和疑似职业病；

（五）《职业病防治法》规定的其他相关义务。

第二章 诊 断 机 构

第七条 医疗卫生机构开展职业病诊断工作，应当在开展之日起十五个工作日内向省级卫生健康主管部门备案。

省级卫生健康主管部门应当自收到完整备案材料之日起十五个工作日内向社会公布备案的医疗卫生机构名单、地址、诊断项目（即《职业病分类和目录》中的职业病类别和病种）等相关信息。

第八条 医疗卫生机构开展职业病诊断工作应当具备下列条件：

（一）持有《医疗机构执业许可证》；
（二）具有相应的诊疗科目及与备案开展的诊断项目相适应的职业病诊断医师及相关医疗卫生技术人员；
（三）具有与备案开展的诊断项目相适应的场所和仪器、设备；
（四）具有健全的职业病诊断质量管理制度。

第九条 医疗卫生机构进行职业病诊断备案时，应当提交以下证明其符合本办法第八条规定条件的有关资料：
（一）《医疗机构执业许可证》原件、副本及复印件；
（二）职业病诊断医师资格等相关资料；
（三）相关的仪器设备清单；
（四）负责职业病信息报告人员名单；
（五）职业病诊断质量管理制度等相关资料。

第十条 职业病诊断机构对备案信息的真实性、准确性、合法性负责。
当备案信息发生变化时，应当自信息发生变化之日起十个工作日内向省级卫生健康主管部门提交变更信息。

第十一条 设区的市没有医疗卫生机构备案开展职业病诊断的，省级卫生健康主管部门应当根据职业病诊断工作的需要，指定符合本办法第八条规定条件的医疗卫生机构承担职业病诊断工作。

第十二条 职业病诊断机构的职责是：
（一）在备案的诊断项目范围内开展职业病诊断；
（二）及时向所在地卫生健康主管部门报告职业病；
（三）按照卫生健康主管部门要求报告职业病诊断工作情况；
（四）承担《职业病防治法》中规定的其他职责。

第十三条 职业病诊断机构依法独立行使诊断权，并对其作出的职业病诊断结论负责。

第十四条 职业病诊断机构应当建立和健全职业病诊断管理制度，加强职业病诊断医师等有关医疗卫生人员技术培训和政策、法律培训，并采取措施改善职业病诊断工作条件，提高职业病诊断服务质量和水平。

第十五条 职业病诊断机构应当公开职业病诊断程序和诊断项目范围，方便劳动者进行职业病诊断。
职业病诊断机构及其相关工作人员应当尊重、关心、爱护劳动者，保护劳动者的隐私。

第十六条 从事职业病诊断的医师应当具备下列条件，并取得省级卫生健康主管部门颁发的职业病诊断资格证书：
（一）具有医师执业证书；
（二）具有中级以上卫生专业技术职务任职资格；
（三）熟悉职业病防治法律法规和职业病诊断标准；
（四）从事职业病诊断、鉴定相关工作三年以上；
（五）按规定参加职业病诊断医师相应专业的培训，并考核合格。

省级卫生健康主管部门应当依据本办法的规定和国家卫生健康委制定的职业病诊断医师培训大纲，制定本行政区域职业病诊断医师培训考核办法并组织实施。

第十七条 职业病诊断医师应当依法在职业病诊断机构备案的诊断项目范围内从事职业病诊断工作，不得从事超出其职业病诊断资格范围的职业病诊断工作；职业病诊断医师应当按照有关规定参加职业卫生、放射卫生、职业医学等领域的继续医学教育。

第十八条 省级卫生健康主管部门应当加强本行政区域内职业病诊断机构的质量控制管理工作，组织开展职业病诊断机构质量控制评估。

职业病诊断质量控制规范和医疗卫生机构职业病报告规范另行制定。

第三章 诊 断

第十九条 劳动者可以在用人单位所在地、本人户籍所在地或者经常居住地的职业病诊断机构进行职业病诊断。

第二十条 职业病诊断应当按照《职业病防治法》、本办法的有关规定及《职业病分类和目录》、国家职业病诊断标准，依据劳动者的职业史、职业病危害接触史和工作场所职业病危害因素情况、临床表现以及辅助检查结果等，进行综合分析。材料齐全的情况下，职业病诊断机构应当在收齐材料之日起三十日内作出诊断结论。

没有证据否定职业病危害因素与病人临床表现之间的必然联系的，应当诊断为职业病。

第二十一条 职业病诊断需要以下资料：

（一）劳动者职业史和职业病危害接触史（包括在岗时间、工种、岗位、接触的职业病危害因素名称等）；

（二）劳动者职业健康检查结果；

（三）工作场所职业病危害因素检测结果；

（四）职业性放射性疾病诊断还需要个人剂量监测档案等资料。

第二十二条 劳动者依法要求进行职业病诊断的，职业病诊断机构不得拒绝劳动者进行职业病诊断的要求，并告知劳动者职业病诊断的程序和所需材料。劳动者应当填写《职业病诊断就诊登记表》，并提供本人掌握的职业病诊断有关资料。

第二十三条 职业病诊断机构进行职业病诊断时，应当书面通知劳动者所在的用人单位提供本办法第二十一条规定的职业病诊断资料，用人单位应当在接到通知后的十日内如实提供。

第二十四条 用人单位未在规定时间内提供职业病诊断所需要资料的，职业病诊断机构可以依法提请卫生健康主管部门督促用人单位提供。

第二十五条 劳动者对用人单位提供的工作场所职业病危害因素检测结果等资料有异议，或者因劳动者的用人单位解散、破产，无用人单位提供上述资料的，职业病诊断机构应当依法提请用人单位所在地卫生健康主管部门进行调查。

卫生健康主管部门应当自接到申请之日起三十日内对存在异议的资料或者工作场所职业病危害因素情况作出判定。

职业病诊断机构在卫生健康主管部门作出调查结论或者判定前应当中止职业病诊断。

第二十六条 职业病诊断机构需要了解工作场所职业病危害因素情况时，可以对工作场所进行现场调查，也可以依法提请卫生健康主管部门组织现场调查。卫生健康主管部门应当在接到申请之日起三十日内完成现场调查。

第二十七条 在确认劳动者职业史、职业病危害接触史时，当事人对劳动关系、工种、工作岗位或者在岗时间有争议的，职业病诊断机构应当告知当事人依法向用人单位所在地的劳动人事争议仲裁委员会申请仲裁。

第二十八条 经卫生健康主管部门督促，用人单位仍不提供工作场所职业病危害因素检测结果、职业健康监护档案等资料或者提供资料不全的，职业病诊断机构应当结合劳动者的临床表现、辅助检查结果和劳动者的职业史、职业病危害接触史，并参考劳动者自述或工友旁证资料、卫生健康等有关部门提供的日常监督检查信息等，作出职业病诊断结论。对于作出无职业病诊断结论的病人，可依据病人的临床表现以及辅助检查结果，作出疾病的诊断，提出相关医学意见或者建议。

第二十九条 职业病诊断机构可以根据诊断需要，聘请其他单位职业病诊断医师参加诊断。必要时，可以邀请相关专业专家提供咨询意见。

第三十条 职业病诊断机构作出职业病诊断结论后，应当出具职业病诊断证明书。职业病诊断证明书应当由参与诊断的取得职业病诊断资格的执业医师签署。

职业病诊断机构应当对职业病诊断医师签署的职业病诊断证明书进行审核，确认诊断的依据与结论符合有关法律法规、标准的要求，并在职业病诊断证明书上盖章。

职业病诊断证明书的书写应当符合相关标准的要求。

职业病诊断证明书一式五份，劳动者一份，用人单位所在地县级卫生健康主管部门一份，用人单位两份，诊断机构存档一份。

职业病诊断证明书应当于出具之日起十五日内由职业病诊断机构送达劳动者、用人单位及用人单位所在地县级卫生健康主管部门。

第三十一条 职业病诊断机构应当建立职业病诊断档案并永久保存，档案应当包括：

（一）职业病诊断证明书；

（二）职业病诊断记录；

（三）用人单位、劳动者和相关部门、机构提交的有关资料；

（四）临床检查与实验室检验等资料。

职业病诊断机构拟不再开展职业病诊断工作的，应当在拟停止开展职业病诊断工作的十五个工作日之前告知省级卫生健康主管部门和所在地县级卫生健康主管部门，妥善处理职业病诊断档案。

第三十二条 职业病诊断机构发现职业病病人或者疑似职业病病人时，应当及时向所在地县级卫生健康主管部门报告。职业病诊断机构应当在作出职业病诊断之日起十五日内通过职业病及健康危害因素监测信息系统进行信息报告，并确保报告信息的完整、真实和准确。

确诊为职业病的，职业病诊断机构可以根据需要，向卫生健康主管部门、用人单位提出专业建议；告知职业病病人依法享有的职业健康权益。

第三十三条 未承担职业病诊断工作的医疗卫生机构，在诊疗活动中发现劳动者的健康损害可能与其所从事的职业有关时，应及时告知劳动者到职业病诊断机构进行职业病诊断。

第四章 鉴 定

第三十四条 当事人对职业病诊断机构作出的职业病诊断有异议的，可以在接到职业病诊断证明书之日起三十日内，向作出诊断的职业病诊断机构所在地设区的市级卫生健康主管部门申请鉴定。

职业病诊断争议由设区的市级以上地方卫生健康主管部门根据当事人的申请组织职业病诊断鉴定委员会进行鉴定。

第三十五条 职业病鉴定实行两级鉴定制，设区的市级职业病诊断鉴定委员会负责职业病诊断争议的首次鉴定。

当事人对设区的市级职业病鉴定结论不服的，可以在接到诊断鉴定书之日起十五日内，向原鉴定组织所在地省级卫生健康主管部门申请再鉴定，省级鉴定为最终鉴定。

第三十六条 设区的市级以上地方卫生健康主管部门可以指定办事机构，具体承担职业病诊断鉴定的组织和日常性工作。职业病鉴定办事机构的职责是：

（一）接受当事人申请；

（二）组织当事人或者接受当事人委托抽取职业病诊断鉴定专家；

（三）组织职业病诊断鉴定会议，负责会议记录、职业病诊断鉴定相关文书的收发及其他事务性工作；

（四）建立并管理职业病诊断鉴定档案；

（五）报告职业病诊断鉴定相关信息；

（六）承担卫生健康主管部门委托的有关职业病诊断鉴定的工作。

职业病诊断机构不能作为职业病鉴定办事机构。

第三十七条 设区的市级以上地方卫生健康主管部门应当向社会公布本行政区域内依法承担职业病诊断鉴定工作的办事机构的名称、工作时间、地点、联系人、联系电话和鉴定工作程序。

第三十八条 省级卫生健康主管部门应当设立职业病诊断鉴定专家库（以下简称专家库），并根据实际工作需要及时调整其成员。专家库可以按照专业类别进行分组。

第三十九条 专家库应当以取得职业病诊断资格的不同专业类别的医师为主要成员，吸收临床相关学科、职业卫生、放射卫生、法律等相关专业的专家组成。专家应当具备下列条件：

（一）具有良好的业务素质和职业道德；

（二）具有相关专业的高级专业技术职务任职资格；

（三）熟悉职业病防治法律法规和职业病诊断标准；

（四）身体健康，能够胜任职业病诊断鉴定工作。

第四十条 参加职业病诊断鉴定的专家，应当由当事人或者由其委托的职业病鉴定办事机构从专家库中按照专业类别以随机抽取的方式确定。抽取的专家组成职业病诊断鉴定委员会（以下简称鉴定委员会）。

经当事人同意，职业病鉴定办事机构可以根据鉴定需要聘请本省、自治区、直辖市以外的相关专业专家作为鉴定委员会成员，并有表决权。

第四十一条 鉴定委员会人数为五人以上单数，其中相关专业职业病诊断医师应当为本次鉴定专家人数的半数以上。疑难病例应当增加鉴定委员会人数，充分听取意见。鉴定委员会设主任委员一名，由鉴定委员会成员推举产生。

职业病诊断鉴定会议由鉴定委员会主任委员主持。

第四十二条 参加职业病诊断鉴定的专家有下列情形之一的，应当回避：

（一）是职业病诊断鉴定当事人或者当事人近亲属的；

（二）已参加当事人职业病诊断或者首次鉴定的；

（三）与职业病诊断鉴定当事人有利害关系的；

（四）与职业病诊断鉴定当事人有其他关系，可能影响鉴定公正的。

第四十三条 当事人申请职业病诊断鉴定时，应当提供以下资料：

（一）职业病诊断鉴定申请书；

（二）职业病诊断证明书；

（三）申请省级鉴定的还应当提交市级职业病诊断鉴定书。

第四十四条 职业病鉴定办事机构应当自收到申请资料之日起五个工作日内完成资料审核，对资料齐全的发给受理通知书；资料不全的，应当当场或者在五个工作日内一次性告知当事人补充。资料补充齐全的，应当受理申请并组织鉴定。

职业病鉴定办事机构收到当事人鉴定申请之后，根据需要可以向原职业病诊断机构或者组织首次鉴定的办事机构调阅有关的诊断、鉴定资料。原职业病诊断机构或者组织首次鉴定的办事机构应当在接到通知之日起十日内提交。

职业病鉴定办事机构应当在受理鉴定申请之日起四十日内组织鉴定、形成鉴定结论，并出具职业病诊断鉴定书。

第四十五条 根据职业病诊断鉴定工作需要，职业病鉴定办事机构可以向有关单位调取与职业病诊断、鉴定有关的资料，有关单位应当如实、及时提供。

鉴定委员会应当听取当事人的陈述和申辩，必要时可以组织进行医学检查，医学检查应当在三十日内完成。

需要了解被鉴定人的工作场所职业病危害因素情况时，职业病鉴定办事机构根据鉴定委员会的意见可以组织对工作场所进行现场调查，或者依法提请卫生健康主管部门组织现场调查。现场调查应当在三十日内完成。

医学检查和现场调查时间不计算在职业病鉴定规定的期限内。

职业病诊断鉴定应当遵循客观、公正的原则，鉴定委员会进行职业病诊断鉴定时，可以邀请有关单位人员旁听职业病诊断鉴定会议。所有参与职业病诊断鉴定的人员应当依法保护当事人的个人隐私、商业秘密。

第四十六条 鉴定委员会应当认真审阅鉴定资料，依照有关规定和职业病诊断标准，经充分合议后，根据专业知识独立进行鉴定。在事实清楚的基础上，进行综合分析，作出鉴定结论，并制作职业病诊断鉴定书。

鉴定结论应当经鉴定委员会半数以上成员通过。

第四十七条 职业病诊断鉴定书应当包括以下内容：

（一）劳动者、用人单位的基本信息及鉴定事由；

（二）鉴定结论及其依据，鉴定为职业病的，应当注明职业病名称、程度（期别）；

（三）鉴定时间。

诊断鉴定书加盖职业病鉴定委员会印章。

首次鉴定的职业病诊断鉴定书一式五份，劳动者、用人单位、用人单位所在地市级卫生健康主管部门、原诊断机构各一份，职业病鉴定办事机构存档一份；省级鉴定的职业病诊断鉴定书一式六份，劳动者、用人单位、用人单位所在地省级卫生健康主管部门、原诊断机构、首次职业病鉴定办事机构各一份，省级职业病鉴定办事机构存档一份。

职业病诊断鉴定书的格式由国家卫生健康委员会统一规定。

第四十八条 职业病鉴定办事机构出具职业病诊断鉴定书后，应当于出具之日起十日内送达当事人，并在出具职业病诊断鉴定书后的十日内将职业病诊断鉴定书等有关信息告知原职业病诊断机构或者首次职业病鉴定办事机构，并通过职业病及健康危害因素监测信息系统报告职业病鉴定相关信息。

第四十九条 职业病鉴定结论与职业病诊断结论或者首次职业病鉴定结论不一致的，职业病鉴定办事机构应当在出具职业病诊断鉴定书后十日内向相关卫生健康主管部门报告。

第五十条 职业病鉴定办事机构应当如实记录职业病诊断鉴定过程，内容应当包括：

（一）鉴定委员会的专家组成；

（二）鉴定时间；

（三）鉴定所用资料；

（四）鉴定专家的发言及其鉴定意见；

（五）表决情况；

（六）经鉴定专家签字的鉴定结论。

有当事人陈述和申辩的，应当如实记录。

鉴定结束后，鉴定记录应当随同职业病诊断鉴定书一并由职业病鉴定办事机构存档，永久保存。

第五章　监　督　管　理

第五十一条 县级以上地方卫生健康主管部门应当定期对职业病诊断机构进行监督检查，检查内容包括：

（一）法律法规、标准的执行情况；

（二）规章制度建立情况；
（三）备案的职业病诊断信息真实性情况；
（四）按照备案的诊断项目开展职业病诊断工作情况；
（五）开展职业病诊断质量控制、参加质量控制评估及整改情况；
（六）人员、岗位职责落实和培训情况；
（七）职业病报告情况。

第五十二条 设区的市级以上地方卫生健康主管部门应当加强对职业病鉴定办事机构的监督管理，对职业病鉴定工作程序、制度落实情况及职业病报告等相关工作情况进行监督检查。

第五十三条 县级以上地方卫生健康主管部门监督检查时，有权查阅或者复制有关资料，职业病诊断机构应当予以配合。

第六章 法律责任

第五十四条 医疗卫生机构未按照规定备案开展职业病诊断的，由县级以上地方卫生健康主管部门责令改正，给予警告，可以并处三万元以下罚款。

第五十五条 职业病诊断机构有下列行为之一的，其作出的职业病诊断无效，由县级以上地方卫生健康主管部门按照《职业病防治法》的第八十条的规定进行处理：
（一）超出诊疗项目登记范围从事职业病诊断的；
（二）不按照《职业病防治法》规定履行法定职责的；
（三）出具虚假证明文件的。

第五十六条 职业病诊断机构未按照规定报告职业病、疑似职业病的，由县级以上地方卫生健康主管部门按照《职业病防治法》第七十四条的规定进行处理。

第五十七条 职业病诊断机构违反本办法规定，有下列情形之一的，由县级以上地方卫生健康主管部门责令限期改正；逾期不改的，给予警告，并可以根据情节轻重处以三万元以下罚款：
（一）未建立职业病诊断管理制度的；
（二）未按照规定向劳动者公开职业病诊断程序的；
（三）泄露劳动者涉及个人隐私的有关信息、资料的；
（四）未按照规定参加质量控制评估，或者质量控制评估不合格且未按要求整改的；
（五）拒不配合卫生健康主管部门监督检查的。

第五十八条 职业病诊断鉴定委员会组成人员收受职业病诊断争议当事人的财物或者其他好处的，由省级卫生健康主管部门按照《职业病防治法》第八十一条的规定进行处理。

第五十九条 县级以上地方卫生健康主管部门及其工作人员未依法履行职责，按照《职业病防治法》第八十三条第二款规定进行处理。

第六十条 用人单位有下列行为之一的，由县级以上地方卫生健康主管部门按照《职业病防治法》第七十二条规定进行处理：
（一）未按照规定安排职业病病人、疑似职业病病人进行诊治的；
（二）拒不提供职业病诊断、鉴定所需资料的；
（三）未按照规定承担职业病诊断、鉴定费用。

第六十一条 用人单位未按照规定报告职业病、疑似职业病的，由县级以上地方卫生健康主管部门按照《职业病防治法》第七十四条规定进行处理。

第七章 附 则

第六十二条 本办法所称"证据"，包括疾病的证据、接触职业病危害因素的证据，以及用于判定疾病与接触职业病危害因素之间因果关系的证据。

第六十三条 本办法自公布之日起施行。原卫生部 2013 年 2 月 19 日公布的《职业病诊断与鉴定管理办法》同时废止。

135 关于印发国家职业病防治规划（2021—2025 年）的通知

国卫职健发〔2021〕39 号

各省、自治区、直辖市及新疆生产建设兵团卫生健康委、党委宣传部、发展改革委、教育厅（教委、教育局）、科技厅（局）、工业和信息化厅（局）、民政厅（局）、财政厅（局）、人力资源社会保障厅（局）、生态环境厅（局）、住房和城乡建设厅（局）、应急管理厅（局）、国资委、市场监管局、医疗保障局、总工会，国家矿山安全监察局各省级局：

《国家职业病防治规划（2021—2025 年）》已经职业病防治工作部际联席会议审议通过，现印发给你们，请认真贯彻执行。

国家卫生健康委 中共中央宣传部
国家发展改革委 教育部
科技部 工业和信息化部
民政部 财政部
人力资源社会保障部 生态环境部
住房城乡建设部 应急管理部
国务院国资委 市场监管总局
国家医保局 国家矿山安监局
全国总工会
2021 年 12 月 7 日

国家职业病防治规划（2021—2025 年）

为贯彻落实党中央、国务院关于加强职业健康工作的决策部署，根据《中华人民共和国职业病防治法》《中华人民共和国基本医疗卫生与健康促进法》等法律法规以及《中华人民共和国国民经济和社会发展第十四个五年规划和 2035 年远景目标纲要》《"健康中国 2030"规划纲要》和《健康中国行动（2019—2030 年)》等文件要求，制定本规划。

一、职业健康现状和问题

职业健康是健康中国建设的重要基础和组成部分，事关广大劳动者健康福祉与经济发展和社会稳定大局。党中央、国务院高度重视职业健康工作。《国家职业病防治规划（2016—2020 年)》实施以来，各地区、各有关部门和单位认真贯彻落实习近平总书记关于职业病防治工作的重要指示批示精神，贯彻落实党中央、国务院关于职业健康工作的一系列决策部署，深入实施健康中国行动，大力推进尘肺病防治攻坚行动，源头治理力度进一步加大，防治服务能力显著增强，职业病及危害因素监测范围逐步扩大，救治救助和工伤保险保障水平不断提高，职业病防治法规标准体系不断完善，劳动者的职业健康权益得到进一步保障。

随着健康中国战略的全面实施和平安中国建设不断深入，保障劳动者健康面临新的形势和要求：一是新旧职业病危害日益交织叠加，职业病和工作相关疾病防控难度加大，工作压力、肌肉骨骼疾患等问题凸显，新型冠状病毒肺炎等传染病对职业健康带来新的挑战；二是职业健康管理和服务人群、领域不断扩展，劳动者日益增长的职业健康需求与职业健康工作发展不平衡不充分的矛盾突出；三是职业病防治支撑服务和保障能力亟待加强，职业健康信息化建设滞后，职业健康专业人才缺乏，职业健康监管和服务保障能力不适应高质量发展的新要求；四是职业健康基础需要进一步夯实，部分地方政府监管责任和用人单位主体责任落实不到位，中小微型企业职业健康管理基础薄弱，一些用人单位工作场所粉尘、化学毒物、噪声等危害因素超标严重，劳动者职业健康权益保障存在薄弱环节。

二、总体要求

（一）指导思想

以习近平新时代中国特色社会主义思想为指导，全面贯彻党的十九大和十九届二中、三中、四中、五中、六中全会精神，深入实施职业健康保护行动，落实"防、治、管、教、建"五字策略，强化政府、部门、用人单位和劳动者个人四方责任，进一步夯实职业健康工作基础，全面提升职业健康工作质量和水平。

（二）基本原则

坚持预防为主，防治结合。强化职业病危害源头防控，督促和引导用人单位采取工程技术和管理等措施，不断改善工作场所劳动条件。建立健全职业病防治技术支撑体系，提升工程防护、监测评估、诊断救治能力。

坚持突出重点，精准防控。聚焦职业病危害严重的行业领域，深化尘肺病防治攻坚行动，持续推进粉尘、化学毒物、噪声和辐射等危害治理，强化职业病及危害因素监测评估，实现精准防控。

坚持改革创新，综合施策。深化法定职业病防控，开展工作相关疾病预防，推进职业人群健康促进，综合运用法律、行政、经济、信用等政策工具，健全工作机制，为职业健康工作提供有力保障。

坚持依法防治，落实责任。完善职业健康法律法规和标准规范，加强监管队伍建设，提升监管执法能力。落实地方政府领导责任、部门监管责任、用人单位主体责任和劳动者个人责任，合力推进职业健康工作。

（三）规划目标

到2025年，职业健康治理体系更加完善，职业病危害状况明显好转，工作场所劳动条件显著改善，劳动用工和劳动工时管理进一步规范，尘肺病等重点职业病得到有效控制，职业健康服务能力和保障水平不断提升，全社会职业健康意识显著增强，劳动者健康水平进一步提高。

"十四五"职业病防治主要指标

	指标名称	目标值
（1）	工伤保险参保人数	稳步提升
（2）	工业企业职业病危害项目申报率	≥90%
（3）	工作场所职业病危害因素监测合格率	≥85%
（4）	非医疗放射工作人员个人剂量监测率	≥90%
（5）	重点人群职业健康知识知晓率	≥85%
（6）	尘肺病患者集中乡镇康复服务覆盖率	≥90%
（7）	职业卫生违法案件查处率	100%
（8）	依托现有医疗资源，省级设立职业病防治院所	100%
（9）	省级至少确定一家机构承担粉尘、化学毒物、噪声、辐射等职业病危害工程防护技术指导工作	100%
（10）	设区的市至少确定1家公立医疗卫生机构承担职业病诊断工作	100%
（11）	县区至少确定1家公立医疗卫生机构承担职业健康检查工作	95%

三、主要任务

（一）深化源头预防，改善工作场所劳动条件

落实新发展理念，在行业规划、标准规范、技术改造、产业转型升级、中小微企业帮扶等方面统筹考虑职业健康工作，促进企业提高职业健康工作水平。强化用人单位主体责任，严格落实职业病危害项目申报、建设项目职业病防护设施"三同时"、职业病危害因素检测评价、劳动者职业健康检查和健康培训等制度。以粉尘、化学毒物、噪声和辐射等职业病危害严重的行业领域为重点，持续开展职业病危害因素监测和专项治理。建立中小微型企业职业健康帮扶机制，完善职业病防护设施，改善工作场所劳动条件。加强职业活动中新兴危害的辨识评估和防控，开展工作压力、肌肉骨骼系统疾患等防治工作。

专栏 1　中小微型企业职业健康帮扶行动

> 行动目标：在矿山、建材、冶金、化工、建筑等重点行业领域开展职业健康帮扶行动，推动中小微型企业规范职业健康管理，提升职业健康管理水平。
> 行动内容：
> 1. 以防治粉尘、化学毒物、噪声和辐射危害等为重点，开展中小微型企业职业健康帮扶活动。
> 2. 探索中小微型企业帮扶模式，总结帮扶中小微型企业的有效做法，如：中小微型企业职业健康托管式服务，以"企业+托管服务单位+卫生监管部门"的联动方式开展职业健康管理和监督执法工作，通过"一企一策"方案帮扶企业；以政府购买服务方式，开展中小微型企业工作场所职业病危害因素检测和职业健康检查工作，或聘请专家团队、技术支撑机构对企业进行精准指导和定点帮扶等。
> 预期产出：开发中小微型企业职业健康管理辅助工具，总结推广中小微型企业帮扶经验和模式，提升中小微型企业职业病防治工作水平。

（二）严格监管执法，提高职业健康监管效率

加强职业病危害项目申报、建设项目职业病防护设施"三同时"、职业病危害检测评价和职业健康检查等重点制度落实情况的监督执法。建立健全以"双随机、一公开"为基本手段的监管机制，推进分类分级监督执法，探索建立互联网+监督执法、现场执法与非现场执法相结合、部门联合双随机抽查的监管模式。规范用人单位劳动用工，加强劳动合同、工作时间、工伤保险等监督管理。继续在重点行业中推行集体协商和签订劳动安全卫生专项集体合同，督促用人单位和劳动者认真履行防治责任。落实平安中国建设要求，加强工矿商贸、建筑施工、核与辐射等行业领域安全监管，统筹推进职业病防治工作，督促指导中央企业率先依法落实职业病防治责任。依托国家企业信用信息公示系统，完善职业健康不良信用记录及失信惩戒机制。畅通投诉举报渠道，鼓励社会监督，提升监管和执法效能。按照监管任务与监管力量相匹配的原则，加强职业卫生执法队伍和执法协助人员队伍建设，配备必要的执法装备和交通工具，加大培训力度，提升业务水平。

（三）强化救治措施，提升职业病患者保障水平

加强职业病及危害因素监测，完善监测政策和监测体系，扩大监测范围，开展风险评估，提高预警能力。按照"省市诊断、省市县救治、基层康复"的原则，依托现有的医疗卫生机构建立健全职业病诊断救治康复网络，建立健全职业健康检查和职业病诊断基础数据库，规范职业病诊断医师管理，建立职业病救治专家队伍，加大临床诊疗康复技术和药物研发力度。持续实施尘肺病等重点职业病工伤保险扩面专项行动，将尘肺病等职业病严重的重点行业职工依法纳入工伤保险保障范围。探索建立工作相关疾病多元化筹资保障体系，逐步将相关职业人群纳入保障范畴，做好各相关保障制度的有效衔接，按规定做好相应保障工作。实施尘肺病筛查与随访，加强尘肺病等患者的救治救助，推进医疗、医保、

医药联动。落实属地责任，对无法明确责任主体的尘肺病患者，依法开展法律援助，按规定落实医疗救治、生活救助等政策，减轻患者医疗与生活负担。将符合条件的职业病患者家庭及时纳入最低生活保障范围，对遭遇突发性、紧迫性、临时性基本生活困难的，按规定及时给予临时救助。

（四）推动健康企业建设，提升职业人群健康水平

把健康企业纳入健康城市健康村镇建设的总体部署，大力推进健康企业建设。鼓励用人单位建立完善与劳动者健康相关的各项规章制度，建设整洁卫生、绿色环保的健康环境，开展健康知识普及，完善职业健康监护、传染病和慢病防控、心理健康辅导等健康服务，营造积极向上、和谐包容的健康文化，建成一批健康企业。鼓励矿山、冶金、化工、建材、建筑施工、交通运输、环境卫生管理等行业和医疗卫生、学校等单位，率先开展"职业健康达人"评定活动，进行重点人群职业健康素养监测与干预，有效提升劳动者健康意识和健康素养。

（五）加强人才培养，强化技术支撑体系建设

加大职业健康检测评价、工程防护、诊断救治等技术人才培养力度，建立健全人才培养和激励机制。建立职业健康专家库，完善专家工作机制，充分发挥专家作用。鼓励和支持高等院校、职业院校加强职业健康相关学科专业建设，将职业健康教育内容纳入相关课程，鼓励临床医学专业普及职业医学知识。健全以职业病监测评估、职业病危害工程防护、职业病诊断救治为主体的职业病防治技术支撑体系。以疾病预防控制机构、职业病防治院（所、中心）为主干，完善"国家、省、市、县"四级职业病及危害因素监测与风险评估技术支撑网络。充分利用卫生健康系统内外技术资源，构建"国家—行业（领域）—省"的职业病危害工程防护技术支撑网络。充分发挥职业病专科医院、综合医院的作用，构建"国家—省—市"并向重点县区、乡镇延伸的职业病诊断救治技术支撑网络。推进各级各类技术支撑机构基础设施、技术装备、人才队伍和信息化等达标建设，强化质量控制，提升技术支撑能力。

专栏2　职业病防治技术支撑体系建设

建设目标：加快职业病防治技术支撑体系建设，健全完善国家、省、市、县四级并向乡镇延伸的职业病防治技术支撑体系。

建设内容：

1. 推进职业健康国家医学中心和区域医疗中心建设。

2. 依托国家医学中心和区域医疗中心，加强职业病诊疗技术研究和能力建设。

3. 加强国家、省、市、县职业病及危害因素监测机构监测与风险评估能力建设，市级公立职业病诊断机构和县级公立职业健康检查机构能力建设，职业性化学中毒与核辐射救治基地能力建设。

4. 实现省级职业病防治院全覆盖，持续提升防治能力。依托现有医疗卫生机构，提升地市级、县区级职业病防治机构的预防控制、诊断治疗和康复能力。

预期产出：职业病监测评估、职业病危害工程防护、职业病诊断救治三大技术支撑网络基本建成，技术支撑能力进一步提升，达到《国家卫生健康委关于加强职业病防治技术支撑体系建设的指导意见》（国卫职健发〔2020〕5号）要求。

（六）推动科技创新，引领职业健康高质量发展

推动将职业健康关键技术、重大项目纳入国家和地方科技计划。围绕重点职业病和肌肉骨骼疾患、工作压力等突出职业健康损害的防治问题，开展前沿基础性研究和早期筛查、干预及诊疗康复关键技术研究；围绕职业病危害工程防护和治理，开展尘毒危害和生产性噪声监测与防护关键技术及装备研究，职业中毒监测预警、防控和应急救治关键技术和装备研究，辐射危害监测、防控技术与装备研究，大型核与辐射事故早期精准识别与救援关键技术装备研究，形成一批先进技术成果，并推进示范应用及推广。推进高等院校、科研院所、企业和职业病防治技术支撑机构合作共建，深化产学研融合，尽快突破急需急用技术的"瓶颈"。加强职业健康国际交流合作，学习借鉴先进经验和技术，提升我国职业健康监管和职业病防治工作水平。

专栏3　职业健康科技创新重点任务

目标：在职业病和工作相关疾病理论研究、职业病危害治理技术与装备研发、职业病治疗康复和诊断鉴定技术等方面取得突破，提升职业病和工作相关疾病防控水平。

内容：

1. 以严重职业性呼吸系统疾病、职业性肿瘤、放射性疾病及职业性肌肉骨骼疾患和工作压力等为重点，开展职业健康损害发生机制研究。

2. 以尘毒危害和放射性危害为重点，研发职业病危害快速检测、在线监测等技术；开展重大职业病风险综合评估、预测预警和控制技术与装备研究。

3. 开展重点职业病诊疗、康复技术研究，研发职业病诊疗救治的新技术、新装备；研发现代信息化智能化诊疗技术装备，整合现有资源，形成集远程医疗指导、职业健康检查、职业病诊疗等功能于一体的职业健康监护与诊疗救治平台；开展职业病患者疾病评估、分级诊治、康复评估等标准化研究。

4. 开展职业病危害损失的经济学评价研究，开展工作相关疾病的疾病负担评估研究。

5. 以粉尘、化学毒物、噪声、辐射等危害严重的行业领域为重点，研发防降尘、噪声控制、防毒和毒物净化、辐射防护等技术装备。

预期产出：制定工作相关疾病防治技术指南，以及重点行业职业健康保护技术指南；推广应用职业病危害监测评估及防护技术装备、职业病诊疗康复技术装备和人工智能辅助诊断技术。

（七）推进信息化建设，提升职业健康管理效能

将职业健康信息化工作纳入全民健康保障信息化工程，推进业务融合、数据融合，实

现跨层级、跨地域、跨部门的协同管理和服务。完善全国一体化的职业健康信息管理平台，充分整合现有系统和数据资源，实现职业病危害项目申报、职业病及危害因素监测、职业卫生检测评价、职业健康检查、职业病诊断与报告、职业卫生监督执法、应急救援等信息的互联互通。加强与发展改革、工业和信息化、民政、人力资源社会保障、生态环境、住房城乡建设、应急、税务、市场监管、医保等部门间信息共享，推动实现职业健康相关信息的协调联动。按照便民利企、优化服务的要求，大力实施"互联网+职业健康服务"。规范职业健康信息管理，保障数据安全。强化数据统计与分析，充分发挥数据在职业健康监管决策中的作用。

专栏4　全国职业健康管理信息平台建设

> 建设目标：基本建成覆盖国家、省、市、县的职业健康管理"一张网"，实现职业健康信息的上下联动、横向联通和动态管理，不断提高职业病危害风险监测预警、智能决策的支持能力。
>
> 建设原则：坚持统一规划、统一标准，坚持业务引导、功能完备，坚持汇聚信息、共建共享，坚持安全规范、兼容拓展。
>
> 建设内容：
> 1. 依托国家全民健康信息平台，完善全国职业健康管理信息平台，构建全国用人单位职业健康基础数据库，加强职业健康数据综合分析和预警与决策支持软硬件建设，建成职业健康预警与决策支持中心。
> 2. 建成用人单位职业健康信息管理、职业病危害风险预警与决策支持、职业健康监护与诊断管理、职业健康技术服务、职业健康科普宣教培训和职业卫生监督执法等关键业务系统，实现各系统之间的互联互通。
> 3. 研究形成职业健康信息平台总体框架标准、职业健康信息分类与编码规范、职业健康系统数据库设计规范等指导全国职业健康信息化建设的系列标准规范，开展信息化建设试点。
>
> 预期产出：建成全国职业健康管理综合信息平台及用人单位职业健康管理、职业健康决策支持等关键业务系统；构建用人单位职业健康基础数据库；形成职业健康信息化建设系列标准规范。

（八）加强宣教培训，增强全社会职业健康意识

持续开展《职业病防治法》宣传周等活动，大力开展职业健康教育和健康促进活动，在全社会营造关心关注职业健康的文化氛围。推进将职业健康教育纳入国民教育体系，组织开展职业健康知识进企业、机构和学校等活动，普及职业健康知识，倡导健康工作方式。推动建立职业健康科普知识库。实施职业健康培训工程，加强用人单位主要负责人、职业健康管理人员培训工作，指导和督促用人单位做好接触职业病危害劳动者全员培训。推动有条件的地区或用人单位建设职业健康体验场馆，不断提升重点人群职业健康知识知晓率。

四、保障措施

（一）加强组织领导，压实工作责任

各地区要把职业健康工作纳入本地区国民经济和社会发展总体规划和民生工程，制定和实施职业病防治规划。建立健全职业健康工作目标和责任考核制度，推动将职业健康有关指标纳入对地方各级政府考核指标体系。充分发挥职业病防治工作联席会议机制作用，落实卫生健康、发展改革、教育、科技、工业和信息化、民政、财政、人力资源社会保障、生态环境、住房城乡建设、应急、国资委、市场监管、医疗保障、矿山安全监察、总工会等部门和单位责任，加强联防联控，形成工作合力。

（二）健全法律法规，强化政策融合

完善职业健康法律法规体系，推动修订《职业病防治法》和《职业病分类和目录》，推进工作相关疾病预防，进一步加强职业卫生和放射卫生标准建设。各地区要结合实际推动建立健全职业病防治地方性法规规章，把职业健康工作纳入深化医疗改革、全民健康保障工程等工作，统一规划、统一部署、协同推进和实施。综合运用金融、社保等政策措施，通过项目核准、政策支持、资金保障和费率浮动等，调动用人单位做好职业健康工作的积极性。

（三）做好经费保障，确保任务完成

各地区要强化职业健康经费保障，建立多元化的防治资金筹措机制，鼓励和引导社会资本投入职业病防治领域。要加强资金使用情况考核，提高资金使用效率，确保主要任务和重大工程按计划顺利完成。

（四）加强督查评估，确保规划落实

各地区要结合本规划，研究制定本地区职业病防治规划，明确职业病防治工作目标、主要任务和保障措施。职业病防治工作部际联席会议办公室将适时组织有关成员单位开展规划实施情况专项督查，2023年和2025年分别开展中期和末期考核评估，确保规划目标和任务按进度完成。

136 国家卫生健康委办公厅关于进一步加强用人单位职业健康培训工作的通知

国卫办职健函〔2022〕441号

各省、自治区、直辖市及新疆生产建设兵团卫生健康委：

为贯彻落实《国家职业病防治规划（2021—2025年）》，强化用人单位主体责任，严格落实职业健康培训制度，根据《中华人民共和国职业病防治法》《中华人民共和国基本医疗卫生与健康促进法》以及《工作场所职业卫生管理规定》（国家卫生健康委员会令第5号）有关规定，现就进一步加强用人单位职业健康培训工作有关事宜通知如下：

一、充分认识职业健康培训工作的重要性

职业健康培训是提高用人单位职业病防治水平和劳动者职业健康素养的重要手段，是预防职业病危害、保障劳动者职业健康权益的重要举措，也是实现健康中国战略目标的重要基础性工作。各级卫生健康行政部门要高度重视职业健康培训工作，进一步指导用人单位依法依规开展职业健康培训，提高职业健康培训的针对性和实效性，切实提升主要负责人的法律意识、职业健康管理人员的管理水平和劳动者的防护技能，保护劳动者的职业健康。

二、督促用人单位严格落实职业健康培训主体责任

各级卫生健康行政部门要依法履行职业病防治的监督管理职责，督促用人单位落实职业健康培训的主体责任，重点做好以下工作：

（一）建立健全职业健康培训管理制度。用人单位要建立健全职业病防治宣传教育培训制度，明确职业健康培训工作的管理部门和管理人员，制定职业健康培训年度计划，做好职业健康培训保障，规范职业健康培训档案资料管理。职业健康培训档案应包括年度培训计划，主要负责人、职业健康管理人员和劳动者培训相关记录材料等。记录材料应包括培训时间、培训签到表、培训内容、培训合格材料，以及培训照片与视频材料等。

（二）按时接受职业健康培训。用人单位主要负责人、职业健康管理人员和劳动者应按时接受职业健康培训。主要负责人和职业健康管理人员应当在任职后3个月内接受职业健康培训，初次培训不得少于16学时，之后每年接受一次继续教育，继续教育不得少于8学时。劳动者上岗前应接受职业健康培训，上岗前培训不得少于8学时，之后每年接受一次在岗培训，在岗培训不得少于4学时。

（三）加强职业健康培训组织管理。用人单位应当按照本单位的培训制度以及年度培训计划组织开展劳动者上岗前和在岗期间职业健康培训，提高劳动者职业健康素养和技能。因变更工艺、技术、设备、材料，或者岗位调整导致劳动者接触的职业病危害因素发生变化的，用人单位应当重新对劳动者进行上岗前职业健康培训。用人单位可以自行组织开展劳动者职业健康培训，无培训能力的用人单位也可委托职业健康培训机构组织开展。放射工作人员培训内容及学时根据《放射工作人员职业健康管理办法》等相关规定执行。对主要负责人、职业健康管理人员的培训，用人单位可以根据本单位情况及卫生健康行政部门的要求，聘请相关专家进行培训，或参加职业健康培训机构开展的培训。用人单位应当加强对存在矽尘、石棉粉尘、高毒物品等严重职业病危害因素岗位劳动者的职业健康培训，经培训考核合格后方可安排劳动者上岗作业。

（四）提高职业健康培训实效。用人单位要根据所属行业特点和劳动者接触职业病危害因素情况，合理确定培训内容和培训时间，明确培训方式、培训考核办法和合格标准，满足不同岗位劳动者的培训需求。确保用人单位主要负责人和职业健康管理人员具备与所从事的生产经营活动相适应的职业健康知识和管理能力，劳动者具备职业病防护意识，了解职业病防治法律法规，熟悉相关职业健康知识和职业卫生权利义务，掌握岗位操作规程，能够正确使用职业病防护设施和职业病防护用品。用人单位职业健康培训大纲见附件。

（五）规范劳务派遣劳动者等人员的职业健康培训工作。使用劳务派遣劳动者的用人单

位应当将被派遣劳动者纳入本单位职业健康培训对象统一管理。外包单位应当对劳动者进行必要的职业健康教育和培训。接收在校学生实习的用人单位应当对实习学生进行上岗前职业健康培训，提供必要的职业病防护用品；对实习期超过一年的实习学生进行在岗期间职业健康培训。

三、加强用人单位职业健康培训工作交流与信息化建设

各级卫生健康行政部门要及时调研总结辖区内用人单位培训工作情况，交流推广职业健康培训先进经验和有效做法，充分发挥示范引领作用。鼓励有条件的地区建立职业健康培训网络平台，针对不同人群制作内容丰富、形式多样的高质量培训课程，加强培训信息共享，为用人单位职业健康培训提供便利途径。

四、加强对用人单位职业健康培训工作的指导

各级卫生健康行政部门要加强对用人单位职业健康培训工作的指导，尤其要重点加强对矿山、化工、冶金、建材、建筑施工、机械制造等职业病危害严重行业领域用人单位职业健康培训的指导，要突出不同行业和不同岗位的职业病危害特点，切实提升用人单位职业病防治能力以及劳动者的防护意识和防护水平。要加大对农民工和劳务派遣劳动者较多的用人单位和中小微型企业职业健康培训的帮扶力度。鼓励各级卫生健康行政部门按照《工伤预防费使用管理暂行办法》的相关要求，积极争取使用工伤预防费组织开展职业健康培训。

五、加强用人单位职业健康培训质量监督管理

各级卫生健康行政部门要切实加强对用人单位职业健康培训工作的监督管理，采用培训档案资料查阅与培训人员问询相结合等方式检查培训效果，督促用人单位不断提高培训质量。对于主要负责人、职业健康管理人员拒不参加或未按规定组织劳动者进行职业健康培训的用人单位，要依法依规进行查处。各级卫生健康行政部门应加强与职业健康培训机构的沟通联系，定期了解其组织培训情况，包括培训时间、培训地点、培训课程和课时、授课教师、参加培训单位及人员、考核结果等，督促职业健康培训机构实行自律管理，依照法律、法规和规章要求，为用人单位提供高质量的职业健康培训服务。

自本通知公布之日起，原国家安全生产监督管理总局2015年12月21日公布的《国家安全监管总局办公厅关于加强用人单位职业卫生培训工作的通知》（安监总厅安健〔2015〕121号）同时废止。

附件：用人单位职业健康培训大纲

国家卫生健康委办公厅
2022年12月13日

附件：

用人单位职业健康培训大纲

一、主要负责人

（一）初次培训

序号	类别	培训内容	学时	要求	性质
1	形势与政策	我国职业健康形势	1	了解	必修
2		职业健康相关法律、法规、规章及主要职业卫生标准	2	掌握	
3		用人单位主要负责人职业病防治责任	2	掌握	
4	职业健康基础知识	所属行业职业病危害因素及其防护措施	1	熟悉	
5	职业健康管理知识	用人单位职业病防治机构和规章制度建设	1	熟悉	
6		用人单位职业病防治计划和实施方案制定	1	熟悉	
7		职业病危害事故应急救援	1	熟悉	
8	案例分析	常见职业病防治违法违规案例分析	2	了解	
9	职业健康相关工作	健康企业建设	2	了解	选修
10		职业病危害专项治理	2	了解	
11		职业病危害综合风险评估	1	了解	
12		工作场所职业健康促进	1	了解	
13		工作相关疾病预防控制措施	1	了解	
14		劳动者职业健康素养、"职业健康达人"基本标准与评选	1	了解	
15		传染病预防控制措施	1	了解	
	学时要求		16		

（二）继续教育

序号	培训内容	学时	要求	性质
1	职业健康相关法律、法规、规章、文件以及主要职业卫生标准解读	2	掌握	必修
2	职业病危害事故应急救援	1	熟悉	
3	健康企业建设优秀案例分析	2	了解	选修
4	职业病危害专项治理典型经验分析	2	了解	
5	常见职业病防治违法违规案例分析	2	了解	
6	工作相关疾病预防控制措施	1	了解	
7	传染病预防控制措施	1	了解	
	学时要求	8		

二、职业健康管理人员

（一）初次培训

序号	类别		培训内容	学时	要求	性质
1	形势与政策		职业健康相关法律、法规、规章及主要职业卫生标准	2	掌握	必修
2	职业健康基础知识		所属行业职业病危害因素及其防护措施	1	熟悉	
3	职业健康管理知识	责任体系构建	用人单位职业病防治机构和规章制度建设	0.5	掌握	
4			用人单位职业病防治计划和实施方案制定	0.5	掌握	
5		前期预防管理	职业病危害项目申报	1	掌握	
6			建设项目职业病防护设施"三同时"	1	掌握	
7		劳动过程中的防护与管理	职业病危害警示和告知	0.5	掌握	
8			职业病危害因素检测	1	掌握	
9			职业病防护设施运行与维护	1	掌握	
10			职业病防护用品选用与管理	0.5	掌握	
11			职业健康培训管理	0.5	掌握	
12			职业健康档案管理	0.5	掌握	
13			职业健康监护	1	掌握	
14			职业病危害事故应急救援	1	掌握	
15			职业病危害综合风险评估	1	熟悉	
16	案例分析		常见职业病防治违法违规案例分析	2	了解	
17	职业健康相关工作		健康企业建设	2	熟悉	选修
18			职业病危害专项治理	2	熟悉	
19			工作场所职业健康促进	1	熟悉	
20			工作相关疾病预防控制措施	1	熟悉	
21			劳动者职业健康素养、"职业健康达人"基本标准与评选	1	了解	
22			传染病预防控制措施	1	了解	
	学时要求			16		

（二）继续教育

序号	培训内容	学时	要求	性质
1	职业健康相关法律、法规、规章、文件以及主要职业卫生标准解读	2	掌握	必修
2	所属行业职业病危害因素及其防护措施	1	熟悉	
3	职业病危害事故应急救援	1	掌握	
4	健康企业建设优秀案例分析	2	熟悉	选修
5	职业病危害专项治理典型经验分析	2	熟悉	
6	常见职业病防治违法违规案例分析	2	熟悉	
7	职业健康促进优秀经验分析	1	熟悉	

续表

序号	培训内容	学时	要求	性质
8	工作相关疾病预防控制案例分析	1	熟悉	选修
9	传染病预防控制措施	1	了解	
	学时要求	8		

三、劳动者

（一）上岗前培训

序号	类别	培训内容	学时	要求	性质
1	法律法规	职业健康相关法律法规	1	了解	必修
2	管理制度	单位职业健康管理制度和操作规程	2	掌握	
3	职业病危害防治基础知识	职业健康基础知识、劳动者职业卫生权利与义务	1	熟悉	
4		所在岗位职业病危害因素的识别、健康损害与控制*	1	掌握	
5	职业健康管理知识	职业病防护设施与职业病防护用品的使用和维护*	1	掌握	
6		职业病危害事故应急处置知识和技能	1	掌握	
7		职业病防护用品佩戴实操*	2	掌握	
8	职业健康相关工作	工作相关疾病与传染病防控措施	1	了解	选修
9		常见职业病防治违法违规案例分析	1	了解	
10		劳动者职业健康素养、"职业健康达人"基本标准与评选	2	了解	
11		职业病危害综合风险评估	1	了解	
	学时要求		8		

注：标"*"为要针对劳动者实际接触的职业病危害因素开展培训课程。

（二）在岗培训

序号	培训内容	学时	要求	性质
1	单位职业健康管理制度和操作规程	1	掌握	必修
2	所在岗位职业病防护设施的使用与职业病防护用品的佩戴	1	掌握	
3	职业病危害事故应急处置知识和技能	1	掌握	
4	工作相关疾病与传染病防控措施	1	了解	选修
5	劳动者职业健康素养、"职业健康达人"基本标准与评选	1	了解	
	学时要求	4		

四、有关说明

（一）各省级卫生健康委可根据辖区内用人单位情况对培训大纲内容进行调整。

（二）大纲中的学时为最低要求，可根据工作实际增加。

（三）大纲中所列选修课程为推荐性课程，用人单位可根据工作实际进行增加或调整。

（四）大纲的学习要求中，"了解"内容只要求培训对象知悉；"熟悉"内容要求培训对象对培训内容有一定程度的认识；"掌握"内容要求培训对象对培训内容有深入的理解，并能够熟练掌握，是培训的重点内容。

（五）大纲中所列合计学时数为本类人员培训所需的最少学时数，1学时为45分钟。

十五、安全生产与劳动保护

137 中华人民共和国道路交通安全法

2003年10月28日第十届全国人民代表大会常务委员会第五次会议通过，中华人民共和国主席令第8号公布，根据2007年12月29日第十届全国人民代表大会常务委员会第三十一次会议《关于修改〈中华人民共和国道路交通安全法〉的决定》第一次修正，中华人民共和国主席令第81号公布，根据2011年4月22日第十一届全国人民代表大会常务委员会第二十次会议《关于修改〈中华人民共和国道路交通安全法〉的决定》第二次修正，中华人民共和国主席令第47号公布，根据2021年4月29日第十三届全国人民代表大会常务委员会第二十八次会议《关于修改〈中华人民共和国道路交通安全法〉等八部法律的决定》第三次修正，中华人民共和国主席令第81号公布。

第一章 总 则

第一条 为了维护道路交通秩序，预防和减少交通事故，保护人身安全，保护公民、法人和其他组织的财产安全及其他合法权益，提高通行效率，制定本法。

第二条 中华人民共和国境内的车辆驾驶人、行人、乘车人以及与道路交通活动有关的单位和个人，都应当遵守本法。

第三条 道路交通安全工作，应当遵循依法管理、方便群众的原则，保障道路交通有序、安全、畅通。

第四条 各级人民政府应当保障道路交通安全管理工作与经济建设和社会发展相适应。

县级以上地方各级人民政府应当适应道路交通发展的需要，依据道路交通安全法律、法规和国家有关政策，制定道路交通安全管理规划，并组织实施。

第五条 国务院公安部门负责全国道路交通安全管理工作。县级以上地方各级人民政府公安机关交通管理部门负责本行政区域内的道路交通安全管理工作。

县级以上各级人民政府交通、建设管理部门依据各自职责，负责有关的道路交通工作。

第六条 各级人民政府应当经常进行道路交通安全教育，提高公民的道路交通安全意识。

公安机关交通管理部门及其交通警察执行职务时，应当加强道路交通安全法律、法规的宣传，并模范遵守道路交通安全法律、法规。

机关、部队、企业事业单位、社会团体以及其他组织，应当对本单位的人员进行道路交通安全教育。

教育行政部门、学校应当将道路交通安全教育纳入法制教育的内容。

新闻、出版、广播、电视等有关单位,有进行道路交通安全教育的义务。

第七条 对道路交通安全管理工作,应当加强科学研究,推广、使用先进的管理方法、技术、设备。

第二章 车辆和驾驶人

第一节 机动车、非机动车

第八条 国家对机动车实行登记制度。机动车经公安机关交通管理部门登记后,方可上道路行驶。尚未登记的机动车,需要临时上道路行驶的,应当取得临时通行牌证。

第九条 申请机动车登记,应当提交以下证明、凭证:

(一)机动车所有人的身份证明;

(二)机动车来历证明;

(三)机动车整车出厂合格证明或者进口机动车进口凭证;

(四)车辆购置税的完税证明或者免税凭证;

(五)法律、行政法规规定应当在机动车登记时提交的其他证明、凭证。

公安机关交通管理部门应当自受理申请之日起五个工作日内完成机动车登记审查工作,对符合前款规定条件的,应当发放机动车登记证书、号牌和行驶证;对不符合前款规定条件的,应当向申请人说明不予登记的理由。

公安机关交通管理部门以外的任何单位或者个人不得发放机动车号牌或者要求机动车悬挂其他号牌,本法另有规定的除外。

机动车登记证书、号牌、行驶证的式样由国务院公安部门规定并监制。

第十条 准予登记的机动车应当符合机动车国家安全技术标准。申请机动车登记时,应当接受对该机动车的安全技术检验。但是,经国家机动车产品主管部门依据机动车国家安全技术标准认定的企业生产的机动车型,该车型的新车在出厂时经检验符合机动车国家安全技术标准,获得检验合格证的,免予安全技术检验。

第十一条 驾驶机动车上道路行驶,应当悬挂机动车号牌,放置检验合格标志、保险标志,并随车携带机动车行驶证。

机动车号牌应当按照规定悬挂并保持清晰、完整,不得故意遮挡、污损。

任何单位和个人不得收缴、扣留机动车号牌。

第十二条 有下列情形之一的,应当办理相应的登记:

(一)机动车所有权发生转移的;

(二)机动车登记内容变更的;

(三)机动车用作抵押的;

(四)机动车报废的。

第十三条 对登记后上道路行驶的机动车,应当依照法律、行政法规的规定,根据车辆用途、载客载货数量、使用年限等不同情况，定期进行安全技术检验。对提供机动车行驶证和机动车第三者责任强制保险单的，机动车安全技术检验机构应当予以检验，任何单位不得附加其他条件。对符合机动车国家安全技术标准的，公安机关交通管理部门应当发给检验合格标志。

对机动车的安全技术检验实行社会化。具体办法由国务院规定。

机动车安全技术检验实行社会化的地方，任何单位不得要求机动车到指定的场所进行检验。

公安机关交通管理部门、机动车安全技术检验机构不得要求机动车到指定的场所进行维修、保养。

机动车安全技术检验机构对机动车检验收取费用，应当严格执行国务院价格主管部门核定的收费标准。

第十四条 国家实行机动车强制报废制度，根据机动车的安全技术状况和不同用途，规定不同的报废标准。

应当报废的机动车必须及时办理注销登记。

达到报废标准的机动车不得上道路行驶。报废的大型客、货车及其他营运车辆应当在公安机关交通管理部门的监督下解体。

第十五条 警车、消防车、救护车、工程救险车应当按照规定喷涂标志图案，安装警报器、标志灯具。其他机动车不得喷涂、安装、使用上述车辆专用的或者与其相类似的标志图案、警报器或者标志灯具。

警车、消防车、救护车、工程救险车应当严格按照规定的用途和条件使用。

公路监督检查的专用车辆，应当依照公路法的规定，设置统一的标志和示警灯。

第十六条 任何单位或者个人不得有下列行为：

（一）拼装机动车或者擅自改变机动车已登记的结构、构造或者特征；

（二）改变机动车型号、发动机号、车架号或者车辆识别代号；

（三）伪造、变造或者使用伪造、变造的机动车登记证书、号牌、行驶证、检验合格标志、保险标志；

（四）使用其他机动车的登记证书、号牌、行驶证、检验合格标志、保险标志。

第十七条 国家实行机动车第三者责任强制保险制度，设立道路交通事故社会救助基金。具体办法由国务院规定。

第十八条 依法应当登记的非机动车，经公安机关交通管理部门登记后，方可上道路行驶。

依法应当登记的非机动车的种类，由省、自治区、直辖市人民政府根据当地实际情况规定。

非机动车的外形尺寸、质量、制动器、车铃和夜间反光装置，应当符合非机动车安全技术标准。

第二节 机动车驾驶人

第十九条 驾驶机动车,应当依法取得机动车驾驶证。

申请机动车驾驶证,应当符合国务院公安部门规定的驾驶许可条件;经考试合格后,由公安机关交通管理部门发给相应类别的机动车驾驶证。

持有境外机动车驾驶证的人,符合国务院公安部门规定的驾驶许可条件,经公安机关交通管理部门考核合格的,可以发给中国的机动车驾驶证。

驾驶人应当按照驾驶证载明的准驾车型驾驶机动车;驾驶机动车时,应当随身携带机动车驾驶证。

公安机关交通管理部门以外的任何单位或者个人,不得收缴、扣留机动车驾驶证。

第二十条 机动车的驾驶培训实行社会化,由交通运输主管部门对驾驶培训学校、驾驶培训班实行备案管理,并对驾驶培训活动加强监督,其中专门的拖拉机驾驶培训学校、驾驶培训班由农业(农业机械)主管部门实行监督管理。

驾驶培训学校、驾驶培训班应当严格按照国家有关规定,对学员进行道路交通安全法律、法规、驾驶技能的培训,确保培训质量。

任何国家机关以及驾驶培训和考试主管部门不得举办或者参与举办驾驶培训学校、驾驶培训班。

第二十一条 驾驶人驾驶机动车上道路行驶前,应当对机动车的安全技术性能进行认真检查;不得驾驶安全设施不全或者机件不符合技术标准等具有安全隐患的机动车。

第二十二条 机动车驾驶人应当遵守道路交通安全法律、法规的规定,按照操作规范安全驾驶、文明驾驶。

饮酒、服用国家管制的精神药品或者麻醉药品,或者患有妨碍安全驾驶机动车的疾病,或者过度疲劳影响安全驾驶的,不得驾驶机动车。

任何人不得强迫、指使、纵容驾驶人违反道路交通安全法律、法规和机动车安全驾驶要求驾驶机动车。

第二十三条 公安机关交通管理部门依照法律、行政法规的规定,定期对机动车驾驶证实施审验。

第二十四条 公安机关交通管理部门对机动车驾驶人违反道路交通安全法律、法规的行为,除依法给予行政处罚外,实行累积记分制度。公安机关交通管理部门对累积记分达到规定分值的机动车驾驶人,扣留机动车驾驶证,对其进行道路交通安全法律、法规教育,重新考试;考试合格的,发还其机动车驾驶证。

对遵守道路交通安全法律、法规,在一年内无累积记分的机动车驾驶人,可以延长机动车驾驶证的审验期。具体办法由国务院公安部门规定。

第三章 道路通行条件

第二十五条 全国实行统一的道路交通信号。

交通信号包括交通信号灯、交通标志、交通标线和交通警察的指挥。

交通信号灯、交通标志、交通标线的设置应当符合道路交通安全、畅通的要求和国家标准，并保持清晰、醒目、准确、完好。

根据通行需要，应当及时增设、调换、更新道路交通信号。增设、调换、更新限制性的道路交通信号，应当提前向社会公告，广泛进行宣传。

第二十六条 交通信号灯由红灯、绿灯、黄灯组成。红灯表示禁止通行，绿灯表示准许通行，黄灯表示警示。

第二十七条 铁路与道路平面交叉的道口，应当设置警示灯、警示标志或者安全防护设施。无人看守的铁路道口，应当在距道口一定距离处设置警示标志。

第二十八条 任何单位和个人不得擅自设置、移动、占用、损毁交通信号灯、交通标志、交通标线。

道路两侧及隔离带上种植的树木或者其他植物，设置的广告牌、管线等，应当与交通设施保持必要的距离，不得遮挡路灯、交通信号灯、交通标志，不得妨碍安全视距，不得影响通行。

第二十九条 道路、停车场和道路配套设施的规划、设计、建设，应当符合道路交通安全、畅通的要求，并根据交通需求及时调整。

公安机关交通管理部门发现已经投入使用的道路存在交通事故频发路段，或者停车场、道路配套设施存在交通安全严重隐患的，应当及时向当地人民政府报告，并提出防范交通事故、消除隐患的建议，当地人民政府应当及时作出处理决定。

第三十条 道路出现坍塌、坑漕、水毁、隆起等损毁或者交通信号灯、交通标志、交通标线等交通设施损毁、灭失的，道路、交通设施的养护部门或者管理部门应当设置警示标志并及时修复。

公安机关交通管理部门发现前款情形，危及交通安全，尚未设置警示标志的，应当及时采取安全措施，疏导交通，并通知道路、交通设施的养护部门或者管理部门。

第三十一条 未经许可，任何单位和个人不得占用道路从事非交通活动。

第三十二条 因工程建设需要占用、挖掘道路，或者跨越、穿越道路架设、增设管线设施，应当事先征得道路主管部门的同意；影响交通安全的，还应当征得公安机关交通管理部门的同意。

施工作业单位应当在经批准的路段和时间内施工作业，并在距离施工作业地点来车方向安全距离处设置明显的安全警示标志，采取防护措施；施工作业完毕，应当迅速清除道路上的障碍物，消除安全隐患，经道路主管部门和公安机关交通管理部门验收合格，符合通行要求后，方可恢复通行。

对未中断交通的施工作业道路，公安机关交通管理部门应当加强交通安全监督检查，维护道路交通秩序。

第三十三条 新建、改建、扩建的公共建筑、商业街区、居住区、大（中）型建筑等，应当配建、增建停车场；停车泊位不足的，应当及时改建或者扩建；投入使用的停车场不得擅自停止使用或者改作他用。

在城市道路范围内，在不影响行人、车辆通行的情况下，政府有关部门可以施划停车泊位。

第三十四条 学校、幼儿园、医院、养老院门前的道路没有行人过街设施的，应当施划人行横道线，设置提示标志。

城市主要道路的人行道，应当按照规划设置盲道。盲道的设置应当符合国家标准。

第四章 道路通行规定

第一节 一 般 规 定

第三十五条 机动车、非机动车实行右侧通行。

第三十六条 根据道路条件和通行需要，道路划分为机动车道、非机动车道和人行道的，机动车、非机动车、行人实行分道通行。没有划分机动车道、非机动车道和人行道的，机动车在道路中间通行，非机动车和行人在道路两侧通行。

第三十七条 道路划设专用车道的，在专用车道内，只准许规定的车辆通行，其他车辆不得进入专用车道内行驶。

第三十八条 车辆、行人应当按照交通信号通行；遇有交通警察现场指挥时，应当按照交通警察的指挥通行；在没有交通信号的道路上，应当在确保安全、畅通的原则下通行。

第三十九条 公安机关交通管理部门根据道路和交通流量的具体情况，可以对机动车、非机动车、行人采取疏导、限制通行、禁止通行等措施。遇有大型群众性活动、大范围施工等情况，需要采取限制交通的措施，或者作出与公众的道路交通活动直接有关的决定，应当提前向社会公告。

第四十条 遇有自然灾害、恶劣气象条件或者重大交通事故等严重影响交通安全的情形，采取其他措施难以保证交通安全时，公安机关交通管理部门可以实行交通管制。

第四十一条 有关道路通行的其他具体规定，由国务院规定。

第二节 机动车通行规定

第四十二条 机动车上道路行驶，不得超过限速标志标明的最高时速。在没有限速标志的路段，应当保持安全车速。

夜间行驶或者在容易发生危险的路段行驶，以及遇有沙尘、冰雹、雨、雪、雾、结冰等气象条件时，应当降低行驶速度。

第四十三条 同车道行驶的机动车，后车应当与前车保持足以采取紧急制动措施的安全距离。有下列情形之一的，不得超车：

（一）前车正在左转弯、掉头、超车的；

（二）与对面来车有会车可能的；

（三）前车为执行紧急任务的警车、消防车、救护车、工程救险车的；

（四）行经铁路道口、交叉路口、窄桥、弯道、陡坡、隧道、人行横道、市区交通流量大的路段等没有超车条件的。

第四十四条 机动车通过交叉路口，应当按照交通信号灯、交通标志、交通标线或者交通警察的指挥通过；通过没有交通信号灯、交通标志、交通标线或者交通警察指挥的交叉路口时，应当减速慢行，并让行人和优先通行的车辆先行。

第四十五条 机动车遇有前方车辆停车排队等候或者缓慢行驶时，不得借道超车或者占用对面车道，不得穿插等候的车辆。

在车道减少的路段、路口，或者在没有交通信号灯、交通标志、交通标线或者交通警察指挥的交叉路口遇到停车排队等候或者缓慢行驶时，机动车应当依次交替通行。

第四十六条 机动车通过铁路道口时，应当按照交通信号或者管理人员的指挥通行；没有交通信号或者管理人员的，应当减速或者停车，在确认安全后通过。

第四十七条 机动车行经人行横道时，应当减速行驶；遇行人正在通过人行横道，应当停车让行。

机动车行经没有交通信号的道路时，遇行人横过道路，应当避让。

第四十八条 机动车载物应当符合核定的载质量，严禁超载；载物的长、宽、高不得违反装载要求，不得遗洒、飘散载运物。

机动车运载超限的不可解体的物品，影响交通安全的，应当按照公安机关交通管理部门指定的时间、路线、速度行驶，悬挂明显标志。在公路上运载超限的不可解体的物品，并应当依照公路法的规定执行。

机动车载运爆炸物品、易燃易爆化学物品以及剧毒、放射性等危险物品，应当经公安机关批准后，按指定的时间、路线、速度行驶，悬挂警示标志并采取必要的安全措施。

第四十九条 机动车载人不得超过核定的人数，客运机动车不得违反规定载货。

第五十条 禁止货运机动车载客。

货运机动车需要附载作业人员的，应当设置保护作业人员的安全措施。

第五十一条 机动车行驶时，驾驶人、乘坐人员应当按规定使用安全带，摩托车驾驶人及乘坐人员应当按规定戴安全头盔。

第五十二条 机动车在道路上发生故障，需要停车排除故障时，驾驶人应当立即开启危险报警闪光灯，将机动车移至不妨碍交通的地方停放；难以移动的，应当持续开启危险报警闪光灯，并在来车方向设置警告标志等措施扩大示警距离，必要时迅速报警。

第五十三条 警车、消防车、救护车、工程救险车执行紧急任务时，可以使用警报器、标志灯具；在确保安全的前提下，不受行驶路线、行驶方向、行驶速度和信号灯的限制，其他车辆和行人应当让行。

警车、消防车、救护车、工程救险车非执行紧急任务时，不得使用警报器、标志灯具，不享有前款规定的道路优先通行权。

第五十四条 道路养护车辆、工程作业车进行作业时，在不影响过往车辆通行的前提下，其行驶路线和方向不受交通标志、标线限制，过往车辆和人员应当注意避让。

洒水车、清扫车等机动车应当按照安全作业标准作业；在不影响其他车辆通行的情况下，可以不受车辆分道行驶的限制，但是不得逆向行驶。

第五十五条 高速公路、大中城市中心城区内的道路，禁止拖拉机通行。其他禁止拖拉机通行的道路，由省、自治区、直辖市人民政府根据当地实际情况规定。

在允许拖拉机通行的道路上，拖拉机可以从事货运，但是不得用于载人。

第五十六条 机动车应当在规定地点停放。禁止在人行道上停放机动车；但是，依照本法第三十三条规定施划的停车泊位除外。

在道路上临时停车的，不得妨碍其他车辆和行人通行。

第三节 非机动车通行规定

第五十七条 驾驶非机动车在道路上行驶应当遵守有关交通安全的规定。非机动车应当在非机动车道内行驶；在没有非机动车道的道路上，应当靠车行道的右侧行驶。

第五十八条 残疾人机动轮椅车、电动自行车在非机动车道内行驶时，最高时速不得超过十五公里。

第五十九条 非机动车应当在规定地点停放。未设停放地点的，非机动车停放不得妨碍其他车辆和行人通行。

第六十条 驾驭畜力车，应当使用驯服的牲畜；驾驭畜力车横过道路时，驾驭人应当下车牵引牲畜；驾驭人离开车辆时，应当拴系牲畜。

第四节 行人和乘车人通行规定

第六十一条 行人应当在人行道内行走，没有人行道的靠路边行走。

第六十二条 行人通过路口或者横过道路，应当走人行横道或者过街设施；通过有交通信号灯的人行横道，应当按照交通信号灯指示通行；通过没有交通信号灯、人行横道的路口，或者在没有过街设施的路段横过道路，应当在确认安全后通过。

第六十三条 行人不得跨越、倚坐道路隔离设施，不得扒车、强行拦车或者实施妨碍道路交通安全的其他行为。

第六十四条 学龄前儿童以及不能辨认或者不能控制自己行为的精神疾病患者、智力障碍者在道路上通行，应当由其监护人、监护人委托的人或者对其负有管理、保护职责的人带领。

盲人在道路上通行，应当使用盲杖或者采取其他导盲手段，车辆应当避让盲人。

第六十五条 行人通过铁路道口时，应当按照交通信号或者管理人员的指挥通行；没有交通信号和管理人员的，应当在确认无火车驶临后，迅速通过。

第六十六条 乘车人不得携带易燃易爆等危险物品，不得向车外抛洒物品，不得有影响驾驶人安全驾驶的行为。

第五节 高速公路的特别规定

第六十七条 行人、非机动车、拖拉机、轮式专用机械车、铰接式客车、全挂拖斗车以及其他设计最高时速低于七十公里的机动车，不得进入高速公路。高速公路限速标志标明的最高时速不得超过一百二十公里。

第六十八条 机动车在高速公路上发生故障时,应当依照本法第五十二条的有关规定办理;但是,警告标志应当设置在故障车来车方向一百五十米以外,车上人员应当迅速转移到右侧路肩上或者应急车道内,并且迅速报警。

机动车在高速公路上发生故障或者交通事故,无法正常行驶的,应当由救援车、清障车拖曳、牵引。

第六十九条 任何单位、个人不得在高速公路上拦截检查行驶的车辆,公安机关的人民警察依法执行紧急公务除外。

第五章 交通事故处理

第七十条 在道路上发生交通事故,车辆驾驶人应当立即停车,保护现场;造成人身伤亡的,车辆驾驶人应当立即抢救受伤人员,并迅速报告执勤的交通警察或者公安机关交通管理部门。因抢救受伤人员变动现场的,应当标明位置。乘车人、过往车辆驾驶人、过往行人应当予以协助。

在道路上发生交通事故,未造成人身伤亡,当事人对事实及成因无争议的,可以即行撤离现场,恢复交通,自行协商处理损害赔偿事宜;不即行撤离现场的,应当迅速报告执勤的交通警察或者公安机关交通管理部门。

在道路上发生交通事故,仅造成轻微财产损失,并且基本事实清楚的,当事人应当先撤离现场再进行协商处理。

第七十一条 车辆发生交通事故后逃逸的,事故现场目击人员和其他知情人员应当向公安机关交通管理部门或者交通警察举报。举报属实的,公安机关交通管理部门应当给予奖励。

第七十二条 公安机关交通管理部门接到交通事故报警后,应当立即派交通警察赶赴现场,先组织抢救受伤人员,并采取措施,尽快恢复交通。

交通警察应当对交通事故现场进行勘验、检查,收集证据;因收集证据的需要,可以扣留事故车辆,但是应当妥善保管,以备核查。

对当事人的生理、精神状况等专业性较强的检验,公安机关交通管理部门应当委托专门机构进行鉴定。鉴定结论应当由鉴定人签名。

第七十三条 公安机关交通管理部门应当根据交通事故现场勘验、检查、调查情况和有关的检验、鉴定结论,及时制作交通事故认定书,作为处理交通事故的证据。交通事故认定书应当载明交通事故的基本事实、成因和当事人的责任,并送达当事人。

第七十四条 对交通事故损害赔偿的争议,当事人可以请求公安机关交通管理部门调解,也可以直接向人民法院提起民事诉讼。

经公安机关交通管理部门调解,当事人未达成协议或者调解书生效后不履行的,当事人可以向人民法院提起民事诉讼。

第七十五条 医疗机构对交通事故中的受伤人员应当及时抢救,不得因抢救费用未及时支付而拖延救治。肇事车辆参加机动车第三者责任强制保险的,由保险公司在责任限额范围内支付抢救费用；抢救费用超过责任限额的，未参加机动车第三者责任强制保险或者肇事后逃逸的，由道路交通事故社会救助基金先行垫付部分或者全部抢救费用，道路交通事故社会救助基金管理机构有权向交通事故责任人追偿。

第七十六条 机动车发生交通事故造成人身伤亡、财产损失的，由保险公司在机动车第三者责任强制保险责任限额范围内予以赔偿；不足的部分，按照下列规定承担赔偿责任：

（一）机动车之间发生交通事故的，由有过错的一方承担赔偿责任；双方都有过错的，按照各自过错的比例分担责任。

（二）机动车与非机动车驾驶人、行人之间发生交通事故，非机动车驾驶人、行人没有过错的，由机动车一方承担赔偿责任；有证据证明非机动车驾驶人、行人有过错的，根据过错程度适当减轻机动车一方的赔偿责任；机动车一方没有过错的，承担不超过百分之十的赔偿责任。

交通事故的损失是由非机动车驾驶人、行人故意碰撞机动车造成的，机动车一方不承担赔偿责任。

第七十七条 车辆在道路以外通行时发生的事故，公安机关交通管理部门接到报案的，参照本法有关规定办理。

第六章 执法监督

第七十八条 公安机关交通管理部门应当加强对交通警察的管理，提高交通警察的素质和管理道路交通的水平。

公安机关交通管理部门应当对交通警察进行法制和交通安全管理业务培训、考核。交通警察经考核不合格的，不得上岗执行职务。

第七十九条 公安机关交通管理部门及其交通警察实施道路交通安全管理，应当依据法定的职权和程序，简化办事手续，做到公正、严格、文明、高效。

第八十条 交通警察执行职务时，应当按照规定着装，佩带人民警察标志，持有人民警察证件，保持警容严整，举止端庄，指挥规范。

第八十一条 依照本法发放牌证等收取工本费，应当严格执行国务院价格主管部门核定的收费标准，并全部上缴国库。

第八十二条 公安机关交通管理部门依法实施罚款的行政处罚，应当依照有关法律、行政法规的规定，实施罚款决定与罚款收缴分离；收缴的罚款以及依法没收的违法所得，应当全部上缴国库。

第八十三条 交通警察调查处理道路交通安全违法行为和交通事故，有下列情形之一的，应当回避：

（一）是本案的当事人或者当事人的近亲属；

（二）本人或者其近亲属与本案有利害关系；

（三）与本案当事人有其他关系，可能影响案件的公正处理。

第八十四条 公安机关交通管理部门及其交通警察的行政执法活动，应当接受行政监察机关依法实施的监督。

公安机关督察部门应当对公安机关交通管理部门及其交通警察执行法律、法规和遵守纪律的情况依法进行监督。

上级公安机关交通管理部门应当对下级公安机关交通管理部门的执法活动进行监督。

第八十五条 公安机关交通管理部门及其交通警察执行职务，应当自觉接受社会和公民的监督。

任何单位和个人都有权对公安机关交通管理部门及其交通警察不严格执法以及违法违纪行为进行检举、控告。收到检举、控告的机关，应当依据职责及时查处。

第八十六条 任何单位不得给公安机关交通管理部门下达或者变相下达罚款指标；公安机关交通管理部门不得以罚款数额作为考核交通警察的标准。

公安机关交通管理部门及其交通警察对超越法律、法规规定的指令，有权拒绝执行，并同时向上级机关报告。

第七章 法 律 责 任

第八十七条 公安机关交通管理部门及其交通警察对道路交通安全违法行为，应当及时纠正。

公安机关交通管理部门及其交通警察应当依据事实和本法的有关规定对道路交通安全违法行为予以处罚。对于情节轻微，未影响道路通行的，指出违法行为，给予口头警告后放行。

第八十八条 对道路交通安全违法行为的处罚种类包括：警告、罚款、暂扣或者吊销机动车驾驶证、拘留。

第八十九条 行人、乘车人、非机动车驾驶人违反道路交通安全法律、法规关于道路通行规定的，处警告或者五元以上五十元以下罚款；非机动车驾驶人拒绝接受罚款处罚的，可以扣留其非机动车。

第九十条 机动车驾驶人违反道路交通安全法律、法规关于道路通行规定的，处警告或者二十元以上二百元以下罚款。本法另有规定的，依照规定处罚。

第九十一条 饮酒后驾驶机动车的，处暂扣六个月机动车驾驶证，并处一千元以上二千元以下罚款。因饮酒后驾驶机动车被处罚，再次饮酒后驾驶机动车的，处十日以下拘留，并处一千元以上二千元以下罚款，吊销机动车驾驶证。

醉酒驾驶机动车的，由公安机关交通管理部门约束至酒醒，吊销机动车驾驶证，依法追究刑事责任；五年内不得重新取得机动车驾驶证。

饮酒后驾驶营运机动车的，处十五日拘留，并处五千元罚款，吊销机动车驾驶证，五年内不得重新取得机动车驾驶证。

醉酒驾驶营运机动车的，由公安机关交通管理部门约束至酒醒，吊销机动车驾驶证，依法追究刑事责任；十年内不得重新取得机动车驾驶证，重新取得机动车驾驶证后，不得驾驶营运机动车。

饮酒后或者醉酒驾驶机动车发生重大交通事故，构成犯罪的，依法追究刑事责任，并由公安机关交通管理部门吊销机动车驾驶证，终生不得重新取得机动车驾驶证。

第九十二条 公路客运车辆载客超过额定乘员的，处二百元以上五百元以下罚款；超过额定乘员百分之二十或者违反规定载货的，处五百元以上二千元以下罚款。

货运机动车超过核定载质量的，处二百元以上五百元以下罚款；超过核定载质量百分之三十或者违反规定载客的，处五百元以上二千元以下罚款。

有前两款行为的，由公安机关交通管理部门扣留机动车至违法状态消除。

运输单位的车辆有本条第一款、第二款规定的情形，经处罚不改的，对直接负责的主管人员处二千元以上五千元以下罚款。

第九十三条 对违反道路交通安全法律、法规关于机动车停放、临时停车规定的，可以指出违法行为，并予以口头警告，令其立即驶离。

机动车驾驶人不在现场或者虽在现场但拒绝立即驶离，妨碍其他车辆、行人通行的，处二十元以上二百元以下罚款，并可以将该机动车拖移至不妨碍交通的地点或者公安机关交通管理部门指定的地点停放。公安机关交通管理部门拖车不得向当事人收取费用，并应当及时告知当事人停放地点。

因采取不正确的方法拖车造成机动车损坏的，应当依法承担补偿责任。

第九十四条 机动车安全技术检验机构实施机动车安全技术检验超过国务院价格主管部门核定的收费标准收取费用的，退还多收取的费用，并由价格主管部门依照《中华人民共和国价格法》的有关规定给予处罚。

机动车安全技术检验机构不按照机动车国家安全技术标准进行检验，出具虚假检验结果的，由公安机关交通管理部门处所收检验费用五倍以上十倍以下罚款，并依法撤销其检验资格；构成犯罪的，依法追究刑事责任。

第九十五条 上道路行驶的机动车未悬挂机动车号牌，未放置检验合格标志、保险标志，或者未随车携带行驶证、驾驶证的，公安机关交通管理部门应当扣留机动车，通知当事人提供相应的牌证、标志或者补办相应手续，并可以依照本法第九十条的规定予以处罚。当事人提供相应的牌证、标志或者补办相应手续的，应当及时退还机动车。

故意遮挡、污损或者不按规定安装机动车号牌的，依照本法第九十条的规定予以处罚。

第九十六条 伪造、变造或者使用伪造、变造的机动车登记证书、号牌、行驶证、驾驶证的，由公安机关交通管理部门予以收缴，扣留该机动车，处十五日以下拘留，并处二千元以上五千元以下罚款；构成犯罪的，依法追究刑事责任。

伪造、变造或者使用伪造、变造的检验合格标志、保险标志的，由公安机关交通管理部门予以收缴，扣留该机动车，处十日以下拘留，并处一千元以上三千元以下罚款；构成犯罪的，依法追究刑事责任。

使用其他车辆的机动车登记证书、号牌、行驶证、检验合格标志、保险标志的，由公安机关交通管理部门予以收缴，扣留该机动车，处二千元以上五千元以下罚款。

当事人提供相应的合法证明或者补办相应手续的，应当及时退还机动车。

第九十七条 非法安装警报器、标志灯具的，由公安机关交通管理部门强制拆除，予以收缴，并处二百元以上二千元以下罚款。

第九十八条 机动车所有人、管理人未按照国家规定投保机动车第三者责任强制保险的，由公安机关交通管理部门扣留车辆至依照规定投保后，并处依照规定投保最低责任限额应缴纳的保险费的二倍罚款。

依照前款缴纳的罚款全部纳入道路交通事故社会救助基金。具体办法由国务院规定。

第九十九条 有下列行为之一的，由公安机关交通管理部门处二百元以上二千元以下罚款：

（一）未取得机动车驾驶证、机动车驾驶证被吊销或者机动车驾驶证被暂扣期间驾驶机动车的；

（二）将机动车交由未取得机动车驾驶证或者机动车驾驶证被吊销、暂扣的人驾驶的；

（三）造成交通事故后逃逸，尚不构成犯罪的；

（四）机动车行驶超过规定时速百分之五十的；

（五）强迫机动车驾驶人违反道路交通安全法律、法规和机动车安全驾驶要求驾驶机动车，造成交通事故，尚不构成犯罪的；

（六）违反交通管制的规定强行通行，不听劝阻的；

（七）故意损毁、移动、涂改交通设施，造成危害后果，尚不构成犯罪的；

（八）非法拦截、扣留机动车辆，不听劝阻，造成交通严重阻塞或者较大财产损失的。

行为人有前款第二项、第四项情形之一的，可以并处吊销机动车驾驶证；有第一项、第三项、第五项至第八项情形之一的，可以并处十五日以下拘留。

第一百条 驾驶拼装的机动车或者已达到报废标准的机动车上道路行驶的，公安机关交通管理部门应当予以收缴，强制报废。

对驾驶前款所列机动车上道路行驶的驾驶人，处二百元以上二千元以下罚款，并吊销机动车驾驶证。

出售已达到报废标准的机动车的，没收违法所得，处销售金额等额的罚款，对该机动车依照本条第一款的规定处理。

第一百零一条 违反道路交通安全法律、法规的规定，发生重大交通事故，构成犯罪的，依法追究刑事责任，并由公安机关交通管理部门吊销机动车驾驶证。

造成交通事故后逃逸的，由公安机关交通管理部门吊销机动车驾驶证，且终生不得重新取得机动车驾驶证。

第一百零二条 对六个月内发生二次以上特大交通事故负有主要责任或者全部责任的专业运输单位，由公安机关交通管理部门责令消除安全隐患，未消除安全隐患的机动车，禁止上道路行驶。

第一百零三条 国家机动车产品主管部门未按照机动车国家安全技术标准严格审查，许可不合格机动车型投入生产的，对负有责任的主管人员和其他直接责任人员给予降级或者撤职的行政处分。

机动车生产企业经国家机动车产品主管部门许可生产的机动车型，不执行机动车国家安全技术标准或者不严格进行机动车成品质量检验，致使质量不合格的机动车出厂销售的，由质量技术监督部门依照《中华人民共和国产品质量法》的有关规定给予处罚。

擅自生产、销售未经国家机动车产品主管部门许可生产的机动车型的，没收非法生产、销售的机动车成品及配件，可以并处非法产品价值三倍以上五倍以下罚款；有营业执照的，由工商行政管理部门吊销营业执照，没有营业执照的，予以查封。

生产、销售拼装的机动车或者生产、销售擅自改装的机动车的，依照本条第三款的规定处罚。

有本条第二款、第三款、第四款所列违法行为，生产或者销售不符合机动车国家安全技术标准的机动车，构成犯罪的，依法追究刑事责任。

第一百零四条 未经批准，擅自挖掘道路、占用道路施工或者从事其他影响道路交通安全活动的，由道路主管部门责令停止违法行为，并恢复原状，可以依法给予罚款；致使通行的人员、车辆及其他财产遭受损失的，依法承担赔偿责任。

有前款行为，影响道路交通安全活动的，公安机关交通管理部门可以责令停止违法行为，迅速恢复交通。

第一百零五条 道路施工作业或者道路出现损毁，未及时设置警示标志、未采取防护措施，或者应当设置交通信号灯、交通标志、交通标线而没有设置或者应当及时变更交通信号灯、交通标志、交通标线而没有及时变更，致使通行的人员、车辆及其他财产遭受损失的，负有相关职责的单位应当依法承担赔偿责任。

第一百零六条 在道路两侧及隔离带上种植树木、其他植物或者设置广告牌、管线等，遮挡路灯、交通信号灯、交通标志，妨碍安全视距的，由公安机关交通管理部门责令行为人排除妨碍；拒不执行的，处二百元以上二千元以下罚款，并强制排除妨碍，所需费用由行为人负担。

第一百零七条 对道路交通违法行为人予以警告、二百元以下罚款，交通警察可以当场作出行政处罚决定，并出具行政处罚决定书。

行政处罚决定书应当载明当事人的违法事实、行政处罚的依据、处罚内容、时间、地点以及处罚机关名称，并由执法人员签名或者盖章。

第一百零八条 当事人应当自收到罚款的行政处罚决定书之日起十五日内，到指定的银行缴纳罚款。

对行人、乘车人和非机动车驾驶人的罚款，当事人无异议的，可以当场予以收缴罚款。

罚款应当开具省、自治区、直辖市财政部门统一制发的罚款收据；不出具财政部门统一制发的罚款收据的，当事人有权拒绝缴纳罚款。

第一百零九条 当事人逾期不履行行政处罚决定的，作出行政处罚决定的行政机关可以采取下列措施：

（一）到期不缴纳罚款的，每日按罚款数额的百分之三加处罚款；

（二）申请人民法院强制执行。

第一百一十条 执行职务的交通警察认为应当对道路交通违法行为人给予暂扣或者吊销机动车驾驶证处罚的，可以先予扣留机动车驾驶证，并在二十四小时内将案件移交公安机关交通管理部门处理。

道路交通违法行为人应当在十五日内到公安机关交通管理部门接受处理。无正当理由逾期未接受处理的，吊销机动车驾驶证。

公安机关交通管理部门暂扣或者吊销机动车驾驶证的，应当出具行政处罚决定书。

第一百一十一条 对违反本法规定予以拘留的行政处罚，由县、市公安局、公安分局或者相当于县一级的公安机关裁决。

第一百一十二条 公安机关交通管理部门扣留机动车、非机动车，应当当场出具凭证，并告知当事人在规定期限内到公安机关交通管理部门接受处理。

公安机关交通管理部门对被扣留的车辆应当妥善保管，不得使用。

逾期不来接受处理，并且经公告三个月仍不来接受处理的，对扣留的车辆依法处理。

第一百一十三条 暂扣机动车驾驶证的期限从处罚决定生效之日起计算；处罚决定生效前先予扣留机动车驾驶证的，扣留一日折抵暂扣期限一日。

吊销机动车驾驶证后重新申请领取机动车驾驶证的期限，按照机动车驾驶证管理规定办理。

第一百一十四条 公安机关交通管理部门根据交通技术监控记录资料，可以对违法的机动车所有人或者管理人依法予以处罚。对能够确定驾驶人的，可以依照本法的规定依法予以处罚。

第一百一十五条 交通警察有下列行为之一的，依法给予行政处分：

（一）为不符合法定条件的机动车发放机动车登记证书、号牌、行驶证、检验合格标志的；

（二）批准不符合法定条件的机动车安装、使用警车、消防车、救护车、工程救险车的警报器、标志灯具，喷涂标志图案的；

（三）为不符合驾驶许可条件、未经考试或者考试不合格人员发放机动车驾驶证的；

（四）不执行罚款决定与罚款收缴分离制度或者不按规定将依法收取的费用、收缴的罚款及没收的违法所得全部上缴国库的；

（五）举办或者参与举办驾驶学校或者驾驶培训班、机动车修理厂或者收费停车场等经营活动的；

（六）利用职务上的便利收受他人财物或者谋取其他利益的；

（七）违法扣留车辆、机动车行驶证、驾驶证、车辆号牌的；

（八）使用依法扣留的车辆的；

（九）当场收取罚款不开具罚款收据或者不如实填写罚款额的；

（十）徇私舞弊，不公正处理交通事故的；

（十一）故意刁难，拖延办理机动车牌证的；

（十二）非执行紧急任务时使用警报器、标志灯具的；

（十三）违反规定拦截、检查正常行驶的车辆的；

（十四）非执行紧急公务时拦截搭乘机动车的；

（十五）不履行法定职责的。

公安机关交通管理部门有前款所列行为之一的，对直接负责的主管人员和其他直接责任人员给予相应的行政处分。

第一百一十六条 依照本法第一百一十五条的规定，给予交通警察行政处分的，在作出行政处分决定前，可以停止其执行职务；必要时，可以予以禁闭。

依照本法第一百一十五条的规定，交通警察受到降级或者撤职行政处分的，可以予以辞退。

交通警察受到开除处分或者被辞退的，应当取消警衔；受到撤职以下行政处分的交通警察，应当降低警衔。

第一百一十七条 交通警察利用职权非法占有公共财物，索取、收受贿赂，或者滥用职权、玩忽职守，构成犯罪的，依法追究刑事责任。

第一百一十八条 公安机关交通管理部门及其交通警察有本法第一百一十五条所列行为之一，给当事人造成损失的，应当依法承担赔偿责任。

第八章 附 则

第一百一十九条 本法中下列用语的含义：

（一）"道路"，是指公路、城市道路和虽在单位管辖范围但允许社会机动车通行的地方，包括广场、公共停车场等用于公众通行的场所。

（二）"车辆"，是指机动车和非机动车。

（三）"机动车"，是指以动力装置驱动或者牵引，上道路行驶的供人员乘用或者用于运送物品以及进行工程专项作业的轮式车辆。

（四）"非机动车"，是指以人力或者畜力驱动，上道路行驶的交通工具，以及虽有动力装置驱动但设计最高时速、空车质量、外形尺寸符合有关国家标准的残疾人机动轮椅车、电动自行车等交通工具。

（五）"交通事故"，是指车辆在道路上因过错或者意外造成的人身伤亡或者财产损失的事件。

第一百二十条 中国人民解放军和中国人民武装警察部队在编机动车牌证、在编机动车检验以及机动车驾驶人考核工作，由中国人民解放军、中国人民武装警察部队有关部门负责。

第一百二十一条 对上道路行驶的拖拉机，由农业（农业机械）主管部门行使本法第八条、第九条、第十三条、第十九条、第二十三条规定的公安机关交通管理部门的管理职权。

农业（农业机械）主管部门依照前款规定行使职权，应当遵守本法有关规定，并接受公安机关交通管理部门的监督；对违反规定的，依照本法有关规定追究法律责任。

本法施行前由农业（农业机械）主管部门发放的机动车牌证，在本法施行后继续有效。

第一百二十二条 国家对入境的境外机动车的道路交通安全实施统一管理。

第一百二十三条 省、自治区、直辖市人民代表大会常务委员会可以根据本地区的实际情况，在本法规定的罚款幅度内，规定具体的执行标准。

第一百二十四条 本法自2004年5月1日起施行。

138　中华人民共和国安全生产法

2002年6月29日第九届全国人民代表大会常务委员会第二十八次会议通过，中华人民共和国主席令第70号公布，根据2009年8月27日第十一届全国人民代表大会常务委员会第十次会议《关于修改部分法律的决定》第一次修正，中华人民共和国主席令第18号公布，根据2014年8月31日第十二届全国人民代表大会常务委员会第十次会议《关于修改〈中华人民共和国安全生产法〉的决定》第二次修正，中华人民共和国主席令第13号公布，根据2021年6月10日第十三届全国人民代表大会常务委员会第二十九次会议《关于修改〈中华人民共和国安全生产法〉的决定》第三次修正，中华人民共和国主席令第88号公布。

第一章　总　　则

第一条　为了加强安全生产工作，防止和减少生产安全事故，保障人民群众生命和财产安全，促进经济社会持续健康发展，制定本法。

第二条　在中华人民共和国领域内从事生产经营活动的单位（以下统称生产经营单位）的安全生产，适用本法；有关法律、行政法规对消防安全和道路交通安全、铁路交通安全、水上交通安全、民用航空安全以及核与辐射安全、特种设备安全另有规定的，适用其规定。

第三条　安全生产工作坚持中国共产党的领导。

安全生产工作应当以人为本，坚持人民至上、生命至上，把保护人民生命安全摆在首位，树牢安全发展理念，坚持安全第一、预防为主、综合治理的方针，从源头上防范化解重大安全风险。

安全生产工作实行管行业必须管安全、管业务必须管安全、管生产经营必须管安全，强化和落实生产经营单位主体责任与政府监管责任，建立生产经营单位负责、职工参与、政府监管、行业自律和社会监督的机制。

第四条　生产经营单位必须遵守本法和其他有关安全生产的法律、法规，加强安全生产管理，建立健全全员安全生产责任制和安全生产规章制度，加大对安全生产资金、物资、技术、人员的投入保障力度，改善安全生产条件，加强安全生产标准化、信息化建设，构建安全风险分级管控和隐患排查治理双重预防机制，健全风险防范化解机制，提高安全生产水平，确保安全生产。

平台经济等新兴行业、领域的生产经营单位应当根据本行业、领域的特点，建立健全并落实全员安全生产责任制，加强从业人员安全生产教育和培训，履行本法和其他法律、法规规定的有关安全生产义务。

第五条　生产经营单位的主要负责人是本单位安全生产第一责任人，对本单位的安全生产工作全面负责。其他负责人对职责范围内的安全生产工作负责。

第六条 生产经营单位的从业人员有依法获得安全生产保障的权利，并应当依法履行安全生产方面的义务。

第七条 工会依法对安全生产工作进行监督。

生产经营单位的工会依法组织职工参加本单位安全生产工作的民主管理和民主监督，维护职工在安全生产方面的合法权益。生产经营单位制定或者修改有关安全生产的规章制度，应当听取工会的意见。

第八条 国务院和县级以上地方各级人民政府应当根据国民经济和社会发展规划制定安全生产规划，并组织实施。安全生产规划应当与国土空间规划等相关规划相衔接。

各级人民政府应当加强安全生产基础设施建设和安全生产监管能力建设，所需经费列入本级预算。

县级以上地方各级人民政府应当组织有关部门建立完善安全风险评估与论证机制，按照安全风险管控要求，进行产业规划和空间布局，并对位置相邻、行业相近、业态相似的生产经营单位实施重大安全风险联防联控。

第九条 国务院和县级以上地方各级人民政府应当加强对安全生产工作的领导，建立健全安全生产工作协调机制，支持、督促各有关部门依法履行安全生产监督管理职责，及时协调、解决安全生产监督管理中存在的重大问题。

乡镇人民政府和街道办事处，以及开发区、工业园区、港区、风景区等应当明确负责安全生产监督管理的有关工作机构及其职责，加强安全生产监管力量建设，按照职责对本行政区域或者管理区域内生产经营单位安全生产状况进行监督检查，协助人民政府有关部门或者按照授权依法履行安全生产监督管理职责。

第十条 国务院应急管理部门依照本法，对全国安全生产工作实施综合监督管理；县级以上地方各级人民政府应急管理部门依照本法，对本行政区域内安全生产工作实施综合监督管理。

国务院交通运输、住房和城乡建设、水利、民航等有关部门依照本法和其他有关法律、行政法规的规定，在各自的职责范围内对有关行业、领域的安全生产工作实施监督管理；县级以上地方各级人民政府有关部门依照本法和其他有关法律、法规的规定，在各自的职责范围内对有关行业、领域的安全生产工作实施监督管理。对新兴行业、领域的安全生产监督管理职责不明确的，由县级以上地方各级人民政府按照业务相近的原则确定监督管理部门。

应急管理部门和对有关行业、领域的安全生产工作实施监督管理的部门，统称负有安全生产监督管理职责的部门。负有安全生产监督管理职责的部门应当相互配合、齐抓共管、信息共享、资源共用，依法加强安全生产监督管理工作。

第十一条 国务院有关部门应当按照保障安全生产的要求，依法及时制定有关的国家标准或者行业标准，并根据科技进步和经济发展适时修订。

生产经营单位必须执行依法制定的保障安全生产的国家标准或者行业标准。

第十二条 国务院有关部门按照职责分工负责安全生产强制性国家标准的项目提出、

组织起草、征求意见、技术审查。国务院应急管理部门统筹提出安全生产强制性国家标准的立项计划。国务院标准化行政主管部门负责安全生产强制性国家标准的立项、编号、对外通报和授权批准发布工作。国务院标准化行政主管部门、有关部门依据法定职责对安全生产强制性国家标准的实施进行监督检查。

第十三条 各级人民政府及其有关部门应当采取多种形式，加强对有关安全生产的法律、法规和安全生产知识的宣传，增强全社会的安全生产意识。

第十四条 有关协会组织依照法律、行政法规和章程，为生产经营单位提供安全生产方面的信息、培训等服务，发挥自律作用，促进生产经营单位加强安全生产管理。

第十五条 依法设立的为安全生产提供技术、管理服务的机构，依照法律、行政法规和执业准则，接受生产经营单位的委托为其安全生产工作提供技术、管理服务。

生产经营单位委托前款规定的机构提供安全生产技术、管理服务的，保证安全生产的责任仍由本单位负责。

第十六条 国家实行生产安全事故责任追究制度，依照本法和有关法律、法规的规定，追究生产安全事故责任单位和责任人员的法律责任。

第十七条 县级以上各级人民政府应当组织负有安全生产监督管理职责的部门依法编制安全生产权力和责任清单，公开并接受社会监督。

第十八条 国家鼓励和支持安全生产科学技术研究和安全生产先进技术的推广应用，提高安全生产水平。

第十九条 国家对在改善安全生产条件、防止生产安全事故、参加抢险救护等方面取得显著成绩的单位和个人，给予奖励。

第二章 生产经营单位的安全生产保障

第二十条 生产经营单位应当具备本法和有关法律、行政法规和国家标准或者行业标准规定的安全生产条件；不具备安全生产条件的，不得从事生产经营活动。

第二十一条 生产经营单位的主要负责人对本单位安全生产工作负有下列职责：

（一）建立健全并落实本单位全员安全生产责任制，加强安全生产标准化建设；

（二）组织制定并实施本单位安全生产规章制度和操作规程；

（三）组织制定并实施本单位安全生产教育和培训计划；

（四）保证本单位安全生产投入的有效实施；

（五）组织建立并落实安全风险分级管控和隐患排查治理双重预防工作机制，督促、检查本单位的安全生产工作，及时消除生产安全事故隐患；

（六）组织制定并实施本单位的生产安全事故应急救援预案；

（七）及时、如实报告生产安全事故。

第二十二条 生产经营单位的全员安全生产责任制应当明确各岗位的责任人员、责任范围和考核标准等内容。

生产经营单位应当建立相应的机制，加强对全员安全生产责任制落实情况的监督考核，保证全员安全生产责任制的落实。

第二十三条 生产经营单位应当具备的安全生产条件所必需的资金投入，由生产经营单位的决策机构、主要负责人或者个人经营的投资人予以保证，并对由于安全生产所必需的资金投入不足导致的后果承担责任。

有关生产经营单位应当按照规定提取和使用安全生产费用，专门用于改善安全生产条件。安全生产费用在成本中据实列支。安全生产费用提取、使用和监督管理的具体办法由国务院财政部门会同国务院应急管理部门征求国务院有关部门意见后制定。

第二十四条 矿山、金属冶炼、建筑施工、运输单位和危险物品的生产、经营、储存、装卸单位，应当设置安全生产管理机构或者配备专职安全生产管理人员。

前款规定以外的其他生产经营单位，从业人员超过一百人的，应当设置安全生产管理机构或者配备专职安全生产管理人员；从业人员在一百人以下的，应当配备专职或者兼职的安全生产管理人员。

第二十五条 生产经营单位的安全生产管理机构以及安全生产管理人员履行下列职责：

（一）组织或者参与拟订本单位安全生产规章制度、操作规程和生产安全事故应急救援预案；

（二）组织或者参与本单位安全生产教育和培训，如实记录安全生产教育和培训情况；

（三）组织开展危险源辨识和评估，督促落实本单位重大危险源的安全管理措施；

（四）组织或者参与本单位应急救援演练；

（五）检查本单位的安全生产状况，及时排查生产安全事故隐患，提出改进安全生产管理的建议；

（六）制止和纠正违章指挥、强令冒险作业、违反操作规程的行为；

（七）督促落实本单位安全生产整改措施。

生产经营单位可以设置专职安全生产分管负责人，协助本单位主要负责人履行安全生产管理职责。

第二十六条 生产经营单位的安全生产管理机构以及安全生产管理人员应当恪尽职守，依法履行职责。

生产经营单位作出涉及安全生产的经营决策，应当听取安全生产管理机构以及安全生产管理人员的意见。

生产经营单位不得因安全生产管理人员依法履行职责而降低其工资、福利等待遇或者解除与其订立的劳动合同。

危险物品的生产、储存单位以及矿山、金属冶炼单位的安全生产管理人员的任免，应当告知主管的负有安全生产监督管理职责的部门。

第二十七条 生产经营单位的主要负责人和安全生产管理人员必须具备与本单位所从事的生产经营活动相应的安全生产知识和管理能力。

危险物品的生产、经营、储存、装卸单位以及矿山、金属冶炼、建筑施工、运输单位的主要负责人和安全生产管理人员，应当由主管的负有安全生产监督管理职责的部门对其安全生产知识和管理能力考核合格。考核不得收费。

危险物品的生产、储存、装卸单位以及矿山、金属冶炼单位应当有注册安全工程师从事安全生产管理工作。鼓励其他生产经营单位聘用注册安全工程师从事安全生产管理工作。注册安全工程师按专业分类管理，具体办法由国务院人力资源和社会保障部门、国务院应急管理部门会同国务院有关部门制定。

第二十八条 生产经营单位应当对从业人员进行安全生产教育和培训，保证从业人员具备必要的安全生产知识，熟悉有关的安全生产规章制度和安全操作规程，掌握本岗位的安全操作技能，了解事故应急处理措施，知悉自身在安全生产方面的权利和义务。未经安全生产教育和培训合格的从业人员，不得上岗作业。

生产经营单位使用被派遣劳动者的，应当将被派遣劳动者纳入本单位从业人员统一管理，对被派遣劳动者进行岗位安全操作规程和安全操作技能的教育和培训。劳务派遣单位应当对被派遣劳动者进行必要的安全生产教育和培训。

生产经营单位接收中等职业学校、高等学校学生实习的，应当对实习学生进行相应的安全生产教育和培训，提供必要的劳动防护用品。学校应当协助生产经营单位对实习学生进行安全生产教育和培训。

生产经营单位应当建立安全生产教育和培训档案，如实记录安全生产教育和培训的时间、内容、参加人员以及考核结果等情况。

第二十九条 生产经营单位采用新工艺、新技术、新材料或者使用新设备，必须了解、掌握其安全技术特性，采取有效的安全防护措施，并对从业人员进行专门的安全生产教育和培训。

第三十条 生产经营单位的特种作业人员必须按照国家有关规定经专门的安全作业培训，取得相应资格，方可上岗作业。

特种作业人员的范围由国务院应急管理部门会同国务院有关部门确定。

第三十一条 生产经营单位新建、改建、扩建工程项目（以下统称建设项目）的安全设施，必须与主体工程同时设计、同时施工、同时投入生产和使用。安全设施投资应当纳入建设项目概算。

第三十二条 矿山、金属冶炼建设项目和用于生产、储存、装卸危险物品的建设项目，应当按照国家有关规定进行安全评价。

第三十三条 建设项目安全设施的设计人、设计单位应当对安全设施设计负责。

矿山、金属冶炼建设项目和用于生产、储存、装卸危险物品的建设项目的安全设施设计应当按照国家有关规定报经有关部门审查，审查部门及其负责审查的人员对审查结果负责。

第三十四条 矿山、金属冶炼建设项目和用于生产、储存、装卸危险物品的建设项目的施工单位必须按照批准的安全设施设计施工，并对安全设施的工程质量负责。

矿山、金属冶炼建设项目和用于生产、储存、装卸危险物品的建设项目竣工投入生产或者使用前，应当由建设单位负责组织对安全设施进行验收；验收合格后，方可投入生产和使用。负有安全生产监督管理职责的部门应当加强对建设单位验收活动和验收结果的监督核查。

第三十五条 生产经营单位应当在有较大危险因素的生产经营场所和有关设施、设备上，设置明显的安全警示标志。

第三十六条 安全设备的设计、制造、安装、使用、检测、维修、改造和报废，应当符合国家标准或者行业标准。

生产经营单位必须对安全设备进行经常性维护、保养，并定期检测，保证正常运转。维护、保养、检测应当作好记录，并由有关人员签字。

生产经营单位不得关闭、破坏直接关系生产安全的监控、报警、防护、救生设备、设施，或者篡改、隐瞒、销毁其相关数据、信息。

餐饮等行业的生产经营单位使用燃气的，应当安装可燃气体报警装置，并保障其正常使用。

第三十七条 生产经营单位使用的危险物品的容器、运输工具，以及涉及人身安全、危险性较大的海洋石油开采特种设备和矿山井下特种设备，必须按照国家有关规定，由专业生产单位生产，并经具有专业资质的检测、检验机构检测、检验合格，取得安全使用证或者安全标志，方可投入使用。检测、检验机构对检测、检验结果负责。

第三十八条 国家对严重危及生产安全的工艺、设备实行淘汰制度，具体目录由国务院应急管理部门会同国务院有关部门制定并公布。法律、行政法规对目录的制定另有规定的，适用其规定。

省、自治区、直辖市人民政府可以根据本地区实际情况制定并公布具体目录，对前款规定以外的危及生产安全的工艺、设备予以淘汰。

生产经营单位不得使用应当淘汰的危及生产安全的工艺、设备。

第三十九条 生产、经营、运输、储存、使用危险物品或者处置废弃危险物品的，由有关主管部门依照有关法律、法规的规定和国家标准或者行业标准审批并实施监督管理。

生产经营单位生产、经营、运输、储存、使用危险物品或者处置废弃危险物品，必须执行有关法律、法规和国家标准或者行业标准，建立专门的安全管理制度，采取可靠的安全措施，接受有关主管部门依法实施的监督管理。

第四十条 生产经营单位对重大危险源应当登记建档，进行定期检测、评估、监控，并制定应急预案，告知从业人员和相关人员在紧急情况下应当采取的应急措施。

生产经营单位应当按照国家有关规定将本单位重大危险源及有关安全措施、应急措施报有关地方人民政府应急管理部门和有关部门备案。有关地方人民政府应急管理部门和有关部门应当通过相关信息系统实现信息共享。

第四十一条 生产经营单位应当建立安全风险分级管控制度，按照安全风险分级采取相应的管控措施。

生产经营单位应当建立健全并落实生产安全事故隐患排查治理制度，采取技术、管理措施，及时发现并消除事故隐患。事故隐患排查治理情况应当如实记录，并通过职工大会或者职工代表大会、信息公示栏等方式向从业人员通报。其中，重大事故隐患排查治理情况应当及时向负有安全生产监督管理职责的部门和职工大会或者职工代表大会报告。

县级以上地方各级人民政府负有安全生产监督管理职责的部门应当将重大事故隐患纳

入相关信息系统，建立健全重大事故隐患治理督办制度，督促生产经营单位消除重大事故隐患。

第四十二条 生产、经营、储存、使用危险物品的车间、商店、仓库不得与员工宿舍在同一座建筑物内，并应当与员工宿舍保持安全距离。

生产经营场所和员工宿舍应当设有符合紧急疏散要求、标志明显、保持畅通的出口、疏散通道。禁止占用、锁闭、封堵生产经营场所或者员工宿舍的出口、疏散通道。

第四十三条 生产经营单位进行爆破、吊装、动火、临时用电以及国务院应急管理部门会同国务院有关部门规定的其他危险作业，应当安排专门人员进行现场安全管理，确保操作规程的遵守和安全措施的落实。

第四十四条 生产经营单位应当教育和督促从业人员严格执行本单位的安全生产规章制度和安全操作规程；并向从业人员如实告知作业场所和工作岗位存在的危险因素、防范措施以及事故应急措施。

生产经营单位应当关注从业人员的身体、心理状况和行为习惯，加强对从业人员的心理疏导、精神慰藉，严格落实岗位安全生产责任，防范从业人员行为异常导致事故发生。

第四十五条 生产经营单位必须为从业人员提供符合国家标准或者行业标准的劳动防护用品，并监督、教育从业人员按照使用规则佩戴、使用。

第四十六条 生产经营单位的安全生产管理人员应当根据本单位的生产经营特点，对安全生产状况进行经常性检查；对检查中发现的安全问题，应当立即处理；不能处理的，应当及时报告本单位有关负责人，有关负责人应当及时处理。检查及处理情况应当如实记录在案。

生产经营单位的安全生产管理人员在检查中发现重大事故隐患，依照前款规定向本单位有关负责人报告，有关负责人不及时处理的，安全生产管理人员可以向主管的负有安全生产监督管理职责的部门报告，接到报告的部门应当依法及时处理。

第四十七条 生产经营单位应当安排用于配备劳动防护用品、进行安全生产培训的经费。

第四十八条 两个以上生产经营单位在同一作业区域内进行生产经营活动，可能危及对方生产安全的，应当签订安全生产管理协议，明确各自的安全生产管理职责和应当采取的安全措施，并指定专职安全生产管理人员进行安全检查与协调。

第四十九条 生产经营单位不得将生产经营项目、场所、设备发包或者出租给不具备安全生产条件或者相应资质的单位或者个人。

生产经营项目、场所发包或者出租给其他单位的，生产经营单位应当与承包单位、承租单位签订专门的安全生产管理协议，或者在承包合同、租赁合同中约定各自的安全生产管理职责；生产经营单位对承包单位、承租单位的安全生产工作统一协调、管理，定期进行安全检查，发现安全问题的，应当及时督促整改。

矿山、金属冶炼建设项目和用于生产、储存、装卸危险物品的建设项目的施工单位应当加强对施工项目的安全管理，不得倒卖、出租、出借、挂靠或者以其他形式非法转让施工资质，不得将其承包的全部建设工程转包给第三人或者将其承包的全部建设工程支解以后以分包的名义分别转包给第三人，不得将工程分包给不具备相应资质条件的单位。

第五十条 生产经营单位发生生产安全事故时，单位的主要负责人应当立即组织抢救，并不得在事故调查处理期间擅离职守。

第五十一条 生产经营单位必须依法参加工伤保险，为从业人员缴纳保险费。

国家鼓励生产经营单位投保安全生产责任保险；属于国家规定的高危行业、领域的生产经营单位，应当投保安全生产责任保险。具体范围和实施办法由国务院应急管理部门会同国务院财政部门、国务院保险监督管理机构和相关行业主管部门制定。

第三章 从业人员的安全生产权利义务

第五十二条 生产经营单位与从业人员订立的劳动合同，应当载明有关保障从业人员劳动安全、防止职业危害的事项，以及依法为从业人员办理工伤保险的事项。

生产经营单位不得以任何形式与从业人员订立协议，免除或者减轻其对从业人员因生产安全事故伤亡依法应承担的责任。

第五十三条 生产经营单位的从业人员有权了解其作业场所和工作岗位存在的危险因素、防范措施及事故应急措施，有权对本单位的安全生产工作提出建议。

第五十四条 从业人员有权对本单位安全生产工作中存在的问题提出批评、检举、控告；有权拒绝违章指挥和强令冒险作业。

生产经营单位不得因从业人员对本单位安全生产工作提出批评、检举、控告或者拒绝违章指挥、强令冒险作业而降低其工资、福利等待遇或者解除与其订立的劳动合同。

第五十五条 从业人员发现直接危及人身安全的紧急情况时，有权停止作业或者在采取可能的应急措施后撤离作业场所。

生产经营单位不得因从业人员在前款紧急情况下停止作业或者采取紧急撤离措施而降低其工资、福利等待遇或者解除与其订立的劳动合同。

第五十六条 生产经营单位发生生产安全事故后，应当及时采取措施救治有关人员。

因生产安全事故受到损害的从业人员，除依法享有工伤保险外，依照有关民事法律尚有获得赔偿的权利的，有权提出赔偿要求。

第五十七条 从业人员在作业过程中，应当严格落实岗位安全责任，遵守本单位的安全生产规章制度和操作规程，服从管理，正确佩戴和使用劳动防护用品。

第五十八条 从业人员应当接受安全生产教育和培训，掌握本职工作所需的安全生产知识，提高安全生产技能，增强事故预防和应急处理能力。

第五十九条 从业人员发现事故隐患或者其他不安全因素，应当立即向现场安全生产管理人员或者本单位负责人报告；接到报告的人员应当及时予以处理。

第六十条 工会有权对建设项目的安全设施与主体工程同时设计、同时施工、同时投入生产和使用进行监督，提出意见。

工会对生产经营单位违反安全生产法律、法规，侵犯从业人员合法权益的行为，有权要求纠正；发现生产经营单位违章指挥、强令冒险作业或者发现事故隐患时，有权提出解决的建议,生产经营单位应当及时研究答复;发现危及从业人员生命安全的情况时,有权向生产经营单位建议组织从业人员撤离危险场所,生产经营单位必须立即作出处理。

工会有权依法参加事故调查,向有关部门提出处理意见,并要求追究有关人员的责任。

第六十一条 生产经营单位使用被派遣劳动者的,被派遣劳动者享有本法规定的从业人员的权利,并应当履行本法规定的从业人员的义务。

第四章 安全生产的监督管理

第六十二条 县级以上地方各级人民政府应当根据本行政区域内的安全生产状况,组织有关部门按照职责分工,对本行政区域内容易发生重大生产安全事故的生产经营单位进行严格检查。

应急管理部门应当按照分类分级监督管理的要求,制定安全生产年度监督检查计划,并按照年度监督检查计划进行监督检查,发现事故隐患,应当及时处理。

第六十三条 负有安全生产监督管理职责的部门依照有关法律、法规的规定,对涉及安全生产的事项需要审查批准(包括批准、核准、许可、注册、认证、颁发证照等,下同)或者验收的,必须严格依照有关法律、法规和国家标准或者行业标准规定的安全生产条件和程序进行审查;不符合有关法律、法规和国家标准或者行业标准规定的安全生产条件的,不得批准或者验收通过。对未依法取得批准或者验收合格的单位擅自从事有关活动的,负责行政审批的部门发现或者接到举报后应当立即予以取缔,并依法予以处理。对已经依法取得批准的单位,负责行政审批的部门发现其不再具备安全生产条件的,应当撤销原批准。

第六十四条 负有安全生产监督管理职责的部门对涉及安全生产的事项进行审查、验收,不得收取费用;不得要求接受审查、验收的单位购买其指定品牌或者指定生产、销售单位的安全设备、器材或者其他产品。

第六十五条 应急管理部门和其他负有安全生产监督管理职责的部门依法开展安全生产行政执法工作,对生产经营单位执行有关安全生产的法律、法规和国家标准或者行业标准的情况进行监督检查,行使以下职权:

(一)进入生产经营单位进行检查,调阅有关资料,向有关单位和人员了解情况;

(二)对检查中发现的安全生产违法行为,当场予以纠正或者要求限期改正;对依法应当给予行政处罚的行为,依照本法和其他有关法律、行政法规的规定作出行政处罚决定;

(三)对检查中发现的事故隐患,应当责令立即排除;重大事故隐患排除前或者排除过程中无法保证安全的,应当责令从危险区域内撤出作业人员,责令暂时停产停业或者停止使用相关设施、设备;重大事故隐患排除后,经审查同意,方可恢复生产经营和使用;

(四)对有根据认为不符合保障安全生产的国家标准或者行业标准的设施、设备、器材以及违法生产、储存、使用、经营、运输的危险物品予以查封或者扣押,对违法生产、储存、使用、经营危险物品的作业场所予以查封,并依法作出处理决定。

监督检查不得影响被检查单位的正常生产经营活动。

第六十六条 生产经营单位对负有安全生产监督管理职责的部门的监督检查人员(以

下统称安全生产监督检查人员）依法履行监督检查职责，应当予以配合，不得拒绝、阻挠。

第六十七条 安全生产监督检查人员应当忠于职守，坚持原则，秉公执法。

安全生产监督检查人员执行监督检查任务时，必须出示有效的行政执法证件；对涉及被检查单位的技术秘密和业务秘密，应当为其保密。

第六十八条 安全生产监督检查人员应当将检查的时间、地点、内容、发现的问题及其处理情况，作出书面记录，并由检查人员和被检查单位的负责人签字；被检查单位的负责人拒绝签字的，检查人员应当将情况记录在案，并向负有安全生产监督管理职责的部门报告。

第六十九条 负有安全生产监督管理职责的部门在监督检查中，应当互相配合，实行联合检查；确需分别进行检查的，应当互通情况，发现存在的安全问题应当由其他有关部门进行处理的，应当及时移送其他有关部门并形成记录备查，接受移送的部门应当及时进行处理。

第七十条 负有安全生产监督管理职责的部门依法对存在重大事故隐患的生产经营单位作出停产停业、停止施工、停止使用相关设施或者设备的决定，生产经营单位应当依法执行，及时消除事故隐患。生产经营单位拒不执行，有发生生产安全事故的现实危险的，在保证安全的前提下，经本部门主要负责人批准，负有安全生产监督管理职责的部门可以采取通知有关单位停止供电、停止供应民用爆炸物品等措施，强制生产经营单位履行决定。通知应当采用书面形式，有关单位应当予以配合。

负有安全生产监督管理职责的部门依照前款规定采取停止供电措施，除有危及生产安全的紧急情形外，应当提前二十四小时通知生产经营单位。生产经营单位依法履行行政决定、采取相应措施消除事故隐患的，负有安全生产监督管理职责的部门应当及时解除前款规定的措施。

第七十一条 监察机关依照监察法的规定，对负有安全生产监督管理职责的部门及其工作人员履行安全生产监督管理职责实施监察。

第七十二条 承担安全评价、认证、检测、检验职责的机构应当具备国家规定的资质条件，并对其作出的安全评价、认证、检测、检验结果的合法性、真实性负责。资质条件由国务院应急管理部门会同国务院有关部门制定。

承担安全评价、认证、检测、检验职责的机构应当建立并实施服务公开和报告公开制度，不得租借资质、挂靠、出具虚假报告。

第七十三条 负有安全生产监督管理职责的部门应当建立举报制度，公开举报电话、信箱或者电子邮件地址等网络举报平台，受理有关安全生产的举报；受理的举报事项经调查核实后，应当形成书面材料；需要落实整改措施的，报经有关负责人签字并督促落实。对不属于本部门职责，需要由其他有关部门进行调查处理的，转交其他有关部门处理。

涉及人员死亡的举报事项，应当由县级以上人民政府组织核查处理。

第七十四条 任何单位或者个人对事故隐患或者安全生产违法行为，均有权向负有安全生产监督管理职责的部门报告或者举报。

因安全生产违法行为造成重大事故隐患或者导致重大事故，致使国家利益或者社会公共利益受到侵害的，人民检察院可以根据民事诉讼法、行政诉讼法的相关规定提起公益诉讼。

第七十五条 居民委员会、村民委员会发现其所在区域内的生产经营单位存在事故隐患或者安全生产违法行为时，应当向当地人民政府或者有关部门报告。

第七十六条 县级以上各级人民政府及其有关部门对报告重大事故隐患或者举报安全生产违法行为的有功人员，给予奖励。具体奖励办法由国务院应急管理部门会同国务院财政部门制定。

第七十七条 新闻、出版、广播、电影、电视等单位有进行安全生产公益宣传教育的义务，有对违反安全生产法律、法规的行为进行舆论监督的权利。

第七十八条 负有安全生产监督管理职责的部门应当建立安全生产违法行为信息库，如实记录生产经营单位及其有关从业人员的安全生产违法行为信息；对违法行为情节严重的生产经营单位及其有关从业人员，应当及时向社会公告，并通报行业主管部门、投资主管部门、自然资源主管部门、生态环境主管部门、证券监督管理机构以及有关金融机构。有关部门和机构应当对存在失信行为的生产经营单位及其有关从业人员采取加大执法检查频次、暂停项目审批、上调有关保险费率、行业或者职业禁入等联合惩戒措施，并向社会公示。

负有安全生产监督管理职责的部门应当加强对生产经营单位行政处罚信息的及时归集、共享、应用和公开，对生产经营单位作出处罚决定后七个工作日内在监督管理部门公示系统予以公开曝光，强化对违法失信生产经营单位及其有关从业人员的社会监督，提高全社会安全生产诚信水平。

第五章 生产安全事故的应急救援与调查处理

第七十九条 国家加强生产安全事故应急能力建设，在重点行业、领域建立应急救援基地和应急救援队伍，并由国家安全生产应急救援机构统一协调指挥；鼓励生产经营单位和其他社会力量建立应急救援队伍，配备相应的应急救援装备和物资，提高应急救援的专业化水平。

国务院应急管理部门牵头建立全国统一的生产安全事故应急救援信息系统，国务院交通运输、住房和城乡建设、水利、民航等有关部门和县级以上地方人民政府建立健全相关行业、领域、地区的生产安全事故应急救援信息系统，实现互联互通、信息共享，通过推行网上安全信息采集、安全监管和监测预警，提升监管的精准化、智能化水平。

第八十条 县级以上地方各级人民政府应当组织有关部门制定本行政区域内生产安全事故应急救援预案，建立应急救援体系。

乡镇人民政府和街道办事处，以及开发区、工业园区、港区、风景区等应当制定相应的生产安全事故应急救援预案，协助人民政府有关部门或者按照授权依法履行生产安全事故应急救援工作职责。

第八十一条 生产经营单位应当制定本单位生产安全事故应急救援预案，与所在地县级以上地方人民政府组织制定的生产安全事故应急救援预案相衔接，并定期组织演练。

第八十二条 危险物品的生产、经营、储存单位以及矿山、金属冶炼、城市轨道交通运营、建筑施工单位应当建立应急救援组织；生产经营规模较小的，可以不建立应急救援组织，但应当指定兼职的应急救援人员。

危险物品的生产、经营、储存、运输单位以及矿山、金属冶炼、城市轨道交通运营、建筑施工单位应当配备必要的应急救援器材、设备和物资，并进行经常性维护、保养，保证正常运转。

第八十三条 生产经营单位发生生产安全事故后，事故现场有关人员应当立即报告本单位负责人。

单位负责人接到事故报告后，应当迅速采取有效措施，组织抢救，防止事故扩大，减少人员伤亡和财产损失，并按照国家有关规定立即如实报告当地负有安全生产监督管理职责的部门，不得隐瞒不报、谎报或者迟报，不得故意破坏事故现场、毁灭有关证据。

第八十四条 负有安全生产监督管理职责的部门接到事故报告后，应当立即按照国家有关规定上报事故情况。负有安全生产监督管理职责的部门和有关地方人民政府对事故情况不得隐瞒不报、谎报或者迟报。

第八十五条 有关地方人民政府和负有安全生产监督管理职责的部门的负责人接到生产安全事故报告后，应当按照生产安全事故应急救援预案的要求立即赶到事故现场，组织事故抢救。

参与事故抢救的部门和单位应当服从统一指挥，加强协同联动，采取有效的应急救援措施，并根据事故救援的需要采取警戒、疏散等措施，防止事故扩大和次生灾害的发生，减少人员伤亡和财产损失。

事故抢救过程中应当采取必要措施，避免或者减少对环境造成的危害。

任何单位和个人都应当支持、配合事故抢救，并提供一切便利条件。

第八十六条 事故调查处理应当按照科学严谨、依法依规、实事求是、注重实效的原则，及时、准确地查清事故原因，查明事故性质和责任，评估应急处置工作，总结事故教训，提出整改措施，并对事故责任单位和人员提出处理建议。事故调查报告应当依法及时向社会公布。事故调查和处理的具体办法由国务院制定。

事故发生单位应当及时全面落实整改措施，负有安全生产监督管理职责的部门应当加强监督检查。

负责事故调查处理的国务院有关部门和地方人民政府应当在批复事故调查报告后一年内，组织有关部门对事故整改和防范措施落实情况进行评估，并及时向社会公开评估结果；对不履行职责导致事故整改和防范措施没有落实的有关单位和人员，应当按照有关规定追究责任。

第八十七条 生产经营单位发生生产安全事故，经调查确定为责任事故的，除了应当查明事故单位的责任并依法予以追究外，还应当查明对安全生产的有关事项负有审查批准和监督职责的行政部门的责任，对有失职、渎职行为的，依照本法第九十条的规定追究法律责任。

第八十八条 任何单位和个人不得阻挠和干涉对事故的依法调查处理。

第八十九条 县级以上地方各级人民政府应急管理部门应当定期统计分析本行政区域内发生生产安全事故的情况，并定期向社会公布。

第六章 法 律 责 任

第九十条 负有安全生产监督管理职责的部门的工作人员，有下列行为之一的，给予降级或者撤职的处分；构成犯罪的，依照刑法有关规定追究刑事责任：

（一）对不符合法定安全生产条件的涉及安全生产的事项予以批准或者验收通过的；

（二）发现未依法取得批准、验收的单位擅自从事有关活动或者接到举报后不予取缔或者不依法予以处理的；

（三）对已经依法取得批准的单位不履行监督管理职责，发现其不再具备安全生产条件而不撤销原批准或者发现安全生产违法行为不予查处的；

（四）在监督检查中发现重大事故隐患，不依法及时处理的。

负有安全生产监督管理职责的部门的工作人员有前款规定以外的滥用职权、玩忽职守、徇私舞弊行为的，依法给予处分；构成犯罪的，依照刑法有关规定追究刑事责任。

第九十一条 负有安全生产监督管理职责的部门，要求被审查、验收的单位购买其指定的安全设备、器材或者其他产品的，在对安全生产事项的审查、验收中收取费用的，由其上级机关或者监察机关责令改正，责令退还收取的费用；情节严重的，对直接负责的主管人员和其他直接责任人员依法给予处分。

第九十二条 承担安全评价、认证、检测、检验职责的机构出具失实报告的，责令停业整顿，并处三万元以上十万元以下的罚款；给他人造成损害的，依法承担赔偿责任。

承担安全评价、认证、检测、检验职责的机构租借资质、挂靠、出具虚假报告的，没收违法所得；违法所得在十万元以上的，并处违法所得二倍以上五倍以下的罚款，没有违法所得或者违法所得不足十万元的，单处或者并处十万元以上二十万元以下的罚款；对其直接负责的主管人员和其他直接责任人员处五万元以上十万元以下的罚款；给他人造成损害的，与生产经营单位承担连带赔偿责任；构成犯罪的，依照刑法有关规定追究刑事责任。

对有前款违法行为的机构及其直接责任人员，吊销其相应资质和资格，五年内不得从事安全评价、认证、检测、检验等工作；情节严重的，实行终身行业和职业禁入。

第九十三条 生产经营单位的决策机构、主要负责人或者个人经营的投资人不依照本法规定保证安全生产所必需的资金投入，致使生产经营单位不具备安全生产条件的，责令限期改正，提供必需的资金；逾期未改正的，责令生产经营单位停产停业整顿。

有前款违法行为，导致发生生产安全事故的，对生产经营单位的主要负责人给予撤职处分，对个人经营的投资人处二万元以上二十万元以下的罚款；构成犯罪的，依照刑法有关规定追究刑事责任。

第九十四条 生产经营单位的主要负责人未履行本法规定的安全生产管理职责的，责令限期改正，处二万元以上五万元以下的罚款；逾期未改正的，处五万元以上十万元以下的罚款，责令生产经营单位停产停业整顿。

生产经营单位的主要负责人有前款违法行为，导致发生生产安全事故的，给予撤职处分；构成犯罪的，依照刑法有关规定追究刑事责任。

生产经营单位的主要负责人依照前款规定受刑事处罚或者撤职处分的，自刑罚执行完毕或者受处分之日起，五年内不得担任任何生产经营单位的主要负责人；对重大、特别重大生产安全事故负有责任的，终身不得担任本行业生产经营单位的主要负责人。

第九十五条 生产经营单位的主要负责人未履行本法规定的安全生产管理职责，导致发生生产安全事故的，由应急管理部门依照下列规定处以罚款：

（一）发生一般事故的，处上一年年收入百分之四十的罚款；

（二）发生较大事故的，处上一年年收入百分之六十的罚款；

（三）发生重大事故的，处上一年年收入百分之八十的罚款；

（四）发生特别重大事故的，处上一年年收入百分之一百的罚款。

第九十六条 生产经营单位的其他负责人和安全生产管理人员未履行本法规定的安全生产管理职责的，责令限期改正，处一万元以上三万元以下的罚款；导致发生生产安全事故的，暂停或者吊销其与安全生产有关的资格，并处上一年年收入百分之二十以上百分之五十以下的罚款；构成犯罪的，依照刑法有关规定追究刑事责任。

第九十七条 生产经营单位有下列行为之一的，责令限期改正，处十万元以下的罚款；逾期未改正的，责令停产停业整顿，并处十万元以上二十万元以下的罚款，对其直接负责的主管人员和其他直接责任人员处二万元以上五万元以下的罚款：

（一）未按照规定设置安全生产管理机构或者配备安全生产管理人员、注册安全工程师的；

（二）危险物品的生产、经营、储存、装卸单位以及矿山、金属冶炼、建筑施工、运输单位的主要负责人和安全生产管理人员未按照规定经考核合格的；

（三）未按照规定对从业人员、被派遣劳动者、实习学生进行安全生产教育和培训，或者未按照规定如实告知有关的安全生产事项的；

（四）未如实记录安全生产教育和培训情况的；

（五）未将事故隐患排查治理情况如实记录或者未向从业人员通报的；

（六）未按照规定制定生产安全事故应急救援预案或者未定期组织演练的；

（七）特种作业人员未按照规定经专门的安全作业培训并取得相应资格，上岗作业的。

第九十八条 生产经营单位有下列行为之一的，责令停止建设或者停产停业整顿，限期改正，并处十万元以上五十万元以下的罚款，对其直接负责的主管人员和其他直接责任人员处二万元以上五万元以下的罚款；逾期未改正的，处五十万元以上一百万元以下的罚款，对其直接负责的主管人员和其他直接责任人员处五万元以上十万元以下的罚款；构成犯罪的，依照刑法有关规定追究刑事责任：

（一）未按照规定对矿山、金属冶炼建设项目或者用于生产、储存、装卸危险物品的建设项目进行安全评价的；

（二）矿山、金属冶炼建设项目或者用于生产、储存、装卸危险物品的建设项目没有安全设施设计或者安全设施设计未按照规定报经有关部门审查同意的；

（三）矿山、金属冶炼建设项目或者用于生产、储存、装卸危险物品的建设项目的施工单位未按照批准的安全设施设计施工的；

（四）矿山、金属冶炼建设项目或者用于生产、储存、装卸危险物品的建设项目竣工投入生产或者使用前，安全设施未经验收合格的。

第九十九条 生产经营单位有下列行为之一的，责令限期改正，处五万元以下的罚款；逾期未改正的，处五万元以上二十万元以下的罚款，对其直接负责的主管人员和其他直接责任人员处一万元以上二万元以下的罚款；情节严重的，责令停产停业整顿；构成犯罪的，依照刑法有关规定追究刑事责任：

（一）未在有较大危险因素的生产经营场所和有关设施、设备上设置明显的安全警示标志的；

（二）安全设备的安装、使用、检测、改造和报废不符合国家标准或者行业标准的；

（三）未对安全设备进行经常性维护、保养和定期检测的；

（四）关闭、破坏直接关系生产安全的监控、报警、防护、救生设备、设施，或者篡改、隐瞒、销毁其相关数据、信息的；

（五）未为从业人员提供符合国家标准或者行业标准的劳动防护用品的；

（六）危险物品的容器、运输工具，以及涉及人身安全、危险性较大的海洋石油开采特种设备和矿山井下特种设备未经具有专业资质的机构检测、检验合格，取得安全使用证或者安全标志，投入使用的；

（七）使用应当淘汰的危及生产安全的工艺、设备的；

（八）餐饮等行业的生产经营单位使用燃气未安装可燃气体报警装置的。

第一百条 未经依法批准，擅自生产、经营、运输、储存、使用危险物品或者处置废弃危险物品的，依照有关危险物品安全管理的法律、行政法规的规定予以处罚；构成犯罪的，依照刑法有关规定追究刑事责任。

第一百零一条 生产经营单位有下列行为之一的，责令限期改正，处十万元以下的罚款；逾期未改正的，责令停产停业整顿，并处十万元以上二十万元以下的罚款，对其直接负责的主管人员和其他直接责任人员处二万元以上五万元以下的罚款；构成犯罪的，依照刑法有关规定追究刑事责任：

（一）生产、经营、运输、储存、使用危险物品或者处置废弃危险物品，未建立专门安全管理制度、未采取可靠的安全措施的；

（二）对重大危险源未登记建档，未进行定期检测、评估、监控，未制定应急预案，或者未告知应急措施的；

（三）进行爆破、吊装、动火、临时用电以及国务院应急管理部门会同国务院有关部门规定的其他危险作业，未安排专门人员进行现场安全管理的；

（四）未建立安全风险分级管控制度或者未按照安全风险分级采取相应管控措施的；

（五）未建立事故隐患排查治理制度，或者重大事故隐患排查治理情况未按照规定报告的。

第一百零二条 生产经营单位未采取措施消除事故隐患的，责令立即消除或者限期消除，处五万元以下的罚款；生产经营单位拒不执行的，责令停产停业整顿，对其直接负责的主管人员和其他直接责任人员处五万元以上十万元以下的罚款；构成犯罪的，依照刑法有关规定追究刑事责任。

第一百零三条 生产经营单位将生产经营项目、场所、设备发包或者出租给不具备安全生产条件或者相应资质的单位或者个人的，责令限期改正，没收违法所得；违法所得十万元以上的，并处违法所得二倍以上五倍以下的罚款；没有违法所得或者违法所得不足十万元的，单处或者并处十万元以上二十万元以下的罚款；对其直接负责的主管人员和其他直接责任人员处一万元以上二万元以下的罚款；导致发生生产安全事故给他人造成损害的，与承包方、承租方承担连带赔偿责任。

生产经营单位未与承包单位、承租单位签订专门的安全生产管理协议或者未在承包合同、租赁合同中明确各自的安全生产管理职责，或者未对承包单位、承租单位的安全生产统一协调、管理的，责令限期改正，处五万元以下的罚款，对其直接负责的主管人员和其他直接责任人员处一万元以下的罚款；逾期未改正的，责令停产停业整顿。

矿山、金属冶炼建设项目和用于生产、储存、装卸危险物品的建设项目的施工单位未按照规定对施工项目进行安全管理的，责令限期改正，处十万元以下的罚款，对其直接负责的主管人员和其他直接责任人员处二万元以下的罚款；逾期未改正的，责令停产停业整顿。以上施工单位倒卖、出租、出借、挂靠或者以其他形式非法转让施工资质的，责令停产停业整顿，吊销资质证书，没收违法所得；违法所得十万元以上的，并处违法所得二倍以上五倍以下的罚款，没有违法所得或者违法所得不足十万元的，单处或者并处十万元以上二十万元以下的罚款；对其直接负责的主管人员和其他直接责任人员处五万元以上十万元以下的罚款；构成犯罪的，依照刑法有关规定追究刑事责任。

第一百零四条 两个以上生产经营单位在同一作业区域内进行可能危及对方安全生产的生产经营活动，未签订安全生产管理协议或者未指定专职安全生产管理人员进行安全检查与协调的，责令限期改正，处五万元以下的罚款，对其直接负责的主管人员和其他直接责任人员处一万元以下的罚款；逾期未改正的，责令停产停业。

第一百零五条 生产经营单位有下列行为之一的，责令限期改正，处五万元以下的罚款，对其直接负责的主管人员和其他直接责任人员处一万元以下的罚款；逾期未改正的，责令停产停业整顿；构成犯罪的，依照刑法有关规定追究刑事责任：

（一）生产、经营、储存、使用危险物品的车间、商店、仓库与员工宿舍在同一座建筑内，或者与员工宿舍的距离不符合安全要求的；

（二）生产经营场所和员工宿舍未设有符合紧急疏散需要、标志明显、保持畅通的出口、疏散通道，或者占用、锁闭、封堵生产经营场所或者员工宿舍出口、疏散通道的。

第一百零六条 生产经营单位与从业人员订立协议，免除或者减轻其对从业人员因生产安全事故伤亡依法应承担的责任的，该协议无效；对生产经营单位的主要负责人、个人经营的投资人处二万元以上十万元以下的罚款。

第一百零七条 生产经营单位的从业人员不落实岗位安全责任，不服从管理，违反安全生产规章制度或者操作规程的，由生产经营单位给予批评教育，依照有关规章制度给予处分；构成犯罪的，依照刑法有关规定追究刑事责任。

第一百零八条 违反本法规定，生产经营单位拒绝、阻碍负有安全生产监督管理职责的部门依法实施监督检查的，责令改正；拒不改正的，处二万元以上二十万元以下的罚款；对其直接负责的主管人员和其他直接责任人员处一万元以上二万元以下的罚款；构成犯罪的，依照刑法有关规定追究刑事责任。

第一百零九条 高危行业、领域的生产经营单位未按照国家规定投保安全生产责任保险的，责令限期改正，处五万元以上十万元以下的罚款；逾期未改正的，处十万元以上二十万元以下的罚款。

第一百一十条 生产经营单位的主要负责人在本单位发生生产安全事故时，不立即组织抢救或者在事故调查处理期间擅离职守或者逃匿的，给予降级、撤职的处分，并由应急管理部门处上一年年收入百分之六十至百分之一百的罚款；对逃匿的处十五日以下拘留；构成犯罪的，依照刑法有关规定追究刑事责任。

生产经营单位的主要负责人对生产安全事故隐瞒不报、谎报或者迟报的，依照前款规定处罚。

第一百一十一条 有关地方人民政府、负有安全生产监督管理职责的部门，对生产安全事故隐瞒不报、谎报或者迟报的，对直接负责的主管人员和其他直接责任人员依法给予处分；构成犯罪的，依照刑法有关规定追究刑事责任。

第一百一十二条 生产经营单位违反本法规定，被责令改正且受到罚款处罚，拒不改正的，负有安全生产监督管理职责的部门可以自作出责令改正之日的次日起，按照原处罚数额按日连续处罚。

第一百一十三条 生产经营单位存在下列情形之一的，负有安全生产监督管理职责的部门应当提请地方人民政府予以关闭，有关部门应当依法吊销其有关证照。生产经营单位主要负责人五年内不得担任任何生产经营单位的主要负责人；情节严重的，终身不得担任本行业生产经营单位的主要负责人：

（一）存在重大事故隐患，一百八十日内三次或者一年内四次受到本法规定的行政处罚的；

（二）经停产停业整顿，仍不具备法律、行政法规和国家标准或者行业标准规定的安全生产条件的；

（三）不具备法律、行政法规和国家标准或者行业标准规定的安全生产条件，导致发生重大、特别重大生产安全事故的；

（四）拒不执行负有安全生产监督管理职责的部门作出的停产停业整顿决定的。

第一百一十四条 发生生产安全事故，对负有责任的生产经营单位除要求其依法承担相应的赔偿等责任外，由应急管理部门依照下列规定处以罚款：

（一）发生一般事故的，处三十万元以上一百万元以下的罚款；

（二）发生较大事故的，处一百万元以上二百万元以下的罚款；

（三）发生重大事故的，处二百万元以上一千万元以下的罚款；

（四）发生特别重大事故的，处一千万元以上二千万元以下的罚款。

发生生产安全事故，情节特别严重、影响特别恶劣的，应急管理部门可以按照前款罚款数额的二倍以上五倍以下对负有责任的生产经营单位处以罚款。

第一百一十五条 本法规定的行政处罚，由应急管理部门和其他负有安全生产监督管理职责的部门按照职责分工决定；其中，根据本法第九十五条、第一百一十条、第一百一十四条的规定应当给予民航、铁路、电力行业的生产经营单位及其主要负责人行政处罚的，也可以由主管的负有安全生产监督管理职责的部门进行处罚。予以关闭的行政处罚，由负有安全生产监督管理职责的部门报请县级以上人民政府按照国务院规定的权限决定；给予拘留的行政处罚，由公安机关依照治安管理处罚的规定决定。

第一百一十六条 生产经营单位发生生产安全事故造成人员伤亡、他人财产损失的，应当依法承担赔偿责任；拒不承担或者其负责人逃匿的，由人民法院依法强制执行。

生产安全事故的责任人未依法承担赔偿责任，经人民法院依法采取执行措施后，仍不能对受害人给予足额赔偿的，应当继续履行赔偿义务；受害人发现责任人有其他财产的，可以随时请求人民法院执行。

第七章 附 则

第一百一十七条 本法下列用语的含义：

危险物品，是指易燃易爆物品、危险化学品、放射性物品等能够危及人身安全和财产安全的物品。

重大危险源，是指长期地或者临时地生产、搬运、使用或者储存危险物品，且危险物品的数量等于或者超过临界量的单元（包括场所和设施）。

第一百一十八条 本法规定的生产安全一般事故、较大事故、重大事故、特别重大事故的划分标准由国务院规定。

国务院应急管理部门和其他负有安全生产监督管理职责的部门应当根据各自的职责分工，制定相关行业、领域重大危险源的辨识标准和重大事故隐患的判定标准。

第一百一十九条 本法自 2002 年 11 月 1 日起施行。

139 使用有毒物品作业场所劳动保护条例

2002 年 5 月 12 日中华人民共和国国务院令第 352 号公布，自公布之日起施行。

第一章 总 则

第一条 为了保证作业场所安全使用有毒物品，预防、控制和消除职业中毒危害，保护劳动者的生命安全、身体健康及其相关权益，根据职业病防治法和其他有关法律、行政法规的规定，制定本条例。

第二条 作业场所使用有毒物品可能产生职业中毒危害的劳动保护，适用本条例。

第三条 按照有毒物品产生的职业中毒危害程度，有毒物品分为一般有毒物品和高毒物品。国家对作业场所使用高毒物品实行特殊管理。

一般有毒物品目录、高毒物品目录由国务院卫生行政部门会同有关部门依据国家标准制定、调整并公布。

第四条 从事使用有毒物品作业的用人单位（以下简称用人单位）应当使用符合国家标准的有毒物品，不得在作业场所使用国家明令禁止使用的有毒物品或者使用不符合国家标准的有毒物品。

用人单位应当尽可能使用无毒物品；需要使用有毒物品的，应当优先选择使用低毒物品。

第五条 用人单位应当依照本条例和其他有关法律、行政法规的规定，采取有效的防护措施，预防职业中毒事故的发生，依法参加工伤保险，保障劳动者的生命安全和身体健康。

第六条 国家鼓励研制、开发、推广、应用有利于预防、控制、消除职业中毒危害和保护劳动者健康的新技术、新工艺、新材料；限制使用或者淘汰有关职业中毒危害严重的技术、工艺、材料；加强对有关职业病的机理和发生规律的基础研究，提高有关职业病防治科学技术水平。

第七条 禁止使用童工。

用人单位不得安排未成年人和孕期、哺乳期的女职工从事使用有毒物品的作业。

第八条 工会组织应当督促并协助用人单位开展职业卫生宣传教育和培训，对用人单位的职业卫生工作提出意见和建议，与用人单位就劳动者反映的职业病防治问题进行协调并督促解决。

工会组织对用人单位违反法律、法规，侵犯劳动者合法权益的行为，有权要求纠正；产生严重职业中毒危害时，有权要求用人单位采取防护措施，或者向政府有关部门建议采取强制性措施；发生职业中毒事故时，有权参与事故调查处理；发现危及劳动者生命、健康的情形时，有权建议用人单位组织劳动者撤离危险现场，用人单位应当立即作出处理。

第九条 县级以上人民政府卫生行政部门及其他有关行政部门应当依据各自的职责，监督用人单位严格遵守本条例和其他有关法律、法规的规定，加强作业场所使用有毒物品的劳动保护，防止职业中毒事故发生，确保劳动者依法享有的权利。

第十条 各级人民政府应当加强对使用有毒物品作业场所职业卫生安全及相关劳动保护工作的领导，督促、支持卫生行政部门及其他有关行政部门依法履行监督检查职责，及时协调、解决有关重大问题；在发生职业中毒事故时，应当采取有效措施，控制事故危害的蔓延并消除事故危害，并妥善处理有关善后工作。

第二章　作业场所的预防措施

第十一条　用人单位的设立，应当符合有关法律、行政法规规定的设立条件，并依法办理有关手续，取得营业执照。

用人单位的使用有毒物品作业场所，除应当符合职业病防治法规定的职业卫生要求外，还必须符合下列要求：

（一）作业场所与生活场所分开，作业场所不得住人；

（二）有害作业与无害作业分开，高毒作业场所与其他作业场所隔离；

（三）设置有效的通风装置；可能突然泄漏大量有毒物品或者易造成急性中毒的作业场所，设置自动报警装置和事故通风设施；

（四）高毒作业场所设置应急撤离通道和必要的泄险区。

用人单位及其作业场所符合前两款规定的，由卫生行政部门发给职业卫生安全许可证，方可从事使用有毒物品的作业。

第十二条　使用有毒物品作业场所应当设置黄色区域警示线、警示标识和中文警示说明。警示说明应当载明产生职业中毒危害的种类、后果、预防以及应急救治措施等内容。

高毒作业场所应当设置红色区域警示线、警示标识和中文警示说明，并设置通讯报警设备。

第十三条　新建、扩建、改建的建设项目和技术改造、技术引进项目（以下统称建设项目），可能产生职业中毒危害的，应当依照职业病防治法的规定进行职业中毒危害预评价，并经卫生行政部门审核同意；可能产生职业中毒危害的建设项目的职业中毒危害防护设施应当与主体工程同时设计，同时施工，同时投入生产和使用；建设项目竣工，应当进行职业中毒危害控制效果评价，并经卫生行政部门验收合格。

存在高毒作业的建设项目的职业中毒危害防护设施设计，应当经卫生行政部门进行卫生审查；经审查，符合国家职业卫生标准和卫生要求的，方可施工。

第十四条　用人单位应当按照国务院卫生行政部门的规定，向卫生行政部门及时、如实申报存在职业中毒危害项目。

从事使用高毒物品作业的用人单位，在申报使用高毒物品作业项目时，应当向卫生行政部门提交下列有关资料：

（一）职业中毒危害控制效果评价报告；

（二）职业卫生管理制度和操作规程等材料；

（三）职业中毒事故应急救援预案。

从事使用高毒物品作业的用人单位变更所使用的高毒物品品种的，应当依照前款规定向原受理申报的卫生行政部门重新申报。

第十五条　用人单位变更名称、法定代表人或者负责人的，应当向原受理申报的卫生行政部门备案。

第十六条　从事使用高毒物品作业的用人单位，应当配备应急救援人员和必要的应急救援器材、设备，制定事故应急救援预案，并根据实际情况变化对应急救援预案适时进行修订，定期组织演练。事故应急救援预案和演练记录应当报当地卫生行政部门、安全生产监督管理部门和公安部门备案。

第三章 劳动过程的防护

第十七条 用人单位应当依照职业病防治法的有关规定，采取有效的职业卫生防护管理措施，加强劳动过程中的防护与管理。

从事使用高毒物品作业的用人单位，应当配备专职的或者兼职的职业卫生医师和护士；不具备配备专职的或者兼职的职业卫生医师和护士条件的，应当与依法取得资质认证的职业卫生技术服务机构签订合同，由其提供职业卫生服务。

第十八条 用人单位应当与劳动者订立劳动合同，将工作过程中可能产生的职业中毒危害及其后果、职业中毒危害防护措施和待遇等如实告知劳动者，并在劳动合同中写明，不得隐瞒或者欺骗。

劳动者在已订立劳动合同期间因工作岗位或者工作内容变更，从事劳动合同中未告知的存在职业中毒危害的作业时，用人单位应当依照前款规定，如实告知劳动者，并协商变更原劳动合同有关条款。

用人单位违反前两款规定的，劳动者有权拒绝从事存在职业中毒危害的作业，用人单位不得因此单方面解除或者终止与劳动者所订立的劳动合同。

第十九条 用人单位有关管理人员应当熟悉有关职业病防治的法律、法规以及确保劳动者安全使用有毒物品作业的知识。

用人单位应当对劳动者进行上岗前的职业卫生培训和在岗期间的定期职业卫生培训，普及有关职业卫生知识，督促劳动者遵守有关法律、法规和操作规程，指导劳动者正确使用职业中毒危害防护设备和个人使用的职业中毒危害防护用品。

劳动者经培训考核合格，方可上岗作业。

第二十条 用人单位应当确保职业中毒危害防护设备、应急救援设施、通讯报警装置处于正常适用状态，不得擅自拆除或者停止运行。

用人单位应当对前款所列设施进行经常性的维护、检修，定期检测其性能和效果，确保其处于良好运行状态。

职业中毒危害防护设备、应急救援设施和通讯报警装置处于不正常状态时，用人单位应当立即停止使用有毒物品作业；恢复正常状态后，方可重新作业。

第二十一条 用人单位应当为从事使用有毒物品作业的劳动者提供符合国家职业卫生标准的防护用品，并确保劳动者正确使用。

第二十二条 有毒物品必须附具说明书，如实载明产品特性、主要成分、存在的职业中毒危害因素、可能产生的危害后果、安全使用注意事项、职业中毒危害防护以及应急救治措施等内容；没有说明书或者说明书不符合要求的，不得向用人单位销售。

用人单位有权向生产、经营有毒物品的单位索取说明书。

第二十三条 有毒物品的包装应当符合国家标准，并以易于劳动者理解的方式加贴或者拴挂有毒物品安全标签。有毒物品的包装必须有醒目的警示标识和中文警示说明。

经营、使用有毒物品的单位，不得经营、使用没有安全标签、警示标识和中文警示说明的有毒物品。

第二十四条 用人单位维护、检修存在高毒物品的生产装置，必须事先制订维护、检修方案，明确职业中毒危害防护措施，确保维护、检修人员的生命安全和身体健康。

维护、检修存在高毒物品的生产装置，必须严格按照维护、检修方案和操作规程进行。维护、检修现场应当有专人监护，并设置警示标志。

第二十五条 需要进入存在高毒物品的设备、容器或者狭窄封闭场所作业时，用人单位应当事先采取下列措施：

（一）保持作业场所良好的通风状态，确保作业场所职业中毒危害因素浓度符合国家职业卫生标准；

（二）为劳动者配备符合国家职业卫生标准的防护用品；

（三）设置现场监护人员和现场救援设备。

未采取前款规定措施或者采取的措施不符合要求的，用人单位不得安排劳动者进入存在高毒物品的设备、容器或者狭窄封闭场所作业。

第二十六条 用人单位应当按照国务院卫生行政部门的规定，定期对使用有毒物品作业场所职业中毒危害因素进行检测、评价。检测、评价结果存入用人单位职业卫生档案，定期向所在地卫生行政部门报告并向劳动者公布。

从事使用高毒物品作业的用人单位应当至少每一个月对高毒作业场所进行一次职业中毒危害因素检测；至少每半年进行一次职业中毒危害控制效果评价。

高毒作业场所职业中毒危害因素不符合国家职业卫生标准和卫生要求时，用人单位必须立即停止高毒作业，并采取相应的治理措施；经治理，职业中毒危害因素符合国家职业卫生标准和卫生要求的，方可重新作业。

第二十七条 从事使用高毒物品作业的用人单位应当设置淋浴间和更衣室，并设置清洗、存放或者处理从事使用高毒物品作业劳动者的工作服、工作鞋帽等物品的专用间。

劳动者结束作业时，其使用的工作服、工作鞋帽等物品必须存放在高毒作业区域内，不得穿戴到非高毒作业区域。

第二十八条 用人单位应当按照规定对从事使用高毒物品作业的劳动者进行岗位轮换。
用人单位应当为从事使用高毒物品作业的劳动者提供岗位津贴。

第二十九条 用人单位转产、停产、停业或者解散、破产的，应当采取有效措施，妥善处理留存或者残留有毒物品的设备、包装物和容器。

第三十条 用人单位应当对本单位执行本条例规定的情况进行经常性的监督检查；发现问题，应当及时依照本条例规定的要求进行处理。

第四章 职业健康监护

第三十一条 用人单位应当组织从事使用有毒物品作业的劳动者进行上岗前职业健康检查。

用人单位不得安排未经上岗前职业健康检查的劳动者从事使用有毒物品的作业，不得安排有职业禁忌的劳动者从事其所禁忌的作业。

第三十二条 用人单位应当对从事使用有毒物品作业的劳动者进行定期职业健康检查。

用人单位发现有职业禁忌或者有与所从事职业相关的健康损害的劳动者，应当将其及时调离原工作岗位，并妥善安置。

用人单位对需要复查和医学观察的劳动者，应当按照体检机构的要求安排其复查和医学观察。

第三十三条 用人单位应当对从事使用有毒物品作业的劳动者进行离岗时的职业健康检查；对离岗时未进行职业健康检查的劳动者，不得解除或者终止与其订立的劳动合同。

用人单位发生分立、合并、解散、破产等情形的，应当对从事使用有毒物品作业的劳动者进行健康检查，并按照国家有关规定妥善安置职业病病人。

第三十四条 用人单位对受到或者可能受到急性职业中毒危害的劳动者，应当及时组织进行健康检查和医学观察。

第三十五条 劳动者职业健康检查和医学观察的费用，由用人单位承担。

第三十六条 用人单位应当建立职业健康监护档案。

职业健康监护档案应当包括下列内容：

（一）劳动者的职业史和职业中毒危害接触史；

（二）相应作业场所职业中毒危害因素监测结果；

（三）职业健康检查结果及处理情况；

（四）职业病诊疗等劳动者健康资料。

第五章 劳动者的权利与义务

第三十七条 从事使用有毒物品作业的劳动者在存在威胁生命安全或者身体健康危险的情况下，有权通知用人单位并从使用有毒物品造成的危险现场撤离。

用人单位不得因劳动者依据前款规定行使权利，而取消或者减少劳动者在正常工作时享有的工资、福利待遇。

第三十八条 劳动者享有下列职业卫生保护权利：

（一）获得职业卫生教育、培训；

（二）获得职业健康检查、职业病诊疗、康复等职业病防治服务；

（三）了解工作场所产生或者可能产生的职业中毒危害因素、危害后果和应当采取的职业中毒危害防护措施；

（四）要求用人单位提供符合防治职业病要求的职业中毒危害防护设施和个人使用的职业中毒危害防护用品，改善工作条件；

（五）对违反职业病防治法律、法规，危及生命、健康的行为提出批评、检举和控告；

（六）拒绝违章指挥和强令进行没有职业中毒危害防护措施的作业；

（七）参与用人单位职业卫生工作的民主管理，对职业病防治工作提出意见和建议。

用人单位应当保障劳动者行使前款所列权利。禁止因劳动者依法行使正当权利而降低其工资、福利等待遇或者解除、终止与其订立的劳动合同。

第三十九条 劳动者有权在正式上岗前从用人单位获得下列资料：

（一）作业场所使用的有毒物品的特性、有害成分、预防措施、教育和培训资料；

（二）有毒物品的标签、标识及有关资料；

（三）有毒物品安全使用说明书；

（四）可能影响安全使用有毒物品的其他有关资料。

第四十条 劳动者有权查阅、复印其本人职业健康监护档案。

劳动者离开用人单位时，有权索取本人健康监护档案复印件；用人单位应当如实、无偿提供，并在所提供的复印件上签章。

第四十一条 用人单位按照国家规定参加工伤保险的，患职业病的劳动者有权按照国家有关工伤保险的规定，享受下列工伤保险待遇：

（一）医疗费：因患职业病进行诊疗所需费用，由工伤保险基金按照规定标准支付；

（二）住院伙食补助费：由用人单位按照当地因公出差伙食标准的一定比例支付；

（三）康复费：由工伤保险基金按照规定标准支付；

（四）残疾用具费：因残疾需要配置辅助器具的，所需费用由工伤保险基金按照普及型辅助器具标准支付；

（五）停工留薪期待遇：原工资、福利待遇不变，由用人单位支付；

（六）生活护理补助费：经评残并确认需要生活护理的，生活护理补助费由工伤保险基金按照规定标准支付；

（七）一次性伤残补助金：经鉴定为十级至一级伤残的，按照伤残等级享受相当于6个月至24个月的本人工资的一次性伤残补助金，由工伤保险基金支付；

（八）伤残津贴：经鉴定为四级至一级伤残的，按照规定享受相当于本人工资75%至90%的伤残津贴，由工伤保险基金支付；

（九）死亡补助金：因职业中毒死亡的，由工伤保险基金按照不低于48个月的统筹地区上年度职工月平均工资的标准一次支付；

（十）丧葬补助金：因职业中毒死亡的，由工伤保险基金按照6个月的统筹地区上年度职工月平均工资的标准一次支付；

（十一）供养亲属抚恤金：因职业中毒死亡的，对由死者生前提供主要生活来源的亲属由工伤保险基金支付抚恤金；对其配偶每月按照统筹地区上年度职工月平均工资的40%发给，对其生前供养的直系亲属每人每月按照统筹地区上年度职工月平均工资的30%发给；

（十二）国家规定的其他工伤保险待遇。

本条例施行后，国家对工伤保险待遇的项目和标准作出调整时，从其规定。

第四十二条 用人单位未参加工伤保险的，其劳动者从事有毒物品作业患职业病的，用人单位应当按照国家有关工伤保险规定的项目和标准，保证劳动者享受工伤待遇。

第四十三条 用人单位无营业执照以及被依法吊销营业执照，其劳动者从事使用有毒物品作业患职业病的，应当按照国家有关工伤保险规定的项目和标准，给予劳动者一次性赔偿。

第四十四条 用人单位分立、合并的，承继单位应当承担由原用人单位对患职业病的劳动者承担的补偿责任。

用人单位解散、破产的，应当依法从其清算财产中优先支付患职业病的劳动者的补偿费用。

第四十五条 劳动者除依法享有工伤保险外，依照有关民事法律的规定，尚有获得赔偿的权利的，有权向用人单位提出赔偿要求。

第四十六条 劳动者应当学习和掌握相关职业卫生知识，遵守有关劳动保护的法律、法规和操作规程，正确使用和维护职业中毒危害防护设施及其用品；发现职业中毒事故隐患时，应当及时报告。

作业场所出现使用有毒物品产生的危险时，劳动者应当采取必要措施，按照规定正确使用防护设施，将危险加以消除或者减少到最低限度。

第六章 监督管理

第四十七条 县级以上人民政府卫生行政部门应当依照本条例的规定和国家有关职业卫生要求，依据职责划分，对作业场所使用有毒物品作业及职业中毒危害检测、评价活动进行监督检查。

卫生行政部门实施监督检查，不得收取费用，不得接受用人单位的财物或者其他利益。

第四十八条 卫生行政部门应当建立、健全监督制度，核查反映用人单位有关劳动保护的材料，履行监督责任。

用人单位应当向卫生行政部门如实、具体提供反映有关劳动保护的材料；必要时，卫生行政部门可以查阅或者要求用人单位报送有关材料。

第四十九条 卫生行政部门应当监督用人单位严格执行有关职业卫生规范。

卫生行政部门应当依照本条例的规定对使用有毒物品作业场所的职业卫生防护设备、设施的防护性能进行定期检验和不定期的抽查；发现职业卫生防护设备、设施存在隐患时，应当责令用人单位立即消除隐患；消除隐患期间，应当责令其停止作业。

第五十条 卫生行政部门应当采取措施，鼓励对用人单位的违法行为进行举报、投诉、检举和控告。

卫生行政部门对举报、投诉、检举和控告应当及时核实，依法作出处理，并将处理结果予以公布。

卫生行政部门对举报人、投诉人、检举人和控告人负有保密的义务。

第五十一条 卫生行政部门执法人员依法执行职务时,应当出示执法证件。

卫生行政部门执法人员应当忠于职守,秉公执法;涉及用人单位秘密的,应当为其保密。

第五十二条 卫生行政部门依法实施罚款的行政处罚,应当依照有关法律、行政法规的规定,实施罚款决定与罚款收缴分离;收缴的罚款以及依法没收的经营所得,必须全部上缴国库。

第五十三条 卫生行政部门履行监督检查职责时,有权采取下列措施:

(一)进入用人单位和使用有毒物品作业场所现场,了解情况,调查取证,进行抽样检查、检测、检验,进行实地检查;

(二)查阅或者复制与违反本条例行为有关的资料,采集样品;

(三)责令违反本条例规定的单位和个人停止违法行为。

第五十四条 发生职业中毒事故或者有证据证明职业中毒危害状态可能导致事故发生时,卫生行政部门有权采取下列临时控制措施:

(一)责令暂停导致职业中毒事故的作业;

(二)封存造成职业中毒事故或者可能导致事故发生的物品;

(三)组织控制职业中毒事故现场。

在职业中毒事故或者危害状态得到有效控制后,卫生行政部门应当及时解除控制措施。

第五十五条 卫生行政部门执法人员依法执行职务时,被检查单位应当接受检查并予以支持、配合,不得拒绝和阻碍。

第五十六条 卫生行政部门应当加强队伍建设,提高执法人员的政治、业务素质,依照本条例的规定,建立、健全内部监督制度,对执法人员执行法律、法规和遵守纪律的情况进行监督检查。

第七章 罚 则

第五十七条 卫生行政部门的工作人员有下列行为之一,导致职业中毒事故发生的,依照刑法关于滥用职权罪、玩忽职守罪或者其他罪的规定,依法追究刑事责任;造成职业中毒危害但尚未导致职业中毒事故发生,不够刑事处罚的,根据不同情节,依法给予降级、撤职或者开除的行政处分:

(一)对不符合本条例规定条件的涉及使用有毒物品作业事项,予以批准的;

(二)发现用人单位擅自从事使用有毒物品作业,不予取缔的;

(三)对依法取得批准的用人单位不履行监督检查职责,发现其不再具备本条例规定的条件而不撤销原批准或者发现违反本条例的其他行为不予查处的;

(四)发现用人单位存在职业中毒危害,可能造成职业中毒事故,不及时依法采取控制措施的。

第五十八条 用人单位违反本条例的规定,有下列情形之一的,由卫生行政部门给予警告,责令限期改正,处10万元以上50万元以下的罚款;逾期不改正的,提请有关人民政府按照国务院规定的权限责令停建、予以关闭；造成严重职业中毒危害或者导致职业中毒事故发生的，对负有责任的主管人员和其他直接责任人员依照刑法关于重大劳动安全事故罪或者其他罪的规定，依法追究刑事责任：

（一）可能产生职业中毒危害的建设项目，未依照职业病防治法的规定进行职业中毒危害预评价，或者预评价未经卫生行政部门审核同意，擅自开工的；

（二）职业卫生防护设施未与主体工程同时设计，同时施工，同时投入生产和使用的；

（三）建设项目竣工，未进行职业中毒危害控制效果评价，或者未经卫生行政部门验收或者验收不合格，擅自投入使用的；

（四）存在高毒作业的建设项目的防护设施设计未经卫生行政部门审查同意，擅自施工的。

第五十九条 用人单位违反本条例的规定，有下列情形之一的，由卫生行政部门给予警告，责令限期改正，处5万元以上20万元以下的罚款；逾期不改正的，提请有关人民政府按照国务院规定的权限予以关闭；造成严重职业中毒危害或者导致职业中毒事故发生的，对负有责任的主管人员和其他直接责任人员依照刑法关于重大劳动安全事故罪或者其他罪的规定，依法追究刑事责任：

（一）使用有毒物品作业场所未按照规定设置警示标识和中文警示说明的；

（二）未对职业卫生防护设备、应急救援设施、通讯报警装置进行维护、检修和定期检测，导致上述设施处于不正常状态的；

（三）未依照本条例的规定进行职业中毒危害因素检测和职业中毒危害控制效果评价的；

（四）高毒作业场所未按照规定设置撤离通道和泄险区的；

（五）高毒作业场所未按照规定设置警示线的；

（六）未向从事使用有毒物品作业的劳动者提供符合国家职业卫生标准的防护用品，或者未保证劳动者正确使用的。

第六十条 用人单位违反本条例的规定，有下列情形之一的，由卫生行政部门给予警告，责令限期改正，处5万元以上30万元以下的罚款；逾期不改正的，提请有关人民政府按照国务院规定的权限予以关闭；造成严重职业中毒危害或者导致职业中毒事故发生的，对负有责任的主管人员和其他直接责任人员依照刑法关于重大责任事故罪、重大劳动安全事故罪或者其他罪的规定，依法追究刑事责任：

（一）使用有毒物品作业场所未设置有效通风装置的，或者可能突然泄漏大量有毒物品或者易造成急性中毒的作业场所未设置自动报警装置或者事故通风设施的；

（二）职业卫生防护设备、应急救援设施、通讯报警装置处于不正常状态而不停止作业，或者擅自拆除或者停止运行职业卫生防护设备、应急救援设施、通讯报警装置的。

第六十一条 从事使用高毒物品作业的用人单位违反本条例的规定，有下列行为之一的，由卫生行政部门给予警告，责令限期改正，处5万元以上20万元以下的罚款；逾期不改正的，提请有关人民政府按照国务院规定的权限予以关闭；造成严重职业中毒危害或者导致职业中毒事故发生的，对负有责任的主管人员和其他直接责任人员依照刑法关于重大责任事故罪或者其他罪的规定，依法追究刑事责任：

（一）作业场所职业中毒危害因素不符合国家职业卫生标准和卫生要求而不立即停止高毒作业并采取相应的治理措施的，或者职业中毒危害因素治理不符合国家职业卫生标准和卫生要求重新作业的；

（二）未依照本条例的规定维护、检修存在高毒物品的生产装置的；

（三）未采取本条例规定的措施，安排劳动者进入存在高毒物品的设备、容器或者狭窄封闭场所作业的。

第六十二条　在作业场所使用国家明令禁止使用的有毒物品或者使用不符合国家标准的有毒物品的，由卫生行政部门责令立即停止使用，处5万元以上30万元以下的罚款；情节严重的，责令停止使用有毒物品作业，或者提请有关人民政府按照国务院规定的权限予以关闭；造成严重职业中毒危害或者导致职业中毒事故发生的，对负有责任的主管人员和其他直接责任人员依照刑法关于危险物品肇事罪、重大责任事故罪或者其他罪的规定，依法追究刑事责任。

第六十三条　用人单位违反本条例的规定，有下列行为之一的，由卫生行政部门给予警告，责令限期改正；逾期不改正的，处5万元以上30万元以下的罚款；造成严重职业中毒危害或者导致职业中毒事故发生的，对负有责任的主管人员和其他直接责任人员依照刑法关于重大责任事故罪或者其他罪的规定，依法追究刑事责任：

（一）使用未经培训考核合格的劳动者从事高毒作业的；

（二）安排有职业禁忌的劳动者从事所禁忌的作业的；

（三）发现有职业禁忌或者有与所从事职业相关的健康损害的劳动者，未及时调离原工作岗位，并妥善安置的；

（四）安排未成年人或者孕期、哺乳期的女职工从事使用有毒物品作业的；

（五）使用童工的。

第六十四条　违反本条例的规定，未经许可，擅自从事使用有毒物品作业的，由工商行政管理部门、卫生行政部门依据各自职权予以取缔；造成职业中毒事故的，依照刑法关于危险物品肇事罪或者其他罪的规定，依法追究刑事责任；尚不够刑事处罚的，由卫生行政部门没收经营所得，并处经营所得3倍以上5倍以下的罚款；对劳动者造成人身伤害的，依法承担赔偿责任。

第六十五条　从事使用有毒物品作业的用人单位违反本条例的规定，在转产、停产、停业或者解散、破产时未采取有效措施，妥善处理留存或者残留高毒物品的设备、包装物和容器的，由卫生行政部门责令改正，处2万元以上10万元以下的罚款；触犯刑律的，对负有责任的主管人员和其他直接责任人员依照刑法关于重大环境污染事故罪、危险物品肇事罪或者其他罪的规定，依法追究刑事责任。

第六十六条　用人单位违反本条例的规定，有下列情形之一的，由卫生行政部门给予警告，责令限期改正，处5 000元以上2万元以下的罚款；逾期不改正的，责令停止使用有毒物品作业，或者提请有关人民政府按照国务院规定的权限予以关闭；造成严重职业中毒危害或者导致职业中毒事故发生的，对负有责任的主管人员和其他直接责任人员依照刑法关于重大劳动安全事故罪、危险物品肇事罪或者其他罪的规定，依法追究刑事责任：

（一）使用有毒物品作业场所未与生活场所分开或者在作业场所住人的；

（二）未将有害作业与无害作业分开的；

（三）高毒作业场所未与其他作业场所有效隔离的；

（四）从事高毒作业未按照规定配备应急救援设施或者制定事故应急救援预案的。

第六十七条 用人单位违反本条例的规定，有下列情形之一的，由卫生行政部门给予警告，责令限期改正，处 2 万元以上 5 万元以下的罚款；逾期不改正的，提请有关人民政府按照国务院规定的权限予以关闭：

（一）未按照规定向卫生行政部门申报高毒作业项目的；

（二）变更使用高毒物品品种，未按照规定向原受理申报的卫生行政部门重新申报，或者申报不及时、有虚假的。

第六十八条 用人单位违反本条例的规定，有下列行为之一的，由卫生行政部门给予警告，责令限期改正，处 2 万元以上 5 万元以下的罚款；逾期不改正的，责令停止使用有毒物品作业，或者提请有关人民政府按照国务院规定的权限予以关闭：

（一）未组织从事使用有毒物品作业的劳动者进行上岗前职业健康检查，安排未经上岗前职业健康检查的劳动者从事使用有毒物品作业的；

（二）未组织从事使用有毒物品作业的劳动者进行定期职业健康检查的；

（三）未组织从事使用有毒物品作业的劳动者进行离岗职业健康检查的；

（四）对未进行离岗职业健康检查的劳动者，解除或者终止与其订立的劳动合同的；

（五）发生分立、合并、解散、破产情形，未对从事使用有毒物品作业的劳动者进行健康检查，并按照国家有关规定妥善安置职业病病人的；

（六）对受到或者可能受到急性职业中毒危害的劳动者，未及时组织进行健康检查和医学观察的；

（七）未建立职业健康监护档案的；

（八）劳动者离开用人单位时，用人单位未如实、无偿提供职业健康监护档案的；

（九）未依照职业病防治法和本条例的规定将工作过程中可能产生的职业中毒危害及其后果、有关职业卫生防护措施和待遇等如实告知劳动者并在劳动合同中写明的；

（十）劳动者在存在威胁生命、健康危险的情况下，从危险现场中撤离，而被取消或者减少应当享有的待遇的。

第六十九条 用人单位违反本条例的规定，有下列行为之一的，由卫生行政部门给予警告，责令限期改正，处 5 000 元以上 2 万元以下的罚款；逾期不改正的，责令停止使用有毒物品作业，或者提请有关人民政府按照国务院规定的权限予以关闭：

（一）未按照规定配备或者聘请职业卫生医师和护士的；

（二）未为从事使用高毒物品作业的劳动者设置淋浴间、更衣室或者未设置清洗、存放和处理工作服、工作鞋帽等物品的专用间，或者不能正常使用的；

（三）未安排从事使用高毒物品作业一定年限的劳动者进行岗位轮换的。

第八章 附 则

第七十条 涉及作业场所使用有毒物品可能产生职业中毒危害的劳动保护的有关事项，本条例未作规定的，依照职业病防治法和其他有关法律、行政法规的规定执行。

有毒物品的生产、经营、储存、运输、使用和废弃处置的安全管理，依照危险化学品安全管理条例执行。

第七十一条 本条例自公布之日起施行。

140 禁止使用童工规定

2002 年 10 月 1 日中华人民共和国国务院令第 364 号公布，
自 2002 年 12 月 1 日起施行。

第一条 为保护未成年人的身心健康，促进义务教育制度的实施，维护未成年人的合法权益，根据宪法和劳动法、未成年人保护法，制定本规定。

第二条 国家机关、社会团体、企业事业单位、民办非企业单位或者个体工商户（以下统称用人单位）均不得招用不满 16 周岁的未成年人（招用不满 16 周岁的未成年人，以下统称使用童工）。

禁止任何单位或者个人为不满 16 周岁的未成年人介绍就业。

禁止不满 16 周岁的未成年人开业从事个体经营活动。

第三条 不满 16 周岁的未成年人的父母或者其他监护人应当保护其身心健康，保障其接受义务教育的权利，不得允许其被用人单位非法招用。

不满 16 周岁的未成年人的父母或者其他监护人允许其被用人单位非法招用的，所在地的乡（镇）人民政府、城市街道办事处以及村民委员会、居民委员会应当给予批评教育。

第四条 用人单位招用人员时，必须核查被招用人员的身份证；对不满 16 周岁的未成年人，一律不得录用。用人单位录用人员的录用登记、核查材料应当妥善保管。

第五条 县级以上各级人民政府劳动保障行政部门负责本规定执行情况的监督检查。

县级以上各级人民政府公安、工商行政管理、教育、卫生等行政部门在各自职责范围内对本规定的执行情况进行监督检查，并对劳动保障行政部门的监督检查给予配合。

工会、共青团、妇联等群众组织应当依法维护未成年人的合法权益。

任何单位或者个人发现使用童工的，均有权向县级以上人民政府劳动保障行政部门举报。

第六条 用人单位使用童工的，由劳动保障行政部门按照每使用一名童工每月处 5 000 元罚款的标准给予处罚；在使用有毒物品的作业场所使用童工的，按照《使用有毒物品作业场所劳动保护条例》规定的罚款幅度，或者按照每使用一名童工每月处 5 000 元罚款的标准，从重处罚。劳动保障行政部门并应当责令用人单位限期将童工送回原居住地交其父母或者其他监护人，所需交通和食宿费用全部由用人单位承担。

用人单位经劳动保障行政部门依照前款规定责令限期改正，逾期仍不将童工送交其父母或者其他监护人的，从责令限期改正之日起，由劳动保障行政部门按照每使用一名童工每月处 1 万元罚款的标准处罚，并由工商行政管理部门吊销其营业执照或者由民政部门撤销民办非企业单位登记；用人单位是国家机关、事业单位的，由有关单位依法对直接负责的主管人员和其他直接责任人员给予降级或者撤职的行政处分或者纪律处分。

第七条 单位或者个人为不满 16 周岁的未成年人介绍就业的，由劳动保障行政部门按照每介绍一人处 5 000 元罚款的标准给予处罚；职业中介机构为不满 16 周岁的未成年人介绍就业的，并由劳动保障行政部门吊销其职业介绍许可证。

第八条 用人单位未按照本规定第四条的规定保存录用登记材料，或者伪造录用登记材料的，由劳动保障行政部门处 1 万元的罚款。

第九条 无营业执照、被依法吊销营业执照的单位以及未依法登记、备案的单位使用童工或者介绍童工就业的，依照本规定第六条、第七条、第八条规定的标准加一倍罚款，该非法单位由有关的行政主管部门予以取缔。

第十条 童工患病或者受伤的，用人单位应当负责送到医疗机构治疗，并负担治疗期间的全部医疗和生活费用。

童工伤残或者死亡的，用人单位由工商行政管理部门吊销营业执照或者由民政部门撤销民办非企业单位登记；用人单位是国家机关、事业单位的，由有关单位依法对直接负责的主管人员和其他直接责任人员给予降级或者撤职的行政处分或者纪律处分；用人单位还应当一次性地对伤残的童工、死亡童工的直系亲属给予赔偿，赔偿金额按照国家工伤保险的有关规定计算。

第十一条 拐骗童工，强迫童工劳动，使用童工从事高空、井下、放射性、高毒、易燃易爆以及国家规定的第四级体力劳动强度的劳动，使用不满 14 周岁的童工，或者造成童工死亡或者严重伤残的，依照刑法关于拐卖儿童罪、强迫劳动罪或者其他罪的规定，依法追究刑事责任。

第十二条 国家行政机关工作人员有下列行为之一的，依法给予记大过或者降级的行政处分；情节严重的，依法给予撤职或者开除的行政处分；构成犯罪的，依照刑法关于滥用职权罪、玩忽职守罪或者其他罪的规定，依法追究刑事责任：

（一）劳动保障等有关部门工作人员在禁止使用童工的监督检查工作中发现使用童工的情况，不予制止、纠正、查处的；

（二）公安机关的人民警察违反规定发放身份证或者在身份证上登录虚假出生年月的；

（三）工商行政管理部门工作人员发现申请人是不满 16 周岁的未成年人，仍然为其从事个体经营发放营业执照的。

第十三条 文艺、体育单位经未成年人的父母或者其他监护人同意，可以招用不满 16 周岁的专业文艺工作者、运动员。用人单位应当保障被招用的不满 16 周岁的未成年人的身心健康，保障其接受义务教育的权利。文艺、体育单位招用不满16周岁的专业文艺工作者、运动员的办法，由国务院劳动保障行政部门会同国务院文化、体育行政部门制定。

学校、其他教育机构以及职业培训机构按照国家有关规定组织不满16周岁的未成年人进行不影响其人身安全和身心健康的教育实践劳动、职业技能培训劳动，不属于使用童工。

第十四条 本规定自2002年12月1日起施行。1991年4月15日国务院发布的《禁止使用童工规定》同时废止。

141 生产安全事故报告和调查处理条例

2007年4月9日中华人民共和国国务院令第493号公布，
自2007年6月1日起施行。

第一章 总 则

第一条 为了规范生产安全事故的报告和调查处理，落实生产安全事故责任追究制度，防止和减少生产安全事故，根据《中华人民共和国安全生产法》和有关法律，制定本条例。

第二条 生产经营活动中发生的造成人身伤亡或者直接经济损失的生产安全事故的报告和调查处理，适用本条例；环境污染事故、核设施事故、国防科研生产事故的报告和调查处理不适用本条例。

第三条 根据生产安全事故（以下简称事故）造成的人员伤亡或者直接经济损失，事故一般分为以下等级：

（一）特别重大事故，是指造成30人以上死亡，或者100人以上重伤（包括急性工业中毒，下同），或者1亿元以上直接经济损失的事故；

（二）重大事故，是指造成10人以上30人以下死亡，或者50人以上100人以下重伤，或者5 000万元以上1亿元以下直接经济损失的事故；

（三）较大事故，是指造成3人以上10人以下死亡，或者10人以上50人以下重伤，或者1 000万元以上5 000万元以下直接经济损失的事故；

（四）一般事故，是指造成3人以下死亡，或者10人以下重伤，或者1 000万元以下直接经济损失的事故。

国务院安全生产监督管理部门可以会同国务院有关部门，制定事故等级划分的补充性规定。

本条第一款所称的"以上"包括本数，所称的"以下"不包括本数。

第四条 事故报告应当及时、准确、完整，任何单位和个人对事故不得迟报、漏报、谎报或者瞒报。

事故调查处理应当坚持实事求是、尊重科学的原则，及时、准确地查清事故经过、事故原因和事故损失，查明事故性质，认定事故责任，总结事故教训，提出整改措施，并对事故责任者依法追究责任。

第五条 县级以上人民政府应当依照本条例的规定，严格履行职责，及时、准确地完成事故调查处理工作。

事故发生地有关地方人民政府应当支持、配合上级人民政府或者有关部门的事故调查处理工作，并提供必要的便利条件。

参加事故调查处理的部门和单位应当互相配合，提高事故调查处理工作的效率。

第六条 工会依法参加事故调查处理，有权向有关部门提出处理意见。

第七条 任何单位和个人不得阻挠和干涉对事故的报告和依法调查处理。

第八条 对事故报告和调查处理中的违法行为，任何单位和个人有权向安全生产监督管理部门、监察机关或者其他有关部门举报，接到举报的部门应当依法及时处理。

第二章 事故报告

第九条 事故发生后，事故现场有关人员应当立即向本单位负责人报告；单位负责人接到报告后，应当于1小时内向事故发生地县级以上人民政府安全生产监督管理部门和负有安全生产监督管理职责的有关部门报告。

情况紧急时，事故现场有关人员可以直接向事故发生地县级以上人民政府安全生产监督管理部门和负有安全生产监督管理职责的有关部门报告。

第十条 安全生产监督管理部门和负有安全生产监督管理职责的有关部门接到事故报告后，应当依照下列规定上报事故情况，并通知公安机关、劳动保障行政部门、工会和人民检察院：

（一）特别重大事故、重大事故逐级上报至国务院安全生产监督管理部门和负有安全生产监督管理职责的有关部门；

（二）较大事故逐级上报至省、自治区、直辖市人民政府安全生产监督管理部门和负有安全生产监督管理职责的有关部门；

（三）一般事故上报至设区的市级人民政府安全生产监督管理部门和负有安全生产监督管理职责的有关部门。

安全生产监督管理部门和负有安全生产监督管理职责的有关部门依照前款规定上报事故情况，应当同时报告本级人民政府。国务院安全生产监督管理部门和负有安全生产监督管理职责的有关部门以及省级人民政府接到发生特别重大事故、重大事故的报告后，应当立即报告国务院。

必要时，安全生产监督管理部门和负有安全生产监督管理职责的有关部门可以越级上报事故情况。

第十一条 安全生产监督管理部门和负有安全生产监督管理职责的有关部门逐级上报事故情况，每级上报的时间不得超过2小时。

第十二条 报告事故应当包括下列内容：

（一）事故发生单位概况；
（二）事故发生的时间、地点以及事故现场情况；
（三）事故的简要经过；
（四）事故已经造成或者可能造成的伤亡人数（包括下落不明的人数）和初步估计的直接经济损失；
（五）已经采取的措施；
（六）其他应当报告的情况。

第十三条 事故报告后出现新情况的，应当及时补报。

自事故发生之日起30日内，事故造成的伤亡人数发生变化的，应当及时补报。道路交通事故、火灾事故自发生之日起7日内，事故造成的伤亡人数发生变化的，应当及时补报。

第十四条 事故发生单位负责人接到事故报告后，应当立即启动事故相应应急预案，或者采取有效措施，组织抢救，防止事故扩大，减少人员伤亡和财产损失。

第十五条 事故发生地有关地方人民政府、安全生产监督管理部门和负有安全生产监督管理职责的有关部门接到事故报告后，其负责人应当立即赶赴事故现场，组织事故救援。

第十六条 事故发生后，有关单位和人员应当妥善保护事故现场以及相关证据，任何单位和个人不得破坏事故现场、毁灭相关证据。

因抢救人员、防止事故扩大以及疏通交通等原因，需要移动事故现场物件的，应当做出标志，绘制现场简图并做出书面记录，妥善保存现场重要痕迹、物证。

第十七条 事故发生地公安机关根据事故的情况，对涉嫌犯罪的，应当依法立案侦查，采取强制措施和侦查措施。犯罪嫌疑人逃匿的，公安机关应当迅速追捕归案。

第十八条 安全生产监督管理部门和负有安全生产监督管理职责的有关部门应当建立值班制度，并向社会公布值班电话，受理事故报告和举报。

第三章 事故调查

第十九条 特别重大事故由国务院或者国务院授权有关部门组织事故调查组进行调查。

重大事故、较大事故、一般事故分别由事故发生地省级人民政府、设区的市级人民政府、县级人民政府负责调查。省级人民政府、设区的市级人民政府、县级人民政府可以直接组织事故调查组进行调查，也可以授权或者委托有关部门组织事故调查组进行调查。

未造成人员伤亡的一般事故，县级人民政府也可以委托事故发生单位组织事故调查组进行调查。

第二十条 上级人民政府认为必要时，可以调查由下级人民政府负责调查的事故。

自事故发生之日起30日内（道路交通事故、火灾事故自发生之日起7日内），因事故伤亡人数变化导致事故等级发生变化，依照本条例规定应当由上级人民政府负责调查的，上级人民政府可以另行组织事故调查组进行调查。

第二十一条 特别重大事故以下等级事故，事故发生地与事故发生单位不在同一个县级以上行政区域的，由事故发生地人民政府负责调查，事故发生单位所在地人民政府应当派人参加。

第二十二条 事故调查组的组成应当遵循精简、效能的原则。

根据事故的具体情况，事故调查组由有关人民政府、安全生产监督管理部门、负有安全生产监督管理职责的有关部门、监察机关、公安机关以及工会派人组成，并应当邀请人民检察院派人参加。

事故调查组可以聘请有关专家参与调查。

第二十三条 事故调查组成员应当具有事故调查所需要的知识和专长，并与所调查的事故没有直接利害关系。

第二十四条 事故调查组组长由负责事故调查的人民政府指定。事故调查组组长主持事故调查组的工作。

第二十五条 事故调查组履行下列职责：

（一）查明事故发生的经过、原因、人员伤亡情况及直接经济损失；

（二）认定事故的性质和事故责任；

（三）提出对事故责任者的处理建议；

（四）总结事故教训，提出防范和整改措施；

（五）提交事故调查报告。

第二十六条 事故调查组有权向有关单位和个人了解与事故有关的情况，并要求其提供相关文件、资料，有关单位和个人不得拒绝。

事故发生单位的负责人和有关人员在事故调查期间不得擅离职守，并应当随时接受事故调查组的询问，如实提供有关情况。

事故调查中发现涉嫌犯罪的，事故调查组应当及时将有关材料或者其复印件移交司法机关处理。

第二十七条 事故调查中需要进行技术鉴定的，事故调查组应当委托具有国家规定资质的单位进行技术鉴定。必要时，事故调查组可以直接组织专家进行技术鉴定。技术鉴定所需时间不计入事故调查期限。

第二十八条 事故调查组成员在事故调查工作中应当诚信公正、恪尽职守，遵守事故调查组的纪律，保守事故调查的秘密。

未经事故调查组组长允许，事故调查组成员不得擅自发布有关事故的信息。

第二十九条 事故调查组应当自事故发生之日起60日内提交事故调查报告；特殊情况下，经负责事故调查的人民政府批准，提交事故调查报告的期限可以适当延长，但延长的期限最长不超过60日。

第三十条 事故调查报告应当包括下列内容：

（一）事故发生单位概况；

（二）事故发生经过和事故救援情况；

（三）事故造成的人员伤亡和直接经济损失；

（四）事故发生的原因和事故性质；

（五）事故责任的认定以及对事故责任者的处理建议；

（六）事故防范和整改措施。

事故调查报告应当附具有关证据材料。事故调查组成员应当在事故调查报告上签名。

第三十一条 事故调查报告报送负责事故调查的人民政府后，事故调查工作即告结束。事故调查的有关资料应当归档保存。

第四章 事故处理

第三十二条 重大事故、较大事故、一般事故，负责事故调查的人民政府应当自收到事故调查报告之日起15日内做出批复；特别重大事故，30日内做出批复，特殊情况下，批复时间可以适当延长，但延长的时间最长不超过30日。

有关机关应当按照人民政府的批复，依照法律、行政法规规定的权限和程序，对事故发生单位和有关人员进行行政处罚，对负有事故责任的国家工作人员进行处分。

事故发生单位应当按照负责事故调查的人民政府的批复，对本单位负有事故责任的人员进行处理。

负有事故责任的人员涉嫌犯罪的，依法追究刑事责任。

第三十三条 事故发生单位应当认真吸取事故教训，落实防范和整改措施，防止事故再次发生。防范和整改措施的落实情况应当接受工会和职工的监督。

安全生产监督管理部门和负有安全生产监督管理职责的有关部门应当对事故发生单位落实防范和整改措施的情况进行监督检查。

第三十四条 事故处理的情况由负责事故调查的人民政府或者其授权的有关部门、机构向社会公布，依法应当保密的除外。

第五章 法律责任

第三十五条 事故发生单位主要负责人有下列行为之一的，处上一年年收入40%至80%的罚款；属于国家工作人员的，并依法给予处分；构成犯罪的，依法追究刑事责任：

（一）不立即组织事故抢救的；

（二）迟报或者漏报事故的；

（三）在事故调查处理期间擅离职守的。

第三十六条 事故发生单位及其有关人员有下列行为之一的，对事故发生单位处100万元以上500万元以下的罚款；对主要负责人、直接负责的主管人员和其他直接责任人员处上一年年收入60%至100%的罚款；属于国家工作人员的，并依法给予处分；构成违反治安管理行为的，由公安机关依法给予治安管理处罚；构成犯罪的，依法追究刑事责任：

（一）谎报或者瞒报事故的；

（二）伪造或者故意破坏事故现场的；

（三）转移、隐匿资金、财产，或者销毁有关证据、资料的；

（四）拒绝接受调查或者拒绝提供有关情况和资料的；

（五）在事故调查中作伪证或者指使他人作伪证的；

（六）事故发生后逃匿的。

第三十七条 事故发生单位对事故发生负有责任的，依照下列规定处以罚款：

（一）发生一般事故的，处 10 万元以上 20 万元以下的罚款；

（二）发生较大事故的，处 20 万元以上 50 万元以下的罚款；

（三）发生重大事故的，处 50 万元以上 200 万元以下的罚款；

（四）发生特别重大事故的，处 200 万元以上 500 万元以下的罚款。

第三十八条 事故发生单位主要负责人未依法履行安全生产管理职责，导致事故发生的，依照下列规定处以罚款；属于国家工作人员的，并依法给予处分；构成犯罪的，依法追究刑事责任：

（一）发生一般事故的，处上一年年收入 30% 的罚款；

（二）发生较大事故的，处上一年年收入 40% 的罚款；

（三）发生重大事故的，处上一年年收入 60% 的罚款；

（四）发生特别重大事故的，处上一年年收入 80% 的罚款。

第三十九条 有关地方人民政府、安全生产监督管理部门和负有安全生产监督管理职责的有关部门有下列行为之一的，对直接负责的主管人员和其他直接责任人员依法给予处分；构成犯罪的，依法追究刑事责任：

（一）不立即组织事故抢救的；

（二）迟报、漏报、谎报或者瞒报事故的；

（三）阻碍、干涉事故调查工作的；

（四）在事故调查中作伪证或者指使他人作伪证的。

第四十条 事故发生单位对事故发生负有责任的，由有关部门依法暂扣或者吊销其有关证照；对事故发生单位负有事故责任的有关人员，依法暂停或者撤销其与安全生产有关的执业资格、岗位证书；事故发生单位主要负责人受到刑事处罚或者撤职处分的，自刑罚执行完毕或者受处分之日起，5 年内不得担任任何生产经营单位的主要负责人。

为发生事故的单位提供虚假证明的中介机构，由有关部门依法暂扣或者吊销其有关证照及其相关人员的执业资格；构成犯罪的，依法追究刑事责任。

第四十一条 参与事故调查的人员在事故调查中有下列行为之一的，依法给予处分；构成犯罪的，依法追究刑事责任：

（一）对事故调查工作不负责任，致使事故调查工作有重大疏漏的；

（二）包庇、袒护负有事故责任的人员或者借机打击报复的。

第四十二条 违反本条例规定，有关地方人民政府或者有关部门故意拖延或者拒绝落实经批复的对事故责任人的处理意见的，由监察机关对有关责任人员依法给予处分。

第四十三条 本条例规定的罚款的行政处罚，由安全生产监督管理部门决定。

法律、行政法规对行政处罚的种类、幅度和决定机关另有规定的，依照其规定。

第六章 附 则

第四十四条 没有造成人员伤亡，但是社会影响恶劣的事故，国务院或者有关地方人民政府认为需要调查处理的，依照本条例的有关规定执行。

国家机关、事业单位、人民团体发生的事故的报告和调查处理，参照本条例的规定执行。

第四十五条 特别重大事故以下等级事故的报告和调查处理，有关法律、行政法规或者国务院另有规定的，依照其规定。

第四十六条 本条例自 2007 年 6 月 1 日起施行。国务院 1989 年 3 月 29 日公布的《特别重大事故调查程序暂行规定》和 1991 年 2 月 22 日公布的《企业职工伤亡事故报告和处理规定》同时废止。

142 女职工劳动保护特别规定

2012 年 4 月 28 日中华人民共和国国务院令第 619 号公布，自公布之日起施行。

第一条 为了减少和解决女职工在劳动中因生理特点造成的特殊困难，保护女职工健康，制定本规定。

第二条 中华人民共和国境内的国家机关、企业、事业单位、社会团体、个体经济组织以及其他社会组织等用人单位及其女职工，适用本规定。

第三条 用人单位应当加强女职工劳动保护，采取措施改善女职工劳动安全卫生条件，对女职工进行劳动安全卫生知识培训。

第四条 用人单位应当遵守女职工禁忌从事的劳动范围的规定。用人单位应当将本单位属于女职工禁忌从事的劳动范围的岗位书面告知女职工。

女职工禁忌从事的劳动范围由本规定附录列示。国务院安全生产监督管理部门会同国务院人力资源社会保障行政部门、国务院卫生行政部门根据经济社会发展情况，对女职工禁忌从事的劳动范围进行调整。

第五条 用人单位不得因女职工怀孕、生育、哺乳降低其工资、予以辞退、与其解除劳动或者聘用合同。

第六条 女职工在孕期不能适应原劳动的，用人单位应当根据医疗机构的证明，予以减轻劳动量或者安排其他能够适应的劳动。

对怀孕 7 个月以上的女职工，用人单位不得延长劳动时间或者安排夜班劳动，并应当在劳动时间内安排一定的休息时间。

怀孕女职工在劳动时间内进行产前检查，所需时间计入劳动时间。

第七条 女职工生育享受 98 天产假，其中产前可以休假 15 天；难产的，增加产假 15 天；生育多胞胎的，每多生育 1 个婴儿，增加产假 15 天。

女职工怀孕未满 4 个月流产的，享受 15 天产假；怀孕满 4 个月流产的，享受 42 天产假。

第八条 女职工产假期间的生育津贴，对已经参加生育保险的，按照用人单位上年度职工月平均工资的标准由生育保险基金支付；对未参加生育保险的，按照女职工产假前工资的标准由用人单位支付。

女职工生育或者流产的医疗费用，按照生育保险规定的项目和标准，对已经参加生育保险的，由生育保险基金支付；对未参加生育保险的，由用人单位支付。

第九条 对哺乳未满 1 周岁婴儿的女职工，用人单位不得延长劳动时间或者安排夜班劳动。

用人单位应当在每天的劳动时间内为哺乳期女职工安排 1 小时哺乳时间；女职工生育多胞胎的，每多哺乳 1 个婴儿每天增加 1 小时哺乳时间。

第十条 女职工比较多的用人单位应当根据女职工的需要，建立女职工卫生室、孕妇休息室、哺乳室等设施，妥善解决女职工在生理卫生、哺乳方面的困难。

第十一条 在劳动场所，用人单位应当预防和制止对女职工的性骚扰。

第十二条 县级以上人民政府人力资源社会保障行政部门、安全生产监督管理部门按照各自职责负责对用人单位遵守本规定的情况进行监督检查。

工会、妇女组织依法对用人单位遵守本规定的情况进行监督。

第十三条 用人单位违反本规定第六条第二款、第七条、第九条第一款规定的，由县级以上人民政府人力资源社会保障行政部门责令限期改正，按照受侵害女职工每人 1 000 元以上 5 000 元以下的标准计算，处以罚款。

用人单位违反本规定附录第一条、第二条规定的，由县级以上人民政府安全生产监督管理部门责令限期改正，按照受侵害女职工每人 1 000 元以上 5 000 元以下的标准计算，处以罚款。用人单位违反本规定附录第三条、第四条规定的，由县级以上人民政府安全生产监督管理部门责令限期治理，处 5 万元以上 30 万元以下的罚款；情节严重的，责令停止有关作业，或者提请有关人民政府按照国务院规定的权限责令关闭。

第十四条 用人单位违反本规定，侵害女职工合法权益的，女职工可以依法投诉、举报、申诉，依法向劳动人事争议调解仲裁机构申请调解仲裁，对仲裁裁决不服的，依法向人民法院提起诉讼。

第十五条 用人单位违反本规定，侵害女职工合法权益，造成女职工损害的，依法给予赔偿；用人单位及其直接负责的主管人员和其他直接责任人员构成犯罪的，依法追究刑事责任。

第十六条 本规定自公布之日起施行。1988 年 7 月 21 日国务院发布的《女职工劳动保护规定》同时废止。

附录：

女职工禁忌从事的劳动范围

一、女职工禁忌从事的劳动范围：

（一）矿山井下作业；

（二）体力劳动强度分级标准中规定的第四级体力劳动强度的作业；

（三）每小时负重 6 次以上、每次负重超过 20 公斤的作业，或者间断负重、每次负重超过 25 公斤的作业。

二、女职工在经期禁忌从事的劳动范围：

（一）冷水作业分级标准中规定的第二级、第三级、第四级冷水作业；

（二）低温作业分级标准中规定的第二级、第三级、第四级低温作业；

（三）体力劳动强度分级标准中规定的第三级、第四级体力劳动强度的作业；

（四）高处作业分级标准中规定的第三级、第四级高处作业。

三、女职工在孕期禁忌从事的劳动范围：

（一）作业场所空气中铅及其化合物、汞及其化合物、苯、镉、铍、砷、氰化物、氮氧化物、一氧化碳、二硫化碳、氯、己内酰胺、氯丁二烯、氯乙烯、环氧乙烷、苯胺、甲醛等有毒物质浓度超过国家职业卫生标准的作业；

（二）从事抗癌药物、己烯雌酚生产，接触麻醉剂气体等的作业；

（三）非密封源放射性物质的操作，核事故与放射事故的应急处置；

（四）高处作业分级标准中规定的高处作业；

（五）冷水作业分级标准中规定的冷水作业；

（六）低温作业分级标准中规定的低温作业；

（七）高温作业分级标准中规定的第三级、第四级的作业；

（八）噪声作业分级标准中规定的第三级、第四级的作业；

（九）体力劳动强度分级标准中规定的第三级、第四级体力劳动强度的作业；

（十）在密闭空间、高压室作业或者潜水作业，伴有强烈振动的作业，或者需要频繁弯腰、攀高、下蹲的作业。

四、女职工在哺乳期禁忌从事的劳动范围：

（一）孕期禁忌从事的劳动范围的第一项、第三项、第九项；

（二）作业场所空气中锰、氟、溴、甲醇、有机磷化合物、有机氯化合物等有毒物质浓度超过国家职业卫生标准的作业。

143　安全生产许可证条例

2004年1月13日中华人民共和国国务院令第397号公布，自公布之日起施行，根据2013年7月18日中华人民共和国国务院令第638号第一次修订，根据2014年7月29日中华人民共和国国务院令第653号第二次修订。

第一条　为了严格规范安全生产条件，进一步加强安全生产监督管理，防止和减少生产安全事故，根据《中华人民共和国安全生产法》的有关规定，制定本条例。

第二条　国家对矿山企业、建筑施工企业和危险化学品、烟花爆竹、民用爆炸物品生产企业（以下统称企业）实行安全生产许可制度。

企业未取得安全生产许可证的，不得从事生产活动。

第三条　国务院安全生产监督管理部门负责中央管理的非煤矿矿山企业和危险化学品、烟花爆竹生产企业安全生产许可证的颁发和管理。

省、自治区、直辖市人民政府安全生产监督管理部门负责前款规定以外的非煤矿矿山企业和危险化学品、烟花爆竹生产企业安全生产许可证的颁发和管理，并接受国务院安全生产监督管理部门的指导和监督。

国家煤矿安全监察机构负责中央管理的煤矿企业安全生产许可证的颁发和管理。

在省、自治区、直辖市设立的煤矿安全监察机构负责前款规定以外的其他煤矿企业安全生产许可证的颁发和管理，并接受国家煤矿安全监察机构的指导和监督。

第四条　省、自治区、直辖市人民政府建设主管部门负责建筑施工企业安全生产许可证的颁发和管理，并接受国务院建设主管部门的指导和监督。

第五条　省、自治区、直辖市人民政府民用爆炸物品行业主管部门负责民用爆炸物品生产企业安全生产许可证的颁发和管理，并接受国务院民用爆炸物品行业主管部门的指导和监督。

第六条　企业取得安全生产许可证，应当具备下列安全生产条件：

（一）建立、健全安全生产责任制，制定完备的安全生产规章制度和操作规程；

（二）安全投入符合安全生产要求；

（三）设置安全生产管理机构，配备专职安全生产管理人员；

（四）主要负责人和安全生产管理人员经考核合格；

（五）特种作业人员经有关业务主管部门考核合格，取得特种作业操作资格证书；

（六）从业人员经安全生产教育和培训合格；

（七）依法参加工伤保险，为从业人员缴纳保险费；

（八）厂房、作业场所和安全设施、设备、工艺符合有关安全生产法律、法规、标准和规程的要求；

（九）有职业危害防治措施，并为从业人员配备符合国家标准或者行业标准的劳动防护用品；

（十）依法进行安全评价；

（十一）有重大危险源检测、评估、监控措施和应急预案；

（十二）有生产安全事故应急救援预案、应急救援组织或者应急救援人员，配备必要的应急救援器材、设备；

（十三）法律、法规规定的其他条件。

第七条 企业进行生产前，应当依照本条例的规定向安全生产许可证颁发管理机关申请领取安全生产许可证，并提供本条例第六条规定的相关文件、资料。安全生产许可证颁发管理机关应当自收到申请之日起45日内审查完毕，经审查符合本条例规定的安全生产条件的，颁发安全生产许可证；不符合本条例规定的安全生产条件的，不予颁发安全生产许可证，书面通知企业并说明理由。

煤矿企业应当以矿（井）为单位，依照本条例的规定取得安全生产许可证。

第八条 安全生产许可证由国务院安全生产监督管理部门规定统一的式样。

第九条 安全生产许可证的有效期为3年。安全生产许可证有效期满需要延期的，企业应当于期满前3个月向原安全生产许可证颁发管理机关办理延期手续。

企业在安全生产许可证有效期内，严格遵守有关安全生产的法律法规，未发生死亡事故的，安全生产许可证有效期届满时，经原安全生产许可证颁发管理机关同意，不再审查，安全生产许可证有效期延期3年。

第十条 安全生产许可证颁发管理机关应当建立、健全安全生产许可证档案管理制度，并定期向社会公布企业取得安全生产许可证的情况。

第十一条 煤矿企业安全生产许可证颁发管理机关、建筑施工企业安全生产许可证颁发管理机关、民用爆炸物品生产企业安全生产许可证颁发管理机关，应当每年向同级安全生产监督管理部门通报其安全生产许可证颁发和管理情况。

第十二条 国务院安全生产监督管理部门和省、自治区、直辖市人民政府安全生产监督管理部门对建筑施工企业、民用爆炸物品生产企业、煤矿企业取得安全生产许可证的情况进行监督。

第十三条 企业不得转让、冒用安全生产许可证或者使用伪造的安全生产许可证。

第十四条 企业取得安全生产许可证后，不得降低安全生产条件，并应当加强日常安全生产管理，接受安全生产许可证颁发管理机关的监督检查。

安全生产许可证颁发管理机关应当加强对取得安全生产许可证的企业的监督检查，发现其不再具备本条例规定的安全生产条件的，应当暂扣或者吊销安全生产许可证。

第十五条 安全生产许可证颁发管理机关工作人员在安全生产许可证颁发、管理和监督检查工作中，不得索取或者接受企业的财物，不得谋取其他利益。

第十六条 监察机关依照《中华人民共和国行政监察法》的规定，对安全生产许可证颁发管理机关及其工作人员履行本条例规定的职责实施监察。

第十七条 任何单位或者个人对违反本条例规定的行为，有权向安全生产许可证颁发管理机关或者监察机关等有关部门举报。

第十八条 安全生产许可证颁发管理机关工作人员有下列行为之一的，给予降级或者撤职的行政处分；构成犯罪的，依法追究刑事责任：

（一）向不符合本条例规定的安全生产条件的企业颁发安全生产许可证的；

（二）发现企业未依法取得安全生产许可证擅自从事生产活动，不依法处理的；

（三）发现取得安全生产许可证的企业不再具备本条例规定的安全生产条件，不依法处理的；

（四）接到对违反本条例规定行为的举报后，不及时处理的；

（五）在安全生产许可证颁发、管理和监督检查工作中，索取或者接受企业的财物，或者谋取其他利益的。

第十九条 违反本条例规定，未取得安全生产许可证擅自进行生产的，责令停止生产，没收违法所得，并处 10 万元以上 50 万元以下的罚款；造成重大事故或者其他严重后果，构成犯罪的，依法追究刑事责任。

第二十条 违反本条例规定，安全生产许可证有效期满未办理延期手续，继续进行生产的，责令停止生产，限期补办延期手续，没收违法所得，并处 5 万元以上 10 万元以下的罚款；逾期仍不办理延期手续，继续进行生产的，依照本条例第十九条的规定处罚。

第二十一条 违反本条例规定，转让安全生产许可证的，没收违法所得，处 10 万元以上 50 万元以下的罚款，并吊销其安全生产许可证；构成犯罪的，依法追究刑事责任；接受转让的，依照本条例第十九条的规定处罚。

冒用安全生产许可证或者使用伪造的安全生产许可证的，依照本条例第十九条的规定处罚。

第二十二条 本条例施行前已经进行生产的企业，应当自本条例施行之日起 1 年内，依照本条例的规定向安全生产许可证颁发管理机关申请办理安全生产许可证；逾期不办理安全生产许可证，或者经审查不符合本条例规定的安全生产条件，未取得安全生产许可证，继续进行生产的，依照本条例第十九条的规定处罚。

第二十三条 本条例规定的行政处罚，由安全生产许可证颁发管理机关决定。

第二十四条 本条例自公布之日起施行。

144 关于颁发《未成年工特殊保护规定》的通知

劳部发〔1994〕498 号

各省、自治区、直辖市劳动（劳动人事）厅（局），计划单列市劳动局；国务院各有关部委、直属机构：

根据《中华人民共和国劳动法》的有关规定，我部制定了《未成年工特殊保护规定》，现予以颁发，请按照执行，并将执行中的情况和问题及时反映给我部。

附件：1. 未成年工健康检查表（略）
　　　2. 未成年工登记表（略）

劳动部
1994 年 12 月 9 日

未成年工特殊保护规定

第一条 为维护未成年工的合法权益，保护其在生产劳动中的健康，根据《中华人民共和国劳动法》的有关规定，制定本规定。

第二条 未成年工是指年满十六周岁，未满十八周岁的劳动者。

未成年工的特殊保护是针对未成年工处于生长发育期的特点，以及接受义务教育的需要，采取的特殊劳动保护措施。

第三条 用人单位不得安排未成年工从事以下范围的劳动：

（一）《生产性粉尘作业危害程度分级》国家标准中第一级以上的接尘作业；

（二）《有毒作业分级》国家标准中第一级以上的有毒作业；

（三）《高处作业分级》国家标准中第二级以上的高处作业；

（四）《冷水作业分级》国家标准中第二级以上的冷水作业；

（五）《高温作业分级》国家标准中第三级以上的高温作业；

（六）《低温作业分级》国家标准中第三级以上的低温作业；

（七）《体力劳动强度分级》国家标准中第四级体力劳动强度的作业；

（八）矿山井下及矿山地面采石作业；

（九）森林业中的伐木、流放及守林作业；

（十）工作场所接触放射性物质的作业；

（十一）有易燃易爆、化学性烧伤和热烧伤等危险性大的作业；

（十二）地质勘探和资源勘探的野外作业；

（十三）潜水、涵洞、涵道作业和海拔三千米以上的高原作业（不包括世居高原者）；

（十四）连续负重每小时在六次以上并每次超过二十公斤，间断负重每次超过二十五公斤的作业；

（十五）使用凿岩机、捣固机、气镐、气铲、铆钉机、电锤的作业；

（十六）工作中需要长时间保持低头、弯腰、上举、下蹲等强迫体位和动作频率每分钟大于五十次的流水线作业；

（十七）锅炉司炉。

第四条 未成年工患有某种疾病或具有某些生理缺陷（非残疾型）时，用人单位不得安排其从事以下范围的劳动：

（一）《高处作业分级》国家标准中第一级以上的高处作业；

（二）《低温作业分级》国家标准中第二级以上的低温作业；

（三）《高温作业分级》国家标准中第二级以上的高温作业；

（四）《体力劳动强度分级》国家标准中第三级以上体力劳动强度的作业；

（五）接触铅、苯、汞、甲醛、二硫化碳等易引起过敏反应的作业。

第五条 患有某种疾病或具有某些生理缺陷（非残疾型）的未成年工，是指有以下一种或一种以上情况者：

（一）心血管系统

1. 先天性心脏病；

2. 克山病；

3. 收缩期或舒张期二级以上心脏杂音。

（二）呼吸系统

1. 中度以上气管炎或支气管哮喘；

2. 呼吸音明显减弱；

3. 各类结核病；

4. 体弱儿，呼吸道反复感染者。

（三）消化系统

1. 各类肝炎；

2. 肝、脾肿大；

3. 胃、十二指肠溃疡；

4. 各种消化道疝。

（四）泌尿系统

1. 急、慢性肾炎；

2. 泌尿系感染。

（五）内分泌系统

1. 甲状腺机能亢进；

2. 中度以上糖尿病。

（六）精神神经系统

1. 智力明显低下；

2. 精神忧郁或狂暴。

（七）肌肉、骨骼运动系统

1. 身高和体重低于同龄人标准；

2. 一个及一个以上肢体存在明显功能障碍；

3. 躯干四分之一以上部位活动受限，包括强直或不能旋转。

（八）其他

1. 结核性胸膜炎；

2. 各类重度关节炎；

3. 血吸虫病；

4. 严重贫血，其血色素每升低于九十五克（9.5 g/dL）。

第六条　用人单位应按下列要求对未成年工定期进行健康检查：

（一）安排工作岗位之前；

（二）工作满一年；

（三）年满十八周岁，距前一次的体检时间已超过半年。

第七条　未成年工的健康检查，应按本规定所附《未成年工健康检查表》列出的项目进行。

第八条　用人单位应根据未成年工的健康检查结果安排其从事适合的劳动，对不能胜任原劳动岗位的，应根据医务部门的证明，予以减轻劳动量或安排其他劳动。

第九条　对未成年工的使用和特殊保护实行登记制度。

（一）用人单位招收使用未成年工，除符合一般用工要求外，还须向所在地的县级以上劳动行政部门办理登记。劳动行政部门根据《未成年工健康检查表》《未成年工登记表》，核发《未成年工登记证》。

（二）各级劳动行政部门须按本规定第三、四、五、七条的有关规定，审核体检情况和拟安排的劳动范围。

（三）未成年工须持《未成年工登记证》上岗。

（四）《未成年工登记证》由国务院劳动行政部门统一印制。

第十条　未成年工上岗前用人单位应对其进行有关的职业安全卫生教育、培训；未成年工体检和登记，由用人单位统一办理和承担费用。

第十一条　县级以上劳动行政部门对用人单位执行本规定的情况进行监督检查，对违犯本规定的行为依照有关法规进行处罚。

各级工会组织对本规定的执行情况进行监督。

第十二条　省、自治区、直辖市劳动行政部门可以根据本规定制定实施办法。

第十三条　本规定自一九九五年一月一日起施行。

145　关于印发防暑降温措施管理办法的通知

安监总安健〔2012〕89号

各省、自治区、直辖市及新疆生产建设兵团安全生产监督管理局、卫生厅（局）、人力资源社会保障厅（局）、总工会，各省级煤矿安全监察局：

近年来，由于夏季高温天气导致从事户外作业的劳动者中暑甚至死亡的事件时有发生，给劳动者身体健康和生命安全造成了严重损害，成为社会各界共同关注的重要问题。为了加强高温作业、高温天气作业劳动保护工作，维护劳动者健康及其相关权益，国家安全监管总局、卫生部、人力资源社会保障部、全国总工会对《防暑降温措施暂行办法》进行了修订，制定了《防暑降温措施管理办法》，现印发你们，请认真遵照执行。

国家安全生产监督管理总局
卫生部
人力资源和社会保障部
中华全国总工会
2012 年 6 月 29 日

防暑降温措施管理办法

第一条 为了加强高温作业、高温天气作业劳动保护工作，维护劳动者健康及其相关权益，根据《中华人民共和国职业病防治法》《中华人民共和国安全生产法》《中华人民共和国劳动法》《中华人民共和国工会法》等有关法律、行政法规的规定，制定本办法。

第二条 本办法适用于存在高温作业及在高温天气期间安排劳动者作业的企业、事业单位和个体经济组织等用人单位。

第三条 高温作业是指有高气温、或有强烈的热辐射、或伴有高气湿（相对湿度≥80%RH）相结合的异常作业条件、湿球黑球温度指数（WBGT 指数）超过规定限值的作业。

高温天气是指地市级以上气象主管部门所属气象台站向公众发布的日最高气温 35 ℃以上的天气。

高温天气作业是指用人单位在高温天气期间安排劳动者在高温自然气象环境下进行的作业。

工作场所高温作业 WBGT 指数测量依照《工作场所物理因素测量 第 7 部分：高温》（GBZ/T 189.7）执行；高温作业职业接触限值依照《工作场所有害因素职业接触限值 第 2 部分：物理因素》（GBZ 2.2）执行；高温作业分级依照《工作场所职业病危害作业分级 第 3 部分：高温》（GBZ/T 229.3）执行。

第四条 国务院安全生产监督管理部门、卫生行政部门、人力资源社会保障行政部门依照相关法律、行政法规和国务院确定的职责，负责全国高温作业、高温天气作业劳动保护的监督管理工作。

县级以上地方人民政府安全生产监督管理部门、卫生行政部门、人力资源社会保障行政部门依据法律、行政法规和各自职责，负责本行政区域内高温作业、高温天气作业劳动保护的监督管理工作。

第五条 用人单位应当建立、健全防暑降温工作制度，采取有效措施，加强高温作业、高温天气作业劳动保护工作，确保劳动者身体健康和生命安全。

用人单位的主要负责人对本单位的防暑降温工作全面负责。

第六条 用人单位应当根据国家有关规定，合理布局生产现场，改进生产工艺和操作流程，采用良好的隔热、通风、降温措施，保证工作场所符合国家职业卫生标准要求。

第七条 用人单位应当落实以下高温作业劳动保护措施：

（一）优先采用有利于控制高温的新技术、新工艺、新材料、新设备，从源头上降低或者消除高温危害。对于生产过程中不能完全消除的高温危害，应当采取综合控制措施，使其符合国家职业卫生标准要求。

（二）存在高温职业病危害的建设项目，应当保证其设计符合国家职业卫生相关标准和卫生要求，高温防护设施应当与主体工程同时设计，同时施工，同时投入生产和使用。

（三）存在高温职业病危害的用人单位，应当实施由专人负责的高温日常监测，并按照有关规定进行职业病危害因素检测、评价。

（四）用人单位应当依照有关规定对从事接触高温危害作业劳动者组织上岗前、在岗期间和离岗时的职业健康检查，将检查结果存入职业健康监护档案并书面告知劳动者。职业健康检查费用由用人单位承担。

（五）用人单位不得安排怀孕女职工和未成年工从事《工作场所职业病危害作业分级 第3部分：高温》（GBZ/T 229.3）中第三级以上的高温工作场所作业。

第八条 在高温天气期间，用人单位应当按照下列规定，根据生产特点和具体条件，采取合理安排工作时间、轮换作业、适当增加高温工作环境下劳动者的休息时间和减轻劳动强度、减少高温时段室外作业等措施：

（一）用人单位应当根据地市级以上气象主管部门所属气象台当日发布的预报气温，调整作业时间，但因人身财产安全和公众利益需要紧急处理的除外：

1. 日最高气温达到40 ℃以上，应当停止当日室外露天作业；

2. 日最高气温达到37 ℃以上、40 ℃以下时，用人单位全天安排劳动者室外露天作业时间累计不得超过6小时，连续作业时间不得超过国家规定，且在气温最高时段3小时内不得安排室外露天作业；

3. 日最高气温达到35 ℃以上、37 ℃以下时，用人单位应当采取换班轮休等方式，缩短劳动者连续作业时间，并且不得安排室外露天作业劳动者加班。

（二）在高温天气来临之前，用人单位应当对高温天气作业的劳动者进行健康检查，对患有心、肺、脑血管性疾病、肺结核、中枢神经系统疾病及其他身体状况不适合高温作业环境的劳动者，应当调整作业岗位。职业健康检查费用由用人单位承担。

（三）用人单位不得安排怀孕女职工和未成年工在35 ℃以上的高温天气期间从事室外露天作业及温度在33 ℃以上的工作场所作业。

（四）因高温天气停止工作、缩短工作时间的，用人单位不得扣除或降低劳动者工资。

第九条 用人单位应当向劳动者提供符合要求的个人防护用品，并督促和指导劳动者正确使用。

第十条 用人单位应当对劳动者进行上岗前职业卫生培训和在岗期间的定期职业卫生培训，普及高温防护、中暑急救等职业卫生知识。

第十一条 用人单位应当为高温作业、高温天气作业的劳动者供给足够的、符合卫生标准的防暑降温饮料及必需的药品。

不得以发放钱物替代提供防暑降温饮料。防暑降温饮料不得充抵高温津贴。

第十二条 用人单位应当在高温工作环境设立休息场所。休息场所应当设有座椅，保持通风良好或者配有空调等防暑降温设施。

第十三条 用人单位应当制定高温中暑应急预案，定期进行应急救援的演习，并根据从事高温作业和高温天气作业的劳动者数量及作业条件等情况，配备应急救援人员和足量的急救药品。

第十四条 劳动者出现中暑症状时，用人单位应当立即采取救助措施，使其迅速脱离高温环境，到通风阴凉处休息，供给防暑降温饮料，并采取必要的对症处理措施；病情严重者，用人单位应当及时送医疗卫生机构治疗。

第十五条 劳动者应当服从用人单位合理调整高温天气作息时间或者对有关工作地点、工作岗位的调整安排。

第十六条 工会组织代表劳动者就高温作业和高温天气劳动保护事项与用人单位进行平等协商，签订集体合同或者高温作业和高温天气劳动保护专项集体合同。

第十七条 劳动者从事高温作业的，依法享受岗位津贴。

用人单位安排劳动者在35 ℃以上高温天气从事室外露天作业以及不能采取有效措施将工作场所温度降低到33 ℃以下的，应当向劳动者发放高温津贴，并纳入工资总额。高温津贴标准由省级人力资源社会保障行政部门会同有关部门制定，并根据社会经济发展状况适时调整。

第十八条 承担职业性中暑诊断的医疗卫生机构，应当经省级人民政府卫生行政部门批准。

第十九条 劳动者因高温作业或者高温天气作业引起中暑，经诊断为职业病的，享受工伤保险待遇。

第二十条 工会组织依法对用人单位的高温作业、高温天气劳动保护措施实行监督。发现违法行为，工会组织有权向用人单位提出，用人单位应当及时改正。用人单位拒不改正的，工会组织应当提请有关部门依法处理，并对处理结果进行监督。

第二十一条 用人单位违反职业病防治与安全生产法律、行政法规，危害劳动者身体健康的，由县级以上人民政府相关部门依据各自职责责令用人单位整改或者停止作业；情节严重的，按照国家有关法律法规追究用人单位及其负责人的相应责任；构成犯罪的，依法追究刑事责任。

用人单位违反国家劳动保障法律、行政法规有关工作时间、工资津贴规定，侵害劳动者劳动保障权益的，由县级以上人力资源社会保障行政部门依法责令改正。

第二十二条 各省级人民政府安全生产监督管理部门、卫生行政部门、人力资源社会保障行政部门和工会组织可以根据本办法，制定实施细则。

第二十三条 本办法由国家安全生产监督管理总局会同卫生部、人力资源和社会保障部、全国总工会负责解释。

第二十四条 本办法所称"以上"摄氏度（℃）含本数，"以下"摄氏度（℃）不含本数。

第二十五条 本办法自发布之日起施行。1960年7月1日卫生部、劳动部、全国总工会联合公布的《防暑降温措施暂行办法》同时废止。

146 个体防护装备配备规范 GB 39800.1—2020

第1部分:总则

前 言

GB 39800《个体防护装备配备规范》分为以下部分:
——第1部分:总则;
——第2部分:石油、化工、天然气;
——第3部分:冶金、有色;
——第4部分:非煤矿山;
……

本部分为 GB 39800 的第1部分。

本部分按照 GB/T 1.1—2009 给出的规则起草。

本部分代替 GB/T 11651—2008《个体防护装备选用规范》和 GB/T 29510—2013《个体防护装备配备基本要求》。本部分以 GB/T 29510—2013 为主,整合了 GB/T 11651—2008 的内容,与 GB/T 29510—2013 和 GB/T 11651—2008 相比,除结构调整和编辑性修改外,主要技术变化如下:

——更改了范围中的部分内容;
——增加了部分术语和定义;
——增加了对劳务派遣工、临时聘用人员等的配备基本要求;
——增加了所在行业个体防护装备配备国家标准行业编码;
——更改了个体防护装备的配备流程;
——增加了危害评估;
——更改了常用个体防护装备的分类、防护功能及适用范围;
——增加了追踪溯源;
——增加了培训和管理相关内容;
——更改了常见的作业类别及可能造成的事故类型;
——增加了生产过程危险和有害因素分类与代码表。

本部分由中华人民共和国应急管理部提出并归口。

本部分所替代标准的历次版本发布情况为:
——GB/T 11651—1989、GB/T 11651—2008;
——GB/T 29510—2013。

个体防护装备配备规范
第1部分：总　　则

1　范围

GB 39800 的本部分规定了个体防护装备（即劳动防护用品）配备的总体要求，包括配备原则、配备流程、作业场所危害因素的辨识和评估、个体防护装备的选择、追踪溯源、判废和更换、培训和使用等。

本部分适用于各用人单位个体防护装备的配备及管理。

本部分不适用于各用人单位消防用个体防护装备的配备及管理。

2　术语和定义

下列术语和定义适用于本文件。

2.1

个体防护装备　personal protective equipment；PPE

劳动防护用品

从业人员为防御物理、化学、生物等外界因素伤害所穿戴、配备和使用的护品的总称。

注1：改写 GB/T 12903—2008，定义 3.1。

注2：包括安全帽、耳塞、自吸过滤式防毒面具、防静电服、安全带等。

2.2

职业性危害因素　occupational hazard factor

在职业活动中产生的可直接危害劳动者身体健康和安全的因素。

注1：改写 GB/T 15236—2008，定义 4.1。

注2：按其性质分为物理性危害因素、化学性危害因素和生物性危害因素。

2.3

追踪溯源　tracing

采集记录产品生产、流通、消费等环节信息，以实现来源可查、去向可追等目标。

2.4

款号　type

同一制造商使用相同材料相同工艺生产的具有相同结构、相同防护功能和防护级别的同一产品的代码。

注：当材料颜色不影响产品的防护功能时，材料颜色不作为区分该产品款号的依据。

3　个体防护装备配备原则

3.1　作业场所中存在职业性危害因素和危害风险时，用人单位应为作业人员配备符合国家标准或行业标准的个体防护装备。

3.2　用人单位为作业人员配备的个体防护装备应与作业场所的环境状况、作业状况、存在的危害因素和危害程度相适应，应与作业人员相适合，且个体防护装备本身不应导致其他额外的风险。

3.3 用人单位配备个体防护装备时，应在保证有效防护的基础上，兼顾舒适性。

3.4 需要同时配备多种个体防护装备时，应考虑使用的兼容性和功能替代性，确保防护有效。

3.5 用人单位应对其使用的劳务派遣工、临时聘用人员、接纳的实习生和允许进入作业地点的其他外来人员进行个体防护装备的配备及管理。

3.6 用人单位应在本部分基础上结合所在行业个体防护装备配备国家标准进行个体防护装备的配备及管理；无所在行业个体防护装备配备国家标准时，应按照本部分要求进行个体防护装备的配备及管理。个体防护装备配备行业编号及相关编号参见附录 A。

4 个体防护装备配备程序

4.1 配备流程

个体防护装备的配备应按图 1 所示流程执行。其中，危害因素的辨识和评估、个体防护装备的选择是整个配备流程的关键环节，具体规范要求分别见 4.2、4.3。

4.2 危害因素的辨识和评估

4.2.1 危害因素的辨识

4.2.1.1 辨识原则

危害因素的辨识原则如下：

a) 应依据国家法律、法规、标准及专业知识，针对不同作业场所、生产工艺、作业环境的特点，识别可能的危害因素。

b) 应对生产经营活动中各因素，包括人员、设备设施、使用物料、工艺方法、环境条件、管理制度等进行系统分析。不仅应分析正常生产操作中存在的危害因素，还应分析技术、材料、工艺等发生变化、设备故障或失效、人员操作失误等情况下可能产生的危害因素。

4.2.1.2 辨识方法

4.2.1.2.1 应采用现场调查、测量、查阅相关记录、询问与交流等方式对作业环境中的危害因素进行分析。常见的作业类别及可能造成的事故或伤害类型参见附录 B，生产过程危险和有害因素分类与代码表参见附录 C。

4.2.1.2.2 在识别危害因素时，应主要从以下方面进行分析：

a) 正常工作状态；

b) 异常工作状态；

c) 人员作业活动；

d) 设备采购、贮存和输送，以及设备设施的运行、维修和保养；

e) 原辅材料、中间产品和最终产品；

f) 生产、施工工艺；

g) 环境条件；

h) 管理制度；

i) 其他辅助活动和意外情况。

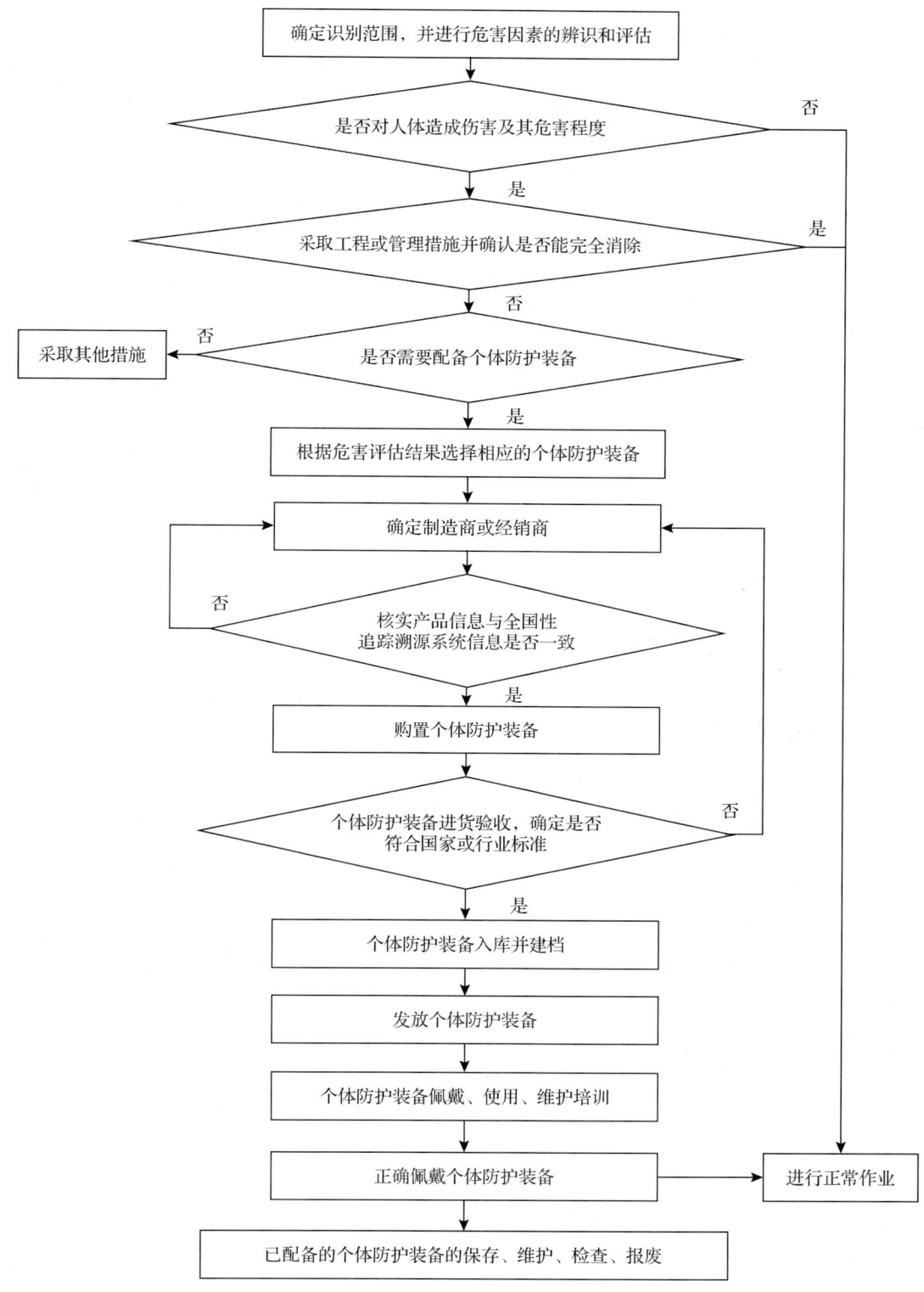

图1 个体防护装备的配备流程

4.2.2 危害评估

应依据国家法规、标准等由专业人员对所识别的危害因素进行评估,判断是否超过职业接触限值和实际的危害水平,结合危害因素存在的位置、危害方式、危害发生的时间、途径及后果,确定需要防护的人群范围,以及各类人员需要防护的部位和需要的防护水平。

4.3 个体防护装备的选择

应根据辨识的作业场所危害因素和危害评估结果,结合个体防护装备的防护部位、防护功能、适用范围和防护装备对作业环境和使用者的适合性,选择合适的个体防护装备。

常用个体防护装备的分类、防护功能及适用范围见表1。

表1 常用个体防护装备的分类、防护功能及适用范围

防护分类	防护分类编号	个体防护装备的类别	类别编号	产品标准号	防护装备说明	参考适用范围
头部防护	TB	安全帽	TB-01	GB 2811	对人头部受坠物及其他特定因素引起的伤害起防护作用的装备。还可包含防静电、阻燃、电绝缘、侧向刚性、耐低温等一种或一种以上特殊功能	造船、煤矿、冶金、有色、石油、天然气、化工、建材、电力、汽车、机械等存在坠物或对头部产生碰撞风险的作业场所,选用规范参见 GB/T 30041
		防静电工作帽	TB-02	GB/T 31421	以防静电织物为主要原料,为防止帽体上的静电荷积聚而制成的工作帽	电子、造船、煤矿、石油、天然气、烟花爆竹、化工、轻工、烟草、电力、汽车等静电敏感区域或火灾和爆炸危险场所
眼面防护	YM	焊接眼护具	YM-01	GB/T 3609.1 GB/T 3609.2	保护佩戴者免受由焊接或其他相关作业所产生的有害光辐射及其他特殊危害的防护用具(包括焊接眼护具和滤光片)	造船、建材、轻工、机械、电力、汽车、石油、化工、天然气等存在电焊、气弧焊、气焊及气割的作业场所
		激光防护镜	YM-02	GB 30863	衰减或吸收意外激光辐射能量	造船、冶金、轻工、激光加工、汽车、光学实验室等存在意外激光辐射(激光辐射波长在 180 nm~1 000 μm 范围内)危害的场所。不适用于直接观察激光光束的眼护具、作为观察窗用于激光设备上的激光防护产品、光学设备(如显微镜)中的激光防护滤光片
		强光源防护镜	YM-03	GB/T 38696.1	用于强光源(非激光)防护	造船、煤矿、冶金、有色、石油、天然气、汽车等防御辐射波长介于 250~3 000 nm 之间强光危害。参见 GB/T 38696.2

续表

防护分类	防护分类编号	个体防护装备的类别	类别编号	产品标准号	防护装备说明	参考适用范围
眼面防护	YM	职业眼面部防护具	YM-04	GB 32166.1	具有防护不同程度的强烈冲击、光辐射、热、火焰、液滴、飞溅物等一种或一种以上的眼面部伤害风险的防护用品	造船、煤矿、冶金、有色、石油、天然气、烟花爆竹、化工、建材、水泥、非煤矿山、轻工、烟草、电力、汽车等存在光辐射、机械切削加工、金属切割、碎石等的作业场所。不适用于：a）一般用途太阳镜和太阳镜片或带有视力矫正效果的眼面部防护具；b）患者在进行诊断或治疗时用来防护曝光的眼面部防护具；c）直接观测太阳的产品，如观测日食等的眼部防护具；d）运动眼面部防护具；e）短路电弧眼面部防护具；f）焊接眼面部防护具；g）激光眼面部防护具
听力防护	TL	耳塞	TL-01	GB/T 31422	塞入外耳道内，或堵住外耳道入口，避免作业者的听力损伤	造船、煤矿、冶金、有色、石油、天然气、烟花爆竹、化工、建材、水泥、非煤矿山、电力、汽车、机械等存在噪声的作业场所。不适用于脉冲噪声的防护。参见 GB/T 23466
听力防护	TL	耳罩	TL-02	GB/T 31422	由压紧耳廓或围住耳廓四周并紧贴头部的罩杯等组成，避免作业者的听力损伤	
呼吸防护	HX	长管呼吸器	HX-01	GB 6220	使佩戴者的呼吸器官与周围空气隔绝，通过长管输送清洁空气供呼吸的防护用品，其进风口必须放置在有害作业环境外	造船、煤矿、冶金、有色、石油、天然气、烟花爆竹、化工、建材、水泥、非煤矿山、轻工、电力、机械等存在各类颗粒物和有毒有害气体环境的作业场所。不适用于消防和救援用。适用浓度范围参见 GB/T 18664
呼吸防护	HX	动力送风过滤式呼吸器	HX-02	GB 30864	靠电动风机提供气流克服部件阻力的过滤式呼吸器，用于防御有毒、有害气体或蒸气、颗粒物等对呼吸系统的伤害	造船、煤矿、冶金、有色、石油、天然气、化工、建材、水泥、非煤矿山、电力、机械等存在有毒气体、蒸气和（或）颗粒物的作业场所。不适用于燃烧、爆炸和缺氧环境用及逃生用。适用浓度范围参见 GB/T 18664

续表

防护分类	防护分类编号	个体防护装备的类别	类别编号	产品标准号	防护装备说明	参考适用范围
呼吸防护	HX	自给闭路式压缩氧气呼吸器	HX-03	GB 23394	利用面罩使佩戴人员的呼吸器官与外界有害环境空气隔离，依靠呼吸器本身携带的压缩氧气或压缩氧-氮混合气作为呼吸气源，将人体呼出气体中的二氧化碳吸收，补充氧气后再供人员呼吸，形成完整的呼吸循环	造船、煤矿、冶金、有色、石油、天然气、烟花爆竹、化工、建材、水泥、非煤矿山、轻工、电力、机械等存在各类颗粒物和有毒有害气体环境的作业场所。不适用于潜水和逃生用。适用浓度范围参见GB/T 18664
		自给闭路式氧气逃生呼吸器	HX-04	GB/T 38228	将人的呼吸器官与大气环境隔绝，采用化学生氧剂或压缩氧气为供气源，并将呼出的二氧化碳吸收，形成一个完整呼吸循环，供佩戴者在缺氧或有毒有害气体环境下逃生使用	造船、冶金、有色、石油、天然气、烟花爆竹、化工、建材、水泥、非煤矿山、轻工、电力、机械等作业场所发生意外事故逃生用。不适用于潜水作业逃生用。适用浓度范围参见GB/T 18664
		自给开路式压缩空气呼吸器	HX-05	GB/T 16556	利用面罩与佩戴人员面部周边密合，使人员呼吸器官、眼睛和面部与外界染毒空气或缺氧环境完全隔离，自带压缩空气源供给人员呼吸所用的洁净空气，呼出的气体直接排入大气	造船、煤矿、冶金、有色、石油、天然气、烟花爆竹、化工、建材、水泥、非煤矿山、轻工、电力、机械等存在各类颗粒物和有毒有害气体环境的作业场所。不适用于潜水和逃生用。适用浓度范围参见GB/T 18664
		自吸过滤式防毒面具	HX-06	GB 2890	靠佩戴者呼吸克服部件阻力，防御有毒、有害气体或蒸气、颗粒物等对呼吸系统或眼面部的伤害	造船、煤矿、冶金、有色、石油、天然气、烟花爆竹、化工、轻工、电力等存在有毒气体、蒸气和（或）颗粒物的作业场所。不适用于缺氧环境、水下作业、逃生和消防热区用。适用浓度范围参见GB/T 18664
		自给开路式压缩空气逃生呼吸器	HX-07	GB 38451	具有自带的压缩空气源，能供给人员呼吸所用的洁净空气，呼出的气体直接排入大气，用于逃生的一种呼吸器	造船、冶金、有色、石油、天然气、烟花爆竹、化工、建材、水泥、非煤矿山、轻工、电力、机械等作业场所发生意外事故逃生用。适用浓度范围参见GB/T 18664

续表

防护分类	防护分类编号	个体防护装备的类别	类别编号	产品标准号	防护装备说明	参考适用范围
呼吸防护	HX	自吸过滤式防颗粒物呼吸器	HX-08	GB 2626	又称防尘口罩。靠佩戴者呼吸克服部件气流阻力的过滤式呼吸器，用于防御颗粒物的伤害	造船、煤矿、冶金、有色、石油、天然气、烟花爆竹、化工、建材、水泥、非煤矿山等存在各类颗粒污染物的作业场所。不适用于防护有害气体和蒸气，也不适用于缺氧环境、水下作业、逃生和消防用。适用浓度范围参见 GB/T 18664
防护服装	FZ	防电弧服	FZ-01	DL/T 320	用于保护可能暴露于电弧和相关高温危害中人员的防护服	电力、冶金、有色、造船、汽车、电子等可能发生电弧伤害的场所，包括发电、输电、变电、配电和用电过程中从事运行、调试、检修和维修等相关作业场所
		防静电服	FZ-02	GB 12014	以防静电织物为面料，按规定的款式和结构制成的以减少服装上静电积聚为目的的防护服，可与防静电工作帽、防静电鞋、防静电手套等配套穿用	造船、电子、煤矿、冶金、有色、石油、天然气、烟花爆竹、化工、轻工等可能因静电引发电击、火灾及爆炸危险的作业场所
		职业用防雨服ª	FZ-03	—	用于防护作业过程中的降水（雨、雪、雾等）对人体的影响	石油、天然气、煤矿、非煤矿山等户外作业场所
		高可视性警示服	FZ-04	GB 20653	利用荧光材料和反光材料进行特殊设计制作，以增强穿着者在可见性较差的高风险环境中的可视性、并起警示作用的服装	铁路、公安、工矿、消防、环卫、建筑、港口、码头、机场、园林、路政、救援、石油等需要提高作业人员可视性以保障个人安全的场所
		隔热服	FZ-05	GB 38453	按规定的款式和结构缝制的以避免或减轻工作过程中的接触热、对流热和热辐射对人体的伤害	冶金、有色、机械、建材、水泥等存在高温作业的场所，如金属热加工、工业炉窑、高温炉前等
		焊接服	FZ-06	GB 8965.2	用于防护焊接过程中的熔融金属飞溅及其热伤害	造船、汽车、建材、机械、轻工、煤矿、非煤矿山等焊接及相关作业场所
		化学防护服	FZ-07	GB 24539	用于防护化学物质对人体伤害的服装	造船、冶金、有色、石油、天然气、烟花爆竹、化工、水泥、汽车、机械等可能接触化学品和颗粒物的场所。参见 GB/T 24536

续表

防护分类	防护分类编号	个体防护装备的类别	类别编号	产品标准号	防护装备说明	参考适用范围
防护服装	FZ	抗油易去污防静电防护服	FZ-08	GB/T 28895	具有抗油和易去污功能的防静电服	适用于石油、石化等重油污且有静电防护需求的作业场所
		冷环境防护服	FZ-09	GB/T 38300	用于避免低温环境对人体的伤害	轻工、石油、天然气、煤矿、非煤矿山、商贸等低温环境作业或冬季室外作业
		熔融金属飞溅防护服[a]	FZ-10	—	用于防护工作过程中的熔融金属等对人体的伤害	冶金、有色、机械、非煤矿山等存在熔融金属飞溅危害的场所,不适用于消防和应急救援场所使用
		微波辐射防护服	FZ-11	GB/T 23463	在微波波段具有屏蔽作用的防护服,可衰减或消除作用于人体的电磁能量	电子、轻工、电力、机械等存在微波辐射伤害的作业场所,如大功率雷达制造、维修、操作;各种发射台工作作业,包括卫星地面站、移动通信、集群专业网络通信、通信发射台站、广播电视发射站等。适用防护频率范围为 300 MHz~300 GHz 的微波辐射
		阻燃服	FZ-12	GB 8965.1	在接触火焰及炽热物体后,在一定时间内能阻止本体被点燃、有焰燃烧和无焰燃烧	煤矿、冶金、有色、石油、天然气、烟花爆竹、化工、烟草、非煤矿山等有明火、散发火花、或在有易燃物质并有轰然风险的场所
手部防护	SF	带电作业用绝缘手套	SF-01	GB/T 17622	具有良好的绝缘和耐高压功能	电力、冶金、有色、建材、机械、造船、汽车、电子等带电作业或可能接触电源电压的场所,适用于交流 35 kV 及以下电压等级的电气设备上的带电作业
		防寒手套	SF-02	GB/T 38304	用于避免低温环境对人员手部的伤害	轻工、石油、天然气、煤矿、非煤矿山、商贸等低温环境作业或冬季室外作业,适用于最低至-50 ℃的气候环境或作业环境

续表

防护分类	防护分类编号	个体防护装备的类别	类别编号	产品标准号	防护装备说明	参考适用范围
手部防护	SF	防化学品手套	SF-03	GB 28881	能够对各类化学品和不包括病毒在内的其他各类微生物形成有效屏障,从而避免化学品和微生物对手部或手臂的伤害	造船、冶金、有色、石油、天然气、烟花爆竹、化工等手部可能接触化学品或微生物的场所,如接触氯气、汞、有机磷农药、苯和苯的二及三硝基化合物等的作业;酸洗作业;染色、油漆、有关的卫生工程,设备维护,注油作业等
		防静电手套	SF-04	GB/T 22845	用于需要戴手套操作的防静电环境,用防静电针织物为面料缝制或用防静电纱线编织而成的手套	电子、仪表、石化、煤矿、非煤矿山、轻工等行业存在静电危害的场所,如接触火工材料、易挥发易燃的液体及化学品、可燃性气体作业,如汽油、甲烷等;接触可燃性化学粉尘的作业,如镁铝粉;井下作业等
		防热伤害手套	SF-05	GB/T 38306	用于防护火焰、接触热、对流热、辐射热、少量熔融金属飞溅或大量熔融金属泼溅等一种或多种形式热伤害的手套	冶金、有色、机械、建材、水泥等存在高温作业的场所,如金属热加工、工业炉窑、高温炉前等
		电离辐射及放射性污染物防护手套	SF-06	GB 38452	具有电离屏蔽作用的防护手套,保护穿戴者的手部免遭作业区域电离辐射及放射性污染物危害	机械、煤矿、建材、轻工、电力等存在电离辐射或放射性污染物危害的作业场所,如射线探伤、放射源运输、安装、计量、检测,不适用于医用辐射防护
		焊工防护手套	SF-07	AQ 6103	保护手部和腕部免遭熔融金属滴、短时接触有限火焰、对流热、传导热和弧光的紫外线辐射以及机械性伤害,且其材料具有能耐受高达 100 V(直流)的电弧焊的最小电阻的这样一种手套	造船、汽车、建材、机械、轻工、煤矿、非煤矿山等焊接及相关作业场所
		机械危害防护手套	SF-08	GB 24541	用于保护手或手臂免受摩擦、切割、穿刺或能量冲击至少一种机械危害	造船、煤矿、冶金、有色、石油、天然气、烟花爆竹、化工、建材、水泥、非煤矿山、轻工、商贸、电力、汽车、机械等接触、使用锋利器物的作业场所,如金属加工打毛清边、玻璃加工与装配

续表

防护分类	防护分类编号	个体防护装备的类别	类别编号	产品标准号	防护装备说明	参考适用范围
足部防护	ZB	安全鞋	ZB-01	GB 21148	具有保护足趾、防刺穿、防静电、导电、电绝缘、隔热、防寒、防水、踝保护、耐油、耐热接触、防滑等一种或多种功能	造船、煤矿、冶金、有色、石油、天然气、烟花爆竹、化工、建材、水泥、非煤矿山、轻工、电力、机械等存在足部伤害的作业场所,参见 GB/T 28409
		防化学品鞋	ZB-02	GB 20265	防护足部免受酸、碱及相关化学品的腐蚀或刺激	冶金、有色、石油、天然气、烟花爆竹、化工等涉及酸、碱及相关化学品的作业场所
坠落防护	ZL	安全带	ZL-01	GB 6095	在高处作业、攀登及悬吊作业中,将作业人员绑定在固定构造物附近、限制作业人员活动范围或在发生坠落时将作业人员安全悬挂	造船、煤矿、冶金、有色、石油、天然气、化工、建材、水泥、非煤矿山、电力、汽车等存在坠落风险的作业场所,参见 GB/T 23468
		安全绳	ZL-02	GB 24543	可与缓冲器配合使用,通过约束佩戴者活动范围、缓解冲击能量,实现对作业人员的防护功能	
		缓冲器	ZL-03	GB/T 24538	串联在系带和挂点之间,发生坠落时吸收部分冲击能量,降低作业人员受到的冲击力	
		缓降装置	ZL-04	GB/T 38230	可供使用者以一定速度自行或由他人辅助从高处作业平面降落地面的装置	
		连接器	ZL-05	GB/T 23469	可以将两种或两种以上元件连接在一起,具有常闭活门的环状零件	
		水平生命线装置	ZL-06	GB 38454	以两个或多个挂点固定且任意两挂点间连线的水平角度不大于15°的,由钢丝绳、纤维绳、织带等柔性导轨或不锈钢、铝合金等刚性导轨构成的用于连接坠落防护装备与附着物(墙、地面、脚手架等固定设施)的装置,通过与其他坠落防护装备配套使用实现坠落防护	

续表

防护分类	防护分类编号	个体防护装备的类别	类别编号	产品标准号	防护装备说明	参考适用范围
坠落防护	ZL	速差自控器	ZL-07	GB 24544	安装在挂点上，装有可伸缩长度的绳（带、钢丝绳），串联在系带和挂点之间，在坠落发生时因速度变化引发制动作用的装备	造船、煤矿、冶金、有色、石油、天然气、化工、建材、水泥、非煤矿山、电力、汽车等存在坠落风险的作业场所，参见 GB/T 23468
		自锁器	ZL-08	GB 24542 GB/T 24537	附着在刚性或柔性导轨上，可随使用者的移动沿导轨滑动，由坠落动作引发制动作用，从而防止作业人员坠落	
		安全网	ZL-09	GB 5725	安全平网：安装平面不垂直于水平面，宽度不小于 3 m，防止人、物坠落，或避免、减轻坠落及物击伤害	
					安全立网：安装平面垂直于水平面，宽（高）度不小于 1.2 m，防止人、物坠落，或避免、减轻坠落及物击伤害	
					密目式安全立网：网眼孔径不大于 φ12 mm，垂直于水平面安装，防止人、物坠落，或避免坠物伤害	
		登杆脚扣	ZL-10	AQ 6109	穿戴于脚部，供作业者从事电杆攀登作业的专用工具	电力、通信及广播电视等行业从事电杆（或称线杆）攀登作业使用的脚扣，不适用于木质电杆攀登用脚扣
		挂点装置	ZL-11	GB 30862	由一个或多个挂点和部件组成的，用于连接坠落防护装备与附着物（墙、脚手架、地面等固定设施）的装置	造船、煤矿、冶金、有色、石油、天然气、化工、建材、水泥、非煤矿山、电力、汽车等存在坠落风险需要另外配备挂点的作业场所

a 此个体防护装备的产品标准正在制定中。

5 个体防护装备配备管理

5.1 基本要求

5.1.1 用人单位应建立健全个体防护装备管理制度，至少应包括采购、验收、保管、选择、发放、使用、报废、培训等内容，并应建立健全个体防护装备管理档案。

5.1.2 用人单位应在入库前对个体防护装备进行进货验收，确定产品是否符合国家或行业标准；对国家规定应进行定期强检的个体防护装备，用人单位应按相关规定，委托具有检测资质的检验检测机构进行定期检验。

5.1.3 在作业过程中发现存在其他危害因素，现有个体防护装备不能满足作业安全要求，需要另外配备时，应立即停止相关作业，按照本部分的要求配备相应的个体防护装备后，方可继续作业。

5.2 追踪溯源

5.2.1 用人单位应购置在最小贴码包装及运输包装上具有追踪溯源标识的个体防护装备，该标识应能通过全国性追踪溯源系统实现追踪溯源。

5.2.2 制造商在每一批产品售出前应在全国性追踪溯源系统录入制造商信息、产品信息及该产品款号的由具有检测资质的检验检测机构出具的检验检测报告信息。每一批产品应对应一个由全国性追踪溯源系统生成的产品追踪溯源标识。

5.2.3 经销商在产品售出前应在全国性追踪溯源系统录入必要的销售信息。

5.2.4 检验检测机构应在全国性追踪溯源系统录入检验检测报告信息。每一个检验检测报告应对应一个由全国性追踪溯源系统生成的检验检测报告追踪溯源标识。

5.2.5 用人单位在采购个体防护装备时，可通过产品和检验检测报告的追踪溯源标识，对产品实物信息和产品检验检测报告信息进行核实。

5.3 判废和更换

5.3.1 出现以下情况之一，用人单位应给予判废和更换新品：

a) 个体防护装备经检验或检查被判定不合格；

b) 个体防护装备超过有效期；

c) 个体防护装备功能已经失效；

d) 个体防护装备的使用说明书中规定的其他判废或更换条件。

5.3.2 被判废或被更换后的个体防护装备不得再次使用。

5.4 培训和使用

5.4.1 用人单位应制定培训计划和考核办法，并建立和保留培训和考核记录。

5.4.2 用人单位应按计划定期对作业人员进行培训，培训内容至少应包括工作中存在的危害种类和法律法规、标准等规定的防护要求，本单位采取的控制措施，以及个体防护装备的选择、防护效果、使用方法及维护、保养方法、检查方法等。

5.4.3 当有新员工入职、员工转岗、个体防护装备配备发生变化、法律法规及标准发生变化等情况，需要培训时用人单位应及时进行培训。

5.4.4 未按规定佩戴和使用个体防护装备的作业人员，不得上岗作业。

5.4.5 作业人员应熟练掌握个体防护装备正确佩戴和使用方法，用人单位应监督作业人员个体防护装备的使用情况。

5.4.6 在使用个体防护装备前，作业人员应对个体防护装备进行检查（如外观检查、适合性检查等），确保个体防护装备能够正常使用。

5.4.7 用人单位应按照产品使用说明书的有关内容和要求，指导并监督个体防护装备使用人员对在用的个体防护装备进行正确的日常维护和使用前的检查，对必须由专人负责的，应指定受过培训的合格人员负责日常检查和维护。

附录 A
（资料性附录）
个体防护装备配备行业编号及相关编号

A.1 个体防护装备配备行业编号

根据 GB/T 4754 以及我国国民经济行业个体防护需求的特点，对各行业的个体防护装备配备进行分类，行业名称和行业编号见表 A.1。

表 A.1 个体防护装备配备行业编号

行业名称	行业编号	行业名称	行业编号
电力	DL	轻工、烟草、商贸	QG
电子	DZ	石油、化工、天然气	SY
非煤矿山	FM	烟花爆竹	YH
建材	JC	冶金、有色	YJ
汽车	QC	船舶	CB
…	…	…	…

A.2 个体防护装备配备行业工种编号

根据不同的工作内容对行业的工种进行分类，对相同或相近工种进行分组，以石油、化工、天然气行业为例，见 GB 39800.2—2020 中表 A.1。

A.3 个体防护装备分类及编号

个体防护装备按防护部位分为 9 类，分类及编号见表 A.2。

表 A.2 个体防护装备分类及编号

序号	防护分类	防护分类编号	序号	防护分类	防护分类编号	序号	防护分类	防护分类编号
1	头部防护	TB	4	呼吸防护	HX	7	足部防护	ZB
2	眼面防护	YM	5	防护服装	FZ	8	坠落防护	ZL
3	听力防护	TL	6	手部防护	SF	9	其他防护	QT

附录 B
（资料性附录）
常见的作业类别及可能造成的事故或伤害

B.1 按照作业环境中的工作条件及可能造成的事故或伤害列举 35 种主要作业类别，见表 B.1。

表 B.1 常见的作业类别及可能造成的事故或伤害类型

编号	作业类别	说明	举例	可能造成的事故或伤害
B01	存在物体坠落、撞击的作业	物体坠落或横向上可能有物体相撞的作业	建筑安装、桥梁建设、采矿、钻探、造船、机械、起重、管路维修、非煤矿山、森林采伐	物体打击、起重伤害等
B02	有碎屑或液体飞溅的作业	作业过程中可能有切削碎屑或液体飞溅的作业	破碎、锤击、铸件切削、铸轧、砂轮打磨、高压流体清洗	物体打击等
B03	操作转动机械作业	机械设备运行中引起的绞、碾等伤害的作业	机床、传动机械	机械伤害等
B04	接触锋利器具作业	生产中使用的生产工具或加工产品易对操作者产生割伤、刺伤等伤害的作业	金属加工的打毛清边、玻璃装配与加工	
B05	地面存在尖利器物的作业	作业平面上可能存在对工作者脚部或腿部产生刺伤伤害的作业	森林作业、建筑工地	
B06	手持振动机械作业	生产中使用手持振动工具,直接作用于人的手臂系统的机械振动或冲击作业	风钻、风铲、油锯	振动伤害等
B07	人承受全身振动的作业	承受振动或处于不易忍受的振动环境中的作业	田间机械作业驾驶、林业作业	
B08	铲、装、吊、推机械操作作业	重型采掘、建筑、装载起重设备的操作与驾驶作业	操作铲机、推土机、装卸机、天车、龙门吊、塔吊、单臂起重机等机械	车辆伤害、起重伤害等
B09	带电作业	工作人员接触带电部分的作业,或工作人员身体的任一部分或使用的工具、装置、设备进入带电作业区域内的作业	高、低压设备或线路带电维修	触电、电弧伤害等
B10	高温作业	作业地点平均 WBGT 指数等于或大于 25 ℃ 的作业	高温天气户外作业、高温车间作业	中暑等
B11	高温热接触或热辐射作业	存在热的液体、气体对人体的烫伤,热的固体与人体接触引起的灼伤,火焰对人体的烧伤以及炽热热源的热辐射对人体的伤害等情况的作业	熔炼、浇注、热轧、锻造、炉窑作业	高温伤害等
B12	易燃易爆场所作业	作业场所存在甲、乙类易燃易爆物质并可能引起燃烧、爆炸	接触火工材料、易挥发易燃的液体及化学品、可燃性气体、可燃性粉尘的作业,如汽油、甲烷、铝镁粉等	火灾、爆炸等

续表

编号	作业类别	说明	举例	可能造成的事故或伤害
B13	高处作业	在距坠落高度基准面2 m及2 m以上，且有坠落风险的场所作业	室内/室外建筑安装、架线、货物堆砌	高处坠落等
B14	井下作业	存在矿山工作面、巷道侧壁的支护不当、压力过大造成的坍塌或顶板坍塌、以及高势能水意外流向低势能区域的作业	井下采掘、运输、安装	冒顶片帮、粉尘伤害、透水、中毒和窒息等
B15	地下作业	进行地下管网的铺设及地下挖掘的作业	地下开拓、建筑安装	
B16	水上作业	有落水危险的水上作业	水上作业平台、水上运输、木材水运、水产养殖与捕捞	高处坠落、淹溺等
B17	吸入性气相毒物作业	接触常温、常压下呈气体或蒸气状态、经呼吸道吸入能产生毒害物质的作业，包括刺激性气体和窒息性气体	接触氯气、一氧化碳、硫化氢、氯乙烯、光气、汞的作业	中毒、窒息等
B18	有限空间作业	在空气不流通的场所中作业，包括在缺氧即空气中含氧浓度小于19.5%和毒气、有毒气溶胶超过标准并不能排出等场所中作业	密闭的罐体、房仓、孔道或排水系统、炉窑、存放耗氧器具或生物体进行耗氧过程的密闭空间	中毒、窒息等
B19	吸入性粉尘作业	接触粉尘、烟、雾等颗粒物，经呼吸道吸入对人体产生伤害的作业	接触铝、铬、铍、锰、镉等有毒金属及其化合物的烟雾和粉尘、沥青烟雾、煤尘、矽尘、石棉尘、油漆、木屑粉尘的作业	粉尘伤害、中毒等
B20	沾染性毒物作业	接触能粘附于皮肤、衣物上，经皮肤吸收产生伤害或对皮肤产生毒害物质的作业	接触有机磷农药、有机汞化合物、苯和苯的二及三硝基化合物、放射性物质的作业	中毒、辐射伤害等
B21	生物性毒物作业	作业场所中有感染或吸收生物毒素危险的作业	有毒性动植物养殖、生物毒素培养制剂、带菌或含有生物毒素的制品加工处理、腐烂物品处理、防疫检验	中毒等
B22	噪声作业	存在有损听力、有害健康或有其他危害的声音，且每天8 h或每周40 h噪声暴露等效声级大于或等于80 dB（A）的作业	风钻、气锤、铆接、钢筒内的敲击或铲锈、钻修井	听力损伤等
B23	强光作业	强光源或产生强烈红外辐射和紫外辐射的作业	弧光、电弧焊、炉窑作业	辐射伤害等
B24	激光作业	激光发射与加工的作业	激光加工金属、激光焊接、激光测量、激光通信	

续表

编号	作业类别	说明	举例	可能造成的事故或伤害
B25	荧光屏作业	长期从事荧光屏操作与识别的作业	电脑操作、电视机调试	辐射伤害等
B26	射线作业	作业环境中存在电离辐射、辐射剂量可能会超过标准的作业	放射性矿物的开采、选矿、冶炼、加工，核废料或核事故处理，放射性物质使用，X射线检测	
B27	腐蚀性作业	产生或使用腐蚀性物质的作业	二氧化硫气体净化、酸洗、化学镀膜	化学性烧灼、中毒等
B28	易污作业	容易污秽皮肤或衣物的作业	炭黑、染色、油漆、有关的卫生工程	其他伤害
B29	恶味作业	产生难闻气味或恶味不易清除的作业	熬胶、恶臭物质处理与加工	中毒等
B30	低温作业	作业地点平均气温等于或低于5℃的作业；或接触低温物体造成伤害的作业	冰库	低温伤害等
B31	人工搬运作业	通过人力搬运的作业	人力抬、扛、推、搬移	物体打击等
B32	野外作业	野外露天作业	地质勘探、大地测量、钻修井、测井、固井	紫外伤害、高低温伤害等
B33	涉水作业	作业中需接触大量水或须立于水中	矿井、隧道、水力采掘、地质钻探、下水工程、污水处理	淹溺、低温伤害等
B34	车辆驾驶作业	各类机动车辆驾驶的作业	汽车驾驶	车辆伤害等
B35	其他作业	B01~B34以外的作业	—	—

B.2 实际工作中涉及多项作业特征的为综合性作业。在进行综合性作业时，用人单位可根据作业特点为作业人员配备多种或多功能个体防护装备。

附录 C
（资料性附录）
生产过程危险和有害因素分类与代码表

生产过程危险和有害因素分类与代码见表 C.1。

表 C.1 生产过程危险和有害因素分类与代码表

代码	名称	说明
1	人的因素	

续表

代码	名称	说明
11	心理、生理性危险和有害因素	
1101	负荷超限	
110101	体力负荷超限	指易引起疲劳、劳损、伤害等的负荷超限
110102	听力负荷超限	
110103	视力负荷超限	
110199	其他负荷超限	
1102	健康状况异常	指伤、病期等
1103	从事禁忌作业	
1104	心理异常	
110401	情绪异常	
110402	冒险心理	
110403	过度紧张	
110499	其他心理异常	
1105	辨识功能缺陷	
110501	感知延迟	
110512	辨识错误	
110599	其他辨识功能缺陷	
1199	其他心理、生理性危险和有害因素	
12	行为性危险和有害因素	
1201	指挥错误	
120101	指挥失误	包括生产过程中的各级管理人员的指挥
120102	违章指挥	
120199	其他指挥错误	
1202	操作错误	
120201	误操作	
120202	违章作业	
120299	其他操作错误	
1203	监护失误	
1299	其他行为性危险和有害因素	包括脱岗等违反劳动纪律行为
2	物的因素	
21	物理性危险和有害因素	
2101	设备、设施、工具、附件缺陷	
210101	强度不够	

续表

代码	名称	说明
210102	刚度不够	
210103	稳定性差	抗倾覆、抗位移能力不够。包括重心过高、底座不稳定、支承不正确等
210104	密封不良	指密封件、密封介质、设备辅件、加工精度、装配工艺等缺陷以及磨损、变形、气蚀等造成的密封不良
210105	耐腐蚀性差	
210106	应力集中	
210107	外形缺陷	指设备、设施表面的尖角利棱和不应有的凹凸部分等
210108	外露运动件	指人员易触及的运动件
210109	操纵器缺陷	指结构、尺寸、形状、位置、操纵力不合理及操纵器失灵、损坏等
210110	制动器缺陷	
210111	控制器缺陷	
210199	设备、设施、工具、附件其他缺陷	
2102	防护缺陷	
210201	无防护	
210202	防护装置、设施缺陷	指防护装置、设施本身安全性、可靠性差，包括防护装置、设施、防护用品损坏、失效、失灵等
210203	防护不当	指防护装置、设施和防护用品不符合要求、使用不当。不包括防护距离不够
210204	支撑不当	包括矿井、建筑施工支护不符合要求
210205	防护距离不够	指设备布置、机械、电气、防火、防爆等安全距离不够和卫生防护距离不够等
210299	其他防护缺陷	
2103	电伤害	
210301	带电部位裸露	指人员易触及的裸露带电部位
210302	漏电	
210303	静电和杂散电流	
210304	电火花	
210399	其他电伤害	
2104	噪声	
210401	机械性噪声	
210402	电磁性噪声	

续表

代码	名称	说明
210403	流体动力性噪声	
210499	其他噪声	
2105	振动危害	
210501	机械性振动	
210502	电磁性振动	
210503	流体动力性振动	
210599	其他振动危害	
2106	电离辐射	包括 X 射线、γ 射线、α 粒子、β 粒子、中子、质子、高能电子束等
2107	非电离辐射	
210701	紫外辐射	
210702	激光辐射	
210703	微波辐射	
210704	超高频辐射	
210705	高频电磁场	
210706	工频电场	
2108	运动物伤害	
210801	抛射物	
210802	飞溅物	
210803	坠落物	
210804	反弹物	
210805	土、岩滑动	
210806	料堆（垛）滑动	
210807	气流卷动	
210899	其他运动物伤害	
2109	明火	
2110	高温物质	
211001	高温气体	
211002	高温液体	
211003	高温固体	
211099	其他高温物质	
2111	低温物质	
211101	低温气体	

续表

代码	名称	说明
211102	低温液体	
211103	低温固体	
211199	其他低温物质	
2112	信号缺陷	
211201	无信号设施	指应设信号设施处无信号，如无紧急撤离信号等
211202	信号选用不当	
211203	信号位置不当	
211204	信号不清	指信号量不足，如响度、亮度、对比度、信号维持时间不够等
211205	信号显示不准	包括信号显示错误、显示滞后或超前等
211299	其他信号缺陷	
2113	标志缺陷	
211301	无标志	
211302	标志不清晰	
211303	标志不规范	
211304	标志选用不当	
211305	标志位置缺陷	
211399	其他标志缺陷	
2114	有害光照	包括直射光、反射光、眩光、频闪效应等
2199	其他物理性危险和有害因素	
22	化学性危险和有害因素	依据 GB 13690 中的规定
2201	爆炸品	
2202	压缩气体和液化气体	
2203	易燃液体	
2204	易燃固体、自燃物品和遇湿易燃物品	
2205	氧化剂和有机过氧化物	
2206	有毒品	
2207	放射性物品	
2208	腐蚀品	
2209	粉尘与气溶胶	
2299	其他化学性危险和有害因素	
23	生物性危险和有害因素	
2301	致病微生物	

续表

代码	名称	说明
230101	细菌	
230102	病毒	
230103	真菌	
230199	其他致病微生物	
2302	传染病媒介物	
2303	致害动物	
2304	致害植物	
2399	其他生物性危险和有害因素	
3	环境因素	包括室内、室外、地上、地下（如隧道、矿井）、水上、水下等作业（施工）环境
31	室内作业场所环境不良	
3101	室内地面滑	指室内地面、通道、楼梯被任何液体、熔融物质润湿，结冰或有其他易滑物等
3102	室内作业场所狭窄	
3103	室内作业场所杂乱	
3104	室内地面不平	
3105	室内梯架缺陷	包括楼梯、阶梯、电动梯和活动梯架，以及这些设施的扶手、扶栏和护栏、护网等
3106	地面、墙和天花板上的开口缺陷	包括电梯井、修车坑、门窗开口、检修孔、孔洞、排水沟等
3107	房屋基础下沉	
3108	室内安全通道缺陷	包括无安全通道、安全通道狭窄、不畅等
3109	房屋安全出口缺陷	包括无安全出口、设置不合理等
3110	采光照明不良	指照度不足或过强、烟尘弥漫影响照明等
3111	作业场所空气不良	指自然通风差、无强制通风、风量不足或气流过大、缺氧、有害气体超限等
3112	室内温度、湿度、气压不适	
3113	室内给、排水不良	
3114	室内涌水	
3199	其他室内作业场所环境不良	
32	室外作业场地环境不良	
3201	恶劣气候与环境	包括风、极端的温度、雷电、大雾、冰雹、暴雨雪、洪水、浪涌、泥石流、地震、海啸等

续表

代码	名称	说明
3202	作业场地和交通设施湿滑	包括铺设好的地面区域、阶梯、通道、道路、小路等被任何液体、熔融物质润湿，冰雪覆盖或有其他易滑物等
3203	作业场地狭窄	
3204	作业场地杂乱	
3205	作业场地不平	包括不平坦的地面和路面，有铺设的、未铺设的、草地、小鹅卵石或碎石地面和路面
3206	航道狭窄、有暗礁或险滩	
3207	脚手架、阶梯和活动梯架缺陷	包括这些设施的扶手、扶栏和护栏、护网等
3208	地面开口缺陷	包括升降梯井、修车坑、水沟、水渠等
3209	建筑物和其他结构缺陷	包括建筑中或拆毁中的墙壁、桥梁、建筑物；筒仓、固定式粮仓、固定的槽罐和容器；屋顶、塔楼等
3210	门和围栏缺陷	包括大门、栅栏、畜栏和铁丝网等
3211	作业场地基础下沉	
3212	作业场地安全通道缺陷	包括无安全通道，安全通道狭窄、不畅等
3213	作业场地安全出口缺陷	包括无安全出口、设置不合理等
3214	作业场地光照不良	指光照不足或过强、烟尘弥漫影响光照等
3215	作业场地空气不良	指自然通风差或气流过大、作业场地缺氧、有害气体超限等
3216	作业场地温度、湿度、气压不适	
3217	作业场地涌水	
3299	其他室外作业场地环境不良	
33	地下（含水下）作业环境不良	不包括以上室内室外作业环境已列出的有害因素
3301	隧道/矿井顶面缺陷	
3302	隧道/矿井正面或侧壁缺陷	
3303	隧道/矿井地面缺陷	
3304	地下作业面空气不良	包括通风差或气流过大、缺氧、有害气体超限等
3305	地下火	
3306	冲击地压	指井巷（采场）周围的岩体（如煤体）等物质在外载作用下产生的变形能，当力学平衡状态受到破坏时，瞬间释放，将岩体、气体、液体急剧、猛烈抛（喷）出造成严重破坏的一种井下动力现象
3307	地下水	
3308	水下作业供氧不当	

续表

代码	名称	说明
3399	其他地下作业环境不良	
39	其他作业环境不良	
3901	强迫体位	指生产设备、设施的设计或作业位置不符合人类工效学要求而易引起作业人员疲劳、劳损或事故的一种作业姿势
3902	综合性作业环境不良	显示有两种以上作业环境致害因素且不能分清主次的情况
3999	以上未包括的其他作业环境不良	
4	管理因素	
41	职业安全卫生组织机构不健全	包括组织机构的设置和人员的配置
42	职业安全卫生责任制未落实	
43	职业安全卫生管理规章制度不完善	
4301	建设项目"三同时"制度未落实	
4302	操作规程不规范	
4303	事故应急预案及响应缺陷	
4304	培训制度不完善	
4399	其他职业安全卫生管理规章制度不健全	包括隐患管理、事故调查处理等制度不健全
44	职业安全卫生投入不足	
45	职业健康管理不完善	包括职业健康体检及其档案管理等不完善
49	其他管理因素缺陷	

十六、抚恤政策

147　军人抚恤优待条例

2004年8月1日中华人民共和国国务院、中华人民共和国中央军事委员会令第413号公布，自2004年10月1日起施行，根据2011年7月29日中华人民共和国国务院、中华人民共和国中央军事委员会令第602号第一次修订，根据2019年3月2日中华人民共和国国务院令第709号第二次修订。

第一章　总　则

第一条　为了保障国家对军人的抚恤优待，激励军人保卫祖国、建设祖国的献身精神，加强国防和军队建设，根据《中华人民共和国国防法》《中华人民共和国兵役法》等有关法律，制定本条例。

第二条　中国人民解放军现役军人（以下简称现役军人）、服现役或者退出现役的残疾军人以及复员军人、退伍军人、烈士遗属、因公牺牲军人遗属、病故军人遗属、现役军人家属，是本条例规定的抚恤优待对象，依照本条例的规定享受抚恤优待。

第三条　军人的抚恤优待，实行国家和社会相结合的方针，保障军人的抚恤优待与国民经济和社会发展相适应，保障抚恤优待对象的生活不低于当地的平均生活水平。

全社会应当关怀、尊重抚恤优待对象，开展各种形式的拥军优属活动。

国家鼓励社会组织和个人对军人抚恤优待事业提供捐助。

第四条　国家和社会应当重视和加强军人抚恤优待工作。

军人抚恤优待所需经费由国务院和地方各级人民政府分级负担。中央和地方财政安排的军人抚恤优待经费，专款专用，并接受财政、审计部门的监督。

第五条　国务院退役军人事务部门主管全国的军人抚恤优待工作；县级以上地方人民政府退役军人事务部门主管本行政区域内的军人抚恤优待工作。

国家机关、社会团体、企业事业单位应当依法履行各自的军人抚恤优待责任和义务。

第六条　各级人民政府对在军人抚恤优待工作中作出显著成绩的单位和个人，给予表彰和奖励。

第二章　死亡抚恤

第七条　现役军人死亡被批准为烈士、被确认为因公牺牲或者病故的，其遗属依照本条例的规定享受抚恤。

第八条 现役军人死亡,符合下列情形之一的,批准为烈士:

(一)对敌作战死亡,或者对敌作战负伤在医疗终结前因伤死亡的;

(二)因执行任务遭敌人或者犯罪分子杀害,或者被俘、被捕后不屈遭敌人杀害或者被折磨致死的;

(三)为抢救和保护国家财产、人民生命财产或者执行反恐怖任务和处置突发事件死亡的;

(四)因执行军事演习、战备航行飞行、空降和导弹发射训练、试航试飞任务以及参加武器装备科研试验死亡的;

(五)在执行外交任务或者国家派遣的对外援助、维持国际和平任务中牺牲的;

(六)其他死难情节特别突出,堪为楷模的。

现役军人在执行对敌作战、边海防执勤或者抢险救灾任务中失踪,经法定程序宣告死亡的,按照烈士对待。

批准烈士,属于因战死亡的,由军队团级以上单位政治机关批准;属于非因战死亡的,由军队军级以上单位政治机关批准;属于本条第一款第六项规定情形的,由中国人民解放军总政治部批准。

第九条 现役军人死亡,符合下列情形之一的,确认为因公牺牲:

(一)在执行任务中或者在上下班途中,由于意外事件死亡的;

(二)被认定为因战、因公致残后因旧伤复发死亡的;

(三)因患职业病死亡的;

(四)在执行任务中或者在工作岗位上因病猝然死亡,或者因医疗事故死亡的;

(五)其他因公死亡的。

现役军人在执行对敌作战、边海防执勤或者抢险救灾以外的其他任务中失踪,经法定程序宣告死亡的,按照因公牺牲对待。

现役军人因公牺牲,由军队团级以上单位政治机关确认;属于本条第一款第五项规定情形的,由军队军级以上单位政治机关确认。

第十条 现役军人除第九条第一款第三项、第四项规定情形以外,因其他疾病死亡的,确认为病故。

现役军人非执行任务死亡或者失踪,经法定程序宣告死亡的,按照病故对待。

现役军人病故,由军队团级以上单位政治机关确认。

第十一条 对烈士遗属、因公牺牲军人遗属、病故军人遗属,由县级人民政府退役军人事务部门分别发给《中华人民共和国烈士证明书》《中华人民共和国军人因公牺牲证明书》《中华人民共和国军人病故证明书》。

第十二条 现役军人死亡被批准为烈士的,依照《烈士褒扬条例》的规定发给烈士遗属烈士褒扬金。

第十三条 现役军人死亡,根据其死亡性质和死亡时的月工资标准,由县级人民政府退役军人事务部门发给其遗属一次性抚恤金,标准是:烈士和因公牺牲的,为上一年度全国城镇居民人均可支配收入的20倍加本人40个月的工资;病故的,为上一年度全国城镇居民人均可支配收入的 2 倍加本人 40 个月的工资。月工资或者津贴低于排职少尉军官工资标准的，按照排职少尉军官工资标准计算。

获得荣誉称号或者立功的烈士、因公牺牲军人、病故军人，其遗属在应当享受的一次性抚恤金的基础上，由县级人民政府退役军人事务部门按照下列比例增发一次性抚恤金：

（一）获得中央军事委员会授予荣誉称号的，增发 35%；

（二）获得军队军区级单位授予荣誉称号的，增发 30%；

（三）立一等功的，增发 25%；

（四）立二等功的，增发 15%；

（五）立三等功的，增发 5%。

多次获得荣誉称号或者立功的烈士、因公牺牲军人、病故军人，其遗属由县级人民政府退役军人事务部门按照其中最高等级奖励的增发比例，增发一次性抚恤金。

第十四条 对生前作出特殊贡献的烈士、因公牺牲军人、病故军人，除按照本条例规定发给其遗属一次性抚恤金外，军队可以按照有关规定发给其遗属一次性特别抚恤金。

第十五条 一次性抚恤金发给烈士、因公牺牲军人、病故军人的父母（抚养人）、配偶、子女；没有父母（抚养人）、配偶、子女的，发给未满 18 周岁的兄弟姐妹和已满 18 周岁但无生活费来源且由该军人生前供养的兄弟姐妹。

第十六条 对符合下列条件之一的烈士遗属、因公牺牲军人遗属、病故军人遗属，发给定期抚恤金：

（一）父母（抚养人）、配偶无劳动能力、无生活费来源，或者收入水平低于当地居民平均生活水平的；

（二）子女未满 18 周岁或者已满 18 周岁但因上学或者残疾无生活费来源的；

（三）兄弟姐妹未满 18 周岁或者已满 18 周岁但因上学无生活费来源且由该军人生前供养的。

对符合享受定期抚恤金条件的遗属，由县级人民政府退役军人事务部门发给《定期抚恤金领取证》。

第十七条 定期抚恤金标准应当参照全国城乡居民家庭人均收入水平确定。定期抚恤金的标准及其调整办法，由国务院退役军人事务部门会同国务院财政部门规定。

第十八条 县级以上地方人民政府对依靠定期抚恤金生活仍有困难的烈士遗属、因公牺牲军人遗属、病故军人遗属，可以增发抚恤金或者采取其他方式予以补助，保障其生活不低于当地的平均生活水平。

第十九条 享受定期抚恤金的烈士遗属、因公牺牲军人遗属、病故军人遗属死亡的，增发 6 个月其原享受的定期抚恤金，作为丧葬补助费，同时注销其领取定期抚恤金的证件。

第二十条 现役军人失踪，经法定程序宣告死亡的，在其被批准为烈士、确认为因公牺牲或者病故后，又经法定程序撤销对其死亡宣告的，由原批准或者确认机关取消其烈士、因公牺牲军人或者病故军人资格，并由发证机关收回有关证件，终止其家属原享受的抚恤待遇。

第三章 残疾抚恤

第二十一条 现役军人残疾被认定为因战致残、因公致残或者因病致残的，依照本条例的规定享受抚恤。

因第八条第一款规定的情形之一导致残疾的，认定为因战致残；因第九条第一款规定的情形之一导致残疾的，认定为因公致残；义务兵和初级士官因第九条第一款第三项、第四项规定情形以外的疾病导致残疾的，认定为因病致残。

第二十二条 残疾的等级，根据劳动功能障碍程度和生活自理障碍程度确定，由重到轻分为一级至十级。

残疾等级的具体评定标准由国务院退役军人事务部门、人力资源社会保障部门、卫生部门会同军队有关部门规定。

第二十三条 现役军人因战、因公致残，医疗终结后符合评定残疾等级条件的，应当评定残疾等级。义务兵和初级士官因病致残符合评定残疾等级条件，本人（精神病患者由其利害关系人）提出申请的，也应当评定残疾等级。

因战、因公致残，残疾等级被评定为一级至十级的，享受抚恤；因病致残，残疾等级被评定为一级至六级的，享受抚恤。

第二十四条 因战、因公、因病致残性质的认定和残疾等级的评定权限是：

（一）义务兵和初级士官的残疾，由军队军级以上单位卫生部门认定和评定；

（二）现役军官、文职干部和中级以上士官的残疾，由军队军区级以上单位卫生部门认定和评定；

（三）退出现役的军人和移交政府安置的军队离休、退休干部需要认定残疾性质和评定残疾等级的，由省级人民政府退役军人事务部门认定和评定。

评定残疾等级，应当依据医疗卫生专家小组出具的残疾等级医学鉴定意见。

残疾军人由认定残疾性质和评定残疾等级的机关发给《中华人民共和国残疾军人证》。

第二十五条 现役军人因战、因公致残，未及时评定残疾等级，退出现役后或者医疗终结满3年后，本人（精神病患者由其利害关系人）申请补办评定残疾等级，有档案记载或者有原始医疗证明的，可以评定残疾等级。

现役军人被评定残疾等级后，在服现役期间或者退出现役后残疾情况发生严重恶化，原定残疾等级与残疾情况明显不符，本人（精神病患者由其利害关系人）申请调整残疾等级的，可以重新评定残疾等级。

第二十六条 退出现役的残疾军人，按照残疾等级享受残疾抚恤金。残疾抚恤金由县级人民政府退役军人事务部门发给。

因工作需要继续服现役的残疾军人，经军队军级以上单位批准，由所在部队按照规定发给残疾抚恤金。

第二十七条 残疾军人的抚恤金标准应当参照全国职工平均工资水平确定。残疾抚恤金的标准以及一级至十级残疾军人享受残疾抚恤金的具体办法，由国务院退役军人事务部门会同国务院财政部门规定。

县级以上地方人民政府对依靠残疾抚恤金生活仍有困难的残疾军人，可以增发残疾抚恤金或者采取其他方式予以补助，保障其生活不低于当地的平均生活水平。

第二十八条 退出现役的因战、因公致残的残疾军人因旧伤复发死亡的，由县级人民政府退役军人事务部门按照因公牺牲军人的抚恤金标准发给其遗属一次性抚恤金，其遗属享受因公牺牲军人遗属抚恤待遇。

退出现役的因战、因公、因病致残的残疾军人因病死亡的，对其遗属增发12个月的残疾抚恤金，作为丧葬补助费；其中，因战、因公致残的一级至四级残疾军人因病死亡的，其遗属享受病故军人遗属抚恤待遇。

第二十九条 退出现役的一级至四级残疾军人，由国家供养终身；其中，对需要长年医疗或者独身一人不便分散安置的，经省级人民政府退役军人事务部门批准，可以集中供养。

第三十条 对分散安置的一级至四级残疾军人发给护理费，护理费的标准为：

（一）因战、因公一级和二级残疾的，为当地职工月平均工资的50%；

（二）因战、因公三级和四级残疾的，为当地职工月平均工资的40%；

（三）因病一级至四级残疾的，为当地职工月平均工资的30%。

退出现役的残疾军人的护理费，由县级以上地方人民政府退役军人事务部门发给；未退出现役的残疾军人的护理费，经军队军级以上单位批准，由所在部队发给。

第三十一条 残疾军人需要配制假肢、代步三轮车等辅助器械，正在服现役的，由军队军级以上单位负责解决；退出现役的，由省级人民政府退役军人事务部门负责解决。

第四章 优 待

第三十二条 烈士遗属依照《烈士褒扬条例》的规定享受优待。

第三十三条 义务兵服现役期间，其家庭由当地人民政府发给优待金或者给予其他优待，优待标准不低于当地平均生活水平。

义务兵和初级士官入伍前是国家机关、社会团体、企业事业单位职工（含合同制人员）的，退出现役后，允许复工复职，并享受不低于本单位同岗位（工种）、同工龄职工的各项待遇；服现役期间，其家属继续享受该单位职工家属的有关福利待遇。

义务兵和初级士官入伍前的承包地（山、林）等，应当保留；服现役期间，除依照国家有关规定和承包合同的约定缴纳有关税费外，免除其他负担。

义务兵从部队发出的平信，免费邮递。

第三十四条 国家对一级至六级残疾军人的医疗费用按照规定予以保障，由所在医疗保险统筹地区社会保险经办机构单独列账管理。具体办法由国务院退役军人事务部门会同国务院人力资源社会保障部门、财政部门规定。

七级至十级残疾军人旧伤复发的医疗费用，已经参加工伤保险的，由工伤保险基金支付；未参加工伤保险，有工作的由工作单位解决，没有工作的由当地县级以上地方人民政府负责解决；七级至十级残疾军人旧伤复发以外的医疗费用，未参加医疗保险且本人支付有困难的，由当地县级以上地方人民政府酌情给予补助。

残疾军人、复员军人、带病回乡退伍军人以及因公牺牲军人遗属、病故军人遗属享受医疗优惠待遇。具体办法由省、自治区、直辖市人民政府规定。

中央财政对抚恤优待对象人数较多的困难地区给予适当补助，用于帮助解决抚恤优待对象的医疗费用困难问题。

第三十五条 在国家机关、社会团体、企业事业单位工作的残疾军人，享受与所在单位工伤人员同等的生活福利和医疗待遇。所在单位不得因其残疾将其辞退、解聘或者解除劳动关系。

第三十六条 现役军人凭有效证件、残疾军人凭《中华人民共和国残疾军人证》优先购票乘坐境内运行的火车、轮船、长途公共汽车以及民航班机；残疾军人享受减收正常票价50%的优待。

现役军人凭有效证件乘坐市内公共汽车、电车和轨道交通工具享受优待，具体办法由有关城市人民政府规定。残疾军人凭《中华人民共和国残疾军人证》免费乘坐市内公共汽车、电车和轨道交通工具。

第三十七条 现役军人、残疾军人凭有效证件参观游览公园、博物馆、名胜古迹享受优待，具体办法由公园、博物馆、名胜古迹管理单位所在地的县级以上地方人民政府规定。

第三十八条 因公牺牲军人、病故军人的子女、兄弟姐妹，本人自愿应征并且符合征兵条件的，优先批准服现役。

第三十九条 义务兵和初级士官退出现役后，报考国家公务员、高等学校和中等职业学校，在与其他考生同等条件下优先录取。

残疾军人、因公牺牲军人子女、一级至四级残疾军人的子女，驻边疆国境的县（市）、沙漠区、国家确定的边远地区中的三类地区和军队确定的特、一、二类岛屿部队现役军人的子女报考普通高中、中等职业学校、高等学校，在录取时按照国家有关规定给予优待；接受学历教育的，在同等条件下优先享受国家规定的各项助学政策。现役军人子女的入学、入托，在同等条件下优先接收。具体办法由国务院退役军人事务部门会同国务院教育部门规定。

第四十条 残疾军人、复员军人、带病回乡退伍军人、因公牺牲军人遗属、病故军人遗属承租、购买住房依照有关规定享受优先、优惠待遇。居住农村的抚恤优待对象住房有困难的，由地方人民政府帮助解决。具体办法由省、自治区、直辖市人民政府规定。

第四十一条 经军队师（旅）级以上单位政治机关批准随军的现役军官家属、文职干部家属、士官家属，由驻军所在地的公安机关办理落户手续。随军前是国家机关、社会团体、企业事业单位职工的，驻军所在地人民政府人力资源社会保障部门应当接收和妥善安置；随军前没有工作单位的，驻军所在地人民政府应当根据本人的实际情况作出相应安置；对自谋职业的，按照国家有关规定减免有关费用。

第四十二条 驻边疆国境的县（市）、沙漠区、国家确定的边远地区中的三类地区和军队确定的特、一、二类岛屿部队的现役军官、文职干部、士官，其符合随军条件无法随军的家属，所在地人民政府应当妥善安置，保障其生活不低于当地的平均生活水平。

第四十三条 随军的烈士遗属、因公牺牲军人遗属和病故军人遗属移交地方人民政府安置的，享受本条例和当地人民政府规定的抚恤优待。

第四十四条 复员军人生活困难的，按照规定的条件，由当地人民政府退役军人事务部门给予定期定量补助，逐步改善其生活条件。

第四十五条 国家兴办优抚医院、光荣院，治疗或者集中供养孤老和生活不能自理的抚恤优待对象。

各类社会福利机构应当优先接收抚恤优待对象。

第五章　法律责任

第四十六条 军人抚恤优待管理单位及其工作人员挪用、截留、私分军人抚恤优待经费，构成犯罪的，依法追究相关责任人员的刑事责任；尚不构成犯罪的，对相关责任人员依法给予行政处分或者纪律处分。被挪用、截留、私分的军人抚恤优待经费，由上一级人民政府退役军人事务部门、军队有关部门责令追回。

第四十七条 军人抚恤优待管理单位及其工作人员、参与军人抚恤优待工作的单位及工作人员有下列行为之一的，由其上级主管部门责令改正；情节严重，构成犯罪的，依法追究相关责任人员的刑事责任；尚不构成犯罪的，对相关责任人员依法给予行政处分或者纪律处分：

（一）违反规定审批军人抚恤待遇的；

（二）在审批军人抚恤待遇工作中出具虚假诊断、鉴定、证明的；

（三）不按规定的标准、数额、对象审批或者发放抚恤金、补助金、优待金的；

（四）在军人抚恤优待工作中利用职权谋取私利的。

第四十八条 负有军人优待义务的单位不履行优待义务的，由县级人民政府退役军人事务部门责令限期履行义务；逾期仍未履行的，处以 2 000 元以上 1 万元以下罚款。对直接负责的主管人员和其他直接责任人员依法给予行政处分、纪律处分。因不履行优待义务使抚恤优待对象受到损失的，应当依法承担赔偿责任。

第四十九条 抚恤优待对象有下列行为之一的，由县级人民政府退役军人事务部门给予警告，限期退回非法所得；情节严重的，停止其享受的抚恤、优待；构成犯罪的，依法追究刑事责任：

（一）冒领抚恤金、优待金、补助金的；

（二）虚报病情骗取医药费的；

（三）出具假证明，伪造证件、印章骗取抚恤金、优待金、补助金的。

第五十条 抚恤优待对象被判处有期徒刑、剥夺政治权利或者被通缉期间，中止其抚恤优待；被判处死刑、无期徒刑的，取消其抚恤优待资格。

第六章 附 则

第五十一条 本条例适用于中国人民武装警察部队。

第五十二条 军队离休、退休干部和退休士官的抚恤优待,依照本条例有关现役军人抚恤优待的规定执行。

因参战伤亡的民兵、民工的抚恤,因参加军事演习、军事训练和执行军事勤务伤亡的预备役人员、民兵、民工以及其他人员的抚恤,参照本条例的有关规定办理。

第五十三条 本条例所称的复员军人,是指在1954年10月31日之前入伍、后经批准从部队复员的人员;带病回乡退伍军人,是指在服现役期间患病,尚未达到评定残疾等级条件并有军队医院证明,从部队退伍的人员。

第五十四条 本条例自2004年10月1日起施行。1988年7月18日国务院发布的《军人抚恤优待条例》同时废止。

148 烈士褒扬条例

2011年7月26日中华人民共和国国务院令第601号公布,
自2011年8月1日起施行,根据2019年3月2日
中华人民共和国国务院令第709号第一次修订,根据2019年8月1日
中华人民共和国国务院令第718号第二次修订。

第一章 总 则

第一条 为了弘扬烈士精神,抚恤优待烈士遗属,制定本条例。

第二条 公民在保卫祖国和社会主义建设事业中牺牲被评定为烈士的,依照本条例的规定予以褒扬。烈士的遗属,依照本条例的规定享受抚恤优待。

第三条 国家对烈士遗属给予的抚恤优待应当随经济社会的发展逐步提高,保障烈士遗属的生活不低于当地居民的平均生活水平。

全社会应当支持烈士褒扬工作,优待帮扶烈士遗属。

国家鼓励公民、法人和其他组织为烈士褒扬和烈士遗属抚恤优待提供捐助。

第四条 烈士褒扬和烈士遗属抚恤优待经费列入财政预算。

烈士褒扬和烈士遗属抚恤优待经费应当专款专用,接受财政部门、审计机关的监督。

第五条 县级以上人民政府应当加强对烈士纪念设施的保护和管理,为纪念烈士提供良好的场所。

各级人民政府应当把宣传烈士事迹作为社会主义精神文明建设的重要内容，培养公民的爱国主义、集体主义精神和社会主义道德风尚。机关、团体、企业事业单位应当采取多种形式纪念烈士，学习、宣传烈士事迹。

第六条 国务院退役军人事务部门负责全国的烈士褒扬工作。县级以上地方人民政府退役军人事务部门负责本行政区域的烈士褒扬工作。

第七条 对在烈士褒扬工作中做出显著成绩的单位和个人，按照国家有关规定给予表彰、奖励。

第二章 烈士的评定

第八条 公民牺牲符合下列情形之一的，评定为烈士：

（一）在依法查处违法犯罪行为、执行国家安全工作任务、执行反恐怖任务和处置突发事件中牺牲的；

（二）抢险救灾或者其他为了抢救、保护国家财产、集体财产、公民生命财产牺牲的；

（三）在执行外交任务或者国家派遣的对外援助、维持国际和平任务中牺牲的；

（四）在执行武器装备科研试验任务中牺牲的；

（五）其他牺牲情节特别突出，堪为楷模的。

现役军人牺牲，预备役人员、民兵、民工以及其他人员因参战、参加军事演习和军事训练、执行军事勤务牺牲应当评定烈士的，依照《军人抚恤优待条例》的有关规定评定。

第九条 申报烈士的，由死者生前所在工作单位、死者遗属或者事件发生地的组织、公民向死者生前工作单位所在地、死者遗属户口所在地或者事件发生地的县级人民政府退役军人事务部门提供有关死者牺牲情节的材料，由收到材料的县级人民政府退役军人事务部门调查核实后提出评定烈士的报告，报本级人民政府审核。

属于本条例第八条第一款第一项、第二项规定情形的，由县级人民政府提出评定烈士的报告并逐级上报至省、自治区、直辖市人民政府审查评定。评定为烈士的，由省、自治区、直辖市人民政府送国务院退役军人事务部门备案。

属于本条例第八条第一款第三项、第四项规定情形的，由国务院有关部门提出评定烈士的报告，送国务院退役军人事务部门审查评定。

属于本条例第八条第一款第五项规定情形的，由县级人民政府提出评定烈士的报告并逐级上报至省、自治区、直辖市人民政府，由省、自治区、直辖市人民政府审查后送国务院退役军人事务部门审查评定。

第十条 军队评定的烈士，由中央军事委员会政治工作部送国务院退役军人事务部门备案。

第十一条 按照本条例规定评定为烈士的，由国务院退役军人事务部门负责将烈士名单呈报党和国家功勋荣誉表彰工作委员会。

第十二条 烈士证书以党和国家功勋荣誉表彰工作委员会办公室名义制发。

第十三条 县级以上人民政府每年在烈士纪念日举行颁授仪式,向烈士遗属颁授烈士证书。

第三章 烈士褒扬金和烈士遗属的抚恤优待

第十四条 国家建立烈士褒扬金制度。烈士褒扬金标准为烈士牺牲时上一年度全国城镇居民人均可支配收入的30倍。战时,参战牺牲的烈士褒扬金标准可以适当提高。

烈士褒扬金由领取烈士证书的烈士遗属户口所在地县级人民政府退役军人事务部门发给烈士的父母或者抚养人、配偶、子女;没有父母或者抚养人、配偶、子女的,发给烈士未满18周岁的兄弟姐妹和已满18周岁但无生活来源且由烈士生前供养的兄弟姐妹。

第十五条 烈士遗属除享受本条例第十四条规定的烈士褒扬金外,属于《军人抚恤优待条例》以及相关规定适用范围的,还享受因公牺牲一次性抚恤金;属于《工伤保险条例》以及相关规定适用范围的,还享受一次性工亡补助金以及相当于烈士本人40个月工资的烈士遗属特别补助金。

不属于前款规定范围的烈士遗属,由县级人民政府退役军人事务部门发给一次性抚恤金,标准为烈士牺牲时上一年度全国城镇居民人均可支配收入的20倍加40个月的中国人民解放军排职少尉军官工资。

第十六条 符合下列条件之一的烈士遗属,享受定期抚恤金:

(一)烈士的父母或者抚养人、配偶无劳动能力、无生活来源,或者收入水平低于当地居民的平均生活水平的;

(二)烈士的子女未满18周岁,或者已满18周岁但因残疾或者正在上学而无生活来源的;

(三)由烈士生前供养的兄弟姐妹未满18周岁,或者已满18周岁但因正在上学而无生活来源的。

符合前款规定条件享受定期抚恤金的烈士遗属,由其户口所在地的县级人民政府退役军人事务部门发给定期抚恤金领取证,凭证领取定期抚恤金。

第十七条 烈士生前的配偶再婚后继续赡养烈士父母、继续抚养烈士未满18周岁或者已满18周岁但无劳动能力、无生活来源且由烈士生前供养的兄弟姐妹的,由其户口所在地的县级人民政府退役军人事务部门参照烈士遗属定期抚恤金的标准给予补助。

第十八条 定期抚恤金标准参照全国城乡居民家庭人均收入水平确定。定期抚恤金的标准及其调整办法,由国务院退役军人事务部门会同国务院财政部门规定。

烈士遗属享受定期抚恤金后仍达不到当地居民的平均生活水平的,由县级人民政府予以补助。

第十九条 享受定期抚恤金的烈士遗属户口迁移的,应当同时办理定期抚恤金转移手续。户口迁出地的县级人民政府退役军人事务部门发放当年的定期抚恤金;户口迁入地的县级人民政府退役军人事务部门凭定期抚恤金转移证明,从第二年1月起发放定期抚恤金。

第二十条 烈士遗属不再符合本条例规定的享受定期抚恤金条件的,应当注销其定期抚恤金领取证，停发定期抚恤金。

享受定期抚恤金的烈士遗属死亡的，增发 6 个月其原享受的定期抚恤金作为丧葬补助费，同时注销其定期抚恤金领取证，停发定期抚恤金。

第二十一条 烈士遗属享受相应的医疗优惠待遇，具体办法由省、自治区、直辖市人民政府规定。

第二十二条 烈士的子女、兄弟姐妹本人自愿，且符合征兵条件的，在同等条件下优先批准其服现役。烈士的子女符合公务员考录条件的，在同等条件下优先录用为公务员。

烈士子女接受学前教育和义务教育的，应当按照国家有关规定予以优待；在公办幼儿园接受学前教育的，免交保教费。烈士子女报考普通高中、中等职业学校、高等学校研究生的，在同等条件下优先录取；报考高等学校本、专科的，可以按照国家有关规定降低分数要求投档；在公办学校就读的，免交学费、杂费，并享受国家规定的各项助学政策。

烈士遗属符合就业条件的，由当地人民政府人力资源社会保障部门优先提供就业服务。烈士遗属已经就业，用人单位经济性裁员时，应当优先留用。烈士遗属从事个体经营的，市场监督管理、税务等部门应当优先办理证照，烈士遗属在经营期间享受国家和当地人民政府规定的优惠政策。

第二十三条 符合住房保障条件的烈士遗属承租廉租住房、购买经济适用住房的，县级以上地方人民政府有关部门应当给予优先、优惠照顾。家住农村的烈士遗属住房有困难的，由当地人民政府帮助解决。

第二十四条 男年满 60 周岁、女年满 55 周岁的孤老烈士遗属本人自愿的，可以在光荣院、敬老院集中供养。

各类社会福利机构应当优先接收烈士遗属。

第二十五条 烈士遗属因犯罪被判处有期徒刑、剥夺政治权利或者被司法机关通缉期间，中止其享受的抚恤和优待；被判处死刑、无期徒刑的，取消其烈士遗属抚恤和优待资格。

第四章 烈士纪念设施的保护和管理

第二十六条 按照国家有关规定修建的烈士陵园、纪念堂馆、纪念碑亭、纪念塔祠、纪念塑像、烈士骨灰堂、烈士墓等烈士纪念设施，受法律保护。

第二十七条 国家对烈士纪念设施实行分级保护。分级的具体标准由国务院退役军人事务部门规定。

国家级烈士纪念设施，由国务院退役军人事务部门报国务院批准后公布。地方各级烈士纪念设施，由县级以上地方人民政府退役军人事务部门报本级人民政府批准后公布，并报上一级人民政府退役军人事务部门备案。

各级人民政府应当确定烈士纪念设施保护单位，并划定烈士纪念设施保护范围。

第二十八条 烈士纪念设施应当免费向社会开放。

烈士纪念设施保护单位应当健全管理工作规范，维护纪念烈士活动的秩序，提高管理和服务水平。

第二十九条　各级人民政府应当组织收集、整理烈士史料，编纂烈士英名录。

烈士纪念设施保护单位应当搜集、整理、保管、陈列烈士遗物和事迹史料。属于文物的，依照有关法律、法规的规定予以保护。

第三十条　县级以上人民政府有关部门应当做好烈士纪念设施的保护和管理工作。未经批准，不得新建、改建、扩建或者迁移烈士纪念设施。

第三十一条　任何单位或者个人不得侵占烈士纪念设施保护范围内的土地和设施。禁止在烈士纪念设施保护范围内进行其他工程建设。

任何单位或者个人不得在烈士纪念设施保护范围内为烈士以外的其他人修建纪念设施或者安放骨灰、埋葬遗体。

第三十二条　在烈士纪念设施保护范围内不得从事与纪念烈士无关的活动。禁止以任何方式破坏、污损烈士纪念设施。

第三十三条　烈士在烈士陵园安葬。未在烈士陵园安葬的，县级以上人民政府征得烈士遗属同意，可以迁移到烈士陵园安葬，或者予以集中安葬。

第三十四条　烈士陵园所在地人民政府退役军人事务部门对前来烈士陵园祭扫的烈士遗属，应当做好接待服务工作；对自行前来祭扫经济上确有困难的，给予适当补助。

烈士遗属户口所在地人民政府退役军人事务部门组织烈士遗属前往烈士陵园祭扫的，应当妥善安排，确保安全。

第五章　法 律 责 任

第三十五条　行政机关公务员在烈士褒扬和抚恤优待工作中有下列情形之一的，依法给予处分；构成犯罪的，依法追究刑事责任：

（一）违反本条例规定评定烈士或者审批抚恤优待的；

（二）未按照规定的标准、数额、对象审批或者发放烈士褒扬金或者抚恤金的；

（三）利用职务便利谋取私利的。

第三十六条　行政机关公务员、烈士纪念设施保护单位工作人员贪污、挪用烈士褒扬经费的，由上级人民政府退役军人事务部门责令退回、追回，依法给予处分；构成犯罪的，依法追究刑事责任。

第三十七条　未经批准迁移烈士纪念设施，非法侵占烈士纪念设施保护范围内的土地、设施，破坏、污损烈士纪念设施，或者在烈士纪念设施保护范围内为烈士以外的其他人修建纪念设施、安放骨灰、埋葬遗体的，由烈士纪念设施保护单位的上级主管部门责令改正，恢复原状、原貌；造成损失的，依法承担赔偿责任；构成犯罪的，依法追究刑事责任。

第三十八条　负有烈士遗属优待义务的单位不履行优待义务的，由县级人民政府退役军人事务部门责令限期改正；逾期不改正的，处 2 000 元以上 1 万元以下的罚款；属于国有或者国有控股企业、财政拨款的事业单位的，对直接负责的主管人员和其他直接责任人员依法给予处分。

第三十九条　冒领烈士褒扬金、抚恤金，出具假证明或者伪造证件、印章骗取烈士褒扬金或者抚恤金的，由退役军人事务部门责令退回非法所得；构成犯罪的，依法追究刑事责任。

第六章　附　　则

第四十条　本条例所称战时，是指国家宣布进入战争状态、部队受领作战任务或者遭敌突然袭击时。

第四十一条　烈士证书、烈士通知书由国务院退役军人事务部门印制。

第四十二条　位于境外的中国烈士纪念设施的保护，由国务院退役军人事务部门会同外交部等有关部门办理。

第四十三条　本条例自 2011 年 8 月 1 日起施行。1980 年 6 月 4 日国务院发布的《革命烈士褒扬条例》同时废止。

149　伤残抚恤管理办法

2007 年 7 月 31 日中华人民共和国民政部令第 34 号公布，
自 2007 年 8 月 1 日起施行，根据 2013 年 7 月 5 日
中华人民共和国民政部令第 50 号修订，根据 2019 年 12 月 16 日
中华人民共和国退役军人事务部令第 1 号修订。

第一章　总　　则

第一条　为了规范和加强退役军人事务部门管理的伤残抚恤工作，根据《军人抚恤优待条例》等法规，制定本办法。

第二条　本办法适用于符合下列情况的中国公民：

（一）在服役期间因战因公致残退出现役的军人，在服役期间因病评定了残疾等级退出现役的残疾军人；

（二）因战因公负伤时为行政编制的人民警察；

（三）因参战、参加军事演习、军事训练和执行军事勤务致残的预备役人员、民兵、民工以及其他人员；

（四）为维护社会治安同违法犯罪分子进行斗争致残的人员；

（五）为抢救和保护国家财产、人民生命财产致残的人员；

（六）法律、行政法规规定应当由退役军人事务部门负责伤残抚恤的其他人员。

前款所列第（三）、第（四）、第（五）项人员根据《工伤保险条例》应当认定视同工

伤的，不再办理因战、因公伤残抚恤。

第三条 本办法第二条所列人员符合《军人抚恤优待条例》及有关政策中因战因公致残规定的，可以认定因战因公致残；个人对导致伤残的事件和行为负有过错责任的，以及其他不符合因战因公致残情形的，不得认定为因战因公致残。

第四条 伤残抚恤工作应当遵循公开、公平、公正的原则。县级人民政府退役军人事务部门应当公布有关评残程序和抚恤金标准。

第二章 残疾等级评定

第五条 评定残疾等级包括新办评定残疾等级、补办评定残疾等级、调整残疾等级。

新办评定残疾等级是指对本办法第二条第一款第（一）项以外的人员认定因战因公残疾性质，评定残疾等级。补办评定残疾等级是指对现役军人因战因公致残未能及时评定残疾等级，在退出现役后依据《军人抚恤优待条例》的规定，认定因战因公残疾性质、评定残疾等级。调整残疾等级是指对已经评定残疾等级，因原致残部位残疾情况变化与原评定的残疾等级明显不符的人员调整残疾等级级别，对达不到最低评残标准的可以取消其残疾等级。

属于新办评定残疾等级的，申请人应当在因战因公负伤或者被诊断、鉴定为职业病3年内提出申请；属于调整残疾等级的，应当在上一次评定残疾等级1年后提出申请。

第六条 申请人（精神病患者由其利害关系人帮助申请，下同）申请评定残疾等级，应当向所在单位提出书面申请。申请人所在单位应及时审查评定残疾等级申请，出具书面意见并加盖单位公章，连同相关材料一并报送户籍地县级人民政府退役军人事务部门审查。

没有工作单位的或者以原致残部位申请评定残疾等级的，可以直接向户籍地县级人民政府退役军人事务部门提出申请。

第七条 申请人申请评定残疾等级，应当提供以下真实确切材料：书面申请，身份证或者居民户口簿复印件，退役军人证（退役军人登记表）、人民警察证等证件复印件，本人近期二寸免冠彩色照片。

申请新办评定残疾等级，应当提交致残经过证明和医疗诊断证明。致残经过证明应包括相关职能部门提供的执行公务证明，交通事故责任认定书、调解协议书、民事判决书、医疗事故鉴定书等证明材料；抢救和保护国家财产、人民生命财产致残或者为维护社会治安同犯罪分子斗争致残证明；统一组织参战、参加军事演习、军事训练和执行军事勤务的证明材料。医疗诊断证明应包括加盖出具单位相关印章的门诊病历原件、住院病历复印件及相关检查报告。

申请补办评定残疾等级，应当提交因战因公致残档案记载或者原始医疗证明。档案记载是指本人档案中所在部队作出的涉及本人负伤原始情况、治疗情况及善后处理情况等确切书面记载。职业病致残需提供有直接从事该职业病相关工作经历的记载。医疗事故致残需提供军队后勤卫生机关出具的医疗事故鉴定结论。原始医疗证明是指原所在部队体系医院出具的能说明致残原因、残疾情况的病情诊断书、出院小结或者门诊病历原件、加盖出具单位相关印章的住院病历复印件。

申请调整残疾等级，应当提交近 6 个月内在二级甲等以上医院的就诊病历及医院检查报告、诊断结论等。

第八条 县级人民政府退役军人事务部门对报送的有关材料进行核对，对材料不全或者材料不符合法定形式的应当告知申请人补充材料。

县级人民政府退役军人事务部门经审查认为申请人符合因战因公负伤条件的，在报经设区的市级人民政府以上退役军人事务部门审核同意后，应当填写《残疾等级评定审批表》，并在受理之日起 20 个工作日内，签发《受理通知书》，通知本人到设区的市级人民政府以上退役军人事务部门指定的医疗卫生机构，对属于因战因公导致的残疾情况进行鉴定，由医疗卫生专家小组根据《军人残疾等级评定标准》，出具残疾等级医学鉴定意见。职业病的残疾情况鉴定由省级人民政府退役军人事务部门指定的承担职业病诊断的医疗卫生机构作出；精神病的残疾情况鉴定由省级人民政府退役军人事务部门指定的二级以上精神病专科医院作出。

县级人民政府退役军人事务部门依据医疗卫生专家小组出具的残疾等级医学鉴定意见对申请人拟定残疾等级，在《残疾等级评定审批表》上签署意见，加盖印章，连同其他申请材料，于收到医疗卫生专家小组签署意见之日起 20 个工作日内，一并报送设区的市级人民政府退役军人事务部门。

县级人民政府退役军人事务部门对本办法第二条第一款第（一）项人员，经审查认为不符合因战因公负伤条件的，或者经医疗卫生专家小组鉴定达不到补评或者调整残疾等级标准的，应当根据《军人抚恤优待条例》相关规定逐级上报省级人民政府退役军人事务部门。对本办法第二条第一款第（一）项以外的人员，经审查认为不符合因战因公负伤条件的，或者经医疗卫生专家小组鉴定达不到新评或者调整残疾等级标准的，应当填写《残疾等级评定结果告知书》，连同申请人提供的材料，退还申请人或者所在单位。

第九条 设区的市级人民政府退役军人事务部门对报送的材料审查后，在《残疾等级评定审批表》上签署意见，并加盖印章。

对符合条件的，于收到材料之日起 20 个工作日内，将上述材料报送省级人民政府退役军人事务部门。对不符合条件的，属于本办法第二条第一款第（一）项人员，根据《军人抚恤优待条例》相关规定上报省级人民政府退役军人事务部门；属于本办法第二条第一款第（一）项以外的人员，填写《残疾等级评定结果告知书》，连同申请人提供的材料，逐级退还申请人或者其所在单位。

第十条 省级人民政府退役军人事务部门对报送的材料初审后，认为符合条件的，逐级通知县级人民政府退役军人事务部门对申请人的评残情况进行公示。公示内容应当包括致残的时间、地点、原因、残疾情况（涉及隐私或者不宜公开的不公示）、拟定的残疾等级以及县级退役军人事务部门联系方式。公示应当在申请人工作单位所在地或者居住地进行，时间不少于 7 个工作日。县级人民政府退役军人事务部门应当对公示中反馈的意见进行核实并签署意见，逐级上报省级人民政府退役军人事务部门，对调整等级的应当将本人持有的伤残人员证一并上报。

省级人民政府退役军人事务部门应当对公示的意见进行审核,在《残疾等级评定审批表》上签署审批意见,加盖印章。对符合条件的,办理伤残人员证(调整等级的,在证件变更栏处填写新等级),于公示结束之日起60个工作日内逐级发给申请人或者其所在单位。对不符合条件的,填写《残疾等级评定结果告知书》,连同申请人提供的材料,于收到材料之日或者公示结束之日起60个工作日内逐级退还申请人或者其所在单位。

第十一条 申请人或者退役军人事务部门对医疗卫生专家小组作出的残疾等级医学鉴定意见有异议的,可以到省级人民政府退役军人事务部门指定的医疗卫生机构重新进行鉴定。

省级人民政府退役军人事务部门可以成立医疗卫生专家小组,对残疾情况与应当评定的残疾等级提出评定意见。

第十二条 伤残人员以军人、人民警察或者其他人员不同身份多次致残的,退役军人事务部门按上述顺序只发给一种证件,并在伤残证件变更栏上注明再次致残的时间和性质,以及合并评残后的等级和性质。

致残部位不能合并评残的,可以先对各部位分别评残。等级不同的,以重者定级;两项(含)以上等级相同的,只能晋升一级。

多次致残的伤残性质不同的,以等级重者定性。等级相同的,按因战、因公、因病的顺序定性。

第三章 伤残证件和档案管理

第十三条 伤残证件的发放种类:

(一)退役军人在服役期间因战因公因病致残的,发给《中华人民共和国残疾军人证》;

(二)人民警察因战因公致残的,发给《中华人民共和国伤残人民警察证》;

(三)退出国家综合性消防救援队伍的人员在职期间因战因公因病致残的,发给《中华人民共和国残疾消防救援人员证》;

(四)因参战、参加军事演习、军事训练和执行军事勤务致残的预备役人员、民兵、民工以及其他人员,发给《中华人民共和国伤残预备役人员、伤残民兵民工证》;

(五)其他人员因公致残的,发给《中华人民共和国因公伤残人员证》。

第十四条 伤残证件由国务院退役军人事务部门统一制作。证件的有效期:15周岁以下为5年,16~25周岁为10年,26~45周岁为20年,46周岁以上为长期。

第十五条 伤残证件有效期满或者损毁、遗失的,证件持有人应当到县级人民政府退役军人事务部门申请换发证件或者补发证件。伤残证件遗失的须本人登报声明作废。

县级人民政府退役军人事务部门经审查认为符合条件的,填写《伤残人员换证补证审批表》,连同照片逐级上报省级人民政府退役军人事务部门。省级人民政府退役军人事务部门将新办理的伤残证件逐级通过县级人民政府退役军人事务部门发给申请人。各级退役军人事务部门应当在20个工作日内完成本级需要办理的事项。

第十六条 伤残人员前往我国香港特别行政区、澳门特别行政区、台湾地区定居或者其他国家和地区定居前，应当向户籍地（或者原户籍地）县级人民政府退役军人事务部门提出申请，由户籍地（或者原户籍地）县级人民政府退役军人事务部门在变更栏内注明变更内容。对需要换发新证的，"身份证号"处填写定居地的居住证件号码。"户籍地"为国内抚恤关系所在地。

第十七条 伤残人员死亡的，其家属或者利害关系人应及时告知伤残人员户籍地县级人民政府退役军人事务部门，县级人民政府退役军人事务部门应当注销其伤残证件，并逐级上报省级人民政府退役军人事务部门备案。

第十八条 退役军人事务部门对申报和审批的各种材料、伤残证件应当有登记手续。送达的材料或者证件，均须挂号邮寄或者由申请人签收。

第十九条 县级人民政府退役军人事务部门应当建立伤残人员资料档案，一人一档，长期保存。

第四章 伤残抚恤关系转移

第二十条 残疾军人退役或者向政府移交，必须自军队办理了退役手续或者移交手续后60日内，向户籍迁入地的县级人民政府退役军人事务部门申请转入抚恤关系。退役军人事务部门必须进行审查、登记、备案。审查的材料有：《户口登记簿》、《残疾军人证》、军队相关部门监制的《军人残疾等级评定表》、《换领〈中华人民共和国残疾军人证〉申报审批表》、退役证件或者移交政府安置的相关证明。

县级人民政府退役军人事务部门应当对残疾军人残疾情况及有关材料进行审查，必要时可以复查鉴定残疾情况。认为符合条件的，将《残疾军人证》及有关材料逐级报送省级人民政府退役军人事务部门。省级人民政府退役军人事务部门审查无误的，在《残疾军人证》变更栏内填写新的户籍地、重新编号，并加盖印章，将《残疾军人证》逐级通过县级人民政府退役军人事务部门发还申请人。各级退役军人事务部门应当在20个工作日内完成本级需要办理的事项。如复查、鉴定残疾情况的可以适当延长工作日。

《军人残疾等级评定表》或者《换领〈中华人民共和国残疾军人证〉申报审批表》记载的残疾情况与残疾等级明显不符的，县级退役军人事务部门应当暂缓登记，逐级上报省级人民政府退役军人事务部门通知原审批机关更正，或者按复查鉴定的残疾情况重新评定残疾等级。伪造、变造《残疾军人证》和评残材料的，县级人民政府退役军人事务部门收回《残疾军人证》不予登记，并移交当地公安机关处理。

第二十一条 伤残人员跨省迁移户籍时，应同步转移伤残抚恤关系，迁出地的县级人民政府退役军人事务部门根据伤残人员申请及其伤残证件和迁入地户口簿，将伤残档案、迁入地户口簿复印件以及《伤残人员关系转移证明》，发送迁入地县级人民政府退役军人事务部门，并同时将此信息逐级上报本省级人民政府退役军人事务部门。

迁入地县级人民政府退役军人事务部门在收到上述材料和申请人提供的伤残证件后，逐级上报省级人民政府退役军人事务部门。省级人民政府退役军人事务部门在向迁出地省级人民政府退役军人事务部门核实无误后，在伤残证件变更栏内填写新的户籍地、重新编号，并加盖印章，逐级通过县级人民政府退役军人事务部门发还申请人。各级退役军人事务部门应当在 20 个工作日内完成本级需要办理的事项。

迁出地退役军人事务部门邮寄伤残档案时，应当将伤残证件及其军队或者地方相关的评残审批表或者换证表复印备查。

第二十二条 伤残人员本省、自治区、直辖市范围内迁移的有关手续，由省、自治区、直辖市人民政府退役军人事务部门规定。

第五章　抚恤金发放

第二十三条 伤残人员从被批准残疾等级评定后的下一个月起，由户籍地县级人民政府退役军人事务部门按照规定予以抚恤。伤残人员抚恤关系转移的，其当年的抚恤金由部队或者迁出地的退役军人事务部门负责发给，从下一年起由迁入地退役军人事务部门按当地标准发给。由于申请人原因造成抚恤金断发的，不再补发。

第二十四条 在境内异地（指非户籍地）居住的伤残人员或者前往我国香港特别行政区、澳门特别行政区、台湾地区定居或者其他国家和地区定居的伤残人员，经向其户籍地（或者原户籍地）县级人民政府退役军人事务部门申请并办理相关手续后，其伤残抚恤金可以委托他人代领，也可以委托其户籍地（或者原户籍地）县级人民政府退役军人事务部门存入其指定的金融机构账户，所需费用由本人负担。

第二十五条 伤残人员本人（或者其家属）每年应当与其户籍地（或者原户籍地）的县级人民政府退役军人事务部门联系一次，通过见面、人脸识别等方式确认伤残人员领取待遇资格。当年未联系和确认的，县级人民政府退役军人事务部门应当经过公告或者通知本人或者其家属及时联系、确认；经过公告或者通知本人或者其家属后 60 日内仍未联系、确认的，从下一个月起停发伤残抚恤金和相关待遇。

伤残人员（或者其家属）与其户籍地（或者原户籍地）退役军人事务部门重新确认伤残人员领取待遇资格后，从下一个月起恢复发放伤残抚恤金和享受相关待遇，停发的抚恤金不予补发。

第二十六条 伤残人员变更国籍、被取消残疾等级或者死亡的，从变更国籍、被取消残疾等级或者死亡后的下一个月起停发伤残抚恤金和相关待遇，其伤残人员证件自然失效。

第二十七条 有下列行为之一的，由县级人民政府退役军人事务部门给予警告，停止其享受的抚恤、优待，追回非法所得；构成犯罪的，依法追究刑事责任：

（一）伪造残情的；
（二）冒领抚恤金的；
（三）骗取医药费等费用的；
（四）出具假证明，伪造证件、印章骗取抚恤金和相关待遇的。

第二十八条 县级人民政府退役军人事务部门依据人民法院生效的法律文书、公安机关发布的通缉令或者国家有关规定，对具有中止抚恤、优待情形的伤残人员，决定中止抚恤、优待，并通知本人或者其家属、利害关系人。

第二十九条 中止抚恤的伤残人员在刑满释放并恢复政治权利、取消通缉或者符合国家有关规定后,经本人(精神病患者由其利害关系人)申请,并经县级退役军人事务部门审查符合条件的,从审核确认的下一个月起恢复抚恤和相关待遇,原停发的抚恤金不予补发。办理恢复抚恤手续应当提供下列材料:本人申请、户口登记簿、司法机关的相关证明。需要重新办证的,按照证件丢失规定办理。

第六章 附 则

第三十条 本办法适用于中国人民武装警察部队。

第三十一条 因战因公致残的深化国防和军队改革期间部队现役干部转改的文职人员,因参加军事训练、非战争军事行动和作战支援保障任务致残的其他文职人员,因战因公致残消防救援人员,因病致残评定了残疾等级的消防救援人员,退出军队或国家综合性消防救援队伍后的伤残抚恤管理参照退出现役的残疾军人有关规定执行。

第三十二条 未列入行政编制的人民警察,参照本办法评定伤残等级,其伤残抚恤金由所在单位按规定发放。

第三十三条 省级人民政府退役军人事务部门可以根据本地实际情况,制定具体工作细则。

第三十四条 本办法自2007年8月1日起施行。

150 退役军人事务部等6部门关于印发《残疾退役军人医疗保障办法》的通知

退役军人部发〔2022〕3号

各省、自治区、直辖市退役军人事务厅(局)、财政厅(局)、人力资源社会保障厅(局)、卫生健康委、医疗保障局,新疆生产建设兵团退役军人事务局、财政局、人力资源社会保障局、卫生健康委、医疗保障局,军队各有关单位:

现将《残疾退役军人医疗保障办法》印发给你们,请遵照执行。

退役军人事务部
财政部
人力资源社会保障部
国家卫生健康委
国家医保局
中央军委后勤保障部
2022年1月5日

残疾退役军人医疗保障办法

第一条 为切实保障残疾退役军人的医疗待遇，根据《中华人民共和国退役军人保障法》《军人抚恤优待条例》等法律法规的规定，制定本办法。

第二条 本办法适用于服现役期间因战、因公、因病致残被评定残疾等级和退役后补评或者重新评定残疾等级的残疾退役军人。

第三条 坚持待遇与贡献匹配、普惠与优待叠加原则，残疾退役军人按规定参加基本医疗保险并享受相应待遇，符合条件的困难残疾退役军人按规定享受医疗救助。

第四条 一级至六级残疾退役军人按照属地原则参加职工基本医疗保险，七级至十级残疾退役军人按照属地原则相应参加职工基本医疗保险、城乡居民基本医疗保险。鼓励残疾退役军人参加其他形式的补充医疗保险。

第五条 残疾退役军人在按规定享受基本医疗保障待遇的基础上，享受优抚对象医疗补助。各地要进一步健全完善优抚对象医疗补助制度，保障水平应当与各地经济发展水平和财政承受能力相适应，保证残疾退役军人现有医疗待遇不降低。

第六条 有工作单位的一级至六级残疾退役军人随单位参加职工基本医疗保险，按规定缴费；无工作单位的一级至六级残疾退役军人参加职工基本医疗保险，以统筹地区上一年度城镇单位就业人员平均工资作为缴费基数。

所在单位无力参保和无工作单位的一级至六级残疾退役军人由统筹地区退役军人事务部门统一办理参保手续。其单位缴费部分，经统筹地区医疗保障、退役军人事务、财政部门共同审核确认后，由残疾退役军人户籍所在地财政安排资金。

一级至六级残疾退役军人参加职工基本医疗保险个人缴费确有困难的，由残疾退役军人所在单位帮助解决；所在单位无力解决和无工作单位的，经统筹地区医疗保障、退役军人事务、财政部门共同审核确认后，由残疾退役军人户籍所在地财政安排资金。

移交政府安置军队离退休干部退休士官中的一级至六级残疾退役军人医疗保险按照国家有关规定执行。

第七条 有工作单位的七级至十级残疾退役军人，随单位参加职工基本医疗保险，按规定缴费。当地退役军人事务部门应当督促残疾退役军人所在单位按规定缴费参保，所在单位确有困难的，各地应当通过多渠道筹资帮助其参保。

未就业的七级至十级残疾退役军人，可按规定参加城乡居民基本医疗保险。其中纳入低保、特困人员救助供养范围的残疾退役军人，由其户籍所在地医疗保障部门通过医疗救助基金等对其参加居民基本医疗保险的个人缴费部分给予补贴。

未参加基本医疗保障制度的，以及参加上述基本医疗保障制度但个人医疗费用负担较重的残疾退役军人，按规定享受城乡医疗救助和优抚对象医疗补助政策。

第八条 残疾退役军人按规定在户籍所在地享受优抚对象医疗补助，医疗补助所需资金由当地退役军人事务部门根据本地经济发展水平、财政承受能力、残疾退役军人医疗费实际支出和服现役期间医疗保障水平等因素测算，经同级财政部门审核确定后，列入当年财政预算。各地应当通过财政预算安排、吸收社会捐赠等多种渠道，筹集医疗补助资金。医疗补助资金单独列账。

第九条 因战因公致残的残疾退役军人旧伤复发的医疗费用，参加工伤保险并依法认定为工伤的，按照《工伤保险条例》的有关规定解决。未参加工伤保险但医疗费用符合工伤保险诊疗项目目录、工伤保险药品目录、工伤保险住院服务标准的，有工作的由工作单位解决；所在单位无力支付和无工作单位的，从优抚对象医疗补助资金中解决。

因战因公致残的残疾退役军人旧伤复发，由其户籍所在地设区的市级以上人民政府退役军人事务部门组织医疗卫生专家小组进行确认，医疗卫生专家小组出具旧伤复发医学鉴定意见。因战因公致残残疾退役军人取得旧伤复发医学鉴定意见后，有工作单位的依据《工伤保险条例》相关规定申请工伤认定，无工作单位的按规定申请优抚对象医疗补助。

第十条 残疾退役军人到医疗机构就医时按规定享受优先挂号、取药、缴费、检查、住院服务，优先享受家庭医生签约和健康教育、慢性病管理等基本公共卫生服务。

残疾退役军人在优抚医院享受优惠体检和优先就诊、检查、住院等服务，并免除普通门诊挂号费。

残疾退役军人在军队医疗机构就医，凭残疾军人证与同职级现役军人享受同等水平的挂号、就诊、检查、治疗、取药、入院全流程优先，以及就诊场所、病房条件等优待，并免除门急诊挂号费。

第十一条 医疗机构应当公开对残疾退役军人优先、优惠的医疗服务项目；完善并落实各项诊疗规范和管理制度，合理检查、合理用药、合理诊疗、合理收费。医保定点医疗机构和工伤保险协议医疗机构应当严格执行医保和工伤保险药品、医用耗材、医疗服务项目等目录，优先配备使用医保和工伤保险目录内药品。

第十二条 残疾退役军人医疗保障工作由退役军人事务、财政、人力资源社会保障、卫生健康、医疗保障、军队后勤保障等部门管理并组织实施，各部门应当密切配合，切实履行各自职责。

第十三条 退役军人事务部门应当严格残疾退役军人的审核工作并提供有关资料，负责为所在单位无力参保和无工作单位的一级至六级残疾退役军人办理参加职工基本医疗保险等手续；组织发放优抚对象医疗补助，协调有关部门研究处理医疗保障工作中遇到的具体问题；组织因战因公致残残疾退役军人旧伤复发鉴定，及时向工伤保险行政部门提供残疾退役军人伤情等信息，配合工伤认定调查；对年老体弱、行动不便的残疾退役军人就医等给予协助；按照预算管理要求编制年度优抚对象医疗补助资金预算，报同级财政部门审核。

第十四条 各级财政部门按规定落实经费保障，并会同有关部门加强资金的监督。省级财政要切实负起责任，减轻基层压力。中央财政按规定对优抚对象医疗保障经费给予适当补助。

第十五条 人力资源社会保障部门应当做好参加工伤保险的因战因公致残残疾退役军人旧伤复发医疗费用支付工作。

第十六条 卫生健康部门应当组织医疗机构为残疾退役军人提供优质医疗服务；加强

对医疗机构的监督管理，规范医疗服务，提高服务质量，保障医疗安全；支持、鼓励和引导医疗机构制定相关优待政策，落实优待措施。

第十七条 医疗保障部门应当将符合条件的残疾退役军人纳入职工基本医疗保险、城乡居民基本医疗保险、医疗救助制度覆盖范围；做好已参保残疾退役军人的医疗保险服务管理工作，按规定落实参保残疾退役军人相应的医疗保险待遇、医疗救助待遇。

第十八条 有关单位、组织和个人应当如实提供所需情况，积极配合残疾退役军人医疗保障的调查核实工作。

第十九条 各地应当积极完善基本医疗保险、大病保险、医疗救助、工伤保险、优抚对象医疗补助"一站式"费用结算信息平台建设，努力实现资源协调、信息共享、结算同步，减轻残疾退役军人医疗费用垫付压力。

第二十条 各地退役军人事务、财政、人力资源社会保障、卫生健康、医疗保障部门可以根据本办法并结合本地区实际情况制定实施办法，切实保障残疾退役军人医疗待遇的落实。

第二十一条 本办法由退役军人事务部会同财政部、人力资源社会保障部、国家卫生健康委、国家医保局以及中央军委后勤保障部解释。

第二十二条 本办法自印发之日起施行。2005年12月21日民政部、财政部、原劳动和社会保障部印发的《一至六级残疾军人医疗保障办法》同时废止。

十七、其他

151 中华人民共和国政府采购法

2002年6月29日第九届全国人民代表大会常务委员会第二十八次会议通过，中华人民共和国主席令第68号公布，根据2014年8月31日第十二届全国人民代表大会常务委员会第十次会议《关于修改〈中华人民共和国保险法〉等五部法律的决定》修正，中华人民共和国主席令第14号公布。

第一章 总 则

第一条 为了规范政府采购行为，提高政府采购资金的使用效益，维护国家利益和社会公共利益，保护政府采购当事人的合法权益，促进廉政建设，制定本法。

第二条 在中华人民共和国境内进行的政府采购适用本法。

本法所称政府采购，是指各级国家机关、事业单位和团体组织，使用财政性资金采购依法制定的集中采购目录以内的或者采购限额标准以上的货物、工程和服务的行为。

政府集中采购目录和采购限额标准依照本法规定的权限制定。

本法所称采购，是指以合同方式有偿取得货物、工程和服务的行为，包括购买、租赁、委托、雇用等。

本法所称货物，是指各种形态和种类的物品，包括原材料、燃料、设备、产品等。

本法所称工程，是指建设工程，包括建筑物和构筑物的新建、改建、扩建、装修、拆除、修缮等。

本法所称服务，是指除货物和工程以外的其他政府采购对象。

第三条 政府采购应当遵循公开透明原则、公平竞争原则、公正原则和诚实信用原则。

第四条 政府采购工程进行招标投标的，适用招标投标法。

第五条 任何单位和个人不得采用任何方式，阻挠和限制供应商自由进入本地区和本行业的政府采购市场。

第六条 政府采购应当严格按照批准的预算执行。

第七条 政府采购实行集中采购和分散采购相结合。集中采购的范围由省级以上人民政府公布的集中采购目录确定。

属于中央预算的政府采购项目，其集中采购目录由国务院确定并公布；属于地方预算的政府采购项目，其集中采购目录由省、自治区、直辖市人民政府或者其授权的机构确定并公布。

纳入集中采购目录的政府采购项目，应当实行集中采购。

第八条 政府采购限额标准，属于中央预算的政府采购项目，由国务院确定并公布；属于地方预算的政府采购项目，由省、自治区、直辖市人民政府或者其授权的机构确定并公布。

第九条 政府采购应当有助于实现国家的经济和社会发展政策目标，包括保护环境，扶持不发达地区和少数民族地区，促进中小企业发展等。

第十条 政府采购应当采购本国货物、工程和服务。但有下列情形之一的除外：

（一）需要采购的货物、工程或者服务在中国境内无法获取或者无法以合理的商业条件获取的；

（二）为在中国境外使用而进行采购的；

（三）其他法律、行政法规另有规定的。

前款所称本国货物、工程和服务的界定，依照国务院有关规定执行。

第十一条 政府采购的信息应当在政府采购监督管理部门指定的媒体上及时向社会公开发布，但涉及商业秘密的除外。

第十二条 在政府采购活动中，采购人员及相关人员与供应商有利害关系的，必须回避。供应商认为采购人员及相关人员与其他供应商有利害关系的，可以申请其回避。

前款所称相关人员，包括招标采购中评标委员会的组成人员，竞争性谈判采购中谈判小组的组成人员，询价采购中询价小组的组成人员等。

第十三条 各级人民政府财政部门是负责政府采购监督管理的部门，依法履行对政府采购活动的监督管理职责。

各级人民政府其他有关部门依法履行与政府采购活动有关的监督管理职责。

第二章　政府采购当事人

第十四条 政府采购当事人是指在政府采购活动中享有权利和承担义务的各类主体，包括采购人、供应商和采购代理机构等。

第十五条 采购人是指依法进行政府采购的国家机关、事业单位、团体组织。

第十六条 集中采购机构为采购代理机构。设区的市、自治州以上人民政府根据本级政府采购项目组织集中采购的需要设立集中采购机构。

集中采购机构是非营利事业法人，根据采购人的委托办理采购事宜。

第十七条 集中采购机构进行政府采购活动，应当符合采购价格低于市场平均价格、采购效率更高、采购质量优良和服务良好的要求。

第十八条 采购人采购纳入集中采购目录的政府采购项目，必须委托集中采购机构代理采购；采购未纳入集中采购目录的政府采购项目，可以自行采购，也可以委托集中采购机构在委托的范围内代理采购。

纳入集中采购目录属于通用的政府采购项目的，应当委托集中采购机构代理采购；属于本部门、本系统有特殊要求的项目，应当实行部门集中采购；属于本单位有特殊要求的项目，经省级以上人民政府批准，可以自行采购。

第十九条 采购人可以委托集中采购机构以外的采购代理机构,在委托的范围内办理政府采购事宜。

采购人有权自行选择采购代理机构,任何单位和个人不得以任何方式为采购人指定采购代理机构。

第二十条 采购人依法委托采购代理机构办理采购事宜的,应当由采购人与采购代理机构签订委托代理协议,依法确定委托代理的事项,约定双方的权利义务。

第二十一条 供应商是指向采购人提供货物、工程或者服务的法人、其他组织或者自然人。

第二十二条 供应商参加政府采购活动应当具备下列条件:

(一) 具有独立承担民事责任的能力;

(二) 具有良好的商业信誉和健全的财务会计制度;

(三) 具有履行合同所必需的设备和专业技术能力;

(四) 有依法缴纳税收和社会保障资金的良好记录;

(五) 参加政府采购活动前三年内,在经营活动中没有重大违法记录;

(六) 法律、行政法规规定的其他条件。

采购人可以根据采购项目的特殊要求,规定供应商的特定条件,但不得以不合理的条件对供应商实行差别待遇或者歧视待遇。

第二十三条 采购人可以要求参加政府采购的供应商提供有关资质证明文件和业绩情况,并根据本法规定的供应商条件和采购项目对供应商的特定要求,对供应商的资格进行审查。

第二十四条 两个以上的自然人、法人或者其他组织可以组成一个联合体,以一个供应商的身份共同参加政府采购。

以联合体形式进行政府采购的,参加联合体的供应商均应当具备本法第二十二条规定的条件,并应当向采购人提交联合协议,载明联合体各方承担的工作和义务。联合体各方应当共同与采购人签订采购合同,就采购合同约定的事项对采购人承担连带责任。

第二十五条 政府采购当事人不得相互串通损害国家利益、社会公共利益和其他当事人的合法权益;不得以任何手段排斥其他供应商参与竞争。

供应商不得以向采购人、采购代理机构、评标委员会的组成人员、竞争性谈判小组的组成人员、询价小组的组成人员行贿或者采取其他不正当手段谋取中标或者成交。

采购代理机构不得以向采购人行贿或者采取其他不正当手段谋取非法利益。

第三章 政府采购方式

第二十六条 政府采购采用以下方式:

(一) 公开招标;

(二) 邀请招标;

(三) 竞争性谈判;

（四）单一来源采购；
（五）询价；
（六）国务院政府采购监督管理部门认定的其他采购方式。

公开招标应作为政府采购的主要采购方式。

第二十七条 采购人采购货物或者服务应当采用公开招标方式的，其具体数额标准，属于中央预算的政府采购项目，由国务院规定；属于地方预算的政府采购项目，由省、自治区、直辖市人民政府规定；因特殊情况需要采用公开招标以外的采购方式的，应当在采购活动开始前获得设区的市、自治州以上人民政府采购监督管理部门的批准。

第二十八条 采购人不得将应当以公开招标方式采购的货物或者服务化整为零或者以其他任何方式规避公开招标采购。

第二十九条 符合下列情形之一的货物或者服务，可以依照本法采用邀请招标方式采购：

（一）具有特殊性，只能从有限范围的供应商处采购的；
（二）采用公开招标方式的费用占政府采购项目总价值的比例过大的。

第三十条 符合下列情形之一的货物或者服务，可以依照本法采用竞争性谈判方式采购：

（一）招标后没有供应商投标或者没有合格标的或者重新招标未能成立的；
（二）技术复杂或者性质特殊，不能确定详细规格或者具体要求的；
（三）采用招标所需时间不能满足用户紧急需要的；
（四）不能事先计算出价格总额的。

第三十一条 符合下列情形之一的货物或者服务，可以依照本法采用单一来源方式采购：

（一）只能从唯一供应商处采购的；
（二）发生了不可预见的紧急情况不能从其他供应商处采购的；
（三）必须保证原有采购项目一致性或者服务配套的要求，需要继续从原供应商处添购，且添购资金总额不超过原合同采购金额百分之十的。

第三十二条 采购的货物规格、标准统一、现货货源充足且价格变化幅度小的政府采购项目，可以依照本法采用询价方式采购。

第四章 政府采购程序

第三十三条 负有编制部门预算职责的部门在编制下一财政年度部门预算时，应当将该财政年度政府采购的项目及资金预算列出，报本级财政部门汇总。部门预算的审批，按预算管理权限和程序进行。

第三十四条 货物或者服务项目采取邀请招标方式采购的，采购人应当从符合相应资格条件的供应商中，通过随机方式选择三家以上的供应商，并向其发出投标邀请书。

第三十五条 货物和服务项目实行招标方式采购的，自招标文件开始发出之日起至投标人提交投标文件截止之日止，不得少于二十日。

第三十六条 在招标采购中，出现下列情形之一的，应予废标：

（一）符合专业条件的供应商或者对招标文件作实质响应的供应商不足三家的；

（二）出现影响采购公正的违法、违规行为的；

（三）投标人的报价均超过了采购预算，采购人不能支付的；

（四）因重大变故，采购任务取消的。

废标后，采购人应当将废标理由通知所有投标人。

第三十七条 废标后，除采购任务取消情形外，应当重新组织招标；需要采取其他方式采购的，应当在采购活动开始前获得设区的市、自治州以上人民政府采购监督管理部门或者政府有关部门批准。

第三十八条 采用竞争性谈判方式采购的，应当遵循下列程序：

（一）成立谈判小组。谈判小组由采购人的代表和有关专家共三人以上的单数组成，其中专家的人数不得少于成员总数的三分之二。

（二）制定谈判文件。谈判文件应当明确谈判程序、谈判内容、合同草案的条款以及评定成交的标准等事项。

（三）确定邀请参加谈判的供应商名单。谈判小组从符合相应资格条件的供应商名单中确定不少于三家的供应商参加谈判，并向其提供谈判文件。

（四）谈判。谈判小组所有成员集中与单一供应商分别进行谈判。在谈判中，谈判的任何一方不得透露与谈判有关的其他供应商的技术资料、价格和其他信息。谈判文件有实质性变动的，谈判小组应当以书面形式通知所有参加谈判的供应商。

（五）确定成交供应商。谈判结束后，谈判小组应当要求所有参加谈判的供应商在规定时间内进行最后报价，采购人从谈判小组提出的成交候选人中根据符合采购需求、质量和服务相等且报价最低的原则确定成交供应商，并将结果通知所有参加谈判的未成交的供应商。

第三十九条 采取单一来源方式采购的，采购人与供应商应当遵循本法规定的原则，在保证采购项目质量和双方商定合理价格的基础上进行采购。

第四十条 采取询价方式采购的，应当遵循下列程序：

（一）成立询价小组。询价小组由采购人的代表和有关专家共三人以上的单数组成，其中专家的人数不得少于成员总数的三分之二。询价小组应当对采购项目的价格构成和评定成交的标准等事项作出规定。

（二）确定被询价的供应商名单。询价小组根据采购需求，从符合相应资格条件的供应商名单中确定不少于三家的供应商，并向其发出询价通知书让其报价。

（三）询价。询价小组要求被询价的供应商一次报出不得更改的价格。

（四）确定成交供应商。采购人根据符合采购需求、质量和服务相等且报价最低的原则确定成交供应商，并将结果通知所有被询价的未成交的供应商。

第四十一条 采购人或者其委托的采购代理机构应当组织对供应商履约的验收。大型或者复杂的政府采购项目，应当邀请国家认可的质量检测机构参加验收工作。验收方成员应当在验收书上签字，并承担相应的法律责任。

第四十二条 采购人、采购代理机构对政府采购项目每项采购活动的采购文件应当妥善保存，不得伪造、变造、隐匿或者销毁。采购文件的保存期限为从采购结束之日起至少保存十五年。

采购文件包括采购活动记录、采购预算、招标文件、投标文件、评标标准、评估报告、定标文件、合同文本、验收证明、质疑答复、投诉处理决定及其他有关文件、资料。

采购活动记录至少应当包括下列内容：

（一）采购项目类别、名称；
（二）采购项目预算、资金构成和合同价格；
（三）采购方式，采用公开招标以外的采购方式的，应当载明原因；
（四）邀请和选择供应商的条件及原因；
（五）评标标准及确定中标人的原因；
（六）废标的原因；
（七）采用招标以外采购方式的相应记载。

第五章 政府采购合同

第四十三条 政府采购合同适用合同法。采购人和供应商之间的权利和义务，应当按照平等、自愿的原则以合同方式约定。

采购人可以委托采购代理机构代表其与供应商签订政府采购合同。由采购代理机构以采购人名义签订合同的，应当提交采购人的授权委托书，作为合同附件。

第四十四条 政府采购合同应当采用书面形式。

第四十五条 国务院政府采购监督管理部门应当会同国务院有关部门，规定政府采购合同必须具备的条款。

第四十六条 采购人与中标、成交供应商应当在中标、成交通知书发出之日起三十日内，按照采购文件确定的事项签订政府采购合同。

中标、成交通知书对采购人和中标、成交供应商均具有法律效力。中标、成交通知书发出后，采购人改变中标、成交结果的，或者中标、成交供应商放弃中标、成交项目的，应当依法承担法律责任。

第四十七条 政府采购项目的采购合同自签订之日起七个工作日内，采购人应当将合同副本报同级政府采购监督管理部门和有关部门备案。

第四十八条 经采购人同意，中标、成交供应商可以依法采取分包方式履行合同。

政府采购合同分包履行的，中标、成交供应商就采购项目和分包项目向采购人负责，分包供应商就分包项目承担责任。

第四十九条 政府采购合同履行中，采购人需追加与合同标的相同的货物、工程或者服务的，在不改变合同其他条款的前提下，可以与供应商协商签订补充合同，但所有补充合同的采购金额不得超过原合同采购金额的百分之十。

第五十条 政府采购合同的双方当事人不得擅自变更、中止或者终止合同。

政府采购合同继续履行将损害国家利益和社会公共利益的，双方当事人应当变更、中止或者终止合同。有过错的一方应当承担赔偿责任，双方都有过错的，各自承担相应的责任。

第六章 质疑与投诉

第五十一条 供应商对政府采购活动事项有疑问的，可以向采购人提出询问，采购人应当及时作出答复，但答复的内容不得涉及商业秘密。

第五十二条 供应商认为采购文件、采购过程和中标、成交结果使自己的权益受到损害的，可以在知道或者应知其权益受到损害之日起七个工作日内，以书面形式向采购人提出质疑。

第五十三条 采购人应当在收到供应商的书面质疑后七个工作日内作出答复，并以书面形式通知质疑供应商和其他有关供应商，但答复的内容不得涉及商业秘密。

第五十四条 采购人委托采购代理机构采购的，供应商可以向采购代理机构提出询问或者质疑，采购代理机构应当依照本法第五十一条、第五十三条的规定就采购人委托授权范围内的事项作出答复。

第五十五条 质疑供应商对采购人、采购代理机构的答复不满意或者采购人、采购代理机构未在规定的时间内作出答复的，可以在答复期满后十五个工作日内向同级政府采购监督管理部门投诉。

第五十六条 政府采购监督管理部门应当在收到投诉后三十个工作日内，对投诉事项作出处理决定，并以书面形式通知投诉人和与投诉事项有关的当事人。

第五十七条 政府采购监督管理部门在处理投诉事项期间，可以视具体情况书面通知采购人暂停采购活动，但暂停时间最长不得超过三十日。

第五十八条 投诉人对政府采购监督管理部门的投诉处理决定不服或者政府采购监督管理部门逾期未作处理的，可以依法申请行政复议或者向人民法院提起行政诉讼。

第七章 监督检查

第五十九条 政府采购监督管理部门应当加强对政府采购活动及集中采购机构的监督检查。

监督检查的主要内容是：

（一）有关政府采购的法律、行政法规和规章的执行情况；

（二）采购范围、采购方式和采购程序的执行情况；

（三）政府采购人员的职业素质和专业技能。

第六十条 政府采购监督管理部门不得设置集中采购机构，不得参与政府采购项目的采购活动。

采购代理机构与行政机关不得存在隶属关系或者其他利益关系。

第六十一条 集中采购机构应当建立健全内部监督管理制度。采购活动的决策和执行程序应当明确，并相互监督、相互制约。经办采购的人员与负责采购合同审核、验收人员的职责权限应当明确，并相互分离。

第六十二条 集中采购机构的采购人员应当具有相关职业素质和专业技能，符合政府采购监督管理部门规定的专业岗位任职要求。

集中采购机构对其工作人员应当加强教育和培训；对采购人员的专业水平、工作实绩和职业道德状况定期进行考核。采购人员经考核不合格的，不得继续任职。

第六十三条 政府采购项目的采购标准应当公开。

采用本法规定的采购方式的，采购人在采购活动完成后，应当将采购结果予以公布。

第六十四条 采购人必须按照本法规定的采购方式和采购程序进行采购。

任何单位和个人不得违反本法规定，要求采购人或者采购工作人员向其指定的供应商进行采购。

第六十五条 政府采购监督管理部门应当对政府采购项目的采购活动进行检查，政府采购当事人应当如实反映情况，提供有关材料。

第六十六条 政府采购监督管理部门应当对集中采购机构的采购价格、节约资金效果、服务质量、信誉状况、有无违法行为等事项进行考核，并定期如实公布考核结果。

第六十七条 依照法律、行政法规的规定对政府采购负有行政监督职责的政府有关部门，应当按照其职责分工，加强对政府采购活动的监督。

第六十八条 审计机关应当对政府采购进行审计监督。政府采购监督管理部门、政府采购各当事人有关政府采购活动，应当接受审计机关的审计监督。

第六十九条 监察机关应当加强对参与政府采购活动的国家机关、国家公务员和国家行政机关任命的其他人员实施监察。

第七十条 任何单位和个人对政府采购活动中的违法行为，有权控告和检举，有关部门、机关应当依照各自职责及时处理。

第八章 法 律 责 任

第七十一条 采购人、采购代理机构有下列情形之一的，责令限期改正，给予警告，可以并处罚款，对直接负责的主管人员和其他直接责任人员，由其行政主管部门或者有关机关给予处分，并予通报：

（一）应当采用公开招标方式而擅自采用其他方式采购的；

（二）擅自提高采购标准的；

（三）以不合理的条件对供应商实行差别待遇或者歧视待遇的；

（四）在招标采购过程中与投标人进行协商谈判的；

（五）中标、成交通知书发出后不与中标、成交供应商签订采购合同的；

（六）拒绝有关部门依法实施监督检查的。

第七十二条 采购人、采购代理机构及其工作人员有下列情形之一，构成犯罪的，依法追究刑事责任；尚不构成犯罪的，处以罚款，有违法所得的，并处没收违法所得，属于国家机关工作人员的，依法给予行政处分：

（一）与供应商或者采购代理机构恶意串通的；

（二）在采购过程中接受贿赂或者获取其他不正当利益的；

（三）在有关部门依法实施的监督检查中提供虚假情况的；

（四）开标前泄露标底的。

第七十三条 有前两条违法行为之一影响中标、成交结果或者可能影响中标、成交结果的，按下列情况分别处理：

（一）未确定中标、成交供应商的，终止采购活动；

（二）中标、成交供应商已经确定但采购合同尚未履行的，撤销合同，从合格的中标、成交候选人中另行确定中标、成交供应商；

（三）采购合同已经履行的，给采购人、供应商造成损失的，由责任人承担赔偿责任。

第七十四条 采购人对应当实行集中采购的政府采购项目，不委托集中采购机构实行集中采购的，由政府采购监督管理部门责令改正；拒不改正的，停止按预算向其支付资金，由其上级行政主管部门或者有关机关依法给予其直接负责的主管人员和其他直接责任人员处分。

第七十五条 采购人未依法公布政府采购项目的采购标准和采购结果的，责令改正，对直接负责的主管人员依法给予处分。

第七十六条 采购人、采购代理机构违反本法规定隐匿、销毁应当保存的采购文件或者伪造、变造采购文件的，由政府采购监督管理部门处以二万元以上十万元以下的罚款，对其直接负责的主管人员和其他直接责任人员依法给予处分；构成犯罪的，依法追究刑事责任。

第七十七条 供应商有下列情形之一的，处以采购金额千分之五以上千分之十以下的罚款，列入不良行为记录名单，在一至三年内禁止参加政府采购活动，有违法所得的，并处没收违法所得，情节严重的，由工商行政管理机关吊销营业执照；构成犯罪的，依法追究刑事责任：

（一）提供虚假材料谋取中标、成交的；

（二）采取不正当手段诋毁、排挤其他供应商的；

（三）与采购人、其他供应商或者采购代理机构恶意串通的；

（四）向采购人、采购代理机构行贿或者提供其他不正当利益的；

（五）在招标采购过程中与采购人进行协商谈判的；

（六）拒绝有关部门监督检查或者提供虚假情况的。

供应商有前款第（一）至（五）项情形之一的，中标、成交无效。

第七十八条 采购代理机构在代理政府采购业务中有违法行为的，按照有关法律规定处以罚款，可以在一至三年内禁止其代理政府采购业务，构成犯罪的，依法追究刑事责任。

第七十九条 政府采购当事人有本法第七十一条、第七十二条、第七十七条违法行为之一，给他人造成损失的，并应依照有关民事法律规定承担民事责任。

第八十条 政府采购监督管理部门的工作人员在实施监督检查中违反本法规定滥用职权,玩忽职守,徇私舞弊的,依法给予行政处分;构成犯罪的,依法追究刑事责任。

第八十一条 政府采购监督管理部门对供应商的投诉逾期未作处理的,给予直接负责的主管人员和其他直接责任人员行政处分。

第八十二条 政府采购监督管理部门对集中采购机构业绩的考核,有虚假陈述,隐瞒真实情况的,或者不作定期考核和公布考核结果的,应当及时纠正,由其上级机关或者监察机关对其负责人进行通报,并对直接负责的人员依法给予行政处分。

集中采购机构在政府采购监督管理部门考核中,虚报业绩,隐瞒真实情况的,处以二万元以上二十万元以下的罚款,并予以通报;情节严重的,取消其代理采购的资格。

第八十三条 任何单位或者个人阻挠和限制供应商进入本地区或者本行业政府采购市场的,责令限期改正;拒不改正的,由该单位、个人的上级行政主管部门或者有关机关给予单位责任人或者个人处分。

第九章 附 则

第八十四条 使用国际组织和外国政府贷款进行的政府采购,贷款方、资金提供方与中方达成的协议对采购的具体条件另有规定的,可以适用其规定,但不得损害国家利益和社会公共利益。

第八十五条 对因严重自然灾害和其他不可抗力事件所实施的紧急采购和涉及国家安全和秘密的采购,不适用本法。

第八十六条 军事采购法规由中央军事委员会另行制定。

第八十七条 本法实施的具体步骤和办法由国务院规定。

第八十八条 本法自 2003 年 1 月 1 日起施行。

152 中华人民共和国招标投标法

1999 年 8 月 30 日第九届全国人民代表大会常务委员会第十一次会议通过,中华人民共和国主席令第 21 号公布,根据 2017 年 12 月 27 日第十二届全国人民代表大会常务委员会第三十一次会议《关于修改〈中华人民共和国招标投标法〉、〈中华人民共和国计量法〉的决定》修正,中华人民共和国主席令第 86 号公布。

第一章 总 则

第一条 为了规范招标投标活动,保护国家利益、社会公共利益和招标投标活动当事人的合法权益，提高经济效益，保证项目质量，制定本法。

第二条 在中华人民共和国境内进行招标投标活动，适用本法。

第三条 在中华人民共和国境内进行下列工程建设项目包括项目的勘察、设计、施工、监理以及与工程建设有关的重要设备、材料等的采购，必须进行招标：

（一）大型基础设施、公用事业等关系社会公共利益、公众安全的项目；

（二）全部或者部分使用国有资金投资或者国家融资的项目；

（三）使用国际组织或者外国政府贷款、援助资金的项目。

前款所列项目的具体范围和规模标准，由国务院发展计划部门会同国务院有关部门制订，报国务院批准。

法律或者国务院对必须进行招标的其他项目的范围有规定的，依照其规定。

第四条 任何单位和个人不得将依法必须进行招标的项目化整为零或者以其他任何方式规避招标。

第五条 招标投标活动应当遵循公开、公平、公正和诚实信用的原则。

第六条 依法必须进行招标的项目，其招标投标活动不受地区或者部门的限制。任何单位和个人不得违法限制或者排斥本地区、本系统以外的法人或者其他组织参加投标，不得以任何方式非法干涉招标投标活动。

第七条 招标投标活动及其当事人应当接受依法实施的监督。

有关行政监督部门依法对招标投标活动实施监督，依法查处招标投标活动中的违法行为。

对招标投标活动的行政监督及有关部门的具体职权划分，由国务院规定。

第二章　招　　标

第八条 招标人是依照本法规定提出招标项目、进行招标的法人或者其他组织。

第九条 招标项目按照国家有关规定需要履行项目审批手续的，应当先履行审批手续，取得批准。

招标人应当有进行招标项目的相应资金或者资金来源已经落实，并应当在招标文件中如实载明。

第十条 招标分为公开招标和邀请招标。

公开招标，是指招标人以招标公告的方式邀请不特定的法人或者其他组织投标。

邀请招标，是指招标人以投标邀请书的方式邀请特定的法人或者其他组织投标。

第十一条 国务院发展计划部门确定的国家重点项目和省、自治区、直辖市人民政府确定的地方重点项目不适宜公开招标的，经国务院发展计划部门或者省、自治区、直辖市人民政府批准，可以进行邀请招标。

第十二条 招标人有权自行选择招标代理机构，委托其办理招标事宜。任何单位和个人不得以任何方式为招标人指定招标代理机构。

招标人具有编制招标文件和组织评标能力的，可以自行办理招标事宜。任何单位和个人不得强制其委托招标代理机构办理招标事宜。

依法必须进行招标的项目，招标人自行办理招标事宜的，应当向有关行政监督部门备案。

第十三条 招标代理机构是依法设立、从事招标代理业务并提供相关服务的社会中介组织。

招标代理机构应当具备下列条件：

（一）有从事招标代理业务的营业场所和相应资金；

（二）有能够编制招标文件和组织评标的相应专业力量。

第十四条 招标代理机构与行政机关和其他国家机关不得存在隶属关系或者其他利益关系。

第十五条 招标代理机构应当在招标人委托的范围内办理招标事宜，并遵守本法关于招标人的规定。

第十六条 招标人采用公开招标方式的，应当发布招标公告。依法必须进行招标的项目的招标公告，应当通过国家指定的报刊、信息网络或者其他媒介发布。

招标公告应当载明招标人的名称和地址、招标项目的性质、数量、实施地点和时间以及获取招标文件的办法等事项。

第十七条 招标人采用邀请招标方式的，应当向三个以上具备承担招标项目的能力、资信良好的特定的法人或者其他组织发出投标邀请书。

投标邀请书应当载明本法第十六条第二款规定的事项。

第十八条 招标人可以根据招标项目本身的要求，在招标公告或者投标邀请书中，要求潜在投标人提供有关资质证明文件和业绩情况，并对潜在投标人进行资格审查；国家对投标人的资格条件有规定的，依照其规定。

招标人不得以不合理的条件限制或者排斥潜在投标人，不得对潜在投标人实行歧视待遇。

第十九条 招标人应当根据招标项目的特点和需要编制招标文件。招标文件应当包括招标项目的技术要求、对投标人资格审查的标准、投标报价要求和评标标准等所有实质性要求和条件以及拟签订合同的主要条款。

国家对招标项目的技术、标准有规定的，招标人应当按照其规定在招标文件中提出相应要求。

招标项目需要划分标段、确定工期的，招标人应当合理划分标段、确定工期，并在招标文件中载明。

第二十条 招标文件不得要求或者标明特定的生产供应者以及含有倾向或者排斥潜在投标人的其他内容。

第二十一条 招标人根据招标项目的具体情况，可以组织潜在投标人踏勘项目现场。

第二十二条 招标人不得向他人透露已获取招标文件的潜在投标人的名称、数量以及可能影响公平竞争的有关招标投标的其他情况。

招标人设有标底的，标底必须保密。

第二十三条 招标人对已发出的招标文件进行必要的澄清或者修改的，应当在招标文件要求提交投标文件截止时间至少十五日前，以书面形式通知所有招标文件收受人。该澄清或者修改的内容为招标文件的组成部分。

第二十四条 招标人应当确定投标人编制投标文件所需要的合理时间；但是，依法必须进行招标的项目，自招标文件开始发出之日起至投标人提交投标文件截止之日止，最短不得少于二十日。

第三章 投 标

第二十五条 投标人是响应招标、参加投标竞争的法人或者其他组织。

依法招标的科研项目允许个人参加投标的，投标的个人适用本法有关投标人的规定。

第二十六条 投标人应当具备承担招标项目的能力；国家有关规定对投标人资格条件或者招标文件对投标人资格条件有规定的，投标人应当具备规定的资格条件。

第二十七条 投标人应当按照招标文件的要求编制投标文件。投标文件应当对招标文件提出的实质性要求和条件作出响应。

招标项目属于建设施工的，投标文件的内容应当包括拟派出的项目负责人与主要技术人员的简历、业绩和拟用于完成招标项目的机械设备等。

第二十八条 投标人应当在招标文件要求提交投标文件的截止时间前，将投标文件送达投标地点。招标人收到投标文件后，应当签收保存，不得开启。投标人少于三个的，招标人应当依照本法重新招标。

在招标文件要求提交投标文件的截止时间后送达的投标文件，招标人应当拒收。

第二十九条 投标人在招标文件要求提交投标文件的截止时间前，可以补充、修改或者撤回已提交的投标文件，并书面通知招标人。补充、修改的内容为投标文件的组成部分。

第三十条 投标人根据招标文件载明的项目实际情况，拟在中标后将中标项目的部分非主体、非关键性工作进行分包的，应当在投标文件中载明。

第三十一条 两个以上法人或者其他组织可以组成一个联合体，以一个投标人的身份共同投标。

联合体各方均应当具备承担招标项目的相应能力；国家有关规定或者招标文件对投标人资格条件有规定的，联合体各方均应当具备规定的相应资格条件。由同一专业的单位组成的联合体，按照资质等级较低的单位确定资质等级。

联合体各方应当签订共同投标协议，明确约定各方拟承担的工作和责任，并将共同投标协议连同投标文件一并提交招标人。联合体中标的，联合体各方应当共同与招标人签订合同，就中标项目向招标人承担连带责任。

招标人不得强制投标人组成联合体共同投标，不得限制投标人之间的竞争。

第三十二条 投标人不得相互串通投标报价，不得排挤其他投标人的公平竞争，损害招标人或者其他投标人的合法权益。

投标人不得与招标人串通投标，损害国家利益、社会公共利益或者他人的合法权益。

禁止投标人以向招标人或者评标委员会成员行贿的手段谋取中标。

第三十三条 投标人不得以低于成本的报价竞标，也不得以他人名义投标或者以其他方式弄虚作假，骗取中标。

第四章　开标、评标和中标

第三十四条 开标应当在招标文件确定的提交投标文件截止时间的同一时间公开进行；开标地点应当为招标文件中预先确定的地点。

第三十五条 开标由招标人主持，邀请所有投标人参加。

第三十六条 开标时，由投标人或者其推选的代表检查投标文件的密封情况，也可以由招标人委托的公证机构检查并公证；经确认无误后，由工作人员当众拆封，宣读投标人名称、投标价格和投标文件的其他主要内容。

招标人在招标文件要求提交投标文件的截止时间前收到的所有投标文件，开标时都应当当众予以拆封、宣读。

开标过程应当记录，并存档备查。

第三十七条 评标由招标人依法组建的评标委员会负责。

依法必须进行招标的项目，其评标委员会由招标人的代表和有关技术、经济等方面的专家组成，成员人数为五人以上单数，其中技术、经济等方面的专家不得少于成员总数的三分之二。

前款专家应当从事相关领域工作满八年并具有高级职称或者具有同等专业水平，由招标人从国务院有关部门或者省、自治区、直辖市人民政府有关部门提供的专家名册或者招标代理机构的专家库内的相关专业的专家名单中确定；一般招标项目可以采取随机抽取方式，特殊招标项目可以由招标人直接确定。

与投标人有利害关系的人不得进入相关项目的评标委员会；已经进入的应当更换。

评标委员会成员的名单在中标结果确定前应当保密。

第三十八条 招标人应当采取必要的措施，保证评标在严格保密的情况下进行。

任何单位和个人不得非法干预、影响评标的过程和结果。

第三十九条 评标委员会可以要求投标人对投标文件中含义不明确的内容作必要的澄清或者说明，但是澄清或者说明不得超出投标文件的范围或者改变投标文件的实质性内容。

第四十条 评标委员会应当按照招标文件确定的评标标准和方法，对投标文件进行评审和比较；设有标底的，应当参考标底。评标委员会完成评标后，应当向招标人提出书面评标报告，并推荐合格的中标候选人。

招标人根据评标委员会提出的书面评标报告和推荐的中标候选人确定中标人。招标人也可以授权评标委员会直接确定中标人。

国务院对特定招标项目的评标有特别规定的，从其规定。

第四十一条 中标人的投标应当符合下列条件之一：

（一）能够最大限度地满足招标文件中规定的各项综合评价标准；

(二) 能够满足招标文件的实质性要求，并且经评审的投标价格最低；但是投标价格低于成本的除外。

第四十二条 评标委员会经评审，认为所有投标都不符合招标文件要求的，可以否决所有投标。

依法必须进行招标的项目的所有投标被否决的，招标人应当依照本法重新招标。

第四十三条 在确定中标人前，招标人不得与投标人就投标价格、投标方案等实质性内容进行谈判。

第四十四条 评标委员会成员应当客观、公正地履行职务，遵守职业道德，对所提出的评审意见承担个人责任。

评标委员会成员不得私下接触投标人，不得收受投标人的财物或者其他好处。

评标委员会成员和参与评标的有关工作人员不得透露对投标文件的评审和比较、中标候选人的推荐情况以及与评标有关的其他情况。

第四十五条 中标人确定后，招标人应当向中标人发出中标通知书，并同时将中标结果通知所有未中标的投标人。

中标通知书对招标人和中标人具有法律效力。中标通知书发出后，招标人改变中标结果的，或者中标人放弃中标项目的，应当依法承担法律责任。

第四十六条 招标人和中标人应当自中标通知书发出之日起三十日内，按照招标文件和中标人的投标文件订立书面合同。招标人和中标人不得再行订立背离合同实质性内容的其他协议。

招标文件要求中标人提交履约保证金的，中标人应当提交。

第四十七条 依法必须进行招标的项目，招标人应当自确定中标人之日起十五日内，向有关行政监督部门提交招标投标情况的书面报告。

第四十八条 中标人应当按照合同约定履行义务，完成中标项目。中标人不得向他人转让中标项目，也不得将中标项目肢解后分别向他人转让。

中标人按照合同约定或者经招标人同意，可以将中标项目的部分非主体、非关键性工作分包给他人完成。接受分包的人应当具备相应的资格条件，并不得再次分包。

中标人应当就分包项目向招标人负责，接受分包的人就分包项目承担连带责任。

第五章 法律责任

第四十九条 违反本法规定，必须进行招标的项目而不招标的，将必须进行招标的项目化整为零或者以其他任何方式规避招标的，责令限期改正，可以处项目合同金额千分之五以上千分之十以下的罚款；对全部或者部分使用国有资金的项目，可以暂停项目执行或者暂停资金拨付；对单位直接负责的主管人员和其他直接责任人员依法给予处分。

第五十条 招标代理机构违反本法规定，泄露应当保密的与招标投标活动有关的情况和资料的，或者与招标人、投标人串通损害国家利益、社会公共利益或者他人合法权益的，处五万元以上二十五万元以下的罚款；对单位直接负责的主管人员和其他直接责任人员处单位罚款数额百分之五以上百分之十以下的罚款；有违法所得的，并处没收违法所得；情节严重的，禁止其一年至二年内代理依法必须进行招标的项目并予以公告，直至由工商行政管理机关吊销营业执照；构成犯罪的，依法追究刑事责任。给他人造成损失的，依法承担赔偿责任。

前款所列行为影响中标结果的，中标无效。

第五十一条 招标人以不合理的条件限制或者排斥潜在投标人的，对潜在投标人实行歧视待遇的，强制要求投标人组成联合体共同投标的，或者限制投标人之间竞争的，责令改正，可以处一万元以上五万元以下的罚款。

第五十二条 依法必须进行招标的项目的招标人向他人透露已获取招标文件的潜在投标人的名称、数量或者可能影响公平竞争的有关招标投标的其他情况的，或者泄露标底的，给予警告，可以并处一万元以上十万元以下的罚款；对单位直接负责的主管人员和其他直接责任人员依法给予处分；构成犯罪的，依法追究刑事责任。

前款所列行为影响中标结果的，中标无效。

第五十三条 投标人相互串通投标或者与招标人串通投标的，投标人以向招标人或者评标委员会成员行贿的手段谋取中标的，中标无效，处中标项目金额千分之五以上千分之十以下的罚款，对单位直接负责的主管人员和其他直接责任人员处单位罚款数额百分之五以上百分之十以下的罚款；有违法所得的，并处没收违法所得；情节严重的，取消其一年至二年内参加依法必须进行招标的项目的投标资格并予以公告，直至由工商行政管理机关吊销营业执照；构成犯罪的，依法追究刑事责任。给他人造成损失的，依法承担赔偿责任。

第五十四条 投标人以他人名义投标或者以其他方式弄虚作假，骗取中标的，中标无效，给招标人造成损失的，依法承担赔偿责任；构成犯罪的，依法追究刑事责任。

依法必须进行招标的项目的投标人有前款所列行为尚未构成犯罪的，处中标项目金额千分之五以上千分之十以下的罚款，对单位直接负责的主管人员和其他直接责任人员处单位罚款数额百分之五以上百分之十以下的罚款；有违法所得的，并处没收违法所得；情节严重的，取消其一年至三年内参加依法必须进行招标的项目的投标资格并予以公告，直至由工商行政管理机关吊销营业执照。

第五十五条 依法必须进行招标的项目，招标人违反本法规定，与投标人就投标价格、投标方案等实质性内容进行谈判的，给予警告，对单位直接负责的主管人员和其他直接责任人员依法给予处分。

前款所列行为影响中标结果的，中标无效。

第五十六条 评标委员会成员收受投标人的财物或者其他好处的，评标委员会成员或者参加评标的有关工作人员向他人透露对投标文件的评审和比较、中标候选人的推荐以及与评标有关的其他情况的，给予警告，没收收受的财物，可以并处三千元以上五万元以下的罚款，对有所列违法行为的评标委员会成员取消担任评标委员会成员的资格，不得再参加任何依法必须进行招标的项目的评标；构成犯罪的，依法追究刑事责任。

第五十七条 招标人在评标委员会依法推荐的中标候选人以外确定中标人的，依法必须进行招标的项目在所有投标被评标委员会否决后自行确定中标人的，中标无效，责令改正，可以处中标项目金额千分之五以上千分之十以下的罚款；对单位直接负责的主管人员和其他直接责任人员依法给予处分。

第五十八条 中标人将中标项目转让给他人的，将中标项目肢解后分别转让给他人的，违反本法规定将中标项目的部分主体、关键性工作分包给他人的，或者分包人再次分包的，转让、分包无效，处转让、分包项目金额千分之五以上千分之十以下的罚款；有违法所得的，并处没收违法所得；可以责令停业整顿；情节严重的，由工商行政管理机关吊销营业执照。

第五十九条 招标人与中标人不按照招标文件和中标人的投标文件订立合同的，或者招标人、中标人订立背离合同实质性内容的协议的，责令改正；可以处中标项目金额千分之五以上千分之十以下的罚款。

第六十条 中标人不履行与招标人订立的合同的，履约保证金不予退还，给招标人造成的损失超过履约保证金数额的，还应当对超过部分予以赔偿；没有提交履约保证金的，应当对招标人的损失承担赔偿责任。

中标人不按照与招标人订立的合同履行义务，情节严重的，取消其二年至五年内参加依法必须进行招标的项目的投标资格并予以公告，直至由工商行政管理机关吊销营业执照。

因不可抗力不能履行合同的，不适用前两款规定。

第六十一条 本章规定的行政处罚，由国务院规定的有关行政监督部门决定。本法已对实施行政处罚的机关作出规定的除外。

第六十二条 任何单位违反本法规定，限制或者排斥本地区、本系统以外的法人或者其他组织参加投标的，为招标人指定招标代理机构的，强制招标人委托招标代理机构办理招标事宜的，或者以其他方式干涉招标投标活动的，责令改正；对单位直接负责的主管人员和其他直接责任人员依法给予警告、记过、记大过的处分，情节较重的，依法给予降级、撤职、开除的处分。

个人利用职权进行前款违法行为的，依照前款规定追究责任。

第六十三条 对招标投标活动依法负有行政监督职责的国家机关工作人员徇私舞弊、滥用职权或者玩忽职守，构成犯罪的，依法追究刑事责任；不构成犯罪的，依法给予行政处分。

第六十四条 依法必须进行招标的项目违反本法规定，中标无效的，应当依照本法规定的中标条件从其余投标人中重新确定中标人或者依照本法重新进行招标。

第六章 附 则

第六十五条 投标人和其他利害关系人认为招标投标活动不符合本法有关规定的，有权向招标人提出异议或者依法向有关行政监督部门投诉。

第六十六条 涉及国家安全、国家秘密、抢险救灾或者属于利用扶贫资金实行以工代赈、需要使用农民工等特殊情况，不适宜进行招标的项目，按照国家有关规定可以不进行招标。

第六十七条 使用国际组织或者外国政府贷款、援助资金的项目进行招标，贷款方、资金提供方对招标投标的具体条件和程序有不同规定的，可以适用其规定，但违背中华人民共和国的社会公共利益的除外。

第六十八条 本法自2000年1月1日起施行。

153　中华人民共和国公务员法

2005年4月27日第十届全国人民代表大会常务委员会第十五次会议通过，中华人民共和国主席令第35号公布，根据2017年9月1日第十二届全国人民代表大会常务委员会第二十九次会议《关于修改〈中华人民共和国法官法〉等八部法律的决定》修正，中华人民共和国主席令第76号公布，根据2018年12月29日第十三届全国人民代表大会常务委员会第七次会议修订，中华人民共和国主席令第20号公布。

第一章　总　　则

第一条 为了规范公务员的管理，保障公务员的合法权益，加强对公务员的监督，促进公务员正确履职尽责，建设信念坚定、为民服务、勤政务实、敢于担当、清正廉洁的高素质专业化公务员队伍，根据宪法，制定本法。

第二条 本法所称公务员，是指依法履行公职、纳入国家行政编制、由国家财政负担工资福利的工作人员。

公务员是干部队伍的重要组成部分，是社会主义事业的中坚力量，是人民的公仆。

第三条 公务员的义务、权利和管理，适用本法。

法律对公务员中领导成员的产生、任免、监督以及监察官、法官、检察官等的义务、权利和管理另有规定的，从其规定。

第四条 公务员制度坚持中国共产党领导，坚持以马克思列宁主义、毛泽东思想、邓小平理论、"三个代表"重要思想、科学发展观、习近平新时代中国特色社会主义思想为指导，贯彻社会主义初级阶段的基本路线，贯彻新时代中国共产党的组织路线，坚持党管干部原则。

第五条 公务员的管理，坚持公开、平等、竞争、择优的原则，依照法定的权限、条件、标准和程序进行。

第六条 公务员的管理，坚持监督约束与激励保障并重的原则。

第七条 公务员的任用，坚持德才兼备、以德为先，坚持五湖四海、任人唯贤，坚持事业为上、公道正派，突出政治标准，注重工作实绩。

第八条 国家对公务员实行分类管理,提高管理效能和科学化水平。

第九条 公务员就职时应当依照法律规定公开进行宪法宣誓。

第十条 公务员依法履行职责的行为,受法律保护。

第十一条 公务员工资、福利、保险以及录用、奖励、培训、辞退等所需经费,列入财政预算,予以保障。

第十二条 中央公务员主管部门负责全国公务员的综合管理工作。县级以上地方各级公务员主管部门负责本辖区内公务员的综合管理工作。上级公务员主管部门指导下级公务员主管部门的公务员管理工作。各级公务员主管部门指导同级各机关的公务员管理工作。

第二章 公务员的条件、义务与权利

第十三条 公务员应当具备下列条件:

(一) 具有中华人民共和国国籍;

(二) 年满十八周岁;

(三) 拥护中华人民共和国宪法,拥护中国共产党领导和社会主义制度;

(四) 具有良好的政治素质和道德品行;

(五) 具有正常履行职责的身体条件和心理素质;

(六) 具有符合职位要求的文化程度和工作能力;

(七) 法律规定的其他条件。

第十四条 公务员应当履行下列义务:

(一) 忠于宪法,模范遵守、自觉维护宪法和法律,自觉接受中国共产党领导;

(二) 忠于国家,维护国家的安全、荣誉和利益;

(三) 忠于人民,全心全意为人民服务,接受人民监督;

(四) 忠于职守,勤勉尽责,服从和执行上级依法作出的决定和命令,按照规定的权限和程序履行职责,努力提高工作质量和效率;

(五) 保守国家秘密和工作秘密;

(六) 带头践行社会主义核心价值观,坚守法治,遵守纪律,恪守职业道德,模范遵守社会公德、家庭美德;

(七) 清正廉洁,公道正派;

(八) 法律规定的其他义务。

第十五条 公务员享有下列权利:

(一) 获得履行职责应当具有的工作条件;

(二) 非因法定事由、非经法定程序,不被免职、降职、辞退或者处分;

(三) 获得工资报酬,享受福利、保险待遇;

(四) 参加培训;

(五) 对机关工作和领导人员提出批评和建议;

(六) 提出申诉和控告;

（七）申请辞职；

（八）法律规定的其他权利。

第三章 职务、职级与级别

第十六条 国家实行公务员职位分类制度。

公务员职位类别按照公务员职位的性质、特点和管理需要，划分为综合管理类、专业技术类和行政执法类等类别。根据本法，对于具有职位特殊性，需要单独管理的，可以增设其他职位类别。各职位类别的适用范围由国家另行规定。

第十七条 国家实行公务员职务与职级并行制度，根据公务员职位类别和职责设置公务员领导职务、职级序列。

第十八条 公务员领导职务根据宪法、有关法律和机构规格设置。

领导职务层次分为：国家级正职、国家级副职、省部级正职、省部级副职、厅局级正职、厅局级副职、县处级正职、县处级副职、乡科级正职、乡科级副职。

第十九条 公务员职级在厅局级以下设置。

综合管理类公务员职级序列分为：一级巡视员、二级巡视员、一级调研员、二级调研员、三级调研员、四级调研员、一级主任科员、二级主任科员、三级主任科员、四级主任科员、一级科员、二级科员。

综合管理类以外其他职位类别公务员的职级序列，根据本法由国家另行规定。

第二十条 各机关依照确定的职能、规格、编制限额、职数以及结构比例，设置本机关公务员的具体职位，并确定各职位的工作职责和任职资格条件。

第二十一条 公务员的领导职务、职级应当对应相应的级别。公务员领导职务、职级与级别的对应关系，由国家规定。

根据工作需要和领导职务与职级的对应关系，公务员担任的领导职务和职级可以互相转任、兼任；符合规定资格条件的，可以晋升领导职务或者职级。

公务员的级别根据所任领导职务、职级及其德才表现、工作实绩和资历确定。公务员在同一领导职务、职级上，可以按照国家规定晋升级别。

公务员的领导职务、职级与级别是确定公务员工资以及其他待遇的依据。

第二十二条 国家根据人民警察、消防救援人员以及海关、驻外外交机构等公务员的工作特点，设置与其领导职务、职级相对应的衔级。

第四章 录 用

第二十三条 录用担任一级主任科员以下及其他相当职级层次的公务员，采取公开考试、严格考察、平等竞争、择优录取的办法。

民族自治地方依照前款规定录用公务员时，依照法律和有关规定对少数民族报考者予以适当照顾。

第二十四条 中央机关及其直属机构公务员的录用，由中央公务员主管部门负责组织。地方各级机关公务员的录用，由省级公务员主管部门负责组织，必要时省级公务员主管部门可以授权设区的市级公务员主管部门组织。

第二十五条 报考公务员，除应当具备本法第十三条规定的条件以外，还应当具备省级以上公务员主管部门规定的拟任职位所要求的资格条件。

国家对行政机关中初次从事行政处罚决定审核、行政复议、行政裁决、法律顾问的公务员实行统一法律职业资格考试制度，由国务院司法行政部门商有关部门组织实施。

第二十六条 下列人员不得录用为公务员：

（一）因犯罪受过刑事处罚的；

（二）被开除中国共产党党籍的；

（三）被开除公职的；

（四）被依法列为失信联合惩戒对象的；

（五）有法律规定不得录用为公务员的其他情形的。

第二十七条 录用公务员，应当在规定的编制限额内，并有相应的职位空缺。

第二十八条 录用公务员，应当发布招考公告。招考公告应当载明招考的职位、名额、报考资格条件、报考需要提交的申请材料以及其他报考须知事项。

招录机关应当采取措施，便利公民报考。

第二十九条 招录机关根据报考资格条件对报考申请进行审查。报考者提交的申请材料应当真实、准确。

第三十条 公务员录用考试采取笔试和面试等方式进行，考试内容根据公务员应当具备的基本能力和不同职位类别、不同层级机关分别设置。

第三十一条 招录机关根据考试成绩确定考察人选，并进行报考资格复审、考察和体检。

体检的项目和标准根据职位要求确定。具体办法由中央公务员主管部门会同国务院卫生健康行政部门规定。

第三十二条 招录机关根据考试成绩、考察情况和体检结果，提出拟录用人员名单，并予以公示。公示期不少于五个工作日。

公示期满，中央一级招录机关应当将拟录用人员名单报中央公务员主管部门备案；地方各级招录机关应当将拟录用人员名单报省级或者设区的市级公务员主管部门审批。

第三十三条 录用特殊职位的公务员，经省级以上公务员主管部门批准，可以简化程序或者采用其他测评办法。

第三十四条 新录用的公务员试用期为一年。试用期满合格的，予以任职；不合格的，取消录用。

第五章 考 核

第三十五条 公务员的考核应当按照管理权限，全面考核公务员的德、能、勤、绩、廉，重点考核政治素质和工作实绩。考核指标根据不同职位类别、不同层级机关分别设置。

第三十六条 公务员的考核分为平时考核、专项考核和定期考核等方式。定期考核以平时考核、专项考核为基础。

第三十七条 非领导成员公务员的定期考核采取年度考核的方式。先由个人按照职位职责和有关要求进行总结，主管领导在听取群众意见后，提出考核等次建议，由本机关负责人或者授权的考核委员会确定考核等次。

领导成员的考核由主管机关按照有关规定办理。

第三十八条 定期考核的结果分为优秀、称职、基本称职和不称职四个等次。

定期考核的结果应当以书面形式通知公务员本人。

第三十九条 定期考核的结果作为调整公务员职位、职务、职级、级别、工资以及公务员奖励、培训、辞退的依据。

第六章　职务、职级任免

第四十条 公务员领导职务实行选任制、委任制和聘任制。公务员职级实行委任制和聘任制。

领导成员职务按照国家规定实行任期制。

第四十一条 选任制公务员在选举结果生效时即任当选职务；任期届满不再连任或者任期内辞职、被罢免、被撤职的，其所任职务即终止。

第四十二条 委任制公务员试用期满考核合格，职务、职级发生变化，以及其他情形需要任免职务、职级的，应当按照管理权限和规定的程序任免。

第四十三条 公务员任职应当在规定的编制限额和职数内进行，并有相应的职位空缺。

第四十四条 公务员因工作需要在机关外兼职，应当经有关机关批准，并不得领取兼职报酬。

第七章　职务、职级升降

第四十五条 公务员晋升领导职务，应当具备拟任职务所要求的政治素质、工作能力、文化程度和任职经历等方面的条件和资格。

公务员领导职务应当逐级晋升。特别优秀的或者工作特殊需要的，可以按照规定破格或者越级晋升。

第四十六条 公务员晋升领导职务，按照下列程序办理：

（一）动议；

（二）民主推荐；

（三）确定考察对象，组织考察；

（四）按照管理权限讨论决定；

（五）履行任职手续。

第四十七条　厅局级正职以下领导职务出现空缺且本机关没有合适人选的，可以通过适当方式面向社会选拔任职人选。

第四十八条　公务员晋升领导职务的，应当按照有关规定实行任职前公示制度和任职试用期制度。

第四十九条　公务员职级应当逐级晋升，根据个人德才表现、工作实绩和任职资历，参考民主推荐或者民主测评结果确定人选，经公示后，按照管理权限审批。

第五十条　公务员的职务、职级实行能上能下。对不适宜或者不胜任现任职务、职级的，应当进行调整。

公务员在年度考核中被确定为不称职的，按照规定程序降低一个职务或者职级层次任职。

第八章　奖　　励

第五十一条　对工作表现突出，有显著成绩和贡献，或者有其他突出事迹的公务员或者公务员集体，给予奖励。奖励坚持定期奖励与及时奖励相结合，精神奖励与物质奖励相结合、以精神奖励为主的原则。

公务员集体的奖励适用于按照编制序列设置的机构或者为完成专项任务组成的工作集体。

第五十二条　公务员或者公务员集体有下列情形之一的，给予奖励：

（一）忠于职守，积极工作，勇于担当，工作实绩显著的；
（二）遵纪守法，廉洁奉公，作风正派，办事公道，模范作用突出的；
（三）在工作中有发明创造或者提出合理化建议，取得显著经济效益或者社会效益的；
（四）为增进民族团结，维护社会稳定做出突出贡献的；
（五）爱护公共财产，节约国家资财有突出成绩的；
（六）防止或者消除事故有功，使国家和人民群众利益免受或者减少损失的；
（七）在抢险、救灾等特定环境中做出突出贡献的；
（八）同违纪违法行为作斗争有功绩的；
（九）在对外交往中为国家争得荣誉和利益的；
（十）有其他突出功绩的。

第五十三条　奖励分为：嘉奖、记三等功、记二等功、记一等功、授予称号。

对受奖励的公务员或者公务员集体予以表彰，并对受奖励的个人给予一次性奖金或者其他待遇。

第五十四条　给予公务员或者公务员集体奖励，按照规定的权限和程序决定或者审批。

第五十五条　按照国家规定，可以向参与特定时期、特定领域重大工作的公务员颁发纪念证书或者纪念章。

第五十六条　公务员或者公务员集体有下列情形之一的，撤销奖励：

（一）弄虚作假，骗取奖励的；

（二）申报奖励时隐瞒严重错误或者严重违反规定程序的；
（三）有严重违纪违法等行为，影响称号声誉的；
（四）有法律、法规规定应当撤销奖励的其他情形的。

第九章　监督与惩戒

第五十七条　机关应当对公务员的思想政治、履行职责、作风表现、遵纪守法等情况进行监督，开展勤政廉政教育，建立日常管理监督制度。

对公务员监督发现问题的，应当区分不同情况，予以谈话提醒、批评教育、责令检查、诫勉、组织调整、处分。

对公务员涉嫌职务违法和职务犯罪的，应当依法移送监察机关处理。

第五十八条　公务员应当自觉接受监督，按照规定请示报告工作、报告个人有关事项。

第五十九条　公务员应当遵纪守法，不得有下列行为：

（一）散布有损宪法权威、中国共产党和国家声誉的言论，组织或者参加旨在反对宪法、中国共产党领导和国家的集会、游行、示威等活动；

（二）组织或者参加非法组织，组织或者参加罢工；

（三）挑拨、破坏民族关系，参加民族分裂活动或者组织、利用宗教活动破坏民族团结和社会稳定；

（四）不担当，不作为，玩忽职守，贻误工作；

（五）拒绝执行上级依法作出的决定和命令；

（六）对批评、申诉、控告、检举进行压制或者打击报复；

（七）弄虚作假，误导、欺骗领导和公众；

（八）贪污贿赂，利用职务之便为自己或者他人谋取私利；

（九）违反财经纪律，浪费国家资财；

（十）滥用职权，侵害公民、法人或者其他组织的合法权益；

（十一）泄露国家秘密或者工作秘密；

（十二）在对外交往中损害国家荣誉和利益；

（十三）参与或者支持色情、吸毒、赌博、迷信等活动；

（十四）违反职业道德、社会公德和家庭美德；

（十五）违反有关规定参与禁止的网络传播行为或者网络活动；

（十六）违反有关规定从事或者参与营利性活动，在企业或者其他营利性组织中兼任职务；

（十七）旷工或者因公外出、请假期满无正当理由逾期不归；

（十八）违纪违法的其他行为。

第六十条　公务员执行公务时，认为上级的决定或者命令有错误的，可以向上级提出改正或者撤销该决定或者命令的意见；上级不改变该决定或者命令，或者要求立即执行的，公务员应当执行该决定或者命令，执行的后果由上级负责，公务员不承担责任；但是，公务员执行明显违法的决定或者命令的，应当依法承担相应的责任。

第六十一条 公务员因违纪违法应当承担纪律责任的，依照本法给予处分或者由监察机关依法给予政务处分；违纪违法行为情节轻微，经批评教育后改正的，可以免予处分。

对同一违纪违法行为，监察机关已经作出政务处分决定的，公务员所在机关不再给予处分。

第六十二条 处分分为：警告、记过、记大过、降级、撤职、开除。

第六十三条 对公务员的处分，应当事实清楚、证据确凿、定性准确、处理恰当、程序合法、手续完备。

公务员违纪违法的，应当由处分决定机关决定对公务员违纪违法的情况进行调查，并将调查认定的事实以及拟给予处分的依据告知公务员本人。公务员有权进行陈述和申辩；处分决定机关不得因公务员申辩而加重处分。

处分决定机关认为对公务员应当给予处分的，应当在规定的期限内，按照管理权限和规定的程序作出处分决定。处分决定应当以书面形式通知公务员本人。

第六十四条 公务员在受处分期间不得晋升职务、职级和级别，其中受记过、记大过、降级、撤职处分的，不得晋升工资档次。

受处分的期间为：警告，六个月；记过，十二个月；记大过，十八个月；降级、撤职，二十四个月。

受撤职处分的，按照规定降低级别。

第六十五条 公务员受开除以外的处分，在受处分期间有悔改表现，并且没有再发生违纪违法行为的，处分期满后自动解除。

解除处分后，晋升工资档次、级别和职务、职级不再受原处分的影响。但是，解除降级、撤职处分的，不视为恢复原级别、原职务、原职级。

第十章 培 训

第六十六条 机关根据公务员工作职责的要求和提高公务员素质的需要，对公务员进行分类分级培训。

国家建立专门的公务员培训机构。机关根据需要也可以委托其他培训机构承担公务员培训任务。

第六十七条 机关对新录用人员应当在试用期内进行初任培训；对晋升领导职务的公务员应当在任职前或者任职后一年内进行任职培训；对从事专项工作的公务员应当进行专门业务培训；对全体公务员应当进行提高政治素质和工作能力、更新知识的在职培训，其中对专业技术类公务员应当进行专业技术培训。

国家有计划地加强对优秀年轻公务员的培训。

第六十八条 公务员的培训实行登记管理。

公务员参加培训的时间由公务员主管部门按照本法第六十七条规定的培训要求予以确定。

公务员培训情况、学习成绩作为公务员考核的内容和任职、晋升的依据之一。

第十一章　交流与回避

第六十九条　国家实行公务员交流制度。

公务员可以在公务员和参照本法管理的工作人员队伍内部交流，也可以与国有企业和不参照本法管理的事业单位中从事公务的人员交流。

交流的方式包括调任、转任。

第七十条　国有企业、高等院校和科研院所以及其他不参照本法管理的事业单位中从事公务的人员，可以调入机关担任领导职务或者四级调研员以上及其他相当层次的职级。

调任人选应当具备本法第十三条规定的条件和拟任职位所要求的资格条件，并不得有本法第二十六条规定的情形。调任机关应当根据上述规定，对调任人选进行严格考察，并按照管理权限审批，必要时可以对调任人选进行考试。

第七十一条　公务员在不同职位之间转任应当具备拟任职位所要求的资格条件，在规定的编制限额和职数内进行。

对省部级正职以下的领导成员应当有计划、有重点地实行跨地区、跨部门转任。

对担任机关内设机构领导职务和其他工作性质特殊的公务员，应当有计划地在本机关内转任。

上级机关应当注重从基层机关公开遴选公务员。

第七十二条　根据工作需要，机关可以采取挂职方式选派公务员承担重大工程、重大项目、重点任务或者其他专项工作。

公务员在挂职期间，不改变与原机关的人事关系。

第七十三条　公务员应当服从机关的交流决定。

公务员本人申请交流的，按照管理权限审批。

第七十四条　公务员之间有夫妻关系、直系血亲关系、三代以内旁系血亲关系以及近姻亲关系的，不得在同一机关双方直接隶属于同一领导人员的职位或者有直接上下级领导关系的职位工作，也不得在其中一方担任领导职务的机关从事组织、人事、纪检、监察、审计和财务工作。

公务员不得在其配偶、子女及其配偶经营的企业、营利性组织的行业监管或者主管部门担任领导成员。

因地域或者工作性质特殊，需要变通执行任职回避的，由省级以上公务员主管部门规定。

第七十五条　公务员担任乡级机关、县级机关、设区的市级机关及其有关部门主要领导职务的，应当按照有关规定实行地域回避。

第七十六条　公务员执行公务时，有下列情形之一的，应当回避：

（一）涉及本人利害关系的；

（二）涉及与本人有本法第七十四条第一款所列亲属关系人员的利害关系的；

（三）其他可能影响公正执行公务的。

第七十七条 公务员有应当回避情形的，本人应当申请回避；利害关系人有权申请公务员回避。其他人员可以向机关提供公务员需要回避的情况。

机关根据公务员本人或者利害关系人的申请，经审查后作出是否回避的决定，也可以不经申请直接作出回避决定。

第七十八条 法律对公务员回避另有规定的，从其规定。

第十二章　工资、福利与保险

第七十九条 公务员实行国家统一规定的工资制度。

公务员工资制度贯彻按劳分配的原则，体现工作职责、工作能力、工作实绩、资历等因素，保持不同领导职务、职级、级别之间的合理工资差距。

国家建立公务员工资的正常增长机制。

第八十条 公务员工资包括基本工资、津贴、补贴和奖金。

公务员按照国家规定享受地区附加津贴、艰苦边远地区津贴、岗位津贴等津贴。

公务员按照国家规定享受住房、医疗等补贴、补助。

公务员在定期考核中被确定为优秀、称职的，按照国家规定享受年终奖金。

公务员工资应当按时足额发放。

第八十一条 公务员的工资水平应当与国民经济发展相协调、与社会进步相适应。

国家实行工资调查制度，定期进行公务员和企业相当人员工资水平的调查比较，并将工资调查比较结果作为调整公务员工资水平的依据。

第八十二条 公务员按照国家规定享受福利待遇。国家根据经济社会发展水平提高公务员的福利待遇。

公务员执行国家规定的工时制度，按照国家规定享受休假。公务员在法定工作日之外加班的，应当给予相应的补休，不能补休的按照国家规定给予补助。

第八十三条 公务员依法参加社会保险，按照国家规定享受保险待遇。

公务员因公牺牲或者病故的，其亲属享受国家规定的抚恤和优待。

第八十四条 任何机关不得违反国家规定自行更改公务员工资、福利、保险政策，擅自提高或者降低公务员的工资、福利、保险待遇。任何机关不得扣减或者拖欠公务员的工资。

第十三章　辞职与辞退

第八十五条 公务员辞去公职，应当向任免机关提出书面申请。任免机关应当自接到申请之日起三十日内予以审批，其中对领导成员辞去公职的申请，应当自接到申请之日起九十日内予以审批。

第八十六条 公务员有下列情形之一的，不得辞去公职：

（一）未满国家规定的最低服务年限的；
（二）在涉及国家秘密等特殊职位任职或者离开上述职位不满国家规定的脱密期限的；
（三）重要公务尚未处理完毕，且须由本人继续处理的；
（四）正在接受审计、纪律审查、监察调查，或者涉嫌犯罪，司法程序尚未终结的；
（五）法律、行政法规规定的其他不得辞去公职的情形。

第八十七条 担任领导职务的公务员，因工作变动依照法律规定需要辞去现任职务的，应当履行辞职手续。

担任领导职务的公务员，因个人或者其他原因，可以自愿提出辞去领导职务。

领导成员因工作严重失误、失职造成重大损失或者恶劣社会影响的，或者对重大事故负有领导责任的，应当引咎辞去领导职务。

领导成员因其他原因不再适合担任现任领导职务的，或者应当引咎辞职本人不提出辞职的，应当责令其辞去领导职务。

第八十八条 公务员有下列情形之一的，予以辞退：
（一）在年度考核中，连续两年被确定为不称职的；
（二）不胜任现职工作，又不接受其他安排的；
（三）因所在机关调整、撤销、合并或者缩减编制员额需要调整工作，本人拒绝合理安排的；
（四）不履行公务员义务，不遵守法律和公务员纪律，经教育仍无转变，不适合继续在机关工作，又不宜给予开除处分的；
（五）旷工或者因公外出、请假期满无正当理由逾期不归连续超过十五天，或者一年内累计超过三十天的。

第八十九条 对有下列情形之一的公务员，不得辞退：
（一）因公致残，被确认丧失或者部分丧失工作能力的；
（二）患病或者负伤，在规定的医疗期内的；
（三）女性公务员在孕期、产假、哺乳期内的；
（四）法律、行政法规规定的其他不得辞退的情形。

第九十条 辞退公务员，按照管理权限决定。辞退决定应当以书面形式通知被辞退的公务员，并应当告知辞退依据和理由。

被辞退的公务员，可以领取辞退费或者根据国家有关规定享受失业保险。

第九十一条 公务员辞职或者被辞退，离职前应当办理公务交接手续，必要时按照规定接受审计。

第十四章 退　　休

第九十二条 公务员达到国家规定的退休年龄或者完全丧失工作能力的，应当退休。

第九十三条 公务员符合下列条件之一的，本人自愿提出申请，经任免机关批准，可以提前退休：

（一）工作年限满三十年的；
（二）距国家规定的退休年龄不足五年，且工作年限满二十年的；
（三）符合国家规定的可以提前退休的其他情形的。

第九十四条 公务员退休后，享受国家规定的养老金和其他待遇，国家为其生活和健康提供必要的服务和帮助，鼓励发挥个人专长，参与社会发展。

第十五章 申诉与控告

第九十五条 公务员对涉及本人的下列人事处理不服的，可以自知道该人事处理之日起三十日内向原处理机关申请复核；对复核结果不服的，可以自接到复核决定之日起十五日内，按照规定向同级公务员主管部门或者作出该人事处理的机关的上一级机关提出申诉；也可以不经复核，自知道该人事处理之日起三十日内直接提出申诉：
（一）处分；
（二）辞退或者取消录用；
（三）降职；
（四）定期考核定为不称职；
（五）免职；
（六）申请辞职、提前退休未予批准；
（七）不按照规定确定或者扣减工资、福利、保险待遇；
（八）法律、法规规定可以申诉的其他情形。

对省级以下机关作出的申诉处理决定不服的，可以向作出处理决定的上一级机关提出再申诉。

受理公务员申诉的机关应当组成公务员申诉公正委员会，负责受理和审理公务员的申诉案件。

公务员对监察机关作出的涉及本人的处理决定不服向监察机关申请复审、复核的，按照有关规定办理。

第九十六条 原处理机关应当自接到复核申请书后的三十日内作出复核决定，并以书面形式告知申请人。受理公务员申诉的机关应当自受理之日起六十日内作出处理决定；案情复杂的，可以适当延长，但是延长时间不得超过三十日。

复核、申诉期间不停止人事处理的执行。

公务员不因申请复核、提出申诉而被加重处理。

第九十七条 公务员申诉的受理机关审查认定人事处理有错误的，原处理机关应当及时予以纠正。

第九十八条 公务员认为机关及其领导人员侵犯其合法权益的，可以依法向上级机关或者监察机关提出控告。受理控告的机关应当按照规定及时处理。

第九十九条 公务员提出申诉、控告，应当尊重事实，不得捏造事实，诬告、陷害他人。对捏造事实，诬告、陷害他人的，依法追究法律责任。

第十六章 职位聘任

第一百条 机关根据工作需要，经省级以上公务员主管部门批准，可以对专业性较强的职位和辅助性职位实行聘任制。

前款所列职位涉及国家秘密的，不实行聘任制。

第一百零一条 机关聘任公务员可以参照公务员考试录用的程序进行公开招聘，也可以从符合条件的人员中直接选聘。

机关聘任公务员应当在规定的编制限额和工资经费限额内进行。

第一百零二条 机关聘任公务员，应当按照平等自愿、协商一致的原则，签订书面的聘任合同，确定机关与所聘公务员双方的权利、义务。聘任合同经双方协商一致可以变更或者解除。

聘任合同的签订、变更或者解除，应当报同级公务员主管部门备案。

第一百零三条 聘任合同应当具备合同期限，职位及其职责要求，工资、福利、保险待遇，违约责任等条款。

聘任合同期限为一年至五年。聘任合同可以约定试用期，试用期为一个月至十二个月。

聘任制公务员实行协议工资制，具体办法由中央公务员主管部门规定。

第一百零四条 机关依据本法和聘任合同对所聘公务员进行管理。

第一百零五条 聘任制公务员与所在机关之间因履行聘任合同发生争议的，可以自争议发生之日起六十日内申请仲裁。

省级以上公务员主管部门根据需要设立人事争议仲裁委员会，受理仲裁申请。人事争议仲裁委员会由公务员主管部门的代表、聘用机关的代表、聘任制公务员的代表以及法律专家组成。

当事人对仲裁裁决不服的，可以自接到仲裁裁决书之日起十五日内向人民法院提起诉讼。仲裁裁决生效后，一方当事人不履行的，另一方当事人可以申请人民法院执行。

第十七章 法律责任

第一百零六条 对有下列违反本法规定情形的，由县级以上领导机关或者公务员主管部门按照管理权限，区别不同情况，分别予以责令纠正或者宣布无效；对负有责任的领导人员和直接责任人员，根据情节轻重，给予批评教育、责令检查、诫勉、组织调整、处分；构成犯罪的，依法追究刑事责任：

（一）不按照编制限额、职数或者任职资格条件进行公务员录用、调任、转任、聘任和晋升的；

（二）不按照规定条件进行公务员奖惩、回避和办理退休的；

（三）不按照规定程序进行公务员录用、调任、转任、聘任、晋升以及考核、奖惩的；

（四）违反国家规定，更改公务员工资、福利、保险待遇标准的；

（五）在录用、公开遴选等工作中发生泄露试题、违反考场纪律以及其他严重影响公开、公正行为的；

（六）不按照规定受理和处理公务员申诉、控告的；

（七）违反本法规定的其他情形的。

第一百零七条 公务员辞去公职或者退休的，原系领导成员、县处级以上领导职务的公务员在离职三年内，其他公务员在离职两年内，不得到与原工作业务直接相关的企业或者其他营利性组织任职，不得从事与原工作业务直接相关的营利性活动。

公务员辞去公职或者退休后有违反前款规定行为的，由其原所在机关的同级公务员主管部门责令限期改正；逾期不改正的，由县级以上市场监管部门没收该人员从业期间的违法所得，责令接收单位将该人员予以清退，并根据情节轻重，对接收单位处以被处罚人员违法所得一倍以上五倍以下的罚款。

第一百零八条 公务员主管部门的工作人员，违反本法规定，滥用职权、玩忽职守、徇私舞弊，构成犯罪的，依法追究刑事责任；尚不构成犯罪的，给予处分或者由监察机关依法给予政务处分。

第一百零九条 在公务员录用、聘任等工作中，有隐瞒真实信息、弄虚作假、考试作弊、扰乱考试秩序等行为的，由公务员主管部门根据情节作出考试成绩无效、取消资格、限制报考等处理；情节严重的，依法追究法律责任。

第一百一十条 机关因错误的人事处理对公务员造成名誉损害的，应当赔礼道歉、恢复名誉、消除影响；造成经济损失的，应当依法给予赔偿。

第十八章 附 则

第一百一十一条 本法所称领导成员，是指机关的领导人员，不包括机关内设机构担任领导职务的人员。

第一百一十二条 法律、法规授权的具有公共事务管理职能的事业单位中除工勤人员以外的工作人员，经批准参照本法进行管理。

第一百一十三条 本法自 2019 年 6 月 1 日起施行。

154　事业单位人事管理条例

2014年4月25日中华人民共和国国务院令第652号公布，
自2014年7月1日起施行。

第一章　总　　则

第一条　为了规范事业单位的人事管理，保障事业单位工作人员的合法权益，建设高素质的事业单位工作人员队伍，促进公共服务发展，制定本条例。

第二条　事业单位人事管理，坚持党管干部、党管人才原则，全面准确贯彻民主、公开、竞争、择优方针。

国家对事业单位工作人员实行分级分类管理。

第三条　中央事业单位人事综合管理部门负责全国事业单位人事综合管理工作。

县级以上地方各级事业单位人事综合管理部门负责本辖区事业单位人事综合管理工作。

事业单位主管部门具体负责所属事业单位人事管理工作。

第四条　事业单位应当建立健全人事管理制度。

事业单位制定或者修改人事管理制度，应当通过职工代表大会或者其他形式听取工作人员意见。

第二章　岗 位 设 置

第五条　国家建立事业单位岗位管理制度，明确岗位类别和等级。

第六条　事业单位根据职责任务和工作需要，按照国家有关规定设置岗位。

岗位应当具有明确的名称、职责任务、工作标准和任职条件。

第七条　事业单位拟订岗位设置方案，应当报人事综合管理部门备案。

第三章　公开招聘和竞聘上岗

第八条　事业单位新聘用工作人员，应当面向社会公开招聘。但是，国家政策性安置、按照人事管理权限由上级任命、涉密岗位等人员除外。

第九条　事业单位公开招聘工作人员按照下列程序进行：

（一）制定公开招聘方案；

（二）公布招聘岗位、资格条件等招聘信息；

（三）审查应聘人员资格条件；

（四）考试、考察；

（五）体检；

（六）公示拟聘人员名单；

（七）订立聘用合同，办理聘用手续。

第十条 事业单位内部产生岗位人选，需要竞聘上岗的，按照下列程序进行：

（一）制定竞聘上岗方案；

（二）在本单位公布竞聘岗位、资格条件、聘期等信息；

（三）审查竞聘人员资格条件；

（四）考评；

（五）在本单位公示拟聘人员名单；

（六）办理聘任手续。

第十一条 事业单位工作人员可以按照国家有关规定进行交流。

第四章　聘用合同

第十二条 事业单位与工作人员订立的聘用合同，期限一般不低于3年。

第十三条 初次就业的工作人员与事业单位订立的聘用合同期限3年以上的，试用期为12个月。

第十四条 事业单位工作人员在本单位连续工作满10年且距法定退休年龄不足10年，提出订立聘用至退休的合同的，事业单位应当与其订立聘用至退休的合同。

第十五条 事业单位工作人员连续旷工超过15个工作日，或者1年内累计旷工超过30个工作日的，事业单位可以解除聘用合同。

第十六条 事业单位工作人员年度考核不合格且不同意调整工作岗位，或者连续两年年度考核不合格的，事业单位提前30日书面通知，可以解除聘用合同。

第十七条 事业单位工作人员提前30日书面通知事业单位，可以解除聘用合同。但是，双方对解除聘用合同另有约定的除外。

第十八条 事业单位工作人员受到开除处分的，解除聘用合同。

第十九条 自聘用合同依法解除、终止之日起，事业单位与被解除、终止聘用合同人员的人事关系终止。

第五章　考核和培训

第二十条 事业单位应当根据聘用合同规定的岗位职责任务，全面考核工作人员的表现，重点考核工作绩效。考核应当听取服务对象的意见和评价。

第二十一条 考核分为平时考核、年度考核和聘期考核。

年度考核的结果可以分为优秀、合格、基本合格和不合格等档次，聘期考核的结果可以分为合格和不合格等档次。

第二十二条 考核结果作为调整事业单位工作人员岗位、工资以及续订聘用合同的依据。

第二十三条 事业单位应当根据不同岗位的要求，编制工作人员培训计划，对工作人员进行分级分类培训。

工作人员应当按照所在单位的要求，参加岗前培训、在岗培训、转岗培训和为完成特定任务的专项培训。

第二十四条 培训经费按照国家有关规定列支。

第六章 奖励和处分

第二十五条 事业单位工作人员或者集体有下列情形之一的，给予奖励：

（一）长期服务基层，爱岗敬业，表现突出的；
（二）在执行国家重要任务、应对重大突发事件中表现突出的；
（三）在工作中有重大发明创造、技术革新的；
（四）在培养人才、传播先进文化中作出突出贡献的；
（五）有其他突出贡献的。

第二十六条 奖励坚持精神奖励与物质奖励相结合、以精神奖励为主的原则。

第二十七条 奖励分为嘉奖、记功、记大功、授予荣誉称号。

第二十八条 事业单位工作人员有下列行为之一的，给予处分：

（一）损害国家声誉和利益的；
（二）失职渎职的；
（三）利用工作之便谋取不正当利益的；
（四）挥霍、浪费国家资财的；
（五）严重违反职业道德、社会公德的；
（六）其他严重违反纪律的。

第二十九条 处分分为警告、记过、降低岗位等级或者撤职、开除。

受处分的期间为：警告，6个月；记过，12个月；降低岗位等级或者撤职，24个月。

第三十条 给予工作人员处分，应当事实清楚、证据确凿、定性准确、处理恰当、程序合法、手续完备。

第三十一条 工作人员受开除以外的处分，在受处分期间没有再发生违纪行为的，处分期满后，由处分决定单位解除处分并以书面形式通知本人。

第七章 工资福利和社会保险

第三十二条 国家建立激励与约束相结合的事业单位工资制度。

事业单位工作人员工资包括基本工资、绩效工资和津贴补贴。

事业单位工资分配应当结合不同行业事业单位特点，体现岗位职责、工作业绩、实际贡献等因素。

第三十三条 国家建立事业单位工作人员工资的正常增长机制。

事业单位工作人员的工资水平应当与国民经济发展相协调、与社会进步相适应。

第三十四条 事业单位工作人员享受国家规定的福利待遇。

事业单位执行国家规定的工时制度和休假制度。

第三十五条 事业单位及其工作人员依法参加社会保险，工作人员依法享受社会保险待遇。

第三十六条 事业单位工作人员符合国家规定退休条件的，应当退休。

第八章　人事争议处理

第三十七条 事业单位工作人员与所在单位发生人事争议的，依照《中华人民共和国劳动争议调解仲裁法》等有关规定处理。

第三十八条 事业单位工作人员对涉及本人的考核结果、处分决定等不服的，可以按照国家有关规定申请复核、提出申诉。

第三十九条 负有事业单位聘用、考核、奖励、处分、人事争议处理等职责的人员履行职责，有下列情形之一的，应当回避：

（一）与本人有利害关系的；

（二）与本人近亲属有利害关系的；

（三）其他可能影响公正履行职责的。

第四十条 对事业单位人事管理工作中的违法违纪行为，任何单位或者个人可以向事业单位人事综合管理部门、主管部门或者监察机关投诉、举报，有关部门和机关应当及时调查处理。

第九章　法　律　责　任

第四十一条 事业单位违反本条例规定的，由县级以上事业单位人事综合管理部门或者主管部门责令限期改正；逾期不改正的，对直接负责的主管人员和其他直接责任人员依法给予处分。

第四十二条 对事业单位工作人员的人事处理违反本条例规定给当事人造成名誉损害的，应当赔礼道歉、恢复名誉、消除影响；造成经济损失的，依法给予赔偿。

第四十三条 事业单位人事综合管理部门和主管部门的工作人员在事业单位人事管理工作中滥用职权、玩忽职守、徇私舞弊的，依法给予处分；构成犯罪的，依法追究刑事责任。

第十章　附　　则

第四十四条 本条例自2014年7月1日起施行。

附录　统计资料

155　2012年度人力资源和社会保障事业发展统计公报（节选）

二、社会保障

（四）工伤保险

年末全国参加工伤保险人数为 19 010 万人，比上年末增加 1 314 万人。其中，参加工伤保险的农民工人数为 7 179 万人，比上年末增加 352 万人。全年认定（视同）工伤 117.4 万人，比上年减少 2.8 万人；全年评定伤残等级人数为 51.3 万人，比上年增加 0.3 万人。全年享受工伤保险待遇人数为 191 万人，比上年增加 28 万人。

全年工伤保险基金收入 527 亿元，支出 406 亿元，分别比上年增长 12.9% 和 41.9%。年末工伤保险基金累计结存 737 亿元，储备金结存 125 亿元。

156　2013年度人力资源和社会保障事业发展统计公报（节选）

二、社会保障

（四）工伤保险

年末全国参加工伤保险人数为 19 917 万人，比上年末增加 907 万人。其中，参加工伤保险的农民工人数为 7 263 万人，比上年末增加 84 万人。全年认定（视同）工伤 118.3 万人，比上年增加 0.9 万人；全年评定伤残等级人数为 51.2 万人，比上年减少 0.2 万人。全年享受工伤保险待遇人数为 195 万人，比上年增加 5 万人。

全年工伤保险基金收入 615 亿元，支出 482 亿元，分别比上年增长 16.7% 和 18.7%。年末工伤保险基金累计结存 996 亿元（含储备金 168 亿元）。

157　2014年度人力资源和社会保障事业发展统计公报（节选）

二、社会保障

（四）工伤保险

年末全国参加工伤保险人数为 20 639 万人，比上年末增加 8 722 万人。其中，参加工伤保险的农民工人数为 7 362 万人，比上年末增加 98 万人。全年认定（视同）工伤 114.7 万人，比上年减少 3.7 万人；全年评定伤残等级人数为 55.8 万人，比上年增加 4.6 万人。全年享受工伤保险待遇人数为 198 万人，比上年增加 3 万人。

全年工伤保险基金收入 695 亿元，支出 560 亿元，分别比上年增长 13.0% 和 16.3%。年末工伤保险基金累计结存 1 129 亿元（含储备金 190 亿元）。

158　2015年度人力资源和社会保障事业发展统计公报（节选）

二、社会保障

（四）工伤保险

年末全国参加工伤保险人数为 21 432 万人，比上年末增加 793 万人。其中，参加工伤保险的农民工人数为 7 489 万人，比上年末增加 127 万人。全年认定（视同）工伤 107.6 万人，比上年减少 7.1 万人。全年评定伤残等级人数为 54.2 万人，比上年减少 1.6 万人。全年享受工伤保险待遇人数为 202 万人，比上年增加 4 万人。

全年工伤保险基金收入 754 亿元，支出 599 亿元，分别比上年增长 8.6% 和 6.8%。年末工伤保险基金累计结存 1 285 亿元（含储备金 209 亿元）。

159　2016年度人力资源和社会保障事业发展统计公报（节选）

二、社会保障

（四）工伤保险

年末全国参加工伤保险人数为 21 889 万人，比上年末增加 457 万人。其中，参加工伤保险的农民工人数为 7 510 万人，比上年末增加 21 万人。全年认定（视同）工伤 104 万人，比上年减少 4 万人。全年评定伤残等级人数为 53.5 万人，比上年减少 0.7 万人。全年享受工伤保险待遇人数为 196 万人，比上年减少 6 万人。

全年工伤保险基金收入 737 亿元，比上年下降 2.3%，支出 610 亿元，比上年增长 1.9%。年末工伤保险基金累计结存 1 411 亿元（含储备金 239 亿元）。

160　2017 年度人力资源和社会保障事业发展统计公报（节选）

二、社会保险

（四）工伤保险

年末全国参加工伤保险人数为 22 724 万人，比上年末增加 834 万人，其中，参加工伤保险的农民工人数为 7 807 万人，比上年末增加 297 万人。全年认定（视同）工伤 104 万人，与上年基本持平。全年评定伤残等级人数为 52.9 万人，比上年减少 0.6 万人。全年享受工伤保险待遇人数为 193 万人，比上年减少 3 万人。

全年工伤保险基金收入 854 亿元，比上年增长 15.9%。支出 662 亿元，比上年增长 8.5%。年末工伤保险基金累计结存 1 607 亿元（含储备金 270 亿元）。

161　2018 年度人力资源和社会保障事业发展统计公报（节选）

二、社会保险

（三）工伤保险

年末全国参加工伤保险人数为 23 874 万人，比上年末增加 1 151 万人。截至 2018 年末，全国新开工工程建设项目工伤保险参保率为 99%。全年认定（视同）工伤 110 万人，评定伤残等级 56.9 万人。全年有 199 万人次享受工伤保险待遇。

全年工伤保险基金收入 913 亿元，基金支出 742 亿元。年末工伤保险基金累计结存 1 785 亿元（含储备金 294 亿元）。

162　2019年度人力资源和社会保障事业发展统计公报（节选）

二、社会保险

（三）工伤保险

年末全国参加工伤保险人数为 25 478 万人，比上年末增加 1 604 万人。截至 2019 年末，全国新开工工程建设项目工伤保险参保率为 99%。全年认定（视同）工伤 113.3 万人，评定伤残等级 60.7 万人。全年有 194 万人次享受工伤保险待遇。

全年工伤保险基金收入 819 亿元，基金支出 817 亿元。年末工伤保险基金累计结存 1 783 亿元（含储备金 262 亿元）。

163　2020年度人力资源和社会保障事业发展统计公报（节选）

二、社会保险

（三）工伤保险

年末全国参加工伤保险人数为 26 763 万人，比上年末增加 1 285 万人。截至 2020 年末，全国新开工工程建设项目工伤保险参保率为 98%。全年认定（视同）工伤 112.0 万人，评定伤残等级 60.4 万人。全年有 188 万人次享受工伤保险待遇。

全年工伤保险基金收入 486 亿元，基金支出 820 亿元。年末工伤保险基金累计结存 1 449 亿元（含储备金 174 亿元）。

164　2021年度人力资源和社会保障事业发展统计公报（节选）

二、社会保险

（三）工伤保险

年末全国参加工伤保险人数为 28 287 万人，比上年末增加 1 523 万人。截至 2021 年末，全国新开工工程建设项目工伤保险参保率为 99%。全年认定（视同）工伤 129.9 万人，评定伤残等级 77.1 万人。全年有 206 万人享受工伤保险待遇。

全年工伤保险基金收入 952 亿元，基金支出 990 亿元。年末工伤保险基金累计结存 1 411 亿元（含储备金 164 亿元）。

165　历年全国工伤保险基本情况

年份	年末参保人数（万人）	全年享受工伤保险待遇人数（万人）	基金收支情况（亿元）		
			基金收入	基金支出	累计结余
绝对数					
1993	1 103.5		2.4	0.4	3.1
1994	1 822.1		4.6	0.9	6.8
1995	2 614.8		8.1	1.8	12.7
1996	3 102.6		10.9	3.7	19.7
1997	3 507.8		13.6	6.1	27.7
1998	3 781.3		21.2	9.0	39.5
1999	3 912.3		20.9	15.4	44.9
2000	4 350.3		24.8	13.8	57.9
2001	4 345.3	18.7	28.3	16.5	68.9
2002	4 405.6	26.5	32.0	19.9	81.1
2003	4 574.8	32.9	37.6	27.1	91.2
2004	6 845.2	51.9	58.3	33.3	118.6
2005	8 477.8	65.1	92.5	47.5	163.5
2006	10 268.5	77.8	121.8	68.5	192.9
2007	12 173.4	96.0	165.6	87.9	262.6
2008	13 787.2	117.8	216.7	126.9	384.6
2009	14 895.5	129.6	240.1	155.7	468.8
2010	16 160.7	147.5	284.9	192.4	561.4
2011	17 695.9	163.0	466.4	286.4	742.6
2012	19 010.1	190.5	526.7	406.3	861.9
2013	19 917.2	195.2	614.8	482.1	996.2
2014	20 639.2	198.2	694.8	560.5	1 128.8
2015	21 432.5	201.9	754.2	598.7	1 285.3
2016	21 889.3	196.0	736.9	610.3	1 410.9
2017	22 723.7	192.8	853.8	662.3	1 606.9
2018	23 874.4	198.5	913.0	742.0	1 784.9
2019	25 478.1	194.2	819.4	816.9	1 783.2
2020	26 763.4	187.6	486.3	820.3	1 449.3
2021	28 286.5	206.2	951.9	990.2	1 411.2

续表

年份	年末参保人数（万人）	全年享受工伤保险待遇人数（万人）	基金收支情况（亿元）		
			基金收入	基金支出	累计结余
比上年增长（%）					
1994	65.1		90.4	127.4	118.1
1995	43.5		77.5	92.4	87.3
1996	18.7		34.7	104.1	55.8
1997	13.1		24.6	64.5	40.1
1998	7.8		55.9	48.6	42.9
1999	3.5		-1.3	70.5	13.6
2000	11.2		18.7	-10.5	28.8
2001	-0.1	-0.6	14.2	19.5	19.1
2002	1.4	41.7	13.2	20.6	17.7
2003	3.8	24.2	17.4	36.2	12.5
2004	49.6	57.8	55.1	22.9	30.0
2005	23.9	25.4	58.7	42.6	37.9
2006	21.1	19.5	31.7	44.2	18.0
2007	18.6	23.4	36.0	28.3	36.1
2008	13.3	22.7	30.9	44.4	27.6
2009	8.0	10.0	10.8	22.7	21.9
2010	8.5	13.8	18.7	23.6	19.8
2011	9.5	10.6	63.7	48.8	32.3
2012	7.4	16.9	12.9	41.9	16.1
2013	4.8	2.4	16.7	18.7	15.6
2014	3.6	1.5	13.0	16.3	13.3
2015	3.8	1.9	8.6	6.8	13.9
2016	2.1	-2.9	-2.3	1.9	9.8
2017	3.8	-1.6	15.9	8.5	13.9
2018	5.1	2.9	6.9	12.0	11.1
2019	6.7	-2.2	-10.2	10.1	-0.1
2020	5.0	-3.4	-40.7	0.4	-18.7
2021	5.7	9.9	95.8	20.7	-2.6

166　历年各地区工伤保险基本情况

单位：万人

地区	2001		2002		2003	
	年末参保人数	享受工伤保险待遇人数	年末参保人数	享受工伤保险待遇人数	年末参保人数	享受工伤保险待遇人数
全国	4 345	19	4 406	27	4 575	33
北京	204.7	0.1	221.1	0.7	242.9	1.2
天津						
河北	163.1	0.8	146.7	0.4	145.7	0.4
山西	71.8		46.3	0.1	48.4	
内蒙古	26.7	0.5	23.8	0.2	31.8	0.3
辽宁	390.6	5.0	390.5	6.0	345.8	7.3
吉林	30.7	1.1	36.6	1.5	37.1	1.2
黑龙江	104.4	0.1	119.0	0.9	130.9	1.1
上海						
江苏	473.9	0.7	480.0	1.3	503.0	1.7
浙江	219.7	0.6	226.0	1.0	287.7	1.4
安徽	73.4	0.2	69.8	0.3	68.0	0.4
福建	159.0	0.2	170.7	0.3	172.3	0.6
江西	137.8	0.2	129.3	0.2	129.7	0.3
山东	285.5	0.6	277.7	1.1	281.8	1.5
河南	196.0	0.5	218.8	0.7	210.6	0.5
湖北	182.3	1.3	183.2	1.7	189.2	1.4
湖南						8.6
广东	990.1	5.2	1 049.9	8.0	1 120.0	9.7
广西	124.1	0.1	117.3	0.2	120.3	0.3
海南	69.5		68.9	0.1	68.2	0.1
重庆	25.0	0.1	29.7	0.1	26.5	0.2
四川	179.3	0.5	167.4	0.6	161.4	1.2
贵州	1.7		1.3		1.3	
云南	97.3	0.6	89.0	0.9	84.1	1.2
西藏						
陕西	24.5	0.1	25.6		35.1	0.1
甘肃	9.5		8.7		8.0	
青海	7.1		6.6		6.6	
宁夏	11.4		16.0		15.2	0.1
新疆	86.3	0.1	86.0	0.1	94.6	0.5

续表

地区	2004		2005		2006	
	年末参保人数	享受工伤保险待遇人数	年末参保人数	享受工伤保险待遇人数	年末参保人数	享受工伤保险待遇人数
全国	6 845	52	8 478	65	10 268	78
北京	258.9	2.5	303.9	3.0	465.3	1.5
天津	147.2	0.1	162.9	0.9	209.7	1.7
河北	273.9	0.9	361.4	1.3	402.4	2.4
山西	104.0	0.1	151.4	0.5	201.4	3.3
内蒙古	85.0	0.5	110.2	0.7	131.6	0.8
辽宁	404.2	8.2	474.6	9.1	510.0	8.5
吉林	114.3	3.1	136.7	2.2	174.7	3.0
黑龙江	202.7	4.3	257.5	3.8	303.0	3.9
上海	488.3	0.1	523.7	0.5	817.7	0.7
江苏	577.2	2.7	680.2	3.7	812.7	5.6
浙江	360.4	2.7	453.1	4.8	603.9	7.4
安徽	102.0	0.5	148.2	1.7	200.2	2.0
福建	205.4	0.8	239.1	1.3	261.0	1.5
江西	134.7	0.4	153.6	0.8	207.9	1.5
山东	476.7	4.7	578.7	5.7	647.3	5.8
河南	324.7	1.1	404.0	1.5	421.0	1.7
湖北	187.2	1.8	230.3	1.1	275.5	1.5
湖南	203.3	0.3	228.2	0.7	280.1	2.0
广东	1 215.1	11.3	1 605.1	12.9	1 868.2	13.5
广西	133.5	0.7	144.4	0.8	161.1	0.8
海南	64.5	0.1	68.9	0.1	71.5	0.2
重庆	122.6	0.4	154.1	1.2	165.4	1.8
四川	195.6	1.6	270.5	2.0	304.9	2.3
贵州	1.2		65.8	0.1	90.5	0.6
云南	150.9	1.1	166.9	1.2	173.8	1.1
西藏				1.9		2.3
陕西	115.1	0.7	149.2	1.8	210.3	0.7
甘肃	42.0	0.1	70.1	0.4	86.3	0.3
青海	15.7	0.1	20.5	0.3	23.1	0.4
宁夏	19.1	0.3	23.5	0.3	24.2	0.3
新疆	119.5	0.7	139.1	0.9	161.3	1.2

续表

地区	2007		2008		2009	
	年末参保人数	享受工伤保险待遇人数	年末参保人数	享受工伤保险待遇人数	年末参保人数	享受工伤保险待遇人数
全国	12 173	96	13 787	118	14 896	130
北京	609.2	1.6	666.5	1.8	747.1	4.1
天津	257.2	2.3	274.9	2.7	292.2	3.1
河北	481.3	6.0	520.8	5.3	559.3	6.0
山西	229.1	3.9	261.0	4.6	280.7	4.3
内蒙古	163.6	1.3	185.4	1.4	199.1	1.6
辽宁	572.3	9.1	659.6	8.5	695.8	9.0
吉林	206.8	2.6	234.9	4.1	272.2	3.0
黑龙江	351.7	4.9	390.9	4.5	401.8	5.6
上海	884.4	0.9	950.4	1.2	934.0	1.3
江苏	921.0	6.6	1 056.6	8.4	1 118.1	9.3
浙江	1 002.9	11.2	1 261.8	16.9	1 331.1	18.0
安徽	248.7	2.2	292.9	2.9	320.6	3.9
福建	294.8	1.9	346.1	2.2	379.3	2.3
江西	251.3	1.7	313.6	2.0	340.2	1.9
山东	745.0	7.0	865.0	8.8	1 064.6	9.2
河南	448.3	2.6	500.2	3.1	521.0	3.2
湖北	327.5	2.0	360.9	2.4	410.7	2.7
湖南	342.4	2.6	403.5	3.9	472.1	5.3
广东	2 113.9	13.8	2 302.3	15.2	2 435.5	15.0
广西	182.4	0.9	204.9	1.1	221.7	1.2
海南	78.4	0.2	86.1	0.2	90.1	0.3
重庆	181.1	1.6	208.2	4.2	226.5	4.7
四川	397.3	3.2	464.6	4.6	515.8	6.1
贵州	110.5	0.9	129.0	1.1	143.3	1.4
云南	188.5	1.6	202.5	2.3	215.1	2.4
西藏	3.7		5.9		8.3	
陕西	232.0	1.0	247.6	1.4	264.9	1.4
甘肃	98.2	0.4	108.9	0.8	119.7	0.8
青海	25.3	0.4	29.9	0.5	40.1	0.5
宁夏	30.5	0.1	37.5	0.2	42.4	0.2
新疆	194.1	1.4	214.5	1.6	232.3	1.9

续表

地区	2010		2011		2012	
	年末参保人数	享受工伤保险待遇人数	年末参保人数	享受工伤保险待遇人数	年末参保人数	享受工伤保险待遇人数
全国	16 161	147	17 696	163	19 010	191
北京	823.8	4.4	862.4	4.7	897.2	4.8
天津	304.5	4.1	320.4	3.8	330.1	3.4
河北	594.4	7.5	640.4	8.6	694.8	9.1
山西	292.4	4.9	337.6	5.5	529.6	8.4
内蒙古	207.5	1.8	225.3	3.2	248.9	2.5
辽宁	730.0	10.0	779.1	11.3	819.1	14.0
吉林	300.5	3.7	331.6	3.3	359.4	4.2
黑龙江	415.1	6.2	450.0	8.2	470.6	6.8
上海	961.0	1.7	939.5	2.5	898.9	6.1
江苏	1 205.5	9.8	1 327.0	10.7	1 420.7	12.3
浙江	1 475.1	20.2	1 610.8	22.2	1 731.7	23.8
安徽	351.1	4.4	422.0	5.6	457.9	8.8
福建	417.7	2.4	496.9	2.8	540.9	3.4
江西	371.7	2.7	387.9	3.0	410.9	5.5
山东	1 211.2	10.2	1 276.1	10.8	1 339.6	11.9
河南	551.7	3.0	655.5	3.5	720.6	4.8
湖北	444.0	3.1	481.0	4.5	522.6	4.0
湖南	516.0	7.4	635.5	7.0	693.8	7.8
广东	2 657.8	14.7	2 847.8	15.4	2 962.8	16.7
广西	235.7	1.4	272.5	1.5	312.4	1.8
海南	95.8	0.3	104.0	0.3	119.5	0.4
重庆	266.0	5.6	337.1	6.2	374.9	8.0
四川	583.8	6.0	650.8	6.5	689.4	8.0
贵州	162.2	1.9	194.0	2.2	238.2	2.7
云南	227.4	4.6	243.4	3.6	295.3	4.0
西藏	8.8		11.8		14.2	0.1
陕西	278.6	1.6	326.8	1.9	350.4	2.2
甘肃	130.1	1.1	150.2	1.4	158.5	1.8
青海	43.2	0.5	45.6	0.5	49.2	0.6
宁夏	48.9	0.3	58.3	0.3	63.9	0.4
新疆	249.3	2.0	274.6	2.0	294.1	2.4

续表

地区	2013		2014		2015	
	年末参保人数	享受工伤保险待遇人数	年末参保人数	享受工伤保险待遇人数	年末参保人数	享受工伤保险待遇人数
全国	19 917	195	20 639	198	21 432	202
北京	920.3	4.8	961.0	5.0	1 020.1	4.7
天津	335.1	3.3	345.2	3.3	385.6	3.4
河北	737.0	10.5	778.7	10.4	809.7	9.6
山西	550.0	9.7	563.1	11.1	573.1	10.1
内蒙古	277.4	2.2	289.9	2.3	297.1	2.4
辽宁	856.7	13.2	903.1	13.2	918.6	13.8
吉林	392.1	5.3	415.6	4.6	435.6	11.3
黑龙江	493.1	7.2	505.5	6.3	512.0	6.5
上海	904.1	6.6	920.5	6.9	932.9	7.0
江苏	1 487.3	13.6	1 540.1	14.3	1 594.1	14.7
浙江	1 826.1	22.6	1 899.4	22.6	1 930.1	20.4
安徽	473.2	8.1	508.3	8.3	528.9	8.3
福建	607.5	3.5	627.3	3.9	691.0	3.9
江西	431.5	4.5	461.2	4.7	500.6	4.6
山东	1 371.9	11.2	1 421.5	11.8	1 473.5	11.1
河南	773.1	4.6	805.7	4.6	856.7	5.0
湖北	556.9	5.7	576.7	4.9	640.1	4.9
湖南	731.2	8.3	747.9	8.7	778.0	9.3
广东	3 057.3	16.7	3 092.6	17.1	3 122.7	16.8
广西	325.6	1.9	338.2	1.8	360.5	1.9
海南	123.4	0.3	126.1	0.3	131.5	0.3
重庆	406.8	8.0	426.1	8.1	428.5	7.5
四川	690.1	8.3	709.7	8.6	753.2	7.9
贵州	260.4	2.3	275.4	2.3	290.2	2.8
云南	334.3	4.4	341.7	4.0	368.1	4.3
西藏	14.8		24.3	0.1	26.9	0.1
陕西	378.1	3.0	404.0	2.9	427.3	3.0
甘肃	167.7	1.8	175.1	2.2	182.6	2.3
青海	52.3	0.6	54.7	0.6	58.0	0.5
宁夏	72.7	0.5	82.2	0.5	80.8	0.6
新疆	309.5	2.5	318.2	2.8	324.4	2.9

续表

地区	2016		2017		2018	
	年末参保人数	享受工伤保险待遇人数	年末参保人数	享受工伤保险待遇人数	年末参保人数	享受工伤保险待遇人数
全国	21 889	196	22 724	193	23 874	199
北京	1 060.2	4.6	1 117.9	4.4	1 187.0	4.4
天津	388.1	3.4	395.3	3.6	398.5	3.7
河北	840.0	9.8	860.7	10.0	880.3	10.3
山西	576.0	11.4	582.6	6.3	596.6	6.8
内蒙古	303.2	2.7	307.8	2.4	325.5	2.4
辽宁	886.6	13.8	862.1	13.8	841.1	13.7
吉林	440.7	4.9	441.4	5.1	441.4	3.9
黑龙江	522.2	6.5	519.1	6.2	520.1	6.9
上海	943.5	6.5	958.1	6.4	972.9	6.5
江苏	1 633.9	15.1	1 690.2	14.3	1 777.5	14.8
浙江	1 880.7	18.7	1 977.2	19.4	2 087.8	21.6
安徽	544.6	8.7	565.5	10.5	603.5	11.3
福建	733.8	4.2	798.7	4.3	853.9	4.7
江西	502.1	4.5	517.1	5.1	534.6	5.2
山东	1 510.9	11.1	1 569.1	11.1	1 633.0	11.4
河南	877.0	4.8	900.9	5.4	926.3	5.6
湖北	651.1	7.9	656.6	6.5	675.6	5.3
湖南	773.3	11.1	782.8	11.9	793.8	13.2
广东	3 246.2	14.5	3 402.0	14.5	3 592.5	14.5
广西	374.1	1.8	388.8	1.6	412.6	1.7
海南	137.4	0.3	141.4	0.4	152.9	0.4
重庆	454.9	7.0	504.6	6.7	577.1	6.4
四川	799.1	7.6	876.0	7.6	1 012.6	8.2
贵州	305.0	2.5	332.5	2.4	355.8	2.4
云南	372.8	3.7	383.7	4.4	403.3	4.3
西藏	26.9	0.1	33.4	0.1	35.7	0.1
陕西	441.6	3.0	459.3	2.8	528.0	3.1
甘肃	188.4	2.5	198.6	1.9	219.4	2.0
青海	59.8	0.5	64.9	0.5	69.2	0.5
宁夏	83.5	0.5	90.3	0.5	93.3	0.6
新疆	331.9	2.4	345.1	2.5	372.4	2.4

续表

地区	2019		2020		2021	
	年末参保人数	享受工伤保险待遇人数	年末参保人数	享受工伤保险待遇人数	年末参保人数	享受工伤保险待遇人数
全国	25 478	194	26 763	188	28 287	206
北京	1 242.2	4.4	1 267.2	3.9	1 307.2	4.6
天津	400.2	4.0	405.6	3.8	408.4	4.1
河北	951.4	10.0	1 069.4	9.7	1 084.7	9.9
山西	624.2	7.4	629.5	7.6	640.1	8.2
内蒙古	338.2	2.4	336.0	3.3	338.2	2.5
辽宁	816.8	13.1	807.1	12.9	807.9	12.1
吉林	445.9	3.9	384.5	6.4	392.4	5.9
黑龙江	464.1	5.9	442.6	4.6	444.4	4.4
上海	1 084.1	6.4	1 082.2	5.7	1 097.3	6.2
江苏	2 016.3	15.1	2 130.8	14.7	2 340.6	16.4
浙江	2 257.4	22.2	2 546.1	17.2	2 741.6	19.3
安徽	639.1	7.0	683.9	6.8	718.0	7.4
福建	891.1	4.8	936.8	4.8	984.4	5.1
江西	539.4	4.2	558.0	4.7	563.5	5.1
山东	1 710.7	11.9	1 822.1	12.4	1 921.9	13.8
河南	966.2	4.6	1 000.0	4.7	1 045.4	6.9
湖北	717.3	5.0	745.8	4.5	828.3	5.4
湖南	807.6	13.4	820.5	12.3	853.8	15.3
广东	3 815.8	15.6	3 866.7	14.7	4 068.6	17.1
广西	442.2	1.8	485.6	2.0	551.3	2.2
海南	159.6	0.4	170.1	0.4	184.9	0.4
重庆	661.7	6.2	729.9	6.0	765.7	7.3
四川	1 177.1	8.6	1 320.1	7.9	1 472.1	8.9
贵州	408.5	2.6	463.8	3.4	529.9	4.2
云南	438.5	4.9	498.8	4.9	541.9	4.1
西藏	36.8	0.1	40.2	0.1	49.6	0.1
陕西	577.4	3.0	604.2	3.2	629.6	3.9
甘肃	244.1	1.5	264.6	1.5	278.7	1.6
青海	74.0	0.5	85.9	0.7	95.9	0.6
宁夏	119.6	0.6	132.6	0.6	143.8	0.6
新疆	410.2	2.6	432.8	2.1	456.1	2.3

167 2012年各地区工伤保险基本情况

单位：人

地区	参保人数（万人）	享受伤残待遇人数	#享受职业病待遇人数	一至四级	#职业病	五至六级	#职业病	七至十级	#职业病	其他	#职业病	基金收入（亿元）	基金支出（亿元）	累计结余（亿元）
全国	19 010	1 633 790	106 232	186 018	45 701	92 122	15 021	495 355	19 376	860 295	26 134	526.7	406.3	861.9
北京	897	39 920	7 487	6 494	3 447	2 557	1 737	12 742	2 170	18 127	133	20.5	17.2	21.9
天津	330	31 726	6 164	7 911	4 216	2 957	1 450	8 020	467	12 838	31	8.2	7.4	12.5
河北	695	70 512	2 088	9 694	1 240	4 063	68	17 692	42	39 063	738	24.7	23.5	21.9
山西	530	59 058	4 443	17 341	1 461	1 536	119	6 100	421	34 081	2 442	24.0	17.6	38.6
内蒙古	249	22 379	782	2 184	240	2 753	194	7 425	178	10 017	170	12.2	5.8	20.4
辽宁	819	122 055	29 958	25 207	10 137	17 980	5 973	48 816	5 449	30 052	8 399	26.7	22.3	41.2
吉林	359	39 193	3 173	8 780	2 194	5 269	435	19 439	429	5 705	115	9.5	6.9	11.9
黑龙江	471	55 413	6 176	10 393	2 400	12 857	1 349	23 048	2 338	9 115	89	18.9	16.6	27.7
上海	899	57 961	1 669	3 632	882	1 130	230	36 282	549	16 917	8	22.0	20.9	47.2
江苏	1 421	109 961	2 754	8 793	1 119	1 915	204	39 322	444	59 931	987	43.7	38.7	48.5
浙江	1 732	232 336	314	2 145	60	2 150	9	52 516	8	175 525	237	37.3	30.3	49.9
安徽	458	75 287	5 566	5 363	309	2 805	9	15 468	410	51 651	4 838	14.3	10.9	20.6
福建	541	30 475	1 541	1 476	212	344	43	6 406	266	22 249	1 020	11.8	7.0	32.6
江西	411	48 027	4 080	5 724	2 942	2 575	307	15 919	701	23 809	130	10.3	8.3	14.4
山东	1 340	90 871	7 268	16 465	3 555	5 234	691	25 572	976	43 600	2 046	34.7	28.0	41.9

续表

地区	参保人数（万人）	享受伤残待遇人数	#享受职业病待遇人数	一至四级	#职业病	五至六级	#职业病	七至十级	#职业病	其他	#职业病	基金收入（亿元）	基金支出（亿元）	累计结余（亿元）
河南	721	36 379	2 506	4 910	1 146	1 265	394	6 233	279	23 971	687	18.0	11.9	35.2
湖北	523	36 114	1 172	4 501	658	2 404	26	7 505	284	21 704	204	10.1	6.9	20.2
湖南	694	69 051	1 180	2 709	284	1 684	54	14 137	476	50 521	366	23.6	17.0	28.9
广东	2 963	149 596	1 343	3 073	113	10 717	13	51 531	103	84 275	1 114	52.7	32.1	172.1
广西	312	14 101	731	2 154	286	725	80	3 009	44	8 213	321	5.9	3.3	17.9
海南	119	2 939	53	178	9	84	13	246	13	2 431	18	2.1	1.0	6.4
重庆	375	68 517	4 139	9 101	3 129	478	49	19 583	732	39 355	229	14.6	15.0	6.6
四川	689	65 085	6 768	8 842	2 455	3 635	1 142	26 120	1 951	26 488	1 220	22.0	18.0	34.0
贵州	238	24 428	652	1 208	166	1 207	66	11 461	254	10 552	166	11.0	8.0	13.0
云南	295	29 079	522	3 425	367	463	34	3 975	61	21 216	60	10.8	9.2	18.5
西藏	14	575		27		90		354		104		0.6	0.4	1.3
陕西	350	16 615	422	3 338	252	1 281	73	4 676	90	7 320	7	10.9	5.8	21.8
甘肃	159	10 611	436	4 133	226	706	14	2 236	23	3 536	173	5.1	4.0	8.6
青海	49	3 218	273	1 052	216	99	5	878	52	1 189		2.3	1.7	4.1
宁夏	64	3 098	210	509	136	175	22	1 157	52	1 257		8.1	1.9	8.7
新疆	226	14 346	1 727	3 267	1 279	725	191	6 213	107	4 141	150	8.2	6.8	11.7
新疆兵团	68	4 864	635	1 989	565	259	27	1 274	7	1 342	36	1.9	1.6	1.8

注：工伤保险累计结余中含储备金。

168 2013年各地区工伤保险基本情况

单位：人

地区	参保人数（万人）	享受伤残待遇人数	#享受职业病待遇人数	一至四级	#职业病	五至六级	#职业病	七至十级	#职业病	其他	#职业病	基金收入（亿元）	基金支出（亿元）	累计结余（亿元）
全国	19 917	1 656 465	103 364	191 231	50 333	80 782	11 752	546 037	19 587	838 415	21 692	614.8	482.1	996.2
北京	920	40 437	8 167	7 044	3 781	2 988	2 085	16 088	2 150	14 317	151	25.6	18.3	29.3
天津	335	31 555	6 611	7 977	4 291	3 132	1 713	8 221	590	12 225	17	9.5	8.2	13.8
河北	737	86 018	12 272	15 895	8 080	5 301	175	24 250	2 936	40 572	1 081	28.2	30.3	19.7
山西	550	72 218	7 408	21 237	2 127	1 353	115	7 096	360	42 532	4 806	28.3	22.1	44.9
内蒙古	277	19 838	831	3 191	325	2 388	216	5 048	93	9 211	197	12.6	7.8	25.1
辽宁	857	114 691	9 699	21 531	6 342	13 518	1 947	48 996	950	30 646	460	25.4	25.3	41.3
吉林	392	42 516	1 376	6 880	692	4 976	271	24 260	300	6 400	113	11.6	8.6	14.9
黑龙江	493	59 405	7 679	11 668	2 751	12 711	1 992	24 437	2 847	10 589	89	21.1	18.8	30.1
上海	904	62 111	1 704	3 831	909	1 169	230	45 967	559	11 144	6	26.9	26.1	48.0
江苏	1 487	120 652	4 488	9 700	2 384	2 461	230	48 042	625	60 449	1 249	57.0	48.1	57.3
浙江	1 826	219 571	362	2 308	93	2 127	9	56 442	12	158 694	248	41.9	34.6	57.2
安徽	473	68 513	5 577	5 235	477	2 787	67	17 394	1 434	43 097	3 599	19.1	12.6	27.0
福建	608	31 058	4 206	1 927	598	304	31	6 780	101	22 047	3 476	15.8	8.3	40.1
江西	431	37 034	2 854	5 179	1 812	2 014	167	7 318	825	22 523	50	13.4	8.4	19.3
山东	1 372	82 459	6 572	11 517	3 085	4 396	706	25 206	1 020	41 340	1 761	40.0	31.3	50.6

续表

地区	参保人数（万人）	享受伤残待遇人数	#享受职业病待遇人数	一至四级	#职业病	五至六级	#职业病	七至十级	#职业病	其他	#职业病	基金收入（亿元）	基金支出（亿元）	累计结余（亿元）
河南	773	32 164	2 055	5 094	999	949	101	7 126	301	18 995	654	21.1	14.2	42.0
湖北	557	50 824	1 148	4 011	521	2 778	5	6 804	91	37 231	531	13.0	8.8	24.3
湖南	731	71 707	1 789	2 704	428	1 517	39	16 809	267	50 677	1 055	27.2	20.4	35.7
广东	3 057	148 174	379	3 354	124	2 048	24	65 147	115	77 625	116	58.8	36.5	194.4
广西	326	14 711	695	2 559	203	769	126	3 341	131	8 042	235	6.9	4.0	20.9
海南	123	2 775	25	203	5	67		298	1	2 207	19	2.4	1.1	7.7
重庆	407	68 809	5 934	8 169	3 860	870	144	21 594	1 244	38 176	686	17.5	16.7	7.4
四川	690	67 859	7 468	9 893	3 682	3 702	921	24 628	2 076	29 636	789	27.5	20.2	41.3
贵州	260	19 152	506	1 719	248	1 772	66	9 633	190	6 028	2	13.1	11.5	14.6
云南	334	32 409	585	4 162	372	452	17	5 024	100	22 771	96	13.6	11.4	20.7
西藏	15	427		31		83		228		85		0.7	0.3	1.6
陕西	378	18 717	390	2 971	257	1 421	53	5 466	75	8 859	5	12.6	7.9	26.6
甘肃	168	12 819	198	4 552	132	1 303	10	3 043	13	3 921	43	7.0	5.9	11.2
青海	52	3 186	221	893	193	155	16	804	11	1 334	1	2.5	2.2	4.4
宁夏	73	4 421	255	677	193	230	30	1 931	32	1 583		3.1	3.2	8.6
新疆	240	15 881	1 588	3 639	1 136	817	216	7 232	113	4 193	123	8.8	6.9	13.5
新疆兵团	70	4 354	322	1 480	233	224	30	1 384	25	1 266	34	2.6	1.9	2.5

注：工伤保险累计结余中含储备金。

169 2014年各地区工伤保险基本情况

单位：人

地区	参保人数（万人）	享受伤残待遇人数	#享受职业病待遇人数	一至四级	#职业病	五至六级	#职业病	七至十级	#职业病	其他	#职业病	基金收入（亿元）	基金支出（亿元）	累计结余（亿元）
全国	20 639	1 981 508	107 916	202 421	52 440	86 233	13 464	580 500	19 786	808 273	21 901	694.8	560.5	1 128.8
北京	961	49 520	9 346	7 288	3 927	3 794	2 857	17 988	2 414	12 956	144	28.7	22.2	35.8
天津	345	33 167	6 859	7 899	4 196	3 253	1 859	8 962	785	11 165	17	10.9	8.9	15.7
河北	779	103 702	7 491	15 064	4 422	6 522	1 006	24 941	1 468	37 276	595	33.4	33.0	20.2
山西	563	111 456	10 565	23 481	2 731	2 266	249	8 820	512	51 400	7 072	31.4	25.6	50.7
内蒙古	290	23 349	838	3 656	327	2 016	185	6 164	132	8 730	194	14.2	8.5	30.9
辽宁	903	131 726	11 969	23 230	8 576	13 956	1 814	46 436	1 010	29 824	496	21.4	28.3	34.4
吉林	416	46 366	1 189	5 895	518	5 340	255	24 902	289	6 545	124	14.4	10.4	18.8
黑龙江	506	63 219	5 015	11 727	2 573	9 840	1 120	21 391	1 242	8 078	79	21.7	20.4	31.4
上海	920	68 586	1 594	3 971	890	1 214	226	49 808	463	9 365	15	32.2	28.2	52.1
江苏	1 540	142 759	4 553	9 978	2 327	2 330	242	52 900	723	61 227	1 225	73.3	61.1	69.6
浙江	1 899	226 200	338	2 541	103	1 998	13	65 406	11	148 162	211	48.3	40.4	65.0
安徽	508	82 930	4 416	5 032	1 186	2 959	533	18 694	640	43 351	2 057	20.0	15.0	32.1
福建	627	39 047	3 182	1 914	378	567	31	8 847	151	23 642	2 622	22.1	14.5	47.7
江西	461	47 192	4 278	6 333	2 751	2 945	386	6 636	774	23 302	294	16.4	10.4	25.3
山东	1 422	117 733	7 281	12 548	3 329	4 401	749	29 369	1 536	43 401	1 643	45.1	35.0	60.6

续表

地区	参保人数（万人）	享受伤残待遇人数	#享受职业病待遇人数	一至四级	#职业病	五至六级	#职业病	七至十级	#职业病	其他	#职业病	基金收入（亿元）	基金支出（亿元）	累计结余（亿元）
河南	806	46 062	1 246	5 807	642	655	19	8 649	209	17 130	376	23.8	18.0	47.8
湖北	577	49 039	473	4 147	431	3 627	2	6 588	22	29 192	16	15.1	12.2	27.3
湖南	748	87 299	2 189	3 320	734	1 714	118	18 958	587	52 405	750	32.1	24.0	43.8
广东	3 093	171 285	424	3 319	167	5 747	23	66 899	114	75 221	115	64.5	41.8	217.1
广西	338	17 829	1 581	2 476	116	681	82	3 102	1 082	7 379	292	8.4	4.4	24.9
海南	126	3 115	4	209	3	75		273		1 860	1	2.6	1.2	9.1
重庆	426	81 271	8 262	8 644	4 366	1 053	80	21 521	1 774	36 933	2 007	16.9	18.0	6.3
四川	710	86 261	8 379	11 982	3 520	3 831	1 009	26 187	2 861	28 036	962	29.1	22.3	48.1
贵州	275	22 997	1 052	2 313	555	1 122	92	10 294	374	5 276	19	14.1	12.0	16.8
云南	342	39 697	964	5 069	664	485	22	5 573	168	15 192	96	13.4	12.4	21.6
西藏	24	517		30		23		240		143		0.9	0.3	2.2
陕西	404	28 634	341	3 093	231	801	28	3 924	79	8 843	2	13.8	9.9	30.5
甘肃	175	22 007	1 715	4 476	1 238	1 394	152	3 534	111	4 125	213	7.2	6.1	10.6
青海	55	5 993	254	956	205	176	27	1 032	20	1 293	1	3.0	2.2	5.2
宁夏	82	4 631	502	717	332	264	51	2 062	95	632	23	3.5	3.3	8.7
新疆	248	22 576	1 423	4 037	961	977	228	8 867	113	4 883	121	10.0	8.5	15.1
新疆兵团	71	5 343	193	1 269	41	207	6	1 533	27	1 306	119	2.9	2.0	3.4

注：工伤保险累计结余中含储备金。

170　2015年各地区工伤保险基本情况

单位：人

地区	参保人数（万人）	享受伤残待遇人数	#享受职业病待遇人数	一至四级	#职业病	五至六级	#职业病	七至十级	#职业病	其他	#职业病	基金收入（亿元）	基金支出（亿元）	累计结余（亿元）
全国	21 432	1 713 514	109 032	212 650	54 195	92 716	15 152	658 152	17 868	749 996	21 817	754.2	598.7	1 285.3
北京	1 020	39 406	7 679	7 762	4 360	2 556	1 884	16 231	1 313	12 857	122	32.9	26.5	42.2
天津	386	31 615	7 708	7 956	4 207	3 445	2 128	9 717	1 343	10 497	30	11.3	10.6	16.5
河北	810	75 848	2 189	8 719	1 225	4 229	398	23 551	447	39 349	119	37.8	34.1	23.9
山西	573	75 529	6 275	23 570	2 550	1 041	88	8 370	256	42 548	3 381	32.9	27.7	55.9
内蒙古	297	20 960	1 514	3 131	407	2 869	458	6 235	230	8 725	419	13.9	8.6	36.3
辽宁	919	120 289	10 225	20 873	6 418	16 153	2 066	52 324	1 298	30 939	443	27.8	30.1	32.1
吉林	436	109 367	1 431	19 062	762	15 560	383	68 610	267	6 135	19	18.6	10.4	27.1
黑龙江	512	53 124	3 680	11 830	2 396	10 281	1 013	22 481	161	8 532	110	22.3	21.3	32.5
上海	933	65 240	1 293	4 043	833	1 017	151	51 337	305	8 843	4	36.3	31.2	57.2
江苏	1 594	129 206	4 795	10 445	2 471	2 816	572	58 048	672	57 897	1 080	79.1	61.1	87.6
浙江	1 930	195 628	360	2 970	122	1 744	18	69 148	12	121 766	208	56.8	43.1	78.7
安徽	529	71 780	2 579	4 999	1 249	2 769	513	21 059	131	42 953	686	21.6	16.2	37.5
福建	691	34 349	5 528	2 041	447	365	47	9 472	185	22 471	4 849	19.4	13.0	54.1
江西	501	39 465	9 952	7 945	4 694	4 030	1 803	6 807	527	20 683	2 928	18.5	10.8	33.0
山东	1 474	81 988	6 606	11 702	3 004	4 004	757	26 228	1 399	40 054	1 446	51.0	38.4	73.1

续表

地区	参保人数（万人）	享受伤残待遇人数	#享受职业病待遇人数	一至四级	#职业病	五至六级	#职业病	七至十级	#职业病	其他	#职业病	基金收入（亿元）	基金支出（亿元）	累计结余（亿元）
河南	857	35 280	4 846	5 954	1 423	1 263	38	8 953	1 618	19 110	1 767	22.9	20.7	50.1
湖北	640	44 895	688	3 159	482	3 274	12	7 470	157	30 992	37	17.7	13.3	31.7
湖南	778	79 921	3 802	4 888	1 481	1 791	99	20 739	292	52 503	1 930	34.0	28.0	49.8
广东	3 123	146 461	581	3 802	205	1 508	26	77 237	196	63 914	154	68.9	44.7	241.3
广西	360	14 806	1 613	2 838	140	768	68	3 467	1 255	7 733	150	9.3	4.7	29.4
海南	131	2 663	2	197	1	60		279		2 127	1	2.8	1.4	10.5
重庆	428	63 107	9 265	8 538	5 188	1 007	309	25 154	2 551	28 408	1 217	17.6	19.8	4.0
四川	753	63 942	8 458	11 302	4 528	3 818	960	27 461	2 379	21 361	591	30.6	23.3	55.4
贵州	290	23 195	1 114	2 502	468	1 217	114	12 055	507	7 421	25	14.2	11.5	19.5
云南	368	31 526	656	4 220	631	594	2	6 372	20	20 340	3	13.5	12.1	23.0
西藏	27	455		21		3		178		253		1.4	0.6	3.0
陕西	427	17 693	287	2 984	198	461	35	4 371	53	9 877	1	11.9	11.8	30.6
甘肃	183	14 929	2 893	6 556	2 449	1 510	325	3 303	69	3 560	50	7.8	6.4	12.0
青海	58	2 672	149	752	122	102	16	699	11	1 119		3.4	2.3	6.3
宁夏	81	4 846	350	886	272	264	20	2 176	58	1 520		4.0	3.4	9.3
新疆	254	18 836	2 435	5 028	1 409	1 990	848	7 120	153	4 698	25	10.7	9.1	17.5
新疆兵团	71	4 493	79	1 975	53	207	1	1 500	3	811	22	3.2	2.3	4.3

注：工伤保险累计结余中含储备金。

171 2016年各地区工伤保险基本情况

单位：人

地区	参保人数（万人）	享受伤残待遇人数	#享受职业病待遇人数	一至四级	#职业病	五至六级	#职业病	七至十级	#职业病	其他	#职业病	基金收入（亿元）	基金支出（亿元）	累计结余（亿元）
全国	21 889	1 627 656	94 672	217 255	51 433	81 528	13 932	605 132	15 435	723 741	13 872	736.9	610.3	1 410.9
北京	1 060	38 873	9 320	8 420	4 734	3 175	2 572	16 296	1 912	10 982	102	30.5	29.3	43.4
天津	388	32 235	7 912	7 670	3 943	3 647	2 265	11 116	1 675	9 802	29	9.9	11.3	15.0
河北	840	71 530	3 420	9 557	2 004	4 215	620	25 804	558	31 954	238	40.6	36.0	28.5
山西	576	89 012	2 478	24 409	2 208	1 686	123	9 250	122	53 667	25	30.8	28.4	58.3
内蒙古	303	23 871	1 476	4 273	389	2 862	544	8 131	245	8 605	298	12.9	10.2	39.0
辽宁	887	119 437	8 865	25 785	5 797	14 712	1 759	49 127	1 111	29 813	198	33.0	30.7	34.4
吉林	441	44 987	1 363	7 469	1 019	6 745	179	26 722	153	4 051	12	18.2	11.9	33.4
黑龙江	522	53 679	3 586	11 909	2 449	10 283	911	22 727	171	8 760	55	23.2	23.4	32.3
上海	944	60 057	1 186	4 071	791	808	130	48 409	265	6 769		32.8	29.8	60.2
江苏	1 634	130 335	4 496	12 489	2 415	2 323	378	59 686	683	55 837	1 020	78.1	55.2	110.5
浙江	1 881	176 786	162	2 986	77	1 609	15	69 256	18	102 935	52	52.8	45.1	86.4
安徽	545	73 804	3 637	5 560	1 544	2 734	504	22 775	139	42 735	1 450	20.7	16.4	41.8
福建	734	36 017	5 056	2 264	509	371	59	10 197	219	23 185	4 269	17.6	13.5	58.1
江西	502	37 334	5 092	7 780	4 142	2 204	279	6 662	50	20 688	621	16.3	12.2	37.1
山东	1 511	80 989	8 782	12 334	3 706	4 786	1 159	26 234	2 140	37 635	1 777	50.2	39.4	83.9

续表

地区	参保人数（万人）	享受伤残待遇人数	#享受职业病待遇人数	一至四级	#职业病	五至六级	#职业病	七至十级	#职业病	其他	#职业病	基金收入（亿元）	基金支出（亿元）	累计结余（亿元）
河南	877	33 283	2 440	6 263	1 240	856	13	7 755	397	18 409	790	26.6	19.6	56.9
湖北	651	73 720	521	3 825	329	1 921	101	9 486	82	58 488	9	16.8	12.5	36.0
湖南	773	92 683	4 973	4 610	1 576	5 360	474	21 642	894	61 071	2 029	36.5	27.7	58.6
广东	3 246	119 530	668	3 392	242	1 420	39	61 160	259	53 558	128	58.9	47.7	252.6
广西	374	13 248	458	2 667	147	786	92	3 110	91	6 685	128	10.2	5.2	34.4
海南	137	2 646		185		49		348		2 064		3.8	1.4	12.9
重庆	455	57 379	5 056	9 829	3 037	1 198	244	26 526	1 733	19 826	42	17.9	19.2	2.8
四川	799	61 475	7 295	13 214	4 314	3 400	799	26 420	1 650	18 441	532	29.3	23.8	60.9
贵州	305	19 713	1 155	3 373	486	747	186	10 506	475	5 087	8	12.5	11.9	20.0
云南	373	24 566	1 394	6 365	1 256	428	43	5 039	73	12 734	22	12.7	11.8	23.9
西藏	27	441		14		5		314		108		1.3	0.5	3.8
陕西	442	18 819	244	3 127	161	755	34	4 866	48	10 071	1	13.3	11.9	31.1
甘肃	188	15 308	1 926	7 130	1 655	1 339	178	3 371	84	3 468	9	8.2	6.8	13.5
青海	60	2 646	182	664	157	85	14	852	10	1 045	1	3.3	2.6	7.1
宁夏	84	4 208	375	948	326	147	10	2 670	39	443		4.1	3.9	9.6
新疆	332	19 045	1 154	4 673	780	872	208	8 675	139	4 825	27	13.6	10.9	24.5

注：工伤保险累计结余中含储备金。

172　2017年各地区工伤保险基本情况

单位：人

地区	参保人数（万人）	享受伤残待遇人数	#享受职业病待遇人数	一至四级	#职业病	五至六级	#职业病	七至十级	#职业病	其他	#职业病	基金收入（亿元）	基金支出（亿元）	累计结余（亿元）
全国	22 724	1 593 799	102 791	217 456	55 297	79 487	13 879	615 977	22 012	680 879	11 467	853.8	662.3	1 606.9
北京	1 118	37 128	8 231	8 347	4 822	2 485	1 885	15 817	1 420	10 479	102	37.9	33.0	48.3
天津	395	33 225	8 274	7 505	3 806	3 796	2 355	12 159	2 090	9 765	23	11.0	11.3	14.7
河北	861	77 488	4 062	10 240	2 429	4 299	616	28 948	650	34 001	363	46.4	39.6	35.3
山西	583	38 279	3 018	18 129	2 589	1 237	143	10 652	256	8 261	28	35.1	32.5	61.0
内蒙古	308	20 929	1 322	4 123	280	3 634	420	6 052	187	7 120	435	14.1	10.9	42.4
辽宁	862	121 481	7 104	26 417	3 747	13 655	1 863	51 161	1 282	30 248	196	37.4	31.6	40.1
吉林	441	47 322	1 333	7 219	936	7 006	214	28 880	160	4 217	23	15.8	11.1	38.2
黑龙江	519	51 066	4 497	11 855	2 696	10 169	900	19 083	464	9 959	435	23.7	24.0	32.0
上海	958	58 278	1 095	4 152	757	741	120	45 610	216	7 775	1	38.8	30.7	68.2
江苏	1 690	122 474	2 743	15 243	1 385	2 272	133	56 702	427	48 257	797	85.3	58.9	136.9
浙江	1 977	183 124	140	3 407	37	1 751	7	71 962	12	106 004	84	58.2	51.0	93.6
安徽	566	84 651	3 176	5 937	1 530	3 069	511	22 687	96	52 958	1 039	24.5	17.6	48.7
福建	799	37 312	5 656	3 391	1 517	561	270	12 891	1 416	20 469	2 448	20.0	15.9	62.3
江西	517	42 715	7 349	11 243	6 168	2 871	712	9 352	293	19 249	176	19.8	13.9	43.0
山东	1 569	80 598	8 672	12 782	4 047	3 217	1 098	27 719	2 189	36 880	1 309	58.9	42.2	100.6

续表

地区	参保人数（万人）	享受伤残待遇人数	#享受职业病待遇人数	一至四级	#职业病	五至六级	#职业病	七至十级	#职业病	其他	#职业病	基金收入（亿元）	基金支出（亿元）	累计结余（亿元）
河南	901	38 109	3 587	7 457	1 446	920	52	9 992	1 055	19 740	1 033	31.1	22.2	65.9
湖北	657	60 798	446	4 266	325	1 940	17	8 762	91	45 830	11	23.1	15.2	47.1
湖南	783	103 957	4 685	4 558	998	4 586	461	25 309	973	69 504	2 215	42.0	31.2	69.4
广东	3 402	117 551	716	3 742	285	999	44	61 253	268	51 557	109	73.9	51.2	275.3
广西	389	11 876	1 239	1 315	119	399	74	3 124	925	7 038	121	12.6	5.5	41.5
海南	141	2 843	34	259	13	47		396	11	2 141	10	5.1	1.6	16.4
重庆	505	54 940	12 688	10 631	7 531	1 186	551	25 727	4 360	17 396	242	22.7	18.7	6.7
四川	876	61 071	7 284	13 864	4 546	4 178	835	25 901	1 702	17 128	186	32.7	26.2	67.4
贵州	332	19 397	1 479	3 125	706	743	172	10 679	588	4 850	9	15.1	12.6	22.5
云南	384	32 134	726	3 960	531	942	76	6 050	112	21 182	7	16.6	12.7	27.8
西藏	33	624		14		24		438		148		1.5	0.6	4.7
陕西	459	17 341	208	2 827	124	807	27	4 230	56	9 477	1	17.3	14.2	35.1
甘肃	199	10 523	1 200	5 174	925	808	148	1 785	94	2 756	33	9.2	7.1	15.6
青海	65	2 830	216	678	153	90	17	985	44	1 077	2	4.0	2.8	8.3
宁夏	90	4 115	336	891	267	174	14	2 723	54	327	1	5.4	4.4	10.6
新疆	345	19 620	1 275	4 705	582	881	144	8 948	521	5 086	28	14.4	11.8	27.1

注：工伤保险累计结余中含储备金。

173 2018年各地区工伤保险基本情况

单位：人

地区	参保人数（万人）	享受伤残待遇人数	#享受职业病待遇人数	一至四级	#职业病	五至六级	#职业病	七至十级	#职业病	其他	#职业病	基金收入（亿元）	基金支出（亿元）	累计结余（亿元）
全国	23 874	1 985 012	102 916	219 796	54 722	74 906	13 001	655 193	18 941	691 100	15 636	913.0	742.0	1 784.9
北京	1 187	44 431	8 135	8 315	4 748	2 303	1 762	16 967	1 537	9 754	82	40.2	36.5	52.0
天津	399	36 939	8 408	7 338	3 670	3 825	2 398	13 262	2 309	10 056	31	14.3	11.7	17.4
河北	880	103 236	3 882	10 563	2 400	4 186	536	32 636	687	33 010	254	54.2	44.5	45.1
山西	597	67 831	3 055	19 341	2 544	1 267	149	14 288	311	8 327	46	38.4	38.7	60.7
内蒙古	326	24 221	1 317	4 160	348	2 720	420	6 893	179	7 268	370	14.6	11.4	45.7
辽宁	841	136 638	7 250	26 930	4 057	12 932	1 497	51 886	1 385	29 540	296	38.1	32.7	45.5
吉林	441	38 740	950	6 135	557	5 469	231	19 674	155	3 589	6	13.0	11.6	39.5
黑龙江	520	68 660	5 102	12 894	2 911	10 639	1 017	27 557	780	6 885	394	24.9	26.1	30.8
上海	973	64 878	1 054	4 201	710	676	103	46 336	236	7 466	5	31.7	34.6	65.3
江苏	1 777	147 949	3 044	12 213	1 844	3 201	373	66 690	569	46 530	257	80.9	66.9	163.8
浙江	2 088	215 781	61	3 499	34	2 000	13	82 753		115 488	12	66.4	55.8	104.3
安徽	604	113 390	3 388	5 173	1 132	2 538	488	24 512	171	57 312	1 597	24.0	20.6	52.1
福建	854	46 744	5 576	3 543	1 652	642	219	14 759	1 378	21 469	2 325	20.2	18.6	63.9
江西	535	52 361	5 773	12 066	3 558	3 145	389	8 784	210	18 997	1 616	24.6	15.7	51.9
山东	1 633	114 076	8 867	13 653	4 197	3 131	1 163	28 393	1 910	37 143	1 526	64.1	47.8	116.9

续表

地区	参保人数（万人）	享受伤残待遇人数	#享受职业病待遇人数	一至四级	#职业病	五至六级	#职业病	七至十级	#职业病	其他	#职业病	基金收入（亿元）	基金支出（亿元）	累计结余（亿元）
河南	926	55 856	2 111	6 041	1 407	763	16	11 449	583	22 929	105	29.7	25.5	70.2
湖北	676	53 052	234	3 931	202	1 736	9	10 542	20	32 056	2	26.7	17.4	56.3
湖南	794	131 713	9 108	5 635	1 557	3 086	415	19 708	1 139	82 559	5 997	55.9	35.2	89.4
广东	3 592	145 435	1 302	5 249	333	892	57	63 493	278	49 829	132	72.9	60.1	288.1
广西	413	17 404	396	1 476	143	485	70	3 390	80	7 273	103	16.0	6.9	49.4
海南	153	4 122	26	271	10	48		508	12	2 416	4	3.4	1.7	18.1
重庆	577	64 310	10 809	10 646	7 680	1 075	509	23 382	2 395	17 146	223	21.5	20.0	8.2
四川	1 013	81 797	7 763	14 244	5 195	4 632	777	29 032	1 594	18 240	197	41.9	30.2	79.1
贵州	356	24 018	1 977	3 350	1 295	420	100	11 468	578	3 536	2	16.0	14.7	23.9
云南	403	43 202	731	4 269	590	505	27	5 410	106	21 311	8	17.5	13.2	32.1
西藏	36	933		146		9		454		159		1.9	0.8	5.8
陕西	528	31 012	255	3 037	167	577	32	5 665	52	11 139	3	21.8	14.4	40.8
甘肃	219	20 354	804	5 254	622	906	131	2 320	30	2 944	21	12.3	8.1	17.6
青海	69	5 167	167	771	111	66	21	1 048	35	1 260	2	4.8	2.8	10.3
宁夏	93	6 346	416	1 171	387	424	14	3 268	13	215		5.6	4.7	11.6
新疆	372	24 416	955	4 281	661	608	65	8 666	209	5 254	20	15.2	13.3	29.0

注：工伤保险累计结余中含储备金。

174 2019年各地区工伤保险基本情况

单位：人

地区	参保人数（万人）	享受伤残待遇人数	#享受职业病待遇人数	一至四级	#职业病	五至六级	#职业病	七至十级	#职业病	其他	#职业病	基金收入（亿元）	基金支出（亿元）	累计结余（亿元）
全国	25 478	1 617 064	93 428	212 545	53 080	68 643	12 992	689 066	19 098	646 810	8 087	819.4	816.9	1 783.2
北京	1 242	37 016	8 036	8 242	4 670	2 172	1 684	17 086	1 618	9 516	62	45.1	39.1	58.0
天津	400	37 262	8 290	7 188	3 544	3 788	2 397	14 574	2 323	11 712	25	12.6	12.3	17.7
河北	951	76 781	3 533	10 225	2 255	3 686	454	34 434	602	28 436	217	56.5	49.0	52.5
山西	624	48 430	6 793	20 146	3 927	2 397	1 168	17 019	1 519	8 868	172	38.2	41.5	57.4
内蒙古	338	21 562	1 178	4 159	333	2 630	381	7 756	174	7 017	290	12.2	11.8	45.7
辽宁	817	116 653	6 410	18 820	3 970	12 633	1 338	55 068	890	30 132	206	39.6	33.5	51.7
吉林	446	36 132	786	6 478	445	5 677	186	21 202	155	2 775	340	11.7	13.6	37.6
黑龙江	464	52 397	4 710	12 146	2 481	8 899	1 020	24 169	828	7 183	3	26.9	26.4	31.3
上海	1 084	56 927	1 020	4 281	685	664	112	44 908	220	7 074	221	33.6	37.1	61.8
江苏	2 016	130 696	2 150	13 353	1 080	2 092	360	74 334	488	40 917	70	72.1	74.4	161.4
浙江	2 257	208 961	166	4 100	48	1 474	16	91 283	32	112 104	889	59.3	62.9	100.6
安徽	639	55 972	2 081	4 970	1 015	705	31	18 115	146	32 182	715	17.7	22.8	47.0
福建	891	40 946	4 444	3 921	1 874	589	194	16 097	1 657	20 339	263	19.8	20.9	62.8
江西	539	33 809	4 713	10 340	3 719	2 227	434	8 551	296	12 691	1 313	19.0	16.1	54.8
山东	1 711	85 987	9 225	14 572	4 411	4 267	1 260	34 409	2 213	32 739		56.9	53.8	119.7

附录 统计资料

续表

地区	参保人数（万人）	享受伤残待遇人数	#享受职业病待遇人数	一至四级	#职业病	五至六级	#职业病	七至十级	#职业病	其他	#职业病	基金收入（亿元）	基金支出（亿元）	累计结余（亿元）
河南	966	31 148	1 472	6 443	648	851	4	9 104	813	14 750	6	26.0	26.1	70.1
湖北	717	47 233	414	4 888	267	1 248	32	9 883	110	31 214	2	14.9	18.1	49.3
湖南	808	117 418	1 426	4 150	799	1 555	99	24 296	225	87 417	303	46.2	40.5	95.7
广东	3 816	128 481	1 304	5 012	361	873	104	66 329	608	56 267	173	52.3	65.7	274.8
广西	442	13 733	495	1 708	204	377	74	4 361	106	7 287	109	10.1	8.5	51.1
海南	160	3 209	30	271	17	58		644	12	2 236	1	2.6	2.3	18.5
重庆	662	50 987	9 839	10 615	7 498	982	444	23 431	1 657	15 959	236	24.5	20.3	12.5
四川	1 177	70 863	8 280	15 627	5 460	5 585	873	31 089	1 624	18 562	321	39.0	34.1	83.9
贵州	409	20 682	1 674	3 722	1 247	374	19	12 528	408	4 058		14.9	17.8	20.9
云南	439	37 280	3 019	4 700	666	736	55	5 539	162	26 305	2 132	13.4	17.4	28.0
西藏	37	490		30		20		307		133		1.7	1.2	6.4
陕西	577	18 459	189	2 944	112	644	42	5 959	35	8 912		18.2	17.0	41.6
甘肃	244	9 005	437	2 908	317	570	89	3 124	28	2 403	2	10.2	9.3	18.5
青海	74	3 501	167	752	96	54	21	948	48	1 747	2	4.5	2.9	11.9
宁夏	120	5 342	179	1 050	121	166	22	3 666	36	460		4.9	4.9	11.6
新疆	410	19 702	968	4 784	810	650	79	8 853	65	5 415	14	14.9	15.6	28.2

注：工伤保险累计结余中含储备金。

175　2020年各地区工伤保险基本情况

单位：人

地区	参保人数（万人）	享受伤残待遇人数	#享受职业病待遇人数	一至四级	#职业病	五至六级	#职业病	七至十级	#职业病	其他	#职业病	基金收入（亿元）	基金支出（亿元）	累计结余（亿元）
全国	26 763	1 537 506	99 955	225 081	60 615	67 057	12 257	681 467	18 218	563 901	8 660	486.3	820.3	1 449.3
北京	1 267	31 832	7 267	7 879	4 328	1 706	1 263	15 713	1 631	6 534	41	21.3	37.9	41.4
天津	406	34 975	8 039	7 028	3 410	3 645	2 329	13 794	2 266	10 508	34	5.9	12.1	11.4
河北	1 069	72 497	3 607	10 203	2 336	3 131	423	32 358	611	26 805	230	31.3	48.2	35.6
山西	630	50 991	4 050	20 402	3 204	4 009	156	19 471	598	7 109	89	23.0	39.3	41.2
内蒙古	336	30 294	1 393	7 203	549	4 610	446	9 408	166	9 073	232	7.9	13.2	40.4
辽宁	807	113 638	6 119	17 953	3 693	11 732	1 251	53 088	961	30 865	206	23.8	32.6	42.8
吉林	385	60 292	2 252	10 050	1 241	8 699	872	36 784	136	4 759	3	7.2	9.6	35.2
黑龙江	443	39 110	4 063	11 470	2 541	5 263	597	15 719	627	6 658	298	20.4	23.0	28.7
上海	1 082	50 361	919	4 296	658	545	93	39 153	168	6 367		19.4	37.4	43.8
江苏	2 131	126 294	2 218	12 729	1 011	1 718	364	74 601	579	37 246	264	36.0	76.2	121.2
浙江	2 546	158 558	160	4 079	43	996	7	79 254	35	74 229	73	38.8	62.3	77.1
安徽	684	53 455	1 662	4 110	605	841	71	21 834	373	26 670	560	15.1	24.6	37.5
福建	937	40 729	6 033	4 348	2 405	653	207	17 414	1 495	18 314	1 922	10.4	24.2	49.0
江西	558	35 789	5 056	8 242	4 244	1 837	291	9 424	381	16 286	135	15.2	16.8	53.2
山东	1 822	92 242	9 219	16 618	5 015	4 303	1 119	34 588	1 955	36 733	1 088	29.9	55.8	93.8

附录　统计资料

续表

地区	参保人数（万人）	享受伤残待遇人数	#享受职业病待遇人数	一至四级	#职业病	五至六级	#职业病	七至十级	#职业病	其他	#职业病	基金收入（亿元）	基金支出（亿元）	累计结余（亿元）
河南	1 000	32 335	3 810	7 767	1 936	1 403	530	8 679	1 323	14 486	17	16.1	25.7	60.6
湖北	746	40 258	837	4 677	695	1 621	23	11 130	78	22 830	41	9.1	18.6	39.8
湖南	820	106 414	5 600	6 575	2 048	2 929	541	28 353	877	68 557	2 108	31.1	39.6	87.3
广东	3 867	116 994	1 667	5 457	542	988	163	60 090	405	50 459	541	29.3	72.0	232.1
广西	486	15 000	601	1 802	294	304	69	4 840	82	8 054	156	6.8	9.9	48.0
海南	170	2 880	21	293	12	42		612	5	1 933	3	1.7	2.0	18.2
重庆	730	48 695	9 156	10 138	7 222	872	391	22 672	1 317	15 013	225	12.3	20.2	4.5
四川	1 320	63 199	8 373	14 965	6 104	2 576	687	29 091	1 448	16 567	110	23.4	34.3	73.0
贵州	464	27 872	1 843	4 040	1 455	353	29	14 770	342	8 709	15	9.3	17.9	12.3
云南	499	37 601	4 126	10 804	3 711	710	190	7 332	220	18 755	5	9.1	16.0	21.1
西藏	40	766	1	49	1	25		473		219		1.5	1.3	6.8
陕西	604	20 823	192	3 283	135	463	14	6 268	37	10 809	6	10.9	16.8	35.5
甘肃	265	9 090	534	3 113	415	502	88	2 807	27	2 668	2	6.5	9.3	15.6
青海	86	4 687	201	764	98	55	20	1 396	31	2 472	51	2.3	3.7	10.4
宁夏	133	5 090	552	1 043	316	156	14	3 576	27	315	195	2.6	5.1	9.2
新疆	433	14 745	384	3 701	348	370	9	6 775	17	3 899	10	8.8	14.7	22.4

注：工伤保险累计结余中含储备金。

176　2021年各地区工伤保险基本情况

单位：人

地区	参保人数（万人）	享受伤残待遇人数	#享受职业病待遇人数	一至四级	#职业病	五至六级	#职业病	七至十级	#职业病	其他	#职业病	基金收入（亿元）	基金支出（亿元）	累计结余（亿元）
全国	28 287	1 711 535	102 254	214 514	55 777	61 702	10 795	832 176	20 455	603 143	15 227	951.9	990.2	1 411.2
北京	1 307	38 354	6 939	7 960	4 378	1 648	1 171	19 368	1 361	9 378	29	46.8	51.3	36.9
天津	408	38 111	8 013	6 937	3 315	3 629	2 316	15 483	2 357	12 062	25	15.3	14.1	12.7
河北	1 085	74 533	3 859	10 336	2 458	3 032	431	35 766	687	25 399	283	62.1	51.1	46.7
山西	640	56 600	5 074	20 204	3 726	2 551	385	23 116	866	10 729	97	45.2	50.1	36.3
内蒙古	338	21 804	260	4 154	162	2 297	46	8 406	43	6 947	9	11.6	15.1	37.6
辽宁	808	107 147	5 758	16 753	3 471	10 533	1 182	51 595	927	28 266	178	44.3	34.4	52.7
吉林	392	55 735	658	5 921	372	4 833	166	32 994	118	11 987	2	12.9	12.2	35.9
黑龙江	444	38 033	3 555	10 823	2 192	5 384	550	15 730	687	6 096	126	32.2	28.9	32.0
上海	1 097	54 696	902	4 332	626	537	92	43 484	182	6 343	2	42.8	44.2	42.4
江苏	2 341	141 940	2 797	12 591	689	1 899	265	82 039	1 436	45 411	407	88.2	88.4	121.0
浙江	2 742	177 834	168	4 794	66	1 073	16	115 219	50	56 748	36	75.3	81.4	71.0
安徽	718	60 181	1 882	4 784	854	780	75	28 667	499	25 950	454	24.7	29.4	32.7
福建	984	42 599	5 744	4 536	2 467	825	472	19 178	1 284	18 060	1 521	27.8	28.9	48.0
江西	564	41 159	5 613	6 325	2 659	1 840	122	11 443	773	21 551	2 059	19.1	19.3	52.9
山东	1 922	107 377	9 588	15 847	5 146	4 719	1 208	47 676	2 217	39 135	1 017	61.1	65.1	89.9

续表

地区	参保人数（万人）	享受伤残待遇人数	#享受职业病待遇人数	一至四级	#职业病	五至六级	#职业病	七至十级	#职业病	其他	#职业病	基金收入（亿元）	基金支出（亿元）	累计结余（亿元）
河南	1 045	49 504	3 776	12 923	1 817	1 915	265	20 190	788	14 476	906	33.5	32.2	61.9
湖北	828	47 011	472	4 835	330	1 576	28	14 431	111	26 169	3	19.8	22.4	36.8
湖南	854	135 813	8 842	6 618	2 096	3 912	517	41 967	933	83 316	5 296	47.6	48.1	86.8
广东	4 069	140 271	1 808	4 670	494	872	84	77 609	449	57 120	781	51.1	92.4	190.8
广西	551	17 320	510	1 795	196	297	60	6 445	89	8 783	165	12.1	12.4	47.7
海南	185	3 216	46	319	33	49	3	726	7	2 122	3	3.7	2.6	19.3
重庆	766	61 693	10 426	10 361	7 421	957	423	35 220	2 354	15 155	228	28.0	25.2	7.4
四川	1 472	72 775	9 756	14 335	6 699	3 873	748	35 621	1 512	18 946	797	45.3	45.3	72.9
贵州	530	35 300	2 046	4 416	1 407	503	49	17 314	340	13 067	250	22.1	20.2	14.2
云南	542	28 717	1 353	5 652	1 264	458	38	5 866	39	16 741	12	18.2	18.5	20.8
西藏	50	947	1	52	1	15		651		229		2.2	1.8	7.3
陕西	630	26 354	251	3 548	202	646	37	9 102	10	13 058	2	22.5	19.0	38.9
甘肃	279	9 926	359	3 105	333	452	9	3 124	14	3 245	3	12.1	9.9	17.8
青海	96	4 438	662	794	65	36	11	1 338	278	2 270	308	2.8	3.5	9.7
宁夏	144	5 179	524	968	312	100	16	3 900	28	211	168	4.8	5.0	9.0
新疆	456	16 968	612	3 826	526	461	10	8 508	16	4 173	60	16.6	17.7	21.3

注：工伤保险累计结余中含储备金。

177 2012年各地区工伤认定情况

单位：件

地区	合计	当期受理工伤认定数								视同工伤件数				不予认定工伤件数	当期不予受理申请件数
		小计	认定工伤件数							小计	在工作时间和工作岗位突发疾病死亡或者在48小时之内经抢救无效死亡	在抢险救灾等维护国家利益、公共利益活动中受到伤害	因战、因公负伤致残到用人单位后旧伤复发		
			在工作时间和工作场所内因工作原因受到事故伤害	工作时间前后在工作场所内从事与工作有关的预备性或者收尾性工作受到事故伤害	在工作时间和工作场所内因履行工作职责受到暴力等意外伤害	患职业病	因工外出期间由于工作原因受到伤害或者发生事故下落不明	在上下班途中受到机动车事故伤害	其他应当认定为工伤的情形						
全国	1 173 998	1 167 243	1 032 833	8 728	10 809	15 941	33 604	64 440	888	6 755	6 295	260	200	10 676	6 631
北京	23 818	23 555	18 506	230	310	1 477	1 534	1 490	8	263	251	7	5	83	33
天津	19 965	19 800	17 235	224	193	385	630	1 124	9	165	162	2	1	81	52
河北	49 497	49 001	42 305	213	426	531	1 521	3 989	16	496	474	10	12	261	118
山西	14 457	14 190	11 973	92	92	1 015	361	656	1	267	266	1		80	38
内蒙古	8 542	8 341	6 995	39	78	309	429	491		201	194	7		95	42
辽宁	30 015	29 640	26 535	191	239	480	910	1 145	140	375	357	3	15	160	125
吉林	12 613	12 437	11 153	112	125	277	286	460	24	176	172	2	2	95	312
黑龙江	11 960	11 769	10 829	110	58	261	180	329	2	191	178	6	7	73	77
上海	60 829	60 560	50 319	788	542	246	2 539	6 124	2	269	259	3	7	267	161
江苏	106 637	106 261	91 662	584	710	481	2 234	10 587	3	376	367	6	3	1 181	475

附录　统计资料

续表

地区	合计	当期受理工伤认定数												不予认定工伤件数	当期不予受理申请件数
		认定工伤件数							视同工伤件数						
		小计	在工作时间和工作场所内因工作原因受到事故伤害	工作时间前后在工作场所内从事与工作有关的预备性或收尾性工作受到事故伤害	在工作时间和工作场所内因履行工作职责受到暴力等意外伤害	患职业病	因工外出期间由于工作原因受到伤害或者发生事故下落不明	在上下班途中受到机动车事故伤害	其他应当认定为工伤的情形	小计	在工作时间和工作岗位突发疾病死亡或者在48小时之内经抢救无效死亡	在抢险救灾等维护国家利益、公共利益活动中受到伤害	因战、因公负伤致残到用人单位后旧伤复发		
浙江	221 338	221 047	209 710	985	485	291	2 648	6 902	26	291	270	19	2	531	967
安徽	27 508	27 393	23 663	200	200	427	798	2 104	1	115	112	3		171	161
福建	27 817	27 707	24 992	141	186	281	672	1 435		110	106	3	1	279	253
江西	14 785	14 693	12 029	20	38	195	217	2 194		92	92			198	75
山东	67 406	66 938	51 905	1 356	1 086	1 144	3 374	8 030	43	468	438	14	16	521	254
河南	20 842	20 495	16 312	154	283	858	871	1 937	80	347	333	3	11	197	231
湖北	22 417	22 208	19 089	264	449	289	727	1 386	4	209	156	28	25	286	172
湖南	44 732	44 531	38 930	232	642	1 719	1 075	1 827	106	201	187	8	6	537	261
广东	196 756	195 975	180 875	815	1 838	605	6 085	5 646	111	781	673	42	66	3 111	1 263
广西	11 239	11 115	9 327	96	309	89	602	684	8	124	121	2	1	235	216
海南	2 468	2 442	2 031	21	111		111	155	13	26	23	3		68	3
重庆	55 677	55 536	51 851	166	238	1 472	900	883	26	141	133	7	1	578	381
四川	47 495	47 252	40 215	300	1 227	1 573	1 726	2 139	72	243	199	42	2	584	468
贵州	18 182	18 084	16 215	237	164	693	427	333	15	98	80	5	13	193	114

续表

地区	当期受理工伤认定数 合计	认定工伤件数 小计	在工作时间和工作场所内因工作原因受到事故伤害	工作时间前后在工作场所内从事与工作有关的预备性或者收尾性工作受到事故伤害	在工作时间和工作场所内因履行工作职责受到暴力等意外伤害	患职业病	因工外出期间由于工作原因受到伤害或者发生事故下落不明	在上下班途中受到机动车事故伤害	其他应当认定为工伤的情形	视同工伤件数 小计	在工作时间和工作岗位突发疾病死亡或者在48小时之内经抢救无效死亡	在抢险救灾等维护国家利益、公共利益活动中受到伤害	因战、因公负伤致残到用人单位后旧伤复发	不予认定工伤件数	当期不予受理申请件数
云南	20 852	20 636	18 408	104	302	182	1 026	554	60	216	195	18	3	279	68
西藏	283	277	230	11	4	2	27	3		6	4	2		3	7
陕西	10 496	10 364	8 821	792	107	131	231	217	65	132	130	1	1	50	23
甘肃	5 304	5 222	4 504	99	47	89	239	244		82	82			55	47
青海	2 980	2 934	2 617	13	42	20	175	67		46	46			38	27
宁夏	4 247	4 204	3 321	60	87	135	191	358	52	43	42	1		75	36
新疆	10 425	10 268	8 277	62	165	215	739	809	1	157	145	12		240	141
新疆兵团	2 416	2 368	1 999	17	26	69	119	138		48	48			71	30

178 2013年各地区工伤认定情况

单位：件

地区	合计	当期受理工伤认定数 小计	认定工伤件数 在工作时间和工作场所内因工作原因受到事故伤害	工作时间前后在工作场所内从事与工作有关的预备性或收尾性工作受到事故伤害	在工作时间和工作场所内因履行工作职责受到暴力等意外伤害	患职业病	因工外出期间由于工作原因受到伤害或者发生事故下落不明	在上下班途中受到机动车事故伤害	其他应当认定为工伤的情形	视同工伤件数 小计	在工作时间和工作岗位突发疾病死亡或者在48小时之内经抢救无效死亡	在抢险救灾等维护国家利益、公共利益活动中受到伤害	因战、因公负伤致残到用人单位后旧伤复发	不予认定工伤件数	当期不予受理申请件数
全国	1 183 378	1 175 724	1 028 016	10 427	10 785	21 462	36 872	67 461	701	7 654	7 182	311	161	11 412	6 188
北京	24 193	23 875	17 279	277	290	2 879	1 558	1 559	33	318	307	5	6	94	52
天津	19 994	19 868	17 274	226	292	407	595	1 074		126	122	2	2	85	50
河北	52 745	52 256	46 505	284	420	489	1 494	3 060	4	489	471	7	11	262	78
山西	15 985	15 631	13 281	126	80	1 001	366	776	1	354	348	3	3	110	72
内蒙古	9 533	9 335	7 797	119	106	321	456	524	12	198	193	4	1	89	74
辽宁	29 264	28 840	25 828	196	187	370	816	1 307	136	424	420	3	1	86	56
吉林	11 884	11 666	10 632	81	143	174	206	391	39	218	216	1	1	83	136
黑龙江	16 381	16 190	14 483	83	129	988	216	291		191	175	13	3	88	107
上海	56 942	56 688	46 403	851	487	177	2 543	6 226	1	254	248	3	3	264	11
江苏	107 515	107 134	90 289	818	627	539	2 896	11 959	6	381	345	24	12	1 208	389

续表

地区	合计	当期受理工伤认定数 小计	认定工伤件数 在工作时间和工作场所内因工作原因受到事故伤害	工作时间前后在工作场所内从事与工作有关的预备性或收尾性工作受到事故伤害	在工作时间和工作场所内因履行工作职责受到暴力等意外伤害	患职业病	因工外出期间由于工作原因受到伤害或者发生事故下落不明	在上下班途中受到机动车事故伤害	其他应当认定为工伤的情形	视同工伤件数 小计	在工作时间和工作岗位突发疾病死亡或者在48小时之内经抢救无效死亡	在抢险救灾等维护国家利益、公共利益活动中受到伤害	因战、因公负伤致残到用人单位后旧伤复发	不予认定工伤件数	当期不予受理申请件数
浙江	217 714	217 402	201 413	1 569	1 079	966	3 573	8 792	10	312	260	43	9	667	1 141
安徽	29 156	28 986	24 690	270	257	266	966	2 534	3	170	167	1	2	231	178
福建	28 873	28 753	25 363	204	139	693	755	1 596	3	120	116	2	2	278	254
江西	17 690	17 622	15 080	70	190	118	825	1 339		68	68			301	98
山东	68 481	67 947	53 397	1 245	1 018	1 205	3 342	7 707	33	534	498	13	23	490	333
河南	21 995	21 543	17 325	203	225	660	984	2 144	2	452	432	6	14	192	80
湖北	23 981	23 790	20 315	330	335	518	772	1 499	21	191	183	6	2	301	205
湖南	50 520	50 223	45 054	259	520	1 459	1 196	1 734	1	297	237	46	14	666	178
广东	188 155	187 330	171 819	857	1 461	624	6 546	5 978	45	826	778	44	4	3 077	1 197
广西	11 344	11 180	9 182	104	350	116	605	818	5	164	160	4		210	96
海南	2 611	2 575	2 043	20	95	31	129	232	25	36	33	1	2	107	47
重庆	55 349	55 205	49 830	327	336	2 902	846	946	18	144	135	8	1	757	390
四川	45 227	44 940	36 385	507	1 158	2 540	1 863	2 415	72	287	247	34	6	658	469
贵州	19 323	19 199	16 838	145	190	1 030	598	392	6	124	117	6	1	206	160

续表

地区	当期受理工伤认定数												不予认定工伤件数	当期不予受理申请件数
	合计	认定工伤件数							视同工伤件数					
		小计	在工作时间和工作场所内因工作原因受到事故伤害	工作时间前后在工作场所内从事与工作有关的预备性或者收尾性工作受到事故伤害	在工作时间和工作场所内因履行工作职责受到暴力等意外伤害	患职业病	因工外出期间由于工作原因受到伤害或者发生事故下落不明	在上下班途中受到机动车事故伤害	其他应当认定为工伤的情形	小计	在工作时间和工作岗位突发疾病死亡或者在48小时之内经抢救无效死亡	在抢险救灾等维护国家利益、公共利益活动中受到伤害	因战、因公负伤致残到用人单位后旧伤复发		
云南	21 379	21 119	18 554	95	234	299	1 298	600	39	260	240	20		338	52
西藏	321	310	259	8	5		30	8		11	10	1		5	3
陕西	11 947	11 698	9 771	929	131	181	319	298	69	249	208	5	36	62	35
甘肃	4 781	4 690	4 095	33	83	129	202	148		91	89	2		70	65
青海	2 784	2 748	2 498	7	17	55	117	54		36	36			39	24
宁夏	3 531	3 440	2 761	40	72	105	168	294		91	89	2		76	48
新疆	11 331	11 151	9 493	127	111	187	483	633	117	180	177	1	2	253	99
新疆兵团	2 448	2 390	2 080	17	18	33	109	133		58	57	1		59	11

179　2014年各地区工伤认定情况

单位：件

地区	当期受理工伤认定数												不予认定工伤件数	当期不予受理申请件数
	小计	认定工伤件数						视同工伤件数					
		在工作时间和工作场所内因工作原因受到事故伤害	工作时间前后在工作场所内从事与工作有关的预备性或收尾性工作受到事故伤害	在工作时间和工作场所内因履行工作职责受到暴力等意外伤害	患职业病	因工外出期间由于工作原因受到伤害或者发生事故下落不明	在上下班途中受到机动车事故伤害	其他应当认定为工伤的情形	小计	在工作时间和工作岗位突发疾病死亡或者在48小时之内经抢救无效死亡	在抢险救灾等维护国家利益、公共利益活动中受到伤害	因战、因公负伤致残到用人单位后旧伤复发		
全国	1 146 592	1 138 869	981 514	11 020	11 868	21 751	39 929	72 071	716	7 723	7 344	214	165	13 659	6 363
北京	24 023	23 706	18 107	255	371	1 407	1 686	1 860	20	317	310	1	6	115	67
天津	19 594	19 432	16 543	219	241	698	623	1 106	2	162	156	2	4	94	67
河北	55 395	54 962	48 737	298	381	577	1 567	3 374	28	433	426	3	4	417	95
山西	17 418	17 134	14 665	105	82	1 107	359	816	1	284	270	13	1	192	72
内蒙古	8 626	8 477	6 823	62	127	321	676	467	1	149	145	3	1	140	61
辽宁	31 932	31 529	28 272	235	293	444	915	1 200	170	403	394	5	4	236	150
吉林	12 202	12 019	10 682	135	119	206	320	490	67	183	174	5	4	107	103
黑龙江	15 314	14 988	13 500	62	119	736	268	300	3	326	317	3	6	55	98
上海	57 412	57 154	46 009	949	510	129	2 794	6 758	5	258	251	2	5	331	191
江苏	111 546	111 176	93 353	957	647	464	2 830	12 922	3	370	355	6	9	1 453	414

续表

地区	合计	当期受理工伤认定数								视同工伤件数				不予认定工伤件数	当期不予受理申请件数
		认定工伤件数													
		小计	在工作时间和工作场所内因工作原因受到事故伤害	工作时间前后在工作场所内从事与工作有关的预备性或收尾性工作受到事故伤害	在工作时间和工作场所内因履行工作职责受到暴力等意外伤害	患职业病	因工外出期间由于工作原因受到伤害或者发生事故下落不明	在上下班途中受到机动车事故伤害	其他应当认定为工伤的情形	小计	在工作时间和工作岗位突发疾病死亡或者在48小时之内经抢救无效死亡	在抢险救灾等维护国家利益、公共利益活动中受到伤害	因战、因公负伤致残到用人单位旧伤复发		
浙江	177 414	177 071	159 432	1 222	1 408	1 224	4 180	9 586	19	343	310	18	15	838	875
安徽	30 759	30 592	25 496	371	226	466	1 149	2 875	9	167	159	2	6	301	190
福建	28 994	28 832	25 380	203	211	456	967	1 615	3	162	156	1	5	246	209
江西	21 135	20 993	18 477	72	201	117	773	1 350	3	142	139	3		276	137
山东	68 565	68 049	53 247	1 209	1 001	1 297	3 421	7 857	17	516	494	11	11	541	321
河南	22 964	22 505	17 121	533	488	908	1 313	2 102	40	459	451	3	5	203	53
湖北	21 377	21 209	18 080	233	278	523	792	1 259	44	168	165	1	2	355	165
湖南	50 305	50 082	44 494	250	511	1 128	1 454	2 244	1	223	221	1	1	800	106
广东	179 472	178 679	162 533	926	1 597	678	6 661	6 283	1	793	751	40	2	3 598	1 577
广西	11 222	11 068	9 147	91	303	114	608	795	10	154	148	5	1	246	89
海南	2 905	2 863	2 265	36	213	4	97	223	25	42	37	3	2	113	43
重庆	54 029	53 876	47 531	286	391	3 523	957	1 169	19	153	146	3	4	824	442
四川	46 264	45 951	36 928	598	1 239	2 638	1 951	2 552	45	313	282	29	2	851	391
贵州	18 609	18 481	15 633	181	215	1 345	661	417	29	128	112	9	7	237	112

续表

地区	当期受理工伤认定数 小计	认定工伤件数							视同工伤件数				不予认定工伤件数	当期不予受理申请件数
		在工作时间和工作场所内因工作原因受到事故伤害	工作时间前后在工作场所内从事与工作有关的预备性或者收尾性工作受到事故伤害	在工作时间和工作场所内因履行工作职责受到暴力等意外伤害	患职业病	因工外出期间由于工作原因受到伤害或者发生事故下落不明	在上下班途中受到机动车事故伤害	其他应当认定为工伤的情形	小计	在工作时间和工作岗位突发疾病死亡或者在48小时之内经抢救无效死亡	在抢险救灾等维护国家利益、公共利益活动中受到伤害	因战、因公负伤致残到用人单位后旧伤复发		
云南	18 017	14 885	185	295	364	1 256	691	75	266	243	13	10	432	80
西藏	339	274	2	7	1	33	5		17	17			13	2
陕西	14 336	11 725	1 124	157	337	262	357	75	299	249	7	43	74	42
甘肃	5 400	4 469	41	57	171	256	300		106	104	2		66	62
青海	3 068	2 820	7	16	38	104	45		38	36	1	1	62	30
宁夏	5 073	4 093	56	60	116	213	471		64	61	2	1	108	26
新疆	10 402	8 744	96	88	163	652	427	5	227	210	16	1	262	76
新疆兵团	2 481	2 049	21	16	51	131	155		58	55	1	2	73	17

注：小计列 云南 17 751；西藏 322；陕西 14 037；甘肃 5 294；青海 3 030；宁夏 5 009；新疆 10 175；新疆兵团 2 423。

180 2015年各地区工伤认定情况

单位：件

地区	合计	当期受理工伤认定数 小计	认定工伤件数 在工作时间和工作场所内因工作原因受到事故伤害	工作时间前后在工作场所内从事与工作有关的预备性或收尾性工作受到事故伤害	在工作时间和工作场所内因履行工作职责等意外暴力伤害	患职业病	因工外出期间由于工作原因受到伤害或者发生事故下落不明	在上下班途中受到机动车事故伤害	其他应当认定为工伤的情形	视同工伤件数 小计	在工作时间和工作岗位突发疾病死亡或者在48小时之内经抢救无效死亡	在抢险救灾等维护国家利益、公共利益活动中受到伤害	因战、因公负伤致残的用人单位旧伤复发	不予认定工伤件数	当期不予受理申请件数
全国	1 075 906	1 067 377	905 240	9 859	11 062	20 835	41 531	78 080	770	8 529	8 192	185	152	14 761	5 894
北京	22 713	22 375	15 965	330	350	1 691	1 892	2 128	19	338	328	2	8	161	49
天津	19 297	19 162	15 885	293	197	830	673	1 274	10	135	129	1	5	107	55
河北	44 099	43 681	38 028	350	335	551	1 437	2 972	8	418	411	2	5	690	63
山西	17 916	17 554	14 789	118	93	1 193	450	911		362	354	1	7	197	57
内蒙古	8 663	8 484	6 613	62	104	385	701	609	10	179	173	3	3	175	81
辽宁	33 461	32 987	29 457	209	326	268	939	1 666	122	474	464	3	7	212	139
吉林	10 695	10 508	9 291	103	113	244	246	468	43	187	184	2	1	74	33
黑龙江	12 719	12 450	10 890	212	132	521	293	388	14	269	265	3	1	61	107
上海	53 928	53 610	42 131	983	438	105	2 940	7 012	1	318	310	4	4	493	164
江苏	114 067	113 610	94 167	774	651	534	3 215	14 264	5	457	444	2	11	1 457	392

地区	合计	当期受理工伤认定数 小计	认定工伤件数							视同工伤件数				不予认定工伤件数	当期不予受理申请件数
			在工作时间和工作场所内因工作原因受到事故伤害	工作时间前后在工作场所内从事与工作有关的预备性或者收尾性工作受到事故伤害	在工作时间和工作场所内因履行工作职责受到暴力等意外伤害	患职业病	因工外出期间由于工作原因受到伤害或者发生事故下落不明	在上下班途中受到机动车事故伤害	其他应当认定为工伤的情形	小计	在工作时间和工作岗位突发疾病死亡或者在48小时之内经抢救无效死亡	在抢险救灾等维护国家利益、公共利益活动中受到伤害	因战、因公负伤致残到用人单位后旧伤复发		
浙江	162 382	161 999	147 358	703	450	312	3 528	9 605	43	383	359	21	3	579	688
安徽	31 230	31 020	25 090	466	283	438	1 261	3 477	5	210	206	3	1	328	118
福建	30 868	30 703	26 892	242	225	235	1 097	2 012	1	165	160	3	2	284	145
江西	18 709	18 503	15 528	205	168	137	766	1 698	79	206	206			407	183
山东	69 576	69 011	53 079	1 266	988	1 871	3 543	8 185	3	565	512	41	12	639	374
河南	23 085	22 573	17 584	245	230	697	1 128	2 686	22	512	462	12	38	198	73
湖北	23 660	23 455	19 583	319	370	440	973	1 748	28	205	204	3	1	480	147
湖南	43 690	43 383	38 547	133	479	885	1 391	1 920	1	307	301		6	841	145
广东	158 907	158 045	142 024	917	1 438	704	6 442	6 520	24	862	847	14	1	3 632	1 654
广西	10 584	10 423	8 367	129	304	98	605	919	27	161	160		1	320	50
海南	2 723	2 690	2 208	16	96	8	119	219	51	33	26	3	4	63	14
重庆	48 644	48 464	41 332	288	518	3 652	1 249	1 398	20	180	175	1	4	859	321
四川	40 002	39 713	30 924	535	1 166	2 320	2 145	2 572		289	277	10	2	973	395
贵州	18 680	18 548	15 139	278	325	1 454	854	478		132	119	5	8	313	115

续表

地区	当期受理工伤认定数									视同工伤件数				不予认定工伤件数	当期不予受理申请件数
	认定工伤件数														
	小计	在工作时间和工作场所内因工作原因受到事故伤害	工作时间前后在工作场所内从事与工作有关的预备性或收尾性工作受到事故伤害	在工作时间和工作场所内因履行工作职责受到暴力等意外伤害	患职业病	因工外出期间由于工作原因受到伤害或者发生事故下落不明	在上下班途中受到机动车事故伤害	其他应当认定为工伤的情形	小计	在工作时间和工作岗位突发疾病死亡或者在48小时之内经抢救无效死亡	在抢险救灾等维护国家利益、公共利益活动中受到伤害	因战、因公负伤致残到单位后旧伤复发		
云南	16 221	15 930	12 957	148	320	374	1 336	675	120	291	267	15	9	422	63
西藏	519	490	405	3	1	1	53	27		29	29			15	3
陕西	13 934	13 678	11 160	236	220	442	782	727	111	256	246	6	4	95	56
甘肃	5 126	5 035	4 283	50	37	146	231	288		91	90		1	66	56
青海	2 690	2 658	2 427	10	21	27	107	66		32	32			51	24
宁夏	4 904	4 839	3 922	65	64	103	235	450		65	64	1		131	27
新疆	10 007	9 634	7 395	146	604	131	782	575	1	373	343	27	3	423	100
新疆兵团	2 207	2 162	1 820	25	16	38	118	143	2	45	45			15	3

181　2016年各地区工伤认定情况

单位：件

地区	当期受理工伤认定数													不予认定工伤件数	当期不予受理申请件数
	小计	认定工伤件数							视同工伤件数						
		在工作时间和工作场所内因工作原因受到事故伤害	工作时间前后在工作场所内从事与工作有关的预备性或者收尾性工作受到事故伤害	在工作时间和工作场所内因履行工作职责受到暴力等意外伤害	患职业病	因工外出期间由于工作原因受到伤害或者发生事故下落不明	在上下班途中受到机动车事故伤害	其他应当认定为工伤的情形	小计	在工作时间和工作岗位突发疾病死亡或者在48小时之内经抢救无效死亡	在抢险救灾等维护国家利益、公共利益活动中受到伤害	因战、因公负伤致残到单位后旧伤复发		
全国	1 036 139	1 027 421	860 945	10 915	10 639	20 812	44 029	78 792	1 289	8 718	8 387	188	143	16 355	5 104
北京	21 734	21 406	15 570	370	303	999	2 048	2 107	9	328	322	3	3	173	51
天津	18 156	18 002	14 939	334	238	550	712	1 222	7	154	152		2	109	30
河北	51 562	50 989	44 217	444	388	670	1 720	3 530	20	573	561	7	5	787	20
山西	19 691	19 367	16 520	145	115	1 271	400	916		324	319		5	196	63
内蒙古	8 969	8 758	6 362	109	126	434	965	762		211	209		2	218	96
辽宁	30 397	29 939	25 975	283	327	407	1 058	1 582	307	458	445	2	11	251	100
吉林	10 673	10 456	9 093	116	158	278	245	468	98	217	212	2	3	86	33
黑龙江	13 748	13 426	12 030	108	146	415	329	391	7	322	314	5	3	146	81
上海	49 946	49 650	38 158	976	421	109	2 908	7 078		296	288	1	7	556	95
江苏	110 739	110 264	89 572	930	669	518	3 160	15 379	36	475	426	33	16	1 377	338

附录 统计资料

续表

地区	合计	当期受理工伤认定数								视同工伤件数				不予认定工伤件数	当期不予受理申请件数
		认定工伤件数													
		小计	在工作时间和工作场所内因工作原因受到事故伤害	工作时间前后在工作场所内从事与工作有关的预备性或收尾性工作受到事故伤害	在工作时间和工作场所内因履行工作职责受到暴力等意外伤害	患职业病	因工外出期间由于工作原因受到伤害或者发生事故下落不明	在上下班途中受到机动车事故伤害	其他应当认定为工伤的情形	小计	在工作时间和工作岗位突发疾病死亡或者在48小时之内经抢救无效死亡	在抢险救灾等维护国家利益、公共利益活动中受到伤害	因战、因公负伤致残到用人单位后旧伤复发		
浙江	150 848	150 480	135 461	720	447	352	3 813	9 634	53	368	345	22	1	586	588
安徽	31 530	31 344	25 191	558	277	476	1 477	3 361	4	186	178	7	1	341	91
福建	31 340	31 173	27 041	240	213	711	1 097	1 871		167	163	2	2	300	142
江西	20 184	20 029	16 846	199	181	336	759	1 702	6	155	144	1	10	441	281
山东	62 074	61 457	48 790	586	486	1 652	3 245	6 573	125	617	596	4	17	649	265
河南	22 957	22 442	17 401	462	402	429	1 247	2 455	46	515	491	9	15	231	50
湖北	23 368	23 154	18 885	255	399	595	1 125	1 849	46	214	204	8	2	534	230
湖南	43 429	43 203	37 406	268	493	813	1 634	2 545	44	226	224	2		771	93
广东	150 539	149 584	133 019	1 097	1 224	749	6 884	6 611		955	932	19	4	4 874	1 504
广西	10 672	10 501	8 327	126	311	83	720	931	3	171	169	1	1	377	56
海南	2 463	2 417	2 002	20	66	1	171	157		46	45		1	64	31
重庆	42 336	42 180	35 098	322	679	3 771	1 043	1 263	4	156	152	3	1	829	213
四川	37 059	36 768	28 451	652	1 044	1 760	1 912	2 863	86	291	253	34	4	966	243
贵州	15 827	15 676	11 807	156	240	2 037	924	508	4	151	144	1	6	266	122

续表

地区	当期受理工伤认定数								视同工伤件数				不予认定工伤件数	当期不予受理申请件数
	认定工伤件数													
	小计	在工作时间和工作场所内因工作原因受到事故伤害	工作时间前后在工作场所内从事与工作有关的预备性或者收尾性工作受到事故伤害	在工作时间和工作场所内因履行工作职责受到暴力等意外伤害	患职业病	因工外出期间由于工作原因受到伤害或者发生事故下落不明	在上下班途中受到机动车事故伤害	其他应当认定为工伤的情形	小计	在工作时间和工作岗位突发疾病死亡或者在48小时之内经抢救无效死亡	在抢险救灾等维护国家利益、公共利益活动中受到伤害	因工致残的因、因公负伤致残到用人单位后旧伤复发		
合计														
云南	15 848	12 411	165	302	492	1 527	786	165	297	279	4	14	424	67
西藏	571	451	4	6		95	15		16	16			17	11
陕西	14 354	11 173	380	242	437	1 179	797	146	277	275	2		130	66
甘肃	4 871	4 082	52	62	80	323	272		120	105	13	2	93	28
青海	2 670	2 428	7	17	55	125	38		39	39			31	24
宁夏	4 731	3 535	207	116	161	279	432	1	56	55	1		116	28
新疆	11 711	8 704	624	541	171	905	694	72	337	330	2	5	416	64

地区	合计
云南	16 145
西藏	587
陕西	14 631
甘肃	4 991
青海	2 709
宁夏	4 787
新疆	12 048

182 2017年各地区工伤认定情况

单位：件

地区	合计	当期受理工伤认定数											不予认定工伤件数	当期不予受理申请件数
		小计	认定工伤件数						视同工伤件数					
			在工作时间和工作场所内因工作原因受到事故伤害	工作时间前后在工作场所内从事与工作有关的预备性或收尾性工作受到事故伤害	在工作时间和工作场所内因履行工作职责受到暴力等意外伤害	患职业病	因工外出期间由于工作原因受到伤害或者事故下落不明	在上下班途中受到机动车事故伤害	其他应当认定为工伤的情形	小计	在工作时间和工作岗位突发疾病死亡或者在48小时之内经抢救无效死亡	在抢险救灾等维护国家利益、公共利益活动中受到伤害	因战、因公负伤致残到用人单位后旧伤复发		
全国	1 041 214	1 032 009	860 237	10 531	9 878	19 167	47 447	83 611	1 138	9 205	8 873	176	156	15 137	5 676
北京	22 481	22 125	15 648	388	287	1 235	2 032	2 519	16	356	353	1	2		
天津	18 355	18 220	14 799	241	252	653	911	1 348	16	135	130	2	5	154	43
河北	54 174	53 588	46 557	478	305	680	1 877	3 688	3	586	581	2	3	942	50
山西	20 698	20 347	17 327	139	342	1 443	358	737	1	351	343	5	3	163	57
内蒙古	8 958	8 708	6 478	119	137	431	852	683	8	250	245	2	3	240	70
辽宁	29 401	28 901	24 824	350	337	304	1 209	1 630	247	500	492	2	6	300	121
吉林	10 432	10 194	8 798	127	145	331	291	429	73	238	224	14		81	11
黑龙江	14 182	13 850	11 878	121	198	635	487	526	5	332	325	3	4	105	82
上海	47 701	47 400	35 940	871	352	149	3 099	6 989		301	297	1	3	504	64
江苏	113 677	113 168	90 783	873	622	465	3 651	16 770	4	509	482	5	22	1 527	442

续表

地区	合计	当期受理工伤认定数									视同工伤件数					不予认定工伤件数	当期不予受理申请件数
		认定工伤件数															
		小计	在工作时间和工作场所内因工作原因受到事故伤害	工作时间前后在工作场所内从事与工作有关的预备性或者收尾性工作受到事故伤害	在工作时间和工作场所内因履行工作职责受到暴力等意外伤害	患职业病	因工外出期间由于工作原因受到伤害或者发生事故下落不明	在上下班途中受到机动车事故伤害	其他应当认定为工伤的情形	小计	在工作时间和工作岗位突发疾病死亡或者在48小时之内经抢救无效死亡	在抢险救灾等维护国家利益、公共利益活动中受到伤害	因战、因公负伤致残到用人单位后旧伤复发		
浙江	155 195	154 794	138 860	999	383	354	3 855	10 304	39	401	385	12	4	597	491
安徽	32 833	32 624	26 043	509	251	206	1 589	4 021	5	209	198	6	5	190	56
福建	32 466	32 257	28 125	314	186	413	1 224	1 994	1	209	202	4	3	363	117
江西	16 020	15 901	13 524	140	115	226	535	1 361		119	114	3	2	338	180
山东	60 084	59 447	47 112	734	475	1 071	3 602	6 390	63	637	617	4	16	695	181
河南	25 432	24 884	19 477	345	239	617	1 557	2 610	39	548	536	7	5	298	70
湖北	24 275	24 026	19 760	255	418	526	1 143	1 896	28	249	246	2	1	533	204
湖南	43 482	43 187	36 501	255	457	1 105	2 029	2 808	32	295	277	8	10	885	168
广东	144 025	143 059	126 295	1 080	982	773	7 120	6 809		966	931	32	3	3 414	1 504
广西	11 200	11 001	7 520	127	421	78	962	1 889	4	199	194	4	1	426	55
海南	3 000	2 949	2 445	16	69	1	198	220		51	48	2	1	68	54
重庆	35 992	35 871	29 442	259	528	3 116	1 138	1 382	6	121	116	2	3	696	1 085
四川	38 170	37 888	29 784	394	891	1 924	2 231	2 623	41	282	251	26	5	1 012	212
贵州	18 457	18 311	15 164	152	179	1 309	959	534	14	146	143	1	2	274	96

续表

地区	合计	当期受理工伤认定数											不予认定工伤件数	当期不予受理申请件数
		认定工伤件数							视同工伤件数					
		小计	在工作时间和工作场所内因工作原因受到事故伤害	工作时间前后在工作场所内从事与工作有关的预备性或收尾性工作受到事故伤害	在工作时间和工作场所内因履行工作职责受到暴力等意外伤害	患职业病	因工外出期间由于工作原因受到伤害或者发生事故下落不明	在上下班途中受到机动车事故伤害	其他应当认定为工伤的情形	小计	在工作时间和工作岗位突发疾病死亡或者在48小时之内经抢救无效死亡	在抢险救灾等维护国家利益、公共利益活动中受到伤害	因战、因公负伤致残到单位后旧伤复发		
云南	15 398	15 104	11 779	160	316	320	1 521	772	236	294	257	8	29	442	49
西藏	609	589	450	4	3	11	82	39		20	17	3		8	8
陕西	16 318	15 992	12 735	259	250	312	1 319	946	171	326	319	4	3	173	56
甘肃	5 674	5 522	4 604	48	75	114	326	355		152	148	1	3	97	33
青海	2 694	2 652	2 410	13	11	37	102	79		42	41	1		32	13
宁夏	5 864	5 783	4 718	103	93	111	270	488		81	81			143	22
新疆	13 967	13 667	10 457	658	559	217	918	772	86	300	280	1	9	437	82

183　2018年各地区工伤认定情况

单位：件

地区	合计	当期受理工伤认定数													不予认定工伤件数	当期不予受理申请件数
		认定工伤件数							视同工伤件数							
		小计	在工作时间和工作场所内因工作原因受到事故伤害	工作时间前后在工作场所内从事与工作有关的预备性或者收尾性工作受到事故伤害	在工作时间和工作场所内因履行工作职责受到暴力等意外伤害	患职业病	因工外出期间由于工作原因受到伤害或者发生事故下落不明	在上下班途中受到机动车事故伤害	其他应当认定为工伤的情形	小计	在工作时间和工作岗位突发疾病死亡或者在48小时之内经抢救无效死亡	在抢险救灾等维护国家利益、公共利益活动中受到伤害	因战、因公负伤致残到用人单位后旧伤复发		
全国	1 100 691	1 090 275	905 927	11 926	9 669	16 933	56 326	88 449	1 045	10 416	10 071	186	159	17 920	6 048
北京	21 357	20 967	14 385	402	264	1 290	2 182	2 436	8	390	382	3	5	186	38
天津	18 833	18 636	15 424	288	275	171	1 025	1 436	17	197	193	1	3	196	37
河北	53 801	53 149	45 815	489	344	508	2 160	3 826	7	652	649		3	998	82
山西	25 423	25 007	21 460	192	105	1 712	526	1 012		416	408	3	5	258	70
内蒙古	9 582	9 356	6 622	211	150	404	1 158	811		226	223	2	1	266	74
辽宁	30 192	29 693	25 514	293	336	365	1 379	1 674	132	499	488	6	5	407	124
吉林	9 560	9 317	8 042	78	101	166	360	445	125	243	236	6	1	82	32
黑龙江	15 029	14 689	12 227	174	175	1 041	505	562	5	340	339		1	127	71
上海	47 951	47 623	35 442	869	379	116	3 522	7 295		328	319	2	7	570	80
江苏	121 327	120 765	96 649	1 127	631	527	4 440	17 387	4	562	544	7	11	1 645	484

续表

地区	合计	当期受理工伤认定数													不予认定工伤件数	当期不予受理申请件数
		认定工伤件数							视同工伤件数							
		小计	在工作时间和工作场所内因工作原因受到事故伤害	工作时间前后在工作场所内从事与工作有关的预备性或者收尾性工作受到事故伤害	在工作时间和工作场所内因履行工作职责受到暴力等意外伤害	患职业病	因工外出期间由于工作原因受到伤害或者发生事故下落不明	在上下班途中受到机动车事故伤害	其他应当认定为工伤的情形	小计	在工作时间和工作岗位突发疾病死亡或者在48小时之内经抢救无效死亡	在抢险救灾等维护国家利益、公共利益活动中受到伤害	因战、因公负伤致残到单位后旧伤复发		
浙江	161 293	160 911	143 164	1 009	347	292	4 851	11 207	41	382	378	2	2	620	426
安徽	37 618	37 361	29 931	746	330	243	1 987	4 124		257	245	8	4	475	151
福建	35 844	35 611	30 716	392	197	379	1 594	2 329	4	233	229	1	3	370	93
江西	23 183	23 017	18 096	404	325	338	1 132	2 706	16	166	163	2	1	431	156
山东	63 028	62 354	48 857	827	409	1 072	4 303	6 839	47	674	656	3	15	828	202
河南	28 755	28 048	22 853	296	228	548	1 654	2 459	10	707	696		11	418	84
湖北	28 280	28 011	23 216	274	366	511	1 493	2 127	24	269	258	7	4	684	152
湖南	44 477	44 164	38 192	258	373	1 214	1 934	2 116	77	313	300	8	5	980	59
广东	146 444	145 343	125 982	1 581	1 402	1 147	7 964	7 252	15	1 101	1 086	10	5	3 789	1 461
广西	12 413	12 229	9 712	95	275	74	1 027	1 046		184	182	1	1	382	54
海南	3 262	3 190	2 657	34	59	7	201	231	1	72	58	2	12	83	42
重庆	35 765	35 613	30 603	322	531	1 187	1 292	1 677	1	152	143	4	5	863	1 453
四川	40 933	40 572	31 889	396	972	1 415	2 760	3 100	40	361	313	43	5	1 155	220
贵州	22 001	21 776	18 267	260	200	914	1 376	746	13	225	208	14	3	364	117

续表

地区	合计	当期受理工伤认定数													不予认定工伤件数	当期不予受理申请件数
		认定工伤件数								视同工伤件数						
		小计	在工作时间和工作场所内因工作原因受到事故伤害	工作时间前后在工作场所内从事与工作有关的预备性或者收尾性工作受到事故伤害	在工作时间和工作场所内因履行工作职责受到暴力等意外伤害	患职业病	因工外出期间由于工作原因受到伤害或者发生事故下落不明	在上下班途中受到机动车事故伤害	其他应当认定为工伤的情形	小计	在工作时间和工作岗位突发疾病死亡或者在48小时之内经抢救无效死亡	在抢险救灾等维护国家利益、公共利益活动中受到伤害	因公负伤致残的用人单位旧伤复发			
云南	16 367	16 050	12 418	150	363	292	1 732	850	245	317	284	9	24	589	64
西藏	765	735	617	2	2	2	95	17		30	29	1		29	10
陕西	19 468	19 119	15 223	360	212	422	1 683	1 022	197	349	343	3	3	211	61
甘肃	6 252	6 089	4 921	86	81	227	380	393	1	163	161	1	1	120	24
青海	2 930	2 877	2 506	11	21	104	153	82		53	50	1	2	93	7
宁夏	5 988	5 906	4 699	116	96	73	343	565	14	82	80		2	227	34
新疆	12 570	12 097	9 828	184	120	172	1 115	677	1	473	428	36	9	474	86

184 2019年各地区工伤认定情况

单位：件

地区	合计	认定工伤件数 小计	在工作时间和工作场所内因工作原因受到事故伤害	工作时间前后在工作场所内从事与工作有关的预备性或者收尾性工作受到事故伤害	在工作时间和工作场所内因履行工作职责受到暴力等意外伤害	患职业病	因工外出期间由于工作原因受到伤害或者发生事故下落不明	在上下班途中受到机动车事故伤害	其他应当认定为工伤的情形	视同工伤件数 小计	在工作时间和工作岗位突发疾病死亡或者在48小时之内经抢救无效死亡	在抢险救灾等维护国家利益、公共利益活动中受到伤害	因战、因公负伤致残的军人到用人单位后旧伤复发	不予认定工伤件数	当期不予受理申请件数
全国	1 132 693	1 121 756	937 659	12 402	7 952	14 332	59 441	88 541	1 429	10 937	10 552	210	175	18 151	6 829
北京	22 766	22 352	15 054	358	190	1 629	2 407	2 694	20	414	405	2	7	218	36
天津	20 593	20 443	17 115	267	247	160	1 107	1 547	—	150	144	1	5	226	53
河北	51 515	50 786	43 011	615	333	475	2 484	3 859	9	729	723	1	5	1 080	92
山西	29 589	29 107	25 506	260	112	1 429	612	1 187	1	482	465	8	9	310	67
内蒙古	10 149	9 885	7 474	155	124	358	1 091	683	—	264	242	21	1	328	76
辽宁	32 717	32 222	28 228	305	319	172	1 463	1 664	71	495	485	2	8	418	136
吉林	8 906	8 637	7 425	73	117	101	340	395	186	269	265	1	3	104	19
黑龙江	13 355	13 039	10 799	121	122	898	608	480	11	316	303	1	2	103	106
上海	43 964	43 663	32 592	895	286	105	3 307	6 478	0	301	293	2	6	619	102
江苏	124 049	123 521	98 519	963	460	439	4 761	18 374	5	528	506	10	12	1 809	612

续表

地区	合计	当期受理工伤认定数													不予认定工伤件数	当期不予受理申请件数
		认定工伤件数								视同工伤件数						
		小计	在工作时间和工作场所内因工作原因受到事故伤害	工作时间前后在工作场所内从事与工作有关的预备性或者收尾性工作受到事故伤害	在工作时间和工作场所内因履行工作职责受到暴力等意外伤害	患职业病	因工外出期间由于工作原因受到伤害或者发生事故下落不明	在上下班途中受到机动车事故伤害	其他应当认定为工伤的情形	小计	在工作时间和工作岗位突发疾病死亡或者在48小时之内经抢救无效死亡	在抢险救灾等维护国家利益、公共利益活动中受到伤害	因战、因公负伤致残到用人单位后旧伤复发		
浙江	164 577	164 152	147 518	927	351	261	5 250	9 786	59	425	401	20	4	634	748
安徽	38 628	38 366	30 994	692	307	231	2 006	4 128	8	262	248	2	12	493	129
福建	36 987	36 743	31 415	430	133	687	1 649	2 429		244	232	8	4	425	104
江西	24 699	24 451	20 393	272	206	240	1 141	2 143	56	248	207	12	29	585	256
山东	67 988	67 186	53 088	879	328	959	4 820	7 055	57	802	767	12	23	743	229
河南	28 293	27 599	22 150	390	199	415	1 944	2 496	5	694	670	10	14	475	90
湖北	29 576	29 279	24 166	370	336	343	1 560	2 498	6	297	295	1	1	659	115
湖南	49 418	49 044	42 258	373	373	669	2 438	2 793	140	374	362	9	3	898	195
广东	141 772	140 629	121 227	1 929	896	1 048	8 464	7 065		1 143	1 138	3	2	2 879	700
广西	13 603	13 370	10 659	141	398	66	1 059	1 041	6	233	226	4	3	449	59
海南	3 212	3 155	2 726	33	42	10	183	149	12	57	52	5		134	45
重庆	37 921	37 757	33 469	336	391	677	1 268	1 615	1	164	160	2	2	866	1 995
四川	45 292	44 892	35 864	360	826	1 236	2 939	3 592	75	400	369	28	3	1 330	234
贵州	24 703	24 488	21 485	248	185	759	1 048	754	9	215	202	10	3	414	126

续表

地区	合计	当期受理工伤认定数											不予认定工伤件数	当期不予受理申请件数
		认定工伤件数						视同工伤件数					
		小计	在工作时间和工作场所内因工作原因受到事故伤害	工作时间前后在工作场所内从事与工作有关的预备性或收尾性工作受到事故伤害	在工作时间和工作场所内因履行工作职责受到暴力等意外伤害	患职业病	因工外出期间由于工作原因受到伤害或者发生事故下落不明	在上下班途中受到机动车事故伤害	其他应当认定为工伤的情形	小计	在工作时间和工作岗位突发疾病死亡或者在48小时之内经抢救无效死亡	在抢险救灾等维护国家利益、公共利益活动中受到伤害	因战、因公负伤致残到用人单位后旧伤复发		
云南	17 848	17 534	13 638	190	228	293	1 912	875	398	314	305	5	4	570	79
西藏	816	777	628	5	10		112	22		39	37	2		30	11
陕西	20 983	20 660	16 782	402	236	251	1 609	1 130	250	323	320	1	2	282	236
甘肃	7 114	6 947	5 701	76	53	164	550	403		167	158	6	3	196	31
青海	2 857	2 816	2 573	21	17	18	124	62	1	41	41			108	6
宁夏	6 320	6 247	5 052	143	69	113	304	553	13	73	72	1		327	42
新疆	12 483	12 009	10 150	173	58	126	881	591	30	474	459	10	5	439	100

185 2020年各地区工伤认定情况

单位：件

地区	合计	当期受理工伤认定数													不予认定工伤件数	当期未予受理申请件数
		认定工伤件数								视同工伤件数						
		小计	在工作时间和工作场所内因工作原因受到事故伤害	工作时间前后在工作场所内从事与工作有关的预备性或收尾性工作受到事故伤害	在工作时间和工作场所内因履行工作职责受到暴力等意外伤害	患职业病	因工外出期间由于工作原因受到伤害或者发生事故下落不明	在上下班途中受到机动车事故伤害	其他应当认定为工伤的情形	小计	在工作时间和工作岗位突发疾病死亡或者在48小时之内经抢救无效死亡	在抢险救灾等维护国家利益、公共利益活动中受到伤害	因战、因公负伤致残的军人复员到用人单位后旧伤复发			
全国	1 119 673	1 107 576	929 136	12 189	7 200	10 736	57 555	89 942	818	12 097	11 718	251	128	20 102	6 690
北京	19 094	18 622	12 666	377	181	722	1 809	2 858	9	472	462	6	4	255	57
天津	19 831	19 652	16 243	297	307	132	1 156	1 516	1	179	173	1	5	264	38
河北	50 022	49 324	41 321	611	454	519	2 649	3 761	9	698	688	3	7	1 028	110
山西	29 271	28 766	25 491	237	88	1 261	611	1 078		505	503	1	1	300	97
内蒙古	11 000	10 732	7 875	271	170	410	1 092	911	3	268	258	6	4	371	92
辽宁	33 881	33 367	29 216	344	306	212	1 469	1 763	57	514	510		4	501	106
吉林	8 920	8 668	7 615	79	73	78	343	431	49	252	250		2	88	28
黑龙江	12 232	11 863	10 021	201	181	446	507	506	1	369	361	3	5	106	84
上海	39 860	39 485	29 369	838	244	104	2 933	5 997		375	372	1	2	625	99
江苏	126 231	125 494	100 683	981	431	396	4 662	18 337	4	737	721	9	7	1 950	707

续表

地区	合计	当期受理工伤认定数													不予认定工伤件数	当期不予受理申请件数
		认定工伤件数								视同工伤件数						
		小计	在工作时间和工作场所内因工作原因受到事故伤害	工作时间前后在工作场所内从事与工作有关的预备性或收尾性工作受到事故伤害	在工作时间和工作场所内因履行工作职责受到暴力等意外伤害	患职业病	因工外出期间由于工作原因受到伤害或者发生事故下落不明	在上下班途中受到机动车事故伤害	其他应当认定为工伤的情形	小计	在工作时间和工作岗位突发疾病死亡或者在48小时之内经抢救无效死亡	在抢险救灾等维护国家利益、公共利益活动中受到伤害	因战、因公负伤致残到用人单位后旧伤复发		
浙江	161 567	161 114	146 058	925	262	248	4 887	8 627	107	453	447	3	3	512	589
安徽	38 849	38 565	30 990	430	167	281	1 801	4 884	12	284	272	7	5	559	115
福建	37 599	37 339	32 084	450	151	597	1 513	2 539	5	260	257	2	1	490	171
江西	27 294	27 063	22 855	216	147	185	1 154	2 505	1	231	212	7	12	603	260
山东	69 502	68 576	54 995	911	339	646	4 452	7 181	52	926	879	20	27	847	234
河南	26 250	25 607	19 904	412	166	304	1 943	2 860	18	643	637	3	3	557	133
湖北	29 211	28 725	24 157	446	272	267	1 364	2 211	8	486	388	91	7	795	92
湖南	52 313	51 929	45 604	321	469	423	2 381	2 645	86	384	377	5	2	1 087	100
广东	130 799	129 519	111 263	1 480	702	707	8 180	7 181	6	1 280	1 247	32	1	3 636	651
广西	15 104	14 820	12 035	132	321	83	1 137	1 108	4	284	271	10	3	562	69
海南	2 810	2 750	2 250	17	25	30	234	192	2	60	59	1		162	52
重庆	38 282	38 098	33 944	364	378	446	1 149	1 817		184	177	3	4	780	1 961
四川	46 196	45 810	36 726	435	541	931	3 165	3 969	43	386	367	11	8	1 385	198
贵州	23 716	23 485	20 430	306	145	535	1 203	849	17	231	226	5		475	193

999

续表

地区	合计	当期受理工伤认定数													不予认定工伤件数	当期不予受理申请件数
		认定工伤件数								视同工伤件数						
		小计	在工作时间和工作场所内因工作原因受到事故伤害	工作时间前后在工作场所内从事与工作有关的预备性或收尾性工作受到事故伤害	在工作时间和工作场所内因履行工作职责受到暴力等意外伤害	患职业病	因工外出期间由于工作原因受到伤害或者发生事故下落不明	在上下班途中受到机动车事故伤害	其他应当认定为工伤的情形	小计	在工作时间和工作岗位突发疾病死亡或者在48小时之内经抢救无效死亡	在抢险救灾等维护国家利益、公共利益活动中受到伤害	因战、因公负伤致残到单位后旧伤复发		
云南	18 150	17 808	13 992	178	259	263	1 990	942	184	342	337	4	1	555	93
西藏	814	784	645	8	2	1	112	16		30	29		1	16	10
陕西	20 680	20 338	16 217	477	204	229	1 671	1 404	136	342	334	5	3	341	136
甘肃	8 092	7 901	6 538	69	69	85	615	524	1	191	188	1	2	196	53
青海	3 175	3 116	2 817	14	21	34	137	93		59	58	1		111	11
宁夏	6 798	6 715	5 498	103	50	62	367	635		83	80	3		385	35
新疆	12 130	11 541	9 634	259	75	99	869	602	3	589	578	7	4	560	116

186 2021年各地区工伤认定情况

单位：件

地区	合计	当期受理工伤认定数									视同工伤件数				不予认定工伤件数	当期不予受理申请件数
		认定工伤件数								小计	在工作时间和工作岗位突发疾病死亡或者在48小时之内经抢救无效死亡	在抢险救灾等维护国家利益、公共利益活动中受到伤害	因战，因公负伤致残到用人单位后旧伤复发		
		小计	在工作时间和工作场所内因工作原因受到事故伤害	工作时间前后在工作场所内从事与工作有关的预备性或者收尾性工作受到事故伤害	在工作时间和工作场所内因履行工作职责受到暴力等意外伤害	患职业病	因工外出期间由于工作原因受到伤害或者发生事故下落不明	在上下班途中受到机动车事故伤害	其他应当认定为工伤的情形						
全国	1 298 871	1 285 604	1 068 954	14 309	7 177	12 065	70 255	111 746	1 098	13 267	12 923	152	192	25 770	8 245
北京	25 001	24 455	16 890	462	240	392	2 331	4 137	3	546	537	3	6	404	77
天津	23 792	23 578	19 422	385	354	109	1 430	1 878		214	204	2	8	285	32
河北	51 524	50 829	42 197	614	276	585	2 730	4 420	7	695	682	3	10	1 206	149
山西	28 286	27 831	23 878	330	118	1 374	769	1 362		455	443	10	2	418	140
内蒙古	12 014	11 717	8 741	184	124	391	1 172	1 096	9	297	288	6	3	409	107
辽宁	31 815	31 257	26 542	397	288	180	1 780	1 964	106	558	548	2	8	621	140
吉林	10 154	9 884	8 463	77	75	102	360	614	193	270	264	5	1	99	35
黑龙江	12 154	11 773	10 070	161	100	431	564	446	1	381	377		4	132	113
上海	47 602	47 253	34 515	984	254	111	3 859	7 528	2	349	346	1	2	873	183
江苏	149 229	148 409	117 938	1 137	439	526	6 415	21 930	24	820	756	2	62	2 299	717

续表

地区	合计	当期受理工伤认定数										视同工伤件数				不予认定工伤件数	当期不予受理申请件数
		认定工伤件数															
		小计	在工作时间和工作场所内因工作原因受到事故伤害	工作时间前后在工作场所内从事与工作有关的预备性或收尾性工作受到事故伤害	在工作时间和工作场所内因履行工作职责受到暴力等意外伤害	患职业病	因工外出期间由于工作原因受到伤害或者发生事故下落不明	在上下班途中受到机动车事故伤害	其他应当认定为工伤的情形	小计	在工作时间和工作岗位突发疾病死亡或者在48小时之内经抢救无效死亡	在抢险救灾等维护国家利益、公共利益活动中受到伤害	因战、因公负伤致残到用人单位后旧伤复发		
浙江	189 060	188 503	170 134	1 276	283	248	5 936	10 555	71	557	551	4	2	672	437
安徽	48 654	48 341	38 896	587	205	327	2 136	6 176	14	313	302	5	6	681	108
福建	44 200	43 894	37 393	498	131	460	2 168	3 242	2	306	303	3		566	201
江西	31 350	31 144	25 561	383	167	145	1 561	3 325	2	206	200	2	4	778	317
山东	83 309	82 205	65 330	1 133	428	990	5 807	8 457	60	1 104	1 066	8	30	1 223	287
河南	31 457	30 634	23 293	471	185	376	2 677	3 623	9	823	779	39	5	778	252
湖北	34 926	34 509	28 700	438	366	294	1 808	2 896	7	417	409	6	2	1 118	154
湖南	61 333	60 862	54 060	385	311	481	2 107	3 401	117	471	465	5	1	1 281	110
广东	156 322	154 857	131 445	1 983	819	730	10 661	9 219		1 465	1 448	10	7	5 131	1 187
广西	18 532	18 266	15 163	145	212	80	1 170	1 496		266	264	2		690	124
海南	3 410	3 299	2 743	23	42	99	175	217		111	111			181	31
重庆	43 179	42 978	37 463	302	365	1 280	1 324	2 243	1	201	191	5	5	902	2 269
四川	51 524	51 095	40 839	557	487	1 021	3 250	4 834	107	429	414	4	11	1 667	264
贵州	27 516	27 305	24 007	388	170	237	1 390	1 027	86	211	200	9	2	606	263

续表

地区	当期受理工伤认定数												不予认定工伤件数	当期不予受理申请件数
	小计	认定工伤件数							视同工伤件数					
		小计	在工作时间和工作场所内因工作原因受到事故伤害	工作时间前后在工作场所内从事与工作有关的预备性或收尾性工作受到事故伤害	在工作时间和工作场所内因履行工作职责受到暴力等意外伤害	患职业病	因工外出期间由于工作原因受到伤害或者发生事故下落不明	在上下班途中受到机动车事故伤害	其他应当认定为工伤的情形	小计	在工作时间和工作岗位突发疾病死亡或者在48小时之内经抢救无效死亡	在抢险救灾等维护国家利益、公共利益活动中受到伤害	因战、因公负伤致残到用人单位后旧伤复发		
云南	20 793	20 417	16 082	187	249	342	2 115	1 220	222	376	369	2	5	721	120
西藏	1 052	993	818	1	9	1	138	26		59	59			40	8
陕西	25 051	24 651	19 626	435	234	337	2 028	1 940	51	400	390	8	2	460	158
甘肃	9 218	9 028	7 421	86	54	144	731	591	1	190	190			224	41
青海	2 961	2 286	2 574	21	9	59	115	108		75	73	2		127	9
宁夏	8 096	8 012	6 425	124	53	78	426	905	1	84	79	3	2	419	32
新疆	12 798	12 276	10 266	134	124	107	953	690	2	522	520		2	602	137

187 2012年各地区因工死亡人员工伤认定情况

单位：件

地区	合计	当期受理工伤认定数										视同工伤件数					不予认定工伤件数	当期不予受理申请件数
		认定工伤件数																
		小计	在工作时间和工作场所内因工作原因受到事故伤害	工作时间前后在工作场所内从事与工作有关的预备性或者收尾性工作受到事故伤害	在工作时间和工作场所内因履行工作职责受到意外暴力等伤害	患职业病	因工外出期间由于工作原因受到伤害或者发生事故下落不明	在上下班途中受到机动车事故伤害	其他应当认定为工伤的情形		小计	在工作时间和工作岗位突发疾病死亡或者在48小时之内经抢救无效死亡	在抢险救灾等维护国家利益、公共利益活动中受到伤害	因战、因公负伤致残到用人单位后旧伤复发			
全国	22 313	15 942	8 809	148	249	83	1 995	4 630	28		6 371	6 295	66	10		1 787	226
北京	703	448	213	2	12	1	107	112	1		255	251	4			34	2
天津	390	228	105	4	3		35	81			162	162	1			17	2
河北	1 938	1 463	790	9	10		153	501			475	474	1			43	2
山西	730	463	241	3	8	1	42	169			267	266	1			26	1
内蒙古	510	312	173	1	4		68	65	1		198	194	4			22	1
辽宁	855	488	283	6	5	11	52	130			367	357	2	8		31	7
吉林	350	176	106	4	9		21	36			174	172	2			4	
黑龙江	364	186	137		4		13	32			178	178				4	
上海	781	521	277	5	6	4	68	161			260	259	1			26	
江苏	1 656	1 288	613	2	9	1	132	531			368	367	1			157	79

续表

地区	合计	当期受理工伤认定数												不予认定工伤件数	当期不予受理申请件数
		认定工伤件数								视同工伤件数					
		小计	在工作时间和工作场所内因工作原因受到事故伤害	工作时间前后在工作场所内从事与工作有关的预备性或收尾性工作受到事故伤害	在工作时间和工作场所内因履行工作职责受到暴力等意外伤害	患职业病	因工外出期间由于工作原因受到伤害或者发生事故下落不明	在上下班途中受到机动车事故伤害	其他应当认定为工伤的情形	小计	在工作时间和工作岗位突发疾病死亡或者在48小时之内经抢救无效死亡	在抢险救灾等维护国家利益、公共利益活动中受到伤害	因战、因公负伤致残到单位后旧伤复发		
浙江	1 339	1 066	568	7	10	3	121	357		273	270	3		120	4
安徽	592	478	229	1		1	61	186		114	112	2		22	4
福建	556	449	252	6	6		43	142		107	106	1		28	10
江西	288	196	145				12	39		92	92			30	11
山东	1 895	1 457	518	19	31	10	220	652	7	438	438			376	
河南	905	569	280	8	8	8	76	185	4	336	333	2	1	27	6
湖北	542	384	225	4	6	1	41	107		158	156	2		27	2
湖南	950	759	576	15	1	1	44	121	1	191	187	4		149	53
广东	1 763	1 088	525	10	28	16	169	340		675	673	2		352	11
广西	366	243	146	1	6		32	58		123	121	1	1	58	
海南	55	29	16	1	2		2	8		26	23	3			
重庆	638	504	390	5	2	3	31	71	2	134	133	1		53	9
四川	1 096	886	505	4	49		86	240	2	210	199	11		37	6
贵州	481	397	292	11	4	4	35	51	2	84	80	4		25	2

续表

地区	合计	当期受理工伤认定数													不予认定工伤件数	当期不予受理申请件数
		认定工伤件数								视同工伤件数						
		小计	在工作时间和工作场所内因工作原因受到事故伤害	工作时间前后在工作场所内从事与工作有关的预备性或收尾性工作受到事故伤害	在工作时间和工作场所内因履行工作职责受到暴力等意外伤害	患职业病	因工外出期间由于工作原因受到伤害或者发生事故下落不明	在上下班途中受到机动车事故伤害	其他应当认定为工伤的情形	小计	在工作时间和工作岗位突发疾病死亡或者在48小时之内经抢救无效死亡	在抢险救灾等维护国家利益、公共利益活动中受到伤害	因战、因公负伤致残到用人单位后旧伤复发			
云南	791	595	468	2	17	5	54	49		196	195	1		35	1
西藏	16	11	3	1			7			5	4	1			
陕西	442	312	201	11	3	10	41	46		130	130			14	
甘肃	344	262	194	2			42	24		82	82			8	1
青海	180	134	77	1	1	1	39	16		46	46			2	
宁夏	157	115	57	1	3	1	20	36		42	42			8	2
新疆	485	328	151	1	3	1	112	50	10	157	145	12		30	6
新疆兵团	155	107	53	1	2	1	16	34		48	48			22	4

188 2013年各地区因工死亡人员工伤认定情况

单位：件

地区	合计	当期受理工伤认定数									视同工伤件数				不予认定工伤件数	当期不予受理申请件数
		认定工伤件数														
		小计	在工作时间和工作场所内因工作原因受到事故伤害	工作时间前后在工作场所内从事与工作有关的预备性或收尾性工作受到事故伤害	在工作时间和工作场所内因履行工作职责受到暴力等意外伤害	患职业病	因工外出期间由于工作原因受伤害或发生事故下落不明	在上下班途中受到机动车事故伤害	其他应当认定为工伤的情形	小计	在工作时间和工作岗位突发疾病死亡或者在48小时之内经抢救无效死亡	在抢险救灾等维护国家利益、公共利益活动中受到伤害	因故、因公负伤致残到用人单位后旧伤复发		
全国	23 107	15 889	8 774	119	237	76	1 918	4 733	32	7 218	7 182	35	1	1 369	101
北京	635	327	137	1	6		73	98	12	308	307	1		29	3
天津	307	184	90	2	1	1	21	69		123	122	1		10	4
河北	1 873	1 402	701	4	6	4	165	522		471	471			47	3
山西	805	456	235	8	7		38	168		349	348	1		7	2
内蒙古	544	350	211	2	8		51	78		194	193	1		13	1
辽宁	886	466	272	2	5		47	137	3	420	420				
吉林	391	175	106	2		5	7	54		216	216			4	
黑龙江	501	326	284	1	3		10	28		175	175			11	
上海	753	505	264	3	1	2	64	171		248	248			27	2
江苏	1 575	1 229	578	14	8	9	122	498		346	345	1		70	5

续表

地区	合计	当期受理工伤认定数												不予认定工伤件数	当期不予受理申请件数
		认定工伤件数								视同工伤件数					
		小计	在工作时间和工作场所内因工作原因受到事故伤害	工作时间前后在工作场所内从事与工作有关的预备性或收尾性工作受到事故伤害	在工作时间和工作场所内因履行工作职责受到暴力等意外伤害	患职业病	因工外出期间由于工作原因受到伤害或者发生事故下落不明	在上下班途中受到机动车事故伤害	其他应当认定为工伤的情形	小计	在工作时间和工作岗位突发疾病死亡或者在48小时之内经抢救无效死亡	在抢险救灾等维护国家利益、公共利益活动中受到伤害	因战、因公负伤致残到用人单位后旧伤复发		
浙江	1 333	1 068	573	3	15	9	103	365		265	260	5		51	10
安徽	626	459	214		3	1	58	183		167	167			17	2
福建	581	464	276	7	3		66	112		117	116		1	31	10
江西	320	252	133				19	100		68	68			42	12
山东	1 912	1 414	622	7	29	13	212	531		498	498			79	3
河南	1 020	587	260	5	12	1	95	215		433	432	1		19	1
湖北	578	392	221	2	6	1	32	128	2	186	183	3		40	5
湖南	1 073	835	667	2	3		42	120	3	238	237	1		136	15
广东	2 059	1 274	536	18	15	6	234	462	3	785	778	7		336	1
广西	435	273	139	2	16		36	72	8	162	160	2		45	12
海南	81	48	27	1	4		4	12		33	33			9	3
重庆	645	510	405	1	9	2	25	66	2	135	135			70	4
四川	1 021	773	431	5	36	3	73	223	2	248	247	1		44	
贵州	521	403	299	3	4		48	49		118	117	1		31	

续表

地区	合计	当期受理工伤认定数												不予认定工伤件数	当期不予受理申请件数
		认定工伤件数								视同工伤件数					
		小计	在工作时间和工作场所内因工作原因受到事故伤害	工作时间前后在工作场所内从事与工作有关的预备性或者收尾性工作受到事故伤害	在工作时间和工作场所内因履行工作职责受到暴力等意外伤害	患职业病	因工外出期间由于工作原因受到伤害或者发生事故下落不明	在上下班途中受到机动车事故伤害	其他应当认定为工伤的情形	小计	在工作时间和工作岗位突发疾病死亡或者在48小时之内经抢救无效死亡	在抢险救灾等维护国家利益、公共利益活动中受到伤害	因战、因公负伤致残到用人单位后旧伤复发		
云南	773	527	396	1	7		73	50		246	240	6		92	
西藏	21	10	4				6			11	10	1			3
陕西	512	304	161	17	11	16	47	52		208	208			18	
甘肃	254	165	118		3	1	26	17		89	89			18	
青海	140	104	69	1			23	11		36	36			8	1
宁夏	171	81	46		1		9	25		90	89	1		3	
新疆	598	420	231	5	13	2	79	90		178	177	1		37	1
新疆兵团	163	106	68		1		10	27		57	57			25	

189 2014年各地区因工死亡人员工伤认定情况

单位：件

地区	合计	认定工伤件数								视同工伤件数				不予认定工伤件数	当期不予受理申请件数
		小计	在工作时间和工作场所内因工作原因受到事故伤害	工作时间前后在工作场所内从事与工作有关的预备性或者收尾性工作受到事故伤害	在工作时间和工作场所内因履行工作职责受到暴力等意外伤害	患职业病	因工外出期间由于工作原因受到伤害或者发生事故下落不明	在上下班途中受到机动车事故伤害	其他应当认定为工伤的情形	小计	在工作时间和工作岗位突发疾病死亡或者在48小时之内经抢救无效死亡	在抢险救灾等维护国家利益、公共利益活动中受到伤害	因战、因公负伤致残到用人单位后旧伤复发		
全国	23 508	16 120	8 815	145	250	91	1 868	4 923	28	7 388	7 344	37	7	1 717	176
北京	632	321	169	1	9	2	51	85	4	311	310	1		49	10
天津	351	194	86		1		22	85		157	156	1		18	2
河北	1 766	1 340	743		5	3	120	464	5	426	426			94	3
山西	749	478	259	4	1		44	170		271	270	1		38	2
内蒙古	422	275	172		7		33	62	1	147	145	2		38	1
辽宁	983	585	312	17	10	15	66	160	5	398	394	4		60	
吉林	365	190	106	1	4	1	19	59		175	174	1		11	11
黑龙江	554	237	169	2	2		14	50		317	317			5	
上海	747	496	231	3	8		83	171		251	251			32	
江苏	1 760	1 403	713	18	7	6	121	538		357	355		2	83	7

续表

地区	合计	当期受理工伤认定数													不予认定工伤件数	当期不予受理申请件数
		认定工伤件数								视同工伤件数					
		小计	在工作时间和工作场所内因工作原因受到事故伤害	工作时间前后在工作场所内从事与工作有关的预备性或者收尾性工作受到事故伤害	在工作时间和工作场所内因履行工作职责受到暴力等意外伤害	患职业病	因工外出期间由于工作原因受到伤害或者发生事故下落不明	在上下班途中受到机动车事故伤害	其他应当认定为工伤的情形	小计	在工作时间和工作岗位突发疾病死亡或者在48小时之内经抢救无效死亡	在抢险救灾等维护国家利益、公共利益活动中受到伤害	因战、因公负伤致残的军人到用人单位后旧伤复发		
浙江	1 456	1 143	615	12	5	6	118	387		313	310	3		29	6
安徽	585	423	209	4	2	2	52	152	2	162	159		3	25	1
福建	702	546	258	6	6	1	47	228		156	156			44	5
江西	531	389	225	3	6		30	125		142	139	3		52	9
山东	1 936	1 442	575	11	49	3	207	594	3	494	494			116	26
河南	1 159	708	373	4	13	2	80	236		451	451			13	7
湖北	500	335	183	2	6	7	40	97		165	165			42	3
湖南	1 022	799	587		4	1	53	154		223	221	1	1	184	4
广东	2 148	1 397	638	11	38	8	236	466		751	751			386	10
广西	335	187	103		8		25	51		148	148			54	3
海南	101	62	46	1	2		3	10		39	37	2		16	3
重庆	632	485	394	5			25	61		147	146	1		63	4
四川	959	676	379	1	22	2	87	182	3	283	282		1	58	39
贵州	394	278	199	3	1	9	39	27		116	112	3	1	32	2

续表

地区	合计	当期受理工伤认定数													不予认定工伤件数	当期不予受理申请件数
		认定工伤件数								视同工伤件数						
		小计	在工作时间和工作场所内因工作原因受到事故伤害	工作时间前后在工作场所内从事与工作有关的预备性或收尾性工作受到事故伤害	在工作时间和工作场所内因履行工作职责受到暴力等意外伤害	患职业病	因工外出期间由于工作原因受到伤害或者发生事故下落不明	在上下班途中受到机动车事故伤害	其他应当认定为工伤的情形	小计	在工作时间和工作岗位突发疾病死亡或者在48小时之内经抢救无效死亡	在抢险救灾等维护国家利益、公共利益活动中受到伤害	因战、因公负伤致残到用人单位后旧伤复发			
云南	717	472	327	2	11	1	67	63	1	245	243	2		102	6	
西藏	29	12	9				3			17	17					
陕西	614	365	196	22	10	19	56	62		249	249			21	9	
甘肃	301	196	129		1	1	26	39		105	104	1		14	5	
青海	130	94	66		1		15	12		36	36			9		
宁夏	175	113	60		1		13	39		62	61	1				
新疆	586	367	219	12	9	1	68	54	4	219	210	9		29	1	
新疆兵团	167	112	65		1	1	5	40		55	55					

190 2015年各地区因工死亡人员工伤认定情况

单位：件

地区	合计	当期受理工伤认定数												不予认定工伤件数	当期不予受理申请件数
		小计	认定工伤件数						视同工伤件数						
			在工作时间和工作场所内因工作原因受到事故伤害	工作时间前后在工作场所内从事与工作有关的预备性或收尾性工作受到事故伤害	在工作时间和工作场所内因履行工作职责受到意外暴力等伤害	患职业病	因工外出期间由于工作原因受到伤害或者发生事故下落不明	在上下班途中受到机动车事故伤害	其他应当认定为工伤的情形	小计	在工作时间和工作岗位突发疾病死亡或者在48小时之内经抢救无效死亡	在抢险救灾等维护国家利益、公共利益活动中受到伤害	因战、因公负伤致残到用人单位后旧伤复发		
全国	22 060	13 992	7 459	212	167	43	1 626	4 446	39	8 068	8 031	35	2	1 964	248
北京	605	276	118	1	4	3	56	94		329	327	2		44	4
天津	382	258	166	4	1		19	68		124	123	1		15	7
河北	1 292	881	453	6	4		109	308	1	411	411			81	22
山西	805	451	238	1	3		35	174		354	354			43	8
内蒙古	451	276	133	3	1	2	51	86		175	173	2		41	1
辽宁	960	496	265	4	9	1	44	171	2	464	464			59	12
吉林	308	123	86	2		1	7	27		185	184	1		11	
黑龙江	465	206	144	1	6		18	36	1	259	258	1		20	2
上海	803	492	222	5	4	2	71	188		311	310	1		51	
江苏	1 616	1 172	553	3	4	3	100	509		444	444			111	9

续表

地区	合计	当期受理工伤认定数													不予认定工伤件数	当期不予受理申请件数
		认定工伤件数								视同工伤件数						
		小计	在工作时间和工作场所内因工作原因受到事故伤害	工作时间前后在工作场所内从事与工作有关的预备性或者收尾性工作受到事故伤害	在工作时间和工作场所内因履行工作职责受到暴力等意外伤害	患职业病	因工外出期间由于工作原因受到伤害或者发生事故下落不明	在上下班途中受到机动车事故伤害	其他应当认定为工伤的情形	小计	在工作时间和工作岗位突发疾病死亡或者在48小时之内经抢救无效死亡	在抢险救灾等维护国家利益、公共利益活动中受到伤害	因战、因公负伤致残到用人单位后旧伤复发		
浙江	1 443	1 081	583	7	6	3	114	368		362	359	3		52	7
安徽	626	418	194	1	6		45	172		208	206	2		42	4
福建	306	235	119	6	3		21	86		71	70	1		32	2
江西	634	428	280	105				42	1	206	206			50	6
山东	1 828	1 316	531	13	30	2	189	546	5	512	512			123	16
河南	1 045	581	245	3	14	1	69	233	16	464	462	2		69	3
湖北	615	411	220	2	3		52	133	1	204	204			68	2
湖南	1 114	811	605	3	3	2	40	156	2	303	301		2	134	12
广东	2 001	1 150	555	4	22	12	163	394		851	847	4		392	86
广西	357	197	91	1	4		41	61		160	160			56	3
海南	56	38	26		1		2	9		18	18			3	
重庆	557	382	273	9	2	1	30	66	1	175	175			68	15
四川	936	658	366	5	8	1	86	190	2	278	277	1		92	16
贵州	452	333	226	9	6	7	38	41	6	119	119			42	2

续表

地区	合计	当期受理工伤认定数											不予认定工伤件数	当期不予受理申请件数
		认定工伤件数							视同工伤件数					
		小计	在工作时间和工作场所内因工作原因受到事故伤害	工作时间前后在工作场所内从事与工作有关的预备性或收尾性工作受到事故伤害	在工作时间和工作场所内因履行工作职责受到暴力等意外伤害	患职业病	因工外出期间由于工作原因受到伤害或者发生事故下落不明	在上下班途中受到机动车事故伤害	其他应当认定为工伤的情形	小计	在工作时间和工作岗位突发疾病死亡或在48小时之内经抢救无效死亡	在抢险救灾等维护国家利益、公共利益活动中受到伤害	因战、因公负伤致残到用人单位后旧伤复发		
云南	625	353	223	1	8		79	42		272	271	1		144	1
西藏	62	33	19				11	3		29	29				
陕西	514	268	159	4	3		30	71	1	246	246			12	2
甘肃	234	144	94	1	1		19	30		90	90			15	3
青海	129	97	76	1	1		11	8		32	32			9	
宁夏	166	101	41		1	1	20	38		65	64	1		8	
新疆	539	235	116	4	8	1	45	61		304	292	12		51	3
新疆兵团	134	91	39	3	3		11	35		43	43			26	

191 2016年各地区因工死亡人员工伤认定情况

单位：件

地区	合计	当期受理工伤认定数													不予认定工伤件数	当期不予受理申请件数
		认定工伤件数								视同工伤件数					
		小计	在工作时间和工作场所内因工作原因受到事故伤害	工作时间前后在工作场所内从事与工作有关的预备性或者收尾性工作受到事故伤害	在工作时间和工作场所内因履行工作职责受到暴力等意外伤害	患职业病	因工外出期间由于工作原因受到伤害或者发生事故下落不明	在上下班途中受到机动车事故伤害	其他应当认定为工伤的情形	小计	在工作时间和工作岗位突发疾病死亡或者在48小时之内经抢救无效死亡	在抢险救灾等维护国家利益、公共利益活动中受到伤害	因战、因公负伤致残到用人单位后旧伤复发		
全国	22 436	14 003	7 315	149	203	66	1 728	4 512	30	8 433	8 387	37	9	2 231	324
北京	593	270	82		6	1	97	84		323	322	1		61	4
天津	311	159	64				30	65		152	152			21	6
河北	1 784	1 223	623				72	528		561	561			53	4
山西	664	345	181	6	5		24	129		319	319			40	10
内蒙古	472	263	143	1	2		64	51	2	209	209			61	7
辽宁	896	451	238	2	7	6	41	157		445	445			8	2
吉林	400	187	111		6	9	32	29		213	212	1		16	2
黑龙江	530	213	139		9	2	19	43	1	317	314	3		58	
上海	733	445	208	6	5	3	73	150		288	288				
江苏	1 771	1 344	666	13	12	6	117	527	3	427	426		1	134	13

续表

地区	合计	当期受理工伤认定数												不予认定工伤件数	当期不予受理申请件数
		认定工伤件数							视同工伤件数						
		小计	在工作时间和工作场所内因工作原因受到事故伤害	工作时间前后在工作场所内从事与工作有关的预备性或收尾性工作受到事故伤害	在工作时间和工作场所内因履行工作职责受到暴力等意外伤害	患职业病	因工外出期间由于工作原因受到伤害或者发生事故下落不明	在上下班途中受到机动车事故伤害	其他应当认定为工伤的情形	小计	在工作时间和工作岗位突发疾病死亡或者在48小时之内经抢救无效死亡	在抢险救灾等维护国家利益、公共利益活动中受到伤害	因战、因公负伤致残到用人单位后旧伤复发		
浙江	1 493	1 144	647	13	18	9	109	347	1	349	345	4		55	12
安徽	523	342	144	8	4		36	148	2	181	178	3		36	4
福建	683	520	312	1	2	2	60	143		163	163			52	2
江西	485	341	173	4	6	1	31	126		144	144			68	6
山东	1 770	1 172	507	8	11	6	138	484	18	598	596	2		112	17
河南	1 027	533	257	7	3	1	73	189	3	494	491	1	2	78	3
湖北	619	415	190	22	11	3	38	150	1	204	204			92	7
湖南	807	583	365	2	6		50	160		224	224			241	16
广东	2 105	1 165	542	3	33	8	224	355		940	932	8		424	170
广西	367	198	105	1	6		39	47		169	169			82	7
海南	91	46	25				7	14		45	45				
重庆	502	349	235	11	2	2	25	74		153	152	1		79	5
四川	827	567	323	5	15	2	50	172		260	253	6	1	141	11
贵州	384	239	168	3	10		28	30		145	144		1	43	

续表

地区	当期受理工伤认定数													不予认定工伤件数	当期不予受理申请件数
	合计	认定工伤件数								视同工伤件数					
		小计	在工作时间和工作场所内因工作原因受到事故伤害	工作时间前后在工作场所内从事与工作有关的预备性或者收尾性工作受到事故伤害	在工作时间和工作场所内因履行工作职责受到暴力等意外伤害	患职业病	因工外出期间由于工作原因受到伤害或者发生事故下落不明	在上下班途中受到机动车事故伤害	其他应当认定为工伤的情形	小计	在工作时间和工作岗位突发疾病死亡或者在48小时之内经抢救无效死亡	在抢险救灾等维护国家利益、公共利益活动中受到伤害	因战、因公负伤致残到用人单位后旧伤复发		
云南	636	356	222	1	2	1	76	53	1	280	279	1		131	10
西藏	42	26	13	2	1		9	1		16	16				
陕西	635	359	232	2	11	2	46	66		276	275	1		18	1
甘肃	263	155	100	1			22	32		108	105	3		37	2
青海	133	94	72				12	10		39	39			5	
宁夏	178	122	48	4	5		15	50		56	55	1			
新疆	513	258	136	21	5		54	42		255	250	1	4	71	2
新疆兵团	199	119	44	2			17	56		80	80			14	1

192 2017年各地区因工死亡人员工伤认定情况

单位：件

地区	合计	当期受理工伤认定数												不予认定工伤件数	当期不予受理申请件数
		认定工伤件数						视同工伤件数							
		小计	在工作时间和工作场所内因工作原因受到事故伤害	工作时间前后在工作场所内从事与工作有关的预备性或收尾性工作受到事故伤害	在工作时间和工作场所内因履行工作职责受到暴力等意外伤害	患职业病	因工外出期间由于工作原因受到伤害或者发生事故下落不明	在上下班途中受到机动车事故伤害	其他应当认定为工伤的情形	小计	在工作时间和工作岗位突发疾病死亡或者在48小时之内经抢救无效死亡	在抢险救灾等维护国家利益、公共利益活动中受到伤害	因战、因公负伤致残到用人单位后旧伤复发		
全国	22 842	13 951	7 278	112	181	69	1 693	4 600	18	8 891	8 873	17	1	2 244	315
北京	637	284	113	1	7	1	61	99	2	353	353			28	6
天津	302	172	80	1	3		24	64		130	130			246	13
河北	1 794	1 213	640	4	7	3	57	500	2	581	581			28	2
山西	745	402	242	3	2		26	129		343	343			51	
内蒙古	487	242	128		3	1	47	63		245	245			93	10
辽宁	905	413	217	1	11	1	51	131	1	492	492			18	1
吉林	383	157	92		4	1	15	45		226	224	2		18	1
黑龙江	505	180	98	1	3	1	30	47		325	325			53	
上海	685	388	206	3	4	2	50	123		297	297			144	6
江苏	1 867	1 385	636	5	11	8	145	580		482	482				

续表

地区	合计	当期受理工伤认定数													不予认定工伤件数	当期不予受理申请件数
		认定工伤件数								视同工伤件数					
		小计	在工作时间和工作场所内因工作原因受到事故伤害	工作时间前后在工作场所内从事与工作有关的预备性或者收尾性工作受到事故伤害	在工作时间和工作场所内因履行工作职责受到暴力等意外伤害	患职业病	因工外出期间由于工作原因受到伤害或者发生事故下落不明	在上下班途中受到机动车事故伤害	其他应当认定为工伤的情形	小计	在工作时间和工作岗位突发疾病死亡或者在48小时之内经抢救无效死亡	在抢险救灾等维护国家利益、公共利益活动中受到伤害	因战、因公负伤致残到用人单位后旧伤复发		
浙江	1 393	1 008	534	9	2	9	91	363		385	385			50	15
安徽	590	389	163	3	1	1	41	176	4	201	198	3		40	3
福建	723	521	325	8	3	2	52	131		202	202			75	6
江西	435	321	186	6	2	5	29	93		114	114			59	7
山东	1 840	1 223	513	15	14	4	186	488	3	617	617			122	11
河南	1 085	546	269	4	6	3	83	179	2	539	536	2	1	82	8
湖北	646	400	190	1	7	2	42	157	1	246	246			75	4
湖南	836	559	354	1	2		53	149		277	277				
广东	2 213	1 279	626	8	24	5	192	424	1	934	931	3		397	138
广西	416	222	111	3	14	2	35	56		194	194			69	4
海南	79	31	21				3	7		48	48			9	3
重庆	416	300	199	4	6		20	71		116	116			105	40
四川	885	632	327	4	15	13	78	195		253	251	2		147	16
贵州	449	306	206	2	5		43	50		143	143			34	4

续表

地区	合计	当期受理工伤认定数									视同工伤件数				不予认定工伤件数	当期不予受理申请件数
		认定工伤件数									视同工伤件数					
		小计	在工作时间和工作场所内因工作原因受到事故伤害	工作时间前后在工作场所内从事与工作有关的预备性或收尾性工作受到事故伤害	在工作时间和工作场所内因履行工作职责受到暴力等意外伤害	患职业病	因工外出期间由于工作原因受到伤害或者发生事故下落不明	在上下班途中受到机动车事故伤害	其他应当认定为工伤的情形	小计	在工作时间和工作岗位突发疾病死亡或者在48小时之内经抢救无效死亡	在抢险救灾等维护国家利益、公共利益活动中受到伤害	因战、因公负伤致残到用人单位后旧伤复发		
云南	578	320	177	2	6		81	54		258	257	1		128	3
西藏	47	27	14		1		8	4		20	17	3		3	
陕西	665	346	206	3	5	5	47	78	2	319	319			20	5
甘肃	304	156	102	2	2		20	30		148	148			41	3
青海	150	109	75		2		15	19		41	41			6	
宁夏	204	123	76		2		13	32		81	81			16	1
新疆	464	226	116	18	6		47	39		238	238			71	2
新疆兵团	114	71	36		3		8	24		43	42	1		16	3

193 2018年各地区因工死亡人员工伤认定情况

单位：件

地区	合计	当期受理工伤认定数													不予认定工伤件数	当期不予受理申请件数
		认定工伤件数								视同工伤件数						
		小计	在工作时间和工作场所内因工作原因受到事故伤害	工作时间前后在工作场所内从事与工作有关的预备性或收尾性工作受到事故伤害	在工作时间和工作场所内因履行工作职责受到暴力等意外伤害	患职业病	因工外出期间由于工作原因受到伤害或者发生事故下落不明	在上下班途中受到机动车事故伤害	其他应当认定为工伤的情形	小计	在工作时间和工作岗位突发疾病死亡或者在48小时之内经抢救无效死亡	在抢险救灾等维护国家利益、公共利益活动中受到伤害	因战、因公负伤致残到用人单位后旧伤复发			
全国	25 069	14 972	8 033	177	175	68	1 726	4 771	22	10 097	10 071	23	3	3 173	291
北京	610	226	83		5	1	58	79		384	382	2		73	4
天津	406	213	110	4	3		24	72		193	193			41	1
河北	1 952	1 303	620				62	621		649	649			156	2
山西	939	530	304	11	5	5	27	178		409	408	1		58	
内蒙古	451	227	106		1	1	46	73		224	223	1		75	10
辽宁	963	473	262	2	4	7	52	146		490	488	1	1	96	14
吉林	353	117	69		3		13	31	1	236	236			5	
黑龙江	497	158	96	2	3	9	17	31		339	339			27	2
上海	749	430	216	3	4		56	151		319	319			75	
江苏	2 004	1 459	693	25	5	4	133	597	2	545	544	1		157	3

续表

地区	合计	当期受理工伤认定数												不予认定工伤件数	当期不予受理申请件数
		认定工伤件数								视同工伤件数					
		小计	在工作时间和工作场所内因工作原因受到事故伤害	工作时间前后在工作场所内从事与工作有关的预备性或者收尾性工作受到事故伤害	在工作时间和工作场所内因履行工作职责受到暴力等意外伤害	患职业病	因工外出期间由于工作原因受到伤害或者发生事故下落不明	在上下班途中受到机动车事故伤害	其他应当认定为工伤的情形	小计	在工作时间和工作岗位突发疾病死亡或者在48小时之内经抢救无效死亡	在抢险救灾等维护国家利益、公共利益活动中受到伤害	因战、因公负伤致残到单位后旧伤复发		
浙江	1 377	999	566	14	6	5	98	309	1	378	378			60	6
安徽	784	538	276	4	4		50	204		246	245	1		68	6
福建	757	528	317	6	8	1	69	125	2	229	229			108	6
江西	586	421	233	1	6	1	39	141		165	163	2		85	7
山东	1 963	1 306	615	7	11	4	169	500		657	656	1		149	21
河南	1 175	478	246	6	3	6	68	142	7	697	696		1	126	8
湖北	678	419	209	3	9	3	53	137	5	259	258	1		110	1
湖南	861	558	382	6	1		37	132		303	300	3		260	5
广东	2 436	1 346	639	15	32	16	215	429		1 090	1 086	4		505	112
广西	457	275	183	13	8		28	43		182	182			85	2
海南	98	40	19				11	10		58	58			22	
重庆	459	316	201	1	7		24	83		143	143			126	47
四川	1 054	741	443	8	15	2	105	167	1	313	313			190	11
贵州	569	357	241	5	5		31	75		212	208	3	1	79	2

续表

地区	合计	当期受理工伤认定数													不予认定工伤件数	当期不予受理申请件数
		认定工伤件数								视同工伤件数					
		小计	在工作时间和工作场所内因工作原因受到事故伤害	工作时间前后在工作场所内从事与工作有关的预备性或收尾性工作受到事故伤害	在工作时间和工作场所内因履行工作职责受到暴力等意外伤害	患职业病	因工外出期间由于工作原因受到伤害或者发生事故下落不明	在上下班途中受到机动车事故伤害	其他应当认定为工伤的情形	小计	在工作时间和工作岗位突发疾病死亡或者在48小时之内经抢救无效死亡	在抢险救灾等维护国家利益、公共利益活动中受到伤害	因故、因公负伤致残到用人单位后旧伤复发		
云南	662	377	248	4	4		66	53	2	285	284	1		193	7
西藏	55	26	15				10	1		29	29			8	
陕西	719	375	230	5	2	2	55	81		344	343	1		46	1
甘肃	323	162	109	2	3	1	16	31		161	161			58	1
青海	118	68	48	1			8	11		50	50			7	
宁夏	193	113	67		3		8	35		80	80			29	3
新疆	656	294	121	28	9		70	65	1	362	362			77	9
新疆兵团	165	99	66	1	6		8	18		66	66			19	

194 2019年各地区因工死亡人员工伤认定情况

单位：件

地区	合计	当期受理工伤认定数													不予认定工伤件数	当期不予受理申请件数
		认定工伤件数								视同工伤件数						
		小计	在工作时间和工作场所内因工作原因受到事故伤害	工作时间前后在工作场所内从事与工作有关的预备性或者收尾性工作受到事故伤害	在工作时间和工作场所内因履行工作职责受到暴力等意外伤害	患职业病	因工外出期间由于工作原因受到伤害或者发生事故下落不明	在上下班途中受到机动车事故伤害	其他应当认定为工伤的情形	小计	在工作时间和工作岗位突发疾病死亡或者在48小时之内经抢救无效死亡	在抢险救灾等维护国家利益、公共利益活动中受到伤害	因战、因公负伤致残到用人单位后伤复发		
全国	25 092	14 520	8 108	100	163	44	1 648	4 436	21	10 572	10 537	33	2	3 259	247
北京	683	278	91	1	3	3	93	86	1	405	405			79	3
天津	312	168	91	1			17	59		144	144			38	1
河北	1 922	1 199	557		17		57	568		723	723			246	17
山西	1 094	623	410	5	3	1	32	173		471	465	6		78	1
内蒙古	468	226	127	1	9		43	45		242	242			66	5
辽宁	952	467	300	8	4	2	39	114		485	485			91	9
吉林	403	138	81		2		12	43		265	265			36	11
黑龙江	474	170	98	1	2	1	30	38		304	303	1		17	5
上海	678	384	216	1	4	1	45	117		294	293	1		96	7
江苏	1 766	1 258	645	3	2	1	122	485		508	506	2		177	13

续表

地区	合计	当期受理工伤认定数												不予认定工伤件数	当期不予受理申请件数
		认定工伤件数								视同工伤件数					
		小计	在工作时间和工作场所内因工作原因受到事故伤害	工作时间前后在工作场所内从事与工作有关的预备性或收尾性工作受到事故伤害	在工作时间和工作场所内因履行工作职责受到暴力等意外伤害	患职业病	因工外出期间由于工作原因受到伤害或者发生事故下落不明	在上下班途中受到机动车事故伤害	其他应当认定为工伤的情形	小计	在工作时间和工作岗位突发疾病死亡或者在48小时之内经抢救无效死亡	在抢险救灾等维护国家利益、公共利益活动中受到伤害	因战、因公负伤致残到用人单位旧伤复发		
浙江	1 313	925	593	7	11	3	83	228		388	386	2		62	8
安徽	773	525	270	3		1	32	216	3	248	248			66	1
福建	688	449	285	7	2	1	47	107		239	232	7		120	6
江西	640	431	244	7	2	2	40	136		209	207		2	89	6
山东	2 103	1 332	625	8	10	5	179	505		771	767	4		139	11
河南	1 181	511	266	2	8	2	58	175		670	670			154	7
湖北	701	406	203	6	5	1	28	159	4	295	295			120	1
湖南	977	615	402		4		48	159	2	362	362			167	7
广东	2 420	1 282	648	16	17	14	239	348	1	1 138	1 138			490	19
广西	528	301	162	5	13	4	52	64	7	227	226	1		97	5
海南	113	61	20	3	3		13	18	1	52	52			22	
重庆	502	341	232	5	3		19	81	1	161	160	1		160	7
四川	1 085	711	413	2	18		98	179	1	374	369	5		142	2
贵州	543	340	249	3	7		20	61		203	202	1		38	79

续表

地区	合计	当期受理工伤认定数									视同工伤件数				不予认定工伤件数	当期不予受理申请件数
		认定工伤件数									视同工伤件数					
		小计	在工作时间和工作场所内因工作原因受到事故伤害	工作时间前后在工作场所内从事与工作有关的预备性或收尾性工作受到事故伤害	在工作时间和工作场所内因履行工作职责受到暴力等意外伤害	患职业病	因工外出期间由于工作原因受到伤害或者发生事故下落不明	在上下班途中受到机动车事故伤害	其他应当认定为工伤的情形	小计	在工作时间和工作岗位突发疾病死亡或者在48小时之内经抢救无效死亡	在抢险救灾等维护国家利益、公共利益活动中受到伤害	因战、因公负伤致残到用人单位后旧伤复发		
云南	640	335	223	2	2		57	51		305	305			189	7
西藏	81	44	26	2			14	2		37	37			6	
陕西	732	412	259	3	6		49	92	1	320	320			62	4
甘肃	330	171	112	1	3	2	25	31		159	158	1		61	4
青海	117	76	62				7	6		41	41			29	
宁夏	171	99	57		2		13	27		72	72			43	4
新疆	608	196	112		1		34	49		412	412			64	2
新疆兵团	94	46	29				3	14		48	47	1		15	2

195 2020年各地区因工死亡人员工伤认定情况

单位：件

地区	合计	当期受理工伤认定数 小计	认定工伤件数 在工作时间和工作场所内因工作原因受到事故伤害	工作时间前后在工作场所内从事与工作有关的预备性或收尾性工作受到事故伤害	在工作时间和工作场所内因履行工作职责受到暴力等意外伤害	患职业病	因工外出期间由于工作原因受到伤害或者发生事故下落不明	在上下班途中受到机动车事故伤害	其他应当认定为工伤的情形	视同工伤件数 小计	在工作时间和工作岗位突发疾病死亡或者在48小时之内经抢救无效死亡	在抢险救灾等维护国家利益、公共利益活动中受到伤害	因战、因公负伤致残到用人单位后旧伤复发	不予认定工伤件数	当期不予受理申请件数
全国	26 250	14 455	8 280	97	169	53	1 490	4 343	23	11 795	11 718	71	6	3 755	303
北京	731	269	108	2	5		72	82		462	462			75	7
天津	337	164	83		1	1	21	59		173	173			5	1
河北	1 736	1 048	537	2	7		10	489	2	688	688			298	9
山西	1 018	515	300	9	2	3	37	164		503	503			84	10
内蒙古	466	206	104	3	3		31	64	1	260	258	2		66	6
辽宁	1 016	506	335	3	8	3	44	112	1	510	510			111	9
吉林	368	118	71	3	3		20	21		250	250			30	4
黑龙江	538	177	95	2	10		30	40		361	361			42	4
上海	712	340	200	1	3	1	53	82		372	372			70	
江苏	2 224	1 497	765	4	7	1	140	577	3	727	721	6		197	10

附录　统计资料

续表

地区	合计	当期受理工伤认定数													不予认定工伤件数	当期不予受理申请件数
		认定工伤件数								视同工伤件数					
		小计	在工作时间和工作场所内因工作原因受到事故伤害	工作时间前后在工作场所所内从事与工作有关的预备性或者收尾性工作受到事故伤害	在工作时间和工作场所内因履行工作职责受到暴力等意外伤害	患职业病	因工外出期间由于工作原因受到伤害或者发生事故下落不明	在上下班途中受到机动车事故伤害	其他应当认定为工伤的情形	小计	在工作时间和工作岗位突发疾病死亡或者在48小时之内经抢救无效死亡	在抢险救灾等维护国家利益、公共利益活动中受到伤害	因战、因公负伤致残到用人单位旧伤复发		
浙江	1 354	906	577	5	6	4	100	214		448	447	1		65	21
安徽	684	412	204	3	2	1	28	174		272	272			92	3
福建	785	527	353	7	6	2	37	118	4	258	257	1		147	9
江西	653	437	249	5	1		30	152		216	212	2	2	97	8
山东	2 284	1 394	682	6	17	12	161	514	2	890	879	11		199	13
河南	1 137	500	259	1	2		57	178	3	637	637			235	21
湖北	825	422	253	4	6	2	33	124		403	388	12	3	181	3
湖南	1 086	706	490	2	1	1	67	144	1	380	377	3		242	5
广东	2 488	1 232	688	8	17	10	164	345		1 256	1 247	9		502	34
广西	539	264	144	3	9		37	68	3	275	271			133	10
海南	108	49	28		1		17	3		59	59			38	1
重庆	530	353	247	4	4		15	83		177	177			133	85
四川	1 060	684	392	2	15		76	199		376	367	8	1	125	8
贵州	534	306	186	4	8		37	70	1	228	226	2		95	7

续表

地区	合计	当期受理工伤认定数													不予认定工伤件数	当期不予受理申请件数
		认定工伤件数								视同工伤件数					
		小计	在工作时间和工作场所内因工作原因受到事故伤害	工作时间前后在工作场所内从事与工作有关的预备性或者收尾性工作受到事故伤害	在工作时间和工作场所内因履行工作职责受到暴力等意外伤害	患职业病	因工外出期间由于工作原因受到伤害或者发生事故下落不明	在上下班途中受到机动车事故伤害	其他应当认定为工伤的情形	小计	在工作时间和工作岗位突发疾病死亡或者在48小时之内经抢救无效死亡	在抢险救灾等维护国家利益、公共利益活动中受到伤害	因战、因公负伤致残的退伍军人到用人单位后旧伤复发		
云南	632	293	190		12		43	47	1	339	337	2		177	
西藏	74	45	31	1	3		8	2		29	29				1
陕西	741	405	260	7	6	12	35	84	1	336	334	2		57	3
甘肃	413	224	159	2	2		22	39		189	188	1		69	5
青海	168	110	74	1	1		13	21		58	58			15	
宁夏	185	104	63	1	1		7	32		81	80	1		46	
新疆	684	198	126	2			39	31		486	482	4		102	6
新疆兵团	140	44	27				6	11		96	96			27	

196 2021年各地区因工死亡人员工伤认定情况

单位：件

地区	合计	当期受理工伤认定数 小计	认定工伤件数 在工作时间和工作场所内因工作原因受到事故伤害	工作时间前后在工作场所内从事与工作有关的预备性或收尾性工作受到事故伤害	在工作时间和工作场所内因履行工作职责受到暴力等意外伤害	患职业病	因工外出期间由于工作原因受到伤害或者发生事故下落不明	在上下班途中受到机动车事故伤害	其他应当认定为工伤的情形	视同工伤件数 小计	在工作时间和工作岗位突发疾病死亡或者在48小时之内经抢救无效死亡	在抢险救灾等维护国家利益、公共利益活动中受到伤害	因战、因公负伤致残到用人单位后旧伤复发	不予认定工伤件数	当期不予受理申请件数
全国	28 983	16 012	8 930	397	217	52	1 810	4 570	36	12 971	12 923	34	14	4 624	365
北京	812	273	118		2	1	57	95		539	537	2		142	12
天津	386	181	87	1	4		19	70		205	204	1		48	3
河北	1 761	1 079	604	1	7	2	140	320	5	682	682			252	16
山西	1 009	565	361	6	7	3	40	148		444	443	1		85	5
内蒙古	532	242	115	2	3		44	77	1	290	288	2		128	5
辽宁	986	437	228	5	13	1	66	124		549	548	1		182	10
吉林	405	141	101		5		7	28		264	264			27	5
黑龙江	562	185	112	5	7	4	20	37		377	377			43	4
上海	734	388	204	5	4	2	67	106		346	346			114	16
江苏	2 445	1 676	858	10	5	6	152	626	19	769	756	1	12	299	12

1031

续表

地区	合计	当期受理工伤认定数												不予认定工伤件数	当期不予受理申请件数
		认定工伤件数								视同工伤件数					
		小计	在工作时间和工作场所内因工作原因受到事故伤害	工作时间前后在工作场所内从事与工作有关的预备性或收尾性工作受到事故伤害	在工作时间和工作场所内因履行工作职责受到暴力等意外伤害	患职业病	因工外出期间由于工作原因受到伤害或者发生事故下落不明	在上下班途中受到机动车事故伤害	其他应当认定为工伤的情形	小计	在工作时间和工作岗位突发疾病死亡或者在48小时之内经抢救无效死亡	在抢险救灾等维护国家利益、公共利益活动中受到伤害	因战、因公负伤致残到用人单位后旧伤复发		
浙江	1 513	961	626	13	6	4	95	215	2	552	551	1		90	13
安徽	874	572	263	2	3	2	59	243		302	302			92	9
福建	914	610	404	5	1	1	57	141	1	304	303	1		165	6
江西	742	542	299	1	6	1	43	192		200	200			137	4
山东	2 423	1 355	619	8	7	4	176	538	3	1 068	1 066	2		224	19
河南	1 426	645	330	6	6	2	90	208	3	781	779	2		274	44
湖北	843	434	254	3	16	5	43	112	1	409	409			191	2
湖南	1 170	702	510	4	3	5	45	134	1	468	465	3		291	12
广东	2 747	1 299	708	10	26	4	168	383		1 448	1 448			684	46
广西	548	283	169	2	5	1	42	64		265	264	1		150	15
海南	144	33	21	1	1		2	8		111	111			34	1
重庆	1 049	856	427	288	42	1	27	71	1	193	191	1	1	124	58
四川	1 108	691	380	5	8	1	56	241		417	414	2	1	190	13
贵州	537	330	189	6	8	1	54	72		207	200	7		95	9

续表

地区	当期受理工伤认定数											不予认定工伤件数	当期不予受理申请件数
	合计	认定工伤件数							视同工伤件数				
		小计	在工作时间和工作场所内因工作原因受到事故伤害	工作时间前后在工作场所内从事与工作有关的预备性或收尾性工作受到事故伤害	在工作时间和工作场所内因履行工作职责受到暴力等意外伤害	患职业病	因工外出期间由于工作原因受到伤害或者发生事故下落不明	在上下班途中受到机动车事故伤害	其他应当认定为工伤的情形	小计	在工作时间和工作岗位突发疾病死亡或在48小时之内经抢救无效死亡	在抢险救灾等维护国家利益、公共利益活动中受到伤害	因战、因公负伤致残到用人单位旧伤复发		
云南	725	355	235	2	5		54	59		370	369	1		121	3
西藏	129	70	52		2		16			59	59			8	
陕西	804	410	261	3	7	1	59	82		394	390	4		112	2
甘肃	377	187	109	1	3		28	44		190	190			81	5
青海	178	105	77				12	15		73	73			10	
宁夏	199	119	68	2	5		6	42		80	79	1		61	1
新疆	765	245	122				54	62		520	520			137	12
新疆兵团	136	41	19				9	13		95	95			33	3

197 2012年各地区劳动能力鉴定情况

单位：人

地区	申请鉴定人数						评定伤残等级人数				存在生活自理障碍人数
	小计	初次申请	再次申请	#改变结论	复查申请	#改变结论	小计	一至四级	五至六级	七至十级	
全国	605 618	582 510	16 530	5 143	6 578	2 907	513 395	25 085	27 559	460 751	8 971
北京	13 067	12 245	65	9	757	701	10 721	1 104	1 022	8 595	239
天津	7 446	6 859	211	94	376	162	6 974	378	735	5 861	182
河北	18 398	17 769	156	47	473	226	17 379	1 236	1 296	14 847	408
山西	12 377	12 114	185	55	78	45	11 498	2 570	1 078	7 850	654
内蒙古	5 840	5 628	149	74	63	46	5 115	718	461	3 936	178
辽宁	21 109	19 584	295	80	1 230	563	18 528	1 057	1 281	16 190	520
吉林	8 353	7 576	593	291	184	55	7 285	279	479	6 527	151
黑龙江	20 736	19 812	706	346	218	76	18 857	713	1 162	16 982	461
上海	48 650	47 258	1 253	327	139	1	44 051	500	971	42 580	282
江苏	61 122	59 426	1 142	140	554	202	53 304	1 033	1 812	50 459	463
浙江	64 544	62 636	1 887	644	21	10	60 158	958	1 860	57 340	355
安徽	13 881	13 239	531	175	111	59	11 360	672	951	9 737	237
福建	12 722	12 080	626	199	16	6	9 560	616	718	8 226	248
江西	12 400	11 689	621	186	90	27	11 965	342	618	11 005	278
山东	30 401	29 271	748	204	382	110	27 249	1 132	1 792	24 325	651

续表

地区	申请鉴定人数				复查申请	#改变结论	评定伤残等级人数				存在生活自理障碍人数
	小计	初次申请	再次申请	#改变结论			小计	一至四级	五至六级	七至十级	
河南	16 056	15 136	700	4	220	42	9 048	593	762	7 693	417
湖北	14 014	13 223	535	165	256	87	12 210	494	718	10 998	287
湖南	21 724	20 978	671	270	75	24	17 413	822	910	15 681	283
广东	77 221	75 677	1 431	80	113	42	55 526	923	1 781	52 822	291
广西	6 068	5 951	92	42	25	15	3 943	436	320	3 187	69
海南	1 097	1 078	13	1	6	3	613	141	137	335	34
重庆	28 156	26 531	1 232	493	393	81	25 799	1 329	918	23 552	404
四川	35 193	33 578	1 457	610	158	32	28 558	2 152	2 044	24 362	537
贵州	15 762	15 149	505	226	108	74	14 811	757	866	13 188	162
云南	10 357	10 195	140	81	22	16	7 672	807	526	6 339	293
西藏	523	516	5	4	2	1	458	32	51	375	20
陕西	6 822	6 475	109	51	238	89	6 080	459	589	5 032	487
甘肃	4 144	4 035	78	11	31	26	3 556	462	359	2 735	97
青海	1 548	1 488	23	11	37	5	1 512	280	203	1 029	57
宁夏	3 182	3 108	61	20	13	3	2 202	274	189	1 739	146
新疆	7 237	6 916	269	201	52	11	5 392	309	313	4 770	49
新疆兵团	5 468	5 290	41	13	137	67	4 598	1 507	637	2 454	31

198 2013年各地区劳动能力鉴定情况

单位：人

地区	申请鉴定人数						评定伤残等级人数				存在生活自理障碍人数
	小计	初次申请	再次申请	复查申请			小计	一至四级	五至六级	七至十级	
					#改变结论	#改变结论					

地区	小计	初次申请	再次申请	#改变结论	复查申请	#改变结论	小计	一至四级	五至六级	七至十级	存在生活自理障碍人数
全国	604 189	577 586	15 926	4 908	10 677	2 482	511 635	21 134	25 811	464 690	9 505
北京	14 389	13 774	70	8	545	505	12 345	982	1 607	9 756	221
天津	7 778	7 235	173	57	370	144	7 312	351	649	6 312	155
河北	21 322	20 919	216	62	187	119	20 025	1 113	1 245	17 667	462
山西	10 956	10 722	126	33	108	59	10 333	1 645	962	7 726	724
内蒙古	5 680	5 355	160	57	165	88	5 075	468	464	4 143	192
辽宁	20 201	18 624	266	67	1 311	301	18 613	1 200	1 322	16 091	648
吉林	9 474	8 535	422	190	517	91	7 282	263	355	6 664	125
黑龙江	16 311	15 709	411	89	191	48	13 381	700	1 298	11 383	462
上海	45 114	40 207	1 153	296	3 754	186	41 268	328	673	40 267	209
江苏	65 921	63 954	1 102	83	865	12	53 928	813	1 666	51 449	527
浙江	69 248	67 322	1 905	557	21		64 114	723	1 858	61 533	582
安徽	14 591	13 928	590	190	73	39	11 212	424	488	10 300	210
福建	12 773	11 964	778	236	31	8	9 892	603	594	8 695	263
江西	13 215	12 535	610	217	70	21	12 717	99	721	11 897	47
山东	31 562	30 428	714	210	420	130	27 404	1 023	1 708	24 673	508

续表

地区	申请鉴定人数						评定伤残等级人数				存在生活自理障碍人数
	小计	初次申请	再次申请	#改变结论	复查申请	#改变结论	小计	一至四级	五至六级	七至十级	
河南	14 618	13 760	599	200	259	61	10 771	720	802	9 249	430
湖北	12 078	11 529	453	154	96	36	10 748	597	661	9 490	296
湖南	22 048	21 370	594	158	84	14	19 356	754	814	17 788	422
广东	75 461	73 961	1 414	244	86	38	53 683	976	1 643	51 064	353
广西	6 518	6 419	82	28	17	8	3 880	424	305	3 151	69
海南	695	682	7	5	6	1	492	89	61	342	49
重庆	28 157	26 631	1 258	461	268	87	25 258	1 500	857	22 901	387
四川	34 285	32 772	1 198	612	315	98	26 959	1 659	1 846	23 454	470
贵州	14 549	13 895	540	190	114	48	14 839	755	876	13 208	224
云南	9 825	9 561	246	107	18	10	7 086	746	391	5 949	305
西藏	698	690	8	3			472	21	52	399	11
陕西	8 175	7 349	385	149	441	267	7 208	514	621	6 073	594
甘肃	3 968	3 689	95	35	184	20	3 308	449	342	2 517	113
青海	1 220	1 196	16	6	8	4	1 187	138	134	915	37
宁夏	3 352	3 268	15	8	69	13	2 999	698	295	2 006	214
新疆	8 121	7 756	304	187	61	17	6 846	301	401	6 144	150
新疆兵团	1 886	1 847	16	9	23	9	1 642	58	100	1 484	46

199 2014年各地区劳动能力鉴定情况

单位：人

地区	申请鉴定人数						评定伤残等级人数				存在生活自理障碍人数
	小计	初次申请	再次申请	#改变结论	复查申请	#改变结论	小计	一至四级	五至六级	七至十级	
全国	654 528	625 921	16 840	4 725	11 767	2 793	557 554	21 301	24 713	511 540	8 931
北京	14 860	14 081	139	23	640	585	12 298	785	1 283	10 230	174
天津	8 424	7 912	194	60	318	94	7 833	308	646	6 879	124
河北	23 521	22 806	384	116	331	159	22 065	939	1 169	19 957	405
山西	12 161	11 841	195	89	125	71	11 096	1 585	1 024	8 487	510
内蒙古	6 110	5 744	252	87	114	66	5 352	355	458	4 539	163
辽宁	22 409	20 981	397	59	1 031	255	18 987	892	1 069	17 026	468
吉林	9 464	8 563	346	134	555	130	7 885	366	389	7 130	145
黑龙江	15 081	13 863	675	83	543	89	12 470	814	947	10 709	329
上海	52 704	47 080	1 117	317	4 507		42 875	402	706	41 767	42
江苏	74 435	72 736	1 018	91	681	101	63 603	854	1 622	61 127	578
浙江	79 896	77 996	1 878	638	22	11	74 400	660	1 822	71 918	381
安徽	14 251	13 383	701	187	167	104	13 819	435	566	12 818	182
福建	14 783	13 998	754	194	31	8	11 353	678	660	10 015	178
江西	16 215	15 665	488	140	62	21	14 521	124	732	13 665	37
山东	33 562	32 536	658	156	368	101	28 965	987	1 654	26 324	477

续表

地区	申请鉴定人数				复查申请	#改变结论	评定伤残等级人数				存在生活自理障碍人数
	小计	初次申请	再次申请	#改变结论			小计	一至四级	五至六级	七至十级	
河南	14 884	14 127	522	151	235	59	11 426	712	1 339	9 375	1 214
湖北	13 299	12 381	720	249	198	86	11 500	618	679	10 203	360
湖南	24 490	23 736	669	194	85	33	21 707	856	963	19 888	316
广东	79 925	78 181	1 547	292	197	100	56 247	880	1 668	53 699	338
广西	5 487	5 362	114	34	11	7	3 487	176	206	3 105	72
海南	776	755	19	6	2		487	55	69	363	57
重庆	28 376	26 799	1 112	307	465	147	25 311	1 662	743	22 906	399
四川	33 621	32 252	1 114	488	255	115	25 870	2 202	1 222	22 446	451
贵州	16 207	15 522	502	181	183	47	20 668	684	779	19 205	231
云南	12 484	12 172	287	33	25	11	9 478	787	474	8 217	254
西藏	355	343	12	3			299	10	22	267	4
陕西	9 810	8 909	462	179	439	320	8 849	717	745	7 387	693
甘肃	3 248	3 103	100	37	45	20	2 829	316	258	2 255	106
青海	1 730	1 678	38	24	14	10	1 649	162	135	1 352	44
宁夏	4 614	4 431	120	33	63	18	3 841	1 012	337	2 492	89
新疆	6 875	6 532	298	138	45	22	5 973	236	300	5 437	96
新疆兵团	471	453	8	2	10	3	411	32	27	352	14

200 2015年各地区劳动能力鉴定情况

单位：人

地区	申请鉴定人数						评定伤残等级人数				存在生活自理障碍人数
	小计	初次申请	再次申请	#改变结论	复查申请	#改变结论	小计	一至四级	五至六级	七至十级	
全国	637 031	609 931	16 680	4 541	10 420	2 504	541 722	19 238	19 174	503 310	7 617
北京	14 597	13 909	94	10	594	462	12 073	768	1 137	10 168	149
天津	8 748	8 200	223	99	325	81	8 089	178	537	7 374	94
河北	23 321	22 661	424	143	236	141	18 138	602	656	16 880	308
山西	13 763	13 289	320	106	154	92	12 959	1 551	984	10 424	488
内蒙古	6 217	5 808	225	68	184	124	5 320	300	374	4 646	164
辽宁	21 270	20 288	502	98	480	222	18 691	767	879	17 045	422
吉林	8 423	6 802	254	74	1 367	278	6 899	269	383	6 247	146
黑龙江	10 664	9 801	529	98	334	90	9 099	425	566	8 108	265
上海	49 414	43 979	1 305	325	4 130		39 701	255	483	38 963	11
江苏	79 417	78 108	934	70	375	95	69 674	686	1 284	67 704	442
浙江	80 265	77 753	2 459	662	53	28	73 302	652	1 418	71 232	326
安徽	16 740	15 948	676	211	116	43	15 142	651	596	13 895	184
福建	14 724	14 034	658	211	32	11	11 561	666	502	10 393	145
江西	9 574	9 069	455	138	50	14	8 413	233	259	7 921	122
山东	35 225	34 375	639	153	211	103	29 754	1 819	1 589	26 346	447

续表

地区	申请鉴定人数 小计	初次申请	再次申请	#改变结论	复查申请	#改变结论	评定伤残等级人数 小计	一至四级	五至六级	七至十级	存在生活自理障碍人数
河南	16 276	15 187	924	232	165	53	11 806	528	606	10 672	1 516
湖北	12 320	11 521	663	185	136	54	10 834	626	611	9 597	182
湖南	25 774	25 031	653	168	90	17	22 249	639	532	21 078	277
广东	72 485	71 152	1 161	219	172	79	60 353	781	1 359	58 213	289
广西	4 791	4 643	143	43	5	3	3 700	148	155	3 397	62
海南	793	748	42	3	3	1	496	98	65	333	54
重庆	27 152	25 645	1 133	317	374	163	23 990	1 362	571	22 057	289
四川	31 562	30 206	1 025	356	331	94	23 083	1 497	976	20 610	432
贵州	15 406	14 883	379	253	144	45	13 894	551	550	12 793	179
云南	9 772	9 588	155	39	29	18	7 681	917	756	6 008	167
西藏	473	464	9	3			317	36	25	256	10
陕西	8 514	8 268	80	16	166	105	8 066	799	473	6 794	169
甘肃	3 478	3 359	83	34	36	18	3 087	215	222	2 650	79
青海	1 617	1 577	31	16	9	7	1 589	78	86	1 425	29
宁夏	4 947	4 805	88	33	54	36	4 129	908	239	2 982	64
新疆	7 464	7 060	362	138	42	17	6 004	189	221	5 594	86
新疆兵团	1 845	1 770	52	20	23	10	1 629	44	80	1 505	20

201 2016年各地区劳动能力鉴定情况

单位：人

地区	申请鉴定人数				复查申请	#改变结论	评定伤残等级人数				存在生活自理障碍人数
	小计	初次申请	再次申请	#改变结论			小计	一至四级	五至六级	七至十级	
全国	616 205	594 232	14 266	3 366	7 707	2 495	535 415	17 022	17 533	500 860	5 876
北京	14 639	14 055	123	7	461	408	12 175	874	778	10 523	156
天津	8 628	8 164	203	61	261	63	8 051	164	376	7 511	80
河北	25 764	24 785	402	109	577	248	23 859	681	803	22 375	347
山西	15 167	14 760	253	73	154	50	14 014	1 461	960	11 593	432
内蒙古	6 654	6 374	184	64	96	56	5 969	274	329	5 366	144
辽宁	20 303	18 499	475	86	1 329	161	17 128	672	628	15 828	265
吉林	6 863	6 477	224	71	162	53	6 023	265	257	5 501	108
黑龙江	12 158	11 617	402	73	139	62	10 674	469	505	9 700	290
上海	43 125	40 211	981	383	1 933	369	38 973	228	392	38 353	164
江苏	75 496	74 301	799	59	396	88	66 236	657	1 170	64 409	368
浙江	79 983	78 124	1 822	528	37	14	73 449	565	1 268	71 616	311
安徽	15 646	15 026	508	145	112	53	13 874	552	534	12 788	157
福建	15 815	15 063	648	183	104	78	12 677	656	480	11 541	239
江西	10 381	9 859	472	78	50	8	9 297	308	425	8 564	150
山东	36 348	35 218	844	152	286	104	28 614	908	1 481	26 225	398

续表

地区	申请鉴定人数						评定伤残等级人数				存在生活自理障碍人数
	小计	初次申请	再次申请	#改变结论	复查申请	#改变结论	小计	一至四级	五至六级	七至十级	
河南	14 572	13 943	500	108	129	40	11 073	444	523	10 106	270
湖北	11 963	11 176	622	170	165	75	10 461	457	429	9 575	230
湖南	20 456	20 044	336	89	76	22	19 088	581	554	17 953	214
广东	71 158	69 747	1 244	133	167	66	60 409	658	1 212	58 539	293
广西	4 689	4 562	121	33	6	1	3 460	103	155	3 202	49
海南	434	414	16	11	4	4	425	28	19	378	22
重庆	26 256	24 916	1 013	223	327	211	23 452	1 259	505	21 688	245
四川	28 785	27 608	932	221	245	76	22 255	955	822	20 478	344
贵州	13 632	13 252	263	77	117	42	12 676	632	531	11 513	122
云南	8 293	8 204	66	16	23	12	6 777	522	263	5 992	119
西藏	554	545	6	3	3	1	473	19	56	398	11
陕西	8 141	7 937	67	19	137	63	6 662	308	317	6 037	142
甘肃	4 334	4 200	73	22	61	18	3 818	442	196	3 180	55
青海	1 170	1 148	14	8	8	4	1 129	59	63	1 007	19
宁夏	4 682	4 511	141	43	30	19	3 590	745	219	2 626	43
新疆	8 622	8 031	495	104	96	23	7 327	1 046	1 230	5 051	61
新疆兵团	1 494	1 461	17	14	16	3	1 327	30	53	1 244	28

202 2017年各地区劳动能力鉴定情况

单位：人

地区	申请鉴定人数					评定伤残等级人数				存在生活自理障碍人数
	小计	初次申请	再次申请	#改变结论	复查申请	#改变结论	小计	一至四级	五至六级	七至十级	
全国	621 945	602 536	12 499	2 663	6 910	2 567	529 197	13 921	14 363	500 913	5 582
北京	14 749	14 088	111	8	550	494	12 141	875	562	10 704	120
天津	8 910	8 600	147	31	163	49	8 393	128	337	7 928	71
河北	28 730	27 818	315	118	597	249	20 394	582	555	19 257	173
山西	15 517	15 080	254	75	183	98	14 629	1 302	856	12 471	371
内蒙古	6 868	6 623	194	68	51	16	5 588	276	288	5 024	119
辽宁	18 405	16 932	364	62	1 109	275	15 449	541	632	14 276	298
吉林	7 041	6 605	200	68	236	76	6 005	229	260	5 516	89
黑龙江	13 401	12 149	391	96	861	126	11 338	696	497	10 145	207
上海	40 247	39 248	758	160	241	178	35 105	158	290	34 657	125
江苏	78 173	77 036	767	37	370	94	68 717	752	1 138	66 827	416
浙江	84 673	82 890	1 653	387	130	50	77 906	515	1 221	76 170	316
安徽	17 205	16 459	593	149	153	35	15 395	295	374	14 726	166
福建	16 445	15 838	539	118	68	53	12 362	359	408	11 595	149
江西	11 317	10 663	452	30	202	35	9 809	340	332	9 137	151
山东	33 846	32 773	725	129	348	88	25 720	754	963	24 003	497

续表

地区	申请鉴定人数						评定伤残等级人数				存在生活自理障碍人数
	小计	初次申请	再次申请	#改变结论	复查申请	#改变结论	小计	一至四级	五至六级	七至十级	
河南	12 776	12 218	353	100	205	61	11 633	440	545	10 648	228
湖北	12 412	11 737	527	127	148	54	11 272	364	393	10 515	269
湖南	22 276	21 747	451	70	78	22	19 396	532	476	18 388	193
广东	70 551	69 138	1 242	87	171	70	59 128	486	1 073	57 569	261
广西	4 498	4 388	94	30	16	4	3 419	95	113	3 211	50
海南	426	421	4	2	1	1	414	19	15	380	15
重庆	24 299	23 284	681	181	334	207	21 574	1 402	438	19 734	281
四川	30 372	29 347	675	266	350	81	22 185	1 089	793	20 303	429
贵州	13 001	12 683	217	62	101	52	11 429	402	366	10 661	136
云南	6 401	6 315	65	12	21	7	5 951	279	197	5 475	110
西藏	414	398	14	5	2	1	360	13	14	333	22
陕西	7 843	7 548	212	23	83	42	7 245	356	529	6 360	121
甘肃	3 320	3 195	82	21	43	14	3 098	170	142	2 786	55
青海	1 247	1 209	26	9	12	5	1 199	54	66	1 079	20
宁夏	5 608	5 493	103	28	12	5	3 561	135	93	3 333	40
新疆	9 311	8 980	279	101	52	12	6 899	237	354	6 308	59
兵团	1 663	1 633	11	3	19	13	1 483	46	43	1 394	25

203　2018年各地区劳动能力鉴定情况

单位：人

地区	申请鉴定人数					评定伤残等级人数				存在生活自理障碍人数
	小计	初次申请	再次申请	#改变结论	复查申请	#改变结论	小计	一至四级	五至六级	七至十级	
全国	685 791	665 312	13 682	2 939	6 797	2 439	569 785	13 452	15 998	540 335	5 713
北京	19 341	18 801	146	7	394	344	12 408	654	467	11 287	169
天津	9 045	8 761	134	37	150	34	8 468	130	238	8 100	82
河北	38 824	37 889	452	158	483	209	25 690	524	2 912	22 254	254
山西	17 006	16 541	306	119	159	115	16 158	1 407	960	13 791	338
内蒙古	6 466	6 006	243	73	217	92	5 754	241	289	5 224	109
辽宁	18 109	17 181	348	54	580	154	14 884	512	396	13 976	213
吉林	6 564	6 287	169	53	108	38	5 678	186	221	5 271	65
黑龙江	14 896	13 601	540	86	755	240	12 765	862	651	11 252	255
上海	39 973	39 148	698	118	127	68	35 888	218	288	35 382	110
江苏	85 349	84 209	814	42	326	61	76 337	786	1 073	74 478	569
浙江	98 494	96 259	2 141	507	94	51	87 100	554	1 205	85 341	339
安徽	22 999	22 315	544	154	140	49	18 023	294	391	17 338	163
福建	20 085	19 130	655	142	300	78	14 802	471	541	13 790	188
江西	12 863	12 104	587	154	172	104	11 880	457	669	10 754	262
山东	36 718	35 548	722	110	448	106	28 299	879	942	26 478	508

1046

续表

地区	申请鉴定人数					评定伤残等级人数				存在生活自理障碍人数
	小计	初次申请	再次申请	#改变结论	复查申请	#改变结论	小计	一至四级	五至六级	七至十级	
河南	18 210	17 625	389	114	196	62	12 781	428	501	11 852	231
湖北	15 037	13 665	605	163	767	66	12 709	319	360	12 030	231
湖南	20 085	19 585	393	89	107	28	15 843	458	355	15 030	127
广东	74 256	72 840	1 255	85	161	64	63 893	673	1 059	62 161	293
广西	5 206	5 115	87	24	4	1	3 826	107	138	3 581	54
海南	508	479	25	10	4	3	468	22	18	428	6
重庆	24 466	23 395	706	151	365	232	21 027	933	402	19 692	197
四川	31 791	30 605	874	212	312	63	22 558	755	644	21 159	360
贵州	15 370	15 031	239	54	100	32	13 970	341	339	13 290	126
云南	8 372	8 287	61	18	24	12	6 729	419	250	6 060	118
西藏	624	606	13	3	5	2	542	20	26	496	17
陕西	9 044	8 850	110	43	84	31	8 388	279	228	7 881	130
甘肃	3 566	3 416	81	27	69	37	3 195	177	136	2 882	49
青海	1 446	1 396	21	12	29	22	1 399	77	41	1 281	42
宁夏	5 496	5 344	95	23	57	17	3 424	126	86	3 212	38
新疆	4 250	4 006	213	89	31	13	3 772	113	118	3 541	51
新疆兵团	1 332	1 287	16	8	29	11	1 127	30	54	1 043	19

204 2019年各地区劳动能力鉴定情况

单位：人

地区	申请鉴定人数					复查申请	#改变结论	评定伤残等级人数				存在生活自理障碍人数
	小计	初次申请	再次申请	#改变结论				小计	一至四级	五至六级	七至十级	
全国	723 161	701 938	15 421	3 028		5 802	2 195	607 072	11 790	12 419	582 863	5 760
北京	15 527	15 046	126	7		355	313	13 047	494	454	12 099	132
天津	10 243	9 967	151	38		125	78	9 522	121	238	9 163	86
河北	40 515	39 555	427	116		533	86	25 496	556	574	24 366	227
山西	21 085	20 626	294	96		165	53	19 461	1 201	752	17 508	406
内蒙古	7 875	7 527	207	67		141	43	6 878	280	239	6 359	137
辽宁	20 971	19 977	384	68		610	126	16 455	377	403	15 675	209
吉林	6 541	6 261	185	67		95	37	5 637	135	167	5 335	70
黑龙江	12 118	11 349	486	60		283	97	10 424	589	447	9 388	236
上海	37 652	36 896	622	102		134	70	34 023	211	258	33 554	103
江苏	94 828	93 445	915	60		468	52	82 899	736	1 049	81 114	414
浙江	102 033	99 301	2 593	530		139	34	92 747	518	1 068	91 161	339
安徽	23 750	22 770	842	197		138	40	20 378	289	433	19 656	219
福建	21 249	20 414	713	152		122	94	16 137	589	412	15 136	214
江西	12 692	12 054	482	139		156	87	11 827	371	314	11 142	179
山东	42 620	41 017	1 069	154		534	235	32 090	758	885	30 447	400

附录 统计资料

续表

地区	申请鉴定人数						评定伤残等级人数				存在生活自理障碍人数
	小计	初次申请	再次申请	#改变结论	复查申请	#改变结论	小计	一至四级	五至六级	七至十级	
河南	18 968	18 325	518	150	125	56	13 018	366	390	12 262	403
湖北	15 581	14 851	567	142	163	52	13 714	315	338	13 061	332
湖南	20 085	19 585	393	63	107	28	15 843	458	355	15 030	127
广东	76 036	74 587	1 283	61	166	72	65 036	598	1 004	63 434	313
广西	5 966	5 844	117	29	5	3	4 563	109	142	4 312	52
海南	677	660	12	5	5	1	634	21	28	585	13
重庆	25 003	23 757	860	198	386	212	22 215	462	333	21 420	221
四川	35 231	33 786	1 074	275	371	137	26 917	883	692	25 342	371
贵州	17 365	17 032	257	56	76	38	15 765	297	303	15 165	131
云南	7 163	7 042	108	39	13	6	6 658	226	277	6 155	85
西藏	720	703	16	6	1	1	536	8	25	503	5
陕西	11 454	11 161	181	23	112	43	8 785	321	331	8 133	115
甘肃	4 225	4 083	87	31	55	36	3 825	176	155	3 494	60
青海	1 359	1 312	35	12	12	11	1 315	45	43	1 227	26
宁夏	4 478	4 244	112	22	122	20	3 974	149	103	3 722	47
新疆	7 647	7 290	289	53	68	28	5 946	102	148	5 696	68
新疆兵团	1 504	1 471	16	10	17	6	1 307	29	59	1 219	20

205 2020年各地区劳动能力鉴定情况

单位：人

地区	申请鉴定人数						评定伤残等级人数				存在生活自理障碍人数
	小计	初次申请	再次申请	#改变结论	复查申请	#改变结论	小计	一至四级	五至六级	七至十级	
全国	719 541	699 299	15 302	2 835	4 940	1 646	604 159	10 714	10 629	582 816	5 786
北京	13 686	13 295	88	2	303	261	11 501	413	237	10 851	128
天津	9 998	9 763	157	34	78	22	9 372	105	156	9 111	70
河北	46 828	46 155	366	69	307	51	22 091	347	389	21 355	170
山西	20 307	19 786	329	90	192	124	17 670	1 086	633	15 951	487
内蒙古	7 460	7 035	334	91	91	49	6 686	634	234	5 818	142
辽宁	17 504	16 657	278	25	569	108	15 006	319	301	14 386	178
吉林	5 537	5 354	132	32	51	15	4 885	82	157	4 646	46
黑龙江	8 746	8 222	336	47	188	100	7 102	375	269	6 458	95
上海	33 491	32 865	551	60	75	33	30 345	184	234	29 927	133
江苏	89 498	88 176	941	38	381	41	81 708	611	870	80 227	363
浙江	105 108	102 389	2 690	526	29	11	96 716	507	1 094	95 115	375
安徽	24 847	23 842	888	186	117	38	21 918	328	396	21 194	176
福建	21 285	20 238	842	223	205	190	16 611	699	471	15 441	152
江西	13 717	12 968	628	81	121	86	11 936	274	185	11 477	176
山东	38 895	37 459	1 127	109	309	89	30 986	697	760	29 529	353

续表

地区	申请鉴定人数						评定伤残等级人数				存在生活自理障碍人数
	小计	初次申请	再次申请	#改变结论	复查申请	#改变结论	小计	一至四级	五至六级	七至十级	
河南	17 862	17 327	417	156	118	37	12 098	384	434	11 280	211
湖北	13 123	12 459	531	109	133	22	11 412	203	239	10 970	116
湖南	37 044	36 342	527	174	175	79	27 080	486	279	26 315	703
广东	73 897	72 511	1 231	117	155	56	64 339	536	892	62 911	320
广西	6 778	6 608	160	32	10	6	5 549	117	128	5 304	84
海南	637	622	13	6	2	1	606	22	33	551	17
重庆	23 948	22 813	780	143	355		21 424	341	231	20 852	215
四川	33 044	31 465	1 000	260	579	78	25 913	756	730	24 427	500
贵州	17 465	17 177	234	68	54	30	16 531	254	231	16 046	137
云南	7 653	7 527	95	15	31	16	7 350	207	327	6 816	71
西藏	742	727	13	6	2	1	495	9	10	476	19
陕西	12 429	12 215	169	14	45	13	11 061	294	309	10 458	138
甘肃	4 092	3 931	83	27	78	50	3 769	180	142	3 447	55
青海	1 586	1 550	27	14	9	9	1 522	39	42	1 441	19
宁夏	4 368	4 208	108	25	52	2	4 038	111	87	3 840	39
新疆	6 812	6 484	214	48	114	22	5 431	89	114	5 228	81
新疆兵团	1 154	1 129	13	8	12	6	1 008	25	15	968	17

206 2021年各地区劳动能力鉴定情况

单位：人

地区	申请鉴定人数						评定伤残等级人数				存在生活自理障碍人数
	小计	初次申请	再次申请	#改变结论	复查申请	#改变结论	小计	一至四级	五至六级	七至十级	
全国	783 894	764 248	15 572	3 040	4 074	1 477	711 581	10 574	10 181	690 826	4 955
北京	16 128	15 661	143	6	324	285	14 120	437	261	13 422	119
天津	12 066	11 730	255	70	81	23	11 075	108	153	10 814	92
河北	28 142	27 695	327	78	120	49	26 842	471	434	25 937	194
山西	21 073	20 596	322	173	155	83	19 581	813	605	18 163	257
内蒙古	8 310	7 928	217	52	165	39	7 639	290	239	7 110	125
辽宁	18 070	17 391	293	35	386	77	16 088	316	309	15 463	180
吉林	5 604	5 412	122	72	70	24	5 006	101	137	4 768	81
黑龙江	8 231	7 282	338	46	611	80	7 535	196	221	7 118	108
上海	38 159	37 429	627	103	103	48	34 630	138	185	34 307	87
江苏	95 725	94 948	554	16	223	51	89 201	584	848	87 769	396
浙江	118 956	117 225	1 681	448	50	13	108 386	461	945	106 980	283
安徽	31 129	29 867	1 097	210	165	50	28 819	970	424	27 425	201
福建	25 041	24 062	934	222	45	27	20 289	517	378	19 394	129
江西	16 658	15 987	565	158	106	49	15 347	269	242	14 836	167
山东	41 134	39 469	1 425	187	240	93	36 836	835	768	35 233	398

续表

地区	申请鉴定人数						评定伤残等级人数				存在生活自理障碍人数
	小计	初次申请	再次申请	#改变结论	复查申请	#改变结论	小计	一至四级	五至六级	七至十级	
河南	13 873	13 368	423	130	82	58	12 925	272	327	12 326	157
湖北	17 163	16 234	851	308	78	29	15 358	231	256	14 871	135
湖南	33 388	32 656	570	146	162	51	31 061	464	337	30 260	369
广东	94 824	93 428	1 218	104	178	78	82 836	590	892	81 354	343
广西	7 597	7 401	182	51	14	7	6 952	117	152	6 683	84
海南	928	901	25	11	2		887	46	25	816	33
重庆	30 095	28 727	1 018	155	350	146	27 678	400	342	26 936	215
四川	39 025	37 745	1 142	60	138		34 930	981	585	33 364	325
贵州	19 544	19 290	238	1	16	7	18 689	179	230	18 280	98
云南	8 595	8 501	51	6	43	36	7 663	187	208	7 268	92
西藏	740	725	14		1	1	682	10	14	658	7
陕西	11 464	11 048	392	42	24	5	10 633	208	217	10 208	95
甘肃	4 294	4 186	60	21	48	27	4 076	124	175	3 777	52
青海	1 758	1 730	17	11	11	10	1 674	57	32	1 585	21
宁夏	5 363	5 165	140	23	58	15	4 783	74	79	4 630	35
新疆	9 257	8 924	323	93	10	4	7 967	102	126	7 739	60
新疆兵团	1 560	1 537	8	2	15	12	1 393	26	35	1 332	17